D1995297

Bitter / Heim

Gesellschaftsrecht

Gesellschaftsrecht

von

Dr. Georg Bitter
o. Professor an der Universität Mannheim

und

Dr. Sebastian Heim, M.Sc. (LSE)
Rechtsanwalt in München

6., neu bearbeitete Auflage 2022

Verlag Franz Vahlen

Zitiervorschlag: *Bitter/Heim* GesR

www.vahlen.de

Print ISBN 978 3 8006 6916 5
E-Book ISBN 978 3 8006 6917 2

© 2022 Verlag Franz Vahlen GmbH
Wilhelmstraße 9, 80801 München
Satz, Druck und Bindung: Druckerei C. H. Beck Nördlingen
(Adresse wie Verlag)

CO_2
neutral
vahlen.de/nachhaltig

Umschlaggestaltung: Martina Busch, Grafikdesign, Homburg Kirrberg
Gedruckt auf säurefreiem, alterungsbeständigem Papier
(hergestellt aus chlorfrei gebleichtem Zellstoff)

Vorwort

Die Reihe der „Lern- und Fallbücher" und speziell das vorliegende Buch zum Gesellschaftsrecht haben in den ersten fünf Auflagen durchgängig eine erfreulich gute Aufnahme bei den Leserinnen und Lesern gefunden, sodass diese Auflagen jeweils rasch vergriffen waren. Damit hat das hier verfolgte Konzept, juristische Inhalte in einer didaktischen, an den Bedürfnissen der Studierenden orientierten Weise zu vermitteln, großen Erfolg, der uns freut und Ansporn für weitere Auflagen ist.

Wie die praktische Lehrerfahrung aus unseren Lehrveranstaltungen an den Universitäten Hamburg, Bonn und Mannheim zeigt, schätzen Studierende eine fallbezogene Lehrweise sehr, weil die Stoffvermittlung anhand von Fällen deutlich anschaulicher ist und so die juristischen Inhalte besser lern- und merkbar werden. Zugleich ist es jedoch erforderlich, die verschiedenen Fälle in einen theoretischen Gesamtzusammenhang zu stellen, um die systematischen Verknüpfungen erkennbar werden zu lassen. Mit der Reihe der „Lern- und Fallbücher" ist dieses **Konzept der integrativen Vermittlung abstrakter Inhalte anhand konkreter Fälle** in Buchform umgesetzt worden, um es einem größeren Publikum zugänglich zu machen.

Dementsprechend ist dieses Buch aufgebaut: In seinem ersten Teil wird der Stoff in Form eines knapp gehaltenen Lehrbuchs zunächst abstrakt dargestellt, dabei jedoch schon durch kleinere Beispiele anschaulich gemacht. Die wichtigsten Gegenstände des Gesellschaftsrechts werden für Studierende, aber auch für Praktiker, die sich in den aktuellen Stand einarbeiten wollen, kurz und prägnant erläutert. Dabei wird nach dem Motto „Weniger ist manchmal mehr" bewusst darauf verzichtet, den Leser mit zu vielen Einzelheiten und Details zu belasten. Stattdessen werden die wesentlichen Inhalte im Anschluss an die abstrakte Darstellung anhand konkreter, vollständig gutachtlich aufbereiteter Fälle und Lösungen anschaulich gemacht und zugleich vertieft. Auf diese Weise kann sich der Studierende oder der interessierte Praktiker den Stoff vollständig und abwechslungsreich erarbeiten und damit besser merken.

Das Gesellschaftsrecht gehört in Teilen zum **Pflichtstoff für die erste und zweite juristische Prüfung** und wird deshalb an allen Universitäten in Vorlesungen für fortgeschrittene Studierende gelehrt. Verlangt werden in der Staatsprüfung vor allem Kenntnisse im Recht der Personengesellschaften (GbR, oHG, KG), während aus dem Recht der GmbH – aus Sicht der Rechtspraxis unbefriedigend – zumeist nur deren Errichtung, Vertretung und Geschäftsführung zum Pflichtstoff gehören. Über diesen Pflichtstoff geht das vorliegende Buch mit einer umfassenderen, insbesondere die Kapitalaufbringung und Kapitalerhaltung einschließenden Darstellung des Rechts der GmbH sowie mit der Einbeziehung der Aktiengesellschaft (AG) deutlich hinaus. Es ist daher auch für Studierende geeignet, die sich für den sehr wichtigen und praxisrelevanten **Wahlbereich Gesellschaftsrecht** interessieren. Um allen neu an das Gesellschaftsrecht herantretenden Studierenden den Einstieg in diese durchaus komplizierte Materie zu erleichtern, wird in diesem Buch zunächst ein Kurzüberblick über die verschiedenen Gesellschaftsformen gegeben. Sodann beginnt die Darstellung – anders als in vielen anderen Lehrbüchern – mit den Körperschaften (Verein als deren Grundform, dann AG und GmbH), um sich erst anschließend den Personengesellschaften zuzuwenden. Diese sind nämlich wegen ihrer weniger starken juristischen Verselbständigung gegenüber den Gesellschaftern oft schwieriger für Studierende zu erfassen als die Körperschaften mit ihrer klaren organisatorischen und haftungsrechtlichen Trennung zwischen Gesellschaft und Gesellschaftern/Aktionären.

Die vorliegende 6. Auflage steht ganz im Zeichen der **Neuerungen durch das Gesetz zur Modernisierung des Personengesellschaftsrechts** (**MoPeG**). Im Recht der Gesellschaft bürgerlichen Rechts (§§ 705 ff. BGB) ist kaum ein Stein auf dem anderen geblieben und auch für die oHG und KG ergeben sich deutliche Änderungen. Die neue Rechtslage ab 1.1.2024 wird in dieser 6. Auflage dem bisherigen Recht in jedem Einzelpunkt gegenübergestellt, um dadurch eingängig zu vermitteln, dass die neuen Vorschriften oftmals nur Erkenntnisse in Gesetzesform gießen, die schon bisher durch Rechtsprechung und Literatur entwickelt wurden. Das Gesetzesrecht wird dadurch wieder stärker an das reale Gesellschaftsrecht herangeführt und damit das Recht der Personengesellschaften für Studierende einfacher erlernbar. Die Änderungen durch das MoPeG werden bei der Darstellung der verschiedenen Rechtsformen jeweils zu Beginn des Kapitels vorgestellt (zur GbR § 5 Rn. 1a ff., zur oHG § 6 Rn. 1a, zur KG § 7 Rn. 1a) und anschließend vertieft erläutert. Die Auffindbarkeit der Neuerungen wird erleichtert, indem das Stichwort **MoPeG** jeweils fett gesetzt ist.

Außerdem ist aktuelle Literatur und Rechtsprechung berücksichtigt, insbesondere eine Vielzahl an jüngeren Urteilen des Bundesgerichtshofs, aber auch sonstige gesetzliche Änderungen. Dabei ist jedoch das bisherige Konzept beibehalten worden, wirklich Wichtiges von Spezialwissen zu trennen und deshalb Urteile zu Detailfragen allenfalls in den Fußnoten aufzunehmen. Bedeutsame aktuelle Entwicklungen, die zu einer Modifizierung des Lehrbuchteils geführt haben, ergaben sich namentlich im Hinblick auf die verbindliche Geschlechterquote für Vorstände (§ 3 Rn. 53), die Möglichkeit einer rein virtuellen Hauptversammlung (§ 3 Rn. 109), die Vollbeendigung von Kapitalgesellschaften (§ 3 Rn. 226), den Ausschluss von Gesellschaftern (§ 4 Rn. 100), die Kündigungsfrist für Geschäftsführerdienstverträge (§ 4 Rn. 132), die Geschäftsführerhaftung (§ 4 Rn. 145a ff.), den Entzug sog. relativ unentziehbarer Gesellschafterrechte (§ 5 Rn. 87, 89 und § 6 Rn. 35), den Gesellschafterwechsel bei Personengesellschaften (§ 5 Rn. 111) und die Kommanditistenhaftung (§ 7 Rn. 14a). Auch an vielen anderen Stellen ist das Buch aktualisiert und weiter verbessert worden.

Wir würden uns freuen, wenn das hier verfolgte Konzept, den abstrakt manchmal nicht leicht zu erfassenden Stoff des Gesellschaftsrechts mit vielen Beispielen, Fällen und Lösungen anschaulich aufzubereiten, bei der Leserschaft auch weiterhin auf wohlwollende Zustimmung stößt. Für Anregungen zu diesem Buch sind wir erreichbar über gesellschaftsrecht@georg-bitter.de und danken zugleich für Zuschriften zu den Vorauflagen. Diese haben zur weiteren Verbesserung des Buchs beigetragen. Frau Marisa Doppler danken wir für das sehr gründliche Korrekturlesen des Manuskripts und dem ganzen Lehrstuhlteam für die Unterstützung bei der Aktualisierung des Fußnotenapparates.

Mannheim/München, im April 2022

Prof. Dr. Georg Bitter — RA Dr. Sebastian Heim

Inhaltsverzeichnis

Vorwort V
Abkürzungsverzeichnis XV
Literaturverzeichnis XVII

Teil 1. Kurzlehrbuch

§ 1. Einführung 1
I. Gesellschaftsrechtliche Grundlagen 2
II. Kurzübersicht über die Gesellschaftsformen 8
III. Gang der Darstellung 11

§ 2. Der Verein 11
I. Der Verein und seine Organe 11
II. Rechtsfähiger und nichtrechtsfähiger Verein 14
1. Der rechtsfähige nichtwirtschaftliche Verein (e.V.) 14
2. Der rechtsfähige Wirtschaftsverein 15
3. Abgrenzung zwischen Idealverein und Wirtschaftsverein 15
4. Der „nichtrechtsfähige" Verein 16

§ 3. Die Aktiengesellschaft (AG) 18
I. Grundlagen 18
II. Die Gründung der AG 21
1. Chronologie 21
2. Die Satzung 22
3. Die Haftung im Gründungsstadium und wirtschaftliche Neugründung durch Aktivierung einer Vorrats- oder Mantelgesellschaft 25
III. Die Organisation der AG 25
1. Die Rechtsstellung der Aktionäre 26
a) Bedeutung und Formen der Aktie 26
b) Rechte der Aktionäre 28
c) Pflichten der Aktionäre 30
d) Übertragung der Mitgliedschaft 31
2. Die Organe der AG 33
a) Vorstand 33
aa) Grundlagen 33
bb) Haftung 36
aaa) Gegenüber der AG 36
bbb) Gegenüber Dritten 39
b) Aufsichtsrat 41
c) Hauptversammlung 46
aa) Kompetenzen 46
bb) Stimmrecht 48
cc) Einberufung und Ablauf 50
dd) Fehlerhafte Beschlüsse 53
aaa) Die Arten von Fehlern 53
bbb) Die Rechtsfolgen der Fehlerhaftigkeit 54
ccc) Die Geltendmachung der Fehlerhaftigkeit 55
IV. Die Finanzverfassung der AG 58
1. Kapitalaufbringung 58
a) Grundlagen 58

b) Sacheinlagen oder -übernahmen ... 59
c) Geldeinlagen ... 61
aa) Verdeckte Sacheinlage (§ 27 III AktG) ... 62
aaa) Tatbestand und Beispiel einer verdeckten Sacheinlage ... 63
bbb) Verdeckte Sacheinlage nach dem früheren Recht ... 63
ccc) Verdeckte Sacheinlage seit dem ARUG ... 64
bb) Vereinbarungsgemäße Rückzahlung der Einlage (§ 27 IV AktG) ... 67
cc) Aufrechnung ... 67
aaa) Unwirksamkeit der Aufrechnung des Aktionärs nach altem Recht ... 67
bbb) Inkonsistenzen seit dem ARUG ... 67
ccc) Beseitigung der Systembrüche durch generelle Wertanrechnung ... 69
ddd) Ausnahme für die Mindesteinzahlung ... 70
d) Nachgründung ... 71
2. Kapitalerhaltung ... 71
a) Strenge Kapitalbindung ... 71
aa) Umfassendes Verbot der Einlagenrückgewähr ... 71
bb) Ausnahmen ... 72
cc) Verbot verdeckter Vermögensverlagerungen ... 72
dd) Rechtsfolgen verbotener Ausschüttungen ... 72
b) Erwerb eigener Aktien ... 73
3. Finanzielle Unterstützung des Erwerbs eigener Aktien ... 74
4. Gesellschafterdarlehen und Nutzungsüberlassung ... 75
5. Kapitalerhöhung und Kapitalherabsetzung ... 75
a) Grundlagen ... 75
b) Die effektive Kapitalerhöhung ... 76
aa) Reguläre Kapitalerhöhung gegen Einlagen ... 77
bb) Bedingte Kapitalerhöhung ... 79
cc) Genehmigtes Kapital ... 80
V. Die Auflösung und Abwicklung der AG ... 81
1. Auflösungsgründe ... 82
2. Abwicklung ... 82
3. Vollbeendigung ... 83
VI. Die AG im Unternehmensverbund ... 84
VII. Die Europäische Aktiengesellschaft (SE) ... 86

§ 4. Die Gesellschaft mit beschränkter Haftung (GmbH) ... 87
I. Grundlagen ... 87
II. Die Gründung der GmbH ... 89
1. Chronologie ... 89
2. Der Gesellschaftsvertrag ... 90
a) Mindestinhalt ... 90
b) Fakultativer Inhalt ... 92
c) Unterscheidung zwischen materiellen und formellen Bestimmungen ... 92
d) Vertragsmängel ... 92
e) Vertragsänderung ... 93
3. Die Haftung im Gründungsstadium ... 94
a) Vorgründungsgesellschaft ... 94
b) Vor-GmbH und „fertige" GmbH ... 97
aa) Die Vor-GmbH und ihr Verhältnis zur „fertigen" GmbH ... 97
bb) Die Haftung bei der „fertigen" GmbH: Vorbelastungshaftung ... 98
cc) Die Haftung bei der Vor-GmbH: Verlustdeckungshaftung ... 100
aaa) Pflicht zur Abdeckung der Überschuldung, nicht der Unterbilanz ... 101
bbb) Außenhaftung der Gesellschafter in Ausnahmefällen ... 102
ccc) Ablösung der Verlustdeckungs- durch die Vorbelastungshaftung ab Eintragung ... 102
dd) Zustimmung zur Geschäftsaufnahme als Haftungsvoraussetzung? ... 103

ee) Wirksame Vertretung der Vor-GmbH als Haftungsvoraussetzung ... 103
ff) Handelndenhaftung im Stadium der Vor-GmbH ... 104
4. Wirtschaftliche Neugründung durch Aktivierung einer Vorrats- oder Mantelgesellschaft ... 106
a) Verhinderung der Umgehung des Kapitalaufbringungsrechts ... 107
b) Anwendbarkeit der Vorbelastungshaftung ... 107
c) Außenhaftung analog § 11 II GmbHG? ... 108
d) Rechtslage bei (zunächst) unterbliebener Anzeige der wirtschaftlichen Neugründung ... 108

III. Die Organisation der GmbH ... 110
1. Die Rechtsstellung der Gesellschafter ... 110
a) Rechte der Gesellschafter ... 110
b) Pflichten der Gesellschafter ... 111
c) Änderungen des Gesellschafterbestandes ... 112
aa) Abtretung des Geschäftsanteils ... 112
bb) Einziehung des Geschäftsanteils/Ausschluss von Gesellschaftern ... 113
cc) Austritt aus der Gesellschaft ... 117
2. Die Organe der GmbH ... 117
a) Gesellschafterversammlung ... 118
aa) Kompetenzen ... 118
bb) Einberufung ... 118
cc) Beschlussfassung ... 119
aaa) Allgemeine Grundlagen ... 119
bbb) Stimmverbote ... 120
dd) Fehlerhafte Beschlüsse ... 123
b) Geschäftsführer ... 125
aa) Eignung ... 125
bb) Bestellung und Abberufung ... 125
cc) Anstellungsvertrag ... 126
dd) Stellung und Aufgaben ... 128
ee) Haftung ... 129
aaa) Allgemeine Geschäftsführerhaftung nach § 43 GmbHG (gegenüber der Gesellschaft) ... 129
bbb) Besondere Pflichtenstellung in der Insolvenz ... 132
ccc) Insolvenzverursachungshaftung (gegenüber der Gesellschaft) ... 138
ddd) Haftung des faktischen Geschäftsführers ... 139
ff) Weitere Vorgaben ... 140
c) Aufsichtsrat ... 140

IV. Die Finanzverfassung der GmbH ... 141
1. Kapitalaufbringung ... 141
a) Grundlagen ... 141
b) Sacheinlagen ... 143
c) Sachübernahmen ... 144
d) Geldeinlagen ... 144
aa) Leistung zur endgültigen freien Verfügung ... 145
aaa) Tilgung von Gesellschaftsschulden ... 145
bbb) Zahlung auf ein debitorisches Konto ... 146
ccc) Verwendungsabsprachen ... 147
ddd) Hin- und Herzahlen ... 147
bb) Verdeckte Sacheinlage (§ 19 IV GmbHG) ... 148
cc) Vereinbarungsgemäße Rückzahlung der Einlage (§ 19 V GmbHG) ... 148
aaa) Überblick ... 148
bbb) Detailbetrachtung ... 149
dd) Aufrechnung ... 152
aaa) Mindesteinzahlung ... 153
bbb) Resteinzahlung ... 153
ee) Leistung an Erfüllungs statt ... 155

2. Kapitalerhaltung ... 156
a) Vermögensbindung in der GmbH ... 157
aa) Beschränkte Vermögensbindung im Gläubigerinteresse (§§ 30, 31 GmbHG) ... 157
aaa) Schutz des Stammkapitals (Haftung bei Unterbilanz) ... 157
bbb) Ausnahmefälle ... 160
bb) Umfassende Vermögensbindung im Minderheitsinteresse ... 165
b) Haftung wegen existenzvernichtenden Eingriffs und materieller Unterkapitalisierung ... 165
c) Erwerb eigener Anteile ... 169
3. Gesellschafterdarlehen und Nutzungsüberlassung ... 170
a) Gesellschafterdarlehen und gleichgestellte Rechtshandlungen ... 170
b) Nutzungsüberlassung durch einen Gesellschafter (§ 135 III InsO) ... 173
4. Kapitalerhöhung und Kapitalherabsetzung ... 174
a) Grundlagen ... 174
b) Bezugsrechte bei Kapitalerhöhungen ... 175
c) Kapitalaufbringung ... 175

V. Die Auflösung und Abwicklung der GmbH ... 177

VI. Die GmbH im Unternehmensverbund ... 178

VII. Unternehmergesellschaft (haftungsbeschränkt) ... 179

§ 5. Die Gesellschaft bürgerlichen Rechts (GbR) ... 180

I. Grundlagen ... 182

II. Die Gründung der GbR ... 182
1. Abschluss des Gesellschaftsvertrags ... 183
2. Fehlerhafte Gesellschaft ... 187

III. Rechtsfähigkeit und Gesellschaftsvermögen der GbR ... 191
1. Rechtsfähigkeit der Außen-GbR ... 192
2. Das Gesellschaftsvermögen ... 194

IV. Die Haftung der GbR und ihrer Gesellschafter ... 195
1. Grundsatz unbeschränkter Haftung der Gesellschafter ... 196
2. Analoge Anwendung des § 31 BGB und Gesellschafterhaftung für gesetzliche Verbindlichkeiten ... 196
3. Haftung für Altverbindlichkeiten beim Eintritt analog § 130 HGB ... 197
4. Prüfschema zur Gesellschafterhaftung ... 197
5. Haftung von Scheingesellschaftern ... 198
6. Einbringung nichtkaufmännischer Unternehmen in eine GbR ... 199
7. Realisierung der Haftung in Prozess und Zwangsvollstreckung ... 200

V. Die Organisation der GbR ... 201
1. Grundlagen ... 202
2. Geschäftsführung und Vertretung ... 202
a) Geschäftsführung ... 203
b) Vertretung ... 206
3. Rechte und Pflichten der Gesellschafter ... 209
a) Mitverwaltungs- und Vermögensrechte ... 209
b) Förder-, Beitrags- und Treuepflichten ... 209
4. Gesellschafterversammlung ... 212
a) Grundlagen ... 212
b) Das Einstimmigkeitsprinzip als Grundsatz ... 213
c) Mehrheitsbeschlüsse als Ausnahme ... 214
aa) Formelle Legitimation ... 215
bb) Materielle Grenzen ... 216
d) Freiheit der Stimmausübung ... 219
e) Fehlerhafte Beschlüsse ... 219

5. Sozialansprüche/-verpflichtungen 220
a) Gesellschafterklage (§ 715b BGB n. F.) 221
b) Gesellschafter-Gläubiger 223
c) Haftungsregress 224
6. Änderungen des Gesellschafterbestandes 225
a) Gesellschaftereintritt und -wechsel 225
b) Ausscheiden eines Gesellschafters 228
c) Ausschluss eines Gesellschafters 232
d) Ansprüche des ausgeschiedenen oder ausgeschlossenen Gesellschafters 233

VI. Die Finanzverfassung der GbR 237
1. Gewinn- und Verlustbeteiligung 237
2. „Kapitalerhaltung“ bei der GbR 239

VII. Die Auflösung und Abwicklung der GbR 239
1. Auflösung 239
a) Kündigung der Gesellschaft nach dem bis 2023 geltenden Recht 240
b) Kündigung der Gesellschaft nach dem ab 2024 geltenden Recht 241
2. Abwicklung 243
3. Vollbeendigung 243
4. Fortsetzungsbeschluss 244

§ 6. Die offene Handelsgesellschaft (oHG) 244

I. Grundlagen 245

II. Gründung und Entstehung der oHG 246

III. Die Haftung der oHG und ihrer Gesellschafter 248
1. Haftung der oHG 248
2. Haftung der Gesellschafter 248

IV. Die Organisation der oHG 253
1. Grundlagen 253
2. Neues Beschlussmängelrecht der Personenhandelsgesellschaften 253
3. Geschäftsführung und Vertretung 257
a) Geschäftsführung 257
b) Vertretung 259
4. Rechte und Pflichten der Gesellschafter 261
a) Grundlagen 261
b) Wettbewerbsverbot und Geschäftschancenlehre 262
aa) Tatbestand des Wettbewerbsverbots 262
bb) Rechtsfolgen von Verstößen gegen das Wettbewerbsverbot 263
cc) Geschäftschancenlehre 264
5. Änderungen des Gesellschafterbestandes 265

V. Die Finanzverfassung der oHG 267
1. Ergebnisermittlung und -verteilung, Entnahmerechte 267
2. „Kapitalerhaltung“ bei der oHG 269

VI. Auflösung und Abwicklung der oHG 269

§ 7. Die Kommanditgesellschaft (KG) 270

I. Grundlagen 271

II. Die Haftung der KG und ihrer Gesellschafter 271
1. Haftung der KG 271
2. Haftung der Komplementäre 271
3. Haftung der Kommanditisten 271
a) Grundlagen 272
aa) Beschränkter Umfang der Haftung 272
bb) Inhalt der Haftung 276
cc) Einziehungsbefugnis des Insolvenzverwalters in der Insolvenz der KG 276
b) Die Haftung bei Änderungen des Gesellschafterbestandes 277

aa) Eintritt ... 277
bb) Ausscheiden ... 277
cc) Übertragung des Kommanditanteils ... 278
4. Beispiel ... 279
III. Die Organisation der KG ... 280
1. Geschäftsführung und Vertretung ... 280
2. Rechte und Pflichten der Gesellschafter ... 282
3. Änderungen des Gesellschafterbestandes ... 282
IV. Die Finanzverfassung der KG ... 282
1. Ergebnisermittlung und -verteilung, Entnahmerechte ... 282
2. „Kapitalerhaltung“ bei der KG ... 284
V. Auflösung und Abwicklung der KG ... 285
VI. Sonderformen ... 285
1. Die Publikums-KG ... 285
2. Die GmbH & Co. KG ... 288
a) Grundlagen ... 288
b) Geschäftsführung, Vertretung und Haftung ... 288
c) Kapitalaufbringung und Kapitalerhaltung ... 290

§ 8. Die Partnerschaftsgesellschaft (PartG) ... 292

Teil 2. Fälle und Lösungen

§ 9. Fälle zum Verein und zur Aktiengesellschaft (AG) ... 295

Fall Nr. 1 – Bootstransport ... 295
Fall Nr. 2 – Satzungsfragen ... 296
Fall Nr. 3 – Girmes ... 299
Fall Nr. 4 – Vorstandsermessen ... 302
Fall Nr. 5 – Holzmüller ... 304
Fall Nr. 6 – Fragwürdige Entlastung ... 308
Fall Nr. 7 – Elektrohandel ... 309
Fall Nr. 8 – Überbewertung ... 312
Fall Nr. 9 – Unterbewertung ... 313
Fall Nr. 10 – Bezugsrecht ... 314
Fall Nr. 11 – VINEA ... 315

§ 10. Fälle zur Gesellschaft mit beschränkter Haftung (GmbH) ... 316

Fall Nr. 12 – Komplizierte Gründung ... 316
Fall Nr. 13 – Da waren es (bald) nur noch zwei ... 332
Fall Nr. 14 – Versammeln schwer gemacht ... 339
Fall Nr. 15 – Wertlose Lizenzen ... 353
Fall Nr. 16 – Wertdifferenz ... 355
Fall Nr. 17 – Fuhrunternehmen ... 359
Fall Nr. 18 – Wie gewonnen so zerronnen ... 361
Fall Nr. 19 – Aktiventausch? ... 363
Fall Nr. 20 – ITT ... 366
Fall Nr. 21 – Missbrauch? ... 368
Fall Nr. 22 – Verhängnisvolle Darlehen ... 369
Fall Nr. 23 – Schütt-aus-hol-zurück ... 386

§ 11. Fälle zur Gesellschaft bürgerlichen Rechts (GbR) ... 390

Fall Nr. 24 – Delikt ... 390
Fall Nr. 25 – Zerstrittene Gesellschafter ... 396
Fall Nr. 26 – Gutes Geschäft ... 400
Fall Nr. 27 – Autounfall ... 404
Fall Nr. 28 – Abruptes Ende ... 405
Fall Nr. 29 – Ertragswert ... 409

§ 12. Fälle zur offenen Handelsgesellschaft (oHG) 414
Fall Nr. 30 – Der junge Möbelhändler 414
Fall Nr. 31 – Scherben bringen Glück 418
Fall Nr. 32 – Aufrechnungsverbot 423
Fall Nr. 33 – Bonner Bauhandel 426
Fall Nr. 34 – Computerhandel 427
Fall Nr. 35 – Widerspruch 431
Fall Nr. 36 – Altersruhestand 432
Fall Nr. 37 – Gewinnverteilung 435

§ 13. Fälle zur Kommanditgesellschaft (KG) 437
Fall Nr. 38 – Beraterhonorar I 437
Fall Nr. 39 – Beraterhonorar II 438
Fall Nr. 40 – Gutgläubig 438
Fall Nr. 41 – Neu für alt 441
Fall Nr. 42 – Probleme mit dem Publikum 443

Stichwortverzeichnis 447

Abkürzungsverzeichnis

a. A.	anderer Ansicht
a. E.	am Ende
a. F.	alter Fassung
AEUV	Vertrag über die Arbeitsweise der Europäischen Union in der Fassung vom 1.12.2012 (vorher: EG-Vertrag)
AG	Aktiengesellschaft
AGB	Allgemeine Geschäftsbedingungen
AGG	Allgemeines Gleichbehandlungsgesetz
AktG	Aktiengesetz
ArbGG	Arbeitsgerichtsgesetz
Art.	Artikel
Aufl.	Auflage
BB	Betriebs-Berater
Begr.	Begründung
BGB	Bürgerliches Gesetzbuch
BGH	Bundesgerichtshof
BGHZ	Entscheidungen des Bundesgerichtshofs in Zivilsachen
BörsG	Börsengesetz
BR-Drs.	Bundesratsdrucksachen
BT-Drs.	Bundestagsdrucksachen
BVerfG	Bundesverfassungsgericht
bzw.	beziehungsweise
c. i. c.	culpa in contrahendo
COVID-19	Coronavirus SARS-CoV-2
d. h.	das heißt
DB	Der Betrieb
DCGK	Deutscher Corporate Governance Kodex
DZWIR	Deutsche Zeitschrift für Wirtschafts- und Insolvenzrecht
e. V.	eingetragener Verein
eG	eingetragene Genossenschaft
EGV	EG-Vertrag in der Fassung vom 1.1.2007 (außer Kraft; jetzt: AEUV)
EU	Europäische Union
EuGH	Europäischer Gerichtshof
EWiR	Entscheidungen zum Wirtschaftsrecht
EWIV	Europäische Wirtschaftliche Interessenvereinigung
f.	und die folgende
FamFG	Gesetz über das Verfahren in Familiensachen und in den Angelegenheiten der freiwilligen Gerichtsbarkeit
ff.	und die folgenden
Fn.	Fußnote
FS	Festschrift
GBO	Grundbuchordnung
GbR	Gesellschaft bürgerlichen Rechts
GenG	Genossenschaftsgesetz
GesR	Gesellschaftsrecht
GG	Grundgesetz
ggf.	gegebenenfalls
ggü.	gegenüber
GmbH	Gesellschaft mit beschränkter Haftung
GmbHG	Gesetz betreffend die Gesellschaften mit beschränkter Haftung
GmbHR	GmbH Rundschau
h. L.	herrschende Lehre (= überwiegende Ansicht in der Rechtslehre)
h. M.	herrschende Meinung (= überwiegende Ansicht in Rechtslehre und Rechtsprechung)

HandelsR	Handelsrecht
HGB	Handelsgesetzbuch
Hrsg.	Herausgeber
Hs.	Halbsatz
i. d. R.	in der Regel
i. S. d.	im Sinne der/des
i. S. v.	im Sinne von
i. V. m.	in Verbindung mit
insbes.	insbesondere
Jb.J. ZivRWiss.	Jahrbuch Junger Zivilrechtswissenschaftler
Kap.	Kapitel
KapGesR	Kapitalgesellschaftsrecht
KG	Kommanditgesellschaft
KGaA	Kommanditgesellschaft auf Aktien
KStG	Körperschaftssteuergesetz
m. N.	mit Nachweisen
m. w. N.	mit weiteren Nachweisen
Mio.	Million/en
MoPeG	Gesetz zur Modernisierung des Personengesellschaftsrechts
n. F.	neuer Fassung
NJW	Neue Juristische Wochenschrift
Nr.	Nummer
NZG	Neue Zeitschrift für Gesellschaftsrecht
NZI	Neue Zeitschrift für Insolvenzrecht
o. g.	oben genannte(n)
oHG	offene Handelsgesellschaft
OLG	Oberlandesgericht
PartG	Partnerschaftsgesellschaft
PartGG	Partnerschaftsgesellschaftsgesetz
PVV	Positive Vertragsverletzung
RegE	Regierungsentwurf
Rn.	Randnummer
S.	Satz/Seite
s. o.	siehe oben
s. u.	siehe unten
SanInsFoG	Gesetz zur Fortentwicklung des Sanierungs- und Insolvenzrechts
SE	Societas Europaea = Europäische Aktiengesellschaft
sog.	sogenannte(r)
StaRUG	Gesetz über den Stabilisierungs- und Restrukturierungsrahmen für Unternehmen
StGB	Strafgesetzbuch
u. a.	unter anderem
u. E.	unseres Erachtens
UmwG	Umwandlungsgesetz
vgl.	vergleiche
VVaG	Versicherungsverein auf Gegenseitigkeit
WG	Wechselgesetz
WM	Wertpapiermitteilungen – Zeitschrift für Wirtschafts- und Bankrecht
WpÜG	Wertpapiererwerbs- und Übernahmegesetz
WuB	Entscheidungssammlung zum Wirtschafts- und Bankrecht
z. B.	zum Beispiel
z. T.	zum Teil
ZfPW	Zeitschrift für die Gesamte Privatrechtswissenschaft
ZGR	Zeitschrift für Unternehmens- und Gesellschaftsrecht
ZHR	Zeitschrift für das gesamte Handelsrecht und Wirtschaftsrecht
Ziff.	Ziffer
ZIP	Zeitschrift für Wirtschaftsrecht
ZPO	Zivilprozessordnung

Literaturverzeichnis

Altmeppen, GmbHG	*Altmeppen,* Gesetz betreffend die Gesellschaften mit beschränkter Haftung (GmbHG), 10. Aufl. 2021
BeckOK GmbHG/*Bearbeiter*	*Ziemons/Jaeger/Pöschke* (Hrsg.), Beck'scher Online-Kommentar GmbHG, 50. Ed. Stand: 1.12.2021
Bitter, Durchgriffshaftung	*Bitter,* Konzernrechtliche Durchgriffshaftung bei Personengesellschaften, 2000
Bitter/Linardatos, HandelsR.	*Bitter/Linardatos,* Handelsrecht, Lern- und Fallbuch, 4. Aufl. 2022
Bitter/Röder, BGB AT	*Bitter/Röder,* BGB Allgemeiner Teil, Lern- und Fallbuch, 5. Aufl. 2020
Gehrlein/Born/Simon/*Bearbeiter*	*Gehrlein/Born/Simon,* Gesetz betreffend die Gesellschaften mit beschränkter Haftung, Kommentar, 5. Aufl. 2020
Grüneberg/*Bearbeiter*	*Grüneberg,* Bürgerliches Gesetzbuch, 81. Aufl. 2022
Grunewald, GesR	*Grunewald,* Gesellschaftsrecht, 11. Aufl. 2020
Henssler/Strohn/*Bearbeiter*	*Henssler/Strohn,* Gesellschaftsrecht, 5. Aufl. 2021
Hirte, KapGesR	*Hirte,* Kapitalgesellschaftsrecht, 8. Aufl. 2016
Hk-GmbHG/*Bearbeiter*	*Saenger/Inhester* (Hrsg.), GmbHG, Handkommentar, 4. Aufl. 2020
Hopt/*Bearbeiter*	*Hopt,* Handelsgesetzbuch, 41. Aufl. 2022
Jauernig/*Bearbeiter*	*Jauernig* (Hrsg.), Bürgerliches Gesetzbuch, 18. Aufl. 2021
Koch, AktG	*Koch,* Aktiengesetz, 16. Aufl. 2022
Lutter/Hommelhoff/*Bearbeiter*	*Lutter/Hommelhoff,* GmbH-Gesetz Kommentar, 20. Aufl. 2020
MHdB GesR I	*Gummert/Weipert,* Münchener Handbuch des Gesellschaftsrechts, Bd. 1, 5. Aufl. 2019
MHLS/*Bearbeiter*	*Michalski/Heidinger/Leible/J. Schmidt* (Hrsg.), Kommentar zum Gesetz betreffend die Gesellschaften mit beschränkter Haftung (GmbHG), Bd. 1, 3. Aufl. 2017
Müller-Laube, Probleme	*Müller-Laube,* 20 Probleme aus dem Handels- und Gesellschaftsrecht, 3. Aufl. 2010
MüKoAktG/*Bearbeiter*	*Goette/Habersack/Kalss* (Hrsg.), Münchener Kommentar zum Aktiengesetz, Bd. 1 (§§ 1–75), 5. Aufl. 2019; Bd. 2 (§§ 76–117, MitbestG, DrittelbG), 5. Aufl. 2019; Bd. 3 (§§ 118–178), 5. Aufl. 2022; Bd. 4 (§§ 179–277), 5. Aufl. 2021
MüKoBGB/*Bearbeiter*	*Säcker/Rixecker/Oetker/Limperg* (Hrsg.), Münchener Kommentar zum Bürgerlichen Gesetzbuch, Bd. 1 (§§ 1–240), 9. Aufl. 2021; Bd. 2 (§§ 241–310), 8. Aufl. 2019; Bd. 3 (§§ 311–432), 8. Aufl. 2019; Bd. 4 (§§ 433–534), 8. Aufl. 2019; Bd. 5 (§§ 535–630h), 8. Aufl. 2020; Bd. 6 (§§ 631–704), 8. Aufl. 2020; Bd. 7 (§§ 705–853), 8. Aufl. 2020; Bd. 8 (§§ 854–1296), 8. Aufl. 2020
MüKoGmbHG/*Bearbeiter*	*Fleischer/Goette* (Hrsg.), Münchener Kommentar zum GmbHG, Bd. 1 (§§ 1–34), 4. Aufl. 2022; Bd. 2 (§§ 35–52), 3. Aufl. 2019; Bd. 3 (§§ 53–88), 3. Aufl. 2018
MüKoHGB/*Bearbeiter*	*Schmidt, K.* (Hrsg.), Münchener Kommentar zum Handelsgesetzbuch, Bd. 1 (§§ 1–104a), 5. Aufl. 2021; Bd. 2 (§§ 105–229), 5. Aufl. 2022
MüKoInsO/*Bearbeiter*	*Stürner/Eidenmüller/Schoppmeyer* (Hrsg.), Münchener Kommentar zur Insolvenzordnung, Bd. 2 (§§ 80–216), 4. Aufl. 2019
MüKoZPO/*Bearbeiter*	*Rauscher/Krüger* (Hrsg.), Münchener Kommentar zur Zivilprozessordnung, Bd. 2 (§§ 355–945b), 6. Aufl. 2020

Neuner, BGB AT	*Neuner*, Allgemeiner Teil des Bürgerlichen Rechts, 12. Aufl. 2020
Noack/Servatius/Haas/*Bearbeiter*	*Noack/Servatius/Haas*, Gesetz betreffend die Gesellschaften mit beschränkter Haftung, 23. Aufl. 2022
Schäfer, GesR	*Schäfer*, Gesellschaftsrecht, 5. Aufl. 2018
K. Schmidt, GesR	*Schmidt, K.*, Gesellschaftsrecht, 4. Aufl. 2002
Scholz/*Bearbeiter*	*Scholz*, Kommentar zum GmbH-Gesetz, Bd. I (§§ 1–34, Konzernrecht), 12. Aufl. 2018; Bd. II (§§ 35–52), 12. Aufl. 2021; Bd. III (§§ 53–85), 12. Aufl. 2021
Spindler/Stilz/*Bearbeiter*	*Spindler/Stilz*, Kommentar zum Aktiengesetz, Bd. 1 (§§ 1–149), 4. Aufl. 2019
Staub/*Bearbeiter*	*Canaris/Habersack/Schäfer*, Staub, Handelsgesetzbuch, Großkommentar, Bd. 3 (§§ 105–160), 5. Aufl. 2009
Uhlenbruck/*Bearbeiter*	*Hirte/Vallender* (Hrsg.), Insolvenzordnung, Kommentar, Bd. 1, 15. Aufl. 2019
Wicke, GmbHG	*Wicke*, Gesetz betreffend die Gesellschaften mit beschränkter Haftung (GmbHG), 4. Aufl. 2020
Wilhelm, KapGesR	*Wilhelm*, Kapitalgesellschaftsrecht, 5. Aufl. 2020
Windbichler, GesR	*Windbichler*, Gesellschaftsrecht, 24. Aufl. 2017

Teil 1. Kurzlehrbuch

Dieses Lern- und Fallbuch will den Studierenden einen Überblick über den Pflichtstoff im Fach Gesellschaftsrecht verschaffen und dabei alle wichtigen Fragen ansprechen. Es geht jedoch im Bereich der Kapitalgesellschaften partiell auch über den Pflichtstoff hinaus, weil es für Studierende sinnvoll erscheint, das Recht der Aktiengesellschaften sowie insbesondere das Recht der in der Unternehmenspraxis vorherrschenden Rechtsform der Gesellschaft mit beschränkter Haftung in den Grundzügen zu kennen. Bewusst ist die Darstellung sowohl im Pflichtstoffbereich als auch in den ergänzenden Teilen aus dem Wahlbereich auf das Wesentliche beschränkt, wobei die abstrakten Inhalte jeweils anhand von Fällen anschaulich vermittelt und vertieft werden. Hierzu dienen auch Beispiele, die sich an vielen Stellen im Buch finden. Studierende, die sich mit einzelnen Aspekten vertiefter befassen möchten, können dies anhand der Literaturhinweise tun, die jeweils am Anfang eines Paragraphen in einer Fußnote mit Stern (*) oder auch an anderen Stellen in Fußnoten untergebracht sind.

§ 1. Einführung

Gesellschaftsrecht* ist das Recht der **privatrechtlichen Zweckverbände** und kooperativen Vertragsverhältnisse.[1] Es ist ein Rechtsgebiet von enormer praktischer Relevanz. Weil nahezu alle bedeutenden Unternehmen als Gesellschaft organisiert sind, ist das Gesellschaftsrecht unmittelbarer Bestandteil des Wirtschaftslebens. Seiner praktischen Bedeutung gemäß spielt das Gesellschaftsrecht auch in der Rechtsprechung des BGH[2] und der rechtswissenschaftlichen Literatur eine zentrale Rolle. Entsprechend hoch ist die Anzahl an gesellschaftsrechtlichen Entscheidungen und Veröffentlichungen. Auch der Gesetzgeber sieht sich immer wieder zu Änderungen veranlasst. Nicht selten reagiert er damit auf neue Gestaltungen der Praxis oder Entwicklungen der Rechtsprechung. 1

Anlass für Gesetzesänderungen ist zudem häufig das Bestreben des Gesetzgebers, den Wirtschaftsstandort Deutschland im europaweiten Wettbewerb um die Ansiedlung von Unternehmen durch eine praxistaugliche und zeitgemäße Ausgestaltung der nationalen Gesellschaftsformen zu fördern (**Wettbewerb der Rechtsformen**). Dies ist umso mehr erforderlich, seit der EuGH in viel beachteten Urteilen zur **Niederlassungsfreiheit** gemäß Art. 49, 54 AEUV (damals Art. 43, 48 EGV) entschieden hat, dass Gesellschaften, die in einem Land der Europäischen Union (EU) gegründet wurden, in den anderen Mitgliedstaaten als wirksam bestehende Gesellschaften an- 2

---

* Allgemeine Ausführungen zum Gesellschaftsrecht finden sich sehr ausführlich bei *K. Schmidt*, GesR, §§ 1–21; überschaubar bei *Windbichler*, GesR, §§ 1–4; knapp bei *Grunewald*, GesR, Einführung.

[1] Näher zum Begriff des Gesellschaftsrechts *K. Schmidt*, GesR, § 1 I.

[2] Beim BGH fällt das Gesellschaftsrecht in die Zuständigkeit des II. Zivilsenats. Interessierte Studenten sollten daher nach Entscheidungen des BGH Aussicht halten, deren Aktenzeichen mit „II ZR“ (Urteile) oder „II ZB“ (Beschlüsse) beginnt.

zuerkennen sind.[3] Es ist seitdem möglich, eine Gesellschaft in einem Land der EU zu gründen und anschließend mit dieser Gesellschaft ausschließlich in einem anderen Land der EU geschäftlich tätig zu werden. Dies hatte zunächst dazu geführt, dass sich viele Unternehmensgründer in Deutschland der **englischen Rechtsform der Private Limited Company** (Limited oder Ltd.) bedienten; später gingen die Zahlen dann wieder zurück und nun hat sich die gesellschaftsrechtliche Abwanderung zumindest nach Großbritannien mit dessen Austritt aus der EU ganz erledigt.[4] Die nationalen Gesellschaftsformen sind auf dem deutschen Markt nach wie vor sehr deutlich in der Überzahl, zumal der deutsche Gesetzgeber auf das seinerzeitige Vordringen der englischen Limited mit der Einführung der Unternehmergesellschaft (haftungsbeschränkt) reagiert hat, einer Sonderform der GmbH, die bereits mit nur 1 EUR Stammkapital gegründet werden kann (→ § 4 Rn. 295 f.).

3 In einem ersten Schritt wird dem Leser nachfolgend ein grober Überblick über das Gesellschaftsrecht verschafft, indem die wesentlichen Grundsätze und Strukturen aufgezeigt und die vielen verschiedenen Gesellschaftsformen kurz vorgestellt werden. Im weiteren Verlauf des Buches wird dieser Überblick sodann ergänzt und verfeinert.

I. Gesellschaftsrechtliche Grundlagen

4 Als Gesellschaften werden vertragliche Zusammenschlüsse mehrerer Personen (Personenvereinigungen) zu einer gemeinschaftlichen Zweckverfolgung bezeichnet. Charakteristisch für eine Gesellschaft ist also das ziel- und zweckgerichtete Zusammenwirken aufgrund eines privatrechtlichen Vertrags. Keine Gesellschaften sind daher z. B. Erbengemeinschaften (kein Vertrag) oder öffentlich-rechtliche Organisationen (kein Privatrecht); es genügt auch nicht, dass mehrere Personen Eigentümer eines Gegenstandes sind (kein gemeinsamer Zweck).[5] Nicht alle Gesellschaftsformen setzen allerdings zwingend voraus, dass mehr als ein Gesellschafter vorhanden ist. Insbesondere Aktiengesellschaften (AG) und Gesellschaften mit beschränkter Haftung (GmbH) können auch als sog. Einpersonen-Gesellschaften existieren (vgl. §§ 2 AktG, 1 GmbHG).

5 Das Recht, Gesellschaften zu gründen, gewährleistet Art. 9 I GG (**Gründungsfreiheit**). Dabei zu beachten ist aber der ***Numerus Clausus der Gesellschaftsformen***, wonach das Gesetz die zur Verfügung stehenden Gesellschaftstypen abschließend bestimmt. Die Gründungsgesellschafter können daher keine neuen Gesellschaftsformen „erfinden", sondern müssen sich für ihre Zwecke der im Gesetz vorgesehenen Typen bedienen. Zwischen den verschiedenen verfügbaren Gesellschaftsformen können sie grundsätzlich frei wählen (**Freiheit der Rechtsformwahl**).

6 Für welche Rechtsform sich Gründer entscheiden, hängt von verschiedenen Faktoren ab. Von Bedeutung sind in der Regel folgende Fragen:[6]

---

[3] EuGHE 1999, I 1459 = ZIP 1999, 438 (Centros); EuGHE 2002, I 9919 = ZIP 2002, 2037 (Überseering); EuGHE 2003, I 10155 = ZIP 2003, 1885 (Inspire Art); dazu *Bitter*, WM 2004, 2190; zur Anwendung von Haftungsregeln wie § 15 InsO (früher § 64 GmbHG) auf Auslandsgesellschaften → § 4 Rn. 151e.

[4] Auf die Niederlassungsfreiheit kann sich eine britische Limited seit dem Austritt nicht mehr berufen; vgl. BGH ZIP 2021, 566. Zur schwierigen rechtlichen Einordnung der in Deutschland verbliebenen britischen Limiteds OLG München ZIP 2021, 2178; *Behme*, ZIP 2021, 2557 ff.

[5] Es handelt sich dann um eine sog. Gemeinschaft gemäß §§ 741 ff. BGB.

[6] Näher *Windbichler*, GesR, § 4 Rn. 1 ff.

- der Gesellschaftszweck: Zu unterscheiden sind insbesondere ideelle (= nicht wirtschaftliche) und Erwerbszwecke;
- der Gründungsaufwand, d.h. die Kosten und das Verfahren der Gründung;
- die Größe: Hier geht es vor allem um die angestrebte Zahl an Gesellschaftern, das benötigte Kapital und die in Aussicht genommene Unternehmenstätigkeit;
- die innere Organisation der Gesellschaft: Das Innenverhältnis zwischen den Gesellschaftern unterliegt bei den verschiedenen Rechtsformen in unterschiedlichem Maße der Parteidisposition (Gestaltungsfreiheit); soweit Regeln bei einer Gesellschaftsform zwingend sind, müssen die Gründer entscheiden, ob sie diese hinnehmen können; falls nicht, müssen sie eine Gesellschaftsform wählen, bei der entweder die gesetzliche Regelung ihrem Regelungsziel bereits entspricht oder sie jedenfalls eine entsprechende (abweichende) Bestimmung treffen können;
- die Übertragbarkeit der Anteile;
- die Haftungsrisiken und die Haftungsvermeidung;
- Publizitätspflichten: Je nach Gesellschaftsform müssen unterschiedlich viele Informationen veröffentlicht und so dem Rechtsverkehr allgemein zugänglich gemacht werden; soweit ein Interesse an Geheimhaltung besteht, muss dies bei der Wahl der Gesellschaftsform berücksichtigt werden;
- die steuerlichen Auswirkungen (in der Praxis sehr bedeutsam).

Die Wahlfreiheit der Gründer hat jedoch Grenzen. Manche Gesellschaftsformen 7 stellt das Gesetz nur für bestimmte Zwecke zur Verfügung. So kann etwa eine offene Handelsgesellschaft (oHG) oder eine Kommanditgesellschaft (KG) nur für (handels-)gewerbliche[7] oder vermögensverwaltende Zwecke gegründet werden (vgl. § 105 I, II HGB); eine Partnerschaftsgesellschaft (PartG) steht nur Freiberuflern offen (vgl. § 1 PartGG). Schließlich kann es auch vorkommen, dass das Gesetz die Gesellschafter abweichend von ihrem Willen in eine andere Rechtsform zwingt (**Rechtsformzwang**). Dies gibt es allerdings grundsätzlich nur bei Personengesellschaften.[8] Besonders wichtig ist der Fall, dass die Gesellschafter eine Gesellschaft bürgerlichen Rechts (GbR) gründen wollen, aber auf den Betrieb eines Handelsgewerbes (§ 1 II HGB)[9] abzielen: Die Gesellschaft ist dann trotz des entgegenstehenden Willens der Gründer eine oHG (vgl. § 105 I HGB).

Auch wenn die gewünschte Gesellschaftsform für den beabsichtigten Zweck zur 8 Verfügung steht, bedeutet die Freiheit der Rechtsformwahl nicht, dass die angestrebte Gesellschaft stets allein durch den Entschluss entsteht, sie zu gründen. Einige Gesellschaften entstehen erst, wenn ein bestimmtes **Gründungsverfahren** durchlaufen wurde. So genügt etwa bei der GmbH nicht der bloße Gründungsentschluss, sondern sie existiert erst ab der Eintragung ins Handelsregister (§ 11 I GmbHG). Diese wiederum setzt voraus, dass die gesetzlichen Vorgaben zur Gründung (§§ 1 ff. GmbHG) beachtet wurden (vgl. § 9c GmbHG). Entsprechendes gilt für die AG (vgl. §§ 38, 41 AktG).

Herkömmlich erfolgt die Einteilung der Gesellschaftsformen in zwei große Gruppen: 9

- Personengesellschaften
- Körperschaften

---

[7] Zum Handelsgewerbe i.S.v. §§ 1 ff. HGB siehe *Bitter/Linardatos*, HandelsR, § 2 Rn. 2 ff.

[8] Zur Unterscheidung zwischen Personengesellschaften und Körperschaften → Rn. 9 ff. Bei Kapitalgesellschaften spielt der Rechtsformzwang nur ausnahmsweise bei der sog. unechten Vorgesellschaft im Rahmen der Gründung eine Rolle (→ § 4 Rn. 58).

[9] Zum Begriff des Handelsgewerbes i.S.v. §§ 1 ff. HGB siehe *Bitter/Linardatos*, HandelsR, § 2 Rn. 2 ff.

10 Grundform der **Personengesellschaften** ist die GbR, die in den §§ 705 ff. BGB geregelt ist. Daneben sind vor allem die oHG und die KG aus dem Rechtsverkehr bekannt, letztere häufig in der Sonderform der GmbH & Co. KG. Personengesellschaften sind ferner die stille Gesellschaft (§§ 230 ff. HGB) und die PartG.

11 Grundform der **Körperschaften** ist der in den §§ 21 ff. BGB geregelte Verein. Als besondere Rechtsform für Versicherer steht der Versicherungsverein auf Gegenseitigkeit (VVaG) zur Verfügung. Daneben gibt es die Kapitalgesellschaften: AG, Kommanditgesellschaft auf Aktien (KGaA), GmbH sowie die eingetragene Genossenschaft (eG).

12 Zu den rein nationalen Gesellschaftstypen treten **supranationale Rechtsformen** hinzu, deren Verbreitung in der Praxis freilich geringer ist.[10] Neben der Personengesellschaft der Europäischen Wirtschaftlichen Interessenvereinigung (EWIV) stehen verschiedene Körperschaften zur Verfügung. Zu nennen ist insbesondere die Europäische Aktiengesellschaft (SE = Societas Europaea), in welche mehrere bekannte deutsche Unternehmen formgewechselt haben, die früher als nationale AG organisiert waren (Beispiele: BASF SE, Porsche SE). Ferner gibt es die Europäische Genossenschaft (SCE = Societas Cooperativa Europaea), die allerdings bislang nur ganz selten anzutreffen ist.

13 Die wichtigsten Gesellschaftsformen sind in der nachfolgenden Übersicht zusammengestellt:[11]

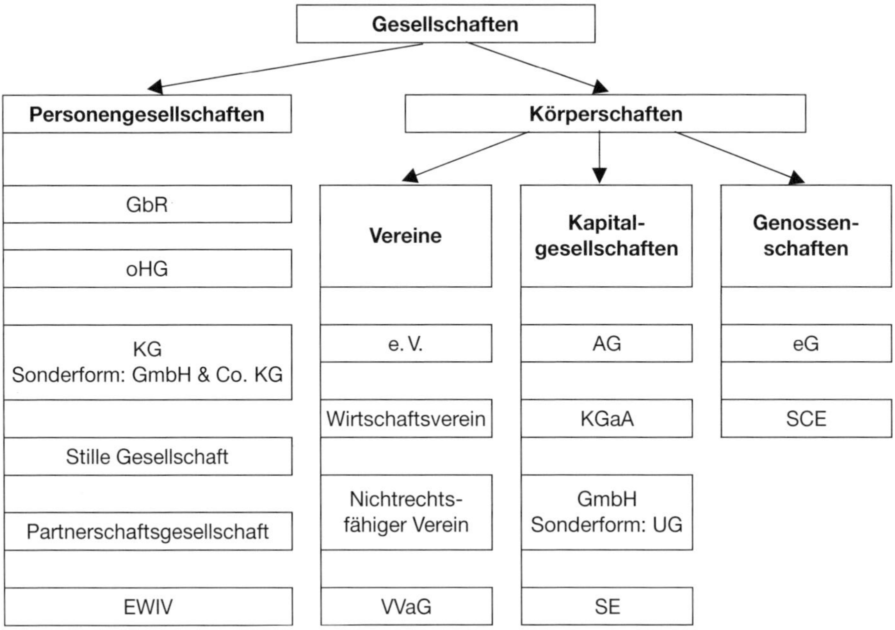

14 Ausgangspunkt der Unterteilung in Personengesellschaften und Körperschaften war ursprünglich die Frage der Rechtsfähigkeit, d. h. der Fähigkeit, selbst Träger von Rechten und Pflichten zu sein:

---

[10] Zahlen bei *Bayer/J. Schmidt*, BB 2016, 1923.

[11] Eine Übersicht zur praktischen Bedeutung der verschiedenen Gesellschaftsformen findet sich bei *Windbichler*, GesR, § 4 Rn. 11.

Die **Körperschaften** sind juristische Personen. Sie haben eine eigene **Rechtspersönlichkeit.** Das bedeutet, dass sie von anderen (juristischen oder natürlichen) Personen genauso strikt zu trennen sind, wie zwei natürliche Personen unterschieden werden müssen. Insbesondere sind die konkrete Körperschaft und ihre Gesellschafter auseinander zu halten, wobei letztere wiederum natürliche oder juristische Personen sein können. Die Körperschaft selbst ist Inhaberin (Eigentümerin) des Gesellschaftsvermögens und wird selbst – als juristische Person – berechtigt und verpflichtet (vgl. § 13 I GmbHG, § 1 I 1 AktG, § 17 I GenG). Auch im Grundbuch wird die Gesellschaft als Eigentümerin oder Inhaberin sonstiger Grundstücksrechte eingetragen. Sie ist also voll rechtsfähig. 15

Bei den **Personengesellschaften** existierte nach traditionellem Verständnis keine von den Gesellschaftern strikt zu trennende Rechtsperson. Dementsprechend wurden die Gesellschafter, nicht die Gesellschaft als Träger von Rechten und Pflichten angesehen.[12] Das Gesellschaftsvermögen stand nach diesem Verständnis den Gesellschaftern „zur gesamten Hand" zu (**Gesamthandsvermögen**), war also ein Sondervermögen der Gesellschafter, das von ihrem sonstigen (Privat-)Vermögen getrennt, aber im Gegensatz zu den Körperschaften nicht als juristische Person vollkommen verselbständigt ist.[13] Gleichwohl werden die Handelsgesellschaften des HGB im Hinblick auf § 124 HGB schon seit langer Zeit als „teilrechtsfähig" angesehen. Sie können danach insbesondere Rechte erwerben und Pflichten eingehen; sie selbst, nicht die Gesellschafter sind primär berechtigt und verpflichtet.[14] Dabei führt der Begriff der „Teilrechtsfähigkeit" in die Irre, weil er einen Unterschied zu den als vollrechtsfähig anerkannten Körperschaften suggeriert, der in Wahrheit nicht (mehr) existiert. Er dürfte sich spätestens mit dem Inkrafttreten des Gesetzes zur Modernisierung des Personengesellschaftsrechts (**MoPeG**)[15] am 1.1.2024 erledigen, weil dann sogar die Gesellschaft bürgerlichen Rechts (GbR) in § 705 II BGB n. F. in einer „rechtsfähigen" Variante anerkannt und das Gesamthandsprinzip abgeschafft wird.[16] 16

Im MoPeG wird eine längere Entwicklung kodifiziert, die kurz nach der Jahrtausendwende ihren Höhepunkt fand:[17] Durch Urteil vom 29.1.2001[18] hatte der BGH – basierend auf Vorarbeiten in der Literatur – seine Rechtsprechung zur Rechtsfähigkeit der GbR geändert. Nach diesem Urteil besitzt die (Außen-)GbR[19] Rechtsfähigkeit, soweit sie durch die Teilnahme am Rechtsverkehr eigene Rechte und Pflichten begründet.[20] Später hatten der BGH[21] und nachfolgend der Gesetzgeber auch die Grundbuchfähigkeit der (Außen-)GbR anerkannt (vgl. § 899a BGB in der bis zum 31.12.2023 geltenden Fassung).[22] Diese Neuorientierung der Rechtsprechung ist im Jahr 2021 mit dem MoPeG in einer grundlegenden Reform der gesetzlichen 17

---

[12] Dazu und zur Neuorientierung im MoPeG *Wertenbruch*, GmbHR 2021, 1, 2 (Rn. 2).

[13] Zur Historie der Gesamthandsidee *Fleischer*, ZGR-Sonderheft 23, 2021, S. 1, 21 ff.

[14] Näher → § 6 Rn. 3.

[15] MoPeG vom 10.8.2021, BGBl. I, 3436; RegE mit Begründung in BT-Drs. 19/27635.

[16] Dazu *Bachmann*, NJW 2021, 3073 ff.; *Bachmann*, NZG 2020, 612 ff.; *Fleischer*, ZGR-Sonderheft 23, 2021, S. 1, 21 ff.; *Armbrüster*, ebenda, S. 143 ff.

[17] Dazu *K. Schmidt*, ZHR 185 (2021), 16 ff.; *Bachmann*, NJW 2021, 3073 ff.; *Noack*, NZG 2020, 581 ff.; *Schollmeyer*, ZGR-Sonderheft 23, 2021, S. 29 ff.; *Habersack*, ZGR 2020, 539 ff.

[18] BGHZ 146, 341 = NJW 2001, 1056; dazu *K. Schmidt*, NJW 2001, 993.

[19] Zur Unterscheidung von Außen- und Innengesellschaft → § 5 Rn. 29.

[20] Näher → § 5 Rn. 30 ff.

[21] BGHZ 179, 102; dazu *K. Schmidt*, JuS 2009, 278.

[22] Näher → § 5 Rn. 34.

Regelungen zur GbR in den §§ 705 ff. BGB verankert worden.[23] Nach § 705 II BGB in der ab dem 1.1.2024 geltenden Fassung wird die GbR als „rechtsfähige Gesellschaft" anerkannt, sodass sie „selbst Rechte erwerben oder Verbindlichkeiten eingehen" kann, „wenn sie nach dem gemeinsamen Willen der Gesellschafter am Rechtsverkehr teilnehmen soll" (näher → § 5 Rn. 29a ff.). Zur Eintragung solcher rechtsfähigen Außengesellschaften wird ein neues Gesellschaftsregister geschaffen (§§ 707a ff. BGB n.F.) und (nur) eine dort eingetragene GbR kann sodann auch als Inhaberin von Grundstücksrechten im Grundbuch erscheinen (§ 47 II GBO n.F.; → § 5 Rn. 35a). Nach dieser mit dem MoPeG nun auch gesetzlich nachvollzogenen Gesamtentwicklung ist die **Rechtsfähigkeit nicht mehr das entscheidende Kriterium** zur Unterscheidung von Körperschaften und Personengesellschaften. Ob man im Hinblick auf die veränderte Anschauung mittlerweile auch die Personengesellschaften als juristische Personen qualifiziert oder sie davon nach wie vor abgrenzt, wie es der Gesetzgeber des MoPeG mit dem Begriff der „rechtsfähigen Personengesellschaft" tut (vgl. z.B. § 707 II Nr. 2b) n.F.)[24], ist eher eine terminologische Frage.[25] Inhaltlich ist in der Frage der Rechtsfähigkeit jedenfalls schon eine Parallele festzustellen.[26]

18 Ein weiterer wesentlicher Unterschied zwischen beiden Arten von Gesellschaften besteht in der Frage der **Haftung für Gesellschaftsverbindlichkeiten**. Bei den Körperschaften ist die Haftung gegenüber Dritten (Gesellschaftsgläubigern) auf das Gesellschaftsvermögen beschränkt (vgl. § 13 II GmbHG, § 1 I 2 AktG, § 2 GenG). Wird z.B. ein Vertrag zwischen einem Dritten und der juristischen Person geschlossen, kann der Dritte für die Verbindlichkeiten aus dem Vertrag auch nur die Gesellschaft und ihr Vermögen in Anspruch nehmen. Bei den Personengesellschaften haften hingegen auch die Gesellschafter persönlich mit ihrem Privatvermögen und – mit Ausnahme des Kommanditisten – unbeschränkt für die Gesellschaftsverbindlichkeiten (§ 128 HGB in direkter oder analoger Anwendung; ab 1.1.2024 § 721 BGB n.F. bzw. § 126 HGB n.F.). Schließt ein Dritter also einen Vertrag mit einer GbR, einer oHG oder KG, kann er zur Befriedigung seiner Forderung nicht nur auf das Gesellschaftsvermögen, sondern auch auf das Vermögen der Gesellschafter zurückgreifen (auf das eines Kommanditisten einer KG jedoch nur betraglich beschränkt und nicht mehr nach Leistung der Einlage; → § 7 Rn. 6 ff.).

19 Ein nächster Unterschied zwischen Körperschaften und Personengesellschaften besteht in der **Zuständigkeit für die Geschäftsführung und Vertretung**. Während diese Aufgaben in der Personengesellschaft von den Gesellschaftern nach klassischem Verständnis selbst wahrgenommen werden (**Selbstorganschaft**),[27] besteht bei den Körperschaften eine Trennung von den Mitgliedern: Geschäftsführung und Vertretung werden durch besondere Organe (insbesondere Vorstand, Aufsichtsrat,

---

[23] Darstellung der Grundlinien der Reform bei *Fleischer* und *Schollmeyer*, ZGR-Sonderheft 23, 2021, S. 1 ff. bzw. S. 29 ff.; Details in den weiteren Beiträgen jenes Sonderheftes.

[24] Zust. *Habersack*, ZGR 2020, 539, 548 m.w.N.; *Armbrüster*, ZGR-Sonderheft 23, 2021, S. 143, 151 f.; siehe auch den Diskussionsbericht bei *Benz*, ebenda, S. 165, 167.

[25] Scholz/*Bitter*, GmbHG, § 13 Rn. 5 mit Hinweis auf *Bachmann*, FS Lindacher, 2017, S. 23, 34 ff.

[26] Siehe aber auch BGH ZIP 2017, 122 (Rn. 17 ff.) mit – wenig überzeugender – Differenzierung zwischen Personen- und Kapitalgesellschaften bei der Eigenbedarfskündigung (§ 573 II 2 BGB); dazu mit Recht kritisch die Monografie von *Palmen*, Eigenbedarfsähnliche Kündigungsgründe und vermietende Gesellschaften, 2021.

[27] Dazu *Wertenbruch*, GmbHR 2021, 1, 3 (Rn. 6); *K. Schmidt*, ZHR 185 (2021), 16, 33 f.; kritisch *Osterloh-Konrad*, ZGR 2019, 271 ff.; *Fleischer*, ZGR-Sonderheft 23, 2021, S. 1, 23 f.; *Lieder*, ebenda, S. 169, 179 f.

Geschäftsführer) wahrgenommen (**Fremdorganschaft**). Allerdings kann auch ein Gesellschafter Organmitglied sein. Ein Aktionär kann also zum Vorstandsmitglied einer AG bestellt werden oder ein GmbH-Gesellschafter zum Geschäftsführer der GmbH. Aber auch dann sind Organ- und Gesellschafterstellung strikt zu trennen.

20 Schließlich unterscheiden sich Körperschaften und Personengesellschaften typischerweise noch in folgenden zwei Punkten:[28]

- Körperschaften sind in ihrer Struktur auf eine Vielzahl von Gesellschaftern ausgerichtet, während Personengesellschaften nach dem gesetzlichen Grundtypus einige wenige Gesellschafter haben (**personalistische Struktur**). Dieses Unterscheidungsmerkmal ist heute allerdings nur noch beschränkt zur Abgrenzung geeignet: Einerseits gibt es eine Vielzahl von Einpersonen-Körperschaften (z. B. die typische „Ein-Mann-GmbH“); andererseits sind viele Personengesellschaften auf eine große Zahl an Gesellschaftern ausgelegt (sog. Publikumspersonengesellschaften).
- Bei Körperschaften genügt für eine wirksame Beschlussfassung grundsätzlich ein Mehrheitsbeschluss (vgl. zum Verein § 32 I 3 BGB), während Beschlüsse bei Personengesellschaften nach dem Grundkonzept einstimmig gefasst werden müssen (vgl. zur GbR § 709 I BGB; ab 1.1.2024 § 714 BGB n. F.).

21 Im Lichte der vorgenannten Unterscheidungsmerkmale ist zu beachten, dass das tatsächliche Erscheinungsbild einer Gesellschaft (**Realstruktur**) oft in vielerlei Hinsicht von dem gesetzlichen Modell abweicht. Dies kann im Einzelfall bei der Gesetzesanwendung zu beachten sein. So passen etwa verschiedene, im Gesetz für Personengesellschaften festgelegte Regeln nicht auf die vorerwähnten Publikumsgesellschaften mit sehr großem Gesellschafterkreis. Dies kann man sich rasch vorstellen, wenn etwa 500 oder 1000 Gesellschafter zu einer einstimmigen Entscheidung gebracht werden sollen. Die gesetzlichen Regeln sind dann zu modifizieren, um der Realstruktur gerecht zu werden.[29] Andernfalls würde nämlich ein wichtiges gesetzgeberisches Ziel des Gesellschaftsrechts verfehlt: Unternehmen unter Beachtung von Drittinteressen einen ihrem Zweck entsprechenden Rechtsrahmen zur Verfügung zu stellen.

22 Grundlegend ist schließlich die im Lern- und Fallbuch zum Handelsrecht näher erläuterte **Trennung zwischen „dem Unternehmen“ und „der Gesellschaft“** (ob Personengesellschaft oder Körperschaft) als Unternehmensträger.[30] Das Unternehmen ist eine wirtschaftliche Einheit aus sachlichen und personellen Mitteln, kann jedoch mangels Rechtsfähigkeit nicht Träger von Rechten und Pflichten sein. Die rechtliche Zuordnung erfolgt deshalb zum Träger des Unternehmens, der Gesellschaft. Sie wird daher zum Beispiel aus unternehmensbezogenen Geschäften berechtigt und verpflichtet.[31] Zu unterscheiden sind also die wirtschaftliche Einheit (Unternehmen) und das rechtliche Zuordnungssubjekt (Gesellschaft). Bei Konzernen wiederum ist oft ein einheitliches Unternehmen auf verschiedene Gesellschaften verteilt.

---

[28] Ein weiterer wesentlicher Unterschied wird im Anwachsungsprinzip bei Personengesellschaften gesehen (derzeit § 738 I 1 BGB, ab 1.1.2024 § 712 BGB n.F.; → § 5 Rn. 112; vgl. z.B. *Wertenbruch*, GmbHR 2021, 1 [Rn. 5]; *Bachmann*, NZG 2020, 612, 616; *K. Schmidt*, ZHR 185 [2021], 16, 28 ff.). Doch ist die Wirkung der Einziehung von Anteilen an einer juristischen Person im Grunde dieselbe (→ § 4 Rn. 95 ff.).

[29] Hierzu → § 7 Rn. 43 ff.

[30] Zu dieser Unterscheidung siehe *Bitter/Linardatos*, HandelsR, § 3 Rn. 3 f. und § 5 Rn. 2 ff.

[31] Zur Bedeutung des Unternehmensbezugs bei der Stellvertretung vgl. *Bitter/Röder*, BGB AT, § 10 Rn. 51 ff. und *Bitter/Linardatos*, HandelsR, Fall Nr. 7 – Nachlässigkeit.

II. Kurzübersicht über die Gesellschaftsformen

23 Eine kurze Beschreibung der verschiedenen Gesellschaftsformen samt den gebräuchlichen Abkürzungen und einschlägigen Rechtsgrundlagen findet sich in der nachfolgenden Übersicht. Die praktisch wichtigsten Gesellschaftsformen werden im Anschluss daran ausführlicher besprochen.

Personengesellschaften			
Gesellschaft bürgerlichen Rechts	GbR	§§ 705 ff. BGB	Die Gesellschafter verpflichten sich durch Gesellschaftsvertrag zur Förderung eines beliebigen gemeinsamen Zwecks, der nicht auf den Betrieb eines Handelsgewerbes i. S. v. § 1 II HGB gerichtet ist (bei einem handelsgewerblichen Zweck wird die Gesellschaft kraft Rechtsformzwanges zur oHG; → Rn. 7). Alle Gesellschafter haften den Gläubigern im Grundsatz persönlich und unbeschränkt.
offene Handelsgesellschaft	oHG	§§ 105 ff. HGB	Der Gesellschaftsvertrag ist auf den Betrieb eines Handelsgewerbes unter gemeinschaftlicher Firma gerichtet. Alle Gesellschafter haften den Gläubigern der Gesellschaft persönlich und unbeschränkt.
Kommanditgesellschaft	KG	§§ 161 ff. HGB	Der Gesellschaftsvertrag ist auf den Betrieb eines Handelsgewerbes unter gemeinschaftlicher Firma gerichtet. Es gibt zwei Gruppen von Gesellschaftern: Die Komplementäre haften für die Gesellschaftsverbindlichkeiten persönlich und unbeschränkt; die Kommanditisten haften zwar auch persönlich, aber der Höhe nach beschränkt auf den Betrag ihrer in das Handelsregister eingetragenen Haftsumme (Einlage).
GmbH & Co. KG		§§ 161 ff. HGB + GmbHG	Auch die GmbH & Co. KG ist eine KG und damit *keine* eigenständige Rechtsform. Allerdings nimmt sie eine Sonderstellung ein, weil Komplementär eine GmbH ist. Da die GmbH zwar persönlich und unbeschränkt für die Verbindlichkeiten der KG haftet, ihrerseits aber haftungsbeschränkt ist (siehe unten), ist die GmbH & Co. KG letztlich eine Personengesellschaft mit Haftungsbeschränkung. Die GmbH & Co. KG ist ein Beispiel für das Phänomen der „Grundtypenvermischung".
Stille Gesellschaft		§§ 230 ff. HGB	Die stille Gesellschaft ist eine vermögensmäßige Beteiligung am Handelsgewerbe eines anderen. Der stille Gesellschafter leistet seine Einlage in das Vermögen des Geschäftsinhabers und erhält dafür eine Gewinnbeteiligung. Die stille Gesellschaft tritt nicht nach außen im Rechtsverkehr auf (Innengesellschaft und Spezialfall der GbR).

Personengesellschaften			
Partnerschaftsgesellschaft	PartG	Partnerschaftsgesellschaftsgesetz (PartGG)	In der Partnerschaftsgesellschaft können sich Angehörige freier Berufe (Ärzte, Rechtsanwälte, Architekten etc.) zur gemeinsamen Berufsausübung zusammenschließen. Die persönliche Haftung für berufliche Fehler ist auf die Partner beschränkt, die den Auftrag bearbeitet haben (§ 8 II PartGG), oder kann ganz ausgeschlossen werden (§ 8 IV PartGG).
Europäische Wirtschaftliche Interessenvereinigung	EWIV	EWIV-Verordnung (EU) und EWIV-Ausführungsgesetz (D)	Die EWIV ist eine europarechtliche Gesellschaft mit Mitgliedern in mindestens zwei EU-Staaten. Sie soll die Kooperation über die nationalen Grenzen hinweg erleichtern und fördern, aber nicht selbst Unternehmensträger sein. Sie ist eine rechtsfähige Personengesellschaft, die allerdings wegen der persönlichen Haftung ihrer Mitglieder in der Praxis selten vorkommt.
Körperschaften			
Verein	e. V.	§§ 21 ff. BGB	Der Verein ist ein Zusammenschluss von Personen, der auf einen beliebigen Zweck gerichtet ist und Rechtsfähigkeit durch die Eintragung im Vereinsregister erhält. Der Zweck darf beim e. V. allerdings nicht in einem wirtschaftlichen Geschäftsbetrieb bestehen (§ 21 BGB). Vom rechtsfähigen Verein ist der in § 54 BGB geregelte sog. nichtrechtsfähige Verein zu unterscheiden.
Versicherungsverein auf Gegenseitigkeit	VVaG	§§ 7, 15 ff. VAG	Der VVaG ist ein rechtsfähiger Verein, und zwar eine Sonderform des wirtschaftlichen Vereins. Er ermöglicht eine Versicherung auf mitgliedschaftlicher Basis. Die Mitglieder (Gesellschafter) tragen die versicherten Risiken gemeinsam, indem Schadensfälle aus der gemeinsamen Kasse gedeckt werden.
Aktiengesellschaft	AG	§§ 1 ff. AktG	Die AG kann zu jedem gesetzlich zulässigen Zweck gegründet werden. Sie entsteht als juristische Person durch die Eintragung im Handelsregister. Den Gläubigern haftet nur das Gesellschaftsvermögen. Das Grundkapital ist in Aktien zerlegt, mit denen die Aktionäre am Vermögen der Gesellschaft beteiligt sind.
Kommanditgesellschaft auf Aktien	KGaA	§§ 278 ff. AktG	Die KGaA ist eine Gesellschaft mit eigener Rechtspersönlichkeit (juristische Person), bei der mindestens ein Gesellschafter persönlich und unbeschränkt haftet (Komplementär) und die übrigen an dem in Aktien zerlegten Grundkapital beteiligt sind, ohne persönlich für die Verbindlichkeiten der Gesellschaft zu haften (Kommanditaktionäre).

Körperschaften			
Gesellschaft mit beschränkter Haftung	GmbH	GmbHG	Die GmbH kann zu jedem gesetzlich zulässigen Zweck gegründet werden. Sie entsteht als juristische Person durch die Eintragung im Handelsregister. Den Gläubigern haftet nur das Gesellschaftsvermögen. Die Gesellschafter sind mit Geschäftsanteilen am Stammkapital der Gesellschaft beteiligt. Eine Sonderform der GmbH, aber keine selbständige Rechtsform ist die durch das Gesetz zur Modernisierung des GmbH-Rechts und zur Bekämpfung von Missbräuchen (MoMiG)[32] eingeführte Unternehmergesellschaft (haftungsbeschränkt) = UG (haftungsbeschränkt). Das Besondere an dieser Form der GmbH ist, dass ihr Stammkapital den Betrag des Mindeststammkapitals unterschreitet (§ 5a I GmbHG).
Europäische Aktiengesellschaft (Societas Europaea)	SE	SE-Verordnung (EU), SE-Richtlinie (EU), nationales Ausführungsgesetz (SEAG)	Die SE ist eine europarechtliche Gesellschaft, die seit dem 8.10.2004 grenzüberschreitend durch Gesellschaften in mindestens zwei EU-Staaten gegründet werden kann. Eine Sitzverlegung von einem Staat in den anderen ist möglich. Durch den partiellen Verweis der SE-Verordnung auf nationales Recht und durch die teilweise unterschiedlichen nationalen Ausführungsgesetze handelt es sich nicht um eine in allen EU-Staaten vollkommen einheitliche Rechtsform.
Genossenschaft	eG	GenG	Die eG ist eine Gesellschaft mit nicht geschlossener Mitgliederzahl, welche die Förderung des Erwerbes oder der Wirtschaft ihrer Mitglieder mittels gemeinschaftlichen Geschäftsbetriebs bezweckt (z. B. Einkaufsgenossenschaft).
Europäische Genossenschaft (Societas Cooperativa Europaea)	SCE	SCE-Verordnung (EU), SCE-Richtlinie (EU), nationales Gesetz zur Einführung der Europäischen Genossenschaft und zur Änderung des Genossenschaftsrechts (EGSCE)	Die SCE ist eine europarechtliche Genossenschaft. Ab dem Tage ihrer Eintragung in das Handelsregister ihres Sitzstaates ist sie rechtsfähig. Unter bestimmten Voraussetzungen ist eine Sitzverlegung innerhalb der EU möglich.

[32] BGBl. I 2008, 2026; einen guten Überblick über das MoMiG liefern *Hirte*, NZG 2008, 761 und *Kindler*, NJW 2008, 3249; ausführlicher das GmbHR-Sonderheft 10/2008.

III. Gang der Darstellung

Üblicherweise werden in Lehrbüchern zum Gesellschaftsrecht zunächst die Personengesellschaften (beginnend mit der GbR) und im Anschluss daran die Körperschaften behandelt. Diese Reihenfolge soll hier umgekehrt werden, weil die Körperschaften aufgrund ihrer rechtlichen Verselbständigung (juristische Person) von der Struktur her einfacher zu erfassen sind und damit der Zugang zum Gesellschaftsrecht auf diese Weise für Studierende erleichtert wird. 24

§ 2. Der Verein

Der Verein ist die Urform privatrechtlicher Körperschaften.* Er ist ein auf Dauer angelegter, körperschaftlich organisierter Zusammenschluss von Personen zu einem gemeinsamen Zweck. Die körperschaftliche Organisation zeichnet sich durch drei Merkmale aus: 1
- Gesamtname;
- Vertretung durch den Vorstand (Fremdorganschaft);
- Unabhängigkeit des Vereins von der Identität seiner Mitglieder (eigene Rechtsperson).

Der „Gesellschaftsvertrag" des Vereins ist die sog. Vereinssatzung. Sie bestimmt die innere Ordnung (Verfassung) des Vereins, soweit diese nicht durch die §§ 26 ff. BGB vorgegeben wird (§ 25 BGB). Von den §§ 26 ff. BGB kann die Satzung nur in begrenztem Umfang abweichen (vgl. im Einzelnen § 40 BGB). 2

I. Der Verein und seine Organe

Der rechtsfähige Verein (zur Abgrenzung vom nichtrechtsfähigen Verein sogleich unter II.) ist juristische Person und von seinen Mitgliedern getrennt. Diese haften daher nicht für die Verbindlichkeiten des Vereins; etwas anderes gilt nur dann, wenn die Trennung rechtsmissbräuchlich ausgenutzt wird (sog. Durchgriffshaftung).[33] Der Verein hat zwei Organe, die Mitgliederversammlung und den Vorstand. 3

Alle Mitglieder haben nach Maßgabe der §§ 32 ff. BGB das Recht, an der **Mitgliederversammlung** teilzunehmen und dort ihr Stimmrecht auszuüben. Die Mitgliederversammlung ist das grundlegende Willensbildungsorgan des Vereins. Die Willensbildung erfolgt durch Beschluss mit einfacher Mehrheit der abgegebenen Stimmen (§ 32 I 1, 3 BGB). Eine Ausnahme gilt gemäß § 33 I 1 BGB für Satzungsänderungen und gemäß § 41 S. 2 BGB für einen Auflösungsbeschluss (jeweils ¾ Mehrheit) sowie gemäß § 33 I 2 BGB für Zweckänderungen (Zustimmung aller Mitglieder). Die Mitgliederversammlung ist zuständig für die Bestellung und Abberufung des Vereinsvorstands (§ 27 I, II BGB) und kann diesem Weisungen erteilen (§§ 27 III, 664 ff. BGB). Zu den Aufgaben der Mitgliederversammlung gehören weiterhin: Satzungsänderungen (§ 33 BGB), die Vereinsauflösung (§ 41 BGB) und die Bestellung von Liquidatoren (§ 48 I BGB). 4

* Zum Vereinsrecht vgl. *K. Schmidt*, GesR, §§ 23–25; *Grunewald*, GesR, §§ 8–9.

[33] Vgl. zum eingetragenen Verein BGHZ 175, 12 (Leitsätze 1 und 2) – Kolpingwerk; zur Durchgriffshaftung → § 4 Rn. 2, 251 ff.

5 Der **Vorstand** kann aus einer oder mehreren Personen bestehen (vgl. § 26 II BGB). Er vertritt den Verein als dessen gesetzlicher Vertreter gegenüber Dritten (in der Grafik: X) gerichtlich und außergerichtlich (§ 26 I 2 BGB). Gehören dem Vorstand mehrere Personen an, erfolgt die Vertretung – bei Fehlen einer anderweitigen Satzungsregelung (vgl. § 40 S. 1 BGB) – durch eine Mehrheit der Vorstandsmitglieder (§ 26 II 1 BGB). Ist dem Verein gegenüber eine Willenserklärung abzugeben (Passivvertretung), so genügt jedoch stets die Abgabe gegenüber einem Vorstandsmitglied (§ 26 II 2 BGB). Im Innenverhältnis entscheidet ein aus mehreren Personen bestehender Vorstand durch Mehrheitsbeschluss (§§ 28, 32 I 3 BGB), sofern die Satzung keine andere Regelung trifft (vgl. § 40 S. 1 BGB), indem sie z. B. Einzelgeschäftsführungsbefugnis anordnet.

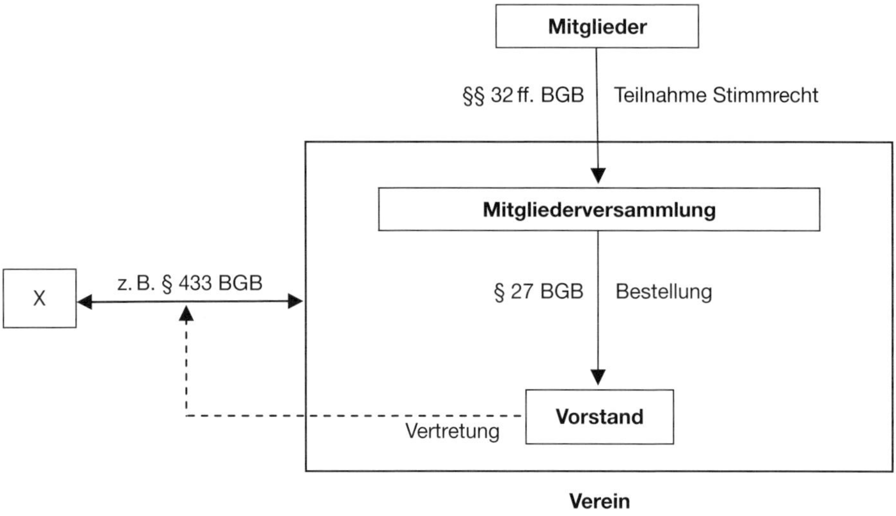

6 Schließt der Vorstand im Namen des rechtsfähigen Vereins einen Vertrag, z. B. einen Kaufvertrag, mit einem Dritten (X), dann kommt der Vertrag zwischen dem Dritten und dem Verein als juristischer Person zustande. Voraussetzung ist freilich, dass der Vorstand nicht nur im Namen des Vereins, sondern auch mit Vertretungsmacht gehandelt hat. Dies ist anhand des § 26 BGB zu prüfen (→ Rn. 5). Zu beachten ist, dass die Satzung den **Umfang der Vertretungsmacht** mit Wirkung gegenüber Dritten beschränken kann (§ 26 I 3 BGB). Interne Beschränkungen wirken also – anders als bei der AG und GmbH[34] – auch im Außenverhältnis.

7 Neben die Haftung für wirksam im Namen des Vereins eingegangene Verbindlichkeiten tritt die Haftung des Vereins für **Organverschulden**. Nach § 31 BGB haftet der Verein für den Schaden, den der Vorstand, ein Mitglied des Vorstands sowie jeder sonstige verfassungsmäßig berufene Vertreter des Vereins einem Dritten durch eine „in Ausführung der ihm zustehenden Verrichtungen" begangene Handlung zufügt. Über die in der Vorschrift ausdrücklich genannten Fälle hinaus erfolgt eine Zurechnung nach § 31 BGB auch bei Handlungen sonstiger Personen, denen durch die allgemeine Betriebsregelung und Handhabung bedeutsame, wesensmäßige Funktionen des Vereins zur selbständigen, eigenverantwortlichen Erfüllung zugewiesen sind, so dass sie den Verein repräsentieren (sog. **Repräsentantenhaf-**

[34] Zur AG → § 3 Rn. 52; zur GmbH → § 4 Rn. 134 ff.

tung).[35] Mit dieser Ausdehnung des § 31 BGB drängt die Rechtsprechung im Deliktsrecht denjenigen Bereich zurück, in dem sich der Geschäftsherr gemäß § 831 I 2 BGB für das Handeln seiner Verrichtungsgehilfen exkulpieren kann, weil § 31 BGB eine strikte Haftung ohne Entlastungsmöglichkeit begründet. In Ausführung der zustehenden Verrichtungen im Sinne von § 31 BGB ist eine Handlung nur begangen, wenn sie in den Kreis jener Maßnahmen fällt, welche sich als Ausführung der übertragenen Aufgaben darstellen; es muss ein enger objektiver Zusammenhang mit diesen Maßnahmen bestehen, wobei allerdings auch eine vorsätzliche Überschreitung des Auftrags und ein Missbrauch der Vertretungsmacht die Zurechnung nicht ausschließen, solange der Handelnde sich aus Sicht des Außenstehenden nicht so weit von seinem Aufgabenkreis entfernt, dass der allgemeine Rahmen der ihm übertragenen Obliegenheiten überschritten erscheint.[36] Nach diesen Maßgaben gilt § 31 BGB gleichermaßen für die Verletzung vertraglicher, vorvertraglicher und deliktischer Pflichten. Die Vorschrift ist aber keine eigenständige Haftungs- (vgl. § 31 BGB a. E.), sondern lediglich Zurechnungsnorm und muss daher inzident im Rahmen einer Anspruchsgrundlage (etwa §§ 280, 823, 826 BGB) geprüft werden.[37] Aktuell diskutiert und vom BGH grundsätzlich bejaht wird die Repräsentantenhaftung insbesondere im sog. Dieselskandal, in dem zu entscheiden war, ob die Herstellerin VW AG (und ggf. auch die Tochtergesellschaft Audi AG) direkt gegenüber geschädigten Autokäufern aufgrund eines deliktischen Fehlverhaltens ihrer „verfassungsmäßig berufenen Vertreter" haftet.[38]

⇨ *Fälle Nr. 1 – Bootstransport, Nr. 24 – Delikt, Nr. 31 – Scherben bringen Glück*

Von der Außenhaftung des Vereins für das Handeln seines Vorstands(mitglieds) 7a zu trennen ist die **Innenhaftung des Vorstands(mitglieds)** gegenüber dem Verein für eine pflichtwidrige Führung der Vereinsgeschäfte. Da § 27 III BGB für die Geschäftsführung des Vorstands auf das Auftragsrecht verweist, kann sich im Grundsatz eine Haftung aus §§ 664 ff., 280 BGB bei jeder fahrlässigen Pflichtverletzung ergeben. Um jedoch Anreize zu einem ehrenamtlichen Engagement in Vereinen zu setzen, gilt insoweit seit dem Jahr 2009 eine **Haftungsbegrenzung auf Vorsatz und grobe Fahrlässigkeit** und zudem eine von § 280 I 2 BGB abweichende Beweislast, falls die Tätigkeit unentgeltlich erfolgt oder die jährliche Vergütung den Betrag von derzeit 840 EUR nicht übersteigt (§ 31a BGB).[39] Jenes zunächst nur für Vorstände eingeführte Privileg wurde 2013 auf alle Organmitglieder ausgedehnt, sodass auch die Mitglieder anderer Vereinsorgane – etwa eines im Einzelfall bestehenden Aufsichtsrats – davon profitieren.[40] Sind einzelne Organmitglieder nach § 31a BGB privilegiert, andere hingegen wegen einer 840 EUR übersteigenden Vergütung nicht,

---

[35] Vgl. zur AG BGHZ 196, 340 = NJW 2013, 3366 = ZIP 2013, 729 (Rn. 12); BGHZ 225, 316 = ZIP 2020, 1179 (Rn. 33) und deutlicher OLG Karlsruhe ZIP 2019, 863, 868 ff. (juris-Rn. 47 f.) m. w. N. (Dieselskandal).

[36] Vgl. BGHZ 196, 340 = NJW 2013, 3366 = ZIP 2013, 729 (Rn. 17) zur AG.

[37] Siehe zu §§ 826, 31 BGB z. B. BGH ZIP 2016, 2023 (Rn. 13): Erfüllung des objektiven und subjektiven Tatbestands des § 826 BGB durch den „verfassungsmäßig berufenen Vertreter"; bestätigend BGH ZIP 2021, 799 (Rn. 23) zur Haftung der Audi AG im Dieselskandal.

[38] Siehe aus der umfangreichen Rspr. BGHZ 225, 316 = ZIP 2020, 1179 (Rn. 29 ff.); BGH ZIP 2021, 2344 (Rn. 14 ff.); BGH ZIP 2021, 2593 f. (Rn. 13 ff.) m. w. N.; vgl. auch BGH ZIP 2021, 799 und BGH ZIP 2022, 81 zur Haftung der Audi AG; ferner OLG Frankfurt ZIP 2020, 123: Das Wissen der VW AG wird der Skoda-Importeurin nicht zugerechnet.

[39] Zur Vereinsrechtsreform 2009 siehe *Reuter*, NZG 2009, 1368.

[40] Dazu Grüneberg/*Ellenberger*, BGB, Einf v § 21 Rn. 25, § 31a Rn. 1.

können sich daraus spannende (und klausurrelevante) Fälle der **gestörten Gesamtschuld** ergeben;[41] nach h.M. ist die gestörte Gesamtschuld dabei zulasten des Vereins und nicht zulasten des nicht privilegierten Vorstandsmitglieds aufzulösen.[42]

7b **Beispiel**: A und B verursachen als Vorstände des X e.V. gemeinsam und gleichermaßen verantwortlich in leicht fahrlässiger Weise einen Schaden des Vereins i.H.v. 10.000 EUR. A erhält eine jährliche Vergütung von 2.000 EUR, B lediglich 500 EUR. Nach h.M. wird dann der Anspruch von X gegen A um die hypothetisch im Innenverhältnis auf B entfallende Quote von 50 % gekürzt, sodass A nur i.H.v. 5.000 EUR und B gar nicht gegenüber X haftet.

7c Zugunsten der Organmitglieder kann die Vereinssatzung sogar die Haftung auf Vorsatz begrenzen, nicht aber umgekehrt zulasten des Organs von § 31a BGB abweichen.[43]

II. Rechtsfähiger und nichtrechtsfähiger Verein

8 Der in §§ 21, 22 BGB geregelte rechtsfähige Verein (juristische Person) ist vom nichtrechtsfähigen Verein abzugrenzen, für den § 54 BGB auf das Recht der Gesellschaft bürgerlichen Rechts (GbR) verweist.

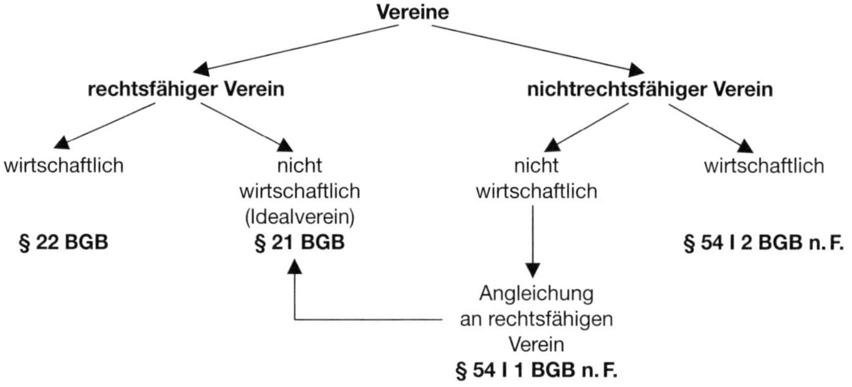

1. Der rechtsfähige nichtwirtschaftliche Verein (e.V.)

9 Der rechtsfähige nichtwirtschaftliche Verein (**Idealverein**) begegnet uns im Rechtsleben vor allem als Organisationsform für Zusammenschlüsse mit kulturellen, sportlichen oder sozialen Zwecken (Sportverein, Förderverein, karitativer Verein). Er wird von mindestens sieben Gründungsmitgliedern (§ 56 BGB) durch Satzung errichtet (§ 25 BGB), darf nicht auf einen wirtschaftlichen Geschäftsbetrieb gerichtet sein[44] und erlangt seine Rechtsfähigkeit durch Eintragung (§ 21 BGB). Die Eintragung in das beim Amtsgericht geführte Vereinsregister (§ 55 BGB) wirkt also konstitutiv.[45] Der Verein führt den Zusatz „eingetragener Verein" bzw. „e.V." (§ 65 BGB).

---

41 Dazu instruktiv *Segna*, ZIP 2015, 1561; *Reschke*, DZWIR 2011, 403; siehe auch *Leuschner*, NZG 2014, 281, 286 m.w.N.

42 Siehe MüKoBGB/*Leuschner*, § 31a Rn. 14 m.N. zum Meinungsstand.

43 OLG Nürnberg ZIP 2016, 573.

44 Dazu sogleich → Rn. 10a ff. mit Beispielen in Rn. 10b.

45 Zur Unterscheidung zwischen konstitutiven und deklaratorischen Eintragungen vgl. *Bitter/Linardatos*, HandelsR, § 4 Rn. 5 f.

2. Der rechtsfähige Wirtschaftsverein

Daneben kennt das BGB auch den rechtsfähigen Wirtschaftsverein (§ 22 BGB). 10
Seine Gründung ist nicht frei. Er entsteht nicht durch Eintragung im Vereinsregister, sondern nur durch staatliche Verleihung (**Konzession**). Solche Konzessionen werden nur sehr selten vergeben, weil sich unternehmerisch tätige Personenvereinigungen im Grundsatz der dafür vom Gesetz vorgesehenen Rechtsformen bedienen sollen.[46] Diese enthalten jeweils Vorschriften für den Gläubigerschutz, sei es, dass sie die persönliche Haftung der Gesellschafter verlangen (Personengesellschaften) oder die Aufbringung eines Mindestkapitals voraussetzen (insbesondere AG und GmbH). Solche Gläubigerschutzvorschriften könnten umgangen werden, wenn man beliebig rechtsfähige Wirtschaftsvereine gründen könnte, bei denen die Haftung auf das Vereinsvermögen beschränkt ist, aber keine Vorschriften für eine Kapitalaufbringung und Kapitalerhaltung bestehen.[47] Als Beispiel für einen der wenigen konzessionierten Wirtschaftsvereine ist die Verwertungsgesellschaft Wort (VG Wort) zu nennen, die 1958 gemeinsam von Autoren und Verlegern zur Verwaltung von Zweitrechten an Sprachwerken in München gegründet wurde.[48]

3. Abgrenzung zwischen Idealverein und Wirtschaftsverein

Entscheidend für die Abgrenzung zwischen Idealverein und Wirtschaftsverein ist 10a
die Frage, ob der tatsächlich verfolgte[49] Zweck „auf einen wirtschaftlichen Geschäftsbetrieb gerichtet ist" oder nicht. Die Unterscheidung fällt insbesondere in solchen Fällen schwer, in denen sich der Verein zwar **unternehmerisch betätigt**, dies jedoch **in gemeinnütziger Form** sowie zur Unterstützung eines nicht wirtschaftlichen Hauptzwecks geschieht.[50] Im Jahr 2017 hat sich der BGH dazu wie folgt grundlegend geäußert: Die Voraussetzungen eines wirtschaftlichen Geschäftsbetriebs im Sinne der §§ 21 und 22 BGB sind im Grundsatz erfüllt, wenn der Verein planmäßig, auf Dauer angelegt und nach außen gerichtet, d. h. über den vereinsinternen Bereich hinausgehend, eigenunternehmerische Tätigkeiten entfaltet, die auf die Verschaffung vermögenswerter Vorteile zugunsten des Vereins oder seiner Mitglieder abzielen; jedoch kann ein Verein auch dann nichtwirtschaftlich sein, wenn er zur Erreichung seiner ideellen Ziele unternehmerische Tätigkeiten entfaltet, sofern diese dem nichtwirtschaftlichen Hauptzweck zu- und untergeordnet und Hilfsmittel zu dessen Erreichung sind (sog. **Nebenzweckprivileg**).[51] Die Anerkennung des Vereins als gemeinnützig im Sinne der §§ 51 ff. Abgabenordnung (AO) ist zwar nicht gleichbedeutend mit der fehlenden Ausrichtung auf einen Geschäftsbetrieb, entfaltet insoweit jedoch eine Indizwirkung; schon der Gesetzgeber des BGB habe – so der BGH – den gemeinnützigen Verein als Regelfall eines Idealvereins angesehen und diesem die Gesellschaften (AG, GmbH etc.) als Gegenstück gegenübergestellt, deren Gesellschaftsinteresse ihr Handeln bestimmt, das auf Geschäftsgewinn und den wirtschaftlichen Vorteil des Einzelnen abzielt.[52]

---

[46] BGHZ 215, 69 = ZIP 2017, 1021 (Rn. 31); siehe auch KG ZIP 2017, 424, 425.

[47] Näher BGH ZIP 2018, 2165 (Rn. 21).

[48] Informationen zur VG Wort sind im Internet erhältlich unter www.vgwort.de.

[49] Die Satzung ist nicht allein entscheidend; vgl. BGHZ 215, 69 = ZIP 2017, 1021 (Rn. 19); KG ZIP 2016, 2118, 2119; KG ZIP 2017, 424, 426 m. w. N.

[50] Dazu *Schauhoff/Kirchhain*, ZIP 2016, 1857; *Beuthien*, WM 2017, 645 ff.; *Segna*, ZIP 2017, 1881 ff., jeweils m. w. N.; aus jüngerer Zeit *Hüttemann*, ZIP 2021, 2524 ff.

[51] BGHZ 215, 69 = ZIP 2017, 1021 (Rn. 19, 21); bestätigt in BGH ZIP 2018, 2165 (Rn. 15).

[52] BGHZ 215, 69 = ZIP 2017, 1021 (Rn. 22 ff.); ähnlich zuvor *Schauhoff/Kirchhain*, ZIP 2016, 1857, 1864 ff.; zur Gewinnstrebigkeit durch wirtschaftliche Entgelte in Abgrenzung zu

10b **Beispiel** (nach BGHZ 215, 69 = ZIP 2017, 1021):[53] Verein V betreibt neun Kindertagesstätten mit einer Größe von jeweils 16 bis 32 Kindern und ist vom Finanzamt als gemeinnützigen Zwecken dienend anerkannt. Trotz des planmäßigen und dauerhaften Angebots entgeltlicher Kinderbetreuungsleistungen und der damit verbundenen, im Umfang erheblichen unternehmerischen Tätigkeit liegt kein Wirtschaftsverein vor. Die unternehmerische Tätigkeit dient nämlich nicht dem Vorteil der Vereinsmitglieder, welche keinerlei Zuwendungen aus dem Vereinsvermögen erhalten, sondern dem ideellen Hauptzweck, der im Allgemeininteresse liegenden Kinderbetreuung.[54] Die Entgelterhebung für die Kinderbetreuung dient nur der Selbstkostenerwirtschaftung, nicht einem Gewinnstreben.[55]

Beispiel (nach BGH ZIP 2018, 2165): Anders als im ersten Beispiel liegt es, wenn der satzungsmäßige Zweck eines Vereins allein die Vermögensverwaltung ist und die Satzung den Mitgliedern die Möglichkeit einräumt, die Auskehr von Überschüssen aus dieser Verwaltung zu beschließen. Dann dient der Verein schlussendlich der Vermögensmehrung der Mitglieder und ist damit auf einen wirtschaftlichen Geschäftsbetrieb gerichtet; ein ideeller Hauptzweck fehlt.[56]

Beispiel (nach OLG Celle, ZIP 2021, 2485; dazu auch *K. Schmidt*, JuS 2022, 357): Verein V will die lokale Dorfkneipe im Interesse der Dorfgemeinschaft als Treffpunkt für Personen und Vereine sowie als Ort für kulturelle Veranstaltungen erhalten, nachdem der letzte professionelle Pächter den Betrieb wegen fehlender Rentabilität aufgegeben hat. In diesem Fall hat das OLG Celle – in Abgrenzung zu der vorgenannten Rechtsprechung des BGH in den Kita-Fällen – gemeint, der Betrieb einer Kneipe sei geradezu der Paradefall eines wirtschaftlichen Geschäftsbetriebs i. S. v. § 22 BGB, weshalb es unerheblich sei, dass die Vereinssatzung keine Gewinnausschüttung an die Mitglieder vorsehe. Allerdings missversteht diese Entscheidung die BGH-Rechtsprechung, nach der auch die komplette Tätigkeit eines e. V. wirtschaftlich sein kann, wenn sie nur einem ideellen – also nicht gewinnorientierten – Zweck dient; der Begriff „Nebenzweckprivileg" führt in diesen Fällen eher in die Irre.[57]

10c Von großer praktischer Bedeutung bei der Abgrenzung zwischen Ideal- und Wirtschaftsverein ist ein zweiter Problemkreis, der sich beispielsweise bei **Fußballclubs im Profibereich** oder beim **ADAC e. V.** ergibt. Hier stellt sich die Frage, ob überhaupt und unter welchen Voraussetzungen ein zugleich ein oder mehrere Wirtschaftsunternehmen betreibender Idealverein seinen nichtwirtschaftlichen Status dadurch zu wahren vermag, dass er diese Wirtschaftsbetriebe in eine rechtlich **selbstständige Tochtergesellschaft** auslagert.[58] In einem bis heute umstritten gebliebenen Urteil aus dem Jahr 1982 hatte der BGH insoweit entschieden, dass die unternehmerische Tätigkeit einer von einem Idealverein gegründeten und betriebenen AG dem Verein nicht als eigener wirtschaftlicher Geschäftsbetrieb zuzurechnen sei.[59]

4. Der „nichtrechtsfähige" Verein

11 Ist der Verein nicht rechtsfähig (siehe aber → Rn. 13), weil er weder im Vereinsregister eingetragen (§ 21 BGB) noch konzessioniert ist (§ 22 BGB), finden auf ihn gemäß § 54 S. 1 BGB in der derzeit noch geltenden Fassung allgemein die Re-

---

kostenbezogenen Beiträgen auch *Beuthien*, WM 2017, 645 f., der jedoch in Bezug auf das Kriterium der Gemeinnützigkeit a. A. ist; kritisch auch *Segna*, ZIP 2017, 1881 ff.

[53] Weiteres Beispiel: Unterstützungskasse im Rahmen der betrieblichen Altersversorgung (OLG München ZIP 2013, 2010; a. A. KG ZIP 2017, 424).

[54] Ausführlich *Schauhoff/Kirchhain*, ZIP 2016, 1857, 1861 ff.

[55] Dazu *Beuthien*, WM 2017, 645, 646.

[56] BGH ZIP 2018, 2165 (Rn. 17 ff.).

[57] Näher *Hüttemann*, ZIP 2021, 2524 ff.

[58] Dazu *Leuschner*, ZIP 2015, 356 ff.; *Beuthien*, WM 2017, 645, 647 ff. mit Hinweis auf eine Entscheidung des AG München v. 17.1.2017, wonach der ADAC e. V. nicht aus dem Vereinsregister zu löschen ist; *Schauhoff/Kirchhain*, ZIP 2016, 1857 ff. mit Hinweis auf die ebenfalls erfolglose Anregung zur Löschung des FC Bayern München e. V. aus dem Vereinsregister.

[59] BGHZ 85, 84 = WM 1963, 394; dazu kritisch *Beuthien*, WM 2017, 645, 647 ff. m. w. N.

geln über die GbR (§§ 705 ff. BGB; → § 5) Anwendung. Die im Namen des Vereins handelnden Personen haften persönlich (§ 54 S. 2 BGB).

Diese gesetzliche Regelung ist für **wirtschaftliche Zusammenschlüsse** von Personen angemessen, da sich die Gesellschafter nicht dadurch der persönlichen Haftung entziehen können sollen, dass sie ihre Gesellschaft als Verein organisieren. Für ***nicht* wirtschaftlich tätige Personenzusammenschlüsse** (insbesondere politische Parteien und Gewerkschaften) wurde die Regelung hingegen seit langem als unangemessen empfunden und deshalb durch die Rechtsprechung korrigiert. Die harte (Haftungs-) Regelung des § 54 BGB erklärt sich nur historisch als Relikt aus den Zeiten der Sozialistenbekämpfung im Kaiserreich. Die missliebigen politischen Parteien und Gewerkschaften wollten oder konnten die Rechtsform des rechtsfähigen Vereins nicht wählen, weil dieser damals auch im Fall des nichtwirtschaftlichen Vereins nur durch staatliche Konzession entstehen konnte. Organisierten sich die Mitglieder aber als nichtrechtsfähiger Verein, wurden sie der scharfen Haftung des § 54 BGB unterworfen, was den Zusammenschluss tendenziell hindern sollte. 12

Heute sind auf den nichtrechtsfähigen Verein, soweit er nicht wirtschaftlich tätig ist (Idealverein), nicht die Vorschriften über die GbR, sondern die **Regelungen zum e. V. anzuwenden**. Dieser schon bislang weitgehend anerkannte Grundsatz wird mit dem MoPeG zum 1.1.2024 in § 54 I 1 BGB n. F. ausdrücklich kodifiziert.[60] Die Vorschrift lautet: „Für Vereine, deren Zweck nicht auf einen wirtschaftlichen Geschäftsbetrieb gerichtet ist und die nicht durch Eintragung in das Vereinsregister Rechtspersönlichkeit erlangt haben, sind die Vorschriften der §§ 24 bis 53 entsprechend anzuwenden.“ Diese entsprechende Anwendung gilt aber schon jetzt und insbesondere für die (Nicht-)Haftung der Mitglieder für Vereinsschulden. Nicht anwendbar auf den sog. „nichtrechtsfähigen Verein“[61], der in § 54 BGB zukünftig – ebenfalls irreführend – als „Verein ohne Rechtspersönlichkeit“ bezeichnet wird, sind demgegenüber solche Normen, die eine Eintragung voraussetzen, also die §§ 55 ff. BGB. Insbesondere gilt dies für die Publizitätsvorschriften der §§ 68 ff. BGB. 13

Seitdem der BGH die Außen-GbR als (teil-)rechtsfähig anerkannt hat (→ § 1 Rn. 17 und ausführlich → § 5 Rn. 30 ff.), wird auch der „nichtrechtsfähige“ (Außen-) Verein – entgegen seinem Namen – von der h. L. als **(teil-)rechtsfähig** angesehen.[62] Er ist daher Träger des (Vereins-)Vermögens, grundbuchfähig und – wie inzwischen ausdrücklich in § 50 II ZPO vorgesehen[63] – aktiv und passiv parteifähig.[64] Im Hinblick auf die Grundbuchfähigkeit gilt derzeit noch die auf die GbR zugeschnittene Vorschrift des § 47 GBO in der bis zum 31.12.2023 geltenden Fassung für den „nichtrechtsfähigen“ Verein im Grundsatz entsprechend, weshalb neben dem Verein auch die Mitglieder einzutragen sind.[65] Anderes gilt im Hinblick auf die in Art. 21 GG anerkannte Sonderstellung für politische Parteien, die nach h. M. allein unter ihrem Namen im Grundbuch eingetragen werden können.[66] 14

---

[60] Dazu auch Begr. RegE MoPeG zu § 54 BGB n. F., BT-Drs. 19/27635, S. 123 f.

[61] Dazu *Armbrüster*, ZGR-Sonderheft 23, 2021, S. 143, 147 f.: „terminologische Schieflage“.

[62] Vgl. Grüneberg/*Ellenberger*, BGB, § 54 Rn. 2, 7; offengelassen bei BGH ZIP 2016, 1163 (Rn. 13 ff.).

[63] Die *aktive* Parteifähigkeit wurde mit Wirkung zum 30.9.2009 durch das Gesetz zur Erleichterung elektronischer Anmeldungen zum Vereinsregister und anderer vereinsrechtlicher Regelungen (BGBl. I, 3145) ausdrücklich gesetzlich vorgesehen. Der BGH hatte sie bereits vorher anerkannt; vgl. BGH NJW 2008, 69 (Rn. 55).

[64] Vgl. Grüneberg/*Ellenberger*, BGB, § 54 Rn. 2, 7, 8, 10.

[65] BGH ZIP 2016, 1163 (Rn. 15 ff.); näher zu § 47 GBO → § 5 Rn. 34 ff.

[66] Nachweise bei BGH ZIP 2016, 1163 (Rn. 21 f.).

15 Unklar erscheint, wie sich das **Inkrafttreten des MoPeG am 1.1.2024** auf die vorgenannten Grundsätze auswirkt. Während die (Außen-)GbR zukünftig in § 705 II BGB n.F. ausdrücklich als „rechtsfähig" bezeichnet wird (→ § 1 Rn. 16f.), ist Vergleichbares weder dem § 54 BGB n.F. noch der Gesetzesbegründung zu dieser Norm[67] für den „Verein ohne Rechtspersönlichkeit" zu entnehmen.[68] Der bisherige § 47 II GBO wird zugunsten einer Regelung aufgehoben, nach der die Grundbuchfähigkeit der GbR zukünftig von deren Eintragung im Gesellschaftsregister abhängig ist (→ § 5 Rn. 35a). Da der „Verein ohne Rechtspersönlichkeit" jedoch auch zukünftig nicht in einem Register eingetragen wird, passt § 47 II GBO n.F. auf diesen Verband offensichtlich nicht, während die alte Fassung der Norm nach ihrer Aufhebung Ende 2023 nicht mehr – wie bisher – analog herangezogen werden kann. Diese Zusammenhänge hat der Gesetzgeber des MoPeG offenbar übersehen, weil sich die Begründung zur Neufassung des § 47 II GBO nur mit der GbR, nicht aber mit dem Verein befasst.[69]

16 Indem der bisherige § 54 S. 2 BGB zur **Handelndenhaftung** zukünftig in einen neuen Absatz 2 der Norm verschoben wird, will der Gesetzgeber des MoPeG deutlich machen, dass jene Regelung auf „alle Vereine ohne eigene Rechtspersönlichkeit" anzuwenden ist, also die wirtschaftlich tätigen und die Idealvereine.[70]

§ 3. Die Aktiengesellschaft (AG)

1 Die AG ist eine Kapitalgesellschaft mit eigener Rechtspersönlichkeit, also eine juristische Person (§ 1 I 1 AktG).* Sie ist eine Körperschaft und gehört damit rechtssystematisch zur Kategorie der Vereine. Eine AG kann grundsätzlich zu jedem erlaubten Zweck gegründet werden.

I. Grundlagen

2 Für Verbindlichkeiten einer AG haftet den Gläubigern nur das Gesellschaftsvermögen (§ 1 I 2 AktG), nicht die Aktionäre persönlich mit ihrem Privatvermögen (sog. **Haftungsbeschränkung**). Nur in eng begrenzten Ausnahmefällen kann auf die Gesellschafter durchgegriffen werden.[71] In erster Linie entstehen Verbindlichkeiten einer AG, indem jemand mit Vertretungsmacht ein Geschäft in ihrem Namen abschließt (→ Rn. 52). Außerdem muss die AG für **Organverschulden** haften; insoweit ist die **analoge Anwendung des § 31 BGB** einschließlich der Grundsätze der Repräsentantenhaftung allgemein anerkannt.[72]

---

[67] Begr. RegE MoPeG zu § 54 BGB n.F., BT-Drs. 19/27635, S. 123ff.

[68] Anders *Bachmann*, NZG 2020, 612, 618: Die bisherige Anerkennung der Rechtsfähigkeit werde in Gesetzesform gegossen.

[69] Begr. RegE MoPeG zu § 47 II GBO n.F., BT-Drs. 19/27635, S. 206f.

[70] Begr. RegE MoPeG zu § 54 II BGB n.F., BT-Drs. 19/27635, S. 124f. mit Hinweis auf *Habersack*, ZGR 2020, 539, 558f.; kritisch *Bachmann*, NZG 2020, 612, 619.

* Zur Aktiengesellschaft vgl. *K. Schmidt*, GesR, §§ 26–32; *Windbichler*, GesR, §§ 25–33; *Grunewald*, GesR, § 9; zur Historie siehe den kurzen Überblick bei *Schäfer*, GesR, § 38 Rn. 1.

[71] Zu den verschiedenen Fallgruppen der Durchgriffshaftung vgl. – bezogen auf die GmbH – *Bitter*, ZInsO 2018, 625, 655ff.; Scholz/*Bitter*, GmbHG, § 13 Rn. 130ff.; ausführlich *Bitter*, Durchgriffshaftung, S. 67ff., 103ff.; ferner → § 4 Rn. 2, 251ff.

[72] Näher zu § 31 BGB beim Verein (→ § 2 Rn. 7).

Die Aktionäre sind in der Praxis meist personenverschieden vom Vorstand. Die Aktiengesellschaft übernimmt damit die volkswirtschaftlich sinnvolle Funktion, das Kapital der Aktionäre mit der Kompetenz (dem Know-how) des Vorstands zusammenzubringen, da die Kapitaleigner oft nicht über die unternehmerische Kompetenz, die Manager nicht über das erforderliche Kapital verfügen. Die **Kapitalsammelfunktion** kann die AG aber nur deshalb erfüllen, weil der Verlust der Aktionäre auf das eingebrachte Kapital beschränkt ist (→ Rn. 2). Müsste der Aktionär befürchten, für die vom Vorstand getätigten Geschäfte unbeschränkt persönlich in Anspruch genommen zu werden, würde er sich vermutlich nicht zu einer Beteiligung bewegen lassen.[73] Außerdem würde der Wert der Aktie je nach dem Stand des Vermögens des einzelnen Aktionärs differieren, was einen effektiven Aktienhandel (insbesondere über die Börse) unmöglich machen würde. 3

Die AG ist **Handelsgesellschaft**, auch wenn sie kein Handelsgewerbe betreibt (§ 3 I AktG). Sie ist also **Formkaufmann** (§ 6 HGB).[74] Die für Kaufleute geltenden, im Lern- und Fallbuch zum Handelsrecht näher dargelegten Vorschriften des HGB sind deshalb anwendbar, ohne dass die §§ 1 ff. HGB geprüft werden müssen. In der Firma muss die Bezeichnung „Aktiengesellschaft" oder die Abkürzung „AG" enthalten sein (§ 4 AktG). 4

Das Grundkapital der AG (§ 6 AktG) ist in Aktien zerlegt (§ 1 II AktG). Das Grundkapital ist ein in der Satzung zahlenmäßig festgelegter Kapitalbetrag. Jedenfalls diesen Betrag müssen die Aktionäre bei der Gründung aufbringen. Er muss sich mindestens auf 50.000 EUR belaufen (§ 7 AktG). Zu beachten ist die **Unterscheidung zwischen Grundkapital und variablem Gesellschaftsvermögen**. Während sich letzteres durch Gewinne und Verluste ständig ändert, ist das Grundkapital eine Rechengröße (Nominalwert), die auf der Passivseite der Bilanz gebucht wird. Dem entspricht jedenfalls zu Beginn eine Buchung auf der Aktivseite, die sich aus den bereits erbrachten Einlagen und den Forderungen auf die noch ausstehenden Einlagen zusammensetzt. Die eingezahlten Mittel werden also nicht von dem sonstigen Vermögen der Gesellschaft separiert, sondern die Gesellschaft kann sie im Rahmen des laufenden Geschäftsbetriebs verwenden. Das Grundkapital kann ohne Satzungsänderung nicht verändert werden.[75] 5

Ziel des Grundkapitals ist der **Gläubigerschutz**. Es soll die fehlende persönliche Haftung der Aktionäre kompensieren. Seinem Ziel dient das Grundkapital in zweifacher Weise: Erstens bildet es eine Einstiegshürde für Gesellschaftsgründungen, weil die Aktionäre erst einmal „Geld in die Hand nehmen müssen". Dies verhindert zu einem gewissen Grad die Gründung unseriöser Gesellschaften, die ihre Gläubiger schädigen. Zweitens enthält das AktG eine Reihe von Regeln, die (1) die reale Aufbringung des Grundkapitals und (2) dessen anschließende Erhaltung sichern.[76] Vor allem sind **Leistungen an Aktionäre** dann unzulässig, wenn – grob gesagt – das (variable) Gesellschaftsvermögen durch sie unter den Betrag des Grundkapitals fallen würde oder es bereits darunter liegt. Insofern können die Gläubiger bis zu einem gewissen Grad darauf vertrauen, dass der Gesellschaft ein Vermögen in Höhe des Grundkapitals verbleibt, weshalb das Grundkapital auch als „Garantiekapital" bezeichnet wird. Uneingeschränktes Vertrauen der Gläubiger wäre aber verfehlt: Weil 6

[73] Vgl. eingehend zur ökonomischen Rechtfertigung der Haftungsbeschränkung bei Kapitalgesellschaften *Bitter*, Durchgriffshaftung, S. 150 ff., zum hier angesprochenen Aspekt der Trennung von Kapital und Management insbesondere S. 159 ff.

[74] Zum Kaufmann kraft Rechtsform siehe *Bitter/Linardatos*, HandelsR, § 2 Rn. 28 ff.

[75] Zur Kapitalerhöhung und -herabsetzung → Rn. 199 ff.

[76] Näher → Rn. 133 ff. (Kapitalaufbringung), → Rn. 187 ff. (Kapitalerhaltung).

die Gesellschaft die aufgebrachten Mittel – wie gesagt – im Rahmen ihrer Aktivitäten nutzen darf, können die einmal aufgebrachten **Werte durch Verluste verloren** gehen; infolgedessen kann das Gesellschaftsvermögen unter den Betrag des Grundkapitals sinken oder sogar negativ werden. Es wäre daher eine Fehlvorstellung anzunehmen, für die Gläubiger der AG stünden in jedem Fall 50.000 EUR effektiv als Befriedigungsmasse bereit.

7 Der (Satzungs-)**Sitz** der AG wird durch die Satzung bestimmt und muss im Inland liegen (§ 5 AktG). Nach ihm richtet sich die Zuständigkeit des Registergerichts (§ 14 AktG). Vom Satzungssitz zu unterscheiden ist der Verwaltungssitz. Dies ist der Ort, an dem die wesentlichen unternehmerischen Entscheidungen getroffen werden. Dieser kann seit dem MoMiG auch im Ausland liegen.[77]

8 Die **Bedeutung der AG** ist in Deutschland im Vergleich zur GmbH eher gering, wenn man nur auf die reine Anzahl der Gesellschaften schaut (Verhältnis ca. 1:68).[78] Allerdings haben sich die Zahlen wegen der Börsenfähigkeit der Aktien im Rahmen der in den letzten Jahrzehnten gestiegenen Relevanz der Kapitalmärkte erhöht.[79] Insbesondere aber ist die AG bei den wirtschaftlich bedeutsamen Großunternehmen überproportional stark vertreten. Im Jahr 2014 waren von den 100 größten deutschen Unternehmen 59 als AG (und weitere 7 als Europäische Aktiengesellschaft = SE; → Rn. 236 ff.) organisiert.[80]

9 Durch das „Gesetz für kleine Aktiengesellschaften und zur Deregulierung des Aktiengesetzes" wurde im Jahr 1994 eine Differenzierung zwischen **„kleinen" und „großen" Aktiengesellschaften** eingeführt. Die Unterscheidung hat allerdings nichts mit der Größe des von der AG betriebenen Unternehmens zu tun. „Kleine" AG sind vielmehr solche mit kleinem Aktionärskreis. Während früher mindestens 5 Personen für die Gründung verlangt wurden, sind seit dem Jahr 1994 Einpersonen-Gründungen zulässig (§ 2 AktG). Für die „kleine" AG mit beschränktem und bekanntem Aktionärskreis enthält das Gesetz vor allem Regeln zu einer vereinfachten Hauptversammlung (insbes. §§ 121 IV und VI, 124 I 2 AktG).

10 Wichtig ist auch die Unterscheidung zwischen **börsennotierten und nicht börsennotierten AG**. Manche Regeln des AktG gelten nämlich nur bei einer Börsennotiz, etwa die Geschlechterquote für den Vorstand (§ 76 IIIa AktG; → Rn. 53) und den Aufsichtsrat (§ 96 II und III AktG; → Rn. 80), die Frauenquote für Vorstand und Aufsichtsrat (§ 111 V AktG; → Rn. 80) und die beiden Führungsebenen unterhalb des Vorstands (§ 76 IV AktG),[81] die Verpflichtungen, die Struktur der Vorstandsvergütung auf eine nachhaltige und langfristige Entwicklung der Gesellschaft auszurichten (§ 87 I 2 AktG), ein Vergütungssystem für den Vorstand zu verabschieden (§ 87a AktG), über das die Hauptversammlung beschließt (§ 120a AktG; → Rn. 55a), sowie eine Erklärung zum Deutschen Corporate Governance Kodex (DCGK), einem Regelwerk für gute Unternehmensorganisation und -leitung, abzugeben (§ 161 AktG; → Rn. 58), und weitere Sondervorschriften (vgl. etwa §§ 100 II 1 Nr. 4, 107 III 4–6, 111b, 111c, 113 III, 124a, 125 I 3 und 5, 171 II 2

[77] Vgl. Begründung zu Art. 1 Ziff. 4 RegE-MoMiG (BT-Drs. 16/6140, S. 29).

[78] Absolute Zahlen bei *Windbichler*, GesR, § 25 Rn. 24.

[79] Zahlenangaben bei *Bayer/Hoffmann*, AG Sonderheft 10/2015, 5 ff.

[80] Vgl. im Einzelnen die Statistiken bei *Windbichler*, GesR, § 4 Rn. 11.

[81] Die sog. Flexiquote gemäß § 76 IV AktG (zwei Führungsebenen unter dem Vorstand) und § 111 V AktG (Vorstand und Aufsichtsrat) gilt ferner für jede der Unternehmensmitbestimmung (→ Rn. 81 ff.) unterliegende AG. Die starre Quote gemäß § 96 II, III AktG gilt nur für den Aufsichtsrat einer börsennotierten und zugleich *(quasi-)paritätisch* mitbestimmten AG (= 50 % Arbeitnehmervertreter).

Hs. 2, 328 III AktG). Für die börsennotierte AG gelten insbesondere auch längere Verjährungsfristen – zehn statt fünf Jahre – für Schadensersatzansprüche gegen Vorstand und Aufsichtsrat bei pflichtwidrigem Verhalten (§§ 93 VI, 116 AktG; → Rn. 65). Nicht börsennotierte Gesellschaften wiederum haben in manchen Bereichen Gestaltungsspielräume, die bei einer Börsennotierung nicht bestehen (vgl. etwa §§ 110 III 2, 130 I 3, 134 I 2 AktG). Der Begriff der Börsennotierung ist in § 3 II AktG definiert.

II. Die Gründung der AG

Eine AG entsteht durch Umwandlung oder Gründung. Praktisch bedeutsamer ist 11 die Umwandlung, insbesondere der Formwechsel von einer GmbH in eine AG gemäß §§ 190 ff. UmwG. Häufig erfolgt ein Formwechsel aufgrund der Entscheidung der Gesellschafter, die Gesellschaft im Rahmen eines sog. **Initial Public Offerings (IPO)** an der Börse notieren zu lassen, weil GmbH-Anteile – anders als Aktien – nicht börsenfähig sind.

Die Gründung kann durch eine oder mehrere Personen erfolgen (§ 2 AktG). Zwei 12 Möglichkeiten der Gründung sind zu unterscheiden:

- Bargründung: Leistung der Einlagen in Geld;
- Sachgründung: Leistung von Sacheinlagen, z. B. Einbringung eines Unternehmens.[82]

1. Chronologie

Das Gründungsverfahren gestaltet sich im Überblick wie folgt: 13

(1) Die künftigen Aktionäre kommen überein, eine AG zu gründen (**Gründungsentschluss**). Dies kann formlos, aber auch durch einen schriftlichen (Vor-) Vertrag geschehen. Infolge des Gründungsentschlusses kann im Einzelfall bereits eine wirksame gesellschaftsrechtliche Verbindung entstehen, die als **Vorgründungsgesellschaft** bezeichnet wird (vgl. zur GmbH → § 4 Rn. 26 ff.).

(2) Die künftigen Aktionäre stellen durch **notarielle Beurkundung** die Satzung (= Gesellschaftsvertrag) fest (§§ 2, 23 I AktG) und sind daher gemäß § 28 AktG die Gründer der Gesellschaft. Wie sich aus §§ 2, 23 II Nr. 2, 29 AktG (mittelbar) ergibt, müssen die Gründer gleichzeitig mit der notariellen Feststellung der Satzung sämtliche Aktien gegen Einlagen übernehmen (sog. **Zeichnung**). Es erfolgt also eine sog. Einheitsgründung. Die konkreten Anforderungen an die notarielle Urkunde sind in § 23 II AktG geregelt. Die Übernahme der Aktien ist nicht zu verwechseln mit der Ausgabe der Aktien. Die Übernahme begründet allein die Verpflichtung der Gründer zur Leistung der Einlagen. Die Ausgabe ist erst nach der Eintragung möglich (§ 41 IV AktG). Mit der Übernahme aller Aktien ist die AG *errichtet* (vgl. § 29 AktG). Jedoch existiert die „fertige" AG noch nicht (vgl. § 41 I 1 AktG), sondern es entsteht zunächst eine sog. **Vor-AG**, die eine rechtsfähige Gesellschaft eigener Art ist.[83]

(3) Die Gründer bestellen den ersten Aufsichtsrat der Gesellschaft und den Abschlussprüfer für das erste Voll- oder Rumpfgeschäftsjahr (§ 30 I 1 AktG).[84] Die Bestellung bedarf der notariellen Beurkundung.

---

[82] Näher zur Kapitalaufbringung → Rn. 133 ff.

[83] Näher zur Vorgesellschaft die Ausführungen zur GmbH (→ § 4 Rn. 37 ff.).

[84] Besonderheiten gelten für die Bestellung des Aufsichtsrats, wenn als Sacheinlage oder -übernahme die Einbringung eines Unternehmens vereinbart ist (vgl. § 31 AktG).

(4) Der Aufsichtsrat bestellt den ersten Vorstand (§ 30 IV AktG).
(5) Die Aktionäre leisten die **Mindesteinlagen** gemäß §§ 36 II, 36a AktG.[85]
(6) Die Gründer erstellen den sog. Gründungsbericht über den Hergang der Gründung (§ 32 I AktG).
(7) Die Mitglieder des Vorstands und des Aufsichtsrats prüfen den Hergang der Gründung (§ 33 I AktG). Unter Umständen muss zusätzlich eine Prüfung durch sog. Gründungsprüfer erfolgen (vgl. § 33 II AktG). Der Umfang der **Gründungsprüfung** bestimmt sich nach § 34 AktG.
(8) Alle Gründer, Mitglieder des Vorstands und des Aufsichtsrats melden die Gesellschaft zur Eintragung in das Handelsregister an (§ 36 I AktG). Der genaue Inhalt der **Anmeldung** ergibt sich aus § 37 AktG. Insbesondere ist zu erklären, dass die Mindesteinlagen bewirkt sind, und nachzuweisen, dass sie endgültig zur freien Verfügung des Vorstands stehen (§ 37 I 2 AktG).
(9) Das Registergericht prüft, ob die Gesellschaft ordnungsgemäß errichtet und angemeldet ist (§ 38 I AktG).
(10) Bei einem positiven Prüfergebnis erfolgt die **Eintragung** der AG **in das Handelsregister.** Die Gesellschaft *entsteht* als **„fertige" AG** (§ 41 I 1 AktG). Die Eintragung wirkt also konstitutiv.[86] Die fertige AG ist allerdings mit der Vor-AG identisch (selber Rechtsträger); es findet ein identitätswahrender Wechsel der Rechtsform statt.[87]

14 Im Wesentlichen sind bei der Gründung einer AG damit drei Phasen zu unterscheiden. Diese beschreibt das folgende Schaubild:

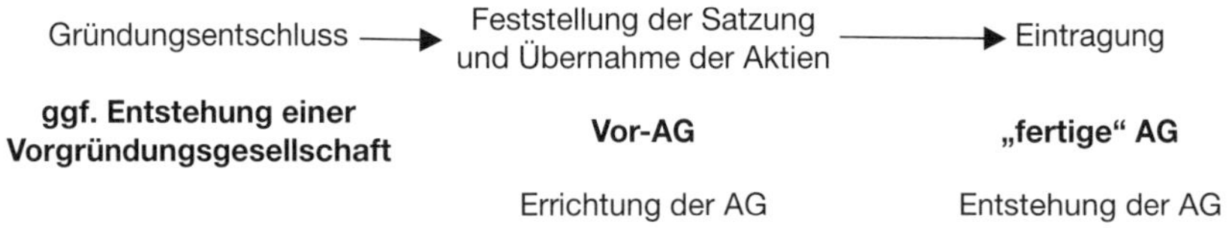

2. Die Satzung

15 Der Mindestinhalt der Satzung einer AG ergibt sich aus § 23 III, IV AktG; weitere Regelungen sind möglich.[88] Für sämtliche Satzungsbestimmungen ist allerdings der **Grundsatz der Satzungsstrenge** (§ 23 V AktG) zu beachten. Er schränkt die Gestaltungsfreiheit der Aktionäre deutlich ein und ist durchaus eine Besonderheit des deutschen Rechts.[89] Konkret besagt er, dass die Satzung von den Vorschriften des AktG nur dann abweichen darf, wenn dies im Gesetz ausdrücklich erlaubt ist (§ 23 V 1 AktG); ergänzende Bestimmungen der Satzung sind ausnahmsweise nicht zulässig, wenn das Gesetz eine abschließende Regelung enthält (§ 23 V 2 AktG).

16 Ihren Grund haben diese Regelungen letztlich in der **Kapitalsammelfunktion** der AG: Kapitalanleger investieren ihr Geld in der Regel nur, wenn sie die Grundlagen der Gesellschaft zumindest im Überblick kennen. Müssten sie vor jeder Investition die individuelle Satzung der jeweiligen AG studieren, wäre der Zeitaufwand enorm. Die Zahl der Investitionen ginge zwangsläufig zurück; das vorhandene Geld würde

---

[85] Dazu → Rn. 131 ff.
[86] Zur Unterscheidung zwischen konstitutiven und deklaratorischen Eintragungen siehe *Bitter/Linardatos*, HandelsR, § 4 Rn. 5 f.
[87] Näher → § 4 Rn. 39 (zur GmbH).
[88] Ein Muster einer AG-Satzung findet sich bei *Hirte*, KapGesR, Rn. 2.53.
[89] In den USA beispielsweise gibt es einen solchen Grundsatz nicht.

weniger effektiv verteilt. Diese Probleme lassen sich vermeiden, wenn alle AG weitestgehend gleich organisiert sind. Diese Erwägungen erklären auch, warum der Grundsatz der Satzungsstrenge nur bei der AG, nicht aber bei der GmbH gilt (vgl. § 45 II GmbHG): Die GmbH soll nicht in gleicher Weise die Sammlung von Kapital ermöglichen, insbesondere nicht über die Börse.[90]

Hinsichtlich der einzelnen Klauseln der Satzung ist zwischen materiellen (echten 17
bzw. korporativen) und formellen (unechten bzw. nicht korporativen) Satzungsbestimmungen zu unterscheiden. **Materielle Satzungsbestimmungen** sind diejenigen Regelungen, die die Gesellschaft und ihre Beziehungen zu den Gründern/Aktionären betreffen, also die Organisation der Gesellschaft sowie ihr Verhältnis auch zu allen künftigen Mitgliedern gestalten und daher mitgliedschaftlicher Natur sind.[91] Dazu gehören insbesondere – aber nicht ausschließlich (!) – alle Regelungen, die die Satzung zwingend enthalten muss (Mindestinhalt). Die nicht als materieller Satzungsbestandteil zu qualifizierenden Regelungen, die in der Satzungsurkunde enthalten sind, sind **formelle Satzungsbestimmungen.** Sie sind gewöhnliche schuldrechtliche Abreden, die nur äußerlich mit den materiellen Satzungsbestimmungen verbunden wurden.[92] Formelle Satzungsbestandteile sind insbesondere zwingend alle Vereinbarungen mit Dritten, die nicht Aktionäre oder Organe sind.[93] Können Regelungen in der Satzungsurkunde sowohl Teil der Organisation der AG als auch bloße schuldrechtliche Abreden sein, ist ihr Charakter durch Auslegung im Einzelfall zu ermitteln.[94]

Die Differenzierung zwischen materiellen und formellen Satzungsregeln ist in 18
mehrfacher Hinsicht von Bedeutung:

Nur für die materiellen Satzungsbestimmungen gelten die Regelungen über Sat- 19
zungsänderungen (§§ 179 ff. AktG). Da formelle Satzungsregeln gewöhnliche schuldrechtliche Abreden sind, können sie – wie sonstige Verträge – nur unter Mitwirkung aller Beteiligten geändert werden; andererseits bedarf es aber auch keiner formellen Satzungsänderung.

Bei formellen Satzungsbestimmungen richtet sich die Auslegung nach den §§ 133, 20
157 BGB.[95] Danach ist zunächst zu untersuchen, ob sich ein übereinstimmender Wille der Parteien feststellen lässt. Ist dies der Fall, ist das Gewollte vereinbart, auch wenn es für einen außenstehenden, objektiven Dritten in den Erklärungen der Parteien nicht zum Ausdruck gekommen ist. Nach dem Grundsatz *falsa demonstratio non nocet* hat das übereinstimmend Gewollte Vorrang vor einer (irrtümlichen oder absichtlichen) Falschbezeichnung.[96] Nur wenn kein übereinstimmender Parteiwille vorliegt, ist die getroffene Abrede aus dem *objektiven* Empfängerhorizont auszulegen.[97] Maßgeblich ist dann nicht das tatsächliche subjektive Verständnis der Parteien, sondern ein normativ objektives Verständnis.[98]

---

[90] Zum Zweck der GmbH → § 4 Rn. 3.

[91] MüKoAktG/*Pentz*, § 23 Rn. 40; *K. Schmidt*, GesR, § 5 I 1d; es ist grundsätzlich nicht möglich, entsprechende Regelungen in eine schuldrechtliche Abrede zwischen *der AG* und den Aktionären „auszulagern"; vgl. BGH ZIP 2013, 263 (Rn. 13) m. w. N. (notwendige materielle Satzungsbestandteile); zu zulässigen schuldrechtlichen Abreden (nur) zwischen den Aktionären untereinander → Rn. 23.

[92] Zur Frage einer „satzungsähnlichen Wirkung" formeller Satzungsregelungen → Rn. 23.

[93] *K. Schmidt*, GesR, § 5 I 1d bb.

[94] *K. Schmidt*, GesR, § 5 I 1d cc.

[95] Vgl. allgemein zu §§ 133, 157 BGB *Bitter/Röder*, BGB AT, § 7 Rn. 18 ff.

[96] Vgl. zu diesem allgemeinen Grundsatz *Bitter/Röder*, BGB AT, § 5 Rn. 68 ff.

[97] Vgl. auch dazu *Bitter/Röder*, BGB AT, § 5 Rn. 71 und § 7 Rn. 22 ff.; ferner Grüneberg/*Ellenberger*, BGB, § 133 Rn. 9 ff. m. w. N.; ausführlich *Neuner*, BGB AT, § 35 Rn. 2 ff., 30.

[98] *Neuner*, BGB AT, § 35 Rn. 30.

21 Materielle Satzungsbestimmungen sind indes abweichend von diesen allgemeinen Grundsätzen auszulegen.[99] Hier kommt es von vornherein nur auf den objektiven Erklärungswert der entsprechenden Klausel an. Sie ist also aus sich heraus anhand des Wortlauts, des Sinn und Zwecks und des systematischen Zusammenhangs zu anderen Satzungsregeln auszulegen, während Umstände ausscheiden, die außerhalb der Vertragsurkunde liegen (wie etwa die Entstehungsgeschichte, Vorentwürfe oder Äußerungen von beteiligten Personen). Übereinstimmend von den Gründern Gewolltes ist daher nicht vereinbart, wenn es ein objektiver Dritter der Regelung bei Nutzung dieser zugelassenen Auslegungsmittel nicht entnimmt.[100] Hintergrund dieser Modifikation ist erneut die Kapitalsammelfunktion der AG: Die Anleger sollen sich auf das verlassen können, was sie (als Außenstehende) verständigerweise der Satzung entnehmen konnten.

22 Schließlich binden materielle Satzungsbestandteile ohne weiteres auch künftige, an der Feststellung der Satzung nicht beteiligte Aktionäre. Demgegenüber sind die schuldrechtlichen Absprachen in formellen Satzungsbestimmungen nur für die Vertragsparteien bindend und erlangen gegenüber neuen Aktionären grundsätzlich nur Wirkung, wenn diese sie gesondert akzeptieren.

23 Von Regelungen in der Satzung sind schließlich **schuldrechtliche Nebenabreden** zu unterscheiden, die die Aktionäre untereinander außerhalb der Satzung treffen. Ihre grundsätzliche Zulässigkeit ist aufgrund der allgemeinen Vertragsfreiheit unstrittig, und sie können auch Regelungen enthalten, die wegen des Grundsatzes der Satzungsstrenge (→ Rn. 15) in der Satzung selbst nicht zulässig wären.[101] Schuldrechtliche Nebenabreden beziehen sich typischerweise etwa auf: Veräußerungsbeschränkungen, Vorkaufsrechte, Mitverkaufsrechte und/oder -pflichten, Stimmbindungen, die Besetzung von Organen, Wettbewerbsverbote sowie Informationspflichten. Möglich ist aber auch eine vom Gesetz abweichende Gewinnverteilung.[102] Grundsätzlich gelten für schuldrechtliche Nebenabreden die gleichen Regeln wie für formelle Satzungsbestimmungen (→ Rn. 18 ff.).[103] Jeweils kann sich darüber hinaus im Einzelfall die umstrittene Frage stellen, ob und inwieweit eine schuldrechtliche Abrede **satzungsähnliche Wirkungen** hat,[104] was dazu führen würde, dass die Abrede – wie eine materielle Satzungsbestimmung – unmittelbar auf Ebene der Gesellschaft korporativ wirkt, also z. B. der Verstoß eines Hauptversammlungsbeschlusses gegen eine solche Abrede die Anfechtbarkeit des Beschlusses rechtfertigen würde[105] oder eine abweichend vom Gesetz vereinbarte Gewinnverteilung direkt von der AG bei der Dividendenausschüttung zu berücksichtigen wäre.[106] Schuldrechtliche Nebenabreden enthalten ferner häufig eine Bestimmung, wonach sie, soweit rechtlich zulässig, im Verhältnis der Vertragsparteien Vorrang vor der Satzung haben. Die Parteien können dann sogar schuldrechtlich verpflichtet sein, Satzungsänderungen herbeizuführen, wenn dies erforderlich ist, um den Regelungen einer Nebenabrede Wirkung zu verschaffen.

---

[99] Ausführlich *K. Schmidt*, GesR, § 5 I 4.

[100] OLG Hamm ZIP 2015, 969, 971 m. w. N.; OLG Koblenz ZIP 2018, 584, 585; zu einer Ausnahme bei seit Gründung unverändertem Aktionärskreis → Fall Nr. 2 – Satzungsfragen, Teil 2.

[101] Vgl. BGH ZIP 2013, 263 (Rn. 11) m. w. N.

[102] Dazu *Priester*, ZIP 2015, 2156 ff. mit Kritik an LG Frankfurt ZIP 2015, 931.

[103] *Schäfer*, GesR, § 32 Rn. 17 f.; siehe auch *Priester*, ZIP 2015, 2156 ff.

[104] Vgl. hierzu *K. Schmidt*, GesR, § 5 I 5; siehe auch BGH ZIP 2010, 1541 (Rn. 8) und BGH ZIP 2018, 1629 (Rn. 15) mit Hinweis auf § 328 BGB (Vertrag zugunsten der Gesellschaft).

[105] So OLG Hamm NZG 2000, 1036 (Leitsatz 2).

[106] Dazu *Priester*, ZIP 2015, 2156, 2157 ff. m. w. N.

Eine **Änderung der Satzung** im Hinblick auf ihre materiellen Bestandteile (→ Rn. 19) unterliegt dem Verfahren nach den §§ 179 ff. AktG. Erforderlich ist ein Beschluss der Hauptversammlung (§ 179 I 1 AktG). Er muss mit einer Mehrheit von mindestens ¾ des bei der Beschlussfassung vertretenen Grundkapitals gefasst werden (§ 179 II 1 AktG), sofern nicht die Satzung in den Grenzen des § 179 II 2 AktG eine andere Kapitalmehrheit bestimmt. Zusätzlich zur Mehrheit gemäß § 179 II AktG ist wie bei jedem Hauptversammlungsbeschluss auch die einfache Stimmenmehrheit gemäß § 133 I AktG erforderlich. Neben § 179 II AktG hat die Mehrheit gemäß § 133 I AktG grundsätzlich keine eigenständige Bedeutung, weil auch sie nach Kapitalbeträgen bemessen wird (→ Rn. 90). Allerdings können bei nichtbörsennotierten Gesellschaften Höchststimmrechte in der Satzung vorgesehen werden (§ 134 I 2 AktG) mit der Folge, dass die Stimmenzahl eines Gesellschafters (ausnahmsweise) nicht seiner Kapitalbeteiligung entspricht. Nur in diesen Fällen ist die Mehrheit gemäß § 133 I AktG separat zu prüfen.[107] Schließlich kann die Satzung neben der erforderlichen Mehrheit weitere Erfordernisse für eine Satzungsänderung aufstellen (§ 179 II 3 AktG). Mit Eintragung der Satzungsänderung in das Handelsregister wird sie wirksam (§ 181 III AktG). Eine besondere Form der Satzungsänderung sind Maßnahmen der Kapitalbeschaffung und -herabsetzung. Sie werden im Zusammenhang mit der Finanzverfassung der AG behandelt (→ Rn. 199 ff.). 24

⇨ *Fall Nr. 2 – Satzungsfragen*

3. Die Haftung im Gründungsstadium und wirtschaftliche Neugründung durch Aktivierung einer Vorrats- oder Mantelgesellschaft

Bezüglich der Haftung im Gründungsstadium wird auf die diesbezüglichen Ausführungen zur GmbH verwiesen, die hier entsprechend gelten (→ § 4 Rn. 24 ff.); die sog. Handelndenhaftung (zur GmbH → § 4 Rn. 66 ff.) ergibt sich für die AG aus § 41 I 2 AktG. 25

Auch im Hinblick auf die Aktivierung einer Vorrats- oder Mantel-AG sind die zur GmbH dargelegten Grundsätze maßgeblich (→ § 4 Rn. 72 ff.). 26

III. Die Organisation der AG

In organisatorischer Hinsicht ist zwischen der Aktionärsebene und der Ebene der Gesellschaft zu unterscheiden. Auf letzterer sind die Organe der AG angesiedelt, durch die die juristische Person überhaupt erst ihren Willen bilden und handeln kann. Einen ersten Überblick gibt die folgende Grafik: 27

[107] *Hirte*, KapGesR, Rn. 6.1.

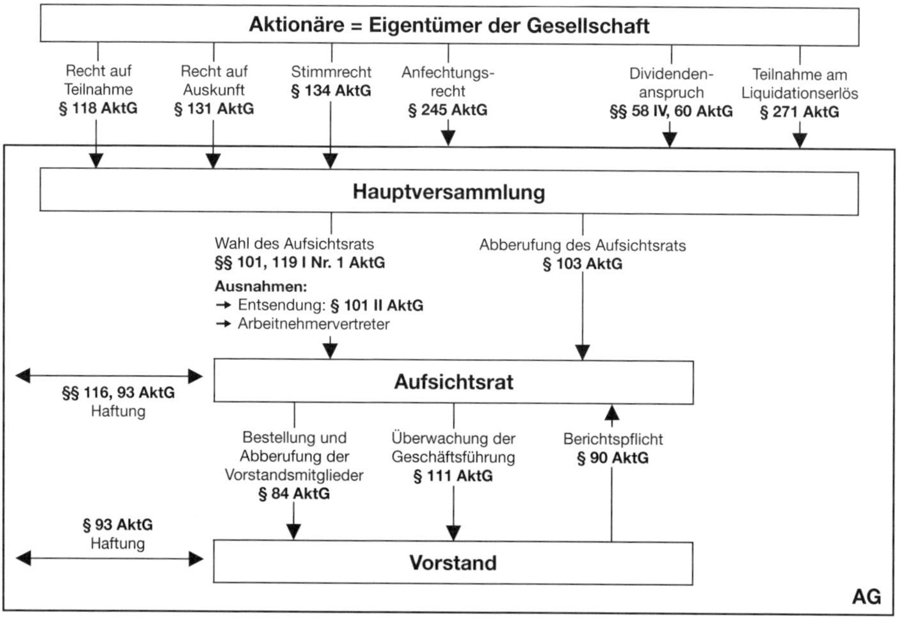

1. Die Rechtsstellung der Aktionäre

28 Die Aktionäre sind die Gesellschafter („**Eigentümer**") der AG und daher den Mitgliedern eines Vereins vergleichbar. Unter gleichen Voraussetzungen muss die Gesellschaft sie gleich behandeln (§ 53a AktG); eine Ungleichbehandlung verschiedener Aktionäre ist also nur dann zulässig, wenn sie sachlich berechtigt bzw. nicht sachwidrig ist und damit nicht den Charakter der Willkür trägt.[108] Der **Gleichbehandlungsgrundsatz** gilt insbesondere für das Handeln der Gesellschaftsorgane, namentlich des Vorstands im Verhältnis zu den Aktionären.[109] Diskutiert wird dies unter anderem für die Frage, ob der Vorstand bestimmten großen Investoren in Einzelgesprächen Informationen zur Verfügung stellen darf, die den Kleinaktionären nicht in gleicher Form zugänglich sind.[110]

a) Bedeutung und Formen der Aktie

29 Die von einem Aktionär gehaltene „Aktie" hat verschiedene Bedeutungen; je nach Bedeutung sind verschiedene Formen von Aktien zu unterscheiden:

30 Erstens bezeichnet die Aktie einen **Bruchteil des Grundkapitals**, weil dieses gemäß § 1 II AktG in Aktien zerlegt ist. Insofern sind Nennbetragsaktien und Stückaktien zu unterscheiden (§ 8 AktG). **Nennbetragsaktien** lauten auf einen bestimmten Betrag, der 1 EUR nicht unterschreiten darf (§ 8 II 1 AktG). Die Aktie beziffert in diesem Fall also den Anteil am Grundkapital, den sie repräsentiert (z. B. 5 EUR). Welcher prozentuale Anteil am Grundkapital daraus folgt, bestimmt sich nach dem Verhältnis des Nennbetrags zum Grundkapital, wie § 8 IV AktG klarstellt (z. B. 5 EUR zu 50.000 EUR = 0,01 %). Die Summe der Nennbeträge aller Aktien ent-

[108] Vgl. BGHZ 219, 215 = ZIP 2018, 1586 (Rn. 44) m. w. N.
[109] BGHZ 219, 215 = ZIP 2018, 1586 (Rn. 44).
[110] Vgl. dazu die Referate von *Koch*, *Kalls* und *Decher* auf der ZGR-Tagung 2020 (ZGR 2020, 183, 217 und 238).

spricht der Grundkapitalziffer. Unterschiedliche Nennbeträge sind möglich. **Stückaktien** lauten demgegenüber auf keinen Nennbetrag (§ 8 III 1 AktG). Der Betrag am Grundkapital, den eine Stückaktie verkörpert (quasi ihr „*rechnerischer* Nennbetrag"), ergibt sich aus dem Verhältnis zwischen dem Grundkapital und der Anzahl der Aktien (§ 8 IV AktG). Beträgt das Grundkapital also z.B. 50.000 EUR und wurden 10.000 Aktien ausgegeben, so repräsentiert jede Aktie 5 EUR des Grundkapitals und damit einen prozentualen Anteil von 0,01 %. Jede Aktie ist damit im gleichen Umfang am Grundkapital beteiligt (§ 8 III 2 AktG). Der auf die einzelne Aktie entfallende anteilige Betrag darf 1 EUR nicht unterschreiten (§ 8 III 3 AktG). Bei einem Grundkapital von z.B. 50.000 EUR kann die AG also maximal 50.000 Stückaktien ausgeben. Wie sich aus § 8 I AktG ergibt, können Gesellschaften nur eine Form von Aktien ausgeben.

Zweitens ist die Aktie **Ausdruck der Mitgliedschaft** des Aktionärs. *Mitgliedschaft* 31
bezeichnet im Gesellschaftsrecht die auf der Zugehörigkeit zu einem Verband beruhende Rechtsstellung einer Person.[111] Die Mitgliedschaft bündelt demgemäß alle (subjektiven) Rechte und Pflichten eines Gesellschafters, ist darüber hinaus aber auch selbst ein absolutes subjektives Recht, das Gegenstand von Verfügungen sein kann und deliktsrechtlichen Schutz genießt.[112] Die in der jeweiligen Mitgliedschaft zusammengefassten subjektiven Rechte und Pflichten der verschiedenen Aktionäre müssen nicht zwingend identisch sein. Insbesondere kann eine Aktie unterschiedliche *Rechte* gewähren. Man spricht insofern von verschiedenen **Gattungen von Aktien** (§ 11 AktG). Das Gleichbehandlungsgebot gemäß § 53a AktG (→ Rn. 28) steht dem nicht entgegen. Sind Aktien von Anfang an unterschiedlich ausgestaltet, liegen nämlich keine gleichen Voraussetzungen vor. Sind mehrere Gattungen von Aktien vorhanden, so gelten bei Satzungsänderungen besondere Zustimmungserfordernisse, wenn das bisherige Verhältnis zwischen den Aktien zum Nachteil einer Gattung geändert werden soll (§ 179 III AktG; vgl. auch § 141 AktG). Die wichtigste Differenzierung im Hinblick auf die gewährten Mitgliedschaftsrechte ist diejenige zwischen **Stamm- und Vorzugsaktien**. Vorzugsaktien verleihen sog. Vorrechte, etwa einen Anspruch auf eine Vorzugsdividende (vgl. § 139 I AktG: Vorzug bei der Verteilung des Gewinns). Hierfür ist dann häufig im Einklang mit §§ 12 I 2, 139 I AktG das Stimmrecht ausgeschlossen. Im Übrigen haben Vorzugsaktionäre aber die gewöhnlichen Aktionärsrechte (§ 140 I AktG). Stammaktien sind die Aktien, die keinerlei Vorrechte gewähren, also insbesondere gewöhnliche Stimm- und Dividendenrechte einräumen.

Drittens verbrieft (verkörpert) eine Aktie bzw. – genauer – eine ausgegebene **Akti-** 32
enurkunde die Mitgliedschaft in der AG. Sie ist daher ein **Wertpapier**. Jedoch ist die Verbriefung (= Ausstellung und Aushändigung der Aktienurkunde), auf die Aktionäre grundsätzlich einen Anspruch haben (vgl. § 10 V AktG), keine Voraussetzung dafür, dass die Mitgliedschaft entsteht. Sie kommt vielmehr bereits durch die Übernahmeerklärung des Gründers in Verbindung mit der (konstitutiv wirkenden) Eintragung der AG in das Handelsregister zustande. Werden jedoch Aktienurkunden ausgestellt und ausgehändigt („begeben"), ist die Mitgliedschaft wegen des Wertpapiercharakters der Aktienurkunde untrennbar mit dieser verknüpft. Hieraus folgt unter anderem: (1) Aktionär (Rechteinhaber) ist, wer Eigentümer der Urkunde ist, und umgekehrt; (2) die Mitgliedschaft kann nur gegen Vorlage der Urkunde ausgeübt werden.

---

[111] *K. Schmidt*, GesR, § 19 I 1b.
[112] *K. Schmidt*, GesR, § 19 I 3a.

33 Zu unterscheiden sind Inhaberaktien und Namensaktien (§ 10 I AktG). **Inhaberaktien** sind Inhaberpapiere im Sinne des Wertpapierrechts. Obwohl nur der tatsächliche Eigentümer der Urkunde Aktionär (Mitglied) ist, muss die Gesellschaft daher grundsätzlich jeden Inhaber (Besitzer) der Urkunde als Aktionär anerkennen (Legitimationswirkung); etwas anderes gilt nur, wenn die AG dem Inhaber das fehlende Eigentum nachweist.[113] Bei der **Namensaktie** genügt zur Ausübung der Mitgliedschaftsrechte weder die bloße Vorlage der Urkunde noch die tatsächliche Eigentümer-/Aktionärsstellung. Vielmehr ist die Eintragung in das gemäß § 67 I AktG zu führende Aktienregister erforderlich (§ 67 II 1 AktG). Diese wiederum erfolgt grundsätzlich nur zugunsten desjenigen, der namentlich auf der Aktienurkunde benannt ist oder sich durch eine Indossamentenkette ausweisen kann (vgl. § 67 I bzw. III 1 AktG i.V.m. § 68 I 1 AktG). Weil auch der Ausweis durch eine Indossamentenkette möglich ist, sind Namensaktien entgegen dem Wortsinn keine Namenspapiere im Sinne des Wertpapierrechts, sondern sog. geborene Orderpapiere.[114] Aktien müssen Namensaktien sein, wenn sie vor der vollen Leistung des Ausgabebetrags (= [„rechnerischer“] Nennbetrag, ggf. zuzüglich Agio) ausgegeben werden (§ 10 II 1 AktG). Denn in diesem Fall muss die Gesellschaft sicher wissen, von wem sie die ausstehenden Einlagen verlangen kann. Neben der vollständigen Leistung des Ausgabebetrags setzt die Ausgabe von Inhaberaktien seit der Aktienrechtsnovelle 2016[115] voraus, dass die Gesellschaft entweder börsennotiert ist (§§ 10 I 2 Nr. 1, 3 II AktG)[116] oder der Anspruch auf Einzelverbriefung ausgeschlossen (→ Rn. 34) und die Sammelurkunde (→ Rn. 34) bei einer bestimmten Verwahrstelle hinterlegt ist (§ 10 I 2 Nr. 2 AktG). Die Namensaktie ist damit der gesetzliche Regelfall (vgl. auch § 10 I 1 AktG), während die Ausgabe von Inhaberaktien nur ausnahmsweise möglich ist.[117]

34 Der Anspruch der Aktionäre auf Einzelverbriefung ist in der Praxis häufig ausgeschlossen (§ 10 V AktG). Stattdessen wird lediglich eine sog. **Sammelurkunde** begeben, die sämtliche Aktien einer Gesellschaft oder jedenfalls einen Großteil davon verbrieft (§ 9a DepotG). In diesem Fall entsteht für jeden einzelnen Aktionär Miteigentum nach Bruchteilen (§§ 741 ff., 1008 ff. BGB) an der Sammelurkunde (§§ 9a II, 6 I 1 DepotG).[118] Der Bruchteil bestimmt sich bei Nennbetragsaktien nach dem Nennbetrag, bei Stückaktien nach der Stückzahl (§ 6 I 2 DepotG).

b) Rechte der Aktionäre

35 Zwei verschiedene Arten von Rechten gegenüber der AG sind zu unterscheiden:
- Mitverwaltungsrechte (oder Mitwirkungsrechte) und
- Vermögensrechte.

36 **Mitverwaltungsrechte** der Aktionäre sind das Recht auf Teilnahme an der Hauptversammlung (§ 118 AktG), das Recht auf Auskunft in der Hauptversammlung (§ 131 AktG, → Rn. 112 ff.), das Stimmrecht (§ 134 AktG; → Rn. 98 ff.) sowie das Anfechtungsrecht (§ 245 AktG). Als Anfechtungsrecht bezeichnet man die

---

[113] *Windbichler*, GesR, § 30 Rn. 2.

[114] MüKoAktG/*Heider*, § 10 Rn. 29.

[115] BGBl. I 2015, 2565; dazu *Söhner*, ZIP 2016, 151.

[116] Zu weiteren Besonderheiten bei einer Börsennotiz → Rn. 10.

[117] Hintergrund ist, dass zur Vermeidung von Geldwäsche und Terrorismusfinanzierung mehr Transparenz über den Aktionärskreis bestehen soll; vgl. im Einzelnen die Begründung zu Art. 1 Ziff. 1 Buchstabe a) des Entwurfs der Bundesregierung zur Aktienrechtsnovelle 2016, BT-Drs. 18/4349, S. 15 ff.

[118] BGHZ 207, 23 = ZIP 2015, 2286 (Rn. 14).

Befugnis, rechtswidrige Beschlüsse der Hauptversammlung anfechten zu können (→ Rn. 119ff.). Von diesem Recht machen in der Praxis gewisse „Berufskläger" (oder: **„räuberische"/„erpresserische" Aktionäre**) nur deshalb Gebrauch, um sich von der Gesellschaft anschließend die Rücknahme der Anfechtungsklage „abkaufen" zu lassen.[119] Man spricht dann von einem Missbrauch des Anfechtungsrechts. Dieser Missbrauch kann eine Schadensersatzhaftung des Anfechtungsklägers gemäß § 826 BGB gegenüber der AG auslösen.[120] Eine Anfechtungsklage wird aufgrund des Rechtsmissbrauchs nach h.M. unbegründet (§ 242 BGB).[121] Gleichwohl belasteten rechtsmissbräuchliche Anfechtungsklagen lange Zeit stark die Unternehmenspraxis. Der Gesetzgeber hat diese Belastung nunmehr erfolgreich eingedämmt, indem er das Beschlussmängelrecht der AG im Jahr 2009 durch das Gesetz zur Umsetzung der Aktionärsrechterichtlinie (ARUG)[122] reformiert hat.[123]

Das wichtigste **Vermögensrecht** des Aktionärs ist das Dividendenrecht, also das Recht auf Teilhabe an dem von der AG erwirtschafteten Bilanzgewinn (§§ 58 IV, 60 AktG). Daneben tritt das Recht auf Teilnahme am Liquidationserlös (§ 271 AktG), welches zwar in der Praxis wegen fehlender (freiwilliger) Liquidation der AG selten tatsächlich ausgeübt wird, auf dessen gesetzlicher Regelung aber letztlich der Wert der Aktie beruht, weil jener Anspruch den Anteil der Aktie am Vermögen der AG repräsentiert. Außerdem besteht bei einer Kapitalerhöhung grundsätzlich ein Recht zum Bezug neuer Aktien (§ 186 AktG; → Rn. 208ff.). 37

Anspruch auf den Bilanzgewinn haben die Aktionäre, soweit er nicht nach Gesetz oder Satzung, durch den Gewinnverwendungsbeschluss gemäß §§ 58 III, 174 I AktG oder als zusätzlicher Aufwand von der Verteilung unter den Aktionären ausgeschlossen ist (§ 58 IV AktG). Ein konkreter **Dividenden*auszahlungs*anspruch** der Aktionäre entsteht aber erst, wenn das folgende Verfahren durchlaufen wurde: 38

- Der Vorstand stellt den Jahresabschluss auf, dessen Hauptbestandteile die Bilanz und die Gewinn- und Verlustrechnung sind (§ 264 HGB). Der Bilanzgewinn wird dabei ermittelt, indem nach der Berechnung des Jahresüberschusses in der Gewinn- und Verlustrechnung nach Maßgabe des § 158 I 1 AktG weiter gerechnet wird. Der Bilanzgewinn bildet gemäß § 158 I 1 Nr. 5 AktG den Saldo aus dem Jahresüberschuss und den gemäß § 158 I 1 Nr. 1–4 AktG zu berücksichtigenden Posten.[124] Die in § 158 I 1 Nr. 1 AktG angeordnete Einstellung eines Verlustvortrags bedeutet im Ergebnis, dass sich solange kein Bilanzgewinn ergibt, bis Verluste aus den Vorjahren ausgeglichen sind.
- Der Vorstand legt den – ggf. von einem Abschlussprüfer geprüften (vgl. §§ 171 I 2, II 3 AktG, 321 V 2 HGB) – Jahresabschluss dem Aufsichtsrat vor (§ 170

---

[119] Vgl. zu diesem Problem auch *K. Schmidt*, GesR, § 28 IV 5f.; *Schäfer*, GesR, § 43 Rn. 14ff.; rechtstatsächlich *Bayer/Hoffmann/Sawada*, ZIP 2012, 897; siehe auch *Bayer/Hoffmann*, ZIP 2013, 1193; *Bayer/Hoffmann*, AG Sonderheft 10/2015, 8ff.

[120] Vgl. OLG Frankfurt ZIP 2009, 271; OLG Hamburg ZIP 2011, 126.

[121] Vgl. *Schäfer*, GesR, § 43 Rn. 14f.; nach a.A. führt der Rechtsmissbrauch zur Unzulässigkeit der Klage; vgl. die Nachweise bei *K. Schmidt*, GesR, § 28 IV 5f.

[122] BGBl. I 2009, 2479.

[123] Ausführlich zum ARUG *Florstedt*, AG 2009, 465; außerdem → Rn. 175ff.; empirische Analyse zum Erfolg der Reform bei *Bayer/Hoffmann*, AG Sonderheft 10/2015, 8ff.; zum massiven Rückgang der Klagewelle *Reichert*, AG 2016, 677, 678; siehe zu einer gleichwohl ggf. sinnvollen, umfassenden Reform des Beschlussmängelrechts *Bayer/Fiebelkorn*, ZIP 2012, 2181 (mit ausformulierten Reformvorschlägen); *Bayer/Hoffmann*, ZIP 2013, 1193; ferner die Beschlüsse des 72. Deutschen Juristentages unter https://www.djt.de/fileadmin/downloads/72/Beschluesse_gesamt_final.pdf, S. 33ff.

[124] *Koch*, AktG, § 158 Rn. 6.

AktG), der ihn prüft und hierüber einen Bericht an die Hauptversammlung verfasst (§ 171 AktG).
- Billigt nach dem Vorstand auch der Aufsichtsrat den Jahresabschluss, so ist dieser grundsätzlich „festgestellt" (§ 172 AktG) mit der Folge, dass er für die Gesellschaftsorgane, die Aktionäre sowie die Inhaber sonstiger gewinnabhängiger Ansprüche verbindlich ist.[125]
- Die Aktionäre beschließen unter Bindung an den festgestellten Jahresabschluss über die Verwendung des Bilanzgewinns (§ 174 I AktG); der Beschluss weist den an die Aktionäre auszuschüttenden Betrag aus (§ 174 II Nr. 2 AktG). Dieser kann gegenüber dem Bilanzgewinn insbesondere um in Gewinnrücklagen einzustellende Beträge und einen Gewinnvortrag gemindert sein (§§ 58 III, 174 II Nr. 3, 4 AktG). Allerdings sind der übermäßigen, wirtschaftlich nicht notwendigen Bildung von Rücklagen und eines Gewinnvortrags Grenzen gesetzt (vgl. § 254 AktG).

c) Pflichten der Aktionäre

39 Die Hauptpflicht des Aktionärs besteht in der Leistung der versprochenen **Sach- oder Bareinlage** (§ 54 AktG). Sie entsteht bei der Gründung durch die Übernahme der Aktien (§ 29 AktG), bei der Kapitalerhöhung durch die Zeichnung (§ 185 AktG). Diese Pflicht wird für die Aktionäre, die ihre Aktien an der Börse erstehen, in der Regel nicht relevant, weil sie voll eingezahlte Anteile erwerben, für die sie lediglich einen Kaufpreis an den Veräußerer zahlen.

40 Praktisch besonders wichtig sind hingegen die **sog. Treuepflicht** und das **Schädigungsverbot**: Der Aktionär darf seine Stimmrechtsausübung in der Hauptversammlung nicht zur Erlangung eines Sondervorteils nutzen; der Beschluss ist in diesem Fall gemäß § 243 II AktG anfechtbar. Darüber hinaus kann der Aktionär gemäß § 117 AktG auch auf Schadensersatz haften, wobei diese Vorschrift aber nicht auf die Einflussnahme durch Aktionäre beschränkt ist, sondern auch sonstige Personen als Haftungsadressaten in Betracht kommen. § 117 I AktG bestimmt ganz allgemein: Wer *vorsätzlich* unter Benutzung seines Einflusses auf die Gesellschaft ein Mitglied des Vorstands oder des Aufsichtsrats, einen Prokuristen oder einen Handlungsbevollmächtigten dazu bestimmt, zum Schaden der Gesellschaft oder ihrer Aktionäre zu handeln, ist der AG und ggf. auch den Aktionären zum Ersatz des daraus entstandenen Schadens verpflichtet. Anders als im Recht der GmbH (→ § 4 Rn. 249f.) und der Personengesellschaft (→ § 5 Rn. 149) wird also bei der AG nicht für jede fahrlässige Schädigung der Mitgesellschafter – hier: Mitaktionäre – gehaftet, weil es eine umfassende, aus der gemeinsamen vertraglichen Bindung abgeleitete Treuepflicht bei der AG nicht gibt. Die Haftung auf Schadensersatz bei negativer Einflussnahme ist vielmehr im Grundsatz auf Vorsatz beschränkt.

41 **Beispiel:** Aktionär A ist mit 20 % an der B-AG beteiligt. Er möchte das Vorstandsmitglied V dazu bewegen, bestimmte von der AG ständig benötigte Produkte bei ihm statt bei einem Dritten einzukaufen, der sie preislich günstiger anbietet. Zu diesem Zweck deutet er V gegenüber an, dass V seine Position im Unternehmen jenem Aufsichtsrat zu verdanken habe, den er als Großaktionär zusammen mit anderen in der Hauptversammlung wähle. Wenn V auch in Zukunft seine Position behalten wolle, sei ein Vertragsabschluss mit dem Unternehmen des A von Vorteil. Auf diese Weise erreicht A den Abschluss eines Liefervertrags zu den für die B-AG ungünstigeren Konditionen. A haftet gemäß § 117 I AktG auf Schadensersatz, wenn er vorsätzlich gehandelt hat, nicht hingegen schon bei fahrlässiger Verkennung eines Nachteils für die B-AG.[126]

---

[125] *Koch*, AktG, § 172 Rn. 2.

[126] In letzterem Fall kommt aber ein (nur) auf Rückgewähr des Vorteils gerichteter Anspruch aus §§ 62, 57 AktG in Betracht (→ Rn. 188ff.).

Inzwischen ist allerdings auch bei der AG eine begrenzte **Treuepflicht** des Aktionärs gegenüber der Gesellschaft und den Mitgesellschaftern **anerkannt** worden.[127] Diese reicht jedoch nicht so weit wie bei den Personengesellschaften und der GmbH, gerade weil die Bindung des Aktionärs an die Gesellschaft und die Mitaktionäre bei der AG nicht so eng ist wie die Bindung der Gesellschafter bei den Personengesellschaften und der GmbH. Die **Pflicht zur Rücksichtnahme** – von der h.M. als Treuepflicht bezeichnet – ergibt sich deshalb bei der AG auch weniger aus dem Gedanken der (engen) vertraglichen Bindung (vgl. im Schuldrecht § 241 II BGB) und stärker **aus dem Gedanken der Aufopferung**: Sie ist das Gegenstück zur Einwirkungsmacht des Aktionärs auf die Rechtsposition der anderen an der AG beteiligten Aktionäre.[128] 42

⇨ *Fall Nr. 3 – Girmes*

d) Übertragung der Mitgliedschaft

Die Mitgliedschaft in einer AG ist frei veräußerlich und vererblich. Im Regelfall der Verbriefung der Mitgliedschaft in einer Aktienurkunde (→ Rn. 32) erfolgt die Übertragung der Mitgliedschaft normalerweise nach wertpapierrechtlichen Grundsätzen. Zu unterscheiden ist zwischen Inhaber- und Namensaktien. 43

Die in **Inhaberaktien** verkörperte Mitgliedschaft wird durch Übereignung der Aktienurkunde nach den Regeln über die Übereignung beweglicher Sachen übertragen (§§ 929ff. BGB). Verwahrt ein Dritter die Aktienurkunde, kann gemäß § 931 BGB der Herausgabeanspruch abgetreten und die Aktie so übereignet werden. In der Praxis geschieht dies aber selten, insbesondere nicht bei einem Erwerb der Aktien über die Börse. Der Erwerber will nämlich in aller Regel nicht die Besitzposition des Veräußerers gegenüber dessen (Depot-)Bank gemäß § 870 BGB erwerben; vielmehr wird das alte Verwahrverhältnis des Veräußerers zu seiner Bank aufgelöst und ein neues (!) Verwahrverhältnis des Erwerbers zu dessen Bank begründet, und dies ist rechtlich gesehen eine **Übergabe i.S.v. § 929 S. 1 BGB**, wenn der Vorgang auf Veranlassung des Veräußerers in Vollziehung der Übereignung erfolgt.[129] Ein **gutgläubiger Erwerb** gemäß §§ 932ff. BGB, 366 HGB ist möglich, und zwar auch dann, wenn die Urkunde abhandengekommen war (vgl. § 935 II BGB). Ist das Eigentum an der Urkunde wirksam übergegangen, so geht auch die Mitgliedschaft in der AG auf den Erwerber über. Es gilt also der Grundsatz **„Das Recht aus dem Papier folgt dem Recht am Papier"**. Der neue Eigentümer der Urkunde ist Aktionär. Es zeigt sich also: Inhaberaktien können mit geringem Aufwand und rechtssicher übertragen werden. Sie sind besonders verkehrsfähig. Neben der vorstehend beschriebenen Übertragung nach wertpapierrechtlichen Grundsätzen besteht aber auch die Möglichkeit einer (schlichten) formlosen Abtretung der Mitgliedschaft gemäß §§ 413, 398 BGB (näher → Rn. 45).[130] 44

Die in **Namensaktien** verbriefte Mitgliedschaft kann auf zwei Wegen übertragen werden. Möglich ist zunächst die in § 68 I AktG angesprochene Übertragung durch Indossament. Im Einzelnen setzt sie voraus:[131] (1) Indossament, d.h. schriftliche Übertragungserklärung auf der Urkunde; (2) Übereignung der Urkunde gemäß 45

---

[127] BGHZ 103, 184 – Linotype; BGHZ 129, 136 – Girmes: treuwidrige Obstruktion einer Minderheit gegen einen Sanierungsplan.

[128] Siehe ausführlich zu dem abgestuften System der Rücksichtnahme- und Aufopferungspflichten *Bitter*, ZGR 2010, 147, 172ff.

[129] Siehe dazu allgemein MüKoBGB/*Oechsler*, § 929 Rn. 67.

[130] Spindler/Stilz/*Vatter*, AktG, § 10 Rn. 53m.w.N.

[131] Vgl. MüKoAktG/*Bayer*, § 68 Rn. 3.

§§ 929ff. BGB, d.h. Einigung über den Eigentumsübergang und Übergabe(surrogat). Ein **gutgläubiger Erwerb** ist möglich (§ 68 I 2 AktG i.V.m. Art. 16 II WG). Als zweiter Weg (vgl. § 68 I AktG: „auch") steht – wie bei Inhaberaktien (→ Rn. 44 a.E.) – die (schlichte) formlose Abtretung der Mitgliedschaft gemäß §§ 413, 398 BGB zur Verfügung; strittig ist insofern nur, ob die Übergabe der Urkunde Voraussetzung für die Wirksamkeit der Abtretung ist oder nicht.[132] Bei einer wirksamen Abtretung der Mitgliedschaft geht gemäß § 952 BGB auch das Eigentum an der Aktienurkunde über. Hier gilt also der Grundsatz **„Das Recht am Papier folgt dem Recht aus dem Papier"**. Ein gutgläubiger Erwerb scheidet bei dieser Alternative aus. In keinem der Fälle ist die Eintragung im Aktienregister gemäß § 67 III 1 AktG Voraussetzung des Übergangs der Mitgliedschaft. Die Eintragung ist nur erforderlich, um auch im Verhältnis zur AG als Aktionär zu gelten und Rechte aus den Aktien auszuüben (§ 67 II 1 AktG). Vor diesem Hintergrund ist der zweite Weg der formlosen Abtretung der Mitgliedschaft freilich problematisch, weil der gemäß § 67 III 1 AktG zur Eintragung in das Aktienregister erforderliche Nachweis des Erwerbs ohne Indossament schwer zu erbringen ist. Besonderheiten gelten gemäß § 68 II AktG bei Namensaktien, deren Übertragung an die Zustimmung der Gesellschaft gebunden ist (sog. **Vinkulierung**).

46 Ist gemäß § 9a DepotG – wie in der Praxis bei Gesellschaften mit großem Aktionärskreis weitgehend üblich – eine **Sammelurkunde** über die Inhaber- oder Namensaktien ausgestellt, besteht Miteigentum nach Bruchteilen jedes einzelnen Aktionärs an der Sammelurkunde (→ Rn. 34). Über seinen Miteigentumsanteil kann der Aktionär verfügen (§ 747 S. 1 BGB). Die Übertragung richtet sich auch hier nach §§ 929ff. BGB. Erforderlich ist also eine Einigung über den Eigentumsübergang sowie die Übergabe oder ein Übergabesurrogat. Auch insoweit ist regelmäßig nicht von einer Abtretung des Herausgabeanspruchs (§ 931 i.V.m. § 870 BGB), sondern von einer **Übergabe i.S.v. § 929 S. 1 BGB** auszugehen (→ Rn. 44).[133] Die Besitzverschaffung mittels Übertragung der tatsächlichen Sachherrschaft wird dabei wegen der fehlenden Existenz von Einzelaktien durch die **Umbuchung von Girosammel-Depotgutschriften** ersetzt.[134] Dass dieser Umbuchungsvorgang von der h.M. nach wie vor sachenrechtlich als Wechsel des (mehrstufigen) mittelbaren Mitbesitzes im Verhältnis zum Sammelverwahrer der (Dauer-)Globalurkunde – i.d.R. die Clearstream Banking AG – konstruiert wird, hat damit zu tun, dass der Gesetzgeber im Interesse der Verkehrsfähigkeit der Aktien (Möglichkeit gutgläubigen Erwerbs) den Schritt zum Wertrecht unter Abkehr vom Wertpapier nicht vollziehen wollte.[135] Die Mitteilung der Depotbank oder der Clearstream Banking AG gegenüber der Gesellschaft über die Umbuchung ist hinreichender Nachweis gemäß § 67 III 1 AktG zur Eintragung in das Aktienregister.[136] Alternativ zur Übertragung nach wertpapierrechtlichen Grundsätzen besteht erneut die Möglichkeit der formlosen Abtretung der Mitgliedschaft gemäß §§ 413, 398 BGB (→ Rn. 44 a. E., 45), dann freilich ohne die Möglichkeit gutgläubigen Erwerbs.

47 Nur dieser Weg steht zur Verfügung, wenn die Mitgliedschaft in einer AG **unverbrieft** ist.

---

[132] Vgl. MüKoAktG/*Bayer*, § 68 Rn. 30.

[133] So die h.M.; zum Streitstand MüKoBGB/*K. Schmidt*, § 1008 Rn. 31; unpräzise insoweit BGHZ 207, 23 = ZIP 2015, 2286 (Rn. 15), wenn dort von „Übergang" des Mitbesitzes die Rede ist.

[134] BGHZ 207, 23 = ZIP 2015, 2286 (Rn. 15).

[135] Dazu BGHZ 207, 23 = ZIP 2015, 2286 (Rn. 16).

[136] Siehe MüKoAktG/*Bayer*, § 68 Rn. 105f.

2. Die Organe der AG

Die AG als juristische Person ist selbst nicht handlungsfähig und bedarf daher bestimmter Organe, um intern einen Willen zu bilden und nach außen zu handeln. Diese Aufgaben übernehmen bei der AG drei Organe: der Vorstand, der Aufsichtsrat und die Hauptversammlung. Während die Aktionäre in der Hauptversammlung ihren Willen zu grundsätzlichen Fragen bilden, besorgen Vorstand und Aufsichtsrat die Verwaltung der Gesellschaft. Die **Trennung der Verwaltung in Vorstand und Aufsichtsrat** ist charakteristisch für das deutsche, als *dualistisch* bezeichnete System. Sie markiert einen deutlichen Unterschied zum Board-System des US-amerikanischen Aktienrechts. Dort gibt es nur ein einheitliches Leitungsorgan, den Board of Directors (= Verwaltungsrat), weshalb man von einem *monistischen* Leitungssystem spricht. Rechtspolitisch wird teilweise die Übernahme jenes Systems für die deutsche AG gefordert, während es bei der (deutschen) SE (→ § 1 Rn. 12) bereits wählbar ist und insoweit – neben der noch bedeutenderen Flexibilisierung der Mitbestimmung[137] – ein Grund für die Wahl jener Rechtsform ist.[138] 48

Die Kompetenzverteilung bzw. -abgrenzung zwischen den drei Organen der AG ist weitestgehend zwingend vom Gesetz vorgegeben (§ 23 V AktG). Sie ist auf eine **Machtbalance** angelegt. 49

a) Vorstand

Die Funktion des Vorstands einer AG ist derjenigen des Vorstands eines Vereins vergleichbar. 50

aa) Grundlagen

Der Vorstand leitet die Gesellschaft gemäß § 76 AktG „unter eigener Verantwortung". Anders als die Geschäftsführer einer GmbH (vgl. §§ 37 I, 45, 46 Nr. 6 GmbHG → § 4 Rn. 136) unterliegt er keinem Weisungsrecht der Gesellschafter (Aktionäre), sondern entscheidet selbständig und unabhängig über die **Leitung der AG** und die ihm nach § 77 AktG obliegende **Geschäftsführung.**[139] Besteht der Vorstand aus mehreren Personen, so sind sämtliche Vorstandsmitglieder nur gemeinschaftlich zur Geschäftsführung befugt (§ 77 I AktG). Es gilt also das Kollegialprinzip. 51

Von der das Innenverhältnis betreffenden Geschäftsführung zu trennen ist die **Vertretung der AG** im Rechtsverkehr mit Dritten, also im Außenverhältnis (→ § 5 Rn. 53 zur GbR).[140] Auch dafür ist der Vorstand gemäß § 78 AktG zuständig. Mehrere Vorstandsmitglieder sind nach § 78 II 1 AktG grundsätzlich nur gemeinsam zur Vertretung berechtigt (Gesamtvertretung). Die Satzung kann etwas anderes bestimmen (§ 78 III AktG), und dies geschieht in der Praxis sehr häufig. Die **Vertretungsbefugnis** des Vorstands ist **inhaltlich unbeschränkt und unbeschränkbar** (§ 82 I AktG). Von den Fällen der Kollusion und des evidenten Missbrauchs der Vertretungsmacht abgesehen (zur GmbH → § 4 Rn. 138)[141] ist daher für die Wirksamkeit 52

---

[137] Zur Unternehmensmitbestimmung → Rn. 81 ff.

[138] Näher *Reichert*, AG 2016, 677, 680 ff. m. w. N.

[139] Die Leitung der Gesellschaft betrifft die Führungsfunktion des Vorstands und ist daher ein herausgehobener Teil der Geschäftsführung. Zur Leitung gehören die Unternehmensplanung, -koordination, -kontrolle und Besetzung der Führungsstellen. Während Geschäftsführungsaufgaben delegiert werden können, ist dies bei Leitungsaufgaben nicht möglich. Vgl. zum Ganzen *Koch*, AktG, § 76 Rn. 8 f.

[140] Allgemein zur Trennung von Innen- und Außenverhältnis bei der Stellvertretung *Bitter/Röder*, BGB AT, § 10 Rn. 92 ff.; *Bitter/Linardatos*, HandelsR, § 6 Rn. 4.

[141] Dazu *Bitter/Röder*, BGB AT, § 10 Rn. 221 ff.; *Bitter/Linardatos*, HandelsR, § 6 Rn. 29 ff.

im Außenverhältnis unerheblich, ob der Vorstand seine Befugnisse im Innenverhältnis (vgl. dazu auch § 82 II AktG) überschreitet; Ausnahmen gelten zum Schutz der Aktionäre[142] für Verträge, durch die sich eine AG ohne den erforderlichen Beschluss der Hauptversammlung zur Übertragung des ganzen Gesellschaftsvermögens verpflichtet (vgl. § 179a I 1 AktG),[143] und für Unternehmensverträge (§ 293 AktG; → Rn. 231). Übertritt der Vorstand durch eine *wirksame* Handlung im Außenverhältnis (Vertretung) seine Befugnisse im Innenverhältnis (Geschäftsführung), liegt darin eine Pflichtverletzung, aus der Schadensersatzansprüche der Gesellschaft resultieren können (→ Rn. 61 ff.).

53 Der Vorstand kann aus einer oder mehreren Personen bestehen; bei einem Grundkapital von mehr als drei Millionen EUR müssen es aber mindestens zwei Mitglieder sein, wenn die Satzung nichts anderes bestimmt (§ 76 II AktG). Mitglied des Vorstands können nur natürliche Personen sein, bei denen keiner der in § 76 III 2 AktG genannten Ausschlusstatbestände einschlägig ist. Besteht der Vorstand einer Gesellschaft, die börsennotiert ist *und* der (quasi-)paritätischen[144] Unternehmensmitbestimmung (→ Rn. 81 ff.) unterliegt, aus mehr als drei Personen, muss seit dem Zweiten Führungspositionen-Gesetz (FüPoG II)[145] aus dem Jahr 2021 mindestens eine Frau und ein Mann Mitglied des Vorstands sein (§ 76 IIIa AktG).[146] Ferner gilt für jede AG, die börsennotiert ist *oder* der (quasi-)paritätischen Unternehmensmitbestimmung unterliegt, bei der Besetzung der zwei unter dem Vorstand befindlichen Leitungsebenen eine flexible, im Unternehmen selbst festzulegende **Frauenquote** (sog. Flexiquote des § 76 IV AktG).[147]

54 **Bestellt** wird der Vorstand auf höchstens fünf Jahre **vom Aufsichtsrat** (§ 84 I 1 AktG). Er kann ein Mitglied des Vorstands zum Vorsitzenden ernennen (§ 84 II AktG). Im Anwendungsbereich der Montanmitbestimmung (Eisen-/Stahlindustrie und Bergbau) sowie des Mitbestimmungsgesetzes von 1976 (Kapitalgesellschaften mit mehr als 2000 Arbeitnehmern) wird ein Vorstandsmitglied von der Arbeitnehmerseite gestellt (zur Übersicht → Rn. 82). Dieser so genannte **Arbeitsdirektor** ist für Personal- und Sozialangelegenheiten zuständig.

55 Strikt zu trennen ist die Bestellung, durch die ein Vorstandsmitglied zum Organ der AG wird und die daher ein körperschaftlicher Akt ist, von dem schuldrechtlichen **Anstellungsvertrag**, den der Aufsichtsrat im Namen der AG (§ 112 AktG) mit dem Vorstandsmitglied schließt. Bei ihm handelt es sich in der Regel um einen Dienstvertrag (§§ 611 ff. BGB), der eine Geschäftsbesorgung zum Gegenstand hat.[148] Er ist alleinige Grundlage des Vergütungsanspruchs der Vorstandsmitglieder.

55a Bei der Ausgestaltung der Bezüge der Vorstandsmitglieder sind die Vorgaben des § 87 AktG zu beachten. Insbesondere muss die **Vergütung** in einem angemessenen

[142] Näher zum Sinn und Zweck von § 179a AktG BGHZ 220, 354 = ZIP 2019, 701 (Rn. 24 f.).

[143] Vgl. BGHZ 220, 354 = ZIP 2019, 701 (Rn. 10): Zustimmung ist Wirksamkeitserfordernis des Verpflichtungsgeschäfts, welches ohne Zustimmung schwebend unwirksam ist (§ 177 BGB).

[144] Das Gesetz bezieht insoweit nicht die Mitbestimmung nach dem Drittelbeteiligungsgesetz ein, welches für Kapitalgesellschaften zwischen 500 und 2.000 Arbeitnehmern gilt (→ Rn. 82).

[145] Gesetz zur Ergänzung und Änderung der Regelungen für die gleichberechtigte Teilhabe von Frauen an Führungspositionen in der Privatwirtschaft und im öffentlichen Dienst (BGBl. I 2021, 3311).

[146] Dazu etwa *Redenius-Hövermann*, ZIP 2021, 1365.

[147] Dazu *Weller/Benz*, AG 2015, 467 ff.; *Seibt*, ZIP 2015, 1193 ff.; aus arbeitsrechtlicher Sicht *Göpfert/Rottmeier*, ZIP 2015, 670 ff.

[148] *Schäfer*, GesR, § 41 Rn. 4.

Verhältnis zu den Aufgaben und Leistungen des Vorstandsmitglieds sowie zur Lage der Gesellschaft stehen und darf die übliche Vergütung nicht ohne besondere Gründe übersteigen (§ 87 I 1 AktG). Bei börsennotierten Gesellschaften ist die Vergütungsstruktur zudem auf eine nachhaltige und langfristige Entwicklung der Gesellschaft auszurichten (§ 87 I 2 AktG). Die Vorschrift des § 87 AktG steht im Mittelpunkt der kontroversen Dauerdebatte in Deutschland (und Europa) über die Bezüge von Vorstandsmitgliedern.[149] Der Gesetzgeber hat die Vorgaben im Jahr 2009 durch das Gesetz zur Angemessenheit der Vorstandsvergütung (VorstAG)[150] deutlich verschärft und konkretisiert.[151] Zu Beginn des Jahres 2020 ist das Gesetz zur Umsetzung der zweiten Aktionärsrechterichtlinie (ARUG II)[152] in Kraft getreten, das verschiedene Neuerungen insbesondere unter Dokumentations- und Transparenzgesichtspunkten enthält. Für die Höhe der Vergütung ist indes nach wie vor der Begriff der „Angemessenheit" zentral; er bleibt stark auslegungsbedürftig und bietet einen durchaus großen Gestaltungsspielraum. Eine Möglichkeit, die Vergütung herabzusetzen, wenn sich die Lage der Gesellschaft verschlechtert, schafft § 87 II AktG.[153] Bei börsennotierten Gesellschaften wird § 87 AktG seit dem ARUG II dadurch flankiert, dass der Aufsichtsrat ein klares und verständliches System zur Vergütung der Vorstandsmitglieder zu beschließen hat (§ 87a I 1 AktG), das auch eine Maximalvergütung festlegen muss (§ 87a I 2 Nr. 1 AktG).[154] Das ARUG II hat ferner den Einfluss der Aktionäre auf die Vorstandsvergütung gestärkt, indem die Hauptversammlung über die Billigung dieses Vergütungssystems bei jeder wesentlichen Änderung, mindestens jedoch alle vier Jahre beschließt (§ 120a I 1 AktG; sog. zwingendes *say-on-pay*). Da der Beschluss jedoch unverbindlich und nicht anfechtbar ist (§ 120a I 2, 3 AktG), geht es hier primär um faktischen Einfluss (siehe aber auch § 120a III AktG zur Neuvorlage in der nächsten Hauptversammlung bei Nichtbilligung).[155] Verbindlich kann die Hauptversammlung hingegen die festgelegte Maximalvergütung herabsetzen (§ 87 IV AktG), womit erstmals ein Aspekt der Vorstandsvergütung der Kompetenz der Hauptversammlung unterstellt ist.[156] Nähere Vorgaben zur Vorstandsvergütung enthält schließlich auch der Deutsche Corporate Governance Kodex (DCGK; → Rn. 58) in Abschnitt G.I. DCGK.

Eine **vorzeitige Abberufung** von Vorstandsmitgliedern durch den Aufsichtsrat ist 56
gemäß § 84 IV 1 AktG nur aus wichtigem Grund möglich. Ein solcher ist insbesondere bei einer groben Pflichtverletzung, der Unfähigkeit zur ordnungsmäßigen Geschäftsführung oder – grundsätzlich – einem Vertrauensentzug durch die Hauptversammlung gegeben (§ 84 IV 2 AktG). Jener Vertrauensentzug durch die Hauptversammlung muss nicht begründet werden und setzt seinerseits auch keinen wichtigen Grund voraus, insbesondere keine Pflichtwidrigkeit oder ein Verschulden des Vorstandsmitglieds.[157] Durch die Abberufung endet nur die Organstellung des Vor-

---

[149] Dazu umfassend *Stenzel*, Rechtliche und empirische Aspekte der Vorstandsvergütung, 2012.

[150] BGBl. I 2009, 2509.

[151] Vgl. dazu etwa *Fleischer*, NZG 2009, 801; ausführliche Bestandsaufnahme zum VorstAG bei *Ihrig/Wandt/Wittgens*, ZIP 2012, Beilage zu Heft 40.

[152] BGBl. I 2019, 2637. Zu den Änderungen des AktG durch das ARUG II insgesamt siehe etwa *Florstedt*, ZIP 2020, 1. Zu Übergangsvorschriften im Hinblick auf einzelne Neuerungen siehe § 26j Einführungsgesetz zum Aktiengesetz.

[153] Dazu BGHZ 207, 190 = ZIP 2016, 310; *Weller*, NZG 2010, 7.

[154] Dazu (kritisch) *Florstedt*, ZIP 2020, 1, 3 ff.

[155] *Florstedt*, ZIP 2020, 1, 2 und 5 spricht von „quasiverbindlicher" Abstimmung.

[156] Dazu *Florstedt*, ZIP 2020, 1, 5 f.

[157] Näher BGH ZIP 2017, 278; siehe auch OLG Celle ZIP 2016, 1773 f.

standsmitglieds; die Ansprüche aus dem Anstellungsvertrag richten sich nach den allgemeinen Vorschriften (§ 84 IV 5 AktG). Obwohl gesetzlich nicht geregelt, können die Vorstandsmitglieder ihre Organstellung auch durch eine Amtsniederlegung selbst beenden.[158] Eines wichtigen Grundes bedarf es dazu nicht; jedoch kann die Amtsniederlegung im Einzelfall wegen Rechtsmissbrauchs unwirksam sein.[159]

57 Nach § 88 AktG unterliegen die Mitglieder des Vorstands grundsätzlich einem **Wettbewerbsverbot.** Gemäß § 93 I 3 AktG sind sie zur **Verschwiegenheit** verpflichtet. Beide Pflichten sind Ausfluss der allgemeinen **Treuepflichten** des Vorstands. Aus ihnen ergibt sich auch die Pflicht, Geschäftschancen für die AG und nicht für sich persönlich wahrzunehmen.[160] Weitere Pflichten/Aufgaben des Vorstands sind unter anderem:

- Führung der Handelsbücher (§ 91 I AktG);
- Einrichtung eines Überwachungssystems, damit Entwicklungen, die den Fortbestand der Gesellschaft gefährden, früh erkannt werden (§ 91 II AktG);
- Aufstellung des Jahresabschlusses (§ 264 HGB; → Rn. 38);
- Vorbereitung und Ausführung von Hauptversammlungsbeschlüssen (§ 83 AktG).

58 Zu den Pflichten des Vorstands einer börsennotierten AG gehört es ferner, jährlich zu erklären, ob den Empfehlungen des Deutschen Corporate Governance Kodex (DCGK) entsprochen wurde und wird oder welche Empfehlungen nicht angewendet wurden (§ 161 AktG). Beim DCGK handelt es sich um Leitlinien einer ordnungsgemäßen Unternehmensführung und -organisation, die von einer Regierungskommission herausgegeben werden und die im Jahr 2019 eine grundlegende Neufassung erfahren haben, welche 2020 in Kraft tritt.[161] Wie sich aus den Vorgaben zur **Entsprechenserklärung** in § 161 AktG ergibt, sind diese Leitlinien nicht zwingend zu befolgen;[162] jedoch besteht eine Pflicht, die Nichtbeachtung offenzulegen (sog. *comply or explain*).

59 Die **Kreditgewährung an Vorstandsmitglieder** steht gemäß § 89 I 1 AktG unter dem Vorbehalt eines entsprechenden Beschlusses des Aufsichtsrats. Ein ohne Beschluss des Aufsichtsrats gewährter Kredit ist sofort zurückzugewähren, wenn der Aufsichtsrat nicht nachträglich zustimmt (§ 89 V AktG).

bb) Haftung

60 Bei der Haftung der Vorstandsmitglieder ist zwischen einer reinen (Innen-)Haftung gegenüber der Gesellschaft (AG) und einer (Außen-)Haftung gegenüber Dritten (Gläubigern, Aktionären oder Unbeteiligten) zu unterscheiden.

aaa) Gegenüber der AG

61 Vorstandsmitglieder, die ihre Pflichten verletzen (**fehlerhafte Geschäftsführung**), sind der Gesellschaft zum Ersatz des daraus entstehenden Schadens als Gesamtschuldner verpflichtet (§ 93 II AktG). Der objektive bzw. normative Standard, anhand dessen eine Pflichtverletzung zu prüfen ist, entspricht dem Verhalten eines ordentlichen und gewissenhaften Geschäftsleiters (§ 93 I 1 AktG) und der aus § 76 I AktG abgeleiteten objektiven **Pflicht zur sorgfältigen Unternehmensleitung.**[163] Das

---

[158] *Koch*, AktG, § 84 Rn. 79.

[159] MüKoAktG/*Spindler*, § 84 Rn. 160.

[160] Näher zur Geschäftschancenlehre → § 6 Rn. 58 (zur oHG).

[161] Siehe zur Neufassung https://www.dcgk.de/de/kodex/dcgk-2020.html.

[162] Siehe BGHZ 220, 36 = ZIP 2019, 322 (Rn. 25): Der DCGK ist weder Gesetz noch Bestandteil der Satzung.

[163] Obwohl es nach dem Wortlaut des § 93 I 1 AktG durchaus nahe liegt, dass die Vorschrift nur einen Verschuldensmaßstab festlegt, schreibt die h. M. ihr eine Doppelfunktion zu,

Verhalten des Vorstandsmitglieds ist daran zu messen, wie ein pflichtbewusster selbständig tätiger *Leiter* eines Unternehmens der konkreten Art, der nicht mit eigenen Mitteln wirtschaftet, sondern ähnlich wie ein Treuhänder fremden Vermögensinteressen verpflichtet ist, zu handeln hat.[164] Diesem ist – anders als einem Unternehmens*inhaber* – insbesondere eine Verschleuderung des Gesellschaftsvermögens verboten,[165] etwa durch aufwändige Flugreisen, Festessen oder Geschenke an Dritte.[166] Die Pflicht zur sorgfältigen Unternehmensleitung kann auch ein Handeln gegen die Interessen eines (Haupt-)Aktionärs gebieten bzw. gestatten.[167] Um den sehr vagen Pflichtenmaßstab der §§ 93 I 1, 76 I AktG zu konkretisieren, enthält § 93 III AktG eine nicht abschließende Aufzählung von Pflichtverletzungen, bei denen (zudem) eine Schädigung der AG vermutet wird.[168]

Besonders problematisch ist eine Pflichtverletzung festzustellen, wenn es um **unternehmerische Entscheidungen** geht. Erstens sind sie mit hoher Unsicherheit belastet. Zweitens ist dem Vorstand ein großer Handlungsspielraum (Ermessen) einzuräumen, weil andernfalls unternehmerisches Handeln schlichtweg undenkbar ist. Daher schreibt § 93 I 2 AktG fest, dass bei einer unternehmerischen Entscheidung keine Pflichtverletzung vorliegt, wenn das Vorstandsmitglied vernünftigerweise annehmen durfte, auf der Grundlage angemessener Information zum Wohle der Gesellschaft zu handeln (sog. ***Business Judgement Rule***).[169] Maßgeblich für die Beurteilung ist also der Zeitpunkt, in dem die unternehmerische Entscheidung getroffen wird (Betrachtung *ex ante*). Auch wenn sie sich im Nachhinein (*ex post*) als nachteilig (verlustbringend) erweisen, begründen unternehmerische (Fehl-)Entscheidungen folglich keine Haftung, wenn sie in vertretbarem guten Glauben getroffen werden und der Vorstand die Entscheidungsgrundlagen sorgfältig ermittelt. 62

Beispiel: Der Vorstand eines Mobilfunkunternehmens entschließt sich, in einer Versteigerung von Mobilfunklizenzen (UMTS oder 5G-Netz) mehrere Milliarden EUR zu bieten. War diese Investition *ex ante* erfolgversprechend, kann der Vorstand nicht später auf Schadensersatz in Anspruch genommen werden, wenn sich – etwa aufgrund unerwarteter technischer Entwicklungen oder eines nicht absehbaren Verhaltens der Marktteilnehmer – mit den Lizenzen nicht so viel Geld wie ursprünglich erwartet verdienen lässt. 63

Die Schadensersatzhaftung des Vorstands gemäß § 93 AktG ist eine **Verschuldenshaftung**. Ein Vorstandsmitglied haftet daher nicht, wenn es die Pflichtverletzung nicht zu vertreten hat. Der Verschuldensmaßstab ergibt sich aus § 93 I 1 AktG. Er orientiert sich an der Sorgfalt eines ordentlichen und gewissenhaften Geschäftsleiters. Nach herrschender, jedoch mit guten Argumenten angegriffener Meinung kommt eine Anwendung der im Arbeitsrecht anerkannten Grundsätze der beschränkten Arbeitnehmerhaftung[170] selbst auf Fremdgeschäftsleiter nicht in Betracht, sodass sie haftungsrechtlich schlechter behandelt werden als leitende Angestellte.[171] 64

---

indem sie ihr auch objektive Verhaltenspflichten entnimmt; dann bedarf es insoweit nicht des ergänzenden Rückgriffs auf § 76 AktG (vgl. *Koch*, AktG, § 93 Rn. 7).

[164] *Koch*, AktG, § 93 Rn. 8 m. w. N.

[165] *Bitter*, ZIP 2015, 1807 m. w. N.

[166] Dazu *Fleischer/Bauer*, ZIP 2015, 1901 ff. anlässlich des Falls *Arcandor/Middelhoff*.

[167] Vgl. OLG Frankfurt ZIP 2011, 2008.

[168] *Windbichler*, GesR, § 27 Rn. 35; siehe auch BGH ZIP 2011, 2097 (Rn. 29).

[169] Dazu *Bachmann*, FS Stilz, 2014, S. 25 ff.; zur Strafbarkeit gemäß § 266 StGB bei Überschreitung der Grenzen unternehmerischen Ermessens BGH ZIP 2016, 2467 – HSH Nordbank und dazu mit Recht kritisch *Baur/Holle*, ZIP 2017, 555 ff.

[170] Dazu MüKoBGB/*Henssler*, § 619a Rn. 5 ff.

[171] Dazu kritisch *Bachmann*, ZIP 2017, 841 ff. m. w. N. zum Streitstand.

65 Auf der **Rechtsfolgenseite** ist der Eintritt eines ersatzfähigen Schadens der Gesellschaft zu prüfen. Auch wenn ein solcher vorliegt, ist die Ersatzpflicht allerdings ausgeschlossen, wenn die Handlung des Mitglieds des Vorstands auf einem gesetzmäßigen Beschluss der Hauptversammlung beruht, weil den Vorstand insofern gemäß § 83 II AktG eine Umsetzungspflicht trifft (§ 93 IV 1 AktG).[172] Einen solchen haftungsbefreienden Beschluss kann der Vorstand gemäß § 119 II AktG herbeiführen, indem er die Sache (freiwillig)[173] der Hauptversammlung zur Entscheidung vorlegt (→ Rn. 94). Eine Billigung des Verhaltens durch den Aufsichtsrat lässt demgegenüber die Haftung nicht entfallen (§ 93 IV 2 AktG). Gleiches gilt für die Entlastung des Vorstands durch einen Beschluss der Hauptversammlung, weil allein darin noch kein Verzicht auf Ersatzansprüche zu sehen ist (§ 120 II 2 AktG). Die Möglichkeit eines Verzichts auf den Anspruch schränkt zudem § 93 IV 3 AktG ein; die Verjährung ist in § 93 VI AktG geregelt. Die Verjährungsfrist bei börsennotierten Gesellschaften beträgt zehn, sonst fünf Jahre.

66 Von besonderer praktischer Bedeutung ist die **Darlegungs- und Beweislast**. Es gelten folgende Grundsätze:[174] Die Gesellschaft muss eine Handlung des Beklagten als Vorstandsmitglied, den Eintritt und die Höhe eines Schadens und die Kausalität zwischen Handlung und Schaden darlegen und beweisen. „Handlung" ist dabei dasjenige positive Tun oder Unterlassen, das die AG dem Vorstandsmitglied als *möglicherweise* pflichtwidrig vorwerfen will. Sind alle o.g. Umstände dargelegt und ggf. bewiesen, muss alsdann das Vorstandsmitglied darlegen und ggf. beweisen, dass die Handlung nicht pflichtwidrig war *oder* es die Pflichtverletzung nicht zu vertreten hat. Die Last, sich bezüglich des Verschuldens zu entlasten, folgt direkt aus dem Wortlaut des § 93 II 2 AktG; die h.M. bezieht die Vorschrift darüber hinaus aber auch auf die Pflichtverletzung. Schließlich kann das Vorstandsmitglied die Zurechenbarkeit des Schadens zur Pflichtverletzung und so seine Haftung ausschließen, indem es darlegt und ggf. beweist, dass der Schaden auch bei pflichtgemäßem Verhalten eingetreten wäre (Einwand rechtmäßigen Alternativverhaltens);[175] erforderlich ist insoweit jedoch der sichere Nachweis, dass der Schaden auf jeden Fall eingetreten wäre, während die bloße Möglichkeit oder eine (ggf. hohe) Wahrscheinlichkeit nicht genügt.[176]

67 Aus §§ 111, 112 AktG folgt, dass es **Aufgabe des Aufsichtsrats** ist, **Haftungsansprüche** gegen Vorstandsmitglieder **geltend zu machen**. Insoweit gelten nach der Entscheidung des BGH in Sachen ARAG/Garmenbeck folgende Grundsätze:[177] Aufgrund seiner Überwachungs- und Kontrollaufgabe und seiner Vertretungsbefugnis gegenüber Vorstandsmitgliedern muss der Aufsichtsrat prüfen, ob Schadensersatzansprüche der AG gegen Vorstandsmitglieder bestehen. Kommt der Aufsichtsrat zu

---

[172] Einem solchen förmlichen Beschluss grundsätzlich *nicht* gleichzusetzen (auch nicht unter dem Aspekt der unzulässigen Rechtsausübung gemäß § 242 BGB) ist die Zustimmung des Alleinaktionärs außerhalb der Hauptversammlung; vgl. BGHZ 219, 193 = ZIP 2018, 1923 (Leitsatz 3 und Rn. 25ff., zu möglichen Ausnahmen wegen widersprüchlichen Verhaltens siehe Rn. 31ff.).

[173] Zu den Fällen einer ausnahmsweise bestehenden Vorlagepflicht → Rn. 94ff.

[174] Vgl. BGH WM 2011, 752 (Rn. 17); *Koch*, AktG, § 93 Rn. 103ff.; jeweils m.w.N.

[175] Siehe dazu näher BGHZ 219, 193 = ZIP 2018, 1923 (Rn. 38ff.) für den Fall der Missachtung eines Zustimmungsvorbehalts zugunsten des Aufsichtsrats (→ Rn. 77).

[176] BGHZ 219, 193 = ZIP 2018, 1923 (Rn. 45).

[177] Vgl. BGHZ 135, 244 – ARAG/Garmenbeck; bestätigt in BGHZ 219, 356 = ZIP 2018, 2117 (Rn. 15, 31, 37); zu neueren, ausdifferenzierteren Tendenzen in der Literatur vgl. *Reichert*, ZIP 2016, 1189; *Bieder*, NZG 2015, 1178; *Koch*, NZG 2014, 934; *Reichert*, ZHR 177 (2013), 756; *Goette*, ZHR 176 (2012), 588.

dem Ergebnis, dass Schadensersatzansprüche vermutlich bestehen und durchsetzbar sind (absolute Gewissheit ist nicht erforderlich), ist er grundsätzlich verpflichtet, diese Ansprüche zu verfolgen, ohne dass ihm dabei unternehmerisches Ermessen zusteht. Etwas anderes gilt nur, wenn gewichtige Gründe des Gesellschaftswohls oder – in besonderen Ausnahmefällen – andere Gründe dagegen sprechen; persönliche Belange des betroffenen Vorstandsmitglieds oder der Aufsichtsratsmitglieder sind dabei in der Regel unbeachtlich.[178]

Unabhängig von der Einschätzung des Aufsichtsrats müssen die Ersatzansprüche 68 geltend gemacht werden, wenn es die Hauptversammlung mit einfacher Mehrheit beschließt (§ 147 I AktG); zuständig ist dann entweder der Aufsichtsrat oder der gemäß § 147 II AktG bestellte besondere Vertreter. Ferner können Aktionäre, deren Anteile zusammen 1 % des Grundkapitals oder einen anteiligen Betrag von 100.000 EUR erreichen, unter bestimmten Voraussetzungen gemäß § 148 AktG bei Gericht beantragen, die Ansprüche im eigenen Namen verfolgen zu können (**Klagezulassungsverfahren**). Schließlich können unter bestimmten Umständen auch Gläubiger der Gesellschaft die Ersatzansprüche der AG verfolgen (§ 93 V AktG).[179]

Eine ganz im Interesse der Gläubiger geschaffene, aber der Gesellschaft gegenüber 68a bestehende Haftung ergibt sich für die Geschäftsleiter aller haftungsbeschränkten Gesellschaften einschließlich der AG aus § 15b InsO. Da jene Norm, die **Zahlungen nach Eintritt der Insolvenzreife** sanktioniert, bei der GmbH eine größere Rolle spielt, wird sie dort erläutert (→ § 4 Rn. 150 ff.).

⇨ *Fall Nr. 4 – Vorstandsermessen*

bbb) Gegenüber Dritten

Im Grundsatz beschränkt sich die Haftung der Vorstandsmitglieder für fehlerhafte Geschäftsführung auf die zuvor dargestellte Haftung gemäß § 93 AktG im Innenverhältnis zur AG, weil die insoweit maßgebliche Pflicht zur sorgfältigen Unternehmensleitung nur gegenüber der Gesellschaft besteht.[180] Eine Haftung gegenüber Gläubigern, Aktionären oder Unbeteiligten kann aber aus allgemeinen Haftungstatbeständen folgen.[181] 69

Im Hinblick auf die **Gläubiger der Gesellschaft** ist zuvorderst an eine deliktische Haftung gemäß §§ 823 I, II, 826 BGB zu denken (unerlaubte Handlung).[182] Bei § 823 II BGB ist zu beachten, dass § 93 AktG kein Schutzgesetz zugunsten der Gesellschaftsgläubiger ist.[183] Etwas anderes gilt aber für § 15a I 1 InsO. 70

---

[178] Siehe etwa BGHZ 219, 356 = ZIP 2018, 2117 (Rn. 38 ff.) zur Abwägung bei einer mit der Anspruchsverfolgung verbundenen Selbstbezichtigung.

[179] Zur begrenzten Wirkung dieses Rechts Scholz/*Bitter*, GmbHG, § 13 Rn. 160.

[180] Siehe etwa zur GmbH BGH ZIP 2019, 1325 (Rn. 10) m. w. N. Eine Ausnahme ergibt sich aus §§ 117 II 1, I 2 AktG: In den oben in Rn. 40 f. behandelten Fällen der vorsätzlichen schädigenden Einflussnahme auf Organe oder sonstige Vertreter der AG haftet der Schädiger – im Beispiel aus Rn. 41 der Aktionär A – gemäß § 117 I 2 AktG auch gegenüber den Aktionären. Da nach § 117 II AktG auch die Organmitglieder – im Beispiel aus Rn. 41 der Vorstand V – als Gesamtschuldner mithaften, können diese im Ausnahmefall ebenfalls unmittelbar gegenüber den Aktionären haftbar sein. Aktionären sind allerdings nur solche Schäden zu ersetzen, die über den durch die Schädigung der AG vermittelten Schaden hinausgehen (§ 117 I 2 AktG).

[181] Siehe etwa zur GmbH den Verweis bei BGH ZIP 2019, 1325 (Rn. 14) auf die Verletzung absoluter Rechtsgüter und dazu *Bitter*, ZInsO 2018, 625, 652 ff.

[182] Ausführlich *Bitter*, ZInsO 2018, 625, 638 ff. (für GmbH-Geschäftsführer, aber auf Vorstände einer AG übertragbar).

[183] BGHZ 194, 26 = ZIP 2012, 1552 (Rn. 23) m. w. N.

Nach dieser Vorschrift ist der Vorstand bei Insolvenzreife der AG (Zahlungsunfähigkeit oder Überschuldung) verpflichtet, ohne schuldhaftes Zögern, spätestens aber drei Wochen nach Eintritt der Zahlungsunfähigkeit oder Überschuldung, einen Insolvenzantrag zu stellen. Verstößt der Vorstand gegen seine Insolvenzantragspflicht, kann er daher gemäß §§ 823 II BGB, 15a I 1 InsO gegenüber den Gläubigern der AG haften (sog. **Insolvenzverschleppungshaftung**). Für die Details sei auf die späteren Ausführungen zur GmbH verwiesen, bei der dieser Haftungsansatz eine größere Bedeutung in der Praxis hat (→ § 4 Rn. 146 ff.). Bei der Prüfung von Ansprüchen eines Gläubigers aus § 826 BGB ist zu beachten, dass den Vorstand das Unwerturteil, sittenwidrig gehandelt zu haben, gerade auch in Bezug auf die Schäden des Gläubigers treffen muss; im Hinblick auf die Relativität der Schuldverhältnisse kann ein Vertrag zwischen dem Gläubiger und der AG insoweit grundsätzlich nicht Anknüpfungspunkt für eine dabei ggf. beachtliche Treuepflicht des Vorstands gegenüber dem Gläubiger sein.[184] Neben dem Deliktsrecht kann im Einzelfall auch an eine (vor-)vertragliche Haftung der Vorstandsmitglieder gegenüber den Gesellschaftsgläubigern zu denken sein, die in der Inanspruchnahme besonderen persönlichen Vertrauens gründet (§§ 311 III, 280 BGB).[185]

71 Auch bei der Haftung gegenüber den **Aktionären** stehen deliktsrechtliche Haftungstatbestände im Vordergrund. Allerdings ist § 93 AktG auch kein Schutzgesetz zugunsten der Aktionäre.[186] Da die Mitgliedschaft der Aktionäre aber ein absolutes subjektives Recht ist (→ Rn. 31), kommt die Verletzung eines „sonstigen Rechts" im Sinne von § 823 I BGB in Betracht, die grundsätzlich zu persönlichen Ersatzansprüchen gegen die Vorstandsmitglieder gemäß § 823 I BGB führen kann.[187] Weil § 823 I BGB das Vermögen als solches nicht schützt, ist allerdings jeweils im Einzelfall sehr genau zu prüfen, ob tatsächlich ein (unmittelbarer) Eingriff in die Mitgliedschaft(srechte) vorliegt, oder bloß – wie bei fehlerhafter Geschäftsführung – Vermögensinteressen betroffen sind.[188] Ein bloßer Vermögensschaden genügt indes, wenn Vorstandsmitglieder die Aktionäre sittenwidrig vorsätzlich schädigen (§ 826 BGB). Da kein Schuldverhältnis zwischen den Vorstandsmitgliedern und den Aktionären besteht und die Voraussetzungen des § 311 III BGB gegenüber Aktionären wohl selten vorliegen, sind vertragliche Haftungstatbestände demgegenüber unbedeutend.

72 Stets zu beachten ist, dass Aktionäre nur einen unmittelbar in ihrer Person entstandenen Schaden ersetzt verlangen können, nicht aber einen Schaden, der lediglich durch eine unmittelbare Schädigung der Gesellschaft vermittelt wird, d. h. sich nur mittelbar im Vermögen der Aktionäre dadurch auswirkt, dass ihre Aktien entwertet bzw. im Wert gemindert wurden (sog. mittelbarer, Reflex- oder Doppelschaden; vgl. auch § 117 I 2 AktG).[189]

---

[184] Siehe zur GmbH BGH ZIP 2019, 1325 (Leitsatz 1 und Rn. 11 ff.); näher zur Haftung der Geschäftsleiter aus § 826 BGB *Bitter*, ZInsO 2018, 625, 638 ff. (zur GmbH, aber übertragbar).

[185] Siehe z. B. BGHZ 177, 25, 28 ff. = ZIP 2008, 1526 (Rn. 11 ff.): Haftung der Vorstände einer kapitalsuchenden AG für fehlerhafte Information der Anlageinteressenten; dazu aufschlussreich *Kersting*, JR 2009, 221 ff.; allgemein auch *Bitter*, ZInsO 2018, 625, 636 ff.

[186] Siehe auch BGHZ 194, 26 = ZIP 2012, 1552 (Rn. 23): „Pflicht (...) nur der Gesellschaft gegenüber"; ferner BGH ZIP 2019, 1325 (Rn. 10).

[187] Die Einzelheiten sind umstritten; vgl. dazu *Bayer*, NJW 2000, 2609, 2611 f.

[188] Zweifelhaft vor diesem Hintergrund BGHZ 110, 323 – Schärenkreuzer; vgl. *K. Schmidt*, GesR, § 21 V 4.

[189] *Bayer*, NJW 2000, 2609, 2611; siehe zur GmbH auch BGH ZIP 2013, 1376 (Rn. 16 ff.) bei einer Wertminderung der Beteiligung infolge der Schädigung einer Gesellschaft durch einen *Mitgesellschafter* unter Verstoß gegen Treuepflichten.

Beispiel: Der Personalvorstand P der X-AG hat sich über mehrere Großaktionäre geärgert, die ihm angedeutet haben, dass er keine große Zukunft mehr im Unternehmen habe. Um sich zu rächen, gibt er vorsätzlich eine falsche Arbeitsanweisung, die – wie er weiß – dazu führt, dass eine industrielle Großanlage der X-AG in Brand gerät und dabei völlig unbrauchbar wird. Der Wert der Aktien der X-AG sinkt dadurch erheblich. Obwohl P die Aktionäre hier vorsätzlich sittenwidrig geschädigt hat, können sie den in dem Wertverlust ihrer Aktien liegenden Schaden nicht von ihm ersetzt verlangen, weil dieser Schaden lediglich durch den Schaden der X-AG vermittelt wird. 73

Gegenüber **Unbeteiligten** kann sich eine Haftung der Vorstandsmitglieder (nur) aus Deliktsrecht ergeben. Insofern ist bei der Prüfung von Ansprüchen aus § 823 II BGB in Verbindung mit strafrechtlichen Schutzgesetzen (z. B. §§ 263, 266 StGB) zu beachten, dass allein aus der Stellung als Vorstandsmitglied *keine* Garantenpflicht gegenüber außenstehenden Dritten folgt, eine Schädigung ihres Vermögens zu verhindern.[190] Ein Vorstandsmitglied haftet aber etwa persönlich, wenn es im Rahmen seiner Vorstandstätigkeit das Eigentum oder den Körper eines anderen schädigt (§ 823 I BGB). 74

Beispiel: Vorstandsmitglied V veranlasst, dass erforderliche Sicherheitsmaßnahmen in einer Chemiefabrik aus Kostengründen eingespart werden. Kommt es deshalb zu einer Explosion der Fabrik mit Drittschädigungen, haftet V dafür persönlich aus § 823 I BGB. Gleiches kann gelten, wenn Organisationsfehler im Unternehmen zur Auslieferung gefährlicher Produkte führen.[191] 75

Stets zu beachten ist, dass jede unerlaubte Handlung, die ein Vorstandsmitglied in Ausführung seiner Aufgaben begeht, analog § 31 BGB auch zu einer deliktischen Haftung der AG gemäß §§ 823 ff. BGB führt.[192] Das Vorstandsmitglied und die AG haften dann als Gesamtschuldner (§ 840 BGB). 76

b) Aufsichtsrat

In die Zuständigkeit des Aufsichtsrats fällt zunächst die Bestellung und Abberufung der Vorstandsmitglieder (§ 84 AktG); auch vertritt er als Gremium die Gesellschaft gegenüber Vorstandsmitgliedern (§ 112 S. 1 AktG).[193] Weitere Hauptaufgabe des Aufsichtsrats ist die **Überwachung der Geschäftsführung des Vorstands** (§ 111 I AktG). Hierzu gehört nicht nur die nachträgliche Kontrolle, sondern auch die Beratung des Vorstands im Hinblick auf die künftige Geschäftspolitik.[194] Die Überwachungsaufgabe ist nicht auf eine Rechtmäßigkeitskontrolle beschränkt; vielmehr ist auch die Zweckmäßigkeit und Wirtschaftlichkeit des Vorstandshandelns zu untersuchen.[195] Ferner obliegt dem Aufsichtsrat die Prüfung und grundsätzlich auch die Feststellung des Jahresabschlusses (§§ 171 f. AktG). Damit der Aufsichtsrat seine Aufgaben effektiv wahrnehmen kann, besteht eine Berichtspflicht des Vorstands (§ 90 AktG), und der Aufsichtsrat kann die Bücher und Schriften der Gesellschaft 77

---

[190] BGHZ 194, 26 = ZIP 2012, 1552 (Leitsatz).

[191] Näher zur deliktischen Eigenhaftung von Organmitgliedern *Bitter*, ZInsO 2018, 625, 652 ff.

[192] Näher zu § 31 BGB beim Verein (→ § 2 Rn. 7).

[193] Zur Erstreckung dieser Norm auf die Vertretung gegenüber Gesellschaften, deren *Allein*gesellschafter ein Vorstandsmitglied ist, vgl. BGHZ 220, 377 = ZIP 2019, 564 (jedoch offenlassend für Fälle maßgeblichen Einflusses des Vorstandsmitglieds und sonstige Grenzfälle „wirtschaftlicher Identität"; siehe Rn. 17, 27). Zu weiteren Vertretungsbefugnissen bei Ausübung der Aufgaben des Aufsichtsrats vgl. BGHZ 218, 122 = ZIP 2018, 926 (Beauftragung eines Sachverständigen gemäß § 111 II 2 AktG und gerichtliche Vertretung diesem gegenüber).

[194] *Windbichler*, GesR, § 25 Rn. 12.

[195] *Schäfer*, GesR, § 41 Rn. 18.

einsehen und prüfen (§ 111 II 1 AktG). Dem Aufsichtsrat können **keine Maßnahmen der Geschäftsführung** übertragen werden (§ 111 IV 1 AktG).[196] Die Satzung oder der Aufsichtsrat *hat* jedoch zu bestimmen, dass bestimmte Arten von Geschäften nur mit der (vorherigen)[197] Zustimmung des Aufsichtsrats erfolgen dürfen (§ 111 IV 2 AktG). Der entsprechende Katalog darf sich wegen der eigenverantwortlichen Geschäftsführung des Vorstands (→ Rn. 51) nicht auf das Tagesgeschäft beziehen, sondern muss sich auf bedeutsame Maßnahmen beschränken.[198] Ein zwingender, gesetzlicher Zustimmungsvorbehalt zugunsten des Aufsichtsrats wurde im Jahr 2020 durch das ARUG II ergänzt in § 111b I AktG für Geschäfte einer börsennotierten Gesellschaft mit nahestehenden Personen (sog. *related party transactions*) bei Erreichen bestimmter Wertgrenzen.[199] Auf eine Entscheidung des Aufsichtsrats über die Erteilung seiner Zustimmung ist – haftungsseitig (→ Rn. 89) – die *Business Judgement Rule* (→ Rn. 62) entsprechend anzuwenden, da der Aufsichtsrat hier eigenen unternehmerischen Handlungsspielraum wahrnimmt.[200]

78 Im Vorfeld einer Insolvenz wird nicht nur der Vorstand in die Pflicht genommen (→ Rn. 70), sondern auch der Aufsichtsrat. Stellt der Aufsichtsrat nämlich fest, dass die Gesellschaft insolvenzreif ist, hat er darauf hinzuwirken, dass der Vorstand rechtzeitig einen Insolvenzantrag stellt und keine Zahlungen mehr leistet, die mit der Sorgfalt eines ordentlichen und gewissenhaften Geschäftsleiters nicht vereinbar sind. Verstößt er hiergegen schuldhaft, kann er der Gesellschaft gegenüber zum Schadensersatz verpflichtet sein.[201] Seit dem MoMiG ist der Aufsichtsrat in bestimmten Fällen, nämlich bei Führungslosigkeit der AG, sogar selbst zur Stellung eines Insolvenzantrags verpflichtet (§ 15a III InsO).

79 Besondere Pflichten des Aufsichtsrats bestehen bei einer börsennotierten AG. Hier hat der Aufsichtsrat gemäß § 161 AktG neben dem Vorstand eine Erklärung zum Deutschen Corporate Governance Kodex (DCGK) abzugeben (→ Rn. 10, 58).

80 Der Aufsichtsrat besteht aus drei Mitgliedern, wenn nicht die Satzung eine höhere Zahl festlegt; diese darf allerdings bestimmte, nach Höhe des Grundkapitals gestaffelte Obergrenzen nicht überschreiten (§ 95 AktG). Bei der Besetzung der Aufsichtsratsposten gilt eine flexible, im Unternehmen selbst festzulegende **Frauenquote** für jede AG, die börsennotiert ist *oder* der Unternehmensmitbestimmung (→ Rn. 81 ff.) unterliegt (sog. Flexiquote des § 111 V AktG). Bei einer AG, die sowohl börsennotiert ist als auch der (quasi-)paritätischen[202] Unternehmensmitbestimmung unterliegt, gilt eine starre Geschlechterquote von jeweils mindestens 30 % Frauen und Männern (§ 96 II, III AktG).[203]

81 Der Aufsichtsrat ist die **„Zentrale der Unternehmensmitbestimmung“**, obwohl diese teilweise auch die Vorstandsebene betrifft. Als Unternehmensmitbestimmung

---

[196] Dazu und zu Grenzfällen *Grunewald*, ZIP 2016, 2009 ff.

[197] Vgl. BGHZ 219, 193 = ZIP 2018, 1923 (Leitsatz 1 und Rn. 15 ff.), auch zu den – vom BGH offengelassenen – Fragen nach der Zulassung abweichender Regeln (Rn. 16 a. E.) und von Ausnahmen in Eilfällen (Rn. 18).

[198] Vgl. MüKoAktG/*Habersack*, § 111 Rn. 120.

[199] Dazu *Florstedt*, ZIP 2020, 1, 6 ff.; zum Umfang mit Interessenkonflikten bei Related Party Transactions *Löbbe*, FS Grunewald, 2021, S. 687 ff.

[200] BGHZ 219, 193 = ZIP 2018, 1923 (Rn. 50) m. w. N.

[201] BGH NJW 2009, 2454 = WM 2009, 851 = WuB II C. § 64 GmbHG 1.09 *Bitter*.

[202] Das Gesetz bezieht insoweit nicht die Mitbestimmung nach dem Drittelbeteiligungsgesetz ein, welches für Kapitalgesellschaften zwischen 500 und 2000 Arbeitnehmern gilt (→ Rn. 82).

[203] Zu beiden Arten der Quote siehe *Weller/Benz*, AG 2015, 467 ff.; *Seibt*, ZIP 2015, 1193 ff.

(= gesellschaftsrechtliche Mitbestimmung) bezeichnet man die Beteiligung von Arbeitnehmervertretern am Aufsichtsrat und Vorstand, die sich als deutsche Besonderheit darstellt und trotz der Beschränkung des Wahlrechts auf im Inland beschäftigte Arbeitnehmer nach dem 2017 ergangenen „Erzberger"-Urteil des EuGH europarechtskonform ist.[204] Bei Unternehmen, die der Unternehmensmitbestimmung unterliegen, gibt es Aufsichtsrats- bzw. Vorstandsmitglieder der Anteilseigner-/Aktionärsseite einerseits und solche „der Arbeitnehmer" andererseits (vgl. für den Aufsichtsrat § 96 AktG). Die Unternehmensmitbestimmung ist von der betrieblichen Mitbestimmung (= arbeitsrechtliche Mitbestimmung) zu trennen, die im Betriebsverfassungsgesetz (BetrVG) geregelt ist und die (konkrete) Zusammenarbeit zwischen Arbeitgebern und Arbeitnehmern im Betrieb betrifft, indem den Arbeitnehmervertretungen (Betriebsräten) verschiedene Informations-, Anhörungs-, Beratungs-, Veto- und Initiativrechte eingeräumt werden.

Es gibt zurzeit **drei Modelle der Unternehmensmitbestimmung** in Deutschland 82
mit einer unterschiedlichen Beteiligung der Arbeitnehmervertreter am Aufsichtsrat und Vorstand:[205]

<table>
<tr><th>Art der Mitbestimmung</th><th>Anwendungsbereich</th><th>Anteil der Arbeitnehmervertreter im Aufsichtsrat</th><th>Anteil der Anteilseignervertreter im Aufsichtsrat</th><th>Arbeitnehmervertreter im Vorstand</th></tr>
<tr><td rowspan="2">Montanmitbestimmung</td><td rowspan="2">Eisen-/Stahlindustrie + Bergbau</td><td>$1/2$</td><td>$1/2$</td><td rowspan="2">Arbeitsdirektor</td></tr>
<tr><td colspan="2">+ 1 neutrales Mitglied</td></tr>
<tr><td>Mitbestimmungsgesetz 1976 (MitbestG)</td><td>Kapitalgesellschaften, die in der Regel mehr als 2.000 Arbeitnehmer beschäftigen</td><td>$1/2$</td><td>$1/2$ + Stichentscheid des Vorsitzenden</td><td>Arbeitsdirektor</td></tr>
<tr><td>Drittelbeteiligungsgesetz vom 18.5.2004[206]</td><td>Kapitalgesellschaften, die in der Regel zwischen 500 und 2.000 Arbeitnehmer beschäftigen</td><td>$1/3$</td><td>$2/3$</td><td>./.</td></tr>
</table>

Praktisch am relevantesten ist die **Mitbestimmung nach dem MitbestG** für Kapi- 83
talgesellschaften mit mehr als 2.000 Arbeitnehmern. Der Stichentscheid des Vorsitzenden bei Abstimmungen des Aufsichtsrats ergibt sich aus § 29 II 1 MitbestG, wonach der Vorsitzende bei Stimmengleichheit in einer erneuten Abstimmung zwei Stimmen hat. Hieraus folgt, dass trotz paritätischer Besetzung die **Anteilseigner** bei Entscheidungen des Aufsichtsrats grundsätzlich **das letzte Wort** haben. Das Verfah-

[204] Vgl. die auf Vorlage des KG Berlin ZIP 2015, 2172 ergangene Entscheidung des EuGH ZIP 2017, 1413 – Erzberger: keine Verletzung von Art. 45 AEUV; ferner GA EuGH ZIP 2017, 961; Parallelverfahren vor dem LG Frankfurt ZIP 2015, 634 und OLG Frankfurt ZIP 2016, 2223 (dazu *Hanau*, ZIP 2015, 1147); siehe auch *Bayer/J. Schmidt*, BB 2016, 1923, 1933.

[205] Die in der neuen Legislaturperiode geplanten Reformen (dazu *Mohamed*, ZIP 2022, 305 ff. m. w. N.) lassen diese Dreiteilung unberührt.

[206] Das Drittelbeteiligungsgesetz ersetzt das Betriebsverfassungsgesetz 1952.

ren zur Wahl des Vorsitzenden ist in § 27 MitbestG nämlich abweichend von § 107 I AktG ausgestaltet: Bei fehlender ²/₃-Mehrheit im ersten Wahlgang (§ 27 I MitbestG) wählen die Aufsichtsratsmitglieder der Anteilseigner den Vorsitzenden (§ 27 II MitbestG).

84 Von dieser und ähnlichen gesetzlichen Differenzierungen abgesehen haben alle Mitglieder des Aufsichtsrats **die gleichen Rechte**. Daher sind Satzungsbestimmungen unzulässig, die die Vertreter der Anteilseigner gegenüber den Vertretern der Arbeitnehmer privilegieren. So ist z. B. eine Regelung unwirksam, nach der der Aufsichtsrat nur beschlussfähig sein soll, wenn mindestens die Hälfte der an der Beschlussfassung Teilnehmenden Aufsichtsratsmitglieder der Anteilseigner sind und sich unter ihnen der Vorsitzende des Aufsichtsrats befindet.[207] Auch bei der Besetzung und Arbeit von Ausschüssen[208] dürfen Vertreter der Arbeitnehmer nicht missbräuchlich diskriminiert werden.[209]

85 Soweit die Aufsichtsratsmitglieder nicht nach den Verfahren bestimmt werden, die in den verschiedenen Gesetzen über die Unternehmensmitbestimmung vorgesehen sind, und die Satzung nicht sog. Entsenderechte vorsieht (§ 101 II AktG), werden die Mitglieder des Aufsichtsrats **von der Hauptversammlung**, also den Anteilseignern (Aktionären) **gewählt** (§§ 101 I, 119 I Nr. 1 AktG). Für die Wahl unterbreitet der derzeitige Aufsichtsrat einen Vorschlag (§ 124 III 1 AktG). Die Bestellung kann maximal bis zur Beendigung derjenigen Hauptversammlung erfolgen, die über die Entlastung für das vierte Geschäftsjahr nach dem Beginn der Amtszeit beschließt; das Geschäftsjahr, in dem die Amtszeit beginnt, wird nicht mitgerechnet (§ 102 AktG). Eine vorzeitige Abberufung durch die Hauptversammlung ist grundsätzlich möglich; der Beschluss bedarf einer Mehrheit, die mindestens drei Viertel der abgegebenen Stimmen umfasst (§ 103 I AktG). Liegt ein wichtiger Grund vor, ist auch eine gerichtliche Abberufung auf Antrag des Aufsichtsrats möglich (§ 103 III AktG).[210]

86 Für sämtliche Aufsichtsratsmitglieder stellt § 100 AktG **persönliche Voraussetzungen** auf: Mitglied des Aufsichtsrats kann nur eine natürliche, unbeschränkt geschäftsfähige Person sein (§ 100 I 1 AktG), die nicht zugleich Mitglied des Vorstands ist (§ 105 AktG) und für die keiner der in § 100 II AktG genannten Ausschlusstatbestände erfüllt ist. Von besonderer Bedeutung ist insofern, dass Mitglied des Aufsichtsrats nicht sein kann, wer dies bereits in zehn Handelsgesellschaften mit verbindlichem Aufsichtsrat ist (§ 100 II Nr. 1 AktG). Hierdurch soll sichergestellt werden, dass ein Aufsichtsratsmitglied genügend Zeit für die ihm übertragenen Aufgaben hat; außerdem wird Interessenkonflikten vorgebeugt, die bei zu vielen Aufsichtsratsmandaten besonders wahrscheinlich sind. Eine zu enge persönliche Verflechtung zwischen Vorstand und Aufsichtsrat, die die effektive und unabhängige Überwachung des Vorstands durch den Aufsichtsrat gefährden könnte, verhindert die Regel, dass ein ehemaliges Vorstandsmitglied einer börsennotierten AG grundsätzlich erst zwei Jahre nach dem Ausscheiden aus dem Vorstand in den Aufsichtsrat wechseln darf (§ 100 II Nr. 4 AktG). Ist die AG kapitalmarktorientiert (§ 264d HGB), muss mindestens ein Mitglied des Aufsichtsrats sowohl unabhängig sein als auch über Sachverstand auf den Gebieten der Rechnungslegung oder Abschlussprüfung verfügen (§ 100 V AktG).

---

[207] Vgl. BGHZ 83, 151.
[208] Dazu → Rn. 87.
[209] BGHZ 122, 342.
[210] Siehe dazu etwa OLG München ZIP 2018, 1932.

(Grobe) Vorgaben zur **inneren Ordnung** des Aufsichtsrats machen die §§ 107ff. AktG. Sie werden meist durch die Satzung und/oder eine Geschäftsordnung präzisiert, die sich der Aufsichtsrat selbst gibt. Der Aufsichtsrat muss aus seiner Mitte einen Vorsitzenden und mindestens einen Stellvertreter wählen (§ 107 I 1 AktG). Besonders praxisrelevant ist zumindest bei größeren Gesellschaften die Möglichkeit, aus der Mitte des Aufsichtsrats **Ausschüsse** zu bestellen, die die Verhandlungen und Beschlüsse vorbereiten sowie die Ausführung der Beschlüsse überwachen (§ 107 III 1 AktG) und teilweise sogar anstelle des (Gesamt-)Aufsichtsrats endgültig durch eigenen Beschluss entscheiden (Umkehrschluss aus § 107 III 7 AktG).[211] Besonders erwähnt ist im Gesetz u.a. der Prüfungsausschuss, der die Rechnungslegung und internen Kontrollsysteme überwacht (§ 107 III 2, 3 AktG), bei Unternehmen von öffentlichem Interesse seit dem Wirecard-Skandal verpflichtend ist (§ 107 IV 1 AktG) und für den § 107 IV AktG weitere Vorgaben macht, u.a. zur Besetzung und zur Möglichkeit, im Unternehmen Auskünfte einzuholen.[212] In der Regel bestellt der Aufsichtsrat weitere Ausschüsse (siehe auch § 107 III 4–6 AktG). So gibt es in der Regel einen Nominierungsausschuss, der dem Aufsichtsrat für dessen Wahlvorschläge an die Hauptversammlung (§ 124 III AktG) geeignete Kandidaten vorschlägt (vgl. auch Empfehlung D. 5 DCGK). Bestimmte Aufgaben können allerdings nicht zur Entscheidung auf einen Ausschuss übertragen werden (§ 107 III 7 AktG). Der Aufsichtsrat trifft seine **Entscheidungen durch** (ausdrücklichen) **Beschluss** (§ 108 I AktG).[213] Einzuberufen ist er vom Vorsitzenden nach Maßgabe des § 110 AktG. Bei börsennotierten Gesellschaften muss der Aufsichtsrat mindestens vier Mal pro Jahr tagen; im Übrigen genügen zwei Sitzungen, wenn der Aufsichtsrat dies beschließt (§ 110 III AktG). 87

Die Aufsichtsratsmitglieder können für ihre Tätigkeit eine **Vergütung** erhalten, die entweder in der Satzung festgesetzt oder von der Hauptversammlung bewilligt werden kann (§ 113 I 1, 2 AktG). Genauere Vorgaben macht § 113 I 3 AktG. Gemäß § 113 III 1 AktG hat die Hauptversammlung einer börsennotierten Gesellschaft seit dem ARUG II mindestens alle vier Jahre über die Vergütung der Aufsichtsratsmitglieder Beschluss zu fassen. Dienst- oder Werkverträge, durch die sich ein Aufsichtsratsmitglied außerhalb seiner Tätigkeit im Aufsichtsrat gegenüber der Gesellschaft zu einer Tätigkeit höherer Art verpflichtet (z.B. als Rechtsanwalt oder Steuerberater der AG), bedürfen zu ihrer Wirksamkeit der Zustimmung des Aufsichtsrats (§ 114 AktG). Noch nicht einmal mit Zustimmung des Aufsichtsrats wirksam ist aber ein solcher Vertrag, wenn sich die Tätigkeit mit der Organtätigkeit des Aufsichtsratsmitglieds überschneidet bzw. sich von dieser nicht hinreichend abgrenzen lässt; dann liegt nämlich ein Verstoß gegen § 113 AktG vor.[214] 88

Bei nicht ordnungsgemäßer Ausführung seiner Aufgaben **haftet** der Aufsichtsrat – wie der Vorstand – der Gesellschaft **auf Schadensersatz** (§ 116 AktG i.V.m. § 93 AktG). Bei der entsprechenden Anwendung von § 93 AktG sind die Unterschiede zwischen Vorstand und Aufsichtsrat freilich zu berücksichtigen, d.h. der Pflichtenmaßstab und die Sorgfaltsanforderungen sind unter Beachtung der Aufgaben und Kompetenzen des Aufsichtsrats zu bestimmen, dessen Aufgabe eben nicht in der Leitung der AG, sondern nur in der Überwachung der Geschäftsführung be- 89

---

[211] Ausführlich zu den Ausschüssen *Löbbe*, ZGR-Sonderheft 25, 2021, S. 199ff.

[212] Zum Pflichtausschuss und seinen Aufgaben *Löbbe*, ZGR-Sonderheft 25, 2021, S. 199, 215ff.

[213] Siehe BGHZ 219, 193 = ZIP 2018, 1923 (Rn. 22): Keine Ersetzung des Beschlusses durch eine Entscheidung des Aufsichtsratsvorsitzenden.

[214] Vgl. BGHZ 168, 188 (Leitsatz 2).

steht.[215] Zum Ausdruck kommt dies z. B. in der schon erwähnten Pflicht, bei einer insolvenzreifen AG auf die Stellung des Insolvenzantrags durch den Vorstand hinzuwirken (→ Rn. 78). Ausdrücklich gesetzlich erwähnt ist ferner eine Haftung für die Festsetzung einer unangemessenen Vorstandsvergütung (§ 116 S. 3 AktG).

c) Hauptversammlung

90 Die Hauptversammlung ist der „**Sitz der Aktionärsdemokratie**“. Hier üben die Aktionäre ihre Rechte in Angelegenheiten der Gesellschaft aus (§ 118 AktG). Bei Abstimmungen in der Hauptversammlung ist im Grundsatz die Mehrheit der abgegebenen Stimmen (einfache Stimmenmehrheit) ausreichend (§ 133 AktG). Bei Satzungsänderungen muss – wie gesagt – eine Mehrheit von ¾ des bei der Beschlussfassung vertretenen Grundkapitals hinzukommen (§ 179 II AktG).[216] In anderen Fällen fordert das Gesetz ausnahmsweise eine qualifizierte Mehrheit der abgegebenen Stimmen (vgl. etwa §§ 103 I 2, 111 IV 4, 141 III 2 AktG). Die Mehrheit der abgegebenen Stimmen wird niemals nach Köpfen, sondern stets nach Kapitalbeträgen bemessen, weil sich das Stimmrecht nach den Aktiennennbeträgen, bei Stückaktien nach der Zahl bestimmt (§ 134 I 1 AktG).

91 **Beispiel:** Eine AG hat ein Grundkapital von 1 Mio. EUR und 100.000 Stückaktien ausgegeben. Gemäß § 134 I 1 AktG gibt es damit 100.000 Stimmen, nämlich eine pro Aktie. Hält Aktionär A 80.000 Aktien und damit 800.000 EUR (= 80 %) des Grundkapitals, so hat er damit eine einfache (50%) und zugleich eine qualifizierte Mehrheit (75%), auch wenn die restlichen 20.000 Aktien auf z. B. 100 Aktionäre verteilt sind: Es kommt auf die Mehrheit nach Kapitalbeträgen und nicht diejenige nach Köpfen an.

aa) Kompetenzen

92 Anders als bei der GmbH (→ § 4 Rn. 136) besteht in der AG kein Verhältnis der Überordnung der Hauptversammlung[217] über den Vorstand,[218] sondern das **Prinzip der Teilung und klaren Abgrenzung der Zuständigkeiten** der Organe.[219] Die **Hauptversammlung hat keine Allzuständigkeit**, sondern beschließt nur in den im Gesetz und in der Satzung ausdrücklich bestimmten Fällen (§ 119 I AktG). Bei den gesetzlich vorgesehenen Zuständigkeiten handelt es sich meist um sog. **Grundlagengeschäfte**. Die Kompetenzen folgen größtenteils schon aus § 119 I AktG, ergeben sich teilweise aber auch erst aus anderen Vorschriften.

93 Als besonders wichtig sind folgende Zuständigkeiten hervorzuheben:
- Bestellung der Mitglieder des Aufsichtsrats, soweit nicht die Unternehmensmitbestimmung (→ Rn. 82) einschlägig ist (§ 119 I Nr. 1 AktG);
- Verwendung des Bilanzgewinns (§§ 119 I Nr. 2, 174 AktG);
- Beschluss zu dem Vergütungssystem und Vergütungsbericht (§ 162 AktG) für Mitglieder des Vorstands und des Aufsichtsrats der börsennotierten Gesellschaft (§§ 119 I Nr. 3, 113 III, 120a I, IV AktG);
- Entlastung der Mitglieder des Vorstands und des Aufsichtsrats (§§ 119 I Nr. 4, 120 AktG);

---

[215] Dazu BGHSt 61, 48 = ZIP 2016, 966 (Rn. 53 ff.) – Nürburgring: Pflicht zur Verhinderung von Zahlungen, die die Geschäftsführung unter Verstoß gegen die *Business Judgement Rule* (→ Rn. 62) tätigt.

[216] Näher zur Satzungsänderung → Rn. 24; zu weiteren Fällen, in denen eine ¾-Mehrheit des bei der Beschlussfassung vertretenen Grundkapitals erforderlich ist, vgl. MüKoAktG/*Arnold*, § 133 Rn. 54.

[217] Bei der GmbH spricht man von Gesellschafterversammlung.

[218] Bei der GmbH spricht man vom Geschäftsführer.

[219] Deutlich zu den Unterschieden zwischen AG und GmbH BGHZ 220, 354 = ZIP 2019, 701 (Rn. 32 ff.).

- Geltendmachung von Ersatzansprüchen aus der Gründung der AG oder gegen Mitglieder des Vorstands oder Aufsichtsrats (§ 147 AktG);
- Bestellung des Abschlussprüfers (§ 119 I Nr. 5 AktG);
- Satzungsänderungen (§§ 119 I Nr. 6, 179 AktG);
- Maßnahmen der Kapitalbeschaffung und der Kapitalherabsetzung (§§ 119 I Nr. 7, 182ff. AktG; → Rn. 199ff.);
- Verträge, durch die sich eine AG zur Übertragung des ganzen Gesellschaftsvermögens verpflichtet, ohne dass die Übertragung unter die Vorschriften des UmwG fällt (§ 179a I AktG; → Rn. 52);
- Auflösung der Gesellschaft (§§ 119 I Nr. 9, 262 I Nr. 2 AktG);
- Abschluss von Unternehmensverträgen (§ 293 I 1 AktG) und Eingliederung der Gesellschaft (§ 319 AktG; → Rn. 231);
- Squeeze-Out (§ 327a AktG; → Rn. 235);
- Umwandlungen nach den Vorschriften des UmwG (§§ 13, 125, 193 UmwG).

Der Vorstand führt die Geschäfte – wie gesagt – eigenverantwortlich (§ 76 AktG). 94
Die **Hauptversammlung entscheidet** daher **grundsätzlich *nicht* über Geschäftsführungsmaßnahmen**. Jedoch gibt es zwei Ausnahmen. Erstens kann der Vorstand der Hauptversammlung Maßnahmen der Geschäftsführung zur Entscheidung vorlegen (§ 119 II AktG). Anlass für ein solches Verlangen kann das Bestreben des Vorstands sein, sich auf den Beschluss der Hauptversammlung berufen zu können, wenn die getroffene Maßnahme misslingt. Hat nämlich die Hauptversammlung zugestimmt, haftet der Vorstand nicht auf Schadensersatz (§ 93 IV 1 AktG; → Rn. 65). Zweitens kann eine **ungeschriebene Kompetenz der Hauptversammlung** und eine korrespondierende Vorlagepflicht des Vorstands bei bestimmten tiefgreifenden strukturändernden Maßnahmen bestehen. Dies hat der BGH in dem berühmten **„Holzmüller-Urteil“**[220] entschieden. In dem zugrunde liegenden Fall ging es um die Überführung des wesentlichen Unternehmensbereichs in eine Tochtergesellschaft.

⇨ *Fall Nr. 5 – Holzmüller*

Die Anwendbarkeit der Holzmüller-Doktrin wurde insbesondere in den Jahren 95
2000/2001 im Zusammenhang mit dem so genannten **Delisting**, also dem Rückzug einer AG von der Börse diskutiert. Einige Stimmen in der Literatur hatten darin *keine* derartig tiefgreifende Strukturveränderung gesehen und damit eine Zuständigkeit der Hauptversammlung abgelehnt.[221] Der BGH hatte zunächst im gegenteiligen Sinn entschieden, sich dabei allerdings nicht auf die Holzmüller-Doktrin, sondern auf die Beeinträchtigung des Aktieneigentums (Art. 14 GG) gestützt. Das Delisting bedurfte nach dem Macrotron-Urteil des BGH[222] wegen der damit verbundenen erheblichen Beeinträchtigung der Verkehrsfähigkeit der Aktien eines mit einfacher Mehrheit gefassten Beschlusses der Hauptversammlung sowie eines Pflichtangebots der AG oder des Hauptaktionärs über den Kauf der Aktien der Minderheitsaktionäre.[223] Ohne diese Rechtsfortbildung durch den BGH für unzulässig zu erklären, hat das BVerfG allerdings später entschieden, dass ein solcher Schutz der Minderheitsaktionäre verfassungsrechtlich nicht geboten ist, weil der Widerruf der Börsen-

[220] BGHZ 83, 122 = NJW 1982, 1703 – Holzmüller.

[221] *Mülbert*, ZHR 165 (2001), 104, 129; *Groß*, ZHR 165 (2001), 141, 161.

[222] BGHZ 153, 47 = NJW 2003, 533 – Macrotron.

[223] Einschränkend für ein Delisting beim Wechsel vom regulierten Markt in den Freiverkehr mit gehobenem Schutzstandard (M:access in München; Entry Standard in Frankfurt) OLG München ZIP 2008, 1137 (bestätigt in BVerfG ZIP 2012, 1402); KG ZIP 2009, 1116; OLG Bremen ZIP 2013, 821; anders wiederum sollte es bei einem Wechsel in den „regulären“ Freiverkehr sein, vgl. OLG Frankfurt ZIP 2012, 371 (dazu *Heim/Wahl*, EWiR 2012, 261).

zulassung für den regulierten Markt den Schutzbereich des Eigentumsgrundrechts des Aktionärs aus Art. 14 GG nicht berühre.[224] In Konsequenz dieser Sichtweise des BVerfG hat der BGH seine Macrotron-Rechtsprechung aufgegeben und in der Sache „Frosta“ geurteilt, dass für ein Delisting weder ein Hauptversammlungsbeschluss noch ein Pflichtangebot erforderlich sind.[225] Da die Ankündigung eines Delistings jedoch durchaus bedeutsame Konsequenzen für den Aktienkurs haben kann,[226] hat der Gesetzgeber auf diese Rechtsprechungsänderung reagiert und das **Börsengesetz** (BörsG) dahingehend geändert, dass ein Widerruf der Zulassung eines Wertpapiers zum Handel im regulierten Markt grundsätzlich nur erfolgen darf, nachdem den Aktionären der Emittentin ein **Erwerbsangebot nach dem WpÜG gegen Barabfindung** unterbreitet wurde (siehe § 39 II–VI BörsG).[227] Eine Zuständigkeit der Hauptversammlung für das Delisting gibt es danach aber nicht mehr.

96 In zwei Urteilen vom 26.4.2004 („**Gelatine I und II**“)[228] hat sich der BGH ebenfalls mit den Holzmüller-Grundsätzen beschäftigt und dabei eine **restriktive Haltung** eingenommen. Ungeschriebene Mitwirkungsbefugnisse der Hauptversammlung sollen nur ausnahmsweise und in engen Grenzen anzuerkennen sein. Eine vom Vorstand in Aussicht genommene Umstrukturierung der Gesellschaft muss an der Kernkompetenz der Hauptversammlung, über die Verfassung der Aktiengesellschaft zu bestimmen, rühren, indem sie Veränderungen nach sich zieht, die denjenigen zumindest nahe kommen, welche allein durch eine Satzungsänderung herbeigeführt werden können. Entscheidend ist dabei die wirtschaftliche Bedeutung der Umstrukturierung für das Gesamtunternehmen. Der Bereich, auf den sich die Maßnahme erstreckt, muss **deutlich mehr als 50 % des Unternehmens** ausmachen.

97 In Fällen des **Beteiligungs*erwerbs*** besteht jedenfalls dann keine ungeschriebene Hauptversammlungskompetenz nach den vorstehend dargelegten Grundsätzen, wenn die Satzung eine sog. Konzernöffnungsklausel enthält, wonach die AG zu allen Geschäften und Maßnahmen berechtigt ist, die geeignet erscheinen, dem Gegenstand des Unternehmens zu dienen, sie insbesondere auch andere Unternehmen erwerben oder sich an ihnen beteiligen kann.[229]

bb) Stimmrecht

98 Grundsätzlich gewährt jede Aktie das Stimmrecht (§ 12 I 1 AktG). Allerdings kann die Satzung die Ausübung des Stimmrechts von einer vorherigen Anmeldung abhängig machen (§ 123 II 1 AktG); zudem muss ggf. die Berechtigung zur Ausübung des Stimmrechts nachgewiesen werden (vgl. § 123 III AktG und zu Inhaberaktien zusätzlich § 123 IV AktG). Auch ein Bevollmächtigter kann das Stimmrecht ausüben (§ 134 III AktG). Häufig ist eine Vertretung durch Kreditinstitute (sog. Depotstimmrecht) oder Aktionärsvereinigungen. Diese Fälle sind in § 135 AktG besonders reglementiert. Mehrstimmrechte sind unzulässig (§ 12 II AktG); Höchststimmrechte sind nur bei nichtbörsennotierten Gesellschaften möglich (§ 134 I 2 AktG). In der Regel gilt also: **one share-one vote**. Eine Stimmabgabe im Wege elektronischer Kommunikation oder per Brief kann vorgesehen werden (§ 118 I 2, II AktG).

---

[224] Vgl. BVerfG ZIP 2012, 1402.

[225] BGH ZIP 2013, 2254 (Leitsatz) – Frosta; siehe aber auch OLG Düsseldorf ZIP 2016, 619 zum „kalten Delisting“.

[226] Empirische Analyse bei *Bayer/Hoffmann*, AG Sonderheft 10/2015, 19 ff.

[227] Dazu *Bungert/Leyendecker-Langner*, ZIP 2016, 49.

[228] BGHZ 159, 30 = NJW 2004, 1860 – Gelatine I; BGH ZIP 2004, 1001 – Gelatine II.

[229] OLG Frankfurt ZIP 2011, 75.

Bei Vorzugsaktien kann das Stimmrecht – wie gesagt – ausgeschlossen sein (§ 139 I AktG; → Rn. 31). Außerdem ordnet § 136 I AktG für bestimmte Fälle ein **Stimmverbot** an. Es geht dabei um 99
- die Entlastung eines Aktionärs,
- die Befreiung des Aktionärs von einer Verbindlichkeit und
- die Verfolgung eines Anspruchs gegen den Aktionär.

Wie die parallele Vorschrift des § 47 IV GmbHG beruhen die Stimmverbote des § 136 I AktG nach der wohl h. M. auf zwei allgemeinen Grundgedanken, nämlich dass (1) niemand **Richter in eigener Sache** sein darf und (2) **Insichgeschäfte** verboten sind (näher → § 4 Rn. 116 ff.).[230] Im Einzelnen streitig ist allerdings, ob (und ggf. inwieweit) sich aus diesen allgemeinen Grundsätzen über die in § 136 I AktG ausdrücklich geregelten Fälle hinaus ein Stimmverbot ergeben kann.[231] 100

Dies betrifft u. a. die Frage, ob aufgrund des Verbots von Insichgeschäften entsprechend § 47 IV 2 Alt. 1 GmbHG auch für Beschlussfassungen über Rechtsgeschäfte mit einem Aktionär ein Stimmrechtsausschluss gelten soll.[232] Eine dahingehende Regelung hat der Gesetzgeber 1937 aus dem Aktiengesetz gestrichen. Jedenfalls insoweit dürfte eine erweiternde Auslegung des § 136 I AktG daher schwerlich mit dem Willen des Gesetzgebers vereinbar sein. 101

Hält die AG eigene Aktien (→ Rn. 193 ff.), ruhen die entsprechenden Stimmrechte und werden nicht etwa vom Vorstand der AG in Konkurrenz zu den Aktionären in der Hauptversammlung ausgeübt (vgl. § 71b AktG). Bei der Beschlussfassung über die Bestellung von Sonderprüfern können Mitglieder des Vorstands und des Aufsichtsrats nicht mitstimmen (§ 142 I 2 AktG). 102

Praktisch häufig sind sog. **Stimmbindungsverträge**. Hierunter versteht man schuldrechtliche Vereinbarungen, durch die sich ein Gesellschafter verpflichtet, in einer bestimmten Weise bzw. nach Weisung eines anderen abzustimmen.[233] Solche Verträge sind nicht Bestandteil der Satzung und daher auch bei – praktisch seltener – äußerlicher Verbindung nur formelle Satzungsregeln (→ Rn. 17 ff.). Als Vertragspartner des Gesellschafters kommen grundsätzlich in Betracht: (1) die Gesellschaft oder deren Organe; (2) Mitgesellschafter; (3) außenstehende Dritte. Die erste Möglichkeit einer Bindung gegenüber der Gesellschaft oder deren Organen besteht konkret bei der AG indes nicht: § 136 II AktG erklärt Verträge für nichtig, durch die sich ein Aktionär verpflichtet, nach Weisung der Gesellschaft, des Vorstands oder des Aufsichtsrats der Gesellschaft oder nach Weisung eines abhängigen Unternehmens das Stimmrecht auszuüben bzw. für die jeweiligen Vorschläge des Vorstands oder Aufsichtsrats zu stimmen. Von diesem (Sonder-)Fall abgesehen sind Stimmbindungsverträge grundsätzlich wirksam, einklagbar und gemäß § 894 ZPO vollstreckbar. 103

Ausnahmsweise können sie aber auch unwirksam sein. Insbesondere können Stimmbindungen mit Stimmverboten kollidieren. Ist zum Beispiel ein Aktionär von der Stimmabgabe ausgeschlossen, weil über die Verfolgung eines Anspruchs gegen ihn abgestimmt wird (→ Rn. 99), so ist auch ein Vertrag unwirksam, durch den sich Mitaktionäre gegenüber dem betroffenen Aktionär verpflichten, in bestimmter Weise abzustimmen. Im Übrigen können Stimmbindungsvereinbarungen gegenüber 104

---

[230] Vgl. *Koch*, AktG, § 136 Rn. 3, der aber selbst nicht der h. M. folgt.

[231] Vgl. hierzu *K. Schmidt*, GesR, §§ 21 II 2b, 28 IV 4b dd; *Koch*, AktG, § 136 Rn. 17 f.; MüKoAktG/*Arnold*, § 136 Rn. 21 ff.

[232] Dafür *Hirte*, KapGesR, Rn. 3.264; *K. Schmidt*, GesR, § 28 IV 4b dd; tendenziell auch *Schäfer*, GesR, § 41 Rn. 34; dagegen etwa *Koch*, AktG, § 136 Rn. 18.

[233] Vgl. zu den nachfolgenden Ausführungen *K. Schmidt*, GesR, § 21 II 4, § 28 IV 4b ee.

Mitgesellschaftern oder Dritten im Einzelfall unwirksam sein, wenn sie dauerhaft (unkündbar) und umfassend sind. Solche Stimmbindungen ändern nämlich verdeckt die Mehrheitsverhältnisse in der Gesellschaft und können Satzungsregeln über die Unübertragbarkeit oder die Vinkulierung der Aktien widersprechen.[234] Auch wenn eine Stimmbindung wirksam ist, bindet sie den Aktionär nicht, sofern die Stimmabgabe rechtswidrig wäre; damit wird eine Pflichtenkollision vermieden.

105 Stimmt ein Aktionär entgegen der Stimmbindung ab, macht dieser Umstand als solcher seine Stimmabgabe grundsätzlich *nicht* unwirksam und begründet *nicht* die Anfechtbarkeit des entsprechenden Beschlusses der Hauptversammlung: Der Aktionär hat sich nur schuldrechtlich verpflichtet; seine Pflichtverletzung begründet daher Schadensersatzansprüche. Auf Ebene der Gesellschaft wirkt sie sich hingegen nicht aus (**keine korporative Wirkung**). Etwas anderes kann nur gelten, wenn sich *alle* Gesellschafter untereinander verbunden haben.[235]

cc) Einberufung und Ablauf

106 Das Aktiengesetz enthält verschiedene Vorgaben zur Vorbereitung und Durchführung der Hauptversammlung.

107 **Einzuberufen ist die Hauptversammlung** in den durch Gesetz oder Satzung bestimmten Fällen sowie dann, wenn das Wohl der Gesellschaft es fordert (§ 121 AktG). Zuständig ist der Vorstand (§ 121 II AktG), wenn das Wohl der Gesellschaft es fordert, ausnahmsweise auch der Aufsichtsrat (§ 111 III AktG). Die Einberufungsfrist beträgt 30 Tage (§ 123 I AktG). Eine Pflicht zur Einberufung besteht, wenn Aktionäre, die zusammen 5 % des Grundkapitals halten, dies verlangen (vgl. im Einzelnen § 122 I AktG). Außerdem muss die Hauptversammlung einberufen werden, wenn ein Verlust in Höhe der Hälfte des Grundkapitals eingetreten ist (§ 92 AktG). Solche außerordentlichen Hauptversammlungen sind allerdings die Ausnahme. In der Regel hält eine AG nur eine Hauptversammlung pro Geschäftsjahr ab (ordentliche Hauptversammlung). Aus §§ 120 I 1, 175 I 2 AktG folgt, dass diese Hauptversammlung in den ersten acht Monaten des Geschäftsjahres stattzufinden hat.

108 Vorgaben zum Inhalt und zur Bekanntmachung der Einberufung sowie zum Ort der Hauptversammlung enthalten die §§ 121 III–V, 124 II AktG. Insbesondere ist eine Tagesordnung anzugeben (§ 121 III 2 AktG). Soweit Tagesordnungspunkte eine Beschlussfassung der Hauptversammlung vorsehen, haben der Vorstand und der Aufsichtsrat (zur Wahl von Aufsichtsratsmitgliedern und Prüfern nur der Aufsichtsrat) in der Bekanntmachung Vorschläge zur Beschlussfassung zu machen (§ 124 III AktG). Aktionäre mit einer hinreichend hohen Beteiligung können verlangen, dass Gegenstände auf die Tagesordnung gesetzt und bekannt gemacht werden (§ 122 II AktG). Über Gegenstände der Tagesordnung, die nicht (ordnungsgemäß) bekannt gemacht sind, dürfen keine Beschlüsse gefasst werden (§ 124 IV 1 AktG). Nach der Einberufung, aber bevor die Hauptversammlung abgehalten wird, bestehen weitere Mitteilungspflichten für die AG (§§ 125 ff., 175 II, III AktG). Sie dienen insbesondere dazu, die Aktionäre vor der Hauptversammlung zu unterrichten. Namentlich ist auf die Möglichkeit einer Vertretung bei der Stimmabgabe (§ 125 I 4 AktG) sowie auf Anträge und Wahlvorschläge von Aktionären hinzuweisen (§§ 126 f. AktG).

109 Der **Ablauf der Hauptversammlung** ist im AktG nur rudimentär geregelt (insbes. §§ 129 f. AktG). Er kann durch die Satzung und eine Geschäftsordnung, die sich die

[234] Vgl. im Einzelnen *K. Schmidt*, GesR, § 21 II 4a bb, cc.

[235] Vgl. *K. Schmidt*, GesR, § 5 I 5, § 21 II 4b aa; zur ausnahmsweisen korporativen Wirkung ferner → Rn. 23.

Hauptversammlung gibt (§ 129 I 1 AktG), näher ausgestaltet werden. Wie indirekt aus §§ 130 II 1, 3, 131 II 2 AktG folgt, muss die Hauptversammlung einen Versammlungsleiter bzw. Vorsitzenden haben. Üblich ist, dass die Satzung den Vorsitzenden des Aufsichtsrats zum Leiter bestimmt, wobei es sich hierbei rechtlich jedoch um eine vom Aufsichtsratsvorsitz zu trennende zusätzliche Funktion handelt.[236] Fehlt eine Satzungsbestimmung, wählt die Versammlung den Vorsitzenden.[237] Aufgabe des Versammlungsleiters ist es, für eine sachgerechte Erledigung der Versammlungsgegenstände Sorge zu tragen.[238] Ihm stehen alle Rechte zu, die zur ordnungsgemäßen Erfüllung der Aufgabe und zur Abwicklung der Hauptversammlung erforderlich sind (z.B. Ergreifen von Ordnungsmaßnahmen).[239] Ein zentraler Punkt nahezu jeder Hauptversammlung ist, dass der Vorstand seine Vorlagen zum Jahresabschluss (§ 175 AktG) und der Vorsitzende des Aufsichtsrats den Bericht des Aufsichtsrats (§ 171 II AktG) erläutert (§ 176 I 2 AktG). Im Rahmen der COVID-19-Gesetzgebung[240] wurde erstmals die Möglichkeit rein virtueller Hauptversammlungen ohne physische Präsenz geschaffen, die derzeit noch bis zum 31.8.2022 besteht und danach modifiziert erhalten bleiben soll.[241]

Jeder Beschluss der Hauptversammlung ist durch eine über die Verhandlung aufgenommene notarielle Niederschrift zu beurkunden, die unverzüglich nach der Versammlung zum Handelsregister einzureichen ist (§ 130 I 1, V AktG).[242] Die Niederschrift muss insbesondere das **Ergebnis der Abstimmung** und die **Feststellung des Vorsitzenden** (Leiters) **über die Beschlussfassung** angeben (§ 130 II 1 AktG). Die Angabe zum Ergebnis der Abstimmung umfasst (1) die Zahl der Ja- und Nein-Stimmen und (2) die rechtliche Folgerung aus der Zahl der Ja- und Nein-Stimmen, also eine Aussage über die Annahme oder Ablehnung des Antrags.[243] Letztere Angabe wird von der h.M. aber für entbehrlich gehalten, wenn die Folgerung des Notars der ebenfalls in die Niederschrift aufzunehmenden Feststellung des Vorsitzenden über das Beschlussergebnis entspricht.[244] Die Feststellung des Vorsitzenden muss nämlich ebenfalls dahin lauten, dass der Antrag angenommen oder abgelehnt wurde oder dass – sinngleich – ein Beschluss mit näher bezeichnetem Inhalt zustande gekommen oder nicht zustande gekommen ist.[245] 110

Die rechtliche Bedeutung der Feststellung (Verkündung) des Beschlussergebnisses durch den Vorsitzenden in Verbindung mit ihrer notariellen Niederschrift (Protokollierung) besteht darin, dass der **Beschluss so gefasst** ist, **wie er festgestellt und pro-** 111

---

[236] *Koch*, AktG, § 129 Rn. 18.

[237] *Windbichler*, GesR, § 29 Rn. 19.

[238] BGHZ 220, 36 = ZIP 2019, 322 (Rn. 47); *Koch*, AktG, § 129 Rn. 22.

[239] *Windbichler*, GesR, § 29 Rn. 19; BGHZ 220, 36 = ZIP 2019, 322 (Rn. 47).

[240] Gesetz über Maßnahmen im Gesellschafts-, Genossenschafts-, Vereins-, Stiftungs- und Wohnungseigentumsrecht zur Bekämpfung der Auswirkungen der COVID-19-Pandemie im Zivil-, Insolvenz- und Strafverfahrensrecht vom 27.3.2020 (BGBl. I 2020, 569), auch COVMG genannt.

[241] Siehe zur aktuellen Rechtslage etwa MüKoAktG/*Kubis*, § 118 Rn. 130 ff., zur geplanten Neuregelung BR-Drs. 185/22. Verfassungswidrig ist die Einführung der virtuellen Hauptversammlung nicht; vgl. LG Frankfurt ZIP 2021, 1009 (Leitsatz 1); LG Köln ZIP 2021, 1219.

[242] Zu bestimmten Anforderungen an die Niederschrift und deren Korrektur vgl. BGHZ 216, 110 = ZIP 2017, 2245 (insbes. Rn. 22 ff.).

[243] Vgl. BGHZ 216, 110 = ZIP 2017, 2245 (Rn. 45 ff., 51 ff.) m.w.N., insbesondere zur – vom BGH bejahten – Frage nach dem Erfordernis der Angabe des zahlenmäßigen Ergebnisses.

[244] *Koch*, AktG, § 130 Rn. 21.

[245] *Koch*, AktG, § 130 Rn. 22; zusätzliche Vorgaben für börsennotierte Gesellschaften macht § 130 II 2 AktG.

tokolliert ist (konstitutive Wirkung), auch wenn dies nicht dem Abstimmungsergebnis entspricht, etwa weil sich der Vorsitzende verzählt, die Mehrheitserfordernisse verkannt oder die Stimmen von Aktionären mitgezählt hat, deren Stimmrecht ausgeschlossen war.[246] Der mit dem festgestellten Inhalt gefasste Beschluss kann dann nur noch durch eine Anfechtungsklage zu Fall gebracht werden.[247] Im Hinblick auf die spätere Anfechtung ist wichtig, dass Widersprüche gegen Beschlüsse in die Niederschrift aufzunehmen sind (vgl. § 245 Nr. 1 AktG). Für die Auslegung von Hauptversammlungsbeschlüssen gelten die Grundsätze zur Auslegung der Satzung (→ Rn. 21) entsprechend, so dass es stets auf den objektiven Erklärungswert ankommt.[248]

112 Besondere praktische Relevanz bei Hauptversammlungen hat das **Auskunftsrecht der Aktionäre** gegenüber dem Vorstand (§ 131 AktG). Nur in der Hauptversammlung können Aktionäre nämlich Auskunft verlangen.[249] Wie sich aus § 131 II 2 AktG ergibt, gehört zum Auskunftsrecht auch ein **Rederecht** des Aktionärs.[250] Der Aktionär kann eine Auskunft über die Angelegenheiten der Gesellschaft verlangen, soweit sie zur sachgemäßen Beurteilung des Gegenstands der Tagesordnung erforderlich ist (§ 131 I 1 AktG).[251] Dem Aktionär soll also ermöglicht werden, sein Stimmrecht verantwortlich auszuüben.

113 Ob eine bestimmte Information nach Maßgabe des § 131 I 1 AktG zu erteilen ist, beurteilt sich aus der Sicht eines objektiv denkenden Aktionärs.[252] Auch wenn dieser eine bestimmte Information für erforderlich hält, darf der Vorstand in bestimmten Fällen die **Auskunft verweigern** (§ 131 III AktG). Dies gilt vor allem, wenn
- die Erteilung der Auskunft nach vernünftiger kaufmännischer Beurteilung zu Nachteilen der Gesellschaft führen kann (§ 131 III Nr. 1 AktG);
- es um stille Reserven der AG geht (§ 131 III Nr. 3 AktG);
- die Auskunft auf der Internetseite der Gesellschaft über mindestens sieben Tage vor Beginn und in der Hauptversammlung durchgängig zugänglich ist (§ 131 III Nr. 7 AktG).

114 Wird einem Aktionär die Auskunft verweigert, so sind seine Frage und der Verweigerungsgrund auf sein Verlangen in die Niederschrift über die Hauptversammlung aufzunehmen (§ 131 V AktG). Zwei Rechtsbehelfe stehen zur Verfügung, wenn eine Auskunft (unberechtigt) nicht erteilt wird: Erstens kann der Aktionär nach Maßgabe des § 132 AktG ein **Auskunftserzwingungsverfahren** einleiten.[253] Zweitens kann er – und dies ist in der Praxis viel wichtiger und für die AG misslich – Beschlüsse zu dem betroffenen Tagesordnungspunkt anfechten; ein vorheriges Erzwingungsverfahren ist nicht erforderlich.[254]

---

[246] *K. Schmidt*, GesR, § 15 I 3b, § 15 II 1b aa.

[247] *Koch*, AktG, § 130 Rn. 22; näher zu fehlerhaften Beschlüssen → Rn. 116 ff.

[248] Siehe etwa OLG Karlsruhe ZIP 2018, 627, 629 m. w. N.

[249] Wie sich aus § 131 IV AktG ergibt, ist eine Auskunftserteilung außerhalb der Hauptversammlung aber nicht unzulässig. Aktionäre mit einer wesentlichen Beteiligung werden in der Praxis regelmäßig über die Angelegenheiten der AG unterrichtet.

[250] Zur Möglichkeit einer Beschränkung von Frage- und Rederecht durch den Versammlungsleiter auf Grundlage einer Satzungsregelung vgl. BGHZ 184, 239 – Redezeitbeschränkung.

[251] Beispiel: Gründe für die Zurückstellung der Rechtsverfolgung gegen Ex-Vorstände trotz festgestellten Fehlverhaltens als Basis für die Entscheidung über die Entlastung des amtierenden Aufsichtsrats; vgl. OLG Düsseldorf ZIP 2015, 925 – IKB.

[252] OLG Düsseldorf ZIP 2015, 925, 927 – IKB m. w. N.

[253] Schönes Beispiel: OLG Düsseldorf ZIP 2015, 925 – IKB.

[254] *Windbichler*, GesR, § 29 Rn. 21 m. w. N.

Ist ein Auskunftsverlangen berechtigt, muss die **Auskunft** den Grundsätzen einer gewissenhaften und getreuen Rechenschaft entsprechen (§ 131 II 1 AktG), d. h. sie **muss** alle erheblichen Tatsachen umfassen, also **vollständig sein.**[255] Zu diesem Zweck wird bei großen Gesellschaften ein ganzer Stab von Mitarbeitern (und Rechtsberatern) im Hintergrund der Hauptversammlung bereitgehalten, um auf alle möglichen Fragen von Aktionären vorbereitet zu sein. Die Vorstandsmitglieder können nämlich notwendig nicht alle erforderlichen Informationen präsent im Kopf haben. 115

dd) Fehlerhafte Beschlüsse

Das Recht der fehlerhaften Beschlüsse hat eine enorme praktische Bedeutung: Sehr häufig machen Aktionäre nach einer Hauptversammlung geltend, es liege ein Beschlussmangel vor, weshalb seit vielen Jahren rechtspolitisch über den richtigen Umgang mit derartigen, für die betroffene Gesellschaft regelmäßig lästigen Klagen diskutiert wird (vgl. auch → Rn. 36).[256] 116

aaa) Die Arten von Fehlern

Im Hinblick auf die Art des Fehlers, an dem ein Beschluss leidet, kann zwischen **formellen und materiellen Mängeln** unterschieden werden.[257] Dieselbe Unterscheidung meint das Begriffspaar Form- und Verfahrensfehler einerseits und Inhaltsfehler andererseits. Während sich formelle bzw. Form- und Verfahrensfehler auf die Art und Weise des Zustandekommens des Beschlusses beziehen, liegt ein materieller Inhaltsfehler vor, wenn die Aussage des Beschlusses rechtswidrig ist. Die Unterscheidung ist für die Frage von Bedeutung, ob ein Fehler erfolgreich geltend gemacht werden kann (→ Rn. 123 ff.). Beispiele für formelle Mängel sind: Nichtladung von Gesellschaftern, Fehler der Einberufung, unzulässiger Hauptversammlungsort;[258] Unterlassen von erforderlichen Mitteilungen, unberechtigte Auskunftsverweigerung oder Einschränkung des Rederechts; unzulässiger Ausschluss von der Versammlung durch den Vorsitzenden. Materielle Mängel sind z. B.: Unzulässige Verfolgung eines Sondervorteils (vgl. § 243 II AktG), Verstöße gegen den Gleichbehandlungsgrundsatz (§ 53a AktG; → Rn. 28) oder gegen Treuepflichten (→ Rn. 40 ff.). 117

Sieht man in dem **Erreichen der erforderlichen Mehrheit** nicht eine Voraussetzung der formellen Rechtmäßigkeit, sondern erachtet es als Tatbestandsvoraussetzung eines (positiven) Beschlusses (= der Annahme des Beschlussantrags),[259] so ergibt sich ein Problem außerhalb der Kategorien formeller und materieller Fehler: (1) Der Vorsitzende kann feststellen, der Beschlussantrag sei angenommen worden, während er nach dem Verhältnis von tatsächlichen und wirksamen Ja- und Nein-Stimmen sowie dem konkreten Mehrheitserfordernis richtigerweise eine Ablehnung hätte feststellen müssen;[260] (2) der Vorsitzende kann die Ablehnung des Antrags feststellen, während er nach dem Verhältnis von tatsächlichen und wirksamen Ja- und Nein-Stimmen sowie dem konkreten Mehrheitserfordernis eigentlich zu einer Annahme hätte kommen müssen. Es geht also um eine unzutreffende Feststellung des Ergebnisses der Beschlussfassung bzw. die Feststellung eines eigentlich nicht ge- 118

---

[255] *Windbichler*, GesR, § 29 Rn. 20.

[256] Zu einer möglichen Reform des Beschlussmängelrechts siehe die Beschlüsse des 72. Deutschen Juristentages unter https://www.djt.de/fileadmin/downloads/72/Beschluesse gesamt_final.pdf, Seite 33 ff.

[257] Vgl. *K. Schmidt*, GesR, § 15 II 1a.

[258] BGH ZIP 2016, 817 (Rn. 23 ff.): Privatwohnung eines verfeindeten Gesellschafters.

[259] Vgl. zur GmbH *Schäfer*, GesR, § 36 Rn. 15.

[260] Anschaulich: BGHZ 220, 207 = ZIP 2019, 316 (Rn. 51) zur GmbH.

fassten Beschlusses.[261] Im Hinblick auf die nachfolgende Darstellung der Rechtsfolgen dieser Beschlussmängel ist von ausschlaggebender Bedeutung, dass im Aktienrecht der schon erwähnte Grundsatz gilt: Der **Beschluss ist so gefasst, wie er festgestellt und protokolliert wurde** (→ Rn. 111). Im Fall (1) ist also ein Ja-Beschluss gefasst (Annahme des Beschlussantrags), im Fall (2) ein Nein-Beschluss (Ablehnung des Beschlussantrags), und das, obwohl jeweils etwas anderes hätte festgestellt werden müssen. Ein Beschluss als solcher liegt also vor. Das Problem eines nur scheinbar gefassten Beschlusses ergibt sich daher grundsätzlich nicht.[262]

bbb) Die Rechtsfolgen der Fehlerhaftigkeit

119 Hinsichtlich der Rechtsfolgen eines Fehlers lassen sich im Aktienrecht drei verschiedene Konstellationen unterscheiden:[263]

- unwirksame Beschlüsse;
- nichtige Beschlüsse;
- anfechtbare Beschlüsse.

120 *Unwirksam* sind Beschlüsse, zu deren Wirksamkeit es (noch) der Zustimmung eines Gesellschafters oder eines Dritten bedarf, etwa weil in seine Sonderrechte eingegriffen wird (§ 35 BGB analog; siehe ferner §§ 141 I, II 1, 179 III AktG). *Nichtig* sind Beschlüsse, die an einem so gravierenden Fehler leiden, dass sie von Anfang an keinerlei Rechtswirkung haben. *Anfechtbar* sind rechtswidrige Beschlüsse, die durch eine Anfechtungsklage beseitigt werden können, aber trotz des Fehlers vorerst wirksam sind. Zu beachten ist, dass ein und derselbe Beschluss an mehreren Fehlern leiden und daher gleichzeitig unwirksam, nichtig und anfechtbar sein kann.[264] Wichtig ist insbesondere die **Abgrenzung zwischen Nichtigkeits- und Anfechtungsgründen.** Hierzu gelten folgende Grundsätze:

121 Ein formeller oder materieller Mangel ist (nur dann) **Nichtigkeitsgrund**, wenn einer der in § 241 AktG **abschließend geregelten Fälle** vorliegt oder die Sondertatbestände der §§ 250, 253, 256 AktG eingreifen. Es handelt sich durchweg um besonders schwerwiegende Mängel. Im Hinblick auf § 241 AktG ist hervorzuheben, dass dessen Nrn. 3 und 4 (Unvereinbarkeit mit dem Wesen der Aktiengesellschaft bzw. Verstoß gegen die guten Sitten) eng auszulegen sind, weil § 243 I AktG die bloße Gesetzeswidrigkeit nur als Anfechtungsgrund sieht.[265] In bestimmten Fällen ist überdies die Heilung der Nichtigkeit möglich (§ 242 AktG). Stets wird dabei vorausgesetzt, dass der Beschluss in das Handelsregister eingetragen ist.

122 Von den Unwirksamkeits- und Nichtigkeitsgründen abgesehen begründen *alle anderen* formellen oder materiellen Beschlussmängel (nur) die **Anfechtbarkeit** des Beschlusses (vgl. § 243 I AktG: Verletzung des Gesetzes oder der Satzung). Dies gilt insbesondere auch in dem oben erörterten Fall der unzutreffenden Feststellung des Ergebnisses der Beschlussfassung durch den Vorsitzenden. Die Anfechtbarkeit kann nachträglich mit Wirkung für die Zukunft beseitigt werden, wenn die Hauptversammlung den fehlerhaften Beschluss bestätigt und dieser (Bestätigungs-)Beschluss innerhalb der Anfechtungsfrist nicht angefochten oder die Anfechtung rechtskräftig zurückgewiesen worden ist (§ 244 AktG).

---

[261] Man spricht insofern auch von „Nicht-" oder „Scheinbeschlüssen"; vgl. *K. Schmidt*, GesR, § 15 II 1b aa, § 28 IV 5b dd.

[262] Eine Ausnahme gilt, wenn in Wahrheit gar keine Hauptversammlung vorliegt; vgl. *K. Schmidt*, GesR, § 15 II 1b aa: Nicht-Hauptversammlung.

[263] Vgl. zum Nachfolgenden *K. Schmidt*, GesR, § 15 II 1b, § 28 IV 5b.

[264] *K. Schmidt*, GesR, § 15 II 1c.

[265] Näher *K. Schmidt*, GesR, § 28 IV 5c.

ccc) Die Geltendmachung der Fehlerhaftigkeit

Die **Unwirksamkeit** eines Beschlusses kann durch jedermann, der ein dahingehendes Feststellungsinteresse hat, im Wege der – nicht fristgebundenen – allgemeinen **Feststellungsklage** geltend gemacht werden (§ 256 ZPO); außerdem kann sich jeder außergerichtlich oder in gerichtlichen Verfahren auf die Unwirksamkeit berufen. Ob darüber hinaus auch die Möglichkeit einer Nichtigkeitsklage analog § 249 AktG (dazu → Rn. 124) mit Wirkung für und gegen jedermann (*inter omnes*) besteht, ist umstritten; richtigerweise sollte die **Nichtigkeitsklage bei endgültiger Unwirksamkeit** zugelassen werden.[266] Im Übrigen ist bei der Frage, wie ein Fehler geltend gemacht werden kann, zwischen Anfechtungs- und Nichtigkeitsgründen zu unterscheiden. 123

Liegt ein **Nichtigkeitsgrund** vor, hat ein Beschluss kraft Gesetzes keine Rechtswirkungen. Die Nichtigkeit kann daher grundsätzlich jederzeit von jedermann und auf verschiedenen Wegen geltend gemacht werden (vgl. auch § 249 I 2 AktG).[267] Insbesondere besteht – wie bei der Unwirksamkeit – die Möglichkeit, sich außerhalb oder im Rahmen eines Rechtsstreits unter Berufung auf die Nichtigkeit zu verteidigen oder ein **Feststellungsverfahren** (§ 256 ZPO) über die Nichtigkeit zu führen, wenn ein Feststellungsinteresse vorliegt. Weil diese Wege der Berufung auf die Nichtigkeit stets nur zwischen den jeweils beteiligten Parteien Wirkung entfalten, stellt das Gesetz mit der **nicht fristgebundenen Nichtigkeitsklage** gemäß § 249 I 1 AktG einen speziellen Rechtsbehelf zur Verfügung, durch den eine weitergehende Wirkung erreicht werden kann: Auf Klage eines Aktionärs, des Vorstands oder eines Mitglieds des Vorstands/Aufsichtsrats gegen die Gesellschaft ergeht ein (rechtskräftiges) Nichtigkeitsurteil gemäß § 249 I 1 AktG, das für und gegen jedermann wirkt (*inter omnes*). Trotz dieser über ein bloßes Feststellungsurteil gemäß § 256 ZPO hinausgehenden Wirkung sieht die wohl h. M. die Nichtigkeitsklage nicht als Gestaltungsklage an, sondern als Sonderfall der Feststellungsklage.[268] Ihre Erhebung ist – anders als die nachfolgend dargestellte Anfechtungsklage – nicht an die Frist von einem Monat nach der Beschlussfassung gebunden, weil § 249 I 1 AktG für die Nichtigkeitsklage nicht auch auf jene in § 246 I AktG bestimmte zeitliche Grenze verweist.[269] 124

Unstreitig Gestaltungsklage ist die in § 246 AktG geregelte Anfechtungsklage, die den einzigen Weg darstellt, um einen **Anfechtungsgrund** geltend zu machen.[270] Ein rechtskräftiges, der Klage stattgebendes Urteil bewirkt nämlich die Nichtigkeit des fehlerhaften, aber bis dahin wirksamen Beschlusses und gestaltet daher die Rechtslage um (vgl. §§ 248 I 1, 241 Nr. 5 AktG). Das Anfechtungsurteil wirkt für und gegen alle Aktionäre sowie die Mitglieder des Vorstands und des Aufsichtsrats (§ 248 I 1 AktG), und zwar – nach h. M. – auf den Zeitpunkt der Beschlussfassung zurück.[271] 125

---

[266] Vgl. MüKoAktG/*Schäfer*, § 249 Rn. 34; ferner Begr. RegE MoPeG zu § 115 HGB n. F., BT-Drs. 19/27635, S. 236 f. (Analogie zur Nichtigkeitsklage).

[267] Zu den verschiedenen Wegen *K. Schmidt*, GesR, § 28 IV 5c.

[268] Vgl. zum Streitstand *K. Schmidt*, GesR, § 15 II 2, § 28 IV 5e cc, der die Nichtigkeitsklage entgegen der h. M. als Gestaltungsklage einordnet und sie daher der Klageart nach der Anfechtungsklage gleichstellt (so auch *Schäfer*, GesR, § 43 Rn. 13). Der BGH hat in BGHZ 134, 364 inzwischen anerkannt, dass Nichtigkeits- und Anfechtungsklage „dasselbe materielle Ziel" verfolgen, weil beide auf die richterliche Klärung der Nichtigkeit von Gesellschafterbeschlüssen *mit Wirkung für und gegen jedermann* abzielen.

[269] MüKoAktG/*Schäfer*, § 249 Rn. 29.

[270] Die Anfechtung des Beschlusses darf nicht mit der Anfechtung der Stimmabgabe gemäß §§ 119 ff. BGB verwechselt werden, die nur zur Nichtigkeit der Stimmabgabe führt, sich auf den Beschluss aber nicht ohne weiteres auswirkt; vgl. *K. Schmidt*, GesR, § 28 IV 5h.

[271] Siehe zu Letzterem *Schäfer*, GesR, § 43 Rn. 12.

Die Anfechtungsklage ist gegen die Gesellschaft, vertreten durch Vorstand und Aufsichtsrat, zu richten (§ 246 II AktG).

126 Bei der Frage der **Zulässigkeit der Anfechtungsklage** können verschiedene Aspekte eine Rolle spielen. Zuständig für die Klage ist ausschließlich das Landgericht, in dessen Bezirk die Gesellschaft ihren Sitz hat (§ 246 III 1 AktG). Das für die Zulässigkeit der Anfechtungsklage erforderliche Rechtsschutzinteresse ergibt sich in der Regel schon daraus, dass durch die Klage ein gesetzes- und satzungsgemäßer Rechtszustand hergestellt werden soll.[272] Unzulässig ist die Anfechtung allerdings, wenn sie sich allein auf abfindungsbezogene Informationsmängel stützt und das Gesetz für Bewertungsrügen ein Spruchverfahren vorsieht (§ 243 IV 2 AktG).[273]

127 **Begründet ist die Anfechtungsklage**, wenn der Kläger anfechtungsbefugt ist (§ 245 AktG), er die Anfechtungsfrist von einem Monat wahrt (§ 246 I AktG)[274] und das Gesetz oder die Satzung verletzt sind (§ 243 I AktG). Die Befugnis zur Anfechtung steht gemäß § 245 AktG nur bestimmten Personen zu. Insbesondere müssen Aktionäre grundsätzlich in der Hauptversammlung erschienen sein, ihre Aktien schon vor der Bekanntmachung der Tagesordnung erworben und gegen den Beschluss Widerspruch zur Niederschrift erklärt haben (§ 245 Nr. 1 AktG). Nichtigkeitsgründe, die ebenso im Wege der Nichtigkeitsklage gemäß § 249 AktG geltend gemacht werden könnten, begründen erst recht auch eine Anfechtungsklage.[275] Ist der Gesetzes- oder Satzungsverstoß – wie in der Regel – nur ein Anfechtungsgrund, besteht eine weitere Voraussetzung für die Begründetheit, wenn es sich um einen *formellen* Fehler handelt: Verfahrensfehler berechtigen nach der heutigen h. M. (nur) zur Anfechtung, wenn sie von „Relevanz" für das Mitgliedschafts- bzw. Mitwirkungsrecht eines objektiv urteilenden Aktionärs im Hinblick auf dessen sachgerechte Meinungsbildung sind und dem Beschluss daher ein Legitimationsdefizit anhaftet, das bei einer wertenden, am Schutzzweck der verletzten Norm orientierten Betrachtung im Einzelfall die Rechtsfolge der Anfechtbarkeit rechtfertigt (sog. **Relevanzerfordernis**).[276] Gegenüber der früheren Rechtslage senkt das Relevanzerfordernis die Anfechtungsvoraussetzungen ab. Früher war die Anfechtung wegen Verfahrensfehlern nämlich nur möglich, wenn nicht auszuschließen war, dass sie Einfluss auf den Beschluss hatten (potenzielle Kausalität).[277] Soweit es um die Verletzung des Informationsrechtes eines Aktionärs geht, konkretisiert § 243 IV 1 AktG das Relevanzerfordernis.[278] Im Einzelfall kann eine Anfechtungsklage schließlich trotz des Vorliegens aller Voraussetzungen wegen **Rechtsmissbrauchs** unbegründet sein, insbesondere wenn sie von sog. räuberischen Aktionären erhoben ist

---

[272] *K. Schmidt*, GesR, § 28 IV 5 f.

[273] Zum Spruchverfahren vgl. etwa §§ 305 IV 3, 327f AktG; ferner das Spruchverfahrensgesetz (SpruchG).

[274] Sowohl das Recht zur Anfechtung als auch die Wahrung der Frist sind materiellrechtliche Erfordernisse, deren Fehlen zur Unbegründetheit (nicht: Unzulässigkeit) der Anfechtungsklage führt; vgl. *Koch*, AktG, § 245 Rn. 2 und § 246 Rn. 20.

[275] *K. Schmidt*, GesR, § 28 IV 5e aa.

[276] Vgl. BGHZ 160, 385 = ZIP 2004, 2428 unter II. 2. b) aa) der Gründe; BGH ZIP 2010, 1437 (Rn. 20) – Aufsichtsratsbericht; BGHZ 216, 110 = ZIP 2017, 2245 (Rn. 74 ff.) mit anschaulicher Einzelfallanwendung; BGHZ 220, 207 = ZIP 2019, 316 (Rn. 61); ferner *Schäfer*, GesR, § 43 Rn. 13 m. w. N.

[277] Vgl. *K. Schmidt*, GesR, § 28 IV 5d: Verfahrensfehler begründen die Anfechtbarkeit, wenn sie für das Stimmverhalten eines objektiv urteilenden Aktionärs ausschlaggebend sein können.

[278] Siehe dazu näher BGHZ 220, 36 = ZIP 2019, 322 (Rn. 33 ff.).

(→ Rn. 36). Wird ein Anfechtungsprozess beendet, so ist das unverzüglich bekannt zu machen, wenn er eine börsennotierte Gesellschaft betraf (§ 248a AktG).

⇨ *Fall Nr. 6 – Fragwürdige Entlastung*

Ein **Sonderproblem** stellt sich in dem in Rn. 118 angeführten Fall der unzutreffenden Feststellung des Ergebnisses der Beschlussfassung durch den Vorsitzenden: Durch die Anfechtung kann der unrichtig festgestellte Beschluss beseitigt werden. Dies genügt dem Rechtsschutzbedürfnis des Anfechtenden, wenn der Vorsitzende fehlerhaft die Annahme des Beschlussantrags verkündet [→ Rn. 118 Fall (1)]. Hat der Vorsitzende demgegenüber die Ablehnung des Antrags festgestellt, obwohl er die Annahme hätte verkünden müssen [→ Rn. 118 Fall (2)], wird die Anfechtungsklage dem Rechtsschutzbegehren des Anfechtenden nicht gerecht: Er will nicht nur den ablehnenden Beschluss beseitigen, sondern das positive Beschlussergebnis durchsetzen. Es muss daher einen Rechtsbehelf geben, durch den die Annahme des Antrags bewirkt wird. Dies ist die sog. **positive Beschlussfeststellungsklage**, die mit der Anfechtungsklage verbunden werden kann. Nach der Rechtsprechung soll der Antrag auf Feststellung des zustimmenden Beschlusses lauten.[279] Gleichwohl ist die Klage in der Sache keine (bloße) Feststellungsklage gemäß § 256 ZPO, sondern eine Gestaltungsklage: Weil der Beschluss wie vom Versammlungsleiter (unrichtig) festgestellt gefasst ist, fehlt es bisher an einem zustimmenden Beschluss; das rechtskräftige (Gestaltungs-)Urteil muss ihn erst herstellen.[280] 128

Besonders nachteilige Konsequenzen können sich für die Gesellschaft infolge der Anfechtung eines Hauptversammlungsbeschlusses ergeben, wenn seine Rechtswirkungen erst mit der Eintragung ins Handelsregister eintreten (vgl. etwa zur Satzungsänderung § 181 III AktG). Hindert die Anfechtung die Eintragung, unterbleiben ggf. Maßnahmen, die wirtschaftlich dringend geboten sind („**Lähmung der Gesellschaft**"). Es besteht daher ein erhebliches Erpressungspotenzial für Anfechtungskläger, das sich die sog. räuberischen Aktionäre zu Nutze machen (→ Rn. 36). Andererseits ist aber auch zu berücksichtigen, dass die Anfechtung ein grundsätzlich legitimes Kontrollinstrument ist; zu verhindern ist daher, dass die Eintragung unumkehrbare Fakten schafft. 129

Das Gesetz geht mit diesem Zielkonflikt – einerseits rasche Umsetzung rechtmäßiger Beschlüsse im Unternehmensinteresse, andererseits Verhinderung einer Untergrabung der Anfechtbarkeit rechtswidriger Beschlüsse – unterschiedlich um: Für bestimmte Fälle (Eingliederung/Umwandlung) sieht es vor, dass bei einer Anfechtungsklage keine Eintragung erfolgen darf (**Registersperre**), wenn die Gesellschaft nicht erfolgreich ein sog. **Freigabeverfahren** durchführt, in dem das Gericht vorab feststellt, dass die Erhebung der Klage der Eintragung nicht entgegensteht (vgl. §§ 319 V, VI AktG, 16 II, III, 198 III UmwG). In anderen Fällen (Kapitalmaßnahmen/Unternehmensverträge) sieht das Gesetz keine Registersperre vor. Gleichwohl verweigert der Registerrichter unter Berufung auf sein Ermessen gemäß § 21 FamFG bei erhobener Anfechtungsklage häufig die Eintragung. Um diese **faktische Registersperre** aufzulösen, sieht § 246a AktG auch insoweit ein Freigabeverfahren vor. Die Voraussetzungen der Freigabe ergeben sich aus § 246a II AktG. Insbesondere ist sie zu erteilen, wenn das alsbaldige Wirksamwerden des Beschlusses vorrangig erscheint, weil die wesentlichen Nachteile für die Gesellschaft und ihre Aktionäre 130

[279] Vgl. BGHZ 76, 191.

[280] Vgl. *K. Schmidt*, GesR, § 15 I 3b, § 28 IV 5e bb (auch allgemein zur positiven Beschlussfeststellungsklage).

nach freier Überzeugung des Gerichts die Nachteile für den anfechtenden Aktionär überwiegen, es sei denn, es liegt eine besondere Schwere des Rechtsverstoßes vor (§ 246a II Nr. 3 AktG).[281]

IV. Die Finanzverfassung der AG

131 Der **Mindestnennbetrag** des Grundkapitals einer AG beträgt 50.000 EUR (§ 7 AktG). Das Grundkapital kann aber natürlich auch höher festgesetzt werden und wird dies in der Praxis auch häufig, um insbesondere ein stärkeres Vertrauenssignal an die Gläubiger der Gesellschaft zu senden.

132 Im Hinblick auf das gesamte Grundkapital, also auch das über den Mindestbetrag hinausgehende, ist zwischen dessen Aufbringung bei der Gründung der Gesellschaft (→ Rn. 133 ff.) und seiner Erhaltung während ihrer laufenden Tätigkeit zu unterscheiden (→ Rn. 187 ff.). In beiderlei Hinsicht enthält das AktG strenge Regeln, die das Recht der Personengesellschaften gar nicht[282] und das Recht der GmbH nicht in dieser Schärfe kennt.

1. Kapitalaufbringung

133 Gleich eine Vielzahl von Vorschriften regelt und sichert die Aufbringung des Grundkapitals.

a) Grundlagen

134 Die im Rahmen der Feststellung der Satzung erfolgte Übernahme der Aktien begründet eine körperschaftliche Einlageverpflichtung der Gründer (→ Rn. 13).[283] Für diese gilt der Grundsatz der ***Bar-* bzw.** – genauer – ***Geld*einlagepflicht**: Die Aktionäre haben ihre Einlageverpflichtung durch „Einzahlung" zu erfüllen (§ 54 II AktG). Als Ausnahme kennt das Aktienrecht die **Sacheinlage**. Eine Sacheinlage ist vereinbart, wenn der Aktionär seine Einlage auf anderem Wege als durch eine Einzahlung zu leisten hat (§ 27 I 1 Alt. 1 AktG). *Jede* andere Form der Einlage als eine Geldzahlung ist also eine Sacheinlage, wobei jedoch nicht jeder Gegenstand als Sacheinlage taugt (→ Rn. 137 ff.).

135 Von der Sacheinlage zu unterscheiden ist die sog. **Sachübernahme** gemäß § 27 I 1 Alt. 2 AktG, bei der die Gesellschaft vorhandene oder herzustellende Anlagen oder andere Vermögensgegenstände übernehmen soll. Der Unterschied zur Sacheinlage ist Folgender: Bei der Sacheinlage ist die Übertragung des Vermögensgegenstandes eine Leistung *auf die* Einlage; der Aktionär erhält Mitgliedschaftsrechte (Aktien) für eine Sachleistung. Bei der Sachübernahme besteht demgegenüber eine Bareinlagepflicht des Aktionärs (Mitgliedschaftsrechte für eine Geldleistung); jedoch soll die AG aufgrund von Vorabsprachen – und ggf. unter Verwendung der Einlage – einen Vermögensgegenstand von ihm gegen Vergütung (entgeltlich) erwerben, in der Regel durch Kaufvertrag.[284] Soll die Vergütung ohne tatsächliche Hin- und Herzahlung auf die Bareinlagepflicht des Aktionärs angerechnet werden, so gilt diese ei-

[281] Zu den Einzelheiten vgl. *Schäfer*, GesR, § 43 Rn. 16.

[282] Im Recht der Personengesellschaften gibt es allerdings eine im Interesse der Minderheit bestehende Kapitalbindung (→ § 5 Rn. 148 f.).

[283] Abgrenzung zur schuldrechtlichen Verpflichtung bei BGH ZIP 2015, 2315 (Rn. 13).

[284] Die Vorschrift findet darüber hinaus auch Anwendung, wenn die Übernahme eines Gegenstandes von einem Dritten vereinbart ist; vgl. MüKoAktG/*Pentz*, § 27 Rn. 61.

gentliche Sachübernahme allerdings kraft gesetzlicher Fiktion als Sacheinlage (§ 27 I 2 AktG).

Die Gründer der AG sollen sich nicht nur formal zu der Einlage verpflichten, sondern die versprochenen Werte auch real (tatsächlich) der Gesellschaft zuführen (**Grundsatz der effektiven Mittel- bzw. der realen Kapitalaufbringung**). Dies zu gewährleisten, ist Sinn und Zweck verschiedener gesetzlicher Bestimmungen. Sowohl für Geld- als auch für Sacheinlagen gilt daher: 136

- Keine Emission unter pari (§ 9 I AktG), d.h. keine Ausgabe der Aktien unter dem Nennbetrag der Aktie oder dem auf die einzelne Stückaktie entfallenden anteiligen Betrag des Grundkapitals (geringster Ausgabebetrag); durch die Übernahme jeder einzelnen Aktie muss also mindestens eine Einlageverpflichtung der Aktionäre in Höhe des geringsten Ausgabebetrags begründet werden; eine Emission über pari (mit einem sog. Agio = Aufgeld) ist freilich gestattet (vgl. § 9 II AktG);
- Keine Befreiung von der Einlagepflicht (§ 66 I 1 AktG). Der Begriff der Befreiung ist vor dem Hintergrund des Grundsatzes der effektiven Kapitalaufbringung weit auszulegen; er erfasst daher jedes Geschäft, das die Ansprüche der AG nach Grund, Höhe, Inhalt oder Leistungszeitpunkt beeinträchtigen würde.[285] Unzulässig sind daher insbesondere ein Erlassvertrag (§ 397 I BGB) und die Annahme einer Leistung an Erfüllungs statt (§ 364 I BGB).[286]

Im Übrigen gelten für Sacheinlagen bzw. -übernahmen und Geldeinlagen die nachfolgend dargestellten Grundsätze. 137

b) Sacheinlagen oder -übernahmen

Der Wert einer Sache ist schwer zu bestimmen und kann erheblichen Schwankungen unterliegen. Bei Sacheinlagen oder -übernahmen ist die reale Kapitalaufbringung daher besonders gefährdet. Aus diesem Grund ordnet § 27 II Hs. 1 AktG zunächst an, dass nur Vermögensgegenstände mit einem feststellbaren wirtschaftlichen Wert Gegenstand einer Sacheinlage oder -übernahme sein können.[287] **Einlage- bzw. übernahmefähig** sind danach: 138

- Eigentum an beweglichen oder unbeweglichen Sachen;
- Forderungen, und zwar sowohl solche gegen Dritte als auch solche gegen die Gesellschaft selbst. In letzterem Fall handelt es sich um Forderungen des Gesellschafters, die ihm gegen die – mit der „fertigen" AG identische[288] – Vor-AG zustehen. Mit der Einbringung durch Forderungsabtretung erlöschen diese Forderungen durch Konfusion: Die Gesellschaft wird Gläubiger und Schuldner der Forderungen. Besonders relevant ist die Sacheinlage einer Forderung gegen die Gesellschaft im Rahmen einer Kapitalerhöhung: Hier können die Gesellschafter insbesondere Gewinnauszahlungs- oder Darlehensrückzahlungsansprüche gegen die Gesellschaft als Sacheinlage einbringen und dadurch ihr Fremd- in Eigenkapital umwandeln (sog. *Debt-Equity-Swap*);[289]
- Immaterialgüterrechte (z.B. Urheber-, Verlags- und Markenrechte) sowie Lizenzen an solchen Rechten;

---

[285] *Schäfer*, GesR, § 42 Rn. 4 m.w.N.

[286] Vgl. *Koch*, AktG, § 66 Rn. 4 (auch zu weiteren Einzelfällen). Siehe zu den Rechtsfolgen einer Leistung an Erfüllungs statt aber → § 4 Rn. 220ff. (zur GmbH): Unzulässigkeit hindert Wertanrechnung nicht.

[287] Näher zu diesem Erfordernis *K. Schmidt*, GesR, § 20 II 3a.

[288] Zum identitätswahrenden Wechsel der Rechtsform → Rn. 7 und → § 4 Rn. 39 zur GmbH.

[289] Hierzu → § 4 Rn. 283f. (zur GmbH).

- Unternehmen oder Unternehmensteile als Sach- und Rechtsgesamtheiten (in der Praxis besonders wichtig!), ferner eine stille Beteiligung (§§ 230ff. HGB) an einem Unternehmen;[290]
- die Übernahme einer Schuld der Gesellschaft (§ 414 BGB).

139 Obligatorischen (= schuldrechtlichen) Nutzungs- bzw. Gebrauchs*rechten* an Sachen wird die Einlagefähigkeit nicht generell abgesprochen; jedoch gelten hier deutliche Einschränkungen, die insbesondere die Dauer der Nutzungsrechte betreffen.[291]

140 **Nicht einlage- bzw. übernahmefähig** sind demgegenüber etwa:
- Dienstleistungen oder die Verpflichtung zu solchen (§ 27 II Hs. 2 AktG). Hintergrund ist, dass Dienstleistungen wegen ihrer Höchstpersönlichkeit insbesondere in der Insolvenz nicht zwangsweise zugunsten der Gesellschaftsgläubiger verwertet werden können.[292] Unter bestimmten Voraussetzungen ist es aber möglich, eine Pflicht zu Dienstleistungen als sog. Nebenleistungspflicht in der Satzung zu begründen (vgl. § 55 AktG);
- eigene Aktien der Gesellschaft;[293]
- aufschiebend bedingte Forderungen (gegen Dritte), solange die Bedingung nicht eingetreten und der Bedingungseintritt auch nicht überwiegend wahrscheinlich ist;[294]
- ganz allgemein Forderungen gegen den Aktionär. Nicht möglich ist es also, dass der Aktionär als Sacheinlage verspricht, gegenüber der Gesellschaft eine (neue) Verbindlichkeit einzugehen, und seine Sacheinlageschuld sodann dadurch erfüllt, dass er die versprochene Verbindlichkeit tatsächlich zugunsten der Gesellschaft begründet. In einem solchen Fall würde nämlich die Einlageschuld nur durch eine neue Schuld ersetzt und damit wirtschaftlich nichts eingebracht.

141 Von der Frage, ob der Wert eines Vermögensgegenstandes feststellbar ist, muss die **Ermittlung seines konkreten Wertes** unterschieden werden. Wenn der (privatautonome) Wertansatz der Gründer nicht näher überprüft würde, bestünde ein erhebliches Missbrauchspotential, das letztlich zulasten der (zukünftigen) Gläubiger der Gesellschaft ginge. Dem versucht das Gesetz durch verschiedene Regeln entgegenzuwirken:

142 Zunächst verlangt § 27 I 1 AktG eine genaue **Dokumentation der Sacheinlage** oder -übernahme in der Satzung; fehlt sie, ist die Eintragung abzulehnen (§ 38 I AktG). Auch der Gründungsbericht muss explizit auf Sacheinlagen oder -übernahmen eingehen (§ 32 II AktG). Ferner besteht die Pflicht, die (Sach-)Gründung durch externe Prüfer untersuchen zu lassen (§ 33 II Nr. 4 AktG; Ausnahme: § 33a AktG); dabei ist ausdrücklich zu untersuchen, ob der Wert der Sacheinlagen oder -übernahmen den geringsten Ausgabebetrag der dafür zu gewährenden Aktien bzw. den Wert der dafür zu gewährenden Leistungen erreicht (§ 34 I Nr. 2 AktG).

143 Über die Deckung des geringsten Ausgabebetrags hinaus fordert § 36a II 3 AktG für die Ausgabe von Aktien über pari (mit Agio) gegen Sacheinlage, dass der Sachwert auch den Mehrbetrag erreichen muss; es muss also der gesamte Ausgabebetrag gedeckt sein. Bleibt der Sachwert hinter dem Ausgabebetrag zurück (**Überbewertung**), ohne dass dies die Eintragung der AG ins Handelsregister verhindert (vgl.

---

290 BGH ZIP 2015, 2315 (Einbringung der stillen Beteiligung im Wege der Kapitalerhöhung).

291 Vgl. im Einzelnen *K. Schmidt*, GesR, § 20 II 3a cc, dd; Scholz/*Veil*, GmbHG, § 5 Rn. 42.

292 *Schäfer*, GesR, § 42 Rn. 7.

293 Vgl. BGH ZIP 2011, 2097 (Leitsatz 1).

294 Vgl. BGH ZIP 2011, 1102 (Rn. 14).

§ 38 II, III AktG), besteht eine Pflicht des betreffenden Aktionärs zur Deckung der gesamten Wertdifferenz in Geld. Dieser **Differenzhaftungsanspruch** der AG ist – anders als im Recht der GmbH (vgl. § 9 GmbHG) – nicht ausdrücklich geregelt. Er ergibt sich aber als gesetzlicher Anspruch aus einer aufgrund des Grundsatzes der effektiven Mittelaufbringung gebotenen Analogie zu § 9 I GmbHG; dabei ist aber wie gesagt – und anders als bei der GmbH[295] – auch die Unterdeckung eines etwaigen Agios auszugleichen.[296]

Nicht abschließend geklärt ist, wann die Gründer Sacheinlagen spätestens erbringen müssen. § 36a II 1 AktG verlangt zunächst, dass Sacheinlagen vollständig zu leisten sind. Dies besagt für sich nichts über den **Zeitpunkt**, zu dem die vollständige Leistung vorliegen muss. Liest man die Vorschrift allerdings in Verbindung mit § 37 I 1 Hs. 1 AktG, lässt sich mit der h.M. annehmen, dass eine Sacheinlage grundsätzlich vor der Anmeldung zu erbringen ist.[297] Praktisch wird dieser Grundsatz sodann aber wieder zur Ausnahme:[298] Nahezu alle Sacheinlageverpflichtungen sind auf die dingliche Übertragung eines Vermögensgegenstandes auf die AG gerichtet (Ausnahmen: Schuldübernahme und Einräumung eines obligatorischen Nutzungsrechtes). Für diesen Fall sieht § 36a II 2 AktG nach der Auslegung der h.M. vor, dass die Sacheinlage erst innerhalb von fünf Jahren nach der Eintragung der Gesellschaft in das Handelsregister zu bewirken sein muss.[299] 144

Bewirkt ist eine Sacheinlage mit der Folge der Erfüllung der Einlageverpflichtung unter zwei Bedingungen: Erstens müssen die allgemeinen Erfüllungsvoraussetzungen gemäß §§ 362ff. BGB gegeben sein; eine bewegliche Sache muss der Gründer etwa wirksam gemäß §§ 929ff. BGB an die AG übereignen. Zweitens wird aus dem Grundsatz der realen Kapitalaufbringung und den Vorgaben der §§ 36 II, 37 I 2 AktG als zusätzliches Erfüllungserfordernis abgeleitet, dass die Sacheinlage zur (endgültigen) freien Verfügung des Vorstands stehen muss.[300] Dies setzt im Grundsatz eine umfassende Verfügungsbefugnis der AG bzw. des Vorstands über den Gegenstand voraus. 145

Bei Sachübernahmen stellt sich das Problem des Leistungszeitpunktes nicht in gleicher Weise wie bei Sacheinlagen: Er wird durch den (Kauf-)Vertrag bestimmt, kraft dessen die AG den Vermögensgegenstand erwirbt. Ferner ist auch die Erfüllung allein nach allgemeinen Grundsätzen zu bestimmen. 146

c) Geldeinlagen

Ist eine Geldeinlage vereinbart, muss vor der Anmeldung der Gesellschaft zur Eintragung ins Handelsregister der eingeforderte Betrag ordnungsgemäß und „endgültig zur freien Verfügung des Vorstands" eingezahlt worden sein (§§ 36 II, 37 I 2 147

[295] H.M.; siehe MüKoGmbHG/*Schwandtner*, § 9 Rn. 13.

[296] Vgl. sowohl zur dogmatischen Grundlage als auch zur erforderlichen Deckung eines Agios BGHZ 191, 364 = ZIP 2012, 73 (Rn. 16ff.) m.w.N. – Babcock Borsig; zur Frage, ob neben dem „korporativen" auch ein „schuldrechtliches" Agio möglich ist, *Schäfer*, ZIP 2016, 953.

[297] *Koch*, AktG, § 36a Rn. 4 m.w.N.

[298] MüKoAktG/*Pentz*, § 36a Rn. 12.

[299] *Koch*, AktG, § 36a Rn. 4 m.w.N. Die Vorschrift des § 36a II 2 AktG kann nach ihrem Wortlaut („Besteht die Sacheinlage in der Verpflichtung, einen Vermögensgegenstand [...] zu übertragen") auch so verstanden werden, dass sie nur Fälle meint, in denen Gegenstand der Sacheinlage ein (gegen einen Dritten gerichteter) Anspruch auf eine Sachleistung ist (Forderung als Sacheinlage); vgl. *K. Schmidt*, GesR, § 27 II 2h (Fn. 8). Dies ist aber nicht die Auslegung der h.M. Sie fasst unter die Vorschrift alle Fälle, in denen die Sacheinlageverpflichtung durch dingliches Rechtsgeschäft zu erfüllen ist.

[300] *Koch*, AktG, § 36a Rn. 5; MüKoAktG/*Pentz*, § 36a Rn. 22.

AktG). Der eingeforderte Betrag hat gemäß § 36a I AktG mindestens ein Viertel des geringsten Ausgabebetrags und bei Ausgabe der Aktien für einen höheren als diesen (Agio) auch den Mehrbetrag zu umfassen (**Mindesteinzahlung**). Ordnungsgemäß ist die Mindesteinzahlung nur, wenn sie in gesetzlichen Zahlungsmitteln oder durch Gutschrift auf ein Konto der Gesellschaft oder des Vorstands zu seiner freien Verfügung erfolgt (§ 54 III AktG). Die „freie Verfügung" meint dabei nicht, dass der Vorstand in der Verfügung nicht beschränkt sei, er mit dem Geld also machen könne, was er will. Vielmehr geht es um die Abgrenzung der Herrschaftsbereiche des Einlegers und des Vorstands: *Endgültig* zur freien Verfügung des Vorstands i.S.d. §§ 36 II, 37 I 2 AktG steht der Betrag, wenn das Geld aus dem Herrschaftsbereich des Einlegers ausgesondert und dem Vorstand *ohne Vorbehalte* so übergeben wurde, dass er nach eigenem Ermessen unter Berücksichtigung seiner Verantwortung für die Gesellschaft (§§ 76, 93 I AktG) über die Einlage verfügen kann.[301]

148 Nicht anders als bei der Sacheinlage (→ Rn. 145) werden die Bestimmungen über die „endgültig freie Verfügung" bei der Mindesteinzahlung als eine die §§ 362ff. BGB ergänzende und teilweise verdrängende, spezifisch kapitalgesellschaftsrechtliche **Voraussetzung für die Erfüllung der Geldeinlageverpflichtung** angesehen.[302] Gleiches gilt für die Einhaltung der Zahlungsmodalitäten gemäß § 54 III AktG. Die Anforderungen, die die §§ 36 II 1, 37 I 2, 54 III AktG hinsichtlich der Mindesteinzahlung stellen, sind also nicht bloße Voraussetzungen einer ordnungsgemäßen Anmeldung, sondern gleichzeitig Erfüllungsvoraussetzungen.

149 Die über die Mindesteinzahlung hinausgehende Einlage (**Resteinzahlung**) ist – nach der Anmeldung und Eintragung der Gesellschaft – auf Aufforderung des Vorstands zu zahlen (§ 63 I 1 AktG). Insoweit gelten die strengen Vorgaben der §§ 36 II 1, 37 I 2, 54 III AktG nicht mehr, wie sich aus dem Wortlaut und der systematischen Stellung der Vorschriften ergibt.[303] Stattdessen sind neben § 362 BGB die §§ 54 II, 63–66 AktG sowie der Grundsatz der realen Kapitalaufbringung maßgeblich.[304] Dies bedeutet vor allem: (1) Die Leistung des Aktionärs muss nach wie vor eine „Zahlung" sein (§ 54 II AktG). (2) Aus dem Grundsatz der realen Kapitalaufbringung folgt, dass eine Zahlung nur dann Erfüllungswirkung hat, wenn die geschuldeten Beträge ohne jede Bedingung, Einschränkung oder Verwendungsbindung gezahlt werden.[305] In der Sache ergeben sich daher allenfalls geringe Unterschiede zu dem für die Mindesteinzahlung geltenden Merkmal der endgültig freien Verfügung.

150 Die Frage der „endgültig freien Verfügung" bzw. der schädlichen „Einschränkung/Verwendungsbindung" stellt sich in verschiedenen Konstellationen, die in der Praxis insbesondere bei der GmbH relevant und daher bei jener Gesellschaftsform im Einzelnen behandelt werden (→ § 4 Rn. 177ff.).

aa) Verdeckte Sacheinlage (§ 27 III AktG)

151 Hauptproblem im Bereich der Kapitalaufbringung sind die so genannten verdeckten (verschleierten) Sacheinlagen.

---

[301] *Koch*, AktG, § 36 Rn. 7 m.w.N.

[302] Vgl. MüKoAktG/*Pentz*, § 36 Rn. 48; *Koch*, AktG, § 36 Rn. 7; siehe auch *Schäfer*, GesR, § 35 Rn. 7 zur GmbH (allerdings ohne Differenzierung zwischen Mindest- und Resteinzahlung).

[303] MüKoAktG/*Pentz*, § 36 Rn. 41.

[304] MüKoAktG/*Götze*, § 54 Rn. 79f.; a.A. wohl *Koch*, AktG, § 54 Rn. 11 (nur §§ 362ff. BGB).

[305] MüKoAktG/*Götze*, § 54 Rn. 79.

aaa) Tatbestand und Beispiel einer verdeckten Sacheinlage

In diesen Fällen sieht der Gesellschaftsvertrag eine Geldeinlagepflicht des Aktionärs vor, auf die er zunächst auch Geld einzahlt; allerdings haben die Aktionäre verabredet, dass die AG später mit dem eingezahlten Geld Sachen oder Rechte des Einlegers erwirbt (Austauschgeschäft). 152

Beispiel: A besitzt ein KFZ, das er einer neu zu gründenden AG zur Verfügung stellen will. Statt einer Sacheinlage des KFZ wird verabredet, dass er eine Bareinlagepflicht von 20.000 EUR übernimmt. Nach der Gründung und Einzahlung der 20.000 EUR durch A schließt der Vorstand der AG mit A einen Kaufvertrag über das KFZ zum Preis von 20.000 EUR. Sodann wird das KFZ von A an die AG übereignet Zug-um-Zug gegen (Rück-)Zahlung der 20.000 EUR. 153

Objektiv wirtschaftlich betrachtet hat der Aktionär hier „nur“ eine Sacheinlage erbracht. Aber auch subjektiv war im wirtschaftlichen Ergebnis eine Sacheinlage gewollt, weil die Aktionäre das Austauschgeschäft verabredet haben. Vor dem Hintergrund der grundsätzlichen Unterscheidung zwischen Bareinlage einerseits und Sacheinlage bzw. -übernahme andererseits ist dieser Vorgang rechtlich problematisch, weil **wirtschaftlich eine Sacheinlage** erbracht wird, aber die besonderen Vorschriften zu Sacheinlagen bzw. -übernahmen (insbesondere § 27 I AktG; → Rn. 142) nicht eingehalten sind. Die strenge Prüfung der Werthaltigkeit der Sache und die Differenzhaftung bei einer Überbewertung werden umgangen. Außerdem hat der Rechtsverkehr den falschen Eindruck einer Geldeinlage. 154

bbb) Verdeckte Sacheinlage nach dem früheren Recht

Die Umgehung der Sacheinlagevorschriften durch eine verdeckte Sacheinlage wurde früher dadurch sanktioniert, dass sowohl das Verpflichtungsgeschäft (Austauschgeschäft) als auch das Erfüllungsgeschäft analog § 27 III 1 AktG a. F. nichtig waren. Gravierende Folge war, dass die **Geldeinlage als nicht erbracht galt**. Wurde die AG später insolvent und war bis dahin keine Heilung der verdeckten Sacheinlage erfolgt, konnte der Insolvenzverwalter die Geldeinlage in voller Höhe nachfordern, während der Aktionär seinen Bereicherungsanspruch auf Rückgabe des verdeckt eingelegten Gegenstandes oder Rechts in aller Regel nur als Insolvenzforderung zur Tabelle anmelden konnte, darauf also nur die – üblicherweise geringe – Insolvenzquote erhielt. Zwar konnte der Aktionär wegen der Unwirksamkeit des Erfüllungsgeschäfts grundsätzlich auch ein *dingliches* Recht auf Aussonderung des Gegenstandes haben (§ 47 InsO i. V. m. § 985 BGB); jedoch bestand dieses Recht nicht, wenn der Gegenstand – wie häufig – inzwischen untergegangen oder verbraucht war; dann blieb dem Gesellschafter nur die besagte Insolvenzforderung. Selbst wenn der Gegenstand noch vorhanden war, hatte der Aktionär eingetretene Wertminderungen zu tragen, weil ihm jedenfalls insoweit kein Aussonderungsrecht zustand, sondern lediglich eine Insolvenzforderung. Den Entlastungsbeweis der vollen Wertdeckung konnte der Einleger nach h. M. nicht erbringen. 155

Beispiel: In dem in Rn. 153 genannten Fall hätte A gegenüber der Pflicht zur erneuten Einzahlung von 20.000 EUR nicht einwenden können, das von ihm an die AG verkaufte KFZ habe tatsächlich einen Wert in dieser Höhe gehabt. 156

Insgesamt war die Rechtslage **für den Aktionär** also **extrem ungünstig**; auch für Berater barg sie erhebliche Haftungsrisiken.[306] Selbst vor solchen Fällen, in denen der im Rahmen des Austauschgeschäfts an den Aktionär zurückgeflossene Betrag und der Wert der von ihm erbrachten, verdeckt eingelegten Sache über dem Betrag 157

[306] Vgl. dazu BGH ZIP 2009, 1427.

seiner Geldeinlagepflicht lagen, machte die Rechtsprechung nicht halt. Sie nahm dann eine sog. gemischte verdeckte Sacheinlage an.[307]

ccc) Verdeckte Sacheinlage seit dem ARUG

158 Durch das ARUG aus dem Jahr 2009 hat der Gesetzgeber die Rechtsfolgen einer verdeckten Sacheinlage deutlich entschärft. Die Vorschrift des § 27 III AktG in ihrer jetzt gültigen Fassung entlastet den Aktionär erheblich. Sie entspricht der durch das MoMiG zuvor schon für die GmbH eingeführten Regelung in § 19 IV GmbHG (→ § 4 Rn. 187ff.).

(1) Definition der verdeckten Sacheinlage

159 § 27 III AktG in seiner jetzigen Fassung definiert zunächst die verdeckte Sacheinlage als einen Sachverhalt, bei dem eine **Geldeinlage eines Aktionärs bei wirtschaftlicher Betrachtung** *und* aufgrund einer im Zusammenhang mit der Übernahme der Geldeinlage getroffenen Abrede vollständig oder teilweise **als Sacheinlage zu bewerten** ist (Satz 1).[308] Der Tatbestand der verdeckten Sacheinlage ist also nicht schon deshalb erfüllt, weil objektiv wirtschaftlich betrachtet eine Sacheinlage vorliegt und damit die Sacheinlagevorschriften objektiv umgangen werden. Vielmehr muss das wirtschaftliche Ergebnis einer Sacheinlage auch subjektiv gewollt, nämlich in einer „im Zusammenhang mit der Übernahme der Geldeinlage getroffenen Abrede" vereinbart sein.

160 Eine solche **(Vor-)Absprache** wird nach der Rechtsprechung **vermutet**, wenn zwischen der Gründung und der damit verbundenen Leistung der Geldeinlage und dem Abschluss des Austauschgeschäfts, also dem Rückfluss der Geldeinlage im Rahmen der Abwicklung, ein **enger zeitlicher und sachlicher Zusammenhang** besteht.[309] Der zeitliche Zusammenhang ist gegeben, wenn nicht mehr als sechs Monate zwischen den Vorgängen liegen;[310] der sachliche Zusammenhang ist getrennt davon im Einzelfall zu prüfen.[311]

161 Die Regeln zur verdeckten Sacheinlage sind nach der Rechtsprechung grundsätzlich auch dann anwendbar, wenn das Austauschgeschäft ein sog. „gewöhnliches Umsatzgeschäft im Rahmen des laufenden Geschäftsverkehrs" ist.[312] Allerdings hat der BGH in Betracht gezogen, dann die Vorabsprache nicht zu vermuten.[313]

(2) Anrechnungslösung

162 Ist der Tatbestand der verdeckten Sacheinlage verwirklicht, erlischt die Geldeinlagepflicht des Aktionärs – wie früher – nicht, sondern besteht fort (Satz 1). Jedoch sind im Gegensatz zur früheren Rechtslage die über die Sacheinlage geschlossenen Verträge und die Erfüllungsgeschäfte nicht unwirksam (Satz 2). Auf die fortbestehende Geldeinlagepflicht des Aktionärs wird nunmehr der Wert des – verdeckt eingelegten – Vermögensgegenstandes im Zeitpunkt der Anmeldung der Gesellschaft zur Eintragung in das Handelsregister oder im Zeitpunkt seiner Überlassung an die

---

[307] Vgl. dazu BGHZ 173, 145 – Lurgi I und BGH AG 2009, 493 – Lurgi II.

[308] Die Definition ist im Vergleich zum alten Recht unverändert; vgl. BGH ZIP 2016, 615 (Rn. 28).

[309] Vgl. BGHZ 166, 8 (Rn. 13) zum Cash-Pool; BGH ZIP 2016, 615 (Rn. 31) m. w. N.

[310] Vgl. *Schäfer*, GesR, § 35 Rn. 19m. w. N. aus der Rechtsprechung.

[311] MüKoAktG/*Pentz*, § 27 Rn. 106 mit Hinweisen auf insoweit relevante Indizien; siehe auch MüKoGmbHG/*Lieder*, § 56 Rn. 68; ferner OLG Dresden ZIP 2017, 2355, 2359ff., allerdings unter fragwürdiger Verneinung des sachlichen Zusammenhangs.

[312] BGHZ 170, 47 = NJW 2007, 765 (zur AG) und BGH ZIP 2008, 643 (zur GmbH).

[313] BGHZ 170, 47 = NJW 2007, 765 (Rn. 24).

Gesellschaft, falls diese später erfolgt, angerechnet (Satz 3). Die Anrechnung erfolgt nicht vor Eintragung der Gesellschaft in das Handelsregister (Satz 4). Die Beweislast für die Werthaltigkeit des Vermögensgegenstandes trägt der Aktionär (Satz 5).

In der Literatur ist zwar umstritten, wie die in § 27 III 3 AktG angeordnete **Anrechnung des Wertes des Vermögensgegenstandes auf die Geldeinlagepflicht** im Einzelnen erfolgt, insbesondere wie sie dogmatisch einzuordnen ist.[314] Jedoch ist man sich darin einig, zu welchem Ergebnis sie führen soll: Die Gesellschaft behält den verdeckt eingelegten Vermögensgegenstand (Satz 2), und eine Geldleistungspflicht des Aktionärs besteht nur noch in Höhe der Differenz zwischen dem vereinbarten Geldeinlagebetrag und dem Wert des Vermögensgegenstandes. Sonstige Ansprüche des Aktionärs und der Gesellschaft begründet der Vorgang der verdeckten Sacheinlage im Ergebnis nicht.[315] 163

Auf Folgendes ist abschließend hinzuweisen: Erreicht der Sachwert den vereinbarten Geldeinlagebetrag, erlischt die eigentlich fortbestehende Geldeinlageforderung der Gesellschaft infolge der Anrechnung gemäß § 27 III 3 AktG *komplett*. **Auch in Höhe der Mindesteinzahlung** gemäß § 36a I AktG gilt nichts anderes. Zwar legt die Vorschrift des § 54 III AktG insoweit die Zahlungsmodalitäten grundsätzlich abschließend fest (→ Rn. 147). Die Anrechnung in Höhe des eingebrachten Sachwertes ist gleichwohl nicht gehindert, weil § 27 III 3 AktG insoweit als abschließende Sonderregelung zu verstehen ist. Offensichtliches Regelungsziel des § 27 III 3 AktG ist nämlich, dass bei ausreichendem Sachwert gar keine Geldeinlageforderung mehr besteht. Dies wird nur erreicht, wenn es – ausnahmsweise – genügt, dass (auch) die Mindesteinzahlung der Geldeinlage durch einen Sachwert gedeckt ist. 164

(3) Fehlende Legalisierung der verdeckten Sacheinlage

Weil die Geldeinlagepflicht des Aktionärs bis zur Eintragung fortbesteht (§ 27 III 1, 4 AktG), ist es falsch, wenn die Gründer, Vorstand und Aufsichtsrat bei der Anmeldung erklären, der eingeforderte Betrag auf die Geldeinlage sei ordnungsgemäß eingezahlt und stehe zur freien Verfügung des Vorstands (vgl. § 37 I 1 AktG). Sie machen sich daher **strafbar** (§ 399 I Nr. 1 AktG) und **haften zivilrechtlich auf Schadensersatz** (§§ 46, 48 AktG). Entdeckt das Registergericht die verdeckte Sacheinlage, muss es die Eintragung ablehnen (§ 38 I AktG). Dies zeigt: Die Neuregelung in § 27 III AktG hat die verdeckte Sacheinlage keineswegs legalisiert, sondern lediglich ihre Rechtsfolgen abgemildert. 165

Letzteres ergibt sich auch bei einem abschließenden Vergleich zwischen neuer und alter Rechtslage: Nach der neuen Rechtslage muss der Aktionär dem Gesellschaftsvermögen insgesamt (Gegenstand und Geldeinlage) nur einen Wert in Höhe der ursprünglich vereinbarten Geldeinlage zuführen. Nach alter Rechtslage hingegen musste der Aktionär noch einmal die gesamte Geldeinlage leisten und gleichzeitig war der Gegenstand infolge der Insolvenz häufig weitgehend verloren; insgesamt musste der Gesellschafter also oft doppelt zahlen. 166

⇨ *Fall Nr. 7 – Elektrohandel*

Diese deutliche Besserstellung nach neuem Recht bedeutet allerdings **nicht**, dass verdeckte Sacheinlagen **risikolos** wären: Der Gesellschafter trägt die **Beweislast** für 167

[314] Vgl. zu dieser Frage zusammenfassend, unter Darstellung der verschiedenen Ansätze und mit ausführlicher Stellungnahme MüKoAktG/*Pentz*, § 27 Rn. 121 ff. m. w. N.

[315] Ausführlich dazu *Kersting*, Gesellschaftsrecht in der Diskussion 2008 (Jahrestagung der Gesellschaftsrechtlichen Vereinigung), S. 101 ff.

die Werthaltigkeit des Gegenstandes; liegt zwischen der Leistung des verdeckt eingelegten Gegenstandes und der Insolvenz der Gesellschaft ein langer Zeitraum, wird der Beweis des Wertes des Gegenstandes manchmal nicht gelingen. Das Gleiche kann sich ergeben, wenn eine Forderung des Gesellschafters gegen die Gesellschaft (etwa aus einem Darlehen) verdeckt eingebracht wird, indem zunächst Geld eingezahlt und damit das Darlehen zurückgeführt wird. Der Wert der in diesem Fall verdeckt eingebrachten (Darlehens-)Forderung ist dann nämlich von deren Vollwertigkeit und damit von der Bonität der Gesellschaft abhängig.[316] In beiden Fällen kann die Anrechnung am fehlenden Beweis des Wertes des Gegenstands (Sache, Forderung oder sonstiges Recht) scheitern und der Gesellschafter wird verurteilt, seine fortbestehende Einlageschuld erneut zu erfüllen.

(4) Heilung der verdeckten Sacheinlage

168 Aufgrund dieser Unsicherheiten ist den Gesellschaftern – wie nach alter Rechtslage – das Recht einzuräumen, die verdeckte Sacheinlage zu heilen und die Angelegenheit auf diese Weise für die Zukunft „glatt zu ziehen".[317] Der Gesetzgeber wollte die Möglichkeit einer Heilung auch nicht abschaffen.[318] Eine **Heilung mit Wirkung *ex nunc*** verläuft wie folgt:[319]

- Änderung der Satzung dahingehend, dass der betreffende Gesellschafter eine Sacheinlage erbracht hat;
- Bezeichnung der verdeckt eingelegten Sache als Einlagegegenstand und Bestimmung ihres Wertes *im Zeitpunkt der Satzungsänderung*;
- Sachgründungsbericht und Gründungsprüfung analog §§ 32 II 1, 33 II Nr. 4, 34 I Nr. 2 AktG;
- Prüfung durch das Registergericht analog § 38 I AktG;
- Eintragung im Handelsregister gemäß § 181 III AktG und damit verbundene Wirksamkeit der Heilung.

169 Umstritten ist, ob die nachträglich ordnungsgemäß festgeschriebene Sacheinlage im Rahmen der Heilung auf den Zeitpunkt der ursprünglichen Anmeldung der Barkapitalerhöhung (bzw. einen späteren Übertragungszeitpunkt) oder den Zeitpunkt der Anmeldung des Heilungsaktes zu bewerten ist.[320] Stellt man auf den Zeitpunkt des Heilungsaktes ab und ist der Wert zu diesem Zeitpunkt geringer, kann der Aktionär jedoch immer noch den Beweis führen, dass die Sache im Zeitpunkt der ursprünglichen Anmeldung einen höheren Wert hatte, weil dann insoweit § 27 III 3 AktG eingreift. Der Meinungsstreit hat im Ergebnis also nur bei Beweisproblemen Relevanz oder wenn der Wert im Zeitpunkt des Heilungsaktes höher ist.

(5) Konsequenzen fehlender Sacheinlagefähigkeit

170 Die Regeln über verdeckte Sacheinlagen sind – ebenso wie bei der GmbH (→ § 4 Rn. 188) – nur anwendbar, wenn der mutmaßlich verdeckt eingelegte Gegenstand im Wege einer regulären Sacheinlage hätte eingebracht werden können.[321] Wegen der fehlenden Sacheinlagefähigkeit von Dienstleistungen (→ Rn. 140) gelten sie da-

---

[316] BGH ZIP 2016, 615 (Rn. 32 ff.) m. w. N.

[317] So auch *Schäfer*, GesR, § 35 Rn. 21 (zur GmbH); die Frage ist wegen des Erlöschens der Einlageforderung durch Anrechnung und der Wirksamkeit von Verpflichtungs- und Verfügungsgeschäft allerdings umstritten; siehe zum Meinungsstand für die GmbH Noack/Servatius/Haas/*Servatius*, GmbHG, § 19 Rn. 67 f.; MüKoGmbHG/*Schwandtner*, § 19 Rn. 298 ff.

[318] Vgl. Begründung zu Art. 1 Ziff. 17 RegE-MoMiG (BT-Drs. 16/6140, S. 40).

[319] Vgl. *Schäfer*, GesR, § 35 Rn. 21 (zur GmbH).

[320] Siehe die Nachweise bei Noack/Servatius/Haas/*Servatius*, GmbHG, § 19 Rn. 69.

[321] BGHZ 184, 158 = NJW 2010, 1747 – Eurobike.

her z. B. nicht, wenn ein Aktionär im zeitlichen Zusammenhang mit der Gründung entgeltliche Dienstleistungen für die AG erbringt.

bb) Vereinbarungsgemäße Rückzahlung der Einlage (§ 27 IV AktG)

Liegt keine verdeckte Sacheinlage vor, ist ggf. zu prüfen, ob die Geldeinlagepflicht des Aktionärs nach der Vorschrift des § 27 IV AktG fortbesteht. Es geht um Fälle, in denen der Aktionär **bei wirtschaftlicher Betrachtung** seine **Einlage zurückerhält,** etwa weil ihm die AG die geleistete Einlage im Wege eines Darlehens wieder zur Verfügung stellt, so dass – zumindest vorübergehend – nicht die AG, sondern der Aktionär auf die Mittel zugreifen kann. § 27 IV AktG entspricht inhaltlich exakt der Vorschrift des § 19 V GmbHG, so dass bezüglich der Einzelheiten auf die ausführlichen Erläuterungen zur Kapitalaufbringung bei der GmbH verwiesen werden kann (→ § 4 Rn. 191 ff.). 171

cc) Aufrechnung

Soll die Geldeinlagepflicht durch eine Aufrechnung (§§ 387 ff. BGB) erfüllt werden, ist die Rechtslage seit Einführung der oben dargestellten Neuregelung zur verdeckten Sacheinlage durch das ARUG (→ Rn. 158 ff.) problematisch. 172

aaa) Unwirksamkeit der Aufrechnung des Aktionärs nach altem Recht

Früher wurde in verschiedenen Fällen der Aufrechnung deren gänzliche Unwirksamkeit angenommen, insbesondere bei einer gemäß § 66 I 2 AktG unzulässigen Aufrechnung gegen die Einlageforderung durch den Aktionär. Die Rechtsfolgen waren dann denjenigen der verdeckten Sacheinlage nach altem Recht vergleichbar: Die Einlagepflicht bestand wegen der Unwirksamkeit der Aufrechnung fort. Da die Einlage in der Praxis vor allem in Fällen einer Insolvenz der AG eingefordert wurde, konnte der Aktionär seine – unwirksam zur Aufrechnung gestellte und deshalb fortbestehende – Gegenforderung nur zur Insolvenztabelle anmelden und fiel damit weitgehend aus. Zu einer wertmäßigen Anrechnung der Gegenforderung des Aktionärs auf die Einlagepflicht kam es in Fällen unzulässiger Aufrechnung also nicht. 173

Diese Rechtsfolge war hart. Aber sie war immerhin systemgerecht im Vergleich zu der ebenfalls harten Rechtsfolge bei der verdeckten Sacheinlage (→ Rn. 155 ff.). 174

bbb) Inkonsistenzen seit dem ARUG

Seit aber das ARUG die Rechtsfolge der verdeckten Sacheinlage abgemildert hat und eine Wertanrechnung möglich ist (→ Rn. 162 f.), ist das System widersprüchlich. Der Gesetzgeber hat nämlich bei gemäß § 66 I 2 AktG unzulässigen Aufrechnungen des Aktionärs nicht eine dem § 27 III AktG vergleichbare Rechtsfolge angeordnet. Daher würde eine unzulässige Aufrechnung *des Aktionärs* immer dann, aber auch nur dann, durch Wertanrechnung privilegiert, wenn zugleich der Tatbestand der verdeckten Sacheinlage gemäß § 27 III AktG erfüllt ist,[322] in anderen Fällen jedoch nicht. 175

Der **Tatbestand der verdeckten Sacheinlage** ist immer dann erfüllt, wenn die aufzurechnende Forderung des Aktionärs im Zeitpunkt der Begründung der Einlagepflicht bereits bestand (sog. **Altforderung**) und damit sacheinlagefähig war **und** 176

[322] In diesem Sinne Scholz/*Veil*, GmbHG, § 19 Rn. 85 zur GmbH; wohl auch *Schäfer*, GesR, § 42 Rn. 4 i. V. m. § 35 Rn. 6, wo eine analoge Anwendung der Regeln zur verdeckten Sacheinlage ebenfalls nur für Aufrechnungen durch die Gesellschaft und Aufrechnungsvereinbarungen erwogen wird.

zugleich eine „mit der Übernahme der Geldeinlage getroffene **Abrede**“ i.S.v. § 27 III AktG vorliegt (→ Rn. 159). Dann nämlich ist vereinbarungsgemäß wirtschaftlich nur jene Altforderung in die AG eingebracht worden.

177 Zu denken ist ferner an **Austauschgeschäfte**, die bei Begründung der Geldeinlageforderung abgesprochen und danach abgeschlossen werden. In diesem Fall kann der Gesellschafter zunächst tatsächlich Geld an die Gesellschaft zahlen und dieses sodann als Vergütung für die im Austauschgeschäft versprochene Sache zurückerhalten (→ Rn. 152f.). Stattdessen ist aber auch eine Vereinbarung denkbar, nach der (1) die Geldeinlageforderung der Gesellschaft und die Vergütungsforderung des Aktionärs direkt miteinander verrechnet oder später durch den Aktionär aufgerechnet werden und (2) der Aktionär die Sache an die Gesellschaft überträgt. Auch in diesem Fall, in dem beim Aktionär noch nicht einmal vorübergehend Geld abfließt, hat der Aktionär objektiv wirtschaftlich betrachtet und nach der Absprache nur eine Sacheinlage erbracht. Er hat damit die im Austauschgeschäft versprochene Sache verdeckt eingelegt. Der Fall ist deshalb von der Wertung des § 27 III AktG erfasst.[323]

178 In beiden Fällen (Altforderung, Austauschgeschäft) ist eine **Wertanrechnung** nach den Regeln der verdeckten Sacheinlage **möglich**.[324] Wird mit einer Altforderung aufgerechnet (→ Rn. 176), erfolgt im Moment der Eintragung der Gesellschaft oder der späteren Aufrechnung[325] eine Anrechnung des Wertes der Gegenforderung des Aktionärs. Ist hingegen ein der Begründung der Einlagepflicht nachfolgendes Austauschgeschäft und die spätere Aufrechnung des Aktionärs vorabgesprochen (→ Rn. 177), erfolgt im Moment der Eintragung der Gesellschaft oder der späteren Überlassung des Gegenstandes an die Gesellschaft eine Anrechnung des Wertes jenes Gegenstandes, weil in diesem Fall nicht die Entgeltforderung des Gesellschafters, sondern der Gegenstand selbst verdeckt eingebracht ist.

179 Gibt es eine Vorabsprache über die spätere Aufrechnung des Aktionärs bei Begründung der Einlagepflicht hingegen nicht, sondern überlegt sich der Aktionär erst später, eine Altforderung aufzurechnen oder ein Austauschgeschäft vorzunehmen und sodann seine Entgeltforderung zur Aufrechnung gegen die Einlageforderung zu verwenden, bliebe es bei der harten Rechtsfolge der Unwirksamkeit der Aufrechnung ohne Wertanrechnung. Dies hätte eine geradezu groteske Darlegungsstrategie von Aktionären zur Folge: Sie würden nunmehr die **„Flucht in die verdeckte Sacheinlage“** antreten, also eine Vorabsprache behaupten, weil sie nur so von der Wertanrechnung des § 27 III 3 AktG profitieren könnten.

---

[323] Die Vorschrift des § 27 III AktG ist anzuwenden, obwohl ihr Wortlaut auch so verstanden werden könnte, dass der Gesellschafter zunächst tatsächlich gezahlt haben muss; zu der Parallelvorschrift des § 19 IV GmbHG wie hier auch *Wicke*, GmbHG, § 19 Rn. 24; *Altmeppen*, GmbHG, § 19 Rn. 42 und wohl auch Rn. 70; Noack/Servatius/Haas/*Servatius*, GmbHG, § 19 Rn. 32 a.E., 51f.; zur AG wohl ebenso MüKoAktG/*Pentz*, § 27 Rn. 194, allerdings nicht für den Fall der Aufrechnung des *Aktionärs* (siehe aber sogleich → Rn. 180).

[324] Für die Aufrechnung des *Aktionärs/Gesellschafters* ist der Meinungsstand teilweise unklar; vgl. zum Ganzen Noack/Servatius/Haas/*Servatius*, GmbHG, § 19 Rn. 32, 51f.; *Altmeppen*, GmbHG, § 19 Rn. 70 (gegen die Anrechnung wohl für die Aufrechnung des *Gesellschafters*); *Wicke*, GmbHG, § 19 Rn. 12 (die Wertanrechnung für die *Gesellschafter*aufrechnung allerdings als Mindermeinung darstellend); Lutter/Hommelhoff/*Bayer*, GmbHG, § 19 Rn. 66 mit Abgrenzung zum Fall der fehlenden Vorabsprache (dazu abweichend → Rn. 179f.), unklar aber in Rn. 25f. für die *Gesellschafter*aufrechnung; BeckOK GmbHG/*Ziemons*, § 19 Rn. 144f., 158 (allerdings mit Zweifeln für den zweiten Fall); gegen die Wertanrechnung für die Aufrechnung des *Gesellschafters* wohl MüKoGmbHG/*Schwandtner*, § 19 Rn. 202; zur *Gesellschafter*aufrechnung nochmals sogleich → Rn. 180.

[325] Die Aufrechnung entspricht der „Überlassung an die Gesellschaft“ i.S.v. § 27 III 3 AktG.

ccc) Beseitigung der Systembrüche durch generelle Wertanrechnung

Da dies keinesfalls sachgerecht ist, sollte die Systemwidrigkeit des neuen Rechts dadurch korrigiert werden, dass die Rechtsfolge des § 66 I 2 AktG im neuen Recht ganz generell neu interpretiert wird: Es ist dort ja nicht von „Unwirksamkeit" der Aufrechnung die Rede, sondern nur davon, dass sie „nicht zulässig" ist. Ebenso unzulässig ist nach wie vor auch die verdeckte Sacheinlage, was aber – wie § 27 III 3 AktG zeigt – eine Wertanrechnung nicht hindert. Diese sachgerechte Rechtsfolge sollte daher in Zukunft generell bei **Aufrechnungen des Aktionärs** i. S. v. § 66 I 2 AktG angewendet werden und nicht nur in Fällen, in denen eine Vorabsprache i. S. v. § 27 III 1 AktG – ggf. wahrheitswidrig – behauptet wird. Aufgrund der gleichen Interessenlage ist nämlich eine Analogie geboten (→ auch § 4 Rn. 212 zur GmbH).[326] 180

Auf diese Weise gelangt man auch zu einer Gleichbehandlung mit jenen Fällen, in denen der Aktionär erst nach Begründung der Einlagepflicht eine Gegenforderung gegen die AG erwirbt (sog. **Neuforderung**) und nun die **Aufrechnung durch die Gesellschaft** erfolgt oder eine **Aufrechnungsvereinbarung** zwischen Aktionär und AG getroffen wird. Weil diese beiden Fälle von § 66 I 2 AktG nicht erfasst werden und bei einer Neuforderung mangels Einlagefähigkeit zum Zeitpunkt der Begründung der Einlagepflicht auch keine verdeckte Sacheinlage vorliegt,[327] ging die h. M. schon nach dem alten Recht von der Möglichkeit der Aufrechnung durch die Gesellschaft bzw. einer Aufrechnungsvereinbarung aus. Einschränkungen sollen sich nur aus dem Verbot der Befreiung von der Einlagepflicht (§ 66 I 1 AktG) und dem Grundsatz der realen Kapitalaufbringung in solchen Fällen ergeben, in denen die Forderung des Gesellschafters gegen die Gesellschaft – anders als deren Einlageforderung – nicht voll werthaltig ist, weil das Vermögen der Gesellschaft nicht ihre sämtlichen Verbindlichkeiten deckt. Könnte nun die Gesellschaft mit ihrer werthaltigen Einlageforderung gegen die nicht (voll) werthaltige Forderung des Gesellschafters aufrechnen oder wäre eine dahingehende Aufrechnungsvereinbarung zulässig, würde die Gesellschaft eine vollwertige Forderung verlieren, dafür aber nur die Befreiung von einer nicht (voll) werthaltigen Forderung erlangen. Gleichzeitig hätte der Gesellschafter für die Befreiung von der Einlagepflicht nur seine nicht (voll) werthaltige Forderung aufgegeben. Weil hierin kein tatsächlicher (voller) wirtschaftlicher Wert liegt, hätte er die Einlage faktisch ohne eigene Leistung erbracht und stünde daher so, wie wenn ihn die Gesellschaft von seiner Einlagepflicht einfach befreit hätte.[328] Eine solche Befreiung verbietet § 66 I 1 AktG aber. Das Stammkapital soll real aufgebracht werden. Um diese reale Kapitalaufbringung zu sichern, muss also die Aufrechnungsmöglichkeit auf Fälle begrenzt werden, in denen dem Nachteil aus der Aufrechnung ein entsprechender Vorteil gegenübersteht. Die Neuforderung des Aktionärs, gegen die die AG mit ihrer Geldeinlageforderung aufrechnet, muss deshalb vollwertig, fällig und liquide (= unstreitig) sein.[329] In diesem speziellen Fall wird also – ebenso wie nunmehr allgemein bei der verdeckten Sacheinlage – eine Wertanrech- 181

[326] A. A. die h. M. (vgl. MüKoAktG/*Bayer*, § 66 Rn. 47 m. w. N. und Rn. 64; zur GmbH: Noack/Servatius/Haas/*Servatius*, GmbHG, § 19 Rn. 32; Lutter/Hommelhoff/*Bayer*, GmbHG, § 19 Rn. 25; Scholz/*Veil*, GmbHG, § 19 Rn. 85; wohl auch *Altmeppen*, GmbHG, § 19 Rn. 38 f. und Rn. 70; jeweils m. w. N.) unter Berufung auf die ausdrückliche gesetzliche Regelung, allerdings ohne Berücksichtigung des o. g. Umstandes, dass diese gerade nicht von der „Unwirksamkeit" der Aufrechnung spricht.

[327] Anderes gilt nur, wenn die Neuforderung aus einem vorabgesprochenen Austauschgeschäft zwischen Aktionär und AG stammt; dann gelten → Rn. 177 f.

[328] Vgl. *Wilhelm*, KapGesR, Rn. 350.

[329] Vgl. BGHZ 191, 364 = ZIP 2012, 73 (Leitsatz 3 und Rn. 36) m. w. N. – Babcock Borsig.

nung (durch Aufrechnung der Gesellschaft oder Aufrechnungsvereinbarung) als zulässig angesehen.

182 Um jedoch einen vollständigen Gleichlauf für alle Alt- und Neuforderungen zu erreichen, sollte bei Neuforderungen die Wertanrechnung auch dann anerkannt werden, wenn die o. g. Voraussetzungen im Hinblick auf die Gegenforderung des Aktionärs gegen die AG nicht vorliegen, die Gegenforderung etwa nicht zur Gänze vollwertig ist.[330] Die **Anrechnung** erfolgt dann allerdings nur **in Höhe des** unter Berücksichtigung aller maßgeblichen Umstände zu ermittelnden **wahren wirtschaftlichen Wertes** der Gegenforderung (→ § 4 Rn. 216 zur GmbH). Dem Gebot effektiver Kapitalaufbringung ist damit ebenso wie bei partiellen Wertanrechnungen bei verdeckten Sacheinlagen genügt.

183 Verfährt man in dieser Weise, gelangt man insgesamt zu einem konsistenten Modell bei verdeckten Sacheinlagen und Aufrechnungen: Jeweils wird der tatsächliche Wert der Gegenforderung angerechnet, wobei die Beweislast für die Werthaltigkeit selbstverständlich beim Aktionär liegt (→ Rn. 162).

ddd) Ausnahme für die Mindesteinzahlung

184 Eine Ausnahme von dem hier vorgeschlagenen konsistenten Modell könnte allerdings (notgedrungen) für die **Mindesteinzahlung** gemäß § 36a I AktG zu machen sein. Denn hierfür legt § 54 III AktG die möglichen Formen der Einlageleistung abschließend fest.[331] Da die Vorschrift – anders als § 66 I 2 AktG – auch nicht lediglich von einer „Unzulässigkeit", sondern davon spricht, die Mindesteinlage „könne nur" im Wege der dort aufgeführten Zahlungsarten (Barzahlung oder Überweisung) erbracht werden, lässt sich eine allgemeine Wertanrechnung nach dem Rechtsgedanken des § 27 III 3 AktG schwerer vertreten. Wertungsmäßig ist die Nichtanrechnung gleichwohl unbefriedigend. Denn im unmittelbaren Anwendungsbereich des § 27 III 3 AktG, also bei Vorliegen einer verdeckten Sacheinlage, hindert § 54 III AktG die Anrechnung eines ausreichenden Sachwertes (auch) auf die Mindesteinzahlung nicht (→ Rn. 164).

185 Letztlich wird man diesen Konflikt zwischen dem Wortlaut des § 54 III AktG und der sachgerechteren Wertung des § 27 III 3 AktG dahinstehen lassen können, weil eine Aufrechnung in Bezug auf die Mindesteinzahlung praktisch wohl nie vorkommen wird: Die Mindesteinzahlung kann nur durch Barzahlung oder durch Überweisung erbracht werden. Jeweils ist bei der Anmeldung zu erklären und nachzuweisen, dass die Mindesteinzahlung ordnungsgemäß erbracht ist (§ 37 I 1, 2 AktG). Bei einer Überweisung ist der Nachweis mittels einer Bestätigung des Kreditinstituts zu führen (§ 37 I 3 AktG). Eine Aufrechnung bezüglich der Mindesteinlage bei gleichzeitig erfolgreicher Anmeldung ist daher nur in dem eher theoretischen Fall denkbar, dass die Anmelder vorsätzlich falsche Angaben machen und einen gefälschten Nachweis vorlegen.

---

[330] Ohne Auseinandersetzung mit der veränderten Rechtslage seit dem ARUG tendenziell anders, d. h. für die vollständige Unwirksamkeit der Aufrechnung bei Fehlen der Voraussetzungen BGHZ 191, 364 = ZIP 2012, 73 (Rn. 33 ff.) m. w. N. – Babcock Borsig; wie hier hingegen die inzwischen wohl h. M. in der Literatur (vgl. zur GmbH: Noack/Servatius/Haas/*Servatius*, GmbHG, § 19 Rn. 53 a. E., 39; MüKoGmbHG/*Schwandtner*, § 19 Rn. 113; Scholz/*Veil*, GmbHG, § 19 Rn. 82; *Altmeppen*, GmbHG, § 19 Rn. 48; *Wicke*, GmbHG, § 19 Rn. 14 a. E.; jeweils m. w. N.); a. A. für den Fall der einseitigen Aufrechnung durch die *Gesellschaft* MüKoAktG/*Bayer*, § 66 Rn. 62 f., 68; zur GmbH: MüKoGmbHG/*Lieder*, § 56 Rn. 108; Lutter/Hommelhoff/*Bayer*, GmbHG, § 19 Rn. 36.

[331] Vgl. *Koch*, AktG, § 66 Rn. 6; *Schäfer*, GesR, § 42 Rn. 4.

d) Nachgründung

186 Ein besonderes Instrument zur Sicherung der Kapitalaufbringung hält das Aktienrecht in § 52 AktG bereit: **Verträge** der Gesellschaft **mit Gründern** oder mit mehr als 10 % beteiligten Aktionären **über den Erwerb von Vermögensgegenständen** gegen eine den zehnten Teil des Grundkapitals übersteigende Vergütung bedürfen zu ihrer Wirksamkeit der Zustimmung der Hauptversammlung, der Schriftform und der Eintragung in das Handelsregister, wenn sie in den ersten zwei Jahren seit der Eintragung der Gesellschaft ins Handelsregister geschlossen werden (§ 52 I 1, II 1 AktG). Außerdem ist ein Nachgründungsbericht und eine externe Gründungsprüfung erforderlich (§ 52 III, IV AktG). Sinn und Zweck dieser Regelung ist es, die Umgehung der Vorschriften über Sacheinlagen und -übernahmen zu verhindern.[332] Die Vorschrift hat insbesondere in den Fällen eigenständige Bedeutung, in denen der Tatbestand der verdeckten Sacheinlage (§ 27 III AktG) nicht erfüllt ist, weil eine Vorabsprache nachweislich fehlt oder jedenfalls nicht zu beweisen ist. Der Gesetzgeber ist also offensichtlich der Ansicht, die AG bedürfe auch in diesen Fällen eines (zeitlich begrenzten) Schutzes.

2. Kapitalerhaltung

187 Ist das Grundkapital aufgebracht, müssen die Gläubiger der AG davor geschützt werden, dass es an die Aktionäre zurückfließt. Zu diesem Zweck begrenzt das Gesetz die Möglichkeit von Ausschüttungen an Aktionäre (→ Rn. 188 ff.) und gestattet den Erwerb eigener Anteile nur in besonderen Fällen (→ Rn. 193 ff.).

a) Strenge Kapitalbindung

188 Im Aktienrecht gilt der **Grundsatz der strengen Kapitalbindung** (§§ 57, 62 AktG). Er besteht im Interesse von Gläubigern der Gesellschaft, die zur Erfüllung ihrer Verbindlichkeiten ausschließlich auf das Gesellschaftsvermögen zugreifen können, sowie im Interesse der (Minderheits-)Aktionäre, die gegen eine Aushöhlung des wirtschaftlich auch ihnen gehörenden Gesellschaftsvermögens durch die Mitaktionäre (i. d. R. Mehrheitsaktionäre) geschützt werden sollen.[333] Im Einzelnen gilt:

aa) Umfassendes Verbot der Einlagenrückgewähr

189 Einlagen dürfen den Aktionären nicht zurückgewährt werden (§ 57 I 1 AktG); insbesondere dürfen keine festen Zinszusagen gegeben werden (§ 57 II AktG). Dieses Ausschüttungsverbot wirkt total: Anders als im Recht der GmbH knüpft das Ausschüttungsverbot nicht an das zur Erhaltung des Grundkapitals erforderliche Gesellschaftsvermögen an, sondern betrifft das gesamte Vermögen der AG.[334] **Ausschließlich der Bilanzgewinn der AG darf an die Aktionäre ausgeschüttet werden** (§ 57 III AktG); jede (!) andere Ausschüttung ist verboten.[335] Weil ein etwaig vom

---

[332] *K. Schmidt*, GesR, § 27 II 4c.

[333] Vgl. dazu eingehend *Bitter*, Durchgriffshaftung, S. 395 ff.; *Bitter*, ZHR 168 (2004), 302 ff., gegen eine in der juristischen Literatur immer noch verbreitete Ansicht, die die Kapitalbindung des Aktienrechts unrichtig nur mit dem Gläubigerschutz in Verbindung bringt (vgl. Spindler/Stilz/*Cahn/v. Spannenberg*, AktG, § 57 Rn. 6 m.w.N.); wie hier hingegen MüKoAktG/*Bayer*, § 57 Rn. 2 m. w. N.

[334] Vgl. dazu – in Abgrenzung zur GmbH und Personengesellschaft – eingehend *Bitter*, ZHR 168 (2004), 302 ff.; zur Einlagenrückgewähr an einen *faktischen* Aktionär vgl. BGH ZIP 2008, 118.

[335] Zum Dividendenrecht der Aktionäre (§ 58 IV AktG) und zu ihrem konkreten Dividendenauszahlungsanspruch → Rn. 38.

Aktionär gezahltes Agio (→ Rn. 136) nicht Teil des Bilanzgewinns ist, sondern gemäß § 272 II Nr. 1 HGB in die Kapitalrücklage einzustellen ist (vgl. auch § 150 II AktG), nimmt auch dieses Aufgeld an der Kapitalbindung teil. Ein Bilanzgewinn ergibt sich aufgrund der in § 158 I AktG angeordneten Berechnungsweise ferner solange nicht, bis Verluste aus den Vorjahren ausgeglichen sind (→ Rn. 38).

bb) Ausnahmen

190 In bestimmten Fällen kommt das in § 57 I 1, III AktG verankerte Verbot der Einlagenrückgewähr allerdings nicht zur Anwendung: Es gilt nicht für Leistungen, die bei Bestehen eines **Beherrschungs- oder Gewinnabführungsvertrags** (§ 291 AktG)[336] erfolgen oder durch einen **vollwertigen Gegenleistungs- oder Rückgewähranspruch** gegen den Aktionär gedeckt sind (§ 57 I 3 AktG). Ferner ist § 57 I 1 AktG nicht anzuwenden auf die **Rückgewähr eines Aktionärsdarlehens** und Leistungen auf Forderungen aus Rechtshandlungen, die einem Aktionärsdarlehen wirtschaftlich entsprechen (§ 57 I 4 AktG). Ausführlich werden diese Einschränkungen bei der GmbH dargestellt, für die sie in § 30 I 2, 3 GmbHG ebenfalls angeordnet sind (→ § 4 Rn. 241 ff.). Nicht als Verstoß gegen die strenge Kapitalbindung gelten ferner die Zahlung des Erwerbspreises beim zulässigen Erwerb eigener Aktien (§§ 57 I 2, 71 ff. AktG; → Rn. 193 ff.) sowie die Rückzahlung nach einer ordentlichen Kapitalherabsetzung (§ 222 III AktG) oder Einziehung von Aktien (§ 237 II AktG).[337]

cc) Verbot verdeckter Vermögensverlagerungen

191 Ist § 57 I 1 AktG anwendbar, verbietet er nicht nur jede offene Ausschüttung außerhalb der Verteilung des Bilanzgewinns an Aktionäre (z. B. eine als „Sonderzuwendung" bezeichnete Zahlung), sondern auch jede sog. „verdeckte Gewinnausschüttung" oder – besser – „verdeckte Vermögensverlagerung". Eine solche liegt vor, wenn die Gesellschaft auf Grundlage des Gesellschaftsverhältnisses (*causa societatis*)[338] zugunsten eines Aktionärs (oder ihm zurechenbaren Dritten) einen Vermögenswert aufgibt oder eine sonstige Leistung an ihn erbringt, ohne dafür einen objektiv ausgleichenden Gegenwert zu erhalten (= **teilweise objektive Unentgeltlichkeit**). Als ein solcher ausgleichender Gegenwert kommen nach der Rechtsprechung des BGH nur konkrete, bezifferbare Vorteile in Betracht, während ein sonstiges Eigeninteresse der Gesellschaft an der von ihr erbrachten Leistung nicht genügt.[339] Verdeckte Vermögensverlagerungen können in ganz unterschiedlicher Gestalt auftreten. In der Praxis besonders häufig sind **Austauschgeschäfte** zwischen Aktionär und AG **zu unangemessenen Konditionen**[340] und die Zahlung unangemessen hoher „Aufwandsentschädigungen", „Beraterhonorare" etc. ohne entsprechende Gegenleistung des Aktionärs.[341]

dd) Rechtsfolgen verbotener Ausschüttungen

192 Die verbotswidrige Ausschüttung – sei sie offen oder verdeckt – löst einen verschuldensunabhängigen **Rückgewähranspruch der AG** gegen den Aktionär aus

---

[336] Siehe zur Aufhebung der Kapitalbindung im Vertragskonzern auch § 291 III AktG; dazu und allgemein zum Beherrschungs- und Gewinnabführungsvertrag → Rn. 228 ff.

[337] *Schäfer*, GesR, § 42 Rn. 12.

[338] Dieses Merkmal ist regelmäßig erfüllt (→ § 4 Rn. 238 zur GmbH).

[339] BGHZ 190, 7 = ZIP 2011, 1306 (Rn. 24 ff.) – Dritter Börsengang.

[340] Siehe etwa BGH ZIP 2012, 1753 (Rn. 12) – HVB/Unicredit: Verkauf eines Geschäftsbereichs an den Aktionär unter Wert.

[341] Ausführlich zum Gesellschafterschutz vor „verdeckten Vermögensverlagerungen" bei Kapital- und Personengesellschaften *Bitter*, ZHR 168 (2004), 302 ff.

(§ 62 I 1 AktG), es sei denn, Beträge wurden gutgläubig als Gewinnanteile bezogen (§ 62 I 2 AktG). Äußerst umstritten ist sowohl für offene als auch für verdeckte Verstöße gegen § 57 AktG, ob der Anspruch gemäß § 62 I AktG seinem Inhalt nach auf Rückgewähr in Natur oder nur auf den Ersatz des Wertes der verbotenen Leistung gerichtet ist.[342] Selbst wenn man im Grundsatz eine Pflicht zur Rückgewähr in Natur annehmen wollte, bestünde bei deren Unmöglichkeit (nur) eine – verschuldensunabhängige – Pflicht zum Wertersatz (§ 818 II BGB analog).[343] In keinem Fall kann sich der Aktionär auf Entreicherung berufen.[344] Für unausgeglichene Austauschgeschäfte mit der AG ergibt sich aus dem Vorstehenden, dass der Aktionär *jedenfalls* den **Differenzbetrag zu erstatten** hat, um den er entweder eine Leistung zu teuer an die AG erbracht oder umgekehrt eine Leistung der AG zu günstig erhalten hat. Im faktischen Konzern (zum Begriff → Rn. 229) ist auf Rechtsfolgenseite die Besonderheit zu beachten, dass eine an sich nach § 57 AktG verbotene Ausschüttung der abhängigen Gesellschaft an das herrschende Unternehmen keinen sofortigen Rückgewähranspruch nach § 62 AktG auslöst, weil die Regelung des § 311 II AktG (zu § 311 AktG → Rn. 229) das herrschende Unternehmen privilegiert; sie lässt einen zeitlich gestreckten Ausgleich des Nachteils der abhängigen Gesellschaft zu (bis zum Ende des Geschäftsjahres) und verdrängt die §§ 57, 62 AktG insoweit.[345] Sofern jedoch kein Ausgleich nach Maßgabe von § 311 II AktG erfolgt, entfällt dessen Sperrwirkung, so dass – neben der Schadensersatzpflicht gemäß § 317 AktG (→ Rn. 229) – ein Anspruch aus §§ 57, 62 AktG entsteht.[346] Geklärt hat der BGH inzwischen die früher höchst umstrittene Frage, ob Verpflichtungs- und Erfüllungsgeschäfte, die zur Abwicklung von verbotenen Ausschüttungen geschlossen werden, gemäß § 134 BGB nichtig sind. Nach richtiger, auch vom BGH vertretener Auffassung sind sie es nicht: Zwar enthalte die Vorschrift des § 57 AktG ein gesetzliches Verbot i. S. v. § 134 BGB; jedoch habe ein Verstoß **keine Nichtigkeit** zur Folge, weil sich aus der spezialgesetzlichen Regelung der Rechtsfolgen in § 62 AktG „ein anderes" i. S. v. § 134 BGB ergebe.[347] Ansprüche der AG aus §§ 812, 985 BGB, die u. a. abweichenden Verjährungsregeln unterlägen, bestehen infolge einer verbotenen Ausschüttung somit nicht.

⇨ *Fall Nr. 8 – Überbewertung*
⇨ *Fall Nr. 9 – Unterbewertung*

b) Erwerb eigener Aktien

Es gibt verschiedene Gründe, warum eine AG von einem ihrer Aktionäre Aktien der eigenen Gesellschaft erwerben will; z. B. um **193**

- nicht benötigtes Kapital an die Aktionäre zurückzugeben (Alternative zur Auszahlung von Dividenden),
- Aktien an Mitarbeiter ausgeben zu können (Mitarbeiterbeteiligung),
- ein Signal gegenüber dem Kapitalmarkt zu setzen,
- sich gegenüber einem Übernahmeangebot zu verteidigen,

---

[342] Vgl. hierzu MüKoAktG/*Bayer*, § 62 Rn. 46 ff.; für eine grundsätzliche Pflicht zur Rückgewähr in Natur wohl BGHZ 196, 312 = ZIP 2013, 819 (Rn. 19).

[343] *Schäfer*, GesR, § 42 Rn. 15.

[344] *Schäfer*, GesR, § 42 Rn. 15.

[345] BGHZ 179, 71 = ZIP 2009, 70 (Rn. 11) – MPS.

[346] Vgl. BGHZ 190, 7 = ZIP 2011, 1306 (Rn. 48) – Dritter Börsengang.

[347] BGHZ 196, 312 = ZIP 2013, 819 (Rn. 14 ff.); zuvor bereits *Bitter*, ZHR 168 (2004), 302, 342 ff.

- unangenehme Aktionäre loszuwerden oder
- eine bessere Kapitalstruktur (Verhältnis Eigen- zu Fremdkapital) zu schaffen.[348]

194 So nachvollziehbar manche dieser Motive sein mögen: Unter dem Aspekt der Kapitalerhaltung ist der (entgeltliche) Erwerb eigener Aktien problematisch. **Wirtschaftlich betrachtet** und aus Sicht der Gläubiger liegt in der Kaufpreiszahlung eine **Ausschüttung an die Aktionäre**, durch die ihnen ihre Einlage zurückgewährt wird. Die erworbene Beteiligung „an sich selbst" unterliegt nämlich – anders als sonstige Beteiligungen – keiner eigenständigen Wertbildung, sondern ist immer nur so viel „wert" wie das sonstige Gesellschaftsvermögen bzw. das mit ihm betriebene Unternehmen: Kommt es mit der Insolvenz der Gesellschaft zum Ernstfall für die Gläubiger, sind die erworbenen eigenen Aktien zwingend wertlos und taugen daher nicht zur Gläubigerbefriedigung; für sonstige Beteiligungen gilt das nicht.[349] Der Erwerb eigener Anteile kann daher nicht als bloßer Aktiventausch (Geld gegen Wertpapiere) verstanden werden. Bei Aktien, auf die die Einlagen nicht voll eingezahlt sind, kommt hinzu, dass infolge des Erwerbs die Resteinlageforderung der AG durch Konfusion erlischt, ohne dass die ausstehenden Mittel der AG jemals zugeflossen wären. Die reale Kapitalaufbringung wird also unmittelbar vereitelt.

195 Aus diesen und aus weiteren Gründen[350] **verbietet § 71 I AktG den Erwerb eigener Aktien**, wenn nicht einer der dort abschließend geregelten Fälle vorliegt. Die Ausnahmetatbestände werden hier nicht im Einzelnen erörtert. Im Hinblick auf das zuvor beschriebene Kapitalerhaltungsproblem und den Ausschüttungscharakter von Aktienrückkäufen ist aber auf § 71 II 2 AktG hinzuweisen: Danach ist in vielen wichtigen Fällen des § 71 I AktG der Erwerb nur zulässig, wenn die Gesellschaft im Zeitpunkt des Erwerbs eine Rücklage in Höhe der Aufwendungen für den Erwerb bilden könnte, ohne das Grundkapital oder eine nach Gesetz oder Satzung zu bildende Rücklage zu mindern, die nicht zur Zahlung an die Aktionäre verwandt werden darf. Dies bedeutet in der Sache, dass der **Rückkauf nur aus ausschüttungsfähigem Vermögen** erfolgen kann.[351] Ein solcher Erwerb ist von den Gläubigern hinzunehmen, weil insoweit auch eine – wirtschaftlich gesehen identische – Dividendenzahlung möglich gewesen wäre. Der Erwerb nicht voll eingezahlter Aktien ist für die meisten Fälle des § 71 I AktG verboten (§ 71 II 3 AktG). Schließlich ist für viele Tatbestände eine Höchstgrenze von 10 % des Grundkapitals angeordnet (§ 71 II 1 AktG).

195a Ein **Verstoß gegen § 71 I, II AktG** führt *nicht* dazu, dass der dingliche Erwerb der Aktien unwirksam ist (§ 71 IV 1 AktG); allerdings ist die AG verpflichtet, die Aktien binnen Jahresfrist zu veräußern (§ 71c I AktG). Ein Kausalgeschäft über einen unzulässigen Erwerb ist hingegen nichtig (§ 71 IV 2 AktG). Ferner verstößt die Kaufpreiszahlung gegen § 57 I 1 AktG (kein zulässiger Erwerb gemäß § 57 I 2 AktG); der Aktionär ist daher zur Erstattung verpflichtet (§ 62 I 1 AktG). Er kann seinerseits aus Bereicherungsrecht die Aktien zurückverlangen, ohne dass ihm dieser Anspruch allerdings ein Zurückbehaltungsrecht hinsichtlich seiner Pflicht aus § 62 I 1 AktG gibt.[352]

3. Finanzielle Unterstützung des Erwerbs eigener Aktien

196 Eng verknüpft mit dem weitgehenden Verbot des Erwerbs eigener Aktien ist § 71a AktG. Danach ist ein Rechtsgeschäft nichtig, das die Gewährung eines Vor-

[348] Näher MüKoAktG/*Oechsler*, § 71 Rn. 1 ff.
[349] Vgl. hierzu MüKoAktG/*Oechsler*, § 71 Rn. 19 m. w. N.
[350] Vgl. hierzu MüKoAktG/*Oechsler*, § 71 Rn. 18 ff.
[351] Vgl. *Koch*, AktG, § 71 Rn. 21a; ferner Begründung zu Art. 5 Ziff. 1 RegE-BilMoG (BT-Drs. 16/10 067, S. 101 liSp).
[352] *Koch*, AktG, § 71 Rn. 24.

schusses oder eines Darlehens oder die Leistung einer Sicherheit durch die Gesellschaft an einen anderen zum Zweck des Erwerbs von Aktien dieser Gesellschaft zum Gegenstand hat.[353] Dieses Verbot, Dritte beim Erwerb von Anteilen an der AG finanziell zu unterstützen (englisch: *financial assistance*), dient zunächst der Umgehung des Verbots, eigene Aktien zu erwerben. Außerdem soll verhindert werden, dass ein potenzieller Erwerber von Aktien indirekt die Mittel der AG nutzt, um Anteile an ihr zu kaufen. Insofern zielt das Verbot insbesondere auf sog. *Leveraged Buy Outs* ab, bei denen der Beteiligungserwerb weitgehend fremdfinanziert wird und sodann die Mittel der Gesellschaft zur Tilgung oder Besicherung der Darlehensverbindlichkeiten dienen.[354] Schließlich geht es darum zu verhindern, dass der Vorstand ihm wohlgesinnte (Neu-)Aktionäre beim Beteiligungserwerb unterstützt, um die Machtbalance innerhalb der Gesellschaft zu seinen Gunsten zu verschieben, oder den Aktienpreis manipuliert.

Der Tatbestand des § 71a AktG erfordert nicht, dass die AG infolge des Geschäfts 197
einen wirtschaftlichen Schaden erleidet oder das von ihr vorgenommene Geschäft zu unangemessenen Konditionen erfolgt. Der Erhaltung des Stammkapitals dient die Vorschrift daher allenfalls mittelbar, indem die abstrakte Gefährdung für das Gesellschaftsvermögen ausgeschlossen wird, die den genannten Geschäften innewohnt.

4. Gesellschafterdarlehen und Nutzungsüberlassung

Die Regelungen über Gesellschafterdarlehen und Nutzungsüberlassungen durch 198
Gesellschafter in den §§ 39 I Nr. 5, IV, V, 135 InsO sind rechtsformneutral ausgestaltet und gelten daher auch für die AG. Da Gesellschafterdarlehen insbesondere bei der personalistisch geprägten GmbH zur Finanzierung der Gesellschaft eingesetzt werden, werden die Regelungen bei der Kapitalerhaltung der GmbH vorgestellt (→ § 4 Rn. 262 ff.).

5. Kapitalerhöhung und Kapitalherabsetzung

Im Laufe des „Lebens" einer AG kann sich ein Bedürfnis ergeben, das Grundka- 199
pital zu erhöhen oder herabzusetzen. Letzteres ist freilich nur möglich, wenn die AG nicht ohnehin nur mit dem Mindestgrundkapital ausgestattet ist. Besonders häufig in der Praxis ist eine Kapitalerhöhung gegen Einzahlung der (Neu-)Aktionäre. Sie wird meist genutzt, um der Gesellschaft frisches Kapital zuzuführen, das z. B. für neue geschäftliche Aktivitäten, insbesondere den Ankauf von Unternehmen, genutzt werden soll.

a) Grundlagen

Bei der **Kapitalerhöhung** sind zwei Fälle zu unterscheiden: die effektive und die 200
nominelle Kapitalerhöhung. Unter einer *effektiven* Kapitalerhöhung versteht man die Kapitalerhöhung gegen Einlagen gemäß §§ 182 ff. AktG. Hier sind auf neu ausgegebene Aktien (vgl. § 182 I 4, 5 AktG) Einlagen zu leisten. Es kommt daher zu einer tatsächlichen Mittelzuführung an die Gesellschaft. Anders liegt es bei der *nominellen* Kapitalerhöhung (= Kapitalerhöhung aus Gesellschaftsmitteln gemäß §§ 207 ff. AktG). Bei ihr werden vorhandene Rücklagen in Grundkapital umgewandelt („bilanzielle Umschichtung"). Das Sollkapital (= Grundkapital) wird also an das Istkapital (= bisheriges Grundkapital + Rücklagen) angepasst.

---

[353] Dazu BGHZ 213, 224 = ZIP 2017, 472 (Rn. 25 ff.) m. w. N.
[354] Näher *Schäfer*, GesR, § 42 Rn. 21.

201 Die gleiche Differenzierung wie bei der Kapitalerhöhung gilt bei der **Kapitalherabsetzung.** Eine *effektive* Kapitalherabsetzung erfolgt im Wege einer ordentlichen Kapitalherabsetzung (§§ 222 ff. AktG) oder einer Kapitalherabsetzung durch Einziehung von Aktien (§§ 237 ff. AktG). Jeweils wird das Grundkapital herabgesetzt, indem Aktien eingezogen und Einlagen an die Aktionäre zurückgezahlt werden. Es kommt also zu einem tatsächlichen Mittelabfluss aus der Gesellschaft. Die effektive Kapitalherabsetzung ist in der Praxis sehr selten. Weitaus bedeutender ist die *nominelle* Kapitalherabsetzung. Sie erfolgt in der Praxis in aller Regel als sog. vereinfachte Kapitalherabsetzung gemäß §§ 229 ff. AktG.[355] Ziel ist eine Verminderung des Grundkapitals, um nach Verlusten der Gesellschaft zukünftige Dividendenauszahlungen zu ermöglichen. Es kommt dabei nicht zu Ausschüttungen an die Aktionäre (§ 230 AktG). Vielmehr wird (bilanziell) das Sollkapital (= Grundkapital) an das Istkapital (= Grundkapital abzüglich Verluste) angepasst.

202 Als **Kapitalschnitt** wird die Verbindung von nomineller Kapitalherabsetzung und effektiver Kapitalerhöhung bezeichnet (vgl. hierzu auch § 228 AktG). Dieses Instrument wird vor allem in Sanierungsfällen genutzt. Ist beispielsweise durch einen vorherigen Verlust ein Großteil des Grundkapitals verloren und besteht jetzt aktueller Kapitalbedarf, dann wird durch den Kapitalschnitt verhindert, dass die alten Aktien durch das neue Kapital aufgewertet werden. Die Altaktionäre tragen den Verlust durch die nominelle Herabsetzung des Grundkapitals auf den Betrag des nach den Verlusten tatsächlich noch vorhandenen Kapitals. Anschließend bringen die Neuaktionäre frisches Kapital im Wege der Einlage ein. Werden anschließend wieder Gewinne (Jahresüberschüsse) erzielt, führen diese zu einem ausschüttungsfähigen Bilanzgewinn (§§ 57 III, 58 IV AktG), weil die früheren Verluste bzw. Verlustvorträge infolge der Kapitalherabsetzung eliminiert und daher nicht gemäß § 158 I 1 Nr. 1 AktG vom Jahresüberschuss abzusetzen sind (→ Rn. 38).

⇨ *Fall Nr. 10 – Bezugsrecht*

Ausgangssituation	**Kapitalerhöhung ohne Kapitalschnitt**	**Kapitalerhöhung mit Kapitalschnitt**
1 Mio. Aktien zu 50 EUR	1 Mio. Aktien zu 50 EUR (Altbestand) + 1 Mio. Aktien zu 50 EUR (Erhöhung)	1 Mio. Aktien zu 50 EUR (Altbestand) – 800.000 Aktien (Herabsetzung)
	= 2 Mio. Aktien zu 50 EUR	= 200.000 Aktien zu 50 EUR + 1 Mio. Aktien zu 50 EUR (Erhöhung)
		= 1,2 Mio. Aktien zu 50 EUR
⇨ 50 Mio. EUR (Eigenkapital) ↓ Verlust: 40 Mio. EUR	10 Mio. EUR Restvermögen + 50 Mio. EUR aus Kapitalerhöhung	10 Mio. EUR Restvermögen + 50 Mio. EUR aus Kapitalerhöhung
= 10 Mio. EUR Restvermögen	= 60 Mio. EUR Gesamtvermögen	= 60 Mio. EUR Gesamtvermögen
Wert der (Alt-)Aktien: 10 EUR	**Wert der Aktien:** 30 EUR ⇨ Entwertung der Jungaktien	**Wert der Aktien:** 50 EUR

Berechnungsbeispiel eines Kapitalschnitts

b) Die effektive Kapitalerhöhung

203 Besonders praxisrelevant ist die effektive Kapitalerhöhung. Drei Möglichkeiten sind zu unterscheiden: die (reguläre/ordentliche) Kapitalerhöhung gegen Einlagen (§§ 182 ff. AktG), die bedingte Kapitalerhöhung (§§ 192 ff. AktG) und das genehmigte Kapital (§§ 202 ff. AktG). Im Hinblick auf die Terminologie ist zu beachten, dass auch die bedingte Kapitalerhöhung und das genehmigte Kapital „gegen Einla-

[355] Theoretisch auch möglich ist die ordentliche Kapitalherabsetzung oder der Einzug von Aktien.

gen" erfolgen, also der AG neue Mittel zuführen. Sie sind daher nur Sonderfälle der regulären Kapitalerhöhung gegen Einlagen.[356]

aa) Reguläre Kapitalerhöhung gegen Einlagen

Die reguläre Kapitalerhöhung gegen Einlagen gliedert sich in **zwei Verfahrensabschnitte:** 204

- den Kapitalerhöhungsbeschluss der Hauptversammlung (§§ 182ff. AktG), mit dem die Hauptversammlung zunächst (nur) ihren Willen zur Kapitalerhöhung bekundet;[357]
- die Durchführung der Kapitalerhöhung (§§ 185ff. AktG), zu der der Vorstand aufgrund des Kapitalerhöhungsbeschlusses der Hauptversammlung verpflichtet ist (§ 83 II AktG).

Die Kapitalerhöhung ist eine Satzungsänderung und erfordert daher einen **Beschluss der Hauptversammlung** (vgl. auch § 119 I Nr. 6 AktG). Dieser bedarf – neben der Stimmenmehrheit gemäß § 133 I AktG (→ Rn. 90) – mindestens einer Mehrheit von $^3/_4$ des bei der Beschlussfassung vertretenen Grundkapitals (§ 182 I 1 AktG). Er muss vorsehen, dass die Kapitalerhöhung durch Ausgabe neuer Aktien erfolgt (§ 182 I 4 AktG). Als Leistung auf diese neuen Aktien können Geld- oder Sacheinlagen (§ 183 AktG) vorgesehen sein. Sollen die Aktien für einen höheren Betrag als den geringsten Ausgabebetrag (§ 9 AktG) ausgegeben werden, muss der Beschluss einen Mindestbetrag nennen (§ 182 III AktG). Der Erhöhungsbeschluss ist zur Eintragung ins Handelsregister anzumelden (§ 184 AktG). 205

Durchgeführt wird die Kapitalerhöhung durch die Zeichnung der neuen Aktien (§ 185 AktG). In dem **Zeichnungsvertrag** zwischen dem (zukünftigen) Aktionär (Zeichner) und der AG verpflichtet sich ersterer, neue Aktien im angegebenen Umfang zu erwerben.[358] Außerdem verpflichtet ihn der Zeichnungsvertrag, diejenigen Einzahlungen an die AG zu erbringen, deren Leistung *vor* der Anmeldung der Durchführung der Kapitalerhöhung erforderlich ist.[359] Dies sind die Mindesteinlagen gemäß §§ 188 II, 36 II, 36a AktG. Neben diesen Vorschriften gelten für die Kapitalaufbringung im Rahmen der Kapitalerhöhung die Regeln über verdeckte Sacheinlagen und die Rückzahlung von Einlagen entsprechend (§§ 183 II, 27 III, IV AktG). Der Zeichnungsvertrag gewährt dem Zeichner **keinen Erfüllungsanspruch auf Durchführung der Kapitalerhöhung** gegen die AG, und es steht den Aktionären grundsätzlich frei, den Kapitalerhöhungsbeschluss wieder aufzuheben.[360] Wird die Kapitalerhöhung allerdings durchgeführt, ist die AG verpflichtet, dem Zeichner im angegebenen Umfang Aktien zuzuteilen.[361] 206

---

[356] Vgl. *Schäfer*, GesR, § 42 Rn. 25 (bedingte Kapitalerhöhung); MüKoAktG/*Schürnbrand/Verse*, Vor § 182 Rn. 3, 5 (genehmigtes Kapital).

[357] *Koch*, AktG, § 182 Rn. 6.

[358] *Windbichler*, GesR, § 32 Rn. 21.

[359] MüKoAktG/*Schürnbrand/Verse*, § 185 Rn. 36.

[360] Solange eine solche Aufhebung nicht erfolgt ist, muss allerdings für eine zügige Durchführung des Erhöhungsbeschlusses gesorgt werden; anderenfalls kann der Zeichner zurücktreten und Schadensersatz in Form des negativen Interesses (Vertrauensschaden) verlangen; vgl. BGH ZIP 2015, 2315 (Rn. 16, 27ff.) zur GmbH. Auch eine Aufhebung des Erhöhungsbeschlusses kann bei Überschreiten des Gesellschafterermessens eine solche Schadensersatzpflicht begründen; vgl. zur GmbH MüKoGmbHG/*Lieder*, § 55 Rn. 62. Siehe zu diesem Thema für die AG MüKoAktG/*Schürnbrand/Verse*, § 182 Rn. 40, § 185 Rn. 46f., 60. Bei der AG wird der Zeichner vor einem überlangen Verfahren auch durch die zwingende Befristung des Zeichnungsvertrags geschützt (§ 185 I 3 Nr. 4 AktG).

[361] *Koch*, AktG, § 185 Rn. 24.

207 Sind alle Aktien gezeichnet und die Mindesteinlagen erbracht, kann die Durchführung der Erhöhung des Grundkapitals nach Maßgabe des § 188 AktG zur Eintragung in das Handelsregister angemeldet werden. Es ist möglich, den Beschluss über die Kapitalerhöhung (erster Verfahrensschritt) auch erst in diesem Stadium (mit) anzumelden (§ 188 IV AktG). (Erst) mit der Eintragung der Durchführung der Erhöhung des Grundkapitals wird die Kapitalerhöhung wirksam; das Grundkapital ist dann entsprechend erhöht (§ 189 AktG). Neue Aktien dürfen nunmehr ausgegeben werden (§ 191 AktG).

208 Eine praktisch besonders relevante Frage ist, ob die AG bei der Zuteilung der neuen Aktien (= Abschluss des Zeichnungsvertrags) völlig freie Hand hat. Nach der gesetzlichen Grundkonzeption ist dies nicht der Fall, sondern die **Altaktionäre haben ein Bezugsrecht** auf einen ihrer Beteiligung entsprechenden Teil der neuen Aktien (§ 186 I AktG). Damit soll sichergestellt werden, dass jeder Aktionär durch Erwerb neuer Aktien auch nach der Kapitalerhöhung seinen Stimmrechtsanteil und seine wirtschaftliche Beteiligung an der AG und damit ggf. verbundene Rechte behalten kann.

209 **Beispiel:** A hält an der B-AG, die ein Grundkapital von 5 Mio. EUR hat, Aktien im Nennbetrag von 50.000 EUR. Mit dieser Beteiligung von 1 % hat er bestimmte Antragsrechte bei der Bestellung von Sonderprüfern (vgl. § 142 II 1, IV AktG). Wird nun das Grundkapital der AG auf z. B. 10 Mio. EUR erhöht und hätte A kein Recht, entsprechend seinem Anteil neue Aktien zu beziehen, würden seine Aktien im Nennwert von 50.000 EUR bei dem erhöhten Grundkapital von 10 Mio. EUR nur noch einen Anteil von 0,5 % ausmachen. Er verlöre jene Antragsrechte, die eine Beteiligung von mindestens 1 % voraussetzen. Das Bezugsrecht gibt dem A die Möglichkeit, sich an der Kapitalerhöhung mit einem Anteil von 1 %, d. h. mit weiteren 50.000 EUR, zu beteiligen. Damit hält er nach der Kapitalerhöhung Anteile im Nennbetrag von 100.000 EUR, d. h. weiterhin den früheren Anteil von 1 %.

210 Der Erhöhungsbeschluss kann das **Bezugsrecht** allerdings auch ganz oder zum Teil **ausschließen** (§ 186 III 1 AktG). Der Beschluss bedarf dann in jedem Fall (anders: § 182 I 2 AktG) einer Mehrheit von 3/4 des bei der Beschlussfassung vertretenen Grundkapitals (§ 186 III 2 AktG); die Satzung kann eine größere Kapitalmehrheit verlangen (§ 186 III 3 AktG). Obwohl gesetzlich nicht vorgesehen, fordert die Rechtsprechung für die materielle Rechtmäßigkeit eines Erhöhungsbeschlusses unter Bezugsrechtsausschluss, dass dieser durch einen **sachlichen Grund** gerechtfertigt ist.[362] Dies entspricht, wie § 186 IV 2 AktG indirekt zeigt, auch dem Willen des Gesetzgebers: Der Vorstand hat der Hauptversammlung über den Grund für den Bezugsrechtsausschluss Bericht zu erstatten. Das zusätzliche materielle Erfordernis des sachlichen Grundes erklärt sich daraus, dass ein Bezugsrechtsausschluss ein besonders einschneidender Eingriff in die Rechte der Altaktionäre ist: Beziehen sie keine neuen Aktien, wird – wie dargestellt – ihre Beteiligung durch die Zuteilung an Dritte verwässert, d. h. sie reduziert sich prozentual; dies hat unmittelbare Auswirkungen auf das Stimmgewicht und das Dividendenrecht der Aktionäre. Die AG muss daher ein vernünftiges kaufmännisches Interesse vortragen, das dann im Rahmen einer Interessenabwägung den Bewahrungsinteressen der bisherigen Aktionäre gegenüberzustellen ist.[363]

210a Eine Modifikation gilt in einem in der Praxis wichtigen, gesetzlich geregelten Sonderfall (sog. **vereinfachter Bezugsrechtsausschluss**): Gemäß § 186 III 4 AktG ist ein Ausschluss des Bezugsrechts insbesondere dann zulässig, wenn eine Kapitalerhöhung gegen Bareinlagen 10 % des Grundkapitals nicht übersteigt und der Ausga-

---

[362] Vgl. *Koch*, AktG, § 186 Rn. 25 m. N. aus der Rechtsprechung.
[363] Vgl. *Schäfer*, GesR, § 42 Rn. 28.

bebetrag den Börsenpreis nicht wesentlich unterschreitet. In dieser Konstellation unterstellt der Gesetzgeber, dass ein Nachkauf von Aktien über die Börse zur Erhaltung der relativen Beteiligung möglich ist („faktisches Bezugsrecht").[364] Es wird deshalb eine (weitere) sachliche Rechtfertigung für entbehrlich gehalten bzw. soll eine solche jedenfalls (widerleglich oder unwiderleglich) vermutet werden.[365]

Der Bezugsrechtsausschluss bedarf aber nicht nur (im Grundsatz) einer sachlichen Rechtfertigung, sondern er ist stets auch am **Gleichbehandlungsgrundsatz** gemäß § 53a AktG (→ Rn. 28) zu messen und kann auch allein wegen einer verbotswidrigen Ungleichbehandlung rechtswidrig sein.[366] **210b**

⇨ *Fall Nr. 10 – Bezugsrecht*

bb) Bedingte Kapitalerhöhung

Die bedingte Kapitalerhöhung ist – wie gesagt – ein Sonderfall der Kapitalerhöhung gegen Einlagen. Auch bei ihr können die beiden o.g. Verfahrensschritte unterschieden werden. Die Besonderheit der bedingten Kapitalerhöhung besteht darin, dass die Durchführung der **Kapitalerhöhung von bestimmten Voraussetzungen abhängig** und in diesem Sinne „bedingt" ist: Der Erhöhungsbeschluss der Hauptversammlung (dazu näher § 193 AktG) sieht vor, dass die Kapitalerhöhung nur so weit durchgeführt werden soll, wie von einem Umtausch- oder Bezugsrecht Gebrauch gemacht wird, das die Gesellschaft auf die neuen Aktien (Bezugsaktien) einräumt (§ 192 I AktG). Zulässig ist ein solcher Beschluss nur unter Beachtung der in § 192 III AktG genannten Höchstgrenzen und zu den in § 192 II AktG abschließend aufgezählten Zwecken: **211**

- Nr. 1: Gewährung von Umtausch- oder Bezugsrechten an Gläubiger von Wandelschuldverschreibungen (dazu § 221 AktG);
- Nr. 2: Vorbereitung des Zusammenschlusses mehrerer Unternehmen;
- Nr. 3: Gewährung von Bezugsrechten an Arbeitnehmer und Mitglieder der Geschäftsführung der Gesellschaft oder eines verbundenen Unternehmens.

Der Erhöhungsbeschluss ist zur Eintragung ins Handelsregister anzumelden (§ 195 AktG). **212**

Beispiel: Die A-AG, deren Börsenkurs derzeit bei 100 EUR liegt, will ihre Mitarbeiter am langfristigen Unternehmenserfolg teilhaben lassen und sie zu größeren Leistungen animieren. Daher legt sie ein Mitarbeiterbeteiligungsprogramm auf, in dem die Mitarbeiter das Recht erhalten, nach Ablauf von fünf Jahren jeweils eine bestimmte Zahl von Aktien zum Kurs von 110 EUR zu erwerben. Die Mitarbeiter werden von diesem Bezugsrecht nur dann Gebrauch machen, wenn sich der Börsenkurs tatsächlich in den fünf Jahren deutlich positiv entwickelt hat. Nur bei einem Kurs über 110 EUR machen sie nämlich einen Gewinn durch das Recht, sich zu jenem unter dem aktuellen Börsenkurs liegenden Preis an der AG beteiligen zu können. Wird der Ausübungspreis nicht erreicht, unterbleibt die Kapitalerhöhung hingegen. Sie ist insoweit „bedingt". **213**

Durchgeführt wird die Kapitalerhöhung, indem der Bezugsberechtigte durch schriftliche Erklärung gegenüber der AG sein Bezugsrecht ausübt (§ 198 I 1 AktG). Die **Bezugserklärung** hat die gleichen Wirkungen wie der Zeichnungsvertrag **214**

---

[364] Dazu BGHZ 219, 215 = ZIP 2018, 1586 (Rn. 40) mit Hinweis auf die Gesetzesmaterialien.

[365] Vgl. die Nachweise in BGHZ 219, 215 = ZIP 2018, 1586 (Rn. 38), in Rn. 39f. auch zu der streitigen Frage betreffend eine mögliche teleologische Reduktion des Anwendungsbereichs der Norm bei fehlender Möglichkeit des Nachkaufs über die Börse.

[366] Siehe BGHZ 219, 215 = ZIP 2018, 1586 (Rn. 42ff.) für den Fall eines vereinfachten Bezugsrechtsausschlusses (→ Rn. 210a) und mit anschaulicher Subsumtion unter den Tatbestand des § 53a AktG in Rn. 48ff.

(§ 198 II 1 AktG). Ausgeben darf der Vorstand die Bezugsaktien erst, wenn (1) der Erhöhungsbeschluss in das Handelsregister eingetragen ist (§ 197 AktG) und (2) die geschuldeten Einlagen vollständig geleistet sind (§ 199 I AktG). In Letzterem liegt ein deutlicher Unterschied zur Gründung und zur regulären Kapitalerhöhung, bei denen eine Teilleistung genügt. Ein § 186 AktG entsprechendes Bezugsrecht *der Altaktionäre* besteht nicht, weil es die Zwecke – z. B. die Mitarbeiterbeteiligung – vereiteln würde, zu denen bedingte Kapitalerhöhungen erfolgen können. Mit der Ausgabe der Aktien wird die Kapitalerhöhung wirksam (§ 200 AktG). Damit dies auch im Handelsregister nachvollzogen wird, ist die Ausgabe zur Eintragung anzumelden (§ 201 AktG).

cc) Genehmigtes Kapital

215 Beim genehmigten Kapital ermächtigt die anfänglich festgestellte (Gründungs-) Satzung oder die nachträglich durch Hauptversammlungsbeschluss geänderte Satzung den Vorstand für höchstens fünf Jahre nach Eintragung der Gesellschaft (der Satzungsänderung), das Grundkapital bis zu einem bestimmten Nennbetrag durch Ausgabe neuer Aktien gegen Einlagen zu erhöhen (§ 202 AktG). Sinn und Zweck dieser **Ermächtigung „auf Vorrat"** ist es, schnell und unkompliziert Eigenkapital beschaffen zu können, sobald dies wirtschaftlich erforderlich wird, etwa um eine sich bietende günstige Möglichkeit zu einem Unternehmenserwerb wahrzunehmen. Allerdings kann die Ermächtigung inhaltlich beschränkt, also z. B. nur für bestimmte Zwecke oder Maßnahmen erteilt werden.[367] Höchstgrenzen legt § 202 III AktG fest. Über die Vornahme der Kapitalerhöhung, den Inhalt der Aktienrechte und die Bedingungen der Aktienausgabe entscheidet der Vorstand; allerdings muss er die Zustimmung des Aufsichtsrats einholen (§§ 203 II, 204 I AktG). Die Durchführung der Kapitalerhöhung richtet sich im Wesentlichen nach den Vorschriften über die reguläre Kapitalerhöhung gegen Einlagen (§ 203 I AktG).

216 Es besteht daher ein **grundsätzliches Bezugsrecht** der bisherigen Aktionäre (§§ 203 I, 186 I AktG). Für den Ausschluss des Bezugsrechtes (§§ 203 I, 186 III 1 AktG) ist danach zu unterscheiden, ob die Ermächtigung zur Kapitalerhöhung in der Gründungssatzung oder durch nachträgliche Satzungsänderung erfolgt. Im ersten Fall kann die Gründungssatzung das Bezugsrecht ausschließen, ohne dass es in materieller Hinsicht einer sachlichen Rechtfertigung bedarf: Der Gründungssatzung müssen nämlich zwingend alle Aktionäre zustimmen, so dass ihre Interessen hinreichend gewahrt sind.[368]

217 Schließt im zweiten Fall der (mit ¾-Mehrheit gefasste) Beschluss das Bezugsrecht aus, bedarf es nach dem Urteil des BGH in Sachen Siemens/Nold[369] zur Zeit der Satzungsänderung noch keiner konkreten sachlichen Rechtfertigung. Vielmehr ist nur erforderlich, dass die Maßnahme, zu deren Durchführung die Ermächtigung erteilt wird, im wohlverstandenen Interesse der Gesellschaft liegt und der Hauptversammlung allgemein und in abstrakter Form bekannt gegeben ist.[370] Allerdings darf der Vorstand von der Ermächtigung zur **Kapitalerhöhung unter Bezugsrechtsausschluss** später nur dann Gebrauch machen, wenn das konkrete Vorhaben seiner vorherigen abstrakten Umschreibung entspricht und es (zusammen mit dem Bezugsrechtsausschluss) auch **im Zeitpunkt der Realisierung noch im wohlverstandenen Interesse der Gesellschaft liegt**; der Vorstand hat diesen Umstand im Rahmen seines

---

[367] MüKoAktG/*Bayer*, § 202 Rn. 76 ff.
[368] *Koch*, AktG, § 203 Rn. 9.
[369] BGHZ 136, 133 = NJW 1997, 2815 – Siemens/Nold.
[370] BGHZ 136, 133 = NJW 1997, 2815 (Leitsatz 1) – Siemens/Nold.

unternehmerischen Ermessens sorgfältig zu prüfen.[371] Ob der Vorstand diese Vorgaben beachtet hat, prüft der Aufsichtsrat vor Erteilung seiner Zustimmung gemäß § 204 I 2 AktG. Außerdem ist der Vorstand verpflichtet, über die Einzelheiten einer Kapitalerhöhung unter Bezugsrechtsausschluss auf der nächsten ordentlichen Hauptversammlung der Gesellschaft zu berichten.[372]

Unabhängig davon, ob das genehmigte Kapital in der Gründungssatzung oder durch eine spätere Satzungsänderung geschaffen wird, kann anstelle eines bereits verbindlich angeordneten Bezugsrechtsausschlusses vorgesehen werden, dass der **Vorstand** – im Rahmen seiner Entscheidung über die Ausnutzung des genehmigten Kapitals – von Fall zu Fall, je nach den konkreten Gegebenheiten *selbst* **entscheidet, ob das Bezugsrecht ausgeschlossen sein soll** oder nicht (§ 203 II 1 AktG). Erfolgt eine entsprechende Ermächtigung des Vorstands durch Satzungsänderung, sind im Hinblick auf den diesbezüglichen Beschluss der Hauptversammlung wieder die Vorgaben der Siemens/Nold-Entscheidung des BGH zu berücksichtigen. Und für eine spätere Entscheidung des Vorstands, das Bezugsrecht tatsächlich auszuschließen, gilt vorbehaltlich der Erleichterungen beim vereinfachten Bezugsrechtsausschluss (→ Rn. 210a) nach h. M. – wie beim regulären Bezugsrechtsausschluss auch (→ Rn. 210) – das Erfordernis einer **sachlichen Rechtfertigung**[373] und das Gleichbehandlungsgebot (→ Rn. 210b).[374] Über eine Kapitalerhöhung unter Bezugsrechtsausschluss muss der Vorstand auch bei dieser Gestaltung, in der er sich selbst für den Ausschluss des Bezugsrechts entschieden hat, auf der nächsten ordentlichen Hauptversammlung berichten.[375] 218

V. Die Auflösung und Abwicklung der AG

Die freiwillige Auflösung und Liquidation einer AG kommt in der Praxis selten vor, weil ein erfolgreicher Geschäftsbetrieb in aller Regel fortgeführt wird. Zum „Tod einer AG" kommt es daher zumeist nur in Fällen des unternehmerischen Scheiterns, also der **Insolvenz**. 219

Im Rahmen der Beendigung einer AG sind **drei Schritte** zu unterscheiden: Zunächst wird die AG **aufgelöst**. Dies bedeutet nicht, dass die AG von einem Moment auf den anderen aufhört zu existieren. Dies wäre äußerst unpraktisch, da die Gesellschaft Organe sowie Aktiv- und Passivvermögen hat; dieses Vermögen kann und soll nicht schlagartig herrenlos werden. Daher bleibt die AG vorläufig als (identischer) Rechtsträger und juristische Person bestehen. Der Eintritt des Auflösungsgrundes führt nur dazu, dass sich der Zweck der Gesellschaft ändert: Sie ist nicht mehr auf den Betrieb eines Unternehmens, sondern nunmehr auf Abwicklung gerichtet (sog. Abwicklungsgesellschaft). Gegenüber dem Rechtsverkehr ist dies gemäß § 268 Abs. 4 AktG durch einen entsprechenden Zusatz zur Firma kenntlich zu machen (i. d. R. „in Liquidation" oder abgekürzt „i. L.").[376] Den zweiten Schritt bildet die **Abwicklung** (**Liquidation**) der Gesellschaft, in deren Rahmen das Gesellschafts- 220

[371] BGHZ 136, 133 = NJW 1997, 2815 (Leitsatz 2) – Siemens/Nold. Äußerst umstritten ist, ob „im wohlverstandenen Interesse der Gesellschaft" etwas anderes bedeutet als das Erfordernis der sachlichen Rechtfertigung; vgl. dazu eingehend MüKoAktG/*Bayer*, § 203 Rn. 111 ff.

[372] BGHZ 136, 133 = NJW 1997, 2815 unter II. 2. b) bb) der Gründe – Siemens/Nold.

[373] *Koch*, AktG, § 203 Rn. 35; MüKoAktG/*Bayer*, § 203 Rn. 110 ff. m. w. N.; implizit auch BGHZ 219, 215 = ZIP 2018, 1586 (Rn. 38).

[374] BGHZ 219, 215 = ZIP 2018, 1586 (Rn. 42 ff.)

[375] Näher zur Berichtspflicht OLG Frankfurt ZIP 2011, 1613.

[376] *Schäfer*, GesR, § 44 Rn. 4.

vermögen zu Geld gemacht wird und die Gläubiger befriedigt werden. Dieser Prozess kann durchaus lange Zeit in Anspruch nehmen, etwa wenn noch Prozesse gegen Dritte zu Ende zu führen sind. Am Ende steht der dritte Schritt: die **Vollbeendigung** der Gesellschaft. (Erst) durch sie erlischt die AG als Rechtsträger und juristische Person. Die Vollbeendigung entspricht also dem Tod einer natürlichen Person.

1. Auflösungsgründe

221 Die meisten Auflösungsgründe sind in § 262 I AktG geregelt. Im Einzelnen sind dies:
- Nr. 1: Ablauf der in der Satzung bestimmten Zeit (in der Praxis sehr selten);
- Nr. 2: Beschluss der Hauptversammlung mit ¾-Mehrheit; da er Ausdruck der Deinvestitionsentscheidung der Gesellschafter ist, unterliegt der Beschluss keiner Inhaltskontrolle und bedarf daher insbesondere keines sachlichen Grundes;[377]
- Nr. 3: Eröffnung des Insolvenzverfahrens über das Vermögen der Gesellschaft; in diesem Fall folgt die Abwicklung der Gesellschaft allerdings nicht den Regeln des AktG, sondern der InsO (§ 264 I AktG);
- Nr. 4: Rechtskraft des Beschlusses, durch den die Eröffnung des Insolvenzverfahrens mangels Masse abgelehnt wird (§ 26 InsO); hier findet die Abwicklung nach den Regeln des AktG statt;
- Nr. 5: Rechtskraft einer Verfügung des Registergerichts, durch welche nach § 399 des FamFG ein Mangel der Satzung festgestellt worden ist;
- Nr. 6: Löschung der Gesellschaft wegen Vermögenslosigkeit nach § 394 FamFG; in diesem Fall findet ausnahmsweise keine Liquidation statt, sofern sich nicht nach der Löschung herausstellt, dass Vermögen vorhanden ist, das der Verteilung unterliegt (§ 264 II AktG).

222 Eine Auflösung kann darüber hinaus aus anderen Gründen eintreten (§ 262 II AktG), etwa infolge einer **Umwandlung**, die naturgemäß keine Abwicklung nach sich zieht.[378] Nur ihrem Namen nach nicht zur Auflösung führt die „Nichtigkeits"-klage gemäß § 275 AktG: Da die Gesellschaft infolge eines stattgebenden Urteils nicht auf einen Schlag inexistent wird, sondern (nur) nach den allgemeinen Vorschriften über die Auflösung abzuwickeln ist (§ 277 I AktG), ist sie in der Sache eine Auflösungsklage.

223 Die Auflösung ist zur Eintragung ins Handelsregister anzumelden (§ 263 AktG), damit der Rechtsverkehr die Änderung des Unternehmenszwecks erkennen kann.

2. Abwicklung

224 Die Abwicklung der Gesellschaft ist – vom Sonderfall der Löschung wegen Vermögenslosigkeit abgesehen – **zwingend erforderlich** (§ 264 I AktG). Dabei gelten jene Vorschriften, die auf nicht aufgelöste Gesellschaften anwendbar sind, grundsätzlich weiter, soweit sich aus den §§ 264 ff. AktG oder dem Zweck der Abwicklung nichts anderes ergibt (§ 264 III AktG). Zuständig für die Abwicklung sind die **Vorstandsmitglieder als Abwickler** (§ 265 I AktG). Ihre Aufgabe besteht darin, die laufenden Geschäfte zu beenden, die Forderungen einzuziehen, das übrige Vermögen in Geld umzusetzen und die Gläubiger zu befriedigen; soweit es die Abwicklung erfordert, dürfen sie auch neue Geschäfte eingehen (§ 268 I AktG). Letzteres gilt

---

[377] *Windbichler*, GesR, § 26 Rn. 34.

[378] Vgl. hierzu und zu weiteren Auflösungsgründen *Windbichler*, GesR, § 26 Rn. 38 ff.

insbesondere, wenn Geschäfte notwendig sind, um das bestmögliche Verwertungsergebnis für die Aktionäre zu erreichen.[379] Die Vertretungsmacht der Abwickler ist nicht beschränkbar (§ 269 V AktG). Im Übrigen haben sie die Rechte und Pflichten des Vorstands und unterliegen der Überwachung durch den Aufsichtsrat (§ 268 II AktG).

Da den Gläubigern der AG nur das Gesellschaftsvermögen haftet, ist es wichtig, dass sie befriedigt werden, bevor Ausschüttungen an die Aktionäre erfolgen und so die Abwicklung mit der Folge der Vollbeendigung der AG abgeschlossen wird. Daher müssen die Abwickler die **Gläubiger** unter Hinweis auf die Auflösung der Gesellschaft **auffordern**, ihre **Ansprüche anzumelden**, und dies in den Gesellschaftsblättern (Bundesanzeiger)[380] bekanntmachen (§ 267 AktG). Erst wenn alle Gläubiger befriedigt sind, wird das verbleibende Vermögen unter den Aktionären aufgeteilt (§ 271 AktG). Damit die Gläubiger genug Zeit zur Anmeldung haben, darf dies gemäß § 272 AktG aber (frühestens) ein Jahr nach dem Aufruf erfolgen (sog. **Sperrjahr**). § 272 AktG untersagt auch, die Ausschüttungen durch Kreditgewährung an die Aktionäre vorzufinanzieren.[381] Mit der Verteilung an die Aktionäre endet die Abwicklung. Dies haben die Abwickler zur Eintragung ins Handelsregister anzumelden (§ 273 I 1 AktG). 225

Eine Fortsetzung der Gesellschaft ist im Stadium der Abwicklung so lange möglich, wie noch nicht mit der Verteilung des Vermögens unter den Aktionären begonnen wurde (§ 274 AktG). Erforderlich ist ein mit ¾-Mehrheit gefasster Beschluss der Hauptversammlung. 225a

3. Vollbeendigung

Auf die Anmeldung der Abwickler hin ist die Gesellschaft zu löschen (§ 273 I 2 AktG). Hiermit tritt im Regelfall der Vermögenslosigkeit der Gesellschaft Vollbeendigung ein. Vermögenslosigkeit meint dabei das Fehlen von *Aktiv*vermögen. Das nachträgliche Auftauchen unbefriedigter Verbindlichkeiten (= *Passiv*vermögen) ändert an der Vollbeendigung also nichts; verlief die Abwicklung ordnungsgemäß, geht der Gläubiger leer aus.[382] Umstritten ist die Rechtslage hingegen, wenn sich nach erfolgter Löschung im Handelsregister *Aktiv*vermögen ergibt. Nach der von *K. Schmidt* entwickelten und heute jedenfalls im GmbH-Recht ganz herrschenden **Lehre vom Doppeltatbestand** setzt die Vollbeendigung neben der Löschung die Vermögenslosigkeit (= Fehlen von Aktivvermögen) voraus.[383] Bei nachträglich entdecktem Aktivvermögen ist die AG danach nur scheinbar erloschen und es sind gemäß §§ 264 II, 273 IV AktG Nachtragsabwickler zu bestellen.[384] Nach anderer Ansicht, die die Bedeutung der Registereintragung als staatlichen Akt der Verleihung von Rechtspersönlichkeit betont, erlischt die Gesellschaft *immer* mit Löschung im Handelsregister; bei Existenz von Aktivvermögen bestehe spiegelbildlich zur Vor-AG (→ Rn. 13) eine körperschaftlich strukturierte Nachgesellschaft eigener Art, die Trägerin des Restvermögens sei.[385] Praktische Unterschiede zur Lehre vom Doppeltatbestand ergeben sich aus dieser Sichtweise indes kaum. 226

[379] *Schäfer*, GesR, § 44 Rn. 6.
[380] Vgl. § 25 AktG und dazu *Söhner*, ZIP 2016, 151, 157.
[381] *K. Schmidt*, GesR, § 30 VI 3.
[382] Vgl. *K. Schmidt*, GesR, § 30 VI 3a mit Beispiel.
[383] Vgl. im Einzelnen *K. Schmidt*, GesR, § 11 V 6, § 30 VI 3a; Scholz/*K. Schmidt/Bitter*, GmbHG, 11. Aufl. 2015, § 60 Rn. 56 ff. (für die Löschung wegen Vermögenslosigkeit nach § 394 FamFG); ferner Scholz/*Scheller*, GmbHG, § 60 Rn. 1, 8, 65 ff.
[384] *K. Schmidt*, GesR, § 30 VI 3a.
[385] *Koch*, AktG, § 262 Rn. 23a m. w. N.; kritisch Scholz/*Scheller*, GmbHG, § 60 Rn. 68.

VI. Die AG im Unternehmensverbund

227 Das Recht der verbundenen Unternehmen (**Konzernrecht**)[386] ist im Aktienrecht an verschiedenen Stellen geregelt. Die Definitionen verbundener Unternehmen finden sich in §§ 15 ff. AktG, die weiteren Bestimmungen in §§ 291 ff. AktG. Die verschiedenen Stufen der Konzernintegration lassen sich wie folgt graphisch darstellen:

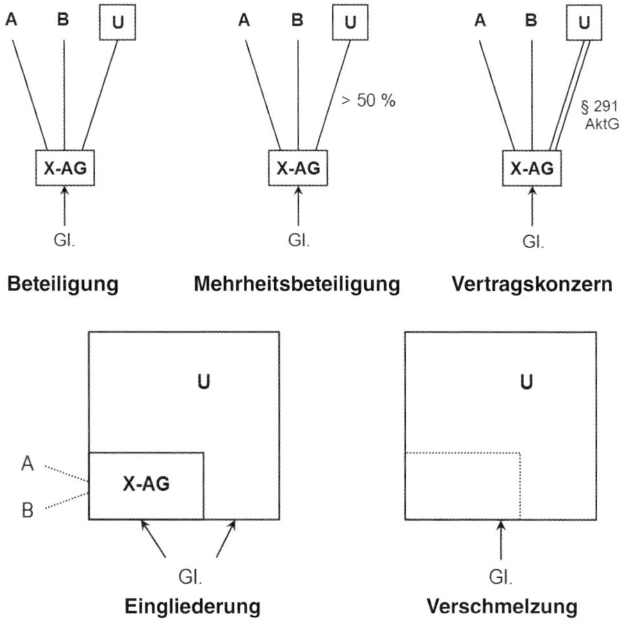

228 Ausgangspunkt ist die Beteiligung eines Unternehmens U an einer beliebigen Aktiengesellschaft (X-AG), die weitere Aktionäre (A, B) haben kann. Ein Gläubiger der Gesellschaft (Gl.) kann hier – wie auch sonst (→ Rn. 2) – grundsätzlich nur auf die AG, nicht aber auf die Gesellschafter (A, B und U) zugreifen. Konzernrechtlich relevant wird die Beteiligung eines Unternehmensgesellschafters (U) bei einer **Mehrheitsbeteiligung** (§ 16 AktG). Von einem in Mehrheitsbesitz stehenden Unternehmen wird nämlich gemäß § 17 II AktG vermutet, dass es von dem an ihm mit Mehrheit beteiligten Unternehmen abhängig ist. An die **Abhängigkeit** (§ 17 AktG) knüpft ihrerseits die **Konzernvermutung** des § 18 I 3 AktG an. Es wird daher im Ergebnis bei mehrheitlicher Beteiligung vermutet, dass beide Unternehmen unter einheitlicher Leitung i. S. v. § 18 I AktG stehen.

229 Damit liegt ein „**faktischer Konzern**" im Sinne der §§ 311 ff. AktG vor, d. h. ein Unternehmensverbund ohne Beherrschungsvertrag (→ Rn. 231 f.). Rechtsfolge ist ein **Benachteiligungsverbot** (§ 311 AktG): Das herrschende Unternehmen darf das abhängige Unternehmen nicht zu für es nachteilige Maßnahmen veranlassen, es sei denn dem abhängigen Unternehmen wird für die Nachteile ein Ausgleich gewährt.[387] Erfolgt der **Nachteilsausgleich** nicht, trifft das herrschende Unternehmen

[386] Zum Konzernrecht vgl. *K. Schmidt*, GesR, § 17 und § 31.

[387] Zum Einfluss der Vorschrift des § 311 AktG auf die Anwendung der Kapitalerhaltungsvorschriften (§§ 57, 62 AktG) im faktischen Konzern → Rn. 192.

eine Schadensersatzpflicht (§ 317 AktG).[388] Mit dieser schon bei fahrlässigem Handeln eingreifenden Ersatzpflicht wird ein herrschendes Unternehmen stärker in die Pflicht genommen als ein gewöhnlicher Aktionär, der gemäß § 117 AktG grundsätzlich nur bei vorsätzlicher Beeinflussung der Organe, Prokuristen und Handlungsbevollmächtigten der AG auf Schadensersatz haftet (→ Rn. 40).

Zur Sicherung des Nachteilsausgleichs hat das abhängige Unternehmen einen **Abhängigkeitsbericht** (§§ 312 ff. AktG) über die Beziehungen des herrschenden zum abhängigen Unternehmen vorzulegen, in dem u. a. alle zwischen den Gesellschaften geschlossenen Rechtsgeschäfte mit Leistung und Gegenleistung aufzuführen sind, um deren Angemessenheit überprüfen zu können. Durch den „Lästigkeitswert" dieses Abhängigkeitsberichts wollte der Gesetzgeber die verbundenen Unternehmen in den Vertragskonzern drängen, der keinen Abhängigkeitsbericht kennt. 230

Als **Vertragskonzern** wird eine Unternehmensverbindung bezeichnet, bei der zwischen abhängigem Unternehmen (X-AG) und herrschendem Unternehmen (U) ein Unternehmensvertrag i. S. v. §§ 291 f. AktG besteht. Der **Beherrschungsvertrag** überträgt die im Normalfall gemäß § 76 AktG beim Vorstand der abhängigen Gesellschaft liegende Leitungsmacht (→ Rn. 51) auf das herrschende Unternehmen (§ 291 I 1 Alt. 1 AktG). Er gibt dem herrschenden Unternehmen damit das Recht, Weisungen an den Vorstand der abhängigen Gesellschaft zu erteilen, die – wenn sie im Konzerninteresse liegen – auch nachteilig für die abhängige Gesellschaft sein können (§ 308 I AktG). Die strenge Kapitalbindung wird aufgehoben (§ 291 III AktG),[389] das herrschende Unternehmen aber im Gegenzug verpflichtet, den **Verlust** des abhängigen Unternehmens **auszugleichen** (§ 302 AktG). 231

Der Beherrschungsvertrag ist in der Praxis häufig mit einem **Gewinnabführungsvertrag** (§ 291 I 1 Alt. 2 AktG) kombiniert. Man bezeichnet diese auch als Ergebnisabführungsverträge, weil das herrschende Unternehmen im positiven wie im negativen Fall das Ergebnis (Gewinn oder Verlust) der abhängigen Gesellschaft übernimmt (zur Gewinnabführung vgl. § 301 AktG). Aufgrund der Verlustausgleichspflicht kann die abhängige Tochtergesellschaft praktisch nicht insolvent werden, solange die Mutter noch solvent ist. Eine Zahlungsunfähigkeit (§ 17 InsO) bleibt zwar trotz des – nur jährlich fälligen – Verlustausgleichs theoretisch möglich, doch wird die Mutter in aller Regel auch die Liquidität der Tochter aufrechterhalten, wenn sie zum Ende des Geschäftsjahres alle Verluste auszugleichen hat. Durch die Pflicht zum Verlustausgleich sind mittelbar auch die Gläubiger der Tochtergesellschaft geschützt, die während des Bestehens des Beherrschungs- und/oder Gewinnabführungsvertrags zur Erfüllung ihrer Forderungen nicht direkt auf die Muttergesellschaft zugreifen können. Die Interessen der außenstehenden (Minderheits-)Aktionäre, die nach Abschluss eines Beherrschungs- und/oder Gewinnabführungsvertrags nicht mehr Mitglieder einer „normalen" AG sind, schützen die §§ 304, 305 AktG (Zahlung eines angemessenen Ausgleichs und Unterbreitung eines Abfindungsangebots). 232

⇨ *Fall Nr. 11 – VINEA*

Nächste Stufe der Konzernintegration ist die **Eingliederung** (§§ 319 ff. AktG). Die abhängige AG behält zwar im Außenverhältnis ihre rechtliche Eigenständigkeit, 233

[388] Während es längere Zeit nur einen zu §§ 311, 317 AktG entschiedenen Fall gab (BGHZ 141, 79 = NJW 1999, 1706), hat sich die Rechtsprechung zuletzt mehrfach mit diesen Vorschriften beschäftigt; vgl. BGHZ 175, 365 = NJW 2008, 1583 – UMTS; BGH ZIP 2008, 1872; BGHZ 179, 71 = ZIP 2009, 70 – MPS; BGHZ 190, 7 = ZIP 2011, 1306 – Dritter Börsengang; BGH ZIP 2012, 1753 – HVB/Unicredit.

[389] Hierzu bereits → Rn. 190.

wird aber wirtschaftlich in die herrschende AG integriert, auf die auch die noch nicht in ihrer Hand befindlichen Aktien übergehen (§ 320a AktG). Die außenstehenden Aktionäre (in obiger Skizze A und B) verlieren also ihre Aktionärsstellung und werden abgefunden (§ 320b AktG). Voraussetzung der Eingliederung ist eine mindestens 95%ige Beteiligung der Hauptgesellschaft an der abhängigen AG. Die Hauptgesellschaft haftet nach der Eingliederung den Gläubigern der Tochter unmittelbar für die Verbindlichkeiten der Tochter (§ 322 AktG). Mutter und Tochter sind damit Gesamtschuldner (§ 421 BGB) im Hinblick auf die Tochterverbindlichkeiten.

234 Wird die Tochter mit der Mutter nach den Regeln des UmwG verschmolzen, bleibt nur noch ein Rechtsträger, d.h. eine Gesellschaft, übrig. Bei der **Verschmelzung** handelt es sich daher nicht mehr um einen Unternehmensverbund im Sinne der §§ 15 ff. AktG.

235 Im Dritten Buch des AktG (Verbundene Unternehmen) findet sich seit Ende 2001 in den §§ 327a ff. AktG eine im Ausland z.T. schon früher bekannte Regelung zum so genannten „**Squeeze-out**“. Dabei handelt es sich um ein im Gesetz systematisch nicht richtig eingeordnetes, weil nicht konzernrechtliches Instrument zum Ausschluss von Minderheitsaktionären aus einer AG. Hält ein Hauptaktionär Aktien in Höhe von mindestens 95 % des Grundkapitals, kann die Hauptversammlung auf sein Verlangen die Übertragung der Aktien der übrigen Aktionäre auf den Hauptaktionär gegen Barabfindung beschließen. Die Minderheitsaktionäre scheiden damit aus der Gesellschaft aus und die AG wird fortan zu 100 % vom früheren Hauptaktionär kontrolliert.

VII. Die Europäische Aktiengesellschaft (SE)

236 Die Europäische (Aktien-)Gesellschaft (SE = Societas Europaea)* ist eine supranationale Rechtsform. Sie beruht auf europäischen Rechtsgrundlagen, einerseits auf der Verordnung über das Statut der Europäischen Gesellschaft, andererseits auf einer Richtlinie, die ergänzend Fragen der Unternehmensmitbestimmung regelt. Die Verordnung enthält unmittelbar in den Mitgliedstaaten der EU geltendes Recht und trat am 8.10.2004 in Kraft.

237 Die SE unterliegt
- in erster Linie den Bestimmungen der Verordnung,
- soweit die Verordnung dies zulässt, den in der Satzung der SE getroffenen Bestimmungen,
- in den von der Verordnung nicht oder nur teilweise geregelten Bereichen den von den Mitgliedstaaten ergänzend erlassenen Bestimmungen (in Deutschland das Gesetz zur Einführung der Europäischen Gesellschaft – SEEG),[390]
- schließlich den Bestimmungen des Sitzstaates über die jeweilige nationale Aktiengesellschaft.

238 Die ursprünglichen ambitionierten Versuche, eine wirklich einheitliche Rechtsform für alle Mitgliedstaaten der EU zu schaffen, sind mit dieser Kompromisslösung

---

* Vgl. zur SE den kurzen Überblick bei *K. Schmidt*, GesR, § 26 I 4; aktueller *Windbichler*, GesR, §§ 35–36 mit Literaturhinweisen; *Schäfer*, GesR, §§ 52–57; *Bergmann/Kiem* u.a. (Hrsg.), 10 Jahre SE, 2015.

[390] Das Gesetz enthält in Art. 1 das Gesetz zur Ausführung der SE-Verordnung (SE-Ausführungsgesetz – SEAG) und in Art. 2 das Gesetz über die Beteiligung der Arbeitnehmer in einer Europäischen Gesellschaft (SE-Beteiligungsgesetz – SEBG), welches die SE-Richtlinie umsetzt.

gescheitert. Die SE hat trotz gewisser Grundregeln, die überall gelten, durch die ergänzenden nationalen Bestimmungen in jedem Mitgliedstaat ihr eigenes Gepräge. Selbst innerhalb eines Landes können Varianten auftreten, da es z. B. in Deutschland den Gründern ermöglicht wird, die SE entweder nach dem Vorbild der deutschen AG mit einem dualistischen Leitungssystem (Vorstand und Aufsichtsrat; → Rn. 48) oder nach dem anglo-amerikanischen Vorbild mit einem monistischen Board-System (= einheitlicher Verwaltungsrat) auszustatten (→ Rn. 48). Die grundsätzlich mögliche freie Sitzverlegung von einem Mitgliedstaat in einen anderen wird durch diesen **Variantenreichtum** faktisch doch wieder erschwert.

Die SE ist auf die Beteiligung von Gesellschaften aus verschiedenen Mitglied- 239 staaten ausgerichtet. Die Gründung ist daher nur grenzüberschreitend möglich. Natürliche Personen können nicht Gründer sein. Inzwischen haben sich verschiedene bekannte Großunternehmen für die Rechtsform der SE entschieden (Beispiele: Allianz SE, BASF SE, Porsche SE). Grund dafür ist in erster Linie die flexiblere Regelung zur unternehmerischen Mitbestimmung der Arbeitnehmer[391] und die insoweit bestehende Möglichkeit, die Größe des Aufsichtsrats zu reduzieren (→ Rn. 48). Um vor diesem Hintergrund eine „Flucht aus der AG" in die Rechtsform der SE zu verhindern, ist der Vorschlag unterbreitet worden, die für die SE geltenden Vergünstigungen auch bei der AG einzuführen.[392]

Eine SE kann – wie andere Kapitalgesellschaften (etwa die GmbH) auch[393] – als 240 Komplementärin an einer deutschen KG beteiligt sein, so dass eine SE & Co. KG entsteht.[394]

§ 4. Die Gesellschaft mit beschränkter Haftung (GmbH)

Die GmbH* ist – wie die AG – eine juristische Person und Kapitalgesellschaft mit 1 eigener Rechtspersönlichkeit (§ 13 I GmbHG), also eine Körperschaft.

I. Grundlagen

Für Verbindlichkeiten einer GmbH haftet im Grundsatz nur das Gesellschafts- 2 vermögen (§ 13 II GmbHG). Diese institutionelle **Haftungsbeschränkung** wird nur **in Ausnahmefällen durchbrochen** und damit ein sog. „Durchgriff" auf die hinter der Gesellschaft stehenden Gesellschafter ermöglicht, wenn im Einzelfall die Grundbedingungen nicht eingehalten sind, die für eine haftungsrechtliche Trennung zwischen Gesellschaft und Gesellschaftern im GmbH-Recht vorausgesetzt werden.[395]

391 Zur AG → Rn. 82.

392 Siehe den Entwurf einer Regelung zur Mitbestimmungsvereinbarung sowie zur Größe des mitbestimmten Aufsichtsrats vom Arbeitskreis „Unternehmerische Mitbestimmung", ZIP 2009, 885.

393 Zur GmbH & Co. KG → § 7 Rn. 49 ff.

394 Dazu *Reichert/Ott*, in: Bergmann/Kiem u. a. (Hrsg.), 10 Jahre SE, 2015, S. 154 ff.

* Zur GmbH vgl. *K. Schmidt*, GesR, §§ 33–40; *Windbichler*, GesR, §§ 20–24; *Grunewald*, GesR, § 13.

395 Vgl. zu den nicht unumstrittenen Grundlagen und Fallgruppen der Durchgriffshaftung eingehend Scholz/*Bitter*, GmbHG, § 13 Rn. 110 ff.; knapper *Bitter*, ZInsO 2018, 625, 655 ff.; im Englischen wird die Durchgriffshaftung sehr anschaulich als *piercing the corporate veil* bezeichnet, was soviel heißt wie „den Schleier der Gesellschaft zu durchstechen", um auf die dahinter stehenden Personen zuzugreifen.

Dies gilt insbesondere in Fällen einer generellen **Vermögensvermischung**, in denen das Gesellschafts- vom Privatvermögen des Gesellschafters – etwa aufgrund fehlender oder undurchsichtiger Buchführung – in keiner Weise mehr klar unterschieden werden kann. Wer nämlich als Gesellschafter die rechtliche und vermögensmäßige Selbständigkeit der GmbH nicht achtet und es damit insbesondere unmöglich macht, die Einhaltung der dem Gläubigerschutz dienenden Kapitalerhaltungsvorschriften (→ Rn. 224ff.) zu kontrollieren, kann sich auch nicht auf die Haftungstrennung berufen.[396]

2a Verpflichtet ist die GmbH aus Geschäften, die in ihrem Namen mit Vertretungsmacht abgeschlossen werden (→ Rn. 134ff.). Außerdem haftet sie für **Organverschulden**; wie bei anderen Kapital- und Personengesellschaften ist insoweit die **analoge Anwendung des § 31 BGB** einschließlich der Grundsätze der Repräsentantenhaftung anerkannt.[397] Gemäß § 13 III GmbHG i. V. m. § 6 HGB ist die GmbH **Formkaufmann.**[398]

3 Wenngleich die körperschaftliche Organisation die GmbH vom Bestand ihrer Gesellschafter unabhängig macht, ist sie in der Praxis sehr **häufig personalistisch ausgestaltet**; oft ist insbesondere die Gesellschafterzahl überschaubar und sind die Gesellschafter identisch mit den Geschäftsführern. Die GmbH wird nämlich regelmäßig, wenn auch nicht zwingend, als Rechtsform für kleine Unternehmen gewählt. Exemplarisch dafür ist die sog. „Einpersonen-GmbH", in der der Alleingesellschafter zugleich alleiniger Geschäftsführer ist. Die volkswirtschaftliche Funktion der GmbH kann daher – anders als bei der AG (→ § 3 Rn. 16) – nicht darin liegen, breit gestreut Kapital einzusammeln und dabei eine Trennung von Kapital und Management zu fördern. Der **Sinn der Haftungsbeschränkung** auch bei Einpersonen-Gesellschaften liegt vielmehr in der **Investitionsförderung durch Ausschaltung der Risikoaversität** natürlicher Personen bei Freihaltung ihres Privatvermögens von der Haftung.[399] Muss ein Gesellschafter befürchten, bei Misslingen seines unternehmerischen Projektes auch „Haus und Hof" und damit die Lebensgrundlage seiner Familie zu verlieren, wird er weniger geneigt sein, in ökonomisch sinnvolle, aber risikoreiche Projekte zu investieren. Die Möglichkeit einer Haftungsbeschränkung ist daher gesamtvolkswirtschaftlich geboten.

4 Dass der Gesetzgeber eine personalistische Prägung der GmbH durchaus im Blick hatte, zeigt sich an zwei – später noch näher zu behandelnden – Punkten: Erstens können die Anteile an einer GmbH nicht in Wertpapieren verbrieft werden und sind daher nicht so einfach handel- und übertragbar wie Aktien (→ Rn. 15, 91ff.; zur AG → § 3 Rn. 32, 43ff.); zweitens lässt das Recht der GmbH den Gesellschaftern wesentlich mehr Gestaltungsspielraum, damit sie auf ihre persönlichen Bedürfnisse eingehen können (→ Rn. 107).

---

[396] Zu dieser einzigen (fast) allgemein anerkannten Fallgruppe des Durchgriffs siehe BGHZ 95, 330, 332ff. = NJW 1986, 188 – „Autokran"; BGHZ 125, 366 = NJW 1994, 1801; BGHZ 165, 85 = NJW 2006, 1344; Scholz/*Bitter*, GmbHG, § 13 Rn. 131ff. m.w.N.; zum existenzvernichtenden Eingriff und zur materiellen Unterkapitalisierung außerdem → Rn. 251ff.

[397] Näher zu § 31 BGB beim Verein (→ § 2 Rn. 7).

[398] Zur Kaufmannseigenschaft siehe *Bitter/Linardatos*, HandelsR, § 2 Rn. 1ff., zum Kaufmann kraft Rechtsform insbes. Rn. 28ff.

[399] Vgl. eingehend zur ökonomischen Rechtfertigung der Haftungsbeschränkung in Kapitalgesellschaften *Bitter*, Durchgriffshaftung, S. 150ff., zum hier angesprochenen Aspekt der Ausschaltung der Risikoaversität insbesondere S. 168ff.; knapper *Bitter*, in: Bachmann/Casper/Schäfer/Veil (Hrsg.), Steuerungsfunktionen des Haftungsrechts im Gesellschafts- und Kapitalmarktrecht, 2007, S. 57ff.; zusammenfassend Scholz/*Bitter*, GmbHG, § 13 Rn. 60ff.

II. Die Gründung der GmbH

Die GmbH entsteht – wie die AG – durch Umwandlung oder Gründung. Anders als bei der AG ist die Gründung praktisch relevanter. Sie ist gemäß § 1 GmbHG durch eine oder mehrere Personen möglich und erfolgt durch einen notariellen Gesellschaftsvertrag (§ 2 GmbHG). 5

Seit dem MoMiG[400] besteht die Möglichkeit eines **vereinfachten Gründungsverfahrens** (§ 2 Ia GmbHG). Dieses ist zulässig, wenn die Gesellschaft höchstens drei Gesellschafter und einen Geschäftsführer hat. Für die Gründung im vereinfachten Verfahren ist ein Musterprotokoll zu verwenden, das in der Anlage zum GmbHG bestimmt ist (§ 2 Ia 2 GmbHG).[401] Der Gesellschaftsvertrag darf darüber hinaus keine vom Gesetz abweichenden Bestimmungen treffen (§ 2 Ia 3 GmbHG). Das Musterprotokoll gilt zugleich als Gesellschafterliste im Sinne von § 40 GmbHG (§ 2 Ia 4 GmbHG; → Rn. 7). Im Übrigen sind auf das Musterprotokoll die Vorschriften des GmbHG über den Gesellschaftsvertrag entsprechend anzuwenden (§ 2 Ia 5 GmbHG). 6

Das am 1. August 2022 in Kraft getretene DiRUG[402] schafft darüber hinaus erstmals die Möglichkeit der rein digitalen GmbH-Gründung (§ 2 III GmbHG). 6a

1. Chronologie

Die Gründung der GmbH vollzieht sich in folgenden Schritten: 7

(1) Die künftigen Gesellschafter entschließen sich, eine GmbH zu gründen (**Gründungsentschluss**). Dies kann durch formlose Absprache, aber auch durch einen schriftlichen (Vor-)Vertrag geschehen. Durch den Gründungsentschluss kann im Einzelfall bereits eine wirksame gesellschaftsrechtliche Verbindung entstehen, die als **Vorgründungsgesellschaft** bezeichnet wird (→ Rn. 26 ff.).

(2) Die Gesellschafter schließen den **notariellen Gesellschaftsvertrag** (zum Mindestinhalt → Rn. 9 ff.). Es entsteht eine sog. **Vor-GmbH**. Die „fertige" GmbH existiert noch nicht (vgl. § 11 I GmbHG); die GmbH ist aber *errichtet*.

(3) Die Gesellschafter bestellen die Geschäftsführer. Gemäß § 6 III 2 GmbHG erfolgt die Bestellung entweder im Gesellschaftsvertrag oder in einer Gesellschafterversammlung (vgl. § 46 Nr. 5 GmbHG), die in der Regel direkt nach dem Abschluss des Gesellschaftsvertrags stattfindet.

(4) Die Gesellschafter zahlen die **Mindesteinlagen** gemäß § 7 II, III GmbHG (→ Rn. 164).

(5) Sämtliche Geschäftsführer (vgl. § 78 GmbHG) melden die Gesellschaft beim Registergericht zur Eintragung ins Handelsregister an (§ 7 I GmbHG). Der Anmeldung sind bestimmte Unterlagen beizufügen (§ 8 I GmbHG), insbesondere auch eine Liste der Gesellschafter (§ 8 I Nr. 3 GmbHG). Nur wer in diese im Handelsregister aufgenommene – und bei späteren Änderungen zu aktualisierende (§ 40 GmbHG) – Liste eingetragen ist, gilt im Verhältnis zur Gesellschaft *formell* als Gesellschafter und daher als Inhaber aller Mitgliedschaftsrechte (→ Rn. 82) und als Schuldner aller mitgliedschaftlichen Pflichten, und zwar

---

[400] BGBl. I 2008, 2026; Überblick bei *Hirte*, NZG 2008, 761 und *Kindler*, NJW 2008, 3249.

[401] Zum umstrittenen Nutzen und Inhalt des Musterprotokolls siehe etwa *Blasche*, GmbHR 2015, 403.

[402] Gesetz zur Umsetzung der Digitalisierungsrichtlinie (BGBl. I 2021, 3338).

auch dann, wenn in Wahrheit keine Berechtigung/Verpflichtung besteht, weil der Eingetragene *materiell*[403] nicht Inhaber des Geschäftsanteils ist (**Legitimationswirkung der Gesellschafterliste**; vgl. § 16 I 1 GmbHG).[404] Die Anmeldung der Geschäftsführer muss außerdem eine Versicherung enthalten, dass die Mindesteinlagen bewirkt sind und sich zur endgültig freien Verfügung der Geschäftsführer befinden (§ 8 II GmbHG).

(6) Das Registergericht prüft, ob die Gesellschaft ordnungsgemäß errichtet und angemeldet ist sowie ob Sacheinlagen nicht unwesentlich überbewertet wurden (§ 9c I GmbHG).

(7) Fällt die Prüfung durch das Registergericht insgesamt positiv aus oder stehen festgestellte Mängel des Gesellschaftsvertrags der **Eintragung** gemäß § 9c II GmbHG nicht entgegen, wird die Gesellschaft nach Maßgabe des § 10 GmbHG **in das Handelsregister** eingetragen. Damit ist die Gesellschaft als **„fertige" GmbH** *entstanden* (vgl. § 11 I GmbHG).

2. Der Gesellschaftsvertrag

8 § 3 I GmbHG gibt als Mindestinhalt des Gesellschaftsvertrags vor:[405]

- Firma und Sitz der Gesellschaft (Nr. 1),
- Gegenstand des Unternehmens (Nr. 2),
- Betrag des Stammkapitals (Nr. 3),
- die Zahl und die Nennbeträge der Geschäftsanteile, die jeder Gesellschafter gegen Einlage auf das Stammkapital (Stammeinlage) übernimmt (Nr. 4).

a) Mindestinhalt

9 Für diese zwingend erforderlichen Bestimmungen des Gesellschaftsvertrags macht das GmbHG auch Vorgaben im Einzelnen:

10 In der **Firma** der GmbH muss die Bezeichnung „Gesellschaft mit beschränkter Haftung" oder die Abkürzung „GmbH" enthalten sein (§ 4 GmbHG), damit die Haftungsbeschränkung (§ 13 II GmbHG) für den Rechtsverkehr erkennbar ist. Wird der die Haftungsbeschränkung kennzeichnende Zusatz weggelassen, trifft den in dieser Weise für die GmbH Auftretenden (= „Vertreter") eine Rechtsscheinhaftung, weil für den Rechtsverkehr der Eindruck einer unbegrenzten persönlichen Haftung entstanden ist.[406]

11 Als **Sitz** der Gesellschaft muss der Gesellschaftsvertrag einen Ort im Inland bestimmen (§ 4a GmbHG). Durch die Rechtsprechung des EuGH zur Möglichkeit einer identitätswahrenden grenzüberschreitenden formwechselnden Umwandlung mittels Verlegung des Satzungssitzes[407] auf Grundlage der Niederlassungsfreiheit

---

[403] Zur Unterscheidung zwischen *formeller* und *materieller* Gesellschafterstellung siehe BGH ZIP 2020, 2513 (Rn. 17).

[404] Siehe etwa BGHZ 220, 207 = ZIP 2019, 316 (Rn. 23); BGHZ 222, 323 = ZIP 2019, 1521 (Rn. 35), in Rn. 42 ff. auch zu Beschränkungen der Legitimationswirkung durch Treu und Glauben (§ 242 BGB); ferner BGH ZIP 2020, 2513 (Rn. 15).

[405] Muster eines ausführlichen GmbH-Gesellschaftsvertrags und einer Gesellschafterliste finden sich bei *Hirte*, KapGesR, Rn. 2.53.

[406] Vgl. BGH ZIP 2007, 908; BGH ZIP 2012, 1659 (Rn. 9 ff.); BGH ZIP 2022, 481; *Bitter*, ZInsO 2018, 625, 633 ff.; hatte der Vertreter Vertretungsmacht für die GmbH, tritt daneben in der Regel eine Haftung/Verpflichtung der GmbH, weil der Vertreter nach den Grundsätzen zum unternehmensbezogenen Geschäft regelmäßig in ihrem Namen gehandelt hat; vgl. dazu *Bitter/Linardatos*, HandelsR, § 3 Rn. 15 ff. mit Fall Nr. 7 – Nachlässigkeit; einführend zum unternehmensbezogenen Geschäft *Bitter/Röder*, BGB AT, § 10 Rn. 51 ff.

[407] Siehe etwa EuGH ZIP 2017, 2145 – Polbud.

(→ § 1 Rn. 2) hat sich an diesem Grundsatz nichts geändert. Jene Rechtsprechung betrifft nämlich nur Fälle, in denen nicht nur der Satzungssitz ins Ausland verlegt wird, sondern die Gesellschaft zugleich die (neue) Rechtsform des Aufnahmestaates annehmen will. Eine Verlegung des Satzungssitzes ins Ausland unter Aufrechterhaltung einer deutschen GmbH ist deshalb nach wie vor nicht möglich.[408] Vom *Satzungs*sitz zu unterscheiden ist der *Verwaltungs*sitz der GmbH, der seit der Streichung des § 4a II GmbHG a. F. durch das MoMiG auch im Ausland liegen kann. Der *tatsächliche* Mittelpunkt der Tätigkeit einer deutschen GmbH kann also durchaus im Ausland liegen.

Zum **Gegenstand des Unternehmens** enthält das GmbHG keine Regelungen. Er wird verstanden als der Tätigkeitsbereich der Gesellschaft und kann daher zum Beispiel lauten: „Handel mit Elektroartikeln", „Betrieb von Gaststätten" oder „Erwerb von Beteiligungen an anderen Unternehmen". Nach der Rechtsprechung müssen die Angaben so konkret sein, dass Interessierte aus dem Vertrag ablesen können, in welchem Geschäftszweig (Branche) und auf welche Weise sich die Gesellschaft betätigen will (Schwerpunkt der Geschäftstätigkeit).[409] Der durch nach außen gerichtete Aktivitäten bestimmte Unternehmensgegenstand ist **abzugrenzen vom Zweck der Gesellschaft** i. S. v. § 1 GmbHG, der im Innenverhältnis die Geschäftsgrundlage der Gesellschaft bildet.[410] Der Zweck ist also gewissermaßen das Endziel, das die Gesellschafter durch die Gründung der Gesellschaft erreichen wollen. Hier kann vor allem zwischen einer wirtschaftlichen und einer nichtwirtschaftlichen Zielsetzung unterschieden werden (vgl. auch §§ 21, 22 BGB zum Verein; → § 2 Rn. 9 ff.). Der Zweck der Gesellschaft muss nicht im Gesellschaftsvertrag festgelegt werden. 12

Wichtig ist die Unterscheidung zwischen Unternehmensgegenstand und Gesellschaftszweck, falls eine Änderung erfolgen soll: Während der Unternehmensgegenstand als Satzungsbestandteil mit ¾-Mehrheit geändert werden kann (§ 53 II 1 GmbHG), müssen einer Zweckänderung alle Gesellschafter zustimmen, weil die den Verein betreffende Vorschrift des § 33 I 2 BGB dies als allgemeinen Grundsatz festschreibt.[411] 13

Das **Stammkapital** der Gesellschaft muss – vom Ausnahmefall der UG (haftungsbeschränkt) abgesehen (→ Rn. 295) – mindestens 25.000 EUR betragen (§ 5 I GmbHG) und ist in Geschäftsanteile zerlegt. Wie das Grundkapital der AG ist das Stammkapital eine Rechengröße, die auf der Passivseite der Bilanz gebucht wird. Es dient dem Schutz der Gesellschaftsgläubiger, indem es unseriöse Gründungen verhindert und eine gewisse Garantiefunktion hat, weil es gegen Ausschüttungen an die Gesellschafter geschützt ist (näher → Rn. 224 ff.; zur AG → § 3 Rn. 5 f., 187 ff.). Nicht anders als beim Grundkapital kann die GmbH die auf das Stammkapital eingezahlten Mittel aber im Rahmen ihrer geschäftlichen Tätigkeit einsetzen und dabei verlieren; sicher ist es also nicht, dass die Gläubiger auf einen Betrag in Höhe des Stammkapitals zugreifen können. 14

Die **Geschäftsanteile** der Gesellschafter können – anders als Aktien – nicht in einem handelbaren Wertpapier verbrieft werden. Wie Aktien sind sie aber **Ausdruck der Mitgliedschaft** in der GmbH und bündeln alle aus ihr folgenden Rechte und Pflichten.[412] 15

---

[408] Noack/Servatius/Haas/*Servatius*, GmbHG, § 4a Rn. 9.

[409] Vgl. die Nachweise bei Scholz/*Cziupka*, GmbHG, § 3 Rn. 10, 12.

[410] *K. Schmidt*, GesR, § 4 II 3.

[411] *K. Schmidt*, GesR, § 4 II 3a mit Beispielen zu möglichen Änderungen von Gegenstand und Zweck unter § 4 II 3c.

[412] Zur Mitgliedschaft als subjektives Recht und Bündel von Rechten und Pflichten → § 3 Rn. 31.

Der Nennbetrag eines Geschäftsanteils muss auf volle Euro lauten (§ 5 II 1 GmbHG), wobei die Höhe der Nennbeträge der einzelnen Geschäftsanteile aber verschieden bestimmt werden kann (§ 5 III 1 GmbHG). In der Summe müssen die Nennbeträge aller Geschäftsanteile dem Betrag des Stammkapitals entsprechen (§ 5 III 2 GmbHG). Nach dem im Gesellschaftsvertrag festgelegten Nennbetrag des einzelnen Geschäftsanteils bestimmt sich die Höhe der Stammeinlage, die vom Gesellschafter aufgrund der Übernahme des Geschäftsanteils zu leisten ist (§ 14 S. 2 GmbHG). Ein Gesellschafter kann bei der Errichtung der Gesellschaft auch mehrere Geschäftsanteile übernehmen (§ 5 II 2 GmbHG). Der Geschäftsanteil ist unter anderem für das Stimmrecht (§ 47 II GmbHG), die Gewinnverteilung (§ 29 III 1 GmbHG) und den Liquidationserlös (§ 72 S. 1 GmbHG) maßgeblich.

b) Fakultativer Inhalt

16 Über den Mindestinhalt gemäß § 3 GmbHG hinaus können die Gesellschafter eine Vielzahl von weiteren Fragen im Gesellschaftsvertrag regeln.[413] Dabei gilt anders als bei der AG (§ 23 V AktG) nicht der Grundsatz der Satzungsstrenge. Die Gesellschafter können im Gesellschaftsvertrag also grundsätzlich von den Vorgaben des Gesetzes abweichen und Regelungen treffen, die ihren Zielen und Bedürfnissen besser Rechnung tragen (vgl. auch § 45 GmbHG für die Rechte der Gesellschafter im Innenverhältnis). Ausnahmsweise sind aber auch die Vorschriften des GmbHG zwingend; sie unterliegen dann nicht der Gestaltungsfreiheit der Gesellschafter. Dies gilt insbesondere für die Regelungen, die dem Schutz Dritter oder von Minderheiten dienen. So ist es beispielsweise nicht zulässig, das im Gläubigerinteresse bestehende Auszahlungsverbot des § 30 GmbHG (→ Rn. 226 ff.) im Gesellschaftsvertrag außer Kraft zu setzen; auch das Auskunfts- und Einsichtsrecht der Gesellschafter gemäß § 51a GmbHG kann nicht abbedungen werden (vgl. § 51a III GmbHG).

c) Unterscheidung zwischen materiellen und formellen Bestimmungen

17 Wie für die Satzung der AG gilt auch für den Gesellschaftsvertrag der GmbH die Unterscheidung zwischen materiellen und formellen Bestimmungen (zur AG → § 3 Rn. 17 ff.). Sie ist – wie bei der AG – für die Fragen der Änderung, der Auslegung und der Bindungswirkung gegenüber künftigen Gesellschaftern von entscheidender Bedeutung. Ferner können auch die Gesellschafter einer GmbH schuldrechtliche Nebenabsprachen außerhalb des Gesellschaftsvertrags treffen, für die grundsätzlich die Regeln über formelle Bestandteile des Gesellschaftsvertrags gelten und die wie diese auch ähnliche Bindungen wie materielle Satzungsbestimmungen entfalten können.

⇨ *Fall Nr. 2 – Satzungsfragen zur AG (insbesondere Teil 3 zu einer GmbH)*

d) Vertragsmängel

18 Wird eine Gesellschaft eingetragen, obwohl im Gesellschaftsvertrag eine der gemäß § 3 GmbHG zwingend erforderlichen Bestimmungen fehlt oder ist eine diesbezüglich getroffene Regelung nichtig, kann dies zur Auflösung der Gesellschaft führen:

19 Fehlen Bestimmungen über die Höhe des Stammkapitals (§ 3 I Nr. 3 GmbHG) oder über den Gegenstand des Unternehmens (§ 3 I Nr. 2 GmbHG) oder ist die Bestimmung über den Gegenstand des Unternehmens nichtig, kann jeder Gesellschaf-

---

[413] Zu den typischerweise in einem Gesellschaftsvertrag geregelten Punkten → § 5 Rn. 14 (zur GbR).

ter/Geschäftsführer im Wege der **Klage** beantragen, dass die Gesellschaft für nichtig erklärt werde (§ 75 I GmbHG). Wird einer solchen Klage stattgegeben, ist die Gesellschaft nicht – wie sonst in Fällen der Nichtigkeit im allgemeinen Zivilrecht – von Anfang an unwirksam, sondern wird nach den Vorschriften über die Auflösung der GmbH (§§ 65 ff. GmbHG; → Rn. 285 ff.) abgewickelt (§ 77 GmbHG). In Wahrheit ist die Klage daher keine Nichtigkeits-, sondern eine Auflösungsklage. Es gilt also das Gleiche wie für die Nichtigkeitsklage gemäß § 275 AktG (→ § 3 Rn. 222).

Die Auflösung wegen eines unter § 75 I GmbHG fallenden Mangels des Gesell- 20
schaftsvertrags kann auch durch eine **Löschungsverfügung** gemäß § 397 FamFG bewirkt werden. Zu diesem hoheitlichen Akt ist das Registergericht gemäß §§ 397, 395 I 1 FamFG befugt, wenn eine Eintragung im Handelsregister unzulässigerweise erfolgt war.

Fehlten Bestimmungen über die Firma/den Sitz der Gesellschaft (§ 3 I Nr. 1 21
GmbHG) oder die Geschäftsanteile (§ 3 I Nr. 4 GmbHG) oder ist eine hierzu getroffene Bestimmung oder eine solche über das Stammkapital (§ 3 I Nr. 3 GmbHG) nichtig, kann dies nach § 60 I Nr. 6 GmbHG i. V. m. einer **Feststellungsverfügung** des Registergerichts gemäß § 399 I, IV FamFG zur Auflösung der Gesellschaft führen.[414] Wie bei der Löschungsverfügung gemäß § 397 FamFG handelt es sich hierbei um eine Auflösung, die das Registergericht kraft hoheitlicher Befugnis wegen des Vertragsmangels anstößt.

Es zeigt sich, dass das Gesetz Mängel der Mindestbestimmungen unterschiedlich 22
sanktioniert. Niemals führt der Mangel aber dazu, dass die eingetragene GmbH inexistent wird. Vielmehr ist sie durch ihre konstitutive Eintragung ins Handelsregister wirksam und rechtsfähig; der Fehler kann nur mit Wirkung für die Zukunft geltend gemacht werden.[415] Die gesetzlichen Regeln für Mängel der Mindestbestimmungen entsprechen in ihrer Konzeption daher den bei der GbR im Einzelnen vorgestellten **Grundsätzen der fehlerhaften Gesellschaft** (→ § 5 Rn. 15 ff.). Sie fügen sich damit nahtlos in das Gesamtsystem der Behandlung von Vertragsmängeln bei der GmbH ein. Bei sonstigen Fehlern, die sich nicht auf die Mindestbestimmungen des GmbH-Gesellschaftsvertrags beziehen, gelten nämlich die Grundsätze der fehlerhaften Gesellschaft unmittelbar. Leidet etwa die auf Abschluss des Gesellschaftsvertrags gerichtete Willenserklärung eines Gesellschafters an Mängeln (z. B. Geschäftsunfähigkeit, Irrtum, arglistige Täuschung), so kann er diese nur noch mit Wirkung für die Zukunft *(ex nunc)* geltend machen, wenn die Gesellschaft eingetragen oder in Vollzug gesetzt ist. Die Gesellschaft entsteht trotz des Fehlers wirksam.[416]

e) Vertragsänderung

Die Änderung des Gesellschaftsvertrags ist in §§ 53 ff. GmbHG geregelt. Erforder- 23
lich ist ein Beschluss der Gesellschafter, der mit einer **Mehrheit von ¾ der abgegebenen Stimmen** gefasst und notariell beurkundet werden muss (§ 53 I, II 1 GmbHG). Der Gesellschaftsvertrag kann weitere Erfordernisse aufstellen (§ 53 II 2 GmbHG), insbesondere die Mehrheitsanforderungen verschärfen. Hingegen ist § 53 II 1 GmbHG insofern zwingend, als die **Mehrheitserfordernisse nicht abgesenkt werden können.**[417] Wirksam wird die Änderung erst mit der Eintragung ins Handelsregister (§ 54 III GmbHG).

---

414 Vgl. hierzu ausführlich Scholz/*Cziupka*, GmbHG, § 60 Rn. 41 ff.
415 Vgl. *K. Schmidt*, GesR, § 6 II 1.
416 Vgl. zur AG *K. Schmidt*, GesR, § 27 III 3.
417 Scholz/*Priester/Tebben*, GmbHG, § 53 Rn. 78.

3. Die Haftung im Gründungsstadium

24 Die oben dargestellte Chronologie (→ Rn. 8) zeigt, dass drei Phasen der GmbH-Gründung zu unterscheiden sind; sie gilt es auch in haftungsrechtlicher Sicht auseinander zu halten:

Gründungsentschluss →	Abschluss des Gesellschaftsvertrags →	Eintragung
ggf. Entstehung einer Vorgründungsgesellschaft	**Vor-GmbH**	**„fertige" GmbH**
	Errichtung der GmbH	Entstehung der GmbH

25 Für die Verbindlichkeiten der „fertigen" GmbH, die durch die Eintragung im Handelsregister entstanden ist, haftet den Gläubigern (Außenverhältnis) grundsätzlich nur das Gesellschaftsvermögen (§ 13 II GmbHG; → Rn. 2); eine Haftung der Gesellschafter kann aber zumindest im Innenverhältnis gegenüber der Gesellschaft bestehen. Darüber hinaus stellt sich die Frage der Haftung auch für die Phasen, die durchschritten werden, bevor die GmbH durch Eintragung entsteht, nämlich die Phase des Gründungsentschlusses, in der ggf. eine Vorgründungsgesellschaft existiert, und die Phase der Vor-GmbH. Insoweit ist die Regelung des § 13 II GmbHG nicht anwendbar, weil sie ersichtlich nur die entstandene GmbH betrifft. Die **Haftungsverhältnisse vor Entstehung der GmbH** sind also – mit Ausnahme von § 11 II GmbHG (→ Rn. 66 ff.) – **gesetzlich nicht vorgegeben**. Es war daher Aufgabe der Rechtsprechung, ein Haftungskonzept zu entwickeln. Am Ende dieses langen Prozesses steht das nachfolgend erläuterte Modell; es gilt – wie an früherer Stelle gesagt – für die AG entsprechend.

a) Vorgründungsgesellschaft

26 Indem die künftigen Gesellschafter im Gründungsentschluss vereinbaren, eine GmbH zu gründen, schließen sie sich zusammen, um einen gemeinsamen Zweck zu verfolgen. Handelt es sich dabei nicht nur um ein unverbindliches Vorhaben, sondern erfolgt die Vereinbarung mit dem Willen, sich rechtsgeschäftlich zur Gründung der GmbH zu verpflichten (Rechtsbindungswille; → § 5 Rn. 10), genügt dies bereits, um in dem Gründungsentschluss den Abschluss eines Gesellschaftsvertrags zu sehen. Diese Gesellschaft, für welche sich der Begriff „Vorgründungsgesellschaft" eingebürgert hat,[418] ist eine GbR, weil ihr einziger Zweck in der Gründung der GmbH besteht und die Gesellschaft daher nicht auf den Betrieb eines Handelsgewerbes i. S. v. §§ 1 ff. HGB gerichtet ist.[419] Sie ist grundsätzlich reine Innengesellschaft.[420]

27 Da der Gesellschaftsvertrag dieser GbR eine **Verpflichtung zur Gründung einer GmbH** (= Abschluss des GmbH-Gesellschaftsvertrags) beinhaltet, hat er ein *vor*vertragliches Element.[421] Aus diesem Grund ist er nur wirksam, wenn er gemäß § 2 GmbHG notariell beurkundet ist (andernfalls Nichtigkeit gemäß § 125 BGB):[422]

[418] Dazu *Altmeppen*, GmbHG, § 2 Rn. 52; von „Vorgründungsgesellschaft" sprechen z. B. *Koch*, AktG, § 23 Rn. 15; Henssler/Strohn/*Wardenbach*, AktG, § 41 Rn. 2; MüKoGmbHG/*Heinze*, § 2 Rn. 259 ff.; ebenso *K. Schmidt*, InsO, 19. Aufl. 2016, § 11 Rn. 12; vgl. aber auch *K. Schmidt*, GesR, § 34 III 2a („Vorvertragsgesellschaft").

[419] Zur GbR → § 5, zum Zweck der GbR insbes. → § 5 Rn. 3 ff.; zur Entstehung einer oHG durch den Betrieb eines Handelsgewerbes → § 6 Rn. 6 ff.

[420] Zur Unterscheidung zwischen Außen- und Innengesellschaft → § 5 Rn. 29 f.

[421] *K. Schmidt*, GesR, § 34 III 2a.

[422] *Wilhelm*, KapGesR, Rn. 365; *K. Schmidt*, GesR, § 34 III 2a m. w. N.; für diesen Fall die Existenz einer BGB-Innengesellschaft verneinend *Altmeppen*, GmbHG, § 2 Rn. 53.

Das Beurkundungserfordernis gilt auch schon für die Verpflichtung zum Abschluss des notariellen Gesellschaftsvertrags, weil es sonst umgangen werden könnte. Ohne notarielle Beurkundung verpflichtet der Gründungsentschluss die Gesellschafter demnach nicht zum Abschluss des GmbH-Gesellschaftsvertrags.[423] In der Praxis dürfte dies der absolute Regelfall sein, weil der Gründungsvorvertrag selten zusätzlich zu dem später abgeschlossenen GmbH-Gesellschaftsvertrag notariell beurkundet wird. Eine rechtswirksame Innengesellschaft (GbR) gibt es dann nicht.

Probleme treten auf, wenn die künftigen GmbH-Gesellschafter ausnahmsweise 28
bereits in diesem Stadium ein Unternehmen betreiben oder zumindest Rechtsgeschäfte für gemeinsame Rechnung eingehen. Überwiegend wird dann formuliert, die vorstehend beschriebene, durch den Gründungsentschluss entstandene, jedoch meist formunwirksame reine (Innen-)GbR werde zu einer **Außen-Personengesellschaft.** Auch diese Außengesellschaft wird oftmals als „Vorgründungsgesellschaft" bezeichnet,[424] obwohl die einheitliche Bezeichnung der Rechtsklarheit abträglich ist. Diese auf ein unternehmerisches Außenhandeln gerichtete Gesellschaft hat nämlich einen gänzlich anderen Gegenstand als die lediglich auf den Abschluss des GmbH-Gesellschaftsvertrags zielende Verbindung im Innenverhältnis.

Um über die eigentliche Unwirksamkeit des Gesellschaftsvertrags (§§ 125 BGB, 29
2 GmbHG) hinwegzukommen, werden auf die Außengesellschaft die in § 5 Rn. 15 ff. dargestellten **Grundsätze der fehlerhaften Gesellschaft** angewendet:[425] Weil die Außengesellschaft durch den Betrieb des Unternehmens bzw. den Abschluss von Rechtsgeschäften in Vollzug gesetzt worden ist, wird sie trotz des Verstoßes gegen § 2 GmbHG in Abweichung von § 125 BGB so behandelt, als ob sie voll wirksam entstanden wäre. Bei der Unwirksamkeit des vorvertraglichen Elements bleibt es aber, so dass auch dann keine Verpflichtung zum Abschluss des GmbH-Gesellschaftsvertrags besteht. Eine andere Auffassung trennt strikt zwischen der (Innen-) GbR, die – regelmäßig formunwirksam – bei vorhandenem Rechtsbindungswillen durch den Gründungsentschluss entsteht und einer Außen-Personengesellschaft (keine Identität!), die durch den Betrieb des Unternehmens bzw. Abschluss der Rechtsgeschäfte stillschweigend aufgrund Rechtsformzwanges entsteht.[426] Nach dieser Auffassung müssen die Grundsätze der fehlerhaften Gesellschaft nicht angewendet werden, um zur Wirksamkeit der Außengesellschaft zu kommen, weil der Abschluss *ihres* Gesellschaftsvertrags formlos möglich war. Nur die (Verpflichtung zur) Gründung einer GmbH ist nämlich formbedürftig, nicht die Gründung einer unternehmenstragenden Personengesellschaft.

Unabhängig davon, ob man die – nachfolgend trotz der Begriffsidentität als 30
„Vorgründungsgesellschaft" bezeichnete – Außen-Personengesellschaft als mit der (Innen-)GbR identisch ansieht oder sie als separates Rechtsverhältnis einordnet, fragt sich, welche **Art der Personengesellschaft** vorliegt. Dies hängt von den Umständen des Einzelfalls ab. Sie kann eine GbR (→ § 5) oder eine oHG (→ § 6) sein. OHG ist sie (nur), wenn erstens (bereits) ihr Zweck auf den Betrieb eines Handelsgewerbes (§ 1 II HGB) gerichtet und zweitens die oHG im Verhältnis zu Dritten

---

[423] Eine Vertrauenshaftung aus *culpa in contrahendo* (§ 311 II BGB) ist aber möglich; vgl. *K. Schmidt*, GesR, § 34 III 2a.

[424] Dazu *Altmeppen*, GmbHG, § 2 Rn. 52; *K. Schmidt*, GesR, § 34 III 2a in Fn. 41; vgl. z. B. die (einheitliche) Begriffswahl bei Henssler/Strohn/*Wardenbach*, AktG, § 41 Rn. 2; Spindler/Stilz/*Heidinger*, AktG, § 41 Rn. 20 f.; *Grunewald*, GesR, § 12 Rn. 35 f.

[425] Vgl. *Hirte*, KapGesR, Rn. 2.6; *Wilhelm*, KapGesR, Rn. 365.

[426] *K. Schmidt*, GesR, §§ 11 III 2c, 34 III 2a.; Scholz/*K. Schmidt*, GmbHG, § 11 Rn. 9 ff., 15 ff.

schon wirksam durch Geschäftsaufnahme entstanden ist (§ 123 HGB). Für Letzteres genügen auch schon bloße Vorbereitungsgeschäfte gegenüber Dritten, die auf den baldigen Betrieb eines Handelsgewerbes angelegt sind (→ § 6 Rn. 7).

31 Die **Unterscheidung zwischen GbR und oHG** ist **für die Vertretungsverhältnisse wichtig**: Während die GbR grundsätzlich nur durch alle Gesellschafter gemeinsam wirksam vertreten werden kann (→ § 5 Rn. 60 ff.), haben die Gesellschafter bei der oHG grundsätzlich Einzelvertretungsbefugnis (→ § 6 Rn. 36 ff.). Liegt eine GbR vor, kann außerdem der Umfang der Vertretungsmacht begrenzt sein, zumindest wenn die Vorgründungsgesellschaft nur bestimmte Rechtsverhältnisse eingeht, also noch kein Unternehmen betreibt: Ist die Geschäftsführungsbefugnis (konkludent) auf bestimmte Geschäfte begrenzt, gilt dies gemäß § 714 BGB auch für die Vertretungsmacht (vgl. aber auch → § 5 Rn. 62a). Bei der oHG stellt sich dieses Problem aus zwei Gründen nicht: Erstens liegt eine solche nur vor, wenn die Vorgründungsgesellschaft auf den Betrieb eines Handelsgewerbes gerichtet ist; dann aber gibt es auch keine (konkludente) Beschränkung im Innenverhältnis. Zweitens ist eine Beschränkung der Vertretungsmacht im Außenverhältnis ohnehin unwirksam.

32 **Beispiel:** Ist die aus A, B und C bestehende Vorgründungsgesellschaft als oHG zu qualifizieren, so verpflichtet A die Gesellschaft bei der Anmietung von Geschäftsräumen auch dann wirksam, wenn er alleine und gegen den Willen von B und C tätig wird oder die drei Gesellschafter trotz des Betriebs eines Handelsgewerbes vereinbart hatten, dass zunächst keiner befugt sei, Geschäftsräume anzumieten. Handelt es sich um eine GbR, kann die Gesellschaft nur durch A, B und C gemeinsam wirksam vertreten werden. Und selbst wenn A, B und C abweichend hiervon übereingekommen sind, dass jeder Gesellschafter allein geschäftsführungsbefugt ist, verpflichtet A die Gesellschaft nicht wirksam, wenn es eine parallele Abrede gibt, nach der Räume zunächst nicht angemietet werden sollen (vgl. aber ab 1.1.2024 → § 5 Rn. 62a).

33 Neben der Vertretungsmacht der handelnden Person(en) setzt eine wirksame Verpflichtung der Vorgründungsgesellschaft voraus, dass *in ihrem Namen* gehandelt wurde. Nach den im Stellvertretungs- und Handelsrecht näher behandelten **Grundsätzen zum unternehmensbezogenen Rechtsgeschäft**[427] ist dies auch bei einem Handeln im Namen der (Vor-)GmbH in der Regel zu bejahen, weil die Vorgründungsgesellschaft wahre Unternehmensträgerin ist.[428] Liegen die Voraussetzungen einer wirksamen Vertretung nicht vor, gelten die §§ 177 ff. BGB (Vertretung ohne Vertretungsmacht).[429] Weder bei wirksamer noch bei unwirksamer Vertretung gilt die in § 11 II GmbHG angeordnete Haftung des Handelnden; sie kommt erst nach der Errichtung der GmbH durch Abschluss des notariellen Gesellschaftsvertrags in Betracht.[430]

34 Wurde die Vorgründungsgesellschaft wirksam vertreten, haftet sie für die begründete Verbindlichkeit. Daneben besteht aber auch eine akzessorische persönliche Haftung ihrer Gesellschafter für die Verbindlichkeit (vgl. für die oHG → § 6 Rn. 13 ff.; für die GbR → § 5 Rn. 39 ff.).

35 Der (spätere) Abschluss des notariellen Gesellschaftsvertrags *der GmbH*, wodurch die künftige GmbH errichtet wird und die sog. Vor-GmbH entsteht, ändert diese einmal eingetretene Rechtslage ebenso wenig wie die Entstehung der fertigen GmbH durch Eintragung. **Die Vorgründungsgesellschaft ist nicht mit der Vor-**

---

[427] Dazu im Einzelnen *Bitter/Röder*, BGB AT, § 10 Rn. 51 ff.; zu Haftungsfragen in diesem Zusammenhang ferner *Bitter/Linardatos*, HandelsR, Fall Nr. 7 – Nachlässigkeit.

[428] BGHZ 229, 300 = ZIP 2021, 1160 (Rn. 24) m. w. N., auch zu einer im Einzelfall abweichenden Auslegung: nur künftige GmbH soll berechtigt und verpflichtet werden; Geschäft dann aufschiebend bedingt auf die Gründung und nach § 177 BGB genehmigungsbedürftig.

[429] Dazu *Bitter/Röder*, BGB AT, § 10 Rn. 236 ff.

[430] *K. Schmidt*, GesR, § 34 III 2d.

GmbH und der späteren „fertigen" GmbH identisch, so dass ihre Rechte und Pflichten nicht automatisch auf die Vor-GmbH und die „fertige" GmbH übergehen.[431] Die Vorgründungsgesellschaft haftet also weiter für ihre Verbindlichkeiten und es bleibt daher auch bei der Haftung ihrer Gesellschafter. Dies gilt auch dann, wenn die Vorgründungsgesellschaft nach der Errichtung/Entstehung der GmbH nicht mehr als werbende Gesellschaft fortbesteht, sondern aufgelöst wird, weil mit der Errichtung/Entstehung der GmbH der vereinbarte Zweck erreicht ist (derzeit § 726 Alt. 1 BGB).[432] Die Vorgründungsgesellschaft haftet nämlich auch dann weiter mit ihrem Vermögen für ihre Verbindlichkeiten (vgl. § 733 I 1 BGB; ab 1.1.2024 § 736d IV BGB n. F.), so dass auch die Gesellschafter weiter haften;[433] Letzteres gilt auch nach Vollbeendigung der Vorgründungsgesellschaft (→ § 5 Rn. 161).

Die Haftung der Vorgründungsgesellschaft und ihrer Gesellschafter erlischt mit 36 der Errichtung oder Entstehung der GmbH nur ausnahmsweise dann, wenn dies mit dem konkreten Gläubiger vertraglich vereinbart wurde. Gleiches gilt für einen Übergang der Verbindlichkeiten der Vorgründungsgesellschaft auf die (Vor-)GmbH: Mit dem konkreten Gläubiger muss eine Schuldübernahme (§§ 414ff. BGB) vereinbart werden. Mangels Identität zwischen Vorgründungsgesellschaft und (Vor-)GmbH müssen im Übrigen auch Rechte der Vorgründungsgesellschaft einzeln auf die (Vor-)GmbH übertragen werden. Eine Gestaltung, die **lästige Einzelübertragungen von Aktiva und Passiva** vermeidet, liegt darin, sämtliche Anteile an der Vorgründungsgesellschaft auf die Vor-GmbH zu übertragen: Weil es eine Personengesellschaft mit einem Gesellschafter nicht gibt (→ § 5 Rn. 120), erlischt die Vorgründungsgesellschaft hierdurch ohne Liquidation und ihr gesamtes Vermögen geht im Wege der Gesamtrechtsnachfolge auf die Vor-GmbH als einzig verbliebene Gesellschafterin über (sog. „**anwachsende Verschmelzung**").[434]

⇨ *Fall Nr. 12 – Komplizierte Gründung (Grundfall Frage 1)*

b) Vor-GmbH und „fertige" GmbH

Die Haftung im Stadium der Vor-GmbH (→ Rn. 52ff.) ist auf den ersten Blick 37 nicht leicht zu verstehen. Sie erschließt sich einfacher, wenn man zunächst das Verhältnis zwischen der Vor-GmbH und der „fertigen" GmbH (→ Rn. 38ff.) und sodann die für die „fertige" GmbH geltende (Innen-)Haftung betrachtet (→ Rn. 41ff.). Sowohl die Haftung bei der „fertigen" GmbH als auch die Haftung bei der Vor-GmbH setzen eine wirksame Vertretung der (Vor-)GmbH bei (verlustträchtigen) Geschäften voraus (→ Rn. 62ff.). Schließlich ist die Bedeutung der Handelndenhaftung gemäß § 11 II GmbHG zu klären (→ Rn. 66ff.).

aa) Die Vor-GmbH und ihr Verhältnis zur „fertigen" GmbH

Die Vor-GmbH entsteht mit Abschluss des notariellen Gesellschaftsvertrags. Sie 38 wird von der Rechtsprechung als **Gesellschaft eigener Art** (*sui generis*) eingestuft,

---

[431] BGH GmbHR 2001, 293.

[432] Siehe zur Zweckerreichung *Windbichler*, GesR, § 21 Rn. 17. Weil die Vorgründungsgesellschaft ein Unternehmen betreibt und/oder einzelne Rechte und Pflichten hat, ist allerdings i. d. R. zweifelhaft, ob sie mit der Errichtung/Entstehung der GmbH tatsächlich aufgelöst sein soll. Sofort mit Abschluss des GmbH-Vertrags wird § 726 Alt. 1 BGB daher nur bei der Innengesellschaft bürgerlichen Rechts (Vorvertrag) anzuwenden sein, während der Zweck der Vorgründungsgesellschaft erst erreicht ist, wenn das Unternehmen bzw. die zugehörigen Rechte und Pflichten auf die Vor-GmbH übertragen werden konnten (→ Rn. 36).

[433] BGH GmbHR 2001, 293.

[434] Vgl. *Schäfer*, GesR, § 32 Rn. 3; zur Gesamtrechtsnachfolge bei Verbleib nur eines Gesellschafters → § 5 Rn. 120.

auf die neben den Vorschriften des Gesellschaftsvertrags auch die Vorschriften des GmbHG entsprechend anwendbar sind, soweit sie nicht gerade die Eintragung der Gesellschaft voraussetzen oder sonst mit dem Gründungsstadium unvereinbar sind.[435] Die Vor-GmbH ist selbständig **rechtsfähig**; sie kann also bereits selbst Träger von Rechten und Pflichten sein.[436] Das Vermögen der Vor-GmbH ist demnach auch strikt von dem Vermögen ihrer Gesellschafter zu trennen. Da die Vor-GmbH – wie vorstehend dargelegt – nicht mit der Vorgründungsgesellschaft identisch ist, gehören zu ihrem „Vermögen" nicht die Rechte und Pflichten der Vorgründungsgesellschaft. Aus den §§ 18, 19 HGB, 4 GmbHG ist schließlich zu folgern, dass die Vor-GmbH ihrem Namen einen Zusatz hinzufügen muss, der Irreführungen ausschließt, zum Beispiel „in Gründung" oder „i. Gr.".[437]

39 Nach der Rechtsprechung ist die **„fertige" GmbH mit der Vor-GmbH identisch** (Kontinuitätsprinzip).[438] Die „fertige" GmbH ist also ein und dieselbe (juristische) Person, derselbe Rechtsträger, wie die Vor-GmbH; nur die Rechtsform (das „Rechtskleid") wandelt sich. Es handelt sich dabei nicht um eine Umwandlung im Sinne des UmwG; gleichwohl entspricht die Wirkung derjenigen eines Formwechsels gemäß §§ 190 ff. UmwG, für den § 202 I Nr. 1 UmwG eine identitätswahrende Umwandlung vorsieht. Aus der Identität zwischen Vor-GmbH und „fertiger" GmbH ergibt sich, dass sämtliche Vermögensgegenstände, aber auch sämtliche Verbindlichkeiten der Vor-GmbH[439] gleichermaßen solche der „fertigen" GmbH sind bzw. bleiben.

40 Die Vor-GmbH endet demnach normalerweise mit der Wandlung in die „fertige" GmbH, ohne dass eine Liquidation stattfindet. Es ist aber im Einzelfall auch möglich, dass die Vor-GmbH aufgelöst wird und dann zu liquidieren ist.[440] Dies ist der Fall, wenn die Eintragung der GmbH scheitert, weil über das Vermögen der Vor-GmbH das Insolvenzverfahren eröffnet oder die Eröffnung mangels Masse abgelehnt wird, das Registergericht die Eintragung der GmbH (endgültig) ablehnt oder die Gesellschafter die Gründungs-/Eintragungsabsicht (endgültig) aufgeben.[441] Schließlich ist auch denkbar, dass eine Vor-GmbH aufgrund einer Kündigung aus wichtigem Grund aufgelöst und abzuwickeln ist.[442] In allen Fällen folgt die Abwicklung (Liquidation) den in Rn. 288 erläuterten Vorschriften der §§ 66 ff. GmbHG, soweit diese keine Eintragung im Handelsregister voraussetzen.[443]

bb) Die Haftung bei der „fertigen" GmbH: Vorbelastungshaftung

41 Die „fertige" GmbH haftet für ihre Verbindlichkeiten mit ihrem gesamten Vermögen. Für eine daneben stehende Haftung der Gesellschafter im Außenverhältnis gegenüber den Gläubigern ist grundsätzlich kein Platz (§ 13 II GmbHG).[444] Jedoch kommt eine Innenhaftung gegenüber der Gesellschaft in Betracht.

---

[435] Vgl. etwa BGHZ 45, 338, 347.

[436] Vgl. § 7 II, III GmbHG, wonach vor der Anmeldung zur Eintragung Einlagen „an die Gesellschaft" zu bewirken sind.

[437] *K. Schmidt*, GesR, § 34 III 3b.

[438] Vgl. die Nachweise bei *Hirte*, KapGesR, Rn. 2.29.

[439] Zur wirksamen Verpflichtung der Vor-GmbH → Rn. 62 ff.

[440] Vgl. *Windbichler*, GesR, § 21 Rn. 28.

[441] Zur Liquidationspflicht bei Aufgabe der Eintragungsabsicht vgl. BGH ZIP 2008, 1025 (Rn. 6). Zur faktischen Fortsetzung anstelle der gebotenen Liquidation → Rn. 58. Zu den Anforderungen an die Aufgabe bei der Einpersonen-Gesellschaft siehe OLG München ZIP 2017, 2101, 2102.

[442] BGHZ 169, 270 = NJW 2007, 589 (Leitsatz 1) zur Vor-AG.

[443] Anders für die Einpersonen-Gesellschaft OLG München ZIP 2017, 2101, 2102 f.: Beendigung ohne Liquidation unter Gesamtrechtsnachfolge des alleinigen Gründers.

[444] *K. Schmidt*, GesR, § 34 III 4b.

Weil die „fertige" GmbH mit der Vor-GmbH identisch ist, entspricht ihr **Nettovermögen** (= gesamtes Aktivvermögen abzüglich Verbindlichkeiten) demjenigen der Vor-GmbH. Hieraus ergibt sich folgendes Problem: Infolge einer Geschäftstätigkeit der Vor-GmbH können schon Verluste angefallen sein. Dies hat zur Folge, dass die „fertige" GmbH im Zeitpunkt ihrer Entstehung durch Eintragung ins Handelsregister schon kein Nettovermögen in Höhe ihres Stammkapitals (ihrer Stammkapitalziffer) mehr hat. In Höhe der Differenz zwischen Nettovermögen und Stammkapitalziffer besteht dann eine sog. **Unterbilanz.** 42

Beispiel: Bei einer GmbH mit einer Stammkapitalziffer von 25.000 EUR haben die Gesellschafter 12.500 EUR eingezahlt (Mindesteinzahlung gemäß § 7 II 1 GmbHG). Dieses Geld wurde sodann im Stadium der Vor-GmbH verwendet, um eine Sache im Wert von 5.000 EUR zu einem Kaufpreis von 7.000 EUR anzuschaffen (Verlustgeschäft). Ferner hat die Vor-GmbH ein Darlehen von 10.000 EUR aufgenommen. In diesem Fall beträgt das Nettovermögen der GmbH bei Eintragung nur noch 23.000 EUR; es besteht also eine Unterbilanz von 2.000 EUR: 43
- Aktivvermögen: 15.500 EUR in bar (Einzahlung – Kaufpreis + Darlehen) + Sache im Wert von 5.000 EUR + Resteinlageforderung von 12.500 EUR = 33.000 EUR;
- Verbindlichkeiten: 10.000 EUR (Pflicht zur Rückzahlung des Darlehens);
- Differenz: 33.000 EUR – 10.000 EUR = 23.000 EUR; mit diesem Vermögen von 23.000 EUR ist das Stammkapital (25.000 EUR) zu einem Betrag von 2.000 EUR nicht gedeckt (= Unterbilanz).

Eine solche Unterbilanz zum Eintragungsstichtag kann im Interesse der (künftigen) Gläubiger der GmbH nicht hingenommen werden. Sie müssen aufgrund der Garantiefunktion des Stammkapitals darauf vertrauen können, dass die GmbH jedenfalls bei ihrer Entstehung noch ein Vermögen in Höhe der Stammkapitalziffer hat. Die GmbH darf – mit Ausnahme eines etwaig in der Satzung übernommenen notwendigen Gründungsaufwandes[445] – nicht „vorbelastet" sein (**Unversehrtheitsgrundsatz**). Im Interesse der Gläubiger könnte man deshalb daran denken, den Gesellschaftern bis zur Eintragung jedwede Geschäftstätigkeit zu untersagen, um so eine Vorbelastung zu verhindern.[446] 44

Allerdings kann es unter Umständen nützlich sein, bereits im Stadium der Vor-GmbH Geschäfte abzuschließen. Wird ein Unternehmen eingebracht, ist dies sogar zwingend erforderlich, weil das Unternehmen nicht für die Zeit des Eintragungsverfahrens stillgelegt werden kann. Einen sinnvollen Ausgleich zwischen den gegenläufigen Gläubiger- und Gesellschafterinteressen schafft deshalb die von der Rechtsprechung in Analogie zu § 9 I GmbHG entwickelte sog. **Vorbelastungshaftung** der GmbH-Gesellschafter (auch Unterbilanz- oder Differenzhaftung genannt).[447] Die Gesellschafter sind danach verpflichtet, die im Zeitpunkt der Eintragung bestehende **Unterbilanz der GmbH auszugleichen**, indem sie dem Gesellschaftsvermögen einen Betrag in Höhe der Differenz zwischen dem Nettovermögen am Tag der Eintragung 45

---

[445] Zur zulässigen Übernahme von Gründungsaufwand vgl. Noack/Servatius/Haas/*Servatius*, GmbHG, § 5 Rn. 57; siehe aber auch OLG Celle ZIP 2014, 2387 (Unzulässigkeit der Vorbelastung des Stammkapitals mit 60 % Gründungskosten).

[446] Bevor der BGH die Identität zwischen Vor-GmbH und „fertiger" GmbH auch hinsichtlich der Verbindlichkeiten anerkannt hat (einen Übergang des Aktivvermögens nahm er schon vorher an), wurde eine Vorbelastung durch das sog. Vorbelastungsverbot verhindert, wonach die Verbindlichkeiten der Vor-GmbH nicht auf die „fertige" GmbH übergingen. Hierdurch wurde eine Geschäftstätigkeit im Stadium der Vor-GmbH zwar nicht verboten, aber doch wesentlich erschwert, weil die (potenziellen) Gläubiger der Vor-GmbH nach der Eintragung nicht auf das übergegangene Aktivvermögen der „fertigen" GmbH zugreifen konnten und daher nur sehr schwer zu Geschäften mit der Vor-GmbH zu bewegen waren.

[447] Grundlegend BGHZ 89, 129; vgl. ferner *Hirte*, KapGesR, Rn. 2.30.

und der Stammkapitalziffer zuführen. Nur soweit die Unterbilanz aus der etwaigen satzungsmäßigen Übernahme eines notwendigen Gründungsaufwands resultiert, besteht keine Ausgleichspflicht.[448]

46 Auch wenn die Gesellschaftsgläubiger durch diese Vorbelastungshaftung geschützt werden sollen, sind sie nicht selbst Gläubiger des Ausgleichsanspruchs, sondern der Anspruch steht der GmbH zu (**Innenhaftung**). In der Insolvenz macht ihn daher der Insolvenzverwalter geltend. Außerhalb der Insolvenz müssen die Gläubiger zunächst einen Titel gegen die GmbH erwirken und sodann den Ausgleichsanspruch aus der Vorbelastungshaftung bei der GmbH pfänden (§§ 829, 835 ZPO). Es besteht auch dann keine Außenhaftung, wenn die GmbH vermögenslos ist oder nur einen Gesellschafter hat.[449] Die Gesellschafter haften der Gesellschaft für den Ausgleich der Unterbilanz nicht als Gesamtschuldner, sondern entsprechend ihrer Beteiligung (= anteilig, pro rata); der Höhe nach ist die Haftung aber unbeschränkt.

47 **Beispiel:** Hat die GmbH in dem genannten Fall (→ Rn. 43, Unterbilanz 2.000 EUR) zwei Gesellschafter, wobei der eine zu 25 %, der andere zu 75 % beteiligt ist, muss der mit 25 % Beteiligte ¼ der Unterbilanz ausgleichen (= 500 EUR) und der mit 75 % Beteiligte ¾ (= 1.500 EUR).

48 Weil die Haftung anteilig und nicht gesamtschuldnerisch ist, kann die Gesellschaft von einem Gesellschafter nicht den gesamten Betrag der Unterbilanz verlangen. Damit haften die übrigen Gesellschafter eigentlich nicht, wenn der auf einen Mitgesellschafter entfallende Teil der Unterbilanz von ihm nicht zu erlangen ist. Allerdings gilt bei der Vorbelastungshaftung § 24 GmbHG analog, so dass eine **anteilige Ausfallhaftung der übrigen Gesellschafter** besteht, wenn die Voraussetzungen dieser unten erläuterten Vorschrift (→ Rn. 163) vorliegen.[450]

49 Die Haftung ist – wie gesagt – **der Höhe nach unbeschränkt**. Die Gesellschafter müssen die Unterbilanz also unabhängig von ihrer Höhe anteilig ausgleichen. Ist das Nettovermögen negativ (= bilanzielle Überschuldung bzw. nicht durch Eigenkapital gedeckter Fehlbetrag i. S. v. § 268 III HGB), ist nicht nur der Betrag des Stammkapitals aufzuwenden, sondern auch der Betrag, um den das Nettovermögen im Minus ist.

50 **Beispiel:** In dem genannten Fall (→ Rn. 43) besteht noch eine weitere Verbindlichkeit von 40.000 EUR. Das Nettovermögen beträgt daher minus 17.000 EUR (= Unterbilanz von 42.000 EUR). Die beiden Gesellschafter haben dann zusammen 42.000 EUR aufzuwenden, wovon 31.500 EUR (75%) auf den einen und 10.500 EUR (25%) auf den anderen entfallen.

51 Nach der Rechtsprechung unterliegen einmal entstandene Ansprüche aus der Vorbelastungshaftung den strengen Regeln der Kapitalaufbringung; daher erlöschen sie *nicht* automatisch dadurch, dass die Unterbilanz anderweitig ausgeglichen und daher der Zweck der Haftung faktisch erreicht wird.[451]

⇨ *Fall Nr. 12 – Komplizierte Gründung (Grundfall Frage 3)*

cc) Die Haftung bei der Vor-GmbH: Verlustdeckungshaftung

52 Weil die Vor-GmbH rechtsfähig ist, haftet sie selbst mit ihrem Vermögen für ihre Verbindlichkeiten.[452] Die Haftung der Gesellschafter der Vor-GmbH hat der BGH

[448] Vgl. Noack/Servatius/Haas/*Servatius*, GmbHG, § 11 Rn. 64.

[449] BGH ZIP 2005, 2257.

[450] Scholz/*K. Schmidt*, GmbHG, § 11 Rn. 143; vgl. auch BGHZ 219, 327 = ZIP 2018, 2018 (Rn. 22) m. w. N.

[451] BGHZ 165, 391 (Leitsatz 2); bestätigt in BGHZ 192, 341 = ZIP 2012, 817 (Rn. 45 f.); a. A. etwa Scholz/*K. Schmidt*, GmbHG, § 11 Rn. 150; zu den Regeln der Kapitalaufbringung → Rn. 160 ff.

[452] Zur wirksamen Verpflichtung der Vor-GmbH → Rn. 62 ff.

der vorstehend dargelegten Vorbelastungshaftung bei der „fertigen" GmbH angeglichen, um zu einem konsistenten Haftungssystem zu kommen.[453] Im Detail bestehen jedoch Unterschiede. Relevant wird die Gesellschafterhaftung bei der Vor-GmbH (nur), wenn es nicht zur Eintragung der GmbH kommt, ihre Eintragung also gescheitert und die Vor-GmbH daher aufgelöst ist.[454] Dann nämlich kann die Vorbelastungshaftung nicht eingreifen.

Die Gesellschafterhaftung bei der Vor-GmbH wird vom BGH als **Verlustdeckungshaftung** bezeichnet. Sie ist, wie die Vorbelastungshaftung, eine 53
- anteilige
- Innenhaftung gegenüber der Gesellschaft (in der Insolvenz macht sie der Insolvenzverwalter geltend, im Übrigen müssen Gläubiger den Anspruch bei der Gesellschaft aufgrund eines Titels gegen die Gesellschaft pfänden),
- die der Höhe nach unbeschränkt ist.[455]

Unterschiede zur Vorbelastungshaftung bestehen jedoch **in zweierlei Hinsicht.** 54
Erstens unterscheidet sich die Verlustdeckungshaftung der Höhe nach von der Vorbelastungshaftung; zweitens haften die Gesellschafter – anders als bei der Vorbelastungshaftung – in Ausnahmefällen auch im Außenverhältnis:

aaa) Pflicht zur Abdeckung der Überschuldung, nicht der Unterbilanz

Weil das Stammkapital nicht schon bei der Vor-GmbH, sondern erst bei der eingetragenen GmbH „garantiert" ist, ist die Verlustdeckungshaftung nicht auf den Ausgleich der Unterbilanz (= Auffüllen des Stammkapitals) gerichtet.[456] Vielmehr müssen die Gesellschafter der Vor-GmbH (nur) anteilig die **zur Tilgung ihrer Verbindlichkeiten erforderlichen Mittel** zur Verfügung stellen.[457] Die Gesellschafter haften also nur insoweit, wie infolge der Verluste die Verbindlichkeiten der Vor-GmbH nicht durch ihr Aktivvermögen gedeckt sind, d.h. eine Überschuldung der GmbH vorliegt.[458] Die Unterschiede können beträchtlich sein. 55

Beispiel: Eine Gesellschaft mit einer Stammkapitalziffer von 25.000 EUR hat ein Aktivvermögen in Höhe von 10.000 EUR und Verbindlichkeiten in Höhe von 15.000 EUR (Nettovermögen: minus 5.000 EUR).[459] Dann besteht eine Unterbilanz von 30.000 EUR. Die Gesellschaft hat auch einen „Verlust" von 30.000 EUR gemacht, weil sie von einem anfänglichen Vermögen von 25.000 EUR zu einem Vermögen von minus 5.000 EUR gelangt ist. Nach der Vorbelastungshaftung (= nach Eintragung) müssen die Gesellschafter die Unterbilanz von 30.000 EUR ausgleichen. Scheitert die Eintragung der GmbH hingegen – und greift daher die Verlustdeckungshaftung –, so müssen die Gesellschafter nicht den gesamten erwirtschafteten Verlust von 30.000 EUR bzw. die entsprechend hohe Unterbilanz ausgleichen, sondern lediglich die Differenz zwischen Aktivvermögen und Verbindlichkeiten, hier 5.000 EUR, der Gesellschaft zuwenden. Die Verluste haben nämlich nur insoweit zu einer Unterdeckung der Verbindlichkeiten geführt. 56

---

[453] Grundlegend BGHZ 134, 333.

[454] Zu den möglichen Gründen des Scheiterns der Eintragung → Rn. 40.

[455] Vgl. BGHZ 134, 333. Die Frage der Gesellschafterhaftung bei der Vor-GmbH ist sehr umstritten; vertreten wird auch eine generelle unmittelbare Außenhaftung der Gesellschafter; vgl. die ausführliche Darstellung der Problematik und des Streitstandes bei *K. Schmidt*, GesR, § 34 III 3, insbesondere unter c; ferner *Altmeppen*, GmbHG, § 11 Rn. 75 ff. Zu den auch von der Rechtsprechung anerkannten (Ausnahme-)Fällen der Außenhaftung → Rn. 58.

[456] Vgl. *Wilhelm*, KapGesR, Rn. 388; BGHZ 192, 341 = ZIP 2012, 817 (Rn. 15).

[457] Vgl. *Gehrlein*, BB 2004, 2361 unter Verweis auf BGHZ 152, 290.

[458] Vgl. *Wilhelm*, KapGesR, Rn. 383; siehe auch BGHZ 192, 341 = ZIP 2012, 817 (Rn. 15): „durch das Gesellschaftsvermögen nicht gedeckte Verluste".

[459] Dies kann z.B. der Fall sein, wenn die Gesellschaft die komplette Geldeinlage erhält (25.000 EUR), zusätzlich ein Darlehen von 15.000 EUR aufnimmt und von diesen 40.000 EUR in bar eine Sache im Wert von 10.000 EUR kauft.

57 Nur in Höhe der Überschuldung, nicht aber in Höhe der Unterbilanz sind Mittel zur Tilgung der Verbindlichkeiten der Vor-GmbH „erforderlich", weil die Vor-GmbH die Tilgung im Übrigen aus eigenen Mitteln finanzieren kann. Die **Auffüllung des Stammkapitals** ist hier auch deshalb **nicht zu verlangen**, weil die Vor-GmbH nach Scheitern der Eintragung nicht mehr als werbende Gesellschaft fortbesteht, sondern aufgelöst ist und von den Gesellschaftern liquidiert wird (zur faktischen Fortsetzung anstelle der gebotenen Liquidation sogleich → Rn. 58). Im Rahmen einer Liquidation wird nur noch insoweit neues Kapital benötigt, wie das Vermögen (infolge der Verluste) zur Berichtigung der Verbindlichkeiten nicht ausreicht (so auch § 735 I 1 BGB [ab 1.1.2024 § 737 I 1 BGB] für die aufgelöste GbR).

bbb) Außenhaftung der Gesellschafter in Ausnahmefällen

58 Anstelle der Verlustdeckungs-*Innen*haftung besteht in Ausnahmefällen eine unmittelbare *Außen*haftung der Gesellschafter (**§ 128 HGB analog**, ab 1.1.2024 §§ 721 BGB, 126 HGB n. F. analog):[460]

- sog. unechte Vor-GmbH: Die Gesellschafter haben von Anfang an nicht die Absicht, die Gesellschaft ins Handelsregister eintragen zu lassen, oder geben die zunächst bestehende Eintragungsabsicht auf (Scheitern der Eintragung), ohne sofort die Geschäftstätigkeit einzustellen und die Vor-GmbH zu liquidieren (= faktische Fortführung anstelle der gebotenen Liquidation).
  Argument: Bei einer Gesellschaft, deren Gesellschafter die Gründung einer GmbH nicht (mehr) beabsichtigen, handelt es sich gar nicht (mehr) um eine Vor-GmbH als notwendiges Durchgangsstadium auf dem Weg zur Eintragung der „fertigen" GmbH, sondern um eine Personengesellschaft (GbR oder oHG).[461] Daher trifft die Gesellschafter auch eine personengesellschaftsrechtliche Einstandspflicht. Auch wenn die Gesellschafter die Eintragungsabsicht erst später aufgeben, erstreckt sich ihre Außenhaftung auf *alle* Verbindlichkeiten der Vor-GmbH bzw. der (nunmehr bestehenden) Personengesellschaft; sie gilt daher auch für solche Verbindlichkeiten, die *vor* Aufgabe der Eintragungsabsicht begründet wurden.[462]
- die Gesellschaft ist – unter Außerachtlassung ihres Verlustdeckungsanspruchs – vermögenslos;
- die Gesellschaft hat nur einen Gläubiger;
- die Gesellschaft hat nur einen Gesellschafter (Einpersonen-Vor-GmbH).

59 Diese von der Rechtsprechung anerkannten „Ausnahmefälle" sind recht umfassend, so dass es praktisch in sehr vielen Fällen – trotz des Grundsatzes einer Innenhaftung – zur Außenhaftung der Gesellschafter bei der Vor-GmbH kommt. Diese ist – wie bereits dargelegt – aber nur dann von Bedeutung, wenn die Eintragung der GmbH scheitert. Sie **setzt** daher – nach einer Auffassung auf Tatbestandsebene, nach a. A. für die Fälligkeit – **das Scheitern der Eintragung voraus.**[463]

ccc) Ablösung der Verlustdeckungs- durch die Vorbelastungshaftung ab Eintragung

60 Kommt es hingegen zur Eintragung der GmbH, erlischt die Verlustdeckungshaftung bzw. sie wird durch die für die „fertige" GmbH geltende Vorbelastungshaftung

---

[460] Vgl. *Wilhelm*, KapGesR, Rn. 392.

[461] *Windbichler*, GesR, § 21 Rn. 33; im zweiten Fall (Aufgabe der Eintragungsabsicht) erfolgt kraft Rechtsformzwanges (→ § 1 Rn. 7) ein identitätswahrender Wechsel der Rechtsform (des „Rechtskleides") von der Vor-GmbH in die Personengesellschaft; vgl. BGH ZIP 2008, 1025 (Rn. 6).

[462] Vgl. BGHZ 152, 290.

[463] Zu den möglichen Gründen für das Scheitern → Rn. 40.

ersetzt (mit den oben dargelegten Änderungen für den Umfang der Haftung). Dabei sei nochmals betont, dass diese nach Eintragung allein maßgebliche Vorbelastungshaftung *stets* Innenhaftung ist, also auch dann, wenn die Gesellschaft vermögenslos ist oder sie nur einen Gesellschafter oder Gläubiger hat (→ Rn. 46).

dd) Zustimmung zur Geschäftsaufnahme als Haftungsvoraussetzung?

In der Literatur und Rechtsprechung wird verschiedentlich als Voraussetzung der Vorbelastungs- und/oder Verlustdeckungshaftung genannt, dass der betreffende Gesellschafter der Geschäftsaufnahme vor Eintragung zugestimmt haben müsse.[464] Jedoch handelt es sich dabei richtigerweise, jedenfalls soweit es um Verluste der Vor-GmbH aus Rechtsgeschäften geht, um **keine eigenständige Haftungsvoraussetzung.** Vielmehr ist die Zustimmung zur Geschäftsaufnahme nur mittelbar erforderlich, weil es ohne sie auf einer vorgelagerten Stufe schon an einer wirksamen Vertretung der Vor-GmbH und damit an auszugleichenden Verlusten fehlt (→ Rn. 62 ff.):[465] Mit Abschluss des Gesellschaftsvertrags stimmen die Gesellschafter jedenfalls den gründungsnotwendigen Geschäften zu (dazu sogleich → Rn. 62 ff.), so dass insoweit sowohl eine wirksame Verpflichtung der Vor-GmbH als auch die Zustimmung des betreffenden Gesellschafters vorliegt. Für alle übrigen Geschäfte besteht nach der Rechtsprechung nur dann Vertretungsmacht, wenn *sämtliche* Gesellschafter sie entsprechend erweitert haben (→ Rn. 62 ff.); dann liegt zwingend auch die erforderliche Zustimmung des betreffenden Gesellschafters vor. Fehlt eine wirksame Ermächtigung des Geschäftsführers über Gründungsgeschäfte hinaus, scheitert die Verlustdeckungshaftung schon daran, dass ohne wirksame Vertretung die Vor-GmbH nicht gebunden ist und damit kein Verlust der Vor-GmbH entstehen kann; auf die fehlende Zustimmung des betreffenden Gesellschafters kommt es dann nicht an. 61

⇨ *Fall Nr. 12 – Komplizierte Gründung (Abwandlungen 1 und 2)*

ee) Wirksame Vertretung der Vor-GmbH als Haftungsvoraussetzung

Soweit die Vorbelastungshaftung (nach Eintragung) und die Verlustdeckungshaftung (bei Scheitern der Eintragung) aufgrund von verlustträchtigen Geschäften bzw. rechtsgeschäftlichen Verbindlichkeiten der Vor-GmbH bestehen sollen, setzen sie voraus, dass die Vor-GmbH wirksam vertreten wurde:[466] Nur dann kann durch ein Geschäft ein Verlust eingetreten bzw. eine Verbindlichkeit begründet sein, der/die das (Netto- bzw. Aktiv-)Vermögen so gemindert hat, dass es die Stammkapitalziffer (Vorbelastungshaftung) bzw. die Verbindlichkeiten (Verlustdeckungshaftung) nicht deckt.[467] 62

Die Vertretung erfolgt auch bei der Vor-GmbH durch den Geschäftsführer (§ 35 GmbHG analog).[468] Dieser muss im Namen der Vor-GmbH gehandelt haben. Früher wurde zwischen einem Handeln im Namen der Vor-GmbH und einem solchen im Namen der „fertigen" GmbH unterschieden. Nachdem jedoch die Identität zwischen Vor-GmbH und „fertiger" GmbH anerkannt wurde (→ Rn. 39), ist diese Unterscheidung nicht mehr sachgerecht; der Geschäftsführer kann seitdem nämlich gar nicht wählen, ob er im Namen der Vor-GmbH oder der „fertigen" GmbH auftritt, 63

[464] Siehe etwa BGHZ 192, 341 = ZIP 2012, 817 (Rn. 36) zur Vorbelastungshaftung und *Wilhelm*, KapGesR, Rn. 402 zur Verlustdeckungshaftung.

[465] So im Ergebnis auch *Ulmer*, ZIP 2012, 1265, 1270.

[466] Inwieweit *sonstige* Vermögenseinbußen die Gesellschafterhaftung begründen, ist umstritten; vgl. dazu Scholz/*K. Schmidt*, GmbHG, § 11 Rn. 144 ff.

[467] Vgl. *Wilhelm*, KapGesR, Rn. 402.

[468] Zur Vertretung der GmbH durch den Geschäftsführer → Rn. 134 ff.

so dass es nur noch darauf ankommen kann, dass er im Namen der *einen* Gesellschaft gehandelt hat.[469] Im Namen dieser einen Gesellschaft in ihrer derzeitigen Rechtsform (= Vor-GmbH) tritt der Geschäftsführer auch dann auf, wenn er unzulässigerweise den Zusatz „in Gründung" weglässt, also für eine vermeintlich „fertige" GmbH handelt.

64 Umstritten ist der **Umfang der Vertretungsmacht** des Geschäftsführers. Eine Auffassung geht davon aus, dass § 37 GmbHG analog gilt und die Vertretungsmacht daher unbeschränkt und unbeschränkbar ist.[470] Die Rechtsprechung nimmt demgegenüber (bisher) an, die Vertretungsmacht des Geschäftsführers sei auf gründungsnotwendige Geschäfte beschränkt, wenn die Gesellschafter die Vertretungsmacht nicht – ggf. konkludent – erweitert haben.[471] Eine solche Erweiterung ist nach der Rechtsprechung nur dann wirksam, wenn ihr *sämtliche* Gründer – im Gesellschaftsvertrag oder im Rahmen einer späteren Ermächtigung – zugestimmt haben.[472] Die Streitfrage kann dahinstehen, wenn ein Unternehmen eingebracht wird, weil dem Geschäftsführer dann jedenfalls dessen Fortführung gestattet ist.[473]

65 Hatte der Geschäftsführer keine Vertretungsmacht, ist die Vor-GmbH nicht wirksam verpflichtet worden und die Vorbelastungs- oder Verlustdeckungshaftung scheidet – wie gesagt – insoweit mangels Vermögenseinbuße der Vor-GmbH bzw. „fertigen" GmbH aus. Allerdings haftet der Geschäftsführer dem Gläubiger gemäß § 179 BGB bzw. aufgrund der nachfolgend dargestellten Handelndenhaftung.

ff) Handelndenhaftung im Stadium der Vor-GmbH

66 Gemäß § 11 II GmbHG haftet persönlich und solidarisch, wer vor der Eintragung der GmbH im Namen der Gesellschaft gehandelt hat. Diese sog. Handelndenhaftung erfasst nur die Phase der Vor-GmbH. Sie gilt, wie aus dem Wortlaut des § 11 II GmbHG ersichtlich („im Namen der Gesellschaft gehandelt"), nur für rechtsgeschäftliches Handeln.[474]

67 **Handelnder** ist nur, wer als Geschäftsführer gehandelt hat oder als solcher aufgetreten ist.[475] Keine Handelnden sind daher die Gesellschafter, die nur intern dem rechtsgeschäftlichen Handeln zugestimmt haben, nach außen aber nicht in Erscheinung getreten sind. Durch § 11 II GmbHG geschützt sind nach überwiegender Auffassung nur außenstehende Gläubiger, nicht aber Mitgesellschafter.[476] Letzteren gleichgestellt ist ein im Gründungsstadium bestellter und mit den internen Verhältnissen vertrauter erster (Fremd-)Geschäftsführer der GmbH: Die den Anstellungs-

---

[469] Scholz/*K. Schmidt*, GmbHG, § 11 Rn. 68; vgl. auch *Windbichler*, GesR, § 21 Rn. 22 mit dem zusätzlichen Hinweis darauf, dass nach den Grundsätzen zum unternehmensbezogenen Rechtsgeschäft die Vermutung besteht, dass im Namen einer Vor-GmbH gehandelt wurde, wenn eine solche – bei Abschluss des Geschäfts – Unternehmensträger war.

[470] Scholz/*K. Schmidt*, GmbHG, § 11 Rn. 72f.

[471] BGHZ 80, 182; in diesem Sinne auch BGH ZIP 2004, 1409, 1410 zur AG.

[472] Vgl. BGH ZIP 2004, 1409, 1410 zur AG; ferner *Hirte*, KapGesR, Rn. 2.23; *Windbichler*, GesR, § 21 Rn. 22m.w.N.; *Schäfer*, GesR, § 33 Rn. 5 unter Verweis auf ein allgemeines verbandsrechtliches Prinzip.

[473] Vgl. *Hirte*, KapGesR, Rn. 2.23.

[474] Scholz/*K. Schmidt*, GmbHG, § 11 Rn. 117.

[475] *Hirte*, KapGesR, Rn. 2.32. Auch der Aufsichtsrat einer AG kann Handelnder sein, wenn er mit dem Vorstand einen Anstellungsvertrag schließt (vgl. BGH ZIP 2004, 1409); daher dürften auch die Mitglieder der Gesellschafterversammlung Handelnde sein, die gemäß § 46 Nr. 5 GmbHG mit einem Geschäftsführer den Anstellungsvertrag schließen (→ Rn. 131); im Ergebnis besteht aber regelmäßig *keine* Haftung (→ sogleich im Text).

[476] Vgl. die Nachweise bei *K. Schmidt*, GesR, § 34 III 3d cc, der für Mitgesellschafter jedoch anderer Meinung ist, wenn sie der Vor-GmbH wie Drittgläubiger gegenübertreten.

vertrag schließenden Gesellschafter haften nicht als Handelnde auf die versprochene Vergütung.[477]

§ 11 II GmbHG fordert ein **Handeln im Namen „der Gesellschaft"**. Umstritten ist, ob damit ein Handeln im Namen der künftigen, noch nicht entstandenen „fertigen" GmbH erforderlich ist oder auch ein Handeln im Namen der Vor-GmbH ausreicht. Die Rechtsprechung verlangt ein Handeln – mindestens auch – im Namen der künftigen GmbH.[478] Allerdings stammt diese Rechtsprechung aus einer Zeit, als die Vor-GmbH und die „fertige" GmbH noch nicht als identischer Rechtsträger angesehen wurden. Nachdem der BGH anerkannt hat, dass die Vor-GmbH und die „fertige" GmbH dieselbe (juristische) Person sind, ist diese Rechtsprechung überholt.[479] Nunmehr schließt ein Handeln im Namen der Vor-GmbH ein solches im Namen der künftigen GmbH genauso ein, wie der Geschäftsführer, der im Namen der künftigen GmbH auftritt, für die Vor-GmbH handelt (→ Rn. 63). 68

Nach früher herrschender Meinung war § 11 II GmbHG unabhängig davon anwendbar, ob der Handelnde Vertretungsmacht hatte oder nicht.[480] Zu beachten ist allerdings, dass nach Einführung der Verlustdeckungshaftung (ab Eintragung abgelöst durch die Vorbelastungshaftung) bei *wirksamer* Vertretung der Vor-GmbH bereits eine unbeschränkte Innenhaftung der Gesellschafter eingreift; daneben besteht für die Haftung der Handelnden kein wirkliches Bedürfnis mehr.[481] In diesem Sinne hat der BGH in einer Entscheidung aus dem Jahr 2004 zur AG (§ 41 I 2 AktG) den Anwendungsbereich der Handelndenhaftung auf Fälle eingegrenzt, in denen der Handelnde *keine* Vertretungsmacht hatte, weil es sich nicht um ein Gründungsgeschäft handelte und keine Ermächtigung sämtlicher Gesellschafter zu außerhalb des Gründungszwecks liegenden Geschäften[482] vorlag.[483] Der allein verbliebene Schutzzweck der Handelndenhaftung bestehe darin, dem Vertragspartner der Vorgesellschaft einen Schuldner zu verschaffen, wenn die Vorgesellschaft mangels wirksamer Verpflichtung nicht hafte und damit auch die Verlustdeckungs- bzw. Vorbelastungshaftung der Gesellschafter ausscheide.[484] Die Handelndenhaftung wird damit auf Fälle des Vertreters ohne Vertretungsmacht begrenzt. 69

Was das **Verhältnis zu § 179 BGB** angeht, der in diesem Fall ebenfalls eine Haftung vorsieht, wird man wohl annehmen müssen, dass § 179 BGB durch § 11 II GmbHG als *lex specialis* verdrängt wird: Nur dann verschafft die Handelndenhaftung dem Vertragspartner nämlich einen Schuldner, den er vorher nicht hatte.[485] Der 70

---

[477] Vgl. BGH ZIP 2004, 1409 zur AG: keine Haftung der Mitglieder des Aufsichtsrats (Handelnde) gemäß § 41 I 2 AktG gegenüber dem ersten Vorstand der AG.

[478] Vgl. die Nachweise bei Scholz/*K. Schmidt*, GmbHG, § 11 Rn. 118; *K. Schmidt*, GesR, § 34 III 3d bb in Fn. 124.

[479] Scholz/*K. Schmidt*, GmbHG, § 11 Rn. 118.

[480] Vgl. Scholz/*K. Schmidt*, GmbHG, § 11 Rn. 119.

[481] Vgl. *Hirte*, KapGesR, Rn. 2.32; *Windbichler*, GesR, § 21 Rn. 27.

[482] Zur grundsätzlichen Beschränkung der Vertretungsmacht auf Gründungsgeschäfte → Rn. 62 ff.

[483] BGH ZIP 2004, 1409 unter Ziff. 1. und 3. b) der Gründe zur AG; zu dieser Entscheidung wie hier auch *Wilhelm*, KapGesR, Rn. 385; ablehnend, insbesondere unter – wohl nicht zwingendem – Hinweis auf Art. 7 der ersten gesellschaftsrechtlichen Richtlinie 68/151/EWG (Publizitätsrichtlinie) *Schäfer*, GesR, § 33 Rn. 7.

[484] BGH ZIP 2004, 1409 unter Ziff. 1. und 3. b) der Gründe; relativierend BGH ZIP 2011, 1761 (Rn. 12): Die Vorschrift diene „im Wesentlichen" dem Zweck der Verschaffung eines Schuldners.

[485] Für einen derartigen Vorrang des § 11 II GmbHG gegenüber § 179 BGB *Windbichler*, GesR, § 21 Rn. 27.

Vorrang des § 11 II GmbHG gegenüber § 179 BGB hat grundsätzlich zur Folge, dass die Haftungsbeschränkung des § 179 II BGB[486] und der Haftungsausschluss des § 179 III BGB[487] nicht gelten.[488] Jedenfalls bei positiver Kenntnis des Geschäftsgegners ist allerdings auch unabhängig von § 179 III BGB ein Haftungsausschluss anzuerkennen. Der Geschäftsgegner verhält sich nämlich widersprüchlich, wenn er zunächst durch den Vertragsschluss erklärt, dass das Fehlen der Vertretungsmacht für ihn irrelevant sei, er aber anschließend den Handelnden in Anspruch nehmen will.

71 Früher war zur Handelndenhaftung anerkannt, dass sie mit der Entstehung der „fertigen" GmbH durch Eintragung erlischt.[489] Beschränkt man den Anwendungsbereich der Handelndenhaftung aber entsprechend der jetzigen BGH-Rechtsprechung auf Fälle eines Handelns ohne Vertretungsmacht, wird man genau umgekehrt immer dazu kommen, dass die **Handelndenhaftung nicht mit Eintragung erlischt.** Ist Zweck der Handelndenhaftung, dem Vertragspartner einen Schuldner bei fehlender Verpflichtung der Vor-GmbH zu verschaffen, muss die Haftung bestehen bleiben, weil auch die mit der Vor-GmbH identische „fertige" GmbH nicht für das rechtsgeschäftliche Handeln ohne Vertretungsmacht einstehen muss.[490] Das Bedürfnis nach einer Haftung des Handelnden besteht also weiterhin.

⇨ *Fall Nr. 12 – Komplizierte Gründung (Grundfall Frage 4)*

4. Wirtschaftliche Neugründung durch Aktivierung einer Vorrats- oder Mantelgesellschaft

72 Das Gründungsverfahren kann – auch nach dem MoMiG – einige Zeit in Anspruch nehmen. Diesen Zeitaufwand kann sich ersparen, wer von speziellen Anbietern eine sog. Vorrats- oder Mantelgesellschaft erwirbt und diese anschließend „aktiviert".

73 Sowohl bei der Vorrats- als auch bei der Mantelgesellschaft handelt es sich um eine „fertige" GmbH, die jedoch kein Unternehmen (mehr) trägt, sondern sich auf die Verwaltung eigenen Vermögens beschränkt. Sie ist also eine leere „Hülle". Der Unterschied zwischen einer Vorrats- und einer Mantelgesellschaft besteht in Folgendem: Während die Mantelgesellschaft früher einmal ein Unternehmen betrieben, dieses inzwischen aber eingestellt hat, war die Vorratsgesellschaft noch nicht unternehmerisch tätig, sondern wurde „auf Vorrat" gegründet.[491] In beiden Fällen aktiviert der Erwerber die Gesellschaft nach dem Erwerb, indem er sie mit einem Unternehmen ausstattet.

---

[486] Dazu *Bitter/Röder*, BGB AT, § 10 Rn. 257.

[487] Dazu *Bitter/Röder*, BGB AT, § 10 Rn. 258.

[488] Vgl. *Windbichler*, GesR, § 21 Rn. 27: differenziertes Haftungssystem des § 179 BGB greift nicht ein; ferner MüKoBGB/*Schubert*, § 179 Rn. 13 m. w. N.; Grüneberg/*Ellenberger*, BGB, § 177 Rn. 3.

[489] Vgl. *Hirte*, KapGesR, Rn. 2.33.

[490] So auch *Windbichler*, GesR, § 21 Rn. 27 a. E., 32.

[491] Eine „auf Vorrat" gegründete GmbH ist nur dann ordnungsgemäß errichtet i. S. v. § 9c GmbHG, wenn diese Funktion der Gesellschaft durch Bezeichnung des Unternehmensgegenstandes offengelegt wird; vgl. *Hirte*, KapGesR, Rn. 2.47 m. w. N. Ausreichend ist, als Unternehmensgegenstand die „Verwaltung eigenen Vermögens" anzugeben; vgl. *Schäfer*, GesR, § 32 Rn. 21 m. w. N. Fehlt die Offenlegung und wird stattdessen ein falscher Unternehmensgegenstand angegeben, ist die entsprechende Satzungsbestimmung nichtig und die Eintragung daher abzulehnen. Wird die Gesellschaft eingetragen, weil die Nichtigkeit nicht erkannt wurde, kann eine Nichtigkeitsklage gemäß § 75 GmbHG erhoben oder ein Löschungsverfahren gemäß § 397 FamFG eingeleitet werden (→ Rn. 18 ff.).

a) Verhinderung der Umgehung des Kapitalaufbringungsrechts

Problematisch ist die Verwendung einer Vorrats- oder Mantelgesellschaft, weil durch die Ausstattung mit einem Unternehmen eine sog. „wirtschaftliche Neugründung" erfolgt, bei der das Nettovermögen der Gesellschaft schon unter ihre Stammkapitalziffer gesunken sein und daher eine Unterbilanz bestehen kann. Durch die Aktivierung einer Vorrats- oder Mantelgesellschaft könnten also die gläubigerschützenden Vorschriften über die Kapitalaufbringung (→ Rn. 160ff.) umgangen werden. 74

Aus den vorgenannten Gründen hat der BGH für die Aktivierung sowohl einer Vorratsgesellschaft[492] als auch einer Mantelgesellschaft[493] entschieden, dass die der Gewährleistung der Kapitalaufbringung dienenden **Vorschriften des Gründungsrechts entsprechend anzuwenden** sind.[494] Die Gesellschafter müssen das Stammkapital also erneut aufbringen, wenn und soweit es nicht noch aus der „Erstgründung" vorhanden ist. Die entsprechende Anwendung des Gründungsrechts erstreckt sich auch auf die registerrechtliche Kontrolle (§ 9c GmbHG i.V.m. §§ 7 II, III, 8 I GmbHG). Damit diese durchgeführt werden kann, ist die wirtschaftliche Neugründung dem Registergericht anzuzeigen. In diesem Rahmen muss der Geschäftsführer auch versichern, dass die in § 7 II, III GmbHG bezeichneten Leistungen auf die Geschäftsanteile bewirkt sind und dass sich der Gegenstand der Leistungen – weiterhin oder jedenfalls wieder – endgültig in seiner freien Verfügung befindet (§ 8 II GmbHG analog). Diese Versicherung muss sich auf das *satzungsmäßige* Stammkapital beziehen (nicht nur auf das gesetzliche Mindeststammkapital). 75

b) Anwendbarkeit der Vorbelastungshaftung

Es ist möglich, dass die Gesellschaft am Tag der Anzeige der wirtschaftlichen Neugründung kein der Stammkapitalziffer entsprechendes Nettovermögen hat und daher an diesem Tag eine Unterbilanz besteht:[495] entweder weil das Vermögen der Hülle aufgebraucht und überhaupt nicht wieder aufgefüllt wurde oder weil es zwar aufgefüllt, durch eine Geschäftsaufnahme vor der Anzeige aber wieder (teilweise) verloren gegangen ist. In diesem Fall trifft die Gesellschafter die oben im Einzelnen dargelegte Vorbelastungshaftung (→ Rn. 41ff.), und zwar nach bisher anerkannten Grundsätzen bezogen auf den Tag der Anzeige der wirtschaftlichen Neugründung (die Anzeige entspricht also der Eintragung der GmbH bei der normalen GmbH-Gründung).[496] Die Gesellschafter sind demnach verpflichtet, die am Tag der Anzeige bestehende Unterbilanz anteilig gegenüber der GmbH auszugleichen.[497] Entgegen 76

[492] Bei der Vorratsgesellschaft muss strikt unterschieden werden zwischen der Gründung „auf Vorrat" (→ Rn. 73) und der wirtschaftlichen Neugründung durch Ausstattung der *zuvor* „auf Vorrat" gegründeten GmbH mit einem Unternehmen.

[493] Eine wirtschaftliche Neugründung unter Verwendung einer Mantelgesellschaft liegt nur vor, wenn die Gesellschaft tatsächlich eine „leere Hülse" ist, also ein aktiver Geschäftsbetrieb, an den angeknüpft werden könnte, in keiner Weise vorhanden ist; vgl. BGH ZIP 2010, 621 (Leitsatz 1).

[494] BGHZ 153, 158 (Vorrats-GmbH); BGHZ 155, 318 (Mantel-GmbH); bestätigt u.a. in BGHZ 192, 341 = ZIP 2012, 817 (Rn. 9).

[495] Zu den Begriffen Nettovermögen und Unterbilanz → Rn. 42.

[496] Es erscheint zweifelhaft, ob dieser Stichtag beizubehalten ist, nachdem der BGH für Fälle der pflichtwidrig *unterbliebenen* Anzeige entschieden hat, dass es auf den – meist früheren und damit für die Gesellschafter günstigeren – Zeitpunkt ankommt, zu dem die wirtschaftliche Neugründung erstmals nach außen in Erscheinung tritt; vgl. BGHZ 192, 341 = ZIP 2012, 817 und → Rn. 78ff.; für eine Beibehaltung aber wohl der BGH selbst in Rn. 19 der vorgenannten Entscheidung.

[497] Die Haftung trifft auch den Erwerber eines Geschäftsanteils; vgl. BGHZ 192, 341 = ZIP 2012, 817 (Leitsatz 3).

der Auffassung des BGH[498] ist die **Zustimmung der Gesellschafter zu einer Geschäftsaufnahme** vor der Anzeige **keine gesonderte Voraussetzung** dieser Haftung.[499] Denn auch bei der normalen GmbH-Gründung bildet die Zustimmung zur Geschäftsaufnahme vor Eintragung richtigerweise keine eigenständige Haftungsvoraussetzung, sondern ist lediglich mittelbar erforderlich, weil es ohne sie auf einer vorgelagerten Stufe schon an einer wirksamen Vertretung der (Vor-)Gesellschaft und damit an einer auszugleichenden Vorbelastung fehlt (→ Rn. 61 ff.). Bei der wirtschaftlichen Neugründung verfügt der Geschäftsführer aufgrund des Bestehens einer schon *eingetragenen* GmbH hingegen immer – auch wenn die GmbH kein Unternehmen betreibt – über eine nach dem Gesetz (§ 37 GmbHG) **unbeschränkte und unbeschränkbare Vertretungsmacht**, und zwar auch dann, wenn es sich nicht um (neu-)gründungsnotwendige Geschäfte handelt. Die GmbH wird folglich auch ohne eine Zustimmung der Gesellschafter zur Geschäftsaufnahme stets wirksam vertreten, so dass es zu einer Vorbelastung kommt, deren Ausgleich durch die Gesellschafter im Gläubigerinteresse geboten ist. Aufgrund ihres Einflusses auf die Geschäftsführung (→ Rn. 137 ff.) werden die Gesellschafter hierdurch auch nicht unbillig belastet.

c) Außenhaftung analog § 11 II GmbHG?

77 Zweifelhaft erscheint, ob neben dieser Innenhaftung auch eine direkte Außenhaftung gegenüber den Gläubigern möglich ist. Dazu heißt es im 4. Leitsatz der Entscheidung BGHZ 155, 318 aus dem Jahr 2003, dass eine Handelndenhaftung analog § 11 II GmbHG in Betracht komme, wenn die Geschäfte vor der Anzeige der wirtschaftlichen Neugründung aufgenommen werden, ohne dass dem alle Gesellschafter zugestimmt haben. Diese Sichtweise hat der BGH in einem Urteil aus dem Jahr 2011 bestätigt.[500] Insofern besteht eine – für die Praxis maßgebliche – **gefestigte Rechtsprechung**. Überzeugen kann die analoge Anwendung von § 11 II GmbHG indes nicht:[501] Die Handelndenhaftung bei der normalen GmbH-Gründung erfasst nur Fälle der *fehlenden* Vertretungsmacht bzw. dient nur dem Zweck, dem Vertragspartner einen Schuldner zu verschaffen, wenn die GmbH nicht haftet und daher auch eine Vorbelastungshaftung der Gesellschafter ausscheidet (→ Rn. 69). In Fällen der wirtschaftlichen Neugründung hat der Geschäftsführer der GmbH nun aber – wie soeben ausgeführt (→ Rn. 76) – stets Vertretungsmacht. Der Vertragspartner hat infolgedessen mit der GmbH eine Schuldnerin und die Gesellschafter haften, wenn im Zeitpunkt der Anzeige der wirtschaftlichen Neugründung eine Unterbilanz vorliegt. Somit besteht **kein Bedürfnis** für eine neben die Vorbelastungshaftung tretende Handelndenhaftung analog § 11 II GmbHG, und zwar auch dann nicht, wenn vor der Anzeige der wirtschaftlichen Neugründung die Geschäfte ohne Zustimmung aller Gesellschafter aufgenommen werden.[502]

d) Rechtslage bei (zunächst) unterbliebener Anzeige der wirtschaftlichen Neugründung

78 Zweifelhaft ist die Rechtslage in Fällen, in denen es gar nicht oder erst mit wesentlicher Verspätung zur Anzeige der wirtschaftlichen Neugründung kommt. Vor allem an drei Fälle ist dabei zu denken: Erstens können die Gesellschafter die

---

[498] Vgl. BGHZ 192, 341 = ZIP 2012, 817 (Rn. 36).

[499] Vgl. *Ulmer*, ZIP 2012, 1265, 1270 f.

[500] Vgl. BGH ZIP 2011, 1761 (Leitsatz 1).

[501] Wie hier *Ulmer*, ZIP 2012, 1265, 1271.

[502] Das fehlende Bedürfnis für eine Handelndenhaftung erkennt grundsätzlich auch der BGH; vgl. BGH ZIP 2011, 1761 (Rn. 13). Wie hier und allgemein zum Meinungsstand MüKoGmbHG/*Merkt*, § 11 Rn. 224 ff.

wirtschaftliche Neugründung (nach kurzer Zeit) wieder aufgeben oder diese kann scheitern.[503] Zweitens ist möglich, dass die Gesellschafter das Unternehmen in Unkenntnis der Rechtsprechung zunächst ohne Anzeige über längere Zeit – ggf. sogar jahrelang – betreiben; erst dann zeigen sie die wirtschaftliche Neugründung an. Drittens kann es nach langer Geschäftstätigkeit ohne zwischenzeitliche Anzeige zur Insolvenz der Gesellschaft kommen, so dass die Gesellschaft aufgelöst ist (vgl. § 60 I Nr. 4 GmbHG). Dass in diesen Fällen grundsätzlich eine **Vorbelastungshaftung der Gesellschafter zu prüfen** ist, erscheint zwangsläufig, da der haftungsauslösende Tatbestand der wirtschaftlichen Neugründung jeweils erfüllt ist. Jedoch war früher sehr fraglich, auf welchen Zeitpunkt bezogen diese Prüfung zu erfolgen hat und – mit dieser Frage untrennbar verknüpft – in welchem Umfang die Haftung bestehen soll. In dieser Frage hat das Urteil BGHZ 192, 341 im Jahr 2012[504] Klarheit gebracht (→ Rn. 79). Wenn und soweit eine Haftung besteht, ist weiter zu untersuchen, ob sie ausnahmslos als Innenhaftung auszugestalten ist (→ Rn. 80).

Vor der Entscheidung BGHZ 192, 341 wurde in (konsequenter) Anwendung der Vorbelastungshaftung und in Parallele zur unterbliebenen Ersteintragung bei der normalen GmbH-Gründung teilweise vertreten, dass die Gesellschafter bei (zunächst) unterbliebener Anzeige der wirtschaftlichen Neugründung diejenige Unterbilanz auszugleichen hätten, die bis zum Zeitpunkt ihrer verspäteten Anzeige bzw. – bei gänzlich unterbliebener Anzeige – bis zur Insolvenz der GmbH entstanden ist; die Vorbelastungshaftung sollte also in diesem Sinne zeitlich unbefristet sein.[505] Dies erschiene insbesondere bei langjähriger Geschäftstätigkeit ohne Anzeige als sehr einschneidende Rechtsfolge. Denn über die Jahre kann sich die Vermögenslage der Gesellschaft durch den Aufbau von Verbindlichkeiten erheblich verschlechtert haben. Ferner gilt es zu berücksichtigen, dass die Vorbelastungshaftung Lücken im Gläubigerschutz schließen soll. Bestand jedoch im Zeitpunkt der wirtschaftlichen Neugründung keine Unterbilanz, weil das satzungsmäßige Stammkapital im Zeitpunkt der wirtschaftlichen Neugründung durch das Gesellschaftsvermögen gedeckt war, sind die gläubigerschützenden Kapitalaufbringungsregeln *in der Sache* gewahrt. Einen Schutz gegen spätere Verluste haben die Gläubiger auch bei der normalen GmbH-Gründung nicht (→ Rn. 14). Vor diesem Hintergrund hat der BGH mit Recht entschieden, dass die Gesellschafter (nur) im Umfang einer Unterbilanz haften, die in dem Zeitpunkt besteht, zu dem die wirtschaftliche Neugründung entweder durch die damit verbundenen Anmeldungen zum Handelsregister oder durch die Aufnahme der wirtschaftlichen Tätigkeit erstmals nach außen in Erscheinung tritt.[506] Die Darlegungs- und Beweislast für das Fehlen der Unterbilanz in dem maßgeblichen Zeitpunkt tragen allerdings die Gesellschafter.[507] 79

Wenn und soweit eine Haftung besteht, stellt sich die Frage nach einer Innen- oder Außenhaftung. Insofern wird teilweise der Rückgriff auf die bei normalen GmbH-Gründungen anerkannte Verlustdeckungshaftung in der Vor-GmbH befürwortet,[508] bei der die Rechtsprechung – wie ausgeführt – in Ausnahmefällen eine Außen- statt einer Innenhaftung anerkennt (→ Rn. 58 ff.). Dies erscheint zweifel- 80

[503] Zum Scheitern der Eintragung bei der normalen Gründung → Rn. 40.

[504] BGHZ 192, 341 = ZIP 2012, 817.

[505] Vgl. die Nachweise zum damaligen Stand der Diskussion in BGHZ 192, 341 = ZIP 2012, 817 (Rn. 21 f.).

[506] BGHZ 192, 341 = ZIP 2012, 817 (Leitsatz 1); kritisch zur Entscheidung des BGH etwa *Bayer*, EWiR 2012, 347.

[507] BGHZ 192, 341 = ZIP 2012, 817 (Leitsatz 2).

[508] So *Wilhelm*, KapGesR, Rn. 401 f.

haft, weil bei der wirtschaftlichen Neugründung von Anfang an eine eingetragene GmbH existiert und die Rechtsprechung bei solch eingetragenen GmbH **nur eine Innenhaftung** (Vorbelastungshaftung) anerkennt, sie also die Inanspruchnahme der Gesellschafter bei der GmbH kanalisieren will. Man wird deshalb davon auszugehen haben, dass stets nur die GmbH die Haftung geltend machen kann.[509]

⇨ *Fall Nr. 12 – Komplizierte Gründung (Abwandlung 3)*

III. Die Organisation der GmbH

81 In organisatorischer Hinsicht ist wie bei der AG zwischen der Gesellschafterebene und der Ebene der Gesellschaft zu unterscheiden. Auf Letzterer sind die Organe der GmbH angesiedelt. Einen ersten Überblick über die Struktur der GmbH – soweit gesetzlich zwingend – liefert das nachfolgende Schaubild:

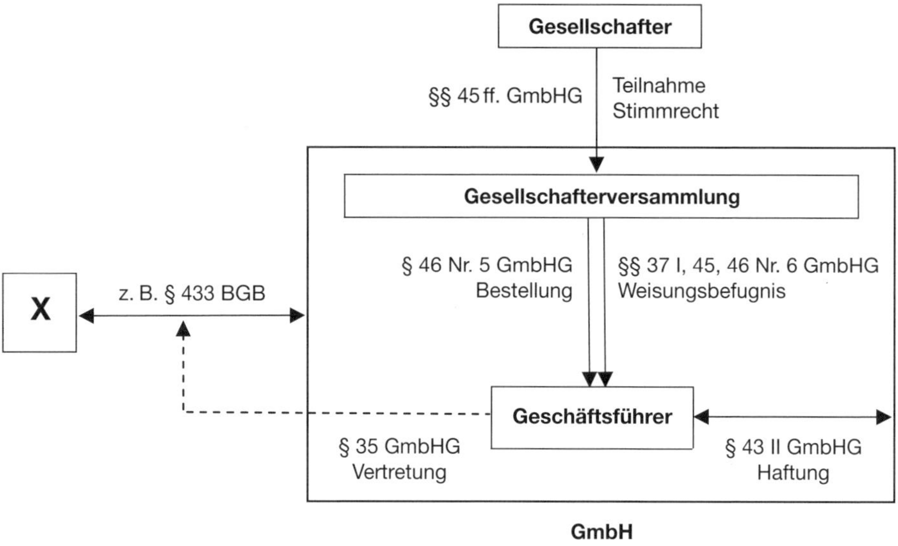

1. Die Rechtsstellung der Gesellschafter

82 Die Gesellschafter einer GmbH sind – wie die Aktionäre einer AG – die **„Eigentümer"** der Gesellschaft. Sie halten eine Mitgliedschaft in der GmbH, die als solche ein subjektives Recht ist, aber gleichzeitig auch verschiedene Rechte und Pflichten zusammenfasst.[510] Ausdruck der individuellen Mitgliedschaft ist der von jedem Gesellschafter gehaltene Geschäftsanteil.

a) Rechte der Gesellschafter

83 Im Hinblick auf die Rechte der Gesellschafter kann wie bei der AG zwischen Mitverwaltungs- und Vermögensrechten unterschieden werden:

84 **Mitverwaltungsrechte** der GmbH-Gesellschafter sind insbesondere das Recht, an der Gesellschafterversammlung teilzunehmen und in ihr abzustimmen (§§ 45 ff. GmbHG), das Auskunfts- und Einsichtsrecht (§ 51a GmbHG) und das Anfech-

---

[509] In diesem Sinne wohl auch BGH ZIP 2011, 1763 (Rn. 10).

[510] Zur AG → § 3 Rn. 31.

tungsrecht in Bezug auf Gesellschafterbeschlüsse (näher → Rn. 125 f.). Zwingend sind diese Rechte nur teilweise (vgl. etwa § 51a III GmbHG); vergleichbar den Vorzugsaktien sind etwa stimmrechtslose Geschäftsanteile möglich.[511]

Wesentliche **Vermögensrechte** sind die Ansprüche auf Teilhabe am Gewinn = Jahresüberschuss (§ 29 I 1 GmbHG) und am Liquidationserlös (§ 72 GmbHG). Ein konkreter Anspruch auf *Auszahlung* des Gewinns folgt aus dem allgemeinen mitgliedschaftlichen Gewinnteilhaberecht erst, wenn das folgende Prozedere durchlaufen ist:[512] 85

- Aufstellung des Jahresabschlusses durch die Geschäftsführer und Vorlage an die Gesellschafter (§ 42a GmbHG);
- Feststellung des Jahresabschlusses durch die Gesellschafterversammlung (§ 46 Nr. 1 GmbHG);
- Ergebnisverwendungsbeschluss der Gesellschafterversammlung (§ 46 Nr. 1 GmbHG).

Obwohl nicht allgemein geregelt (vgl. aber § 19 I GmbHG), gilt auch im Recht der GmbH generell der für die AG ausdrücklich festgeschriebene (§ 53a AktG; → § 3 Rn. 29) Grundsatz, dass die Gesellschafter unter gleichen Bedingungen gleich zu behandeln sind (**Gleichbehandlungsgrundsatz**).[513] 86

Aufgrund der weitgehenden Gestaltungsfreiheit im Innenverhältnis steht es den Gesellschaftern grundsätzlich frei, einzelnen von ihnen im Gesellschaftsvertrag **Sonderrechte (Vorzugsrechte)** einzuräumen, etwa ein Vetorecht oder ein Recht, Geschäftsführer der GmbH zu sein. Der Grundsatz der Gleichbehandlung (→ Rn. 86) ist dann insoweit aufgrund der privatautonomen Entscheidung der Gesellschafter eingeschränkt. Wegen der häufig personalistischen Ausgestaltung der GmbH wird von dieser Möglichkeit in der Praxis rege Gebrauch gemacht, insbesondere bei sog. Familiengesellschaften. Sonderrechte können dem Begünstigten nicht ohne seine Zustimmung wieder entzogen werden (§ 35 BGB analog).[514] 87

b) Pflichten der Gesellschafter

Die Hauptpflicht der Gesellschafter besteht in der **Pflicht zur Erbringung der** auf den Geschäftsanteil **versprochenen Stammeinlage** (§ 14 S. 1 GmbHG). Daneben kann der Gesellschaftsvertrag den Gesellschaftern gemäß § 3 II GmbHG noch weitere Pflichten auferlegen (sog. Nebenpflichten); hierunter fällt etwa ein vertraglich vorgesehenes Aufgeld (Agio).[515] Eine Nachschusspflicht trifft die Gesellschafter nur, wenn sie im Gesellschaftsvertrag vereinbart ist (§ 26 GmbHG); nachträglich kann sie nur mit Zustimmung aller Gesellschafter begründet werden (§ 53 III GmbHG). Von einer unbeschränkten Nachschusspflicht kann sich der Gesellschafter, der seine Stammeinlage vollständig erbracht hat, befreien, indem er seinen gesamten Geschäftsanteil aufgibt (§ 27 I 1 GmbHG).[516] Ist eine zahlungsunfähige oder überschuldete GmbH führungslos, trifft ausnahmsweise auch jeden Gesellschafter – statt der eigentlich zuständigen Geschäftsführer (→ Rn. 146) – die Pflicht, einen Insolvenzantrag zu stellen (§ 15a III InsO). 88

[511] *K. Schmidt*, GesR, § 35 I 3a; umfassend zum stimmrechtslosen GmbH-Geschäftsanteil *Schäfer*, Der stimmrechtslose GmbH-Geschäftsanteil, Köln 1997.

[512] Vgl. *Windbichler*, GesR, § 22 Rn. 30.

[513] *K. Schmidt*, GesR, § 16 II 4b.

[514] *K. Schmidt*, GesR, § 35 I 3b.

[515] Zum Begriff des *Agios* → § 3 Rn. 136.

[516] Machen alle Gesellschafter hiervon Gebrauch, entsteht eine „Keinmann-Gesellschaft"; die GmbH ist aufgelöst und muss abgewickelt werden; vgl. Scholz/*Emmerich*, GmbHG, 11. Aufl. 2012, § 27 Rn. 5.

89 Anerkannt ist, dass den einzelnen Gesellschafter auch **Treuepflichten** treffen, und zwar sowohl gegenüber der Gesellschaft als auch gegenüber den Mitgesellschaftern.[517] Die Treuepflichten sind bei der GmbH tendenziell stärker ausgeprägt als bei der AG, weil die GmbH in der Regel stärker personalistisch ausgestaltet ist (→ § 3 Rn. 40 ff.).[518] Die Treuepflichten beinhalten:[519]

- ein Verbot, die Gesellschaft und die Mitgesellschafter zu schädigen (→ § 3 Rn. 40 sowie unten → Rn. 249);
- die Pflicht der Mehrheit, bei Abstimmungen auch die Interessen der Minderheit zu berücksichtigen (→ § 3 Rn. 42);
- im Ausnahmefall die Einschränkung des Rechts zur freien Stimmausübung, (→ Rn. 115; näher → § 5 Rn. 91 zur GbR);
- im Einzelfall eine Pflicht zur Anpassung des Gesellschaftsvertrags an geänderte Umstände.

c) Änderungen des Gesellschafterbestandes

90 Änderungen im Bestand der Gesellschafter können sich entweder durch Erbgang oder in verschiedener Weise durch Rechtsgeschäft vollziehen. Die Geschäftsanteile sind gemäß § 15 I GmbHG **grundsätzlich frei veräußerlich und vererblich**.

aa) Abtretung des Geschäftsanteils

91 Ein rechtsgeschäftlicher Gesellschafter*wechsel* vollzieht sich durch Abtretung (§§ 413, 398 BGB) des Geschäftsanteils von einem Gesellschafter an einen anderen Gesellschafter oder einen außenstehenden Dritten. Sind die Voraussetzungen des § 33 GmbHG erfüllt (→ Rn. 261), kann auch die Gesellschaft selbst Erwerber sein (sog. Erwerb eigener Anteile). Die Abtretung des Geschäftsanteils – das Verfügungsgeschäft – ist nur wirksam, wenn sie in einem **notariellen Vertrag** erfolgt (§ 15 III GmbHG). Auch eine Verpflichtung zur Abtretung eines Geschäftsanteils – etwa im Rahmen eines Kauf- oder Schenkungsvertrags – kann nur in einem notariellen Vertrag wirksam begründet werden (§ 15 IV 1 GmbHG). Ein etwaiger Formmangel des Verpflichtungsgeschäfts wird aber durch eine formgerechte Abtretung (§ 15 III GmbHG) geheilt (§ 15 IV 2 GmbHG).

92 Der Erwerber gilt im Verhältnis zur Gesellschaft erst dann als Inhaber des Geschäftsanteils, wenn er in die aus Anlass der Abtretung neu erstellte Gesellschafterliste (vgl. § 40 I 1 GmbHG) eingetragen und diese ins Handelsregister aufgenommen ist (§ 16 I 1 GmbHG; → Rn. 7).

93 Grundsätzlich ist ein Gesellschafter in der Abtretung seines Geschäftsanteils frei; er muss also nicht die Zustimmung der Gesellschaft oder seiner Mitgesellschafter einholen. Etwas anderes gilt aber, wenn der Gesellschaftsvertrag die Abtretung des Geschäftsanteils an bestimmte Voraussetzungen knüpft, z. B. die Zustimmung der Gesellschaft oder – praktisch häufiger – der Gesellschafterversammlung (§ 15 V GmbHG). Solche Verfügungsbeschränkungen nennt man **Vinkulierung.**[520] Eine nachträgliche Vinkulierung kann nur mit Zustimmung des davon betroffenen Gesellschafters wirksam in den Gesellschaftsvertrag aufgenommen werden.[521]

94 Durch das MoMiG neu eingeführt worden ist die Möglichkeit eines **gutgläubigen Erwerbs eines Geschäftsanteils** vom Nichtberechtigten (§ 16 III GmbHG). Rechts-

---

[517] *K. Schmidt*, GesR, § 35 I 2d.

[518] Siehe ausführlich zu dem abgestuften System der Rücksichtnahme- und Aufopferungspflichten *Bitter*, ZGR 2010, 147, 172 ff.; knapper Scholz/*Bitter*, GmbHG, § 13 Rn. 50 ff.

[519] Vgl. dazu die Beispiele bei *K. Schmidt*, GesR, § 35 I 2d.

[520] Zum Begriff schon → § 3 Rn. 45.

[521] Vgl. OLG München GmbHR 2008, 541 m. w. N.

scheinträger ist dabei die ins Handelsregister aufgenommene Gesellschafterliste (§§ 8 I Nr. 3, 40 GmbHG). In sie muss der Veräußerer als Inhaber des Geschäftsanteils eingetragen sein (§ 16 III 1 GmbHG). Außerdem muss die Liste zum Zeitpunkt des Erwerbs mehr als drei Jahre unrichtig sein; ist dies (noch) nicht der Fall, genügt es auch, wenn die Unrichtigkeit dem wahren Berechtigten zuzurechnen ist (§ 16 III 2 GmbHG). Ein gutgläubiger Erwerb scheidet aus, wenn der Erwerber die mangelnde Berechtigung gekannt oder grob fahrlässig verkannt hat oder der Liste ein Widerspruch zugeordnet ist (§ 16 III 3 GmbHG). Ein Widerspruch wird zugeordnet aufgrund einer einstweiligen Verfügung oder einer Bewilligung desjenigen, gegen dessen Berechtigung sich der Widerspruch richtet (§ 16 III 4 GmbHG). Insoweit bestehen also Parallelen zum Grundstücksrecht (vgl. § 899 BGB).

bb) Einziehung des Geschäftsanteils/Ausschluss von Gesellschaftern

Ein Verlust der Mitgliedschaft in der GmbH kann nicht nur durch die Abtretung 95
des Geschäftsanteils eintreten. Möglich ist auch die **Einziehung** des Geschäftsanteils (Amortisation) durch die Gesellschaft, wenn der Gesellschaftsvertrag diese zulässt (§ 34 I GmbHG). Weitere – ungeschriebene – Wirksamkeitsvoraussetzung der Einziehung ist, dass die Einlagen auf den eingezogenen Geschäftsanteil vollständig eingezahlt sind.[522] Die Einziehung bewirkt den **Untergang des betroffenen Geschäftsanteils.**[523] Dies führt dazu, dass die Summe der Nennbeträge der verbliebenen Geschäftsanteile nicht mehr dem Stammkapital entspricht. Vor dem MoMiG wurde dies für zulässig erachtet.[524] Jedoch soll nach der Gesetzesbegründung zum MoMiG das Gebot des § 5 III 2 GmbHG, wonach die Summe der Nennbeträge aller Geschäftsanteile mit der Stammkapitalziffer übereinstimmen muss, nicht nur für die Gründung, sondern ebenso während des Bestehens der GmbH und insofern insbesondere für die Einziehung gelten: Auch durch eine solche dürfe keine Divergenz zwischen der Summe der Nennbeträge der verbliebenen Geschäftsanteile und dem Stammkapital entstehen.[525] Dementsprechend war längere Zeit umstritten, ob ein Einziehungsbeschluss nichtig oder jedenfalls anfechtbar ist, wenn er zu einer Divergenz zwischen der Summe der Nennbeträge und der Stammkapitalziffer führen würde.[526] Der BGH hat die Frage inzwischen verneint und zur Begründung insbesondere ausgeführt, dass es weder aus Gläubiger- noch aus Gesellschaftersicht einen hinreichenden Grund gibt, die Rechtmäßigkeit des Einziehungsbeschlusses davon abhängig zu machen, dass eine Divergenz zwischen der Summe der Nennbeträge und der Stammkapitalziffer vermieden wird.[527] Wollen die Gesellschafter trotz dieser höchstrichterlichen Klärung eine solche Divergenz verhindern, stehen folgende Wege zur Verfügung: Sie können (1) das Stammkapital auf die Summe der verbliebenen Geschäftsanteile herabsetzen, (2) die Summe der Nennbeträge der verbliebenen Geschäftsanteile bis zur Höhe des Stammkapitals (nominell) aufstocken oder (3) einen neuen Geschäftsanteil bilden.[528]

---

[522] *K. Schmidt*, GesR, § 35 III 2c. Die Voraussetzung wird aus § 19 II 1 GmbHG abgeleitet (→ Rn. 162).

[523] OLG Dresden ZIP 2016, 720 f.: spätere Teilung und Abtretung daher unmöglich.

[524] Vgl. BayObLGZ 1991, 365 = NJW-RR 1992, 736 (juris-Rn. 7) m. w. N.

[525] Vgl. Begründung zu Art. 1 Ziff. 5 RegE-MoMiG (BT-Drs. 16/6140, S. 31).

[526] Siehe die Nachweise zum früheren Diskussionsstand in BGHZ 203, 303 = ZIP 2015, 579 (Rn. 19 ff.).

[527] BGHZ 203, 303 = ZIP 2015, 579 (Rn. 26 f.); siehe dazu *Schmidt/Stürner*, ZIP 2015, 1521.

[528] Vgl. Begründung zu Art. 1 Ziff. 5 RegE-MoMiG (BT-Drs. 16/6140, S. 31); zur Kapitalherabsetzung und -erhöhung → Rn. 275 ff.

96 **Zuständig** für die Einziehung ist gemäß § 46 Nr. 4 GmbHG die **Gesellschafterversammlung.** Eine Einziehung ohne die Zustimmung des Gesellschafters (Zwangseinziehung) ist nur möglich, wenn ihre Voraussetzungen vor dem Zeitpunkt, in dem der Gesellschafter den Geschäftsanteil erworben hat, im Gesellschaftsvertrag festgesetzt waren (§ 34 II GmbHG). Nachträglich kann eine Zwangseinziehung für bestehende Anteile nur wirksam eingeführt werden (Satzungsänderung), wenn die betroffenen Gesellschafter zustimmen.[529] Die im Gesellschaftsvertrag für die Einziehung genannten **Voraussetzungen müssen in der Regel einen wichtigen Grund bilden**, weil nach der Rechtsprechung eine Klausel grundsätzlich unwirksam ist, die einen Verlust der Gesellschafterstellung ohne wichtigen Grund vorsieht.[530] Ist der Einziehungsbeschluss weder nichtig noch durch Urteil im Anfechtungsprozess (→ Rn. 125 f.) für nichtig erklärt worden, wird die Einziehung nach der Rechtsprechung des BGH **bereits durch Mitteilung** des Beschlusses gegenüber dem betroffenen Gesellschafter **wirksam** und nicht erst mit der Zahlung einer etwaigen Abfindung (zur Abfindung → Rn. 97 ff.).[531] Insoweit ist für die Praxis eine langjährige Diskussion darüber beendet worden, ob die Einziehung durch die Abfindungszahlung aufschiebend bedingt ist – sie ist es nach Auffassung des BGH *nicht*. Im Verhältnis zur Gesellschaft gilt der betroffene Gesellschafter jedoch wegen der Legitimationswirkung der Gesellschafterliste (§ 16 I 1 GmbHG; → Rn. 7) formell weiter als Gesellschafter und Inhaber des untergegangenen (→ Rn. 95) Geschäftsanteils, bis eine neue, die Einziehung reflektierende Liste im Handelsregister aufgenommen ist.[532] Diese Aufnahme kann der Gesellschafter für die Dauer eines Rechtsstreits über die Wirksamkeit der Einziehung verhindern, indem er im Wege des vorläufigen Rechtsschutzes eine einstweilige Verfügung erwirkt, die die Aufnahme verbietet.[533]

97 Ob und inwieweit der betroffene Gesellschafter für den verlorenen Geschäftsanteil als Ausgleich eine Abfindung erhält, kann bei einer freiwilligen Einziehung vertraglich geklärt werden.[534] Bei einer Zwangseinziehung ist die Frage meist in der Einziehungsklausel geregelt; fehlt eine solche Regelung, ist die Einziehungsklausel jedoch nicht unwirksam, sondern der Gesellschafter hat **Anspruch auf eine vollwertige Abfindung (Verkehrswert).**[535] Regelt der Gesellschaftsvertrag die Abfindung und liegt die Abfindung danach unter dem Verkehrswert oder ist sie gänzlich ausgeschlossen, muss im Einzelfall die Wirksamkeit der Regelung geprüft werden.[536]

97a Im Gläubigerinteresse darf eine **Abfindung nicht aus dem zur Erhaltung des Stammkapitals erforderlichen Vermögen** gezahlt werden (§ 34 III GmbHG i. V. m.

---

[529] Vgl. *Windbichler*, GesR, § 22 Rn. 25.

[530] Vgl. BGHZ 112, 103; ferner *K. Schmidt*, GesR, § 35 III 1c und IV 2a. Siehe auch die Ausführungen zur GbR, die hier entsprechend gelten (→ § 5 Rn. 131 f.).

[531] BGHZ 192, 236 = ZIP 2012, 422 (Leitsatz 1, Rn. 9 ff.); bestätigend BGHZ 210, 186 = ZIP 2016, 1160 (Rn. 22); siehe auch OLG Dresden ZIP 2016, 720, 721: keine gesonderte Mitteilung bei Anwesenheit des Gesellschafters bei der Beschlussfassung.

[532] BGHZ 220, 207 = ZIP 2019, 316 (Rn. 22 ff.); implizit BGHZ 222, 323 = ZIP 2019, 1521 (Rn. 35): negative Legitimationswirkung ab Aufnahme der neuen Liste unabhängig von der Wirksamkeit der Einziehung; diese Negativwirkung hindert indes nicht die Anfechtungsklage gegen die Einziehung; vgl. Rn. 41 m. w. N. sowie BGH ZIP 2020, 2513 (Rn. 35) und BGH ZIP 2021, 459 (Rn. 16).

[533] BGHZ 222, 323 = ZIP 2019, 1521 (Rn. 36 ff.) m. w. N.

[534] *K. Schmidt*, GesR, § 35 III 1d.

[535] Scholz/*H. P. Westermann*, GmbHG, § 34 Rn. 25.

[536] Vgl. dazu *K. Schmidt*, GesR, § 35 IV 2d und ausführlich Scholz/*H. P. Westermann*, GmbHG, § 34 Rn. 23, 29 ff.; ferner BGHZ 201, 65 = ZIP 2014, 1327 (Sittenwidrigkeit eines Abfindungsausschlusses bei Einziehung wegen grober Pflichtverletzung). Siehe auch die Ausführungen zur GbR, die hier entsprechend gelten (→ § 5 Rn. 135 ff.).

§ 30 I GmbHG).[537] Wie sonst auch bei § 30 GmbHG (→ Rn. 229) sind hierbei zum Schutz der Gläubiger ausschließlich die handelsbilanziellen Buchwerte maßgeblich; Verkehrswerte sowie stille Reserven (zum Begriff → Rn. 229) bzw. die Möglichkeit ihrer Auflösung bleiben unberücksichtigt.[538] Aufgrund des Kapitalerhaltungsgebots ist der Einziehungsbeschluss nach ständiger Rechtsprechung des BGH analog § 241 Nr. 3 AktG (zur Analogie → Rn. 125) wegen Verstoßes gegen § 30 I GmbHG nichtig, wenn bereits bei Beschlussfassung feststeht, dass die Gesellschaft die Abfindung auf dieser Grundlage nicht aus freiem, das Stammkapital nicht beeinträchtigenden Vermögen zahlen kann.[539] Lässt sich diese Feststellung nicht sicher treffen, ist der Einziehungsbeschluss wirksam, eine spätere Zahlung der Abfindung aber gleichwohl an §§ 34 III, 30 I GmbHG zu messen und danach der Gesellschaft ggf. mangels hinreichenden freien Vermögens verboten.[540]

Dies ist für den betroffenen Gesellschafter insofern misslich, als eine wirksam be- 97b
schlossene Einziehung unabhängig von der Abfindungszahlung wirksam wird (→ Rn. 96). Da der eingezogene Anteil zudem wirtschaftlich betrachtet den verbliebenen Gesellschaftern zuwächst, haften diese dem Ausgeschiedenen für die Abfindung, wenn die spätere Zahlung der Abfindung durch die Gesellschaft an § 30 I GmbHG scheitert und sie nicht für die Zulässigkeit der Zahlung sorgen.[541] Anknüpfungspunkt für die **persönliche Haftung der (Mit-)Gesellschafter für die Abfindung** ist dabei nach Ansicht des BGH ein treuwidriges Verhalten durch *Fortsetzung* der Gesellschaft unter Verzicht auf Maßnahmen, die eine Befriedigung des Abfindungsanspruchs ermöglichen würden (etwa die Auflösung stiller Reserven);[542] anderes gilt deshalb bei einer zeitnahen *Auflösung* der Gesellschaft, insbesondere durch Eröffnung des Insolvenzverfahrens.[543]

Auch wenn der Gesellschaftsvertrag keine Einziehungsklausel oder sonstige 98
„Ausschließungsklausel"[544] enthält, ist die Möglichkeit der **Ausschließung eines Gesellschafters aus wichtigem Grund** anerkannt, nämlich wenn in der Person des Gesellschafters ein Sachverhalt vorliegt, der eine Fortsetzung der Gesellschaft unter seiner Beteiligung als untragbar erscheinen lässt.[545] Weil die GmbH in der Regel

---

[537] Zu § 30 GmbHG → Rn. 226 ff. Zur Behandlung des Abfindungsanspruchs in der Insolvenz unter Berücksichtigung der haftungs- und kapitalerhaltungsrechtlichen Bindungen vgl. BGHZ 224, 235 = ZIP 2020, 511.

[538] BGH ZIP 2018, 1540 (Rn. 15 f.).

[539] BGH ZIP 2021, 459 (Rn. 23) m. w. N.; BGH ZIP 2018, 1540 (Rn. 13) m. w. N.; BGH ZIP 2009, 314 (Rn. 7); siehe auch BGHZ 192, 236 = ZIP 2012, 422 (Rn. 7); BGH ZIP 2011, 1104 (Rn. 13). Eine andere Frage ist, ob die Gesellschafter aus den Treuepflichten gehalten sind, den Nichtigkeitsgrund etwa durch die Auflösung stiller Reserven zu beseitigen; vgl. BGH ZIP 2018, 1540 (Rn. 17) und → Rn. 97b für den Fall eines zunächst wirksam gefassten Einziehungsbeschlusses.

[540] BGH ZIP 2018, 1540 (Rn. 16).

[541] Vgl. BGHZ 192, 236 = ZIP 2012, 422 (Leitsatz 2, Rn. 21 ff.); BGH ZIP 2018, 1540 (Rn. 16).

[542] BGH ZIP 2018, 1540 (Rn. 16).

[543] Näher BGHZ 210, 186 = ZIP 2016, 1160 (Rn. 21 ff.); kritisch *Altmeppen*, ZIP 2016, 1557; dagegen wiederum *Schneider*, ZIP 2016, 2141.

[544] Eine gesellschaftsvertragliche „Ausschließungsklausel" ist in der Regel eine Einziehungsklausel nach § 34 GmbHG, so dass sich das Verfahren und die Rechtsfolgen nach § 34 GmbHG richten; vgl. *K. Schmidt*, GesR, § 35 IV 2a. Zulässig ist aber auch eine Ausschließungsklausel, die keine Einziehungsklausel ist; so kann der Gesellschaftsvertrag z. B. ein zweistufiges Verfahren vorsehen: Ausschluss durch Gesellschafterbeschluss mit anschließender Verwertung des Geschäftsanteils. Verfahren und Rechtsfolgen bestimmen sich dann nach dem Gesellschaftsvertrag (vgl. z. B. BGH ZIP 2009, 314).

[545] *K. Schmidt*, GesR, § 35 IV 2b.

personalistisch geprägt ist, gleicht sie insoweit den Personengesellschaften, für die in den §§ 737 BGB, 140 HGB (ab 1.1.2024 §§ 727 BGB, 134 HGB n.F.) ein Ausschluss aus wichtigem Grund vorgesehen ist (→ § 5 Rn. 128ff.). Diese Vorschriften gelten bei der GmbH analog. Außerdem ergibt sich aus § 314 BGB das allgemeine Prinzip, dass die Parteien eines Dauerschuldverhältnisses dieses einseitig aus wichtigem Grund beenden können. Zwar lässt sich diese Vorschrift nicht direkt für den Ausschluss von Gesellschaftern fruchtbar machen, da es nicht um die Beendigung des Gesellschaftsvertrags, sondern um dessen Modifikation durch Ausschließung einer Vertragspartei geht. Jedoch ist diese Maßnahme ein Minus zur kompletten Beendigung und daher auch von der Vorschrift gedeckt.

99 Das **Ausschlussverfahren** beginnt mit einem **Gesellschafterbeschluss**, der nach der Rechtsprechung mit ¾-Mehrheit,[546] nach anderer Auffassung[547] mit einfacher Mehrheit gefasst werden muss. Obwohl es sich bei der Ausschließung um einen sog. Sozialakt[548] handelt, besteht **kein Stimmrecht des betroffenen Gesellschafters**, weil es um eine Maßnahme aus wichtigem Grund gegen ihn geht (→ Rn. 122). Anschließend muss die Gesellschaft analog § 140 HGB (ab 1.1.2024 § 134 HGB n.F.) eine **Ausschließungsklage** gegen den Gesellschafter erheben. Mit Rechtskraft des Ausschließungsurteils, das auch eine Regelung zur Abfindung des ausgeschlossenen Gesellschafters trifft, ruhen zwar die Mitgliedschaftsrechte des Gesellschafters; formal besteht der Geschäftsanteil aber weiter (kein automatischer Untergang und keine automatische Aufteilung auf die übrigen Gesellschafter).[549]

100 Der Ausschluss setzt deshalb noch den **Vollzug** voraus.[550] Er erfolgt entweder durch Einziehung des Geschäftsanteils oder durch Abtretung des Geschäftsanteils an die Gesellschaft oder eine andere Person (Gesellschafter oder externer Dritter).[551] Die Einziehung ist in diesem Fall auch ohne gesellschaftsvertragliche Bestimmung i.S.v. § 34 GmbHG zulässig. Die Einziehung scheidet aber ebenso wie die Abtretung an die Gesellschaft aus, wenn die Einlage auf den betreffenden Anteil nicht voll eingezahlt ist;[552] beide Wege sind auch dann nicht gangbar, wenn die Gesellschaft zur Zahlung der Abfindung (des Erwerbspreises) ihr Stammkapital antasten müsste.[553] In diesen Fällen bleibt nur, die Ausschließung durch Abtretung an eine andere Person zu vollziehen. Zu einer solchen Abtretung wird die GmbH durch das Ausschließungsurteil ermächtigt (§ 185 I BGB).[554] Es ist nicht erforderlich, dass die Entscheidung über den Vollzug gleichzeitig mit der Entscheidung über den Ausschluss erfolgt.[555]

---

[546] BGHZ 153, 285 = NJW 2003, 2314 = ZIP 2003, 395 (Leitsatz 1).

[547] *K. Schmidt*, GesR, § 35 IV 2c m.w.N.

[548] Der Begriff leitet sich aus dem betroffenen Gesellschaftsverhältnis (Sozialverhältnis) ab.

[549] BGH ZIP 2020, 1757 (Rn. 23); *K. Schmidt*, GesR, § 35 IV 2c; teilweise wird der Geschäftsanteil auch für (vorübergehend) trägerlos gehalten, siehe etwa Scholz/*Seibt*, GmbHG, Anh. § 34 Rn. 52.

[550] Vgl. *Gehrlein*, BB 2004, 2361, 2367.

[551] Vgl. *Windbichler*, GesR, § 22 Rn. 27; nach einer wirksamen Einziehung des Geschäftsanteils ist eine Teilung und Abtretung aber nicht mehr möglich (OLG Dresden ZIP 2016, 720).

[552] Zur Einziehung → Rn. 95ff., zur Abtretung an die Gesellschaft siehe § 33 I GmbHG. Den Ausschluss als solchen (ohne parallele Entscheidung über die Verwertung) hindert die fehlende Einzahlung aber jedenfalls dann nicht, wenn die Einlage fällig ist; vgl. BGH ZIP 2020, 1757.

[553] Zur Einziehung vgl. § 34 III GmbHG (→ Rn. 97a), zur Abtretung an die Gesellschaft § 33 II GmbHG; zur Anwendbarkeit dieser Kapitalerhaltungsregeln auch bei Ausschlussverfahren vgl. BGH ZIP 2011, 1104 (Rn. 19).

[554] *K. Schmidt*, GesR, § 35 IV 2c.

[555] BGH ZIP 2020, 1757 (Rn. 11ff.).

Die im Ausschließungsurteil zu regelnde **Abfindung** des betroffenen Gesellschafters bemisst sich **nach dem Verkehrswert** seines Anteils.[556] Nach der älteren Rechtsprechung des BGH steht die Wirksamkeit des im Urteil ausgesprochenen Ausschlusses *und* einer etwaigen Einziehung, durch die dieser Ausschluss vollzogen wird, unter der aufschiebenden Bedingung der Zahlung der Abfindung, wenn dem Gesellschaftsvertrag nichts anderes entnommen werden kann.[557] Für den Ausschluss auf Grundlage einer gesellschaftsvertraglichen Einziehungsklausel hat der BGH jedoch inzwischen umgekehrt entschieden, dass die Einziehung nicht erst mit Zahlung der Abfindung wirksam wird (→ Rn. 96). Insofern ist zumindest zweifelhaft, ob der BGH für die Ausschließungsklage an der „Bedingungslösung" festhält, auch wenn er in seinem Urteil zur Einziehung betont, dass der von einer Ausschließungsklage Betroffene schutzwürdiger sei als ein Gesellschafter, der einer Ausschlussregelung im Gesellschaftsvertrag zugestimmt hat.[558] 101

⇨ *Fall Nr. 13 – Da waren es (bald) nur noch zwei*

cc) **Austritt aus der Gesellschaft**

Ein Gesellschafter kann nicht nur aus wichtigem Grund aus der Gesellschaft ausgeschlossen werden, sondern ebenso ist – auch ohne Satzungsgrundlage – ein **Austritt aus wichtigem Grund** möglich.[559] Dies setzt voraus, dass ihm der weitere Verbleib in der Gesellschaft unzumutbar ist (vgl. auch § 314 BGB). Der Austritt ist – als letztes reguläres Mittel – subsidiär gegenüber anderen, weniger einschneidenden Möglichkeiten der Problemlösung,[560] etwa einer Anteilsveräußerung (auch zu ungünstigen Bedingungen), nicht aber gegenüber einer Auflösungsklage gemäß § 61 GmbHG;[561] diese ist vielmehr ihrerseits *ultima ratio*.[562] Der Austritt aus wichtigem Grund erfolgt durch **einseitige empfangsbedürftige Erklärung** gegenüber der Gesellschaft. Eine Klage ist also nicht erforderlich. Wie die Ausschließung so führt auch der Austritt nicht zum automatischen Verlust des Geschäftsanteils, sondern ein Vollzug des Austritts ist erforderlich. Er kann wiederum durch Einziehung oder Abtretung des Geschäftsanteils erfolgen.[563] 102

2. Die Organe der GmbH

Wie die AG braucht auch die GmbH als juristische Person Organe, um intern einen Willen zu bilden und nach außen handeln zu können. Eine GmbH hat mindestens zwei Organe, die Gesellschafterversammlung und den/die Geschäftsführer. Daneben kann freiwillig ein Aufsichtsrat gebildet werden (§ 52 GmbHG). In Gesell- 103

[556] *K. Schmidt*, GesR, § 35 IV 2d.

[557] BGHZ 9, 157, 174; bei einer Abtretung des Geschäftsanteils anstelle seiner Einziehung wird eine aufschiebende Bedingung meist aus dem Vertrag über die Abtretung folgen.

[558] BGHZ 192, 236 = ZIP 2012, 422 (Rn. 16 a. E.); für die Übertragung der Rechtsprechung zur Einziehung auf die Ausschließungsklage MüKoGmbHG/*Strohn*, § 34 Rn. 170 ff. (insbes. Rn. 174).

[559] Vgl. BGH ZIP 2014, 873 (Leitsatz 1); *K. Schmidt*, GesR, § 35 IV 3b. Ein Austritt ohne wichtigen Grund ist (nur) möglich, wenn die Gesellschaft den Austritt annimmt; vgl. BGH ZIP 2014, 873 (Leitsatz 2).

[560] Vgl. BGH ZIP 2014, 878 (Leitsatz 1).

[561] *K. Schmidt*, GesR, § 35 IV 3b.

[562] Scholz/*Cziupka*, GmbHG, § 61 Rn. 7.

[563] Vgl. BGH ZIP 2014, 873 (Leitsatz 3) zu einem von der Gesellschaft angenommenen Austritt ohne wichtigen Grund; siehe ferner *K. Schmidt*, GesR, § 35 IV 3d, auch zum „Status" der Mitgliedschaftsrechte zwischen Austrittserklärung und Einziehung/Abtretung; zu Letzterem ferner BGH ZIP 2010, 324.

schaften, die der Unternehmensmitbestimmung unterliegen (→ § 3 Rn. 82), ist ein Aufsichtsrat zwingend.

a) Gesellschafterversammlung

104 In der Gesellschafterversammlung als **obersten Organ der GmbH** erfolgt die Willensbildung der Gesellschafter (§ 48 I GmbHG). Der Abhaltung einer Versammlung bedarf es (nur dann) nicht, wenn sich sämtliche Gesellschafter in Textform mit der zu treffenden Bestimmung oder mit der schriftlichen Abgabe der Stimmen einverstanden erklären (§ 48 II GmbHG).

aa) Kompetenzen

105 Bestimmte Beschlussgegenstände (sog. **Grundlagenentscheidungen**) sind der Gesellschafterversammlung zwingend zugewiesen:
- die Einforderung von Nachschüssen (§ 26 I GmbHG);
- Satzungsänderungen (§ 53 I GmbHG);
- die Auflösung der Gesellschaft (§ 60 I Nr. 2 GmbHG);
- Umwandlungen nach dem UmwG.

106 Welche sonstigen Gegenstände eines Gesellschafterbeschlusses bedürfen, bestimmt sich vorrangig nach dem Gesellschaftsvertrag (§ 45 I GmbHG). Trifft dieser keine Bestimmung, gilt zunächst § 46 GmbHG (vgl. § 45 II GmbHG). Danach gehören zu den Aufgaben der Gesellschafterversammlung unter anderem:
- die Feststellung des Jahresabschlusses und die Verwendung des Ergebnisses (Nr. 1);
- die Einforderung von Einzahlungen auf die Stammeinlagen (Nr. 2);
- die Teilung, Zusammenlegung und Einziehung von Geschäftsanteilen (Nr. 4);
- die Bestellung und Abberufung von Geschäftsführern sowie deren Entlastung (Nr. 5);
- die Prüfung und Überwachung der Geschäftsführung (Nr. 6);
- die Bestellung von Prokuristen und Handlungsbevollmächtigten (Nr. 7);
- die Geltendmachung von Ersatzansprüchen, welche der Gesellschaft aus der Gründung oder Geschäftsführung gegen Geschäftsführer oder Gesellschafter zustehen, sowie die Vertretung der Gesellschaft in Prozessen, welche sie gegen die Geschäftsführer zu führen hat (Nr. 8).[564]

107 Die Aufzählung in § 46 GmbHG ist *nicht* abschließend. Vielmehr ist die **Zuständigkeit** der Gesellschafterversammlung grundsätzlich **allumfassend** und **betrifft sämtliche Belange der Gesellschaft** (näher → Rn. 136).[565] So können die Gesellschafter vorbehaltlich einer abweichenden Satzungsregel zum Beispiel auch Beschlüsse zu einzelnen Fragen der Geschäftsführung treffen, etwa zum Abschluss eines Vertrags mit einem Lieferanten. Dies ergibt sich auch aus § 37 I GmbHG, wonach der Geschäftsführer Vorgaben beachten muss, die sich aus Beschlüssen der Gesellschafter ergeben.

bb) Einberufung

108 Wie die Kompetenzen der Gesellschafterversammlung so können die Gesellschafter auch das Verfahren ihrer Einberufung abweichend vom Gesetz regeln (§ 45 GmbHG). Fehlt eine solche Regelung, gelten die §§ 49–51 GmbHG:

---

[564] Zu Letzterem näher BGHZ 222, 323 = ZIP 2019, 1521 (Rn. 30, 52): Vertretung durch *andere(n)* Geschäftsführer, solange die Gesellschafterversammlung von ihrer Befugnis keinen oder nicht wirksam Gebrauch macht.

[565] *K. Schmidt*, GesR, § 36 III 2a.

109 Die Einberufung der Gesellschafterversammlung erfolgt durch die Geschäftsführer mittels eingeschriebener Briefe und mit einer Mindestfrist von einer Woche (§§ 49 I, 51 I GmbHG). Der Geschäftsführer hat die Gesellschafterversammlung in den ausdrücklich bestimmten Fällen sowie dann einzuberufen, wenn es im Interesse der Gesellschaft erforderlich ist (§ 49 II GmbHG). Ausdrücklich bestimmt sein kann die Pflicht vor allem im Gesellschaftsvertrag. Eine gesetzliche Pflicht ist anzunehmen, wenn über einen Jahresabschluss beschlossen werden muss.[566] Außerdem besteht eine gesetzliche Pflicht, wenn sich aus der Bilanz ergibt, dass die Hälfte des Stammkapitals verloren ist (§ 49 III GmbHG). Schließlich können Gesellschafter, deren Geschäftsanteile zusammen 10% des Stammkapitals ausmachen, die Einberufung verlangen (§ 50 I GmbHG) und – falls sich der Geschäftsführer weigert – auch selbst einberufen (§ 50 III I GmbHG).

110 Jede Einberufung sollte eine **Tagesordnung** enthalten (§ 51 II GmbHG). Es genügt aber auch, wenn sie wenigstens drei Tage vor der Versammlung in der Form der Einberufung mitgeteilt wird (§ 51 IV GmbHG). Gesellschafter, die zusammen 10% des Stammkapitals halten, können verlangen, dass bestimmte Punkte auf die Tagesordnung genommen werden (§ 50 II GmbHG). Werden die Vorschriften über die Einberufung verletzt, können Gesellschafterbeschlüsse nur gefasst werden, wenn sämtliche Gesellschafter anwesend sind (§ 51 III GmbHG).

⇨ *Fall Nr. 14 – Versammeln schwer gemacht*

cc) Beschlussfassung

111 Die Willensbildung in der Gesellschafterversammlung erfolgt durch Beschluss, der ein mehrseitiges Rechtsgeschäft ist.[567]

aaa) Allgemeine Grundlagen

112 Das Gesetz enthält keine Regelung über die **Beschlussfähigkeit** der Gesellschafterversammlung. Es entspricht daher allgemeiner Meinung, dass die Gesellschafterversammlung auch dann beschlussfähig ist, wenn nur ein einziger Gesellschafter anwesend ist.[568] Um dies zu verhindern, enthalten Gesellschaftsverträge in der Praxis häufig Bestimmungen zur Beschlussfähigkeit, deren Verletzung allerdings nur die Anfechtbarkeit und nicht die Nichtigkeit eines Beschlusses zur Folge hat.[569]

113 Für eine wirksame Beschlussfassung genügt grundsätzlich eine **einfache Kapitalmehrheit** der abgegebenen Stimmen (§ 47 I, II GmbHG). Bei Änderungen des Gesellschaftsvertrags (Satzungsänderung → Rn. 23) bedarf der Beschluss ausnahmsweise zwingend einer ¾-Mehrheit (§ 53 II 1 GmbHG). Der Beschluss muss grundsätzlich *nicht* schriftlich fixiert werden, sondern ist formlos möglich. Das Gesetz schreibt nur dann eine Form vor, wenn sich alle Geschäftsanteile der Gesellschaft in einer Hand befinden (Niederschrift gemäß § 48 III GmbHG) oder eine Satzungsänderung erfolgt (notarielle Beurkundung gemäß § 53 II 1 GmbHG). Während ein Verstoß gegen § 53 II 1 GmbHG zwingend zur Nichtigkeit der Satzungsänderung führt, sind die Folgen eines Verstoßes gegen § 48 III GmbHG unklar.[570]

114 In der Praxis werden Beschlüsse selten formlos gefasst: Regelmäßig wird über die Versammlung ein **Protokoll** geführt, das die gefassten Beschlüsse dokumentiert.

---

[566] *K. Schmidt*, GesR, § 36 III 3a; zum Prozedere → Rn. 85.
[567] Siehe dazu allgemein *Bitter/Röder*, BGB AT, § 5 Rn. 9.
[568] Vgl. nur Scholz/*Seibt*, GmbHG, § 48 Rn. 43.
[569] Vgl. BGH ZIP 1989, 634 unter 2. a) der Gründe; OLG Stuttgart ZIP 2011, 2406; näher zu Beschlussmängeln → Rn. 125 f.
[570] Zu § 48 III vgl. Scholz/*Seibt*, GmbHG, § 48 Rn. 73.

Darüber hinaus stellt ein Versammlungsleiter das Beschlussergebnis in der Regel förmlich fest und verkündet es. Dies hat – wie bei der AG (→ § 3 Rn. 111) – zur Folge, dass der Beschluss vorläufig verbindlich mit dem festgestellten Inhalt gefasst ist (Annahme oder Ablehnung des Beschlussantrags), auch wenn dies nicht dem tatsächlichen Verhältnis von (wirksamen) Ja- und Nein-Stimmen bzw. den konkreten Mehrheitserfordernissen entspricht oder der Beschluss an sonstigen formellen oder materiellen Mängeln leidet; diese Fehler können dann nur mittels Nichtigkeits- oder Anfechtungsklage (→ Rn. 126) geltend gemacht werden und bis zur Entscheidung darüber ist der Beschluss als gültig zu behandeln.[571] Die **Feststellungskompetenz des Versammlungsleiters** ist nicht dadurch gehindert, dass er – wie oft in GmbH-Fällen – persönlich von dem Beschluss betroffen ist.[572]

115 In der **Stimmabgabe** ist der Gesellschafter grundsätzlich frei. Nur im Einzelfall kann sich aus der Treuepflicht die Verpflichtung ergeben, in einer bestimmten Weise abzustimmen, wenn eine Maßnahme zur Vermeidung erheblicher Verluste unabweisbar erforderlich und die Zustimmung dem Gesellschafter auch unter Berücksichtigung seiner schutzwürdigen Belange zumutbar ist (→ § 5 Rn. 91 zur GbR).[573] Eine treuwidrige Stimmabgabe macht die Stimme unwirksam; sie darf bei der Stimmenauszählung nicht mitgezählt werden.[574]

bbb) Stimmverbote

116 Das Recht zur Teilnahme an der Gesellschafterversammlung ist im Kern unentziehbar.[575] Demgegenüber kann das Stimmrecht eines Gesellschafters im Einzelfall ausgeschlossen sein, wenn eine Beschlussfassung aufgrund ihres Gegenstandes auch seine eigenen (persönlichen/außergesellschaftlichen) Interessen berührt.[576] Da jedoch der Einfluss von Eigeninteressen auf die Entscheidung eines Gesellschafters über sein Stimmverhalten im Grundsatz verständlich und nicht per se für die Gesellschaft nachteilig ist und überdies eine Kontrolle der Stimmrechtsausübung anhand der Treuepflichten erfolgt (→ Rn. 115), führt noch nicht jeder (irgendwie geartete) Interessenkonflikt zu einem Stimmverbot.[577] Ein solches besteht vielmehr erst dann, wenn aufgrund des konkreten Interessenkonflikts im Hinblick auf den in Frage stehenden Abstimmungsgegenstand *typischerweise*[578] damit zu rechnen ist, dass der Gesellschafter bei der Stimmabgabe die Gesellschaftsinteressen hintanstellen wird und sich stattdessen von seinen persönlichen Interessen leiten lässt.[579] Denn bei einer solchen **Verfolgung „gesellschaftsfremder" Individualinteressen** besteht die Gefahr, dass eine Willensbildung zum Nachteil der Gesamtheit der Gesellschafter erfolgt. Da ein Gegensatz zwischen den Interessen eines Einzelnen und der Gesell-

---

[571] Vgl. BGHZ 222, 323 = ZIP 2019, 1521 (Rn. 31); ferner *K. Schmidt*, GesR, § 36 III 3c; Scholz/*Seibt*, GmbHG, § 48 Rn. 53; siehe aber auch KG ZIP 2016, 422 zu einem *ad hoc* bestellten Versammlungsleiter.

[572] OLG München ZIP 2017, 1467, 1468 f. m.w.N. (str.). Bei der Abstimmung über die (Ab-)Berufung des Versammlungsleiters (für bestimmte Tagesordnungspunkte) wegen eines Interessenkonflikts unterliegt er keinem Stimmverbot; vgl. BGH ZIP 2010, 1640.

[573] Sehr zurückhaltend BGH ZIP 2016, 1220 – Media/Saturn m. Bespr. *Paefgen*, ZIP 2016, 2293; zust. OLG München ZIP 2016, 1832; OLG Brandenburg ZIP 2017, 1417, 1421.

[574] Scholz/*K. Schmidt*, GmbHG, § 47 Rn. 32.

[575] Vgl. Scholz/*Seibt*, GmbHG, § 48 Rn. 13 ff., 18.

[576] Vgl. hierzu und zum Folgenden *K. Schmidt*, GesR, §§ 21 II 2, 36 III 3b; instruktiv mit vielen Fallbeispielen *Heckschen*, GmbHR 2016, 897 ff.

[577] Siehe BGH ZIP 2012, 917 (Rn. 33); BGH ZIP 2018, 2024 (Rn. 26); LSG Stuttgart ZIP 2017, 922, 927.

[578] Siehe zu diesem Erfordernis speziell BGH ZIP 2012, 917 (Rn. 33) zur GbR.

[579] BGH ZIP 2010, 1640 (Rn. 16).

schaftergesamtheit jedoch nicht denkbar ist, wenn es nur einen Gesellschafter gibt, und die Stimmverbote nicht dem Schutz der Gläubiger dienen, scheidet ein Stimmverbot in der Einmann-GmbH grundsätzlich aus.[580] Aus ähnlichen Gründen gilt in der Regel kein Stimmverbot, wenn alle Gesellschafter von einer Entscheidung gleichermaßen betroffen sind.[581] Ist die Befangenheit gleichartig, ist die Interessenlage aller Gesellschafter im Verhältnis zur Gesellschaft nicht anders als die eines Alleingesellschafters; ein allseitiges Stimmverbot würde außerdem zur Beschlussunfähigkeit der Versammlung führen.[582]

117 Vorbehaltlich dieser Sonderfälle gibt es zwei (Grund-)Konstellationen, in denen sich ein Gesellschafter typischerweise anstatt vom Gesellschaftsinteresse von seinem Eigeninteresse leiten lässt: Zum einen, wenn die Beschlussfassung eine Maßnahme betrifft, bei der der Gesellschafter (auch) als „andere Seite" beteiligt ist; ähnlich der Vorschrift des § 181 BGB besteht daher ein grundsätzliches **Verbot des Insichgeschäfts**. Zum anderen gibt der Gesellschafter seinen persönlichen Interessen typischerweise den Vorrang, wenn er in eigener Sache richtet. Daraus ergibt sich als allgemeiner Grundsatz das **Verbot, „Richter in eigener Sache" zu sein**.

118 In diese Grundtatbestände lassen sich die in § 47 IV GmbHG gesetzlich geregelten Stimmverbote einordnen. Nach § 47 IV GmbHG besteht ein Stimmverbot bei einem Beschluss über:
- die Entlastung des Gesellschafters;[583]
- die Befreiung des Gesellschafters von einer Verbindlichkeit;
- die Vornahme eines Rechtsgeschäfts gegenüber dem Gesellschafter;[584]
- die Einleitung oder Erledigung eines Rechtsstreits gegenüber dem Gesellschafter (wovon nach herrschender Auffassung[585] auch die außergerichtliche Geltendmachung von Ansprüchen erfasst ist).[586]

119 Bei dem Stimmverbot für Entscheidungen über die Befreiung von einer Verbindlichkeit und die Vornahme eines Rechtsgeschäfts handelt es sich um einen Anwendungsfall des Verbots des Insichgeschäfts, während ein Gesellschafter in eigener Sache richten würde, wenn er bei der Entscheidung über seine Entlastung mitstimmen dürfte; das Stimmverbot für Entscheidungen über die Einleitung/Erledigung eines Rechtsstreites ist von beiden Gedanken getragen.[587]

119a Ob sich über diese gesetzlich geregelten Fälle hinaus Stimmverbote (allein) aus den beiden zuvor beschriebenen Grundtatbeständen ableiten lassen, ist umstritten

---

580 Vgl. BGH ZIP 2011, 1508; *Heckschen*, GmbHR 2016, 897, 904 f.

581 Vgl. OLG Brandenburg ZIP 2017, 1417, 1420; *Heckschen*, GmbHR 2016, 897, 904 f. mit weiterer Bereichsausnahme: Vorbereitung durch (Ab-)Berufung des Versammlungsleiters.

582 Scholz/*K. Schmidt*, GmbHG, § 47 Rn. 106.

583 Hierunter fällt naturgemäß auch ein Beschluss über die Versagung der Entlastung; vgl. BGHZ 220, 207 = ZIP 2019, 316 (Rn. 53 ff.).

584 Dem Gesellschafter kann eine von ihm beherrschte Gesellschaft gleichstehen; vgl. OLG Brandenburg ZIP 2017, 1417, 1420 f.

585 Siehe etwa Noack/Servatius/Haas/*Noack*, GmbHG, § 47 Rn. 93.

586 Ausführlich mit Fallbeispielen zu allen vier Tatbeständen *Heckschen*, GmbHR 2016, 897, 899 ff.

587 Zur – nicht vollständig klaren – Kategorisierung der Tatbestände des § 47 IV GmbHG vgl. Scholz/*K. Schmidt*, GmbHG, § 47 Rn. 109, 123, 126, 133 sowie zur GbR BGH ZIP 2012, 917 (Rn. 16), wo auch das Stimmverbot bei einer Entscheidung über die Befreiung des Gesellschafters von einer Verbindlichkeit dem Verbot des Richtens in eigener Sache zugeordnet wird; in diesem Sinne auch BGH ZIP 2018, 2024 (Rn. 26) zur KG; allgemein kritisch zur Kategorisierung des § 47 IV GmbHG anhand der zwei Grundkonstellationen Noack/Servatius/Haas/*Noack*, GmbHG, § 47 Rn. 76.

und wird aus Gründen der Rechtssicherheit verschiedentlich abgelehnt, insbesondere weil anerkanntermaßen nicht jeder Interessenkonflikt genügt (→ Rn. 116) und die Abgrenzung außerhalb gesetzlicher Tatbestände schwierig ist; jedenfalls eine analoge Anwendung der gesetzlichen Regelungen nach allgemeinen methodischen Grundsätzen bzw. deren weite Auslegung sollte aber (in Grenzen) möglich sein.[588]

120 Für das (gesetzliche) *Verbot des Insichgeschäfts* ist zu beachten, dass es weder direkt noch entsprechend gilt, wenn das Geschäft, bei dem der Gesellschafter die andere Seite bildet, ein korporatives, auf die Mitgliedschaft in der Gesellschaft bezogenes Geschäft ist (sog. **Sozialakte**).[589] § 47 IV GmbHG ist in diesen Fällen daher teleologisch zu reduzieren, wenn sein Wortlaut einschlägig ist. Hinter dieser Ausnahme steht der Gedanke, dass die – gesetzlich intendierte (vgl. § 45 I GmbHG) – Organisationsherrschaft der Gesellschafter zu stark eingeschränkt würde, wenn sie von der Beschlussfassung über alle korporativen Geschäfte ausgeschlossen wären, bei denen sie „Geschäftsgegner" sind. Man denke hier vor allem an die typische, personalistisch geprägte GmbH und die dabei charakteristische persönliche Beteiligung des Mehrheitsgesellschafters. Im Übrigen – so der BGH – stehen bei Sozialakten regelmäßig die Mitverwaltungsrechte im Vordergrund, während das Eigeninteresse des Gesellschafters in den Hintergrund tritt.[590]

121 **Beispiel:** A ist mit 60 %, B und C sind jeweils mit 20 % an einer GmbH beteiligt. In der Gesellschafterversammlung soll darüber beschlossen werden, ob die GmbH ein dem A gehörendes Gebäude für den Geschäftsbetrieb anmieten soll. Bei der Abstimmung ist A – soweit nicht im Gesellschaftsvertrag eine andere Regelung getroffen wurde (→ Rn. 124) – mit seinem Stimmrecht ausgeschlossen. Anders lägen die Dinge bei einer Abstimmung über die Bestellung des Geschäftsführers (vgl. § 46 Nr. 5 GmbHG): A kann mit seinen eigenen Stimmen zum Geschäftsführer gewählt werden.[591] Würde man ihm insoweit unter dem Gesichtspunkt des Insichgeschäfts ein Stimmverbot auferlegen, könnte A trotz Kapitalmehrheit und damit entgegen dem Grundprinzip der Kapitalgesellschaft die Herrschaft in der GmbH nicht übernehmen. Das Gleiche würde gelten, wenn A nach seiner Bestellung zum Geschäftsführer bei Beschlüssen über die Erteilung von Weisungen an die Geschäftsführung nicht mitstimmen dürfte.[592]

122 Das (gesetzliche) *Verbot des Richtens in eigener Sache* gilt hingegen allgemein. Auch bei einem korporativen Rechtsgeschäft (Sozialakt) ist also ein Gesellschafter vom Stimmrecht ausgeschlossen, wenn er durch seine Stimmabgabe in eigener Sache richten würde.[593] Ob ein Gesellschafter „in eigener Sache richten" würde, ist grundsätzlich jeweils im Einzelfall zu bestimmen. Maßgeblich ist insbesondere, ob der Beschluss darauf abzielt, ein Verhalten des Gesellschafters oder in seiner Person liegende Umstände zu billigen oder zu missbilligen.[594] Insofern lässt sich allgemein sagen, dass das Verbot einschlägig ist, wenn über eine (korporative oder nicht korporative) **Maßnahme gegen den Gesellschafter aus wichtigem Grund** abzustimmen ist. Dann nämlich geht es darum, aus bestimmten, dem Gesellschafter zurechenba-

---

[588] Vgl. zum Ganzen Noack/Servatius/Haas/*Noack*, GmbHG, § 47 Rn. 76; *Altmeppen*, GmbHG, § 47 Rn. 91f.; MüKoGmbHG/*Drescher*, § 47 Rn. 130ff.; BeckOK GmbHG/*Schindler*, § 47 Rn. 104 ff.

[589] BGHZ 190, 45 = ZIP 2011, 1465 (Rn. 15 f.) m. w. N.; LSG Stuttgart ZIP 2017, 922, 927; *Heckschen*, GmbHR 2016, 897, 902 f.; ferner OLG Brandenburg ZIP 2017, 1417, 1419 ff.

[590] Vgl. BGHZ 190, 45 = ZIP 2011, 1465 (Rn. 16).

[591] Das Gleiche gilt bei der Bestellung zum Prokuristen gemäß § 46 Nr. 7 GmbHG (OLG München ZIP 2017, 1467, 1472).

[592] Dazu LSG Stuttgart ZIP 2017, 922, 927 f.

[593] Vgl. BGHZ 190, 45 = ZIP 2011, 1465 (Rn. 15).

[594] Vgl. BGHZ 220, 207 = ZIP 2019, 316 (Rn. 54).

ren Sachverhalten Konsequenzen zu ziehen (Sanktionscharakter); die Entscheidung weist folglich ein Element des Richtens in Form der Missbilligung auf.

Beispiel: Veruntreut der mit 60 % beteiligte A im Rahmen der Geschäftsführung Gelder der GmbH, kann er nicht verhindern, dass B und C ihn gegen seinen Willen aus wichtigem Grund als Geschäftsführer abberufen und/oder seinen Anstellungsvertrag kündigen, weil er insoweit einem Stimmverbot unterliegt, das auf dem Verbot des Richtens in eigener Sache beruht.[595] Nichts anderes gilt, wenn darüber beschlossen werden soll, ob ein mit A bestehender Mietvertrag über ein Grundstück aus wichtigem Grund gekündigt und aus dem Vorgang Schadensersatzansprüche gegen A geltend gemacht werden sollen. Allerdings folgt das Stimmverbot in diesen zuletzt genannten Fällen daneben auch aus § 47 IV 2 Alt. 1 bzw. Alt. 2 GmbHG (vgl. zum darin u. a. geregelten Verbot des Insichgeschäfts → Rn. 119). Bei der Kündigung des Mietvertrags geht es nämlich um die Vornahme eines Rechtsgeschäfts und bei der Schadensersatzforderung um die Einleitung eines Rechtsstreits gegenüber dem Gesellschafter, und beide Maßnahmen haben ihre Grundlage nicht im Gesellschaftsverhältnis (kein Sozialakt). 123

Nicht einschlägig ist die Ausnahme für Sozialakte (→ Rn. 120) auch für das Stimmverbot betreffend die Entscheidung über die Einleitung oder Erledigung eines Rechtsstreits gegenüber einem Gesellschafter; jenes Stimmverbot gilt also unabhängig davon, ob der Rechtsstreit im Gesellschaftsverhältnis oder einem Drittgeschäft wurzelt.[596] Hintergrund ist der Umstand, dass jenes Stimmverbot nicht nur vom Gedanken des verbotenen Insichgeschäfts, sondern zugleich auch vom Verbot des Richtens in eigener Sache geprägt ist (→ Rn. 119) und in Bezug auf den zweitgenannten Aspekt gerade keine Ausnahme bei Sozialakten gemacht wird (→ Rn. 122). 123a

Der **personelle Anwendungsbereich** der Stimmverbote bezieht sich nach dem Wortlaut des § 47 IV GmbHG nur auf die Gesellschafter selbst. Die Regelung wird jedoch auf rechtsgeschäftliche und organschaftliche Vertreter der Gesellschafter und Parteien kraft Amtes (Testamentsvollstrecker, Insolvenzverwalter und Betreuer) ausgedehnt, in bestimmten Fällen ferner auf eine Gesellschaft des dem Stimmverbot unterliegenden Gesellschafters bzw. umgekehrt auf den Gesellschafter einer dem Stimmverbot unterliegenden Gesellschaft.[597] 123b

Nach einhelliger Auffassung ist § 47 IV GmbHG insofern **dispositiv**, als der Gesellschaftsvertrag über die vorgesehenen Stimmverbote hinausgehen kann. Noch nicht abschließend geklärt ist demgegenüber, in welchem Maße der Gesellschaftsvertrag die Stimmverbote des § 47 IV GmbHG abbedingen kann.[598] Die wohl stringenteste Position vertritt hier *K. Schmidt*, der das Verbot des Insichgeschäfts für disponibel hält (wie dies allgemein auch § 181 BGB gestattet), während das Verbot, Richter in eigener Sache zu sein, zwingend sei.[599] Der BGH hat bisher entschieden, dass § 47 IV GmbHG zwingendes Recht enthält, soweit die Vorschrift Entlastungsbeschlüsse betrifft.[600] 124

⇨ *Fall Nr. 14 – Versammeln schwer gemacht*

dd) Fehlerhafte Beschlüsse

Eine Regelung über fehlerhafte Gesellschafterbeschlüsse enthält das GmbHG nicht. Daher werden bei der GmbH die Regeln über die Unwirksamkeit, Nichtigkeit und/oder Anfechtbarkeit von Beschlüssen der Hauptversammlung einer AG (§§ 241 ff. 125

---

[595] Vgl. dazu allgemein BGH ZIP 2017, 1065 (Rn. 10) m. w. N.

[596] BeckOK GmbHG/*Schindler*, § 47 Rn. 121 m. w. N.

[597] Ausführlich mit Fallbeispielen *Heckschen*, GmbHR 2016, 897, 905 ff.; zur nicht ohne Weiteres möglichen Ausdehnung auf Ehegatten des Gesellschafters vgl. BGH ZIP 2018, 2024 (Rn. 27) m. w. N.

[598] Streitstand bei *Heckschen*, GmbHR 2016, 897, 910 ff.

[599] *K. Schmidt*, GesR, § 21 II 2c; Scholz/*K. Schmidt*, GmbHG, § 47 Rn. 173; siehe ferner Noack/Servatius/Haas/*Noack*, GmbHG, § 47 Rn. 106.

[600] BGHZ 108, 21.

AktG; → § 3 Rn. 119 ff.) entsprechend angewandt, wobei jedoch stets die Besonderheiten der GmbH zu beachten sind.[601] So kann die Monatsfrist des § 246 I AktG zur Erhebung der *Anfechtungs*klage[602] im Einzelfall zu kurz sein; dann ist nur eine Klage „binnen angemessener Frist" zu verlangen.[603] Grundsätzlich ist die Monatsfrist aber zu beachten,[604] wobei freilich noch offen ist, welche Ausstrahlungswirkung die Einführung einer Drei-Monats-Frist im neuen Beschlussmängelrecht der Personengesellschaften (→ § 6 Rn. 30i) entfalten wird.[605] Außerdem kann in Abweichung von § 245 Nr. 1 AktG auch ein Gesellschafter klagen, der nicht bei der Gesellschafterversammlung anwesend war (vgl. zur oHG ab 1.1.2024 ebenso § 111 I HGB n.F.; → § 6 Rn. 30i).[606] Dies wirft dann freilich Fragen nach dem Fristbeginn auf (vgl. zur oHG ab 1.1.2024 § 112 II HGB n.F.).[607]

126 Im Hinblick darauf, wie ein Beschlussmangel konkret geltend zu machen ist, bestehen keine Unterschiede zur AG, wenn – wie in der Regel (→ Rn. 114) – ein wirksam bestellter[608], mit entsprechender Kompetenz ausgestatteter[609] Versammlungsleiter das Abstimmungsergebnis förmlich feststellt und verkündet. Dann ist gegen den mit dem festgestellten Inhalt gefassten Beschluss mittels einer **Nichtigkeits- oder Anfechtungsklage** (ggf. in Verbindung mit einer positiven Beschlussfeststellungsklage) vorzugehen.[610] Fehlt es jedoch im Einzelfall an einem Versammlungsleiter mit entsprechender „Feststellungskompetenz" oder jedenfalls an einer förmlichen Feststellung des Beschlussergebnisses durch diesen, ist eine Nichtigkeits- oder Anfechtungsklage nicht möglich; vielmehr ist allgemein und ohne Bindung an eine Frist auf die Feststellung zu klagen (§ 256 ZPO), dass ein zustimmender Beschluss (nicht) zustande gekommen ist.[611] In diesem Fall können also auch Anfechtungsgründe dauerhaft bis zur Grenze der Verwirkung geltend gemacht werden. Die nicht fristgebundene allgemeine **Feststellungsklage** ist ferner – wie im Aktienrecht (→ § 3 Rn. 123) – das Mittel der Wahl bei von vorneherein unwirksamen Beschlüssen, insbesondere solchen, bei denen die für die Wirksamkeit erforderliche Zustimmung einzelner Gesellschafter fehlt.[612]

⇨ *Fall Nr. 14 – Versammeln schwer gemacht*

---

[601] *Windbichler*, GesR, § 22 Rn. 17; ferner BGH ZIP 2016, 817 (Rn. 20) m.w.N.; zur Schiedsfähigkeit von Beschlussmängelstreitigkeiten bei der GmbH vgl. BGHZ 180, 221 = ZIP 2009, 1003 – Schiedsfähigkeit II; BGH ZIP 2017, 1024 (Rn. 24 ff.) – Schiedsfähigkeit III; mit Recht kritisch zur dortigen Übertragung auf Personengesellschaften *Nolting*, ZIP 2017, 1641 ff.; einlenkend nun BGH ZIP 2022, 125 – Schiedsfähigkeit IV m.w.N. zur Kritik in Rn. 16. Kritisch zur Anwendung des aktienrechtlichen Anfechtungsmodells bei Entziehung von Gesellschafterrechten aus wichtigem Grund *Altmeppen*, GmbHR 2021, 345.

[602] Zur Unanwendbarkeit der Frist auf die Nichtigkeitsklage → § 3 Rn. 124.

[603] *Windbichler*, GesR, § 22 Rn. 17; ausführlich Scholz/*K. Schmidt*, § 45 Rn. 142 ff.

[604] BGHZ 116, 359, 375; BGH ZIP 2009, 1880; zur Monatsfrist als Untergrenze für eine Regelung der Anfechtungsfrist in der Satzung vgl. OLG Karlsruhe ZIP 2013, 1958, 1959.

[605] Vgl. *Fleischer*, ZGR-Sonderheft 23, 2021, S. 1, 20; für die Analogie zum oHG-Recht *Bayer/Rauch*, DB 2021, 2609, 2617.

[606] Scholz/*K. Schmidt*, GmbHG, § 45 Rn. 129.

[607] OLG Hamm ZIP 2016, 1481, 1485: Erkundigungsfrist von ca. zwei Wochen.

[608] Zur Bestellung eines neuen Versammlungsleiters nach dem kompetenzwidrigen Abbruch der Gesellschafterversammlung durch den bisherigen Versammlungsleiter lesenswert OLG Hamburg ZIP 2016, 1630.

[609] Zur streitigen Frage, welche Anforderungen an die Verleihung der Kompetenz zu stellen sind, siehe etwa *Heckschen/Nolting*, BB 2021, 2946, 2949 m.w.N.

[610] BGHZ 222, 323 = ZIP 2019, 1521 (Rn. 31); BGH ZIP 2016, 817 (Rn. 20); anders KG ZIP 2016, 422 für einen *ad hoc* bestellten Versammlungsleiter.

[611] BGH ZIP 2016, 817 (Rn. 32) m.w.N.

[612] OLG Hamm ZIP 2016, 1481, 1482 f. m.w.N.

b) Geschäftsführer

Gemäß § 6 I GmbHG muss die GmbH einen oder mehrere Geschäftsführer haben. Hat sie dennoch keinen Geschäftsführer (Führungslosigkeit), wird sie beim Empfang von Willenserklärungen und Schriftstücken durch die Gesellschafter vertreten (§ 35 I 2 GmbHG). 127

aa) Eignung

Geschäftsführer kann nur eine natürliche, unbeschränkt geschäftsfähige Person sein (§ 6 II 1 GmbHG). Gemäß § 6 III 1 GmbHG kann diese Person Gesellschafter (sog. **Gesellschafter-Geschäftsführer**) oder Nichtgesellschafter (sog. **Fremdgeschäftsführer**) sein. Als Geschäftsführer scheidet aus, wer einen der in § 6 II 2 Nrn. 1–3 GmbHG genannten Ausschlusstatbestände erfüllt, also insbesondere einem einschlägigen Berufs-/Gewerbeverbot unterliegt oder wegen der vorsätzlichen Verletzung eines gläubigerschützenden Straftatbestandes verurteilt ist. Eine gleichwohl erfolgte Bestellung ist nichtig. Gesellschafter, die vorsätzlich oder grob fahrlässig einer ungeeigneten Person „die Führung der Geschäfte überlassen", haften der Gesellschaft gegenüber auf Ersatz des Schadens, der dadurch entsteht, dass diese Person die ihr gegenüber der Gesellschaft bestehenden Obliegenheiten verletzt (§ 6 V GmbHG). 128

bb) Bestellung und Abberufung

Seine Stellung als Organ der Gesellschaft erlangt der Geschäftsführer durch die **Bestellung**. Sie kann im Gesellschaftsvertrag erfolgen (§ 6 III 2 GmbHG) oder durch einen Beschluss der Gesellschafterversammlung (§ 46 Nr. 5 GmbHG). Der Geschäftsführer muss die Bestellung annehmen. Die Bestellung des Geschäftsführers ist eine in das Handelsregister einzutragende (eintragungspflichtige) Tatsache (§§ 10, 39 GmbHG i.V.m. § 15 HGB).[613] Da mit der Bestellung der Zugang zu einer Erwerbstätigkeit gewährt wird, ist bei der Entscheidung über die Besetzung des Amtes des Geschäftsführers gemäß §§ 2 I Nr. 1, 6 III AGG auch das in § 7 AGG geregelte Benachteiligungsverbot zu beachten.[614] 129

Die Organstellung des Geschäftsführers endet wieder, wenn er durch die Gesellschafterversammlung abberufen wird (ebenfalls § 46 Nr. 5 GmbHG). Die **Abberufung** ist zu jeder Zeit möglich (§ 38 I GmbHG). Sie bedarf keines wichtigen Grundes, sofern der Gesellschaftsvertrag einen solchen nicht zur Voraussetzung der Abberufung macht (vgl. § 38 II GmbHG). Auch beim Fehlen einer solchen Voraussetzung kann die Frage nach dem **Vorliegen eines wichtigen Grundes** relevant werden, wenn es darum geht, ob der abzuberufende Geschäftsführer, der oft auch (Mehrheits-)Gesellschafter der GmbH ist, von der Stimmabgabe wegen des *Verbots des Richtens in eigener Sache* ausgeschlossen ist. Dies ist nämlich – wie dargelegt – bei Maßnahmen aus wichtigem Grund gegen den Gesellschafter-Geschäftsführer der Fall (→ Rn. 122 f.). Sehr umstritten ist insoweit, ob ein **Stimmverbot** (1) allein schon wegen der Entscheidung über die Abberufung aus wichtigem Grund eingreift, (2) weitergehend voraussetzt, dass ein wichtiger Grund substantiiert behauptet wird, oder (3) nur besteht, wenn der Versammlungsleiter den wichtigen Grund tatsächlich feststellt.[615] Der BGH hat die Frage im Jahr 2017 offen gelassen und betont, dass jedenfalls in dem anschließend vor Gericht geführten Streit um die 130

---

[613] Zur daraus folgenden Publizität des Handelsregisters siehe *Bitter/Linardatos*, HandelsR, § 4 Rn. 9 ff.

[614] Vgl. BGHZ 193, 110 = ZIP 2012, 1291 (Rn. 19 ff.).

[615] Vgl. die Zusammenstellung der Nachweise bei BGH ZIP 2017, 1065 (Rn. 11 ff.).

(Un-)Wirksamkeit des Beschlusses der wichtige Grund zu prüfen ist.[616] Denn selbstverständlich kommt eine *endgültige* Abberufung auf Grundlage eines (vermeintlichen) Stimmverbots, das sich auf einen nur behaupteten wichtigen Grund stützt, nicht in Betracht.[617] Theoretisch bleibt damit aber immer noch die Frage, ob die Minderheit jedenfalls *vorläufig* bis zum Abschluss des Prozesses den Mehrheitsgesellschafter auf der Basis eines streitigen wichtigen Grundes und eines darauf gestützten Stimmverbots vom Geschäftsführeramt abberufen kann. Richtigerweise ist dies nicht der Fall, weil niemand – ggf. auf Jahre hinweg – mit einer bloßen Behauptung des wichtigen Grundes seiner Rechtsstellung beraubt werden darf.[618] In der Praxis dürfte sich die Frage ohnehin kaum stellen, weil der Versammlungsleiter von der Mehrheit abhängig oder gar personenidentisch mit dem Mehrheitsgesellschafter-Geschäftsführer ist und es dann in streitigen Fällen kaum jemals zur förmlichen Feststellung der Abberufung kommt.[619] Der Minderheit bleibt dann nur – wie im BGH-Fall aus dem Jahr 2017[620] – der Weg der positiven Beschlussfeststellungsklage (→ Rn. 126 und → § 3 Rn. 128), in deren Rahmen entschieden wird, ob der wichtige Grund vorliegt oder nicht, so dass es erst mit der Rechtskraft jenes Urteils zum Verlust der Geschäftsführerstellung kommen kann.

⇨ *Fall Nr. 14 – Versammeln schwer gemacht (Teil 2)*

130a Neben der Abberufung kommt jederzeit auch eine **Amtsniederlegung** des Geschäftsführers in Betracht. Handelt es sich allerdings um einen Alleingeschäftsführer, der zudem Allein- oder Mehrheitsgesellschafter der GmbH ist, ist die Amtsniederlegung rechtsmissbräuchlich und daher unwirksam, wenn nicht gleichzeitig ein neuer Geschäftsführer bestellt wird.[621] Dies gilt auch nach Einfügung des § 35 I 2 GmbHG durch das MoMiG, da diese Vorschrift bei Führungslosigkeit der Gesellschaft nur eine Passivvertretung regelt.[622]

130b Ist die Organstellung wirksam erloschen, ist dies ebenfalls in das Handelsregister einzutragen (§ 39 GmbHG i. V. m. § 15 HGB).

cc) Anstellungsvertrag

131 Die Organstellung des Geschäftsführers wird ihm durch den gesellschaftsrechtlichen (korporativen) Akt der Bestellung verliehen. **Von der Organstellung *strikt* zu trennen ist die schuldrechtliche Anstellung** des Geschäftsführers, indem er mit der Gesellschaft einen Anstellungsvertrag schließt. Der Anstellungsvertrag ist in der Regel ein Geschäftsbesorgungsvertrag, der eine Dienstleistung zum Gegenstand hat (§§ 675, 611 ff. BGB).[623] *Arbeits*vertrag ist der Anstellungsvertrag grundsätzlich nicht (vgl. § 5 I 3 ArbGG).[624] Er bildet die alleinige Grundlage eines Vergütungsanspruchs des Geschäftsführers. Beim Abschluss, der Änderung und der Beendigung des Anstellungsvertrags wird die Gesellschaft bei Fehlen abweichender Satzungsbe-

---

[616] BGH ZIP 2017, 1065 (Rn. 14 f.).

[617] *Altmeppen*, ZIP 2017, 1185, 1186.

[618] Überzeugend *Altmeppen*, ZIP 2017, 1185 ff., insbes. S. 1189.

[619] Auch dazu *Altmeppen*, ZIP 2017, 1185, 1187 f.

[620] BGH ZIP 2017, 1065.

[621] Vgl. OLG Köln ZIP 2008, 646; BayOLG 1999, 1599; jeweils m. w. N: anders für *Fremd*geschäftsführer OLG Bamberg ZIP 2017, 1466.

[622] OLG München NZG 2011, 432; OLG München ZIP 2012, 1559; OLG Frankfurt ZIP 2015, 478, 480 f.

[623] *Hirte*, KapGesR, Rn. 3.10.

[624] Zu Ausnahmen vgl. *Hirte*, KapGesR, Rn. 3.22 und Grüneberg/*Weidenkaff*, BGB, Einf v § 611 Rn. 23.

stimmungen ausschließlich von der Gesellschafterversammlung vertreten (sog. Annexkompetenz zu § 46 Nr. 5 GmbHG).[625]

Der Anstellungsvertrag endet nicht automatisch mit der Beendigung der Organstellung durch Abberufung oder Niederlegung, sondern der **Anstellungsvertrag muss separat beendet werden.** Hierfür muss die Gesellschafterversammlung den Anstellungsvertrag grundsätzlich ordentlich (§§ 620 ff. BGB) oder außerordentlich aus wichtigem Grund (§ 626 BGB) kündigen. Geschäftsführer sind **grundsätzlich keine Arbeitnehmer**, weil sie als Organmitglieder selbst Arbeit*geber*funktion ausüben.[626] Für die ordentliche Kündigung ihres Anstellungsvertrags gilt daher die Frist des § 621 BGB und nicht die Frist des § 622 BGB.[627] Das Kündigungsschutzgesetz (KSchG) ist hingegen auf Anstellungsverträge von Geschäftsführern nicht anwendbar (vgl. § 14 I Nr. 1 KSchG);[628] jedoch können die Parteien im Anstellungsvertrag seine entsprechende Geltung vereinbaren.[629] Eine außerordentliche Kündigung des Anstellungsvertrags setzt keine vorherige Abmahnung voraus.[630] Begründet wird dies damit, dass der Geschäftsführer – wie erwähnt – als organschaftlicher Vertreter Arbeitgeberfunktionen wahrnimmt. Auch § 314 II 1 BGB begründet kein Abmahnerfordernis, weil in dieser Funktionszuweisung ein besonderer Umstand im Sinne des § 323 II Nr. 3 BGB liegt, so dass über § 314 II 2 BGB eine Ausnahme gilt. 132

Einer Kündigung bedarf es – ausnahmsweise – nicht, wenn als auflösende Bedingung des Anstellungsvertrags die Beendigung der Organstellung vereinbart ist (**Koppelungsklausel**). Auch in diesem Fall endet der Anstellungsvertrag aber nur dann unmittelbar mit jener Beendigung durch Abberufung, wenn die Umstände, die zur Abberufung geführt haben, einen wichtigen Grund i. S. v. § 626 BGB bilden; andernfalls läuft auch in diesem Fall die ordentliche Kündigungsfrist des § 622 BGB.[631] 133

Für den Abschluss des Anstellungsvertrags gilt – wie bei der Bestellung (→ Rn. 129) – das **Benachteiligungsverbot gemäß § 7 AGG**, weil es auch insoweit um Bedingungen für den Zugang zur Erwerbstätigkeit i. S. v. § 6 III AGG geht.[632] Darüber hinaus ist der Diskriminierungsschutz des AGG über § 2 I Nr. 2 AGG bei *Fremd*geschäftsführern auch für die Kündigung des Anstellungsvertrags anwendbar, denn jedenfalls insoweit sind Fremdgeschäftsführer insbesondere wegen des Unterordnungsverhältnisses gegenüber den Gesellschaftern (→ Rn. 136) bei europarechtskonformer Auslegung – und anders als nach dem nationalen Arbeitnehmerbegriff (→ Rn. 132) – als Arbeitnehmer i. S. v. § 6 I 1 Nr. 1 AGG anzusehen.[633] 133a

---

[625] Vgl. BGH ZIP 2018, 1629 (Rn. 10) m. w. N., auch zu weiteren Einzelheiten in Bezug auf Änderungen des Vertrags und zur Anwendung ggü. abberufenen Geschäftsführern; ferner BGH ZIP 2019, 1374 (Rn. 18, 23), auch zur Erstreckung des „personellen" Anwendungsbereichs auf Vereinbarungen der GmbH mit Dritten, die in der Sache die Regelung der Vergütung des Geschäftsführers zum Gegenstand haben (Rn. 20 ff.).

[626] Ständige Rechtsprechung; vgl. die Nachweise in BGHZ 221, 325 = ZIP 2019, 960 (Rn. 27) und BAG ZIP 2019, 808; anderes gilt jedoch jedenfalls teilweise für das AGG (→ Rn. 133a).

[627] BAG ZIP 2020, 1609 (Rn. 35 ff.) entgegen der instanzgerichtlichen Rspr. und h.L., die sich jeweils auf die BGH-Rechtsprechung zu Vorgängervorschriften stützten (vgl. die Nachw. in Rn. 37 f.).

[628] BGHZ 221, 325 = ZIP 2019, 960 (Rn. 16) m. w. N.

[629] BGH ZIP 2010, 1288.

[630] BGH WM 2007, 1613.

[631] Scholz/*U. H. Schneider*/*S. H. Schneider*, GmbHG, § 38 Rn. 36 m. w. N.

[632] Siehe dazu BGHZ 193, 110 = ZIP 2012, 1291 (Rn. 19 ff.).

[633] BGHZ 221, 325 = ZIP 2019, 960 (Leitsatz 1 und Rn. 22 ff.) zu einer Altersgrenze von 60 Jahren im Anstellungsvertrag.

dd) Stellung und Aufgaben

134 Der Geschäftsführer ist, wie der Name schon sagt, zunächst für die (**interne**) **Geschäftsführung** der Gesellschaft zuständig. Darüber hinaus **vertritt er die Gesellschaft** (**extern**) gerichtlich und außergerichtlich (§ 35 I 1 GmbHG). Die Geschäftsführungsbefugnis im *Innen*verhältnis gegenüber der Gesellschaft kann von den Gesellschaftern (beliebig) beschränkt werden (vgl. § 37 I GmbHG, der allerdings missverständlich von einer Beschränkung der Vertretungsbefugnis spricht, obwohl die internen Beschränkungen in aller Regel gerade nicht im *Außen*verhältnis wirken; → Rn. 136a ff.). Eine typische Einschränkung der Geschäftsführungsbefugnis besteht darin, dass der Geschäftsführer vor bestimmten (bedeutenden) Geschäften einen zustimmenden Gesellschafterbeschluss einzuholen hat.

135 **Beispiel:** Die Gesellschafter geben dem Geschäftsführer auf, bei allen Geschäften, die ein Volumen von 10.000 EUR überschreiten oder ein bestimmtes sensibles Gebiet betreffen, vor deren Abschluss ein positives Votum der Gesellschafterversammlung einzuholen.

136 Die Gesellschafter sind hinsichtlich ihres Einflusses auf die Geschäftsführung aber nicht auf solche Zustimmungsvorbehalte beschränkt. Anders als für den Vorstand der AG (→ § 3 Rn. 51) besteht gegenüber der Geschäftsführung der GmbH vielmehr eine (**umfassende**) **Weisungsbefugnis der Gesellschafterversammlung** (vgl. neben § 37 I GmbHG auch § 46 Nr. 6 GmbHG). Die GmbH ist deshalb nicht – wie die AG (→ § 3 Rn. 49) – durch das Prinzip der Aufgabenteilung und Machtbalance geprägt, sondern durch ein klares hierarchisches **Ober-/Unterordnungsverhältnis:** Die **Gesellschafterversammlung** ist das oberste, **mit Allzuständigkeit** ausgestattete (→ Rn. 107) Entscheidungsorgan der GmbH, dem die Geschäftsführer in allen Belangen der Gesellschaft untergeordnet sind und dessen Weisungen sich auf alle Angelegenheiten der Gesellschaft beziehen dürfen; möglich sind daher u. a. auch aktive Handlungsanleitungen und Vorgaben zu Details der Geschäftsführung.[634]

136a Alle Beschränkungen, die der Geschäftsführer im Innenverhältnis beachten muss (ob durch Weisungen oder anderweitig begründet), wirken aber – wie bei der AG (→ § 3 Rn. 52) und ähnlich wie bei der Prokura[635] – nicht im Außenverhältnis gegenüber Dritten (zwingende **Unbeschränktheit und Unbeschränkbarkeit der Vertretungsmacht** gemäß § 37 II GmbHG). Der Geschäftsführer vertritt die Gesellschaft also in der Regel auch dann wirksam im Außenverhältnis, wenn er damit seine Befugnisse im Innenverhältnis überschreitet. Hintergrund dieser Regelung ist das Bedürfnis des Rechtsverkehrs nach klaren Verhältnissen (Rechtssicherheit).[636]

137 **Beispiel:** In dem in Rn. 135 genannten Fall wäre ein Kaufvertrag über ein KFZ zum Preis von 15.000 EUR, den der Geschäftsführer ohne vorherige Befassung der Gesellschafterversammlung mit einem Dritten abschließt, wirksam, obwohl der Geschäftsführer im Innenverhältnis pflichtwidrig handelt.

138 Eine **Ausnahme** gilt nur, wenn der Geschäftsführer bewusst mit dem Gegenüber zusammenwirkt (sittenwidrige **Kollusion i. S. v. § 138 BGB**) bzw. der Dritte weiß oder es sich ihm geradezu aufdrängen muss, dass der Geschäftsführer durch sein Handeln im Außenverhältnis seine internen Befugnisse überschreitet (**evidenter Missbrauch der Vertretungsmacht**).[637] *Nicht* zusätzlich erforderlich ist in diesen

---

[634] Sehr deutlich – auch in Abgrenzung zur AG – BGHZ 220, 354 = ZIP 2019, 701 (Rn. 32 ff., 37); siehe auch BGHZ 221, 325 = ZIP 2019, 960 (Rn. 34).

[635] Siehe dazu *Bitter/Linardatos*, HandelsR, § 6 Rn. 17.

[636] BGHZ 220, 354 = ZIP 2019, 701 (Rn. 31).

[637] Siehe dazu allgemein *Bitter/Röder*, BGB AT, § 10 Rn. 221 ff. mit Fall Nr. 64 – Mieser Enkel; *Bitter/Linardatos*, HandelsR, § 6 Rn. 29 ff. mit Fall Nr. 18 – Missbrauch der Vertretungsmacht.

Fällen, dass der Geschäftsführer (bewusst) zum Nachteil der Gesellschaft handelt.[638]

Hat die GmbH mehr als einen Geschäftsführer, können Geschäftsführungsaufgaben unter diesen im Wege einer sog. **Geschäftsverteilung bzw. Ressortaufteilung** zugewiesen, beispielsweise die Zuständigkeit für die Finanzen von jener für die Produktentwicklung und/oder den Vertrieb getrennt werden.[639] Im Hinblick auf die einem einzelnen Geschäftsführer *nicht* zugewiesenen Aufgaben verwandelt sich dann die Pflicht zur eigenen Aufgabenwahrnehmung in eine Kontroll- und Überwachungspflicht hinsichtlich der ordnungsgemäßen Aufgabenerledigung durch den zuständigen Mitgeschäftsführer.[640] Bei gläubigerschützenden Pflichten wie insbesondere der Insolvenzantragspflicht gemäß § 15a InsO (→ Rn. 146) und dem Zahlungsverbot bei Insolvenzreife aus § 15b InsO (→ Rn. 147) spricht der BGH von „nicht delegierbaren Angelegenheiten der Geschäftsführung“, bei denen ungeachtet der Ressortverteilung eines einzelnen Geschäftsführers die Zuständigkeit des Gesamtorgans bzw. dessen Gesamtverantwortung zu wahren sei.[641] Das erscheint jedoch widersprüchlich, weil sich Ressort- und Gesamtzuständigkeit gegenseitig ausschließen. Richtigerweise gibt es keine „nicht delegierbaren Pflichten“, sondern für den im Rahmen einer immer möglichen Aufgabenteilung nicht primär verantwortlichen Geschäftsführer allein gesteigerte Kontroll- und Überwachungspflichten bei der Zuweisung bestimmter Geschäftsführungsaufgaben, während sich der Geschäftsführer umgekehrt bei den angeblich „delegierbaren Pflichten“ auch durch eine Ressortaufteilung oder Delegation an Dritte nicht seiner Kontroll- und Überwachungspflichten entledigen kann.[642] Festhalten lässt sich deshalb allein, dass die Kontrolldichte mit der Bedeutung der Pflicht oder Angelegenheit steigt und die Rechtsprechung die gläubigerschützenden Vorschriften als besonders bedeutsam ansieht.[643] 138a

ee) Haftung

Bei der Haftung des Geschäftsführers ist zwischen der allgemeinen (Innen-)Haftung für unsorgfältige Geschäftsführung nach § 43 GmbHG und Sondertatbeständen der Innen- oder Außenhaftung zu unterscheiden, die insbesondere in der Insolvenzsituation relevant werden und vorrangig dem Gläubigerschutz dienen. Im Übrigen gelten für die Außenhaftung die Ausführungen zur Haftung des Vorstands der AG gegenüber Dritten im Grundsatz entsprechend (→ § 3 Rn. 69 ff.; ferner sogleich → Rn. 140 a. E.).[644] 139

aaa) Allgemeine Geschäftsführerhaftung nach § 43 GmbHG (gegenüber der Gesellschaft)

Schuldhafte Pflichtverletzungen bei der Ausübung ihres Geschäftsführeramtes verpflichten die Geschäftsführer, der Gesellschaft **Schadensersatz** zu leisten (§ 43 II 140

[638] BGH NJW 2006, 2776; BGH ZIP 2018, 214 (Rn. 22); BGHZ 220, 354 = ZIP 2019, 701 (Rn. 40).

[639] Siehe zu den Anforderungen an eine wirksame Geschäftsverteilung im Einzelnen BGHZ 220, 162 = ZIP 2019, 261.

[640] Näher BGHZ 220, 162 = ZIP 2019, 261 (Rn. 15, 17 ff.).

[641] BGHZ 220, 162 = ZIP 2019, 261 (Leitsatz und Rn. 17).

[642] *Kleindiek*, FS Kayser, 2019, S. 435, 448 ff.; ähnlich *Buck-Heeb*, BB 2019, 584 ff.

[643] Näher Scholz/*Bitter*, GmbHG, § 64 Rn. 63 ff.

[644] Ausführlich zur Innen- und Außenhaftung der GmbH-Geschäftsführer *Bitter/Baschnagel*, ZInsO 2018, 557 ff. und *Bitter*, ZInsO 2018, 625 ff.; ferner Scholz/*Bitter*, GmbHG, § 64.

GmbHG). In dieser Vorschrift kommt ein Grundsatz zum Ausdruck, der nicht nur im Gesellschaftsrecht auch für andere Organpersonen – etwa den Vorstand einer AG (§ 93 AktG; → § 3 Rn. 61 ff.) –, sondern auch im allgemeinen Zivilrecht gilt: Derjenige, der fremdes Vermögen verwaltet, hat für **Schäden aus unsorgfältiger Vermögensverwaltung** einzustehen (§ 280 BGB).[645] Da in der GmbH das Vermögen der Gesellschafter gebunden und dies durch eine unsorgfältige Geschäftsführung beeinträchtigt ist, kann § 43 II GmbHG als eine in erster Linie die Gesellschafter schützende Vorschrift bezeichnet werden.[646] Folgerichtig ergibt sich allein aus der Stellung als Geschäftsführer auch keine (strafrechtliche) Garantenpflicht gegenüber außenstehenden Dritten, eine Schädigung ihres Vermögens zu verhindern, und führt eine Verletzung der Pflicht zur ordnungsgemäßen Geschäftsführung grundsätzlich nur zu einer Innenhaftung gegenüber der Gesellschaft, nicht aber zu einer Haftung gegenüber außenstehenden Dritten.[647]

141 Die Geschäftsführer haften der Gesellschaft beispielsweise, wenn sie die Gesellschaft im Außenverhältnis wirksam verpflichten, obwohl sie dies im Innenverhältnis nicht dürfen, wenn sie nutzlose Verträge für die Gesellschaft abschließen,[648] wenn sie Angebotspreise falsch kalkulieren,[649] überhöhte Vergütungen auszahlen,[650] Geschäfte tätigen, die vom Unternehmensgegenstand nicht gedeckt sind,[651] oder nicht dafür Sorge tragen, dass sich die Gesellschaft rechtmäßig verhält und ihren gesetzlichen Verpflichtungen nachkommt (*Compliance*).[652] Wie der Vorstand der AG (vgl. § 93 I 2 AktG) unterliegen die Geschäftsführer bei Ausübung ihres nicht immer einfachen, weil von Unsicherheiten der ex-ante-Beurteilung geprägten Amtes allerdings einer Haftungsprivilegierung, wenn sie sich im Rahmen ihres unternehmerischen Ermessens bewegen (sog. **Business Judgement Rule**).[653] Erforderlich dafür ist allerdings immer, dass es sich um eine *unternehmerische*, insbesondere nicht gesetzlich gebundene Entscheidung handelt und sie die Entscheidungsgrundlagen durch Auswertung verfügbarer Informationen und Abwägung der Vor- und Nachteile sorgsam ermittelt haben.[654] Eine Haftungsprivilegierung nach Maßgabe der im Arbeitsrecht anerkannten Grundsätze[655] lehnt die h. M. hingegen – nicht unbedingt überzeugend – selbst für Fremdgeschäftsführer ab, die damit haftungsrechtlich schlechter behandelt werden als leitende Angestellte.[656] Für die Beweislastverteilung gelten bei der GmbH die gleichen Grundsätze wie bei der AG.[657]

⇨ *Fall Nr. 15 – Wertlose Lizenzen*

---

[645] *Bitter/Baschnagel*, ZInsO 2018, 557, 559. Wie die Haftung der Vorstandsmitglieder (→ § 3 Rn. 61 ff.) ist auch die Haftung der Geschäftsführer Verschuldenshaftung; vgl. nur MHLS/*Ziemons*, GmbHG, § 43 Rn. 367, 407.

[646] Dazu und zu der nur ausnahmsweisen Einbeziehung von Gläubigerinteressen siehe ausführlich *Bitter/Baschnagel*, ZInsO 2018, 557, 559 ff.; Scholz/*Bitter*, GmbHG, § 64 Rn. 29 ff.

[647] BGHZ 194, 26 = ZIP 2012, 1552 (Leitsatz); siehe auch BGH ZIP 2019, 1325 (Leitsatz 2 und Rn. 10) mit Ausnahme in Rn. 14 für die Verletzung absolut geschützter Rechtsgüter (dazu näher *Bitter*, ZInsO 2018, 625, 652 ff.; knapper Scholz/*Bitter*, GmbHG, § 64 Rn. 442 ff.).

[648] BGH DB 2005, 821.

[649] BGH ZIP 2008, 736.

[650] BGH ZIP 2008, 117; OLG München ZIP 2016, 621.

[651] BGH ZIP 2013, 455 (Rn. 16) zur AG.

[652] BGH ZIP 2019, 1325 (Rn. 10) m. w. N.

[653] BGHSt 61, 48 = ZIP 2016, 966 (Rn. 57) – Nürburgring.

[654] Dazu BGH ZIP 2008, 1675.

[655] Dazu MüKoBGB/*Henssler*, § 619a Rn. 5 ff.

[656] Dazu mit guten Gründen kritisch *Bachmann*, ZIP 2017, 841 ff. m. w. N. zum Streitstand.

[657] Noack/Servatius/Haas/*Beurskens*, GmbHG, § 43 Rn. 77, 81; zur AG → § 3 Rn. 66.

Ausnahmsweise werden durch die Innenhaftung der Geschäftsführer gegenüber der Gesellschaft auch **Gläubigerinteressen geschützt**, wie der besondere Haftungstatbestand des § 43 III GmbHG zeigt: Der Geschäftsführer ist zum Ersatz verpflichtet, wenn er unter Verstoß gegen § 30 GmbHG (→ Rn. 226 ff.) Zahlungen aus dem zur Erhaltung des Stammkapitals erforderlichen Vermögen der Gesellschaft tätigt oder unter Verstoß gegen § 33 GmbHG eigene Geschäftsanteile der Gesellschaft erwirbt (→ Rn. 261). Auf diesen im Gläubigerinteresse begründeten Ersatzanspruch kann die Gesellschaft grundsätzlich nicht verzichten (§§ 43 III 2, 9b I GmbHG). Soweit der Ersatz zur Befriedigung der Gläubiger der Gesellschaft erforderlich ist,[658] entfällt die Haftung nicht deshalb, weil der Geschäftsführer mit seiner Handlung einen Beschluss der Gesellschafter befolgt hat (§ 43 III 3 GmbHG). 142

Die Vorschrift des § 43 III 3 GmbHG ist Anlass einer **Kontroverse über den Ausschluss der Geschäftsführerhaftung.**[659] Aus einem Umkehrschluss zu § 43 III 3 GmbHG ergibt sich im Grundsatz zweierlei: Erstens, dass die Haftung grundsätzlich ausgeschlossen ist, wenn der Geschäftsführer zu einer Handlung von den Gesellschaftern angewiesen wurde, weil die Gesellschafter über ihr in der Gesellschaft gebundenes Vermögen im Grundsatz frei verfügen können;[660] zweitens, dass das Interesse der Gläubiger eine Ausnahme von diesem Grundsatz *nur dann* rechtfertigt, wenn es um die in § 43 III 1 GmbHG beschriebenen Pflichtverletzungen geht. 143

Trotz dieser ziemlich klaren gesetzlichen Bestimmung wird allerdings z. T. vertreten, eine Weisung der Gesellschafter entfalte *immer dann* keine (!) Ausschlusswirkung für die Geschäftsführerhaftung, wenn der Ersatz zur Gläubigerbefriedigung benötigt werde; § 43 III 3 GmbHG sei also, um einen weitergehenden Gläubigerschutz sicherzustellen, auch auf die gewöhnliche Geschäftsführerhaftung gemäß § 43 II GmbHG zu übertragen und somit gewissermaßen als ein selbständiger Absatz 5 zu lesen.[661] Die Rechtsprechung hatte sich dieser Auffassung – bezogen auf die parallele Frage der Zulässigkeit einer Abkürzung der Verjährungsfrist – zunächst angeschlossen,[662] sodann aber entschieden, die Geschäftsführerhaftung außerhalb des § 43 III 1 GmbHG der **Disposition der Gesellschafter** zu überlassen.[663] Dementsprechend kommt eine Haftung des Alleingesellschafter-Geschäftsführers aus § 43 II GmbHG nur in Betracht, wenn er gegen eine Pflicht verstößt, die durch eine Weisung der Gesellschafterversammlung bzw. das Einverständnis aller Gesellschafter[664] nicht außer Kraft gesetzt werden kann.[665] 144

---

[658] Relevant ist der Zeitpunkt des Beschlusses; es genügt nicht, dass der Ersatz später zur Gläubigerbefriedigung erforderlich geworden ist; vgl. BGHZ 193, 96 = ZIP 2012, 1071 (Rn. 27) m. w. N.

[659] Dazu schon *Bitter/Baschnagel*, ZInsO 2018, 557, 564.

[660] Neben einer ausdrücklichen Anweisung genügt auch das – ggf. stillschweigende – Einverständnis *aller* Gesellschafter; vgl. etwa BGHZ 197, 304 = ZIP 2013, 1712 (Rn. 33) m. w. N.

[661] Vgl. die ausführliche Darstellung der Problematik und des Meinungsstandes bei *Altmeppen*, GmbHG, § 43 Rn. 126 ff.

[662] BGH NJW 2000, 576.

[663] BGH NJW 2002, 3777. Über die Fälle des § 43 III 1 GmbHG hinaus wirkt eine Gesellschafterweisung nach ständiger Rechtsprechung des BGH allerdings auch dann nicht haftungsbefreiend, wenn es um eine Haftung des Geschäftsführers wegen der Beteiligung an einer Existenzvernichtung durch die Gesellschafter geht; vgl. etwa BGHZ 197, 304 = ZIP 2013, 1712 (Rn. 33) m. w. N. Zur Existenzvernichtungshaftung der Gesellschafter → Rn. 251.

[664] Hierzu → Rn. 143.

[665] Vgl. BGH ZIP 2009, 2335; näher *Bitter/Baschnagel*, ZInsO 2018, 557, 561 ff., insbes. 564 ff.

145 **Beispiel:** Die fußballbegeisterten Gesellschafter der Bau-GmbH weisen den Geschäftsführer an, für den heimischen Fußballclub kostenlos ein Vereinsheim zu bauen. Für den dadurch bei der GmbH eintretenden Vermögensverlust haftet der Geschäftsführer bei Befolgung der Weisung selbst dann nicht aus § 43 GmbHG, wenn der Ausgleich des eingetretenen Vermögensverlustes zur Befriedigung der GmbH-Gläubiger erforderlich wäre, weil im Zeitpunkt der Weisung bereits eine Unterdeckung der Verbindlichkeiten der Bau-GmbH besteht.[666] Die Gesellschafterweisung entlastet den Geschäftsführer, weil § 43 III GmbHG nicht eingreift. Die Vermögensverschiebung erfolgte nicht zugunsten der Gesellschafter und fällt damit grundsätzlich nicht unter § 30 GmbHG.[667] Anderes würde natürlich gelten, wenn die Bau-GmbH kostenlose Bauleistungen für die Gesellschafter erbracht hätte. Für eine Existenzvernichtung durch die Gesellschafterweisung[668] liegen keine Anhaltspunkte vor.

145a Diese bislang in der Rechtsprechung des BGH gesicherten Grundsätze werden allerdings in jüngerer Zeit zunehmend in Frage gestellt[669] und es hat sich mit der Verabschiedung des **SanInsFoG** zum 1.1.2021[670] eine äußerst kontroverse Debatte zu der Frage entwickelt, ob die Geschäftsleiter ab Eintritt der (drohenden) Zahlungsunfähigkeit und Überschuldung (§§ 17 ff. InsO) über § 43 III GmbHG hinaus ganz allgemein die Gläubigerinteressen anstelle oder neben den Gesellschafterinteressen zu berücksichtigen haben (sog. *shift of duties*).[671] Hintergrund dieser die Gesellschafts- und Insolvenzrechtler spaltenden, hier nicht im Detail darstellbaren Diskussion ist die fehlende Übernahme einer dahingehenden Regelung im Regierungsentwurf des SanInsFoG[672] in das spätere Gesetz. Während die einen darin eine Entscheidung des Gesetzgebers gegen einen solchen **Pflichtenumschwung in der (materiellen) Insolvenz** sehen, verweisen andere auf die bei der Streichung gegebene Begründung: Das Bedürfnis nach Gläubigerschutz werde durch die gesellschaftsrechtlichen Haftungsnormen aufgefangen.[673] Mit Recht wird insoweit betont, man solle diese Aufforderung des Gesetzgebers ernst nehmen, die Wahrung der Gläubigerinteressen zukünftig bei § 43 GmbHG und § 93 AktG zu berücksichtigen.[674] Wie jene Idee zu konkretisieren ist, ob und wie sie von der Rechtsprechung aufgegriffen wird, ist derzeit aber noch nicht absehbar. Die nachfolgende Darstellung beschränkt sich daher auf die bislang gesicherten Erkenntnisse zur Pflichtenstellung der Geschäftsleiter in der Insolvenz.

bbb) Besondere Pflichtenstellung in der Insolvenz

146 Wird die Gesellschaft insolvent, ist sie also zahlungsunfähig i. S. v. § 17 InsO oder überschuldet i. S. v. § 19 InsO,[675] greifen **besondere Pflichten der Geschäftsführer im**

---

[666] Zur denkbaren Haftung aus § 15b InsO siehe aber sogleich → Rn. 150 ff.

[667] Anderes würde gelten, wenn mit der (Direkt-)Leistung der GmbH an den Fußballclub nur ein Leistungsdreieck von der GmbH an die Gesellschafter und von diesen an den Fußballclub abgekürzt werden soll (vgl. dazu Scholz/*Verse*, GmbHG, § 30 Rn. 37 m. w. N.). Eine Leistung (Spende) der GmbH an den Fußballclub ist jedoch nicht immer wirtschaftlich als Leistung (Spende) der Gesellschafter anzusehen.

[668] Hierzu → Rn. 144 in der dortigen Fn.

[669] Dazu Scholz/*Bitter*, GmbHG, § 64 Rn. 32 und 463 ff.

[670] Gesetz zur Fortentwicklung des Sanierungs- und Insolvenzrechts, BGBl. I 2020, 3256.

[671] Dafür *Bitter*, GmbHR 2021, R16, R17; *Bitter*, ZIP 2021, 321 f.; ähnlich *Bea/Dressler*, NZI 2021, 67 ff.; *Gehrlein*, BB 2021, 66, 67; dagegen *Scholz*, ZIP 2021, 219 ff. (aber mögliches Defizit in der Umsetzung der Richtlinie); *Guntermann*, WM 2021, 214 ff.; *Jungmann*, ZRI 2021, 209 ff. (aber rechtspolitisch befürwortend); *Kuntz*, ZIP 2021, 597 ff.; *Korch*, GmbHR 2021, 793 ff. (aber Gläubigerinteressen berücksichtigt in richtlinienkonformer Auslegung).

[672] Vgl. die §§ 2, 3 StaRUG im RegE SanInsFoG, BT-Drs. 19/24181, S. 14 mit Begr. S. 105 ff.

[673] Begr. Rechtsausschuss, BT-Drs. 19/25353, S. 6.

[674] *Gehrlein*, BB 2021, 66, 67; zust. *Bitter*, ZIP 2021, 321, 322; ähnlich schon *Bitter*, GmbHR 2021, R16, R17.

[675] Ausführlich zu den Insolvenztatbeständen Scholz/*Bitter*, GmbHG, Vor § 64 Rn. 6 ff.; kürzer *Bitter/Baschnagel*, ZInsO 2018, 557, 578 ff.

Interesse der Gesellschaftsgläubiger ein, deren Verletzung einerseits zu einer Außenhaftung gegenüber den Gläubigern führen kann, andererseits zu einer Innenhaftung gegenüber der GmbH.[676]

(1) Außenhaftung bei Insolvenzverschleppung (§ 823 II BGB i. V.m. § 15a InsO)

Die Geschäftsführer einer GmbH müssen – wie auch alle anderen Unternehmensleiter einer juristischen Person (z.B. der Vorstand einer AG) – gemäß § 15a I 1 und 2 InsO bei Insolvenzreife unverzüglich, spätestens aber drei Wochen nach Eintritt der Zahlungsunfähigkeit i.S.v. § 17 InsO bzw. sechs Wochen nach Eintritt der Überschuldung i.S.v. § 19 InsO[677] einen **Antrag auf Eröffnung des Insolvenzverfahrens** beim zuständigen Amtsgericht stellen.[678] Versäumen sie diese Pflicht, was in der Praxis sehr häufig vorkommt,[679] unterliegen sie der sogenannten Insolvenzverschleppungshaftung: 147

Durch die Insolvenzverschleppung geschädigte Gläubiger haben gegenüber dem Geschäftsführer der GmbH Anspruch auf Schadensersatz gemäß § 823 II BGB i.V.m. § 15a I 1 InsO, soweit ihr Verlust in der Insolvenz der GmbH bei rechtzeitiger Antragstellung nicht eingetreten wäre.[680] Danach ist solchen Gläubigern, die erst nach Beginn der Insolvenzantragspflicht in geschäftlichen Kontakt zur Gesellschaft getreten sind oder die erst nach diesem Zeitpunkt eine Vorleistung an die Gesellschaft erbracht haben (sog. **Neugläubiger**) der ganze Schaden zu ersetzen (**negatives Interesse**), weil sie bei rechtzeitiger Antragstellung den Vertrag nicht mehr geschlossen bzw. ihre Vorleistung nicht mehr erbracht hätten (vgl. § 321 BGB).[681] Hatte der betreffende Gläubiger seine Vermögensdisposition hingegen zu jenem Zeitpunkt, zu dem der Geschäftsführer den Insolvenzantrag hätte stellen müssen, bereits getroffen (sog. **Altgläubiger**), wird ihm nur derjenige Schaden ersetzt, der sich daraus ergibt, dass seine im späteren Insolvenzverfahren realisierte Quote aufgrund der Insolvenzverschleppung niedriger ausfällt, als sie in einem rechtzeitig eingeleiteten Insolvenzverfahren ausgefallen wäre.[682] Im eröffneten Insolvenzverfahren wird dieser sog. **Quotenschaden** für alle Altgläubiger gemäß § 92 S. 1 InsO vom Insolvenzverwalter geltend gemacht. Ihn zu beziffern dürfte dem Verwalter – bzw. bei nicht eröffnetem Insolvenzverfahren dem Gläubiger – allerdings regelmäßig nicht gelingen, weil dafür ein hypothetisch früher durchgeführtes Insolvenzverfahren durchgerechnet und für dieses die (dann höhere) Insolvenzquote berechnet werden müsste.[683] Der Anspruch der Altgläubiger ist deshalb ein eher theoretischer, während der auf den vollen Vertrauensschaden gerichtete Anspruch des Neugläubiges von großer praktischer Bedeutung ist, vorausgesetzt bei dem Geschäftsführer ist genügend Haftungsmasse 148

---

[676] BGH ZIP 2020, 318 (Rn. 15); ausführlich *Bitter*, ZInsO 2018, 625, 646 ff. (Außenhaftung); *Bitter/Baschnagel*, ZInsO 2018, 557, 573 ff. (Innenhaftung); Scholz/*Bitter*, GmbHG, § 64.

[677] Ausführlich zu den Insolvenztatbeständen Scholz/*Bitter*, GmbHG, Vor § 64 Rn. 6 ff.; kürzer *Bitter/Baschnagel*, ZInsO 2018, 557, 578 ff.

[678] Details bei Scholz/*Bitter*, GmbHG, § 64 Rn. 253 ff., insbes. Rn. 271 ff., 276 ff.

[679] Vgl. dazu die Umfrage unter Insolvenzverwaltern bei *Bitter/Röder*, ZInsO 2009, 1283, 1286 f.

[680] Zur Insolvenzverschleppungshaftung nach § 823 II BGB i.V.m. § 15a InsO (früher: § 64 I GmbHG) vgl. BGHZ 126, 181, 192 ff. = NJW 1994, 2220, 2222 ff. (Aufgabe der Beschränkung auf den so genannten Quotenschaden für die Neugläubiger); nachfolgend bestätigend BGHZ 138, 211, 214 = NJW 1998, 2667; Details bei *Bitter*, ZInsO 2018, 625, 647 ff.; Scholz/*Bitter*, GmbHG, § 64 Rn. 253 ff.

[681] Scholz/*Bitter*, GmbHG, § 64 Rn. 317 ff.

[682] Scholz/*Bitter*, GmbHG, § 64 Rn. 312 ff.

[683] Scholz/*Bitter*, GmbHG, § 64 Rn. 314 f.

vorhanden. Die in Einzelfällen **schwierige Abgrenzung zwischen Alt- und Neugläubigern** ist daher in der Gerichtspraxis die haftungsrechtlich entscheidende Frage, welche demgemäß schon häufig Gegenstand der BGH-Rechtsprechung war.[684]

149 **Beispiele:** (1) Die Bau-GmbH ist seit zwei Monaten insolvent. Der Geschäftsführer G unterlässt den Insolvenzantrag, weil er noch auf neue Aufträge hofft. Gläubiger X schließt nun einen Kaufvertrag mit der GmbH und liefert dieser Baumaterialien. In dem später doch eröffneten Insolvenzverfahren über das Vermögen der GmbH fällt er mit dem Kaufpreisanspruch i. H. v. 10.000 EUR aus. Für diesen Vertrauensschaden kann er G gemäß § 823 II BGB i. V. m. § 15a I 1 InsO unmittelbar persönlich in Anspruch nehmen, weil er bei rechtzeitiger Antragstellung die Lieferung unterlassen hätte. Er muss sich von seinem Kaufpreisanspruch nur den Gewinnanteil abziehen lassen, weil er bei unterlassenem Abschluss des Kaufvertrags den Gewinn auch nicht realisiert hätte (negatives Interesse).[685] (2) Ganz anders läge der Fall, wenn X die Baumaterialien bereits vor dem Zeitpunkt geliefert hätte, zu dem G Insolvenzantrag stellen musste. Da ein rechtzeitiger Antrag den durch die Lieferung entstandenen Schaden des G in diesem Fall auch nicht (ganz) vermieden hätte, könnte X (bzw. der Insolvenzverwalter gemäß § 92 S. 1 InsO für ihn) allenfalls in der Höhe Schadensersatz verlangen, in der sich seine Insolvenzquote durch die Insolvenzverschleppung vermindert hat. Da X (bzw. der Insolvenzverwalter) aber nicht wird beweisen können, welche Quote in einem – ja nur theoretisch durchgeführten – früheren Insolvenzverfahren hätte realisiert werden können, wird X faktisch ohne Ersatz bleiben.[686] (3) Hatte X den Vertrag über die Lieferung der Baumaterialien bereits vor Eintritt der Insolvenzantragspflicht geschlossen, die Lieferung aber erst danach erbracht, erscheint fraglich, ob er Alt- oder Neugläubiger ist. Obwohl X beim Beginn der Antragspflicht bereits vertraglich gebunden und damit sein Zahlungsanspruch begründet war und dies auch durch einen rechtzeitigen Insolvenzantrag nicht mehr hätte verhindert werden können, ist er als Neugläubiger einzuordnen. Hätte G nämlich den Insolvenzantrag rechtzeitig und damit noch vor der Lieferung des X als dessen vermögensrelevante Disposition gestellt, hätte X die Lieferung trotz Vorleistungspflicht gemäß § 321 BGB verweigern und so seinen Schaden vermeiden können.[687] G hat deshalb den X vermögensmäßig wie in der Fallvariante (1) zu stellen.

(2) Innenhaftung bei Verletzung des Massesicherungsgebots (§ 15b I, IV InsO)

150 Noch bedeutsamer als die vorgenannte Außenhaftung gegenüber den Gläubigern ist in der Praxis die Haftung bei Insolvenzreife im Innenverhältnis zur GmbH. Sie ergibt sich seit dem 1.1.2021 aus der Vorschrift des § 15b InsO, die an den Ende 2020 abgeschafften § 64 GmbHG anknüpft, aber auch manche Neuregelung bereithält.[688]

150a Nach § 15 I 1, IV 1 InsO haften die Geschäftsführer der GmbH im Grundsatz persönlich auf **Erstattung aller nach dem Zeitpunkt der Insolvenzreife geleisteten Zahlungen**. Die Vorschrift will – wie der frühere § 64 S. 1 GmbHG – zum einen Druck auf den Geschäftsführer ausüben, seiner Insolvenzantragspflicht aus § 15a InsO (→ Rn. 147) nachzukommen. Nach h. M. enthält die Norm jedoch ein darüber hinausgehendes **Gebot der Massesicherung**, welches sicherstellen soll, dass ab Insolvenzreife die noch vorhandene Masse zur Verteilung an alle Gläubiger zusammengehalten wird.[689] Dieses Gebot bleibt auch noch nach Erfüllung der Insolvenz-

---

[684] Nähere Darstellung der problematischen Grenzfälle anhand der Rechtsprechung bei *Bitter*, ZInsO 2018, 625, 649 ff.; Scholz/*Bitter*, GmbHG, § 64 Rn. 323 ff.

[685] BGH ZIP 2009, 1220 (Rn. 16); BGH ZIP 2012, 1456 (Rn. 7, 13 ff.); Scholz/*Bitter*, GmbHG, § 64 Rn. 317 f.

[686] Näher *Bitter*, ZInsO 2018, 625, 647 ff.; Scholz/*Bitter*, GmbHG, § 64 Rn. 312 ff.

[687] OLGR Celle 2002, 158 = NZG 2002, 730, 732 (juris-Rn. 61); OLG Oldenburg, GWR 2010, 170 = BeckRS 2010, 02819 (red. Leitsatz und Ziff. II 1a der Gründe, insbes. juris-Rn. 81 ff.); *Bitter*, ZInsO 2018, 625, 649; Scholz/*Bitter*, GmbHG, § 64 Rn. 324 ff.

[688] Details bei *Bitter*, ZIP 2021, 321, 324 ff.; *Bitter*, GmbHR 2022, 57 ff.

[689] Näher zum (partiell umstrittenen) Sinn und Zweck des früheren § 64 GmbHG Scholz/*Bitter*, GmbHG, 12. Aufl. 2020, § 64 Rn. 16 ff.; zu § 15b InsO setzt sich die Debatte teilweise fort (vgl. *Bitter*, GmbHR 2022, 57, Rn. 49 ff.).

antragspflicht anwendbar, insbesondere im sog. Insolvenzeröffnungsverfahren, das mit dem Insolvenzantrag beginnt und bis zur Entscheidung des Gerichts über die Insolvenzeröffnung andauert (in der Praxis oft mehrere Monate).[690]

Kommt es zu Verstößen gegen dieses Massesicherungsgebot, war der Haftungs- 150b
umfang in Rechtsprechung und Literatur bereits zum früheren § 64 S. 1 GmbHG umstritten und jene Debatte setzt sich nun in Bezug auf die neue Rechtsfolgenanordnung in § 15b IV 1 und 2 InsO fort: Während der BGH früher im Grundsatz nur auf die jeweiligen Vermögens*abflüsse* – seien sie Zahlungen im engeren Sinne oder Warenlieferungen – schaute und damit insbesondere auch in solchen Fällen zu einer Haftung gelangte, in denen ein Betrag oder Gegenstand durch die GmbH nur „hindurchgelaufen" ist (**Einzelbetrachtung**);[691] wollte ein in der Literatur entwickeltes Gegenkonzept alle Zu- und Abflüsse berücksichtigen und den Geschäftsführer infolgedessen nur auf den insgesamt während der Insolvenzreife eintretenden Verlust bzw. Schaden haften lassen (**Gesamtbetrachtung**).[692] Diesen Grundlagenstreit zum früheren § 64 S. 1 GmbHG wollte der Gesetzgeber im neuen § 15b InsO nicht entscheiden und hat stattdessen **beide Konzepte miteinander verbunden**.[693] Sie wurden zu einem Konzept verwoben, in dem nun im Ergebnis der allen Gläubigern gemeinschaftlich entstandene Schaden haftungsrelevant ist (vgl. § 15b IV 2 InsO: *„Schaden der Gläubigerschaft"*), der jedoch in Höhe der verbotswidrig geleisteten Einzelzahlungen widerleglich vermutet wird (§ 15b IV 1 InsO).[694] Die sich daraus ergebenden Konsequenzen werden derzeit kontrovers diskutiert: Während sich einige stärker auf den mit der früheren Einzelbetrachtung übereinstimmenden ersten Satz des § 15b IV InsO stützen und deshalb meinen, es bleibe im Wesentlichen alles beim alten, wollen die anderen im Sinne der im zweiten Satz aufgegriffenen Gesamtbetrachtung dem Geschäftsführer eine realistische Chance eröffnen, den von ihm geforderten Gegenbeweis zu führen, dass der den Gläubigern durch die Geschäftsfortführung im Zustand der Insolvenzreife entstandene Schaden geringer ist als die einzelnen (addierten) Vermögensabflüsse.[695]

Insoweit ist bedeutsam, dass sich beide Haftungskonzepte in mancher Hinsicht 151
schon vor der Schaffung des neuen § 15b InsO im Ergebnis angenähert hatten, seit der BGH die Ersatzpflicht des Geschäftsführers (nachträglich) entfallen lässt, soweit die durch die „Zahlung" verursachte Schmälerung der Masse in *unmittelbarem* Zusammenhang mit dem Mittelabfluss durch eine Gegenleistung ausgeglichen wird

---

[690] Näher zum zeitlichen Anwendungsbereich *Bitter/Baschnagel*, ZInsO 2018, 557, 574 ff.; Scholz/*Bitter*, § 64 Rn. 45 ff.

[691] Grundlegend BGHZ 143, 184 = NJW 2000, 668 und BGH NJW 2001, 304 = WM 2000, 2158 (mit krit. Besprechung von *Bitter*, WM 2001, 666 ff. sowie *Bitter*, WuB II C. § 64 GmbHG 1.01); BGHZ 146, 264 = NJW 2001, 1280 (Leitsatz 3) und erneut mit deutlicher Schärfe BGH NJW 2003, 2316 (mit krit. Anm. *Bitter*, WuB II C. § 64 GmbHG 1.03); einschränkend BGH WM 2008, 1227 (mit Anm. *Bitter*, WuB II C. § 64 GmbHG 1.09); dazu *Bitter*, Beilage zu ZIP 22/2016, S. 6, 9 f.; *Bitter/Baschnagel*, ZInsO 2018, 557, 581 ff.; *Bitter*, GmbHR 2022, 57 (Rn. 49) m. w. N.

[692] *Bitter*, WM 2001, 666; *K. Schmidt*, GmbHR 2000, 1225; *Altmeppen*, ZIP 2001, 2201, 2206 ff.; zuvor auch schon *Altmeppen/Wilhelm*, NJW 1999, 673, 678 f.; zusammenfassend *Bitter*, ZInsO 2010, 1505, 1514 ff.; in jüngerer Zeit wieder *K. Schmidt*, NZG 2015, 129; *Altmeppen*, ZIP 2015, 949; *Bitter*, Beilage zu ZIP 22/2016, S. 6 ff.; *Bitter/Baschnagel*, ZInsO 2018, 557, 581 ff.

[693] So Begr. RegE zu § 15b Abs. 4, BT-Drs. 19/24181, S. 195.

[694] Begr. RegE zu § 15b Abs. 4, BT-Drs. 19/24181, S. 195 mit Hinweis auf RG v. 30.11. 1938 – II 39/18, RGZ 159, 211, 229 f.; dazu *Bitter*, ZIP 2021, 321, 328 f.

[695] Dazu eingehend *Bitter*, GmbHR 2022, 57 (Rn. 47 ff.); zuvor *Bitter*, ZIP 2021, 321, 328 ff.

(sog. **Aktiventausch**).[696] Jene Gegenleistung muss die für die Gläubiger verwertbare Aktivmasse erhöht haben, was nach der bisherigen Rechtsprechung etwa bei Arbeits- oder Dienstleistungen sowie bei Zahlungen für Telefon, Kabelfernsehen oder die Energieversorgung regelmäßig nicht der Fall sein soll.[697] Welche Kriterien für die vom BGH verlangte **Unmittelbarkeit** gelten sollten, war noch nicht vollständig geklärt.[698] Der BGH hatte lediglich entschieden, dass die für die Insolvenzanfechtung (§§ 129ff. InsO) geltenden Regeln des Bargeschäfts nach § 142 InsO a.F. mangels vergleichbarer Interessenlage nicht entsprechend anwendbar sind; insbesondere sei kein zeitlicher, sondern nur ein „unmittelbarer wirtschaftlicher" Zusammenhang bzw. eine (unmittelbare) wirtschaftliche Zuordnung erforderlich.[699] Außerdem hatte der BGH den Aktiventausch von der Reihenfolge der Leistungen abhängig gemacht: Nur eine der „Zahlung" nachfolgende Leistung des Zahlungsempfängers könne kompensierend wirken.[700]

151a Ob und in welchem Umfang diese **Grundsätze der Rechtsprechung im neuen Recht auszuweiten sind**, um der Hinwendung des Gesetzgebers zur Gesamtbetrachtung in § 15 IV 2 InsO Rechnung zu tragen, wird derzeit heiß diskutiert. Richtigerweise sollte sich die bislang zu sehr auf die einzelnen Vermögensabflüsse schauende Rechtsprechung in Zukunft öffnen und beherzter eine Kompensation der Masseschmälerung anerkennen. Dies gilt insbesondere in Bezug auf Arbeits- und Dienstleistungen, die keineswegs wertlos für die Masse sein müssen, ferner im Rahmen laufender Geschäftsbeziehungen, in denen der Vertragspartner der GmbH jeweils *neue* Leistungen erbringt, nachdem die *alte* Leistung bezahlt wurde; zudem sollte der Entlastungsbeweis des Geschäftsführers nach § 15 IV 2 InsO bereits dann als geführt angesehen werden, wenn er darlegen und beweisen kann, dass die konkrete Zahlung Teil eines während der Insolvenzreife durchgeführten, jedoch mit Gewinn abgeschlossenen Geschäftsvorgangs/Gesamtprojekts ist (sehr str.).[701]

151b Die Fortgeltung der bisherigen Rechtsprechung steht auch insoweit in Rede, als sie zusätzlich zwischen Leistungen vom kreditorischen und debitorischen Konto[702] sowie danach unterscheidet, ob für den Kontokorrentkredit Sicherheiten der GmbH

---

[696] BGHZ 203, 218 = ZIP 2015, 71; zum Aktiventausch auch BGHZ 206, 52 = ZIP 2015, 1480 (Rn. 26); dazu *K. Schmidt*, NZG 2015, 129; siehe ferner BGH ZIP 2017, 1619; nähere Darstellung bei *Bitter/Baschnagel*, ZInsO 2018, 557, 584ff.; Scholz/*Bitter*, GmbHG, § 64 Rn. 136ff.

[697] Dazu und zum Wertansatz BGH ZIP 2017, 1619 (Leitsätze 2 und 3 sowie Rn. 18ff.): Liquidationswerte, wenn die Gesellschaft insolvenzreif ist und eine Fortführung nicht gesichert erscheint. Zu betriebsnotwendigen, einen Zusammenbruch des Unternehmens verhindernden Zahlungen → Rn. 151d.

[698] Dazu *Altmeppen*, ZIP 2015, 949; *Haneke*, NZI 2015, 499; *Bitter/Baschnagel*, ZInsO 2018, 557, 585f.

[699] BGH ZIP 2017, 1619 (Rn. 11ff.); zust. *Bitter/Baschnagel*, ZInsO 2018, 557, 585f. und Scholz/*Bitter*, GmbHG, § 64 Rn. 143ff. mit dem Vorschlag, die zur (fehlenden) Gläubigerbenachteiligung i.S.v. § 129 InsO entwickelten Grundsätze (dazu *Bitter*, KTS 2016, 455ff.) fruchtbar zu machen.

[700] BGHZ 227, 221 = ZIP 2020, 2453 (Rn. 41ff.) mit krit. Bespr. *Altmeppen*, ZIP 2021, 1ff.; zuvor wie der BGH schon Scholz/*Bitter*, GmbHG, § 64 Rn. 147m.w.N.; zum neuen Recht *Bitter*, ZIP 2021, 321, 330; dagegen erneut *Altmeppen*, ZIP 2021, 2413, 2417 in Fn. 33; differenzierend nun *Bitter*, GmbHR 2022, 57 (Rn. 55) in Fn. 137.

[701] Eingehend *Bitter*, GmbHR 2022, 57 (Rn. 52ff.) in Verteidigung der zuvor bei *Bitter*, ZIP 2021, 321, 328ff. entwickelten Thesen.

[702] BGH ZIP 2007, 1006 (Leitsatz 2 und Rn. 8); BGH ZIP 2010, 470 (Leitsatz 2 und Rn. 10): bloßer Gläubigertausch bei Zahlung vom debitorischen Konto; dazu nachdrücklich kritisch *K. Schmidt*, ZIP 2008, 1401m.w.N. (sehr lesenswert!).

zugunsten der Bank bestehen oder nicht.[703] Die Details sind diesbezüglich äußerst kompliziert und für die Praxis schwer handhabbar.[704] Die deshalb hier in den Vorauflagen unterbreitete Anregung zu einer kompletten gesetzlichen Neukonzeption[705] ist im nun in Kraft getretenen § 15b InsO zwar im Grundsatz aufgegriffen worden. Die Norm verhält sich jedoch nicht zur Sonderfrage der Zu- und Abflüsse vom debitorischen Konto.[706]

Beispiele: (1) Die GmbH ist insolvent. Gleichwohl erfüllt der Geschäftsführer G noch den seit längerer Zeit bestehenden Kaufpreisanspruch des Gläubigers X i. H. v. 10.000 EUR durch Zahlung an X (in bar oder durch Zahlung vom kreditorischen Konto). G ist der GmbH gemäß § 15b I 1, IV 1 InsO grundsätzlich zur Erstattung der 10.000 EUR verpflichtet (vgl. aber noch den dritten Beispielsfall). Nach Eröffnung des Insolvenzverfahrens macht diesen Anspruch der Insolvenzverwalter für die GmbH geltend. (2) G zahlt zwar den Kaufpreis an X. Dieser liefert aber im Gegenzug ein Auto im gleichen Wert. Bei einer der „Zahlung" zeitlich nachfolgenden Lieferung lag schon nach der bisherigen Rechtsprechung ein Aktiventausch vor und G haftete nicht aus § 64 S. 1 GmbHG. Seit 1.1.2021 folgt dies nun direkt aus § 15b IV 2 InsO. (3) G erfüllt – wie im ersten Beispielsfall – einen seit längerer Zeit bestehenden Kaufpreisanspruch des G, jedoch liefert dieser im Gegenzug zu der Zahlung der *alten* Rechnung *neue* Ware an die GmbH. Ob in diesem Fall die vom BGH bisher geforderte Unmittelbarkeit anerkannt worden wäre, erscheint offen. Jedenfalls im neuen Recht ist aber nach der hier vertretenen Ansicht der Gegenbeweis eines geringeren Schadens gemäß § 15 IV 2 InsO als geführt anzusehen. (4) Im ersten Beispielsfall stellt die Muttergesellschaft der GmbH die 10.000 EUR zur Verfügung, damit diese den X befriedigen kann. In diesem Fall haftete G gemäß dem früheren § 64 S. 1 GmbHG, weil nach Ansicht des BGH nur der Abfluss der 10.000 EUR zählte, während der Zufluss unberücksichtigt blieb. Ob es dabei unter dem neuen § 15b InsO bleiben wird, erscheint offen. Jedenfalls in solchen Fällen, in denen der Zufluss von Seiten der Mutter mit dem Abfluss der 10.000 EUR zeitlich (annähernd) zusammenfällt oder ihm sogar nachfolgt, lässt sich gut argumentieren, der Gläubigerschaft sei insgesamt kein Schaden entstanden (§ 15 IV 2 InsO). (5) Im ersten Beispielsfall erfolgt die Zahlung vom debitorischen Konto der GmbH. Dann haftet G nach der bisherigen Rechtsprechung zu § 64 S. 1 GmbHG nicht, weil nur der bisherige Gläubiger X durch die Bank als neue Gläubigerin ersetzt wurde. Ob der BGH an dieser zweifelhaften, da nicht zwischen Deckungs- und Valutaverhältnis trennenden Rechtsprechung[707] für § 15b InsO festhält, bleibt abzuwarten. (6) Besteht zugunsten der Bank eine Grundschuld auf dem Geschäftsgrundstück der GmbH, die im Wert über den Kontokorrentkredit hinausgeht, haftet G nach den Grundsätzen der bisherigen Rechtsprechung zu § 64 S. 1 GmbHG. Ein masseneutraler Gläubigertausch liege dann nicht vor, vorausgesetzt die Forderung des X war ungesichert. Durch die höhere Inanspruchnahme des Kontokorrentkredits wird nämlich die Grundschuld im größeren Umfang verhaftet und daher die Masse geschmälert. 151c

Die Erstattungspflicht setzt schuldhaftes Handeln, also mindestens Fahrlässigkeit auf Seiten des Geschäftsführers voraus.[708] Sie ist ausgeschlossen, wenn die konkrete Zahlung auch nach Insolvenzreife noch mit der **Sorgfalt eines ordentlichen Geschäftsmanns** vereinbar, sie insbesondere erforderlich war, um den Geschäftsbetrieb bis zur Übergabe an den Insolvenzverwalter aufrechtzuerhalten.[709] Diese schon frü- 151d

[703] BGHZ 206, 52 = ZIP 2015, 1480; BGH WM 2016, 275.

[704] Näher *Bitter/Baschnagel*, ZInsO 2018, 557, 581 ff.; Scholz/*Bitter*, GmbHG, § 64 Rn. 123 ff.; jüngere Analyse auch bei *Lieder/Wagner*, ZGR 2021, 495, 500 ff., zum neuen Recht S. 522 ff.

[705] Siehe *Bitter*, Beilage zu ZIP 22/2016, S. 6 ff.

[706] Vgl. deshalb die Aufforderung an den BGH bei *Bitter*, GmbHR 2022, 57 (Rn. 73 f.), sein überkomplexes Modell selbst zu korrigieren.

[707] Kritik bei Scholz/*Bitter*, GmbHG, § 64 Rn. 125.

[708] Details bei Scholz/*Bitter*, GmbHG, § 64 Rn. 186 ff.; nach BGH ZIP 2020, 1239 (Rn. 16 f.) scheidet eine Anwendung der Grundsätze des innerbetrieblichen Schadensausgleichs aus.

[709] Siehe zum früheren § 64 S. 2 GmbHG BGH ZIP 2008, 72, 73 = WM 2008, 27 (Rn. 6) mit Anm. *Bitter/Linardatos*, WuB II C. § 64 GmbHG 2.08; *Bitter*, ZInsO 2010, 1505, 1517;

her in § 64 S. 2 GmbHG enthaltene, nunmehr in § 15b I 2 InsO kodifizierte Sorgfaltsausnahme wird jetzt in § 15b II, III und VIII InsO dahingehend präzisiert, dass der pflichtwidrig die Insolvenz verschleppende Geschäftsführer (→ Rn. 147) regelmäßig nicht mehr davon profitiert, während der pflichtgemäß handelnde Geschäftsführer weitgehend haftungsfrei die Geschäfte trotz Insolvenzreife fortführen kann, soweit dies der Werterhaltung im *Gläubigerinteresse* dient; dies betrifft insbesondere die Unternehmensfortführung im Insolvenzeröffnungsverfahren.[710]

151e Nach der Rechtsprechung des BGH und EuGH konnte schon die Regelung des § 64 GmbHG über den auf die GmbH bezogenen Wortlaut hinaus auch auf in Deutschland tätige **EU-Auslandsgesellschaften** angewendet werden, die – wie die GmbH – eine Haftungsbeschränkung kennen; ein Verstoß gegen die Niederlassungsfreiheit der Art. 49 und 54 AEUV liegt darin nicht.[711] Eine im EU-Ausland gegründete Gesellschaft hat danach zwar Anspruch darauf, in den anderen Mitgliedstaaten als wirksam bestehende Gesellschaft anerkannt zu werden (→ § 1 Rn. 2), nicht aber darauf, allein ihrem Heimatrecht unterworfen zu werden. Nur Markt*zutritts*schranken sind durch die Niederlassungsfreiheit verboten, nicht hingegen die Anwendung von auf die *Tätigkeit* im Inland bezogenen (Haftungs-)Regeln, die für alle juristischen Personen gelten oder die auf konkrete Gefährdungslagen – etwa die Insolvenz der Gesellschaft – reagieren.[712] Für den neuen § 15b InsO gelten diese Grundsätze erst recht, zumal er von vorneherein für alle haftungsbeschränkten Gesellschaften gilt.

151f Für die frühere Regelung in § 64 Satz 1 GmbHG hat der BGH in Übereinstimmung mit der h. M. entschieden, dass sie **kein Schutzgesetz i. S. v. § 823 II BGB** ist; der Geschäftsführer kann deshalb (allein) wegen Verletzung des Massesicherungsgebots nicht unmittelbar von den Gesellschaftsgläubigern in Anspruch genommen werden.[713] Für die neue Vorschrift des § 15b InsO kann insoweit nichts anderes gelten.

ccc) Insolvenzverursachungshaftung (gegenüber der Gesellschaft)

152 Durch das MoMiG wurde eine weitergehende Erstattungspflicht des Geschäftsführers speziell für Zahlungen an Gesellschafter vor Eintritt der Insolvenzreife im damaligen § 64 S. 3 GmbHG eingeführt, der nun ohne Änderungen in § 15b V InsO übernommen wurde: Die Geschäftsführer haften der Gesellschaft danach auch für **Zahlungen an Gesellschafter, durch die eine Zahlungsunfähigkeit herbeigeführt wird.**[714] Der Begriff der Zahlungsunfähigkeit ist im Rahmen von § 64 S. 3 GmbHG *nicht* anders zu verstehen als bei § 17 InsO, d. h. Zahlungsunfähigkeit liegt vor, wenn die liquiden Mittel nicht nur unerheblich (10%-Grenze) hinter den fälligen Verbind-

---

Bitter, Beilage zu ZIP 22/2016, S. 6, 7; enger BGHZ 206, 52 = ZIP 2015, 1480, 1482 (Rn. 24); BGH ZIP 2020, 1239 (Rn. 18 f.); dazu *Bitter/Baschnagel*, ZInsO 2018, 557, 588 f.; Scholz/*Bitter*, GmbHG, § 64 Rn. 167 ff.

[710] Details bei *Bitter*, ZIP 2021, 321, 324 ff.; *Bitter*, GmbHR 2022, 57 (Rn. 6 ff.).

[711] BGH ZIP 2015, 68; EuGH ZIP 2015, 2468; zum Gerichtsstand EuGH ZIP 2015, 196; siehe zum internationalen Anwendungsbereich auch *Bitter/Baschnagel*, ZInsO 2018, 557, 576 f.; Scholz/*Bitter*, GmbHG, § 64 Rn. 55 ff.

[712] *Bitter*, WM 2004, 2190; *Bitter*, Jb.J.ZivRWiss. 2004, 2005, S. 299 (Download unter www.georg-bitter.de); ebenso nun EuGH ZIP 2015, 2468, 2469 f. (Rn. 22 ff., insbes. Rn. 28); dazu *Schall*, ZIP 2016, 289; *Bitter/Baschnagel*, ZInsO 2018, 557, 576 f.; Scholz/*Bitter*, GmbHG, § 64 Rn. 55 ff.

[713] BGH ZIP 2020, 318 (Leitsatz 1 und Rn. 14 ff.); Scholz/*Bitter*, GmbHG, § 64 Rn. 203; vgl. aber zur Verletzung des § 15a InsO oben Rn. 147 ff.

[714] Dazu *Bitter/Baschnagel*, ZInsO 2018, 557, 595 ff.; Scholz/*Bitter*, GmbHG, § 64 Rn. 230 ff.; zur Übernahme in § 15b V InsO *Bitter*, ZIP 2021, 231, 331.

lichkeiten einschließlich fälliger Verbindlichkeiten gegenüber Gesellschaftern zurückbleiben.[715] Die Vorschrift erfasst, wie aus dem Wortlaut ersichtlich, keine Zahlungen, die bei bereits bestehender Zahlungsunfähigkeit geleistet werden.[716] Damit verbleibt nur ein **sehr enger Anwendungsbereich** der Norm, weil die Zahlung auf eine fällige Verbindlichkeit gegenüber einem Gesellschafter nicht erfasst wird.[717] Ist nämlich die Gesellschaft unter Berücksichtigung der fälligen Schuld gegenüber dem Gesellschafter *nicht* zahlungsunfähig, tritt auch durch die Erfüllung der Schuld keine Zahlungsunfähigkeit ein, weil der Reduzierung der liquiden Mittel der Gesellschaft eine entsprechende Verkürzung der fälligen Verbindlichkeiten gegenübersteht und sich folglich keine Unterdeckung ergeben kann. Ist die Gesellschaft hingegen unter Berücksichtigung der Schuld gegenüber dem Gesellschafter ohnehin schon zahlungsunfähig, ist die Vorschrift nach dem oben Gesagten ebenfalls nicht einschlägig, sondern § 15b I, IV InsO (→ Rn. 150ff.). Als Anwendungsfälle des § 15b V InsO verbleiben demnach (nur) Zahlungen auf nicht bestehende oder nicht fällige Ansprüche eines Gesellschafters oder Zahlungen, die (mittelbar) zur Zahlungsunfähigkeit führen, weil infolge einer Zahlung an den Gesellschafter auch andere Geldgeber ihre Mittel (berechtigterweise) abziehen.[718] Sind allerdings die Voraussetzungen des § 15b V InsO im Einzelfall einmal erfüllt, kann die Gesellschaft nach Ansicht der Rechtsprechung eine Zahlung an den Gesellschafter verweigern, d.h. die Vorschrift **gibt der Gesellschaft eine Einrede**.[719] Die Insolvenzverursachungshaftung der Geschäftsführer entfällt, wenn der Geschäftsführer auch bei Beachtung der Sorgfalt eines ordentlichen Geschäftsmannes nicht erkennen konnte, dass die Zahlungen zur Zahlungsunfähigkeit führen mussten (§ 15b V 1 InsO a.E. mit Verweis auf § 15b I 2 InsO).

ddd) Haftung des faktischen Geschäftsführers

Die vorstehend beschriebenen Haftungstatbestände gelten grundsätzlich nur für 153
denjenigen, der tatsächlich zum Geschäftsführer der GmbH bestellt war. In Ausnahmefällen kann allerdings auch der sog. faktische Geschäftsführer haften.[720] Faktischer Geschäftsführer ist jedoch – abgesehen vom fehlerhaft bestellten Organmitglied[721] – in Fällen gänzlich *fehlender* förmlicher Bestellung nach der Rechtsprechung des BGH nur, wer nach dem Gesamterscheinungsbild seines Auftretens die Geschicke der Gesellschaft – über die interne Einwirkung auf die satzungsmäßige Geschäftsführung hinaus[722] – durch eigenes **Handeln im Außenverhältnis**, das die Tätigkeit des rechtlichen Geschäftsführungsorgans nachhaltig prägt, maßgeblich in die Hand genommen hat.[723]

[715] Zum Begriff der Zahlungsunfähigkeit siehe BGHZ 163, 134 = NJW 2005, 3062 = ZIP 2005, 1426; ausführlich Scholz/*Bitter*, GmbHG, Vor § 64 Rn. 6ff.

[716] BGHZ 195, 42 = ZIP 2012, 2391 (Rn. 7, 11) zu § 64 S. 3 GmbHG a.F.

[717] Vgl. ausführlich *Altmeppen*, GmbHG, § 64 Rn. 81ff.; ferner Scholz/*Bitter*, GmbHG, § 64 Rn. 241ff.

[718] Vgl. BGHZ 195, 42 = ZIP 2012, 2391 (Rn. 13) zu § 64 S. 3 GmbHG a.F.; Scholz/*Bitter*, GmbHG, § 64 Rn. 243.

[719] BGHZ 195, 42 = ZIP 2012, 2391 (Rn. 18) zu § 64 S. 3 GmbHG a.F.

[720] Grundlegend BGHZ 104, 44; siehe auch Scholz/*Bitter*, GmbHG, § 64 Rn. 67ff.; *Bitter/Baschnagel*, ZInsO 2018, 557, 565, 577, 595 und *Bitter*, ZInsO 2018, 625, 646.

[721] Vgl. Scholz/*Bitter*, GmbHG, § 64 Rn. 68 m.w.N.

[722] Zur Unterordnung der Geschäftsführer unter die Gesellschafterversammlung → Rn. 136.

[723] BGHZ 150, 61; BGH ZIP 2005, 1414; zur Erläuterung dieser in der Literatur höchst umstrittenen Begrenzung siehe *Bitter/Baschnagel*, ZInsO 2018, 557, 565; Scholz/*Bitter*, GmbHG, § 64 Rn. 71.

ff) Weitere Vorgaben

154 Die Gesellschaft darf dem Geschäftsführer **keinen Kredit gewähren**, der zulasten des zur Erhaltung des Stammkapitals erforderlichen Vermögens erfolgt (§ 43a S. 1 GmbHG). Ein danach unzulässiger Kredit ist ohne Rücksicht auf entgegenstehende Vereinbarungen sofort zurückzugewähren (§ 43a S. 2 GmbHG). Die Rechtsfolge des § 43a S. 2 GmbHG greift allerdings nicht ein, wenn zunächst ein Darlehen ohne Verstoß gegen § 43a S. 1 GmbHG gewährt wird und es erst später zu einer Beeinträchtigung des Stammkapitals der Gesellschaft kommt.[724]

154a Ein **Wettbewerbsverbot** ist für GmbH-Geschäftsführer – anders als für Vorstände einer AG (→ § 3 Rn. 57) – nicht ausdrücklich gesetzlich normiert. Gleichwohl ist die Geltung eines solchen allgemein anerkannt; es ergibt sich unmittelbar aus der Organstellung auf Grundlage der Treuepflichten des Geschäftsführers.[725]

c) Aufsichtsrat

155 Im Hinblick auf die Stellung des Aufsichtsrats einer GmbH ist zu unterscheiden, ob der Aufsichtsrat ein fakultativer (freiwilliger) oder ein nach den Regeln der Unternehmensmitbestimmung obligatorischer (zwingender) ist.

156 Wie sich ein **fakultativer Aufsichtsrat** in das Kompetenzgefüge einer GmbH einfügt, ist vorrangig den Bestimmungen des Gesellschaftsvertrags zu entnehmen. Nur soweit dieser keine Regelung enthält, verweist § 52 I GmbHG auf verschiedene Regeln des AktG. Allerdings sind der **Gestaltungsfreiheit der Gesellschafter** auch Grenzen gesetzt, die sich aus dem gesetzlichen Grundmodell der Kompetenzverteilung ergeben:[726] Etwa können dem Aufsichtsrat nicht die zwingend den Geschäftsführern obliegenden Geschäftsführungs- und Vertretungsaufgaben (z.B. Buchführung und Aufstellung des Jahresabschlusses) oder die Kompetenz der Gesellschafterversammlung zur Änderung der Satzung übertragen werden. Entfernt sich das innerhalb dieser Grenzen geschaffene Organ in seinem Erscheinungsbild zu sehr von dem eines Aufsichtsrats, handelt es sich in der Sache um ein *sonstiges* zusätzliches Organ.[727] In der Praxis häufig sind dabei **Beiräte, Verwaltungsräte oder Gesellschafterausschüsse**, die sowohl eine Beratungs- und Überwachungs- als auch eine Entscheidungsfunktion haben können;[728] die (entsprechende) Anwendung der gesetzlichen Regelungen (des GmbHG und AktG) für Aufsichtsräte ist dabei in aller Regel ausgeschlossen, so dass allein der Gesellschaftsvertrag und ggf. eine zusätzlich erlassene Geschäftsordnung maßgeblich sind.

156a Die Einführung eines fakultativen Aufsichtsrats oder eines solchen sonstigen Organs bedarf einer anfänglichen oder im Rahmen einer Satzungsänderung ergänzten Regelung im Gesellschaftsvertrag, die sich aber auch auf eine Ermächtigung an die Gesellschafterversammlung, das Organ durch Gesellschafterbeschluss einzuführen, beschränken kann (sog. **Öffnungsklausel**); ist die Öffnungsklausel hinreichend bestimmt, liegt in dem Beschluss zur Einführung des Organs keine Satzungsänderung, so dass die insoweit geltenden Anforderungen (insbes. zur erforderlichen Mehrheit, zur notariellen Beurkundung oder zur Eintragung ins Handelsregister; → Rn. 23) nicht zu beachten sind.[729]

---

[724] BGHZ 193, 96 = ZIP 2012, 1071 (Leitsatz 3 und Rn. 39 ff.).

[725] Vgl. Noack/Servatius/Haas/*Beurskens*, GmbHG, § 37 Rn. 83 ff. (auch zu Einzelheiten).

[726] *Windbichler*, GesR, § 22 Rn. 18 m. N. zu der im Einzelnen umstrittenen Frage, wie weit die Gestaltungsfreiheit reicht.

[727] *Windbichler*, GesR, § 22 Rn. 18.

[728] *Windbichler*, GesR, § 22 Rn. 2.

[729] Vgl. zum Ganzen BGHZ 222, 323 = ZIP 2019, 1521 (Leitsatz 2 und Rn. 57 ff.) – sehr lesenswert (!).

Besteht ein **obligatorischer Aufsichtsrat**, ist die **Gestaltungsfreiheit der Gesellschafter deutlich geringer**. Im Wesentlichen bestimmen sich Besetzung und Stellung des Aufsichtsrats nach den insoweit einschlägigen Gesetzen (insbesondere DrittelbG und MitbestG; → § 3 Rn. 82). Diese verweisen weitgehend auf das AktG. Jedoch verbleiben Unterschiede sowohl zum Aufsichtsrat einer AG als auch zwischen den einzelnen Gesetzen über die Mitbestimmung.[730] Selbst wenn danach bestimmte Kompetenzen dem Aufsichtsrat zwingend zugewiesen sind, ist auch in der mitbestimmten GmbH die Gesellschafterversammlung das oberste Organ und gegenüber den Geschäftsführern weisungsbefugt.[731] 157

Die Unterscheidung zwischen fakultativem und obligatorischem Aufsichtsrat kann auch im Hinblick auf die Frage der **Haftung** der Aufsichtsratsmitglieder gemäß §§ 52 I GmbHG, 116, 93 AktG zu beachten sein. Eine – auf die Verletzung der Überwachungspflicht bezogene – Heranziehung des für die Geschäftsführer geltenden § 15b InsO (→ Rn. 147ff., 152) ist nämlich nur für die Mitglieder eines obligatorischen Aufsichtsrats möglich,[732] nicht hingegen beim fakultativen Aufsichtsrat (str.).[733] 158

IV. Die Finanzverfassung der GmbH

Da die GmbH – nicht anders als die AG – eine Kapitalgesellschaft ist, wird der Gläubigerschutz über die Aufbringung und Erhaltung eines Kapitalstocks gewährleistet. 159

1. Kapitalaufbringung

Die Kapitalaufbringung bei der GmbH wird durch verschiedene Regeln sichergestellt. 160

a) Grundlagen

Der Mindestbetrag des Stammkapitals ist 25.000 EUR (§ 5 I GmbHG). Von den Gesellschaftern können Geld- oder Sacheinlagen übernommen werden. Eine Sacheinlage muss im Gesellschaftsvertrag als solche wirksam gemäß § 5 IV GmbHG vereinbart sein (→ Rn. 169ff.); andernfalls besteht eine Geldeinlagepflicht. Jeweils sind die Gesellschafter aufgrund der Übernahme des Geschäftsanteils im Gesellschaftsvertrag verpflichtet, die versprochene Einlage auf den Geschäftsanteil zu leisten; ihre (Mindest-)Höhe bestimmt sich nach dem Nennbetrag des jeweiligen Geschäftsanteils (§ 14 S. 2 GmbHG). 161

Von der Pflicht zur Leistung der Einlagen können die Gesellschafter nicht befreit werden (§ 19 II 1 GmbHG). Diese Vorschrift wird gleichsam als Grundnorm der Kapitalaufbringungsvorschriften verstanden, in der der **Grundsatz der realen Kapitalaufbringung** verankert ist.[734] Sie wird entsprechend weit im Sinne des Verbots 162

---

[730] *Windbichler*, GesR, § 22 Rn. 19.

[731] *Windbichler*, GesR, § 22 Rn. 19 m. w. N.

[732] BGH ZIP 2009, 860 = NJW 2009, 2454.

[733] Zur früheren Rechtslage BGHZ 187, 60 = NJW 2011, 221 – Doberlug mit Besprechung von *Kiefner/Langen*, NJW 2011, 192 (mit Exkurs zum Aufsichtsrat einer AG und zum obligatorischen Aufsichtsrat einer GmbH); dazu auch Scholz/*Bitter*, GmbHG, § 64 Rn. 75f.; zur höchst umstrittenen, aber zu befürwortenden Fortgeltung der bisherigen Grundsätze nach dem SanInsFoG *Bitter*, ZIP 2021, 321, 332.

[734] Vgl. nur MHLS/*Ebbing*, GmbHG, § 19 Rn. 45.

jeder quantitativen oder qualitativen Einschränkung der Einlagepflicht interpretiert.[735] Bei Einzelfragen kommt ihr und dem Grundsatz der realen Kapitalaufbringung daher häufig die entscheidende Bedeutung zu (→ etwa Rn. 183, 184). Der Einlageanspruch der Gesellschaft verjährt in zehn Jahren ab seiner Entstehung, bei Eröffnung des Insolvenzverfahrens aber nicht vor Ablauf von sechs Monaten ab der Eröffnung (§ 19 VI GmbHG).

163 Kommt ein Gesellschafter seiner Einlagepflicht nicht nach, droht ihm die sog. **Kaduzierung** seines Geschäftsanteils (§ 21 GmbHG). Er wird dann aus der Gesellschaft ausgeschlossen und verliert geleistete Teilzahlungen (§ 21 II GmbHG). Gleichwohl haftet er weiter für die Einlage (§ 21 III GmbHG). Auch etwaige Rechtsvorgänger des ausgeschlossenen Gesellschafters haften nach Maßgabe von § 22 GmbHG. Gibt es keine Rechtsvorgänger oder ist der Betrag auch von ihnen nicht zu erlangen, kann die Gesellschaft den Geschäftsanteil öffentlich versteigern (§ 23 GmbHG). Soweit die Einlage nicht gemäß §§ 21 III, 22, 23 GmbHG zu erlangen ist,[736] besteht – im Gläubigerinteresse zwingend (§ 25 GmbHG) – eine **Ausfallhaftung der übrigen Gesellschafter** (§ 24 GmbHG).[737] Veräußert ein Gesellschafter einen Geschäftsanteil, so haften der Veräußerer und der Erwerber für rückständige, d.h. bei Wirksamwerden der Veräußerung im Verhältnis zur Gesellschaft bereits fällige Einlageverpflichtungen (§ 16 II GmbHG); für nicht in diesem Sinne rückständige Einlageschulden haftet hingegen *nur* der Erwerber.[738]

164 Die Gesellschaft darf gemäß § 7 II 1 GmbHG erst dann zur Eintragung ins Handelsregister angemeldet werden, wenn auf jeden einzelnen Geschäftsanteil, soweit nicht Sacheinlagen vereinbart sind, ein Viertel des Nennbetrags eingezahlt ist (**Mindesteinzahlung**).[739] Sacheinlagen muss der Gesellschafter vor der Anmeldung komplett und endgültig zur freien Verfügung des Geschäftsführers leisten (§ 7 III GmbHG).[740] Außerdem muss insgesamt auf das Stammkapital mindestens so viel eingezahlt sein, dass der Gesamtbetrag der eingezahlten Geldeinlagen zuzüglich des Gesamtnennbetrags jener Geschäftsanteile, für die Sacheinlagen zu leisten sind, die Hälfte des *Mindest*stammkapitals von 25.000 EUR erreicht (§ 7 II 2 GmbHG); die Mindesteinlage vor der Anmeldung beträgt also 12.500 EUR.

165 **Beispiel:** Eine GmbH mit zwei Gesellschaftern hat ein Stammkapital von 80.000 EUR und jeder Gesellschafter hat einen Geschäftsanteil von 40.000 EUR gegen Geldeinlage übernommen. Gemäß § 7 II 2 GmbHG wären nur 12.500 EUR einzuzahlen (Hälfte des gesetzlichen Mindeststammkapitals); § 7 II 1 GmbHG fordert aber, dass jeder der Gesellschafter mindestens 10.000 EUR einzahlt (1/4 von 40.000 EUR), so dass im Ergebnis vor der Anmeldung 20.000 EUR einzuzahlen sind.

166 Der Teil der Geldeinlage, der noch nicht bei der Anmeldung geleistet sein muss (**Resteinzahlung**), ist erst nach der **Einforderung** durch die Gesellschafterversamm-

---

735 Noack/Servatius/Haas/*Servatius*, GmbHG, § 19 Rn. 16.

736 Siehe zu dieser Voraussetzung näher BGHZ 219, 327 = ZIP 2018, 2018 (Rn. 43 ff.); zur Beweislast vgl. OLG Köln NZG 2009, 505.

737 Zum Kreis der Verpflichteten näher BGHZ 219, 327 = ZIP 2018, 2018, insbes. Rn. 12: *Alle* Gesellschafter *ab* Fälligkeit – daher: (1) Haftung auch bei Erwerb der Gesellschafterstellung erst *nach* Fälligkeit der Einlageschuld (Leitsatz 1 und Rn. 15); (2) Haftung auch bei Gesellschafterstellung nur *zwischen* Fälligkeit und Eintritt der weiteren Haftungsvoraussetzungen (Leitsatz 2 und Rn. 32 ff.); siehe andererseits BGH ZIP 2015, 1530 zum haftungsbefreienden Ausscheiden eines Gesellschafters *vor* Fälligkeit der Einlageschuld (bestätigt in BGHZ 219, 327 = ZIP 2018, 2018 [Rn. 12 ff.]).

738 BGH ZIP 2015, 1530 (Rn. 19).

739 Bei Mischeinlagen gilt dies für den Bareinlageanteil; vgl. OLG Celle ZIP 2016, 368 f.

740 Zum Begriff der „freien Verfügung" → § 3 Rn. 147 f.

lung (§ 46 Nr. 2 GmbHG) fällig. Eine Ausnahme gilt allerdings bei Insolvenz oder Liquidation: Der Insolvenzverwalter und der Liquidator können die restlichen Einlagen auch ohne Gesellschafterbeschluss einfordern und damit fällig stellen, soweit es der Insolvenz- bzw. Liquidationszweck, insbesondere die Befriedigung der Gläubiger der Gesellschaft (§§ 1 InsO, 70 GmbHG), erfordert.[741]

Gemäß § 8 II 1 GmbHG muss der Geschäftsführer in der Anmeldung zum Handelsregister versichern, dass die Einlagen auf die Geschäftsanteile entsprechend § 7 II, III GmbHG bewirkt sind und sich zu seiner endgültigen freien Verfügung befinden. 167

Werden zum Zweck der Errichtung der Gesellschaft **falsche Angaben** gemacht, so haben die Gesellschafter und Geschäftsführer der Gesellschaft als Gesamtschuldner fehlende Einzahlungen zu leisten, eine Vergütung, die nicht unter den Gründungsaufwand aufgenommen ist, zu ersetzen und für den sonst entstehenden Schaden Ersatz zu leisten (§ 9a I GmbHG). 168

⇨ *Fall Nr. 16 – Wertdifferenz*

b) Sacheinlagen

Für den möglichen Gegenstand einer Sacheinlage gelten die Ausführungen zur AG bei der GmbH entsprechend, da die Vorschrift des § 27 II Hs. 1 AktG analog anzuwenden ist (zur AG → § 3 Rn. 138 ff.): **Nur Vermögensgegenstände mit einem feststellbaren wirtschaftlichen Wert sind sacheinlagefähig.** Wie bei der AG sind auch bei der GmbH weder Forderungen gegen den Gesellschafter noch – analog § 27 II Hs. 2 AktG – Dienstleistungen und Verpflichtungen zu solchen sacheinlagefähig.[742] Es besteht aber wie im Aktienrecht die Möglichkeit, die Pflicht zu Dienstleistungen als sog. Nebenleistungspflicht im Gesellschaftsvertrag zu begründen (§ 3 II GmbHG). 169

Ist eine wirksame Sacheinlage vereinbart, muss sie nicht nur vollständig vor der Anmeldung endgültig zur freien Verfügung der Geschäftsführer erbracht sein (§§ 7 III, 8 II GmbHG), sondern das Gesetz stellt weitere strenge Regeln auf. Der Wert von Sacheinlagen ist nämlich schwer zu bemessen, weshalb es einer genauen **Dokumentation und Prüfung** bedarf (→ § 3 Rn. 142 zur AG). Außerdem führen Sacheinlagen der Gesellschaft keine unmittelbare Liquidität zu; im Gläubigerinteresse muss eine Sacheinlage daher erkennbar sein. Aus diesem Grund hat der Gesellschaftsvertrag den Gegenstand der Sacheinlage und den Nennbetrag des Geschäftsanteils festzulegen, auf den sich die Sacheinlage bezieht (§ 5 IV 1 GmbHG). In einem **Sachgründungsbericht** müssen die Gesellschafter die Umstände darlegen, aus denen sich ergibt, dass die Sacheinlage „angemessen" ist, d. h. einen Wert in Höhe des Nennbetrags des Geschäftsanteils hat, auf den sie erfolgt; wird ein Unternehmen eingebracht, sind die Jahresergebnisse der letzten beiden Jahre anzugeben (§ 5 IV 2 GmbHG). 170

Bei der Anmeldung müssen verschiedene Unterlagen vorgelegt werden, anhand derer das Registergericht die Sacheinlage und deren **Werthaltigkeit überprüfen** kann (§ 8 I Nr. 4, 5 GmbHG). Gemäß § 9c I 2 GmbHG hat es nämlich die Eintragung abzulehnen, wenn die Sacheinlagen nicht unwesentlich überbewertet worden sind. Wird erst später festgestellt, dass der Wert der Sacheinlage im Zeitpunkt der Anmeldung der Gesellschaft zur Eintragung in das Handelsregister nicht den Nennbetrag des dafür übernommenen Geschäftsanteils erreicht, hat der Gesellschafter in 171

---

[741] Vgl. Scholz/*K. Schmidt*, GmbHG, § 46 Rn. 53; zum Insolvenzverwalter ferner OLG Jena ZIP 2007, 1571 (Leitsatz 1) m. w. N.

[742] BGHZ 180, 38 = ZIP 2009, 713 (Rn. 9, 10) – Qivive.

Höhe des Fehlbetrags eine Einlage in Geld zu leisten (**Differenzhaftung** gemäß § 9 Abs. 1 S. 1 GmbHG).[743]

⇨ *Fall Nr. 16 – Wertdifferenz*

172 Die in §§ 7 III, 8 II GmbHG geforderte **„Leistung zur endgültigen freien Verfügung"** der Geschäftsführer ist nicht nur – wie es der Wortlaut der Vorschriften vielleicht nahe legt – Voraussetzung einer ordnungsgemäßen Anmeldung zur Eintragung, sondern auch **Voraussetzung für die wirksame Erfüllung der Sacheinlageverpflichtung.**[744] Wie für die AG bereits ausgeführt (→ § 3 Rn. 145), erlischt die Verbindlichkeit des Gesellschafters zur Sacheinlage also nur dann, wenn (1) die allgemeinen Erfüllungsvoraussetzungen der §§ 362 ff. BGB vorliegen *und* (2) sich die Sache endgültig in der freien Verfügung der Geschäftsführer befindet.

c) Sachübernahmen

173 Von der Sacheinlage begrifflich zu unterscheiden ist die Sachübernahme (→ § 3 Rn. 135 zur AG). Sie ist bei der GmbH nicht ausdrücklich geregelt. Jedoch lässt sich dem Gesetz mittelbar entnehmen, wie Sachübernahmen zu behandeln sind. Soll die Vergütung für die Überlassung des Vermögensgegenstandes durch Aufrechnung *des Gesellschafters* auf seine Geldeinlageschuld angerechnet werden, muss die Sachübernahme gemäß § 19 II 2 GmbHG eigentlich wie eine Sacheinlage im Gesellschaftsvertrag dokumentiert sein, damit die Anrechnung wirksam ist. Allerdings ist es geboten, eine Anrechnung nach näherer Maßgabe der Vorschriften über die verdeckte Sacheinlage in § 19 IV 3, 4 GmbHG auch ohne Dokumentation zuzulassen, wenn – wie meist – jener (Spezial-)Tatbestand der verdeckten Sacheinlage i. S. v. § 19 IV 1 GmbHG unmittelbar einschlägig[745] oder die Wertanrechnung analog § 19 IV 3, 4 GmbHG zuzulassen ist (näher → Rn. 206 ff.).

174 Wollen die Gründer allerdings die Risiken nicht hinnehmen, die – immer noch (→ § 3 Rn. 167) – mit einer verdeckten Sacheinlage verbunden sind, müssen sie die Sachübernahme **wie eine originäre Sacheinlage dokumentieren**. Auf eine solch offene Sachübernahme sind nach ganz h. M. alsdann sämtliche vorgenannten Vorschriften über die Sachgründung anzuwenden.[746]

d) Geldeinlagen

175 Neben § 7 II GmbHG enthält vor allem § 19 GmbHG Vorgaben für Geldeinlagen. Die Einzahlungen auf die Geschäftsanteile sind nach dem Verhältnis der Geldeinlagen zu leisten (§ 19 I GmbHG). Die Gesellschaft muss also die **Gesellschafter gleichmäßig behandeln**, wenn sie die Geldeinlagen einfordert: Fehlt eine abweichende Vereinbarung, muss sie von jedem Gesellschafter den gleichen prozentualen Anteil der jeweils übernommenen Geldeinlage verlangen.

176 Oft stellt sich die Frage, ob die Geldeinlagepflicht des Gesellschafters durch **Erfüllung** erloschen ist. Grundsätzlich erlischt die Geldeinlagepflicht, wenn der Gesellschafter den geschuldeten Betrag in Geld (bar oder bargeldgleich durch Überweisung) an die Gesellschaft zahlt (= Bewirken der Leistung i. S. v. § 362 I

---

[743] Beruht die fehlende Wertdeckung auf einer Schlechterfüllung des Sacheinlegers, so kommen neben dem Einlagenergänzungsanspruch gemäß § 9 GmbHG auch Ansprüche aus dem allgemeinen Leistungsstörungs- und Sachmängelrecht in Betracht (vgl. Scholz/*Veil*, GmbHG, § 9 Rn. 28 und § 5 Rn. 62 ff.); bei einer den Nennbetrag wertmäßig übersteigenden Leistung können diese für die Gesellschaft günstiger sein.

[744] Vgl. MHLS/*Tebben*, GmbHG, § 7 Rn. 19; BeckOK GmbHG/C. *Jaeger*, § 7 Rn. 21.

[745] Wie hier *Wicke*, GmbHG, § 19 Rn. 24 m. w. N.

[746] Vgl. MHLS/*Zeidler*, GmbHG, § 5 Rn. 53 m. w. N.

BGB).[747] Es gibt jedoch eine Reihe von Ausnahmen bzw. Problemfällen, in denen die Geldeinlagepflicht trotz einer Geldzahlung fortbestehen kann. Insofern ist im Grundsatz zwischen der Mindesteinzahlung vor Anmeldung gemäß § 7 II GmbHG und der (späteren) Resteinzahlung nach Eintragung zu differenzieren, weil die Anforderungen an die Erfüllungswirkung nicht stets identisch sind. Auf die Unterschiede wird bei der nachfolgenden Darstellung im jeweiligen Zusammenhang hingewiesen.

aa) Leistung zur endgültigen freien Verfügung

Nach § 8 II 1 GmbHG ist in der Anmeldung der Gesellschaft zur Eintragung u.a. 177
zu versichern, dass sich die Mindesteinzahlungen gemäß § 7 II GmbHG endgültig in der freien Verfügung der Geschäftsführer befinden. Für die **Mindesteinzahlung** ist die „endgültige freie Verfügung" daher nach ganz h.M. – wie generell bei der Sacheinlage (→ Rn. 172) – eine die §§ 362 ff. BGB ergänzende und teilweise verdrängende, spezifisch kapitalgesellschaftsrechtliche **Erfüllungsvoraussetzung.**[748] Es gilt also das Gleiche wie bei der AG (→ § 3 Rn. 148). Ferner leitet die h.M. aus dem Wortlaut des § 7 II 1 GmbHG („eingezahlt") ab, dass der Mindestbetrag nur durch **bare oder bargeldgleiche Zahlung** an die Gesellschaft erbracht werden kann.[749]

Für die **Resteinzahlung** gelten die Erfordernisse der endgültigen freien Verfügung 178
und der baren oder bargeldgleichen Zahlung nach h.M. nicht.[750] Vor dem Hintergrund des Grundsatzes der realen Kapitalaufbringung verlangt die h.M. aber auch hier als Grundvoraussetzung der Erfüllungswirkung, dass bei der Gesellschaft ein **vollwertiger, unbeschränkter und definitiver Vermögenszufluss** erfolgt.[751] In der Sache muss also bei der Resteinzahlung ebenfalls eine Verfügungsfreiheit der Geschäftsführer hergestellt und die Einlage real aufgebracht werden. Im Ergebnis besteht daher allenfalls ein geringer Unterschied zu dem Erfordernis der endgültigen freien Verfügung.

Die vorstehend dargelegten Anforderungen an eine wirksame Erfüllung des Ein- 179
lageanspruchs werden insbesondere in folgenden Fällen relevant:

aaa) Tilgung von Gesellschaftsschulden

Ein Gesellschafter kann zum Zwecke der Erfüllung seiner Geldeinlagepflicht eine 180
Schuld der (Vor-)Gesellschaft tilgen, indem er an deren Gläubiger zahlt (§ 267 I BGB). Erfolgt dies im Einvernehmen mit der Gesellschaft, so führt die Tilgung der Gesellschaftsschuld nach allgemeinen Grundsätzen gleichzeitig dazu, dass die Geldeinlagepflicht des Gesellschafters gegenüber der Gesellschaft erlischt. Die Zahlung des Gesellschafters, des Schuldners der Einlagepflicht, hat nämlich aufgrund der

---

[747] Zur Beweislast des Inferenten BGH ZIP 2014, 261; zum Sonderfall der Zahlung an einen Gläubiger der Gesellschaft sogleich → Rn. 180 ff.

[748] MHLS/*Tebben*, GmbHG, § 7 Rn. 19; *Altmeppen*, GmbHG, § 7 Rn. 23; BeckOK GmbHG/*C. Jaeger*, § 7 Rn. 21; siehe auch *Schäfer*, GesR, § 35 Rn. 7, allerdings ohne Beschränkung auf die Mindesteinzahlung.

[749] *Altmeppen*, GmbHG, § 7 Rn. 25; *Wilhelm*, KapGesR, Rn. 340; BeckOK GmbHG/*C. Jaeger*, § 7 Rn. 14; jeweils m.w.N. Unklar ist, ob – darüber hinaus – die abschließende Aufzählung der zulässigen Zahlungsformen in § 54 III AktG strikt zu beachten ist; vgl. hierzu Noack/Servatius/Haas/*Servatius*, GmbHG, § 7 Rn. 9; *Altmeppen*, GmbHG, § 7 Rn. 25; ferner *Schäfer*, GesR, § 35 Rn. 9 m.w.N. in Fn. 10 (auch zur Gegenauffassung).

[750] BGHZ 180, 38 = ZIP 2009, 713 (Rn. 17) – Qivive; *Altmeppen*, GmbHG, § 19 Rn. 21; BeckOK GmbHG/*Ziemons*, § 19 Rn. 30 m.w.N.; a.A. Noack/Servatius/Haas/*Servatius*, GmbHG, § 19 Rn. 23.

[751] OLG München, ZIP 2016, 2361 f.; *Altmeppen*, GmbHG, § 19 Rn. 21; BeckOK GmbHG/*Ziemons*, § 19 Rn. 30; jeweils m.w.N.

Ermächtigung der Gesellschaft, an einen Dritten – den Gläubiger der Gesellschaft – zu zahlen, nach §§ 362 II, 185 BGB Erfüllungswirkung.

181 Im Rahmen der Kapitalaufbringung wird dieser allgemeine Grundsatz jedoch – differenziert nach Mindest- und Resteinzahlung – eingeschränkt:

182 Für die **Mindesteinzahlung** verlangt die h. M. – wie gesagt – eine bare oder bargeldgleiche Zahlung an die Gesellschaft (→ Rn. 177). Dementsprechend bewirkt die Zahlung an einen Gläubiger der Gesellschaft nach h. M. nicht die Erfüllung der Pflicht zur Leistung der Mindesteinzahlung.[752] Auf die Frage der endgültigen freien Verfügung kommt es nicht an.

183 Die Verpflichtung zur Leistung der **Resteinlage** kann ein Gesellschafter hingegen grundsätzlich durch die Tilgung einer Gesellschaftsschuld erfüllen. Aufgrund des Erfordernisses einer Verfügungsautonomie und des Grundsatzes der realen Kapitalaufbringung ist aber Erfüllungsvoraussetzung, dass die Zahlung (1) auf Veranlassung der Gesellschaft erfolgt und (2) ihr einen vollwertigen Vermögensvorteil verschafft.[753] Letzteres setzt voraus, dass die (getilgte) **Gläubigerforderung im Zeitpunkt der Leistung vollwertig, fällig und liquide** (= unstreitig) ist.[754] Sind die Voraussetzungen der Erfüllung nicht gegeben, wird die Gesellschaft zwar von der Schuld gegenüber dem Gläubiger frei (§ 267 I BGB), aber ihre Einlageforderung besteht fort. Als Kompensation für die Schuldtilgung erwirbt der Gesellschafter jedoch einen Rückgriffsanspruch gegen die Gesellschaft.[755] Dieser Rückgriffsanspruch ist, sofern der Gesellschafter die Aufrechnung erklärt, auf die fortbestehende Einlageforderung anrechenbar, soweit er werthaltig ist, weil in diesem Umfang eine reale Wertzuführung an die Gesellschaft stattfindet (zur Aufrechnung → Rn. 206 ff.; zur AG allgemein → § 3 Rn. 172 ff.). Da die Werthaltigkeit des Rückgriffsanspruchs nach denselben Grundsätzen zu bestimmen ist wie diejenige der getilgten Gläubigerforderung, wird der Gesellschafter damit im Ergebnis insoweit von seiner Einlagepflicht frei, wie diese Gläubigerforderung werthaltig war.

bbb) Zahlung auf ein debitorisches Konto

184 Ein eng mit der Tilgung von Gesellschaftsschulden verknüpftes Problem ergibt sich, wenn ein Gesellschafter die Geldeinlage auf ein Konto der Gesellschaft überweist, das sich im Minus befindet (debitorisches Konto). Hier wird die eingehende **Zahlung mit dem Minus verrechnet**, das sich aus der Darlehensschuld der Gesellschaft gegenüber der Bank ergibt; die Leistung wird also automatisch dazu genutzt, das Darlehen zurückzuführen. Diese zwingende Verwendung der Leistung steht einer realen Mittelzuführung im Sinne neuer Liquidität und der endgültigen freien Verfügung bzw. Verfügungsfreiheit bezüglich der Einlage und damit der Erfüllungswirkung der Einlageleistung dann *nicht* entgegen, wenn die Bank nach der Rückführung des Debets Verfügungen in Höhe des Einlagebetrags (1) erneut zulassen muss, weil eine eingeräumte Kreditlinie wieder zur Verfügung steht,[756] oder (2) jedenfalls stillschweigend tatsächlich gestattet.[757] Liegt einer der beiden Fälle vor, tritt Erfüllung bezüglich der Resteinlage und der Mindesteinzahlung ein, letzteres weil eine bargeldgleiche Leistung auf ein Konto der Gesellschaft vorliegt und daher

[752] MHLS/*Tebben*, GmbHG, § 7 Rn. 33; BeckOK GmbHG/C. *Jaeger*, § 7 Rn. 16 m. w. N.; BeckOK GmbHG/*Ziemons*, § 19 Rn. 45.

[753] *Altmeppen*, GmbHG, § 19 Rn. 23.

[754] BeckOK GmbHG/*Ziemons*, § 19 Rn. 44.

[755] Rechtsgrundlage: §§ 683, 670, 684, 812 BGB.

[756] Vgl. BGHZ 150, 197.

[757] Vgl. BGH ZIP 2005, 121 unter 2. b) der Gründe m. w. N.

gleichzeitig auch die Anforderungen des § 7 II 1 GmbHG eingehalten sind. Demgegenüber wird die Einlageschuld nicht erfüllt, wenn eine eingeräumte Kreditlinie auch nach der Leistung überschritten ist und die Bank (deshalb) auch keine Verfügung über den gutgeschriebenen Einlagebetrag zulässt. Auch dies gilt sowohl für die Resteinlage als auch die Mindesteinzahlung, da die Erfüllung bei beiden die – hier fehlende – Verfügungsfreiheit voraussetzt.

ccc) Verwendungsabsprachen

Die endgültige freie Verfügung der Geschäftsführer bzw. allgemeine Verwendungsfreiheit über eingezahlte Gelder ist zweifelhaft, wenn zwischen dem Gesellschafter und den Geschäftsführern **bereits abgesprochen ist, wie die Geschäftsführer die Mittel zu verwenden haben**. Nach der Rechtsprechung des BGH sind schuldrechtliche Verwendungsabsprachen, durch welche die Geschäftsführung der Gesellschaft verpflichtet wird, mit den Einlagemitteln in bestimmter Weise zu verfahren, aus Sicht der Kapitalaufbringung unschädlich, wenn sie allein der Umsetzung von **Investitionsentscheidungen der Gesellschafter** oder sonstiger ihrer Weisung unterliegender geschäftspolitischer Zwecke dienen.[758] Dies gilt sowohl für die Mindest- als auch für die Resteinzahlung.[759] Die schuldrechtliche Bindung hindert die endgültige, freie – ggf. absprachewidrige – Verfügung des Geschäftsführers nämlich nicht. Außerdem kann es nicht richtig und auch nicht im Interesse der Gläubiger sein, eine vorausschauende, möglichst präzise und verbindliche Unternehmensplanung zu verhindern. Die Erfüllungswirkung ist daher nur zu versagen, wenn die Abrede darauf gerichtet ist, die Einlagemittel unter Umgehung der Kapitalaufbringungsregeln unmittelbar oder mittelbar an den Gesellschafter zurückfließen zu lassen.[760] Aus welchen Vorschriften sich der Fortbestand des Einlageanspruchs dann ergibt, hängt von der konkreten Fallgestaltung ab. In Betracht kommt eine verdeckte Sacheinlage gemäß § 19 IV GmbHG (→ Rn. 187 ff.). Ebenso möglich ist ein nach § 19 V GmbHG zu behandelndes (vollständiges oder teilweises) sog. „Hin- und Herzahlen" (→ Rn. 186, 191 ff.). 185

ddd) Hin- und Herzahlen

Ein Fall des sog. „Hin- und Herzahlens" liegt vor, wenn die (zunächst erbrachte) **Geldeinlage** bei wirtschaftlicher Betrachtung auf Grund vorheriger Absprache – insbesondere als Darlehen oder aufgrund einer Treuhandvereinbarung[761] – wieder unmittelbar oder mittelbar **an den Gesellschafter zurückfließt.** Vor dem MoMiG hatte die Rechtsprechung hier einen Verstoß gegen das Erfordernis der „endgültigen freien Verfügung" bzw. der Verwendungsfreiheit angenommen und daher die Erfüllungswirkung der Geldeinlageleistung für Mindest- und Resteinzahlung verneint.[762] Nach dem MoMiG ist in diesen Fällen jedoch grundsätzlich nicht mehr auf das Merkmal der endgültigen freien Verfügung bzw. Verwendungsfreiheit zurückzugreifen. Denn die **Vorschrift des § 19 V GmbHG** (→ Rn. 191 ff.) trifft eine diesbezüg- 186

[758] BGHZ 180, 38 = ZIP 2009, 713 (Rn. 18) m.w.N. – Qivive; siehe ferner *K. Schmidt*, GesR, § 29 II 1a.

[759] Vgl. BeckOK GmbHG/*C. Jaeger*, § 7 Rn. 22 (Mindesteinzahlung) und BeckOK GmbHG/*Ziemons*, § 19 Rn. 43 (Resteinzahlung).

[760] Vgl. BGH ZIP 2011, 1102 (Rn. 12) m.w.N.

[761] Dazu BGHZ 165, 352. Es geht hier um Fälle, in denen zwischen der Gesellschaft (Treugeberin) und dem Gesellschafter (Treuhänder) eine Treuhandabrede geschlossen wird, nach der die Gesellschaft dem Gesellschafter zwecks treuhänderischer Verwaltung die Einlagemittel wieder zur Verfügung stellt.

[762] Vgl. BGHZ 165, 113; BGHZ 165, 352.

liche Regelung, indem sie im Tatbestand die (nicht als verdeckte Sacheinlage zu beurteilenden) Fälle erfasst, in denen wirtschaftlich gesehen vereinbarungsgemäß eine Rückzahlung der Einlage erfolgt (zu einer Ausnahme → Rn. 196). Die Erfüllungswirkung ist dann nach Maßgabe von § 19 V GmbHG zu prüfen. Sind die dort aufgestellten (Erfüllungs-)Voraussetzungen gegeben, kann die Erfüllungswirkung nicht unter Berufung auf das Merkmal der (fehlenden) endgültigen freien Verfügung wieder in Frage gestellt werden.[763] Fehlt es an den Erfüllungsvoraussetzungen, ergibt sich schon aus § 19 V GmbHG, dass die Einlagepflicht nicht erloschen ist; auf das Kriterium der endgültigen freien Verfügung kommt es dann nicht mehr an.

bb) Verdeckte Sacheinlage (§ 19 IV GmbHG)

187 Für die verdeckte Sacheinlage gelten bei der GmbH die zur AG dargelegten Grundsätze (→ § 3 Rn. 151 ff.) entsprechend, da die Vorschrift des § 27 III AktG der früher eingeführten Regelung des § 19 IV GmbHG zu verdeckten Sacheinlagen bei der GmbH nachempfunden ist. § 19 IV GmbHG sieht dieselbe Rechtsfolge vor wie § 27 III AktG: Die **Geldeinlagepflicht besteht trotz einer Geldeinzahlung fort** (Satz 1), soweit der Sachwert hinter dem Betrag der übernommenen Verpflichtung zurückbleibt und daher eine **Anrechnung des Sachwerts** im Eintragungszeitpunkt (Sätze 3 und 4) ausscheidet.[764] Die Beweislast für die Werthaltigkeit der verdeckt eingelegten Sache trägt der Gesellschafter (Satz 5).

⇨ *Fall Nr. 17 – Fuhrunternehmen*

188 Wie bei der AG kommt der Tatbestand der verdeckten Sacheinlage bei sämtlichen Gegenständen in Betracht, die sacheinlagefähig sind (→ Rn. 169 sowie ausführlich → § 3 Rn. 170).

189 Erwirbt die Gesellschaft im wirtschaftlichen Ergebnis hingegen „Gegenstände", die der Gesellschafter gar nicht nach den Vorschriften zur Sacheinlage hätte einbringen können, kann ihm der Vorwurf einer Umgehung dieser Vorschriften nicht gemacht werden; die Grundsätze zur verdeckten Sacheinlage sind deshalb nicht anzuwenden.[765] Weil **Dienstleistungen** nicht sacheinlagefähig sind (→ § 3 Rn. 140), liegt daher **keine verdeckte Sacheinlage** vor, wenn der Gesellschafter aus seiner Geldeinlage – wie schon bei der Geldeinlage verabredet – für erbrachte Dienstleistungen bezahlt wird.[766]

190 Wenn und soweit die dem Gesellschafter gewährte Vergütung für die Dienstleistung allerdings deren wahren Marktwert übersteigt, liegt eine nach § 19 V GmbHG zu beurteilende Rückzahlung der Einlage vor (→ Rn. 205).

cc) Vereinbarungsgemäße Rückzahlung der Einlage (§ 19 V GmbHG)

191 Greift der Tatbestand der verdeckten Sacheinlage nicht ein, kann die Geldeinlagepflicht gleichwohl nach der durch das MoMiG eingeführten Vorschrift des § 19 V 1 GmbHG fortbestehen. Ihr lässt sich für das Verhältnis der beiden Tatbestände entnehmen, dass vorrangig eine verdeckte Sacheinlage gemäß § 19 IV GmbHG zu prüfen ist.

aaa) Überblick

192 Durch § 19 V GmbHG sollen – wie gesagt – die Fälle des reinen „Hin- und Herzahlens" der Einlage (neu) geregelt werden, in denen also die Geldeinlage auf Grund

[763] Vgl. Begründung zu Art. 1 Ziff. 17 Beschlussempfehlung und Bericht des Rechtsausschusses zum MoMiG (BT-Drs. 16/9737, S. 56).

[764] Zur besonderen Bedeutung der verdeckten Sacheinlage bei Kapitalerhöhungen → Rn. 283f.

[765] Vgl. BGHZ 180, 38 = ZIP 2009, 713 (Rn. 11 f.) – Qivive; BGH ZIP 2011, 1102 (Rn. 14); so auch bei der AG (→ § 3 Rn. 170).

[766] BGHZ 180, 38 = ZIP 2009, 713 (Rn. 9) – Qivive.

vorheriger Absprache wieder an den Gesellschafter zurückfließt. Dementsprechend setzt § 19 V 1 GmbHG voraus, dass (1) vor der Geldeinlage eine Leistung an den Gesellschafter vereinbart worden ist, die (2) **wirtschaftlich einer Rückzahlung der Einlage entspricht** und die (3) nicht als verdeckte Sacheinlage zu beurteilen ist.[767] Die Vorabsprache über die Rückzahlung ist – wie bei der verdeckten Sacheinlage (→ § 3 Rn. 160) – zu vermuten, wenn diese innerhalb von sechs Monaten nach der Begründung der Einlagepflicht erfolgt.[768]

Beispiel: Im Zusammenhang mit dem Abschluss des Gesellschaftsvertrags vereinbaren die Gesellschafter und der Geschäftsführer einer (Vor-)GmbH, dass die Gesellschaft dem Gesellschafter A, der eine Einlage von 10.000 EUR übernommen hat, ein Darlehen über 10.000 EUR gewährt. A zahlt später seine gesamte Einlage. Wenig später zahlt ihm die GmbH vereinbarungsgemäß das Darlehen über 10.000 EUR aus. Dieser Fall ist nach § 19 V 1 GmbHG zu beurteilen, weil (1) vor der Zahlung durch A eine Leistung an ihn vereinbart wurde, nämlich die Gewährung eines Darlehens, (2) die Darlehensgewährung wirtschaftlich einer Rückzahlung der Einlage entspricht (näher → Rn. 199) und (3) keine verdeckte Sacheinlage vorliegt (näher → Rn. 198). 193

Liegt ein Fall des § 19 V 1 GmbHG vor, ist die Erfüllungswirkung der Geldleistung des Gesellschafters allein (!) nach dessen Maßgabe zu prüfen.[769] Entscheidend ist eine **„bilanzielle Betrachtung“:** Die Geldzahlung befreit den Gesellschafter nur dann, wenn ein **vollwertiger Rückgewähranspruch** die Leistung deckt und dieser Anspruch jederzeit fällig ist oder durch fristlose Kündigung durch die Gesellschaft fällig werden kann (§ 19 V 1 GmbHG). Bei der Anmeldung der Gesellschaft zur Eintragung ins Handelsregister (§ 8 GmbHG) ist eine solche Leistung oder die Vereinbarung einer solchen Leistung anzugeben (§ 19 V 2 GmbHG). Nach der Rechtsprechung des BGH ist neben den Anforderungen des § 19 V 1 GmbHG auch diese **Angabe bei der Anmeldung Voraussetzung für die Erfüllung** der Einlageforderung durch die Geldzahlung.[770] 194

⇨ *Fall Nr. 18 – Wie gewonnen so zerronnen*

bbb) Detailbetrachtung

Im Einzelnen ist bei der Anwendung des § 19 V GmbHG zu beachten: 195

(1) Rückzahlung ohne Rückgewähranspruch

Es gibt Fälle, in denen die Gesellschaft infolge einer vorher verabredeten wirtschaftlichen Rückzahlung keinerlei Rückgewähranspruch erwirbt. Zu denken ist hier etwa an eine Rückzahlung mittels (formwirksamer) Schenkung (§§ 516ff. BGB) oder rechtsgrundloser Leistung in Kenntnis der Nichtschuld (§§ 812, 814 BGB). Bei der reinen Schein(ein-)zahlung fehlt sogar jeder außerhalb der Abrede liegende (vermeintliche) Rechtsgrund für die Rückzahlung. In solchen Fällen ist der **Anwendungsbereich von § 19 V 1 GmbHG (formal) nicht eröffnet**, weil es an einem Rück- 196

---

[767] § 19 V GmbHG beschränkt sich nach seinem Wortlaut nicht auf *Geld*einlagepflichten des Gesellschafters, so dass die Vorschrift grundsätzlich auch angewendet werden kann, wenn eine Leistung an den Gesellschafter vereinbart wird, die wirtschaftlich der „Rückzahlung“ einer *Sach*einlage entspricht. Dafür genügt allerdings wohl nicht, wenn die Gesellschaft die Sache an den Gesellschafter zurückvermietet: Es bleibt nicht nur das rechtliche Eigentum, sondern auch der wirtschaftliche Wert der Sache bei der Gesellschaft, weil der Gesellschafter Miete zu zahlen hat. Etwas anderes könnte etwa gelten, wenn dem Gesellschafter unentgeltlich ein unbeschränktes und unkündbares Nutzungsrecht an der Sache eingeräumt wird.

[768] *Schäfer*, GesR, § 35 Rn. 13m. w. N. aus der Rechtsprechung.

[769] Hierzu → Rn. 186: Kein Rückgriff auf das Merkmal der endgültigen freien Verfügung.

[770] BGHZ 180, 38 = ZIP 2009, 713 (Rn. 16) – Qivive; bestätigt in BGHZ 182, 103 = ZIP 2009, 1561 (Rn. 25) – Cash-Pool II.

gewähranspruch der Gesellschaft fehlt.[771] Gleichwohl ergibt sich aus dem der Vorschrift zugrundeliegenden Rechtsgedanken und aus dem allgemeinen **Grundsatz der realen Kapitalaufbringung** bzw. dem Gebot der Zuführung zur endgültig freien Verfügung ohne weiteres, dass die Geldeinlagepflicht des Gesellschafters trotz seiner Zahlung fortbesteht.

(2) Rückzahlung mit Rückgewähranspruch

197 Im Auge hat § 19 V GmbHG die Fälle, in denen aufgrund der wirtschaftlichen Rückzahlung ein Rückgewähranspruch der Gesellschaft entsteht. Zu denken ist vor allem an folgende Konstellation: Die Gesellschaft schließt mit dem Gesellschafter vor seiner Geldeinlage einen Darlehensvertrag, zahlt ihm das **Darlehen** sodann vor[772] oder nach seiner Geldeinlage aus und erwirbt hierdurch einen Anspruch auf Darlehensrückzahlung (§ 488 I 2 BGB).

198 Bei dieser Gestaltung sind die Regeln über die **verdeckte Sacheinlage nicht vorrangig**, weil eine verdeckte Sacheinlage nicht in Betracht kommt. Gegenstand einer verdeckten Sacheinlage kann nämlich nur eine grundsätzlich sacheinlagefähige Leistung sein (→ Rn. 188). Eine solche fehlt, weil der Gesellschafter den Anspruch gegen sich selbst auf Darlehensrückzahlung, den die GmbH im wirtschaftlichen Ergebnis erwirbt, nicht als Sacheinlage hätte erbringen können: Forderungen gegen den Gesellschafter sind nicht sacheinlagefähig.[773]

199 Die vor der Geldeinlage vereinbarte Auszahlung des Darlehens (= Leistung i. S. v. § 19 V 1 GmbHG) entspricht wirtschaftlich der Rückzahlung der Einlage, weil dadurch zunächst die **Finanzierung des Einlagebetrags durch die Gesellschaft** erfolgt statt durch den Gesellschafter.[774] Im wirtschaftlichen Ergebnis wird lediglich die Geldeinlageforderung durch einen Darlehensrückzahlungsanspruch ausgetauscht. Dies ist nur hinzunehmen, wenn die Gesellschaft ihre (Vor-)Finanzierung sicher vom Gesellschafter zurückerlangen kann, daher im Endergebnis der Gesellschafter den Einlagebetrag zu tragen hat und der Darlehensrückzahlungsanspruch, der die Darlehensauszahlung i. S. v. § 19 V 1 GmbHG „deckt", den Verlust der Einlageforderung auch im Übrigen ausgleicht. Gemäß § 19 V 1 GmbHG erlischt die Einlageforderung durch die Geldzahlung daher nur, wenn der Darlehensrückgewähranspruch betragsmäßig mindestens den Auszahlungsbetrag erreicht (wertmäßige Deckung) sowie vollwertig und fällig ist bzw. jederzeit fällig gestellt werden kann.[775] Außerdem ist nach der Rechtsprechung – wie gesagt (→ Rn. 194 a. E.) – die Anmeldung gemäß § 19 V 2 GmbHG erforderlich.

200 Ist eine dieser Voraussetzungen nicht erfüllt, bleibt die Einlageforderung der Gesellschaft in voller Höhe bestehen. Sie erlischt also nicht (!) etwa, *soweit* die Forderung der Gesellschaft den Auszahlungsbetrag abdeckt und werthaltig ist. Die Rechtsfolge des § 19 V 1 GmbHG ist also schärfer als die Sanktion bei einer verdeckten Sacheinlage, bei der § 19 IV GmbHG eine Anrechnung des Wertes auf die

---

[771] BGH ZIP 2014, 261 (Rn. 6).

[772] Ein Fall des § 19 V GmbHG liegt auch vor, wenn erst die Gesellschaft vereinbarungsgemäß an den Gesellschafter leistet und der Gesellschafter sodann seine Einlage erbringt (= Vereinbarung *und* Erbringung der Leistung der Gesellschaft vor der Geldeinlage). Wirtschaftlich gesehen liegt nämlich auch in diesen Fällen des sog. „Her- und Hinzahlens" eine Rückzahlung der Einlage vor. Die zeitliche Reihenfolge ist also irrelevant.

[773] Hierzu → § 3 Rn. 140; ferner BGHZ 165, 113 (Rn. 8).

[774] Nach der Rechtsprechung genügt auch der Rückfluss der Einlage aufgrund einer Treuhandabrede; vgl. BGHZ 165, 352.

[775] Umstritten ist die Frage, ob die Höhe der Verzinsung bei der Prüfung der Vollwertigkeit mit zu berücksichtigen ist; dafür etwa *Wicke*, GmbHG, § 19 Rn. 32a m. w. N.; dagegen *Altmeppen*, GmbHG, § 19 Rn. 133; Noack/Servatius/Haas/*Servatius*, GmbHG, § 19 Rn. 77.

Geldeinlagepflicht anordnet. Diese auf den ersten Blick vielleicht überraschende Differenzierung entspricht ausdrücklich dem Willen des Gesetzgebers: (Nur) eine Differenzhaftung sei in den Fällen des § 19 V 1 GmbHG nicht angebracht, weil der bloße Ersatz der Einlageforderung durch einen Darlehensrückzahlungsanspruch gegenüber der (wenn auch verdeckten) Einbringung einer Sacheinlage unter dem Gesichtspunkt der Kapitalaufbringung ein „Minus" sei.[776]

Bleibt der Einlageanspruch bestehen, stellt sich die Frage nach dem **Umgang mit dem Darlehensrückzahlungsanspruch** der Gesellschaft. Diese Frage könnte etwa von Bedeutung sein, wenn der Gesellschafter oder ein Dritter für den Anspruch eine Sicherheit gestellt hat. Früher ging die Rechtsprechung davon aus, dass ein Darlehensvertrag unwirksam ist, auf den eine nach dem Kapitalaufbringungsrecht unzulässige, den Fortbestand des Einlageanspruchs begründende Rückzahlung der Einlage (= „Darlehensauszahlung") erfolgt.[777] Daher bestand kein paralleler Anspruch der Gesellschaft auf Darlehensrückzahlung; zahlte der Gesellschafter aber später mit der Tilgungsbestimmung „Darlehensrückzahlung" an die Gesellschaft – eigentlich eine Zahlung auf eine Nichtschuld –, so erfüllte er dadurch die fortbestehende Einlageschuld.[778] 201

Ob diese Grundsätze auf § 19 V 1 GmbHG zu übertragen sind, ist fraglich.[779] Konsequenz wäre, dass der Darlehensvertrag unwirksam wäre und daher gar kein (Darlehens-) Rückzahlungsanspruch der Gesellschaft bestünde, wenn die Voraussetzungen des § 19 V GmbHG nicht erfüllt sind, also der im (vermeintlichen) Darlehensvertrag begründete Anspruch nicht vollwertig und fällig ist bzw. nicht jederzeit fällig gestellt werden kann. Gleichzeitig würde aber die „Darlehensrückzahlung" den fortbestehenden Einlageanspruch tilgen. 202

Es erscheint jedoch zweifelhaft, ob § 19 V GmbHG tatsächlich Voraussetzungen für die Wirksamkeit des Darlehensvertrags aufstellt. Vom Wortlaut her liegt näher, dass die Vorschrift nur bestimmte **Anforderungen an den Anspruch** formuliert, der aus einem wirksamen (!) Darlehensvertrag folgt, damit die Einlageforderung erfüllt ist. In einer Entscheidung aus dem Jahr 2009 prüft der BGH in diesem Sinne die Erfüllung der Einlageforderung nach den Vorgaben, die § 19 V 1 GmbHG für den Anspruch auf Darlehensrückzahlung macht, ohne zu sagen, dass Konsequenz der Nichteinhaltung der Vorgaben das gänzliche Fehlen des Darlehensrückzahlungsanspruchs wegen Unwirksamkeit des Darlehensvertrags wäre.[780] Geht man dementsprechend davon aus, der Anspruch auf Darlehensrückzahlung bestehe neben der Einlageforderung, so muss der Gesellschafter gleichwohl nur einmal zahlen: Er soll nicht die Einlage leisten *und* das Darlehen zurückzahlen, sondern der Gesellschaft den zurückgezahlten Betrag nur einmal gesetzeskonform zur Verfügung stellen. Die Zahlung auf den einen Anspruch muss also stets dazu führen, dass der andere erloschen ist (**wechselseitige Erfüllung** analog § 422 I 1 BGB). 203

(3) Überhöhte Vergütung für nicht sacheinlagefähige Leistungen des Gesellschafters

Wenn ein Gesellschafter nach seiner Geldeinlageleistung eine schon vorher vereinbarte Vergütung für Dienstleistungen (oder sonstige nicht sacheinlagefähige Leis- 204

[776] Vgl. im Einzelnen die Gegenäußerung der Bundesregierung zu Nr. 13 der Stellungnahme des Bundesrates zum RegE-MoMiG, Anlage 3 zu BT-Drs. 16/6140, S. 76.

[777] BGHZ 165, 113 (Leitsatz 1).

[778] BGHZ 165, 113 (Leitsatz 2).

[779] Die Bundesregierung geht davon wohl aus; vgl. Gegenäußerung der Bundesregierung zu Nr. 13 der Stellungnahme des Bundesrates zum RegE-MoMiG, Anlage 3 zu BT-Drs. 16/6140, S. 76; ausdrücklich für die Fortgeltung der früheren Grundsätze auch MüKoAktG/*Pentz*, § 27 Rn. 234 zur AG.

[780] Vgl. BGHZ 182, 103 = ZIP 2009, 1561 (Rn. 25) – Cash-Pool II.

tungen) erhält, die er gegenüber der Gesellschaft erbringt, liegt keine verdeckte Sacheinlage vor (→ Rn. 189). Und auch ein Fall des § 19 V GmbHG ist nicht gegeben, wenn die gewährte Vergütung dem wahren **Marktwert** der nicht sacheinlagefähigen Leistung entspricht.[781] Denn es geht dann nicht um den bloßen Austausch von Forderungen oder eine verdeckte (Vor-)Finanzierung der Einlage, sondern die Gesellschaft bezahlt hier für *zusätzlichen* „Input", den sie andernfalls extern hätte einkaufen müssen.[782] Der Tatbestand des § 19 V 1 GmbHG ist also deshalb nicht erfüllt, weil die Bezahlung der Leistung wirtschaftlich gesehen nicht einer Rückzahlung der Einlage entspricht, sondern der Gesellschaft ein zusätzlicher Wert verschafft wird. Auch das Vorliegen einer Verwendungsabsprache ist für die Erfüllungswirkung unschädlich (→ Rn. 185), und zwar richtigerweise unabhängig davon, ob die Geldeinlage für die Vergütung der Leistung „reserviert" wurde oder nicht.[783]

205 Anders liegt der Fall bei Zahlung einer überhöhten Vergütung für die nicht sacheinlagefähige Leistung des Gesellschafters: Nur soweit sich der gezahlte Betrag mit dem Marktwert der nicht sacheinlagefähigen Leistung deckt, kann davon gesprochen werden, dass sich die Gesellschaft einen Wert verschafft, den sie andernfalls extern hätte einkaufen müssen. Soweit der Gesellschafter hingegen eine Vergütung erhält, ohne dafür eine ausgleichende Gegenleistung zu erbringen, wird ihm wirtschaftlich gesehen seine Einlage zurückgezahlt. Da in solchen Fällen überhöhter Vergütungen kein Rückgewähranspruch im Sinne des § 19 V 1 GmbHG vereinbart ist, ergibt sich ein **Fortbestand der Geldeinlagepflicht in Höhe des Differenzbetrags** aus der Wertung jener Vorschrift bzw. dem Grundsatz der realen Kapitalaufbringung (→ Rn. 196), wenn es eine Vorabsprache (→ Rn. 192 und 196) über die Vergütungszahlung gibt. Fraglich ist, wer die **Darlegungs- und Beweislast** dafür trägt, dass der Wert der nicht sacheinlagefähigen Leistung die Höhe der gezahlten Vergütung erreicht. Bei einer verdeckten Sacheinlage muss der Gesellschafter darlegen und beweisen, dass die verdeckt eingelegte Sache werthaltig ist, um ein Erlöschen seiner Einlageverpflichtung durch Anrechnung zu erreichen (→ Rn. 187). Die hier zu beurteilende Konstellation ist dem insofern vergleichbar, als das Erlöschen der Einlageverpflichtung ebenfalls von der Werthaltigkeit einer Leistung des Gesellschafters abhängt. Jedoch kommt verschärfend hinzu, dass der Leistung des Gesellschafters gerade wegen der fehlenden/schwierigen Bewertbarkeit (oder sonstiger, die Werthaltigkeit beeinträchtigender Umstände) die Sacheinlagefähigkeit abgesprochen wird. Daher bedarf es *umso mehr* des Schutzes der Gläubiger und muss der Gesellschafter *erst recht* die Darlegungs- und Beweislast für die Werthaltigkeit seiner Leistung tragen.[784] Gelingt ihm der Nachweis (ganz oder teilweise) nicht, besteht die Einlageforderung der Gesellschaft – wie im Fall der verdeckten Sacheinlage – (ganz oder teilweise) fort.

dd) Aufrechnung

206 Eine Erfüllung der Einlageforderung durch Aufrechnung ist einerseits in der Weise denkbar, dass der Gesellschafter mit einer Forderung, die ihm gegenüber der GmbH zusteht, *gegen* die Einlageforderung aufrechnet. Andererseits kann auch die

---

[781] Vgl. BGHZ 180, 38 = ZIP 2009, 713 (Rn. 14 ff.) – Qivive.

[782] Vgl. BGHZ 180, 38 = ZIP 2009, 713 (Rn. 17) – Qivive.

[783] Missverständlich BGHZ 180, 38 = ZIP 2009, 713 (Leitsatz 2); wie hier im Ergebnis Lutter/Hommelhoff/*Bayer*, GmbHG, § 19 Rn. 59, 111; *Pluskat/Marquardt*, NJW 2009, 2353, 2354.

[784] Vgl. Lutter/Hommelhoff/*Bayer*, GmbHG, § 19 Rn. 59.

Gesellschaft *mit* der Einlageforderung gegen eine Forderung des Gesellschafters aufrechnen oder eine zweiseitige Aufrechnungsvereinbarung mit dem Gesellschafter schließen. Bei der Frage, ob diese Wege der Erfüllung gangbar sind, ist erneut zwischen der Mindesteinzahlung (→ Rn. 177) und der Resteinzahlung (→ Rn. 178) zu differenzieren. Außerdem ist – wie bereits zum Aktienrecht näher dargelegt (→ § 3 Rn. 172 ff.) – seit der Abmilderung der Rechtsfolgen verdeckter Sacheinlagen auch bei unzulässigen Aufrechnungen in Zukunft in erweitertem Umfang eine Wertanrechnung zuzulassen.

aaa) Mindesteinzahlung

207 Hinsichtlich der Mindesteinzahlung (§ 7 II 1 GmbHG) kann grundsätzlich durch eine Aufrechnung keine Erfüllung eintreten (zu Einschränkungen → Rn. 208), und zwar unabhängig davon, wer die Aufrechnung erklärt: Wie bereits ausgeführt (→ Rn. 177), leitet die h. M. aus § 7 II 1 GmbHG ab, dass der Mindestbetrag nur durch **bare oder barzahlungsgleiche Zahlung** zu erbringen ist.[785] Dann ist auch eine Anrechnung des durch Aufrechnung zugeführten Wertes ausgeschlossen. Wie jedoch schon zur Kapitalaufbringung bei der AG dargelegt wurde, dürfte eine Aufrechnung gegen die Mindesteinzahlung ohnehin praktisch nicht vorkommen, weil bei der Anmeldung zum Handelsregister zu versichern ist, dass die Mindesteinzahlung ordnungsgemäß, also bar oder barzahlungsgleich, erbracht ist (→ § 3 Rn. 185 zur AG). Obwohl § 8 II GmbHG, anders als § 37 I 2 AktG, keinen Nachweis der Einzahlung verlangt, dürfte die Diskussion zur Mindesteinzahlung auch bei der GmbH eher theoretischer Natur sein, weil jedenfalls sehr konkret zu versichern ist, wann welcher Gesellschafter wie viel eingezahlt hat und verschiedene Registergerichte sogar trotz des Wortlauts von § 8 II GmbHG Nachweise der Einzahlung anfordern.[786]

208 Sollte eine Aufrechnung trotzdem einmal vorkommen, ist – in Abweichung von der in Rn. 207 beschriebenen Rechtsfolge – die **Anrechnung des Werts der Gesellschafterforderung auf die Einlageschuld** jedenfalls dann möglich, wenn der Tatbestand der verdeckten Sacheinlage erfüllt ist, die aufgerechnete Gegenforderung des Gesellschafters also bei Begründung der Einlagepflicht bereits bestand (sog. **Altforderung**) und die Aufrechnung vorabgesprochen ist. Die Regelung zur verdeckten Sacheinlage in § 19 IV GmbHG ist nämlich als abschließende Sonderregelung auch im Verhältnis zu § 7 II 1 GmbHG anzusehen (→ § 3 Rn. 164 zur AG).

bbb) Resteinzahlung

209 In Bezug auf die Resteinzahlung ist ebenfalls auf die bereits für die AG entwickelten Grundsätze zurückzugreifen. Danach ist zwar im Ansatz zwischen einer Aufrechnung des Gesellschafters einerseits und einer Aufrechnung der Gesellschaft oder einer Aufrechnungsvereinbarung andererseits zu unterscheiden. Die Rechtsfolgen sind jedoch richtigerweise einander anzugleichen:

(1) Aufrechnung des Gesellschafters

210 Für die Aufrechnung des Gesellschafters findet sich in § 19 II 2 GmbHG eine dem § 66 I 2 AktG vergleichbare Regelung. Die Aufrechnung gegen die Einlageforderung ist danach grundsätzlich unzulässig.[787] Wie jedoch schon zum Aktienrecht

---

785 Dazu, dass dies die Aufrechnung hindert, *Wilhelm*, KapGesR, Rn. 346 m. w. N.; a. A. MHLS/*Ebbing*, GmbHG, § 19 Rn. 94 m. w. N. zur h. M.

786 Dazu Scholz/*Veil*, GmbHG, § 8 Rn. 26.

787 Dabei findet sich allerdings in § 19 II 2 GmbHG eine ausdrückliche Ausnahme für offengelegte Sachübernahmen. Bei diesen wird die Aufrechnung ausdrücklich für zulässig erklärt.

näher dargelegt, hindert diese grundsätzliche „Unzulässigkeit" der Aufrechnung nach neuem Recht richtigerweise nicht mehr die Wertanrechnung der Gegenforderung.

211 Soweit die Aufrechnung im Zusammenhang mit einer verdeckten Sacheinlage erfolgt, ergibt sich dies unmittelbar aus § 19 IV 3 GmbHG (→ Rn. 187). Es kann insoweit nämlich keinen Unterschied machen, ob der Gesellschafter zunächst seine Einlage tatsächlich leistet und die Gesellschaft mit diesen Mitteln sodann die Gesellschafterforderung befriedigt (Hin- und Herzahlung) oder der Gesellschafter sogleich seine Forderung gegen die Einlageschuld aufrechnet. Im Moment der Eintragung der Gesellschaft oder der späteren Aufrechnung[788] erfolgt deshalb eine **Anrechnung des Wertes der Gegenforderung des Gesellschafters** (h.M.; → § 3 Rn. 178 zur AG). Dieser Wert ist abhängig von der Bonität der GmbH.

212 Fehlt es an einer Vorabsprache über die spätere Aufrechnung des Gesellschafters bei Begründung der Einlagepflicht, ist zwar der Tatbestand der verdeckten Sacheinlage nicht erfüllt. Gleichwohl ist auch in diesem Fall entgegen der h.M. eine Wertanrechnung analog § 19 IV 3 GmbHG zuzulassen, um Systembrüche im neuen Recht zu vermeiden (→ § 3 Rn. 179f. zur AG).[789]

(2) Aufrechnung der Gesellschaft und Aufrechnungsvereinbarung

213 Eine Aufrechnung der Gesellschaft mit der Einlageforderung verbietet § 19 II 2 GmbHG ebenso wenig wie eine Aufrechnungsvereinbarung zwischen den Parteien. Dennoch ist die Aufrechnung der Gesellschaft nicht stets zulässig.

214 Geht es um Forderungen des Gesellschafters, die zur Zeit der Begründung der Geldeinlagepflicht bereits bestanden (sog. **Altforderungen**), so gelten die soeben für eine Aufrechnung des Gesellschafters entwickelten Grundsätze. Die Aufrechnung gegen eine Altforderung des Gesellschafters ist zwar grundsätzlich unzulässig, weil eine solche Forderung im Wege der Sacheinlage hätte eingebracht werden können, so dass sich die Aufrechnung als unzulässige Umgehung der Sacheinlagevorschriften darstellt.[790] Dies hindert jedoch nach § 19 IV 3 GmbHG eine **Wertanrechnung** nicht. Bei fehlender Vorabsprache ist die Vorschrift analog anwendbar.[791]

215 Zu keinem anderen Ergebnis gelangt man richtigerweise für Forderungen, die zur Zeit der Begründung der Einlageschuld noch nicht bestanden (sog. **Neuforderungen**). Weil diese nicht als Sacheinlage hätten eingebracht werden können, kann die Aufrechnung nicht wegen Umgehung der Sacheinlagevorschriften unzulässig sein. Wie bereits zum Aktienrecht dargelegt, können sich aber Einschränkungen der Aufrechnungsbefugnis der *Gesellschaft* und parallel laufende Grenzen einer zweiseitigen Aufrechnungs*vereinbarung* aus dem **Verbot der Befreiung von der Einlagepflicht** (§ 19 II 1 GmbHG) und dem Grundsatz der realen Kapitalaufbringung ergeben (→ § 3 Rn. 181 zur AG). Die Aufrechnung bzw. Aufrechnungsvereinbarung

[788] Die Aufrechnung entspricht der „Überlassung an die Gesellschaft" i.S.v. § 19 IV 3 GmbHG.

[789] Die h.M. (vgl. Noack/Servatius/Haas/*Servatius*, GmbHG, § 19 Rn. 32; Lutter/Hommelhoff/*Bayer*, GmbHG, § 19 Rn. 25; Scholz/*Veil*, GmbHG, § 19 Rn. 85; wohl auch *Altmeppen*, GmbHG, § 19 Rn. 38f., 70; jeweils m.w.N.) beruft sich auf die ausdrückliche gesetzliche Regelung, berücksichtigt allerdings nicht, dass diese gerade nicht von der „Unwirksamkeit" der Aufrechnung spricht.

[790] *Schäfer*, GesR, § 35 Rn. 6; *Wicke*, GmbHG, § 19 Rn. 14; MHLS/*Ebbing*, GmbHG, § 19 Rn. 87.

[791] So im Ergebnis wohl auch Lutter/Hommelhoff/*Bayer*, GmbHG, § 19 Rn. 36 m.w.N. für Aufrechnungsvereinbarungen; ferner *Altmeppen*, GmbHG, § 19 Rn. 70 für die Aufrechnung der Gesellschaft.

ist deshalb nur zulässig, wenn die **Forderung des Gesellschafters vollwertig, fällig und liquide** (= unstreitig) ist.[792]

216 Liegen diese Voraussetzungen nicht vor, wurde früher davon ausgegangen, dass die Aufrechnung vollends scheitert mit der Folge, dass die Geldeinlagepflicht des Gesellschafters insgesamt fortbesteht.[793] Es trat also nicht etwa insoweit Erfüllung ein, wie die Forderung unter Berücksichtigung aller Umstände einen nach allgemeinen Bewertungsgrundsätzen zu ermittelnden wirtschaftlichen Wert hatte. Nach der durch das MoMiG erfolgten Neuregelung der verdeckten Sacheinlage mit der dort vorgesehenen Anrechnung wird aber nun richtigerweise von der wohl h. M. vertreten, dass auch bei der Aufrechnung der **Forderungswert auf die Einlagepflicht anzurechnen** sei (→ auch § 3 Rn. 182 zur AG).[794] Nach dem hier zur Vermeidung von Systembrüchen entwickelten einheitlichen Anrechnungsmodell muss dies schon deshalb gelten, weil bei einer weder dem Aufrechnungsverbot des § 19 II 2 GmbHG unterfallenden noch wegen Umgehung der Sacheinlagevorschriften unzulässigen Aufrechnung keine schärferen Sanktionen eingreifen können. Im Ergebnis kommt es also im Hinblick auf die Resteinlagepflicht in jedem Fall zu einer Anrechnung des Wertes der Gegenforderung des Gesellschafters.

ee) **Leistung an Erfüllungs statt**

217 Vor dem MoMiG war es ausdrücklich unzulässig, auf die Geldeinlagepflicht eine Leistung an Erfüllungs statt (§ 364 I BGB) zu erbringen, wenn sie nicht nach den Sacheinlagevorschriften vereinbart worden war (§ 19 V Alt. 1 GmbHG a. F.). Dieses ausdrückliche umfassende Verbot der Leistung an Erfüllungs statt ist im neuen Recht nicht mehr explizit enthalten.[795] Fraglich ist daher, ob sich die Rechtslage insoweit durch das MoMiG geändert hat.

218 Die **Mindesteinzahlung** gemäß § 7 II GmbHG ist nach h. M. durch bare oder barzahlungsgleiche Leistung zu erbringen (→ Rn. 177). Eine Leistung an Erfüllungs statt ist insofern also grundsätzlich unzulässig. Dies hindert jedoch eine Wertanrechnung nicht, soweit der Tatbestand der verdeckten Sacheinlage erfüllt ist (→ Rn. 211, 214 zur Aufrechnung).

219 Im Hinblick auf die **Resteinzahlung** entspricht es der ganz h. M., dass eine Leistung an Erfüllungs statt nach wie vor unzulässig ist, wenn sie nicht entsprechend den Vorschriften über Sacheinlagen vereinbart wurde.[796] Grundlage dieser h. M. ist eine weite Auslegung des § 19 II 1 GmbHG, wonach der Gesellschafter von seiner Einlagepflicht nicht befreit werden kann. Dies verbietet jede quantitative wie qualitative Verminderungen der Einlagepflicht.[797]

220 Von der Frage der **Unzulässigkeit der Leistung an Erfüllungs statt** zu trennen ist aber mit der inzwischen wohl h. M.[798] die **Frage der Rechtsfolge**, ob also die (unzu-

---

[792] Vgl. *Wilhelm*, KapGesR, Rn. 350 m. w. N.

[793] Vgl. nur Noack/Servatius/Haas/*Servatius*, GmbHG, 18. Aufl. 2006, § 19 Rn. 22 m. w. N.

[794] Vgl. *Wicke*, GmbHG, § 19 Rn. 14; *Altmeppen*, GmbHG, § 19 Rn. 48; MüKoGmbHG/*Schwandtner*, § 19 Rn. 111; Scholz/*Veil*, GmbHG, § 19 Rn. 82; MHLS/*Ebbing*, GmbHG, § 19 Rn. 88; jeweils m.w.N.; a.A. für den Fall der einseitigen Aufrechnung durch die *Gesellschaft* MüKoGmbHG/*Lieder*, § 56 Rn. 108; Noack/Servatius/Haas/*Servatius*, GmbHG, § 19 Rn. 53 a.E.; Lutter/Hommelhoff/*Bayer*, GmbHG, § 19 Rn. 36; MüKoAktG/*Bayer*, § 66 Rn. 62f. (zur AG).

[795] *Wilhelm*, KapGesR, Rn. 252.

[796] Vgl. MHLS/*Ebbing*, GmbHG, § 19 Rn. 58; BeckOK GmbHG/*Ziemons*, § 19 Rn. 91; Noack/Servatius/Haas/*Servatius*, GmbHG, § 19 Rn. 28; Lutter/Hommelhoff/*Bayer*, GmbHG, § 19 Rn. 18; MüKoGmbHG/*Schwandtner*, § 19 Rn. 63; jeweils m. w. N.; siehe auch *Schäfer*, GesR, § 35 Rn. 4.

[797] BeckOK GmbHG/*Ziemons*, § 19 Rn. 86 m. w. N.

[798] Nachweise → Rn. 221 f.

lässige) Leistung an Erfüllungs statt gleichwohl ganz oder teilweise zur Erfüllung der Einlageschuld führen kann.[799] Vor dem Hintergrund der hier zur Vermeidung von Systembrüchen angestellten Überlegungen hindert nämlich seit Einführung der neuen Regeln über verdeckte Sacheinlagen die rechtliche „Unzulässigkeit" einer Maßnahme ganz generell die **Wertanrechnung** nicht mehr (→ § 3 Rn. 180 ff. zur AG).

221 Zunächst erscheint klar, dass – ähnlich wie bei der Aufrechnung im Zusammenhang mit einer verdeckten Sacheinlage (→ Rn. 211) – weder auf das Erfordernis der baren/bargeldgleichen Zahlung noch auf § 19 II 1 GmbHG zurückzugreifen ist, wenn der Anwendungsbereich des § 19 IV GmbHG unmittelbar eröffnet ist:[800] Es existiert eine speziellere Regelung. Ein Fall des § 19 IV GmbHG liegt vor, wenn die spätere Leistung an Erfüllungs statt schon bei der Übernahme der Geldeinlage vereinbart worden ist (was bei einem engen zeitlichen und sachlichen Zusammenhang vermutet wird; → § 3 Rn. 160). Dann ist wirtschaftlich eine Sacheinlage gewollt und auch verwirklicht. Die Geldeinlageforderung besteht fort, aber der Wert der Leistung an Erfüllungs statt wird angerechnet (§ 19 IV 1, 3, 4 GmbHG).[801]

222 Gibt es keine Vorabsprache über die spätere Leistung an Erfüllungs statt, erfolgt die Wertanrechnung über eine analoge Anwendung des § 19 IV 3 GmbHG (→ Rn. 212 zur Aufrechnung).[802] Weil § 19 IV 3 GmbHG auf den tatsächlichen und nachweisbaren Wert abstellt, ergeben sich aus § 19 II 1 GmbHG keine Bedenken.[803]

223 Erbringt der Gesellschafter an Erfüllungs statt eine Leistung, die nicht sacheinlagefähig ist, etwa eine Dienstleistung,[804] sollte ebenfalls eine Anrechnung des tatsächlichen Wertes erfolgen, auch wenn die Regeln über verdeckte Sacheinlagen nur bei Gegenständen anwendbar sind, die grundsätzlich sacheinlagefähig sind (→ Rn. 188). Der Gesellschafter hätte nämlich ebenso die aus seiner Leistung resultierende Forderung gegen die Einlageforderung aufrechnen können und bei einer solchen Aufrechnung würde eine Wertanrechnung erfolgen (→ Rn. 211 f.). Um das Verbot der Befreiung von der Einlageschuld aus § 19 II 1 GmbHG nicht zu tangieren, sind allerdings bei nicht sacheinlagefähigen Leistungen besonders hohe Anforderungen an den Nachweis der Wertdeckung zu stellen.

2. Kapitalerhaltung

224 Ist das Kapital wirksam aufgebracht, greift anschließend das System der Kapitalerhaltung ein. Dieses ist bei der GmbH komplexer als jenes bei der AG. Zu unterscheiden ist im Ansatz zwischen der **Vermögensbindung** einerseits und dem Verbot existenzvernichtender Eingriffe andererseits. In Bezug auf die Vermögensbindung ist sodann weiter zu differenzieren zwischen Gläubiger- und Mitgesellschafterinteresse,

---

[799] So auch MHLS/*Ebbing*, GmbHG, § 19 Rn. 58 (Differenzierung bei der Rechtsfolge) und Rn. 145.

[800] So auch MüKoGmbHG/*Schwandtner*, § 19 Rn. 63, 221; *Wicke*, GmbHG, § 19 Rn. 24; *Altmeppen*, GmbHG, § 19 Rn. 34, 59; Lutter/Hommelhoff/*Bayer*, GmbHG, § 19 Rn. 70; ferner wohl BeckOK GmbHG/*Ziemons*, § 19 Rn. 159.

[801] Zu beachten ist jedoch: Da die Anrechnungswirkung erst mit Eintragung oder der späteren Leistung an Erfüllungs statt eintritt, besteht die Geldeinlagepflicht bis dahin fort. Die Versicherung gemäß § 8 II GmbHG ist also falsch.

[802] Ausdrücklich wie hier MüKoGmbHG/*Schwandtner*, § 19 Rn. 63 m. w. N.; ebenso *Altmeppen*, GmbHG, § 19 Rn. 34, 59; Noack/Servatius/Haas/Servatius, GmbHG, § 19 Rn. 53 m. w. N.; Scholz/*Veil*, GmbHG, § 19 Rn. 102 a. E.; MHLS/*Ebbing*, GmbHG, § 19 Rn. 58, 145; in diesem Sinne wohl auch *Wicke*, GmbHG, § 19 Rn. 24.

[803] *Altmeppen*, GmbHG, § 19 Rn. 34.

[804] Auch eine Dienstleistung kann an Erfüllungs statt erbracht werden; vgl. Grüneberg/*Grüneberg*, BGB, § 364 Rn. 3.

weshalb diese Bindung auf mehreren dogmatischen Säulen ruht (→ Rn. 225 ff.). Das **Verbot existenzvernichtender Eingriffe** dient demgegenüber allein den Interessen der Gläubiger und flankiert insoweit die bei der GmbH nicht so stark wie bei der AG ausgeprägte Vermögensbindung im Gläubigerinteresse (→ Rn. 251 ff.). Abgerundet wird die Kapitalerhaltung im Gläubigerinteresse, indem die Gesellschaft eigene Anteile nur unter bestimmten Voraussetzungen erwerben darf (→ Rn. 261 ff.).

a) Vermögensbindung in der GmbH

Die Vermögensbindung in der GmbH unterscheidet sich von derjenigen bei der AG. Während für die AG eine umfassende, auf das ganze Gesellschaftsvermögen bezogene Vermögensbindung festgestellt werden konnte, die gleichzeitig dem Gläubiger- und Minderheitenschutz dient (§ 57 AktG mit der Rechtsfolge des § 62 AktG; → § 3 Rn. 188 ff.), ist bei der GmbH zwischen der auf das Stammkapital beschränkten Vermögensbindung im Gläubigerinteresse (§§ 30, 31 GmbHG) und der umfassenden Vermögensbindung im Interesse der Mitgesellschafter zu differenzieren.[805] 225

aa) Beschränkte Vermögensbindung im Gläubigerinteresse (§§ 30, 31 GmbHG)

Die dem Gläubigerinteresse dienenden Kapitalerhaltungsvorschriften des GmbH-Rechts (§§ 30, 31 GmbHG) sind weniger streng als die des Aktienrechts. Aus § 30 I 1 GmbHG ergibt sich (nur) ein **Verbot der Auszahlung des zur Erhaltung des Stammkapitals erforderlichen Vermögens**. Der Begriff der „Auszahlung" ist dabei – wie im Aktienrecht – im weiteren Sinne zu verstehen und nicht auf Leistungen von Bar- oder Buchgeld beschränkt, sondern umfasst Leistungen aller Art (z.B. auch die Begründung oder Übernahme einer Verbindlichkeit zugunsten eines Gesellschafters).[806] Nur soweit eine **offene oder verdeckte Ausschüttung von Vermögen** allerdings das Stammkapital angreift, trifft den GmbH-Gesellschafter im Interesse der auf das Stammkapital vertrauenden Gläubiger die verschuldensunabhängige Rückgewährpflicht des § 31 GmbHG. Ansprüche von Gläubigern der GmbH aus § 823 II BGB bestehen daneben nicht, da § 30 GmbHG kein Schutzgesetz zu ihren Gunsten ist.[807] 226

aaa) Schutz des Stammkapitals (Haftung bei Unterbilanz)

Ob eine Zuwendung der Gesellschaft gemäß § 30 I 1 GmbHG verboten ist, weil sie das Stammkapital angreift, ist jeweils im Einzelfall zu prüfen. Dafür erforderlich ist zweierlei: Die Zuwendung muss erstens auf Basis des Gesellschaftsverhältnisses (*causa societatis*) erfolgen; zweitens muss sie eine Unterbilanz herbeiführen oder eine bestehende Unterbilanz vertiefen.[808] 227

Eine Zuwendung erfolgt ohne weiteres **causa societatis**, wenn die Zuwendung ihren Grund unmittelbar in dem Gesellschaftsverhältnis hat, also zum Beispiel als „Gewinnauszahlung", „Sonderzuwendung" oder schlicht als „Rückzahlung der Einlage" deklariert ist. Auch die an einen ausgeschiedenen Gesellschafter gezahlte Abfindung ist eine Leistung *causa societatis* (vgl. auch § 34 III GmbHG). Die Voraussetzung ist aber regelmäßig ebenso erfüllt, wenn im Rahmen von Austauschgeschäften, die zum Nachteil der Gesellschaft unausgeglichen sind, eine **verdeckte** 228

---

[805] Umfassend zur Vermögensbindung bei Kapital- und Personengesellschaften *Bitter*, ZHR 168 (2004), 302 ff.

[806] Vgl. BGHZ 220, 179 = ZIP 2019, 114 (Rn. 32 f.) m. w. N.; BGH NJW 1987, 1194; hierfür spricht nach dem MoMiG auch § 30 I 2 GmbHG, der den Begriff „Leistung" verwendet.

[807] Vgl. BGHZ 110, 343 = BGH ZIP 1990, 578 (Leitsatz 2).

[808] Zum Begriff der Unterbilanz schon → Rn. 42.

Vermögensverlagerung erfolgt, die Gesellschaft also eine Leistung zu günstig erbringt oder eine Leistung zu teuer erwirbt (= teilweise objektive Unentgeltlichkeit).[809] Ist die Unausgewogenheit des Austauschgeschäfts nicht ausnahmsweise durch besondere, vom Gesellschafter darzulegende Umstände im Einzelfall gerechtfertigt, ist nämlich (im Zweifel) anzunehmen, dass die Unausgewogenheit aus dem Gesellschaftsverhältnis herrührt, dass also die Gesellschaft die Unausgewogenheit bei einem externen Dritten nicht hingenommen hätte.[810]

229 Eine **Unterbilanz** wird herbeigeführt oder vertieft, wenn das Nettovermögen der GmbH (Differenz zwischen Aktivvermögen und Verbindlichkeiten) durch die Zuwendung unter den Betrag des Stammkapitals (Stammkapitalziffer) fällt oder – wenn es schon zuvor darunter gelegen hat – die Lücke vergrößert wird. Im ersten Fall ist die Zuwendung unzulässig, *soweit* sie eine Unterbilanz herstellt; im zweiten Fall ist sie verboten, *soweit* sie die bestehende Unterbilanz vertieft. Die für die Bestimmung des Nettovermögens maßgeblichen Größen „Aktivvermögen" und „Verbindlichkeiten" sind – ganz im Sinne der durch das MoMiG intendierten Rückkehr zu einer rein bilanziellen Betrachtungsweise (→ Rn. 243) – jeweils nach den bilanzrechtlichen **Regeln des HGB** zu ermitteln.[811] Es geht also jeweils um die (zutreffenden) Buchwerte der einzelnen Vermögensgegenstände und Schulden, so dass insbesondere stille Reserven des Aktivvermögens unberücksichtigt bleiben.[812]

230 **Beispiel:** Eine GmbH mit einem Stammkapital von 40.000 EUR hat ein (bilanzielles) Nettovermögen von 50.000 EUR. Ein Gesellschafter erhält ohne Gegenleistung eine Sonderzuwendung von 20.000 EUR. Hierdurch sinkt das Nettovermögen auf 30.000 EUR, weil sich der auf der Aktivseite der Bilanz ausgewiesene Geldbestand um den Betrag der Sonderzuwendung reduziert, während die Verbindlichkeiten in unveränderter Höhe bestehen bleiben. Die Sonderzuwendung hat daher in Höhe von 10.000 EUR eine Unterbilanz herbeigeführt (= Differenz zwischen Stammkapitalziffer und Nettovermögen) und ist daher insoweit verboten. Hätte das Nettovermögen bereits vor der Sonderzuwendung nur noch 30.000 EUR betragen, würde sie eine bestehende Unterbilanz um 20.000 EUR vertiefen (von 10.000 EUR auf 30.000 EUR) und wäre daher in voller Höhe verboten.

231 Das Auszahlungsverbot ist nicht auf den Betrag der Stammkapitalziffer begrenzt, sondern greift *erst recht* ein, wenn das zur Deckung des Stammkapitals erforderliche Vermögen bereits aufgebraucht ist, das Nettovermögen also durch die Zuwendung negativ wird (**bilanzielle Überschuldung** bzw. durch Eigenkapital nicht gedeckter Fehlbetrag i.S.v. § 268 III HGB). Im Zustand der Überschuldung kann nämlich die Zahlung überhaupt nur noch aus Fremdmitteln, also unmittelbar auf Kosten der Gesellschaftsgläubiger geleistet werden.[813]

---

[809] Ausführlich *Bitter*, Durchgriffshaftung, S. 234 ff., zur objektiven Abgrenzung insbesondere S. 239 ff.

[810] Vgl. Scholz/*Verse*, GmbHG, § 30 Rn. 31 (auch mit Gegenbeispielen) und Rn. 115. BGH und h. M. stellen darauf ab, ob ein gewissenhaft nach kaufmännischen Grundsätzen handelnder Geschäftsführer das Geschäft unter sonst gleichen Umständen zu gleichen Bedingungen mit einem Nichtgesellschafter nicht abgeschlossen hätte (sog. Drittvergleich; vgl. z. B. BGH NJW 1987, 1194, 1195; WM 1996, 116, 117 = NJW 1996, 589 f.). Damit wird jedoch kein subjektives Merkmal in den Begriff der verdeckten Gewinnausschüttung bzw. verdeckten Vermögensverlagerung eingeführt (vgl. *Bitter*, Durchgriffshaftung, S. 240 f. m. w. N.; gegen die rein objektive Betrachtung allerdings *Wilhelm*, KapGesR, Rn. 441).

[811] Vgl. im Einzelnen Lutter/Hommelhoff/*Hommelhoff*, GmbHG, § 30 Rn. 10 ff.

[812] Stille Reserven im Aktivvermögen bestehen, wenn der tatsächliche (Verkehrs-)Wert eines Vermögensgegenstandes über dem Buchwert liegt, was etwa aufgrund (nicht realisierter) Werterhöhungen nach der Anschaffung der Fall sein kann.

[813] Zur Anwendung der §§ 30, 31 GmbHG bei Überschuldung siehe BGH NJW 1990, 1730, 1732; näher *Bitter*, Durchgriffshaftung, S. 233 f.

232 **Beispiel:** Beträgt die Sonderzuwendung in dem o. g. Beispielsfall (Stammkapitalziffer: 40.000 EUR; Nettovermögen: 50.000 EUR) nicht 20.000 EUR, sondern 100.000 EUR, so dass das Nettovermögen danach bei minus 50.000 EUR steht (Überschuldung), erfasst das Verbot nicht nur das (komplett) verlorene Stammkapital (= 40.000 EUR), sondern erst recht auch die weiteren 50.000 EUR, um die das Nettovermögen negativ ist. Die verbotene Auszahlung beträgt also insgesamt 90.000 EUR.

233 Eine Unterbilanz kann auch durch eine **verdeckte Vermögensverlagerung** im Rahmen eines unausgeglichenen Austauschgeschäfts hergestellt oder vertieft werden.

234 **Beispiel:** Verkauft im o. g. Beispielsfall (Stammkapitalziffer: 40.000 EUR; Nettovermögen: 50.000 EUR) ein Gesellschafter der Gesellschaft einen Gegenstand im Wert von 5.000 EUR für 20.000 EUR und werden die Leistungen ausgetauscht, so hat die Gesellschaft dem Gesellschafter im Saldo 15.000 EUR (Differenzbetrag) als verdeckte Vermögensverlagerung zugewendet (teilweise objektive Unentgeltlichkeit). Nunmehr ist zu prüfen, inwieweit diese verdeckte Vermögensverlagerung zulasten des gemäß § 30 I 1 GmbHG geschützten Stammkapitals geht (d. h. eine Unterbilanz herstellt) und daher verboten ist. Durch die verdeckte Vermögensverlagerung ist das Nettovermögen der Gesellschaft auf 35.000 EUR gemindert worden. In Höhe von 5.000 EUR hat die verdeckte Vermögensverlagerung also eine Unterbilanz hergestellt; insoweit ist sie daher gemäß § 30 I 1 GmbHG verboten. Hätte das Nettovermögen bereits vor dem Austauschgeschäft nur 35.000 EUR betragen, würde die verdeckte Vermögensverlagerung die Unterbilanz um 15.000 EUR vertiefen (von 5.000 EUR auf 20.000 EUR) und wäre daher in voller Höhe verboten.

235 Für ein *ausgeglichenes* Austauschgeschäft gilt hingegen: Weil sich die Werte der erbrachten Leistungen entsprechen, liegt keine verbotene Auszahlung gemäß § 30 GmbHG vor, auch wenn schon eine Unterbilanz besteht: Sie wird durch das Geschäft nicht vertieft. Bei der Prüfung, ob ein Austauschgeschäft ausgeglichen ist, kommt es nicht auf den Buchwert, sondern auf den **Verkehrs-/Marktwert der ausgetauschten Vermögensgegenstände** an,[814] so dass beispielsweise der Verkauf eines Grundstücks, welches mit 1 Mio. EUR in der Bilanz steht, zu jenem Preis von 1 Mio. EUR unausgeglichen ist, wenn der Marktwert (inzwischen) bei 2 Mio. EUR liegt (sog. stille Reserven; → Rn. 229).[815] Insoweit gilt für den Wertvergleich also anderes als bei der Frage, ob eine Unterbilanz vorliegt; für jene Feststellung sind die Vermögensgegenstände mit ihrem Buchwert anzusetzen (→ Rn. 229).

236 Nach § 30 GmbHG verbotene Leistungen sind der Gesellschaft vom *Gesellschafter* zu erstatten, lösen also den **verschuldensunabhängigen Rückgewähranspruch** des § 31 I GmbHG aus.[816] War der Empfänger allerdings gutgläubig, gilt dies nur insoweit, wie die Rückgewähr zur Befriedigung der Gesellschaftsgläubiger erforderlich ist (§ 31 II GmbHG). Der Anspruch gemäß § 31 GmbHG entfällt nach der Rechtsprechung nicht nachträglich wieder, wenn das Nettovermögen zwischenzeitlich anderweit bis zur Höhe der Stammkapitalziffer nachhaltig wiederhergestellt ist.[817] Es kommt also ausschließlich darauf an, dass die **Zuwendung im Zeitpunkt der Leistung unzulässig** war.

237 Ist die Erstattung von dem Empfänger nicht zu erlangen, begründet § 31 III 1 GmbHG eine **Ausfallhaftung der übrigen Gesellschafter** für den zu erstattenden

[814] Vgl. (primär zur Leistung der Gesellschaft) Noack/Servatius/Haas/*Servatius*, GmbHG, § 30 Rn. 37, 39 m. w. N.; *Wicke*, GmbHG, § 30 Rn. 13.

[815] Allgemein zur Veräußerung eines Gegenstands zum Buchwert statt zum Verkehrswert BGHZ 213, 224 = ZIP 2017, 472 (Rn. 16) und 971 (Rn. 16).

[816] Zur Haftung des *Geschäftsführers* für verbotene Auszahlungen (§ 43 III GmbHG) → Rn. 142.

[817] BGHZ 144, 336 (Leitsatz 1); BGHZ 193, 96 = ZIP 2012, 1071 (Rn. 28 ff.); dagegen durchaus überzeugend *Altmeppen*, ZIP 2015, 1657.

Betrag nach dem Verhältnis ihrer Geschäftsanteile, soweit die Erstattung zur Befriedigung der Gesellschaftsgläubiger erforderlich ist. Soweit einer dieser übrigen Gesellschafter ausfällt, wird sein Anteil wiederum anteilsmäßig auf die restlichen Gesellschafter verteilt (§ 31 III 2 GmbHG). Für diese Ausfallhaftung ist allerdings zu beachten, dass sie nach der Rechtsprechung **auf den Betrag der Stammkapitalziffer begrenzt** ist und daher nicht auch den Betrag umfasst, um den das Nettovermögen durch eine verbotene Auszahlung negativ geworden ist (Überschuldung).[818]

238 **Beispiel:** In dem o. g. Beispielsfall (Stammkapitalziffer: 40.000 EUR; Nettovermögen: 50.000 EUR) muss zwar der eine Zuwendung von 100.000 EUR empfangende Gesellschafter 90.000 EUR erstatten (→ Rn. 232). Die Ausfallhaftung aller Gesellschafter *gemeinsam* beschränkt sich hingegen auf das verlorene Stammkapital von 40.000 EUR. Der jeweilige Anteil eines einzelnen Gesellschafters an dieser Ausfallhaftung bestimmt sich nach seinem Geschäftsanteil. Sind etwa der Gesellschafter, der die 100.000 EUR erhalten hat, zur Hälfte und zwei weitere Gesellschafter zu je ¼ beteiligt, so haften die beiden weiteren Gesellschafter nicht auf jeweils 40.000 EUR, sondern der Betrag von 40.000 EUR, auf den sie *in der Summe* haften, ist hälftig auf sie aufzuteilen, weil ihre Beteiligungen gleich hoch sind (je ¼). Jeder haftet also auf 20.000 EUR. Ist dieser Betrag von einem der beiden allerdings nicht zu erlangen, so muss ihn der andere tragen (§ 31 III 2 GmbHG).

239 Die Gesellschafter, die gemäß § 31 III GmbHG Beträge erstattet haben, können von Geschäftsführern, die ein Verschulden an den Zahlungen trifft, Ersatz verlangen (§ 31 VI GmbHG).

240 Die Erstattungsansprüche verjähren gemäß § 31 V GmbHG erst nach zehn bzw. gegenüber Mitgesellschaftern nach fünf Jahren. Noch nicht höchstrichterlich entschieden ist, ob auch der Erwerber eines Geschäftsanteils über § 16 II GmbHG für Ansprüche der Gesellschaft aus § 31 GmbHG gegen den Veräußerer haftet.[819]

bbb) Ausnahmefälle

241 Wie bei der AG (§ 57 I 3, 4 AktG) hat das MoMiG den Anwendungsbereich des Kapitalerhaltungsgebots auch bei der GmbH für drei Ausnahmefälle eingeschränkt:

(1) Leistungen bei Bestehen eines Beherrschungs-/Gewinnabführungsvertrags

241a Das Zahlungsverbot des § 30 GmbHG gilt nicht, wenn die Leistung bei Bestehen eines Beherrschungs- oder Gewinnabführungsvertrags (§ 291 AktG) erbracht wird (§ 30 I 2 Alt. 1 GmbHG).[820] Damit wird die für den AG-Vertragskonzern in § 291 III AktG angeordnete und nach h. M. schon vor dem MoMiG analog beim GmbH-Vertragskonzern geltende[821] **Aufhebung der Kapitalbindung** nun ausdrücklich in § 30 GmbHG festgeschrieben.[822]

(2) Vollwertiger Gegenleistungs- oder Rückgewähranspruch gegen den Gesellschafter

242 Das Zahlungsverbot gilt ferner nicht, wenn die Leistung durch einen vollwertigen Gegenleistungs- oder Rückgewähranspruch gegen den Gesellschafter gedeckt ist (§ 30 I 2 Alt. 2 GmbHG). Diese Neuregelung ist vor dem Hintergrund des sog. November-Urteils des BGH zu sehen.[823] Die Entscheidung betraf den Fall, dass die Gesellschaft einem Gesellschafter ein **Darlehen aus dem gebundenen Vermögen der**

---

818 BGHZ 150, 61 (Leitsatz 1).
819 Dafür OLG Köln ZIP 2011, 863; dagegen Scholz/*Seibt*, GmbHG, § 16 Rn. 52.
820 Zum Beherrschungs- und Gewinnabführungsvertrag → § 3 Rn. 231.
821 *Wilhelm*, KapGesR, Rn. 417; a. A. *Bitter*, Durchgriffshaftung, S. 359 f. m. w. N.
822 Zu § 291 III AktG → § 3 Rn. 231.
823 BGHZ 157, 72.

GmbH gewährt und der Rückzahlungsanspruch gegen den Gesellschafter vollwertig ist. Betrachtet man diesen Vorgang rein wertmäßig, so wird das zur Erhaltung des Stammkapitals erforderliche Vermögen nicht angetastet, weil der Abfluss aus dem gebundenen Vermögen (Darlehensauszahlung) durch einen Vermögenszufluss (vollwertiger Rückzahlungsanspruch in Höhe der Auszahlung) vollständig kompensiert wird. Bilanziell betrachtet ist das Vermögen der GmbH nicht reduziert (keine Herstellung/Vertiefung einer Unterbilanz), sondern es hat ein bloßer **Aktiventausch** stattgefunden (Bargeld gegen vollwertige Forderung). Gleichwohl hatte der BGH im November-Urteil auch bei einem vollwertigen Rückzahlungsanspruch einen Verstoß gegen § 30 I 1 GmbHG grundsätzlich bejaht, unter anderem mit dem Argument, Bargeld sei *faktisch* mehr wert als eine Forderung.[824] Der BGH hatte damit § 30 I 1 GmbHG über einen bilanziellen (wertmäßigen) Vermögensschutz hinaus zu einem gegenständlichen Vermögensschutz ausgeweitet.

Diese Entwicklung hat der Gesetzgeber mit § 30 I 2 Alt. 2 GmbHG korrigiert und 243 ist damit eindeutig zu einem **bilanziellen Denken** zurückgekehrt; das Stammkapital soll, wie es der Wortlaut von § 30 I 1 GmbHG nahe legt, eine **rein bilanzielle (vermögensmäßige) Ausschüttungssperre** sein.[825] Ein Verstoß gegen jene Bestimmung ist, wie § 30 I 2 Alt. 2 GmbHG besagt, also nicht gegeben, wenn der Rückgewähranspruch gegen den Gesellschafter vollwertig ist.[826] Dabei kommt es auf den **Zeitpunkt der Darlehensgewährung** an, während spätere Bonitätsverschlechterungen außer Betracht bleiben.[827] Ist der Rückgewähranspruch hingegen von Beginn an nicht vollwertig und liegt damit ein Verstoß gegen § 30 I 1 GmbHG vor, stellt sich die Frage, welche Rechtsfolgen es auslöst, wenn der Gesellschafter – wider Erwarten – dennoch das Darlehen vollständig zurückzahlt. Der Verstoß gegen § 30 I 1 GmbHG dürfte damit zwar nicht nachträglich beseitigt sein, weil allein der Zeitpunkt der Darlehens*auszahlung* als für die Prüfung eines solchen Verstoßes maßgeblich angesehen wird.[828] Insofern gilt also dasselbe wie bei einer späteren Bonitätsverschlechterung. Gleichwohl erschiene es unter dem Aspekt des Gläubigerschutzes, dem das Kapitalerhaltungsrecht dient, als nicht gerechtfertigte, übergebührliche Belastung des Gesellschafters, wenn er trotz vollständiger Befriedigung des Rückgewähranspruchs parallel weiter aus § 31 GmbHG haften würde. Mit der Befriedigung ist die zuvor eingetretene und durch § 30 I 1 GmbHG sanktionierte verdeckte Vermögensverlagerung nämlich vollständig beseitigt worden, so dass eine Forthaftung des Gesellschafters zu einer Überkompensation der Gesellschaft und damit mittelbar der Gläubiger führen würde. Die Zahlung auf den Rückgewähranspruch sollte deshalb dazu führen, dass auch der Anspruch aus § 31 GmbHG erlischt (wechselseitige Erfüllung analog § 422 I 1 BGB; → Rn. 203 zum Fall des § 19 V GmbHG).

⇨ *Fall Nr. 19 – Aktiventausch?*

Der in § 30 I 2 Alt. 2 GmbHG geregelte Ausnahmetatbestand des vollwertigen 243a Gegenleistungs- oder Rückgewähranspruchs hat auch Bedeutung bei der **Bestellung**

---

[824] Später ist der BGH – auch unter Hinweis auf das MoMiG – von dieser Sichtweise wieder abgerückt und nimmt bei einem vollwertigen Rückgewähranspruch keine verbotene Auszahlung an; vgl. BGHZ 179, 71 = NJW 2009, 850 (Leitsatz 1) – MPS.

[825] Vgl. Begründung zu Art. 1 Ziff. 20 RegE-MoMiG (BT-Drs. 16/6140, S. 41).

[826] Zu Einzelheiten bezüglich der Frage der Vollwertigkeit vgl. Noack/Servatius/Haas/*Servatius*, GmbHG, § 30 Rn. 42, 56 m. w. N.

[827] BGHZ 214, 258 = ZIP 2017, 971 (insbes. Rn. 21, jedoch mit rechtspolitischen Bedenken in Rn. 19, 26).

[828] Noack/Servatius/Haas/*Servatius*, GmbHG, § 30 Rn. 43.

dinglicher Sicherheiten der Gesellschaft für (Darlehens-)Schulden des Gesellschafters bei Dritten. Da der Begriff der Einlagenrückgewähr weit zu verstehen ist, kann in der Sicherheitenbestellung (und nicht erst in der Verwertung) eine verbotene „Auszahlung" liegen, weil dem Gesellschafter der Vermögensvorteil der Besicherung zugewandt wird.[829] Trotz unmittelbar fehlender Bilanzwirksamkeit der Sicherheitenbestellung steht dem die Rückkehr zum bilanziellen Denken (→ Rn. 243) nach Ansicht des BGH nicht entgegen, weil der Gesetzgeber insoweit Darlehen im Blick hatte, deren Auszahlung immer bilanzwirksam ist.[830] Die Sicherheitenbestellung kann aber nach § 30 I 2 Alt. 2 GmbHG privilegiert sein. Der „Rückgewähranspruch" gegen den mit der Besicherung begünstigten Gesellschafter besteht darin, dass dieser die Gesellschaft von der Inanspruchnahme der Sicherheit bei Fälligkeit des Darlehens freizustellen hat. Dieser **Freistellungsanspruch**, der sich mit Verwertung der Sicherheit in einen Rückgriffsanspruch wandelt, ist der „Gegenleistungs- oder Rückgewähranspruch" i. S. v. § 30 I 2 Alt. 2 GmbHG,[831] welcher sich als vollwertig erweist, wenn der Eintritt des Sicherungsfalls zum Zeitpunkt der Sicherheitenbestellung wegen guter Bonität des Gesellschafters unwahrscheinlich ist.[832] Spätere Bonitätsverschlechterungen bleiben – wie beim Darlehen (→ Rn. 243) – außer Betracht.[833] Ist hingegen der Gesellschafter schon im Zeitpunkt der Sicherheitenbestellung mit einer nicht unerheblichen Wahrscheinlichkeit nicht zur Bedienung seiner (Darlehens-)Schuld in der Lage und folglich der Freistellungsanspruch gegen ihn nicht vollwertig[834] und entsteht zudem eine Unterbilanz, liegt schon darin eine verbotene „Auszahlung" i. S. v. § 30 I 1 GmbHG, während die spätere Sicherheitenverwertung nicht mehr relevant ist.[835] Bedient der Gesellschafter trotz anfänglich schlechter Bonität später doch seine Schuld und kommt es deshalb (endgültig) nicht zur Inanspruchnahme der Sicherheit, sollte man aber – wie bei der unerwarteten Darlehensrückführung (→ Rn. 243 a. E.) – von einem Erlöschen des Anspruchs aus § 31 GmbHG ausgehen.

244 Über die Kreditgewährung und Kreditsicherung hinaus kann der zweite Ausnahmefall (§ 30 I 2 Alt. 2 GmbHG) auch bei **Austauschgeschäften zwischen Gesellschaft und Gesellschafter** Bedeutung gewinnen. Dies gilt allerdings nur sehr eingeschränkt, wenn die gegenseitigen Leistungen Zug-um-Zug ausgetauscht werden oder der Gesellschafter vorleistet. Denn im ersten Fall erhält die Gesellschaft gleichzeitig mit der eigenen Leistungserbringung – welche die „Auszahlung" i. S. v. § 30 I 1 GmbHG darstellt (→ Rn. 226) – nicht nur einen Gegenleistungs*anspruch*, sondern die Geld-/Sachgegenleistung selbst; im zweiten Fall erhält sie diese Gegenleistung sogar *vor* der eigenen Leistung. Da es in beiden Fällen keinen einseitig zugunsten der Gesellschaft ausstehenden Gegenleistungsanspruch gibt, kann es auf die in § 30 I 2 Alt. 2 GmbHG angesprochene Frage nach dessen Vollwertigkeit nicht

---

829 BGHZ 213, 224 = ZIP 2017, 472 (Rn. 15) m. w. N.; BGHZ 214, 258 = ZIP 2017, 971 (Rn. 14).

830 BGHZ 213, 224 = ZIP 2017, 472 (Rn. 16); BGHZ 214, 258 = ZIP 2017, 971 (Rn. 16).

831 Dogmatische Kritik bei *Becker*, ZIP 2017, 1599, 1600.

832 BGHZ 213, 224 = ZIP 2017, 472 (Rn. 17 ff.); dazu *Heerma/Bergmann*, ZIP 2017, 1261 ff.

833 BGHZ 214, 258 = ZIP 2017, 971 (Rn. 20 ff.).

834 Dies ist eindeutig nicht erst bei einer Ausfallwahrscheinlichkeit über 50 % der Fall und auch keine dahingehende Korrektur der Rechtsprechung geboten (so aber *Becker*, ZIP 2017, 1599, 1601 ff.). Nicht anders als bei Austauschgeschäften zu unangemessenen Konditionen (→ Rn. 228, 245 f.) kann auch bei geringerer Ausfallwahrscheinlichkeit ein dadurch *partiell* (etwa i. H. v. 10 oder 20 %) fehlender Ausgleich die Haftung begründen.

835 BGHZ 214, 258 = ZIP 2017, 971 (Rn. 17 ff.).

ankommen.[836] Vielmehr ist § 30 I 2 Alt. 2 GmbHG insoweit nur zu entnehmen, dass *keine* verdeckte Vermögensverlagerung vorliegt (→ Rn. 228), wenn – bemessen nach Marktwerten (→ Rn. 235) – die Geld-/Sachgegenleistung des Gesellschafters die Leistung der Gesellschaft mindestens „deckt" (**Deckungsgebot**).[837] Bleibt die Gesellschafterleistung hingegen hinter dem Marktwert der Leistung der Gesellschaft zurück, ist das Deckungsgebot nicht gewahrt, so dass in Höhe der Wertdifferenz eine verdeckte Vermögensverlagerung vorliegt, die insoweit gegen § 30 I 1 GmbHG verstößt, wie durch sie eine Unterbilanz hergestellt oder vertieft wird (→ Rn. 233 f.).

245 Demgegenüber kann neben dem Deckungsgebot auch das **Vollwertigkeitsgebot** des § 30 I 2 Alt. 2 GmbHG eine Rolle spielen, wenn die Gesellschaft vorleistet. Übereignet z. B. die Gesellschaft vor Kaufpreiszahlung einem Gesellschafter einen an diesen verkauften Gegenstand, liegt in dieser Übereignung eine an § 30 I 1 GmbHG zu messende „Auszahlung".[838] Für diesen Fall der Vorleistung der Gesellschaft kann man aus § 30 I 2 Alt. 2 GmbHG zunächst ableiten, dass kein Verstoß gegen § 30 I 1 GmbHG vorliegt, wenn der Kaufpreisanspruch der Gesellschaft (= „Gegenleistungsanspruch") vollwertig ist *und* den Verlust des Gegenstandes wertmäßig komplett „deckt",[839] also erstens das Vermögen des Gesellschafters alle seine Verbindlichkeiten abdeckt (Vollwertigkeit) und zweitens der Betrag des Kaufpreisanspruchs mindestens dem Marktwert (→ Rn. 235) des weggegebenen Gegenstandes entspricht (Deckungsgebot). Ferner erscheint klar, dass bei einem Verstoß gegen das Deckungsgebot die Privilegierung des § 30 I 2 Alt. 2 GmbHG nicht eingreift (unabhängig von der Frage der Vollwertigkeit des Anspruchs; → Rn. 246). Es gelten vielmehr die allgemeinen Grundsätze des § 30 I 1 GmbHG für unausgeglichene Austauschgeschäfte, wobei der Kaufpreisanspruch genauso berücksichtigt wird wie ein bereits erhaltener Kaufpreis. Eine verdeckte Vermögensverlagerung liegt (nur) in Höhe der Differenz zwischen dem Betrag des Kaufpreises und dem Marktwert der Kaufsache vor; sie ist gemäß § 30 I 1 GmbHG verboten, soweit sie das Stammkapital antastet.

246 Ist alternativ oder zusätzlich zu einer fehlenden wertmäßigen Deckung der Kaufpreisanspruch gegen den Gesellschafter nicht vollwertig, weil das Vermögen des Gesellschafters nicht seine gesamten Verbindlichkeiten deckt, ergibt sich aus dem Wortlaut des § 30 I 2 Alt. 2 GmbHG ohne weiteres, dass die darin vorgesehene Privilegierung nicht zur Anwendung kommt. Vielmehr ist ein Verstoß gegen § 30 I 1 GmbHG zunächst nach allgemeinen Grundsätzen zu prüfen: Unter Berücksichtigung des Bonitätsmangels (und einer eventuellen zusätzlichen wertmäßigen Unterdeckung) ist der **Marktwert des Kaufpreisanspruchs gegen den Gesellschafter** zu bestimmen. Soweit dieser hinter dem Marktwert der Vorleistung der Gesellschaft zurückbleibt, liegt eine verdeckte Vermögensverlagerung vor, die im Umfang der Herstellung oder Vertiefung einer Unterbilanz gegen § 30 I 1 GmbHG verstößt.[840]

[836] Vgl. BeckOK GmbHG/*Schmolke*, § 30 Rn. 173 ff.; siehe ferner *Altmeppen*, GmbHG, § 30 Rn. 75 (bilanzielle Vollwertigkeit „nicht weiter problematisch"); ähnlich in der Sache MüKoGmbHG/*Ekkenga*, § 30 Rn. 246 (Gegenleistungsansprüche im Sinne des Vollwertigkeitsgebots sind nur solche, die einem Rückzahlungsanspruch aus Darlehen finanzwirtschaftlich gleichstehen, so dass § 30 I 2 Alt. 2 GmbHG nur Ansprüche aus reinen Finanzierungsgeschäften und solchen Austauschverträgen erfasst, denen ein Finanzierungselement innewohnt).

[837] Vgl. BeckOK GmbHG/*Schmolke*, § 30 Rn. 176; Noack/Servatius/Haas/*Servatius*, GmbHG, § 30 Rn. 37, 39.

[838] Zur weiten Auslegung des Begriffs der „Auszahlung" → Rn. 226.

[839] Vgl. dazu auch Begründung zu Art. 1 Ziff. 20 RegE-MoMiG (BT-Drs. 16/6140, S. 41).

[840] So im Ergebnis auch MüKoGmbHG/*Ekkenga*, § 30 Rn. 250.

Wenn der Gesellschafter den Kaufpreis aber später wider Erwarten tatsächlich vollständig zahlt, sollte – wie oben für den Fall der Kreditgewährung und -rückzahlung näher begründet (→ Rn. 243) – der Anspruch aus § 31 GmbHG entfallen, soweit dieser auf dem Bonitätsmangel beruht. Erfolgt die Kaufpreiszahlung zeitnah, sollte bereits der Tatbestand des § 30 I 1 GmbHG verneint werden. Die Vollwertigkeit des Kaufpreisanspruchs ist dann nämlich aus Gläubigersicht unerheblich und eine strikte Anwendung der Vollwertigkeitsprüfung würde jeden Gesellschafter, der diesen Test scheut, zu einer Vorleistung oder punktgenauen Zug-um-Zug-Abwicklung zwingen, wenn er einen Verstoß gegen § 30 I 1 GmbHG vermeiden möchte; dies zu verlangen, wäre insoweit praxisfern, als Vorleistungen einer Partei bei Austauschgeschäften häufig nur abwicklungstechnische/logistische Gründe haben und deshalb die **kurzfristige Vorleistung der Gesellschaft kein Finanzierungselement** aufweist.[841] Für die Bestimmung einer angemessenen, noch nicht als Kreditierung anzusehenden Zahlungsfrist kann – wie im Recht der Gesellschafterdarlehen[842] – auf die Grundsätze zum insolvenzanfechtungsrechtlichen Bargeschäft (§ 142 InsO) zurückgegriffen werden.[843] Werden beide Leistungen in diesem Sinne kurzfristig (z. B. innerhalb von zwei oder drei Wochen) abgewickelt, liegt unabhängig von der Bonität des Gesellschafters im Umfang der Wertdeckung schon tatbestandlich kein Fall der verbotenen Einlagenrückgewähr vor, so dass es auf die Frage der wechselseitigen Erfüllung analog § 422 I 1 BGB nicht ankommt.

247 Sowohl in Fällen der Kreditgewährung als auch bei Austauschgeschäften wird die „Auszahlung" nicht deshalb nachträglich unzulässig, weil spätere, nicht vorhersehbare negative Entwicklungen dazu führen, dass die Forderung gegen den Gesellschafter bilanziell abgewertet werden muss.[844]

(3) Rückgewähr von Gesellschafterdarlehen

248 Die letzte Ausnahme vom Zahlungsverbot ist ebenfalls nur bei Kenntnis der früheren BGH-Rechtsprechung zu verstehen: Gemäß § 30 I 3 GmbHG ist das Zahlungsverbot nicht anzuwenden auf die Rückgewähr eines Gesellschafterdarlehens oder Leistungen auf Forderung aus Rechtshandlungen, die einem Gesellschafterdarlehen wirtschaftlich entsprechen. Durch diesen sog. **„Nichtanwendungserlass"**[845] will der Gesetzgeber des MoMiG in Fällen, in denen Gesellschafter ihre GmbH nicht durch Eigenkapital, sondern durch Gesellschafterdarlehen oder vergleichbare Mittelzuführung finanzieren, verhindern, dass dieses Fremdkapital derartig in Eigenkapital umqualifiziert wird, dass eine Rückzahlung der Finanzierung eine Leistung *causa societatis* i. S. v. § 30 GmbHG ist und daher einen Erstattungsanspruch gemäß § 31 GmbHG auslöst, wenn sie aus dem gebundenen Vermögen erfolgt. Vor dem MoMiG hat der BGH nämlich eine solche Umqualifizierung vorgenommen und mit den sog. **„Rechtsprechungsregeln"** ein zweites Schutzinstrumentarium geschaffen, das neben die gesetzlichen Regeln für Gesellschafterdarlehen trat. In Zukunft sollen für Gesellschafterdarlehen nicht mehr die §§ 30, 31 GmbHG, sondern nur noch die – durch das MoMiG ebenfalls reformierten und in der Insolvenzord-

---

[841] Vgl. MüKoGmbHG/*Ekkenga*, § 30 Rn. 246, 253.

[842] Scholz/*Bitter*, GmbHG, Anh. § 64 Rn. 209 f. in kritischer Auseinandersetzung mit BGH ZIP 2019, 1675; vgl. auch die krit. Anm. von *Bitter*, WuB 2019, 617, 620 f.

[843] In der Sache ähnlich MüKoGmbHG/*Ekkenga*, § 30 Rn. 246, 253, der einen „sofort liquiden" Gegenleistungsanspruch binnen (engen) zeitlichen Grenzen fordert (Rn. 253) bzw. (nur) eine kurze, verkehrsübliche Wartezeit gewähren möchte (Rn. 246).

[844] Begründung zu Art. 1 Ziff. 20 RegE-MoMiG (BT-Drs. 16/6140, S. 41).

[845] Nachweise bei Scholz/*Bitter*, GmbHG, Anh. § 64 Rn. 10.

nung zusammengefassten – Vorgaben der §§ 39, 135 InsO gelten, die an späterer Stelle dargestellt werden (→ Rn. 262 ff.).[846]

bb) Umfassende Vermögensbindung im Minderheitsinteresse

Über die Erhaltung des Stammkapitals gemäß § 30 GmbHG hinaus besteht nicht 249
nur bei der AG, sondern auch bei der GmbH eine umfassende Vermögensbindung, wenn **Mitgesellschafter vorhanden** sind. Verschafft sich ein Gesellschafter – in der Praxis oft der Mehrheitsgesellschafter – durch eine offene oder verdeckte Vermögensverlagerung zulasten der Mitgesellschafter – in der Praxis oft die Minderheit – einen **Sondervorteil**, löst dies zwei verschiedene Ansprüche aus:

- einen vom Verschulden abhängigen Anspruch auf **Schadensersatz wegen Treuepflichtverletzung**, der letztlich dem zivilrechtlichen Anspruch wegen Vertragsverletzung (§§ 280, 241 II BGB) gleicht,[847] sowie
- einen verschuldens*un*abhängigen, gesellschaftsrechtlichen Anspruch auf **Rückgewähr des Sondervorteils.** Diesem Anspruch liegt die Wertung zugrunde, dass das Vermögen der Gesellschaft aufgrund der gemeinsamen Zweckbindung im Grundsatz allen Gesellschaftern in gleicher Weise zusteht und die Gesellschafter Anspruch auf Gleichbehandlung haben (→ Rn. 86). Da die gemeinsame Zweckverfolgung nur durch Rückgewähr des Sondervorteils sichergestellt werden kann, folgt der Anspruch letztlich aus einer interessengerechten Auslegung des Gesellschaftsvertrags.[848]

Zwischen beiden Ansprüchen besteht – von der Voraussetzung des Verschuldens 250
abgesehen – der **Unterschied in der Rechtsfolge.** Rückgewähr bedeutet, dass nur derjenige Betrag vom Gesellschafter zu zahlen ist, den er tatsächlich erhalten hat. Schadensersatz bedeutet, dass auch darüber hinausgehende Beträge zu zahlen sind, wenn der Vorgang neben dem reinen Vermögensabfluss weitere (Folge-)Schäden verursacht hat.

⇨ *Fall Nr. 20 – ITT*

b) Haftung wegen existenzvernichtenden Eingriffs und materieller Unterkapitalisierung

Da im GmbH-Recht – anders als im Aktienrecht (→ § 3 Rn. 189) – nicht jede 251
Auszahlung verboten ist, sondern bei den Anspruchsgrundlagen jeweils differenziert werden muss, ob Minderheitsgesellschafter vorhanden sind (dann umfassender Vermögensbestandsschutz) oder nicht (dann nur beschränkter Stammkapitalschutz), können **Lücken im Gläubigerschutz** auftreten: Handelt es sich um eine Einpersonen-GmbH oder handeln alle Gesellschafter einverständlich, gibt es keinen Schadensersatzanspruch gegen den begünstigten Gesellschafter wegen Treuepflichtverletzung

[846] Zur Historie des Gesellschafterdarlehensrechts Scholz/*Bitter*, GmbHG, Anh. § 64 Rn. 1 ff.; zu den Konsequenzen der Änderung auch BGH ZIP 2015, 1130 = NJW-RR 2015, 944: zukünftige Irrelevanz der Krise bei Rückzahlung des Darlehens.

[847] Dazu eingehend *Bitter*, Durchgriffshaftung, S. 272 ff.

[848] Vgl. dazu eingehend *Bitter*, Durchgriffshaftung, S. 286 ff.; *Bitter*, ZHR 168 (2004), 302 ff. in Auseinandersetzung mit einer verbreiteten Ansicht, die auf einen Kompetenzverstoß der Geschäftsführer abstellt und den Anspruch wegen angeblicher Unwirksamkeit des Geschäfts auf § 812 BGB stützt. Dieser Streit um die richtige Anspruchsgrundlage sowie der verschuldensunabhängige Rückgewähranspruch insgesamt kommen in der Praxis wegen des meist ohnehin vorliegenden Verschuldens des Gesellschafters und des dann eingreifenden Schadensersatzanspruchs wegen Treuepflichtverletzung in aller Regel nicht zum Tragen. Der Anspruch ist aber in einer gutachtlichen Prüfung (z. B. in der Klausur) ergänzend heranzuziehen.

der Gesellschaft.[849] Ferner ist der im Interesse der Gläubiger bestehende Anspruch aus § 31 GmbHG nur auf Rückgewähr des Vermögensvorteils gerichtet, den der Gesellschafter empfangen hat. Erleidet die Einpersonen-GmbH aufgrund einer nachteiligen Maßnahme des Alleingesellschafters einen Schaden, der über den gewährten Vermögensvorteil hinausgeht, oder handelt es sich bei dem Eingriff überhaupt nicht um einen Fall der offenen oder verdeckten Einlagenrückgewähr, steht der GmbH kein Anspruch gegen den *Gesellschafter* zu.[850] Auf Grundlage der bisher dargestellten Regeln der Kapitalerhaltung kann der Insolvenzverwalter im Insolvenzverfahren über das Vermögen der GmbH dann also keine Ansprüche gegen den/die Gesellschafter geltend machen, um die Masse zugunsten der Gläubiger aufzufüllen.

252 Um diese Lücke im gesetzlichen Schutzsystem zu schließen, hatte der Bundesgerichtshof zunächst einen konzernrechtlichen Haftungsansatz entwickelt (sog. Haftung im qualifiziert faktischen Konzern),[851] diesen dann allerdings in den Urteilen „Bremer-Vulkan“[852] und „KBV“[853] zugunsten einer allgemeinen, nicht von Konzernsachverhalten abhängigen Missbrauchshaftung der Gesellschafter wegen **„existenzvernichtenden Eingriffs“** aufgegeben.[854] Diese „Existenzvernichtungshaftung“ soll eingreifen, wenn die GmbH aufgrund der missbräuchlichen Eingriffe der Gesellschafter ihren Verbindlichkeiten nicht mehr nachkommen kann. Die **Gesellschafter missachten die Zweckbindung des Gesellschaftsvermögens**, wenn sie solche zur Insolvenz der GmbH führende oder diese vertiefende (kompensationslose) Eingriffe vornehmen. Jenes Vermögen dient nämlich vorrangig dazu, die Gesellschaftsgläubiger zu befriedigen.

253 Ein solcher Vorwurf kann den Gesellschaftern bei bloßen Managementfehlern nicht gemacht werden.[855] Hingegen kann ein zur Haftung führendes missbräuchliches Verhalten vorliegen, wenn der Gesellschafter die GmbH durch Abzug aller Ressourcen quasi **„auf kaltem Wege“ liquidiert** (= außerhalb der Liquidationsregeln der §§ 66 ff. GmbHG). Meist werden die Vermögenswerte in diesen Fällen auf eine neu gegründete GmbH übertragen (sog. GmbH-Stafette). Ähnlich kann sich die Verschmelzung eines insolvenzreifen Rechtsträgers zwecks liquidationsloser Abwicklung als Missbrauch im Hinblick auf die Zweckbindung des Vermögens des *übernehmenden* Rechtsträgers darstellen, wenn dessen Insolvenz durch die Verschmelzung herbeigeführt oder vertieft wird.[856] Es ist aber auch an Fälle zu denken, in denen ein risikoreiches Projekt auf eine Tochter-GmbH ausgelagert wird, wenn die Verluste im Fall des Fehlschlagens wegen Unterkapitalisierung der GmbH notwendig die Gläubiger treffen. Die hier vorliegende **„einseitige Spekulation auf Kosten der Gläubiger“** ist verboten.[857]

---

[849] BGHZ 142, 92 = NJW 1999, 2817; BGH NJW 2000, 1571 = WM 2000, 575; BGH ZIP 2008, 308 = WM 2008, 302 (Rn. 15); eingehend *Bitter*, Durchgriffshaftung, S. 304 ff.

[850] Ansprüche gegen den *Geschäftsführer* (!) auf Schadensersatz aus § 43 GmbHG sind bei Eingriff in das Stammkapital allerdings möglich (vgl. § 43 III GmbHG; → Rn. 142 und *Bitter/Baschnagel*, ZInsO 2018, 557, 561 f.).

[851] BGHZ 95, 330 = NJW 1986, 188 – Autokran; BGHZ 107, 7 = NJW 1989, 1800 – Tiefbau; BGHZ 115, 187 = NJW 1991, 3142 – Video; dazu umfassend *Bitter*, Durchgriffshaftung, S. 432 ff.

[852] BGHZ 149, 10 = NJW 2001, 3622 – Bremer Vulkan; dazu *Bitter*, WM 2001, 2133; vgl. auch BGH WM 2002, 960 m. Anm. *Bitter*, WuB II C. § 13 GmbHG 2.02.

[853] BGHZ 151, 181 = NJW 2002, 3024 – KBV.

[854] Zusammenfassend *Bitter*, ZInsO 2018, 625 ff.; ausführlich zur Existenzvernichtungshaftung Scholz/*Bitter*, GmbHG, § 13 Rn. 152 ff.

[855] BGH ZIP 2005, 250 (Leitsatz 1).

[856] Siehe BGHZ 220, 179 = ZIP 2019, 114 (Rn. 42 ff.).

[857] BGH NJW 1994, 446, 447 – EDV; BGH NJW 2000, 1571, 1572; dazu Scholz/*Bitter*, GmbHG, § 13 Rn. 163 m. w. N.; *Bitter*, WM 2001, 2133, 2136 f.

254 Im Urteil „Gamma" aus dem Jahr 2008 hat es der BGH zwar abgelehnt, aufgrund einer zur Insolvenz der GmbH führenden **materiellen Unterkapitalisierung**[858] eine Haftung wegen existenzvernichtenden Eingriffs anzunehmen: In diesem Fall fehle der für die Haftung erforderliche kompensationslose Eingriff in das im Gläubigerinteresse zweckgebundene Gesellschaftsvermögen der GmbH.[859] Auch eine allgemeine gesellschaftsrechtliche Durchgriffshaftung der Gesellschafter wegen materieller Unterkapitalisierung sei nicht anzuerkennen.[860] Doch überzeugt diese Ablehnung einer **Durchgriffshaftung wegen Missbrauchs der Rechtsform** jedenfalls für Fälle eindeutiger Unterkapitalisierung nicht.[861] Insbesondere kann aus der Beschränkung des GmbHG auf eine Regelung zum Mindestkapital (→ Rn. 14) kein Freibrief hergeleitet werden, nach Aufbringung dieses „Eintrittsgeldes" frei zulasten der Gläubiger zu spekulieren.[862]

255 Immerhin hat sich der BGH für solch krasse Fälle noch eine Hintertür offengelassen, indem er ein Handeln oder Unterlassen des Gesellschafters in Bezug auf die Finanzausstattung der GmbH (zumindest) deliktsrechtlich prüfen will. Insofern hat er erwogen, aber nicht abschließend entschieden, ob innerhalb des Tatbestandes der sittenwidrigen vorsätzlichen Schädigung gemäß § 826 BGB Anlass und Raum für die Bildung einer besonderen Fallgruppe der „Haftung wegen Unterkapitalisierung einer GmbH" ist.[863] Ferner hält der BGH (weiterhin) eine **Haftung aus § 826 BGB** für möglich, wenn die Gesellschafter einer GmbH die Gesellschaft so ausgestalten, dass Nachteile aus der Geschäftstätigkeit notwendig die Gläubiger der Gesellschaft treffen müssen.[864]

256 In der umstrittenen Frage nach den **Rechtsfolgen eines existenzvernichtenden Eingriffs** durch den Gesellschafter war der BGH zunächst mit Recht davon ausgegangen, der Gesellschafter könne sich wegen eines Missbrauchs der Rechtsform der GmbH nicht auf die Haftungsbeschränkung des § 13 II GmbHG berufen und es werde daher auf sein Privatvermögen „durchgegriffen"; der Gesellschafter haftete

---

[858] Zu unterscheiden sind die materielle und die nominelle Unterkapitalisierung: Eine Gesellschaft ist *materiell* unterkapitalisiert, wenn ihr Eigenkapital nicht ausreicht, um den nach Art und Umfang der Geschäftstätigkeit bestehenden, nicht durch Kredite Dritter zu deckenden Finanzbedarf zu befriedigen, und die Gesellschafter diesen Mangel an Mitteln weder durch die Zufuhr neuen Eigenkapitals noch durch die Hingabe von Fremdkapital ausgleichen. Die (notwendige) Mittelzuführung unterbleibt also gänzlich. Demgegenüber liegt (nur) eine sog. *nominelle* Unterkapitalisierung vor, wenn die Gesellschafter den Eigenkapitalbedarf durch Fremdkapital (insbesondere Gesellschafterdarlehen) decken; vgl. Scholz/*Bitter*, GmbHG, § 13 Rn. 140 ff.; *Bitter*, ZInsO 2018, 625, 657 ff.; *K. Schmidt*, GesR, § 9 IV 4a. Die nominelle Unterkapitalisierung spielt bei der Behandlung von Gesellschafterdarlehen in der Insolvenz eine entscheidende Rolle (→ Rn. 263 ff.).

[859] BGHZ 176, 204 = NJW 2008, 2437 = ZIP 2008, 1232 (Leitsatz 1) – Gamma; dazu *Veil*, NJW 2008, 3265.

[860] BGHZ 176, 204 = NJW 2008, 2437 = ZIP 2008, 1232 (Leitsatz 2) – Gamma.

[861] Näher Scholz/*Bitter*, GmbHG, § 13 Rn. 143 ff.

[862] Dazu Scholz/*Bitter*, GmbHG, § 13 Rn. 146; *Bitter*, ZInsO 2018, 625, 629, 658 f.; *Bitter*, WM 2004, 2190, 2197 f.; eingehend *Bitter*, in: Bachmann/Casper/Schäfer/Veil (Hrsg.), Steuerungsfunktionen des Haftungsrechts im Gesellschafts- und Kapitalmarktrecht, 2007, S. 57 ff.; *Bitter*, Durchgriffshaftung, S. 110 ff., 531 ff.; ein existenzvernichtender Eingriff fehlt allerdings, wenn das Verhalten des Gesellschafters bei einer Gesamtschau als Rettungsversuch zu werten ist (vgl. BGH ZIP 2008, 1329).

[863] BGHZ 176, 204 = NJW 2008, 2437 = ZIP 2008, 1232 (Leitsatz 2 und Rn. 25) – Gamma.

[864] BGHZ 176, 204 = NJW 2008, 2437 = ZIP 2008, 1232 (Rn. 27) – Gamma; siehe zur Außenhaftung der Gesellschafter aus § 826 BGB näher Scholz/*Bitter*, GmbHG, § 13 Rn. 100 ff.; *Bitter*, ZInsO 2018, 625, 638 ff.

danach unbeschränkt persönlich für die Verbindlichkeiten der GmbH (**Außenhaftung**).[865] In der Sache wurde er damit einem oHG-Gesellschafter gleichgestellt, den die Gläubiger der Gesellschaft gemäß § 128 HGB direkt in Anspruch nehmen können.[866] Die Existenzvernichtungshaftung war damit nur eine **Fallgruppe der allgemeinen gesellschaftsrechtlichen Durchgriffshaftung**, wie sie die Rechtsprechung insbesondere in Fällen der generellen Vermischung von Gesellschafts- und Gesellschaftervermögen wegen der dann fehlenden Möglichkeit, die Einhaltung der Kapitalerhaltungsvorschriften zu prüfen, anerkennt (→ Rn. 2).[867]

257 Im Jahr 2007 hat der BGH eine wenig überzeugende Wende vollzogen:[868] Er sieht existenzvernichtende Eingriffe des Gesellschafters in das Gesellschaftsvermögen ausschließlich als besondere **Fallgruppe der sittenwidrigen vorsätzlichen Schädigung** (§ 826 BGB) *der Gesellschaft* an und beschränkt ihre Rechtsfolgen daher auf eine schadensersatzrechtliche Haftung des Gesellschafters gegenüber der Gesellschaft (**Innenhaftung**).[869] Damit werden die Rechtsfolgen eines existenzvernichtenden Eingriffs denen eines Verstoßes gegen die gesetzlichen Kapitalerhaltungsvorschriften der §§ 30, 31 GmbHG angeglichen. Zwischen den Schadensersatzansprüchen der GmbH aus § 826 BGB und den Erstattungsansprüchen aus §§ 31, 30 GmbHG besteht – soweit sie sich überschneiden – Anspruchsgrundlagenkonkurrenz.[870] Die Haftung wegen existenzvernichtenden Eingriffs **flankiert** damit gewissermaßen **die Vorschriften der §§ 30, 31 GmbHG** für Fälle, in denen die zuletzt genannten Vorschriften nicht eingreifen oder keinen ausreichenden Gläubigerschutz bieten (→ Rn. 251). Die Anspruchsgrundlagenkonkurrenz führt freilich nicht dazu, dass der Gesellschafter doppelt zahlen muss, weil ein Schaden nur (noch) insoweit bestehen kann, wie der Gesellschafter den erlangten Vermögensvorteil nicht schon nach §§ 30, 31 GmbHG in die GmbH zurückgeführt hat.

258 Der **wesentliche Unterschied** zwischen dem früheren und dem jetzigen Haftungsmodell liegt darin, dass die neue **Innenhaftung** auf den Schaden begrenzt ist, der der Gesellschaft durch den Eingriff zurechenbar entstanden ist, während die alte **Außenhaftung** wegen Missbrauchs der Haftungsbeschränkung zu einer unbeschränkten Haftung für sämtliche (!) Verbindlichkeiten der GmbH führte. Diese Begrenzung mag ein Vorteil des neuen Haftungsmodells sein. Dem steht jedoch der entscheidende Nachteil gegenüber, dass der nunmehr der GmbH zugesprochene Anspruch in den praktisch häufigen Fällen, in denen mangels Masse kein Insolvenzverfahren eröffnet wird (§ 26 InsO), nicht von einem Insolvenzverwalter geltend gemacht werden kann. Die letztlich durch den Eingriff in das GmbH-Vermögen geschädigten Gläubiger sind dann auf den in der Praxis sehr umständlichen Umweg verwiesen, den Anspruch der GmbH gegen die Gesellschafter pfänden zu müssen.[871] Zudem

---

[865] So BGHZ 151, 181 = NJW 2002, 3024 – KBV; für die Durchgriffshaftung zuvor schon *Bitter*, Durchgriffshaftung, S. 490 ff.; *Bitter*, WM 2001, 2133.

[866] Eingehend zu § 128 HGB → § 6 Rn. 13 ff.

[867] Näher zu den Grundlagen und Fallgruppen der Durchgriffshaftung Scholz/*Bitter*, GmbHG, § 13 Rn. 110 ff.; *Bitter*, ZInsO 2018, 625, 655 ff.; ausführlich *Bitter*, Durchgriffshaftung, S. 82 ff.

[868] Kritisch Scholz/*Bitter*, GmbHG, § 13 Rn. 159; *Bitter*, ZInsO 2018, 625 ff.; zustimmend aber die h.M.; nachdrücklich etwa *Weller*, ZIP 2007, 1681 ff. („dogmatisches Kabinettstück").

[869] BGHZ 173, 246 = NJW 2007, 2689 = ZIP 2007, 1552 = WM 2007, 1572 (Leitsatz 2) – Trihotel.

[870] BGHZ 173, 246 = NJW 2007, 2689 = ZIP 2007, 1552 = WM 2007, 1572 (Leitsatz 3) – Trihotel.

[871] Weiterhin für eine Außenhaftung bei Vermögenslosigkeit der GmbH und insbesondere bei Ablehnung eines Insolvenzantrags mangels Masse daher *Schäfer*, GesR, § 33 Rn. 14; gene-

fehlt eine dogmatische Begründung dafür, warum ein durch das Verhalten der Gesellschafter sittenwidrig geschädigter Gläubiger nicht zumindest aus § 826 BGB unmittelbar auf den Schadensverursacher soll zugreifen können, wie dies außerhalb der Existenzvernichtungshaftung auch vom BGH anerkannt wird.[872]

Die Existenzvernichtungshaftung kommt nicht nur bei einer werbenden Gesell- 259
schaft, sondern (erst recht) **auch im Stadium der Liquidation** der Gesellschaft (§§ 66ff. GmbHG) in Betracht.[873] Dabei genügt bereits eine vorsätzliche, sittenwidrige Schädigung des zweckgebundenen Gesellschaftsvermögens; die speziellen „Zusatzkriterien" einer Insolvenzverursachung oder -verschleppung müssen nicht erfüllt sein.[874]

Zusammenfassend lässt sich zur Haftung wegen existenzvernichtenden Eingriffs 260
nach dem (jetzigen) Modell der Rechtsprechung folgendes **Prüfungsschema** festhalten:

- **Rechtsgrundlage** ist § 826 BGB;
- **tatbestandlich** zu prüfen ist eine sittenwidrige vorsätzliche **Schädigung der Gesellschaft** (Innenhaftung), die vorliegt wenn: **(1)** die Gesellschafter der Gesellschaft durch einen Eingriff (von außen) zu betriebsfremden Zwecken[875] Gesellschaftsvermögen entziehen, indem sie dieses ohne Kompensation (oder jedenfalls unter Wert) von der Gesellschaftsebene auf die Ebene der Gesellschafter oder eines Dritten[876] verlagern;[877] **(2)** der Eingriff dazu führt, dass die Gesellschaft ihren Verbindlichkeiten nicht mehr nachkommen kann (Insolvenz*verursachung*) oder eine bereits eingetretene Insolvenz verschärft wird (Insolvenz*vertiefung*); **(3)** die Gesellschafter bezüglich der Umstände (1) und (2) zumindest mit bedingtem Vorsatz handeln;
- als **Rechtsfolge** ergibt sich ein Anspruch der Gesellschaft auf Ersatz des *ihr* entstandenen Schadens nach Maßgabe der §§ 249ff. BGB.

⇨ *Fall Nr. 21 – Missbrauch?*

c) Erwerb eigener Anteile

Der Erwerb eigener Geschäftsanteile durch die GmbH ist eine Art der Einlagen- 261
rückgewähr (→ § 3 Rn. 194 zur AG). § 33 GmbHG lässt ihn daher nur unter bestimmten Voraussetzungen zu. Zunächst muss die Einlage auf den Geschäftsanteil voll eingezahlt sein (§ 33 I GmbHG). Außerdem muss der Gesellschaft die **Finanzie-**

---

rell für die Außenhaftung Scholz/*Bitter*, GmbHG, § 13 Rn. 159; *Bitter*, ZInsO 2018, 625, 627f. m.w.N.

[872] Vgl. z.B. BGH NJW 1979, 2104 und NJW-RR 1988, 1181 zur sozialwidrigen Risikoabwälzung auf Dritte; BGH NJW 1984, 2284 und NJW-RR 1991, 1312 zur Täuschung über die Bereitschaft/Fähigkeit der GmbH zur Erfüllung von Verträgen; ausführlich zur Außenhaftung aus § 826 BGB Scholz/*Bitter*, GmbHG, § 13 Rn. 100ff.; *Bitter*, ZInsO 2018, 625, 638ff.

[873] BGH NJW 2009, 2127 (Leitsatz 1) – Sanitary.

[874] BGH NJW 2009, 2127 (Leitsatz 2) – Sanitary.

[875] Vgl. Scholz/*Bitter*, GmbHG, § 13 Rn. 161 m.N. zur Rspr. des BGH. Dieses Kriterium erklärt sich daraus, dass unternehmerische Fehlleistungen nicht erfasst sind (→ Rn. 253); vgl. BGHZ 220, 179 = ZIP 2019, 114 (Rn. 30).

[876] Eine (bloße) Schädigung des Gesellschaftsvermögens ohne Begünstigung eines Gesellschafters oder Dritten reicht nach Auffassung des BGH für den Spezialfall der Existenzvernichtung nicht, kann aber den allgemeinen Tatbestand des § 826 BGB erfüllen; vgl. BGHZ 220, 179 = ZIP 2019, 114 (Rn. 36ff.) m.w.N. auch zur Gegenansicht.

[877] Näher zum Begriff des Vermögensentzugs BGHZ 220, 179 = ZIP 2019, 114 (Rn. 27ff.): Nicht nur der Abfluss von Aktivvermögen, sondern auch die Erhöhung von Verbindlichkeiten (etwa durch Einbringung eines nicht überlebensfähigen Unternehmens), die zielgerichtet und zu betriebsfremden Zwecken die Haftungsmasse für die Gläubiger verkürzt.

rung des Erwerbs aus freiem Vermögen möglich sein; der Kaufpreis darf also nicht zulasten des zur Erhaltung des Stammkapitals erforderlichen Vermögens gehen. Auch eine gesellschaftsvertraglich vorgesehene Rücklage, die nicht zur Zahlung an den Gesellschafter genutzt werden darf, muss unangetastet bleiben (§ 33 II 1 GmbHG).

261a Aus einem zulässigerweise erworbenen eigenen Geschäftsanteil kann die Gesellschaft keine mitgliedschaftlichen Rechte ausüben.[878]

3. Gesellschafterdarlehen und Nutzungsüberlassung

262 Finanzieren die Gesellschafter ihre haftungsbeschränkte Gesellschaft nicht über Eigenkapital, sondern stattdessen über Fremdkapital (insbesondere über reguläre Darlehen), unterliegen sie damit einem **Sonderrecht der Gesellschafterdarlehen**, das seit dem MoMiG vom 23.10.2008[879] ausschließlich **in der Insolvenzordnung geregelt** ist (§§ 39, 44a, 135 InsO).[880] Eine besondere Bestimmung enthält ferner § 135 III InsO für den Fall, dass ein Gesellschafter „seine" GmbH durch die Überlassung von Gegenständen zur Nutzung unterstützt, etwa durch die Verpachtung eines für den Geschäftsbetrieb erforderlichen Grundstücks.

a) Gesellschafterdarlehen und gleichgestellte Rechtshandlungen

263 Die Regelungen der InsO für Gesellschafterdarlehen sind vor folgendem **Hintergrund** zu sehen: Grundsätzlich kann ein Gesellschafter, der – etwa aus Warenlieferungen – eine Forderung gegen „seine" GmbH hat, an einem Insolvenzverfahren über das Vermögen der GmbH wie jeder andere Gläubiger teilnehmen. Er kann also seine Forderung zur Insolvenztabelle anmelden und darauf wie alle anderen Gläubiger auch eine Insolvenzquote beziehen.

264 Von diesem Grundsatz macht allerdings die InsO eine Ausnahme: **Forderungen auf Rückgewähr eines Gesellschafterdarlehens** und Forderungen aus Rechtshandlungen, die einem solchen Darlehen wirtschaftlich entsprechen (z. B. eine *gestundete* Forderung aus Warenlieferung),[881] **sind nachrangig** (§ 39 I Nr. 5 InsO).[882] Auf die betreffenden Forderungen wird deshalb im Insolvenzverfahren erst und nur dann etwas gezahlt, wenn all jene Gläubiger voll befriedigt wurden, die keine nachrangigen, sondern normale Insolvenzforderungen haben (§ 38 InsO). Da in der Praxis schon auf reguläre Insolvenzforderungen regelmäßig nur eine geringe Quote ausgeschüttet wird, heißt dies faktisch, dass für nachrangige Gläubiger nichts mehr zur Verteilung übrigbleibt. Die Forderungen sind damit **in der Insolvenz zumeist gänzlich wertlos**. Dies gilt insbesondere für die gemäß § 39 I Nr. 5 InsO nachrangigen Forderungen der Gesellschafter, weil sie unter den gesetzlich nachrangigen Gläubigern auch noch an letzter Stelle stehen. In der Sache werden Gesellschafterdarlehen damit in der Insolvenz ähnlich **wie Eigenkapital** (= Risikokapital) behandelt.[883]

---

[878] *Windbichler*, GesR, § 22 Rn. 21 a. E. m. w. N.

[879] BGBl. I 2008, 2026.

[880] Ausführlich – auch zur Historie – Scholz/*Bitter*, GmbHG, Anh. § 64; Überblick zur Neuregelung auch bei *Altmeppen*, NJW 2008, 3601.

[881] Ausführlich zu den wirtschaftlich vergleichbaren Rechtshandlungen Scholz/*Bitter*, GmbHG, Anh. § 64 Rn. 201 ff., zur Stundung insbes. Rn. 208 ff.

[882] Details zum Nachrang bei Scholz/*Bitter*, GmbHG, Anh. § 64 Rn. 135 ff.

[883] BGHZ 221, 100 = ZIP 2019, 666 (Rn. 51) mit Klarstellung von *Bitter*, ZIP 2019, 737, 744 in Fn. 100; näher *Bitter*, ZIP 2010, 1, 9; Scholz/*Bitter*, GmbHG, Anh. § 64 Rn. 27, 36. Es besteht lediglich der kleine Unterschied zwischen Gesellschafterdarlehen und Eigenkapital, dass die Forderungen aus Gesellschafterdarlehen im Zweifel vor den Forderungen befriedigt

265 Eine Ausnahme von dem Nachrang gemäß § 39 I Nr. 5 InsO gilt, wenn ein Gläubiger bei drohender oder eingetretener Zahlungsunfähigkeit der Gesellschaft oder bei Überschuldung Anteile zum Zweck ihrer Sanierung erwirbt (sog. **Sanierungsprivileg** gemäß § 39 IV 2 InsO);[884] allerdings endet dieses Privileg mit der nachhaltigen Sanierung der Gesellschaft. Nicht nachrangig gemäß § 39 I Nr. 5 InsO sind auch die Forderungen eines nicht geschäftsführenden Gesellschafters, der mit 10 Prozent oder weniger am Haftkapital beteiligt ist (sog. **Kleinbeteiligten- oder Zwerganteilsprivileg** gemäß § 39 V InsO).[885]

266 Der Gesellschafter steht auch dann nicht einem „normalen" Darlehensgläubiger gleich, wenn er vor der Eröffnung des Insolvenzverfahrens noch eine Leistung auf seinen Darlehensrückgewähranspruch oder seine gleichgestellte Forderung von der Gesellschaft erlangt hat. In diesem Fall **unterliegt die Rückzahlung der sog. Insolvenzanfechtung**[886] durch den Insolvenzverwalter: Gemäß § 135 I Nr. 2 InsO i. V. m. § 143 InsO muss der Gesellschafter die Leistung zurückgewähren, wenn er sie binnen eines Jahres vor dem Insolvenzantrag oder danach erhalten hat.[887] Auf diese insolvenzrechtliche Rückgewährpflicht des Gesellschafters gemäß §§ 135, 143 InsO (einschließlich einer Anfechtbarkeit von Sicherheiten für Gesellschafterdarlehen gemäß § 135 I Nr. 1 InsO)[888] sind die Rechtsfolgen seit dem MoMiG allerdings auch beschränkt. Der früher von der Rechtsprechung befürworteten analogen Anwendung der Kapitalerhaltungsvorschriften (§§ 30, 31 GmbHG) bei Rückzahlung sog. eigenkapitalersetzender Gesellschafterdarlehen aus gebundenem Vermögen (sog. Rechtsprechungsregeln) hat der Gesetzgeber – wie schon erwähnt (→ Rn. 248) – einen Riegel vorgeschoben: In § 30 I 3 GmbHG wird das **Auszahlungsverbot des § 30 I 1 GmbHG ausdrücklich für unanwendbar erklärt**, wenn ein Gesellschafterdarlehen zurückgeführt oder Leistungen auf Forderungen aus Rechtshandlungen erbracht werden, die einem Gesellschafterdarlehen wirtschaftlich entsprechen.[889]

267 **Sinn und Zweck der Regeln über Gesellschafterdarlehen** sind seit dem MoMiG äußerst umstritten.[890] Auf den ersten Blick mag es wenig einleuchten, warum ein Gesellschafter, der „seine" Gesellschaft mit Darlehen, also Fremdkapital, finanziert,

---

werden, für die ein Nachrang vereinbart wurde (vgl. § 39 II InsO), während Zahlungen auf das Eigenkapital auch die vollständige Befriedigung der kraft Vereinbarung nachrangigen Forderungen voraussetzen (vgl. § 199 S. 2 InsO).

884 Details bei Scholz/*Bitter*, GmbHG, Anh. § 64 Rn. 109 ff.; zur Problematik der Neuregelung siehe *Bitter*, ZIP 2013, 398 ff.

885 Details bei Scholz/*Bitter*, GmbHG, Anh. § 64 Rn. 90 ff.

886 Die Insolvenzanfechtung ist nicht mit der Anfechtung von Willenserklärungen gemäß §§ 119 ff., 142 BGB zu verwechseln, die zur Nichtigkeit des Rechtsgeschäfts führt (vgl. dazu *Bitter/Röder*, BGB AT, § 7 Rn. 55 ff.). Die Insolvenzanfechtung bewirkt nur, dass ein aus der Insolvenzmasse fortgegebener Gegenstand haftungsrechtlich noch zur Masse gezählt wird und folglich von dem Empfänger zur Masse zurückzugewähren ist (schuldrechtlicher Anspruch).

887 Details zur Anfechtung bei Scholz/*Bitter*, GmbHG, Anh. § 64 Rn. 145 ff.

888 Insoweit ist sehr umstritten, ob (1) die Anfechtung nur bei nachträglichen oder auch bei anfänglichen Besicherungen möglich und (2) die Sicherheit trotz des Nachrangs durchsetzbar ist; vgl. Scholz/*Bitter*, GmbHG, Anh. § 64 Rn. 41 f. und insbes. Rn. 173 ff.; *Bitter*, ZIP 2013, 1497 ff. und 1998 ff.; zur Position der Rechtsprechung insbes. BGHZ 221, 100 = ZIP 2019, 666 mit krit. Besprechung von *Bitter*, ZIP 2019, 737 ff.

889 Dazu und zu den gravierenden Folgen Scholz/*Bitter*, GmbHG, Anh. § 64 Rn. 10, 13.

890 Überblick über die unterschiedlichen Ansätze bei Hk-GmbHG/*Kolmann*, Anh. § 30 Rn. 19 ff.; Scholz/*Bitter*, GmbHG, Anh. § 64 Rn. 19 ff.; aus der Rechtsprechung siehe u. a. BGH ZIP 2013, 582 (Rn. 18); BGHZ 212, 272 = ZIP 2016, 2483 (Rn. 21 f.); BGHZ 221, 100 = ZIP 2019, 666 (Rn. 49 ff.); BGHZ 222, 283 = ZIP 2019, 1577 (Rn. 24 ff.).

anders behandelt wird als ein Dritter, etwa eine Bank, wenn sie der GmbH Kredite gewährt: Während die Bank ihre Forderung in der Insolvenz der GmbH regulär zur Insolvenztabelle anmelden kann, wird dies dem Gesellschafter verwehrt. Ebenso unterliegt eine Bank, die vor der Insolvenz Rückzahlungen auf ihren Kredit erhalten hat, nicht der besonderen Anfechtungsmöglichkeit des § 135 I Nr. 2 InsO innerhalb eines Jahres vor dem Insolvenzantrag, sondern nur den allgemeinen Anfechtungsregeln der §§ 130 ff. InsO.

268 Der Grund, warum das Darlehen des Gesellschafters anders behandelt wird als das Darlehen eines „externen" Dritten, liegt in den nicht vergleichbaren Möglichkeiten des Gesellschafters, von den **Chancen der Geschäftstätigkeit der Gesellschaft bei gleichzeitiger Haftungsbeschränkung** (§ 13 II GmbHG) profitieren zu können. Gesellschafter erhalten den (variablen) Gewinn des Unternehmens und nicht nur einen festen Anspruch auf Zins. Damit schafft die Haftungsbeschränkung einen Anreiz, auf Kosten der Gläubiger in besonders risikoreiche Projekte zu investieren, deren Nutzen die Gesellschafter im Falle ihres Gelingens über ihren Gewinnanspruch abschöpfen, während der Schaden beim Scheitern des Unternehmens die Gläubiger trifft. Dieser Anreiz, „auf Kosten der Gläubiger zu spekulieren", wird durch eine angemessene Eigenkapitalbeteiligung der Gesellschafter ganz erheblich reduziert, weil dann jeder Verlust zunächst die Gesellschafter und erst dann die Gläubiger trifft.[891]

269 Allein die Gesellschafter haben nun die Möglichkeit, Fremdkapital hinzugeben und sich dabei „formal" – wie eine Bank – mit einem festen Zinsanspruch zu begnügen, tatsächlich aber die Gewinnchancen auch aus solchermaßen (fremd-)finanzierten Projekten voll abzuschöpfen. Gerade wegen seiner **parallelen Gesellschaftsbeteiligung** ist nämlich der Gesellschafter in Bezug auf das Darlehen gar nicht auf die Vereinbarung eines – der Gesellschafterdividende entsprechenden – gewinnabhängigen Zinses angewiesen, sondern schöpft die sich aus Risikoerhöhungsstrategien ergebenden Renditen schlicht über seine zugleich bestehende Gesellschafterposition ab, ohne das Fremdkapital einer für Eigenkapital üblichen vollen Verlustandrohung auszusetzen.[892]

270 **Beispiel:** Ein Alleingesellschafter gibt nur das Mindestkapital von 25.000 EUR (oder bei der UG 1 EUR) als Eigenkapital hin und gewährt der GmbH daneben mehrere Millionen Euro als Darlehen. Er kann dann sämtliche Gewinne aus der unternehmerischen – auch durch das Fremdkapital finanzierten – Aktivität über die Gesellschaftsbeteiligung von 25.000 EUR (bzw. 1 EUR) abschöpfen, weil für die Gewinnbeteiligung nur der Anteil am Eigenkapital, nicht hingegen dessen nominale Höhe relevant ist.

271 Nur der Gesellschafterdarlehensgeber kann also trotz beschränkter Haftung für die Gesellschaftsverbindlichkeiten von den Gewinnen profitieren, als habe er insgesamt Eigenkapital hingegeben, müsste aber im Gegenzug mit dem Fremdkapitalanteil nicht vorrangig haften, wenn es den Nachrang des § 39 I Nr. 5 InsO nicht gäbe. Dadurch entsteht ein **Ungleichgewicht zwischen den gewöhnlichen Gläubigern**, die stets auf den Festbetragsanspruch (Darlehensrückzahlung + Zins) beschränkt sind, **und dem Gesellschafter**, bei dem dies nur scheinbar der Fall ist, weil er in Wahrheit vollumfänglich variabel am Gewinn beteiligt ist. Um jenes Ungleichgewicht auszugleichen, ist es gerechtfertigt, die Darlehen derjenigen Personen, die zugleich Ge-

---

[891] Dazu ausführlich und mit Modellrechnungen *Bitter*, in: Bachmann/Casper/Schäfer/Veil (Hrsg.), Steuerungsfunktionen des Haftungsrechts im Gesellschafts- und Kapitalmarktrecht, 2007, S. 57 ff.

[892] Scholz/*Bitter*, GmbHG, Anh. § 64 Rn. 34.

sellschafter sind, im Rang hinter den Forderungen der gewöhnlichen Gläubiger gemäß § 39 I Nr. 5 InsO zurückzustufen.[893]

In der Sache geht es also darum, eine **nominelle Unterkapitalisierung der Gesellschaft** (= mangelnde Ausstattung mit Eigenkapital bei gleichzeitiger Auffüllung der Lücke durch Gesellschafter-Fremdkapital) zu sanktionieren.[894] Folge der insolvenzrechtlichen Regeln zu den Gesellschafterdarlehen ist eine grundsätzlich[895] **ausreichende Beteiligung der Gesellschafter am Risiko der Geschäftstätigkeit** der Gesellschaft: Schafft der Gesellschafter diese Beteiligung nicht selbst im Wege (ausreichender) Eigenkapitalausstattung, wird sie ihm durch den Nachrang seiner Ansprüche aus der Fremdkapitalfinanzierung per Gesetz aufgezwungen,[896] wobei dieser Nachrang nach der gesetzlichen Regelung in § 39 I Nr. 5 InsO unabhängig von dem konkreten Verhältnis zwischen Fremd- und Eigenkapital besteht, so dass ein unangemessenes Verhältnis (= nominelle Unterkapitalisierung) bei der Hingabe von Darlehen durch Gesellschafter gleichsam unwiderleglich vermutet wird.[897] 272

Die Forderung des Gesellschafters auf Rückgewähr des Gesellschafterdarlehens bzw. aus der gleichgestellten Rechtshandlung ist trotz des Nachrangs gemäß § 39 I Nr. 5 InsO grundsätzlich bei der **Beurteilung einer Überschuldung** der Gesellschaft (Insolvenzgrund nach § 19 InsO) als Verbindlichkeit zu berücksichtigen. Etwas anderes gilt gemäß § 19 II 2 InsO nur, wenn der Gesellschafter mit der Gesellschaft gemäß § 39 II InsO den Nachrang der Forderung im Insolvenzverfahren hinter den in § 39 I Nr. 1 bis 5 InsO bezeichneten Forderungen vereinbart und dabei zugleich – im Sinne eines Vertrags zugunsten der übrigen Gläubiger (§ 328 BGB) – erklärt hat, dass seine Forderung während einer Krise auch vorinsolvenzlich nicht bedient werden kann und soll (sog. „**qualifizierter Rangrücktritt**" = Rangrücktritt i. S. v. § 39 II InsO mit vorinsolvenzlicher Durchsetzungssperre).[898] 273

⇨ *Fall Nr. 22 – Verhängnisvolle Darlehen (Grundfall und Abwandlung 1)*

b) Nutzungsüberlassung durch einen Gesellschafter (§ 135 III InsO)

Eine besondere Regelung trifft § 135 III InsO für den Fall, dass ein Gesellschafter der Gesellschaft einen Gegenstand zum Gebrauch oder zur Ausübung überlassen hat (früher sog. eigenkapitalersetzende Nutzungsüberlassung):[899] Der Aussonderungsanspruch des Gesellschafters (§ 47 InsO) kann während der Dauer des Insolvenzverfahrens, höchstens aber für eine Zeit von einem Jahr ab der Eröffnung des 274

---

[893] Scholz/*Bitter*, GmbHG, Anh. § 64 Rn. 36 m. w. N., ferner Rn. 30 zur Annäherung der Rspr. an die hier vertretene Position.

[894] Scholz/*Bitter*, GmbHG, Anh. § 64 Rn. 30 m. w. N.; angedeutet bei *Bitter*, ZIP 2010, 1, 9 f.; zustimmend Hk-GmbHG/*Kolmann*, Anh. § 30 Rn. 29 f.

[895] Zum Problem der materiellen Unterkapitalisierung → Rn. 254.

[896] Von einer Finanzierungsfreiheit der Gesellschafter lässt sich daher nur in begrenztem Umfang sprechen; vgl. *Bitter*, ZIP 2010, 1, 9.

[897] Partiell kritisch *Schilpp*, Gesellschafterfremdfinanzierte Auslandsgesellschaften, 2017, S. 58 f.; *Herwig*, Das Gesellschafterdarlehensrecht im Unternehmensverbund, 2015, S. 139 ff.; darauf erwidernd *Bitter*, FS Kayser, 2019, S. 41, 53 f.; Scholz/*Bitter*, GmbHG, Anh. § 64 Rn. 27, 30.

[898] *Bitter*, ZIP 2015, 345, 346 f. m. w. N.; sodann BGHZ 204, 231 = ZIP 2015, 638 m. Anm. *Bitter/Heim*; dazu *Berger* ZIP 2016, 1; zur Vorinstanz OLG Düsseldorf ZIP 2015, 187, 189 f. siehe *Bitter*, WuB 2015, 115; ausführlich zur Insolvenzvorsorge durch Rangrücktritt und Patronatsvereinbarung *Bitter*, ZHR 181 (2017), 428 ff.; zusammenfassend Scholz/*Bitter*, GmbHG, Vor § 64 Rn. 92 ff., Anh. § 64 Rn. 466 ff., insbes. Rn. 473.

[899] Dazu BGHZ 204, 83 = NJW 2015, 1109 m. Anm. *Bitter*, WuB 2015, 350; ausführlich zur Regelung des § 135 III InsO *Bitter*, ZIP 2010, 1; Scholz/*Bitter*, GmbHG, Anh. § 64 Rn. 406 ff.

Insolvenzverfahrens nicht geltend gemacht werden, wenn der Gegenstand für die Fortführung des Unternehmens des Schuldners von erheblicher Bedeutung ist (Satz 1). Für den Gebrauch oder die Ausübung des Gegenstandes gebührt dem Gesellschafter allerdings ein Ausgleich, bei dessen Berechnung nach dem Wortlaut der Norm der Durchschnitt der im letzten Jahr vor Verfahrens*eröffnung*[900] geleisteten Vergütung in Ansatz zu bringen ist, bei kürzerer Dauer der Überlassung der Durchschnitt während dieses Zeitraums (Satz 2). Wurde die Vergütung in dem Jahr vor der Verfahrenseröffnung aufgrund der finanziellen Lage der Gesellschaft nicht stets gezahlt, führt § 135 III 2 InsO somit zu einer Überlassungspflicht des Gesellschafters gegen reduziertes Entgelt; faktisch (in der Sache) ist der Gesellschafter damit zu einem Nachschuss verpflichtet. Diese **Nachschusspflicht** sanktioniert die materielle Unterkapitalisierung der Gesellschaft, die sich in der Nichtzahlung der Vergütung vor der Insolvenz manifestiert hat.[901]

⇨ *Fall Nr. 22 – Verhängnisvolle Darlehen (Abwandlung 2)*

4. Kapitalerhöhung und Kapitalherabsetzung

275 Auch bei der GmbH kann nach der Gründung ein Bedürfnis entstehen, das Stammkapital zu erhöhen oder herabzusetzen. Dementsprechend räumt das Gesetz diese Möglichkeiten in den §§ 55 ff. GmbHG ein.

a) Grundlagen

276 Es gelten die gleichen begrifflichen Differenzierungen wie bei der AG (→ § 3 Rn. 200 ff.). Auch bei der GmbH ist jeweils die **Unterscheidung nominell – effektiv** zu beachten.

277 Die *effektive* **Kapitalerhöhung**, also die Kapitalerhöhung gegen Einlagen, richtet sich nach den §§ 55 ff. GmbHG. Bei ihr kommt es zu einer tatsächlichen Mittelzuführung an die Gesellschaft. Anders ist dies bei der *nominellen* Kapitalerhöhung, die als Kapitalerhöhung aus Gesellschaftsmitteln in den §§ 57c ff. GmbHG geregelt ist. Bei ihr werden vorhandene Rücklagen in Grundkapital umgewandelt („bilanzielle Umschichtung"); das Sollkapital (= Grundkapital) wird also an das Istkapital (= Grundkapital zuzüglich Rücklagen) angepasst.

278 Bei der **Kapitalherabsetzung** gilt das Gesagte entsprechend: Die *effektive* Kapitalherabsetzung erfolgt als ordentliche Kapitalherabsetzung gemäß §§ 58 ff. GmbHG. Das Grundkapital wird durch eine Herabsetzung der Nennbeträge der Geschäftsan-

[900] Nach BGHZ 204, 83 = NJW 2015, 1109 (Rn. 56) ist wegen eines Redaktionsversehens des Gesetzgebers statt auf die Insolvenz*eröffnung* auf den Insolvenz*antrag* abzustellen; a. A. *Bitter*, ZIP 2010, 1, 12; w. N. bei Scholz/*Bitter*, GmbHG, Anh. § 64 Rn. 450; *Bitter*, WuB 2015, 350, 354.

[901] Dazu eingehend *Bitter*, ZIP 2010, 1, 4 ff. (insbes. 9 f.); ferner Scholz/*Bitter*, GmbHG, Anh. § 64 Rn. 415. Eine materielle Unterkapitalisierung liegt bei der Nichtzahlung des Nutzungsentgelts vor, weil die Gesellschaft nicht über das notwendige Eigenkapital verfügt, um die Sache zu kaufen oder ein Nutzungsentgelt zu zahlen, und die Gesellschafter ihr die erforderlichen Mittel auch nicht durch Fremdkapital zur Verfügung stellen. Insbesondere kann die Nutzungsüberlassung selbst nicht als eine solche Fremdkapitalfinanzierung angesehen werden, weil es gerade an der dafür notwendigen Überlassung der Sachsubstanz unter Bildung eines Aktiv- und eines entsprechenden Passivpostens in der Bilanz der Gesellschaft fehlt, die erforderlichen Mittel dem Vermögen der Gesellschaft also *gar nicht* zugeführt werden; zur fehlenden Vergleichbarkeit von Darlehen und Nutzungsüberlassung vgl. *Bitter*, ZIP 2010, 1, 6 f.; zust. OLG Schleswig ZIP 2012, 885 (juris-Rn. 37); siehe auch BGHZ 204, 83 = NJW 2015, 1109 (Rn. 38 ff., 65 ff.); ferner Scholz/*Bitter*, GmbHG, Anh. § 64 Rn. 408 m. N. auch zur Gegenansicht.

teile und Rückzahlung der Einlagen an die Gesellschafter herabgesetzt. Es findet also ein tatsächlicher Mittelabfluss aus der Gesellschaft statt. Demgegenüber erfolgt die *nominelle* Kapitalherabsetzung in der Praxis in aller Regel als sog. vereinfachte Kapitalherabsetzung gemäß § 58a GmbHG; sie kann theoretisch aber auch im Wege einer ordentlichen Kapitalherabsetzung durchgeführt werden. Bei der nominellen Kapitalherabsetzung wird das Grundkapital vermindert, um nach Verlusten der Gesellschaft zukünftige Dividendenauszahlungen zu ermöglichen. Es erfolgt also keine Ausschüttung an die Gesellschafter, sondern das Sollkapital (= Grundkapital) wird an das Istkapital (= Grundkapital abzüglich Verluste) angeglichen.

Bei einer **Kapitalerhöhung** sind im Wesentlichen folgende **Schritte** erforderlich: 279

- Gesellschafterbeschluss über die Erhöhung des Stammkapitals (§§ 53, 55 I GmbHG);
- Übernahme jedes (neuen) Geschäftsanteils an dem erhöhten Kapital in einer notariell aufgenommenen oder beglaubigten Erklärung des jeweiligen Übernehmers (§ 55 I GmbHG). Möglich ist allerdings auch, den Nennbetrag vorhandener Geschäftsanteile aufzustocken;[902] dann muss sich die Übernahmeerklärung auf den Aufstockungsbetrag beziehen. Mängel der Übernahmeerklärung können – ähnlich wie bei der fehlerhaften Gesellschaft (→ § 5 Rn. 15ff.) – nach der Eintragung der Kapitalerhöhung nur noch begrenzt geltend gemacht werden;[903]
- Leistung der Mindesteinlagen gemäß §§ 56a, 7 II 1, III GmbHG;
- Anmeldung der Erhöhung zur Eintragung ins Handelsregister (§ 57 I GmbHG);
- Prüfung durch das Registergericht (§§ 57a, 9c GmbHG);
- Eintragung und Wirksamwerden der Kapitalerhöhung (§ 54 III AktG).

Seit dem MoMiG ist in § 55a GmbHG auch für die GmbH die Möglichkeit er- 280
öffnet, ein **genehmigtes Kapital** zu schaffen (für die AG → § 3 Rn. 215ff.).[904]

b) Bezugsrechte bei Kapitalerhöhungen

Keine ausdrückliche Regelung enthält das GmbHG für die Frage, ob den bisherigen 281
Gesellschaftern bei einer Kapitalerhöhung ein Bezugsrecht zusteht. § 55 II 1 GmbHG regelt lediglich, dass die Gesellschaft die bisherigen Gesellschafter oder andere Personen, welche durch die Übernahme ihren Beitritt zu der Gesellschaft erklären, zulassen kann. Dies spricht dafür, dass es im Belieben der Gesellschafterversammlung steht zu bestimmen, wem die neuen Anteile angeboten werden. Indes bedeutete dies, dass Mehrheitsgesellschafter mittels einer Kapitalerhöhung die Rechte von Minderheitsgesellschaftern ohne weiteres verwässern könnten. Daher wird den bisherigen Gesellschaftern ganz überwiegend in **Analogie zu § 186 AktG** ein Bezugsrecht eingeräumt.[905] Sie können demgemäß verlangen, dass ihnen Geschäftsanteile im Verhältnis ihrer bisherigen Beteiligung angeboten werden (näher → § 3 Rn. 208ff. zur AG).

c) Kapitalaufbringung

Für Kapitalerhöhungen gelten die in Rn. 160ff. dargelegten **Grundsätze zur Kapi-** 282
talaufbringung entsprechend (§§ 56 II, 56a GmbHG). Dies gilt auch für § 19 II 1 GmbHG (keine Befreiung des Gesellschafters von der Einlageleistung), obwohl die §§ 56, 56a GmbHG nicht auf ihn verweisen. Als allgemeine Vorschrift gilt § 19 II 1 GmbHG nämlich für sämtliche Einlageverpflichtungen. Auf die in §§ 56 II, 56a GmbHG genannten Vorschriften musste hingegen für die Kapitalerhöhung explizit

---

902 *Windbichler*, GesR, § 23 Rn. 24.
903 BGH ZIP 2017, 2295.
904 Dazu OLG München ZIP 2012, 330; ausführlich MüKoGmbHG/*Lieder*, § 55a.
905 *Windbichler*, GesR, § 23 Rn. 24 m. w. N.

verwiesen werden, weil sie nach ihrem Wortlaut nur die Gründung der Gesellschaft betreffen.[906]

283 Besondere Bedeutung bei der Kapitalerhöhung hat der Verweis in § 56 II GmbHG auf die Regeln zur **verdeckten Sacheinlage** (§ 19 IV GmbHG). Praxisrelevant ist die verdeckte Einlage **einer Altforderung** *gegen die Gesellschaft* (→ Rn. 214) im Rahmen einer Kapitalerhöhung. Der typische Vorgang ist folgender: Der Gesellschafter hat gegen die Gesellschaft eine Forderung, z. B. auf Rückzahlung eines Darlehens, das er der Gesellschaft gewährt hat, oder aus Bereicherungsrecht wegen einer unwirksamen Voreinzahlung auf die geplante Kapitalerhöhung.[907] Im Rahmen der Kapitalerhöhung übernimmt er nun eine Geldeinlage; gleichzeitig wird aber abgesprochen, dass die Gesellschaft das eingezahlte Geld nutzt, um das Darlehen bzw. den Bereicherungsanspruch zu tilgen. Anschließend wird das Geld wie geplant hin- und hergezahlt.[908] Wirtschaftlich gesehen hat der Gesellschafter hier lediglich seine (Darlehens-)Forderung eingebracht, weil er am Ende nur sie und kein Geld verloren hat. Da dieses wirtschaftliche Ergebnis auch verabredet war, ist der Tatbestand der verdeckten Sacheinlage erfüllt (§ 19 IV 1 GmbHG).[909] Der Gesellschafter hat seine Forderung verdeckt eingelegt. Seine Einlageverpflichtung besteht daher grundsätzlich fort (§ 19 IV 1 GmbHG); jedoch ist der Wert der verdeckt eingelegten Forderung auf sie anzurechnen, wenn die Kapitalerhöhung eingetragen wird (§ 19 IV 3, 4 GmbHG). Entsprach der Nennbetrag der Forderung des Gesellschafters demjenigen seiner Einlageverpflichtung aus der Kapitalerhöhung und war die Forderung darüber hinaus vollwertig (Deckung sämtlicher Verbindlichkeiten durch das Vermögen der Gesellschaft),[910] entfällt seine Einlageverpflichtung infolge der Anrechnung komplett. War die (verdeckt eingelegte) Forderung des Gesellschafters teilweise wertlos, besteht seine Einlageverpflichtung trotz Anrechnung im Umfang der Wertlosigkeit fort.

⇨ *Fall Nr. 23 – Schütt-aus-hol-zurück*

284 Diese Grundsätze der verdeckten Sacheinlage gelten auch, wenn im Zusammenhang mit der Übernahme der Geldeinlage anstelle des oben geschilderten tatsächlichen Hin- und Herzahlens vereinbart wird, dass die Gesellschaft direkt die **Aufrechnung** der gegenseitigen Forderungen erklärt oder eine Aufrechnungsvereinbarung geschlossen wird: Gerade in diesem Fall hat der Gesellschafter nämlich wirtschaftlich gesehen nur seine Altforderung gegen die Gesellschaft für die Einlage aufgewendet.[911] Auf die Anforderungen an eine zulässige Aufrechnung der Gesellschaft bzw. Aufrechnungsvereinbarung kommt es nicht an. In diesem Sinne erscheint es ferner geboten, §§ 56 II, 19 IV GmbHG anstelle von §§ 56 II, 19 II 2 GmbHG anzuwenden, wenn eine Aufrechnung des *Gesellschafters* vereinbart wird.[912]

---

[906] Vgl. Begründung zu Art. 1 Ziff. 33 RegE-MoMiG (BT-Drs. 16/6140, S. 45).

[907] Dazu BGH ZIP 2016, 615 ff.

[908] Gleiches gilt, wenn die Gesellschaft zuerst das Darlehen tilgt und der Gesellschafter anschließend die Einlage zahlt. Die zeitliche Reihenfolge ist also irrelevant (BGH ZIP 2016, 615; zu § 19 V GmbHG, wo dasselbe gilt, → Rn. 197). § 19 V GmbHG kommt in diesen Fällen nicht zur Anwendung, weil die Vorschriften über die verdeckte Sacheinlage vorgehen (vgl. den Wortlaut des § 19 V GmbHG).

[909] BGH ZIP 2016, 615 (Rn. 28 ff.) m. w. N.

[910] Zur Prüfung der Vollwertigkeit siehe BGH ZIP 2012, 1857 (Rn. 19); BGH ZIP 2016, 615 (Rn. 33 f.).

[911] Hierzu → § 3 Rn. 178 (zur AG) und Rn. 214 zum vergleichbaren Fall einer Aufrechnung im Zusammenhang mit der verdeckten Sacheinlage eines Gegenstandes mittels Austauschgeschäfts.

[912] Hierzu → § 3 Rn. 178 (zur AG) und Rn. 211; wie hier *Wicke*, GmbHG, § 19 Rn. 12; *Schäfer*, GesR, § 35 Rn. 19.

V. Die Auflösung und Abwicklung der GmbH

Wie bei der AG ist auch bei der Beendigung der GmbH zwischen Auflösung, Abwicklung (Liquidation) und Vollbeendigung zu unterscheiden (zur AG → § 3 Rn. 220 ff.). 285

Gesetzliche Auflösungsgründe ergeben sich bei der GmbH insbesondere aus § 60 I GmbHG:[913] 286

- Nr. 1: Zeitablauf bei einer befristeten Gesellschaft (äußerst selten);
- Nr. 2: Gesellschafterbeschluss;
- Nr. 3: Urteil, das einer Auflösungsklage gemäß § 61 GmbHG stattgibt, oder Auflösungsverfügung durch eine Verwaltungsbehörde gemäß § 62 GmbHG;
- Nr. 4: Eröffnung des Insolvenzverfahrens;
- Nr. 5: Rechtskraft des Beschlusses, durch den die Eröffnung des Insolvenzverfahrens mangels Masse abgelehnt worden ist;
- Nr. 6: Rechtskraft einer Verfügung des Registergerichts, durch welche nach § 399 FamFG ein Mangel des Gesellschaftsvertrags festgestellt worden ist;
- Nr. 7: Löschung der Gesellschaft wegen Vermögenslosigkeit nach § 394 FamFG.

Außerhalb des Katalogs des § 60 I GmbHG gibt es weitere gesetzliche Auflösungstatbestände; ferner können **zusätzliche Auflösungsgründe im Gesellschaftsvertrag** vorgesehen sein (§ 60 II GmbHG).[914] Die Auflösung der GmbH ist zur Eintragung ins Handelsregister anzumelden und in den Gesellschaftsblättern mit der Aufforderung an die Gläubiger bekannt zu machen, sich bei der Gesellschaft zu melden (§ 65 GmbHG). Obwohl nur § 60 I Nr. 4 GmbHG die Fortsetzung der (in jenem Fall durch Insolvenzeröffnung) aufgelösten Gesellschaft vorsieht,[915] geht die h. M. inzwischen davon aus, dass die **Fortsetzung einer aufgelösten GmbH prinzipiell zulässig** ist.[916] Nach der Rechtsprechung des BGH und der h. M. gilt dies aber nur, solange mit der Verteilung des Gesellschaftsvermögens unter die Gesellschafter noch nicht begonnen wurde.[917] 287

Die **Liquidation** der GmbH richtet sich nach den §§ 66 ff. GmbHG. Die Vorschriften über nicht aufgelöste Gesellschaften kommen während der Abwicklung nach näherer Maßgabe des § 69 GmbHG weiter zur Anwendung. Liquidatoren sind grundsätzlich die Geschäftsführer (§ 66 I GmbHG); sie übernehmen auch die gerichtliche und außergerichtliche Vertretung der Gesellschaft (§ 70 S. 1 Hs. 2 GmbHG). Auch im Übrigen entspricht ihre Rechtsstellung in großen Teilen derjenigen der Geschäftsführer einer nicht aufgelösten GmbH (vgl. § 71 IV GmbHG). Aufgabe der Liquidatoren ist es, die laufenden Geschäfte zu beendigen, die Verpflichtungen der aufgelösten Gesellschaft zu erfüllen, ihre Forderungen einzuziehen und das Vermögen der Gesellschaft in Geld umzusetzen (§ 70 S. 1 Hs. 1 GmbHG). Sind alle Verbindlichkeiten der Gesellschaft befriedigt (bzw. sichergestellt) und ist seit der Aufforderung an die Gläubiger ein Jahr vergangen (**Sperrjahr**), kann mit der Verteilung des restlichen Gesellschaftsvermögens unter den Gesellschaftern begonnen werden (§§ 72, 73 GmbHG). Anschließend haben die Liquidatoren den Schluss der 288

[913] Eingehend zu sämtlichen Auflösungsgründen Scholz/*Scheller*, GmbHG, § 60.

[914] Näher zu beidem Scholz/*Scheller*, GmbHG, § 60 Rn. 79 ff., 87 ff.

[915] Dazu BGH ZIP 2015, 1533: Fortsetzung bei insolvenzbedingter Auflösung nur in den in § 60 I Nr. 4 GmbHG ausdrücklich geregelten Fällen; a. A. Scholz/*Bitter*, § 64 Rn. 180.

[916] Vgl. Scholz/*Scheller* § 60 Rn. 95.

[917] BGH ZIP 2020, 1124 (Leitsatz 2); anders noch Scholz/*K. Schmidt*/*Bitter*, GmbHG, 11. Aufl. 2015, § 60 Rn. 82 m. w. N.; vermittelnd Scholz/*Scheller*, GmbHG, § 60 Rn. 99: nur bei *vollständiger* Rückzahlung der ausgeschütteten Gelder.

Liquidation zur Eintragung ins Handelsregister anzumelden; die Gesellschaft wird gelöscht.

289 Die **Vollbeendigung** mit der Folge des Erlöschens der GmbH als juristische Person tritt mit der Löschung ein, wenn die Gesellschaft zu diesem Zeitpunkt zugleich vermögenslos ist (**Lehre vom Doppeltatbestand**; → § 3 Rn. 226 zur AG).[918] Stellt sich nach der Löschung heraus, dass die Gesellschaft noch Aktivvermögen hat, ist sie also nur scheinbar erloschen (str.; vgl. zur dogmatisch abweichenden Lehre von der Nachgesellschaft → § 3 Rn. 226 zur AG). Analog §§ 66 V GmbHG, 273 IV AktG bestellt das Registergericht in diesem Fall **Nachtragsliquidatoren**.[919]

VI. Die GmbH im Unternehmensverbund

290 Ein gesetzlich geregeltes Konzernrecht gibt es nur für die AG (→ § 3 Rn. 227ff.). Für die GmbH ist das Konzernrecht durch Rechtsprechung und Literatur herausgebildet worden,[920] wobei die Entwicklung teilweise stürmisch verlaufen ist und auch ihr Ergebnis nicht in jeder Hinsicht überzeugen kann.[921]

291 Einigkeit besteht, dass die Grundbegriffe über verbundene Unternehmen (§§ 15ff. AktG) auch hier zur Anwendung kommen. Daher ist nach h.M. auch bei der GmbH zu unterscheiden zwischen faktischem Konzern und Vertragskonzern.

292 Ein **faktischer Konzern** besteht, wenn ein Unternehmensgesellschafter aufgrund seiner Mehrheits- oder Alleingesellschafterstellung auf eine abhängige GmbH bestimmenden Einfluss nehmen kann. Besondere Haftungsregeln gibt es für diesen Fall nicht; insbesondere kommen die **§§ 311ff. AktG nicht analog** zur Anwendung. Die durch § 311 AktG eröffnete Möglichkeit nachteiliger Einflussnahme bei gleichzeitigem Ausgleich der Nachteile (so genanntes Schädigungsprivileg) ist bei der GmbH nicht anwendbar, weil die Treuepflicht jeden Sondervorteil zulasten der Mitgesellschafter verbietet.[922] Es kommen also die normalen, in Rn. 224ff. dargestellten Kapitalerhaltungsregeln zur Anwendung.

293 Bereits vor dem MoMiG wurde ein **Vertragskonzern** von der h.M. auch im GmbH-Recht für möglich erachtet.[923] Dieser h.M. hat sich der Gesetzgeber indirekt angeschlossen, indem er durch das MoMiG in § 30 I 2 Alt. 1 GmbHG ausdrücklich eine Regelung für den Fall getroffen hat, dass ein Beherrschungs- oder Gewinnabführungsvertrag besteht (→ Rn. 241). Als Gewinnabführungsverträge sind auch die in der Praxis häufig anzutreffenden steuerlichen **Organschaftsverträge** ausgestaltet. Durch einen solchen Organschaftsvertrag (§§ 14, 17 I S. 2 Nr. 2 KStG) wird das körperschaftssteuerliche Ergebnis der GmbH dem herrschenden Unternehmen zugerechnet, wodurch die **Möglichkeit der Verrechnung von Gewinnen und Verlusten** der organschaftlich verbundenen Gesellschaften geschaffen wird. Da nur auf das Gesamtergebnis Steuern zu zahlen sind, können erhebliche Steuerbeträge eingespart werden, wenn eine Konzerngesellschaft Verlust und eine andere Gewinn macht.

---

[918] Scholz/*Scheller*, GmbHG, § 60 Rn. 8, 65ff.; Scholz/*K. Schmidt/Scheller*, GmbHG, § 74 Rn. 14.

[919] MHLS/*Nerlich*, GmbHG, § 74 Rn. 49.

[920] Ausführlich zum Konzernrecht der GmbH *K. Schmidt*, GesR, § 39.

[921] Vgl. die Kritik von *Bitter*, ZIP 2001, 265.

[922] Hierzu → Fall Nr. 20 – ITT.

[923] Einschränkend für Beherrschungsverträge mit einer 100%igen Tochter-GmbH *Bitter*, ZIP 2001, 265ff.

Rechtsfolge des Beherrschungs- und/oder Gewinnabführungsvertrags ist – wie bei der AG – eine Verlustausgleichspflicht analog § 302 AktG. Diese *gesetzliche* Verlustausgleichspflicht ist allerdings bei den steuerlichen Organschaftsverträgen ohne praktische Bedeutung, weil die Verträge ohnehin schon zur Erfüllung der steuerrechtlichen Anforderungen eine vertragliche Verlustübernahmepflicht enthalten müssen.

Umstritten war früher, ob es noch eine weitere Form des GmbH-Konzerns mit 294
dem Namen **„qualifiziert faktischer Konzern"** gibt. Die Rechtsprechung hatte diese Rechtsfigur ab Mitte der 1980er Jahre[924] entwickelt, um angeblich vorhandene Schutzlücken im (GmbH-)Konzernrecht zu schließen (→ Rn. 251).[925] Ausgangspunkt war die Überlegung, dass es einen Zustand der faktischen Beherrschung einer GmbH – aber auch einer AG – geben kann, in dem das auf den Ausgleich von Einzelmaßnahmen angelegte gesetzliche Kapitalerhaltungssystem nicht mehr funktionstüchtig ist, insbesondere die Konzernverbindung so eng ist, dass einzelne verdeckte Vermögensverlagerungen nicht mehr nachvollziehbar sind. In diesen Fällen wollte man auf den pauschalen Ersatz im Wege des Verlustausgleichs analog § 302 AktG zurückgreifen. Aufgrund eines verfehlten dogmatischen Konzeptes gipfelte die Rechtsprechung 1991 in dem für die Unternehmenspraxis katastrophalen „Video-Urteil",[926] das auf eine weitgehende Abschaffung der Haftungsbeschränkung im GmbH-Recht hinauslief. Nachdem die Rechtsprechung diesen Fehler durch das 1993 erlassene „TBB-Urteil"[927] korrigiert hatte, sprach sie anschließend nur noch formal vom „qualifiziert faktischen Konzern", obwohl der in diesem Urteil neu entwickelte Haftungstatbestand des **„objektiven Missbrauchs der beherrschenden Gesellschafterstellung"** im Grunde gar keine konzernrechtliche Besonderheit mehr war. Mit Recht hat daher der BGH den konzernrechtlichen Ansatz in dem bereits im Zusammenhang mit der Existenzvernichtungshaftung genannten Urteil „Bremer Vulkan" aufgegeben und stattdessen eine **allgemeine, nicht an Konzerntatbestände anknüpfende (Missbrauchs-)Haftung** anerkannt, die Schutzlücken im Kapitalschutzsystem der GmbH schließt (→ Rn. 251 ff.). Die Rechtsfigur des „qualifiziert faktischen Konzerns" gehört damit der Geschichte an.[928]

VII. Unternehmergesellschaft (haftungsbeschränkt)

Das MoMiG hat die Unternehmergesellschaft (haftungsbeschränkt) eingeführt 295
(§ 5a GmbHG).[929] Dabei handelt es sich nicht um eine eigenständige Rechtsform, sondern im Grundsatz um eine **ganz normale GmbH**. Die UG kann allerdings **mit einem geringeren Stammkapital** als 25.000 EUR gegründet werden (§ 5a I GmbHG). Theoretisch genügt bereits 1 EUR, wobei allerdings im Minimum ein von der Gesellschaft zu übernehmender Gründungsaufwand durch das Stammkapital gedeckt sein muss, weil eine bereits bei ihrer Gründung überschuldete Gesellschaft nicht eintragungsfähig ist.[930] Durch die Absenkung des Mindeststammkapitals auf unter 25.000 EUR sollte die GmbH für wenig kapitalintensive Unternehmungen

[924] BGHZ 95, 330 = NJW 1986, 188 – Autokran; BGHZ 107, 7 = NJW 1989, 1800 – Tiefbau.

[925] Ausführlich dazu *Bitter*, Durchgriffshaftung, S. 432 ff.

[926] BGHZ 107, 7 = NJW 1991, 3142 – Video.

[927] BGHZ 122, 123 = NJW 1993, 1200 – TBB.

[928] Vgl. ausdrücklich BGH NJW 2002, 1803, 1805 = WM 2002, 960, 962 m. Anm. *Bitter*, WuB II C. § 13 GmbHG 2.02; siehe auch Scholz/*Bitter*, GmbHG, § 13 Rn. 154 f.

[929] Dazu etwa *Weber*, BB 2009, 842.

[930] Vgl. KG ZIP 2015, 1923 f.

attraktiv und zugleich die um die Jahrtausendwende im Vordringen befindliche Verwendung englischer Limiteds zurückgedrängt werden.[931] Aufgrund der geringeren Kapitalausstattung der UG macht § 5a GmbHG einige besondere Vorgaben:
- Die Einlagen müssen bei der Anmeldung komplett eingezahlt sein und Sacheinlagen sind ausgeschlossen (§ 5a II GmbHG);
- erforderlich ist eine besondere Firmierung als „Unternehmergesellschaft (haftungsbeschränkt)" oder als „UG (haftungsbeschränkt)" (§ 5a I GmbHG);[932]
- die Gesellschafterversammlung ist bei drohender Zahlungsunfähigkeit unverzüglich einzuberufen (§ 5a IV GmbHG);
- es besteht die Verpflichtung, aus dem Jahresüberschuss kontinuierlich eine gesetzliche Rücklage zu bilden (§ 5a III 1 GmbHG).

296 Diese Sonderregeln finden keine Anwendung mehr, wenn die Gesellschaft ihr Stammkapital auf den Betrag des Mindeststammkapitals oder einen diesen übersteigenden Betrag erhöht (§ 5a V GmbHG). Dies ist durch eine Umwandlung der gebildeten Rücklage in Stammkapital oder eine effektive Kapitalerhöhung möglich. Das Sacheinlageverbot des § 5a II 2 GmbHG und die sonstigen Sonderregeln gemäß § 5a I–IV GmbHG gelten für eine solche Kapitalerhöhung schon nicht (mehr), sondern sie ist nur nach den allgemeinen Regeln für GmbH (→ Rn. 275 ff.) zu beurteilen.[933] Mit der Kapitalerhöhung wird die Gesellschaft eine in jeder Hinsicht reguläre GmbH.

§ 5. Die Gesellschaft bürgerlichen Rechts (GbR)

1 Die in §§ 705 ff. BGB geregelte Gesellschaft bürgerlichen Rechts (GbR), auch BGB-Gesellschaft genannt, ist die **Grundform der Personengesellschaften.**[*] Personengesellschaften eignen sich als Rechtsform vor allem für kleine und mittelständische Unternehmen. Sie sind einfach in der Gründung und **offen in der Gestaltung des Innenverhältnisses** zwischen den Gesellschaftern, da die gesetzlichen Regeln insoweit fast ausnahmslos zur Disposition der Parteien stehen (vgl. ausdrücklich § 708 BGB n. F. ab dem 1.1.2024). Kapitalerhaltungsvorschriften im Interesse der Gläubiger existieren nicht,[934] da der Gläubigerschutz nach dem gesetzlichen Modell über die persönliche Haftung der Gesellschafter sichergestellt wird (→ Rn. 39 ff.). Diese **betragsmäßig unbegrenzte Außenhaftung** ist aus Sicht der Gesellschafter sicher ein Nachteil der Personengesellschaften, der allerdings in der Rechtsform der KG für die als Kommanditisten beteiligten Gesellschafter ausgeschlossen werden kann (→ § 7 Rn. 6 ff.) und bei der Sonderform einer GmbH & Co. KG sogar komplett (→ § 7 Rn. 49).

---

[931] Zur Verwendung von Limiteds und der dieser Entwicklung zugrunde liegenden Rechtsprechung des EuGH → § 1 Rn. 2.

[932] Zur Rechtsscheinhaftung des Handelnden analog § 179 BGB (1) bei Fortlassen des Zusatzes „(haftungsbeschränkt)" vgl. BGH ZIP 2022, 481 bzw. (2) bei unrichtiger Firmierung der UG als „GmbH" vgl. BGH ZIP 2012, 1659; daneben haftet – bei wirksamer Vertretung – auch die UG (→ Rn. 10 mit der dortigen Fn.).

[933] Vgl. BGHZ 189, 254 = ZIP 2011, 955 (Rn. 15 ff.); OLG Celle ZIP 2017, 1805 (unter II. 1).

[*] Zur GbR vgl. *K. Schmidt*, GesR, §§ 58–60; *Windbichler*, GesR, §§ 5–10; *Grunewald*, GesR, § 1.

[934] Eine gewisse Ausnahme gilt für die Kommanditistenhaftung: Zwar gibt es auch bei der KG kein Ausschüttungsverbot. Auszahlungen an den Kommanditisten können aber seine Haftung im Außenverhältnis wieder aufleben lassen (näher → § 7 Rn. 10 ff.).

Das derzeitige Recht der GbR ist im Jahr 2021 einer grundlegenden Reform unterzogen worden, weil die heutigen §§ 705 ff. BGB in vielfacher Hinsicht der gesellschaftsrechtlichen Realität nicht mehr entsprechen. Demgemäß war schon im Koalitionsvertrag der großen Koalition angekündigt worden, man wolle das Personengesellschaftsrecht reformieren und an die Anforderungen eines modernen, vielfältigen Wirtschaftslebens anpassen. Diese Ankündigung ist kurz vor dem Ende der letzten Legislaturperiode im **Gesetz zur Modernisierung des Personengesellschaftsrechts (MoPeG)** umgesetzt worden.[935] Dessen Änderungen werden allerdings erst zum 1.1.2024 in Kraft treten. Insbesondere gilt das für die bereits in der Einführung erwähnte ausdrückliche Anerkennung der **Rechtsfähigkeit der Außen-GbR** in § 705 II BGB n.F. (→ § 1 Rn. 16f. und unten → Rn. 29a ff.). Damit hatte sich der BGH vor allem deshalb so schwergetan, weil sie im historischen Konzept des derzeit noch geltenden Gesetzestextes eigentlich nicht angelegt ist.[936] Aber auch im Hinblick auf die bislang fehlende **Registerfähigkeit der GbR** wird mit dem MoPeG ein radikaler Wechsel vollzogen und für die rechtsfähige Außen-GbR ein Gesellschaftsregister in §§ 707 ff. BGB n.F. etabliert (→ Rn. 8a ff.).[937] Um den Bundesländern hinreichend Zeit zu geben, dieses neue Register einzuführen, und der Praxis die Einarbeitung in die neuen Regeln zu erleichtern, ist das Inkrafttreten des MoPeG auf den Jahresanfang 2024 hinausgeschoben worden. Studierende und interessierte Praktiker sollten sich aber schon jetzt mit den neuen Vorschriften vertraut machen, weshalb sie in diesem Lehrbuch jeweils neben den derzeit noch geltenden alten Bestimmungen vorgestellt werden. Dabei wird sich zeigen, dass in Zukunft das Gesetz deutlich bessere Auskunft über das „wirkliche" Gesellschaftsrecht gibt, als es bisher der Fall war; insoweit ist das neue Recht studentenfreundlicher.[938] 1a

Mit dem MoPeG wird insbesondere auch ein völlig **neues Recht der Beschlussmängel** in §§ 110 ff. HGB eingeführt (→ § 6 Rn. 30a ff.), das für die GbR gesellschaftsvertraglich vereinbart werden kann (→ Rn. 92a). Dieses neue Beschlussmängelrecht wird aktuell in der Literatur breit diskutiert.[939] Über seine Anwendung in der (Gerichts-)Praxis wird in den Folgeauflagen dieses Lehrbuchs zu berichten sein. 1b

Im Übrigen bringt die Reform **viele weitere Änderungen** wie eine klarere Zuordnung des Vermögens zur Gesellschaft (→ Rn. 37a ff.), eine eigenständige Regelung für die Haftung der Gesellschafter (→ Rn. 39 ff.) einschließlich der Nachhaftung (→ Rn. 115 ff.), eine Abschaffung der Zwangsvollstreckung ins Gesellschaftsvermögen aus Titeln gegen die Gesellschafter (→ Rn. 49a), eine Neuordnung der Vorschriften zur Geschäftsführung und Vertretung (→ Rn. 53 ff.), eine „kapitalistischere", nämlich am Beteiligungsverhältnis ausgerichtete Zuordnung der Stimmrechte (→ Rn. 82a) sowie der Gewinne und Verluste (→ Rn. 144 ff.), eine erstmalige gesetzliche Regelung der *actio pro socio* (→ Rn. 95 ff.), ferner die komplette Neuordnung der Ausscheidens- und Auflösungsgründe (→ Rn. 117 ff. bzw. 152 ff.) einschließlich 1c

---

[935] MoPeG vom 10.8.2021, BGBl. I, 3436; RegE mit Begründung in BT-Drs. 19/27635; Überblick bei *Bachmann*, NJW 2021, 3073 ff.; Grundlinien der Reform bei *Fleischer* und *Schollmeyer*, ZGR-Sonderheft 23, 2021, S. 1 ff. bzw. S. 29 ff.; Details in den weiteren Beiträgen jenes Sonderheftes.

[936] Zur Historie zusammenfassend *Habersack*, ZGR 2020, 539 ff.; *Fleischer*, ZGR-Sonderheft 23, 2021, S. 1, 7 ff.

[937] Überblick bei *Bachmann*, NJW 2021, 3073, 3074; näher *Herrler*, ZGR-Sonderheft 23, 2021, S. 39 ff. (zum Mauracher Entwurf).

[938] Pointiert *Teichmann*, ZGR-Sonderheft 23, 2021, S. VII; zum Ziel, das geschriebene Recht wieder mit dem geltenden Recht in Einklang zu bringen, *Schollmeyer*, ZGR-Sonderheft 23, 2021, S. 29, 35.

[939] Nachweise → § 6 Rn. 30a.

des Ausschlusses von Gesellschaftern (→ Rn. 128ff.) sowie der Folgen beim Ausscheiden und Ausschluss (→ Rn. 133ff.).

I. Grundlagen

2 Bei einer GbR verpflichten sich die Gesellschafter im Gesellschaftsvertrag gegenseitig, die **Erreichung eines gemeinsamen Zwecks** in der durch den Vertrag bestimmten Weise zu fördern, insbesondere die vereinbarten Beiträge zu leisten (§ 705 BGB; zukünftig §§ 705, 708 BGB n.F.).

3 Die Rechtsform der GbR kommt für ganz **unterschiedliche Zwecke** zur Anwendung, z.B. als Organisationsform für eine Arbeitsgemeinschaft (ARGE) bei Großprojekten im Baugewerbe,[940] als Bauherrengemeinschaft mit dem Zweck der Errichtung eines Gebäudes und Bildung von Wohnungseigentum zugunsten der einzelnen Bauherren, als Interessen- und Werbegemeinschaft eines Einkaufszentrums, als Lotto-Tippgemeinschaft etc.

4 In der Praxis kommt die GbR häufig als Rechtsform für Bürogemeinschaften von Freiberuflern vor (z.B. Rechtsanwaltssozietät, Steuerberaterbüro, Gemeinschaftspraxis von Ärzten),[941] obwohl ihnen auch die Rechtsform der Partnerschaftsgesellschaft nach dem PartGG offensteht (→ § 8 Rn. 1) sowie ab 1.1.2024 die oHG und KG (→ Rn. 126a; →§ 6 Rn. 7).[942] Entscheidend für das Vorliegen einer GbR ist allein, dass der gemeinsame Zweck **nicht auf den Betrieb eines (vollkaufmännischen) Handelsgewerbes im Sinne des § 1 HGB gerichtet** ist.[943] Liegt ein Handelsgewerbe vor, das gemäß § 1 II HGB kaufmännische Einrichtungen erfordert, wird nämlich aus der GbR per Gesetz (§ 105 HGB), also unabhängig vom Willen der Gesellschafter, eine oHG („Ist-Kaufmann").[944] Die Gesellschaft bleibt zwar dieselbe (Identitätswahrung), weshalb Rechte und Pflichten nicht (einzeln) übertragen werden müssen; sie ändert aber ihr „Rechtskleid".[945]

5 Neben den vorstehend beschriebenen Erscheinungsformen der GbR kommen weitere in Betracht. Gegenstand der Gesellschaft kann nämlich **jeder erlaubte, dauernde oder vorübergehende, wirtschaftliche oder ideelle Zweck** sein.[946]

II. Die Gründung der GbR

6 Eine Kapitalgesellschaft entsteht, nachdem ein formalisiertes, gesetzlich im Detail geregeltes Verfahren durchlaufen wurde. Für die Gründung einer GbR sieht das Gesetz ein solches nicht vor.

---

[940] Die ARGE ist i.d.R. GbR und nicht oHG (→ § 6), weil es an den Merkmalen des Gewerbebegriffs i.S.v. § 1 HGB fehlt (vgl. dazu *Bitter/Linardatos*, HandelsR, § 2 Rn. 4ff.). Die ARGE ist nicht planmäßig anbietend an einem Markt tätig, weil sie entweder gar nicht als Anbieter von Leistungen am Markt auftritt (Anbieter sind in diesem Fall die in der ARGE zusammengeschlossenen Gesellschaften) oder nur einmalig gegenüber einem einzigen Bauherrn (vgl. dazu ausführlich *K. Schmidt*, DB 2003, 703ff.).

[941] Freiberufler üben nach dem traditionellen Kaufmannsrecht kein Handelsgewerbe i.S.v. § 1 HGB aus; vgl. *Bitter/Linardatos*, HandelsR, § 2 Rn. 7.

[942] Dazu *Schollmeyer*, ZGR-Sonderheft 23, 2021, S. 29, 36; *Uwer*, ebenda, S. 87ff.

[943] Zur Kaufmannseigenschaft (§§ 1ff. HGB) siehe *Bitter/Linardatos*, HandelsR, § 2 Rn. 2ff.

[944] Hierzu bereits → § 1 Rn. 7; zur oHG → § 6.

[945] Dieselbe Wirkung hat eine Eintragung im Partnerschaftsregister; diese muss allerdings von den Gesellschaftern betrieben werden; zur Partnerschaftsgesellschaft → § 8.

[946] *Windbichler*, GesR, § 5 Rn. 3.

1. Abschluss des Gesellschaftsvertrags

Stattdessen erfolgt die Gründung einer GbR schlicht durch den Abschluss des Gesellschaftsvertrags im Sinne des § 705 BGB. Der Gesellschaftsvertrag ist – wie aus der Systematik des BGB erkennbar – ein Schuldvertrag, führt also zu wechselseitigen Verpflichtungen der Gesellschafter. Gleichzeitig ist er aber auch **Organisationsvertrag:** Er schafft die GbR als Gesellschaft und gestaltet ihr Innenrecht näher aus. Insoweit hat der Gesellschaftsvertrag eine „Doppelnatur".[947] Gesellschaftsverträge von Personengesellschaften werden – anders als Satzungen von Kapitalgesellschaften (→ § 3 Rn. 21) – grundsätzlich **nach den allgemeinen Maßstäben der §§ 133, 157 BGB ausgelegt.**[948] Am Vertragsschluss können natürliche und juristische Personen, oHGs und KGs sowie Außen-GbRs selbst[949] beteiligt sein. Hingegen kann eine Erbengemeinschaft nicht Gesellschafterin werden, da sie auf Auflösung ausgerichtet ist (vgl. ab 1.1.2024 auch § 711 II 3 BGB n.F.); dies ist mit einer nachhaltigen Verfolgung des Gesellschaftszwecks unvereinbar.[950] 7

Für die GbR existiert **bis Ende 2023 noch kein Register**, das dem Handelsregister (für die AG, GmbH, oHG, KG) vergleichbar ist. Ihre Gesellschafter müssen die GbR daher nicht zur Eintragung in ein Register anmelden. 8

Auch mit der **Reform durch das MoPeG** wird **kein Registerzwang** für die GbR eingeführt.[951] Vielmehr heißt es in § 707 BGB n.F. ausdrücklich: „Die Gesellschafter *können* die Gesellschaft bei dem Gericht, in dessen Bezirk sie ihren Sitz hat, zur Eintragung in das Gesellschaftsregister anmelden." Verpflichtet sind sie dazu jedoch nicht.[952] Allerdings übt das neue Recht einen gewissen Druck in Richtung einer Eintragung der Außen-GbR aus, weil zukünftig die Eintragung der GbR im Grundbuch eine vorherige Eintragung der GbR ins Gesellschaftsregister voraussetzen wird (vgl. § 47 II GBO n.F.; → Rn. 35a).[953] Diese sog. **Voreintragungsobliegenheit** gilt auch in vielen anderen Fällen, insbesondere wenn eine GbR als Gesellschafterin einer GbR, oHG oder KG im Gesellschafts- bzw. Handelsregister eingetragen werden soll (§ 707a I 2 BGB n.F., ggf. i.V.m. §§ 105 III, 161 II HGB n.F.), ferner bei ihrer Aufnahme in die Gesellschafterliste einer GmbH (vgl. § 40 I 3 GmbHG n.F.) oder das Aktienregister einer AG (vgl. § 67 I 3 AktG).[954] Zu einer faktischen Ausweitung der Voreintragungsobliegenheit wird es ferner durch den Druck von Vertragspartnern kommen, die – etwa als langjähriger Lieferant, gewerblicher Vermieter oder kontoführende Bank – ihre Geschäftsbeziehung zur GbR von deren Eintragung im Register abhängig machen. Davon unabhängig ist die Eintragung der 8a

---

[947] *Wertenbruch*, GmbHR 2021, 1, 2 (Rn. 3).

[948] Zu den Einzelheiten siehe MüKoBGB/*Schäfer*, § 705 Rn. 171 ff.; zu den Besonderheiten bei Publikumsgesellschaften → § 6 Rn. 45.

[949] BGH NJW 1998, 376; zur Rechtsfähigkeit der Außen-GbR → Rn. 30 ff.

[950] *Windbichler*, GesR, § 5 Rn. 2 i.V.m. § 12 Rn. 5; zur stattdessen möglichen individuellen Sonderrechtsnachfolge der Erben → Rn. 125.

[951] Vgl. zu den zuvor diskutierten Modellen *Habersack*, ZGR 2020, 539, 544 ff., 550 ff.

[952] Näher zum neuen Register *Herrler*, ZGR-Sonderheft 23, 2021, S. 39 ff. (auf Basis des Mauracher Entwurfs).

[953] Siehe zu dem dadurch bewirkten mittelbaren Eintragungsdruck Begr. RegE MoPeG zu § 47 II GBO n.F., BT-Drs. 19/27635, S. 206; *Herrler*, ZGR-Sonderheft 23, 2021, S. 39, 50 ff., 60 ff.; zu Problemen der Anknupfung an die Eintragung *Heckschen/Nolting*, BB 2021, 2946, 2947.

[954] Dazu und zur anderen Rechtslage bei der eG Begr. RegE MoPeG zu § 707a I BGB n.F. und Art. 59, 61, BT-Drs. 19/27635, S. 132, 268 ff.; ausführlich *Herrler*, ZGR-Sonderheft 23, 2021, S. 39, 50 ff., 60 ff., 70 ff.; zum RefE *Wertenbruch*, GmbHR 2021, 1, 4 ff. (Rn. 10 ff.).

GbR im Register, obwohl sie „ohne Rückfahrkarte" erfolgt (§ 707a IV BGB n. F.),[955] auch deshalb sehr zu empfehlen, weil sie beim Ausscheiden eines Gesellschafters mit dessen Eintragung einen klaren Anknüpfungspunkt für den Beginn der fünfjährigen Nachhaftung setzt, während diese ansonsten langfristig fortdauern kann (→ Rn. 115 f.).[956]

8b Ist die GbR im Gesellschaftsregister eingetragen, knüpft daran eine dem § 15 HGB entsprechende **Publizitätswirkung** an (vgl. § 707a III BGB n. F.). Insoweit ist allerdings schon vor der Verabschiedung des MoPeG in Frage gestellt worden, ob an jener Wirkung auch die Ersteintragung der GbR teilnimmt. Bezweifelt wird dies mit dem Argument, alle im Rahmen der Ersteintragung – ggf. fehlerhaft – publizierten Tatsachen seien nicht eintragungspflichtig i. S. v. § 15 III HGB, weil ja die ganze Ersteintragung der GbR freiwillig sei.[957] Dies hätte dann beispielsweise zur Folge, dass sich ein Dritter auf eine fehlerhaft eingetragene, von § 720 I BGB n. F. abweichende Einzelvertretungsmacht der Gesellschafter (→ Rn. 60 f.) nicht gemäß § 15 III HGB berufen könnte.[958] Dem lässt sich allerdings entgegenhalten, dass die Vertretungsverhältnisse der GbR nach § 707 II Nr. 3 BGB n. F. eingetragen werden *müssen* und sie deshalb trotz fehlenden Registerzwangs für die GbR als solche eben doch eine eintragungs*pflichtige* Tatsache darstellen, sobald sich die Gesellschafter zur Eintragung (freiwillig) entschließen.[959] Im Übrigen bliebe selbst bei fehlender Anwendbarkeit des § 15 III HGB immer noch die Möglichkeit einer Anwendung allgemeiner Rechtsscheingrundsätze.[960]

8c Kraft ausdrücklicher Anordnung in § 707a III 1 BGB n. F. nimmt das Fehlen der Kaufmannseigenschaft nicht an der Publizität des Handelsregisters teil. Betreibt eine Gesellschaft also tatsächlich ein Handelsgewerbe i. S. v. § 1 HGB und ist sie damit oHG (→ § 6 Rn. 2, 5), kann sie sich nicht gemäß § 15 II HGB auf eine davon abweichende Eintragung als GbR berufen.[961]

8d In § 719 I BGB n. F. wird zukünftig – ähnlich wie im jetzigen § 123 HGB für die oHG (→ § 6 Rn. 7 ff.) – klargestellt, dass die Gesellschaft im Verhältnis zu Dritten entsteht, sobald sie mit Zustimmung sämtlicher Gesellschafter am Rechtsverkehr teilnimmt, spätestens aber mit ihrer Eintragung im Gesellschaftsregister. Eine Vereinbarung, dass die Gesellschaft erst zu einem späteren Zeitpunkt entstehen soll, ist Dritten gegenüber nach § 719 II BGB n. F. unwirksam.

8e Obwohl für die GbR derzeit noch kein Register existiert, kann sie schon jetzt und zukünftig auch in der nicht eingetragenen Variante einen eigenen **Gesamtnamen** bilden und führen, der allerdings nicht Firma im technischen Sinn des HGB ist.[962] Der Name sollte dabei stets klarstellen, dass die Gesellschaft eine GbR ist. Entsteht im Rechtsverkehr nämlich der Eindruck einer Handelsgesellschaft (oHG, KG), sind – bei Vorliegen der weiteren Voraussetzungen – Rechtsscheingrundsätze mit der

---

955 *K. Schmidt*, ZHR 185 (2021), 16, 32; *Heckschen/Nolting*, BB 2021, 2946, 2947; zur vergleichbaren Rechtslage bei § 3 II HGB *Bitter/Linardatos*, HandelsR, § 2 Rn. 24.

956 *K. Schmidt*, ZHR 185 (2021), 16, 31 f. in Abgrenzung zu BGH ZIP 2020, 1704.

957 *Geibel*, ZRP 2020, 137, 139; *Herrler*, ZGR-Sonderheft 23, 2021, S. 39, 57 f. und S. 82 f. (Diskussion); zur fehlenden Anwendbarkeit des § 15 III HGB auf nicht eintragungspflichtige Tatsachen siehe BGH ZIP 2017, 14 (Rn. 13) m. w. N.

958 *Herrler*, ZGR-Sonderheft 23, 2021, S. 39, 57 f. mit Hinweis auf den Diskussionsbeitrag von *Bitter* in Fn. 55; vgl. auch *Geibel*, ZRP 2020, 137, 139.

959 Im Ergebnis wie hier *Lieder*, ZGR-Sonderheft 23, 2021, S. 169, 175 f. m. w. N.

960 BGH ZIP 2017, 14 (Rn. 13) m. w. N.; *Bitter/Linardatos*, HandelsR, § 4 Rn. 16.

961 Begr. RegE MoPeG zu § 707a III BGB, BT-Drs. 19/27635, S. 133.

962 BGHZ 136, 254.

Folge anzuwenden, dass sich die Gesellschaft und ihre Gesellschafter nach den Vorschriften über die Handelsgesellschaft behandeln lassen müssen.[963] Dies kann beispielsweise bei der Stellvertretung missliche Folgen haben, weil bei der GbR grundsätzlich Gesamtvertretung (→ Rn. 61), bei den Handelsgesellschaften hingegen Einzelvertretung gilt (→ § 6 Rn. 36 und → § 7 Rn. 30).

Der **Gesellschaftsvertrag** kann grundsätzlich **formlos und konkludent** geschlossen 9
werden. Ausnahmsweise ist jedoch seine notarielle Beurkundung erforderlich, wenn ein Gesellschafter als Einlage in das Gesellschaftsvermögen verspricht, der GbR ein Grundstück zu übereignen (§ 311b I BGB)[964] oder einen GmbH-Anteil abzutreten (§ 15 IV GmbHG). Verstoßen die Gesellschafter gegen das Formerfordernis, sind ihre Willenserklärungen grundsätzlich nichtig (§ 125 BGB).[965] Ist die Gesellschaft in Vollzug gesetzt, gelten allerdings – sofern nicht ohnehin lediglich Teilnichtigkeit nach § 139 BGB anzunehmen ist – die sogleich noch darzulegenden Grundsätze der fehlerhaften Gesellschaft (→ Rn. 15ff.); auch sie führen aber nicht dazu, dass die Einlageverpflichtung wirksam wird, sondern lassen „nur" die Gesellschaft voll wirksam entstehen.[966] Allgemein gilt bei der fehlerhaften Gesellschaft nämlich, dass die von dem Fehler (Unwirksamkeitsgrund) unmittelbar betroffenen Vertragsklauseln nicht oder nur in dem für den Bestand der Gesellschaft unverzichtbaren Umfang durchgeführt werden.

Soll ein konkludenter Vertragsschluss angenommen werden, so ist im Einzelfall 10
zu prüfen, ob ein objektiver Dritter aus dem Verhalten der potenziellen Gesellschafter auf deren entsprechenden **Rechtsbindungswillen** schließen würde. Wegen der – durchaus auch nachteiligen – Folgen der Gesellschaftsgründung darf ein konkludenter Vertragsschluss nicht vorschnell bejaht werden. Bei einer Betrachtung vom objektiven Empfängerhorizont aus muss sich ergeben, dass die Parteien die enge gesellschaftsrechtliche Bindung (mit ihren Konsequenzen, z.B. den Treuepflichten) wollten. Ferner ist zwingende Voraussetzung für das Vorliegen einer GbR, dass der alle Gesellschafter verbindende gemeinsame Zweck von diesen zusammenwirkend verfolgt wird und sich alle Gesellschafter mit gesellschaftsrechtlicher Bindung zur Förderung des Zwecks verpflichtet haben (**Förderungspflicht**).[967]

An diesen Voraussetzungen fehlt es, sofern die beteiligten Personen zwar gleichge- 11
richtete Interessen haben, sie zur Verwirklichung dieser Interessen aber nicht zusammenwirken oder sich nicht zu ihrer Förderung verpflichtet haben. In diesem Fall kann nur ein sog. **partiarisches Rechtsverhältnis** vorliegen.[968] Dabei besteht zwar auch eine Gewinnbeteiligung; es fehlt indes an der gemeinsamen Verfolgung und insbesondere Förderung eines Zwecks. Entscheidendes Abgrenzungskriterium ist damit, ob die Beteiligten zur Erreichung eines Zwecks zusammenwirken, zu dessen Förderung sie sich verpflichtet haben, oder ob der Zweck nur von einem Beteiligten gefördert wird bzw. werden muss, obwohl ein gemeinsames Interesse besteht, ihn zu erreichen.

Das Problem des konkludenten Vertragsschlusses stellt sich u.a. regelmäßig bei 12
Ehegatten. Nach der Rechtsprechung des BGH entsteht eine **Ehegatteninnengesell-**

---

[963] Zum Scheinkaufmann kraft tatsächlichen Verhaltens siehe *Bitter/Linardatos*, HandelsR, § 2 Rn. 38f.

[964] Zur Grundbuchfähigkeit der GbR und zur Form der Eintragung → Rn. 34f.

[965] Zu Formgeboten und den Folgen ihrer Verletzung *Bitter/Röder*, BGB AT, § 6 Rn. 2ff.

[966] Vgl. *Windbichler*, GesR, § 12 Rn. 17.

[967] *Windbichler*, GesR, § 5 Rn. 3ff.; diese Anforderungen gelten auch für die Innen-GbR (vgl. BGH ZIP 2008, 24).

[968] *Windbichler*, GesR, § 5 Rn. 5.

schaft in Form der GbR, wenn die Partner einen über den typischen Rahmen der Lebens- bzw. Familiengemeinschaft hinausgehenden Zweck verfolgen.[969] Nicht ausreichend ist deshalb, wenn die gemeinsame Tätigkeit nur dazu dient, die Voraussetzungen für die Verwirklichung der Lebensgemeinschaft zu schaffen. Dies ist etwa beim Bau eines Familienheims regelmäßig der Fall, weshalb hier grundsätzlich ein ausdrücklicher Vertragsschluss notwendig ist, wenn Bauträger und späterer Eigentümer des Hauses eine GbR sein soll. Genügen kann demgegenüber der gemeinsame Aufbau eines Unternehmens.

13 Eine **GbR entsteht nicht allein durch das gemeinsame Halten von Vermögensgegenständen** und die damit notwendig verbundene gemeinsame Vornahme von Verwaltungshandlungen. Sofern die Mitberechtigten nicht einen über die Verwaltung des Vermögensgegenstandes hinausgehenden Zweck vereinbaren, liegt „nur" eine **Gemeinschaft nach Bruchteilen** i.S.v. §§ 741 ff. BGB vor.[970] Die Mitberechtigten bilden lediglich eine Interessen- und keine Zweckgemeinschaft, da der Zweck der Beteiligung für jeden Mitberechtigten ein anderer sein kann.

14 Folgende Punkte sind **typischerweise** in einem (GbR-)**Gesellschaftsvertrag** geregelt:
- Rechtsform der Gesellschaft;
- Zweck der Gesellschaft;
- Sitz und Name/„Firma" der Gesellschaft;
- Dauer der Gesellschaft;
- Gesellschafter;
- Beiträge/Einlagen der Gesellschafter und Beteiligungsverhältnisse;
- Geschäftsführung und Vertretung der Gesellschaft;
- Gewinn- und Verlustverteilung;
- Entnahmerechte und Tätigkeitsvergütungen;
- Geschäftsjahr, Buchführungspflichten sowie Aufstellung und Feststellung des Jahresabschlusses;
- Gesellschafterversammlung: Einberufung, Beschlussgegenstände und -fassung, Stimmrechte, Mehrheiten;
- Informations- und Kontrollrechte;
- Wettbewerbsverbote (ggf. auch nachvertragliche);
- Übertragung/-tragbarkeit von Gesellschaftsanteilen;
- Ausschluss von Gesellschaftern („Hinauskündigung") und Folgen des Ausschlusses (z.B. Fortsetzungsklausel);
- Kündigung der Gesellschaft/der Gesellschafterstellung durch einen Gesellschafter und Folgen der Kündigung (z.B. Fortsetzungsklausel);
- Abfindung ausgeschiedener/ausgeschlossener Gesellschafter;
- Tod/Insolvenz eines Gesellschafters sowie Nachfolgeregelung;
- Liquidation der Gesellschaft;
- Salvatorische Klausel (für den Fall der Unwirksamkeit einer Bestimmung des Gesellschaftsvertrags);
- (qualifizierte) Schriftformklausel;
- Gerichtsstands- oder Schiedsgerichtsvereinbarung.

---

[969] BGH NJW 1999, 2962; zur Anwendung gesellschaftsrechtlicher Grundsätze und weiterer Rechtsinstitute (Wegfall der Geschäftsgrundlage, Bereicherungsrecht) bei der Beendigung *nicht*ehelicher Lebensgemeinschaften vgl. BGHZ 177, 193.

[970] Grüneberg/*Sprau*, BGB, § 705 Rn. 3, 20.

2. Fehlerhafte Gesellschaft

15 Schwierigkeiten ergeben sich bei nichtigen/unwirksamen Gesellschaftsverträgen. In diesem Fall gelten die **Grundsätze der fehlerhaften Gesellschaft:**[971]

16 Die Entstehung der Gesellschaft erfordert den *wirksamen* Abschluss eines Gesellschaftsvertrags. Leidet die auf Abschluss des Gesellschaftsvertrags gerichtete Willenserklärung eines Gesellschafters oder der Gesellschaftsvertrag als solcher an einem **Mangel i. S. d. §§ 104 ff. BGB**, ist eigentlich der Gesellschaftsvertrag unwirksam und daher keine Gesellschaft entstanden.

17 Diese Rechtsfolge würde allerdings erhebliche **rechtliche und praktische Probleme** auslösen, wenn die Gesellschaft trotz der Unwirksamkeit des Gesellschaftsvertrags in Vollzug gesetzt wurde: Im Innenverhältnis müsste die Gesellschaft nach den Regeln des Bereicherungsrechts (§§ 812 ff. BGB) rückabgewickelt werden, was angesichts der zahlreichen rechtserheblichen Vorgänge (z. B. die Leistung der Einlagen oder zwischenzeitlich erfolgte Gewinnauszahlungen) sehr kompliziert würde; im Außenverhältnis müssten die Gesellschafter im Interesse der Gläubiger, die auf das Bestehen einer wirksamen GbR vertraut haben, ggf. nach Rechtsscheingrundsätzen behandelt und damit einer Haftung unterzogen werden.

18 Diese Abwicklung nach den gewöhnlichen bürgerlichrechtlichen Grundsätzen wird von der überwiegenden Literatur und Rechtsprechung zu Recht als unzureichend angesehen: Eine **in Vollzug gesetzte Gesellschaft** aus Rechtsgründen als inexistent zu behandeln, würde zu „unerträglichen und mit dem richtig verstandenen Zweck der Vorschriften über die rückwirkende Kraft der Nichtigkeit von Verträgen nicht mehr zu vereinbarenden Ergebnissen führen".[972] Denn faktisch lässt sich die Mitgliedschaft in einer tatsächlich durchgeführten Gesellschaft nicht interessengerecht rückabwickeln. Außerdem muss der Rechtsverkehr darauf vertrauen können, dass ein einmal ins Leben getretener Verband nicht ohne weiteres verschwindet. Die Gesellschafter haben durch den Vollzug einen Zustand geschaffen, der dazu zwingt, ein **Gesellschaftsverhältnis rechtlich anzuerkennen.**[973] Bei mitgliedschaftlichen Rechtsverhältnissen sind die Regeln über die Rechtsfolgen der Nichtigkeit von Verträgen daher zu modifizieren. Dies leistet die Lehre von der fehlerhaften Gesellschaft: Ist ein geschlossener Gesellschaftsvertrag unwirksam (fehlerhaft), setzen die (vermeintlichen) Gesellschafter die Gesellschaft aber gleichwohl in Vollzug, wird sie für die Vergangenheit wie eine fehlerfrei gegründete Gesellschaft behandelt. Sie ist **nach innen und nach außen voll wirksam gegründet** und kann nicht rückwirkend *(ex tunc)* beseitigt, sondern **nur für die Zukunft *(ex nunc)* aufgelöst** werden.[974]

19 Es handelt sich hierbei nicht um eine Fiktion oder einen Rechtsschein- bzw. Vertrauenstatbestand. Vielmehr ist die Gesellschaft, wenn auch fehlerhaft, voll rechtswirksam entstanden. Bis zur Wirksamkeit der Kündigung (GbR) bzw. der Rechtskraft des Auflösungsurteils (oHG) gelten für das Innen- und Außenverhältnis der Gesellschaft umfassend die gesetzlichen Bestimmungen für die jeweilige Gesell-

---

[971] Grundlegend zur Lehre der fehlerhaften Gesellschaft *Schäfer*, Die Lehre vom fehlerhaften Verband, 2002; zur Geschichte *Oechsler*, NJW 2008, 2471.

[972] BGH NJW 1983, 748; *K. Schmidt*, GesR, § 6 I 3.

[973] BGH NJW 1983, 748; *K. Schmidt*, GesR, § 6 II 2a; umstritten ist die Anwendung der Grundsätze über die fehlerhafte Gesellschaft auf die fehlerhafte Innengesellschaft, siehe hierzu *K. Schmidt*, GesR, § 6 II 3.

[974] Vgl. etwa BGHZ 44, 235; 153, 222; *K. Schmidt*, GesR, § 6 III 2. Einzelne Bestimmungen des Gesellschaftsvertrags können aber gleichwohl unwirksam bleiben (→ Rn. 9). Näher zu den dogmatischen Grundlagen *Schäfer*, GesR, § 5 Rn. 19.

schaftsform.[975] Weder wird die Gesellschaft im Innenverhältnis nach Bereicherungsrecht rückabgewickelt, noch kann im Außenverhältnis geltend gemacht werden, die Gesellschaft sei nie entstanden.[976] Dass der Gesellschaftsvertrag fehlerhaft ist, ermöglicht lediglich die „Vernichtbarkeit" für die Zukunft.

20 Die **fehlerhafte Gesellschaft unterscheidet sich von der bloßen Scheingesellschaft** dadurch, dass ein (fehlerhafter) Gesellschaftsvertrag geschlossen wurde, also übereinstimmende Willenserklärungen gerichtet auf den Abschluss eines Gesellschaftsvertrags vorliegen, während bei der Scheingesellschaft ein Vertragsschluss gänzlich fehlt.[977] In *rechtlicher* Hinsicht besteht der Unterschied, dass die vermeintlichen Gesellschafter einer Scheingesellschaft lediglich nach Rechtsscheingrundsätzen gegenüber gutgläubigen Dritten haften,[978] während die Gutgläubigkeit bzw. das Vertrauen Dritter bei der fehlerhaften Gesellschaft unerheblich ist.[979]

21 Die Gesellschafter können das Gesellschaftsverhältnis – gestützt auf den „Fehler" – durch eine wirksame außerordentliche **Kündigung aus wichtigem Grund** (GbR, § 723 I S. 2, 3 BGB; zukünftig § 731 BGB n.F.) bzw. durch eine **Auflösungsklage** (oHG, § 133 HGB, zukünftig § 139 HGB n.F.) beenden.[980] Fällt der Nichtigkeitsgrund nur einzelnen Gesellschaftern gegenüber anderen zur Last (z.B. ein Gesellschafter hat einen anderen arglistig getäuscht), können diese auch aus der Gesellschaft ausgeschlossen werden. Dies geschieht bei der GbR durch Beschluss der anderen Gesellschafter (§ 727 BGB n.F.), bei der oHG hingegen durch eine Ausschließungsklage (§ 140 I HGB; zukünftig § 134 HGB n.F.).[981] Die Auseinandersetzung richtet sich nach den diesbezüglichen Regelungen des Gesellschaftsvertrags bzw. nach den gesetzlichen Vorschriften, wenn vertragliche Regeln fehlen (zur Abwicklung → Rn. 158ff.).[982] Der kündigende Gesellschafter hat also insbesondere einen nach den maßgeblichen gesellschaftsrechtlichen Regeln zu berechnenden Anspruch auf sein Auseinandersetzungsguthaben oder – je nach den Vermögensverhältnissen der Gesellschaft – eine Nachschusspflicht (→ Rn. 159),[983] aber gerade keinen Anspruch auf Erstattung seiner (ursprünglichen) Einlage. Bei der Auseinandersetzung sind als Abrechnungsposten auch bis zur Kündigung noch nicht erfüllte, rückständige Einlagepflichten des Gesellschafters zu berücksichtigen, da diese nach den Grundsätzen der fehlerhaften Gesellschaft durch die Kündigung weder rückwirkend noch *ex nunc* entfallen.[984]

22 Umstritten ist, ob der wichtige **Kündigungs- bzw. Auflösungsgrund** bereits in dem Umstand liegt, der die Fehlerhaftigkeit des Gesellschaftsvertrags begründet, oder ob

---

[975] *Windbichler*, GesR, § 12 Rn. 16, 19.

[976] *K. Schmidt*, GesR, § 6 I 1.

[977] Anschaulich zur Abgrenzung BGH ZIP 2011, 2005 (Rn. 11f.) für den Fall des Auftretens eines Vertreters ohne Vertretungsmacht.

[978] Dazu *Bartels/Wagner*, ZGR 2013, 482ff., die auch darauf hinweisen, dass die nicht existente Scheingesellschaft – anders als die fehlerhafte Gesellschaft – nicht haften kann.

[979] BGH NJW 1983, 748; *K. Schmidt*, GesR, § 6 I 2c, d; Hopt/*Roth*, HGB, § 105 Rn. 85.

[980] Anders für eine bereits aufgelöste Gesellschaft BGHZ 217, 237 = ZIP 2018, 721 (Rn. 55; vgl. jedoch offen Rn. 50 zum verbraucherschützenden Widerruf).

[981] Hopt/*Roth*, HGB, § 105 Rn. 88.

[982] Hopt/*Roth*, HGB, § 105 Rn. 90. Sehr strittig ist, ob ein durch arglistige Täuschung erlangter, besonders günstiger Liquidationsanteil bei der Auseinandersetzung entfällt: Die überwiegende Auffassung bejaht dies nur, falls der Anteil *ausschließlich* dem Täuschenden zugutekommt.

[983] BGH ZIP 2019, 22 (Rn. 31, 36).

[984] BGHZ 217, 237 = ZIP 2018, 721 (Rn. 52) m.w.N., wonach dies auch beim Widerruf des Beitritts aufgrund einer „Haustürsituation" gilt.

er von Fall zu Fall festzustellen ist. Nach h.M. genügt der die Fehlerhaftigkeit begründende Umstand, sofern er bis in die Gegenwart fortwirkt.[985]

Nach dem Vorgesagten sind die Grundsätze der fehlerhaften Gesellschaft unter folgenden **Voraussetzungen** anzuwenden: 23

- Ein Gesellschaftsvertrag wurde geschlossen, d.h. es liegen auf den Abschluss eines Gesellschaftsvertrags gerichtete **Willenserklärungen** zwischen den Beteiligten vor;[986]
- der Vertrag als solcher bzw. eine oder mehrere auf seinen Abschluss gerichtete Willenserklärungen leiden aber an rechtlichen Mängeln, die den **Vertrag insgesamt unwirksam** machen (Abgrenzung zur Teilnichtigkeit); und
- die Gesellschaft wurde nach innen oder nach außen bereits **in Vollzug gesetzt.**

Auch wenn alle drei Voraussetzungen vorliegen, gelten die Grundsätze der fehlerhaften Gesellschaft nach h.M. nicht, wenn die volle Wirksamkeit der Gesellschaft mit vorrangigen Interessen der Allgemeinheit oder schutzwürdiger Personen unvereinbar ist.[987] Jene **Ausnahme** wird insbesondere in der Rechtsprechung befürwortet, wenn **nicht (voll) geschäftsfähige Personen** am Vertragsschluss beteiligt sind[988] oder der **Gesellschaftszweck sittenwidrig** ist oder gegen ein **gesetzliches Verbot** verstößt.[989] Demgegenüber sind die Grundsätze der fehlerhaften Gesellschaft anzuwenden, wenn ein Gesellschafter seine auf Abschluss des Gesellschaftsvertrags gerichtete Willenserklärung wegen arglistiger Täuschung wirksam anficht (§§ 142 I, 123 I BGB).[990] Seine Schutzbedürftigkeit tritt hinter den Bestandsschutz der Gesellschaft und den Verkehrsschutz zurück; die arglistige Täuschung wird lediglich im Innenverhältnis berücksichtigt.[991] Auch die Tatsache, dass der Gesellschafter den Gesellschaftsvertrag als Verbraucher „außerhalb von Geschäftsräumen" i.S.v. §§ 13, 312b BGB abgeschlossen hat, rechtfertigt *keine* Ausnahme von der Anwendung der Grundsätze der fehlerhaften Gesellschaft.[992] 24

Das Tatbestandsmerkmal des **Invollzugsetzens** nach innen oder nach außen ist erfüllt, wenn Rechtstatsachen geschaffen werden, an denen die Rechtsordnung nicht vorbeigehen kann (z.B. Rechtsgeschäfte mit Dritten, Leistung von Einlagen).[993] Stets 25

---

[985] Hopt/*Roth*, HGB, § 105 Rn. 88; *K. Schmidt*, GesR, § 6 III 2.

[986] Dieses Erfordernis ist grundsätzlich nicht erfüllt, wenn für einen Beteiligten ein Vertreter eigenmächtig ohne Vertretungsmacht auftritt; vgl. BGH ZIP 2011, 2005. Anderes gilt jedoch, wenn die Beteiligten den Beitritt eines Gesellschafters trotz eines Vertretungsmangels als wirksam behandelt haben; vgl. z.B. BGH NJW 1992, 1501 (juris-Rn. 19); in diesem Sinne wohl auch BGH ZIP 2013, 1761 (Rn. 18), wenn auch viel zu allgemein formulierend.

[987] Ständige Rspr., vgl. nur BGHZ 75, 214; Hopt/*Roth*, HGB, § 105 Rn. 83; a.A. *K. Schmidt*, GesR, § 6 III 1 3.

[988] BGH NJW 1983, 748; es ist zu beachten, dass die Grundsätze über die fehlerhafte Gesellschaft weiterhin zwischen den verbleibenden (voll geschäftsfähigen) Gesellschaftern gelten: die „Restgesellschaft" ist zwischen diesen Personen wirksam gegründet und lediglich für die Zukunft auflösbar.

[989] BGHZ 62, 234; BGHZ 75, 214.

[990] BGHZ 26, 330.

[991] *K. Schmidt*, GesR, § 6 III 3c bb.

[992] Zum früheren „Haustürgeschäft" BGH ZIP 2010, 1540 (Leitsatz 1) – Friz II; BGH ZIP 2010, 1689; BGHZ 217, 237 = ZIP 2018, 721 (Rn. 49ff., insbes. Rn. 52); zur Richtlinienkonformität dieser Rechtsprechung vgl. EuGH, ZIP 2010, 772.

[993] BGH NJW 1978, 2505; welche Handlungen im Einzelnen erforderlich sind, ist streitig; vgl. hierzu *K. Schmidt*, GesR, § 6 III 1b; Hopt/*Roth*, HGB, § 105 Rn. 82; tendenziell eng *Schäfer*, GesR, § 5 Rn. 22: Auftreten im Rechtsverkehr namens der Gesellschaft erforderlich, rein intern wirkendes Handeln genügt nicht.

muss der Vollzug den Beteiligten zurechenbar sein.[994] Dabei genügt neben der persönlichen Mitwirkung auch eine wirksame Stellvertretung,[995] ein Veranlassen oder ein Dulden. Unabhängig davon, ob die Gesellschaft nach innen oder nach außen in Vollzug gesetzt wird, ist sie **insgesamt wirksam gegründet.**[996] Hingegen wirken die Unwirksamkeitsgründe entsprechend der gesetzlichen Regelung *ex tunc*, solange die fehlerhafte Gesellschaft noch nicht in Vollzug gesetzt ist.

26 Auch bei nachträglichen Änderungen eines fehlerfrei geschlossenen Gesellschaftsvertrags können Unwirksamkeitsgründe gemäß den §§ 104 ff. BGB vorliegen. Die Grundsätze der fehlerhaften Gesellschaft gelten grundsätzlich auch für **fehlerhafte Vertragsänderungen** verschiedenster Art, wenn die Vertragsänderung in Vollzug gesetzt wurde und damit eine Rückabwicklung erhebliche Schwierigkeiten mit sich bringt.[997] Dies gilt insbesondere für den **fehlerhaften Beitritt** zu einer Gesellschaft.[998] Der fehlerhaft beigetretene Gesellschafter ist voll wirksam Gesellschafter der Gesellschaft mit allen Rechten und Pflichten im Innen- und Außenverhältnis, sofern sein Beitritt in Vollzug gesetzt wurde (z. B. Beitragszahlung, Ausübung von Gesellschafterrechten). Auf ihn finden die gesetzlichen Bestimmungen wie auf einen fehlerfrei beigetretenen Gesellschafter Anwendung; die Gesellschafterstellung kann nur *ex nunc* beendet werden, weshalb der Gesellschafter auch zur Leistung der von ihm nach dem Gesellschaftsvertrag zu erbringenden Beiträge ungeachtet der Kündigung (→ Rn. 21) verpflichtet bleibt, soweit die entsprechende Verpflichtung bereits vollwirksam begründet wurde.[999] Der fehlerhaft beigetretene Gesellschafter haftet nach § 130 HGB (analog bei der GbR; → Rn. 39 ff.; zukünftig § 721a BGB n. F.) auch für Altverbindlichkeiten der Gesellschaft und nicht nur für Verbindlichkeiten gegenüber den auf seinen Beitritt vertrauenden Neugläubigern. Hier wird der Unterschied zur Rechtsscheinhaftung besonders deutlich: Bei einer reinen Rechtsscheinhaftung wäre die Haftung auf Ansprüche von Neugläubigern beschränkt, die auf den Rechtsschein des Beitritts vertraut haben.

27 Entsprechend ist auch das **fehlerhafte Ausscheiden** aus der Gesellschaft nicht *ex tunc* unwirksam, sondern wird nur *ex nunc* berichtigt.[1000] Der fehlerhaft ausgeschiedene Gesellschafter ist im Verhältnis zu Dritten erst ab Wiederaufnahme in die Gesellschaft erneut Gesellschafter und für die Zwischenzeit ausgeschieden; im Innenverhältnis ist er allerdings so zu stellen, als wäre er die ganze Zeit Gesellschafter gewesen.[1001] Auch in diesem Zusammenhang sind nach h. M. jedoch die Grundsätze zur Unanwendbarkeit der Lehre von der fehlerhaften Gesellschaft zu beachten: Ist

---

[994] MüKoHGB/*Fleischer*, § 105 Rn. 493.

[995] Bei eigenmächtigem Auftreten eines Vertreters ohne Vertretungsmacht für einen Beteiligten fehlt es grundsätzlich an der Zurechenbarkeit der Invollzugsetzung, darüber hinaus aber grundsätzlich auch schon an der Voraussetzung des Abschlusses eines Gesellschaftsvertrags; → Rn. 23 mit der dortigen Fn.

[996] Hopt/*Roth*, HGB, § 105 Rn. 82, 85.

[997] Hopt/*Roth*, HGB, § 105 Rn. 91; OLG Hamburg ZIP 2019, 862; vgl. zum Ganzen *K. Schmidt*, GesR, § 6 IV, V. Ob die Grundsätze der fehlerhaften Gesellschaft umfassend auf fehlerhafte Änderungen des Gesellschaftsvertrags oder nur in bestimmten Fällen Anwendung finden, ist sehr strittig; vgl. hierzu Hopt/*Roth*, HGB, § 105 Rn. 91 ff.

[998] BGHZ 26, 330, 334 ff.; 63, 338, 344; BGH ZIP 2016, 1432 (Rn. 22) m. w. N.

[999] Siehe BGH ZIP 2016, 1432 (Rn. 22), allerdings nicht vollständig klar in der Abgrenzung zwischen fortbestehenden und erlöschenden Verpflichtungen; fortlaufende (Dauer-)Verpflichtungen (etwa zur Nutzungsüberlassung eines Gegenstandes) sollten richtigerweise infolge der Kündigung *für die Zukunft* enden.

[1000] BGH NJW-RR 2003, 533; *K. Schmidt*, GesR, § 6 V 1b.

[1001] *K. Schmidt*, GesR, § 6 V 1b.

der Gesellschafter, um dessen Ausscheiden es geht, zum maßgeblichen Zeitpunkt nicht voll geschäftsfähig, ist und bleibt sein Ausscheiden unwirksam; die Anwendung der Grundsätze der fehlerhaften Gesellschaft lässt sich in diesem Fall nicht damit begründen, dass den nicht voll Geschäftsfähigen bei einem Verbleib in der Gesellschaft die Haftung gegenüber den Gläubigern trifft.[1002]

Nach überwiegender Auffassung in der Literatur gelten die Grundsätze der fehlerhaften Gesellschaft *nicht*, wenn die **Übertragung eines Gesellschaftsanteils**[1003] fehlerhaft ist.[1004] Die Anteilsübertragung vollziehe sich außerhalb des Gesellschaftsvertrags und berühre daher die Gesellschaftsstruktur nicht. Obwohl der BGH dies nicht in Zweifel zieht, hat er die Grundsätze der fehlerhaften Gesellschaft auch auf die unwirksame Übertragung eines Gesellschaftsanteils angewendet.[1005] Aus Gründen des Verkehrsschutzes bestehe nämlich gleichwohl ein Bedürfnis, den Erwerber vorläufig als Gesellschafter und den Veräußerer als ausgeschieden zu behandeln. 28

⇨ *Fall Nr. 30 – Der junge Möbelhändler (zur oHG)*

III. Rechtsfähigkeit und Gesellschaftsvermögen der GbR

Die Regelungen der §§ 705 ff. BGB gehen im Grundsatz davon aus, dass die GbR durch ihre vertretungsberechtigten Gesellschafter *als solche*, d.h. als GbR, am Rechtsverkehr teilnimmt (**Außengesellschaft**). Beispiel für eine solche Außengesellschaft ist z.B. die Arbeitsgemeinschaft (ARGE), die unter dieser Bezeichnung (z.B. ARGE Potsdamer Platz) gegenüber Dritten auftritt. Bei einer **Innengesellschaft** haben sich die Gesellschafter zwar auch durch Abschluss eines Gesellschaftsvertrags (→ Rn. 7 ff.) zu einem gemeinsamen Zweck zusammengeschlossen,[1006] jedoch fehlt nach außen die Vertretungsmacht und alle oder einzelne Gesellschafter treten bei Geschäften mit Dritten stattdessen im eigenen Namen, aber im Innenverhältnis für Rechnung der Gesellschaft auf. Entsprechend werden als typische Merkmale einer Innengesellschaft in Abgrenzung zur Außengesellschaft die mangelnde Teilnahme am Rechtsverkehr, der Verzicht auf die Bildung von Gesellschaftsvermögen und das Fehlen einer Vertretungsregelung angesehen.[1007] Beispiel für eine Innengesellschaft ist die typische Lotto-Tippgemeinschaft,[1008] die als „GbR" im Rechtsverkehr nicht in Erscheinung tritt, also z.B. die Lottoscheine nicht als „Tippgemeinschaft Müller, Meier, Schulze" kauft.[1009] 29

Diese seit langem anerkannte Unterscheidung zwischen Innen- und Außengesellschaft[1010] ist mit dem **MoPeG** (→ Rn. 1a) gesetzlich in § 705 II BGB n.F. kodifiziert worden.[1011] Diese am 1.1.2024 in Kraft tretende Neuregelung lautet: „Die Gesell- 29a

---

1002 BGH NJW 1992, 1503.

1003 Die Übertragung vollzieht sich durch Verfügung über die Mitgliedschaft gemäß §§ 413, 398 BGB (→ Rn. 110).

1004 *K. Schmidt*, GesR, § 6 V 2b aa; Hopt/*Roth*, HGB, § 105 Rn. 94.

1005 BGH ZIP 2010, 1590; wegen § 16 I GmbHG (→ § 4 Rn. 163) anders für die fehlerhafte Abtretung eines GmbH-Anteils BGH ZIP 2013, 118 (Rn. 9) m.w.N.

1006 Dies ist also gemeinsames Merkmal von Außen- und Innengesellschaft; vgl. BGH ZIP 2018, 2267 (Rn. 11).

1007 BGH ZIP 2018, 1492 (Rn. 20); BGH ZIP 2018, 2267 (Rn. 11).

1008 Dazu *Fleischer/Hahn*, NZG 2017, 1 ff.

1009 Weitere Beispiele zur Abgrenzung bei *K. Schmidt*, ZHR 185 (2021), 16, 25 ff.

1010 Vgl. *Fleischer*, ZGR-Sonderheft 23, 2021, S. 1, 11, 14 ff.

1011 Vgl. *Bachmann*, NJW 2021, 3073, 3074; näher *K. Schmidt*, ZHR 185 (2021), 16, 20 ff. (zum RegE); *Armbrüster*, ZGR-Sonderheft 23, 2021, S. 143 ff. (zum Mauracher Entwurf).

schaft kann entweder selbst Rechte erwerben und Verbindlichkeiten eingehen, wenn sie nach dem gemeinsamen Willen der Gesellschafter am Rechtsverkehr teilnehmen soll (rechtsfähige Gesellschaft), oder sie kann den Gesellschaftern zur Ausgestaltung ihres Rechtsverhältnisses untereinander dienen (nicht rechtsfähige Gesellschaft)." Die Frage der vorhandenen oder fehlenden Rechtsfähigkeit läuft also parallel mit der Unterscheidung zwischen Außen- und Innengesellschaft.[1012]

1. Rechtsfähigkeit der Außen-GbR

30 Der Gesetzgeber des MoPeG greift damit eine Entwicklung auf, die in der Literatur schon im 20. Jahrhundert vorbereitet wurde und in der Rechtsprechung zu Beginn des Jahrtausends ihren Höhepunkt erreicht hatte.[1013] Während man früher eines der charakteristischen Merkmale der GbR in der *fehlenden* Rechtsfähigkeit gesehen hatte, änderte der BGH – wie in § 1 Rn. 17 ausgeführt – im Urteil vom 29.1.2001[1014] seine Rechtsprechung. Seither war die Rechtsfähigkeit der (Außen-)GbR weitgehend anerkannt, soweit sie durch Teilnahme am Rechtsverkehr eigene Rechte und Pflichten begründet. In diesem Rahmen ist sie zugleich **im Zivilprozess aktiv und passiv parteifähig.** Die jetzige Reform des Personengesellschaftsrechts vollzieht diese Entwicklung in § 705 II BGB n. F. gesetzlich nach, wobei die rechtliche Selbstständigkeit nun auch durch eine Registerführung nach außen dokumentiert werden kann (→ Rn. 1a, 8a).

31 Die Rechtsfähigkeit der Außen-GbR wird vor allem damit begründet, dass diese **hinreichend körperschaftlich organisiert** und verselbständigt ist; sie ist in gewissem Maße von ihren Gesellschaftern losgelöst. Außerdem implizieren schon im jetzigen Recht verschiedene gesetzliche Vorschriften die Rechtsfähigkeit der GbR, so zum Beispiel § 11 II Nr. 1 InsO, wonach über das Vermögen einer GbR das Insolvenzverfahren eröffnet werden kann, oder § 191 II Nr. 1 UmwG, wonach die GbR bei einer Umwandlung neuer „Rechtsträger" sein kann.

32 Der wesentliche praktische Vorteil dieser heutigen Rechtsprechung (und zukünftigen gesetzlichen Regelung) liegt darin, dass **die GbR als solche verklagt werden kann,** während früher wegen der fehlenden Rechtsfähigkeit alle einzelnen Gesellschafter in der Klageschrift aufgeführt werden mussten. Dies konnte bei Gesellschaften mit großem oder z. T. unbekanntem Gesellschafterkreis für den Gläubiger schwierig bis unmöglich sein. Folge der Parteifähigkeit der Außen-GbR ist, dass ein Gesellschafterwechsel während eines Prozesses die Parteistellung der GbR im Gesellschaftsprozess nicht berührt.[1015] Erstreitet man allerdings ein Urteil gegen die GbR als solche, dann kann mit dem Titel auch nur in das Vermögen der GbR, nicht auch in das Vermögen der Gesellschafter vollstreckt werden (näher → Rn. 47 ff.). Es empfiehlt sich daher in der Praxis, neben der GbR zumindest auch diejenigen Gesellschafter zu verklagen, die dem Gläubiger bekannt sind, um auch in deren Vermögen vollstrecken zu können.

33 Trotz ihrer Rechtsfähigkeit kann die (Außen-)GbR nicht Verwalter einer Wohnungseigentümergemeinschaft (WEG) sein.[1016]

34 Auch die **Registerfähigkeit der GbR** war lange Zeit umstritten. Insbesondere war unklar, ob die Außen-GbR grundbuchfähig ist, eine GbR also anstelle der Gesellschafter als Eigentümerin eines Grundstücks oder Inhaberin grundstücksbezogener

[1012] *K. Schmidt*, ZHR 185 (2021), 16, 21 ff.; *Armbrüster*, ZGR-Sonderheft 23, 2021, S. 143, 147 ff.

[1013] Ausführlich *K. Schmidt*, ZHR 185 (2021), 16 ff.

[1014] BGHZ 146, 341 = NJW 2001, 1056; dazu *K. Schmidt*, NJW 2001, 993.

[1015] Grüneberg/*Sprau*, BGB, § 714 Rn. 23.

[1016] BGH NJW 2006, 2189.

Rechte im Grundbuch eingetragen werden kann. Die überwiegende Ansicht hat dies bis ins Jahr 2008 abgelehnt.[1017] Für diese Auffassung spricht, dass Register der **Publizität** dienen und bei ausschließlicher Eintragung der GbR dieses Ziel der öffentlichen Nachvollziehbarkeit unterlaufen würde. Die hinter der GbR stehenden Personen sind nämlich wegen des Fehlens eines GbR-Registers bis Ende 2023 (› Rn. 8 f.) nicht für Außenstehende erkennbar (anders bei der oHG oder KG, wo ein Blick ins Handelsregister möglich ist). Gleichwohl hatte der BGH die Grundbuchfähigkeit der GbR schon Ende 2008 bejaht.[1018] Er begründete dies vor allem damit, dass die (Außen-)GbR aufgrund ihrer Rechtsfähigkeit **„materiell" grundbuchfähig** ist, also Eigentümerin eines Grundstücks sein kann; dann müsse sie – zwangsläufig – aber **auch „formell" grundbuchfähig** sein, weil sich die formelle Grundbuchfähigkeit nach der materiellen richte.[1019]

35 Im Grundbuch sollte die GbR nach Ansicht des BGH unter der Bezeichnung eingetragen werden, die die Gesellschafter im Gesellschaftsvertrag für sie vorgesehen haben; fehlte eine Bezeichnung im Gesellschaftsvertrag, sollte die GbR als „Gesellschaft bürgerlichen Rechts bestehend aus …" und den Namen ihrer Gesellschafter eingetragen werden.[1020] Der Gesetzgeber hatte allerdings schon seinerzeit auf das Urteil des BGH reagiert und die Vorschrift des derzeit noch geltenden **§ 47 II 1 GBO** eingefügt:[1021] Damit die hinter der GbR stehenden Personen immer erkennbar bleiben, sind nach jener Vorschrift bis Ende 2023 neben der Gesellschaft (stets) auch die Gesellschafter im Grundbuch einzutragen.

35a Diese Rechtslage wird sich allerdings mit dem **Inkrafttreten des MoPeG am 1.1.2024** deutlich verändern. Dann nämlich wird für die rechtsfähige Außen-GbR ein Gesellschaftsregister geschaffen sein, in welches die Gesellschafter ihre GbR eintragen lassen können und bei gewollter Grundbuchfähigkeit auch eintragen lassen müssen (vgl. bereits → Rn. 8a und § 2 Rn. 15). Der neue § 47 II GBO wird dann nämlich lauten: „Für eine Gesellschaft bürgerlichen Rechts soll ein Recht nur eingetragen werden, wenn sie im Gesellschaftsregister eingetragen ist." Die hinter der Gesellschaft stehenden Personen werden dann nicht mehr aus dem Grundbuch, sondern – wie bei anderen Gesellschaftstypen auch – aus dem für die Gesellschaft zuständigen Register erkennbar sein.[1022] Wie die Begründung zum neuen § 47 II GBO deutlich macht, ist der dadurch ausgeübte Druck auf die Gesellschafter, von ihrem Eintragungswahlrecht aus § 707 I BGB n. F. in Bezug auf die GbR auch tatsächlich Gebrauch zu machen, vom Gesetzgeber bezweckt; ohne Eintragung der GbR gibt es zukünftig ihre Grundbuchfähigkeit schlicht nicht mehr.[1023] Das Gleiche gilt für viele andere in Registern geführte Rechtspositionen (→ Rn. 8a).[1024]

36 Hat ein Gesellschafter ein Grundstück als Einlage versprochen, wird die GbR dessen Eigentümer, indem der Gesellschafter das Grundstück an die GbR auflässt

---

[1017] Vgl. etwa BayObLG NZG 2003, 26; OLG Celle NJW 2006, 2194; OLG Schleswig NJW 2008, 306.

[1018] BGHZ 179, 102 = NJW 2009, 594; dazu *K. Schmidt*, JuS 2009, 278; ferner *Steffek*, ZIP 2009, 1445.

[1019] Vgl. BGHZ 179, 102 = NJW 2009, 594 (Rn. 13) sowie die Entscheidungsbesprechung von *K. Schmidt*, JuS 2009, 278.

[1020] Vgl. BGHZ 179, 102 = NJW 2009, 594 – Leitsätze 1 und 2.

[1021] Vgl. zu § 47 II GBO auch BGH ZIP 2011, 1003 sowie NJW-Spezial 2009, 545, zu dem an § 47 II GBO anknüpfenden Gutglaubensschutz gemäß § 899a BGB → Rn. 63.

[1022] Ausführlich *Herrler*, ZGR-Sonderheft 23, 2021, S. 39 ff., insbes. S. 63 ff.

[1023] Begr. RegE MoPeG zu § 47 II GBO n. F., BT-Drs. 19/27635, S. 206; siehe auch *Noack*, NZG 2020, 581, 582.

[1024] Ausführlich *Herrler*, ZGR-Sonderheft 23, 2021, S. 39, 50 ff., 60 ff., 70 ff.

und die entsprechende Umschreibung im Grundbuch erfolgt (§ 873 BGB). Das Grundstück fällt dann in das Gesellschaftsvermögen.

2. Das Gesellschaftsvermögen

37 Gesellschaftsvermögen (= Vermögen „der GbR") entsteht vor allem durch Einlageleistungen der Gesellschafter.[1025] Aber auch jeder sonstige Rechtserwerb durch die Gesellschaft führt zu Gesellschaftsvermögen, so etwa wenn ein Vertragspartner der GbR einen Kaufgegenstand übereignet. Das Gesellschaftsvermögen ist nach dem nur noch bis Ende 2023 geltenden § 718 I BGB gemeinschaftliches Vermögen der Gesellschafter, für das gemäß § 719 I BGB eine **gesamthänderische Bindung** besteht. Inhaber des Vermögens waren nach klassischer Auffassung die Gesellschafter in ihrer gesamthänderischen Verbundenheit.

37a Demgegenüber ist nunmehr eine **rechtsfähige Außen-GbR selbst** als **Rechtsträgerin (z.B. Eigentümerin)** anzusehen[1026], wie zukünftig in § 713 BGB n.F. ausdrücklich klargestellt wird. Die Vorschrift lautet: „Die Beiträge der Gesellschafter sowie die für oder durch die Gesellschaft erworbenen Rechte und die gegen sie begründeten Verbindlichkeiten sind Vermögen der Gesellschaft." Ausdrücklich nimmt die Gesetzesbegründung vom bisherigen Verständnis Abstand, indem dort ausgeführt wird:

> „§ 713 BGB-E ersetzt den geltenden § 718 BGB, der zusammen mit § 719 und § 738 BGB die Grundlage für das historisch überholte Gesamthandsprinzip bildet. Ausgangspunkt des Gesamthandsprinzips ist die in § 718 BGB ausdrücklich artikulierte Vorstellung, dass das dem gemeinsamen Zweck gewidmete oder bei Zweckerfüllung erworbene Vermögen den Gesellschaftern gemeinsam gehört. Mit Anerkennung der Rechtsfähigkeit der Gesellschaft ist das Gesamthandsprinzip unter dem Gesichtspunkt der Vermögenstrennung entbehrlich geworden und hat sich folglich der dogmatische Ausgangspunkt von § 718 BGB überholt. § 713 BGB-E stellt daher klar, dass das dem gemeinsamen Zweck gewidmete wie auch das daraufhin erworbene Vermögen nicht den Gesellschaftern zur gesamten Hand, sondern der Gesellschaft selbst gehört."[1027]

37b Dass jene Regelung in § 713 BGB n.F. und die darin angeordnete Vermögenszuordnung zur Gesellschaft – wie bisher – nur die *rechtsfähige* Außengesellschaft betrifft, wird in § 740 I BGB n.F. dadurch klargestellt, dass **eine nicht rechtsfähige (Innen-)Gesellschaft kein Vermögen besitzen kann.**[1028]

38 Nach dem überkommenen, Ende 2023 der Vergangenheit angehörenden Verständnis ist das Gesamthandsvermögen ein dinglich gebundenes Sondervermögen aller Gesellschafter, das von dem Vermögen der einzelnen Gesellschafter strikt zu trennen und ausschließlich der Verwirklichung des Gesellschaftszwecks zu dienen bestimmt ist. Dies hat zur Folge, dass ein Gesellschafter nicht über seinen Anteil am Gesellschaftsvermögen insgesamt oder an einzelnen Gegenständen verfügen kann (§ 719 I BGB). Der jedem Gesellschafter zustehende **Anteil am Gesellschaftsvermögen** ist vielmehr **untrennbarer Bestandteil der umfassenden Mitgliedschaft.**[1029] Über

---

[1025] Näher zum Begriff der Einlage → Rn. 69.

[1026] Die GbR kann z.B. Eigentümerin eines Grundstücks sein; vgl. BGHZ 179, 102.

[1027] Begr. RegE MoPeG zu § 713 BGB n.F., BT-Drs. 19/27635, S. 148; vgl. auch *Armbrüster*, ZGR-Sonderheft 23, 2021, S. 143, 150ff.; *Wertenbruch*, GmbHR 2021, 1, 2 (Rn. 2); *Bachmann*, NZG 2020, 612, 615f.; kritisch *Habersack*, ZGR 2020, 539, 547ff.

[1028] Dazu eingehend *K. Schmidt*, ZHR 185 (2021), 16, 21ff.; *Armbrüster*, ZGR-Sonderheft 23, 2021, S. 143, 150ff.; kritisch *Bachmann*, NZG 2020, 612, 615f.

[1029] *Windbichler*, GesR, § 3 Rn. 5; möglich ist daher nur die Übertragung der Mitgliedschaft als Ganzes (→ Rn. 110f.).

die zum Gesellschaftsvermögen gehörenden einzelnen Gegenstände können die Gesellschafter nur gemeinsam – „mit gesamter Hand“ – verfügen. Ob eine wirksame Verfügung durch die GbR/Gesamthand vorliegt, ist davon abhängig, ob der bzw. die vertretungsberechtigte(n) Gesellschafter die Willenserklärung abgegeben hat/haben und die Willenserklärung von seiner/ihrer Vertretungsmacht gedeckt war.[1030]

Sieht man demgegenüber – mit dem neueren, zukünftig in § 713 BGB n. F. kodifi- 38a
zierten Verständnis – die Gesellschaft selbst als Inhaberin des Vermögens an, ergibt sich mit Selbstverständlichkeit, dass die einzelnen Gesellschafter darüber nicht verfügen können, nämlich schlicht deshalb nicht, weil es gar nicht ihr Vermögen ist. Entscheidend für eine wirksame Verfügung ist allein, ob die Gesellschaft als solche wirksam verfügt hat, was bei der GbR – wie bei allen anderen Gesellschaftstypen auch – davon abhängig ist, ob jene Gesellschaft (und nicht die Gesellschafter) bei der Verfügung über das ihr zugeordnete Vermögen wirksam vertreten wurde.

IV. Die Haftung der GbR und ihrer Gesellschafter

Schließt ein Gesellschafter oder eine andere Person im Namen der GbR mit der 39
erforderlichen Vertretungsmacht (→ Rn. 60 ff.) ein Rechtsgeschäft mit einem Dritten, so haften aus diesem Geschäft die GbR und zugleich auch die Gesellschafter persönlich. Die **persönliche Haftung der Gesellschafter ist der Ausgleich für das Fehlen eines Garantiekapitals**, das die Gläubiger schützt. Seit der oben beschriebenen Rechtsprechungsänderung zu Beginn des Jahrtausends[1031] wird die Gesellschafterhaftung nicht mehr über die sog. Doppelverpflichtungslehre begründet, nach welcher der geschäftsführende/vertretende Gesellschafter zugleich das Gesellschaftsvermögen und alle Gesellschafter persönlich verpflichtete, sondern über die sog. **Akzessorietätstheorie**. Verpflichtet wird danach (nur) die nunmehr rechtsfähige GbR als solche. Die **Gesellschafter haften** für deren Verbindlichkeiten **analog § 128 HGB akzessorisch mit**, also nach jener Regel, die der Gesetzgeber derzeit (nur) für die persönlich haftenden Gesellschafter der oHG und der KG vorgesehen hat (→ § 6 Rn. 13 ff., → § 7 Rn. 5).[1032]

Im Rahmen des **MoPeG** (→ Rn. 1a) ist allerdings mit Wirkung ab dem Jahr 2024 39a
die neue Haftungsvorschrift des § 721 BGB n. F. ins Recht der GbR integriert worden, welche die bisherige Rechtsprechung gesetzlich fixiert.[1033] Sie lautet: „Die Gesellschafter haften für die Verbindlichkeiten der Gesellschaft den Gläubigern als Gesamtschuldner persönlich. Eine entgegenstehende Vereinbarung ist Dritten gegenüber unwirksam.“ (vgl. zu Letzterem → Rn. 40a). Die Haftung eines später in die GbR eintretenden Gesellschafters richtet sich zukünftig nach § 721a BGB (→ Rn. 43a).

[1030] Nur in diesem Fall wirkt die Willenserklärung nach § 164 I BGB unmittelbar für und gegen die GbR/Gesamthand; für den Umfang der Vertretungsmacht ist der Umfang der Geschäftsführungsbefugnis maßgeblich (§ 714 BGB); näher → Rn. 53 ff.

[1031] BGHZ 146, 341 = NJW 2001, 1056.

[1032] Ein Treugeber, der nicht selbst Gesellschafter wird, sondern für den ein Gesellschafter den Gesellschaftsanteil treuhänderisch hält, haftet demgegenüber für Gesellschaftsschulden nicht analog § 128 HGB persönlich; vgl. BGHZ 178, 271 = ZIP 2008, 2354 (Leitsatz 1); bestätigt in BGH ZIP 2009, 1266 mit Anm. *Bitter/Maurer*, WuB II E. § 128 HGB 2.09; BGHZ 207, 54 = ZIP 2015, 2268 (Rn. 11). Im Innenverhältnis kann der Treugeber aber wie ein unmittelbarer (Quasi-)Gesellschafter zu behandeln sein; vgl. BGHZ 217, 237 = ZIP 2018, 721 (Rn. 18 ff.); BGH ZIP 2018, 781 (Rn. 13 ff.).

[1033] Dazu *Schollmeyer*, DNotZ 2021, 889 ff.; Kritik bei *Bachmann*, NZG 2020, 612, 616 f.

1. Grundsatz unbeschränkter Haftung der Gesellschafter

40 Früher versuchten viele GbR-Gesellschafter, ihre Haftung gegenüber den Gesellschaftsgläubigern auf das Gesellschaftsvermögen zu beschränken, indem sie im Rechtsverkehr mit der Bezeichnung **„GbRmbH"** = „Gesellschaft bürgerlichen Rechts mit beschränkter Haftung" auftraten. Grundlage dieses Versuchs war die alte Doppelverpflichtungslehre, nach der die Haftung der Mitgesellschafter von deren jeweiliger Verpflichtung durch den die GbR vertretenden Gesellschafter abhing. Hatten ein oder alle Gesellschafter diese Vertretungsmacht dahingehend beschränkt, dass nur das Gesellschaftsvermögen verpflichtet werden darf, konnte so die Haftung im Außenverhältnis beschränkt werden. Der BGH hat diesem Versuch der Haftungsbeschränkung jedoch schon mit Urteil vom 27.9.1999[1034] eine Absage erteilt und entschieden:

> „Für die im Namen einer Gesellschaft bürgerlichen Rechts begründeten Verpflichtungen haften die Gesellschafter kraft Gesetzes auch persönlich. Diese Haftung kann nicht durch einen Namenszusatz oder einen anderen, den Willen, nur beschränkt für diese Verpflichtungen einzustehen, verdeutlichenden Hinweis beschränkt werden, sondern nur durch eine individualvertragliche Vereinbarung ausgeschlossen werden."

40a Der soeben zitierte § 721 S. 2 BGB n. F. stellt deshalb mit seiner Anordnung einer Unwirksamkeit entgegenstehender Vereinbarungen (→ Rn. 39a) auch insoweit nur gesetzgeberisch klar, was die Rechtsprechung bereits zum bisherigen Recht entschieden hatte. Da sich die Vorschrift nur auf Vereinbarungen unter den Gesellschaftern bezieht, ist selbstverständlich auch in Zukunft eine individuelle haftungsbeschränkende Vereinbarung von Seiten der Gesellschaft oder eines einzelnen Gesellschafters mit dem Gesellschaftsgläubiger nicht ausgeschlossen.[1035]

41 Ein Gläubiger der GbR kann danach grundsätzlich unbeschränkt auf alle **Gesellschafter** zugreifen (§ 128 HGB analog bzw. zukünftig § 721 BGB n. F.). Diese haften nicht nur anteilig, sondern jeweils auf die ganze Leistung und sind damit **untereinander Gesamtschuldner** i. S. v. §§ 421 ff. BGB, wie § 721 BGB n. F. nach dem oben zitierten Wortlaut ab 2024 auch ausdrücklich klarstellt (→ Rn. 39a). Nimmt der Gläubiger nur einen Gesellschafter in Anspruch, kann dieser im Innenverhältnis bei den anderen Gesellschaftern anteilig **Regress** nehmen (§ 426 BGB).[1036]

2. Analoge Anwendung des § 31 BGB und Gesellschafterhaftung für gesetzliche Verbindlichkeiten

42 In der Konsequenz seiner dargestellten Linie hat der BGH durch Urteil vom 24.2.2003[1037] entschieden, dass sich die GbR zu Schadensersatz verpflichtendes Handeln ihrer (geschäftsführenden) Gesellschafter entsprechend § 31 BGB zurechnen lassen muss[1038] und die Gesellschafter auch für gesetzlich begründete Verbindlichkeiten der GbR (z. B. aus § 823 BGB) analog § 128 HGB persönlich und als Gesamtschuldner haften. In diesem Rahmen gelten im Grundsatz auch die in Bezug auf den Verein bereits dargelegten Grundsätze der **Repräsentantenhaftung** (→ § 2

[1034] BGHZ 142, 315 = NJW 1999, 3483.

[1035] Vgl. deutlich Begr. RegE MoPeG zu § 721 BGB n. F., BT-Drs. 19/27635, S. 165. Obwohl dort nicht auf eine „Individualvereinbarung" Bezug genommen wird, sollte die bisherige Rechtsprechung auch insoweit fortgelten.

[1036] Ausführlich zu den Folgen der Inanspruchnahme eines Gesellschafters → Rn. 100 ff. sowie Fall Nr. 31 – Scherben bringen Glück (Abwandlung 3).

[1037] BGHZ 154, 88 = NJW 2003, 1445.

[1038] Näher zu § 31 BGB beim Verein (→ § 2 Rn. 7).

Rn. 7); umstritten ist allerdings, ob beim Handeln leitender Angestellter neben der Haftung der GbR auch die persönliche Gesellschafterhaftung analog § 128 HGB bzw. zukünftig nach § 721 BGB n.F. im vollen Umfang gerechtfertigt ist (→ § 6 Rn. 12 zur oHG). Die analoge Anwendung des § 31 BGB betrifft nicht nur gesetzliche Verbindlichkeiten, sondern gleichermaßen die (vor-)vertraglichen Beziehungen der GbR. § 31 BGB ist deshalb ebenso im Rahmen der Prüfung eines Schadensersatzanspruchs gegen die GbR gemäß § 280 I BGB (ggf. i.V.m. § 311 II BGB) anzuwenden, und zwar sowohl hinsichtlich der Zurechnung der Handlung (Pflichtverletzung) als auch des Verschuldens des Gesellschafters.

3. Haftung für Altverbindlichkeiten beim Eintritt analog § 130 HGB

Schließlich steht seit dem Urteil vom 7.4.2003[1039] für die Praxis fest, dass auch 43
der in eine GbR eintretende Gesellschafter grundsätzlich für vor seinem Eintritt begründete **vertragliche und gesetzliche (Alt-)Verbindlichkeiten** der Gesellschaft persönlich und als Gesamtschuldner mit den Altgesellschaftern einzustehen hat. Die Rechtslage bei der GbR wurde also auch insoweit derjenigen bei der oHG angepasst, bei der eine Haftung für Altverbindlichkeiten in § 130 HGB bestimmt ist. Die Haftung für Altverbindlichkeiten analog § 130 HGB gilt im Grundsatz auch, wenn ein Gesellschafter einer GbR beigetreten ist, *bevor* der BGH die Rechtsfähigkeit der Außen-GbR anerkannt und sich für eine analoge Anwendung der §§ 128, 130 HGB auf die GbR entschieden hat.[1040] Allerdings ist in jedem Einzelfall zu prüfen, ob dem Beitretenden ausnahmsweise Vertrauensschutz zu gewähren ist.[1041] Dabei kommt es (vor allem) darauf an, ob dem beitretenden Gesellschafter die Verbindlichkeit bekannt war oder er sie jedenfalls hätte erkennen können.[1042]

Mit dem Inkrafttreten des **MoPeG** am 1.1.2024 wird auch die vorgenannte 43a
Rechtsprechung gesetzlich fixiert. § 721a BGB n.F. lautet: „Wer in eine bestehende Gesellschaft eintritt, haftet gleich den anderen Gesellschaftern nach Maßgabe der §§ 721 und 721b für die vor seinem Eintritt begründeten Verbindlichkeiten der Gesellschaft. Eine entgegenstehende Vereinbarung ist Dritten gegenüber unwirksam."

4. Prüfschema zur Gesellschafterhaftung

Aus alledem ergibt sich folgendes Prüfungsschema für eine *Gesellschafter*haftung 44
gegenüber einem Gläubiger der GbR:

- **Haftung der Gesellschaft**; dabei sind (ggf.) zu erörtern: Rechtsfähigkeit der Gesellschaft, wirksame Vertretung der Gesellschaft, Zurechnung von Handeln und Verschulden ihrer Gesellschafter analog § 31 BGB bzw. ihrer Erfüllungsgehilfen gemäß § 278 BGB.
- **Haftung der Gesellschafter**: Anwendung der §§ 128–130 HGB analog, d.h. insbesondere Haftung für Neu- und Altverbindlichkeiten analog §§ 128, 130 HGB (ab 2024 sodann §§ 721–721b BGB n.F.).[1043] Dies gilt unabhängig vom Rechtsgrund für vertragliche und gesetzliche Verbindlichkeiten gleichermaßen. Ist der Gläubiger ein Gesellschafter, sind die dann geltenden Besonderheiten (Differenzierung zwischen Sozial- und Drittverpflichtungen, bei letzteren Abzug des eigenen Verlustanteils) zu beachten (→ Rn. 98f.). Untereinander sind die haftenden

[1039] BGHZ 154, 370 = NJW 2003, 1803.
[1040] BGH NJW 2006, 765.
[1041] BGH ZIP 2011, 1657 (Rn. 40).
[1042] Siehe etwa die Abwägung in BGH ZIP 2011, 1657 (Rn. 41 f.).
[1043] Zu den Einwendungen des Gesellschafters analog § 129 HGB → § 6 Rn. 21 ff.

Gesellschafter Gesamtschuldner (§§ 421ff. BGB); zur Haftung der Gesellschaft besteht ein Akzessorietätsverhältnis.

- **Ausschluss der Haftung**? Eine entsprechende Vereinbarung im Gesellschaftsvertrag genügt nicht (§ 128 S. 2 HGB analog; zukünftig § 721 S. 2 BGB n.F.). Erforderlich ist vielmehr eine **Individualvereinbarung** mit dem betreffenden Gläubiger; eine Vereinbarung in AGB ist hingegen gemäß § 307 BGB unwirksam, weil ein Haftungsausschluss mit einem wesentlichen Grundgedanken des Rechtes der GbR unvereinbar ist (§ 307 II Nr. 1 BGB). Etwas anderes gilt aber, wenn die GbR ein sog. geschlossener Immobilienfonds ist, dem ein Anleger(-Gesellschafter) zum Zwecke der Kapitalanlage beigetreten ist. Hier ist die Übernahme der persönlichen Haftung für das gesamte Investitionsvolumen weder dem einzelnen Anleger zumutbar noch kann sie vernünftigerweise vom Rechtsverkehr erwartet werden. Daher genügt eine formularmäßige Vereinbarung mit dem Gesellschaftsgläubiger.[1044] Ferner kann bei geschlossenen Immobilienfonds im Einzelfall § 242 BGB die persönliche Haftung ausschließen.[1045] Allgemein kommt schließlich in Ausnahmefällen in Betracht, dass der **Inhalt der Verpflichtung der GbR** einer Haftung des Gesellschafters entgegensteht. So kann ein Gesellschafter nicht zur Abgabe einer Willenserklärung verurteilt werden, die die Gesellschaft schuldet.[1046] Auch sind bei einer Unterlassungsverpflichtung der GbR deren Gesellschafter nicht persönlich zur Unterlassung verpflichtet, sondern sie haften nur auf das Interesse des Gläubigers, falls die Gesellschaft das Unterlassungsgebot verletzt.[1047]

⇨ *Fall Nr. 24 – Delikt*

5. Haftung von Scheingesellschaftern

45 Wer entgegen den tatsächlichen Verhältnissen in zurechenbarer Weise den **Rechtsschein** hervorgerufen oder geduldet hat, er sei Gesellschafter einer vorhandenen GbR, ist ein sog. Scheingesellschafter.[1048] Nicht vollständig geklärt ist bisher, ob das strenge Haftungsregime analog §§ 128ff. HGB in jeder Hinsicht uneingeschränkt auch für einen solchen Scheingesellschafter gilt. Zwar besteht im Ausgangspunkt Einigkeit, dass der Scheingesellschafter unter Haftungsgesichtspunkten grundsätzlich dem echten Gesellschafter gleichzustellen ist.[1049] Besonderheiten können sich jedoch daraus ergeben, dass für eine Haftung des Scheingesellschafters stets auch **die allgemeinen Voraussetzungen der Rechtsscheinhaftung erfüllt sein müssen.**[1050] Eine dieser Voraussetzungen ist, dass der Gläubiger auf den vorhandenen Rechtsschein vertraut hat (**Kausalität des Rechtsscheins** für ein Gläubigerhandeln).[1051] Daran fehlt es grundsätzlich bei einem Gläubiger, dessen Anspruch gegen die Gesellschaft begründet wurde, bevor der Rechtsschein einer Gesellschafterstellung entstanden ist.[1052] Es erscheint daher zutreffend, wenn das OLG Saarbrücken einen

---

[1044] BGHZ 150, 1 (Leitsatz 2).

[1045] Vgl. hierzu BGHZ 177, 108.

[1046] BGH ZIP 2008, 501.

[1047] BGH ZIP 2013, 1856 (Rn. 11) – Markenheftchen II; siehe zur Haftung auf das Interesse auch OLG Frankfurt ZIP 2015, 976.

[1048] Dazu BGH ZIP 2017, 14 (Rn. 15ff.) m.w.N.; MüKoHGB/*Fleischer*, § 105 Rn. 525f.

[1049] Vgl. *Gummert*, in: MHdB GesR I, § 18 Rn. 14m.w.N.

[1050] Vgl. BGH ZIP 2017, 14 (Rn. 15).

[1051] Allgemein *Bitter/Röder*, BGB AT, § 10 Rn. 129; hier speziell BGH ZIP 2017, 14 (Rn. 15).

[1052] Vgl. *Gummert*, in: MHdB GesR I, § 18 Rn. 14.

Scheingesellschafter nicht analog § 130 HGB für solche (Alt-)Verbindlichkeiten der Gesellschaft haften lassen will.[1053] Wohl aber kann jener Scheingesellschafter für die Kosten eines unnütz gegen ihn eingeleiteten Prozesses haften, weil der Rechtsschein einer echten und dann haftungsrelevanten Gesellschafterstellung für die Klageerhebung kausal geworden sein kann.[1054] Weitere (allgemeine) Voraussetzung der Rechtsscheinhaftung ist freilich die **Gutgläubigkeit des Dritten**, bei der die Rechtsprechung – anders als im bürgerlichen Recht (vgl. insbes. § 173 BGB)[1055] und in Übereinstimmung mit einer im Handelsrecht ebenfalls vertretenen Ansicht[1056] – auf Kenntnis und *grobe* Fahrlässigkeit abstellt.[1057] Eine fragwürdige Abweichung vom Haftungsregime analog §§ 128 ff. HGB für Scheingesellschafter auf Grundlage allgemeiner Rechtsscheingrundsätze führt der BGH hingegen mit einer Entscheidung ein, wonach ein **Scheinmitglied einer anwaltlichen Sozietät** (= GbR) nicht analog § 128 HGB für Schulden der Sozietät haften soll, die nicht die anwaltstypische – rechtsberatende oder rechtsvertretende – Tätigkeit betreffen.[1058] Diese Abgrenzung ergibt sich nicht aus den Besonderheiten der Rechtsscheinhaftung, so dass es bei dem o. g. Grundsatz einer Gleichstellung mit dem echten, für sämtliche Verbindlichkeiten der GbR haftenden Gesellschafter bleiben sollte.[1059] Nur bei Fehlen der besonderen Voraussetzungen der Rechtsscheinhaftung im Einzelfall ist eine Ausnahme anzuerkennen.

6. Einbringung nichtkaufmännischer Unternehmen in eine GbR

Umstritten und noch nicht höchstrichterlich entschieden ist, ob die handelsrechtliche **Haftungsnorm des § 28 I HGB**[1060] analog eingreift, wenn ein nichtkaufmännisches, insbesondere kleingewerbliches Einzelunternehmen in eine gemeinsam mit Dritten gegründete Gesellschaft eingebracht wird, die – insbesondere mangels ausreichenden Umfangs der gewerblichen Tätigkeit – kein Handelsgewerbe i. S. v. § 1 HGB betreibt und daher nicht oHG, sondern GbR ist. Eine Meinung wendet § 28 I HGB analog an, weil nach Anerkennung der Rechtsfähigkeit der Außen-GbR auch die Gesellschaft selbst hafte und damit die Rechtsfolge des § 28 I HGB auch bei der GbR passe.[1061] Im Übrigen sei die Außen-GbR der oHG stark angenähert, so dass eine Gleichstellung und einheitliche Regelung für alle Personengesellschaften gerechtfertigt sei. Dagegen wird eingewandt, eine Beschränkung der Haftung durch Eintragung ins Handelsregister nach § 28 II HGB könne bei einer GbR wegen des derzeit noch fehlenden GbR-Registers nicht erfolgen, so dass letztlich die GbR schlechter als die oHG stünde, obwohl sie kein Handelsgewerbe betreibt.[1062] **Der** 46

[1053] OLG Saarbrücken NJW 2006, 2862 = ZIP 2006, 1952.

[1054] BGH ZIP 2017, 14 (Rn. 15 ff.): Haftung für die bis zum Wegfall der Gutgläubigkeit entstandenen Kosten.

[1055] Zur Gutgläubigkeit im Rahmen der §§ 170 ff. BGB, der Duldungs- und Anscheinsvollmacht *Bitter/Röder*, BGB AT, § 10 Rn. 138, 145, 151, 160, 165.

[1056] Zum Scheinkaufmann *Bitter/Linardatos*, HandelsR, § 2 Rn. 43 und Fall Nr. 7 – Nachlässigkeit.

[1057] BGH ZIP 2017, 14 (Rn. 20).

[1058] BGH NJW 2008, 2330 = ZIP 2008, 1120.

[1059] Wie hier *Römermann*, NJW 2009, 1560, 1561.

[1060] Zur Haftung aus § 28 HGB siehe *Bitter/Linardatos*, HandelsR, § 5 Rn. 54 ff. mit Fall Nr. 16 – Syntec KG.

[1061] *K. Schmidt*, HandelsR, § 8 III 1b.

[1062] Vgl. MüKoHGB/*Thiessen*, § 28 Rn. 13. Hiergegen spricht allerdings, dass z. B. auch im Fall der zeitlichen Begrenzung der Nachhaftung nach § 736 II BGB i. V. m. § 160 HGB statt auf die Eintragung im Handelsregister auf die Kenntnisnahme des Gläubigers für den Fristbeginn abgestellt wird; entsprechend könnte an die Stelle der Eintragung im Handelsregister

BGH hat die Frage bisher nicht abschließend entschieden. Einerseits hat er betont, dass § 28 I HGB ausdrücklich die Kaufmannseigenschaft des in die Gesellschaft einzubringenden Einzelunternehmens voraussetze.[1063] Auch hat er die analoge Anwendung des § 28 I HGB abgelehnt, wenn sich ein Einzelanwalt mit einem Berufskollegen zur gemeinschaftlichen Berufsausübung in einer GbR zusammenschließt; dabei hat sich der BGH jedoch auf die Besonderheiten des Vertrags zwischen Einzelanwalt und Mandant gestützt.[1064] In einer Entscheidung aus dem Jahr 2010 lässt der BGH **Sympathie für eine Analogie** erkennen, ohne die Frage allerdings abschließend zu entscheiden.[1065] Rechtsfolge einer analogen Anwendung ist, dass (auch) die neu gegründete GbR für die Verbindlichkeiten des früheren Einzelunternehmers haftet, was zwangsläufig auch die Haftung ihrer Gesellschafter analog § 128 HGB nach sich zieht. Dies ist für den oder die neu Hinzugekommenen nachteilig, für den Einzelunternehmer hingegen ohne Belastung, da er für seine bisher begründeten Verbindlichkeiten ohnehin weiter haftet.

46a Ob die zum 1.1.2024 mit dem **MoPeG** eingeführten Gesellschaftsregister die Eintragung eines Haftungsausschlusses analog § 28 II HGB zulassen werden, bleibt abzuwarten. Dann jedenfalls wäre den Kritikern der analogen Anwendung des § 28 HGB auf die Einbringung eines nichtkaufmännischen Unternehmens in eine GbR ihr Hauptargument genommen.

7. Realisierung der Haftung in Prozess und Zwangsvollstreckung

47 Erfüllen die GbR oder ihre Gesellschafter die gegen sie gerichteten Ansprüche nicht freiwillig, muss der Gläubiger im Klagewege vorgehen. Nachdem die Außen-GbR inzwischen als rechtsfähig und parteifähig gemäß § 50 ZPO angesehen wird,[1066] besteht zunächst die Möglichkeit, die **Gesellschaft selbst zu verklagen.** Alternativ oder parallel können die Gesellschafter gerichtlich in Anspruch genommen werden. Ergeht ein rechtskräftiges Urteil gegen die GbR, kann der anschließend in Anspruch genommene Gesellschafter in **Analogie zu § 129 I HGB** all diejenigen Einwendungen nicht mehr erheben, die auch die Gesellschaft selbst infolge der Rechtskraft des Urteils verloren hat (vgl. zukünftig § 721b BGB n.F.).[1067] Umgekehrt erstreckt sich jedoch die Rechtskraft eines Urteils gegen die Gesellschafter nicht auf einen Prozess gegen die Gesellschaft.[1068] Neben diesem Gesichtspunkt ist für die Entscheidung des Gläubigers, wen er in Anspruch nimmt, häufig ausschlaggebend, welcher potenzielle Beklagte die beste finanzielle Verfassung aufweist. Ein stattgebendes Urteil nützt nämlich im Ergebnis relativ wenig, wenn es nicht zwangsweise durchzusetzen ist. Schon vor Klagerhebung muss ein Gläubiger daher auch die Regeln über die Zwangsvollstreckung in den Blick nehmen:

48 Wie immer setzt die **Zwangsvollstreckung** in das Vermögen eines Schuldners einen Titel voraus. Dies können z.B. Endurteile (§ 704 ZPO) oder vollstreckbare Ur-

---

eine Benachrichtigung des Gläubigers treten; dies für unpraktikabel haltend jedoch MüKoHGB/*Thiessen*, § 28 Rn. 13.

[1063] BGHZ 143, 314.

[1064] BGHZ 157, 361; bestätigt in BGH ZIP 2012, 28 (Rn. 20).

[1065] BGH NJW 2010, 3720 = ZIP 2010, 2042 (Rn. 5); die Instanzrechtsprechung ist nicht einheitlich: für die analoge Anwendung des § 28 I HGB OLG Naumburg NZG 2006, 711; dagegen OLG Schleswig BeckRS 2011, 17664.

[1066] BGHZ 146, 341 = NJW 2001, 1056 und zukünftig § 705 II BGB n.F.; näher → Rn. 30ff.

[1067] BGH ZIP 2006, 994 (Rn. 15).

[1068] BGH ZIP 2011, 1143.

kunden sein (§ 794 I Nr. 5 ZPO). Um in das Gesellschaftsvermögen der GbR vollstrecken zu können, muss ein Gläubiger nach dem noch bis Ende 2023 geltenden Wortlaut des **§ 736 ZPO** einen Titel[1069] gegen sämtliche Gesellschafter erwirken. Zur Vollstreckung in das Vermögen einer oHG ist hingegen ein Titel gegen die Gesellschaft erforderlich (§ 124 II HGB); ein solcher gegen alle Gesellschafter genügt nicht, muss aber umgekehrt auch nicht vorliegen. Der Zugriff auf das Privatvermögen eines Gesellschafters ist mit einem Titel gegen die Gesellschaft allerdings nicht möglich (§ 129 IV HGB); hierzu bedarf es eines Titels gegen den Gesellschafter selbst.

Kann die GbR nun selbst verklagt werden, muss auch ein Titel gegen sie allein die 49
Vollstreckung ins Gesellschaftsvermögen ermöglichen. Dementsprechend ist § 736 ZPO nach neuer Lesart so auszulegen, dass ein Titel gegen alle Gesellschafter eine mögliche Grundlage für die Vollstreckung in das Gesellschaftsvermögen bildet, daneben aber auch ein **Titel gegen die Gesellschaft selbst ausreicht** (§ 124 II HGB analog).[1070] Allerdings muss dann für den Zugriff auf das Privatvermögen eines Gesellschafters auch **§ 129 IV HGB analog** gelten. Ein Titel gegen die Gesellschaft ermöglicht danach nur eine Vollstreckung in deren Vermögen, hingegen **nicht in das Privatvermögen der Gesellschafter.** Besitzt der Gläubiger einer GbR jedoch einen Titel gegen *alle* Gesellschafter, kann er sowohl in das Gesellschafts- als auch in das Gesellschaftervermögen vollstrecken.

Durch das **MoPeG** wird zum 1.1.2024 eine den §§ 124 II, 129 IV HGB entspre- 49a
chende Regelung in § 722 BGB n.F. eingeführt, die den derzeit noch geltenden § 736 ZPO ersetzt. Nach § 722 I BGB n.F. ist zur Zwangsvollstreckung in das Vermögen der Gesellschaft ein *gegen die Gesellschaft* gerichteter Titel erforderlich. Ein derartiger Titel wird also ab 2024 nicht mehr nur hinreichende, sondern zugleich notwendige Bedingung der Zwangsvollstreckung in ihr Vermögen sein, sodass die bisher parallel bestehende Option der Vollstreckung aus einem gegen *alle* Gesellschafter gerichteten Titel für die Zukunft entfällt;[1071] dem Gläubiger ist es nach Ansicht des Gesetzgebers zumutbar, sich auch einen Titel gegen die Gesellschaft zu beschaffen, sofern er sich die Vollstreckung in deren Vermögen offenhalten will.[1072] § 722 II BGB n.F. ordnet in Übernahme des derzeitigen § 129 IV HGB an, dass aus einem gegen die Gesellschaft gerichteten Vollstreckungstitel die Zwangsvollstreckung gegen die Gesellschafter nicht stattfindet. Die durch die Neuregelung frei gewordene Stelle des § 736 ZPO füllt der Gesetzgeber mit einer Sondervorschrift, die bei einer nachträglichen Eintragung der GbR ins Gesellschaftsregister den Nachweis der Identität erleichtert, damit vor der Eintragung (zugunsten oder zulasten der GbR) erlangte Vollstreckungstitel nicht mühsam umgeschrieben werden müssen.[1073]

V. Die Organisation der GbR

Die innere Organisation der GbR unterliegt in weiten Teilen der **Disposition der** 50
Gesellschafter (vgl. ab 2024 ausdrücklich § 708 BGB n.F.). Insoweit gelten die gesetzlichen Regeln also nur, wenn der Gesellschaftsvertrag die betreffende Frage nicht regelt.

[1069] § 736 ZPO verlangt ein „Urteil", gilt aber auch für andere vollstreckbare Titel; vgl. MüKoZPO/*Heßler*, § 736 Rn. 8.

[1070] Grüneberg/*Sprau*, BGB, § 718 Rn. 7; siehe auch BGH ZIP 2011, 1143 (Rn. 11).

[1071] *K. Schmidt*, ZHR 185 (2021), 16, 47; zur Vollstreckung aus alten Titeln *Heckschen/Nolting*, BB 2021, 2946, 2954.

[1072] Dazu Begr. RegE MoPeG zu § 722 BGB n.F., BT-Drs. 19/27635, S. 168f.

[1073] Dazu Begr. RegE MoPeG zu § 736 ZPO n.F., BT-Drs. 19/27635, S. 202f.

1. Grundlagen

51 Der Abschluss des Gesellschaftsvertrags begründet zwischen den Gesellschaftern ein **Gesellschaftsverhältnis.** Der einzelne Gesellschafter ist Mitglied der GbR. Die Mitgliedschaft – häufig wie bei der GmbH auch Gesellschaftsanteil genannt – bezeichnet seine Stellung im Ganzen in der Gesellschaft; sie bündelt alle persönlichen, vermögensrechtlichen und korporativen Rechte und Pflichten des Gesellschafters.[1074] Anders als bei den Kapitalgesellschaften kann der Gesellschafter einer Personengesellschaft stets nur *eine* Mitgliedschaft halten (**Grundsatz der Einheitlichkeit des Gesellschaftsanteils**)[1075] und die Gesellschaft kann eigene Anteile an sich selbst nicht erwerben (vgl. ab 2024 klarstellend § 711 I 2 BGB n.F.).[1076] Nach § 717 S. 1 BGB kann ein Gesellschafter die aus der Mitgliedschaft folgenden Ansprüche – etwa auf Rechnungslegung, Rechnungsabschluss oder auf Auseinandersetzung der Gesellschaft – nicht übertragen (vgl. ab 2024 ähnlich § 711a BGB n.F.). Diese Regelung hat unmittelbare Konsequenzen für die Pfändbarkeit der Ansprüche, weil nicht abtretbare Ansprüche im Grundsatz auch nicht pfändbar sind (§ 851 I ZPO); nur die in § 717 S. 2 BGB genannten Ansprüche kann ein Gläubiger des Gesellschafters aufgrund eines gegen ihn gerichteten Titels pfänden. Möglich ist aber auch, den gesamten Gesellschaftsanteil zu pfänden (vgl. §§ 859 I ZPO, 725 BGB).

52 Über Ansprüche i.S.d. § 717 S. 1 BGB hinaus wird aus der personalistischen Struktur der GbR allgemein abgeleitet, dass Gesellschafter einzelne Befugnisse, die aus ihrer Gesellschafterstellung folgen, nicht durch Übertragung auf einen Dritten von der Gesellschafterstellung trennen können (**sog. Abspaltungsverbot**). Denn ein Fremder soll nicht ohne Zustimmung der übrigen Gesellschafter in das Gesellschaftsverhältnis eindringen können.[1077] Das Abspaltungsverbot gilt vor allem für die den Gesellschaftern zustehenden Verwaltungsrechte, etwa das Stimm- und Informationsrecht sowie das sogleich näher zu erläuternde Recht zur Geschäftsführung und Vertretung der Gesellschaft.[1078] Von der (unzulässigen) Übertragung einzelner Gesellschafterrechte strikt zu unterscheiden ist die (zulässige) Abtretung der Mitgliedschaft als solcher (→ Rn. 110f.).

2. Geschäftsführung und Vertretung

53 Geschäftsführung und Vertretung sind sauber voneinander zu unterscheiden. Ihre Vermischung wird in Klausuren gewöhnlich als grober Fehler bewertet. Bei der Geschäftsführungsbefugnis geht es darum, ob der Gesellschafter die betreffende Maßnahme im Verhältnis zu seinen Mitgesellschaftern treffen *darf* (**Innenverhältnis**), wohingegen die Vertretung die Frage betrifft, ob der Gesellschafter die Gesellschaft durch sein rechtsgeschäftliches Handeln gegenüber Dritten wirksam verpflichten *kann* (**Außenverhältnis**). Überschreitet der Gesellschafter seine Befugnisse im Innenverhältnis, während sein Handeln im Außenverhältnis von seiner Vertretungsmacht gedeckt ist, hat er die Gesellschaft grundsätzlich wirksam verpflichtet.

1074 Grüneberg/*Sprau*, BGB, § 717 Rn. 1; zum Begriff der Mitgliedschaft auch schon → § 3 Rn. 31 (zur AG).

1075 Siehe etwa OLG Jena ZIP 2011, 2256 m.w.N. (zur KG); dies als Leitlinie für die Zukunft festhaltend Begr. RegE MoPeG zu § 710 BGB n.F., BT-Drs. 19/27635, S. 144 a.E.

1076 Näher Begr. RegE MoPeG zu § 710 BGB n.F., BT-Drs. 19/27635, S. 144f.

1077 BGHZ 3, 354.

1078 Grüneberg/*Sprau*, BGB, § 717 Rn. 4 i.V.m. § 705 Rn. 31; möglich ist nur, die Rechte mit Zustimmung der übrigen Gesellschafter einem Dritten zur Ausübung zu überlassen; zu den einzelnen Verwaltungsrechten → Rn. 66.

Beispiel: Im Gesellschaftsvertrag ist eine Einzelvertretungsbefugnis der Gesellschafter vorgesehen. Jedoch haben die Gesellschafter vereinbart, dass bei allen Geschäften über 5.000 EUR vorher ein Beschluss aller Gesellschafter herbeizuführen ist. In diesem Fall kann jeder Gesellschafter die GbR auch bei einem Geschäftsvolumen von z. B. 10.000 EUR wirksam rechtsgeschäftlich verpflichten (§ 164 BGB). Ohne vorherige Rücksprache mit den Mitgesellschaftern handelt er dabei jedoch pflichtwidrig im Innenverhältnis zur Gesellschaft. 53a

Diese strikte Unterscheidung zwischen Innen- und Außenverhältnis kennen wir auch aus dem Handelsrecht, dort insbesondere von der Prokura, bei der zudem die im Innenverhältnis vereinbarten Beschränkungen grundsätzlich nicht auf die Vertretungsmacht im Außenverhältnis durchschlagen (vgl. § 50 I HGB; zukünftig ähnlich für die GbR § 720 III BGB n. F.; → Rn. 62a). Etwas anderes gilt allgemein nur in den Ausnahmefällen der Kollusion sowie des evidenten Überschreitens der im Innenverhältnis bestehenden Beschränkungen (**Missbrauch der Vertretungsmacht**).[1079] Vertritt ein Gesellschafter die GbR wirksam im Außenverhältnis, handelt er dabei jedoch außerhalb seines rechtlichen Dürfens, besteht ein Schadensersatzanspruch der Gesellschaft gemäß § 280 I BGB.[1080] Die anderen Gesellschafter können diesen Anspruch gegen ihren Mitgesellschafter ggf. jeweils einzeln im Wege der sog. *actio pro socio* geltend machen, da es sich um einen sog. Sozialanspruch handelt (→ Rn. 95). 53b

a) Geschäftsführung

Geschäftsführung ist jede auf die Verwirklichung des Gesellschaftszwecks im Innenverhältnis gerichtete Tätigkeit.[1081] Die Bezugnahme auf das Innenverhältnis bedeutet dabei nicht, dass Handlungen gegenüber Dritten (insbesondere Rechtsgeschäfte) nicht Teil der Geschäftsführung wären; vielmehr sind sie Maßnahmen im Innen- und Außenverhältnis. Geschäftsführung ist danach grundsätzlich **jedes Tätigwerden in den Angelegenheiten der Gesellschaft.** 54

Eine **wichtige Ausnahme** gilt aber für Geschäfte, welche die Grundlagen der Gesellschaft selbst oder die Beziehungen der Gesellschafter zueinander betreffen (sog. **Grundlagengeschäfte**). Hierzu zählen z. B. Änderungen des Gesellschaftsvertrags oder -zwecks, der Organisation (Geschäftsführungs- und Vertretungsverhältnisse), der Gewinnverteilung oder die Aufnahme eines neuen Gesellschafters. Derartige Grundlagengeschäfte sind nicht Teil der Geschäftsführung, sondern fallen in die originäre **Zuständigkeit der Gesellschafter**, die über sie einstimmig entscheiden (sofern der Gesellschaftsvertrag nicht Mehrheitsbeschlüsse als ausreichend bestimmt; → Rn. 81 ff.). Neben Grundlagengeschäften gibt es noch verschiedene andere Angelegenheiten, die von dem Geschäftsführungsbereich ausgenommen und stattdessen ebenfalls originär von den Gesellschaftern in ihrer Gesamtheit zu erledigen sind; hierzu gehören insbesondere wiederkehrende Angelegenheiten wie die Entlastung der Geschäftsführung, die Wahl des Abschlussprüfers und die Feststellung des Jahresabschlusses.[1082] 55

Beispiel: Nicht gedeckt von der Geschäftsführungsbefugnis eines Gesellschafters ist ein Vertrag, den er (im Namen der Gesellschaft) mit einem Dritten schließt und kraft dessen der Dritte Gesellschafter werden soll. Wer Gesellschafter ist (sein soll), ist nämlich keine Angelegenheit der Gesellschaft, sondern der Gesellschafter. 56

[1079] Hierzu näher *Bitter/Röder*, BGB AT, § 10 Rn. 221 ff.; *Bitter/Linardatos*, HandelsR, § 6 Rn. 29 ff. mit Fall Nr. 18 – Missbrauch der Vertretungsmacht.

[1080] Vgl. für den Außengesellschafter einer Innengesellschaft BGH ZIP 2018, 2267, dort auch zum Verschuldensmaßstab und zur Beweislast.

[1081] *K. Schmidt*, GesR, § 47 V 1.

[1082] Vgl. MüKoBGB/*Schäfer*, § 709 Rn. 10 f.

56a Mit dem Inkrafttreten des **MoPeG** am 1.1.2024 wird die vorgenannte Unterscheidung deutlicher im Gesetzestext verankert. In § 714 BGB n.F. findet sich dann eine Regelung zur (einstimmigen) Beschlussfassung der Gesellschafter, die von der Geschäftsführung in § 715 BGB n.F. getrennt ist.[1083] Die neuen Vorschriften lauten:

§ 714. Beschlussfassung

Gesellschafterbeschlüsse bedürfen der Zustimmung aller stimmberechtigten Gesellschafter.

§ 715. Geschäftsführungsbefugnis

(1) Zur Führung der Geschäfte der Gesellschaft sind alle Gesellschafter berechtigt und verpflichtet.

(2) Die Befugnis zur Geschäftsführung erstreckt sich auf alle Geschäfte, die die Teilnahme der Gesellschaft am Rechtsverkehr gewöhnlich mit sich bringt. Zur Vornahme von Geschäften, die darüber hinausgehen, ist ein Beschluss aller Gesellschafter erforderlich.

(3) Die Geschäftsführung steht allen Gesellschaftern in der Art zu, dass sie nur gemeinsam zu handeln berechtigt sind, es sei denn, dass mit dem Aufschub eines Geschäfts Gefahr für die Gesellschaft oder das Gesellschaftsvermögen verbunden ist. Dies gilt im Zweifel entsprechend, wenn nach dem Gesellschaftsvertrag die Geschäftsführung mehreren Gesellschaftern zusteht.

(4) Steht nach dem Gesellschaftsvertrag die Geschäftsführung allen oder mehreren Gesellschaftern in der Art zu, dass jeder allein zu handeln berechtigt ist, kann jeder andere geschäftsführungsbefugte Gesellschafter der Vornahme des Geschäfts widersprechen. Im Fall des Widerspruchs muss das Geschäft unterbleiben.

(5) Die Befugnis zur Geschäftsführung kann einem Gesellschafter durch Beschluss der anderen Gesellschafter ganz oder teilweise entzogen werden, wenn ein wichtiger Grund vorliegt. Ein wichtiger Grund ist insbesondere eine grobe Pflichtverletzung des Gesellschafters oder die Unfähigkeit des Gesellschafters zur ordnungsgemäßen Geschäftsführung.

(6) Der Gesellschafter kann seinerseits die Geschäftsführung ganz oder teilweise kündigen, wenn ein wichtiger Grund vorliegt. § 671 Absatz 2 und 3 ist entsprechend anzuwenden.

56b Ausdrücklich heißt es dazu in der Gesetzesbegründung, Geschäftsführung und Beschlussfassung seien im derzeit (noch) geltenden Recht „in einer schwer auflösbaren Weise miteinander verwoben" und sollten zukünftig klarer getrennt werden: „Danach ist als Geschäftsführung jede zur Förderung des Gesellschaftszwecks bestimmte, für die Gesellschaft wahrgenommene Tätigkeit zu verstehen, mit Ausnahme solcher Maßnahmen, die die Grundlagen der Gesellschaft betreffen. Demgegenüber dient der Gesellschafterbeschluss im Rahmen von Grundlagengeschäften sowie außergewöhnlichen Geschäftsführungsmaßnahmen der Gestaltung des Gesellschaftsverhältnisses. Dies gilt gleichermaßen für gewöhnliche Geschäftsführungsmaßnahmen, sofern eine diesbezügliche Beschlussfassung gesellschaftsvertraglich vereinbart oder nach Maßgabe von § 714 BGB-E beschlossen wurde."[1084]

57 Nach der gesetzlichen Konzeption, die auch für die Innengesellschaft gilt[1085] und sich im neuen Recht nach dem MoPeG nicht verändern wird, erfolgt die Geschäftsführung in der GbR – anders als in der oHG (→ § 6 Rn. 32) – gemeinschaftlich durch alle Gesellschafter. Es gilt der **Grundsatz der Gesamtgeschäftsführung.**[1086] Dies bedeutet, dass jede Entscheidung in den Angelegenheiten der Gesellschaft der **Zustimmung aller Gesellschafter** bedarf (§ 709 I BGB; zukünftig § 715 I, III BGB

[1083] Dazu *Drescher*, ZGR-Sonderheft 23, 2021, S. 115, 117; ausführlich *Lieder*, ebenda, S. 169, 171, 172 ff.

[1084] Begr. RegE MoPeG zu § 714 BGB n.F., BT-Drs. 19/27635, S. 149; vgl. auch *Lieder*, ZGR-Sonderheft 23, 2021, S. 169, 171, 172 ff.

[1085] BGH ZIP 2018, 2267 (Rn. 20 f.).

[1086] Näher *Lieder*, ZGR-Sonderheft 23, 2021, S. 169, 171, 173 ff.

n. F.). Abweichend hiervon kann der Gesellschaftsvertrag aber auch Stimmenmehrheit vorsehen (§ 709 II BGB[1087]) oder die Geschäftsführung einzelnen Gesellschaftern übertragen (§ 710 BGB[1088]).[1089] Dies gilt auch für einzelne Geschäfte. Ebenfalls möglich ist eine Aufteilung der Geschäftsführungsbefugnis nach Geschäftsbereichen.

Beispiel: A und B wollen sich als kleingewerbliche (§ 1 II HGB) Gemüsehändler zusammenschließen. Während A besonders gut mit den Lieferanten feilschen kann, ist B ein Verkaufstalent. Sie vereinbaren daher im Gesellschaftsvertrag, dass A die Geschäftsführung für den Bereich Einkauf obliegt, während B für den Bereich Verkauf zuständig ist. Jeder der beiden Gesellschafter *darf* dann in seinem Bereich Geschäfte vornehmen, ohne zuvor den jeweils anderen fragen zu müssen. 58

Hat ein Gesellschafter für bestimmte Bereiche oder allgemein eine Einzelgeschäftsführungsbefugnis, steht jedem anderen *geschäftsführungsbefugten* Gesellschafter ein **Widerspruchsrecht** zu; das geplante Geschäft hat bei ausgeübtem Widerspruch zu unterbleiben (§ 715 IV BGB n. F.; vgl. zur oHG → § 6 Rn. 34). Die Wirkung beschränkt sich allerdings auf das Innenverhältnis und schlägt nach dem zukünftigen § 720 III BGB n. F. (→ Rn. 62a) grundsätzlich nicht auf die Vertretungsbefugnis im Außenverhältnis durch.[1090] 58a

⇨ *Fall Nr. 35 – Widerspruch (zur oHG)*

Bei fehlender Gesamtgeschäftsführungsbefugnis werden *alle* übrigen Gesellschafter – ob geschäftsführungsbefugt oder nicht – zudem dadurch geschützt, dass **außergewöhnliche Geschäfte** gemäß § 715 II 2 BGB n. F. eines Beschlusses sämtlicher Gesellschafter bedürfen (vgl. zur oHG → § 6 Rn. 33). Ohne ihr Zutun kann das Unternehmen also nicht grundlegend umgestaltet werden.[1091] 58b

Unabhängig von der sonstigen Geschäftsführungsbefugnis steht jedem Gesellschafter einzeln analog § 744 II BGB ein **Notgeschäftsführungsrecht** zu, wenn einem bestimmten Gegenstand des Gesellschaftsvermögens oder der Gesellschaft selbst akute Gefahr droht und zu ihrer Abwendung rasches Handeln erforderlich ist (vgl. ab 2024 ausdrücklich § 715a BGB n. F.).[1092] 59

Außerhalb dessen können die übrigen Gesellschafter einem Gesellschafter die **Befugnis zur Geschäftsführung durch Beschluss entziehen**, wenn ein wichtiger Grund vorliegt (§ 712 I BGB; zukünftig mit gewissen Modifikationen § 715 V BGB n. F.[1093]). Ein solcher kann insbesondere in einer groben Pflichtverletzung oder der Unfähigkeit zur ordnungsgemäßen Geschäftsführung liegen. Im Übrigen ist ein 59a

---

[1087] Zur Fortgeltung im neuen Recht nach dem MoPeG trotz zukünftig fehlender gesetzlicher Anordnung Begr. RegE MoPeG zu § 714 BGB n. F., BT-Drs. 19/27635, S. 149 mit Hinweis auf die in § 708 BGB n. F. angeordnete Gestaltungsfreiheit. Zur Stimmkraft bei Mehrheitsentscheidungen siehe § 709 III BGB n. F.

[1088] Zur Fortgeltung des § 710 S. 1 BGB im neuen Recht nach dem MoPeG trotz zukünftig fehlender gesetzlicher Anordnung Begr. RegE MoPeG zu § 715 III BGB n. F., BT-Drs. 19/27635, S. 152 („selbsterklärend und deshalb verzichtbar").

[1089] Eine vom Gesetz abweichende Regel empfehlend *Otte*, ZIP 2021, 2162, 2163 f.

[1090] Näher *Lieder*, ZGR-Sonderheft 23, 2021, S. 169, 178 f.

[1091] Näher *Lieder*, ZGR-Sonderheft 23, 2021, S. 169, 182 f. mit Beispielen.

[1092] BGH ZIP 2018, 1492 (Rn. 23 f.); zur gesetzlichen Neuregelung siehe aufschlussreich Begr. RegE MoPeG zu § 715a, BT-Drs. 19/27635, S. 153 f.; *Lieder*, ZGR-Sonderheft 23, 2021, S. 169, 196 ff.

[1093] Zu den Änderungen Begr. RegE MoPeG zu § 715 III BGB n. F., BT-Drs. 19/27635, S. 152: (1) Zukünftig besteht auch die Möglichkeit einer Beschränkung der Geschäftsführungsbefugnis als mildere Maßnahme zur Entziehung. (2) Die Geschäftsführungsbefugnis kann nun unstreitig auch dann (ganz oder teilweise) entzogen werden, wenn sie auf dem *Gesetz* und nicht lediglich auf dem Gesellschaftsvertrag beruht.

wichtiger Grund gegeben, wenn das Verhältnis der übrigen Gesellschafter zu dem Geschäftsführer nachhaltig zerstört und es den Gesellschaftern deshalb nicht zumutbar ist, dass der geschäftsführende Gesellschafter weiterhin auf die alle Gesellschafter betreffenden Belange der Gesellschaft Einfluss nehmen kann.[1094] Auch der Gesellschafter kann die Geschäftsführung aus wichtigem Grund kündigen (§ 712 II BGB; zukünftig § 715 VI BGB n.F.).

b) Vertretung

60 Die (organschaftliche) Vertretung der Gesellschaft im Außenverhältnis richtet sich gemäß § 714 BGB in der bis Ende 2023 geltenden Fassung nach der Geschäftsführungsbefugnis. Es kommt also im Grundsatz zu einem **Gleichlauf von Geschäftsführungsbefugnis** im Innenverhältnis **und Vertretungsmacht** im Außenverhältnis.

61 Dieser Gleichlauf wird auch nach dem Inkrafttreten des **MoPeG** am 1.1.2024 im Grundsatz fortbestehen, aber gesetzestechnisch anders umgesetzt. § 720 BGB n.F. enthält eine eigenständige und umfassende Regelung zur organschaftlichen Vertretungsbefugnis, in der die Trennung zwischen Innen- und Außenverhältnis (→ Rn. 53ff.) im dritten Absatz deutlich hervorgehoben und auch partiell abweichend vom bisherigen Recht geregelt wird (→ Rn. 62a). Diese neue Vorschrift lautet:

§ 720. Vertretung der Gesellschaft

(1) Zur Vertretung der Gesellschaft sind alle Gesellschafter gemeinsam befugt, es sei denn, der Gesellschaftsvertrag bestimmt etwas anderes.

(2) Die zur Gesamtvertretung nach Absatz 1 befugten Gesellschafter können einzelne von ihnen zur Vornahme bestimmter Geschäfte oder bestimmter Arten von Geschäften ermächtigen.

(3) Die Vertretungsbefugnis der Gesellschafter erstreckt sich auf alle Geschäfte der Gesellschaft. Eine Beschränkung des Umfangs der Vertretungsbefugnis ist Dritten gegenüber unwirksam. Dies gilt insbesondere für die Beschränkung, dass sich die Vertretung nur auf bestimmte Geschäfte oder Arten von Geschäften erstreckt oder dass sie nur unter gewissen Umständen oder für eine gewisse Zeit oder an einzelnen Orten stattfinden soll.

(4) Die Vertretungsbefugnis kann einem Gesellschafter in entsprechender Anwendung von § 715 Absatz 5 ganz oder teilweise entzogen werden.

(5) Ist der Gesellschaft gegenüber eine Willenserklärung abzugeben, genügt die Abgabe gegenüber einem vertretungsbefugten Gesellschafter.

61a Sind – entsprechend der gesetzlichen Grundstruktur – alle Gesellschafter gemeinschaftlich zur Geschäftsführung befugt, haben sie gemäß § 714 BGB in der bis Ende 2023 geltenden Fassung auch gemeinschaftliche Vertretungsmacht im Sinne der §§ 164ff. BGB (sog. **Gesamtvertretung**; zukünftig § 720 I BGB n.F.). Schließt in einem solchen Fall ein einzelner Gesellschafter ein Geschäft im Namen der GbR alleine ab, wird die GbR (und damit das Gesellschaftsvermögen) nicht verpflichtet. Gilt für das Rechtsgeschäft die Schriftform (Beispiele: §§ 550, 568, 585a, 623 BGB), müssen grundsätzlich alle Gesellschafter der GbR unterschreiben; unterschreibt lediglich ein Gesellschafter, ist zur Wahrung der Schriftform ein Vertretungszusatz erforderlich, weil anderenfalls nicht ersichtlich wäre, ob der Unterzeichnende die Unterschrift nur für sich selbst oder aber zugleich in Vertretung der anderen Gesellschafter leistet (→ Rn. 64a).[1095] Anderes gilt für die **Passivvertretung**: Ist der Gesellschaft gegenüber eine Willenserklärung abzugeben, genügt auch bei bestehender Gesamtvertretung ein Zugang der Willenserklärung bei einem vertretungsberechtig-

---

[1094] BGH ZIP 2008, 597; siehe zur KG auch BGH ZIP 2020, 2281.

[1095] BGH ZIP 2021, 129 (Rn. 9ff.) m.w.N.; lesenswert auch BAG NJW 2005, 2572 und LAG Düsseldorf ZIP 2015, 2477 zur Kündigung eines Arbeitsvertrags.

ten Gesellschafter (vgl. zukünftig ausdrücklich § 720 V BGB n.F.).[1096] Vereinbaren die Gesellschafter – wie in der Praxis häufig – Einzel*geschäftsführung*, gilt über den derzeitigen § 714 BGB auch für die Aktivvertretung der GbR eine **Einzel*vertretungsbefugnis***. Deren Vereinbarung bleibt den Gesellschaftern auch im neuen Recht nach dem MoPeG in Abweichung von der Grundregel des § 720 I BGB n.F. unbenommen (vgl. den Wortlaut „es sei denn …").[1097]

Änderungen im Vergleich zwischen bisherigem und zukünftigem Recht ergeben sich in Bezug auf die Möglichkeit, die Vertretungsmacht *inhaltlich* zu beschränken. Ist etwa die Geschäftsführung nach Geschäftsbereichen aufgeteilt (vgl. das Beispiel → Rn. 58), gilt nach § 714 BGB in der bis Ende 2023 geltenden Fassung dasselbe für die Vertretungsmacht. Ein Gesellschafter kann die GbR dann nur innerhalb seines Geschäftsbereichs wirksam vertreten, nicht jedoch außerhalb dieses Bereichs. Da die Vertretungsmacht jedoch auch von der Geschäftsführungsbefugnis entkoppelt werden kann, haben die Gesellschafter bislang die Möglichkeit, auch in sonstiger Hinsicht eine ausdifferenzierte und ihren Bedürfnissen angepasste Regelung zu treffen, die sich auf den Umfang der Vertretungsmacht auswirkt. Sie könnten z.B. bis zu einem Geschäftswert von 10.000 EUR Einzelgeschäftsführung und darüber hinaus Gesamtgeschäftsführung vereinbaren sowie gleichzeitig Einzelvertretungsmacht bis zu einem Geschäftswert von 5.000 EUR und darüber hinaus Gesamtvertretung. Für den Dritten, der der GbR im Geschäftsverkehr gegenübertritt, ergibt sich hieraus nach aktueller Rechtslage eine erhebliche Rechtsunsicherheit, da er sich der Vertretungsmacht seines Gegenübers nie sicher sein kann, solange er den Gesellschaftsvertrag nicht kennt. 62

Diese Rechtslage will der Gesetzgeber des **MoPeG** mit § 720 III BGB n.F. bewusst verändern.[1098] Einem allgemeinen Prinzip des Gesellschaftsrechts folgend sieht diese Vorschrift vor, dass der Umfang der Vertretungsbefugnis gegenüber Dritten nicht beschränkt werden kann (vgl. § 126 II HGB, § 82 I AktG, § 37 II GmbHG, § 27 II GenG). Das soll die Handlungsfähigkeit der Gesellschaft im Außenverhältnis sichern und zugleich dem **Verkehrsschutz** dienen, insofern potenzielle Vertragspartner der Gesellschaft bürgerlichen Rechts zukünftig davor bewahrt werden, vor Abschluss des Vertrags prüfen zu müssen, ob die Vertretungsbefugnis beschränkt ist.[1099] Die Beschränkbarkeit der Vertretungsbefugnis des Vereinsvorstands gemäß § 26 I 3 BGB (→ § 2 Rn. 6) stelle insoweit eine Ausnahme dar, die mit dem ideellen Zweck in Verbindung stehe und auch darauf beruhe, dass eine Gesamtvertretung durch alle Vereinsmitglieder offensichtlich ausscheide.[1100] Mit dem neuen § 720 III BGB sollen Konstruktionen verhindert werden, mit denen über die Einschränkung der Vertretungsbefugnis die Haftungsrisiken der Gesellschafter für rechtsgeschäftlich begründete Verbindlichkeiten begrenzt werden.[1101] Die Gesellschafter haben zur 62a

---

[1096] BGH ZIP 2012, 581; *Lieder*, ZGR-Sonderheft 23, 2021, S. 169, 184.

[1097] Begr. RegE MoPeG zu § 720 I BGB n.F., BT-Drs. 19/27635, S. 162; dies hat entgegen *Lieder*, ZGR-Sonderheft 23, 2021, S. 169, 185 nichts mit § 708 BGB n.F. zu tun, weil jene Vorschrift nur für Kapitel 2 gilt und damit nicht für § 720 BGB n.F.

[1098] Dazu *Lieder*, ZGR-Sonderheft 23, 2021, S. 169, 185ff.; dies übersehend offenbar *Otte*, ZIP 2021, 2162, 2164 bei Fn. 15.

[1099] Begr. RegE MoPeG zu § 720 III BGB n.F., BT-Drs. 19/27635, S. 163; zust. *Lieder*, ZGR-Sonderheft 23, 2021, S. 169, 185ff.; *K. Schmidt*, ZHR 185 (2021), 16, 34f.; kritisch *Habersack*, ZGR 2020, 539, 561f.; partiell auch *Fleischer*, ZGR-Sonderheft 23, 2021, S. 1, 15.

[1100] Begr. RegE MoPeG zu § 720 III BGB n.F., BT-Drs. 19/27635, S. 163 mit Hinweis auf *Wertenbruch*, NZG 2019, 407, 412.

[1101] Begr. RegE MoPeG zu § 720 III BGB n.F., BT-Drs. 19/27635, S. 163.

eigenen Risikominimierung zukünftig nur noch die Möglichkeit, es beim Grundsatz der Gesamtvertretung zu belassen. Weichen sie davon jedoch in *funktioneller* Hinsicht durch die Vereinbarung von Einzelvertretungsmacht ab, lässt sich diese *inhaltlich* nicht mehr begrenzen. Schutz gibt es dann nur noch über die Grundsätze zum Missbrauch der Vertretungsmacht (→ Rn. 53b).[1102] Der Schutz des Rechtsverkehrs wird im zukünftigen Recht also über den Schutz der Gesellschafter gestellt.

63 **Besonderheiten** gelten im bisherigen Recht, wenn das Vertretergeschäft eine *Verfügung*[1103] über ein **Grundstück** ist, als dessen Eigentümer die GbR im Grundbuch eingetragen ist. Gemäß § 899a S. 1 BGB in der bis Ende 2023 geltenden Fassung[1104] wird in Ansehung des eingetragenen Rechts vermutet, dass die gemäß § 47 II 1 GBO im Grundbuch eingetragenen Personen[1105] Gesellschafter der GbR sind und dass es darüber hinaus keine weiteren Gesellschafter gibt. Rechtsfolge der Vermutung ist gemäß §§ 899a S. 2, 892 BGB, dass die GbR bei der Verfügung wirksam vertreten wird, wenn sämtliche eingetragenen Personen mitwirken, auch wenn die GbR in Wirklichkeit andere oder weitere Gesellschafter hat und daher wegen des Grundsatzes der gemeinschaftlichen Geschäftsführung und Vertretung eigentlich die Vertretungsmacht fehlt. Etwas anderes gilt nur, wenn der andere Teil die abweichenden Beteiligungsverhältnisse und damit die fehlende Vertretungsmacht kennt (§§ 899a S. 2, 892 BGB). § 899a BGB schützt somit den **guten Glauben an die Vertretungsmacht.**[1106] Hintergrund der Regelung ist, dass die GbR und ihre Gesellschafter bislang nicht in ein Register eingetragen werden und ein Geschäftspartner daher ohne den Gutglaubensschutz wegen des Grundsatzes der gemeinschaftlichen Vertretung durch alle Gesellschafter niemals sicher sein könnte, ob die GbR bei der Verfügung wirksam vertreten wurde. Dies ist bei Grundstücksgeschäften unzumutbar.

63a Mit der Reform durch das **MoPeG** wird sich diese Besonderheit erledigen. Wie bereits dargelegt, soll es für die rechtsfähige Außen-GbR ab dem 1.1.2024 ein Gesellschaftsregister geben, in welches die Gesellschafter ihre GbR eintragen lassen können und bei gewollter Grundbuchfähigkeit auch eintragen lassen müssen. Die hinter der Gesellschaft stehenden Personen werden dann nicht mehr aus dem Grundbuch, sondern – wie bei anderen Gesellschaftstypen auch – aus dem für die Gesellschaft zuständigen Register erkennbar sein (→ Rn. 35a). Aus diesem Register ergibt sich zukünftig auch die Vertretungsbefugnis für die GbR, weil diese gemäß § 707 II BGB n. F. zu den eintragungspflichtigen Tatsachen gehört. An jene Eintragung knüpft zudem eine dem § 15 HGB entsprechende Publizitätswirkung an (vgl. § 707a III BGB n. F.; → Rn. 8b). Die Vorschrift des § 899a BGB wird damit entbehrlich und aufgehoben.[1107]

64 Zu beachten ist schließlich, dass neben der organschaftlichen auch eine **rechtsgeschäftliche Vertretungsmacht** möglich ist. Organschaftliche und rechtsgeschäft-

---

[1102] Darauf hinweisend Begr. RegE MoPeG zu § 720 III BGB n. F., BT-Drs. 19/27635, S. 164; ferner *Lieder*, ZGR-Sonderheft 23, 2021, S. 169, 186, 178 f., dort auch zur weiteren Ausnahme für Rechtsgeschäfte im Verhältnis zu einem Mitgesellschafter (teleologische Reduktion).

[1103] Zur streitigen Frage, ob § 899a BGB neben dem Verfügungs- auch das Verpflichtungsgeschäft betrifft, siehe Grüneberg/*Herrler*, BGB, § 899a Rn. 6; Begr. RegE MoPeG, BT-Drs. 19/27635, S. 194 m. w. N.; offen BGH ZIP 2016, 1965 (Rn. 13).

[1104] Ausführlich zu § 899a BGB und mit Fallbeispielen *Kuckein/Jenn*, NZG 2009, 848; siehe ferner *Becker*, JA 2015, 736; *Weiss*, JuS 2016, 494; *Heinze*, DNotZ 2016, 344.

[1105] Zur Eintragung gemäß § 47 II 1 GBO → Rn. 35.

[1106] Grüneberg/*Herrler*, BGB, § 899a Rn. 7; MüKoBGB/*Kohler*, § 899a Rn. 21; missverständlich BGH ZIP 2016, 1965 (Rn. 13): „Verfügungsbefugnis".

[1107] Näher Begr. RegE MoPeG, BT-Drs. 19/27635, S. 193 f.

liche Vertretungsmacht sind voneinander zu trennen. Während erstere aus der Gesellschafterstellung als solcher folgt, ergibt sich letztere aus einer Bevollmächtigung (§ 167 BGB). Wer in einer Klausur die organschaftliche Vertretungsmacht verneint, muss daher – sofern der Sachverhalt Anhaltspunkte liefert – anschließend prüfen, ob der handelnde Gesellschafter die Gesellschaft aufgrund einer ihm erteilten Vollmacht wirksam verpflichten konnte. Insbesondere eine konkludente Vollmachtserteilung kommt im Einzelfall in Betracht.[1108] Auch sie setzt natürlich aber eine wirksame Vertretung der Gesellschaft[1109] bei *der Vollmachtserteilung* voraus.

Von der Bevollmächtigung durch die Gesellschaft zu unterscheiden ist die Mög- 64a
lichkeit der **Bevollmächtigung einzelner Gesellschafter durch ihre Mitgesellschafter** mit der Folge, dass der Bevollmächtigte nicht nur für sich, sondern mittelbar auch im Namen der Mitgesellschafter für die Gesellschaft handeln kann.[1110]

3. Rechte und Pflichten der Gesellschafter

Der Abschluss eines (wirksamen) Gesellschaftsvertrags begründet verschiedene 65
Rechte und Pflichten der Gesellschafter.

a) Mitverwaltungs- und Vermögensrechte

Die Rechte der Gesellschafter können auch bei der GbR in Mitverwaltungs- und 66
Vermögensrechte unterteilt werden. Die wesentlichen Mitverwaltungsrechte der Gesellschafter sind: das Recht auf **Teilnahme an der Gesellschafterversammlung** und ein korrespondierendes **Stimmrecht** (→ Rn. 79); das **Informations- bzw. Kontrollrecht** des § 716 I BGB, das nur nach Maßgabe des § 716 II BGB disponibel ist (vgl. zukünftig § 717 I BGB n. F.);[1111] ferner das organschaftliche Recht zur Geschäftsführung und Vertretung. Die wesentlichen Vermögensrechte der Gesellschafter sind die Ansprüche auf den **Gewinn** (§ 721 BGB; zukünftig § 718 BGB n. F.), auf **Aufwendungsersatz** bei für die GbR vorgenommenen Geschäften (§§ 713, 670 BGB; zukünftig § 716 BGB n. F.) und auf den **Liquidationsüberschuss** (§ 734 BGB; zukünftig § 736d VI BGB n. F.).

b) Förder-, Beitrags- und Treuepflichten

Die wesentlichen Pflichten der Gesellschafter sind: die Förderungs- und Beitrags- 67
pflicht (§ 705 BGB), die Pflicht zur Geschäftsführung (§ 709 BGB; zukünftig § 715 I BGB n. F.), die Pflicht zur Herausgabe des Erlangten bei für die GbR vorgenommenen Geschäften (§§ 713, 667 BGB; zukünftig § 716 III BGB n. F.), die Auskunfts- und Rechenschaftspflicht (§§ 713, 666 BGB; zukünftig § 717 II BGB n. F.) und die Treuepflicht.

Zur Förderung des Gesellschaftszwecks verpflichtet der Gesellschaftsvertrag zu- 68
nächst allgemein. Gesetzlich besonders hervorgehoben ist alsdann die Pflicht, die versprochenen Beiträge zu leisten (§ 705 BGB; zukünftig §§ 705 I, 709 I BGB n. F.). Bei Fehlen einer gesellschaftsvertraglichen Regelung sind die **Beitragspflichten** für alle Gesellschafter identisch (§ 706 BGB; zukünftig § 709 II BGB n. F.). Inhaltlich können sie insbesondere wie folgt ausgestaltet sein, wobei der Gesellschaftsvertrag regelmäßig die Einzelheiten bestimmt:

[1108] Vgl. BGH ZIP 2005, 524.
[1109] Zur Vertretung der Gesellschaft als solcher (unabhängig vom Gesellschafterbestand) vgl. Begr. RegE MoPeG zu § 720 BGB n. F., BT-Drs. 19/27635, S. 162.
[1110] Dazu beispielhaft LAG Düsseldorf ZIP 2015, 2477; ferner BGH ZIP 2021, 129 (Rn. 9 ff.).
[1111] Dazu *Lieder*, ZGR-Sonderheft 23, 2021, S. 169, 204 ff.

- Zahlung von Bar- oder Buchgeld;
- Übereignung von beweglichen oder unbeweglichen Sachen;
- Übertragung von Forderungen oder anderen Rechten durch Abtretung (§§ 398, 413 BGB);
- Gebrauchs- bzw. Nutzungsüberlassung von beweglichen oder unbeweglichen Sachen oder Rechten (z. B. Lizenzen und Patenten);
- persönliche Dienstleistung, d. h. die Verpflichtung, die eigene Arbeitskraft der Gesellschaft zur Verfügung zu stellen (§ 706 III BGB; zukünftig § 709 I BGB n. F.).

69 Diese Aufzählung ist nicht abschließend. Vielmehr kann **jedes Tun oder Unterlassen** ein geeigneter Beitrag zur Förderung des Gesellschaftszwecks sein.[1112] **Eine besondere Form des Beitrags ist die Einlage:**[1113] Dies sind Beiträge, die *in das Gesellschaftsvermögen* zu leisten sind und daher die Haftungsmasse der Gesellschaft mehren.[1114] Einlagefähig sind nur bestimmte Leistungsgegenstände. Insbesondere muss es sich um einen bewertungsfähigen Vermögensgegenstand handeln.[1115] Die Ausführungen zur AG gelten insoweit entsprechend (→ § 3 Rn. 138 ff.).

70 „Beitrag" ist somit der Oberbegriff, und ein Beitrag ist zugleich „Einlage", wenn zusätzliche, qualifizierte Anforderungen erfüllt sind.[1116] Besonders deutlich wird der Unterschied, wenn man die verschiedenen Formen betrachtet, in denen Sachen oder sonstige Gegenstände „eingebracht" werden können. **Drei Wege der Einbringung** stehen zur Verfügung:[1117]

- zu Eigentum („quoad dominium");
- zur Nutzung („quoad usum");
- dem Werte nach („quoad sortem"); hier wird der Gesellschaft das „wirtschaftliche Eigentum" verschafft, während der Gesellschafter dinglicher Eigentümer bleibt. Der Gesellschafter hält also den Gegenstand treuhänderisch für die Gesellschaft.[1118]

71 Alle diese Arten der Einbringung sind Beiträge, aber nur diejenige zu Eigentum ist eine Einlage. Im Zweifel ist anzunehmen, dass diese Form der Einbringung geschuldet ist (§ 706 II BGB; im zukünftigen Recht mangels Regelungsbedarfs gestrichen[1119]).

72 Hat ein Gesellschafter den von ihm versprochenen Beitrag bzw. seine Einlage erbracht, ist er **zu Nachschüssen nicht verpflichtet** (§ 707 BGB; zukünftig § 710 BGB n. F.: Mehrbelastungsverbot). Etwas anderes gilt nur bei einer anderweitigen gesellschaftsvertraglichen Regelung[1120] oder in der Liquidation der Gesellschaft (derzeit § 735 BGB und zukünftig § 737 BGB n. F. → Rn. 159; ferner § 728a BGB n. F. beim Ausscheiden aus der Gesellschaft → Rn. 134).

73 Auf die Beitragspflichten der Gesellschafter sind die **§§ 320 ff. BGB grundsätzlich nicht anwendbar**, da der Gesellschaftsvertrag kein gegenseitiger Vertrag ist. Die Gesellschafter leisten nämlich nicht, um eine Gegenleistung zu erhalten, sondern um

---

[1112] *K. Schmidt*, GesR, § 20 II 2a mit weiteren Beispielen.

[1113] Zur Einlage im Kapitalgesellschaftsrecht → § 3 Rn. 134 ff.

[1114] *K. Schmidt*, GesR, § 20 II 1a, 3.

[1115] *K. Schmidt*, GesR, § 20 II 3a.

[1116] Siehe aber auch Begr. RegE MoPeG zu § 709 BGB n. F., BT-Drs. 19/27635, S. 141, wo die terminologische Unterscheidung im Recht der GbR für verzichtbar gehalten wird.

[1117] Begr. RegE MoPeG zu § 709 BGB n. F., BT-Drs. 19/27635, S. 142; näher *K. Schmidt*, GesR, § 20 II 2d.

[1118] Siehe allgemein zur Treuhand und der insoweit oft verwendeten Terminologie „wirtschaftliches Eigentum" *Bitter*, Rechtsträgerschaft für fremde Rechnung, 2006, S. 22 ff., 265 ff.

[1119] Dazu Begr. RegE MoPeG zu § 709 BGB n. F., BT-Drs. 19/27635, S. 142.

[1120] Zu den Anforderungen an eine solche → Rn. 90.

den Gesellschaftszweck zu fördern bzw. zu erreichen. Etwas anderes kann bei zweigliedrigen Gesellschaften gelten.[1121]

Die dem Gesellschaftsverhältnis auch ohne ausdrückliche Regelung im Gesellschaftsvertrag immanenten[1122] **Treuepflichten der Gesellschafter** sind in der GbR wegen deren grundsätzlich stark personalistischer Ausgestaltung tendenziell intensiver als bei den Kapitalgesellschaften.[1123] Die Treuepflichten bestehen nach gängiger Sichtweise gegenüber den Mitgesellschaftern und auch gegenüber der Gesellschaft.[1124] Insoweit gilt es jedoch klarzustellen, dass die Gesellschaft als juristisches Konstrukt kein Eigeninteresse hat, welches von den an der Gesellschaft interessierten Personen losgelöst wäre. Die Pflichtenbindung folgt also – wie bei den Rücksichtnahmepflichten des § 241 II BGB – aus der vertraglichen Sonderverbindung zwischen den Gesellschaftern; deren Interessen werden jedoch auf das juristische Konstrukt projiziert, um eine Haftungsabwicklung über die Gesellschaft zu ermöglichen,[1125] beispielsweise bei der Erzielung von Sondervorteilen, die der begünstigte Gesellschafter sodann an die Gesellschaft und nicht je anteilig an die Mitgesellschafter zurückzugewähren hat (→ Rn. 149). Nur insoweit lässt sich dann von einer Treuepflicht „gegenüber der Gesellschaft“ sprechen. 74

Aufgrund seiner Treuebindung hat der Gesellschafter alles zu tun, was den Gesellschaftszweck und die Interessen „der Gesellschaft“ fördert, und alles zu unterlassen, was ihnen schadet.[1126] Auch hat er bei der Ausübung seiner Gesellschafterrechte auf die Belange der Gesellschaft und seiner Mitgesellschafter in gewissem Umfang Rücksicht zu nehmen;[1127] an der Wahrnehmung eigener berechtigter Interessen ist er dadurch natürlich nicht gehindert. Die Treuepflichten können im Einzelfall ein **Wettbewerbsverbot** für einzelne Gesellschafter begründen, obwohl ein solches im Gegensatz zur oHG (§ 112 HGB; zukünftig § 117 HGB n.F.; → § 6 Rn. 48ff.) nicht gesetzlich normiert ist. Außerdem verpflichten sie den geschäftsführenden Gesellschafter einer „unternehmenstragenden“ GbR zur Beachtung der sog. **Geschäftschancenlehre** (→ § 6 Rn. 58).[1128] 74a

Verletzt ein Gesellschafter schuldhaft seine aus dem Gesellschaftsverhältnis folgenden Pflichten (etwa durch wirksames Handeln im Außenverhältnis unter Überschreiten seiner Geschäftsführungsbefugnis im Innenverhältnis oder durch die Bewirkung eines Sondervorteils zu seinen Gunsten), so ist er der Gesellschaft und ggf. auch seinen Mitgesellschaftern zum Ersatz des dadurch entstandenen Schadens verpflichtet (§ 280 I BGB; → Rn. 53ff., 149).[1129] Bei der Prüfung solcher **Schadensersatzansprüche** zu beachten ist derzeit noch die Regelung des § 708 BGB, die am 1.1.2024 mit dem Inkrafttreten des MoPeG Rechtsgeschichte sein wird:[1130] Ein Ge- 75

[1121] BGHZ 10, 44; eine zweigliedrige Gesellschaft ist eine solche mit nur zwei Gesellschaftern.

[1122] Vgl. BGH ZIP 2019, 1008 (Rn. 13).

[1123] Siehe ausführlich zu dem abgestuften System der Rücksichtnahme- und Aufopferungspflichten *Bitter*, ZGR 2010, 147, 172ff.; knapp zusammenfassend Scholz/*Bitter*, GmbHG, § 13 Rn. 51f.

[1124] Siehe BGH ZIP 2019, 1008 (Rn. 13).

[1125] Näher Scholz/*Bitter*, GmbHG, § 13 Rn. 50ff. zur GmbH, jedoch übertragbar.

[1126] Vgl. zu den Treuepflichten insgesamt *Windbichler*, GesR, § 7 Rn. 3f., und ausführlich *K. Schmidt*, GesR, § 20 IV.

[1127] BGH ZIP 2019, 1008 (Rn. 13).

[1128] BGH ZIP 2013, 361 (Rn. 20).

[1129] Vgl. BGH ZIP 2018, 2267.

[1130] Vgl. Begr. RegE MoPeG, BT-Drs. 19/27635, S. 108; *Fleischer*, ZGR-Sonderheft 23, 2021, S. 1, 25; *K. Schmidt*, ZHR 185 (2021), 16, 42f.; kritisch *Bachmann*, NZG 2020, 612, 613.

sellschafter muss nach jener Regelung bei Erfüllung der ihm im Innenverhältnis obliegenden Pflichten nur die **eigenübliche Sorgfalt** anwenden.[1131] § 708 BGB greift allerdings nie im Verhältnis zu Dritten und schließt nach § 277 BGB nicht die Haftung für grobe Fahrlässigkeit aus. Die bald abgeschaffte Haftungsprivilegierung resultiert aus der personalistischen Struktur der GbR. Grundgedanke ist, dass die Gesellschafter „einander so nehmen müssen, wie sie sind".[1132] § 708 BGB gilt jedoch nicht im Straßenverkehr, weil dort kein Raum für individuelle Sorglosigkeit ist.[1133]

76 **Beispiel:** Der Gesellschafter A der AX-GbR zerstört aufgrund seiner Schusseligkeit immer wieder sein privates Eigentum. Auch als Fahrradfahrer ist A nicht besonders talentiert und daher immer wieder in Verkehrsunfälle verwickelt. Als er im Büro der GbR mit Akten hantiert, stößt er aus Versehen einen Computer um, der dabei zu Bruch geht. A haftet der GbR nicht auf Schadensersatz aus § 280 und § 823 BGB, weil er nicht sorgloser gehandelt hat als im privaten Bereich. Sein Verhalten war auch nicht grob fahrlässig, so dass sich aus § 277 BGB nichts anderes ergibt. Hingegen haftet er auf Schadensersatz gemäß § 280 und § 823 BGB, wenn ein Mitgesellschafter verletzt wird, weil er von dem Tandem-Fahrrad stürzt, auf dem er gemeinsam mit A zu einem Kunden der GbR radelt und mit dem A im Rahmen seiner gewöhnlichen Schusseligkeit einen Unfall im öffentlichen Straßenverkehr verursacht.

77 Nicht angewendet wird § 708 BGB bei Publikumsgesellschaften, weil dort aufgrund der Vielzahl an Gesellschaftern das für die GbR typische enge persönliche Verhältnis untereinander fehlt.[1134] Bei Bankenkonsortien[1135] wird eine Haftungsprivilegierung zumindest für den Konsortialführer teilweise bestritten, weil Bankenkonsortien ähnlich wie Publikumsgesellschaften keine personalistische Struktur aufweisen und der Konsortialführer für seine Tätigkeit eine gesonderte Vergütung erhält.[1136]

4. Gesellschafterversammlung

78 Die innere Willensbildung einer Gesellschaft erfolgt durch ihre Organe, welche – sofern es sich um Kollektivorgane[1137] handelt – durch Beschluss entscheiden (vgl. zukünftig § 714 BGB n. F.).[1138] Neben der Geschäftsführung ist Willensbildungsorgan der GbR die Gesellschafterversammlung.

a) Grundlagen

79 Beschlüsse der Gesellschafterversammlung sind bei Grundlagengeschäften (→ Rn. 55), insbesondere Änderungen des Gesellschaftsvertrags, ferner dann erforderlich, wenn sie vertraglich oder gesetzlich (§§ 709, 710 S. 2, 712, 715, 737 BGB;

[1131] Vgl. BGH ZIP 2018, 2267 (Rn. 26), dort auch zur Beweislast; zu den strengen Anforderungen an den Beweis, in eigenen Angelegenheiten eine geringere als die im Verkehr erforderliche Sorgfalt anzuwenden, vgl. BGH NJW 2013, 3572 = ZIP 2013, 2152.

[1132] Zur Herkunft aus der altrömischen societas *Fleischer*, ZGR-Sonderheft 23, 2021, S. 1, 25.

[1133] BGHZ 46, 313.

[1134] BGHZ 69, 207; vgl. auch das eine GmbH & Co. KG betreffende und für deren Geschäftsführung den § 708 BGB einschränkende Urteil BGH ZIP 2020, 2117 Rn. 33 ff. (dort zur Publikumsgesellschaft Rn. 40 m. w. N.); zu den Publikumsgesellschaften → § 7 Rn. 43.

[1135] Als Bankenkonsortium wird ein im Einzelfall gebildeter Zusammenschluss von Banken zur gemeinsamen Finanzierung eines Großprojektes bezeichnet. Die dadurch entstehende Gesellschaft ist GbR und nicht oHG, weil sie *ad hoc* gebildet wird und es daher an einer planmäßigen Tätigkeit i. S. v. § 1 HGB fehlt; vgl. *Bitter/Linardatos*, HandelsR, § 2 Rn. 5.

[1136] Vgl. hierzu *Schantz*, in: Schwintowski, BankR, 5. Aufl. 2018, Kap. 23 Rn. 47.

[1137] Organe mit mehr als einem Mitglied.

[1138] Zu Gesellschafterbeschlüssen bereits → § 3 Rn. 110 (zur AG) und § 4 Rn. 111 ff. (zur GmbH); ferner *K. Schmidt*, GesR, §§ 13, 14.

zukünftig §§ 715 II 2, V, 720 IV, 727, 729 I Nr. 4, 732, 734, 736 IV, 736d I, 740a I Nr. 2 BGB n.F.) vorgesehen sind oder sonstige originäre Gesellschafterkompetenzen bestehen (→ Rn. 55).[1139] Seiner Rechtsnatur nach ist der **Gesellschafterbeschluss** ein **mehrseitiges Rechtsgeschäft,**[1140] bei dem jeder Gesellschafter durch Abgabe seiner Stimme sein Recht auf Mitgestaltung und -verwaltung der Angelegenheiten der Gesellschaft wahrnimmt.[1141]

Dabei sind grundsätzlich alle Gesellschafter zur Abstimmung befugt. Eine Aus- 80
nahme gilt jedoch, wenn das Gesetz – wie z.B. in §§ 712 I, 715, 737 S. 2 BGB (künftig §§ 715 V, 720 IV, 727 BGB n.F.) – vorsieht, dass ein Gesellschafter von der Abstimmung ausgeschlossen ist, indem es eine Abstimmung allein der „übrigen" (zukünftig „anderen") Gesellschafter anordnet. Da es in den genannten Vorschriften jeweils um Maßnahmen aus wichtigem Grund gegen den betroffenen Gesellschafter geht, handelt es sich um Ausprägungen des allgemeingültigen Verbots, Richter in eigener Sache zu sein (zur GmbH → § 4 Rn. 116ff.).[1142] Aber auch über diese ausdrücklich geregelten Fälle hinaus kann im Einzelfall ein **Stimmverbot** bestehen. Insoweit gelten die zur GmbH dargestellten Prinzipien (→ § 4 Rn. 116ff.) im Grundsatz entsprechend.[1143] Ein Stimmverbot kann sich danach auch in sonstigen Fällen ergeben, in denen der Gesellschafter durch seine Teilnahme an der Abstimmung zum „Richter in eigener Sache" würde oder ein Insichgeschäft vorliegt. Dies gilt jedenfalls insoweit, wie gleichzeitig ein in § 47 IV GmbHG geregelter Tatbestand erfüllt ist (→ § 4 Rn. 118f.).[1144] So greift ein Stimmverbot nach h.M. – wie bei der GmbH – insbesondere auch bei der Beschlussfassung über ein Rechtsgeschäft mit einem Gesellschafter (vgl. § 47 IV 2 Alt. 1 GmbHG, ferner § 34 BGB für den Verein).[1145] Der Gesetzgeber des MoPeG hat die Frage offen und ihre Beantwortung der Rechtsprechung überlassen.[1146] In der Literatur wird dies durchaus kritisch gesehen.[1147]

b) Das Einstimmigkeitsprinzip als Grundsatz

Nach der gesetzlichen Konzeption gilt bei Personengesellschaften in der Gesell- 81
schafterversammlung das Einstimmigkeitsprinzip (§ 709 I BGB für die GbR, § 119 I HGB für die oHG und KG; zukünftig § 714 BGB n.F. bzw. § 109 III HGB n.F.). Ein zustimmender Beschluss ist also nur wirksam gefasst, wenn sämtliche (stimmberech-

---

[1139] Zu einer möglichen analogen Anwendung von § 179a AktG (→ § 3 Rn. 52, 93) auf Personengesellschaften und einem daraus ggf. folgenden zwingenden qualifizierten Mehrheitserfordernis siehe OLG Düsseldorf ZIP 2018, 72; zur Parallelfrage bei der GmbH BGHZ 220, 354 = ZIP 2019, 701 (Leitsatz 1 und Rn. 9ff.).

[1140] Zu den Arten der Rechtsgeschäfte siehe *Bitter/Röder*, BGB AT, § 5 Rn. 1ff.

[1141] Grüneberg/*Sprau*, BGB, Vorb v §§ 709–715 Rn. 10; die Rechtsnatur des Beschlusses ist im Einzelnen umstritten, vgl. *K. Schmidt*, GesR, § 15 I 2.

[1142] Begr. RegE MoPeG zu § 714 BGB n.F., BT-Drs. 19/27635, S. 149.

[1143] Vgl. MüKoBGB/*Schäfer*, § 709 Rn. 65; *K. Schmidt*, GesR, § 21 II 2; Hopt/*Roth*, HGB, § 119 Rn. 8ff. (zur oHG und KG); aus der Rechtsprechung etwa BGH ZIP 2012, 917 (Rn. 16) und BGH ZIP 2018, 2024 (Rn. 26, 31).

[1144] Inwieweit aus den allgemeinen Grundtatbeständen über die gesetzlichen Regelungen hinaus ein Stimmverbot abgeleitet werden kann, ist umstritten; → § 4 Rn. 119a.

[1145] Nachweise in BGH ZIP 2012, 917 (Rn. 30), wo die Frage aber offengelassen wird; die Analogie bejahend – zur KG – OLG München ZIP 2018, 1630, 1631 (juris-Rn. 42f.) m.w.N.

[1146] Vgl. Begr. RegE MoPeG zu § 714 BGB n.F., BT-Drs. 19/27635, S. 150, wo zudem mit Blick auf das neue Beschlussmängelrecht der Personenhandelsgesellschaften gefragt wird, ob nicht der Anfechtbarkeit eines Beschlusses wegen Verletzung der gesellschaftsrechtlichen Treuepflicht der Vorzug vor einer zu starren Regelung eines Stimmverbots zu geben ist.

[1147] *Drescher*, ZGR-Sonderheft 23, 2021, S. 115, 122.

tigten) Gesellschafter mit Ja gestimmt haben. Andernfalls ist der Beschlussantrag abgelehnt, so dass die beabsichtigten Rechtswirkungen nicht eintreten. Das Einstimmigkeitsprinzip hat seine Grundlage darin, dass Personengesellschaften personalistisch geprägte Zusammenschlüsse sind. Jeder Gesellschafter soll grundsätzlich nur an die Beschlüsse gebunden sein, denen er selbst zugestimmt hat, zumal er persönlich für alle Verbindlichkeiten der Gesellschaft haftet.

c) Mehrheitsbeschlüsse als Ausnahme

82 Allerdings sind die gesetzlichen Regeln dispositiv (vgl. zukünftig § 708 BGB n. F.). **Der Gesellschaftsvertrag kann Mehrheitsbeschlüsse zulassen.**[1148] Für einen zustimmenden Beschluss ist dann ausreichend, dass die Mehrheit der Gesellschafter mit Ja stimmt; die beabsichtigten Rechtswirkungen treten dann ein, obwohl eine Minderheit sie ablehnt. Nach dem derzeit noch geltenden Recht wird die Mehrheit im Zweifel nach Köpfen berechnet (§§ 709 II BGB, 119 II HGB). Der Gesellschaftsvertrag kann aber auch bestimmen, dass – wie bei den Kapitalgesellschaften[1149] – die Kapitalmehrheit maßgeblich ist.[1150]

82a Da eine solche gesellschaftsvertragliche Regelung schon bisher die Praxis dominiert haben dürfte, will der Gesetzgeber des **MoPeG** das zukünftige (dispositive) Recht mit § 709 III BGB n. F. an diese Praxis angleichen.[1151] Nach dieser Vorschrift bemessen sich die Stimmkraft und die Verteilung von Gewinn und Verlust zukünftig in erster Linie nach dem vereinbarten Beteiligungsverhältnis, hilfsweise nach dem Verhältnis der vereinbarten Werte der Beiträge und nur noch höchsthilfsweise nach Köpfen. Bei dem in erster Linie **für maßgeblich erklärten Beteiligungsverhältnis** handelt es sich um eine Rechnungsziffer, die den (Buch-)Wert der wirtschaftlichen Beteiligung des Gesellschafters am Gesellschaftsvermögen zum Ausdruck bringen soll und die von den Gesellschaftern landläufig als (fester[1152]) Kapitalanteil vereinbart wird (Anteilsquote).[1153] Dabei kann das vereinbarte Beteiligungsverhältnis durchaus von dem vereinbarten Wert des Beitrags abweichen, weshalb hierauf nur hilfsweise abzustellen ist (Beitragsquote). Indem § 709 III BGB n. F. bei fehlender Vereinbarung von Beteiligungsverhältnis und Beitragswert immer noch die Kopfmehrheit für maßgeblich erklärt, die regelmäßig nicht der Interessenlage der Gesellschafter entspricht, sollen diese dazu angehalten werden, sich bereits bei Gründung der Gesellschaft über das Beteiligungsverhältnis oder über das Wertverhältnis ihrer Beiträge zu verständigen, um zukünftigen Streit anlässlich der Berechnung von Beschlussmehrheiten oder der Gewinn- und Verlustverteilung zu vermeiden.[1154]

83 Für **Minderheitsgesellschafter** bedeutet es ein **Risiko**, wenn die Zustimmung der Mehrheit der Gesellschafter für die Verbindlichkeit eines Gesellschafterbeschlusses

---

[1148] *Bayer/Rauch*, DB 2021, 2609, 2611 f.; näher *Drescher*, ZGR-Sonderheft 23, 2021, S. 115, 118 ff.

[1149] Zur AG → § 3 Rn. 24, 90, zur GmbH → § 4 Rn. 113.

[1150] Maßgeblich ist dann, dass den zustimmenden Gesellschaftern ein Kapitalanteil von mehr als 50 % zukommt; vgl. zum Kapitalanteil → Rn. 145.

[1151] Vgl. dazu und zum Folgenden Begr. RegE MoPeG zu § 709 III BGB n. F., BT-Drs. 19/27635, S. 142.

[1152] Zur Unklarheit der Neuregelung und ihrer Begründung in diesem Punkt *K. Schmidt*, ZHR 185 (2021), 16, 43.

[1153] Zu- und Abschreibungen zum Kapitalanteil durch Gewinne und Verluste (→ Rn. 144 ff.) sollen das maßgebliche Beteiligungsverhältnis i. d. R. unberührt lassen; vgl. *Schollmeyer*, DNotZ 2021, 889, 895 f.

[1154] Vgl. zum Vorstehenden Begr. RegE MoPeG zu § 709 III BGB n. F., BT-Drs. 19/27635, S. 142 f.

genügt.[1155] Der Beschluss kann gegen den Willen der Minderheit Leistungspflichten und sonstige nachteilige Maßnahmen vorsehen. Um die Minderheit vor unerwarteten Verpflichtungen zu schützen und einem Machtmissbrauch der Mehrheit vorzubeugen, sind Mehrheitsbeschlüsse nur in Grenzen möglich:

aa) Formelle Legitimation

Auf einer ersten Stufe, der **Ermächtigungsebene**, ist die *formelle* Legitimation von Mehrheitsbeschlüssen zu prüfen.[1156] Insoweit handelt es sich – in der Sprache des BGH – um eine „Eingangsvoraussetzung für die Gültigkeit einer Mehrheitsentscheidung".[1157] Die Frage der formellen Legitimation wurde früher unter dem Stichwort des sog. Bestimmtheitsgrundsatzes diskutiert. Für den Geltungsbereich von Mehrheitsklauseln stellte er einschränkende Bedingungen dadurch auf, dass er eine restriktive Auslegung gebot bzw. eine gewisse „Bestimmtheit" der Mehrheitsklausel verlangte. Dies konnte etwa dazu führen, dass eine pauschale Mehrheitsklausel, die keine konkreten Beschlussgegenstände auflistete, nur Geschäftsführungsmaßnahmen und keine Grundlagengeschäfte oder nur gewöhnliche Änderungen des Gesellschaftsvertrags erfasste. Der BGH hat den **Bestimmtheitsgrundsatz** jedoch später in verschiedenen Entscheidungen sehr stark eingeschränkt[1158] und in dem Urteil BGHZ 203, 77 aus dem Jahr 2014[1159] dann **endgültig aufgegeben**. Nach dieser – im Schrifttum durchweg zustimmend aufgenommenen[1160] – Kehrtwende der Rechtsprechung gilt im Hinblick auf die formelle Legitimation eines Mehrheitsbeschlusses nunmehr Folgendes:[1161] 84

Eine Mehrheitsentscheidung zu einem bestimmten Gegenstand ist (formell) zulässig, wenn **der Gesellschaftsvertrag den Beschlussgegenstand als durch Mehrheitsentscheidung regelbar bestimmt**.[1162] Es muss also aus dem Gesellschaftsvertrag hervorgehen, dass für den in Frage stehenden Beschlussgegenstand nicht das Einstimmigkeits-, sondern das Mehrheitsprinzip gelten soll. Dabei ist keine Einzelaufzählung der Beschlussgegenstände erforderlich, sondern es genügt, wenn eine Auslegung ergibt, dass gerade der in Frage stehende Beschlussgegenstand der Mehrheitsentscheidung unterliegt.[1163] Die Mehrheitsklausel muss also **nach allgemeinen Auslegungsgrundsätzen** den konkreten Punkt erfassen, zu dem ein Beschluss erfolgen soll.[1164] Daher gilt eine allgemeine Mehrheitsklausel, die keine einzelnen Beschlussgegenstände nennt, aber auch keinerlei (!) Ausnahmen zulässt, für *sämtliche* 85

[1155] Ausführlich aus rechtsökonomischer Sicht *Klöhn*, AcP 216 (2016), 281 ff.

[1156] Vgl. *K. Schmidt*, GesR, § 16 II 2c, d, III 3b dd; BGHZ 170, 283 (Leitsatz 1) – Otto; BGHZ 179, 13 (Rn. 16, 25) – Schutzgemeinschaftsvertrag II.

[1157] BGHZ 170, 283 (Rn. 9) – Otto.

[1158] Siehe etwa BGHZ 170, 283 (Rn. 9) – Otto; BGHZ 179, 13 (Rn. 16, 25) – Schutzgemeinschaftsvertrag II; BGHZ 191, 293 = ZIP 2012, 515 (Rn. 16); BGH ZIP 2013, 65 und 68.

[1159] BGHZ 203, 77 = NJW 2015, 859 (Leitsatz 2, Rn. 9, 14); dazu *Ulmer*, ZIP 2015, 657; *Weber*, ZfPW 2015, 123.

[1160] Nachweise bei *Klöhn*, AcP 216 (2016), 281, 289.

[1161] Zusammenfassend auch BGH ZIP 2018, 2024 (Rn. 17).

[1162] *Windbichler*, GesR, § 13 Rn. 11.

[1163] Vgl. BGHZ 170, 283 (Rn. 9) – Otto in Anlehnung an *K. Schmidt*, GesR, § 16 II 2b; bestätigt etwa durch BGHZ 179, 13 (Rn. 15) – Schutzgemeinschaftsvertrag II und BGHZ 191, 293 = ZIP 2012, 515 (Rn. 16); ausführlich *K. Schmidt*, ZGR 2008, 1; *K. Schmidt*, ZIP 2009, 737; siehe auch BGH ZIP 2020, 2281 (Rn. 11).

[1164] BGHZ 203, 77 = NJW 2015, 859 = ZIP 2014, 2231 (Rn. 14 f.); anschaulich zur Auslegung OLG Düsseldorf ZIP 2018, 72, 75 (juris-Rn. 58 ff. zur Frage der Geltung eines einfachen oder qualifizierten Mehrheitserfordernisses).

Beschlussgegenstände.[1165] Eine solche Klausel ist nämlich ohne Zweifel auf alle Beschlussgegenstände bezogen (**Globalermächtigung**) und erfasst daher etwa auch Grundlagengeschäfte, ungewöhnliche Vertragsänderungen (z.B. die Änderung der Gewinnverteilung oder Nachschusspflichten) und Zustimmungsbeschlüsse zu Anteilsübertragungen.[1166]

86 Da die Frage der Ermächtigung nur eine *formelle* Hürde für einen Mehrheitsbeschluss bildet, ist eine Mehrheitsklausel eine „wertneutrale Verfahrensregel“, die nicht unwirksam sein kann.[1167]

bb) Materielle Grenzen

87 Über die Wirksamkeit/Rechtmäßigkeit eines konkreten Mehrheitsbeschlusses ist mit der formellen Legitimation noch nichts gesagt. Auf einer zweiten Stufe erfolgt vielmehr – unabhängig vom Beschlussgegenstand – eine *materielle* Überprüfung des konkreten Mehrheitsbeschlusses auf seine Rechtmäßigkeit; insoweit geht es um eine **inhaltliche Wirksamkeits- bzw. Rechtmäßigkeitsprüfung.**[1168] Hierbei kann sich ergeben, dass der konkrete Mehrheitsbeschluss trotz formeller Legitimation rechtswidrig und damit grundsätzlich unwirksam (→ Rn. 92) ist, weil er die **Grenzen der Mehrheitsmacht** überschreitet und daher der Zustimmung aller Gesellschafter bzw. zumindest des betroffenen Gesellschafters oder eines wichtigen Grundes bedurft hätte.[1169] Auf dieser zweiten Stufe geht es um den Schutz des einzelnen (Minderheits-)Gesellschafters, d.h. um **Individualschutz.**[1170] Er wird insbesondere durch die Treuepflichten (→ Rn. 74f.), das Verbot der Erlangung ungerechtfertigter Sondervorteile (→ § 3 Rn. 40, 117 zur AG), den Grundsatz der Gleichbehandlung (→ § 3 Rn. 28 zur AG), die Anforderungen an den Entzug sog. relativ unentziehbarer Rechte[1171] und die sog. Kernbereichslehre gewährleistet.[1172] Unabhängig vom Individualschutz darf der Beschluss natürlich auch keinen gesetzeswidrigen Inhalt haben.[1173]

[1165] Vgl. ausführlich *K. Schmidt*, ZGR 2008, 1ff.; *K. Schmidt*, ZIP 2009, 737, 738 („umfassende Generalklausel“); Formulierungsempfehlung bei *K. Schmidt*, ZGR 2008, 1, 10.

[1166] Siehe BGHZ 179, 13 (Rn. 15, 16 a. E.) – Schutzgemeinschaftsvertrag II; BGHZ 191, 293 = ZIP 2012, 515 (Rn. 14f.); BGH ZIP 2013, 65 (Rn. 14); BGHZ 203, 77 = NJW 2015, 859 (Rn. 18); ferner *Goette/Goette*, DStR 2016, 74, 77 (umfassende Legitimationsgrundlage); zurückhaltend zur Erfassung von Vertragsänderungen *Schäfer*, ZIP 2021, 1527f.; *Bayer/Rauch*, DB 2021, 2609, 2611f.

[1167] Vgl. BGHZ 179, 13 (Rn. 15ff.) – Schutzgemeinschaftsvertrag II.

[1168] BGHZ 170, 283 (Rn. 10) – Otto; BGHZ 179, 13 (Rn. 17, 25) – Schutzgemeinschaftsvertrag II; BGHZ 191, 293 = ZIP 2012, 515 (Rn. 23); *K. Schmidt*, GesR, § 16 II 2c, d, III 3b dd. Kritisch zur Schaffung einer allgemeinen zweiten Stufe, auf der verschiedene Aspekte eine Rolle spielen können, *Schäfer*, ZIP 2015, 1313, 1314m.w.N. Vgl. zur „Zweistufentheorie“ auch *Goette/Goette*, DStR 2016, 74, 77ff.

[1169] Vgl. Grüneberg/*Sprau*, BGB, Vorb v §§ 709–715 Rn. 17a unter Verweis auf BGHZ 170, 283 = NJW 2007, 1685 (Rn. 10) – Otto; zu den Grenzen der Mehrheitsmacht ausführlich *K. Schmidt*, GesR, § 16 II 4 und III; siehe auch BGHZ 203, 77 = NJW 2015, 859 (Rn. 11f.).

[1170] Zu weiteren Differenzierungen innerhalb der zweiten Stufe vgl. *K. Schmidt*, ZIP 2009, 737 (738ff.).

[1171] Siehe BGH ZIP 2020, 2281 (Rn. 15ff.): Der Entzug muss im Interesse der Gesellschaft geboten und für den betroffenen Gesellschafter zumutbar sein.

[1172] Vgl. BGHZ 170, 283 (Rn. 10) – Otto; BGHZ 179, 13 (Rn. 17) – Schutzgemeinschaftsvertrag II; ferner *Windbichler*, GesR, § 13 Rn. 11 a. E.; Überblick zur Rechtsprechungsentwicklung bei *Klöhn*, AcP 216 (2016), 281, 285ff.

[1173] Vgl. BGHZ 179, 13 (Rn. 25) – Schutzgemeinschaftsvertrag II.

Besondere Bedeutung auf der zweiten Prüfungsstufe hat die **Kernbereichslehre,**[1174] wie auch der Gesetzgeber des MoPeG betont.[1175] Sie besagt: Trotz einer Mehrheitsklausel, die den Anforderungen an eine formelle Legitimation genügt, kann ein Mehrheitsbeschluss in einen gewissen Kernbereich der Gesellschafterrechte nicht ohne Zustimmung des Betroffenen eingreifen.[1176] Auch ein formell legitimierter Mehrheitsbeschluss kann also ohne **Individualzustimmung** elementare Gesellschafterrechte nicht einschränken.[1177] Jedem Gesellschafter steht demnach ein nur mit seiner Zustimmung entziehbarer/mehrheitsfester Kern von Mitgliedschaftsrechten zu.[1178] Zu diesem Kernbereich der Mitgliedschaft zählen unter anderem das **Stimm-, Gewinn- und Informationsrecht**[1179] sowie auch das Klagerecht gegen rechtswidrige Gesellschafterbeschlüsse.[1180] Nicht zum Kernbereich gehören dagegen die Feststellung des Jahresabschlusses[1181] oder gesellschaftsvertragliche Regelungen zu Einstimmigkeitserfordernissen oder Sperrminoritäten.[1182] Derartige Regeln können folglich geändert werden, ohne dass zwingend jeder Gesellschafter zustimmen müsste. Noch offen ist, ob und ggf. welche Entscheidungen über den Bestand und die **Zusammensetzung der Mitglieder** der Gesellschaft zum Kernbereich gehören. Der BGH hat bislang nur implizit für die Übertragung eines Kommanditanteils einen Eingriff in den Kernbereich verneint, indem er einen Mehrheitsbeschluss für zulässig gehalten hat.[1183] Auf den Wechsel oder Eintritt persönlich haftender Gesellschafter (einer GbR), insbesondere wenn sie geschäftsführend tätig sind und die Gesellschaft vertreten können, ist dies jedoch nicht ohne weiteres übertragbar. Im Hinblick auf § 128 HGB (bei der GbR in analoger Anwendung; zukünftig §§ 721 BGB n.F., 126 HGB n.F.) geht es dann nämlich für die anderen Gesellschafter um die Frage, welche Person – mittelbar über die Verpflichtung der Gesellschaft – auch auf ihr Privatvermögen Einfluss nehmen kann. 88

Soweit man nicht einen gewissen Mindestbestand an Gesellschafterrechten für absolut, also auch mit Zustimmung des Gesellschafters für unentziehbar erklärt,[1184] kann der Gesellschafter einem Eingriff in den Kernbereich oder dem Entzug eines 89

[1174] Siehe zu der Frage, ob der BGH in seiner Entscheidung BGHZ 203, 77 = NJW 2015, 859 die Kernbereichslehre aufgegeben oder relativiert hat, *Schäfer*, ZIP 2015, 1313 m. w. N., der die Frage verneint und sich – zu Recht – auch allgemein gegen eine Aufgabe ausspricht; anders *Goette/Goette*, DStR 2016, 74, 76 ff., die sprachlich eine Loslösung von der Begrifflichkeit (ebenso *Drescher*, ZGR-Sonderheft 23, 2021, S. 115, 130) und in der Sache eine Abwägung und Entscheidung zwischen den Mehrheits- und Minderheitsinteressen in jedem Einzelfall unabhängig von einem „Kernbereichskatalog" befürworten und auch die BGH-Entscheidung entsprechend verstehen (a. a. O., S. 80); zum unklaren Schicksal der Kernbereichslehre auch *Klöhn*, AcP 216 (2016), 281, 289 ff. m. w. N. sowie *Temming*, ZIP 2020, 1373, 1379 m. w. N.

[1175] Begr. RegE MoPeG, BT-Drs. 19/27635, S. 111 f., ferner S. 229.

[1176] *Windbichler*, GesR, § 13 Rn. 11; BGH NJW 1995, 194 ff.

[1177] Vgl. dazu – mit Kritik am Begriff der Kernbereichslehre – *Drescher*, ZGR-Sonderheft 23, 2021, S. 115, 129 ff.

[1178] *K. Schmidt*, GesR, § 16 III 3.

[1179] Vgl. Hopt/*Roth*, HGB, § 119 Rn. 36 und ausführlich MüKoBGB/*Schäfer*, § 709 Rn. 93; siehe auch die Aufzählung von Gerichtsentscheidungen, in denen die Anwendung der Kernbereichslehre diskutiert wurde, bei *Goette/Goette*, DStR 2016, 74, 76.

[1180] Begr. RegE MoPeG, BT-Drs. 19/27635, S. 111, ferner referierend S. 229.

[1181] BGHZ 170, 283 (Leitsatz 2 und Rn. 12 ff.) – Otto.

[1182] BGH ZIP 2013, 65 (Rn. 20).

[1183] BGHZ 203, 77 = NJW 2015, 859; im Anschluss daran ausdrücklich *Schäfer*, ZIP 2015, 1313.

[1184] Zur Unterscheidung zwischen absolut und relativ unentziehbaren Rechten *Drescher*, ZGR-Sonderheft 23, 2021, S. 115, 130 f.

sog. relativ unentziehbaren Rechtes[1185] durch Mehrheitsbeschluss auch schon vorab mit Abschluss des Gesellschaftsvertrags zustimmen (**antizipierte Zustimmung**).[1186] Hierfür bedarf es allerdings einer hinreichend eindeutigen Regelung im Gesellschaftsvertrag, die Art und Ausmaß des Eingriffs exakt erkennen lässt.[1187] Dabei sind die Anforderungen *wesentlich* höher als diejenigen nach den Regeln zur (lediglich) formellen Legitimation einer Mehrheitsentscheidung.[1188] Die Anforderungen an eine antizipierte Zustimmung zu Eingriffen in den Kernbereich oder in relativ unentziehbare Rechte dürfen also keinesfalls mit denen zur formellen Legitimation der Mehrheitsentscheidung (→ Rn. 84 ff.) verwechselt oder damit gleichgesetzt werden.

90 Besondere Bedeutung haben die Anforderungen an die antizipierte Zustimmung für **Nachschusspflichten** bei einer werbenden Gesellschaft, also außerhalb einer Abwicklung.[1189] Hier gilt grundsätzlich das zum Kernbereich zählende sog. Mehrbelastungsverbot (§ 707 BGB; zukünftig § 710 BGB n. F. → Rn. 72).[1190] Eine wirksame antizipierte Zustimmung zur Begründung einer Nachschusspflicht durch Mehrheitsbeschluss enthält ein Gesellschaftsvertrag nach der Rechtsprechung des BGH daher nur, wenn Ausmaß und Umfang einer möglichen zusätzlichen Belastung erkennbar sind, indem der Vertrag eine Obergrenze oder sonstige Kriterien festlegt, die das Erhöhungsrisiko eingrenzen; die Gesellschafter sollen erkennen können, was „schlimmstenfalls" an neuen Verpflichtungen auf sie zukommen kann.[1191] Weil die Frage der antizipierten Zustimmung eine solche des *materiellen* Individualschutzes und nicht der *formellen* Legitimation ist,[1192] gelten die vorgenannten Erfordernisse konsequenterweise auch für Publikumsgesellschaften, bei denen regelmäßig vom Einstimmigkeitsprinzip zugunsten von Mehrheitsbeschlüssen abgewichen wird.[1193] Fehlt eine wirksame (antizipierte) Zustimmung, ist ein – formell legitimierter (1. Stufe) – Mehrheitsbeschluss, der eine Nachschusspflicht begründen soll, gegenüber den *nicht* zustimmenden Gesellschaftern materiell unwirksam (2. Stufe), weil § 707 BGB (zukünftig § 710 BGB n. F.) insoweit eine Mehrheitsmacht ausschließt.[1194] Zum Nachschuss sind aufgrund eines solchen Beschlusses daher nur diejenigen Gesellschafter wirksam verpflichtet worden, die dem Beschluss zugestimmt haben,[1195]

[1185] Zu den Anforderungen an den Entzug eines relativ unentziehbaren Rechts ohne Vorab-Zustimmung des betroffenen Gesellschafters → Rn. 87 mit dortiger Fußnote.

[1186] Vgl. (in Bezug auf die Abweichung von § 710 BGB n. F.) Begr. RegE MoPeG, BT-Drs. 19/27635, S. 143 und 229 f.

[1187] Vgl. MüKoBGB/*Schäfer*, § 709 Rn. 92 m. w. N.; zu den unterschiedlichen Anforderungen für verschiedene Beschlussgegenstände vgl. *K. Schmidt*, ZIP 2009, 737, 739 f.

[1188] *K. Schmidt*, GesR, § 16 III 3b dd; *K. Schmidt*, ZIP 2009, 737 (739 f.) spricht insofern von „qualifizierten Bestimmtheitserfordernissen"; diese ordnet er zwischen den beiden vom BGH benannten Stufen ein, weil es einerseits noch um eine Legitimation der Mehrheitsentscheidung gehe, andererseits aber bereits Individualschutz bezweckt sei. Siehe auch BGH ZIP 2020, 2281 (Rn. 22).

[1189] Bei einer Abwicklung sieht das Gesetz selbst Nachschusspflichten vor, vgl. § 735 BGB (→ Rn. 159). Daher gelten die nachfolgend dargestellten strengen Anforderungen nicht für einen Nachschuss, der im Rahmen der Abwicklung angefordert wird; vgl. BGHZ 191, 293 = ZIP 2012, 515 (Rn. 20 f.).

[1190] Näher *Meyer*, ZIP 2015, 256; *Goette/Goette*, DStR 2016, 74, 81 ff.

[1191] Vgl. BGH ZIP 2006, 562 ff.; BGH ZIP 2009, 864 (Rn. 14) sowie BGH ZIP 2009, 1373 (Rn. 18) zur KG.

[1192] Vgl. *K. Schmidt*, GesR, § 16 III 3b dd.

[1193] Vgl. BGH ZIP 2006, 562; näher zu Publikumsgesellschaften → § 7 Rn. 43 ff.

[1194] Vgl. BGH ZIP 2009, 864 (Rn. 15) m. w. N.

[1195] BGH ZIP 2009, 864 (Rn. 15).

sofern der Beschluss die nach dem Gesellschaftsvertrag erforderliche Mehrheit erhalten hat.[1196]

⇨ *Fall Nr. 25 – Zerstrittene Gesellschafter (Frage 1)*

d) Freiheit der Stimmausübung

Grundsätzlich sind die stimmberechtigten Gesellschafter bei ihrer Stimmabgabe 91
nicht zu einem bestimmten Stimmverhalten verpflichtet, sondern können entsprechend ihrer Auffassung und ihren Interessen abstimmen, unabhängig davon, ob die konkrete Stimmabgabe aus Sicht der Mitgesellschafter, der Geschäftsführer oder sonstiger Dritter vernünftig erscheint oder nicht (Freiheit der Stimmausübung).[1197] Allerdings können die Treuepflichten ganz **ausnahmsweise eine Zustimmungspflicht** begründen.[1198] Erforderlich ist, dass (1) der Gesellschafterbeschluss Maßnahmen betrifft, die mit Rücksicht auf das bestehende Gesellschaftsverhältnis, den Gesellschaftszweck, das Interesse der Gesellschaft oder die bestehenden Rechtsbeziehungen der Gesellschafter untereinander dringend[1199] geboten sind, und (2) dem Gesellschafter die Zustimmung unter Berücksichtigung seiner eigenen Belange zumutbar ist, weil ein vertretbarer Grund für eine Ablehnung der betreffenden Maßnahme fehlt.[1200] Dies gilt auch für einen Beschluss, der Nachschusspflichten begründet, wobei jedoch sehr hohe Anforderungen zu stellen sind, da ein Gesellschafter wegen der eindeutigen Regelung des § 707 BGB (zukünftig § 710 BGB n.F.) grundsätzlich nicht zu neuen Vermögensopfern veranlasst werden kann.[1201]

⇨ *Fall Nr. 25 – Zerstrittene Gesellschafter (Frage 2)*

e) Fehlerhafte Beschlüsse

Wie im Recht der GmbH gibt es auch im Personengesellschaftsrecht bis zum In- 92
krafttreten des MoPeG am 1.1.2024 **keine gesetzliche Regelung** zu fehlerhaften Beschlüssen. Bei der GmbH wird die Lücke durch eine Analogie zu den aktienrechtlichen Anfechtungsvorschriften geschlossen (→ § 4 Rn. 125 f.).[1202] Bei Personengesellschaften ist eine solche Analogie nicht möglich.[1203] Nach ganz h.M. führt ein formeller oder materieller Fehler des Beschlusses nämlich dazu, dass er **automatisch** (*ipso iure*) **nichtig bzw. unwirksam** ist.[1204] Es gibt daher keinen (zunächst) wirksamen, aber anfechtbaren Beschluss.[1205] Formelle Fehler führen allerdings nur dann

---

[1196] BGH ZIP 2009, 1373 (Leitsatz 2) zur KG.

[1197] Deutlich für eine GmbH BGH ZIP 2016, 1220 (Rn. 15) – Media/Saturn: Möglichkeit einer Verweigerung der Zustimmung sogar bei sachwidrigen und unverständlichen Beweggründen; zust. OLG München ZIP 2016, 1832; OLG Brandenburg ZIP 2017, 1417, 1421; *Paefgen*, ZIP 2016, 2293 ff.

[1198] *K. Schmidt*, GesR, § 21 II 3c; OLG Düsseldorf ZIP 2018, 72, 77 ff. (juris-Rn. 66 ff.).

[1199] So der Wortlaut in BGH ZIP 2015, 1626 (Rn. 22); in BGH ZIP 2012, 917 (Rn. 44) und BGH ZIP 2016, 1220 (Rn. 13) – Media/Saturn wird sogar von „zwingend“ gesprochen.

[1200] BGHZ 183, 1 = ZIP 2009, 2289 (Rn. 23) – Sanieren oder Ausscheiden; BGH ZIP 2005, 25; BGH ZIP 2012, 917 (Rn. 44); BGH ZIP 2015, 1626 (Rn. 22); BGH ZIP 2016, 1220 – Media/Saturn; siehe auch OLG Düsseldorf ZIP 2018, 72, 77 ff. (juris-Rn. 66 ff.) und OLG Köln ZIP 2021, 1319 (juris-Rn. 48 ff.: Pflicht, für die Auflösung zu stimmen, wenn das Erreichen des Gesellschaftszwecks dauerhaft unmöglich ist bzw. bei unhaltbar gewordener wirtschaftlicher Lage).

[1201] BGH ZIP 2006, 562; nicht ausreichend sind z. B. die Sanierungsbedürftigkeit oder wirtschaftliche Erfolglosigkeit der Gesellschaft, OLG München DB 2004, 1878.

[1202] Siehe dazu auch Begr. RegE MoPeG, BT-Drs. 19/27635, S. 102.

[1203] Deutlich zu den Unterschieden *Nolting*, ZIP 2017, 1641 ff.

[1204] Vgl. *Schäfer*, GesR, § 7 Rn. 11; ferner Begr. RegE MoPeG, BT-Drs. 19/27635, S. 102.

[1205] A. A. *K. Schmidt*, GesR, § 15 II 3.

zur Unwirksamkeit des Beschlusses, wenn nicht ausgeschlossen werden kann, dass sein Zustandekommen durch den Fehler beeinflusst war.[1206] Fehlt hingegen erkennbar die Kausalität des formellen Fehlers für das Abstimmungsergebnis, ist der Beschluss wirksam. Will ein Gesellschafter die Unwirksamkeit eines Beschlusses geltend machen, muss er **Feststellungsklage** nach § 256 I ZPO gegen die Mitgesellschafter erheben, sofern nicht der Gesellschaftsvertrag bestimmt, dass der Streit mit der Gesellschaft auszutragen ist.[1207] Bei unberechtigt angeforderten Nachschüssen kann die Feststellungsklage – jedenfalls bei Fehlen gesellschaftsvertraglicher Sonderregeln – wahlweise gegen die Gesellschaft oder gegen jeden einzelnen Mitgesellschafter erhoben werden.[1208]

92a Mit dem **MoPeG** wird für die Personen*handels*gesellschaften in §§ 110 ff. HGB n. F. ein gänzlich neues, am Aktienrecht orientiertes Beschlussmängelrecht eingeführt. Darin wird – wie im Recht der Kapitalgesellschaften[1209] – zwischen anfechtbaren und nichtigen Beschlüssen unterschieden und dabei für erstere die Möglichkeit und Notwendigkeit einer fristgebundenen Anfechtungsklage eingeführt (§§ 110 I, 111–113 HGB n. F.), während die Nichtigkeit eines Beschlusses i. S. v. § 110 II HGB n. F. im Wege der Nichtigkeitsklage (§ 114 HGB n. F.) oder auf andere Weise geltend gemacht werden kann, beispielsweise durch Einrede, also durch Rechtsverteidigung gegen eine auf den nichtigen Beschluss gestützte Klage (näher → § 6 Rn. 30a ff.).[1210] Die Gesellschafter einer (Außen-)GbR[1211] sollen nach dem Willen des Gesetzgebers – durchaus bemerkenswert[1212] – im Gesellschaftsvertrag freiwillig für dieses neue Beschlussmängelrecht der Personenhandelsgesellschaften optieren können und sich damit bei Bedarf Rechtssicherheit hinsichtlich der Wirksamkeit eines Beschlusses verschaffen.[1213] Automatisch sind die §§ 110 ff. HGB n. F. im Recht der GbR aber nicht anwendbar, weshalb es dort auch kein einheitliches (neues) Beschlussmängelrecht gibt.[1214]

5. Sozialansprüche/-verpflichtungen

93 Als Sozialansprüche werden Ansprüche der Gesellschaft gegen Gesellschafter bezeichnet, die **aus dem Gesellschaftsverhältnis herrühren** (z. B. der Anspruch auf Leistung des Beitrags aus § 705 BGB). Sozialverpflichtungen sind Verpflichtungen der Gesellschaft aus dem Gesellschaftsverhältnis gegenüber Gesellschaftern (z. B. die Verpflichtung gegenüber dem geschäftsführenden Gesellschafter zum Aufwendungsersatz; §§ 713, 670 BGB bei der GbR, §§ 110, 161 II HGB bei der oHG; zukünftig einheitlich § 716 BGB n. F., ggf. i. V. m. §§ 105 III, 161 II HGB n. F.). Auch Ausgleichsansprüche gegen/von Gesellschafter(n) in der Liquidation (→ Rn. 158 ff.) sind Sozial-

---

[1206] BGH ZIP 2013, 68 (Rn. 47) m. w. N.; BGH ZIP 2014, 1019 (Leitsatz); zu einer ähnlichen Voraussetzung („Relevanz") bei Kapitalgesellschaften → § 3 Rn. 127 (zur AG).

[1207] BGH ZIP 2013, 68 (Rn. 14) m. w. N. (zur KG); Details bei *Nolting*, ZIP 2017, 1641 ff. mit berechtigter Kritik an BGH ZIP 2017, 1024 (Rn. 24 ff.) – Schiedsfähigkeit III (zur KG); einlenkend BGH ZIP 2022, 125 – Schiedsfähigkeit IV (zur KG) m. w. N.

[1208] Hopt/*Roth*, HGB, § 119 Rn. 32.

[1209] Siehe → § 3 Rn. 119 ff. zur AG, § 4 Rn. 125 f. zur GmbH.

[1210] Begr. RegE MoPeG, BT-Drs. 19/27635, S. 112.

[1211] Zur Innengesellschaft *Bayer/Rauch*, DB 2021, 2609, 2617.

[1212] Zutreffend *Schäfer*, ZIP 2021, 1527, 1530; zur bisherigen Ablehnung gewillkürter Gestaltungsklagen auch *Bayer/Rauch*, DB 2021, 2609, 2610 m. N. in Fn. 24; *Heckschen/Nolting*, BB 2021, 2946, 2948; jüngst BGH ZIP 2022, 125 – Schiedsfähigkeit IV (Rn. 19, 26).

[1213] Begr. RegE MoPeG, BT-Drs. 19/27635, S. 107, 111 und 228.

[1214] Zu den Gründen (kritisch) *Bayer/Rauch*, DB 2021, 2609, 2610 f.; deutliche Kritik bei *Tröger/Happ*, ZIP 2021, 2059 ff. mit Vorschlag der Analogiebildung.

ansprüche/-verpflichtungen *der Gesellschaft* und nicht reine Ansprüche unter Gesellschaftern.[1215] Der Begriff des Sozialanspruchs bzw. der Sozialverpflichtung leitet sich aus den lateinischen Worten für Gesellschaft (societas) und Gesellschafter/Partner (socius) ab und sollte nicht mit der staatlichen Unterstützung Hilfsbedürftiger (Sozialstaat, Sozialhilfe) verwechselt werden. Sozialansprüche und -verpflichtungen sind **von Drittansprüchen und -verpflichtungen abzugrenzen**. Bei solchen handelt es sich um Ansprüche gegen bzw. Verpflichtungen von Gesellschafter(n), die nicht aus dem Gesellschaftsverhältnis, sondern aus anderen zwischen der Gesellschaft und den Gesellschaftern abgeschlossenen Rechtsgeschäften oder gesetzlichen Tatbeständen stammen (z. B. Ansprüche auf Kaufpreiszahlung aus einem zwischen der Gesellschaft und einem Gesellschafter geschlossenen Kaufvertrag).[1216] Der Gesellschafter tritt in diesem Fall als außenstehender Dritter gegenüber der Gesellschaft auf.

Die vorstehende Abgrenzung ist unter anderem relevant im Hinblick auf die 94
sog. *actio pro socio* (auch Gesellschafterklage oder Einzelklagebefugnis genannt; → Rn. 95 ff.), die persönliche Haftung der Gesellschafter (→ Rn. 98 f.) und den Regress eines von einem Gläubiger in Anspruch genommenen Gesellschafters (→ Rn. 100 ff.).

a) Gesellschafterklage (§ 715b BGB n. F.)

Die der Gesellschaft zustehenden Ansprüche können grundsätzlich nur die vertre- 95
tungsberechtigten Gesellschafter (→ Rn. 60 ff.) gerichtlich geltend machen. Dies würde allerdings dazu führen, dass etwa der allein geschäftsführungs- und vertretungsbefugte Gesellschafter Sozialansprüche der Gesellschaft gegen ihn selbst wohl niemals durchsetzen würde. Deshalb ist seit langem ein als *actio pro socio* (lat.: **Klage als Gesellschafter**)[1217] bezeichnetes Rechtsinstitut anerkannt, das zukünftig in § 715b BGB n. F. ausdrücklich geregelt und dort als „Gesellschafterklage" bezeichnet wird.[1218] Einem Gesellschafter wird damit unabhängig von seiner Geschäftsführungs- und Vertretungsbefugnis ermöglicht, in erster Linie **Sozialansprüche der Gesellschaft** gegen seine Mitgesellschafter alleine und im eigenen Namen einzuklagen.[1219] Jedoch muss er in seiner Klage Leistung an die Gesellschaft verlangen. Der Gesellschafter macht also ein fremdes Recht im eigenen Namen geltend; die *actio pro socio* verleiht ihm (nur) die für die Zulässigkeit einer solchen Klage erforderliche **Prozessführungsbefugnis.**[1220]

Die Möglichkeit der *actio pro socio* ist allerdings in verschiedener Hinsicht einge- 96
schränkt: Insbesondere muss im konkreten Sachverhalt ein Bedürfnis dafür beste-

---

[1215] BGHZ 217, 237 = ZIP 2018, 721 (Rn. 77); BGH ZIP 2018, 781 (Rn. 59). Die Kompetenz zum Innenausgleich unter den Gesellschaftern ist daher dem Abwickler zugewiesen; vgl. BGH ZIP 2020, 2460 (Rn. 19 ff.).

[1216] BGH ZIP 2020, 2460 (Rn. 17).

[1217] Nicht – wie häufig gesagt wird – Klage für die Gesellschaft (*actio pro societate*); vgl. zur Wortbedeutung *Flume*, Juristische Person, 1983, § 8 V (S. 301).

[1218] Dazu *Fleischer*, ZGR-Sonderheft 23, 2021, S. 1, 26; näher *Lieder*, ebenda, S. 169, 199 ff.; ausführlich *Osterloh-Konrad*, in VGR (Hrsg.), Gesellschaftsrecht in der Diskussion 2021, 2022, S. 63 ff.

[1219] Dazu mit Fallbeispielen *Mock*, JuS 2015, 590 ff.; *Lieder*, ZGR-Sonderheft 23, 2021, S. 169, 200; zu den verschiedenen dogmatischen Begründungen vgl. *Windbichler*, GesR, § 7 Rn. 6; Begr. RegE MoPeG zu § 715b BGB n. F., BT-Drs. 19/27635, S. 154.

[1220] Zur jedenfalls zukünftigen Einordnung als Fall der gesetzlichen Prozessstandschaft Begr. RegE MoPeG zu § 715b BGB n. F., BT-Drs. 19/27635, S. 154; lesenswert BGH ZIP 2021, 1913 (Rn. 21 ff.), wo zusätzlich auch eine gewillkürte Prozessstandschaft geprüft wird (Rn. 40 ff.).

hen, dass der Gesellschafter den Sozialanspruch verfolgt (**Subsidiarität** der *actio pro socio*). Dies ist nur der Fall, wenn die primäre Geschäftsführungs- und Vertretungsordnung versagt, weil der eigentlich zur Anspruchsdurchsetzung berufene Gesellschafter es pflichtwidrig unterlässt, den Anspruch geltend zu machen (vgl. § 715b I 1 BGB n. F.). Der Gesellschafter muss insoweit grundsätzlich zunächst versuchen, die Durchsetzung des Anspruchs auf dem gesellschaftsvertraglich vorgesehenen Wege zu erreichen (z. B. durch die Aufforderung zur Gesellschaftsklage oder die Einberufung einer Gesellschafterversammlung).[1221] Nur sofern dieser Weg nicht zum Ziel geführt hat oder von vornherein aussichtslos/untauglich erscheint, ist der Gesellschafter zur *actio pro socio* befugt. Daneben können sich im Einzelfall auch Schranken aus der Treuepflicht oder einem (wirksamen) Verzicht der Gesellschaft auf die relevanten Ansprüche ergeben.[1222]

⇨ *Fall Nr. 26 – Gutes Geschäft (Frage 2)*

97 Im bisherigen Recht war umstritten, ob die Möglichkeit einer Gesellschafterklage auch bei Ansprüchen der Gesellschaft gegen Gesellschafter aus Drittgeschäften besteht[1223] und insbesondere, ob sie auch zur **Anspruchsdurchsetzung gegen Nichtgesellschafter** genutzt werden kann.[1224] Eine für die Gesellschaft erhobene Klage gegen Nichtgesellschafter (sog. *actio pro societate*) hat der II. Zivilsenat des BGH im Jahr 2017 abgelehnt und sich dabei auf die Erwägung gestützt, die Klagebefugnis wurzele im Gesellschaftsverhältnis und sei Ausfluss des Mitgliedschaftsrechts des Gesellschafters.[1225] Allerdings hatte der BGH in früheren Urteilen eine Ausnahme für den Fall gemacht, dass der Dritte an der pflichtwidrigen Unterlassung einer gegen ihn gerichteten Anspruchsdurchsetzung mitgewirkt hat,[1226] und jene Ausnahme hat er durch den VIII. Zivilsenat im Jahr 2021 bestätigt.[1227] Dahinter steht folgende Überlegung: Im Grundsatz hat der Dritte ein berechtigtes Interesse daran, nicht durch einen gesellschaftsrechtlich unzuständigen Gesellschafter mit einer Klage überzogen zu werden, zumal der außenstehende Dritte nicht beurteilen kann, ob die primäre Geschäftsführungs- und Vertretungsordnung innerhalb der Gesellschaft versagt und deshalb die subsidiäre Gesellschafterklage im Einzelfall begründet sein kann. Hat der Dritte aber selbst an der pflichtwidrigen Unterlassung mitgewirkt, ist es ihm nicht nur zumutbar, dass er durch einen eigentlich unzuständigen Gesellschafter (auf Leistung an die Gesellschaft) verklagt wird, sondern sich in dieser Klage auch zur Pflichtwidrigkeit der fehlenden Anspruchsdurchsetzung und seiner eigenen Mitwirkung daran zu äußern.[1228] Diese Rechtsprechung nimmt der Gesetzgeber des MoPeG auf, indem § 715b I 2 BGB n. F. die nicht (mehr) an die interne Bindung aus dem Gesellschaftsver-

---

[1221] Die konkreten Anforderungen der Rspr. überlassend Begr. RegE MoPeG zu § 715b BGB n. F., BT-Drs. 19/27635, S. 155; zur Frage eines Vorrangs der Beschlussanfechtung *Lieder*, ZGR-Sonderheft 23, 2021, S. 169, 201.

[1222] Zur Treuepflicht vgl. BGH ZIP 2019, 1008 (Leitsatz 1 und Rn. 11); zum Verzicht siehe LG Frankfurt ZIP 2018, 1132.

[1223] Für diesen Fall auf eine Analogie zu §§ 432, 2039 BGB hinweisend *K. Schmidt*, GesR, § 21 IV 7, sofern der Gesellschaftsvertrag keine Vertretungsregelung enthält und damit Gesamtvertretungsbefugnis nach §§ 709, 714 BGB besteht; dem folgend die hiesige 5. Auflage.

[1224] Nachweise bei *Osterloh-Konrad*, in VGR (Hrsg.), Gesellschaftsrecht in der Diskussion 2021, 2022, S. 63, 66 f. (Rn. 6 in Fn. 12 ff.).

[1225] BGH ZIP 2018, 276 (Rn. 10 ff.).

[1226] BGHZ 39, 14, 19 f. (juris-Rn. 18 f.); BGH ZIP 1988, 12, 13 (juris-Rn. 10) m. w. N.; BGH ZIP 2008, 1582 (Rn. 37) m. w. N.

[1227] BGH ZIP 2021, 1913 (Rn. 33 ff., insbes. Rn. 37 f.).

[1228] BGHZ 39, 14, 19 f. (juris-Rn. 18).

trag anknüpfende Klagebefugnis gegen einen Dritten davon abhängig macht, dass „dieser an dem pflichtwidrigen Unterlassen mitwirkte oder es kannte".[1229]

Ist damit im zukünftigen Recht sogar eine „Gesellschafterklage" gegen Dritte 97a möglich, muss dies erst recht für **Ansprüche der Gesellschaft gegen Gesellschafter aus Drittgeschäften** gelten. Da sich die Klage in letzterem Fall nicht gegen einen über die Gesellschaftsinterna nicht informierten Außenstehenden richtet, sind die qualifizierten Anforderungen des § 715b I 2 BGB n.F. nicht einschlägig,[1230] auch wenn sie regelmäßig erfüllt sein dürften.

Die gesetzliche Neuregelung in § 715b BGB n.F. enthält weitere Details zur (feh- 97b lenden) Möglichkeit der Abbedingung (Abs. 2), zur Unterrichtung der Gesellschaft über die vom Gesellschafter im Wege der Prozessstandschaft erhobenen Klage (Abs. 3) sowie zur Erstreckung der Rechtskraft auf die Gesellschaft (Abs. 4).[1231]

Spätestens mit der Verankerung in § 715b BGB n.F. wird die *actio pro socio* zu 97c einem **Institut des allgemeinen Verbandsrechts**; ihre grundsätzliche Geltung für Personen- und Kapitalgesellschaften schließt es freilich nicht aus, in Einzelfragen rechtsformspezifische Unterschiede zu berücksichtigen, insbesondere bei der AG den Charakter als Publikumsgesellschaft mit fungiblen Anteilen.[1232]

b) Gesellschafter-Gläubiger

Für die Haftung der Mitgesellschafter gegenüber einem Gesellschafter-Gläubiger 98 ist zwischen Sozial- und Drittverpflichtungen der Gesellschaft zu differenzieren: Für **Sozialverpflichtungen** der Gesellschaft gegenüber dem Gesellschafter-Gläubiger besteht grundsätzlich **keine persönliche Haftung der Mitgesellschafter nach § 128 HGB** (analog bei der GbR und zukünftig §§ 721 BGB, 126 HGB n.F.; → Rn. 39ff.). Dies würde sie nämlich im Ergebnis zu einem Nachschuss verpflichten, was dem Grundgedanken des § 707 BGB (zukünftig § 710 BGB n.F.) widerspricht.[1233] Bei **Drittverpflichtungen** hingegen bleibt es nach h.M. bei der persönlichen gesamtschuldnerischen **Haftung der Mitgesellschafter analog § 128 HGB** gegenüber dem Gesellschafter-Gläubiger.[1234] Nach Auffassung des BGH setzt eine Inanspruchnahme der Mitgesellschafter auch nicht voraus, dass der Gesellschafter zuvor erfolglos Rückgriff bei der Gesellschaft gesucht hat; eine generell nur subsidiäre Haftung der Mitgesellschafter für Drittverpflichtungen lasse sich aus den gesellschaftsrechtlichen Treuepflichten nämlich nicht ableiten.[1235] Allerdings muss der Gesellschafter-Gläubiger von der Forderung seinen eigenen Verlustanteil abziehen.[1236]

[1229] Näher Begr. RegE MoPeG zu § 715b I BGB n.F., BT-Drs. 19/27635, S. 154f.; ferner *Osterloh-Konrad*, in VGR (Hrsg.), Gesellschaftsrecht in der Diskussion 2021, 2022, S. 63, 78ff. (Rn. 33ff.).

[1230] Ähnlich *Osterloh-Konrad*, in VGR (Hrsg.), Gesellschaftsrecht in der Diskussion 2021, 2022, S. 63, 80 (Rn. 37) für die Inanspruchnahme von Fremdorganen: „*actio pro socio* stets möglich".

[1231] Siehe dazu Begr. RegE MoPeG zu § 715b II bis IV BGB n.F., BT-Drs. 19/27635, S. 156f.

[1232] Näher *Osterloh-Konrad*, in VGR (Hrsg.), Gesellschaftsrecht in der Diskussion 2021, 2022, S. 63, 77ff. (Rn. 29ff., zur AG insbes. Rn. 41ff.).

[1233] BGHZ 37, 299; Hopt/*Roth*, HGB, § 128 Rn. 22.

[1234] BGH NJW 1983, 749; BGH ZIP 2013, 2305 (Rn. 18) zur Kommanditistenhaftung; *Windbichler*, GesR, § 8 Rn. 15m.w.N.; nach a.A. haften die Mitgesellschafter nur pro rata, d.h. als Teilschuldner (vgl. die Nachweise bei *K. Schmidt*, GesR, § 49 I 2b in Fn. 12); die Unterscheidung zwischen Gesamtschuldner- und pro rata-Haftung wirkt sich auf das Endergebnis dann aus, wenn ein Mitgesellschafter ausfällt; ausführlich zur Haftung gegenüber einem Gesellschafter-Gläubiger für eine Drittverpflichtung *Altmeppen*, NJW 2009, 2241.

[1235] BGH ZIP 2013, 2305 (Leitsatz und Rn. 31ff.).

[1236] BGH ZIP 2013, 2305 (Rn. 33) m.w.N.

99 **Beispiel:** Die Studenten A, B und C betreiben einen kleingewerblichen Computerhandel, an dem sie alle mit ⅓ beteiligt sind. B hat der GbR einen Laptop aus seinem Privatvermögen zum Preis von 600 EUR verkauft. Ohne vorher auf die Gesellschaft zugehen zu müssen, kann B seine Mitgesellschafter A und C analog § 128 HGB (zukünftig § 721 BGB n. F.) i. H. v. 400 EUR gesamtschuldnerisch in Anspruch nehmen. A und C können in diesem Fall allerdings von der GbR Freistellung von diesem Anspruch verlangen (→ Rn. 100), so dass die Mitgesellschafter letztlich doch nicht auf ihr Privatvermögen zugreifen müssen, solange die GbR zur Zahlung bereit und in der Lage ist.[1237]

c) Haftungsregress

100 Wird ein Gesellschafter durch einen Gläubiger der Gesellschaft aus § 128 HGB (analog; zukünftig §§ 721 BGB, 126 HGB n. F.) persönlich in Anspruch genommen und befriedigt er den Gläubiger, kann er bei der Gesellschaft Rückgriff nehmen, da die Zahlung an den Gläubiger im Verhältnis zur Gesellschaft eine erstattungsfähige Aufwendung darstellt (Haftungsregress; Anspruchsgrundlage derzeit §§ 713, 670 BGB bei der GbR bzw. §§ 110, 161 II HGB bei der oHG und KG; zukünftig einheitlich § 716 I BGB n. F., ggf. i. V. m. §§ 105 III, 161 II HGB n. F.).[1238] Vor der Befriedigung des Gläubigers besteht aus diesem Grund auch ein Freistellungsanspruch des Gesellschafters gegen die Gesellschaft. Für diese **Freistellungs- und Aufwendungsersatzansprüche** haften die Mitgesellschafter allerdings nicht nach § 128 HGB (analog; zukünftig §§ 721 BGB, 126 HGB n. F.) persönlich, weil sie jeweils eine Sozialverbindlichkeit der Gesellschaft sind, für die die Mitgesellschafter nicht persönlich haften.[1239]

101 Weil der Gesellschafter (1) nicht über Gebühr belastet werden soll, der Gläubiger (2) ebenso gut jeden anderen Gesellschafter hätte in Anspruch nehmen können und (3) nun einmal ein Gesamtschuldverhältnis unter den Gesellschaftern besteht, hat der betroffene Gesellschafter allerdings einen Anspruch gemäß § 426 I und II BGB gegen seine Mitgesellschafter (**Gesamtschuldnerausgleich**).[1240] Danach kann er **subsidiär** von den Mitgesellschaftern entsprechend ihrer Beteiligung am Verlust **anteilsmäßig Ersatz** verlangen.[1241] Die Mitgesellschafter haften für den Regressanspruch also nicht als Gesamtschuldner, sondern nur *pro rata* (als Teilschuldner). Der Grundsatz der Subsidiarität besagt, dass der Gesellschafter zunächst versuchen muss, bei der Gesellschaft Befriedigung seines Aufwendungsersatzanspruchs (→ Rn. 100) zu erlangen, bevor er seine Mitgesellschafter in Anspruch nimmt. In-

---

[1237] BGH ZIP 2013, 2305 (Rn. 34) m. w. N.

[1238] BGHZ 207, 54 = ZIP 2015, 2268 (Rn. 15 ff.), dort auch zur Anwendung des § 110 HGB auf einen nur mittelbar über einen Treuhänder beteiligten Gesellschafter.

[1239] BGH ZIP 2002, 394; BGHZ 207, 54 = ZIP 2015, 2268 (Rn. 17); strittig ist, ob der Anspruch des befriedigten Gläubigers *gegen die Gesellschaft* auf den zahlenden Gesellschafter übergeht: überwiegend wird die *cessio legis* mangels Gesamtschuldverhältnisses zwischen Gesellschaft und Gesellschafter (es besteht ein Akzessorietätsverhältnis) abgelehnt, teilweise wird sie auf § 426 II BGB oder § 774 I BGB gestützt (vgl. hierzu *K. Schmidt*, GesR, § 49 V 1). Der Streit ist meist – bei fehlender Besicherung (nur) des Anspruchs gegen die Gesellschaft – unbedeutend, weil jedenfalls zwischen den Gesellschaftern eine Gesamtschuld besteht und damit der Anspruch des Gläubigers *gegen den Gesellschafter* auf den Zahlenden übergeht (→ Rn. 101).

[1240] BGH ZIP 2013, 2305 (Rn. 35). Während die Gründe unter (1) und (2) eine Wertung enthalten, ist das Argument unter (3) das einfachste, aber überzeugendste: Bei Gesamtschuldnern besteht zwingend eine Ausgleichspflicht; die Frage der Haftung für Sozialverbindlichkeiten spielt dabei keine Rolle; vgl. *K. Schmidt*, GesR, § 49 V 2.

[1241] BGH NJW 1980, 339 f.; BGH ZIP 2002, 394; BGH ZIP 2011, 809 (Rn. 13); BGH ZIP 2013, 2152 (Rn. 10); Hopt/*Roth*, HGB, § 128 Rn. 27; *K. Schmidt*, GesR, § 49 V 2; nach BGHZ 207, 54 = ZIP 2015, 2268 (Rn. 17 ff.), gilt dies auch für nur mittelbar über einen Treuhänder beteiligte Gesellschafter.

soweit beeinflussen die Treuepflichten den Regress, der – anders als die Erfüllung einer Drittverpflichtung (→ Rn. 98) – der Realisierung des Aufwendungsersatzanspruchs, d. h. eines Sozialanspruchs (→ Rn. 100), dient.[1242] Der Gesellschafter muss allerdings nicht zunächst versuchen, gerichtlich gegen die Gesellschaft vorzugehen; es reicht vielmehr, dass die Gesellschaft auf Aufforderung nicht zahlt[1243] oder fest steht, dass die Gesellschaft nicht über ausreichend freie Mittel verfügt.[1244]

Beispiel: Im Fall des Computerhandels (→ Rn. 99) hatte B den Laptop im Namen der GbR beim Händler H bestellt. Dieser nimmt B analog § 128 HGB (zukünftig § 721 BGB n. F.) auf Zahlung der Gesellschaftsschuld in Anspruch. B kann anschließend, wenn die GbR derzeit kein Geld hat und weil neben ihm auch A und C analog § 128 HGB (zukünftig § 721 BGB n. F.) gegenüber H verpflichtet waren, bei jedem i. H. v. 200 EUR Regress nehmen. 102

Im Einzelfall kann der Ausgleich gemäß § 426 BGB gegen die Mitgesellschafter auch ganz entfallen, weil den zahlenden Gesellschafter im Innenverhältnis die alleinige Verantwortung für die Gesellschaftsverbindlichkeit trifft. Dann ist im Sinne des § 426 I 1 BGB a. E. „ein anderes bestimmt". Dies gilt beispielsweise, wenn der zahlende Gesellschafter schuldhaft verursacht hat, dass die Gesellschaft auf Schadensersatz in Anspruch genommen werden konnte.[1245] 103

⇨ *Fall Nr. 31 – Scherben bringen Glück (Abwandlung 3)*

Der Ausgleichsanspruch gemäß § 426 I BGB entsteht nicht erst mit der Befriedigung des Gläubigers, sondern als **Freistellungsanspruch** bereits mit der Entstehung des Gesamtschuldverhältnisses.[1246] 104

In jedem Fall setzt ein Ausgleichsanspruch nach § 426 BGB jedoch voraus, dass die in Regress genommenen Gesellschafter im Außenverhältnis zur Zahlung verpflichtet sind oder waren. Fehlt es daran, besteht bei Sozialansprüchen keine Regressmöglichkeit (→ Rn. 98, 100). 105

Beispiel: Im Fall des Computerhandels (→ Rn. 99) hat B im Auftrag der GbR den Laptop beim Händler H im eigenen Namen mit seinem eigenen Geld erworben und verlangt nun von der GbR Aufwendungsersatz gemäß §§ 713, 670 BGB (zukünftig § 716 I BGB n. F.). Für diesen Sozialanspruch haften A und C nicht analog § 128 HGB (zukünftig § 721 BGB n. F.). Da sie auch gegenüber H nicht analog § 128 HGB (zukünftig § 721 BGB n. F.) verpflichtet waren, steht B auch kein Anspruch aus § 426 BGB zu. Vor der Zahlung an H kann er von A und C keine Freistellung verlangen. Ein Ausgleich erfolgt erst beim Ausscheiden oder im Rahmen der Liquidation, weil dann eine Nachschusspflicht bei Verlusten besteht (→ Rn. 72, 159). 106

6. Änderungen des Gesellschafterbestandes

Änderungen des Gesellschafterbestandes sind in verschiedene Richtungen denkbar: Ein Gesellschafter kann neu eintreten oder ausgetauscht werden (→ Rn. 108 ff.); er kann automatisch aus der Gesellschaft ausscheiden (→ Rn. 117 ff.) oder von den anderen Gesellschaftern ausgeschlossen werden (→ Rn. 128 ff.). Scheidet ein Gesellschafter aus oder wird er ausgeschlossen, stellt sich die Frage, welche Ansprüche er gegen die Gesellschaft und die ehemaligen Mitgesellschafter hat (→ Rn. 133 ff.). 107

a) Gesellschaftereintritt und -wechsel

Personengesellschaften (GbR, oHG und KG) sind als personenbezogene Zusammenschlüsse auf einen unveränderten personellen Bestand angelegt. Der Eintritt 108

[1242] Betonung der fehlenden Vergleichbarkeit bei BGH ZIP 2013, 2305 (Rn. 35).
[1243] BGHZ 207, 54 = ZIP 2015, 2268 (Rn. 19): Verweigerung der Erstattung.
[1244] Zu Letzterem siehe OLG Düsseldorf ZIP 2013, 1860.
[1245] BGH ZIP 2008, 1915.
[1246] BGH ZIP 2007, 2313.

eines neuen Gesellschafters und der Gesellschafterwechsel sind als Änderung des Gesellschaftsvertrags bzw. als Grundlagengeschäft (→ Rn. 55) zu qualifizieren, die prinzipiell der **Zustimmung aller Gesellschafter** bedürfen (vgl. zukünftig ausdrücklich § 711 I 1 BGB n. F. für die Übertragung des Gesellschaftsanteils).[1247] Ob eine Änderung im Gesellschafterbestand – bei entsprechender formeller Legitimation im Gesellschaftsvertrag (→ Rn. 84 ff.) – auch durch Mehrheitsentscheidung zulässig ist, hängt von der schwierigen Frage ab, ob und in welchen Fällen darin ein Eingriff in den Kernbereich zu sehen ist (→ Rn. 88) und – bejahendenfalls – ob eine antizipierte Zustimmung für einen Eingriff in diesen vorliegt (→ Rn. 89).[1248]

109 Der **Beitritt eines neuen Gesellschafters** erfolgt durch Aufnahmevertrag des Neugesellschafters mit allen bisherigen Gesellschaftern, ein **Gesellschafterwechsel** durch die im künftigen § 711 I 1 BGB n. F. angesprochene Abtretung des Gesellschaftsanteils des Altgesellschafters an den Neugesellschafter oder die Kombination von Austritt des alten und Eintritt des neuen Gesellschafters.[1249] Die **Identität der Gesellschaft** wird weder bei einem Gesellschafterbeitritt noch bei einer Auswechslung einzelner oder aller Gesellschafter berührt.[1250]

110 Die **Abtretung** eines Gesellschaftsanteils ist ein **Verfügungsgeschäft** im Sinne der §§ 413, 398 BGB.[1251] Ihr liegt ein Verpflichtungsgeschäft zwischen Alt- und Neugesellschafter zugrunde. Dabei kann es sich z. B. um einen Rechtskauf (§§ 433, 453 BGB) oder um eine Schenkung handeln. In letzterem Fall bedarf das sonst grundsätzlich formlos mögliche Kausalgeschäft ausnahmsweise der Form des § 518 I BGB. Hingegen ist eine notarielle Beurkundung im Grundsatz auch dann nicht durch § 311b I BGB geboten, wenn das Gesellschaftsvermögen ausschließlich oder überwiegend aus Grundstücken besteht.[1252]

111 Mit der wirksamen Abtretung übernimmt der Neugesellschafter den Gesellschaftsanteil des Altgesellschafters und tritt unmittelbar in dessen Rechtsstellung ein.[1253] Dazu gehören auch Verbindlichkeiten des Altgesellschafters gegenüber der Gesellschaft oder gegenüber Mitgesellschaftern aus dem Gesellschaftsverhältnis.[1254] Eine zunächst ohne die erforderliche Zustimmung der übrigen Gesellschafter vorgenommene Verfügung ist solange schwebend unwirksam, bis der letzte Gesellschafter zustimmt.[1255] Verweigert ein Gesellschafter seine Zustimmung, ist die Übertragung endgültig unwirksam. Die nur noch bis Ende 2023 geltende Vorschrift des § 719 I BGB

[1247] Vgl. Begr. RegE MoPeG zu § 710 BGB n. F., BT-Drs. 19/27635, S. 144; BGHZ 203, 77 = NJW 2015, 859 (Rn. 18) m. w. N., wobei dort jedoch unklar bleibt, ob der BGH bei der Übertragung eines Kommanditanteils eine Vertragsänderung verneint; deutlich in diesem Sinne *Schäfer*, ZIP 2015, 1313. Zur antizipierten Zustimmung im Gesellschaftsvertrag und zur Delegation der Zustimmung auf Dritte *Neumann*, ZIP 2016, 1753.

[1248] Für die Zulassung einer Mehrheitsentscheidung bei der Übertragung eines Kommanditanteils BGHZ 203, 77 = NJW 2015, 859; im Anschluss daran *Schäfer*, ZIP 2015, 1313.

[1249] Zum Gesellschafterwechsel *Bochmann*, ZGR-Sonderheft 23, 2021, S. 221, 223 ff.

[1250] *K. Schmidt*, GesR, § 45 II 4; zur gleichzeitigen Auswechslung aller Gesellschafter BGH ZIP 2016, 211 (Rn. 27) m. w. N.

[1251] *K. Schmidt*, GesR, § 45 III 3; siehe auch Begr. RegE MoPeG zu § 710 BGB n. F., BT-Drs. 19/27635, S. 144.

[1252] Vgl. Begr. RegE MoPeG zu § 710 BGB n. F., BT-Drs. 19/27635, S. 144; Grüneberg/*Grüneberg*, BGB, § 311b Rn. 5, 9; die Frage ist allerdings streitig, wenn einziger ausgeübter Gesellschaftszweck das Halten und Verwalten von eigenem Grundbesitz ist; vgl. hierzu MüKoBGB/*Ruhwinkel*, § 311b Rn. 16 m. w. N.

[1253] *Windbichler*, GesR, § 9 Rn. 15.

[1254] BGH ZIP 2020, 2236 (Rn. 9 f.) in Abgrenzung von sonstigen Verbindlichkeiten des Altgesellschafters.

[1255] BGHZ 13, 179.

steht der Übertragung nicht entgegen, da der Gesellschafter nicht über seinen Anteil am Gesellschaftsvermögen, sondern über die Mitgliedschaft insgesamt verfügt (→ Rn. 38).[1256] Zwischen dem Altgesellschafter und der Gesellschaft gelten nicht die bisher in §§ 738 ff. BGB und zukünftig in §§ 712, 728 BGB n. F. festgelegten Regeln zur Auseinandersetzung beim Ausscheiden eines Gesellschafters; insbesondere ist **keine Abfindung** (→ Rn. 133 ff.) zu zahlen. Der Neugesellschafter zahlt nämlich dem Altgesellschafter i. d. R. einen Kaufpreis oder die Zuwendung soll unentgeltlich erfolgen, weshalb der Verlust der Gesellschafterstellung des Altgesellschafters durch den Neugesellschafter und nicht durch die übrigen Gesellschafter ausgeglichen wird.

Bei der **Kombination von Aus- und Eintritt (Doppelvertrag)** erlischt zunächst die Gesellschafterstellung des Altgesellschafters durch Abschluss des Austrittsvertrags mit den übrigen Gesellschaftern und sein Gesellschaftsanteil wächst diesen nach § 738 I 1 BGB zu (zukünftig § 712 I BGB n. F.). Anschließend wird durch den Aufnahmevertrag zwischen den verbliebenen Gesellschaftern und dem Neugesellschafter dessen Gesellschafterstellung begründet, d. h. jedem verbliebenen Gesellschafter wächst ein Teil seines Gesellschaftsanteils zugunsten des Neugesellschafters wieder ab. Dies wird zukünftig ausdrücklich im Gesetz geregelt (§ 712 II BGB n. F.). 112

Während bei der Übertragung des Gesellschaftsanteils demnach nur eine schuldrechtliche Beziehung zwischen Neu- und Altgesellschafter besteht, ist eine solche bei der Kombination von Aus- und Eintritt nicht gegeben. Vielmehr schließen Neu- und Altgesellschafter jeweils einen Vertrag mit den übrigen Gesellschaftern ab und es kommt nicht zu einer unmittelbaren Rechtsnachfolge. Weil der Weg des Doppelvertrags damit deutlich komplizierter ist als die Abtretung, wird in der Praxis meist letztere gewählt. 113

Für die **Haftung im Außenverhältnis** gegenüber den Gesellschaftsgläubigern gilt bei beiden Gestaltungen das Folgende: 114

Der **Altgesellschafter** haftet für die *bis zu seinem Ausscheiden* begründeten Altverbindlichkeiten weiterhin persönlich analog § 128 HGB bzw. zukünftig nach § 721 BGB n. F. (**Nachhaftung**). Begründet ist eine Verbindlichkeit vor dem Ausscheiden, wenn ihr Rechtsgrund noch vorher gelegt wurde.[1257] Besonders gefährlich ist dies für den ausscheidenden Gesellschafter bei Dauerschuldverhältnissen (z. B. Miet- oder Versorgungsverträgen), aus denen ständig neue Verbindlichkeiten herrühren, da ihr Rechtsgrund schon mit Vertragsschluss gelegt ist und die Nachhaftung daher sehr lang fortbestehen kann.[1258] Allerdings erlischt die Nachhaftung mit dem **Ablauf einer fünfjährigen Frist** nach dem Ausscheiden (**Enthaftung**). Im bisherigen Recht verweist § 736 II BGB insoweit auf eine entsprechende Anwendung der Regeln für die oHG, also auf § 160 I HGB.[1259] Die Frist beginnt bei der GbR zu laufen, sobald der jeweilige Gläubiger von dem Ausscheiden des Gesellschafters positive Kenntnis erlangt hat.[1260] Dies kann im Einzelfall zu einer sehr lang andauernden Nachhaftung führen.[1261] 115

[1256] *Windbichler*, GesR, § 3 Rn. 5; der Anteil am Gesellschaftsvermögen verkörpert nur die vermögensrechtliche Seite der von ihm zu unterscheidenden umfassenden Mitgliedschaft.

[1257] BGHZ 142, 324; BGHZ 229, 358 = ZIP 2021, 1391 (Rn. 32); siehe auch BGH ZIP 2012, 369 (Rn. 14).

[1258] Vgl. Grüneberg/*Sprau*, BGB, § 736 Rn. 10.

[1259] Anschaulich zur Anwendung der Enthaftung OLG Hamm ZIP 2018, 837; zum Sinn der Regelung BGH ZIP 2020, 1704 (Rn. 19).

[1260] BGHZ 229, 358 = ZIP 2021, 1391 (Rn. 18); bei der OHG ist nach § 160 I 2 HGB der Tag der Eintragung des Ausscheidens des Gesellschafters im Handelsregister maßgeblich.

[1261] *K. Schmidt*, ZHR 185 (2021), 16, 31 f. mit Hinweis auf BGH ZIP 2020, 1704.

115a Ab 2024 wird es eine eigenständige Regel zur Nachhaftung und Enthaftung bei der GbR in § 728b BGB n. F. geben. Da die GbR zukünftig im Gesellschaftsregister eingetragen werden kann, aber nicht muss (→ Rn. 8a), beginnt die Frist gemäß § 728b I 3 BGB n. F. nun entweder mit jener Kenntnis vom Ausscheiden oder der Eintragung des Ausscheidens im Register. Für *nach* seinem Ausscheiden begründete Neuverbindlichkeiten haftet der ausgeschiedene Gesellschafter nicht. Insoweit stellt § 728b I 2 BGB n. F. klar, dass der Altgesellschafter für Schadensersatzansprüche nur haftet, „wenn auch die zum Schadensersatz führende Verletzung vertraglicher oder gesetzlicher Pflichten vor dem Ausscheiden des Gesellschafters eingetreten ist."[1262]

116 Der **Neugesellschafter** haftet für Altverbindlichkeiten derzeit nach **§ 130 HGB** (analog bei der GbR)[1263] und ab 2024 gemäß § 721a BGB n. F.; für Neuverbindlichkeiten ergibt sich die Haftung regulär aus § 128 HGB (wiederum analog bei der GbR)[1264] und zukünftig aus § 721 BGB n. F. (bei der oHG § 126 n. F.).

⇨ *Fall Nr. 36 – Altersruhestand (zur oHG)*

b) Ausscheiden eines Gesellschafters

117 Nach der noch bis Ende 2023 geltenden gesetzlichen Grundkonzeption wird eine GbR aufgelöst, wenn ein Gesellschafter kündigt, stirbt oder das Insolvenzverfahren über sein Vermögen eröffnet wird (vgl. §§ 723, 727, 728 BGB; → Rn. 151 ff.). Hintergrund dieser Regelungen ist erneut die personalistische Natur der GbR.

118 In der Praxis jedoch ist die **Auflösung oft nicht erwünscht:** Für die übrigen Gesellschafter und die Erben eines verstorbenen Gesellschafters kann ein großes Interesse an der Fortsetzung der Gesellschaft bestehen, weil sie z. B. Träger eines profitablen Unternehmens ist und die Gesellschafter auf die Einkünfte angewiesen sind. Diese Interessenlage hat der Gesetzgeber erkannt und daher in § 736 I BGB die Möglichkeit eröffnet, durch eine Regelung im Gesellschaftsvertrag die Auflösung und Auseinandersetzung der Gesellschaft zu verhindern: Sieht der Gesellschaftsvertrag vor, dass die Gesellschaft unter den übrigen Gesellschaftern fortbestehen soll, wenn ein Gesellschafter kündigt oder stirbt oder das Insolvenzverfahren über sein Vermögen eröffnet wird (sog. **Fortsetzungsklausel**), so scheidet der betroffene Gesellschafter mit Eintritt des Ereignisses aus der Gesellschaft aus (§ 736 I BGB). In der Folge wächst sein Anteil am Gesellschaftsvermögen den anderen Gesellschaftern an (§ 738 I 1 BGB). Die übrigen Gesellschafter führen die Gesellschaft unter **Wahrung der Identität** fort.[1265] Der ausgeschiedene Gesellschafter haftet für die Altverbindlichkeiten weiterhin persönlich (Nachhaftung analog §§ 128, 160 HGB; → Rn. 115). Allerdings steht ihm gegen die Gesellschaft im Innenverhältnis ein Freistellungsanspruch zu (§ 738 I 2 BGB).[1266] Eine Haftung für Neuverbindlichkeiten besteht nicht.

119 Über den Wortlaut des § 736 I BGB hinaus kann der Gesellschaftsvertrag den Fortbestand der Gesellschaft unter den übrigen Gesellschaftern auch dann vorsehen, wenn ein Gläubiger eines Gesellschafters, der dessen Anteil gepfändet hat, kündigt (eigentlich Auflösungsgrund gemäß § 725 BGB).[1267]

[1262] Dazu Begr. Rechtsausschuss, BT-Drs. 19/31105, S. 7; partiell kritisch *Schollmeyer*, DNotZ 2021, 889, 893 f.

[1263] BGHZ 154, 370 = NJW 2003, 1803.

[1264] BGHZ 146, 341 = NJW 2001, 1056.

[1265] Grüneberg/*Sprau*, BGB, § 736 Rn. 3; den Fall einer Kündigung erfassende Fortsetzungsklauseln gelten bei Fehlen einer anderweitigen Regelung auch dann, wenn die Mehrheit der Gesellschafter kündigt (vgl. BGH NJW 2008, 2987 [Leitsatz 1]).

[1266] *K. Schmidt*, GesR, § 51 III 2a.

[1267] Grüneberg/*Sprau*, BGB, § 736 Rn. 2b.

Mit dem Inkrafttreten des **MoPeG** am 1.1.2024 wird sich das Grundkonzept ändern.[1268] Der Gesetzgeber passt das (dispositive) Gesetzesrecht der bisherigen Praxis an, indem der Tod des Gesellschafters, die Kündigung der Mitgliedschaft durch den Gesellschafter oder dessen Privatgläubiger und die Insolvenz des Gesellschafters nicht mehr zur Auflösung der Gesellschaft führen, sondern zum Ausscheiden des Gesellschafters (§ 723 I BGB n.F.). Im neuen Recht kommt es damit zu einem Gleichlauf mit dem Recht der oHG (§ 130 HGB n.F.), bei der es ebenfalls keiner Fortsetzungsklausel bedarf. Die Folgen des Ausscheidens ändern sich dadurch nicht, sind nur an anderer Stelle im Gesetz geregelt: Der Anteil des Ausscheidenden wächst, wenn er nicht auf eine andere Person – insbesondere auf einen Erben – übergeht (→ Rn. 124ff.), den übrigen Gesellschaftern nach § 712 I BGB n.F. zu (→ Rn. 112). Der Anspruch des Ausscheidenden auf Abfindung und Freistellung von der fortbestehenden Haftung für Gesellschaftsverbindlichkeiten ergibt sich zukünftig aus § 728 BGB n.F., seine Fehlbetragshaftung aus § 728a BGB n.F. und die Nachhaftung gegenüber den Gläubigern aus § 728b BGB n.F.; Parallelvorschriften für die oHG finden sich in §§ 135–137 HGB n.F. 119a

Die zukünftig nur zum Ausscheiden des Gesellschafters führende und in §§ 725f. BGB n.F. im Detail geregelte „Kündigung der Mitgliedschaft" (durch den Gesellschafter oder dessen Privatgläubiger) muss sauber von der in § 731 BGB n.F. kodifizierten „Kündigung der Gesellschaft" unterschieden werden, die auch in Zukunft zur Auflösung der Gesellschaft führt (§ 729 I Nr. 3 BGB n.F.; näher → Rn. 157a ff.).[1269] 119b

Scheiden so viele Gesellschafter aus einer Gesellschaft aus, dass nur ein Gesellschafter verbleiben würde, so führt dies zwingend zum Erlöschen der Gesellschaft ohne Liquidation, da es **keine Einpersonen-Personengesellschaft** gibt.[1270] Diese schon im derzeitigen Recht anerkannte Rechtsfolge wird zukünftig mitsamt den daraus sich ergebenden Konsequenzen in § 712a I BGB n.F. gesetzlich fixiert: Das bisherige Gesellschaftsvermögen geht zum Zeitpunkt des Ausscheidens des vorletzten Gesellschafters (vgl. § 723 III BGB n.F.) kraft Gesetzes[1271] im Wege der Gesamtrechtsnachfolge auf den verbleibenden Gesellschafter über (**Anwachsung**).[1272] Gemäß § 712a II BGB n.F. richten sich die Rechte und Pflichten des vorletzten Gesellschafters sodann nach den allgemeinen Ausscheidensregeln der §§ 728 bis 728b BGB n.F. (Abfindungs- und Freistellungsanspruch bzw. Fehlbetragshaftung im Innenverhältnis zur Gesellschaft; auf fünf Jahre begrenzte Nachhaftung im Außenverhältnis gegenüber den ehemaligen Gesellschaftsgläubigern). Die vorgenannten 120

[1268] Dazu Begr. RegE MoPeG, BT-Drs. 19/27635, S. 107 und 169: Der bisher im Recht der GbR geltende Grundsatz „Auflösung der Gesellschaft vor Ausscheiden eines Gesellschafters" wird in den Grundsatz „Ausscheiden eines Gesellschafters vor Auflösung der Gesellschaft" umgekehrt.

[1269] Vgl. Begr. RegE MoPeG zu § 723 I BGB n.F., BT-Drs. 19/27635, S. 170.

[1270] Begr. RegE MoPeG zu § 712a I BGB n.F., BT-Drs. 19/27635, S. 147: Auflösung und Vollbeendigung fallen zusammen; vgl. auch OLG Hamm ZIP 2014, 1426, 1428; BayObLG NZG 2001, 889.

[1271] Das noch im RegE vorgesehene weitere Erfordernis einer Übernahmeerklärung des verbleibenden Gesellschafters (vgl. den Text in BT-Drs. 19/27635, S. 18 mit Begründung S. 147) ist nicht ins Gesetz übernommen worden (vgl. dazu Begr. Rechtsausschuss, BT-Drs. 19/31105, S. 7).

[1272] Vgl. zum bisherigen Recht BGH ZIP 2008, 1677 = NJW 2008, 2992 (Leitsatz 1); BGH ZIP 2018, 1826 (Leitsatz 1 und Rn. 10): liquidationslose Vollbeendigung mit Konsequenz der anwachsungsbedingten Gesamtrechtsnachfolge des anderen Gesellschafters als allgemeiner, ungeschriebener gesellschaftsrechtlicher Grundsatz.

Grundsätze gelten auch, wenn sich durch eine Abtretung von Geschäftsanteilen (→ Rn. 110) alle Geschäftsanteile in einer Person vereinen.[1273]

121 Ist nicht gewollt, dass die Gesamtrechtsnachfolge eintritt (nach bisherigem Recht aufgrund einer Fortsetzungsklausel oder zukünftig gemäß § 712a I 2 BGB n.F.), kann der Gesellschaftsvertrag für den Fall, dass in der Person des *vorletzten* Gesellschafters ein Ausscheidensgrund eintritt, eine andere Regelung treffen. Er kann zum Beispiel vorsehen, dass eine Gesamtrechtsnachfolge eine Übernahmeerklärung des „verbliebenen" Gesellschafters binnen einer bestimmten Frist voraussetzt (**Übernahmerecht**). In diesem Fall scheidet der vorletzte Gesellschafter nicht mit Eintritt des Ausscheidensgrundes aus, sondern erst mit der Übernahmeerklärung. Die Gesellschaft bleibt also solange noch bestehen, weil sie zwei Gesellschafter hat. Für den Fall, dass eine (fristgerechte) Übernahmeerklärung ausbleibt, ergibt die Auslegung der Übernahmeklausel, dass die Gesellschaft infolge des Eintritts des eigentlichen Ausscheidensgrundes aufgelöst und von den zwei verbliebenen Gesellschaftern abzuwickeln ist (→ Rn. 158ff.).

122 Für den **Tod eines Gesellschafters** kann der Gesellschaftsvertrag über die reine Fortsetzung der GbR unter den verbleibenden Gesellschaftern hinaus weitere Regelungen treffen.

123 Durch eine sog. **Eintrittsklausel** erhält ein Dritter, der Nicht- oder Mitgesellschafter sein kann, das Recht, durch Erklärung in die Gesellschafterstellung des Verstorbenen einzurücken.[1274] Die verbliebenen Gesellschafter sind dann verpflichtet, mit dem Eintrittsberechtigten einen Aufnahmevertrag abzuschließen.

124 Davon zu unterscheiden sind **Nachfolgeklauseln**, bei denen die Nachfolge des/der Dritten in die Gesellschafterstellung des Verstorbenen automatisch erfolgt. Es können erbrechtliche[1275] und rechtsgeschäftliche/gesellschaftsrechtliche[1276] Nachfolgeklauseln im Gesellschaftsvertrag enthalten sein:

125 Enthält der Gesellschaftsvertrag eine **einfache erbrechtliche Nachfolgeklausel**, werden alle Erben im Wege der **Sonderrechtsnachfolge** jeweils einzeln Gesellschafter (vgl. zukünftig § 711 II 1 BGB n.F.).[1277] Der Gesellschaftsanteil des Erblassers fällt jedem Erben entsprechend der Erbquote zu (vgl. zukünftig § 711 II 2 BGB n.F.). Die Erbengemeinschaft wird hingegen nicht im Wege der Gesamtrechtsnachfolge Gesellschafterin, weil ihr die Fähigkeit fehlt, Gesellschafterin einer werbend tätigen Gesellschaft zu sein (→ Rn. 7). Dieser schon bisher überwiegend anerkannte Grundsatz[1278] wird mit dem MoPeG in § 711 II 3 BGB n.F. kodifiziert.[1279] Bei einer Liquidationsgesellschaft werden dagegen, weil es sich nicht um eine werbende Gesellschaft handelt, die Erben in ihrer gesamthänderischen Verbundenheit als Erbengemeinschaft Gesellschafter.[1280]

126 Bei einer **qualifizierten erbrechtlichen Nachfolgeklausel**[1281] folgen nur bestimmte Erben in die Gesellschafterstellung des Verstorbenen nach. Die Bestimmung des Nachfolgeberechtigten kann durch gesellschaftsvertraglich vorgesehene Kriterien

---

1273 Vgl. BGH ZIP 2018, 1826 (Rn. 10 a. E.); KG ZIP 2019, 220; ferner → § 4 Rn. 36.

1274 *Windbichler*, GesR, § 15 Rn. 5.

1275 Der Eintritt des Dritten vollzieht sich durch Erbfolge.

1276 Der Eintritt des Dritten vollzieht sich durch Gesellschaftsvertrag.

1277 *Bochmann*, ZGR-Sonderheft 23, 2021, S. 221, 225 f.

1278 *K. Schmidt*, GesR, § 45 V 4a.

1279 Dazu Begr. RegE MoPeG zu § 711 II BGB n.F., BT-Drs. 19/27635, S. 145.

1280 Siehe BGH ZIP 2017, 2109 (Rn. 16) m.w.N.

1281 Die Möglichkeit ihrer Vereinbarung wird durch § 711 II BGB n.F. nicht berührt, vgl. Begr. RegE MoPeG zu § 711 II BGB n.F., BT-Drs. 19/27635, S. 145.

oder nach Belieben des Gesellschafters erfolgen. Problematisch ist der Fall, dass die gesellschaftsvertraglich vorgesehene Person gar nicht Erbe des Gesellschafters wird. Eine erbrechtliche Nachfolge scheidet mangels Erbenstellung offensichtlich aus. Die Klausel kann nach § 140 BGB aber unter Umständen in eine Eintrittsklausel umgedeutet werden.[1282] Allerdings kann eine qualifizierte erbrechtliche Nachfolgeklausel auch vorsehen, dass die Gesellschaft unter den verbliebenen Gesellschaftern fortgesetzt wird, wenn der Erbe nicht nachfolgeberechtigt im Sinne des Gesellschaftsvertrags ist (z.B. wenn dieser nur Abkömmlinge des Gesellschafters für nachfolgeberechtigt bestimmt, der Erbe aber kein Abkömmling ist). In diesem Fall ist für eine Umdeutung in eine Eintrittsklausel kein Raum, sondern die Rechtsfolgen entsprechen denen einer schlichten Fortsetzung i.S.v. § 712 I BGB n.F.: Der verstorbene Gesellschafter scheidet aus; seinen Erben bleibt nur der Abfindungsanspruch, den der Gesellschaftsvertrag aber auch vollständig ausschließen kann (→ Rn. 139).

Geht der Gesellschaftsanteil eines verstorbenen Gesellschafters nach einer einfa- **126a**
chen oder qualifizierten Nachfolgeklausel mit dessen Tod automatisch auf seine Erben über, sehen diese sich ggf. unvermittelt einer unbeschränkten Haftung für Gesellschaftsverbindlichkeiten mit ihrem Privatvermögen ausgesetzt. Um sie zur Vermeidung dieser Haftung nicht allein auf die Ausschlagung der Erbschaft zu beschränken, schafft der Gesetzgeber des **MoPeG** in § 724 BGB n.F. eine neue, bislang nur bei der oHG[1283] bestehende **Möglichkeit des Wechsels in eine Kommanditistenstellung.**[1284] Voraussetzung ist freilich, dass die GbR als solche überhaupt zur Personen*handels*gesellschaft optieren kann, was zukünftig nicht nur der kleingewerblichen und vermögensverwaltenden, sondern – insoweit neu – auch der freiberuflichen Gesellschaft offensteht, falls das anwendbare Berufsrecht die Eintragung im Handelsregister zulässt (§ 107 HGB n.F.; → § 6 Rn. 7). Nach dem Willen des Gesetzgebers soll das Wahlrecht des Gesellschafter-Erben durch den Gesellschaftsvertrag abbedungen werden können, falls der Wechsel zur Personen*handels*gesellschaft den Gesellschaftern wegen der damit verbundenen weitergehenden Pflichten (u.a. zur Buchführung und Bilanzierung) nicht wünschenswert erscheint.[1285] Allerdings ergibt sich die Abdingbarkeit des § 724 BGB n.F. nicht aus dem Gesetz.[1286]

Bei einer **rechtsgeschäftlichen/gesellschaftsrechtlichen Nachfolgeklausel** rückt ein **127**
Dritter aufgrund der Regelung im Gesellschaftsvertrag in die Gesellschafterstellung des Verstorbenen automatisch ein. Da mit der Gesellschafterstellung auch Pflichten verbunden sind, kann eine solche gesellschaftsrechtliche Nachfolge nur unter Beteiligung des Nachfolgers wirksam vereinbart werden (z.B. der Nachfolger ist Gesellschafter und damit am Vertragsschluss beteiligt); andernfalls liegt nach h.M. ein unzulässiger Vertrag zulasten Dritter vor.[1287] Jedoch besteht auch hier, wie bei der fehlgegangenen qualifizierten erbrechtlichen Nachfolgeklausel, ggf. die Möglichkeit einer Umdeutung nach § 140 BGB in eine Eintrittsklausel.

⇨ *Fall Nr. 27 – Autounfall*

[1282] BGHZ 68, 225.

[1283] Siehe zu § 139 HGB derzeitiger und § 131 HGB zukünftiger Fassung → § 6 Rn. 62.

[1284] Näher Begr. RegE MoPeG zu § 724 BGB n.F., BT-Drs. 19/27635, S. 171; siehe auch *K. Schmidt*, ZHR 185 (2021), 16, 39.

[1285] Die Begr. RegE MoPeG zu § 724 BGB n.F., BT-Drs. 19/27635, S. 171 folgt insoweit den Bedenken von *Bochmann*, ZGR-Sonderheft 23, 2021, S. 221, 230ff.

[1286] Die Vorschrift des § 708 BGB n.F. gilt nur für Kapitel 2, also nicht für § 724 BGB n.F. und jene Norm enthält – anders als z.B. aus § 720 I BGB n.F. oder § 723 I, II BGB n.F. – keinen Vorbehalt anderweitiger Regelung im Gesellschaftsvertrag.

[1287] *Windbichler*, GesR, § 15 Rn. 6.

c) Ausschluss eines Gesellschafters

128 Betrifft eine – nach bisherigem Recht zur Verhinderung der Auflösung erforderliche – Fortsetzungsklausel (auch) den Fall der Kündigung der Gesellschafter und liegt in der Person eines Gesellschafters ein Umstand vor, der die übrigen Gesellschafter nach § 723 I 2 BGB zur Kündigung aus wichtigem Grund berechtigt, so eröffnet § 737 BGB den übrigen Gesellschaftern in dem bis Ende 2023 geltenden Recht anstelle der Kündigung die Möglichkeit, den betreffenden Gesellschafter aus der Gesellschaft auszuschließen. Obwohl das Gesetz von „Ausschließung" spricht, wird ein Vorgehen nach § 737 BGB als **„Hinauskündigung"** bezeichnet. Der betroffene Gesellschafter scheidet mit Zugang der rechtsgestalteten Erklärung aus der Gesellschaft aus. Die Wirkungen entsprechen denen eines regulären Ausscheidens nach § 736 I BGB (→ Rn. 118).

129 Da im neuen Recht nach dem **MoPeG** die Auflösung zur Ausnahme und das Ausscheiden zum Regelfall wird (→ Rn. 119a), nennt § 723 I Nr. 5 BGB n.F. auch die „Ausschließung des Gesellschafters aus wichtigem Grund" als möglichen Grund für ein Ausscheiden, das „nicht vor Mitteilung des betreffenden Beschlusses an den auszuschließenden Gesellschafter" wirksam wird (§ 723 III BGB n.F.). Eine Fortsetzungsklausel ist dafür nicht mehr erforderlich[1288] und die Rechtsfolgen ergeben sich – wie auch sonst beim Ausscheiden – aus §§ 712 I, 728 bis 728b BGB n.F. (→ Rn. 119a). Die Ausschließung aus wichtigem Grund wird zukünftig in § 727 BGB n.F. geregelt. Die Vorschrift lautet:

§ 727. Ausschließung aus wichtigem Grund

Tritt in der Person eines Gesellschafters ein wichtiger Grund ein, kann er durch Beschluss der anderen Gesellschafter aus der Gesellschaft ausgeschlossen werden. Ein wichtiger Grund liegt insbesondere vor, wenn der Gesellschafter eine ihm nach dem Gesellschaftsvertrag obliegende wesentliche Verpflichtung vorsätzlich oder grob fahrlässig verletzt hat oder wenn ihm die Erfüllung einer solchen Verpflichtung unmöglich wird. Dem Beschluss steht nicht entgegen, dass nach der Ausschließung nur ein Gesellschafter verbleibt.

In dem zuletzt genannten Fall gilt schlicht die allgemeine Regel zum Ausscheiden des vorletzten Gesellschafters in § 712a BGB n.F. (→ Rn. 120).

130 Auch bei der oHG besteht die Möglichkeit, einen Gesellschafter aus wichtigem Grund auszuschließen. Der Weg ist jedoch ein anderer: Die übrigen Gesellschafter müssen eine sog. Ausschließungsklage erheben (§§ 140, 133 HGB; zukünftig § 134 HGB n.F.). Abweichend hiervon kann der Gesellschaftsvertrag allerdings auch einen Gesellschafterbeschluss genügen lassen.[1289]

131 Da im derzeitigen Recht § 737 BGB dispositiv ist und ab 2024 ausdrücklich die Option eröffnet wird, „weitere" (nicht: andere) Ausscheidensgründe zu vereinbaren (§ 723 II BGB n.F. für die GbR; § 130 II HGB n.F. für die oHG), kann der Gesellschaftsvertrag den Ausschluss eines Gesellschafters durch die übrigen Gesellschafter auch unter weniger hohen Voraussetzungen zulassen.[1290] Ein Problem ergibt sich allerdings, wenn eine Ausschließungsklausel gar keine Bedingungen aufstellt. Der BGH, der solche sog. **Hinauskündigungsklauseln** einer Inhaltskontrolle unterzieht, erachtet ein ins freie Ermessen der übrigen Gesellschafter gestelltes Ausschließungs-

---

[1288] Dazu Begr. RegE MoPeG, BT-Drs. 19/27635, S. 170 und insbes. S. 174 in Abgrenzung zu § 737 S. 1 BGB bisheriger Fassung.

[1289] Hopt/*Roth*, HGB, § 140 Rn. 30.

[1290] Die Option für „Hinauskündigungsklauseln" und die „von der Rechtsprechung insoweit herausgearbeiteten Kriterien" betonend Begr. RegE MoPeG zu § 130 II HGB n.F., BT-Drs. 19/27635, S. 243.

recht im Regelfall als **Verstoß gegen § 138 BGB**, da über dem davon betroffenen Gesellschafter das „Damoklesschwert" der Hinauskündigung schwebe und er deshalb an der Ausübung seiner mitgliedschaftlichen Rechte gehindert sei.[1291] Muss der betroffene Gesellschafter nämlich jederzeit mit der Kündigung rechnen, übt er seine Mitgliedschaftsrechte in der Regel nicht entsprechend seinen Interessen, sondern so aus, dass er den übrigen Gesellschaftern keinen Anlass zur Kündigung gibt.[1292] Das Ausschließungsrecht würde zum willkürlichen Instrument gegen unerwünschte und unangenehme Mitgesellschafter. Eine Hinauskündigungsklausel, die keinen wichtigen (teilweise auch „sachlichen") Grund für die Ausschließung verlangt, ist daher nur ausnahmsweise dann zulässig, wenn für die Klausel **sachlich gerechtfertigte Gründe** bestehen.[1293] So hat der BGH entschieden, dass die im Rahmen von Manager- und Arbeitnehmermodellen vorgesehenen Ausschließungsrechte wirksam sind.[1294] Bei solchen Modellen wird dem Manager/Arbeitnehmer zu Motivationszwecken eine gesellschaftsrechtliche Beteiligung gewährt, die allerdings an das Bestehen der Organstellung oder des Anstellungsvertrags gekoppelt ist. Besteht für ein freies Ausschließungsrecht hingegen, wie im Regelfall, kein hinreichender sachlicher Grund, wird die entsprechende vertragliche Regelung dahingehend geltungserhaltend reduziert, dass eine Ausschließung nur aus wichtigem Grund erfolgen kann.[1295]

Von der Literatur wird diese Rechtsprechung teilweise kritisiert. Sie schränke die Privatautonomie zu sehr ein.[1296] Statt einer Inhalts- soll (nur) eine Ausübungskontrolle erfolgen: Die gesellschaftsvertragliche Ausschließungsklausel als solche sei wirksam; es werde jedoch überprüft, ob die Ausübung des Ausschließungsrechts im konkreten Fall aus sachlichen oder sachfremden Erwägungen erfolgte. Zudem wird bemängelt, dass der BGH die Ausschließungsklauseln losgelöst von der Höhe des Abfindungsanspruchs des ausgeschlossenen Gesellschafters beurteilt, obwohl gerade ein gerechter Abfindungsanspruch ein jederzeitiges Ausschließungsrecht angemessen erscheinen lassen und die übrigen Gesellschafter von der willkürlichen Ausübung ihres Ausschließungsrechts abhalten könne.[1297] 132

⇨ *Fall Nr. 28 – Abruptes Ende*

d) Ansprüche des ausgeschiedenen oder ausgeschlossenen Gesellschafters

Dem ausgeschlossenen oder aus sonstigen Gründen ausgeschiedenen Gesellschafter steht als Ausgleich für die Anwachsung bei den verbliebenen Gesellschaftern ein **Abfindungsanspruch** zu (derzeit § 738 I 2 BGB, ab 2024 § 728 I 1 BGB n.F.).[1298] Dies unterstellt freilich ein positives Auseinandersetzungsguthaben (→ Rn. 134); bei 133

[1291] BGHZ 81, 263, 266 = NJW 1981, 2565; BGH NZG 2004, 569; Darstellung der Rechtsprechung bei *Heusel/Goette*, DStR 2015, 1315 f.

[1292] Die Hinauskündigungsklausel wirkt als „Disziplinierungsmittel"; vgl. BGHZ 81, 263, 268.

[1293] BGHZ 81, 263; *K. Schmidt*, GesR, § 50 III 3a; Fallgruppen bei *Heusel/Goette*, DStR 2015, 1315, 1316.

[1294] BGHZ 164, 98 = ZIP 2005, 1917 und BGHZ 164, 107 = ZIP 2005, 1920 für die GmbH, auf die der BGH seine Rechtsprechung zu den Hinauskündigungsklauseln erstreckt hat; zur GbR BGH ZIP 2007, 1309 („Probezeit" in Gemeinschaftspraxis); siehe zur GmbH auch OLG München ZIP 2016, 2472 – Roland Berger; ferner OLG München ZIP 2020, 1763 (Revision beim BGH unter Az. II ZR 107/20).

[1295] BGHZ 107, 251; *K. Schmidt*, GesR, § 50 III 3a, *Heusel/Goette*, DStR 2015, 1315, 1316 f.

[1296] Vgl. etwa *Drinkuth*, NJW 2006, 410; vgl. zum Meinungsstand mit ausführlicher Darstellung der Argumente, *Müller-Laube*, Probleme, 17. Problem (S. 95).

[1297] *Drinkuth*, NJW 2006, 410, 411.

[1298] Dazu *Bochmann*, ZGR-Sonderheft 23, 2021, S. 221, 242 ff.

einem negativen Guthaben ist der Ausscheidende zum Ausgleich des Fehlbetrags verpflichtet (derzeit § 739 BGB, zukünftig § 728a BGB n.F.). Scheidet ein Gesellschafter durch seinen Tod aus, fallen Anspruch oder Verpflichtung in den Nachlass und wirken damit zugunsten/-lasten der Erben. Zusätzlich kann der Ausscheidende auch die **Befreiung von den Gesellschaftsschulden** verlangen. Dass sich der Abfindungs- und Befreiungsanspruch gegen die Gesellschaft richtet, war schon bisher – trotz des abweichenden Wortlauts des § 738 I 2 BGB – anerkannt[1299] und ergibt sich zukünftig unmittelbar aus dem Gesetz (vgl. § 728 I 1 BGB n.F.). Die in § 738 I 2 BGB derzeit noch enthaltene weitere Verpflichtung zur Rückgabe überlassener Vermögensgegenstände ist in § 728 I 1 BGB n.F. nicht mehr enthalten, weil sich dies nach der zugrunde liegenden Vereinbarung – etwa ein Miet- oder Leihvertrag – von selbst versteht.[1300] Nicht anwendbar sind die Regelungen zur Abfindung und Haftungsfreistellung bei einer Anteilsübertragung gemäß §§ 413, 398 BGB, weil es in diesem Fall nicht zu einer Anwachsung bei den übrigen Gesellschaftern kommt (→ Rn. 111).

134 Der Abfindungsanspruch soll dem Gesellschafter ein vollwertiges Äquivalent für den durch das Ausscheiden bedingten Verlust der Mitgliedschaft bieten.[1301] Während zu diesem Zweck im derzeit noch geltenden Recht auf jene Stellung abgestellt wird, die er bei einer Auflösung der Gesellschaft innehätte (vgl. den Wortlaut von § 738 I 2 BGB), muss die Abfindung nach dem ab 1.1.2024 geltenden § 728 I 1 BGB n.F. „angemessen" sein.[1302] Nach der Gesetzesbegründung ist der „wahre Wert" des Gesellschaftsanteils zu ermitteln, der sich im Regelfall indirekt aus dem **Unternehmenswert** als dem Verkehrswert des lebenden Unternehmens ableitet; eine bestimmte Bewertungsmethode will das zukünftige Gesetz dabei bewusst nicht vorgeben (Prinzip der Methodenoffenheit).[1303] Üblich ist in der Praxis die Bewertung nach dem sog. Ertragswertverfahren.[1304] Auf dieser Grundlage wird dann – insbesondere durch den Abzug von Finanzverbindlichkeiten und eine Bruchteilsbetrachtung („Tortenschnitt") – der Wert des (Eigenkapital-)Anteils des ausscheidenden Gesellschafters bestimmt.[1305]

134a Nach § 728 II BGB n.F. ist der Wert des Gesellschaftsanteils, soweit erforderlich, im Wege der Schätzung zu ermitteln. Da jeder Bewertung unabhängig von der Art des angewendeten Verfahrens eine spezifische **Schätzunsicherheit** immanent ist, bewirkt diese Vorschrift als Korrelat zum Prinzip der Methodenoffenheit eine gewisse Reduzierung der gerichtlichen Kontrolldichte bei der Angemessenheitsprüfung.[1306]

134b Für den Abfindungsanspruch haftet dem ausgeschiedenen Gesellschafter zunächst die GbR (das Gesellschaftsvermögen). Darüber hinaus haften aber auch die Gesellschafter mit ihrem Privatvermögen (bis 2023 analog § 128 HGB, ab 2024 aus § 721 BGB n.F.), obwohl es sich um eine sog. Sozialverbindlichkeit handelt.[1307]

[1299] BGH ZIP 2016, 1627; *K. Schmidt*, GesR, § 50 IV 1, § 51 III 2a.

[1300] Begr. RegE MoPeG zu § 728 I BGB n.F., BT-Drs. 19/27635, S. 175.

[1301] Begr. RegE MoPeG zu § 728 I BGB n.F., BT-Drs. 19/27635, S. 176.

[1302] Vgl. zu den identischen Ergebnissen *Hüttemann/Meyer*, ZIP 2022, 935 ff.

[1303] Begr. RegE MoPeG zu § 728 I BGB n.F., BT-Drs. 19/27635, S. 176.

[1304] Vgl. MüKoBGB/*Schäfer*, § 738 Rn. 24; Darstellung der Ertragswertmethode, des insoweit dominierenden Modells IDW S 1 und Kritik bei *Risse*, ZIP 2021, 2309 ff.

[1305] Zur grundsätzlichen Fortgeltung der indirekten Anteilsbewertung über den Unternehmenswert trotz Akzentverschiebung vgl. *Fleischer*, ZGR-Sonderheft 23, 2021, S. 1, 21; siehe aber auch *Bochmann*, ebenda, S. 221, 245 ff. mit Diskussionsbericht S. 253.

[1306] Dazu Begr. RegE MoPeG zu § 728 II BGB n.F., BT-Drs. 19/27635, S. 176.

[1307] BGHZ 148, 201; Begr. RegE MoPeG zu § 728 I BGB n.F., BT-Drs. 19/27635, S. 175; zur grundsätzlichen Nichthaftung für Sozialverbindlichkeiten → Rn. 98.

135 Da der Abfindungsanspruch grundsätzlich zur Disposition der Gesellschafter steht[1308], enthalten Gesellschaftsverträge häufig einen vollständigen **Ausschluss** oder eine **Beschränkung des Abfindungsanspruchs**;[1309] andere legen fest, dass der Wert der Beteiligung anhand bestimmter Kennzahlen bzw. Methoden zu ermitteln ist. Praktisch besonders häufig sind sog. Buchwertklauseln.[1310] Danach bemisst sich die Höhe des Abfindungsanspruchs des ausscheidenden Gesellschafters nach dem Buchwert seiner Beteiligung (bilanzieller Wert); er nimmt deshalb nicht an stillen Reserven[1311] teil, so dass sein Abfindungsanspruch wesentlich unter dem eigentlichen Wert seiner Beteiligung liegen kann. Hinter sämtlichen Regelungen zum Abfindungsanspruch steht das legitime Interesse der übrigen Gesellschafter, die Handlungs- und Lebensfähigkeit der Gesellschaft nicht durch überhöhte Abfindungsverpflichtungen zu gefährden[1312] und aufwändige Bewertungsverfahren zu verhindern. Gleichwohl sind Klauseln, die den Abfindungsanspruch ausschließen oder beschränken, nicht stets zulässig. Der Abfindungsanspruch soll nämlich – wie dargelegt – nach dem Willen des Gesetzgebers grundsätzlich den vollen Wert der Beteiligung des ausscheidenden Gesellschafters widerspiegeln (→ Rn. 134). Im Einzelnen gilt:[1313]

136 Nur **bei ideellen Gesellschaften** ist ein **Ausschluss des Abfindungsanspruchs unproblematisch zulässig**, da ein Gesellschafter hier nicht aus wirtschaftlichen Gründen beteiligt ist und daher nicht in den Genuss einer Abfindung kommen muss.[1314] Bei wirtschaftlichen Verbänden ist die Wirksamkeit hingegen stets Frage des Einzelfalls. Einerseits sind Buchwertklauseln zwar grundsätzlich zulässig, zumindest wenn der ausgeschlossene Gesellschafter einen wichtigen Grund für seinen Ausschluss gesetzt hat.[1315] Andererseits sind ein kompletter Ausschluss oder eine deutliche Beschränkung des Abfindungsanspruchs sowie eine Abfindung unter dem Buchwert meist nicht zu rechtfertigen.[1316]

137 Diese allgemeinen Leitlinien können aber nur als erste Orientierung dienen. Letztlich entscheidend ist stets eine **Gesamtwürdigung der Verhältnisse** im Zeitpunkt der Vereinbarung.[1317] Anknüpfungspunkt ist dabei zum einen die derzeit in § 723 III BGB und zukünftig im enger gefassten § 725 VI BGB n.F. enthaltene Regelung, nach der das Recht zur (außerordentlichen[1318]) Kündigung nicht ausgeschlossen oder gesetzwidrig beschränkt werden kann. Zu fragen ist daher, ob die Abfindungs-

---

1308 Vgl. zur diesbezüglichen Klarstellung in § 728 I BGB n.F. (vgl. den Satzanfang) Begr. RegE MoPeG zu § 728 I BGB n.F., BT-Drs. 19/27635, S. 175.

1309 Dahingehende Empfehlung bei *Otte*, ZIP 2021, 2162, 2165: längere Kündigungsfrist, Abschlag auf den Verkehrswert, Auszahlung der Abfindung in Raten.

1310 Vgl. zur Behandlung von Buchwertklauseln MüKoBGB/*Schäfer*, § 738 Rn. 63f.

1311 Stille Reserven entstehen zum Beispiel, wenn der Verkehrswert eines Gegenstandes des Aktivvermögens der Gesellschaft über dem Betrag liegt, der nach den bilanziellen Bewertungsgrundsätzen anzusetzen ist.

1312 Vgl. Begr. RegE MoPeG zu § 728 BGB n.F., BT-Drs. 19/27635, S. 175.

1313 Zur Fortgeltung der bisher vom BGH entwickelten Grundsätze im zukünftigen Recht Begr. RegE MoPeG zu § 728 I BGB n.F., BT-Drs. 19/27635, S. 175f.

1314 Vgl. BGHZ 135, 387; BGHZ 201, 65 = ZIP 2014, 1327 (Rn. 13).

1315 Vgl. BGH BB 1978, 1333 = NJW 1979, 104 (juris-Rn. 19); Hopt/*Roth*, HGB, § 131 Rn. 64 folgert aus jenem Urteil hingegen eine grundsätzliche Unzulässigkeit.

1316 *K. Schmidt*, GesR, § 50 IV 2c cc; Hopt/*Roth*, HGB, § 131 Rn. 63f.

1317 Vgl. BGHZ 123, 281; BGHZ 116, 359; *K. Schmidt*, GesR, § 50 IV 2c cc mit Aufführung von Einzelfällen.

1318 Der Gesetzgeber des MoPeG hält die bisherige, auch das ordentliche Kündigungsrecht erfassende Regelung in § 723 III BGB für „überschießend" und schränkt sie deshalb in § 725 VI BGB n.F. ein; vgl. Begr. RegE MoPeG zu § 725 VI BGB n.F., BT-Drs. 19/27635, S. 173f.; dazu partiell kritisch *Bochmann*, ZGR-Sonderheft 23, 2021, S. 221, 236ff.

regelung einen wirtschaftlich denkenden (objektiven) Gesellschafter davon abhalten würde, von seinem (außerordentlichen) Kündigungsrecht Gebrauch zu machen, weil die Abfindung unangemessen gering ist. Ist dies der Fall, liegt wegen eines faktischen Ausschlusses bzw. einer zu weitgehenden Beschränkung des Kündigungsrechts ein Verstoß gegen die zwingende Regelung des § 723 III BGB bzw. § 725 VI BGB n.F. vor.[1319] Die Freiheit eines Gesellschafters, sich zu einer (außerordentlichen) Kündigung zu entschließen, darf also nicht unvertretbar eingeengt werden.[1320]

138 Daneben kann die Klausel auch nach **§ 138 I BGB,**[1321] etwa unter dem Aspekt der Knebelung, oder insoweit unwirksam sein, wie sie für den Fall der Ausschließung ohne wichtigen Grund (sofern diese ihrerseits wirksam ist; → Rn. 128ff.) gelten soll.[1322] Nach den – vom Gesetzgeber des MoPeG in Bezug genommenen – Grundsätzen des BGH ist eine Abfindungsklausel sittenwidrig und deshalb nichtig, wenn schon bei ihrer Vereinbarung die mit ihr verbundene Einschränkung des Abflusses von Gesellschaftskapital vollkommen außer Verhältnis zu der Beschränkung steht, die erforderlich ist, um im Interesse der verbleibenden Gesellschafter den Fortbestand und die Fortführung des Unternehmens zu sichern.[1323] Wegen Gläubigerbenachteiligung sittenwidrig und daher nach § 138 I BGB nichtig sind überdies Klauseln, die den Abfindungsanspruch beschränken, falls der Gläubiger eines Gesellschafters im Anschluss an eine Anteilspfändung die Gesellschaft nach § 725 BGB kündigt (vgl. zukünftig § 726 BGB n.F.: Kündigung *der Mitgliedschaft* durch einen Privatgläubiger des Gesellschafters).[1324]

139 Eine Besonderheit gilt für den Ausschluss des Abfindungsanspruchs der Erben beim **Tod eines Gesellschafters**: Da der Abfindungsanspruch hier nicht bei einer Kündigung entsteht, kann die Unwirksamkeit der Klausel nicht aus § 723 III BGB bzw. § 725 VI BGB n.F. folgen; im Rahmen des § 138 I BGB lässt sich ferner berücksichtigen, dass die Erben selbst kein Kapital eingesetzt haben, das ihnen nun entzogen wird.[1325] Die h.M. erachtet daher einen vollständigen Ausschluss als wirksam.[1326]

140 Bei der **Rechtsfolge** ist allgemein zu differenzieren: Zeigt sich von Anfang an ein grobes Missverhältnis zwischen Abfindungsanspruch und wirklichem Wert der Beteiligung, ist die **Klausel nichtig** wegen Verstoßes gegen § 138 BGB und/oder § 723 III BGB (ab 1.1.2024 zumindest bei einer Einschränkung des *außerordentlichen* Kündigungsrechts i.S.v. § 725 VI BGB n.F.[1327]). An ihre Stelle tritt die gesetzliche Regelung.[1328] Danach ist der Gesellschafter zum vollen wirtschaftlichen Wert seines Geschäftsanteils (Verkehrswert) abzufinden.[1329] Diese Wirksamkeitskontrolle

---

1319 Zum derzeitigen § 723 III BGB siehe BGH NJW 2008, 2987 (Leitsatz 3 und Rn. 19); BGH ZIP 2006, 851.

1320 BGH WM 1984, 1506.

1321 Siehe zur GmbH etwa BGHZ 201, 65 = ZIP 2014, 1327 (Sittenwidrigkeit eines Abfindungsausschlusses bei Einziehung wegen grober Pflichtverletzung).

1322 *Windbichler*, GesR, § 9 Rn. 9.

1323 Vgl. Begr. RegE MoPeG zu § 728 I BGB n.F., BT-Drs. 19/27635, S. 176 mit Hinweis auf BGHZ 116, 359, 375f. = ZIP 1992, 237, 242 (juris-Rn. 39).

1324 BGHZ 65, 22.

1325 In diesem Sinne BGHZ 201, 65 = ZIP 2014, 1327 (Rn. 13) zur GmbH.

1326 Vgl. Hopt/*Roth*, HGB, § 131 Rn. 62; siehe auch BGHZ 201, 65 = ZIP 2014, 1327 (Rn. 13) zur GmbH; im Ausschluss kann aber im Sonderfall einer zweigliedrigen, vermögensverwaltenden GbR eine Schenkung i.S.v. §§ 516, 2325 I BGB zugunsten des verbleibenden Gesellschafters liegen, dem der Anteil zuwächst (vgl. BGH ZIP 2020, 1298).

1327 Näher die Lösung zu Fall Nr. 29 – Ertragswert.

1328 BGH NJW 2008, 2987 (Leitsatz 4).

1329 BGH ZIP 2011, 2357 (Rn. 12).

bezweckt nach dem Willen des Gesetzgebers eine Verhaltenssteuerung, insoweit sie die Gesellschafter zu einem zurückhaltenden Umgang mit Abfindungsbeschränkungen anregt.[1330]

140a Ergibt sich das grobe Missverhältnis erst nachträglich infolge der Geschäftsentwicklung der Gesellschaft, kommt eine Nichtigkeit als Rechtsfolge nicht in Betracht.[1331] Vielmehr ist die vertragliche Abfindungsregelung durch **ergänzende Vertragsauslegung** unter angemessener Abwägung der Interessen der Gesellschaft und des ausscheidenden Gesellschafters an die neuen Verhältnisse anzupassen.[1332]

141 Ein Urteil des BGH aus dem Jahr 2006 verdeutlich die **Einzelfallbetrachtung der Rechtsprechung:** Obwohl der Wert eines Unternehmens in der Praxis grundsätzlich nach dessen Ertragswert bemessen wird (→ Rn. 134), hielt der BGH eine gesellschaftsvertragliche Vereinbarung, nach der für die Höhe der Abfindung der Ertragswert des Gesellschaftsunternehmens maßgeblich ist, für unwirksam, wenn im Ausnahmefall der Liquidationswert der Gesellschaft den Ertragswert erheblich überschreitet.[1333] Es kommt also immer entscheidend auf die Angemessenheit der Abfindung im konkreten Fall an: Die Beschränkung des Abfindungsanspruchs darf unabhängig von der Bewertungsmethode nicht zu einem faktischen Ausschluss des Kündigungsrechts des Gesellschafters bzw. zu einer sittenwidrig niedrigen Abfindung führen.

⇨ *Fall Nr. 29 – Ertragswert*

VI. Die Finanzverfassung der GbR

142 Die GbR hat anders als AG und GmbH kein Grund- bzw. Stammkapital. Vielmehr gewährleistet die persönliche Haftung der Gesellschafter für die Verbindlichkeiten der Gesellschaft den Gläubigerschutz (→ Rn. 1). Naturgemäß gibt es daher auch keine dem Recht der Kapitalgesellschaften vergleichbaren Regeln über die Kapitalaufbringung, -erhaltung, -erhöhung oder -herabsetzung.

143 Ist von der Finanzverfassung der GbR die Rede, geht es deshalb vornehmlich um Fragen der Gewinn- und Verlustverteilung zwischen den Gesellschaftern (→ Rn. 144 ff.). Daneben existieren allerdings auch Elemente einer „Kapitalerhaltung“, nämlich insoweit, wie nicht der Gläubigerschutz, sondern der Gesellschafter-, insbesondere Minderheitenschutz in Rede steht (→ Rn. 148 f.).

1. Gewinn- und Verlustbeteiligung

144 Bei der Verteilung von Gewinn und Verlust entspricht das bis Ende 2023 geltende dispositive Recht, das jedem Gesellschafter einen gleich hohen Anteil zuspricht (§ 722 I BGB), nicht den Bedürfnissen der Praxis. Die Gesellschaftsverträge sehen deshalb regelmäßig eine **abweichende Gewinn- und Verlustbeteiligung** vor, die z. B.

1330 So Begr. RegE MoPeG zu § 728 I BGB n. F., BT-Drs. 19/27635, S. 175 in Zurückweisung der Empfehlung des 71. Deutschen Juristentags, die Wirksamkeitskontrolle zugunsten einer Ausübungskontrolle zurückzunehmen.

1331 BGHZ 123, 281 = ZIP 1993, 1611, 1612 (juris-Rn. 11); vgl. allgemein zur Relevanz des Zeitpunktes der Abgabe einer Willenserklärung zur Bestimmung ihrer Wirksamkeit *Bitter/Röder*, BGB AT, § 6 Rn. 54 zu § 138 BGB.

1332 BGH ZIP 2011, 2357 (Rn. 13); ferner Begr. RegE MoPeG zu § 728 I BGB n. F., BT-Drs. 19/27635, S. 176 mit Hinweis auf eine subsidiär mögliche Kontrolle nach § 242 BGB bei fehlender Vertragslücke (vgl. *Fleischer/Bong*, WM 2017, 1957, 1965).

1333 BGH ZIP 2006, 851 = NZG 2006, 425.

dem Umfang der Beitrags- oder Einlagepflichten der einzelnen Gesellschafter entspricht. Der Gesetzgeber hat deshalb mit dem **MoPeG** eine völlig neue Regelung in § 709 III BGB n. F. geschaffen, die zugleich für die Stimmkraft gilt und diesbezüglich bereits vorgestellt wurde. Danach bemisst sich die Verteilung von Gewinn und Verlust zukünftig in erster Linie nach dem vereinbarten Beteiligungsverhältnis, hilfsweise nach dem Verhältnis der vereinbarten Werte der Beiträge und nur noch höchsthilfsweise nach Köpfen (näher → Rn. 82a).

145 Häufig besagt der Gesellschaftsvertrag, dass für die Gewinnverteilung der Kapitalanteil eines Gesellschafters maßgeblich ist. Der **Kapitalanteil** ist eine Rechnungsziffer, die das Verhältnis der Beteiligungen der verschiedenen Gesellschafter zueinander ausdrückt, den Buch- bzw. bilanziellen Wert der Beteiligung eines Gesellschafters bezeichnet,[1334] auf einen bestimmten Geldbetrag lautet und infolge von Zu- und Abschreibungen Veränderungen unterliegt; er wird auf einem (gesellschaftsinternen) Buchungskonto (sog. Kapitalkonto) geführt.[1335] Zu unterscheiden ist der Kapitalanteil vom Gesellschaftsanteil (→ Rn. 51) und vom Vermögensanteil. Letzterer ist wie der Kapitalanteil eine Rechnungsgröße, bezeichnet aber anders als der Kapitalanteil nicht den *Buch-*, sondern den *tatsächlichen* Wert der Beteiligung eines Gesellschafters. Er ist nirgends ausgewiesen und ergibt sich letztlich aus einer Ermittlung des Werts der Gesellschaft nach allgemeinen Bewertungsgrundsätzen mit anschließender Aufteilung des gefundenen Wertes auf die Gesellschafter entsprechend ihrer quotalen Beteiligung, die wiederum aus den Kapitalanteilen abzulesen ist. Jener Vermögensanteil als Wert des Gesellschaftsanteils ist im Grundsatz beim Ausscheiden aus der Gesellschaft durch die Abfindung auszugleichen (→ Rn. 134).

146 Die **Verlustbeteiligung** stellt immer nur einen internen **Rechenvorgang** dar und führt nicht zu einem Zahlungsanspruch gegen einzelne Gesellschafter, da ein solcher nicht mit dem derzeit in § 707 BGB und ab 2024 in § 710 BGB n. F. geregelten Mehrbelastungsverbot vereinbar wäre.[1336] Die Gesellschafter müssten die entstandenen Verluste nämlich durch Nachzahlungen ausgleichen, die das Mehrbelastungsverbot gerade verhindern will (→ Rn. 72). Nachschussverpflichtungen der Gesellschafter sind – abgesehen vom Fall des Ausscheidens (→ Rn. 133) – erst in der Liquidation vorgesehen (→ Rn. 159). Im Übrigen besteht freilich die Haftung der Gesellschafter im Außenverhältnis.

147 Aus dem Gesellschaftsvertrag ergibt sich für die Gesellschafter ein Anspruch auf die Feststellung und **Verteilung des Gewinns (Auszahlungsanspruch)**.[1337] Nach der ab 1.1.2024 geltenden Vorschrift des § 718 BGB n. F. haben der Rechnungsabschluss und die Gewinnverteilung im Zweifel zum Schluss jedes Kalenderjahrs zu erfolgen (vgl. derzeit für eine Dauergesellschaft § 721 II BGB: Schluss jedes Geschäftsjahrs). Anspruchsgegner ist jedenfalls nach neuem Recht jeweils die Gesellschaft.[1338] Häufig sehen die Gesellschaftsverträge monatliche Zahlungen an die Gesellschafter vor, die dann auf den Gewinnanteil und den Auszahlungsanspruch der Gesellschafter angerechnet werden.

[1334] Aus der Bilanz einer Gesellschaft sind die Kapitalanteile der Gesellschafter aber i. d. R. nicht abzulesen. Allerdings entspricht die Summe der Kapitalanteile aller Gesellschafter dem bilanziellen Eigenkapital der Gesellschaft.

[1335] Vgl. hierzu *Windbichler*, GesR, § 13 Rn. 16 ff.; *Schäfer*, GesR, § 8 Rn. 1 ff., auch zu Gestaltungen der Praxis (Dreikontenmodell); vgl. auch *K. Schmidt*, ZHR 185 (2021), 16, 43.

[1336] *K. Schmidt*, GesR, § 59 III 1a.

[1337] Grüneberg/*Sprau*, BGB, § 721 Rn. 2.

[1338] Dazu Begr. RegE MoPeG zu § 718 BGB n. F., BT-Drs. 19/27635, S. 161.

2. „Kapitalerhaltung" bei der GbR

Da die GbR kein Grund- oder Stammkapital wie die haftungsbeschränkten Gesellschaftsformen AG und GmbH kennt, wird z. T. gesagt, dass es bei der GbR auch keine „Kapitalerhaltung" gebe. 148

Erkennt man aber, dass die Kapitalerhaltungsvorschriften des Aktienrechts auch dem **Schutz der Minderheit** gegen eine Aushöhlung des Gesellschaftsvermögens durch die Mehrheit dienen (→ § 3 Rn. 188), dann ist es konsequent, auch diejenigen Rechtsregeln als „Kapitalerhaltung" zu bezeichnen, die im Recht der Personengesellschaften gegen die Aushöhlung des Gesellschaftsvermögens durch offene oder verdeckte Auszahlungen an einzelne Gesellschafter schützen. Ein solcher Schutz besteht – wie im GmbH-Recht (→ § 4 Rn. 249 f.) – in zweierlei Weise: 149

- als verschuldensabhängiger Anspruch auf **Schadensersatz** wegen Treuepflichtverletzung sowie
- als verschuldens*un*abhängiger, gesellschaftsrechtlicher Anspruch auf **Rückgewähr des Sondervorteils.**[1339]

⇨ *Fall Nr. 26 – Gutes Geschäft; ferner Fälle Nr. 8, 9 (AG) und Nr. 20 (GmbH)*

VII. Die Auflösung und Abwicklung der GbR

Die Beendigung einer GbR verläuft – wie bei den anderen Gesellschaftsformen[1340] – in drei Schritten: (1) Auflösung, (2) Abwicklung (i. d. R. durch Liquidation),[1341] (3) Vollbeendigung. Diese Schrittfolge entfällt mangels Bildung von Gesellschaftsvermögen bei der Innengesellschaft (→ Rn. 29 f.), die mit Auflösung zugleich vollbeendet ist, wenngleich trotzdem noch eine Auseinandersetzung unter den Gesellschaftern auf schuldrechtlicher Grundlage und unter grundsätzlicher Anwendung der gesetzlichen Abwicklungsregeln erfolgt (vgl. § 740b BGB n. F.).[1342] 150

1. Auflösung

Die Auflösung bedeutet auch bei den Personengesellschaften nicht, dass die Gesellschaft inexistent wird. Sie bleibt vielmehr zunächst als sog. **Abwicklungsgesellschaft** bestehen. Folge der Auflösung ist allerdings, dass der Zweck der Gesellschaft nunmehr ihre Vollbeendigung ist: Die Gesellschaft wird von einer werbenden zu einer „sterbenden". Die Vollbeendigung der Gesellschaft steht erst am Ende der aufgrund der Auflösung zu erfolgenden Abwicklung (Liquidation), bildet also den Abschluss des Vorgangs, der durch die Auflösung eingeleitet wird. Erst mit der Vollbeendigung wird die GbR inexistent (sie ist erst dann „gestorben"). 151

Die **Gründe für die Auflösung** einer GbR werden sich – bezogen auf die rechtsfähige Außengesellschaft[1343] – mit dem Inkrafttreten des MoPeG am 1.1.2024 nach der *gesetzlichen* Grundkonzeption wesentlich ändern, die aber letztlich nur an die Praxis der meisten Gesellschaftsverträge angeglichen wird. Der bisher im Recht der GbR geltende Grundsatz „Auflösung der Gesellschaft vor Ausscheiden eines Gesellschafters" wird dann nämlich in den Grundsatz „Ausscheiden eines Gesellschafters 152

[1339] Dazu ausführlich *Bitter*, ZHR 168 (2004), 302 ff.

[1340] Zur AG → § 3 Rn. 220; zur GmbH → § 4 Rn. 285.

[1341] Das Gesetz spricht von „Auseinandersetzung" (vgl. §§ 730 f. BGB).

[1342] BGH ZIP 2018, 2267 (Rn. 13, 16); *Bochmann*, ZGR-Sonderheft 23, 2021, S. 221, 240.

[1343] Zur Innengesellschaft siehe §§ 740a I, 740c BGB n. F. und dazu *Bochmann*, ZGR-Sonderheft 23, 2021, S. 221, 234 f.

vor Auflösung der Gesellschaft“ umgekehrt (vgl. bereits → Rn. 119a).[1344] Während bisher der Tod eines Gesellschafters (§ 727 BGB), die Eröffnung eines Insolvenzverfahrens über das Vermögen eines Gesellschafters (§ 728 II BGB) und sehr allgemein auch die Kündigung eines Gesellschafters oder Privatgläubigers (§§ 723, 725 BGB) zur Auflösung führen, werden diese Tatbestände – bei der Kündigung bezogen auf die Mitgliedschaft (→ Rn. 157a ff.) – ab 2024 in § 723 BGB n. F. im Grundsatz nur noch als Ausscheidensgründe aufgeführt (vgl. aber auch § 730 BGB n. F.[1345]). Zum gleichen Ergebnis gelangte man bisher über sog. **Fortsetzungsklauseln** in den Gesellschaftsverträgen (§ 736 I BGB; → Rn. 117 ff.).[1346]

153 Weiterhin zur Auflösung werden gemäß § 729 BGB n. F. folgende Gründe führen:
- Ablauf der Zeit, für welche die Gesellschaft eingegangen wurde;
- Eröffnung eines Insolvenzverfahrens über das Vermögen *der Gesellschaft* (derzeit § 728 I BGB);
- Kündigung *der Gesellschaft*, die von der Kündigung der Mitgliedschaft sauber zu unterscheiden ist (vgl. bereits → Rn. 119b und näher unten → Rn. 157a ff.);
- Auflösungsbeschluss der Gesellschafter (§ 732 BGB n. F.);[1347]
- Erreichen oder Unmöglichwerden des Erreichens des Gesellschaftszwecks (derzeit § 726 BGB);
- Vereinigung aller Gesellschaftsanteile in einer Hand; in diesem Fall erfolgt ausnahmsweise keine Abwicklung, sondern das Gesellschaftsvermögen geht im Wege der Gesamtrechtsnachfolge auf den „verbliebenen“ Gesellschafter über;[1348]

a) Kündigung der Gesellschaft nach dem bis 2023 geltenden Recht

154 Unter den derzeitigen Auflösungsgründen kommt der Kündigung durch einen Gesellschafter (§ 723 BGB) besondere Bedeutung zu. Ist die Gesellschaft nicht für eine bestimmte Zeit eingegangen, so ist sie von jedem Gesellschafter jederzeit kündbar, § 723 I 1 BGB (**ordentliche Kündigung**). Eine Gesellschaft kann aber auch auf bestimmte Zeit eingegangen werden. Die Gesellschafter sind dann – nicht anders als bei sonstigen befristeten Dauerschuldverhältnissen – für eine beschränkte Zeit ohne Beendigungsmöglichkeit an die Gesellschaft gebunden. Eine ordentliche Kündigung kann nicht erfolgen (zu Ausnahmen überlanger Bindung → Rn. 156).

155 Trotz der Bindung verbleibt aber stets die Möglichkeit einer **Kündigung aus wichtigem Grund** (§ 723 I 2 BGB). Ein wichtiger Grund liegt über die in § 723 I 3 BGB beispielhaft genannten Fälle hinaus vor, wenn dem kündigenden Gesellschafter bei einer Gesamtwürdigung aller Umstände im Einzelfall die Fortsetzung des Gesellschaftsverhältnisses bis zum vertragsgemäß vorgesehenen Ende oder bis zum nächs-

---

[1344] Dazu Begr. RegE MoPeG, BT-Drs. 19/27635, S. 107 und 169; ferner *Bochmann*, ZGR-Sonderheft 23, 2021, S. 221, 228 f.

[1345] Zukünftig kann – exakt umgekehrt zur derzeitigen Rechtslage – in Abweichung von der Grundregel des Ausscheidens auch die Auflösung vorgesehen werden (vgl. den Wortlaut des § 723 I BGB n. F.). Ist bei Tod oder Insolvenz eines Gesellschafters gesellschaftsvertraglich die Auflösung vorgesehen, enthält § 730 BGB n. F. hierfür einige Sonderregeln.

[1346] Zwingend ist allerdings die Auflösung gemäß § 726 BGB, wenn also der Gesellschaftszweck erreicht oder dessen Erreichen unmöglich geworden ist, ferner die Auflösung wegen Eröffnung des Insolvenzverfahrens über das Vermögen *der Gesellschaft* gemäß § 728 I BGB. Auch kann es notwendig keine Einpersonen-GbR geben (→ Rn. 120).

[1347] Zur erforderlichen Mehrheit *Drescher*, ZGR-Sonderheft 23, 2021, S. 115, 120.

[1348] Zum Beispiel → Rn. 120 zu dem Fall, dass der vorletzte Gesellschafter ausscheidet. Denkbar ist auch, dass alle Gesellschaftsanteile an eine einzige Person abgetreten werden (bezogen auf die Vorgründungsgesellschaft bei der GmbH-Gründung → § 4 Rn. 36).

ten ordentlichen Kündigungstermin nicht mehr zugemutet werden kann, weil das Vertrauensverhältnis zwischen den Gesellschaftern grundlegend gestört oder ein gedeihliches Zusammenwirken aus sonstigen, namentlich auch wirtschaftlichen Gründen, nicht mehr möglich ist.[1349] Ohne Vorliegen eines wichtigen Grundes darf ein Gesellschafter die Gesellschaft in keinem Fall zur Unzeit kündigen, wenn er sich nicht schadensersatzpflichtig machen will (§ 723 II BGB).

156 Die vorgenannten Kündigungsrechte dürfen nicht ausgeschlossen werden (§ 723 III BGB). Auch eine **gesellschaftsvertragliche Beschränkung des Kündigungsrechtes** ist nach § 723 III BGB nichtig, sofern diese nicht ausschließlich in einer vereinbarten Kündigungsfrist oder einer festen zeitlichen Bindung (= auf bestimmte Zeit) besteht (→ Rn. 154).[1350] Aus dem Sinn und Zweck des § 723 III BGB hat die Rechtsprechung ferner ein **Verbot übermäßig langer vertraglicher Bindungen** hergeleitet, weil eine Befristung mit zunehmender Länge einem Ausschluss des Kündigungsrechts nahekommt. Von einer Nichtigkeit ist nach der Rechtsprechung auszugehen, wenn die Bindung an die Gesellschaft zeitlich unüberschaubar ist und infolgedessen die persönliche und wirtschaftliche Betätigungsfreiheit der Gesellschafter unvertretbar eingeengt wird.[1351] Unzulässig ist danach zum Beispiel eine 30-jährige Bindung bei einer Rechtsanwaltssozietät[1352] oder – wegen des unüberschaubaren Risikos einer unbeschränkten Haftung analog § 128 HGB – eine 31-jährige Bindung bei einer kapitalmäßigen Beteiligung in einem geringen Umfang.[1353] Von solch (relativ) klaren Fällen abgesehen ist insbesondere bei der oHG, für die § 723 BGB über § 105 III HGB ebenfalls gilt, sehr umstritten, wie lange eine Bindung zulässigerweise erfolgen kann; letztlich ist immer anhand der **Umstände des Einzelfalls** unter Berücksichtigung der gegenseitigen Interessen abzuwägen, ob die o.g. Voraussetzung für eine Unzulässigkeit erfüllt ist.[1354] Eine Gesellschaft auf Lebenszeit ist jedenfalls nicht möglich (§§ 724 BGB, 134 HGB).

157 Kündigen kann die Gesellschaft auch der (Privat-)Gläubiger eines Gesellschafters, der aufgrund eines gegen den Gesellschafter gerichteten Vollstreckungstitels den Anteil des Gesellschafters an der GbR gepfändet hat (§ 725 BGB).

b) Kündigung der Gesellschaft nach dem ab 2024 geltenden Recht

157a Nach dem Inkrafttreten des MoPeG am 1.1.2024 ist im Ansatz zwischen der Kündigung der Mitgliedschaft und der Kündigung der Gesellschaft zu unterscheiden (vgl. bereits → Rn. 119b; zur oHG ähnlich → § 6 Rn. 60a). Allein die letztere führt zur Auflösung der Gesellschaft.

157b Der **Privatgläubiger eines Gesellschafters** kann von vorneherein nicht mehr die Gesellschaft als solche, sondern nur die Mitgliedschaft seines Schuldners in der Gesellschaft gemäß § 726 BGB n.F. kündigen. Die Vorschrift lautet: „Hat ein Privatgläubiger eines Gesellschafters, nachdem innerhalb der letzten sechs Monate eine Zwangsvollstreckung in das bewegliche Vermögen des Gesellschafters ohne Erfolg versucht wurde, aufgrund eines nicht bloß vorläufig vollstreckbaren Schuldtitels die Pfändung des Anteils des Gesellschafters an der Gesellschaft erwirkt, kann er dessen

---

[1349] BGH ZIP 2012, 1500 (Rn. 28) und BGH ZIP 2012, 2461 (Rn. 23), jeweils m.w.N.; der Maßstab gleicht demjenigen der §§ 314, 626 BGB.

[1350] *Windbichler*, GesR, § 10 Rn. 4f.; die Kündigungsfrist darf allerdings nicht überlang sein.

[1351] BGH ZIP 2012, 1599 (Rn. 18).

[1352] Vgl. BGH NJW 2007, 295.

[1353] Vgl. BGH ZIP 2012, 1599 (Leitsatz).

[1354] Vgl. hierzu insgesamt Hopt/*Roth*, HGB, § 132 Rn. 13; siehe ferner BGH ZIP 2012, 1599 (Rn. 18f.).

Mitgliedschaft gegenüber der Gesellschaft unter Einhaltung einer Frist von drei Monaten zum Ablauf des Kalenderjahrs kündigen."

157c Nur bei der **Kündigung durch den Gesellschafter** ist zukünftig zu unterscheiden: Die nicht zur Auflösung, sondern nur zum Ausscheiden führende Kündigung *der Mitgliedschaft* ist gemäß § 725 BGB n. F. ordentlich (= fristgebunden) und außerordentlich (= fristlos aus wichtigem Grund) möglich, während es die Kündigung *der Gesellschaft* als solcher gemäß § 731 BGB n. F. nur aus wichtigem Grund ohne Einhaltung einer Kündigungsfrist geben wird.

157d Für die **ordentliche Kündigung der Mitgliedschaft** wird zukünftig eine Kündigungsfrist von drei Monaten zum Ablauf eines Kalenderjahres gelten[1355], wenn sich aus dem Gesellschaftsvertrag – insbesondere aus einer darin enthaltenen Befristung – oder aus dem Zweck der Gesellschaft nichts anders ergibt (§ 725 I BGB n. F.). Das im bisherigen Recht anerkannte Verbot übermäßig langer vertraglicher Bindungen (→ Rn. 156) wird auch im zukünftigen Recht fortgelten und § 138 BGB insoweit nach dem Willen des Gesetzgebers als „bewegliche Kündigungsschranke" fungieren.[1356]

157e Auch wenn eine Zeitdauer für die Gesellschaft vereinbart ist, bleibt in jedem Fall die **Kündigung der Mitgliedschaft aus wichtigem Grund** nach § 725 II BGB n. F. unbenommen, die gemäß § 725 III BGB n. F. stets fristlos ausgesprochen werden kann. Bei der Feststellung des wichtigen Grundes ist im Rahmen der Interessenabwägung zukünftig zu berücksichtigen, dass die in § 725 BGB n. F. vorgesehene Kündigung *der Mitgliedschaft* nicht (mehr) zur Auflösung der GbR führt, die Interessen der Mitgesellschafter dadurch also weniger tangiert werden.[1357]

157f Das Verbot der Kündigung zur Unzeit, welches auf der Treuepflicht des Gesellschafters beruht und dessen Verletzung nur zu einer Schadensersatzpflicht führt, wird in § 725 V BGB n. F. als allgemeine Kündigungsschranke aufgenommen, bezieht sich aber vorrangig auf die außerordentliche Kündigung aus wichtigem Grund.[1358] § 725 VI BGB n. F. erklärt die Beschränkung und den Ausschluss des Rechts zur außerordentlichen Kündigung für unwirksam, während die Grenzen des ordentlichen Kündigungsrechts nur an § 138 I BGB zu messen sind (→ Rn. 157d).[1359]

157g Neu mit dem MoPeG eingeführt wird die in § 731 BGB n. F. enthaltene Vorschrift, die eine **Kündigung der Gesellschaft aus wichtigem Grund** eröffnet. Nur diese führt zur Auflösung der Gesellschaft und somit zu deren Liquidation (→ Rn. 158 ff.). Die neue Vorschrift lautet:

§ 731. Kündigung der Gesellschaft

(1) Ein Gesellschafter kann die Gesellschaft jederzeit aus wichtigem Grund ohne Einhaltung einer Kündigungsfrist kündigen, wenn ihm die Fortsetzung der Gesellschaft nicht zuzumuten ist. Ein wichtiger Grund liegt insbesondere vor, wenn ein anderer Gesellschafter eine ihm nach dem Gesellschaftsvertrag obliegende wesentliche Verpflichtung vorsätzlich oder grob fahrlässig verletzt hat oder wenn die Erfüllung einer solchen Verpflichtung unmöglich wird.

(2) Eine Vereinbarung im Gesellschaftsvertrag, welche das Kündigungsrecht ausschließt oder dieser Vorschrift zuwider beschränkt, ist unwirksam.

[1355] Zur Einführung der Kündigungsfrist siehe Begr. RegE MoPeG zu § 725 I BGB n. F., BT-Drs. 19/27635, S. 172.

[1356] Begr. RegE MoPeG zu § 725 I BGB n. F., BT-Drs. 19/27635, S. 172 f.

[1357] Vgl. Begr. RegE MoPeG zu § 725 II BGB n. F., BT-Drs. 19/27635, S. 172.

[1358] Begr. RegE MoPeG zu § 725 V BGB n. F., BT-Drs. 19/27635, S. 172.

[1359] Zu dieser bewussten Abweichung vom bisherigen Recht Begr. RegE MoPeG zu § 725 VI BGB n. F., BT-Drs. 19/27635, S. 172 f.

Indem die Vorschrift – anders als § 725 II BGB n.F. – darauf abstellt, dass dem Gesellschafter gerade „die Fortsetzung der Gesellschaft nicht zuzumuten ist“, kann deren Kündigung nach dem Verhältnismäßigkeitsprinzip nur das letzte Mittel sein. Als vorrangige Maßnahmen kommen je nach Konstellation insbesondere in Betracht: die Kündigung der Mitgliedschaft, die Ausschließung des störenden Gesellschafters durch Beschluss der übrigen Gesellschafter, die Entziehung der Geschäftsführungs- und Vertretungsbefugnis oder eine Anpassung des Gesellschaftsvertrags.[1360] 157h

2. Abwicklung/Liquidation

Mit der Auflösung beginnt die Abwicklung der Gesellschaft, die sich durch Liquidation vollzieht, falls die Gesellschafter keine andere Art der Abwicklung – etwa die Übernahme des ganzen Unternehmens durch einen Gesellschafter/Dritten oder die Aufteilung des Unternehmens auf die Gesellschafter – vereinbaren (vgl. ab dem 1.1.2024 klarstellend § 735 II BGB n.F.).[1361] Die Liquidation der Gesellschaft richtet sich derzeit nach §§ 730ff. BGB und zukünftig nach §§ 735ff. BGB n.F. Die laufenden Geschäfte sind in diesem Rahmen zu beendigen, die Forderungen der Gesellschaft einzuziehen und das übrige Vermögen vollständig in Geld umzusetzen (vgl. zukünftig § 736d II BGB n.F.; derzeit partiell anders §§ 730 II 1, 733 III BGB). 158

Aus dem Gesellschaftsvermögen sind zunächst vorrangig die Gesellschaftsschulden zu bezahlen (§ 733 I BGB bzw. § 735d IV BGB n.F.) und erst anschließend die Einlagen der Gesellschafter zurückzugewähren (§ 733 II BGB bzw. § 735d V BGB n.F.). Reicht das Gesellschaftsvermögen für diese Maßnahmen nicht aus, sind die Gesellschafter gegenüber der Gesellschaft im Abwicklungsstadium – anders als während der werbenden Tätigkeit (→ Rn. 72) – entsprechend der Verlustverteilung **zu anteiligen Nachschüssen verpflichtet** (§ 735 BGB bzw. § 737 BGB n.F.).[1362] Bleibt hingegen nach der Schuldentilgung und Einlagenrückgewähr noch Vermögen übrig, wird es an die Gesellschafter nach dem Verhältnis ihrer Anteile am Gewinn und Verlust ausbezahlt (§ 734 BGB bzw. § 735d VI BGB n.F.). 159

Geschäftsführer und Vertreter der Liquidationsgesellschaft (Liquidatoren) sind im Grundsatz alle Gesellschafter gemeinschaftlich, selbst wenn zuvor andere Geschäftsführungs- und Vertretungsregeln vereinbart waren (§ 730 II 2 BGB[1363] bzw. §§ 736 I, 736b I BGB n.F.).[1364] Handelt es sich ab 2024 um eine im Gesellschaftsregister eingetragene Gesellschaft, sind die Liquidatoren und ihre Vertretungsbefugnis im Register einzutragen (§ 736c BGB n.F.). 160

3. Vollbeendigung

Die Vollbeendigung der Gesellschaft tritt erst, aber automatisch ein, wenn die Abwicklung (i.d.R. durch Liquidation) abgeschlossen ist. Der GbR dürfen insbesondere keinerlei Rechte, z.B. Eigentum oder Forderungen, mehr zustehen. Auch 161

1360 Begr. RegE MoPeG zu § 731 I BGB n.F., BT-Drs. 19/27635, S. 179.

1361 Begr. RegE MoPeG zu § 735 II BGB n.F., BT-Drs. 19/27635, S. 182.

1362 Ist bei einer GbR mit nur zwei Gesellschaftern kein zu liquidierendes Gesellschaftsvermögen mehr vorhanden, kann der notwendige Nachschuss auch direkt im Rahmen der Abrechnung zwischen den Gesellschaftern abgewickelt werden; vgl. BGH ZIP 2016, 216. Gleiches gilt bei der Innengesellschaft; vgl. BGH ZIP 2018, 2267 (Rn. 14, 16).

1363 Bislang wird die Vertretung nicht neben der Geschäftsführung erwähnt, aber sie folgt dieser nach § 714 BGB; vgl. Begr. RegE MoPeG zu § 736b I BGB n.F., BT-Drs. 19/27635, S. 185.

1364 Vgl. dazu BGH ZIP 2011, 1865: Geltung auch für eine Publikumsgesellschaft.

nach der Vollbeendigung haften die Gesellschafter weiter persönlich für unter Umständen noch nicht beglichene (vergessene/unbekannte) Verbindlichkeiten der Gesellschaft.[1365] Allerdings gilt bei der GbR derzeit § 159 HGB analog bzw. zukünftig § 739 BGB n.F., so dass Ansprüche gegen einen Gesellschafter (spätestens) in fünf Jahren verjähren. Bislang beginnt die Verjährungsfrist mit der Kenntnis des Gläubigers von der *Auflösung*, zukünftig nach § 739 BGB n.F. mit der Kenntnis vom *Erlöschen der Gesellschaft* oder dessen Eintragung im Gesellschaftsregister, die bei der eingetragenen GbR nach § 738 BGB n.F. zu erfolgen hat.

4. Fortsetzungsbeschluss

162 Während des gesamten Beendigungsvorgangs haben die Gesellschafter die Möglichkeit, die bereits in der Auflösung befindliche Gesellschaft wieder zu einer werbenden Gesellschaft werden zu lassen. Hierzu ist ein Fortsetzungsbeschluss erforderlich, der **grundsätzlich einstimmig** zu fassen ist. Bei im Gesellschaftsvertrag zugelassenen Mehrheitsentscheidungen soll nach der ab 1.1.2024 geltenden, freilich umstrittenen Vorschrift des § 734 BGB n.F. eine Drei-Viertel-Mehrheit genügen.[1366]

§ 6. Die offene Handelsgesellschaft (oHG)

1 Die offene Handelsgesellschaft (oHG) ist in §§ 105ff. HGB geregelt.* Sie war früher die Rechtsform, in der die meisten kleinen und mittelständischen Unternehmen betrieben wurden. Im Lauf der Zeit hat ihre Bedeutung jedoch abgenommen, weil Unternehmensgründer die persönliche Haftung für sämtliche Verbindlichkeiten der Gesellschaft scheuen und daher die Rechtsform der GmbH bevorzugen. Dieser Trend dürfte sich noch verstärkt haben, seitdem zur Gründung einer GmbH nicht mehr zwingend 25.000 EUR aufgebracht werden müssen, sondern mit der UG (haftungsbeschränkt) eine Sonderform der GmbH zur Verfügung steht, für die bereits ein Stammkapital von 1 EUR genügt (→ § 4 Rn. 295).

1a Das Recht der oHG wird mit Wirkung ab dem 1.1.2024 ebenfalls durch das **Gesetz zur Modernisierung des Personengesellschaftsrechts (MoPeG)** reformiert (vgl. zur GbR bereits → § 5 Rn. 1a).[1367] Die Änderung der gesetzlichen Regeln fällt bei der oHG jedoch geringer aus als bei der GbR, weil die Vorschriften des HGB schon bislang stärker der Unternehmenspraxis entsprachen. Besonders bedeutsam sind im Recht der oHG deren Öffnung für freiberufliche Gesellschaften (→ Rn. 7), die Einführung eines Statuswechsels von der eingetragenen GbR oder PartG zur oHG (→ Rn. 9a), die Schaffung eines komplett neuen Beschlussmängelrechts (→ Rn. 30a ff.), die deutlichere Trennung zwischen den Ausscheidens- und Auflösungsgründen, die zugleich mit einer klaren Trennung zwischen der zum Ausscheiden aus der Gesellschaft führenden Kündigung *der Mitgliedschaft* und der Beendigung *der Gesellschaft* als solcher verbunden ist (→ Rn. 60a ff.) und schließlich die grundlegende Umgestaltung der Vorschriften zur Verteilung von Gewinn und Verlust sowie der Gewinnauszahlung (→ Rn. 68a ff.).

[1365] Vgl. Begr. RegE MoPeG zu § 739 BGB n.F., BT-Drs. 19/27635, S. 188f.

[1366] Dazu Begr. RegE MoPeG zu § 734 BGB n.F., BT-Drs. 19/27635, S. 181; *Schäfer*, ZIP 2021, 1527, 1528; Kritik bei *Drescher*, ZGR-Sonderheft 23, 2021, S. 115, 120f.: Einstimmigkeit wegen Leistungsmehrung.

* Zur oHG vgl. *K. Schmidt*, GesR, §§ 46–52; *Windbichler*, GesR, §§ 11–16; *Grunewald*, GesR, § 2.

[1367] Guter Überblick bei *Fleischer*, BB 2021, 386ff.

I. Grundlagen

Die oHG ist eine handelsrechtliche Personengesellschaft, die sich von der GbR dadurch unterscheidet, dass sie auf den **Betrieb eines Handelsgewerbes**[1368] unter gemeinschaftlicher Firma gerichtet ist (→ Rn. 5). Die oHG ist – anders als die GbR (→ § 5 Rn. 29 ff.) – immer Außengesellschaft. Auf sie finden die Vorschriften über die GbR entsprechende Anwendung, soweit sich nicht aus den §§ 105 ff. HGB etwas anderes ergibt (vgl. § 105 III HGB). Allerdings werden mit dem am 1.1.2024 in Kraft tretenden MoPeG viele Vorschriften doppelt im BGB und HGB verankert, weshalb der Rückgriff auf die §§ 705 ff. BGB nur beim Fehlen einer Parallelvorschrift im HGB erforderlich wird. 2

Wie alle Personengesellschaften wird die oHG von der h. M. zwar nicht als juristische Person angesehen; sie ist aber kraft ausdrücklicher gesetzlicher Anordnung gleichwohl rechtsfähig (vgl. bereits → § 1 Rn. 15 f.). Diese Rechtsfähigkeit ergibt sich in dem bis 2023 geltenden Recht aus § 124 HGB und ab 2024 aus § 105 II BGB n. F. Darin heißt es nun kurz und bündig: „Die offene Handelsgesellschaft kann Rechte erwerben und Verbindlichkeiten eingehen." 3

Wie bei der GbR existiert also auch bei der oHG ein **Gesellschaftsvermögen**, das von dem Vermögen der Gesellschafter zu trennen ist. Die Ausführungen zum Gesellschaftsvermögen der GbR gelten daher entsprechend (→ § 5 Rn. 37 ff.). 4

Die oHG ist per Definition **Kaufmann** (vgl. § 105 I i. V. m. § 1 HGB), wobei diese Kaufmannseigenschaft in der Klausur allerdings anhand des handelsrechtlichen Gewerbebegriffs[1369] positiv festzustellen ist, weil es sich – anders als bei den juristischen Personen AG, GmbH und eG – nicht um einen Kaufmann kraft Rechtsform handelt.[1370] Erreicht eine bislang kleingewerblich tätige GbR vollkaufmännischen Umfang i. S. v. § 1 II HGB,[1371] wird sie per Gesetz zur oHG (→ Rn. 7). Dies macht bei ihrer ab 2024 möglichen Voreintragung als eGbR einen Statuswechsel gemäß § 707c BGB n. F. erforderlich (→ Rn. 9a). 5

Ob zusätzlich zur oHG auch die **Gesellschafter Kaufleute** sind, ist **streitig**. Nach der (älteren) Rechtsprechung des BGH sind die Gesellschafter einer oHG sowie die Komplementäre einer KG Kaufleute,[1372] während die Kommanditisten einer KG keine Kaufleute sein sollen.[1373] Zweifelsfrei erscheint die Einordnung der persönlich haftenden Gesellschafter als Kaufleute freilich nicht, weil sie die Selbstständigkeit der Gesellschaft vernachlässigt und damit unzulässig die Gesellschafts- mit der Gesellschaftersphäre vermischt.[1374] Teile der Literatur stellen deshalb auf den Einzelfall ab, indem sie nach dem Zweck der jeweiligen – nur für Kaufleute geltenden – Norm fragen und danach über deren Anwendung auf persönlich haftende und sonstige Gesellschafter entscheiden.[1375] Die Frage der (auf die Gesellschaft beschränkten) Kaufmannseigenschaft wird also von der Normanwendungsfrage getrennt. Klausurrelevant dürfte insbesondere der Fall sein, in dem sich ein oHG-Gesellschafter/KG-Komplementär formlos für die Schuld eines Dritten 5a

---

[1368] Zur Kaufmannseigenschaft im Sinne des Handelsrechts und zum dafür erforderlichen Betrieb eines Handelsgewerbes siehe *Bitter/Linardatos*, HandelsR, § 2.

[1369] Dazu *Bitter/Linardatos*, HandelsR, § 2 Rn. 2 ff.

[1370] Vgl. *Bitter/Linardatos*, HandelsR, § 2 Rn. 28 ff.

[1371] Dazu *Bitter/Linardatos*, HandelsR, § 2 Rn. 14 f.

[1372] BGHZ 34, 293, 296.

[1373] BGHZ 45, 282, 285.

[1374] In diesem Sinne bereits *Bitter/Linardatos*, HandelsR, § 2 Rn. 34 m. w. N.

[1375] Hopt/*Roth*, HGB, § 105 Rn. 19 ff.; *K. Schmidt*, HandelsR, § 18 Rn. 35.

verbürgt:[1376] Ist die **Bürgschaftserteilung** für den Gesellschafter kein Privatgeschäft (vgl. §§ 343f. HGB), gelangt die Rechtsprechung zur Wirksamkeit des Bürgschaftsversprechens, weil **§ 350 HGB** die Anwendung der bürgerlichrechtlichen Formvorschrift des § 766 BGB wegen der Kaufmannseigenschaft ausschließt. In der eine Normzweckbetrachtung anstellenden Literatur wird die Frage hingegen unterschiedlich beantwortet. Teilweise wird für die Anwendung des § 350 HGB auf (persönlich haftende) Gesellschafter plädiert und dabei auf die Geschäftsführereigenschaft und/oder die Eigenschaft als Allein- oder Mehrheitsgesellschafter abgestellt,[1377] während andere die Norm gar nicht auf (persönlich haftende) Gesellschafter anwenden wollen.[1378] Insoweit sei auf die nähere Darstellung im Lern- und Fallbuch zum Handelsrecht verwiesen.[1379] Aufgrund der großen Meinungsvielfalt ist in der Klausur jedes Ergebnis gut vertretbar. Jedoch sollte die Meinung der Rechtsprechung immerhin zur Kenntnis genommen und nur mit guter Begründung davon abgewichen werden.

II. Gründung und Entstehung der oHG

6 Gegründet wird die oHG durch den Abschluss des Gesellschaftsvertrags. Die Ausführungen zur GbR gelten insoweit entsprechend (→ § 5 Rn. 7ff.). Fehlerhafte oHG-Verträge sind nach den Grundsätzen der fehlerhaften Gesellschaft zu behandeln (→ § 5 Rn. 15ff.). Ist der Vertragsschluss wirksam, entsteht die oHG im Innenverhältnis zwischen den Gesellschaftern.

⇨ *Fall Nr. 30 – Der junge Möbelhändler*

7 Die **Wirksamkeit im Verhältnis zu Dritten** tritt spätestens mit der Eintragung im Handelsregister ein, jedoch auch schon vorher durch die Teilnahme am Rechtsverkehr, falls alle Gesellschafter dem zugestimmt haben (§ 123 I HGB; → Rn. 7a). Letzteres gilt allerdings nur, wenn die oHG ein Handelsgewerbe mit kaufmännischem Geschäftsbetrieb i.S.v. § 1 II HGB betreibt („Ist-Kaufmann"), also nicht in den Fällen der §§ 2, 105 II HGB (zukünftig §§ 2, 107 HGB n.F.), in denen die Kaufmannseigenschaft nicht schon per Gesetz, sondern erst nach der (freiwilligen) Eintragung im Handelsregister besteht („Kann-Kaufmann").[1380] Während eine nur eigenes Vermögen verwaltende und deshalb nicht kaufmännisch tätige Gesellschaft[1381] schon bislang für die Personenhandelsgesellschaft optieren konnte (§ 105 II HGB), wird die oHG mit dem Inkrafttreten des MoPeG am 1.1.2024 zusätzlich für **freiberufliche Gesellschaften** geöffnet, soweit das anwendbare Berufsrecht die Eintragung zulässt (§ 107 HGB n.F.).[1382] Gleiches gilt über § 161 II HGB für die KG

[1376] Zur handelsrechtlichen Ausnahme von der Formbedürftigkeit der Bürgschaft siehe *Bitter/Linardatos*, HandelsR, § 1 Rn. 3 mit Fällen Nr. 2 und 3 – Altstadtkneipe I und II, insbes. § 7 Rn. 32ff. mit Fall Nr. 22 – Partnerschaftsvermittlung; ferner *Bitter/Röder*, BGB AT, § 6 Rn. 9 und § 10 Rn. 89.

[1377] *K. Schmidt*, HandelsR, § 18 Rn. 35ff.; *Canaris*, HandelsR, § 24 Rn. 13.

[1378] Hopt/*Roth*, HGB, § 105 Rn. 22 a.E.; Hopt/*Leyens*, HGB, § 350 Rn. 7.

[1379] *Bitter/Linardatos*, HandelsR, § 2 Rn. 34a.

[1380] Zur Kaufmannseigenschaft (§§ 1ff. HGB) siehe *Bitter/Linardatos*, HandelsR, § 2 Rn. 2ff.

[1381] Bei reiner Vermögensverwaltung fehlt die anbietende Tätigkeit an einem Markt; vgl. *Bitter/Linardatos*, HandelsR, § 2 Rn. 10.

[1382] Dazu Begr. RegE MoPeG zu § 107 HGB n.F., BT-Drs. 19/27635, S. 223ff.; *Noack*, NZG 2020, 581, 584; *Wertenbruch*, GmbHR 2021, 1, 6 (Rn. 17); *Fleischer*, BB 2021, 386, 387; *K. Schmidt*, ZHR 185 (2021), 16, 45f.; *Heckschen/Nolting*, BB 2021, 2946, 2953; ausführlich zur berufsrechtlichen Perspektive *Uwer*, ZGR-Sonderheft 23, 2021, S. 87ff. mit Diskussionsbericht von *Heinrich*, S. 109ff.

und wird dort insbesondere für die GmbH & Co. KG praktisch relevant. Für Rechtsanwälte besteht diese neue Option schon zum 1.8.2022.[1383]

7a Dass die **Teilnahme am Rechtsverkehr einvernehmlich** erfolgen muss, wird in § 123 I HGB n.F. zukünftig klargestellt, war aber schon bisher überwiegend anerkannt.[1384] Dies bedeutet, dass für das erste Geschäft, in dem sich die Geschäftsaufnahme gleichsam manifestiert, die Einzelvertretungsbefugnis (→ Rn. 36) noch nicht gilt.[1385] Eine Teilnahme am Rechtsverkehr liegt bereits dann vor, wenn bloße Vorbereitungsgeschäfte gegenüber Dritten vorgenommen werden, die auf den baldigen Betrieb eines Handelsgewerbes angelegt sind (z.B. die Einrichtung eines Bankkontos für die Gesellschaft);[1386] die Geschäfte müssen noch nicht in vollem Umfang betrieben werden.[1387]

8 Die von allen Gesellschaftern zu bewirkende **Handelsregistereintragung** wirkt also bei einer oHG, die bereits durch Geschäftsaufnahme aktiv ein Handelsgewerbe betreibt, deklaratorisch, andernfalls konstitutiv.[1388] Bei einem Kann-Kaufmann[1389] wirkt die Eintragung hingegen immer konstitutiv. Nimmt ein Kann-Kaufmann seine Geschäfte vor der Eintragung auf, existiert zunächst eine Außen-GbR[1390] und mit Eintragung dann eine oHG. Dabei wird die Gesellschaftsidentität gewahrt; alle Rechte und Pflichten der GbR sind folglich automatisch auch solche der oHG.

9 Obwohl die Handelsregistereintragung bei der bereits aktiv ein Handelsgewerbe betreibenden Gesellschaft nur deklaratorisch wirkt, sind die Gesellschafter verpflichtet, die oHG zur Eintragung ins Handelsregister anzumelden (§ 106 I HGB). Es handelt sich also um eine eintragungspflichtige Tatsache mit der **Publizitätswirkung des § 15 HGB.**[1391] Die Anmeldung muss nach der künftigen Fassung des § 106 II HGB u.a. enthalten:

- die Firma, den Sitz und die Geschäftsanschrift der Gesellschaft;
- Name, Vorname, Geburtsdatum und Wohnort jedes Gesellschafters, der eine natürliche Person ist, bzw. bei Gesellschaften deren Firma/Namen, Rechtsform, Sitz und ggf. zuständiges Register und Registernummer;
- Angaben zu den Vertretungsverhältnissen.

9a Ist die Gesellschaft bereits zuvor – als Gesellschaft bürgerlichen Rechts (eGbR) oder Partnerschaftsgesellschaft (PartG) im Gesellschafts- bzw. Partnerschaftsregister eingetragen gewesen, setzt ihre Eintragung im Handelsregister nach dem ab 2024 geltenden Recht einen **Statuswechsel** voraus, der in dem bisher zuständigen anderen Register vermerkt wurde (§ 106 III, IV, V HGB n.F.).[1392]

[1383] *Bachmann*, NJW 2021, 3073, 3078.

[1384] Hopt/*Roth*, HGB, § 123 Rn. 12; *Schäfer*, GesR, § 5 Rn. 15; str.

[1385] Hopt/*Roth*, HGB, § 123 Rn. 12.

[1386] Dazu Begr. RegE MoPeG zum gleichlautenden § 719 BGB n.F., BT-Drs. 19/27635, S. 162; w. Bsp. bei Hopt/*Roth*, HGB, § 123 Rn. 10.

[1387] BGH ZIP 2004, 1208 (juris-Rn. 8) m.w.Bsp.: Verhandlungen über den Kauf eines Betriebsgrundstücks; Vorbereitung des notariellen Grundstückskaufvertrags.

[1388] Zur Unterscheidung zwischen konstitutiven und deklaratorischen Eintragungen *Bitter/Linardatos*, HandelsR, § 4 Rn. 5f.

[1389] Dazu *Bitter/Linardatos*, HandelsR, § 2 Rn. 20ff.: Kleingewerbetreibende; Land- und Forstwirte; vermögensverwaltende und zukünftig nach § 107 HGB n.F. auch freiberufliche Personengesellschaften.

[1390] Ab 2024 kann auch eine PartG zur oHG optieren (→ Rn. 9a).

[1391] Zur Publizität des Handelsregisters gemäß § 15 HGB siehe *Bitter/Linardatos*, HandelsR, § 4 Rn. 9ff.

[1392] Näher zum Statuswechsel Begr. RegE MoPeG zu § 707c BGB n.F., BT-Drs. 19/27635, S. 136ff.; *Schollmeyer*, DNotZ 2021, 889, 898f.; *K. Schmidt*, ZHR 185 (2021), 16, 32f.

10 Spätere Änderungen der von der Eintragungspflicht erfassten Umstände sind ebenfalls zur Eintragung anzumelden (derzeit § 107 HGB; zukünftig § 105 VI HGB n. F.). Auch insoweit kann folglich § 15 HGB relevant werden.

III. Die Haftung der oHG und ihrer Gesellschafter

11 Wie bei der GbR muss auch bei der oHG strikt zwischen der Haftung der Gesellschaft und derjenigen der Gesellschafter unterschieden werden:

1. Haftung der oHG

12 Die oHG haftet zunächst aus in ihrem Namen abgeschlossenen Geschäften. Schließt z. B. ein vertretungsberechtigter Gesellschafter[1393] einen Kaufvertrag mit einem Dritten im Namen der oHG, wird diese selbst als rechtsfähiges Subjekt gemäß § 433 I oder II BGB verpflichtet (vgl. derzeit § 124 HGB; zukünftig § 105 II HGB n. F.).[1394] Außerdem ist die oHG für die Verletzung ihrer rechtsgeschäftlichen Verpflichtungen haftbar, wobei sie für das Verschulden ihrer „verfassungsmäßig berufenen Vertreter“ analog § 31 BGB und für das Verschulden von Erfüllungsgehilfen gemäß § 278 BGB einzustehen hat. Die Zurechnung analog § 31 BGB gilt ferner für unerlaubte Handlungen (§§ 823 ff. BGB), für Ansprüche aus *culpa in contrahendo* oder schuldlos zum Schadensersatz verpflichtendes Handeln (Beispiel: § 7 StVG). Der Personenkreis der „verfassungsmäßig berufenen Vertreter“ bestimmt sich dabei prinzipiell wie beim Verein nach den Grundsätzen der **Repräsentantenhaftung** (→ § 2 Rn. 7), weshalb nicht nur die den Vorstands- bzw. Geschäftsführungsmitgliedern juristischer Personen vergleichbaren vertretungsberechtigten Gesellschafter, sondern auch leitende Angestellte wie Filialleiter oder Abteilungsleiter erfasst sein können. Da bei den Personengesellschaften jedoch neben die Haftung der Gesellschaft auch die persönliche Gesellschafterhaftung gemäß § 128 HGB (zukünftig § 126 HGB n. F.) tritt, ist umstritten, ob auch insoweit für jegliches **deliktisches Handeln leitender Angestellter** gehaftet werden muss. Dies wird teilweise im Hinblick auf die dadurch eintretende Ungleichbehandlung im Vergleich zum Einzelkaufmann abgelehnt, auf den § 31 BGB nach h. M. keine Anwendung findet.[1395] Für Handlungen ihrer Verrichtungsgehilfen haftet die oHG gemäß § 831 BGB. In diesem Rahmen sowie bei einer Zurechnung gemäß § 278 BGB tritt unstreitig auch bei einem haftungsbegründenden Handeln leitender Angestellter neben die Haftung der oHG die persönliche Haftung der Gesellschafter gemäß § 128 HGB.[1396]

2. Haftung der Gesellschafter

13 Die Gesellschafter der oHG haften den Gläubigern der Gesellschaft gemäß § 128 HGB (zukünftig § 126 HGB n. F.) als Gesamtschuldner (§ 421 BGB) für die Verbindlichkeiten der Gesellschaft (**akzessorische Haftung**). Akzessorisch bedeutet, dass die Gesellschafterhaftung immer das Schicksal der Gesellschaftshaftung teilt. Es besteht also kein Gesamtschuldverhältnis zwischen Gesellschaft und Gesellschafter. Daher gilt insbesondere der Grundsatz der Einzelwirkung aus § 425 BGB nicht;

[1393] Zur Vertretung der oHG → Rn. 36 ff.

[1394] Hierzu → Rn. 3.

[1395] MüKoBGB/*Leuschner*, § 31 Rn. 18.

[1396] Auch dazu MüKoBGB/*Leuschner*, § 31 Rn. 18.

dessen Anwendung würde die Gläubigerschutzfunktion des § 128 HGB (zukünftig § 126 HGB n.F.) aushöhlen.[1397]

Die Haftung der Gesellschafter ist ferner 14
- unbeschränkt;
- unbeschränkbar;
- primär, d.h. keine Einrede der Vorausklage wie bei der Bürgschaft (§ 771 BGB);
- unmittelbar, d.h. kein Umweg über die Gesellschaft erforderlich, sondern **direkte Außenhaftung**.

Ein Gläubiger der Gesellschaft kann also neben oder anstelle der Gesellschaft auch 15 auf die Gesellschafter und deren Privatvermögen zugreifen. Der Gesellschafter haftet aber nicht mehr, wenn die Gesellschaft mit dem Gläubiger einen Erlassvertrag geschlossen hat, weil Voraussetzung einer akzessorischen (Gesellschafter-)Haftung die Haftung des Hauptschuldners (hier der Gesellschaft) ist.[1398] Es handelt sich um einen Fall des derzeitigen § 129 I HGB und zukünftigen § 128 HGB n.F. (→ Rn. 23).

⇨ *Fall Nr. 31 – Scherben bringen Glück*

Umstritten ist der genaue **Inhalt der Haftung** der Gesellschafter, sofern die Gesell- 16 schaft nicht die Zahlung eines Geldbetrags, sondern eine andere Leistung schuldet (z.B. die Übereignung einer Sache aus einem Kaufvertrag, § 433 I BGB). Während die heute kaum noch vertretene sog. **Haftungstheorie**[1399] davon ausgeht, dass ein Gesellschafter das Interesse des Gläubigers an der von der Gesellschaft geschuldeten Leistung immer nur in Geld auszugleichen hat, nimmt die **herrschende Erfüllungstheorie**[1400] grundsätzlich an, dass jeder Gesellschafter genauso verpflichtet ist wie die oHG und er deshalb die Verpflichtung gegenüber dem Dritten uneingeschränkt, also in natura, erfüllen muss. Begründet wird die Erfüllungstheorie damit, dass Gesellschafts- und Gesellschafterhaftung inhaltlich dasselbe sind und dem Gläubiger lediglich zwei Haftungsmassen zur Verfügung stehen. Ausgleich für das Fehlen eines gesicherten Haftungskapitals bei der oHG sei die umfassende persönliche Haftung der Gesellschafter gegenüber den Gesellschaftsgläubigern. Der besonderen Bedeutung dieser Haftung müsse durch einen Erfüllungsanspruch auch gegen die oHG-Gesellschafter Rechnung getragen werden.[1401]

Die Erfüllungstheorie gilt nicht uneingeschränkt. Nicht immer haftet der Gesell- 17 schafter in natura. Erforderlich ist eine **Einzelfallbetrachtung:** Das Erfüllungsinteresse des Gläubigers ist dem Interesse des Gesellschafters an einer gesellschaftsfreien Privatsphäre gegenüberzustellen. Dabei sind der Gegenstand der Leistungspflicht, die Abgrenzung zwischen vertretbaren und unvertretbaren Leistungen sowie die Erkennbarkeit der – unter Umständen bestehenden – Zugehörigkeit des Leistungsgegenstandes zum Vermögen des Gesellschafters für den Gläubiger von Bedeutung. Berücksichtigt wird zudem, ob der Gesellschafter gegenüber der Gesellschaft zur Erbringung der Leistung verpflichtet ist.[1402] Der Gesellschafter kann dann nicht auf Erfüllung in natura in Anspruch genommen werden, wenn sein Interesse an der **Wahrung der Privatsphäre** überwiegt. Dies dürfte z.B. anzunehmen sein, wenn er

[1397] Vgl. BGHZ 36, 227.

[1398] Vgl. hierzu und zu dem Fall, dass der Erlassvertrag mit der Gesellschaft unter Vorbehalt der Inanspruchnahme eines Gesellschafters geschlossen wird, BGHZ 47, 376; *K. Schmidt*, GesR, § 49 II 3a.

[1399] Staub/*Fischer*, 3. Aufl. 1973, HGB, § 128 Anm. 6ff.

[1400] BGHZ 23, 304; *Windbichler*, GesR, § 14 Rn. 17ff.

[1401] *Windbichler*, GesR, § 14 Rn. 18.

[1402] Vgl. zu den Einzelheiten *Windbichler*, GesR, § 14 Rn. 19.

dem Gläubiger einen persönlichen Gegenstand – wie ein Familienerbstück oder sein privates Hausgrundstück – übereignen müsste und er zu dieser Leistung auch nicht gegenüber der Gesellschaft verpflichtet ist.

17a **Beispiel:** A und B sind Gesellschafter einer Immobilien-oHG. K ist seit vielen Jahren dort Kunde und zeigt sich gegenüber A interessiert am Kauf eines Grundstücks, das B privat gehört und nutzt. A verkauft im Namen der oHG dem K in notarieller Urkunde das Grundstück des B in der Hoffnung, diesen aufgrund des hohen Kaufpreises für das Geschäft gewinnen zu können. Gelingt dies nicht, kann B von K nicht aus persönlicher Gesellschafterhaftung auf Übereignung des Privatgrundstücks in Anspruch genommen werden. Wohl aber haftet die oHG selbst, wegen Unmöglichkeit der Übereignung aber nur auf Schadensersatz (§§ 280, 283 BGB).

18 Ein Gesellschafter, der später in eine bestehende oHG eintritt, haftet auch für alle vor seinem Eintritt begründeten **Altverbindlichkeiten** der Gesellschaft (derzeit **§ 130 HGB**; zukünftig § 127 HGB n. F.). Anders als beim Eintritt in ein einzelkaufmännisches Unternehmen (§ 28 II HGB)[1403] ist eine abweichende Bestimmung mit Wirkung gegen Dritte hier überhaupt nicht möglich (§ 130 II HGB bzw. § 127 S. 2 HGB n. F.). Die Gründung einer Gesellschaft (§ 28 HGB) und der Eintritt in eine bereits bestehende Gesellschaft (§ 130 HGB bzw. § 127 HGB n. F.) sind daher strikt auseinander zu halten. Die Haftung gemäß § 130 HGB bzw. zukünftig § 127 HGB n. F. setzt anders als § 25 HGB[1404] *keine* Firmenfortführung voraus.

19 Scheidet ein Gesellschafter aus der oHG aus, trifft ihn eine fünfjährige Nachhaftung für *vor* seinem Ausscheiden begründete Verbindlichkeiten (derzeit § 160 HGB; zukünftig § 137 HGB n. F.).[1405] Wird das Ausscheiden eines Gesellschafters nicht in das Handelsregister eingetragen (zum Beispiel, weil schon die oHG nicht eingetragen ist), beginnt die Enthaftungsfrist – wie bei der nicht eingetragenen GbR (→ § 5 Rn. 115) – mit der positiven Kenntnis des Gläubigers vom Ausscheiden.[1406]

20 Für die Haftung eines Gesellschafters für Verbindlichkeiten der Gesellschaft gegenüber einem Mitgesellschafter (**Gesellschafter-Gläubiger**) gelten die Ausführungen zur GbR entsprechend (→ § 5 Rn. 98 f.).

21 Gegen seine persönliche Inanspruchnahme aus § 128 HGB (zukünftig § 126 HGB n. F.) stehen dem Gesellschafter nach Maßgabe des § 129 HGB (zukünftig § 128 HGB n. F.) folgende **Verteidigungsmittel** zu:

22 (1) Aus § 129 I HGB (zukünftig § 128 I HGB n. F.) ergibt sich zunächst, dass der Gesellschafter **in seiner Person begründete Einwendungen** dem Gläubiger entgegenhalten kann; zu denken ist etwa an eine Stundung des Gläubigers persönlich gegenüber dem Gesellschafter oder die Aufrechnung mit einer eigenen (privaten) Gegenforderung gegen den Gläubiger.

23 (2) Nach § 129 I HGB (zukünftig § 128 I HGB n. F.) kann der Gesellschafter **Einwendungen der Gesellschaft** geltend machen, sofern die Gesellschaft diese (noch) gegenüber dem Gläubiger erheben könnte; darin kommt die Akzessorietät der Gesellschafterhaftung zum Ausdruck. Die Berufung auf die Einwendung scheidet demnach aus, sofern und solange sie der Gesellschaft *noch nicht* zusteht (z. B. aufgrund einer Hemmung der Verjährung) bzw. sofern und sobald sie der Gesellschaft *nicht mehr* zusteht (z. B. Verwirkung, Verzicht oder Aberkennung durch rechtskräftiges Urteil).[1407]

[1403] Dazu *Bitter/Linardatos*, HandelsR, § 5 Rn. 54 ff. mit Fall Nr. 16 – Syntec KG.

[1404] Dazu *Bitter/Linardatos*, HandelsR, § 5 Rn. 20 ff. mit Fällen Nr. 13 – Partyservice, Nr. 14 – Metallwarenfabrik und Nr. 15 – Der ratlose Schuldner.

[1405] Hierzu für die GbR → § 5 Rn. 115.

[1406] Vgl. BGH BB 2007, 2642; BGHZ 229, 358 = ZIP 2021, 1391 (Rn. 20).

[1407] Zu Letzterem vgl. BGHZ 217, 327 = ZIP 2018, 640 (Rn. 23) m. w. N., auch zu Einschränkungen der Rechtskraftwirkung in Rn. 25 ff.

Unter § 129 I HGB (zukünftig § 128 I HGB n.F.) können z.B. die Einreden der Verjährung (§ 214 BGB) oder Stundung sowie die Einwendung der Erfüllung (§ 362 BGB) fallen. Bei der **Einrede der Verjährung** sind allerdings **Besonderheiten** zu beachten: Für die akzessorische Gesellschafterhaftung gibt es – anders als für die ebenfalls akzessorische Bürgenhaftung[1408] – nach h.M. grundsätzlich keine eigenständige (Sonder-)Verjährung.[1409] Infolgedessen hemmt eine Klage gegen die Gesellschaft nicht nur die Verjährung gegenüber dieser (§ 204 I Nr. 1 BGB), sondern nach ganz h.M. auch gegenüber dem akzessorisch haftenden Gesellschafter.[1410] Ferner gilt die für die Gesellschaftsschuld maßgebliche Verjährungsfrist grundsätzlich auch für den Anspruch gegen den Gesellschafter.[1411] Klagt ein Gläubiger (nur) gegen einen Gesellschafter, so dass die Verjährung gegenüber der Gesellschaft weiter läuft, so kann sich der Gesellschafter nach ganz h.M. aber nicht auf die spätere Verjährung des Anspruchs gegen die Gesellschaft berufen; § 129 I HGB (zukünftig § 128 I HGB n.F.) wird insoweit teleologisch reduziert: der in Anspruch genommene Gesellschafter bedürfe nicht des durch die Vorschrift vermittelten Schutzes.[1412] Die Rechtslage ist insoweit also – erneut – anders als bei einem (verklagten) Bürgen, der sich grundsätzlich auf die später eintretende Verjährung der Hauptschuld berufen kann.[1413]

(3) Der Gesellschafter kann die Leistung an den Gläubiger verweigern, solange 24
die Gesellschaft das der Verbindlichkeit zugrunde liegende Rechtsgeschäft anfechten kann (§ 129 II HGB; zukünftig § 128 II HGB n.F.). Diese dem Gesellschafter gewährte **Einrede der Anfechtbarkeit** ist – ebenso wie jene des Bürgen aus § 770 I BGB – eine aufschiebende (sog. *dilatorische* Einrede);[1414] sie hindert die Durchsetzung des Anspruchs für eine gewisse Zeit – hier für die Dauer eines noch bestehenden, insbesondere nicht gemäß §§ 121, 124 BGB verfristeten Anfechtungsrechts der Gesellschaft (bei § 770 I BGB: des Hauptschuldners).

(4) Die derzeit noch auf die Anfechtbarkeit begrenzte Regelung des § 129 II HGB 25
gilt im Übrigen **analog für alle anderen Gestaltungsrechte** wie Rücktritt und Widerruf.[1415] Dies entspricht der analogen Anwendung des § 770 I BGB auf andere Gestaltungsrechte bei der Bürgschaft. Mit dem Inkrafttreten des **MoPeG** am 1.1.2024 wird dies gesetzlich in § 128 II HGB n.F. fixiert. In Erweiterung der bisherigen Fassung und in Klarstellung der sogleich noch anzusprechenden Frage der Aufrechenbarkeit (→ Rn. 26) wird es dort heißen: „Der Gesellschafter kann die Befriedigung des Gläubigers verweigern, solange der Gesellschaft in Ansehung der Verbindlichkeit das Recht zur Anfechtung oder Aufrechnung oder ein anderes Gestaltungsrecht, dessen Ausübung die Gesellschaft ihrerseits zur Leistungsverweigerung berechtigen würde, zusteht."

[1408] Vgl. zur Bürgenhaftung BGH ZIP 2013, 816 = NJW 2013, 1803.

[1409] Vgl. MüKoHGB/*K. Schmidt/Drescher*, § 129 Rn. 7f. m.w.N.; Hopt/*Roth*, HGB, § 129 Rn. 2; a.A. Staub/*Habersack*, HGB, § 128 Rn. 17, § 129 Rn. 6.

[1410] MüKoHGB/*K. Schmidt/Drescher*, § 129 Rn. 8 m.w.N.; zur Verjährungshemmung wegen Verhandlungen (§ 203 BGB) bei der GbR siehe BGHZ 193, 193 = ZIP 2012, 1413 (Rn. 75ff.) m.w.N. zur ständigen Rechtsprechung des BGH.

[1411] BGH ZIP 2010, 319 für die Haftung eines GbR-Gesellschafters und die dreißigjährige Verjährung des § 197 I 1 Nr. 4 BGB.

[1412] Vgl. BGHZ 104, 76 = ZIP 1988, 841; MüKoHGB/*K. Schmidt/Drescher*, § 129 Rn. 9 m.w.N.; a.A. Staub/*Habersack*, HGB, § 129 Rn. 8.

[1413] Vgl. BGHZ 182, 76 mit Ausnahme für (zwischenzeitliche) Löschung des Hauptschuldners.

[1414] Zur Unterscheidung von *peremptorischen* Einreden *Bitter/Röder*, BGB AT, § 3 Rn. 14.

[1415] Hopt/*Roth*, HGB, § 129 Rn. 10.

26 (5) § 129 III HGB regelt in der bis Ende 2023 geltenden Fassung in scheinbarer Parallele zu § 770 II BGB den Fall der Aufrechenbarkeit.[1416] Trotz des mit § 770 II BGB übereinstimmenden Wortlauts wird der Anwendungsbereich des § 129 III HGB von Rechtsprechung und Literatur exakt umgekehrt verstanden: Es kommt entgegen dem Wortlaut der Vorschrift nicht auf die Aufrechnungsmöglichkeit des Gläubigers, sondern allein auf die **Aufrechnungsmöglichkeit der Gesellschaft** an.[1417] Die oHG muss also zwingend aufrechnungsberechtigt sein, damit der Gesellschafter die Leistung verweigern darf. Grund dieser Auslegung ist, dass dem Gesellschafter nicht mehr Rechte zustehen dürfen als der Gesellschaft (Akzessorietät) und für ein Leistungsverweigerungsrecht des Gesellschafters deshalb die *Gesellschafts*befugnisse maßgeblich sein müssen. § 129 II, III HGB zieht nämlich nur die Konsequenz daraus, dass der Gesellschafter die der oHG zustehenden (Gestaltungs-)Rechte nicht selbst geltend machen kann, weil ihm die Verfügungsbefugnis fehlt (vgl. § 124 HGB).[1418] § 129 III HGB greift also dann nicht ein, wenn nur der Gläubiger aufrechnen kann, nicht aber die Gesellschaft, für deren Schuld der Gesellschafter akzessorisch haftet.[1419] § 770 II BGB ist demgegenüber Ausdruck der Subsidiarität der Bürgenhaftung: Der Bürge soll nicht in Anspruch genommen werden können, wenn sich der Gläubiger durch Aufrechnung gegenüber dem Hauptschuldner befriedigen kann.

26a Nicht zu verkennen ist freilich, dass § 129 III HGB in der Auslegung der h.M. letztlich überflüssig ist, weil man bei einer Aufrechnungsbefugnis der Gesellschaft auch über die analoge Anwendung des § 129 II HGB (→ Rn. 25) zum Leistungsverweigerungsrecht gelangt, so wie im Bürgschaftsrecht bei einer (isolierten) Aufrechnungsbefugnis des Hauptschuldners der Rechtsgedanke des § 770 I BGB herangezogen wird.[1420]

26b Mit dem Inkrafttreten des **MoPeG** am 1.1.2024 werden all diese Fragen in der oben bereits zitierten Neufassung des § 128 II HGB n.F. geklärt, in der nun allein auf die Aufrechnungsbefugnis *der Gesellschaft* abgestellt und diese den sonstigen Gestaltungsrechten gleichgestellt wird (→ Rn. 25).

⇨ *Fall Nr. 32 – Aufrechnungsverbot*

27 Wird einer der Gesellschafter von einem Gläubiger für eine Gesellschaftsverbindlichkeit in Anspruch genommen und ist er der oHG nicht seinerseits zum Ersatz des Haftungsschadens aus §§ 280, 241 II BGB verpflichtet, kann er zunächst bei der oHG vollen **(Haftungs-)Regress** nehmen (derzeit § 110 HGB; zukünftig § 716 I BGB i.V.m. § 105 III HGB n.F.). Dabei kann der Regressanspruch auch zur Aufrechnung gegen eine Einlageforderung der Gesellschaft verwendet werden.[1421] Andererseits haften für die Schuld der oHG die Gesellschafter nicht gemäß § 128 HGB (zukünftig § 126 HGB n.F.), weil es sich um eine Sozialverbindlichkeit handelt. Dessen ungeachtet kann der Gesellschafter von den Mitgesellschaftern nach Maßgabe des § 426 BGB anteiligen **Ausgleich aus dem Gesamtschuldverhältnis** fordern (→ § 5 Rn. 100ff.).

⇨ *Fall Nr. 31 – Scherben bringen Glück (Abwandlung 3)*

[1416] Bei erfolgter Aufrechnung kann der Gesellschafter nach § 129 I HGB (zukünftig § 128 I HGB n.F.) Erfüllung (§§ 389, 362 BGB) einwenden: Mangels Hauptschuld besteht keine akzessorische Gesellschafterhaftung (mehr).

[1417] BGH NJW 1965, 627; MüKoHGB/*K. Schmidt/Drescher*, § 129 Rn. 25f.; *K. Schmidt*, GesR, § 49 II 3d; die gesetzgeberische Intention ist im Wortlaut der Vorschrift nicht zum Ausdruck gekommen, weshalb ein Redaktionsversehen vorliegt.

[1418] Vgl. zu den Einzelheiten Hopt/*Roth*, HGB, § 129 Rn. 11ff.

[1419] *K. Schmidt*, GesR, § 49 II 3d; Hopt/*Roth*, HGB, § 129 Rn. 13.

[1420] Vgl. MüKoBGB/*Habersack*, § 770 Rn. 10 (str.).

[1421] Vgl. zur KG BGH ZIP 2017, 1948 (Rn. 30).

IV. Die Organisation der oHG

In organisatorischer Hinsicht stellen sich bei der oHG ähnliche Fragen wie bei der GbR. Jedoch hält die Rechtsordnung in mancherlei Hinsicht andere Antworten bereit. 28

1. Grundlagen

Für das Innenverhältnis der oHG gelten die §§ 109–122 HGB (zukünftig §§ 108–122 HGB n. F.). Allerdings besteht nach dem Gesetz ein **erheblicher Gestaltungsspielraum der Gesellschafter** (vgl. § 109 HGB; zukünftig § 108 HGB n. F.). Weitgehend können die Gesellschafter ihr Verhältnis untereinander daher privatautonom regeln. Die weitgehende Dispositionsbefugnis der Gesellschafter ist gerechtfertigt, weil die Gläubiger über die persönliche Haftung der Gesellschafter geschützt sind. Soweit das HGB keine abweichenden Bestimmungen trifft, ist **ergänzend das Recht der GbR** (§§ 705 ff. BGB) heranzuziehen (§ 105 III HGB). Für Gesellschafterbeschlüsse z. B. kann unter Hinweis auf § 119 HGB (zukünftig § 109 HGB n. F.) im Grundsatz auf die Ausführungen zur GbR verwiesen werden, insbesondere soweit dort die Möglichkeit und Grenzen von Mehrheitsentscheidungen bereits dargestellt wurden (→ § 5 Rn. 78 ff.). Mit dem Inkrafttreten des **MoPeG** am 1.1.2024 wird allerdings das Beschlussverfahren in § 109 HGB n. F. mit einer im Vergleich zum Recht der GbR höheren Regelungsdichte neu bestimmt, die sich aus der Einführung eines neuen Beschlussmängelrechts für Personenhandelsgesellschaften in §§ 110 ff. HGB n. F. erklärt (dazu sogleich → Rn. 30a ff.).[1422] 29

Das Außenverhältnis der oHG zu Dritten ist jetzt und in Zukunft in den §§ 123 ff. HGB geregelt. Diese Vorschriften betreffen zunächst die bereits behandelte Entstehung der oHG (§ 123 HGB) sowie die Haftungsverhältnisse (§§ 128–130 HGB; zukünftig §§ 126–129 HGB n. F.). Ferner geht es um die Vertretung der oHG (§§ 125–127 HGB; zukünftig § 124 HGB n. F.; → Rn. 36 ff.). Anders als die das Innenverhältnis unter den Gesellschaftern betreffenden Vorschriften sind die **meisten Regeln zum Außenverhältnis zwingend** (vgl. etwa derzeit §§ 123 III, 126 II, 128 S. 2, 130 II HGB; zukünftig §§ 123 II, 124 IV 2, 3, 126 S. 2, 127 S. 2 HGB n. F.). 30

2. Neues Beschlussmängelrecht der Personenhandelsgesellschaften

Eines der Kernfelder der mit dem MoPeG vollzogenen und am 1.1.2024 in Kraft tretenden Modernisierung des Personengesellschaftsrechts betrifft das Recht der fehlerhaften Beschlüsse. Dieses wird – in Anlehnung an das bereits dargestellte **aktienrechtliche Vorbild** (→ § 3 Rn. 116 ff.) – vollständig neu konzipiert[1423] und ist derzeit Gegenstand einer umfangreichen, hier nicht im Detail nachzuzeichnenden Debatte in der Rechtswissenschaft.[1424] 30a

Wie im Aktienrecht müssen Mängel eines Beschlusses zukünftig im Wege einer fristgebundenen, gegen die Gesellschaft[1425] gerichteten Anfechtungsklage geltend 30b

---

[1422] Dazu Begr. RegE MoPeG zu § 109 HGB n. F., BT-Drs. 19/27635, S. 225.

[1423] Dazu Begr. RegE MoPeG, BT-Drs. 19/27635, S. 2, 3, 102 f., 110 ff.; 225 ff.

[1424] Vgl. z. B. *Drescher*, ZGR-Sonderheft 23, 2021, S. 115, 123 ff. (zum Mauracher Entwurf und der dort noch für das BGB vorgesehenen Regelung); *Altmeppen*, GmbHR 2021, 345 ff. (zum RegE); *Fleischer*, BB 2021, 386; 388 ff. (zum RegE); *Schäfer*, ZIP 2021, 1527 ff.; *Tröger/Happ*, ZIP 2021, 2059 ff.; *Bayer/Rauch*, DB 2021, 2609; ferner *K. Schmidt*, ZHR 185 (2021), 16, 36 f.; *Otte*, ZIP 2021, 2162, 2167 f.

[1425] Dazu *Drescher*, ZGR-Sonderheft 23, 2021, S. 115, 134 f.

gemacht werden, soweit der Beschluss nicht wegen eines besonders schwerwiegenden Mangels nichtig ist.[1426] Die entsprechenden Regelungen, die von den Gesellschaftern auch abbedungen werden können, werden in §§ 110ff. HGB n.F. verankert, so dass sie für die oHG und KG (dort über § 161 II HGB) Anwendung finden. Auf die GbR und PartG sind sie hingegen nur anwendbar, wenn die Gesellschafter dies im Gesellschaftsvertrag vereinbaren (vgl. zur GbR bereits → § 5 Rn. 92a).[1427]

30c Das neue Beschlussmängelrecht soll für die Gesellschafter **Rechtssicherheit** schaffen. Beschlüsse können – anders als nach dem Konzept bei der GbR (→ § 5 Rn. 92)[1428] – im Regelfall nicht mehr unbefristet per Feststellungsklage oder auf sonstige Weise in Frage gestellt werden, haben vielmehr nach Ablauf der Anfechtungsfrist (→ Rn. 30i) so Bestand, wie sie gefasst bzw. festgestellt wurden (vgl. zur Beschlussfeststellung → Rn. 30e).[1429]

30d Das Anliegen, Rechtssicherheit über die Bestandskraft eines Beschlusses herzustellen, erfordert es im Allgemeinen, den Beschluss in einer Weise festzuhalten, dass Unsicherheiten über dessen Zustandekommen und Ergebnis möglichst vermieden werden.[1430] Die Grundlagen zum Beschlussverfahren werden deshalb in § 109 HGB n.F. mit folgendem Wortlaut neu gefasst:[1431]

§ 109. Beschlussfassung

(1) Die Beschlüsse der Gesellschafter werden in Versammlungen gefasst.

(2) Die Versammlung kann durch jeden Gesellschafter einberufen werden, der die Befugnis zur Geschäftsführung hat. Die Einberufung erfolgt durch formlose Einladung der anderen Gesellschafter unter Ankündigung des Zwecks der Versammlung in angemessener Frist.

(3) Gesellschafterbeschlüsse bedürfen der Zustimmung aller stimmberechtigten Gesellschafter.

(4) Hat nach dem Gesellschaftsvertrag die Mehrheit der Stimmen zu entscheiden, ist die Gesellschafterversammlung beschlussfähig, wenn die anwesenden Gesellschafter oder ihre Vertreter ohne Rücksicht auf ihre Stimmberechtigung die für die Beschlussfassung erforderlichen Stimmen haben.

30e Von der Beschlussfassung zu unterscheiden ist die – beim Anfechtungsmodell grundsätzlich vorausgesetzte[1432] – **Beschlussfeststellung**, mit der ein gefasster Beschluss durch einen Versammlungsleiter[1433] verbindlich dokumentiert wird (→ § 3 Rn. 111 zur AG; → § 4 Rn. 126 zur GmbH). Sie hat **konstitutive Wirkung** in dem Sinne, dass sie die Rechtsschutzmöglichkeiten in Gestalt der Anfechtungs-, Nichtigkeits- oder Feststellungsklage vorgibt.[1434]

[1426] *Bayer/Rauch*, DB 2021, 2609, 2613ff.; Kritik bei *Drescher*, ZGR-Sonderheft 23, 2021, S. 115, 123ff.; *Altmeppen*, GmbHR 2021, 345ff. (für die Entziehung von Mitgliedschaft und Organbefugnissen).

[1427] Dazu Begr. RegE MoPeG, BT-Drs. 19/27635, S. 3.

[1428] Dazu Begr. RegE MoPeG zu § 110 HGB n.F., BT-Drs. 19/27635, S. 227.

[1429] Dazu *Tröger/Happ*, ZIP 2021, 2059, 2065; einschränkend *Drescher*, ZGR-Sonderheft 23, 2021, S. 115, 125 und *Otte*, ZIP 2021, 2162, 2167f.: Keine Anwendung der §§ 110ff. HGB n.F. in Fällen, in denen sich die Gesellschafter (z.B. in 50–50-Konstellationen) schon nicht auf einen Versammlungsleiter einigen können, der das – sodann angreifbare – Beschlussergebnis feststellen könnte.

[1430] Dazu Begr. RegE MoPeG zu § 109 HGB n.F., BT-Drs. 19/27635, S. 225m.w.N.

[1431] Dazu partiell kritisch *Schäfer*, ZIP 2021, 1527, 1528ff.; *Bayer/Rauch*, DB 2021, 2609, 2612f.; *Otte*, ZIP 2021, 2162, 2167; *Heckschen/Nolting*, BB 2021, 2946, 2948.

[1432] *Drescher*, ZGR-Sonderheft 23, 2021, S. 115, 125, 127, 133, 135; siehe aber auch den Diskussionsbericht bei *Trinks*, ebenda, S. 138f.; eine „gewisse Fixierung" verlangend *Schäfer*, ZIP 2021, 1527, 1529 und insbes. 1531f.; ähnlich *Bayer/Rauch*, DB 2021, 2609, 2611 und 2615.

[1433] Zur Problematik seiner Bestellung *Heckschen/Nolting*, BB 2021, 2946, 2949.

[1434] Begr. RegE MoPeG zu § 109 I HGB n.F., BT-Drs. 19/27635, S. 226; dazu kritisch *Altmeppen*, GmbHR 2021, 345 (Rn. 11ff.).

Die zeitlich befristete Anfechtungsklage, die nicht fristgebundene Nichtigkeitsklage[1435] sowie die positive Beschlussfeststellungsklage wurden in ihrer Funktion und Wirkungsweise für das Aktienrecht bereits vorgestellt, sodass auf die dortigen Ausführungen im Grundsatz verwiesen werden kann (→ § 3 Rn. 120ff.). Die daran anknüpfenden Vorschriften der §§ 110–115 HGB n. F. haben folgenden Wortlaut: 30f

§ 110. Anfechtbarkeit und Nichtigkeit von Gesellschafterbeschlüssen

(1) Ein Beschluss der Gesellschafter kann wegen Verletzung von Rechtsvorschriften durch Klage auf Nichtigerklärung angefochten werden (Anfechtungsklage).

(2) Ein Gesellschafterbeschluss ist von Anfang an nichtig, wenn er

1. durch seinen Inhalt Rechtsvorschriften verletzt, auf deren Einhaltung die Gesellschafter nicht verzichten können, oder
2. nach einer Anfechtungsklage durch Urteil rechtskräftig für nichtig erklärt worden ist.

Die Nichtigkeit eines Beschlusses der Gesellschafter kann auch auf andere Weise als durch Klage auf Feststellung der Nichtigkeit (Nichtigkeitsklage) geltend gemacht werden.

§ 111. Anfechtungsbefugnis; Rechtsschutzbedürfnis

(1) Anfechtungsbefugt ist jeder Gesellschafter, der oder dessen Rechtsvorgänger im Zeitpunkt der Beschlussfassung der Gesellschaft angehört hat.

(2) Ein Verlust der Mitgliedschaft nach dem Zeitpunkt der Beschlussfassung lässt das Rechtsschutzbedürfnis des Rechtsvorgängers unberührt, wenn er ein berechtigtes Interesse an der Führung des Rechtsstreits hat.

§ 112. Klagefrist

(1) Die Anfechtungsklage ist innerhalb von drei Monaten zu erheben. Eine Vereinbarung im Gesellschaftsvertrag, welche eine kürzere Frist als einen Monat vorsieht, ist unwirksam.

(2) Die Frist beginnt mit dem Tag, an dem der Beschluss dem anfechtungsbefugten Gesellschafter bekanntgegeben worden ist.

(3) Für die Dauer von Vergleichsverhandlungen über den Gegenstand des Beschlusses oder die ihm zugrundeliegenden Umstände zwischen dem anfechtungsbefugten Gesellschafter und der Gesellschaft wird die Klagefrist gehemmt. Die für die Verjährung geltenden §§ 203 und 209 des Bürgerlichen Gesetzbuchs sind mit der Maßgabe entsprechend anzuwenden, dass die Klagefrist frühestens einen Monat nach dem Scheitern der Vergleichsverhandlungen endet.

§ 113. Anfechtungsklage

(1) Zuständig für die Anfechtungsklage ist ausschließlich das Landgericht, in dessen Bezirk die Gesellschaft ihren Sitz hat.

(2) Die Klage ist gegen die Gesellschaft zu richten. Ist außer dem Kläger kein Gesellschafter zur Vertretung der Gesellschaft befugt, wird die Gesellschaft von den anderen Gesellschaftern gemeinsam vertreten.

(3) Die Gesellschaft hat die Gesellschafter unverzüglich über die Erhebung der Klage und die Lage des Rechtsstreits zu unterrichten. Ferner hat sie das Gericht über die erfolgte Unterrichtung in Kenntnis zu setzen. Das Gericht hat auf eine unverzügliche Unterrichtung der Gesellschafter hinzuwirken.

(4) Die mündliche Verhandlung soll nicht vor Ablauf der Klagefrist stattfinden. Mehrere Anfechtungsprozesse sind zur gleichzeitigen Verhandlung und Entscheidung zu verbinden.

(5) Den Streitwert bestimmt das Gericht unter Berücksichtigung aller Umstände des Einzelfalls, insbesondere der Bedeutung der Sache für die Parteien, nach billigem Ermessen.

(6) Soweit der Gesellschafterbeschluss durch rechtskräftiges Urteil für nichtig erklärt worden ist, wirkt das Urteil für und gegen alle Gesellschafter, auch wenn sie nicht Partei sind.

§ 114. Nichtigkeitsklage

Erhebt ein Gesellschafter Nichtigkeitsklage gegen die Gesellschaft, sind die §§ 111 und 113 entsprechend anzuwenden. Mehrere Nichtigkeits- und Anfechtungsprozesse sind zur gemeinsamen Verhandlung und Entscheidung zu verbinden.

1435 Die fehlende Fristgebundenheit ergibt sich aus dem in § 114 HGB n. F. fehlenden Verweis auf § 112 HGB n. F.

§ 115. Verbindung von Anfechtungs- und Feststellungsklage

Wendet sich ein Gesellschafter gegen einen Beschluss, mit dem ein Beschlussvorschlag abgelehnt wurde, kann er seinen Antrag auf Nichtigerklärung des ablehnenden Beschlusses mit dem Antrag verbinden, dass ein Beschluss festgestellt wird, der bei Annahme des Beschlussvorschlags rechtmäßig gefasst worden wäre. Auf die Feststellungsklage finden die für die Anfechtungsklage geltenden Vorschriften entsprechende Anwendung.

30g Die in § 110 I HGB n. F. zum Ausgangspunkt für eine **Anfechtungsklage** genommene „Verletzung von Rechtsvorschriften" meint nicht nur gesetzlich oder im Verordnungswege geschaffene Rechtsnormen, sondern auch die gesellschaftsvertraglichen Bestimmungen.[1436] Verfahrensmängel führen – von krassen Fällen wie der Nichteinladung abgesehen[1437] – bei ihrer „Relevanz"[1438] nur zur Anfechtbarkeit, während bei den Inhaltsmängeln entscheidend ist, ob die Gesellschafter über die gesetzlichen oder vertraglichen Vorgaben disponieren können; Verletzungen der Treuepflicht und des Gleichbehandlungsgrundsatzes begründen danach nur die Anfechtbarkeit.[1439]

30h Die zur **Nichtigkeit** des Beschlusses führende fehlende Dispositionsbefugnis i. S. v. § 110 II Nr. 1 HGB n. F. greift die durch das zwingende Recht – u. a. auch die in § 241 Nr. 4 AktG ausdrücklich erwähnte Sittenwidrigkeit – gezogenen Grenzen auf; sie tangieren die schutzwürdigen Belange der Gesellschaftsgläubiger oder den unverzichtbaren Kernbereich der Mitgliedschaft (vgl. zur GbR → § 5 Rn. 88).[1440]

30i Trotz grundsätzlicher Orientierung des neuen Beschlussmängelrechts an den §§ 241 ff. AktG ergeben sich **gewisse Abweichungen vom Aktienrecht**:[1441] In § 112 I HGB n. F. wird die Frist für die Anfechtungsklage grundsätzlich auf drei Monate festgelegt.[1442] Sie beginnt nicht mit der Beschlussfassung (so § 246 I AktG), sondern nach § 112 II HGB n. F. mit dem Tag, an dem der Beschluss dem anfechtungsbefugten Gesellschafter bekanntgegeben worden ist.[1443] Hierdurch sollen die Gesellschafter zu einer gewissen Formalisierung des Beschlussverfahrens angehalten werden, insoweit die Bekanntgabe eine förmliche Feststellung des gefassten Beschlusses (→ Rn. 30e) implizit voraussetzt.[1444] Ferner wird die Anfechtungsbefugnis in § 111 HGB n. F. abweichend von § 245 AktG[1445] nicht davon abhängig gemacht, dass der Gesellschafter dem Beschluss widersprochen hat oder überhaupt zu einer Abstimmung in einer Gesellschafterversammlung erschienen ist.[1446] Letzteres gilt nach § 114 HGB n. F. auch für die Nichtigkeitsklage.

[1436] Begr. RegE MoPeG zu § 110 I HGB n. F., BT-Drs. 19/27635, S. 228.

[1437] Vgl. *Drescher*, ZGR-Sonderheft 23, 2021, S. 115, 131: „Geheimversammlung" (= bewusst fehlende Einladung einzelner Gesellschafter); ähnlich *Schäfer*, ZIP 2021, 1527, 1531: Nichtigkeit, wenn der Einladungsmangel der Nichteinladung gleichsteht; a. A. *Bayer/Rauch*, DB 2021, 2609, 2613 f. mit Hinweis auf den Wortlaut des § 110 II Nr. 1 HGB n. F. („durch seinen *Inhalt* Rechtsvorschriften verletzt").

[1438] Zum Relevanzerfordernis *Schäfer*, ZIP 2021, 1527, 1531; *Bayer/Rauch*, DB 2021, 2609, 2614; zur GbR → § 5 Rn. 92; zur AG → § 3 Rn. 127.

[1439] Begr. RegE MoPeG zu § 110 I HGB n. F., BT-Drs. 19/27635, S. 228 f. m. w. N.

[1440] Dazu Begr. RegE MoPeG zu § 110 II HGB n. F., BT-Drs. 19/27635, S. 229 f.; *Drescher*, ZGR-Sonderheft 23, 2021, S. 115, 129 ff.; *Schäfer*, ZIP 2021, 1527, 1529 f.

[1441] Dazu *Fleischer*, BB 2021, 386; 388; *Bayer/Rauch*, DB 2021, 2609, 2615 f.

[1442] Zur bewussten Abweichung von § 246 I AktG (ein Monat) vgl. Begr. RegE MoPeG zu § 112 I HGB n. F., BT-Drs. 19/27635, S. 231; *Bayer/Rauch*, DB 2021, 2609, 2615 f. mit Einzelkorrektur (z. B. analog § 124 II 1 BGB).

[1443] Vgl. den – vom Gesetzgeber offenbar übernommenen – Vorschlag von *Drescher*, ZGR-Sonderheft 23, 2021, S. 115, 133; dazu auch *Schäfer*, ZIP 2021, 1527, 1532; kritisch *Heckschen/Nolting*, BB 2021, 2946, 2948.

[1444] Begr. RegE MoPeG zu § 112 II HGB n. F., BT-Drs. 19/27635, S. 231.

[1445] Dazu → § 3 Rn. 127.

[1446] Begr. RegE MoPeG zu § 111 I HGB n. F., BT-Drs. 19/27635, S. 230.

Soweit der Gesellschafterbeschluss durch **rechtskräftiges Urteil** für nichtig erklärt worden ist, wirkt das Urteil nach § 113 VI HGB n. F. für und gegen alle Gesellschafter, auch wenn sie nicht Partei des Rechtsstreits sind. Im Hinblick auf diese **umfassende Gestaltungs- und Rechtskraftwirkung** verlangt § 113 IV HGB n. F. die unverzügliche Information der anderen Gesellschafter über die Erhebung der Klage. Durch diese der Gesellschaft obliegende und vom Gericht zu kontrollierende Benachrichtigung soll ihnen eine angemessene Beteiligung an dem Rechtsstreit als streitgenössische Nebenintervenienten ermöglicht werden.[1447] 30j

Nach § 115 HGB n. F. kann mit der Anfechtungsklage eine **positive Beschlussfeststellungsklage** verbunden werden. Dies hat – wie zum Aktienrecht näher dargelegt – Bedeutung für den Fall einer unrichtigen förmlichen Beschlussfeststellung durch den Versammlungsleiter (→ § 3 Rn. 128). 30k

Beispiel: Der Versammlungsleiter verzählt sich oder irrt über die Mehrheitsverhältnisse und stellt deshalb förmlich die Ablehnung einer Beschlussvorlage fest, obwohl sie richtigerweise angenommen wurde. In diesem Fall beseitigt die Anfechtungsklage die vorläufige Bestandskraft des (unrichtig) förmlich festgestellten Beschlusses (kassatorische Wirkung), damit anschließend der richtige Inhalt des Beschlusses positiv festgestellt werden kann (Gestaltungswirkung).[1448] 30l

Besteht hingegen Streit darüber, ob und mit welchem Ergebnis überhaupt ein Beschluss gefasst wurde, kommt nur eine zeitlich nicht befristete **allgemeine Feststellungsklage** in Betracht (§ 256 ZPO).[1449] Mit einer isolierten Feststellungsklage kann ferner die – von der Anfechtbarkeit und Nichtigkeit zu unterscheidende – *Unwirksamkeit* eines Beschlusses geltend gemacht werden, falls dieser wegen Eingriffs in ein relativ unentziehbares (Sonder-)Recht eines Gesellschafters dessen Zustimmung bedurft hätte und diese fehlt (vgl. näher zur AG → § 3 Rn. 120, 123).[1450] 30m

Die Feststellungsklage ist – wie die Anfechtungs- und Nichtigkeitsklage – vor dem Landgericht gegen die Gesellschaft zu erheben mit Rechtskraft gegen alle Gesellschafter (§ 113 HGB n. F. analog, ggf. i. V. m. § 115 S. 2 HGB n. F.), sodass ein „prozessualer Dreiklang“ entsteht.[1451] 30n

3. Geschäftsführung und Vertretung

Für das Verhältnis zwischen Geschäftsführung (rechtliches Dürfen) und Vertretung (rechtliches Können) gelten die Ausführungen zur GbR entsprechend (→ § 5 Rn. 53). Während dort Geschäftsführungs- und Vertretungsbefugnis aber grundsätzlich gleich laufen (§ 714 BGB; zukünftig §§ 715, 720 BGB n. F.), können bei der oHG erhebliche Unterschiede bestehen. Innen- und Außenverhältnis sind deshalb gerade hier streng zu trennen. 31

a) Geschäftsführung

Bis Ende 2023 ist das dispositive Gesetzesrecht zur Geschäftsführung auf §§ 114–117 HGB verteilt, während es ab 2024 fast inhaltsgleich in § 116 HGB n. F. zusammengefasst wird.[1452] Diese neue Vorschrift lautet: 31a

---

[1447] Vgl. dazu und zum Inhalt/Zeitpunkt der Unterrichtungspflicht Begr. RegE MoPeG zu § 113 III HGB n. F., BT-Drs. 19/27635, S. 233 f.

[1448] Dazu Begr. RegE MoPeG zu § 115 HGB n. F., BT-Drs. 19/27635, S. 236.

[1449] Näher Begr. RegE MoPeG zu § 115 HGB n. F., BT-Drs. 19/27635, S. 236; *Schäfer*, ZIP 2021, 1527, 1532.

[1450] Näher Begr. RegE MoPeG zu § 115 HGB n. F., BT-Drs. 19/27635, S. 236 f. (Analogie zur Nichtigkeitsklage); *Drescher*, ZGR-Sonderheft 23, 2021, S. 115, 128 f., 131; *Schäfer*, ZIP 2021, 1527, 1532 f.

[1451] *Bayer/Rauch*, DB 2021, 2609, 2616 f.

[1452] Näher Begr. RegE MoPeG zu § 116 HGB n. F., BT-Drs. 19/27635, S. 237.

§ 116. Geschäftsführungsbefugnis

(1) Zur Führung der Geschäfte der Gesellschaft sind alle Gesellschafter berechtigt und verpflichtet.

(2) Die Befugnis zur Geschäftsführung erstreckt sich auf alle Geschäfte, die der gewöhnliche Betrieb des Handelsgewerbes der Gesellschaft mit sich bringt; zur Vornahme von Geschäften, die darüber hinausgehen, ist ein Beschluss aller Gesellschafter erforderlich. Zur Bestellung eines Prokuristen bedarf es der Zustimmung aller geschäftsführungsbefugten Gesellschafter, es sei denn, dass mit dem Aufschub Gefahr für die Gesellschaft oder das Gesellschaftsvermögen verbunden ist. Der Widerruf der Prokura kann von jedem der zur Erteilung oder zur Mitwirkung bei der Erteilung befugten Gesellschafter erfolgen.

(3) Die Geschäftsführung steht vorbehaltlich des Absatzes 4 allen Gesellschaftern in der Art zu, dass jeder von ihnen allein zu handeln berechtigt ist. Das gilt im Zweifel entsprechend, wenn nach dem Gesellschaftsvertrag die Geschäftsführung mehreren Gesellschaftern zusteht. Widerspricht ein geschäftsführungsbefugter Gesellschafter der Vornahme des Geschäfts, muss dieses unterbleiben.

(4) Steht nach dem Gesellschaftsvertrag die Geschäftsführung allen oder mehreren Gesellschaftern in der Art zu, dass sie nur gemeinsam zu handeln berechtigt sind, bedarf es für jedes Geschäft der Zustimmung aller geschäftsführungsbefugten Gesellschafter, es sei denn, dass mit dem Aufschub Gefahr für die Gesellschaft oder das Gesellschaftsvermögen verbunden ist.

(5) Die Befugnis zur Geschäftsführung kann einem Gesellschafter auf Antrag der anderen Gesellschafter ganz oder teilweise durch gerichtliche Entscheidung entzogen werden, wenn ein wichtiger Grund vorliegt. Ein wichtiger Grund ist insbesondere eine grobe Pflichtverletzung des Gesellschafters oder die Unfähigkeit des Gesellschafters zur ordnungsgemäßen Geschäftsführung.

(6) Der Gesellschafter kann seinerseits die Geschäftsführung ganz oder teilweise kündigen, wenn ein wichtiger Grund vorliegt. § 671 Absatz 2 und 3 des Bürgerlichen Gesetzbuchs ist entsprechend anzuwenden.

32 Für die Geschäftsführung im Innenverhältnis gilt bei der oHG – anders als bei der GbR (→ § 5 Rn. 57) – der **Grundsatz der Einzelgeschäftsführungsbefugnis** *aller* Gesellschafter (§§ 114, 115 I HGB; zukünftig § 116 I, III HGB n. F.). Allerdings kann der Gesellschaftsvertrag einzelne Gesellschafter von der Geschäftsführung ausschließen (§ 114 II HGB[1453]) oder bestimmen, dass alle oder bestimmte Gesellschafter nur gemeinschaftlich handeln können (§ 115 II HGB; zukünftig § 116 IV HGB n. F.).

33 Die **Befugnis zur Geschäftsführung** erstreckt sich auf alle Handlungen, die der gewöhnliche Geschäftsbetrieb des Handelsgewerbes der Gesellschaft mit sich bringt (§ 116 I HGB; zukünftig § 116 II 1 Hs. 1 HGB n. F.). Dazu gehören z. B. *nicht*: die Einrichtung einer Zweigniederlassung; Baumaßnahmen auf dem Geschäftsgrundstück; Aufnahme stiller Gesellschafter.[1454] Bei derartigen ungewöhnlichen Geschäften ist ein Beschluss sämtlicher Gesellschafter (nicht nur der geschäftsführungsbefugten Gesellschafter) erforderlich (§ 116 II HGB; zukünftig § 116 II 1 Hs. 2 HGB n. F.). Zur Bestellung eines Prokuristen bedarf es der Zustimmung aller *geschäftsführungsbefugten* Gesellschafter (§ 116 III HGB; zukünftig § 116 II 2 HGB n. F.). Überhaupt **nicht Teil der Geschäftsführung sind Grundlagengeschäfte** und andere originär den Gesellschaftern zugewiesene Geschäfte; sie bedürfen stets der Mitwirkung aller Gesellschafter (näher → § 5 Rn. 55 zur GbR).

⇨ *Fall Nr. 33 – Bonner Bauhandel*

34 Sind mehrere einzelgeschäftsführungsbefugte Gesellschafter vorhanden, muss das von einem Gesellschafter beabsichtigte Geschäft unterbleiben, wenn einer der

---

[1453] Die Auslegungsregel des § 114 II HGB wird mangels Regelungsbedarfs nicht ins neue Recht übernommen; vgl. Begr. RegE MoPeG zu § 116 III HGB n. F., BT-Drs. 19/27635, S. 237.

[1454] Weitere Beispiele bei *Lieder*, ZGR-Sonderheft 23, 2021, S. 169, 183; auf „gewöhnliche" Geschäfte nimmt das Gesetz auch in § 54 I HGB (Handlungsvollmacht) Bezug; vgl. dazu *Bitter/Linardatos*, HandelsR, § 6 Rn. 54 f.

anderen geschäftsführungsbefugten Gesellschafter widerspricht (§ 115 I Hs. 2 HGB; zukünftig § 116 III 3 HGB n. F.). Dieses **Widerspruchsrecht** kann der Gesellschaftsvertrag allerdings ausschließen.

Liegt in der Person eines Gesellschafters ein wichtiger Grund vor, hat er insbesondere eine grobe Pflichtverletzung begangen oder ist er zur Geschäftsführung nicht fähig, kann ihm durch gerichtliche Entscheidung auf Antrag der übrigen Gesellschafter die Geschäftsführungsbefugnis entzogen werden (§ 117 HGB; zukünftig § 116 V HGB n. F.). Anders als bei der GbR (§ 712 BGB; zukünftig § 715 V BGB n. F.) genügt ein Beschluss der übrigen Gesellschafter also nicht, wenn nicht der Gesellschaftsvertrag – einer dringlichen Empfehlung der Praxis folgend[1455] – etwas anderes bestimmt.[1456] Soll durch eine Änderung des Gesellschaftsvertrags nachträglich bestimmt werden, dass eine Entziehung der Geschäftsführungs- und Vertretungsbefugnis ohne wichtigen Grund möglich ist, muss dies nach den Anforderungen an den Entzug sog. relativ unentziehbarer Rechte im Interesse der Gesellschaft geboten und dem betroffenen Gesellschafter zumutbar sein.[1457] 35

b) Vertretung

Bis Ende 2023 sind die Regeln zur Vertretung der oHG auf §§ 125, 126 und 127 HGB verteilt, während sie ab 2024 fast inhaltsgleich in § 124 HGB n. F. zusammengefasst werden.[1458] Diese neue Vorschrift lautet: 35a

§ 124. Vertretung der Gesellschaft

(1) Zur Vertretung der Gesellschaft ist jeder Gesellschafter befugt, wenn er nicht durch den Gesellschaftsvertrag von der Vertretung ausgeschlossen ist.

(2) Im Gesellschaftsvertrag kann vereinbart werden, dass alle oder mehrere Gesellschafter nur gemeinsam zur Vertretung der Gesellschaft befugt sein sollen. Die zur Gesamtvertretung befugten Gesellschafter können einzelne von ihnen zur Vornahme bestimmter Geschäfte oder bestimmter Arten von Geschäften ermächtigen.

(3) Im Gesellschaftsvertrag kann vereinbart werden, dass die Gesellschafter, sofern nicht mehrere zusammen handeln, nur gemeinsam mit einem Prokuristen zur Vertretung der Gesellschaft berechtigt sein sollen. Absatz 2 Satz 2 und Absatz 6 sind in diesem Fall entsprechend anzuwenden.

(4) Die Vertretungsbefugnis der Gesellschafter erstreckt sich auf alle Geschäfte der Gesellschaft einschließlich der Veräußerung und Belastung von Grundstücken sowie der Erteilung und des Widerrufs einer Prokura. Eine Beschränkung des Umfangs der Vertretungsbefugnis ist Dritten gegenüber unwirksam. Dies gilt insbesondere für die Beschränkung, dass sich die Vertretung nur auf bestimmte Geschäfte oder Arten von Geschäften erstreckt oder dass sie nur unter gewissen Umständen oder für eine gewisse Zeit oder an einzelnen Orten stattfinden soll. Hinsichtlich der Beschränkung auf den Betrieb einer von mehreren Niederlassungen der Gesellschaft ist § 50 Absatz 3 entsprechend anzuwenden.

(5) Die Vertretungsbefugnis kann einem Gesellschafter in entsprechender Anwendung von § 116 Absatz 5 ganz oder teilweise entzogen werden, sofern im Gesellschaftsvertrag nichts anderes vereinbart ist.

(6) Ist der Gesellschaft gegenüber eine Willenserklärung abzugeben, genügt die Abgabe gegenüber einem vertretungsbefugten Gesellschafter.

Für die Vertretung der oHG nach außen gilt ebenfalls als **Grundsatz die Einzelvertretungsbefugnis** durch *jeden* Gesellschafter (§ 125 I HGB; zukünftig § 124 I HGB n. F.). Die Vertretungsmacht ist **nicht an die Geschäftsführungsbefugnis** ge- 36

[1455] *Otte*, ZIP 2021, 2162, 2166.

[1456] Dazu Begr. RegE MoPeG zu § 116 V HGB n. F., BT-Drs. 19/27635, S. 237; kritisch zur *gesetzlichen* Regel für die oHG *Lieder*, ZGR-Sonderheft 23, 2021, S. 169, 194 ff.

[1457] BGH ZIP 2020, 2281 (Rn. 19 ff.).

[1458] Näher Begr. RegE MoPeG zu § 124 HGB n. F., BT-Drs. 19/27635, S. 241.

koppelt. Ihrem Umfang nach erstreckt sie sich nämlich auf alle gerichtlichen und außergerichtlichen Geschäfte und Rechtshandlungen einschließlich der Veräußerung und Belastung von Grundstücken sowie der Erteilung und des Widerrufs der Prokura (§ 126 I HGB; zukünftig § 124 IV 1 HGB n. F.). Die Vertretungsmacht deckt also auch ungewöhnliche Geschäfte, die im Innenverhältnis nur sämtliche Gesellschafter gemeinsam führen dürfen (§ 116 II HGB; zukünftig § 116 II 1 Hs. 2 HGB n. F.).

37 **Beschränkungen des Umfangs** der Vertretungsmacht, insbesondere die in Gesellschaftsverträgen nicht selten anzutreffenden Beschränkungen auf gewisse Geschäfte, auf bestimmte Arten von Geschäften oder zeitliche und örtliche Beschränkungen sind **Dritten gegenüber unwirksam** (§ 126 II HGB; zukünftig § 124 IV 2 HGB n. F.). Bei der oHG kann es daher viel eher vorkommen, dass ein Gesellschafter im Außenverhältnis wirksam handelt, dabei aber seine Kompetenzen im Innenverhältnis überschreitet. Lediglich in den Ausnahmefällen der Kollusion und des evidenten Missbrauchs der Vertretungsmacht schlägt das Innenverhältnis auf das Außenverhältnis durch (→ § 5 Rn. 53).[1459]

38 Die Vertretungsmacht erfasst von Anfang an allerdings **keine Grundlagengeschäfte.** Sie betreffen nicht das Außen-, sondern das Innenverhältnis der Gesellschaft(er) und fallen daher nicht in die Zuständigkeit der (durch einen Gesellschafter vertretenen) Gesellschaft. Deshalb ist etwa ein allein durch einen Gesellschafter mit einem Dritten geschlossener Vertrag über dessen Beitritt zur oHG unwirksam.

39 Im Gesellschaftsvertrag kann vorgesehen werden, dass einzelne Gesellschafter von der Vertretung der oHG ausgeschlossen sind (§ 125 I HGB; zukünftig § 124 I HGB n. F.), dass alle oder mehrere Gesellschafter die oHG nur gemeinschaftlich vertreten können (**Gesamtvertretung** gemäß § 125 II HGB; zukünftig § 124 II HGB n. F.) oder dass ein Gesellschafter nur gemeinsam mit einem Prokuristen die Gesellschaft vertreten kann (gemischte oder unechte Gesamtvertretung gemäß § 125 III HGB; zukünftig § 124 III HGB n. F.). In der Praxis häufig angeordnet ist im Gesellschaftsvertrag die Vertretung durch entweder zwei Gesellschafter oder einen Gesellschafter mit einem Prokuristen. Der zuletzt genannte Fall der *gesetzlichen* Gesamtvertretung mit einem Prokuristen ist dabei – wie im Lern- und Fallbuch zum Handelsrecht näher ausgeführt – von der *rechtsgeschäftlichen* Gesamtvertretung (gemischte Gesamtprokura) zu unterscheiden.[1460]

40 Da die Vertretungsverhältnisse der Gesellschaft gemäß § 106 II Nr. 4 HGB (zukünftig § 106 II Nr. 3 HGB n. F.) ganz generell im Handelsregister einzutragen und damit **„eintragungspflichtige Tatsachen"** im Sinne der Publizitätsvorschrift des § 15 HGB sind, kann eine von der Grundregel des § 125 I HGB (zukünftig § 124 I HGB n. F.) abweichende Vertretungsregelung Dritten nach Maßgabe des § 15 I HGB nicht entgegengehalten werden, wenn der entsprechende Eintrag im Handelsregister nicht erfolgt ist.[1461]

⇨ *Fall Nr. 34 – Computerhandel*

41 Bei abweichenden Regelungen zur Vertretung ist immer der – in jüngerer Zeit zunehmend kritisierte – **Grundsatz der Selbstorganschaft** zu beachten (vgl. dazu be-

---

[1459] Hierzu näher *Bitter/Röder*, BGB AT, § 10 Rn. 221 ff.; bezogen auf die gemäß § 50 I, II HGB ebenfalls gegenüber Dritten nicht beschränkbare Prokura *Bitter/Linardatos*, HandelsR, § 6 Rn. 29 ff. mit Fall Nr. 18 – Missbrauch der Vertretungsmacht.

[1460] *Bitter/Linardatos*, HandelsR, § 6 Rn. 23 ff. mit Beispiel in Rn. 25.

[1461] Zur Publizität des Handelsregisters gemäß § 15 HGB siehe *Bitter/Linardatos*, HandelsR, § 4 Rn. 9 ff.

reits → § 1 Rn. 19).[1462] Danach ist eine Gestaltung unzulässig, in der eine Vertretung nur unter Mitwirkung eines Nichtgesellschafters möglich ist. Dies wäre z. B. der Fall, wenn *alle* vertretungsberechtigten Gesellschafter an die Mitwirkung eines Prokuristen gebunden werden.[1463] Mindestens ein Gesellschafter muss entweder allein oder in Gesamtvertretung mit einem anderen Gesellschafter handeln können. Es muss also immer eine **Vertretung allein durch Gesellschafter** möglich sein. Hintergrund dieser Vorgabe ist der Gedanke, dass die persönlich für Gesellschaftsschulden haftenden Gesellschafter auch selbständig die Geschicke der oHG kontrollieren können müssen (Einheit von Herrschaft und Haftung). Für die oHG gilt insoweit nichts anderes als für einen Einzelkaufmann, der sich ebenfalls nicht dadurch selbst entmachten kann, dass er sich zwingend an die Mitwirkung eines Prokuristen bindet.[1464]

Wie die Geschäftsführungsbefugnis kann die Vertretungsmacht einem Gesell- 42
schafter auf Antrag der übrigen Gesellschafter durch gerichtliche Entscheidung entzogen werden, wenn ein wichtiger Grund vorliegt (§ 127 HGB; zukünftig § 124 V HGB n. F.). Auch hier kann der Gesellschaftsvertrag einen Beschluss der übrigen Gesellschafter für ausreichend erklären.[1465]

Für einen potenziellen **Vertragspartner der oHG** ergibt sich aus den §§ 125, 126 43
HGB (zukünftig § 124 HGB n. F.) folgende Situation:

- Er muss sich vergewissern, wer die oHG wirksam vertreten kann. Dies kann durch Einsicht ins Handelsregister geschehen. Ist hier keine andere Vertretungsregel eingetragen, gilt § 15 I HGB: Der Vertragspartner kann von Einzelvertretungsbefugnis i. S. v. § 125 I HGB ausgehen (zukünftig § 124 I HGB n. F.). Ist eine falsche Vertretungsregel eingetragen oder bekannt gemacht, kann er auf diese vertrauen (§ 15 III HGB), sollte sich aber auch nach ihr richten, wenn er sicher gehen will. Natürlich kann er sich aber auch auf die wahre Rechtslage/Vertretungsregel berufen, sofern diese für ihn günstig und ihm bekannt ist.
- Weiß er nach Einsicht ins Handelsregister, dass er den Vertrag mit einem – zumindest vermeintlich – vertretungsberechtigten Gesellschafter schließt, muss er sich um den Umfang der Vertretungsmacht wegen der fehlenden inhaltlichen Beschränkbarkeit im Grundsatz keine Gedanken machen. Eine Ausnahme gilt – wie gesagt – nur in Fällen der Kollusion und des evidenten Missbrauchs der Vertretungsmacht (→ Rn. 37).

⇨ *Fall Nr. 35 – Widerspruch*

4. Rechte und Pflichten der Gesellschafter

Die Rechte und Pflichten des Gesellschafters einer oHG entsprechen weitestge- 44
hend denen eines GbR-Gesellschafters (→ Rn. 45 ff.; zur GbR → § 5 Rn. 66 ff.). Besondere Beachtung verdienen aber das für die oHG ausdrücklich geregelte Wettbewerbsverbot und die sog. Geschäftschancenlehre (→ Rn. 48 ff.).

a) Grundlagen

Aus dem Gesellschaftsvertrag ergeben sich verschiedene Rechte und Pflichten der 45
oHG-Gesellschafter.

[1462] Dazu (kritisch) *Osterloh-Konrad*, ZGR 2019, 271 ff.; *Fleischer*, ZGR Sonderheft 23, 2021, S. 1, 23 f.; *Lieder*, ebenda, S. 169, 179 ff.; ferner der Diskussionsbericht von *Wolff*, ebenda, S. 215 f.

[1463] Dazu auch *Bitter/Linardatos*, HandelsR, § 6 Rn. 23.

[1464] *Bitter/Linardatos*, HandelsR, § 6 Rn. 23.

[1465] Dazu Begr. RegE MoPeG zu § 124 V HGB n. F., BT-Drs. 19/27635, S. 241.

46 Die **wesentlichen Rechte** sind: der Anspruch auf Aufwendungsersatz (§ 110 HGB; zukünftig § 716 I BGB i. V. m. § 105 III HGB n. F.), die Geschäftsführung und Vertretung (§§ 114, 125 HGB; zukünftig §§ 116, 124 HGB n. F.; → Rn. 31 ff.), das Recht zur Teilnahme an und zur Abstimmung in der Gesellschafterversammlung (§ 119 HGB; zukünftig § 109 HGB n. F.), ein nur begrenzt disponibles Kontroll- und Einsichtsrecht (§ 118 HGB; zukünftig § 717 I BGB i. V. m. § 105 III HGB n. F.) sowie der Anspruch auf den anteiligen Jahresgewinn und das am 1.1.2024 entfallende Entnahmerecht (§§ 120–122 HGB in derzeitiger und zukünftig veränderter Fassung; → Rn. 65 ff.).

47 Die **Hauptpflichten** der Gesellschafter sind: die Leistung der Beiträge (§§ 105 III HGB, 705 BGB; siehe auch § 111 HGB; zukünftig § 119 II HGB n. F.); die Geschäftsführung und Vertretung (§§ 114, 125 HGB; zukünftig §§ 116, 124 HGB n. F.; → Rn. 31 ff.) sowie die Treuepflicht, deren Verletzung zum Schadensersatz verpflichten kann (→ § 5 Rn. 75).

b) Wettbewerbsverbot und Geschäftschancenlehre

48 Während ein Wettbewerbsverbot bei der GbR nur aus den Treuepflichten folgen kann (→ § 5 Rn. 74a), ist ein solches bei der oHG ausdrücklich in § 112 HGB normiert.

48a Mit dem **MoPeG** wird diese Vorschrift wortgleich in § 117 HGB n. F. verschoben, weshalb ab dem 1.1.2024 bei den nachfolgenden Gesetzeszitaten schlicht jene Vorschrift an die Stelle des § 112 HGB zu setzen ist.

aa) Tatbestand des Wettbewerbsverbots

49 Nach § 112 I HGB ist es einem Gesellschafter – und zwar grundsätzlich unabhängig davon, ob er geschäftsführungsbefugt ist oder nicht[1466] – ohne Einwilligung der anderen Gesellschafter untersagt,

- im Handelszweig der Gesellschaft Geschäfte zu machen (§ 112 I Alt. 1 HGB) oder
- sich an einer anderen gleichartigen Handelsgesellschaft als persönlich haftender Gesellschafter zu beteiligen (§ 112 I Alt. 2 HGB).

50 Im Handelszweig der Gesellschaft betätigt sich ein Gesellschafter, wenn er innerhalb des für die Gesellschaft sachlich und räumlich relevanten Marktes geschäftlich tätig wird.[1467] Entscheidend ist also, ob das wirtschaftliche **Betätigungsfeld der Gesellschaft** betroffen ist.

51 Die Beteiligung an einer gleichartigen Handelsgesellschaft ist nicht schon dann gegeben, wenn die andere Gesellschaft eine oHG ist. Vielmehr meint „gleichartig" i. S. v. § 112 I Alt. 2 HGB unabhängig von der Rechtsform der anderen Gesellschaft, dass eine Handelsgesellschaft vorliegen muss, die auf dem gleichen Geschäftsfeld wie die oHG tätig wird.[1468] Maßgeblich ist somit wie bei § 112 I Alt. 1 HGB, dass sich die andere Handelsgesellschaft auf dem für die oHG **relevanten Markt** bewegt. Die Einwilligung der anderen Gesellschafter in die Beteiligung als persönlich haftender Gesellschafter an einer anderen Handelsgesellschaft gilt als erteilt, sofern den anderen Gesellschaftern die Beteiligung bei Vertragsabschluss bekannt war und sie nicht ausdrücklich auf der Aufgabe der Beteiligung bestanden haben (§ 112 II HGB).

[1466] Hopt/*Roth*, HGB, § 112 Rn. 2.
[1467] Hopt/*Roth*, HGB, § 112 Rn. 5.
[1468] Hopt/*Roth*, HGB, § 112 Rn. 6 f.

52 Hinter dem Wettbewerbsverbot aus § 112 HGB steht der Gedanke, dass ein Gesellschafter die Gesellschaft, der er zur Treue verpflichtet ist, **nicht durch Wettbewerb schädigen** und dabei Erfahrungen aus seiner Tätigkeit bei der Gesellschaft ausnutzen darf. Kontrovers diskutiert wird das **Verhältnis des Wettbewerbsverbots zu dem kartellrechtlichen Verbot wettbewerbsbeschränkender Maßnahmen** gemäß § 1 GWB.[1469] Der BGH hat entschieden, dass bei einer der gesetzlichen Konzeption als Arbeits- und Haftungsgemeinschaft entsprechenden oHG das Wettbewerbsverbot des § 112 HGB nur dazu dient, die gesellschaftstreue Mitarbeit des Gesellschafters und damit das Funktionieren der Gesellschaft zu sichern, so dass keine Kollision mit § 1 GWB vorliegt und § 112 HGB eingreift.[1470] Ist hingegen das Wettbewerbsverbot ausnahmsweise nicht funktionsnotwendig – dies kann bei einer rein kapitalistischen Beteiligung sowie bei einem Ausschluss des Gesellschafters von der Geschäftsführung und Vertretung gegeben sein –, gilt § 1 GWB; das gesellschaftsrechtliche Wettbewerbsverbot ist dann unwirksam.[1471]

53 § 112 HGB betrifft nur aktuelle Gesellschafter der oHG. Bei ausgeschiedenen Gesellschaftern greift die Vorschrift nicht ein. Ein **nachvertragliches Wettbewerbsverbot** lässt sich auch nicht ohne weiteres aus der nachvertraglichen gesellschaftsrechtlichen Treuepflicht ableiten.[1472] Gesellschaftsverträge sehen jedoch häufig auch ein nachvertragliches Wettbewerbsverbot vor. Die Wirksamkeit solcher Regelungen ist im Einzelfall fraglich. Sie können gegen § 1 GWB und § 138 BGB verstoßen. Ein Verstoß gegen § 138 BGB ist mittels einer Abwägung im Einzelfall zu prüfen. Auf der einen Seite steht das legitime Interesse der verbleibenden Gesellschafter, dass der Ausgeschiedene Kenntnisse, die er während seiner Zeit als Gesellschafter erlangt hat, nicht anderweitig verwertet. Andererseits muss aber der Altgesellschafter auch wieder geschäftlich tätig werden können. Das nachvertragliche Wettbewerbsverbot ist **sittenwidrig i. S. v. § 138 BGB, wenn es nicht erforderlich und angemessen ist,** um das Interesse der verbliebenen Gesellschafter zu wahren; es darf insbesondere das in zeitlicher, räumlicher und gegenständlicher Hinsicht notwendige Maß nicht überschreiten.[1473]

54 § 112 I HGB ist dispositiv, so dass der Gesellschaftsvertrag das Wettbewerbsverbot sowohl verschärfen als auch aufheben kann.

bb) Rechtsfolgen von Verstößen gegen das Wettbewerbsverbot

55 Die Rechtsfolgen eines Verstoßes gegen das Wettbewerbsverbot aus § 112 HGB (zukünftig § 117 HGB n.F.) ergeben sich derzeit aus § 113 I HGB und ab dem Inkrafttreten des **MoPeG** am 1.1.2024 aus der überwiegend inhaltsgleichen Vorschrift des § 118 HGB n.F. Der Gesellschaft stehen danach mehrere mögliche Ansprüche zu:

- Sie kann nach Maßgabe der §§ 249ff. BGB **Ersatz des Schadens** verlangen, der durch die „verbotene" Tätigkeit des Gesellschafters entstanden ist (§ 113 I Hs. 1 HGB; zukünftig § 118 I 1 HGB n.F.).
- Sie hat ein **Eintrittsrecht**, weshalb sie von dem Gesellschafter verlangen kann, dass er die für eigene Rechnung abgeschlossenen Geschäfte als für Rechnung der

---

[1469] Vgl. sehr ausführlich zum Meinungsstand *Müller-Laube*, Probleme, 16. Problem (S. 87); siehe auch BGH ZIP 2009, 2263 (zur GmbH).

[1470] BGHZ 70, 331.

[1471] BGHZ 38, 306.

[1472] Hopt/*Roth*, HGB, § 112 Rn. 14.

[1473] BGH NJW 1997, 3089: Unwirksamkeit eines zeitlich unbefristeten, für einen 30 km großen Radius geltenden Verbots des Betriebs einer Tierarztpraxis.

Gesellschaft gelten lässt und bei für fremde Rechnung eingegangenen Geschäften die Vergütung herausgibt bzw. den darauf gerichteten Anspruch abtritt (§ 113 I Hs. 2 HGB; zukünftig § 118 I 2 HGB n.F.). Das Eintrittsrecht gilt über den Wortlaut der Vorschrift hinaus auch bei einer verbotenen Beteiligung an einer anderen Gesellschaft.[1474] Es bewirkt indes keinen Eintritt der Gesellschaft im Außenverhältnis (z.B. als Vertragspartner des Geschäftspartners oder als Gesellschafterin der anderen Handelsgesellschaft), sondern nur das Entstehen von Ausgleichsansprüchen gegen den Gesellschafter **im Innenverhältnis**.

– Parallel zu den beiden Möglichkeiten nach § 113 I HGB bzw. zukünftig § 118 I HGB n.F. hat die Gesellschaft gegen den Gesellschafter einen **Unterlassungsanspruch** aus dem Gesellschaftsvertrag.[1475]

56 Während der Unterlassungsanspruch verschuldensunabhängig ist, setzen die Ansprüche aus § 113 I HGB bzw. zukünftig § 118 I HGB n.F. ein **Verschulden** des Gesellschafters voraus.[1476] Dabei gilt über § 105 III HGB bis zum Inkrafttreten des **MoPeG** am 1.1.2024 noch der sodann abgeschaffte Haftungsmaßstab des § 708 BGB.[1477] Die Entscheidung über die **Verfolgung der Ansprüche** obliegt den übrigen Gesellschaftern (§ 113 II HGB). Der betroffene Gesellschafter ist also von der Abstimmung ausgeschlossen.[1478] Grundsätzlich besteht keine Pflicht der übrigen Gesellschafter, für die Verfolgung der Ansprüche zu stimmen.[1479]

56a Nach der aktuellen Fassung des § 113 IV HGB bleibt das Recht der Gesellschafter, die Auflösung der Gesellschaft aus wichtigem Grund zu verlangen, unberührt. Diese Formulierung wird mit dem **MoPeG** in § 118 IV HGB n.F. klarstellend auf das Recht, den betreffenden Gesellschafter auszuschießen, erweitert. Jener Ausschluss des wettbewerbswidrig handelnden Gesellschafters dürfte nämlich im Vergleich zur Auflösung eher dem Interesse der übrigen Gesellschafter entsprechen.[1480]

57 Auch § 113 HGB bzw. zukünftig § 118 HGB n.F. ist dispositiv. Die Gesellschafter können im Gesellschaftsvertrag daher auch andere Rechtsfolgen von Wettbewerbsverstößen vorsehen. Häufig in der Praxis sind Vertragsstrafen (§§ 340, 341 BGB).

cc) Geschäftschancenlehre

58 Eng verknüpft mit dem Wettbewerbsverbot, aber davon zu unterscheiden, ist die sog. Geschäftschancenlehre: Auch wenn dem Gesellschafter eine bestimmte eigennützige Tätigkeit nicht aufgrund eines Wettbewerbsverbots untersagt ist, darf er eine sich bietende **Geschäftschance nicht für eigene Rechnung wahrnehmen**, wenn diese das Betätigungsfeld der Gesellschaft betrifft und dieser aufgrund bestimmter konkreter Umstände bereits zugeordnet ist; vielmehr muss er die **Geschäftschance für die Gesellschaft nutzen**.[1481] Dies gilt jedenfalls für einen geschäftsführenden Gesellschafter. Rechtsgrundlage sind die gesellschaftsrechtlichen **Treuepflichten**: Ein Gesellschafter muss in allen Angelegenheiten, die das Interesse der Gesellschaft betreffen, deren Wohl und nicht seinen eigenen Vorteil beachten. Verstößt der Gesellschafter gegen die o.g. Vorgabe, indem er eine Geschäftschance für sich selbst

---

[1474] BGHZ 38, 306.

[1475] Hopt/*Roth*, HGB, § 113 Rn. 4.

[1476] Hopt/*Roth*, HGB, § 113 Rn. 1.

[1477] Zu § 708 BGB, den derzeitigen Fällen seiner Nichtanwendung und der zukünftigen Abschaffung → § 5 Rn. 75 ff.

[1478] Allgemein zum Ausschluss des Stimmrechts → § 5 Rn. 80.

[1479] Hopt/*Roth*, HGB, § 113 Rn. 9; allgemein zur Freiheit der Stimmausübung und den Ausnahmen → § 5 Rn. 91.

[1480] Vgl. Begr. RegE MoPeG zu § 118 IV HGB n.F., BT-Drs. 19/27635, S. 238.

[1481] BGH NJW 1986, 584; BGH ZIP 2013, 361 (Rn. 21) zur GbR.

nutzt, haftet er der Gesellschaft nach Maßgabe der §§ 249ff. BGB auf Schadensersatz.[1482]

5. Änderungen des Gesellschafterbestandes

Im Hinblick auf Änderungen des Gesellschafterbestandes kann weitgehend auf 59
die Ausführungen zur GbR verwiesen werden. Dies gilt namentlich für den Gesellschaftereintritt und -wechsel (→ § 5 Rn. 108ff.), den Ausschluss von Gesellschaftern (→ § 5 Rn. 128ff.) und den Abfindungsanspruch eines ausgeschiedenen oder ausgeschlossenen Gesellschafters (→ § 5 Rn. 133ff.). Zu beachten gilt es allerdings, dass sich der Abfindungsanspruch nur bis Ende 2023 direkt nach dem Recht der GbR richtet (§ 105 III HGB i.V.m. § 738 I 2 BGB), während mit dem Inkrafttreten des **MoPeG** am 1.1.2024 eine der zukünftigen Abfindungsregel für die GbR (§ 728 BGB n.F.) weitgehend entsprechende Vorschrift für die oHG in § 135 HGB n.F. aufgenommen wird. Das Gleiche gilt auch für eine eventuelle Fehlbetragshaftung im Innenverhältnis zur Gesellschaft (§ 136 HGB in Parallele zu § 728a BGB) sowie die Nachhaftung des ausgeschiedenen Gesellschafters im Außenverhältnis zu den Gesellschaftsgläubigern (§ 137 HGB in weitgehender Parallele zu § 728b BGB).

⇨ *Fall Nr. 36 – Altersruhestand*

Der Gleichlauf zwischen dem Recht der GbR und oHG wird mit dem MoPeG 60
aber noch weiter verstärkt. Zum 1.1.2024 nämlich werden auch im Recht der GbR viele Auflösungsgründe zu Tatbeständen des Ausscheidens, wie es im Recht der oHG schon bislang der Fall war. Für beide Gesellschaftsformen gilt also zukünftig der Grundsatz „Ausscheiden eines Gesellschafters vor Auflösung der Gesellschaft" (→ § 5 Rn. 152). Das Gesetz wird dabei in Zukunft auch für die oHG in Parallele zur GbR klarer strukturiert, indem die bislang in §§ 131ff. HGB vermischten Auflösungs- und Ausscheidensgründe auf zwei Abschnitte aufgespalten werden (§§ 130–137 HGB n.F. zum Ausscheiden und §§ 138–142 HGB n.F. zur Auflösung). Beide Abschnitte entsprechen nicht nur in ihrer Systematik, sondern weitgehend auch inhaltlich den entsprechenden Vorschriften bei der GbR (dort §§ 723–728b BGB n.F. zum Ausscheiden und §§ 729–734 BGB n.F. zur Auflösung).

Auch im Recht der oHG wird damit in Zukunft bei der **Kündigung** danach unter- 60a
schieden, ob nur die *Mitgliedschaft* des Gesellschafters beendet werden soll, dieser also aus der Gesellschaft ausscheidet (§§ 132, 133 HGB n.F. in Parallele zu §§ 725, 726 BGB n.F.) oder die Gesellschaft selbst beendet werden soll.[1483] Für den letzteren Fall sieht § 731 BGB n.F. bei der GbR die Möglichkeit einer – zur Auflösung führenden – Kündigung *der Gesellschaft* aus wichtigem Grund vor (→ § 5 Rn. 157aff.). An deren Stelle tritt im Recht der oHG die **Auflösung durch gerichtliche Entscheidung** nach § 139 HGB n.F., die es auch schon im derzeitigen Recht in § 133 HGB gibt (vgl. bereits → § 5 Rn. 21).

Die **Gründe für ein Ausscheiden** des betroffenen Gesellschafters werden derzeit in 60b
§ 131 III HGB und mit dem Inkrafttreten des MoPeG am 1.1.2024 in § 130 I HGB n.F. aufgelistet:

- Tod des Gesellschafters;
- Kündigung (der Mitgliedschaft) des Gesellschafters (§ 132 HGB; zukünftig in Parallele zu § 725 BGB n.F. vollständig neu gefasst; → § 5 Rn. 157cff.);[1484]
- Eröffnung des Insolvenzverfahrens über das Vermögen des Gesellschafters;

1482 BGH ZIP 2013, 361 (Rn. 33) zur GbR.
1483 Dies offenbar übersehend *Otte*, ZIP 2021, 2162, 2168.
1484 Dazu *Fleischer*, BB 2021, 386; 391.

– Kündigung (der Mitgliedschaft) durch Privatgläubiger des Gesellschafters (§ 135 HGB; zukünftig § 133 HGB n. F.).

60c Zusätzlich nennt § 131 III HGB in der bis 2023 geltenden Fassung auch einen „Beschluss der Gesellschafter" als weiteren Ausscheidensgrund. Gemeint ist damit ein einstimmiger Beschluss der Gesellschafter oder ein Ausschließungsbeschluss der Mitgesellschafter aus wichtigem Grund, den der Gesellschaftsvertrag in Modifikation des Verfahrens gemäß § 140 HGB genügen lässt.

60d Ab dem 1.1.2024 wird demgegenüber in § 130 I HGB n. F. die in § 134 HGB n. F. geregelte gerichtliche Entscheidung über eine Ausschließungsklage aufgeführt und in § 130 II HGB n. F. die Möglichkeit eröffnet, „weitere" (nicht: andere) Ausscheidensgründe im Gesellschaftsvertrag zu vereinbaren. Damit kann auch in Zukunft ein Gesellschaftsbeschluss genügen, für den der Gesellschaftsvertrag zudem weniger hohe Voraussetzungen für den Ausschluss bestimmen kann (näher → § 5 Rn. 130 f.).

60e Der Gesellschafter scheidet mit Eintritt des ihn betreffenden Ausscheidensgrundes aus, im Fall der Kündigung der Mitgliedschaft aber nicht vor Ablauf der Kündigungsfrist und bei einer Ausschließungsklage nicht vor Rechtskraft des stattgebenden Urteils (§ 130 III HGB n. F.; vgl. auch den derzeitigen § 131 III 2 HGB). Wird die Klage gesellschaftsvertraglich durch einen Beschluss ersetzt (→ Rn. 60c), ist analog § 723 III BGB n. F. auf die Mitteilung jenes Beschlusses an den auszuschließenden Gesellschafter abzustellen.

61 Das Ausscheiden ist zur Eintragung im Handelsregister anzumelden (§ 143 II HGB; zukünftig § 106 VI HGB n. F.). Auch insoweit liegt also eine eintragungspflichtige Tatsache vor, weshalb bei fehlender Eintragung die negative Publizität des § 15 I HGB zur Anwendung kommt.[1485]

62 Beim **Tod eines Gesellschafters** kann der Gesellschaftsvertrag wie bei der GbR von den gesetzlichen Regelungen abweichende Bestimmungen treffen. Möglich ist insbesondere eine sog. **einfache erbrechtliche Nachfolgeklausel**, wonach die Gesellschaft mit den Erben des Verstorbenen fortgesetzt wird (→ § 5 Rn. 125). In diesem Fall kann jeder Erbe innerhalb einer Frist von 3 Monaten ab Kenntnis des Anfalls der Erbschaft (§ 139 III HGB; zukünftig § 131 III HGB n. F.) unabhängig vom Verhalten der übrigen Erben verlangen, dass ihm die **Stellung eines Kommanditisten eingeräumt** wird (§ 139 I HGB; zukünftig § 131 I HGB n. F.).[1486] Sinn und Zweck dieser Regelung ist es, dem Erben die Möglichkeit zu geben, der unbeschränkten und unbeschränkbaren persönlichen Haftung als oHG-Gesellschafter (§ 128 HGB; zukünftig § 126 HGB n. F.; → Rn. 13 ff.) zu entgehen, ohne die Erbschaft insgesamt ausschlagen zu müssen.[1487] Die übrigen Gesellschafter können das Verlangen des Erben jedoch ablehnen; in diesem Fall hat er nur die Möglichkeit, oHG-Gesellschafter zu werden oder durch fristlose Kündigung aus der Gesellschaft auszuscheiden (§ 139 II HGB; zukünftig § 131 II HGB n. F.) und seinen Abfindungsanspruch geltend zu machen (→ Rn. 59).

63 Scheidet der Erbe aus der Gesellschaft aus oder wird er Kommanditist, so haftet er in seiner Eigenschaft als Erbe für die bis zum Erbfall und **bis zu seinem Ausschei-**

[1485] Zu § 15 HGB siehe *Bitter/Linardatos*, HandelsR, § 4 Rn. 9 ff., zur Anwendung im Fall des § 143 II HGB (zukünftig § 106 VI HGB n. F.) insbes. das Beispiel in Rn. 28.

[1486] Vgl. hierzu *Windbichler*, GesR, § 15 Rn. 7 ff.; die Kommanditeinlage des Erben bestimmt sich nach dem auf ihn entfallenden Teil der Einlage des verstorbenen Gesellschafters (§ 139 I HGB; zukünftig § 131 I HGB n. F.).

[1487] Zur neuen Parallelvorschrift für die GbR in § 724 BGB n. F. → § 5 Rn. 126a; zur Kommanditistenhaftung → § 7 Rn. 6 ff.

den/seiner Beteiligungsumwandlung begründeten Gesellschaftsschulden persönlich und unbeschränkt (vgl. § 139 IV HGB; zukünftig § 131 IV HGB n.F.). Diese sind nämlich Nachlassverbindlichkeiten (aus § 128 HGB bzw. zukünftig § 126 HGB n.F.), für die er *als Erbe* auch dann mit seinem Privatvermögen einzustehen hat (vgl. § 1967 BGB), wenn er aus der Gesellschaft ausscheidet/die Kommanditistenstellung einnimmt; insoweit bestehen jedoch die **erbrechtlichen Möglichkeiten der Haftungsbeschränkung** (vgl. §§ 1975ff. BGB: Nachlassverwaltung/-insolvenz).[1488] Für später begründete Verbindlichkeiten haftet er nicht bzw., wenn er Kommanditist wird, als solcher (vgl. § 173 i.V.m. §§ 171, 172 HGB).[1489]

V. Die Finanzverfassung der oHG

Spricht man von der Finanzverfassung der oHG, so geht es – wie bei der GbR – in erster Linie um Fragen der Ergebnisermittlung und -verteilung (unten 1.). Daneben gibt es aber auch die bereits für die GbR dargestellten Elemente der „Kapitalerhaltung" im Gesellschafterinteresse (unten 2.). 64

1. Ergebnisermittlung und -verteilung

Die oHG hat zum Schluss jedes Geschäftsjahres auf Grund einer Jahresbilanz den Gewinn oder Verlust zu ermitteln und den Anteil jedes Gesellschafters daran zu berechnen (§ 120 I HGB). Die Bilanz wird nach den allgemeinen Bilanzierungsvorschriften des HGB (§§ 238ff. HGB) von den geschäftsführenden Gesellschaftern auf- und von allen Gesellschaftern durch Beschluss festgestellt (vgl. zukünftig klarer §§ 120 I, 121 HGB n.F.[1490]). Sie wird durch die Gewinn- und Verlustrechnung ergänzt (§ 242 II HGB) und bildet gemeinsam mit dieser den Jahresabschluss (§ 242 III HGB). Die Handelsbilanz zeigt das Vermögen (Aktiva) und die Schulden (Passiva) der Gesellschaft (§ 242 I HGB). Mit anderen Worten zeigt die Aktivseite die Mittelverwendung und die Passivseite die Mittelherkunft. In der Gewinn- und Verlustrechnung sind von den Erträgen die Aufwendungen abzuziehen; am Ende steht ein Jahresüberschuss oder -fehlbetrag. 65

Die **Verteilung des Gewinns oder Verlustes** regeln die dispositiven Vorschriften der §§ 120ff. HGB, die mit dem Inkrafttreten des **MoPeG** zum 1.1.2024 grundlegend umgestaltet werden.[1491] In der Praxis finden sich oftmals abweichende Bestimmungen in den Gesellschaftsverträgen, die in vielen Fällen sogar den höchsten Detaillierungsgrad aufweisen. Die Zuordnung von Gewinn und Verlust hat nämlich bei einer wirtschaftlichen Unternehmung naturgemäß höchste Priorität und außerdem ist der jeweiligen Gesellschaftsstruktur und den häufig unterschiedlichen Gesellschafterbeiträgen Rechnung zu tragen. Sollten ausnahmsweise Regeln im Gesellschaftsvertrag fehlen, gilt das Folgende: 66

Das im Jahresabschluss festgestellte Ergebnis der Gesellschaft wird zunächst buchmäßig unter den Gesellschaftern verteilt (§ 120 II HGB). Dies ist ein rein **rechnerischer Vorgang** ohne Ausschüttung bzw. -zahlung. Infolge der Verteilung ändert 67

[1488] Vgl. zum Ganzen und weiteren Differenzierungen sowie Einzelheiten Hopt/*Roth*, HGB, § 139 Rn. 44ff. sowie *Windbichler*, GesR, § 15 Rn. 7ff., zur analogen Anwendung auf die GbR *Schäfer*, NJW 2005, 3665; zukünftig § 724 BGB n.F. (→ § 5 Rn. 126a).

[1489] *K. Schmidt*, GesR, § 54 II 4c; der Wortlaut des § 139 IV HGB (zukünftig § 131 IV HGB n.F.) ist insofern irreführend; vgl. zur Kommanditistenhaftung → § 7 Rn. 6ff.

[1490] Dazu Begr. RegE MoPeG zu §§ 120 I, 121 HGB n.F., BT-Drs. 19/27635, S. 239f.

[1491] Dazu *Fleischer*, BB 2021, 386, 390.

sich also nur der Kapitalanteil[1492] eines Gesellschafters, ohne dass es zu einem realen Mittelzufluss kommt.

68 Die rechnerische Verteilung richtet sich **bis Ende 2023** nach der aktuell in § 121 HGB enthaltenen, allerdings deutlich praxisfernen und deshalb regelmäßig in den Gesellschaftsverträgen abbedungenen Regelung.[1493] Danach gebühren jedem Gesellschafter vom Jahresgewinn zunächst 4 % seines Kapitalanteils als **Gewinnvoraus** (§ 121 I 1 HGB). Reicht der Jahresgewinn hierzu nicht aus, erniedrigt sich der Prozentsatz entsprechend (§ 121 I 2 HGB). Bleibt hingegen noch ein zu verteilender Gewinn übrig, erfolgt seine Verteilung nach Köpfen (§ 121 III HGB). Ein Verlust wird stets nach Köpfen verteilt (§ 121 III HGB). Nach dem ebenfalls wenig praxistauglichen § 122 I HGB ist jeder Gesellschafter berechtigt, Geld bis zu einem Betrag von 4 % seines für das letzte Geschäftsjahr festgestellten Kapitalanteils zu entnehmen.[1494] Dieses **Entnahmerecht** (= tatsächlicher Auszahlungsanspruch) ist unabhängig von der Erzielung eines Gewinns durch die Gesellschaft und der Verteilung nach § 121 HGB. Denn das Gesetz geht davon aus, dass ein oHG-Gesellschafter seinen Lebensunterhalt mit den Einnahmen aus der Gesellschaft bestreiten muss.[1495] Steht dem Gesellschafter nach der gemäß § 121 HGB erfolgten rechnerischen Gewinnverteilung ein über sein Entnahmerecht hinausgehender Gewinnanteil zu, kann er auch diesen entnehmen, sofern dies der Gesellschaft nicht offensichtlich schadet (§ 122 I HGB). Ohne Einwilligung der übrigen Gesellschafter sind darüber hinausgehende Entnahmen unzulässig (§ 122 II HGB).

68a Mit dem **MoPeG** werden die bisherigen §§ 121, 122 HGB zum 1.1.2024 abgeschafft.[1496] Gewinn oder Verlust sind zukünftig nach Maßgabe des § 709 III BGB n. F. zu verteilen. Nach dieser gemäß § 105 III HGB auf die oHG anwendbaren Vorschrift kommt es primär auf die Anteilsquote, hilfsweise auf die Beitragsquote und nur noch höchsthilfsweise auf die Kopfteile an (näher → § 5 Rn. 82a).

68b Der Anspruch auf Gewinnauszahlung richtet sich zukünftig nach der völlig neuen Regelung in § 122 HGB n. F., die folgenden Wortlaut hat:

§ 122. Gewinnauszahlung

Jeder Gesellschafter hat aufgrund des festgestellten Jahresabschlusses Anspruch auf Auszahlung seines ermittelten Gewinnanteils. Der Anspruch kann nicht geltend gemacht werden, soweit die Auszahlung zum offenbaren Schaden der Gesellschaft gereicht oder der Gesellschafter seinen vereinbarten Beitrag trotz Fälligkeit nicht geleistet hat.

68c Die Vorschrift geht im Grundsatz vom **Prinzip der Vollausschüttung** aus und es bleibt der Kautelarpraxis überlassen, das Ausschüttungsinteresse der Gesellschafter und das Selbstfinanzierungsinteresse der Gesellschaft vertraglich anders auszutarieren; auf Basis des dispositiven § 122 BGB n. F. bedarf es eines Beschlusses über die Verwendung des Jahresergebnisses nur dann, wenn nicht der gesamte Gewinn auf die Gesellschafter aufgeteilt wird, sondern Teile des Gewinns zur Thesaurierung herangezogen werden sollen.[1497]

⇨ *Fall Nr. 37 – Gewinnverteilung*

[1492] Hierzu → § 5 Rn. 145; die dort genannten Zu- und Abschreibungen resultieren u. a. aus der hier behandelten Gewinn- und Verlustbeteiligung (sowie dem nur noch bis Ende 2023 geltenden Entnahmerecht aus § 122 HGB): Ein Gewinn wird dem Kapitalanteil zugeschrieben, ein Verlust (oder eine Entnahme nach § 122 HGB) davon abgeschrieben (§ 120 II HGB).

[1493] Dazu Begr. RegE MoPeG zu § 120 II HGB n. F., BT-Drs. 19/27635, S. 239.

[1494] Dazu kritisch Begr. RegE MoPeG zu § 121 HGB n. F., BT-Drs. 19/27635, S. 240.

[1495] *K. Schmidt*, GesR, § 47 IV 3a; zu den mit dieser Vorschrift verbundenen Problemen siehe aber auch Begr. RegE MoPeG zu § 120 II HGB n. F., BT-Drs. 19/27635, S. 239.

[1496] Dazu Begr. RegE MoPeG zu §§ 120 ff. HGB n. F., BT-Drs. 19/27635, S. 238 ff.

[1497] Begr. RegE MoPeG zu § 122 HGB n. F., BT-Drs. 19/27635, S. 240.

2. „Kapitalerhaltung“ bei der oHG

Die oHG kennt – wie die GbR – kein Grund- oder Stammkapital wie die haftungsbeschränkten Gesellschaftsformen AG und GmbH. Die persönliche Haftung der Gesellschafter tritt als Instrument des Gläubigerschutzes an die Stelle der Kapitalerhaltungsvorschriften des Aktien- und GmbH-Rechts. Soweit deshalb z. T. davon gesprochen wird, bei der oHG gebe es keine „Kapitalerhaltung“,[1498] stimmt dies nur hinsichtlich des Gläubigerschutzes, nicht hingegen, soweit es um den **Schutz der Mitgesellschafter** gegen die Aushöhlungen der Vermögenssubstanz der Gesellschaft geht (→ § 5 Rn. 148 f.). Wird das den Gesellschaftern gemeinschaftlich zustehende Vermögen der oHG durch offene oder verdeckte Auszahlungen an einzelne Gesellschafter angegriffen, besteht – wie im Recht der GbR (→ § 5 Rn. 149) und der GmbH (→ § 4 Rn. 249 f.) – ein Schutz in zweierlei Weise: 69

- als verschuldensabhängiger Anspruch auf **Schadensersatz** wegen Treuepflichtverletzung sowie
- als verschuldens*un*abhängiger, gesellschaftsrechtlicher Anspruch auf **Rückgewähr des Sondervorteils.**[1499]

⇨ *Fall Nr. 26 – Gutes Geschäft; ferner Fälle Nr. 8, 9 (AG) und Nr. 20 (GmbH)*

VI. Auflösung und Abwicklung der oHG

Auch bei der oHG ist zwischen Auflösung, Abwicklung (Liquidation) und Vollbeendigung zu unterscheiden.[1500] 70

Zur **Auflösung** der Gesellschaft führen gemäß § 131 I HGB (zukünftig § 138 I HGB n. F.) die folgenden Gründe: 71

- Zeitablauf;
- Eröffnung des Insolvenzverfahrens über das Vermögen der Gesellschaft;
- gerichtliche Entscheidung (§ 133 HGB; zukünftig § 139 HGB n. F.);
- Gesellschafterbeschluss über die Auflösung (zukünftig § 140 HGB n. F.).[1501]

Ferner erlischt auch die oHG ohne Liquidation und unter Gesamtrechtsnachfolge des „verbliebenen“ Gesellschafters, wenn sich **alle Gesellschaftsanteile in einer Hand vereinigen**, etwa weil der vorletzte Gesellschafter ausscheidet oder sämtliche Anteile an ein und dieselbe Person abgetreten werden (→ § 5 Rn. 120 zur GbR).[1502] Darüber hinaus bestimmt § 131 II HGB (zukünftig § 138 II HGB n. F.) besondere Auflösungsgründe für Gesellschaften ohne natürliche Person als persönlich haftender Gesellschafter, insbesondere also die GmbH & Co. oHG. Es sind dies die Ablehnung der Eröffnung eines Insolvenzverfahrens mangels Masse (§ 26 InsO) und die Löschung wegen Vermögenslosigkeit nach § 394 FamFG. 72

Die Auflösung der oHG ist zur Eintragung im Handelsregister anzumelden (§ 143 I, III HGB; zukünftig § 141 HGB n. F.). Es handelt sich also um eine eintra- 73

[1498] Zur KG BGH ZIP 2013, 1222 (Rn. 12) und BGH BB 2013, 1809 (Rn. 12).

[1499] Dazu ausführlich *Bitter*, ZHR 168 (2004), 302 ff.

[1500] Zu diesen verschiedenen Verfahrensstadien der Beendigung z. B. → § 3 Rn. 220 (zur AG).

[1501] Zur erforderlichen Mehrheit *Drescher*, ZGR-Sonderheft 23, 2021, S. 115, 120.

[1502] Nach § 105 III HGB findet § 712a BGB n. F. entsprechende Anwendung (vgl. Begr. RegE MoPeG zu § 712a BGB n. F., BT-Drs. 19/27635, S. 146). Ob sodann über § 712a II BGB n. F. auch die §§ 728 bis 728b BGB n. F. angewendet werden oder die Parallelvorschriften in §§ 135 bis 137 HGB n. F., ist eine theoretisch interessante, praktisch jedoch irrelevante Frage.

gungspflichtige Tatsache im Sinne von § 15 HGB.[1503] Die oHG erhält im Handelsregister den Zusatz „i. L." (= „in Liquidation"). Die Eintragung wirkt aber nur deklaratorisch.[1504]

74 Die **Abwicklung** (Liquidation) der oHG richtet sich nach den §§ 145 ff. HGB (zukünftig §§ 143 ff. HGB n. F.). Danach haben die Liquidatoren i. S. v. § 146 HGB (zukünftig § 144 HGB n. F.) insbesondere die noch laufenden Geschäfte zu beendigen, die Forderungen einzuziehen, das sonstige Vermögen zu verwerten und die Gläubiger zu befriedigen (§ 149 HGB; zukünftig § 148 II, V HGB n. F.).

75 Die **Vollbeendigung** der oHG tritt ein, wenn der Liquidationsprozess abgeschlossen ist. Dies ist nach h. M. der Fall, wenn infolge der Schlussverteilung an die Gesellschafter (§ 155 HGB; zukünftig § 148 VIII HGB n. F.) kein aktives Gesellschaftsvermögen mehr vorhanden ist.[1505] Nach der Vollbeendigung ist das „Erlöschen der Firma" zur Eintragung ins Handelsregister anzumelden (§ 157 HGB; zukünftig § 150 HGB n. F.). Stellt sich nachträglich heraus, dass noch Aktivvermögen vorhanden ist, ist die oHG nur scheinbar vollbeendet (erloschen); die Liquidation ist abzuschließen.[1506] Die Löschung im Handelsregister wirkt also nur deklaratorisch. Entscheidend ist das Fehlen aktiven Gesellschaftsvermögens.

76 Auch nach der Vollbeendigung der Gesellschaft **haften die Gesellschafter weiter** gemäß § 128 HGB (zukünftig § 126 HGB n. F.) für nicht beglichene Schulden der Gesellschaft. Allerdings verjähren die Ansprüche in fünf Jahren nach der Auflösung (§ 159 HGB; zukünftig § 151 HGB n. F.).[1507]

⇨ *Fall Nr. 12 – Komplizierte Gründung (Grundfall Frage 1)*

§ 7. Die Kommanditgesellschaft (KG)

1 Die Kommanditgesellschaft (§§ 161 ff. HGB) ist eine Abwandlung der oHG.* Ihre praktische Bedeutung dürfte inzwischen deutlich über diejenige der klassischen oHG hinausgehen. Dies hängt vor allem damit zusammen, dass viele Unternehmen als GmbH & Co. KG, einer Sonderform der klassischen KG, betrieben werden, weil sie die Möglichkeit einer Haftungsbeschränkung mit den Vorteilen einer Personengesellschaft vereint (→ Rn. 5 ff.).

1a Das Recht der KG wird mit Wirkung ab dem 1.1.2024 ebenfalls durch das **Gesetz zur Modernisierung des Personengesellschaftsrechts (MoPeG)** reformiert (vgl. zur GbR bereits → § 5 Rn. 1a, zur oHG → § 6 Rn. 1a). Die Änderung der gesetzlichen Regeln fällt bei der KG allerdings geringfügig aus und beschränkt sich weitgehend auf gesetzliche Klarstellungen schon bisher anerkannter Grundsätze. Dies gilt insbesondere für die in Zukunft saubere Trennung zwischen der im Innenverhältnis zwischen KG und Kommanditist relevanten Verpflichtung zur Erbringung einer „Einlage" und der für die Außenhaftung des Kommanditisten gegenüber den Ge-

---

[1503] Zur Publizität des Handelsregisters gemäß § 15 HGB siehe *Bitter/Linardatos*, HandelsR, § 4 Rn. 9 ff.

[1504] Zur Unterscheidung zwischen konstitutiven und deklaratorischen Eintragungen vgl. *Bitter/Linardatos*, HandelsR, § 4 Rn. 5 f.

[1505] Die Einzelheiten sind umstritten; vgl. MüKoHGB/*K. Schmidt*, § 157 Rn. 9 f.

[1506] *K. Schmidt*, GesR, § 52 IV 2e.

[1507] Nach BGH ZIP 2022, 217 (Leitsatz 2 und Rn. 21) gilt diese Frist auch dann, wenn die Gesellschaftsschuld einer kürzeren Verjährung unterliegt.

* Zur KG vgl. *K. Schmidt*, GesR, §§ 53–55, *Windbichler*, GesR, § 17; *Grunewald*, GesR, § 3.

sellschaftsgläubigern maßgeblichen „Haftsumme“ (→ Rn. 8 ff.). Eine echte Korrektur der aktuellen Rechtslage bringt demgegenüber die Streichung des § 172 V HGB (→ Rn. 13) sowie die Neufassung des § 176 II HGB (→ Rn. 18a).

I. Grundlagen

Die KG ist wie die oHG auf den Betrieb eines Handelsgewerbes unter gemeinschaftlicher Firma gerichtet, **unterscheidet sich** allerdings **von der oHG durch die Haftungsverhältnisse der Gesellschafter**. Ein oder mehrere Gesellschafter haften wie die Gesellschafter einer oHG unbeschränkt persönlich für die Verbindlichkeiten der KG (Komplementäre). Bei einem oder mehreren anderen Gesellschaftern ist hingegen die Haftung für Gesellschaftsverbindlichkeiten auf den Betrag einer bestimmten „Haftsumme“ beschränkt (Kommanditisten). Auf die KG findet das Recht der oHG Anwendung, soweit sich nicht aus den auf die Beteiligung von Kommanditisten bezogenen **Sonderregeln der §§ 161 ff. HGB** ein anderes ergibt (§ 161 II HGB). Folglich gelten über §§ 161 II, 105 III HGB auch die §§ 705 ff. BGB. Dementsprechend sind etwa die Grundsätze der fehlerhaften Gesellschaft (→ § 5 Rn. 15 ff.) auch auf die Gründung einer KG anwendbar. Eine GbR kann ab 1.1.2024 in entsprechender Anwendung des § 707a I 2 BGB n. F. nur dann als Kommanditist eingetragen werden, wenn sie selbst unter Angabe ihrer Gesellschafter im für die GbR neu eingeführten Gesellschaftsregister eingetragen ist.[1508] 2

II. Die Haftung der KG und ihrer Gesellschafter

In haftungsrechtlicher Hinsicht ist strikt zwischen der KG, den Komplementären und den Kommanditisten zu unterscheiden. 3

1. Haftung der KG

Für die Haftung der KG gelten die gleichen Grundsätze wie bei der oHG. Die KG haftet daher für in ihrem Namen (§ 161 II i. V. m. § 124 HGB bzw. zukünftig § 105 II HGB n. F.) abgeschlossene Geschäfte, für das Verschulden von Erfüllungsgehilfen gemäß § 278 BGB, für die Handlungen von Verrichtungsgehilfen gemäß § 831 BGB und für das Verschulden ihrer „verfassungsmäßig berufenen Vertreter“ analog § 31 BGB.[1509] 4

2. Haftung der Komplementäre

Die Komplementäre haften wie die Gesellschafter einer oHG **persönlich und unbeschränkt** mit ihrem vollen Privatvermögen für Gesellschaftsschulden (§ 161 II i. V. m. §§ 128 ff. HGB bzw. zukünftig §§ 126 ff. HGB n. F.). Die Gläubiger der Gesellschaft können sie also gesamtschuldnerisch, unmittelbar und primär in Anspruch nehmen. 5

3. Haftung der Kommanditisten

Die Haftung der Kommanditisten ist komplizierter ausgestaltet als diejenige der Komplementäre. 6

[1508] Begr. RegE MoPeG zu § 162 I 2 HGB n. F., BT-Drs. 19/27635, S. 252.
[1509] Näher zu § 31 BGB beim Verein (→ § 2 Rn. 7) sowie → § 6 Rn. 12 (zur oHG).

a) Grundlagen

6a Abweichungen im Vergleich zur Komplementärhaftung ergeben sich insbesondere im Hinblick auf den beschränkten Umfang der Haftung (→ Rn. 7ff.), aber auch deren Inhalt (→ Rn. 15). Darüber hinaus gilt es auf die in § 171 II HGB geregelte Einziehungsbefugnis des Insolvenzverwalters in der Insolvenz der KG einzugehen, die freilich in § 93 InsO eine grundsätzliche Parallele für die Anspruchsverfolgung gegen die persönlich haftenden Gesellschafter hat (→ Rn. 15a).

aa) Beschränkter Umfang der Haftung

7 Die Kommanditisten haften grundsätzlich neben den Komplementären gesamtschuldnerisch und persönlich für sämtliche Verbindlichkeiten der Gesellschaft gegenüber ihren Gläubigern.[1510] Nach § 171 HGB gilt jedoch eine **summenmäßige Beschränkung.** Die Vorschrift lautet in ihrem Absatz 1 in der bis Ende 2023 geltenden Fassung wie folgt:

> „Der Kommanditist haftet den Gläubigern der Gesellschaft bis zur Höhe seiner Einlage unmittelbar; die Haftung ist ausgeschlossen, soweit die Einlage geleistet ist."

8 Diese bisherige Wortwahl ist nicht gerade glücklich, weil hier zweifach der Begriff „Einlage" verwendet wird, obwohl es in Wirklichkeit um zwei verschiedene Dinge geht.[1511] Die Höhe der Außenhaftung des Kommanditisten wird durch die im Handelsregister einzutragende (§ 162 I HGB) so genannte **Haftsumme** – früher auch „Hafteinlage" genannt – beschränkt. Bis zu dieser Höhe können ihn Gesellschaftsgläubiger persönlich für Gesellschaftsverbindlichkeiten in Anspruch nehmen. Er haftet bis zur Höhe der Haftsumme also gesamtschuldnerisch, primär, persönlich und unmittelbar. Davon zu unterscheiden ist die **Einlage** des Kommanditisten – früher auch „Pflichteinlage" genannt –, d. h. diejenige Summe, die er im Innenverhältnis in die Gesellschaft einzulegen verspricht.[1512] Das Gesetz hält Haftsumme und Einlage in der bis Ende 2023 geltenden Fassung nicht auseinander, weil der Gesetzgeber davon ausgegangen war, dass sich beide Beträge in der Regel entsprechen. Dies ist aber nicht zwingend der Fall. Die im Innenverhältnis geschuldete Einlage kann höher oder auch niedriger als die im Außenverhältnis über die Haftung entscheidende Haftsumme sein.

8a Vor diesem Hintergrund ist es sehr zu begrüßen, dass **der Gesetzgeber des MoPeG** die Dinge mit Wirkung ab 1.1.2024 terminologisch klarstellt, zukünftig also in allen Vorschriften der §§ 161ff. HGB sauber **zwischen „Einlage" und „Haftsumme" un-**

[1510] Das gilt auch in der Insolvenz, jedenfalls für bis zur Eröffnung des Insolvenzverfahrens durch die Gesellschaft selbst begründete Verbindlichkeiten (vgl. BGHZ 228, 28 = ZIP 2021, 255 [Leitsatz] und BGH ZIP 2021, 528 [Rn. 28]) und unabhängig von der insolvenzrechtlichen Einordnung der Verbindlichkeit als Masseverbindlichkeit oder Insolvenzforderung (vgl. BGH ZIP 2021, 528 [Rn. 14ff.], auch zu weiteren Einzelheiten). Von vornherein nicht in Betracht kommt die Kommanditistenhaftung für einen Treugeber, der nur mittelbar über einen Treuhandkommanditisten (nur letzterer *ist* Kommanditist) an der KG „beteiligt" ist (vgl. BGH WM 2009, 593 [Leitsatz 3]; BGHZ 207, 54 = ZIP 2015, 2268 [Rn. 20]). Möglich ist dann allerdings ein (treuhand-)vertraglicher Freistellungsanspruch des Treuhandkommanditisten gegen den Treugeber, wenn der Treuhandkommanditist aus der Kommanditistenhaftung in Anspruch genommen wird (vgl. dazu BGHZ 189, 45 = ZIP 2011, 906 [Rn. 11]; BGHZ 207, 54 = ZIP 2015, 2268 [Rn. 20]); ausführlich zu diesen Fragen *Armbrüster*, NJW 2009, 2167.

[1511] Dazu Begr. RegE MoPeG zu § 161 I HGB n. F., BT-Drs. 19/27635, S. 251; *Schollmeyer*, DNotZ 2021, 889, 895.

[1512] Zur Einlage als besondere Form des Beitrags → § 5 Rn. 69.

terscheidet. Dies betrifft neben der Grundnorm des § 161 I HGB[1513] insbesondere auch die §§ 171, 172 HGB zur Kommanditistenhaftung, die zukünftig auszugsweise lauten werden (mit Kursivsetzung der geänderten bzw. ergänzten Wörter):

§ 171. [Haftung des Kommanditisten]

(1) Der Kommanditist haftet den Gläubigern der Gesellschaft bis zur Höhe seiner *Haftsumme* unmittelbar; die Haftung ist ausgeschlossen, soweit die *vereinbarte* Einlage geleistet ist.

(2) ... (unverändert)

§ 172. [Umfang der Haftung]

(1) Im Verhältnis zu den Gläubigern der Gesellschaft wird nach der Eintragung in das Handelsregister die *Haftsumme* eines Kommanditisten durch den in der Eintragung angegebenen Betrag bestimmt.

(2) Auf eine nicht eingetragene Erhöhung der aus dem Handelsregister ersichtlichen *Haftsumme* können sich die Gläubiger nur berufen, wenn die Erhöhung in handelsüblicher Weise kundgemacht oder ihnen in anderer Weise von der Gesellschaft mitgeteilt worden ist.

(3) Eine Vereinbarung der Gesellschafter, durch die einem Kommanditisten die Einlage erlassen oder gestundet wird, ist den Gläubigern gegenüber unwirksam.

(4) Soweit die Einlage eines Kommanditisten zurückbezahlt wird, gilt sie den Gläubigern gegenüber als nicht geleistet. Das gleiche gilt, soweit ein Kommanditist Gewinnanteile entnimmt, während sein Kapitalanteil durch Verlust unter den Betrag der *Haftsumme* herabgemindert ist, oder soweit durch die Entnahme der Kapitalanteil unter den bezeichneten Betrag herabgemindert wird. ...

Die **Verknüpfung der Haftsumme mit der Einlage** wird durch den zweiten Halbsatz des § 171 I HGB hergestellt („die Haftung ist ausgeschlossen, soweit die *vereinbarte* Einlage geleistet ist"). In diesem zweiten Halbsatz war der – ab 2024 um das Wort „vereinbarte" ergänzte – Begriff „Einlage" schon bisher richtig verwendet. Indem der Kommanditist seine im Innenverhältnis zur KG vereinbarte Einlage erbringt, kann er sich von der – auf die Haftsumme beschränkten – Außenhaftung gegenüber den Gesellschaftsgläubigern befreien, soweit sich Einlage und Haftsumme decken. Dieses Prinzip des § 171 I Hs. 2 HGB nennt man **Haftungsbefreiung durch Einlageleistung.** 9

Eine solche Haftungsbefreiung tritt nach ständiger Rechtsprechung mit Wirkung gegenüber allen Gläubigern auch dann ein, wenn ein Kommanditist einen (beliebigen) Gläubiger der Gesellschaft befriedigt, wobei die Haftung unabhängig von der Werthaltigkeit der Gläubigerforderung immer in Höhe ihres Nennwerts entfällt.[1514] Diese Möglichkeit einer **Haftungsbefreiung durch Gläubigerbefriedigung** ist insofern verständlich, als der Kommanditist mit der unmittelbaren Gläubigerbefriedigung sein Haftungsversprechen ebenso einlöst wie durch eine Einlage in das Gesellschaftsvermögen, die sodann mittelbar der Gläubigerbefriedigung dient.[1515] Nach Insolvenzeröffnung über das Vermögen der Gesellschaft ist eine solche haftungsbe- 9a

---

[1513] In § 161 I HGB n. F. werden die Wörter „den Betrag einer bestimmten Vermögenseinlage" durch die Wörter „einen bestimmten Betrag (Haftsumme)" ersetzt.

[1514] Siehe BGH ZIP 2017, 1948 (Rn. 21) m. w. N.; ferner MüKoHGB/*K. Schmidt/Grüneberg*, §§ 171, 172 Rn. 15, 55.

[1515] Soweit der Kommanditist zu einer Einlage in Höhe der Haftsumme verpflichtet ist, kann durch die Gläubigerbefriedigung mittelbar die Einlage erbracht werden. Der Kommanditist kann nämlich seinen Aufwendungsersatzanspruch wegen Gläubigerbefriedigung gemäß §§ 161 II, 110 HGB bzw. zukünftig gemäß §§ 161 II, 105 III HGB n. F. i. V. m. § 716 I BGB n. F. (Haftungsregress; → § 5 Rn. 100 zur GbR und § 6 Rn. 27 zur oHG) auch zur Aufrechnung gegen den offenen Einlageanspruch nutzen und so eine Haftungsbefreiung erreichen (→ § 6 Rn. 27).

freiende Gläubigerbefriedigung allerdings nicht mehr möglich, weil dann der Insolvenzverwalter gemäß § 171 II HGB für die Einforderung der Kommanditistenhaftung zuständig ist (→ Rn. 15a).

10 Die Haftungsbefreiung durch Einlageleistung (→ Rn. 9) entfällt wieder, soweit dem Kommanditisten später die **Einlage zurückbezahlt** wird (§ 172 IV 1 HGB). Dabei ist – ebenso wie im Rahmen der kapitalgesellschaftlichen Innenhaftung aus §§ 57, 62 AktG (→ § 3 Rn. 191) und §§ 30, 31 GmbHG (→ § 4 Rn. 226ff.) – unerheblich, ob die **Rückzahlung offen oder verdeckt** erfolgt. Sie kann in jeder Zuwendung an den Kommanditisten liegen, durch die dem Gesellschaftsvermögen ein Wert ohne eine entsprechende Gegenleistung entzogen wird und damit auch in einer Leistung im Rahmen von **unausgeglichenen Austauschgeschäften** bestehen, etwa wenn die Gesellschaft von dem Kommanditisten einen Gegenstand zu einem überhöhten Preis kauft; wird hierdurch die zuvor haftungsbefreiende Einlage angetastet, lebt in Höhe des Unterschiedsbetrags zu der angemessenen Gegenleistung die persönliche Haftung des Kommanditisten wieder auf, sobald er die vereinbarte vertragliche Leistung erhält.[1516] Denkbar sind zudem **mittelbare Zuwendungen** über andere Gesellschaften, an denen der Kommanditist beteiligt ist.[1517]

10a Erfolgte die Haftungsbefreiung durch Gläubigerbefriedigung (→ Rn. 9a), ist – abgesehen von den Fällen einer Verrechnung des Regressanspruchs mit der Einlagepflicht (→ § 6 Rn. 27)[1518] – zwar keine „Einlage" vom Kommanditisten geleistet,[1519] die im engeren Sinne von § 172 IV 1 HGB „zurückbezahlt" sein könnte. Gleichwohl muss auch in diesen Fällen eine unmittelbare oder mittelbare Zuwendung der KG an den Kommanditisten seine Haftung wieder aufleben lassen, weil er damit seinen – hier direkten – Beitrag zur Gläubigerbefriedigung wieder rückgängig gemacht hat.[1520]

⇨ *Fall Nr. 38 – Beraterhonorar I*

11 Für die Außenhaftung des Kommanditisten gilt nach h. M. *in jedem Fall* eine **absolute Beschränkung auf die Haftsumme**: Der Kommanditist haftet auch dann nicht auf einen höheren Betrag als die Haftsumme, wenn er von der Gesellschaft mehr als den eingelegten Betrag „zurückbezahlt" erhält.[1521]

⇨ *Fall Nr. 39 – Beraterhonorar II*

12 Eine haftungsschädliche Einlagenrückzahlung kann auch in der **Auszahlung von Gewinn** an den Kommanditisten liegen (Gewinnentnahme).[1522] Dies setzt allerdings

---

[1516] BGH ZIP 2017, 77.

[1517] Dazu BGH ZIP 2009, 1273 (Leitsatz 2): Die Leistung einer KG an eine andere Gesellschaft ist nur dann einem Kommanditisten als Einlagenrückgewähr zuzurechnen (mittelbare Einlagenrückgewähr), wenn dieser an der anderen Gesellschaft beteiligt ist und auf ihre Geschäftsführung einen maßgeblichen Einfluss hat. Siehe ferner OLG Hamburg WM 2019, 2170, 2174 (juris-Rn. 67): Gewährung eines zinslosen Darlehens an eine Gesellschaft, deren Alleingesellschafter der Kommanditist ist.

[1518] Siehe dazu auch die Fußnote in → Rn. 9a.

[1519] Deutlich MüKoHGB/*K. Schmidt/Grüneberg*, §§ 171, 172 Rn. 55 m. w. N.

[1520] Vgl. MüKoHGB/*K. Schmidt/Grüneberg*, §§ 171, 172 Rn. 73 i. V. m. Rn. 15, 55; siehe zum Spezialfall einer Leistung auf den Erstattungsanspruch aus § 110 HGB (zukünftig § 716 I BGB n. F.) auch *Strohn*, in: Ebenroth/Boujong/Joost/Strohn, HGB, 4. Aufl. 2020, § 172 Rn. 42.

[1521] Dazu BGHZ 60, 324 = NJW 1973, 1036; BGHZ 110, 342, 356 = DB 1990, 980, 981 unter II. 2. g) der Gründe; eingehend *Bitter*, Durchgriffshaftung, S. 247 ff. m. w. N. auch zu abweichenden Ansichten.

[1522] Dazu umfassend und mit Vergleich zur AG und GmbH *Quiel*, Rechtsfolgen unrechtmäßiger offener Gewinnausschüttungen, Diss. Bonn, 2005.

voraus, dass der Kapitalanteil[1523] des Kommanditisten durch Verlust unter den Betrag der Haftsumme herabgemindert ist oder durch die Entnahme unter diesen Betrag gemindert wird (§ 172 IV 2 HGB).[1524] Ob der Tatbestand des § 172 IV 2 HGB erfüllt ist, beurteilt sich allein nach dem Inhalt der Bilanz – wie hoch ist der tatsächliche Kapitalanteil? – und nicht nach dem guten Glauben des Gesellschafters.[1525]

Eine Ausnahme zu § 172 IV 2 HGB statuiert derzeit noch die durch das **MoPeG** 13
zum 1.1.2024 aufgehobene[1526] Regelung in § 172 V HGB: Die Außenhaftung wird nicht wiedereröffnet, wenn ein Kommanditist Gewinn[1527] auf Grund einer in gutem Glauben errichteten Bilanz in gutem Glauben bezieht (**Bezug eines Scheingewinns mit doppelter Gutgläubigkeit**). § 172 V HGB greift nur dann, wenn die (in gutem Glauben errichtete) Bilanz einen Gewinn ausweist, obwohl – bei richtiger Bilanzierung – kein Gewinn entstanden ist; § 172 V HGB setzt also eine *un*richtige Bilanz voraus.[1528] Ist die Bilanz dagegen richtig und fällt nach dieser Bilanz die Gewinnauszahlung unter § 172 IV 2 HGB, so ist § 172 V HGB nicht deshalb anzuwenden, weil der Kommanditist – aus welchen Gründen auch immer – fälschlicherweise glaubt, einen Gewinn ohne Auswirkung auf seine Haftung beziehen zu können.[1529] Liegen die Voraussetzungen des § 172 V HGB vor, ist umstritten, ob er nicht nur die Wirkung des § 172 IV 2 HGB (= Haftungsbefreiung entfällt) ausschließt, sondern auch, wie sein Wortlaut nahe legt, einen Rückgewähranspruch der Gesellschaft.[1530]

⇨ *Fall Nr. 40 – Gutgläubig*

Eine **Besonderheit** hinsichtlich des Haftungsumfangs gilt ***vor*** **der Eintragung der** 14
KG: Hat die vollkaufmännische KG[1531] ihre Geschäfte bereits vor der Handelsregistereintragung begonnen, so haftet nach § 176 I HGB jeder Kommanditist, der dem Geschäftsbeginn zugestimmt hat, für die **bis zur Eintragung begründeten Verbindlichkeiten** unbeschränkt wie ein persönlich haftender Gesellschafter, es sei denn,

---

[1523] Zum Begriff des Kapitalanteils → § 5 Rn. 145; zu seiner Veränderung durch die Gewinn- und Verlustbeteiligung → § 6 Rn. 67 und → Rn. 36 f.

[1524] Mit der „geleisteten Einlage" in § 172 IV 2 HGB meint das Gesetz die Haftsumme; vgl. *K. Schmidt*, GesR, § 54 III 3a und zukünftig die Klarstellung im Gesetz (→ Rn. 8a). § 172 IV 2 HGB steht im Zusammenhang mit der Vorschrift des § 169 HGB, die das Entnahmerecht des Kommanditisten regelt; allerdings besteht kein absoluter Gleichlauf, weil § 169 HGB das Innenverhältnis betrifft und zur Disposition der Parteien steht, während § 172 IV 2 HGB eine zwingende Regelung des Außenverhältnisses ist; vgl. zu den Unterschieden BGH ZIP 2016, 518 (Rn. 9 ff.); BGH ZIP 2017, 1284 (Rn. 9 ff.); MüKoHGB/*K. Schmidt/Grüneberg*, §§ 171, 172 Rn. 82 f., 85; zu § 169 HGB → Rn. 38.

[1525] Vgl. BGH ZIP 2009, 1222 (Leitsatz 2); zur Maßgeblichkeit allein der Bilanz siehe auch OLG Hamm ZIP 2017, 2403, 2404 f.

[1526] Zu den (wenig überzeugenden) Gründen für die Aufhebung siehe RegE MoPeG zu § 172 V HGB, BT-Drs. 19/27635, S. 257 f.; *Schollmeyer*, DNotZ 2021, 889, 897 f.; berechtigte Kritik bei *K. Schmidt*, ZHR 185 (2021), 16, 40 f. m. w. N.

[1527] Gewinn i. S. v. § 172 V HGB ist allein der aufgrund eines Jahresabschlusses und eines Gewinnverwendungsbeschlusses ausgeschüttete Gewinn; nicht darunter fallen Gewinnvoraus- oder -garantiezahlungen; vgl. BGH ZIP 2009, 1222 (Leitsatz 1).

[1528] Vgl. BGH ZIP 2009, 1222 (Leitsatz 3).

[1529] Vgl. BGH ZIP 2009, 1222 (Rn. 13 f.).

[1530] Vgl. zu dieser Frage *K. Schmidt*, GesR, § 54 III 3b; *Bitter*, ZHR 168 (2004), 302, 324 ff., 336.

[1531] Zur fehlenden Anwendung des § 176 I HGB auf Gesellschaften, die erst durch Registereintragung zur Personenhandelsgesellschaft werden, vgl. Begr. Rechtsausschuss, BT-Drs. 19/31105, S. 9.

dass seine Beteiligung als Kommanditist dem Gläubiger bekannt war.[1532] Durch diese Regelung will der Gesetzgeber Druck auf die Gesellschafter ausüben, die Eintragung der KG im Handelsregister voranzutreiben, da nur auf diese Weise die beschränkte Haftung der Kommanditisten sichergestellt werden kann. Da § 176 I HGB der Gedanke eines abstrakten Vertrauensschutzes zugrunde liegt, erstreckt sich die unbeschränkte Haftung nach h. M. allerdings – wie bei der im Lern- und Fallbuch zum Handelsrecht behandelten Vorschrift des § 15 HGB[1533] – nur auf Verbindlichkeiten aus bzw. im Zusammenhang mit Rechtsgeschäften und rechtsgeschäftsähnlichen Handlungen; ausgenommen sind damit insbesondere Deliktsansprüche, da hier Vertrauen typischerweise keine Rolle spielt.[1534]

14a In der Insolvenz (→ Rn. 15a) schließlich kann der Kommanditist gegen eine nach vorstehenden Grundsätzen eigentlich begründete Haftung einwenden, seine Inanspruchnahme werde zur Befriedigung von Insolvenzgläubigern nicht benötigt bzw. der zur Deckung der von der Haftung erfassten Gesellschaftsschulden nötige Betrag sei bereits durch Zahlungen anderer Kommanditisten aufgebracht.[1535]

bb) Inhalt der Haftung

15 Der Inhalt der Haftung des Kommanditisten unterscheidet sich von der Haftung des Komplementärs dadurch, dass der Kommanditist den Gläubigern **stets nur auf eine Geldleistung** haftet.[1536] Die für den Komplementär herrschende Erfüllungstheorie (→ § 6 Rn. 16 f.) gilt also niemals.

cc) Einziehungsbefugnis des Insolvenzverwalters in der Insolvenz der KG

15a Grundsätzlich kann jeder Gläubiger der Gesellschaft den Kommanditisten direkt in Anspruch nehmen. Anderes gilt aber, wenn über das Vermögen der Gesellschaft das Insolvenzverfahren eröffnet ist: Für die Dauer des Insolvenzverfahrens verfolgt ausschließlich der Insolvenzverwalter im eigenen Namen die Ansprüche der Gläubiger gegen die Kommanditisten (§ 171 II HGB). Es handelt sich dabei um eine treuhänderische Einziehungsbefugnis als gesetzlicher Prozessstandschafter im Hinblick auf die Gläubigerforderungen, zu deren gleichmäßiger (anteiliger) Befriedigung die Inanspruchnahme der Kommanditisten erforderlich ist (→ Rn. 14a).[1537] Sinn und Zweck dieser Konzentration der Anspruchsverfolgung auf den Insolvenzverwalter ist es, einen Wettlauf der Gläubiger um die Verwertung der (beschränkten) Kommanditistenhaftung zu vermeiden und eine gleichmäßige anteilige Befriedigung der Insolvenzgläubiger (§ 1 S. 1 InsO) auch im Hinblick auf die Kommanditistenhaftung zu erreichen.[1538]

[1532] Das Vorhaben, die Haftungsbefreiung durch Information der Gläubiger zu streichen (vgl. Begr. RegE MoPeG zu § 176 I HGB n. F., BT-Drs. 19/27635, S. 258 f.), ist nicht umgesetzt worden (vgl. *Schollmeyer*, DNotZ 2021, 889, 896 und 899; *Heckschen/Nolting*, BB 2021, 2946, 2950).

[1533] Dazu *Bitter/Linardatos*, HandelsR, § 4 Rn. 21 und 35.

[1534] Vgl. im Einzelnen MüKoHGB/*K. Schmidt/Grüneberg*, § 176 Rn. 39; die Frage bewusst offenlassend Begr. RegE MoPeG zu § 176 I HGB n. F., BT-Drs. 19/27635, S. 259.

[1535] BGHZ 217, 327 = ZIP 2018, 640 (Rn. 39); BGH ZIP 2020, 1869 (Leitsatz); siehe auch OLG Hamburg ZIP 2019, 70.

[1536] *Schäfer*, GesR, § 13 Rn. 5.

[1537] MüKoHGB/*K. Schmidt/Grüneberg*, §§ 171, 172 Rn. 117; zu § 93 InsO und § 171 II HGB BGH ZIP 2007, 79 (Rn. 9) m. w. N.; zu den Anforderungen an die Darlegung betreffend die Gläubigerforderungen im Rahmen der sekundären Darlegungslast des Insolvenzverwalters siehe BGHZ 217, 327 = ZIP 2018, 640 (Leitsatz 1 und Rn. 14 ff.); OLG Stuttgart ZIP 2019, 2269, 2270 ff.; OLG München ZIP 2020, 1028, 1032.

[1538] OLG Stuttgart ZIP 2019, 2269, 2270 m. w. N.

b) Die Haftung bei Änderungen des Gesellschafterbestandes

Tritt ein Kommanditist neu in die KG ein, scheidet er aus oder überträgt er seine Mitgliedschaft, stellen sich besondere Haftungsfragen. 16

aa) Eintritt

Tritt jemand als Kommanditist in eine bestehende Handelsgesellschaft ein, haftet er zunächst natürlich nach Maßgabe der §§ 171f. HGB für die **(Neu-)Verbindlichkeiten**, die nach seinem Eintritt begründet werden. Aber auch für die **(Alt-)Verbindlichkeiten**, die vor seinem Eintritt entstanden sind, muss er entsprechend den §§ 171f. HGB einstehen, ohne dass etwas anderes vereinbart werden könnte (§ 173 HGB). 17

Besonderheiten gelten für **zwischen dem Eintritt und dessen Eintragung begründete Verbindlichkeiten**. Für diese Schulden haftet der Kommanditist nicht beschränkt gemäß §§ 171f. HGB, sondern nach Maßgabe von § 176 I HGB unbeschränkt (§ 176 II HGB).[1539] Die unbeschränkte Haftung ist folglich nur ausgeschlossen, wenn der Gläubiger die Beteiligung als Kommanditist und damit die Haftungsbeschränkung kennt (vgl. § 176 I HGB). Im Übrigen sind – wie bei § 176 I HGB (→ Rn. 14) – deliktische Ansprüche von der unbeschränkten Haftung ausgenommen. Hingegen wird trotz des umfassenden Verweises auf § 176 I HGB nicht vorausgesetzt, dass der Kommanditist dem „Geschäftsbeginn“ ausdrücklich zugestimmt hat. Eine fehlende Zustimmung ist nämlich beim Eintritt in eine Handelsgesellschaft ohnehin denklogisch ausgeschlossen, weil sich der schon laufende Geschäftsbetrieb nicht anhalten lässt, bis der Eintritt als Kommanditist im Handelsregister vollzogen ist. Die dadurch begründete Gefahr unbeschränkter Haftung des beitretenden Kommanditisten vermeidet die Praxis durch Aufnahme einer Bestimmung in den Beitrittsvertrag, wonach der **Beitritt unter der aufschiebenden Bedingung (§ 158 I BGB) der Eintragung** des Beitritts im Handelsregister erfolgt. 18

Eine solche Vorsichtsmaßnahme wird nach dem Inkrafttreten des **MoPeG** am 1.1.2024 bei der Übertragung – im Gegensatz zur Neuschaffung – eines Kommanditanteils allerdings nicht mehr erforderlich sein, weil § 176 II HGB auf diesen Fall in Zukunft eindeutig nicht mehr anwendbar sein wird (vgl. die neue Formulierung: „Tritt *ein weiterer Gesellschafter* als Kommanditist in eine bestehende Handelsgesellschaft ein, …“).[1540] 18a

bb) Ausscheiden

Scheidet ein Kommanditist aus der Gesellschaft aus, trifft ihn gemäß §§ 171f., 161 II HGB die derzeit in 160 HGB und zukünftig in § 137 HGB n.F. geregelte fünfjährige **Nachhaftung** für die bis dahin begründeten **Altverbindlichkeiten** der KG. Für Neuverbindlichkeiten haftet er hingegen nicht. 19

Entsprechende Anwendung findet die Regelung bei einer **Herabsetzung der Haftsumme**, die aus Sicht der Gläubiger wie ein teilweises Ausscheiden des Kommanditisten wirkt; im Umfang des die neue Haftsumme übersteigenden Betrags wird dadurch die Außenhaftung für Altverbindlichkeiten ebenfalls zeitlich begrenzt.[1541] 19a

---

1539 Die Eintragung wirkt also bezüglich des Eintritts nur deklaratorisch; zur Unterscheidung zwischen konstitutiven und deklaratorischen Eintragungen siehe *Bitter/Linardatos*, HandelsR, § 4 Rn. 5f.

1540 Dazu Begr. Rechtsausschuss, BT-Drs. 19/31105, S. 9; *Schollmeyer*, DNotZ 2021, 889, 897; *Otte*, ZIP 2021, 2162, 2169; zum bisherigen Streitstand Hopt/*Roth*, HGB, § 176 Rn. 11.

1541 Details bei BGHZ 229, 358 = ZIP 2021, 1391; zur Fortgeltung der dort entwickelten Grundsätze nach dem MoPeG *Schollmeyer*, DNotZ 2021, 889, 893.

20 Bei der Haftung für Altverbindlichkeiten stellt sich häufig das Problem, ob die Haftung gemäß § 172 IV HGB wieder auflebt. In der Regel wird dem Kommanditisten nämlich eine **Abfindung** gezahlt (vgl. auch § 738 BGB; zukünftig § 135 HGB n. F.). Eine solche Zahlung gilt als **Einlagenrückgewähr** im Sinne von § 172 IV HGB mit der Folge, dass die Gesellschaftsgläubiger den Ausgeschiedenen im Rahmen der Nachhaftung noch fünf Jahre lang für vor seinem Ausscheiden begründete Verbindlichkeiten bis zur Höhe der Haftsumme (sofern die Einlage komplett zurückgewährt wurde) persönlich in Anspruch nehmen können. Nach der gesetzlichen Konzeption steht die Einlage des Altkommanditisten nämlich auch nach seinem Ausscheiden weiterhin als Haftungsmasse zur Verfügung: Der Altkommanditist hat sich die Nichthaftung durch Leistung der Einlage „erkauft"; bekommt er sie zurück, haftet er vergleichbar dem Komplementär, nur der Höhe nach auf die Haftsumme beschränkt.

21 Das zuvor Gesagte gilt auch, wenn das Ausscheiden des Kommanditisten mit dem Eintritt eines Neukommanditisten verbunden ist, also ein Gesellschafterwechsel im Wege der **Kombination von Aus- und Eintritt** erfolgt:[1542] Der durch einen Aufnahmevertrag neu eintretende Kommanditist, der – wie gesagt – auch für vor seinem Eintritt begründete Verbindlichkeiten haftet, muss eine Einlage in Höhe der für ihn eingetragenen Haftsumme erbringen, damit seine Haftung nach § 171 I Hs. 2 HGB entfällt. Weil die Einlage des Altkommanditisten nicht mit der Einlage des Neukommanditisten identisch ist, muss zudem jene Einlage des Altkommanditisten für den Gläubigerzugriff erhalten bleiben. Die Haftungsmasse wird also bei einer Kombination von Ein- und Austritt erweitert, weshalb im Ergebnis die Einlagen beider (des Alt- und des Neukommanditisten) *erbracht und erhalten* sein müssen, damit beide nicht mehr/wieder haften.[1543]

22 Sofern nicht die Gesellschaft selbst die Abfindung an den Altkommanditisten zahlt, sondern der Neukommanditist die Abfindungsverpflichtung der Gesellschaft durch Zahlung an den Altkommanditisten erfüllt (§§ 362, 267 BGB), ändert sich an der vorgenannten Haftungslage nichts: Der Neukommanditist erbringt seine Einlage durch Tilgung einer Gesellschaftsverbindlichkeit und ist folglich von seiner Haftung befreit. Der Altkommanditist hat hingegen seine Einlage zurückerhalten, weshalb seine Haftung gegenüber den Gesellschaftsgläubigern bis zur Höhe der Haftsumme wieder auflebt (§ 172 IV 1 HGB).

⇨ *Fall Nr. 41 – Neu für alt*

cc) Übertragung des Kommanditanteils

23 Diese missliche Haftungsfolge beim Kommanditistenwechsel lässt sich vermeiden, wenn der Wechsel nicht durch Aus- und Eintritt, sondern in der Weise vollzogen wird, dass der Altkommanditist gemäß §§ 413, 398 BGB eine **Abtretung des Kommanditanteils** an den Neukommanditisten vornimmt (→ § 5 Rn. 110 f.). Dann erhält der Altkommanditist für die Übertragung seines Kommanditanteils aufgrund des zugrunde liegenden Kaufvertrags einen Kaufpreis vom Neukommanditisten, während die KG an ihn nichts zahlt.[1544] In der **Kaufpreiszahlung** liegt **keine Einlagenrückgewähr** i. S. v. § 172 IV HGB. Sofern der Altkommanditist also zuvor eine Einlage in Höhe der Haftsumme geleistet und nicht wieder zurückerhalten hat, haf-

[1542] *K. Schmidt*, GesR, § 54 III 2a aa und § 54 IV 1; zu dieser Gestaltung eines Gesellschafterwechsels → § 5 Rn. 112.

[1543] *K. Schmidt*, GesR, § 54 IV 3.

[1544] Da der Neukommanditist auf seine eigene Kaufpreisschuld zahlt, ist dieser Fall auch nicht der in Rn. 22 beschriebenen Befriedigung des Abfindungsanspruchs gleichzusetzen.

tet er gegenüber den Gesellschaftsgläubigern *nicht* (§ 171 I Hs. 2 HGB). Da der Neukommanditist unmittelbar in die Rechtsstellung des Altkommanditisten nachfolgt und dieser eine Einlage in Höhe der Haftsumme geleistet und nicht wieder zurückerhalten hat, gilt auch zu seinen Gunsten § 171 I Hs. 2 HGB, so dass auch er nicht mehr persönlich gegenüber den Gesellschaftsgläubigern haftet.[1545] Da anders als beim Ein- und Austritt kein neuer Kommanditanteil gebildet und dadurch auch nicht die Einlagepflicht verdoppelt wird, wäre eine zusätzliche Haftung gegenüber den Gläubigern auch nicht begründbar. Vielmehr bleibt die Haftungsmasse der Gesellschaft bei der Abtretung eines vorhandenen Kommanditanteils schlicht unverändert.

Damit im Rechtsverkehr nicht der falsche Eindruck entsteht, die Haftungsmasse der Gesellschaft habe sich verbreitert, muss ein sog. **Rechtsnachfolgevermerk** ins Handelsregister eingetragen werden.[1546] Wird hingegen die Anteilsübertragung fälschlicherweise als Aus- und Eintritt eingetragen, entsteht der Rechtsschein einer Verbreiterung der Haftungsmasse: Der Rechtsverkehr denkt, die Einlagen beider seien erbracht und erhalten (→ Rn. 21). Der Altkommanditist muss sich infolgedessen dem Rechtsschein entsprechend behandeln lassen: Weil die von ihm geleistete Einlage infolge der Anteilsübertragung zugunsten des Neukommanditisten wirkt,[1547] gilt seine Einlage nach § 172 IV HGB als nicht mehr geleistet, so dass seine Haftung wieder auflebt.[1548] 24

⇨ *Fall Nr. 41 – Neu für alt*

4. Beispiel

Wird von einem der vertretungsberechtigten Komplementäre[1549] durch einen wirksam im Namen der KG abgeschlossenen Kaufvertrag ein Gegenstand erworben, dann kommen für den Anspruch des Gläubigers auf Kaufpreiszahlung aus § 433 II BGB drei verschiedene Rechtssubjekte als Anspruchsgegner in Betracht: die KG, der Komplementär und der Kommanditist: 25

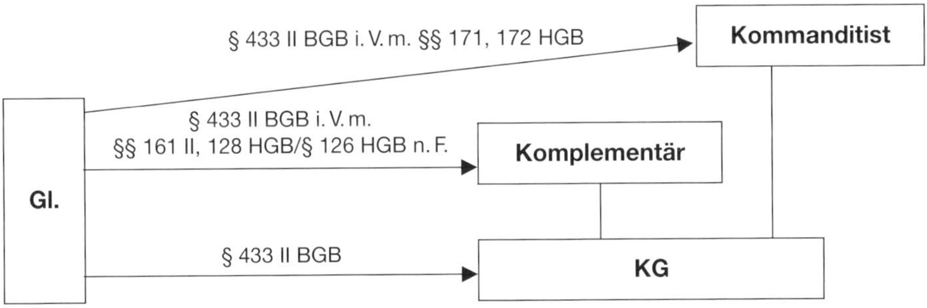

Die KG haftet als Vertragspartner (§ 161 II i. V. m. § 124 HGB bzw. zukünftig § 105 II HGB n. F.) des Gläubigers selbst aus § 433 II BGB auf Zahlung des Kauf- 26

[1545] *K. Schmidt*, GesR, § 54 IV 3: Der Neukommanditist „erwirbt einen voll eingezahlten Anteil".

[1546] OLG Düsseldorf ZIP 2017, 1111 f.; dieser kann z. B. lauten: „Der Kommanditanteil des A ist im Wege der Sonderrechtsnachfolge auf den Kommanditisten B übergegangen".

[1547] Der Neukommanditist haftet also nicht, vgl. *K. Schmidt*, GesR, § 54 IV 3.

[1548] Hopt/*Roth*, HGB, § 173 Rn. 13; vgl. auch *K. Schmidt*, GesR, § 54 IV 3, der aber infolge der Änderung des § 162 II HGB (Nichtgeltung des § 15 HGB) Zweifel an der Fortgeltung dieser Vertrauenshaftung hat. Dies erledigt sich mit dessen Abschaffung.

[1549] Zur Vertretung → Rn. 30.

preises. Der Anspruch gegen den Komplementär ergibt sich aus § 433 II BGB in Verbindung mit der unbeschränkt persönlichen Gesellschafterhaftung aus § 128 HGB (zukünftig § 126 HGB n.F.), die gemäß § 161 II HGB auch auf die KG Anwendung findet. Der Anspruch gegen den Kommanditisten folgt aus § 433 II BGB in Verbindung mit der Kommanditistenhaftung der §§ 171, 172 HGB. Von seiner Außenhaftung ist der Kommanditist gemäß § 171 I Hs. 2 HGB befreit, wenn er eine **werthaltige Einlage** in Höhe der Haftsumme geleistet hat. Erforderlich ist also eine tatsächliche Wertzuführung, wobei die im Innenverhältnis freie Bewertungsmöglichkeit der Gesellschafter im Außenverhältnis nicht gilt.

III. Die Organisation der KG

27 Für das **Innenverhältnis** der KG ist in erster Linie der Gesellschaftsvertrag maßgeblich (vgl. § 163 HGB). Nur soweit dieser keine Regelung trifft, gelten die §§ 164–169 HGB, bei denen es sich demgemäß um dispositive Bestimmungen handelt.[1550] Dieser vom Recht der oHG abweichenden Vorschriften bedarf es, weil das Innenverhältnis der Gesellschafter durch den Verweis auf das Recht der oHG in § 161 II HGB nur für Komplementäre geregelt ist, nicht aber für die in einer oHG nicht vorhandenen Kommanditisten.

28 Gleiches gilt für das **Außenverhältnis** der KG. Hier sind, soweit es um die Stellung der Komplementäre geht, über § 161 II HGB die Regeln zur oHG anwendbar. Die Ergänzung für die Kommanditisten findet sich in §§ 170–176 HGB. Diese Regelungen betreffen vor allem die bereits vorstehend behandelte Haftung der Kommanditisten. Zusätzlich trifft § 170 HGB eine besondere Regelung zur Vertretung in der KG.

1. Geschäftsführung und Vertretung

29 Gemäß § 161 II i.V.m. §§ 114ff. HGB (zukünftig § 116 HGB n.F.) obliegt die **Geschäftsführung** der KG den persönlich haftenden Gesellschaftern; dabei gilt das Prinzip der Einzelgeschäftsführung (für die oHG → § 6 Rn. 32). Nach der ergänzenden Regel des § 164 HGB sind die Kommanditisten von der Geschäftsführung ausgeschlossen. Sie haben nur mitzureden, soweit es um Maßnahmen geht, die über den gewöhnlichen Betrieb eines Handelsgewerbes hinausgehen (derzeit als Widerspruchsrecht nach § 164 S. 1 Hs. 2 HGB; zukünftig als Mitwirkungsrecht nach § 164 Hs. 2 i.V.m. § 116 II 1 HGB n.F.). Den Komplementären können die Kommanditisten weder individuell noch durch Gesellschafterbeschluss Weisungen erteilen.[1551] Der Gesellschaftsvertrag kann allerdings eine abweichende Regelung treffen und etwa konkrete Zustimmungsvorbehalte oder Weisungsrechte zugunsten der Kommanditisten begründen oder auch die Geschäftsführung allgemein (unter Ausschluss des Komplementärs) einem Kommanditisten übertragen.[1552] In letzterem Fall spricht man von einer *atypischen* KG. In jedem Fall zu beteiligen sind die Kommanditisten – wie alle anderen Gesellschafter auch – bei Grundlagengeschäften, weil diese überhaupt nicht zur Geschäftsführung gehören (→ § 5 Rn. 55 zur GbR, → § 6 Rn. 33 zur oHG).[1553]

[1550] Zu den Grenzen der Vertragsfreiheit auf Basis allgemeiner Grundsätze wie §§ 134, 138 BGB vgl. Hopt/*Roth*, HGB, § 163 Rn. 2.

[1551] Vgl. Hopt/*Roth*, HGB, § 164 Rn. 1.

[1552] Zu der umstrittenen Frage nach einem Widerspruchsrecht des Komplementärs bei außergewöhnlichen Geschäften i.S.v. § 116 II HGB in diesen Konstellationen siehe die Nachweise bei BGH ZIP 2018, 2024 (Rn. 36).

[1553] BGH ZIP 2016, 1332 (Rn. 27).

Die **Vertretung** der KG richtet sich über § 161 II HGB ebenfalls im Ausgangspunkt nach dem Recht der oHG. Es gilt also gemäß § 125 I HGB bzw. zukünftig § 124 I HGB n.F. im Grundsatz die Einzelvertretung durch jeden persönlich haftenden Gesellschafter (für die oHG → § 6 Rn. 36ff.). Gemäß § 170 HGB besteht **keine Befugnis des Kommanditisten zur Vertretung.** Diese das Außenverhältnis betreffende Regel ist nach h.M. – anders als § 164 HGB im Innenverhältnis – nicht abdingbar. Einem Kommanditisten kann daher die organschaftliche Vertretungsmacht der KG nicht übertragen werden. Möglich ist allerdings, dem in der atypischen KG geschäftsführungsbefugten Kommanditisten rechtsgeschäftliche Vertretungsmacht (z.B. Prokura) zu erteilen (vgl. zukünftig klarstellend § 170 I HGB n.F.).[1554] Auf diese Weise kann eine KG auch von einem Kommanditisten beherrscht werden.[1555] Erforderlich ist dann allerdings immer auch zusätzlich die Möglichkeit der Vertretung durch einen Komplementär allein (**Prinzip der Selbstorganschaft**; → § 6 Rn. 41); der vertretungsberechtigte Kommanditist wird insofern nämlich als außenstehender Dritter behandelt. 30

Mit dem **MoPeG** neu eingeführt wird § 170 II HGB n.F. zur Vertretung der sog. **Einheits-KG,** bei der die Komplementär-Stelle – wie bei der gewöhnlichen GmbH & Co. KG (→ Rn. 49ff.) – mit einer Kapitalgesellschaft besetzt ist und die KG sodann sämtliche Anteile an jener Kapitalgesellschaft hält.[1556] In diesem Sonderfall der „Kreisbeteiligung" werden die Rechte in der Gesellschafterversammlung der Kapitalgesellschaft vorbehaltlich einer abweichenden Vereinbarung von den Kommanditisten wahrgenommen. Diese sind nämlich bei wirtschaftlicher Betrachtung die eigentlichen Gesellschafter und deshalb ist nicht anzunehmen, dass sie die Herrschaft über die Komplementärin aus der Hand geben wollen.[1557] 30a

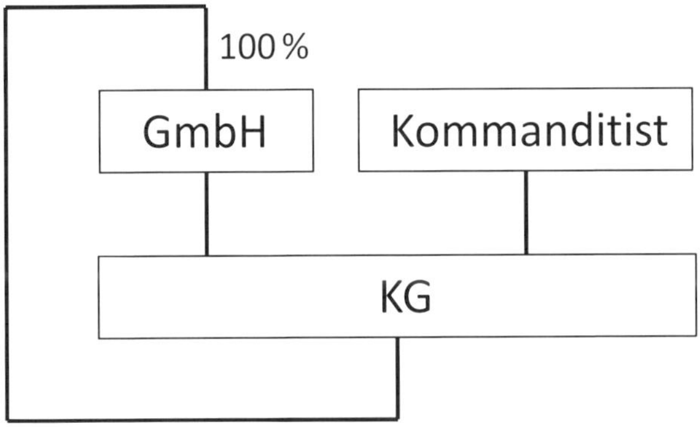

[1554] Nach der zukünftigen Formulierung des § 170 I HGB n.F. ist der Kommanditist nur „als solcher", also organschaftlich, nicht befugt, die Gesellschaft zu vertreten.

[1555] Vgl. zur Geschäftsführung und Vertretung in der atypischen KG eingehend *Bitter*, Durchgriffshaftung, S. 19ff., zur Haftung des Kommanditisten in diesen Fällen S. 139ff.

[1556] Dazu *Wertenbruch*, GmbHR 2021, 1181ff.; *Lieder*, ZGR-Sonderheft 23, 2021, S. 169, 191f.

[1557] Näher Begr. RegE MoPeG zu § 170 II HGB n.F., BT-Drs. 19/27635, S. 255f.; *Wertenbruch*, GmbHR 2021, 1, 6f. (Rn. 18f.); *Heckschen/Nolting*, BB 2021, 2946, 2952; ausführlich *Wertenbruch*, GmbHR 2021, 1181, 1183ff.

2. Rechte und Pflichten der Gesellschafter

31 Die Rechte und Pflichten der Komplementäre entsprechen denjenigen von oHG-Gesellschaftern (→ § 6 Rn. 44 ff.). Weitestgehend gilt dies auch für die Kommanditisten. So sind Kommanditisten etwa durch Treuepflichten gebunden und in gleichem Maße wie ein Komplementär befugt, an der Gesellschafterversammlung teilzunehmen und in ihr abzustimmen. Einige Besonderheiten sind aber zu beachten. Insbesondere gilt für Kommanditisten **kein Wettbewerbsverbot** (§ 165 HGB). Im Gegenzug haben sie **geringere Kontroll- und Einsichtsrechte**, die durch das **MoPeG** neu gefasst werden (§ 166 HGB).[1558]

3. Änderungen des Gesellschafterbestandes

32 Änderungen des Gesellschafterbestandes einer KG unterliegen nahezu ausnahmslos den zur oHG dargelegten Regeln (→ § 6 Rn. 59 ff.). Allerdings haftet ein ausscheidender Kommanditist für den Fehlbetrag abweichend von der Grundregel des § 136 HGB n. F. nicht, soweit er die vereinbarte Einlage geleistet hat (§ 167 HGB n. F.; ähnlich bisher § 167 III HGB).[1559] Eine weitere Besonderheit ist beim Tod eines Kommanditisten zu beachten: Auch ohne einfache erbrechtliche Nachfolgeklausel im Gesellschaftsvertrag wird die Gesellschaft mit den Erben des Verstorbenen fortgesetzt, wenn der Gesellschaftsvertrag nichts anderes regelt (§ 177 HGB).

IV. Die Finanzverfassung der KG

33 Wie bei der oHG kann auch bei der KG zwischen Fragen der Ergebnisermittlung und -verteilung einerseits (→ Rn. 34 ff.) sowie Fragen der „Kapitalerhaltung" andererseits (→ Rn. 39 f.) unterschieden werden.

1. Ergebnisermittlung und -verteilung

34 Entsprechend der Rechtslage bei der oHG kann der Gesellschaftsvertrag der KG die Ermittlung und Verteilung von Gewinn und Verlust unter den Gesellschaftern im Einzelnen und abweichend von den gesetzlichen Bestimmungen regeln. Im Rahmen der **Dispositionsfreiheit der Gesellschafter** kann z. B. vorgesehen werden, dass die Kommanditisten gewinnunabhängige Ausschüttungen erhalten,[1560] die dann freilich im Außenverhältnis gemäß § 172 IV 2 HGB haftungsschädlich sein können (→ Rn. 12 f.).[1561] Nur wenn es keine vertragliche Regelung gibt, gelten ergänzend zu §§ 120 ff. HGB die §§ 167–169 HGB bzw. zukünftig – in durch das **MoPeG** deutlich geänderter Fassung – die §§ 167 und 169 HGB n. F., während § 168 HGB entfällt:

35 Wie bei der oHG wird das Ergebnis ermittelt, indem die geschäftsführungsbefugten Gesellschafter einen **Jahresabschluss** aufstellen (vgl. derzeit §§ 167 I, 120 HGB; zukünftig klarer §§ 161 II, 120 I HGB n. F.; → § 6 Rn. 65 ff.). Für die anschließende

---

[1558] Vgl. zur Neufassung Begr. RegE MoPeG zu § 166 HGB n. F., BT-Drs. 19/27635, S. 253 f.; *Otte*, ZIP 2021, 2162, 2168 f.; *Heckschen/Nolting*, BB 2021, 2946, 2949.

[1559] Vgl. dazu *Schollmeyer*, DNotZ 2021, 889, 896 und Begr. RegE MoPeG zu § 167 HGB n. F., BT-Drs. 19/27635, S. 254 f.: Der Kommanditist hat maximal mit der vereinbarten und auf dem Kapitalkonto gebuchten Pflichteinlage einzustehen.

[1560] Vgl. dazu sowie zu der Frage, wann solche Ausschüttungen von der Gesellschaft (d. h. im Innenverhältnis) zurückgefordert werden können, BGH ZIP 2013, 1222 und BGH BB 2013, 1809.

[1561] BGH ZIP 2016, 518 (Rn. 9 ff.); dazu *Könen*, ZIP 2016, 2002.

*Fest*stellung des Jahresabschlusses sind – auch bei der KG – alle Gesellschafter gemeinsam zuständig, also auch die Kommanditisten (vgl. zukünftig klarstellend §§ 161 II, 121 HGB n.F.).[1562] Sie erfolgt daher in aller Regel im Rahmen einer Gesellschafterversammlung. Für die rechnerische Verteilung von Gewinn oder Verlust durch Zuschreibung zum bzw. Abschreibung vom Kapitalanteil ist sodann – wie bei der oHG – deutlich zwischen dem bisherigen und zukünftigen Recht zu unterscheiden:

Nach dem nur noch **bis Ende 2023** geltenden Recht gebühren bei einem **Gewinn** 36
zwar zunächst jedem Gesellschafter (also auch dem Kommanditisten) wie bei der oHG 4% seines *Kapitalanteils* (§§ 168 I, 121 I HGB). Bleibt danach noch ein zu verteilender Gewinn übrig, erfolgt seine Verteilung anders als bei der oHG (§ 121 III HGB) nicht nach Köpfen, sondern in einem angemessenen Verhältnis (§ 168 II HGB). Die Abweichung erklärt sich daraus, dass die Komplementäre mehr Arbeit für die KG leisten und schärfer haften; dies muss sich in der Gewinnverteilung niederschlagen.[1563] Für die Kommanditisten ist weiter zu beachten, dass die Zuschreibungen zum Kapitalanteil nur so lange erfolgen, bis der Kapitalanteil den Betrag ihrer vertraglich vereinbarten Einlage erreicht (§ 167 II HGB). Soweit der Kapitalanteil durch eine Zuschreibung von Gewinn den Einlagebetrag übersteigen würde, besteht stattdessen zwingend ein Anspruch des Kommanditisten auf Auszahlung (vgl. § 169 HGB; → Rn. 38).[1564]

Ein **Verlust** wird zwischen den Gesellschaftern angemessen verteilt (§ 168 II 37
HGB) und entsprechend vom Kapitalanteil der Gesellschafter abgeschrieben. Dabei besteht (auch) für die Abschreibung vom Kapitalanteil eines Kommanditisten keine Höchstgrenze; sein Kapitalanteil kann also durchaus negativ werden. Zwar bestimmt § 167 III HGB, dass ein Kommanditist an Verlusten „nur bis zum Betrage seines Kapitalanteils und seiner noch rückständigen Einlage" teilnimmt.[1565] Diese Regelung beschränkt jedoch nicht die Verlustzuschreibung, sondern besagt nur, dass der Kommanditist Verluste, die über diesen Betrag hinausgehen, nicht endgültig tragen muss, er insoweit also nicht in der Liquidation gemäß §§ 161 II, 105 III HGB, 735 BGB nachschusspflichtig ist (vgl. für das Ausscheiden bereits → Rn. 32).[1566]

Das dispositive Recht der Gewinn- und Verlustverteilung wird – wie bei der oHG 37a
(→ Rn. 68a ff.) – auch bei der KG durch das **MoPeG** vollständig neu gefasst. Der bisherige § 168 HGB wird gemeinsam mit der darin in Bezug genommenen Vorschrift des § 121 HGB gestrichen und die §§ 167, 168 HGB lauten in Zukunft wie folgt:

§ 167. Verlustbeteiligung

Soweit der Kommanditist die vereinbarte Einlage geleistet hat, sind die §§ 136 und 149 auf ihn nicht anzuwenden.

§ 169. [Gewinnauszahlung]

(1) Der Kommanditist kann die Auszahlung des Gewinns nicht fordern, soweit sein Kapitalanteil durch den ihm zugewiesenen Verlust unter den auf die vereinbarte Einlage geleisteten Betrag herabgemindert ist oder durch die Auszahlung des Gewinns unter diesen Betrag herabgemindert werden würde.

(2) Der Kommanditist ist nicht verpflichtet, den bezogenen Gewinn wegen späterer Verluste zurückzuzahlen.

1562 *K. Schmidt*, GesR, § 53 III 2c; siehe auch → Rn. 29 zu Grundlagengeschäften.
1563 *Windbichler*, GesR, § 17 Rn. 13.
1564 *Windbichler*, GesR, § 17 Rn. 13.
1565 Näher zum Begriff der „rückständigen Einlage" BGH ZIP 2021, 688.
1566 *K. Schmidt*, GesR, § 53 III 5b; *Windbichler*, GesR, § 17 Rn. 14.

37b Mit der Verteilung von Gewinn und Verlust befassen sich diese Vorschriften nicht mehr, weil insoweit zukünftig – wie bei der GbR und oHG – die allgemeine Regelung in § 709 III BGB gilt (zur oHG → § 6 Rn. 68a; näher zur GbR → § 5 Rn. 82a).[1567] Der zukünftige § 167 HGB stellt sodann – in Übereinstimmung mit dem bisherigen Recht (→ Rn. 37) – nur noch klar, dass der Kommanditist über den Betrag seiner (Pflicht-)Einlage hinaus niemals zu Nachschüssen verpflichtet ist (vgl. zum Ausscheiden bereits → Rn. 32).[1568]

38 Den auf ihn entfallenden Gewinn kann der Kommanditist grundsätzlich – wie die persönlich haftenden Gesellschafter (→ § 6 Rn. 68bf.) – entnehmen, soweit nicht die mit dem bisherigen § 169 I 1 Hs. 2 HGB übereinstimmende Grenze des neuen § 169 I HGB eingreift. Diese **Entnahmesperre** wirkt nach dem klaren Wortlaut nur, wenn die fehlende Deckung des Betrags der (Pflicht-)Einlage auf vorherigen Verlusten beruht. Dann muss der Kommanditist seinen durch die Abschreibung von Verlusten verminderten Kapitalanteil zunächst zwingend durch die Zuschreibung von Gewinnen bis zur Höhe der bereits geleisteten Einlage auffüllen, bevor er Auszahlung verlangen kann. Entnahmen unter Verstoß gegen diese Vorgaben des Innenverhältnisses können im Außenverhältnis haftungsschädlich sein (§ 172 IV 2 HGB).[1569] Eine noch offene Einlageschuld hindert den Auszahlungsanspruch hingegen nicht, es sei denn die KG kann mit der Einlageforderung aufrechnen.[1570]

2. „Kapitalerhaltung" bei der KG

39 Für die „Kapitalerhaltung" **im Interesse der Mitgesellschafter** gelten bei der KG dieselben Regeln wie bei der oHG. Entnehmen Komplementär oder Kommanditist offen oder verdeckt Vermögenswerte *ohne Einverständnis* ihrer Mitgesellschafter aus dem Gesellschaftsvermögen, greifen die für die GbR und die oHG bereits aufgezeigten Ansprüche auf **Schadensersatz wegen Treuepflichtverletzung** und **Rückgewähr des Sondervorteils** ein (→ § 5 Rn. 149 zur GbR; → § 6 Rn. 69 zur oHG). Diese Regeln gelten für alle Gesellschafter, also auch für den Kommanditisten, weshalb die Aussage des BGH, es gebe bei der KG „keinen im Innenverhältnis wirkenden Kapitalerhaltungsgrundsatz",[1571] zu allgemein gehalten ist. Richtig ist nur, dass es keinen *im Gläubigerinteresse* bestehenden, im Innenverhältnis wirkenden Kapitalerhaltungsgrundsatz gibt.

40 Bei der zuvor behandelten Außenhaftung des Kommanditisten und deren Wiederaufleben bei Rückzahlung der Einlage (§ 172 IV HGB; → Rn. 10ff.) handelt es sich hingegen nicht um „Kapitalerhaltung" im engeren Sinne, weil Rechtsfolge kein Rückgewähranspruch der Gesellschaft ist. Das Kapital kann bei Einverständnis der Mitgesellschafter entnommen werden und löst dann nur die Außenhaftung des Kommanditisten gegenüber den Gesellschaftsgläubigern aus.[1572] Die Gefahr der Außenhaftung übt allerdings mittelbar Druck auf den Kommanditisten aus, das eingebrachte Kapital in der Gesellschaft zu belassen und bewirkt so eine mittelbare Kapitalbindung.

[1567] Begr. RegE MoPeG zu § 167 HGB n. F., BT-Drs. 19/27635, S. 254.

[1568] Begr. RegE MoPeG zu § 167 HGB n. F., BT-Drs. 19/27635, S. 255.

[1569] Zu § 172 IV 2 HGB → Rn. 12f.; ein vollständiger Gleichlauf zu § 169 HGB besteht nicht.

[1570] Begr. RegE MoPeG zu § 169 I HGB n. F., BT-Drs. 19/27635, S. 255.

[1571] BGH ZIP 2013, 1222 (Rn. 12); BGH BB 2013, 1809 (Rn. 12); BGH ZIP 2017, 1284 (Rn. 12).

[1572] Deutlich BGH ZIP 2017, 1284 (Rn. 9ff., insbes. Rn. 12).

V. Auflösung und Abwicklung der KG

Für die Auflösung, Abwicklung und Vollbeendigung der KG gelten die Ausführungen zur oHG grundsätzlich entsprechend (→ § 6 Rn. 70 ff.). Jedoch gibt es einen besonderen Auflösungsgrund: Weil die KG zwingend einen Komplementär haben muss, ist sie **aufgelöst, wenn der einzige/letzte Komplementär ausscheidet**.[1573] Die Gesellschaft kann allerdings wieder in eine werbende umgewandelt werden, indem ein verbliebener Gesellschafter oder eine dritte (natürliche oder juristische) Person mit Zustimmung aller Gesellschafter die Stellung des Komplementärs übernimmt.[1574] Führen die Gesellschafter die Gesellschaft dagegen als werbende fort, gilt sie als oHG, so dass die Gesellschafter unbeschränkt haften.[1575] 41

VI. Sonderformen

In der Praxis sehr häufig anzutreffen sind zwei Sonderformen der KG, nämlich die Publikums-KG und die GmbH & Co. KG. Bei ihnen sind die nachfolgend aufgezeigten Besonderheiten zu beachten. 42

1. Die Publikums-KG

Publikumsgesellschaften sind Personengesellschaften, die entgegen der gesetzlichen Konzeption nicht auf einen kleinen, sich persönlich bekannten Gesellschafterkreis, sondern auf eine **Vielzahl einander unbekannter Gesellschafter** und damit eher entsprechend einer Kapitalgesellschaft angelegt sind.[1576] Ziel ist regelmäßig die Ansprache eines breiten Publikums für bestimmte Geldanlageprojekte. Die Rechtsform der Personengesellschaft wird somit für Zwecke benutzt, für die eigentlich die Kapitalgesellschaften, insbesondere die AG, geschaffen und geeignet sind. Publikumsgesellschaften sind besonders häufig in der Rechtsform der KG anzutreffen, weshalb sie an dieser Stelle behandelt werden. Die Vielzahl der Gesellschafter beteiligt sich dann als Kommanditist; Komplementär ist regelmäßig eine GmbH.[1577] Grund für die Wahl der Rechtsform der KG ist, dass so die Vorzüge des Personengesellschaftsrechts ausgenutzt werden können (insbesondere die weitgehend freie Gestaltung des Innenverhältnisses),[1578] man der Gesellschaft aber trotzdem die Funktion als **Kapitalsammelbecken** zukommen lassen kann. Häufig sind geschlossene Immobilienfonds als Publikums-KG organisiert, wenn beispielsweise ein großes Einkaufszentrum von vielen Kommanditisten als Form der Vermögensanlage finanziert wird.[1579] 43

[1573] *Windbichler*, GesR, § 17 Rn. 9.

[1574] *Windbichler*, GesR, § 17 Rn. 9.

[1575] *Windbichler*, GesR, § 17 Rn. 9.

[1576] Vgl. zu Publikumspersonengesellschaften ausführlich *K. Schmidt*, GesR, § 57 und *Windbichler*, GesR, § 19.

[1577] Dann sind parallel die Besonderheiten der GmbH & Co. KG zu beachten (→ Rn. 49 ff.).

[1578] Auch steuerliche Gestaltungsmöglichkeiten spielen eine wichtige Rolle: Verluste der Personengesellschaft werden den einzelnen Gesellschaftern zugewiesen. Diese können die Verluste aufgrund der Zuweisung mit ihren sonstigen Einkünften verrechnen und damit ihre Einkommenssteuerbelastung verringern.

[1579] Neben der Rechtsform der KG wird die der GbR gewählt; die nachfolgend dargelegten Grundsätze sind – soweit sie nicht auf Besonderheiten der KG beruhen – übertragbar; vgl. zur GbR → § 5.

44 Die auf personalistische Zusammenschlüsse ausgerichteten Regeln der §§ 161 ff., 105 ff. HGB und §§ 705 ff. BGB, die auch für die Publikums-KG grundsätzlich uneingeschränkt gelten, passen bei Gesellschaften mit mehreren hundert Gesellschaftern in manchen Fällen nicht. Dem trägt die Rechtsprechung u.a. durch folgende Sonderregeln Rechnung:

45 (1) Der **Gesellschaftsvertrag** wird regelmäßig nicht zwischen den beteiligten Personen im Einzelnen ausgehandelt, sondern von den Initiatoren eines Projekts vorformuliert gestellt. Der Großteil der Gesellschafter hat auf seine inhaltliche Ausgestaltung daher keinen Einfluss und/oder tritt der Gesellschaft erst bei, wenn der Vertragstext schon feststeht. Dies veranlasst die Rechtsprechung zu zweierlei: Erstens legt sie Gesellschaftsverträge von Publikumsgesellschaften – anders als sonst bei Personengesellschaften (→ § 5 Rn. 7) und entsprechend den für Kapitalgesellschaften geltenden Grundsätzen (→ § 3 Rn. 21) – nach dem objektiven Erklärungsbefund nur anhand des schriftlichen Vertrags aus,[1580] was im Übrigen entsprechend für Gesellschafterbeschlüsse gilt.[1581] Zweitens unterzieht die Rechtsprechung die Gesellschaftsverträge einer über § 138 I BGB hinausgehenden **Kontrolle gemäß § 242 BGB**, bei der die Auslegung und Inhaltskontrolle Ähnlichkeit zum Recht der Allgemeinen Geschäftsbedingungen hat.[1582] So gehen etwa Zweifel bei der Auslegung zulasten des Verwenders (in Anlehnung an § 305c II BGB)[1583] und müssen sich die mit dem Beitritt verbundenen, nicht unmittelbar aus dem Gesetz folgenden Pflichten aus dem Gesellschaftsvertrag klar ergeben.[1584] Vertragsbestimmungen, die einzelne Gesellschafter unangemessen benachteiligen, sind – ähnlich wie im Rahmen des § 307 BGB – unwirksam.[1585] Dies gilt etwa für eine Klausel, die der Komplementär-GmbH einseitig das Recht einräumt, die Kommanditbeteiligungen zu übernehmen.[1586] Bemerkenswert an dieser Rechtsprechung ist, dass die Grundsätze der §§ 305 ff. BGB über § 242 BGB zur Anwendung kommen, obwohl § 310 IV BGB Gesellschaftsverträge gerade nicht den AGB-Bestimmungen unterstellt.[1587]

46 (2) **Mehrheitsklauseln** sind bei Publikumsgesellschaften praktisch unverzichtbar.[1588] Das Erfordernis der Einstimmigkeit würde die Gesellschaft nämlich zu sehr lähmen, weil bei sehr vielen Gesellschaftern eine gänzlich einvernehmliche Lösung regelmäßig nicht zu erzielen ist. Deshalb ist es von besonderer praktischer Bedeutung, dass die Anforderungen an eine formelle Legitimation von Mehrheitsentscheidungen eingehalten werden (= 1. Stufe der Prüfung eines Mehrheitsbeschlusses; → § 5 Rn. 84 ff.). Durch die Nutzung allgemeiner Mehrheitsklauseln wird dabei sichergestellt, dass *sämtliche* Beschlussgegenstände erfasst sind.[1589] Und selbst wenn sich darin ein Vorbehalt zugunsten abweichender gesetzlicher Bestimmungen findet, ist dieser typischerweise als Verweis ausschließlich auf *zwingende* gesetzliche Vor-

---

[1580] Siehe etwa BGH ZIP 2011, 1865 (Rn. 14); BGH ZIP 2012, 2291 (Rn. 18); BGH ZIP 2016, 518 (Rn. 13); BGH ZIP 2018, 2024 (Rn. 17); jeweils m.w.N.

[1581] BGH ZIP 2018, 929 (Leitsatz und Rn. 16) m.w.N.

[1582] Deutlich BGH ZIP 2013, 1222 (Rn. 14) m.w.N.

[1583] BGH ZIP 2013, 1222 (Rn. 14); BGH ZIP 2016, 518 (Rn. 14 ff.).

[1584] BGH ZIP 2017, 2399 (Rn. 6) m.w.N.

[1585] BGHZ 64, 238.

[1586] Vgl. BGHZ 84, 11; → § 5 Rn. 128 ff. zur Hinauskündigung.

[1587] Deutlich BGH ZIP 2013, 1222 (Rn. 14); BGH ZIP 2016, 518 (Rn. 14); partiell kritisch *Könen*, ZIP 2016, 2002, 2006 f.

[1588] In diesem Sinne auch BGH ZIP 2018, 2024 (Rn. 17 a.E., 23).

[1589] Zu allgemeinen Mehrheitsklauseln schon → § 5 Rn. 85.

gaben auszulegen.[1590] Vor der Mehrheitsmacht sind die Minderheitsgesellschafter aber gleichwohl geschützt (= 2. Stufe: materielle Wirksamkeitsprüfung; → § 5 Rn. 87 ff.).[1591] So können beispielsweise Nachschusspflichten nicht ohne ihre – ggf. antizipierte – Zustimmung wirksam begründet werden.[1592] Außerhalb der Nachschusspflichten sind die Anforderungen an eine antizipierte Zustimmung im Gesellschaftsvertrag aber wohl gegenüber personalistisch geprägten Gesellschaften zu reduzieren, um die Handlungsfähigkeit der Gesellschaft zu sichern.

(3) Die den Verschuldensmaßstab des Gesellschafters derzeit noch reduzierende Vorschrift des **§ 708 BGB gilt bei Publikumsgesellschaften nicht:**[1593] Ihr Grundgedanke[1594] passt nicht, da die Gesellschafter persönlich nicht miteinander verbunden sind und nicht ihre Arbeitskraft, sondern lediglich ihr Kapital in die Gesellschaft einbringen. Mit der Abschaffung des § 708 BGB durch das **MoPeG** zum 1.1.2024 wird sich der Unterschied von selbst erledigen. 47

(4) Für unrichtige und unvollständige Angaben beim Vertrieb der Beteiligungen haften die Vermittler und Initiatoren des Projekts nach den Grundsätzen der sog. **Prospekthaftung.** Diese war bis zum Jahr 2012 in §§ 44 bis 47 BörsG geregelt, soweit es um die Emission von Wertpapieren im regulierten Markt (Börse) geht. Für den Vertrieb von Kapitalanlagen, die nicht in (börsennotierten) Wertpapieren, sondern in der Beteiligung an einer Publikumsgesellschaft bestehen (damals sog. „**grauer Kapitalmarkt**"), gab es früher keine spezialgesetzlichen Haftungsregeln. Die Rechtsprechung hatte deshalb die Prospekthaftung zunächst aus einer Erweiterung der im bürgerlichen Recht anerkannten Grundsätze der *culpa in contrahendo* gewonnen, nach denen ausnahmsweise auch Dritte in Anspruch genommen werden können, wenn sie im Rahmen der Vertragsanbahnung in besonderem Maße Vertrauen für sich in Anspruch nehmen (heute: § 311 III BGB).[1595] Später wurde mit § 13 des früheren Verkaufsprospektgesetzes (VerkProspG) für fehlerhafte Prospekte eine allgemeine Verweisung auf die Prospekthaftung der §§ 44 ff. BörsG a. F. eingeführt, die auch für nicht in Wertpapieren bestehende Kapitalanlagen i. S. v. § 8 f I VerkProspG galt, also auch für Publikumsgesellschaften. Gegenüber der früheren Rechtsprechung bedeutete dies eine Verschlechterung für den Anleger, weil § 45 I BörsG für die Haftung mindestens grobe Fahrlässigkeit voraussetzte, während nach den früheren Rechtsprechungsgrundsätzen – wie allgemein bei der c. i. c. – einfache Fahrlässigkeit genügte. Im Jahr 2012 ist sodann das **Prospektrecht neu geordnet** worden. Für Wertpapiere ist die Prospekthaftung damals allgemein in §§ 21 ff. des Wertpapierprospektgesetzes (WpPG) verlagert worden, die sich seit 2019 nahezu unverändert in §§ 8 ff. WpPG wiederfinden.[1596] Für Vermögensanlagen, die nicht in 48

[1590] BGH ZIP 2018, 2024 (Leitsatz 1 und Rn. 18 ff.).

[1591] Vgl. *K. Schmidt*, GesR, § 57 II 2c.

[1592] Siehe aber auch OLG München ZIP 2017, 679: Aufforderung zur Einzahlung einer noch nicht eingeforderten Kommanditeinlage ist keine Nachschusspflicht.

[1593] BGHZ 75, 321.

[1594] Hierzu → § 5 Rn. 75.

[1595] Vgl. BGHZ 71, 284; 79, 337 zu der an ein typisiertes Vertrauen anknüpfenden Prospekthaftung im engeren Sinne; BGH ZIP 2008, 1526 zur allgemeinen Dritthaftung aus c. i. c. (§ 311 III BGB); Überblick zur Prospekthaftung bei Hopt/*Hopt*, HGB, Anh. § 177a Rn. 59 ff.

[1596] Hintergrund ist das Inkrafttreten der Prospektverordnung (EU) Nr. 2017/1129, die nun die Anforderungen an Wertpapierprospekte einheitlich für die EU regelt (Überblick bei *Wöckener/Kutzbach*, RdF 2018, 276 ff.; *Schulz*, WM 2018, 212 ff.). Das deutsche WpPG wurde entsprechend gekürzt und die nach wie vor national geregelte Haftung entsprechend im Gesetz nach vorne verlagert.

Wertpapieren bestehen, wurde 2012 ein neues Vermögensanlagengesetz (VermAnlG) geschaffen, das in §§ 20ff. die Haftung für fehlerhafte und fehlende Prospekte regelt. Die **Beschränkung der Haftung auf Vorsatz und grobe Fahrlässigkeit** bei fehlerhaften Prospekten gilt weiterhin (§ 12 I WpPG bzw. § 20 III VermAnlG).

⇨ *Fall Nr. 42 – Probleme mit dem Publikum*

2. Die GmbH & Co. KG

49 Auch die GmbH & Co. KG ist eine Sonderform der KG.* Bei ihr nimmt eine GmbH die Stelle des Komplementärs ein. Gleichwohl ist die Gesellschaft weiterhin Personen- und nicht Kapitalgesellschaft. Da die GmbH zwar unbeschränkt persönlich für die Verbindlichkeiten der KG haftet (§§ 161 II, 128 HGB; zukünftig § 126 HGB n. F.), ihrerseits aber haftungsbeschränkt ist (→ § 4 Rn. 2), ist die GmbH & Co. KG letztlich eine **Personengesellschaft mit Haftungsbeschränkung.**

a) Grundlagen

50 Die vom Gesetzgeber bei Schaffung des HGB zunächst nicht vorgesehene Einführung der GmbH & Co. KG durch die Vertragspraxis war **steuerlich motiviert.** Die früher geltende Doppelbesteuerung der GmbH machte diese Gesellschaftsform unattraktiv. Denn zunächst unterlag die GmbH als juristische Person der Körperschaftssteuer und anschließend musste der GmbH-Gesellschafter den nach der Versteuerung verbleibenden Gewinn seinerseits bei sich als Einkommen versteuern. Diese Doppelbesteuerung konnte durch die Wahl einer Personengesellschaft (GmbH & Co. KG) vermieden werden, weil bei den Personengesellschaften der Gewinn nur bei den Gesellschaftern zu versteuern ist. Da die KG Trägerin des Unternehmens ist, fällt der Gewinn nicht bei der GmbH, sondern bei der Personengesellschaft an und ist deshalb nur einmal bei den Gesellschaftern zu versteuern. Die **GmbH als Komplementärin dient nur als Instrument der Haftungsbeschränkung**, denn sie hat in aller Regel keine eigene unternehmerische Funktion.

b) Geschäftsführung, Vertretung und Haftung

51 Die GmbH übernimmt als Komplementärin der KG die Geschäftsführung und Vertretung der Gesellschaft (→ Rn. 29f.). Dabei handelt die GmbH, weil sie juristische Person ist, durch ihr Gesellschaftsorgan, den Geschäftsführer der GmbH (→ § 4 Rn. 127ff.). Auf diese Weise **führt der Geschäftsführer der Komplementär-GmbH mittelbar auch die Geschäfte der KG**, ist aber nicht selbst deren Geschäftsführer. Wegen dieser nur mittelbaren Leitung der KG durch den Geschäftsführer der Komplementär-GmbH ist es etwas schwieriger, seine direkte Haftung gegenüber der KG bei sorgfaltswidriger Geschäftsführung bei der KG zu begründen. Die Rechtsprechung nimmt insoweit an, dass die KG jedenfalls dann, wenn die Geschäftsführung bei der KG die alleinige oder wesentliche Aufgabe der Komplementär-GmbH ist, in den **Schutzbereich des Organ- und Anstellungsverhältnisses** zwischen der Komplementär-GmbH und deren Geschäftsführer im Hinblick auf dessen Haftung aus § 43 II GmbHG einbezogen ist.[1597] Ebenso wie die Haftung des GmbH-Geschäftsführers aus § 43 II GmbHG jedoch im Grundsatz ausgeschlossen ist, wenn

---

* Zur GmbH & Co. KG vgl. *K. Schmidt*, GesR, § 56; *Windbichler*, GesR, § 37; *Grunewald*, GesR, § 3 Rn. 70–84.

[1597] BGH ZIP 2013, 1712 = NJW 2013, 3636 (Leitsatz 1 und Rn. 15ff.) m.w.N. Dasselbe gilt für den Geschäftsführer einer geschäftsführenden Kommanditisten-GmbH; vgl. OLG Hamburg ZIP 2022, 485 (Revision beim BGH unter Az. II ZR 162/21).

er im Einvernehmen mit den GmbH-Gesellschaftern handelt (→ § 4 Rn. 143f.), entfällt die Haftung in der KG bei einem **Einverständnis aller KG-Gesellschafter.**[1598] Anderes gilt auch bei der KG für die nicht zur Disposition der Gesellschafter stehende Haftung aus § 43 III GmbHG, welche an einen Verstoß gegen die dem Gläubigerschutz dienenden Kapitalerhaltungsregeln anknüpft (zur GmbH → § 4 Rn. 142ff.).[1599] Diese Kapitalerhaltung gibt es auch bei der GmbH & Co. KG (→ Rn. 58ff.) und auch in Bezug auf § 43 III GmbHG wird die KG in den Schutzbereich des Organ- und Anstellungsverhältnisses zwischen Komplementär-GmbH und GmbH-Geschäftsführer einbezogen.[1600] Wird der Anstellungsvertrag des GmbH-Geschäftsführers – was ebenfalls möglich ist[1601] – mit der KG abgeschlossen, kann sich daraus auch eine direkte Haftung ergeben.

Da es sich bei der GmbH & Co. KG um eine im Ergebnis haftungsbeschränkte 51a
Rechtsform handelt (→ Rn. 49), sind die Regeln über die **Insolvenzantrags- und Massesicherungspflicht** aus §§ 15a, 15b InsO mit der daran anknüpfenden Haftung der Geschäftsführer auch auf sie anwendbar (vgl. zur GmbH → § 4 Rn. 146ff.).[1602] Das Gleiche gilt für die insolvenzrechtlichen Vorschriften zu den **Gesellschafterdarlehen** (vgl. zur GmbH → § 4 Rn. 262ff.).[1603]

In der Praxis ist die Gestaltung der so genannten **Einpersonen-GmbH & Co. KG** 52
häufig. Damit ist gemeint, dass der Gesellschafter der GmbH mit dem Kommanditisten der KG identisch ist. Die GmbH & Co. KG hat dann zwar formal zwei Gesellschafter, die GmbH und den Kommanditisten. Letztlich steht aber nur eine natürliche Person hinter dem Unternehmen, der Kommanditist:

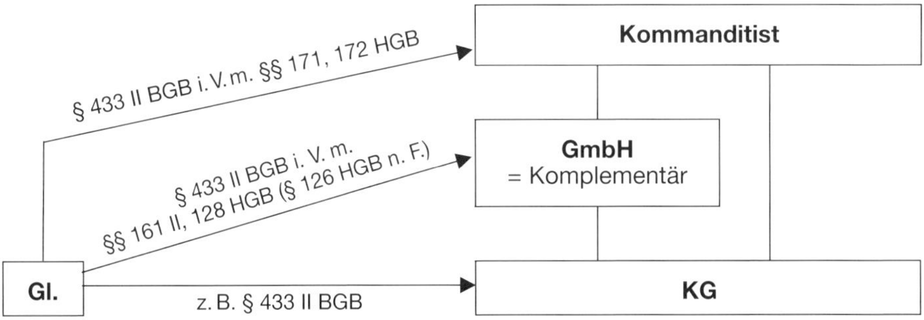

Die Haftung bei der GmbH & Co. KG entspricht derjenigen bei der normalen 53
KG. Schließt also beispielsweise der Kommanditist in seiner Eigenschaft als Geschäftsführer der GmbH und diese wiederum in ihrer Eigenschaft als geschäftsführungs- und vertretungsbefugte Komplementärin der KG einen Kaufvertrag im Namen der KG mit einem Gläubiger (Gl.), dann hat dieser Gläubiger einen Anspruch auf Kaufpreiszahlung gegen die KG aus § 433 II BGB. Gegen den Kommanditisten besteht der Anspruch aus § 433 II BGB i.V.m. §§ 171, 172 HGB. Der Anspruch ist ausgeschlossen, wenn der Kommanditist eine Einlage in Höhe der Haftsumme an

[1598] BGH ZIP 2013, 1712 = NJW 2013, 3636 (Leitsatz 2 und Rn. 33) m.w.N.; siehe auch BGH ZIP 2020, 2117 (Leitsatz 1): Entlastung der Komplementärin durch KG-(Mit-)Gesellschafter bewirkt auch die (haftungsbefreiende) Entlastung des Geschäftsführers der Komplementärin im Verhältnis zur KG.

[1599] BGH ZIP 2015, 322 (Rn. 13).

[1600] BGH ZIP 2015, 322 (Leitsatz 2 und Rn. 12).

[1601] BGH ZIP 2016, 1376 (Rn. 22).

[1602] Scholz/*Bitter*, GmbHG, § 64 Rn. 40; zum neuen Recht *Bitter*, ZIP 2021, 321, 331.

[1603] Scholz/*Bitter*, GmbHG, Anh. § 64 Rn. 53ff.

die KG geleistet hat (§ 171 I Hs. 2 BGB): Haftungsbefreiung durch Einlageleistung. Daneben hat der Gläubiger auch einen Anspruch gegen die GmbH als Komplementärin der KG aus § 433 II i.V.m. §§ 161 II, 128 HGB (zukünftig § 126 HGB n.F.). Für diesen Anspruch haftet die GmbH allerdings ihrerseits nur beschränkt mit ihrem Gesellschaftsvermögen (§ 13 II GmbHG), das in der Praxis meist nur mit dem Mindeststammkapital von 25.000 EUR bemessen ist.

c) **Kapitalaufbringung und Kapitalerhaltung**

54 Die Kapitalaufbringung in der GmbH & Co. KG setzt sich aus zwei Aspekten zusammen, die anhand des nachfolgenden Schaubildes verdeutlicht werden sollen:

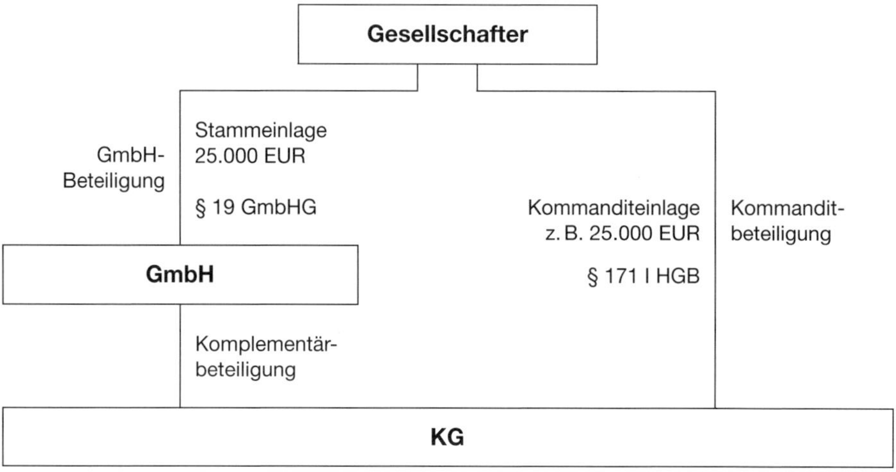

55 Die hinter der GmbH & Co. KG stehende Person ist zunächst Alleingesellschafter der Komplementär-GmbH. In dieser Eigenschaft unterliegt sie den **Kapitalaufbringungsvorschriften des GmbH-Rechts** (§§ 7, 19 GmbHG), hat also ihre Stammeinlage (Mindestbetrag: 25.000 EUR aus § 5 I GmbHG) an die GmbH zu leisten (→ § 4 Rn. 161). Die GmbH gibt den Betrag, da sie in aller Regel selbst unternehmerisch gar nicht tätig ist und die Mittel daher nicht benötigt, meist als Kredit an die KG weiter.[1604] Eine solche Gestaltung brachte nach alter Rechtslage jedoch Haftungsrisiken mit sich: Nach einem Urteil des BGH war die Stammeinlage nicht wirksam erbracht (keine Erfüllungswirkung), wenn die gezahlte Geldeinlage umgehend als „Darlehen" an die von dem GmbH-Gesellschafter beherrschte KG weiterfließt.[1605] Nach dem MoMiG kann dies allerdings nicht mehr gelten, wenn die Vorgaben des § 19 V GmbHG eingehalten sind (→ § 4 Rn. 191 ff.).

56 **Beachte:** Sollte sich in der Folge der Einführung der Unternehmergesellschaft (haftungsbeschränkt; → § 4 Rn. 295) auch die UG & Co. KG durchsetzen, wäre ggf. sogar nur 1 EUR als Haftungsmasse aufzubringen und die Problematik der Darlehensgewährung an die KG würde sich erledigen.[1606]

[1604] Denkbar ist auch eine vermögensmäßige Beteiligung der GmbH an der KG durch eine entsprechende Einlage der GmbH in die KG. Für die nachfolgend aufzuzeigende Kapitalerhaltung ergeben sich dadurch im Ergebnis keine Unterschiede, nur die Begründung ist z.T. anders; vgl. dazu *Bitter*, Durchgriffshaftung, S. 232.

[1605] BGHZ 174, 370 (Leitsatz 1).

[1606] Dazu *Römermann/Passarge*, ZIP 2009, 1497.

Der Gesellschafter der GmbH ist außerdem Kommanditist der KG. Als Kommanditist kann er eine Kommanditeinlage in beliebiger Höhe versprechen, im Beispiel ebenfalls 25.000 EUR. Wenn seine Haftsumme der Höhe der Einlage entspricht, wird er durch die Einzahlung der Einlage von seiner Außenhaftung gegenüber den Gesellschaftsgläubigern befreit (§ 171 I HGB). 57

Etwas komplizierter ist die **Kapitalerhaltung** in der GmbH & Co. KG. Werden dem Kommanditisten Gelder aus der KG „zurückgezahlt", lebt zunächst seine Außenhaftung bis zur Höhe der Haftsumme wieder auf. Allerdings ist diese Außenhaftung – wie gesagt – absolut auf den Betrag der Haftsumme beschränkt (→ Rn. 11). Kommt es also beispielsweise zu offenen oder verdeckten Ausschüttungen an den Kommanditisten in Höhe von 100.000 EUR, haftet er in dem angeführten Beispiel dennoch im Außenverhältnis gegenüber den Gläubigern der KG nur in Höhe von 25.000 EUR, vorausgesetzt die Haftsumme entspricht betragsmäßig der Einlage. Bei der gewöhnlichen KG würden für die dann fehlenden Beträge die Komplementäre als natürliche Personen mit ihrem Privatvermögen einzustehen haben. Dieses Vermögen ist bei der Komplementär-GmbH jedoch von vornherein beschränkt, so dass **zusätzliche Schutzmechanismen aus dem GmbH-Recht** zur Anwendung kommen müssen. 58

Ist das KG-Vermögen durch Auszahlungen an den Kommanditisten aufgebraucht, führen weitere Auszahlungen zu einer Überschuldung der KG. Da die GmbH als Komplementärin der KG für deren Verbindlichkeiten gemäß §§ 161 II, 128 HGB (zukünftig § 126 HGB n. F.) voll einzustehen hat, führt eine Überschuldung der KG rasch auch zu einer Überschuldung der GmbH. **Auszahlungen aus dem KG-Vermögen an den Kommanditisten schmälern mittelbar auch das Stammkapital der GmbH.** Deshalb hat der BGH schon sehr früh entschieden, dass die Kapitalerhaltungsvorschriften des GmbH-Rechts (§§ 30, 31 GmbHG; → § 4 Rn. 226) entsprechend auch auf Auszahlungen der KG an den Kommanditisten anzuwenden sind.[1607] Sinkt also das Vermögen der GmbH durch die Belastung mit den Verbindlichkeiten der KG unter die Stammkapitalgrenze, lösen weitergehende Auszahlungen an den Kommanditisten einen Anspruch der KG gegen diesen auf Rückgewähr der ausgezahlten Beträge aus (§§ 30, 31 GmbHG analog).[1608] Diese Haftung ist nicht absolut auf den Betrag des Stammkapitals der GmbH beschränkt, sondern kann diesen Betrag um ein Vielfaches übersteigen. 59

Für unser Beispiel bedeutet das Folgendes: Hat die GmbH ihr Stammkapital von 25.000 EUR als Kredit an die KG gegeben und hat außerdem der Kommanditist 25.000 EUR eingezahlt, dann hat die KG zunächst Aktiva von 50.000 EUR. Lässt sich der Kommanditist nun 25.000 EUR zurückzahlen, vermindern sich die Aktiva der KG auf denselben Betrag. Der Kreditrückzahlungsanspruch der GmbH ist zu diesem Zeitpunkt jedoch noch vollwertig, weil sich die restlichen Aktiva der KG auf 25.000 EUR belaufen. Werden nun zusätzliche Gelder, z. B. weitere 10.000 EUR an den Kommanditisten ausgezahlt, dann sinken die Aktiva der KG auf 15.000 EUR. Der Kreditrückzahlungsanspruch der GmbH in Höhe von 25.000 EUR ist nicht mehr vollwertig, so dass das Stammkapital der GmbH angegriffen wird. Die Auszahlung an den Kommanditisten löst deshalb einen Rückgewähranspruch der KG gegen den Kommanditisten in Höhe von 10.000 EUR analog § 31 GmbHG aus. Würden – ohne Erstattung dieser 10.000 EUR – weitere 50.000 EUR an den Kom- 60

1607 BGHZ 60, 324, 328 ff. = NJW 1973, 1036, 1037 ff.; dazu eingehend *Bitter*, Durchgriffshaftung, S. 231 ff.

1608 Siehe auch BGH ZIP 2015, 322.

manditisten ausgezahlt, hätte die KG neben dem Kreditrückzahlungsanspruch der GmbH i. H. v. 25.000 EUR weitere Schulden (aus Kredit) i. H. v. 35.000 EUR, denen keine Aktiva mehr gegenüberstehen. Die KG wäre also deutlich überschuldet. Damit wäre nicht nur das Stammkapital der GmbH von 25.000 EUR verbraucht, sondern die GmbH hätte wegen der persönlichen Haftung für die Verbindlichkeiten der KG auch die 35.000 EUR Schulden abzudecken, wäre also in dieser Höhe überschuldet. Der Kommanditist wäre in diesem Fall einem Rückgewähranspruch der KG analog § 31 GmbHG in Höhe von 60.000 EUR ausgesetzt.[1609] Hierdurch könnte die Überschuldung der KG vollständig abgedeckt und so das zur Erhaltung des Stammkapitals der GmbH erforderliche Vermögen von 25.000 EUR wiederhergestellt werden.

61 Diese von der Rechtsprechung entwickelten Grundsätze der Kapitalerhaltung bei der GmbH & Co. KG gelten nicht nur gegenüber einem Kommanditisten, der zugleich GmbH-Gesellschafter ist, sondern auch im Verhältnis zu einem sog. „**Nur-Kommanditisten**“, also einer Person, die nur Kommanditist der KG und nicht zugleich Gesellschafter der GmbH ist.[1610] Die Haftung des „Nur-Kommanditisten“ setzt nach Auffassung des BGH allerdings voraus, dass neben der GmbH keine natürliche Person unbeschränkt für die Verbindlichkeiten der KG haftet, während dies für den „Auch-GmbH-Gesellschafter“ ohne Bedeutung ist.[1611]

§ 8. Die Partnerschaftsgesellschaft (PartG)

1 Die Partnerschaftsgesellschaft (PartG) steht für **Angehörige freier Berufe**[1612] offen (§ 1 I 1 PartGG).[*] Für die PartG gilt das Recht der GbR (→ § 5), soweit das PartGG keine besondere Regelung trifft (§ 1 IV PartGG). Besondere Regelungen des PartGG sind unter anderem:

- § 2 I PartGG: Der Name der Partnerschaft muss den Zusatz „und Partner“ oder „Partnerschaft“ enthalten, während die Pflicht zur Angabe mindestens eines Partners sowie der Berufsbezeichnung aller vertretenen Berufe mit dem Inkrafttreten des **MoPeG** am 1.1.2024 entfällt. Das Gleiche gilt für das bisher in § 3 PartGG angeordnete Schriftformerfordernis für den Gesellschaftsvertrag.[1613]
- § 6 II PartGG: Von der Geschäftsführung können die Partner nur insoweit ausgeschlossen werden, wie nicht ihre eigenen freiberuflichen Leistungen betroffen sind.
- §§ 6 III, 7 III (ab 1.1.2024: Abs. 2), 8 I PartGG: Abweichend von § 1 IV PartGG finden auf das Innenverhältnis, die Vertretung und die Haftung der Gesellschafter die Vorschriften zur oHG Anwendung (dazu insbesondere → § 6 Rn. 28 ff.).

[1609] Daneben löst die Auszahlung an den Kommanditisten – wie gesagt – dessen Außenhaftung gegenüber den Gesellschaftsgläubigern in Höhe der Haftsumme von 25.000 EUR aus.

[1610] BGHZ 110, 342, 355 f. = NJW 1990, 1725; vgl. dazu *Bitter*, Durchgriffshaftung, S. 263 ff.

[1611] BGH ZIP 2015, 322 (Leitsatz 1 und Rn. 9 ff.).

[1612] Zur Definition der freien Berufe vgl. § 1 II PartGG.

[*] Zur Partnerschaftsgesellschaft vgl. *K. Schmidt*, GesR, § 64; *Salger* in: MHdB GesR I, § 36.

[1613] Vgl. zur Liberalisierung des Namensrechts der PartG und zur Streichung des § 3 PartGG Begr. RegE MoPeG, BT-Drs. 19/27635, S. 273 ff.

- § 7 I PartGG: Die PartG wird im Verhältnis zu Dritten mit ihrer Eintragung in das Partnerschaftsregister wirksam. Die Eintragung wirkt also konstitutiv.[1614] Die Umwandlung einer GbR in eine PartG – Umwandlung nicht im Sinne des UmwG, sondern eines identitätswahrenden Wechsels des „Rechtskleides" – ist also möglich, indem die Gesellschaft ins Partnerschaftsregister eingetragen wird. War die GbR nach dem ab 1.1.2024 geltenden Recht im Gesellschaftsregister eingetragen, vollzieht sich jene Umwandlung durch einen sog. **Statuswechsel** gemäß § 1 IV PartGG i.V.m. § 707c BGB n.F.; umgekehrt kann die PartG zukünftig per Statuswechsel in eine eingetragene GbR oder oHG umgewandelt werden (vgl. zur oHG →§ 6 Rn. 9a).[1615]
- § 8 II PartGG: **Für berufliche Fehler haftet** neben der PartG **nur der mit der Bearbeitung des Auftrags befasste Partner**. Zwar sind Partner, deren Bearbeitungsbeiträge von untergeordneter Bedeutung sind, nicht „mit der Bearbeitung des Auftrags befasst" (§ 8 II Hs. 2 PartGG). Gleichwohl müssen die Partner darauf achten, dass eine klare Aufgabentrennung herrscht und diese auch dokumentiert wird, damit § 8 II PartGG zu einer spürbaren Haftungserleichterung führt. Abweichend von den vorstehend dargestellten Grundsätzen haftet den Gläubigern für Verbindlichkeiten der Partnerschaft aus Schäden wegen fehlerhafter Berufsausübung nur „das Gesellschaftsvermögen" (zukünftig: „die Gesellschaft"), wenn die Partnerschaft eine zu diesem Zweck durch Gesetz vorgegebene Berufshaftpflichtversicherung unterhält (§ 8 IV PartGG) – **Partnerschaft mit beschränkter Berufshaftung** (PartG mbB).[1616] Letztere ist nur eine Rechtsformvariante der Partnerschaft, keine andere Rechtsform.[1617]

[1614] Zur Unterscheidung zwischen konstitutiven und deklaratorischen Eintragungen siehe *Bitter/Linardatos*, HandelsR, § 4 Rn. 5 f.

[1615] Näher zum Statuswechsel Begr. RegE MoPeG zu § 707c BGB n.F., BT-Drs. 19/27635, S. 136 ff.

[1616] Dazu *Tröger/Pfaffinger*, JZ 2013, 812; *Linardatos*, VersR 2013, 1488; zur Haftung im Innenverhältnis siehe aber *von Klitzing/Seiffert*, ZIP 2015, 2401.

[1617] OLG Nürnberg ZIP 2014, 420.

Teil 2. Fälle und Lösungen

§ 9. Fälle zum Verein und zur Aktiengesellschaft (AG)

Fall Nr. 1 – Bootstransport

R ist Rennruderwart im Siegburger Ruderverein 1910 e. V. und damit das für den Regattabetrieb zuständige Vorstandsmitglied. Für eine Regatta in Köln unternimmt er einen Bootstransport von Siegburg nach Köln. In einer scharfen Kurve unterschätzt R die Länge des Bootsanhängers und schrammt einen dort parkenden PKW des Fahrzeughalters F. F verlangt vom Siegburger Ruderverein e. V. Ersatz des Schadens. Dieser beruft sich darauf, dass R normalerweise ein sehr sorgfältiger Fahrer sei und noch nie einen Unfall mit dem Bootsanhänger gehabt habe. F solle sich ggf. direkt an R halten. Hat F Anspruch auf Schadensersatz gegen den Verein?

Bearbeitervermerk: Es sind nur Ansprüche aus dem BGB zu prüfen, d. h. insbesondere keine Ansprüche aus dem Straßenverkehrsgesetz (StVG).

Lösung

Fraglich ist, ob F Anspruch auf Schadensersatz gegen den Verein hat.

1. Anspruch aus § 823 I BGB i. V. m. § 31 BGB

Gemäß § 823 I BGB ist derjenige, der vorsätzlich oder fahrlässig das Leben, den Körper, die Gesundheit, die Freiheit, das Eigentum oder ein sonstiges Rechtsgut eines anderen verletzt, dem anderen zum Ersatz des daraus entstehenden Schadens verpflichtet.

Die erste Voraussetzung des § 823 I BGB, eine **Rechtsgutsverletzung**, ist hier in der Form der Verletzung des Eigentums gegeben, da der PKW des F mit dem Bootsanhänger geschrammt wurde.

Die Rechtsgutsverletzung muss durch eine **Handlung** des in Anspruch genommenen Schädigers hervorgerufen worden sein. Insoweit ist problematisch, dass der in Anspruch genommene e. V. nicht selbst gehandelt hat, als juristische Person auch gar nicht selbst handeln kann. Möglicherweise muss sich der e. V. jedoch die Handlung des R **gemäß § 31 BGB zurechnen** lassen. Nach dieser Vorschrift ist der Verein für den Schaden verantwortlich, den der Vorstand, ein Mitglied des Vorstandes oder ein anderer verfassungsmäßig berufener Vertreter durch eine in Ausführung der ihm zustehenden Verrichtungen begangene, zum Schadensersatz verpflichtende Handlung einem Dritten zufügt.

Der Rennruderwart R war ein **Mitglied des Vorstandes**, nämlich das für den Regattabetrieb zustandige Vorstandsmitglied. Bei der unternommenen Fahrt, auf der es zu der Schädigung des F kam, handelte er auch **in Ausführung der ihm zustehenden Verrichtungen**. Denn es handelte sich um eine Tätigkeit für den Verein und nicht etwa um eine rein private Tätigkeit. Daher kann das Verhalten des R dem e. V. gemäß § 31 BGB zugerechnet werden.

R muss bei der Schädigung auch rechtswidrig gehandelt haben. Die **Rechtswidrigkeit** wird durch die Rechtsgutsverletzung indiziert und entfällt nur, wenn Rechtfertigungsgründe vorliegen (z.B. Notwehr etc.). Rechtfertigungsgründe sind hier nicht ersichtlich.

Weiterhin ist ein **Verschulden** zu prüfen. Vorsätzlich hat R zwar nicht gehandelt, möglicherweise aber fahrlässig. Gemäß § 276 II BGB handelt fahrlässig, wer die im Verkehr erforderliche Sorgfalt außer Acht lässt. Vom Fahrer eines Autos mit Bootsanhänger kann erwartet werden, dass er die Länge des Anhängers richtig einschätzt bzw. in einer scharfen Kurve langsam fährt, notfalls Mitfahrer oder Passanten zur Beobachtung abstellt, um eine Schädigung dort parkender Autos zu verhindern. Wer diese Vorkehrungen nicht trifft, lässt die im Verkehr erforderliche Sorgfalt außer Acht. Demnach hat R hier fahrlässig gehandelt.

Durch die rechtswidrige und schuldhafte Handlung ist dem F ein **Schaden** an seinem Auto entstanden, der gemäß § 249 II BGB in Geld zu ersetzen ist.

Der Verein ist daher dem F gemäß § 823 I BGB i.V.m. § 31 BGB zum Schadensersatz verpflichtet.

2. Anspruch gemäß § 831 BGB

Nach § 831 BGB ist derjenige, der einen anderen zu einer Verrichtung bestellt, zum Ersatz des Schadens verpflichtet, den der andere in Ausführung der Verrichtung einem Dritten widerrechtlich zufügt.

§ 831 BGB setzt zunächst eine **widerrechtliche Schadenszufügung** voraus. Diese liegt vor, wenn der objektive Tatbestand einer unerlaubten Handlung i.S.v. § 823 BGB erfüllt ist. Das ist hier – wie unter Ziff. 1 dargelegt – in der Person des R gegenüber F der Fall.

R muss ferner **Verrichtungsgehilfe** gewesen sein. Dies setzt die Übertragung einer Aufgabe von einer Person (dem Geschäftsherrn) voraus, zu dem der Gehilfe in einem Verhältnis der Weisungsabhängigkeit steht (insbesondere der typische Angestellte). Da R aber Vorstandsmitglied des e.V. ist, steht er zu keinem Geschäftsherrn in einem Abhängigkeitsverhältnis. Er kann daher kein Verrichtungsgehilfe sein.

Der Anspruch aus § 831 BGB scheitert hier zudem deshalb, weil R normalerweise ein sehr sorgfältiger Fahrer war und er bisher noch nie einen Unfall hatte, so dass sich der e.V. auch gemäß § 831 I 2 BGB entlasten könnte (sog. **Exkulpation**).

Ein zusätzlicher Anspruch aus § 831 BGB besteht somit aus mehreren Gründen nicht.

Fall Nr. 2 – Satzungsfragen

Teil 1: Die X-AG stellt Autos her. Ihre Satzung enthält unter anderem folgende Regelungen:

„Zur Eröffnung eines Produktionsstandortes außerhalb der EU ist der Vorstand nur mit Zustimmung der Hauptversammlung berechtigt."

„Satzungsänderungen können von der Hauptversammlung mit einfacher Mehrheit des bei der Beschlussfassung vertretenen Grundkapitals beschlossen werden."

Sind diese Satzungsbestimmungen zulässig?

Teil 2: A und B gründen eine AG, von deren Grundkapital A 80 % und B 20 % hält. A und B wollen festlegen, dass Satzungsänderungen nur einstimmig möglich sind. Jedoch wird in die Satzung keine entsprechende Regelung aufgenommen, sondern irrtümlich bestimmt, dass eine ¾-Mehrheit genügt. Es kommt in einer strategischen Frage zum Streit zwischen den zwei Aktionären. A möchte wissen, ob er zur Umsetzung seiner strategischen Pläne die Satzung auch ohne die Zustimmung des B ändern kann.

Teil 3: Sämtliche Gesellschafter der Z-GmbH treffen außerhalb der Satzung[1] eine Vereinbarung, wonach die Abfindung, die ein Gesellschafter im Fall seines Ausscheidens von der Gesellschaft erhält, auf den Buchwert seines Anteils begrenzt ist. In der Satzung der Z-GmbH ist hingegen eine Abfindung in Höhe des Verkehrswertes des Anteils vorgesehen. Der Gesellschafter Y fragt sich, welche Abfindung er bei seinem Ausscheiden von der Gesellschaft verlangen kann.

Bearbeitervermerk: Die Zulässigkeit einer Abfindung zum Buchwert ist zu unterstellen; zur Zulässigkeit von Abfindungsbeschränkungen → § 5 Rn. 135 ff. mit Fall Nr. 29 – Ertragswert (zur GbR).

Rechtsprechungshinweis: BGH ZIP 2010, 1541, BGH ZIP 2018, 1629 (Rn. 15).

Lösung zu Teil 1

Die Satzungsbestimmungen sind zulässig, wenn sie mit den Regelungen des AktG vereinbar sind. Die Gestaltungsfreiheit der Aktionäre einer AG ist gemäß § 23 V AktG begrenzt: Die Satzung kann von den Vorschriften des AktG nur abweichen, wenn es ausdrücklich zugelassen ist; ergänzende Bestimmungen sind nur zulässig, wenn das Gesetz keine abschließende Regelung enthält (**Grundsatz der Satzungsstrenge**).

Fraglich ist, ob die Satzung bei diesen Vorgaben vorsehen kann, dass die Eröffnung eines Produktionsstandortes durch den Vorstand unter dem Vorbehalt der Zustimmung der Hauptversammlung steht. Die Eröffnung eines Produktionsstandortes ist eine unternehmerische Entscheidung und daher eine Maßnahme der **Geschäftsführung und Unternehmensleitung**. Diese obliegen gemäß §§ 76, 77 AktG dem Vorstand der AG in eigener Verantwortung. Folgerichtig bestimmt § 119 II AktG, dass die Hauptversammlung über Fragen der Geschäftsführung nur entscheiden kann, wenn es der Vorstand verlangt. Die Regelung soll eine Machtbalance zwischen den verschiedenen Organen der AG sichern, indem sie die bei anderen Gesellschaften bestehende Allzuständigkeit der Gesellschafter-/Hauptversammlung beseitigt.[2] Das Gesetz eröffnet nicht die Möglichkeit, eine abweichende Bestimmung zu treffen. Die Hauptversammlung ist daher gemäß § 23 V AktG zwingend von der Entscheidung über Geschäftsführungsfragen ausgeschlossen. Die Bestimmung in der Satzung der X-AG ist somit unzulässig.

Hinweis: Eine ungeschriebene gesetzliche Kompetenz der Hauptversammlung in Geschäftsführungsfragen (→ Fall Nr. 5 – Holzmüller), die die Satzungsregelung lediglich bestätigt, liegt hier fern. Denn die Eröffnung eines Produktionsstandortes ist keine tiefgreifende Strukturänderung, sondern gehört zum regulären Geschäft eines Autoherstellers.

Die zweite Regelung in der Satzung der X-AG betrifft Satzungsänderungen. Für sie soll eine einfache Mehrheit des bei der Beschlussfassung vertretenen Grundkapi-

---

[1] Obwohl das GmbHG vom „Gesellschaftsvertrag" spricht, wird in der Praxis auch für die GmbH regelmäßig der Begriff der „Satzung" aus dem AktG verwendet. Beide Begriffe meinen dasselbe und werden hier synonym verwendet.

[2] *Koch*, AktG, § 119 Rn. 1.

tals genügen. Demgegenüber sieht **§ 179 II 1 AktG** vor, dass der Beschluss der Hauptversammlung einer Mehrheit von ¾ des vertretenen Grundkapitals bedarf. Allerdings eröffnet **§ 179 II 2 AktG** ausdrücklich die Möglichkeit, in der Satzung eine andere Kapitalmehrheit vorzusehen. Grundsätzlich können die Satzungsgeber für Satzungsänderungen also auch eine *geringere* Kapitalmehrheit festlegen.[3] Lediglich für eine Änderung des Gegenstandes des Unternehmens sieht § 179 II 2 AktG vor, dass nur eine größere Kapitalmehrheit bestimmt werden kann. Die Regelung in der Satzung der X-AG ist damit im Grundsatz zulässig. Nur für eine Änderung des Unternehmensgegenstandes gilt sie nicht. Hier verbleibt es bei § 179 II 1 AktG.

Lösung zu Teil 2

A kann die Satzung ohne Zustimmung des B ändern, wenn eine ¾-Mehrheit genügt. Fraglich ist aber, ob Satzungsänderungen nicht eines einstimmigen Beschlusses bedürfen. Dass § 179 II 1 AktG eine ¾-Mehrheit fordert, stünde der Vereinbarung von Einstimmigkeit nicht entgegen, da die Regelung – wie gesehen (→ Teil 1) – nach Maßgabe des § 179 II 2 AktG dispositiv ist. Entscheidend ist daher, ob nach der konkreten Satzungsregelung eine **¾-Mehrheit** genügt **oder Einstimmigkeit** erforderlich ist. Dies ist eine **Frage der Auslegung.**

Nach allgemeinen Auslegungsgrundsätzen ist zunächst zu prüfen, ob ein übereinstimmender Wille der Parteien vorliegt. Ist dies der Fall, ist das übereinstimmend Gewollte vereinbart, auch wenn dieser Wille in der getroffenen Regelung nur unzureichend oder überhaupt nicht zum Ausdruck kommt (Grundsatz der *falsa demonstratio non nocet*).[4] A und B wollten übereinstimmend, dass Satzungsänderungen eines einstimmigen Beschlusses bedürfen. Nach allgemeinen Auslegungsgrundsätzen ist daher Einstimmigkeit vereinbart, obwohl dies der Satzungsregelung aus objektiver Sicht nicht zu entnehmen ist.

Allerdings gilt der Vorrang des tatsächlich Gewollten für die Auslegung von Satzungen nicht, soweit es um **materielle Satzungsbestimmungen** geht. Sie werden stattdessen **rein objektiv ausgelegt**, das heißt aus der Sicht eines unbeteiligten Dritten. Es kommt darauf an, wie er die betreffende Regelung deutet. Aus der Satzungsbestimmung nicht erkennbare Vorstellungen der Satzungsgeber bleiben demgemäß unberücksichtigt. Die Mehrheitserfordernisse bei Satzungsänderungen betreffen unmittelbar die Organisation bzw. internen Verhältnisse der AG. Eine diesbezügliche Regelung ist daher eine materielle und nicht lediglich eine formelle Satzungsbestimmung. Nach der deshalb grundsätzlich gebotenen objektiven Auslegung ist von der Vereinbarung einer ¾-Mehrheit auszugehen. Denn die Satzung ordnet eine solche ausdrücklich an und enthält keinerlei Hinweis auf die von A und B tatsächlich gewollte Einstimmigkeit.

Jedoch ist für Satzungen auch eine **Ausnahme von dem Grundsatz der objektiven Auslegung** anerkannt: Der subjektive Wille der Satzungsgeber kann ausnahmsweise berücksichtigt werden, wenn sich der Gesellschafterkreis seit der Gründung noch nicht verändert hat.[5] Diese Ausnahme ist verständlich, wenn man den Gedanken betrachtet, der hinter dem Grundsatz der objektiven Auslegung steht: Die AG ist auf eine Vielzahl von Gesellschaftern ausgelegt. Die meisten Aktionäre sind an der

---

[3] *Windbichler*, GesR, § 32 Rn. 5.

[4] Siehe zur *falsa demonstratio* allgemein *Bitter/Röder*, BGB AT, § 5 Rn. 68 ff.

[5] *Hirte*, KapGesR, Rn. 2.75 m. w. N.; zur GmbH Noack/Servatius/Haas/*Servatius*, GmbHG, § 2 Rn. 29.

Gründung der AG nicht beteiligt, sondern erwerben bereits geschaffene Aktien auf dem Sekundärmarkt. Sie müssen sich daher darauf verlassen können, dass die Satzungsbestimmungen ihrem objektiven Erklärungswert entsprechend ausgelegt werden. Dies erfordert, die subjektiven Vorstellungen der Gründer – auch soweit sie übereinstimmen – außen vor zu lassen, wenn die Satzung sie nicht widerspiegelt. Diese Interessenlage besteht indes nicht, wenn die Aktionäre im Zeitpunkt der Auslegung mit den Gründern identisch sind. Es gibt niemanden, der sich auf die objektiven Aussagen der Satzung verlassen hat. Daher können die subjektiven Vorstellungen von A und B berücksichtigt werden. Die Satzung ordnet deshalb, wie übereinstimmend von A und B gewollt, an, dass Satzungsänderungen einstimmig erfolgen müssen.

A kann die Satzung nicht ohne Zustimmung des B ändern.

Lösung zu Teil 3

Grundsätzlich maßgeblich für die Höhe des Abfindungsanspruchs eines ausgeschiedenen Gesellschafters gegen die Gesellschaft ist die diesbezügliche Satzungsregelung, in Ermangelung einer solchen der wahre Wert seines Anteils. Danach kann Y eine Abfindung in Höhe des Verkehrswertes seines Anteils verlangen.

Fraglich ist jedoch, welche Auswirkungen es hat, dass sämtliche Gesellschafter der Z-GmbH, also auch Y, außerhalb der Satzung vereinbart haben, dass die Abfindung auf den Buchwert des Anteils begrenzt ist. Es ist anerkannt, dass Gesellschafter Rechtsverhältnisse in oder zu der Gesellschaft auch außerhalb des Gesellschaftsvertrags durch **schuldrechtliche Nebenabreden** regeln können, soweit nicht zwingendes Recht entgegensteht. Solche Vereinbarungen sind grundsätzlich auch dann wirksam, wenn sie von der Satzung abweichen. Jedoch bindet die in Abweichung zur Satzungsbestimmung getroffene schuldrechtliche Vereinbarung grundsätzlich nur die Vertragsparteien, hier also Y im Verhältnis zu seinen Mitgesellschaftern. Im hier zu lösenden Fall geht es demgegenüber um die Frage, ob die Nebenabrede den Abfindungsanspruch gegen die an der Vereinbarung nicht beteiligte *Gesellschaft* beschränkt. Auch dies wird allerdings für möglich gehalten: Da ersichtlich Sinn und Zweck der Nebenabrede ist, die Gesellschaft vor überhöhten Abfindungsansprüchen zu schützen, ist sie dahin auszulegen, dass die Gesellschaft entsprechend § 328 I BGB unmittelbar ein eigenes Abwehrrecht gegen höhere Abfindungsforderungen erwirbt, das sie einem ausgeschiedenen Gesellschafter entgegenhalten kann. Im Ergebnis hat die schuldrechtliche Nebenabrede daher **satzungsähnliche Wirkung**.

Scheidet Y aus der Gesellschaft aus, kann er somit letztlich nur eine Abfindung in Höhe des Buchwertes seiner Beteiligung verlangen.

Fall Nr. 3 – Girmes

Zur Sanierung der „Girmes"-AG soll eine nominelle Kapitalherabsetzung mit Hilfeleistungen von Großgläubigern kombiniert werden. Vorgeschlagen ist von den Mehrheitsaktionären eine Kapitalherabsetzung im Verhältnis 5:2. Minderheitsaktionär M ist der Ansicht, dass die Aktionäre bei einem Verhältnis von 5:2 gegenüber den Gläubigern zu schlecht abschneiden würden und beantragt daher einen Kapitalschnitt in Höhe von nur 5:3. Da nun keiner der Kapitalherabsetzungsanträge – also weder 5:2 noch 5:3 – die erforderliche qualifizierte Mehrheit (§§ 222 I, 229 III AktG) findet, scheitert die Sanierung. Aktionär A, der durch diese Blockade des Sanierungsplans alles verliert, verlangt Schadensersatz von M. Zu Recht?

Rechtsprechungs- und Literaturhinweis: BGHZ 129, 136 = NJW 1995, 1739; *K. Schmidt*, GesR, § 20 IV 3; zu Treue- und Aufopferungspflichten in Sanierungssituationen *Bitter*, ZGR 2010, 147, 163 ff., 172 ff.; zur Kapitalherabsetzung und zum Kapitalschnitt → § 3 Rn. 201 f.

Lösung

A kann gegen M einen Schadensersatzanspruch aus §§ 280 I, 241 II BGB wegen treuepflichtswidrigen Verhaltens bei der Ausübung des Stimmrechts haben.

1. Schuldverhältnis

A und M sind Aktionäre der Girmes-AG. Die Mitgliedschaft in der Girmes-AG begründet eine Sonderrechtsverbindung zwischen ihren Mitgliedern. Es besteht daher ein Schuldverhältnis i. S. v. § 280 I BGB zwischen M und A.

2. Pflichtverletzung

M muss eine Pflicht aus dem Schuldverhältnis verletzt haben. Nach § 241 II BGB kann ein Schuldverhältnis nach seinem Inhalt jeden Teil zur Rücksicht auf die Rechte, Rechtsgüter und Interessen des anderen Teils verpflichten. Das Abstimmungsverhalten des M war eine Pflichtverletzung gegenüber A, sofern M gegenüber A Rücksichtnahmepflichten oblagen und M durch sein Verhalten auf der Hauptversammlung gegen diese Pflichten verstoßen hat.

a) Treuepflicht des M

Rücksichtnahmepflichten des M gegenüber A können sich nur aus einer gesellschaftsrechtlichen Treuepflicht ergeben. Zu prüfen ist zunächst, ob eine solche zwischen Aktionären überhaupt besteht. Falls dies der Fall sein sollte, stellt sich die Frage, ob auch Minderheitsaktionäre an Treuepflichten gebunden sind.

aa) Treuebindung zwischen Aktionären

Bei Personengesellschaften, die durch eine enge personalistische Struktur (Arbeits- und Haftungsverband) geprägt sind, sind Interessenwahrungs- und Schonungspflichten bezüglich der Mitgesellschafter im gesellschaftsbezogenen Bereich bereits lange anerkannt. Auch bei der GmbH, die oft wenige Gesellschafter hat und personalistisch geprägt ist, bestehen zwischen den Gesellschaftern Treuepflichten. Diese gelten dort insbesondere – aber nicht nur – für Mehrheitsgesellschafter, die auf die Geschäftsführung der GmbH unmittelbar Einfluss nehmen können (vgl. §§ 37 I, 46 Nr. 5 GmbHG).[6]

Für die AG hat die Rechtsprechung zunächst angenommen, zwischen den Aktionären bestünden keine Treuepflichten, weil die Aktionäre als anonyme Anleger untereinander keine besondere Vertrauensbeziehung haben.[7] Ihre Beteiligung an der Gesellschaft ist oft eine rein kapitalistische; eine Arbeits- und Haftungsgemeinschaft besteht im Gegensatz zu den Personengesellschaften regelmäßig nicht.

---

[6] Hierzu noch → Fall Nr. 20 – ITT.
[7] Vgl. BGH WM 1976, 449.

Seit dem Linotype-Urteil aus dem Jahr 1988[8] geht die Rechtsprechung hingegen davon aus, dass Treuepflichten auch zwischen Aktionären bestehen können. Begründet wird dies damit, dass grundsätzlich *jedes* Rechtsverhältnis, also auch die Mitgliedschaft in einer AG, Treuepflichten im Sinne von Loyalitätspflichten begründet. Eine Differenzierung nach der Rechtsform der Gesellschaft ist daher noch nicht bei der Frage nach der Existenz von Treuepflichten, sondern erst dann angebracht, wenn es um den Umfang und die Intensität der Treuepflichten geht. Entspricht eine Gesellschaft in ihrer tatsächlichen Erscheinung allerdings nicht dem gesetzlichen Modell, hat etwa eine AG nur wenige Aktionäre, die eng miteinander verbunden sind, ist der Umfang der Treuepflichten unter Beachtung der Realstruktur der Gesellschaft zu bestimmen.[9]

Festzuhalten ist demnach zunächst, dass zwischen Aktionären – wie auch zwischen allen anderen Gesellschaftern – Treuepflichten bestehen.

bb) Treuepflichten von Minderheitsaktionären

Im Girmes-Urteil hat der BGH im Jahr 1995 entschieden, dass Treuepflichten in der AG nicht nur den Mehrheitsgesellschafter, sondern auch den Minderheitsgesellschafter treffen.[10] Die Treuepflichten sind demnach nicht ausschließlich ein Instrument des Minderheitenschutzes, sondern dienen grundsätzlich dem Schutz eines jeden Aktionärs, so dass auch dem Minderheitsaktionär eine Treuepflicht gegenüber den Mitaktionären obliegt. Sie verpflichtet ihn, seine Mitgliedschaftsrechte, insbesondere seine Mitverwaltungs- und Kontrollrechte (→ § 3 Rn. 35 ff.), unter angemessener Berücksichtigung der gesellschaftsbezogenen Interessen der anderen Aktionäre auszuüben. Dieser Rechtsprechung liegt die Erkenntnis zugrunde, dass auch der Minderheitsaktionär infolge seiner Mitverwaltungsrechte auf die Rechtsgüter und Interessen der anderen Aktionäre einwirken kann. Dies muss für ihn gewisse Rücksichtnahmegebote nach sich ziehen. Mit anderen Worten: Wer auf fremde Rechtsgüter einwirken kann, darf diese Einwirkungsmöglichkeit nicht treuwidrig ausnutzen.

M trafen somit gesellschaftsrechtliche Treuepflichten gegenüber A.

b) Verletzung der Treuepflicht

Die Treuepflichten verbieten dem einzelnen Aktionär, eine sinnvolle und mehrheitlich angestrebte Sanierung der Gesellschaft – einschließlich einer zum Sanierungskonzept gehörenden Kapitalherabsetzung – aus eigennützigen Gründen zu verhindern.[11] M hat daher gegen die Treuepflichten verstoßen, die ihn gegenüber der AG und den Mitaktionären trafen.

Hinweis: Ob der Ansatz der Rechtsprechung bei den Treuepflichten richtig gewählt ist, lässt sich durchaus bezweifeln. Die im bürgerlichen Recht in § 241 II BGB angelegten Treuepflichten sind nämlich i. d. R. Folge der (engen) schuldvertraglichen Bindung, die bei einer AG mit großem Publikumskreis regelmäßig fehlt. Eher geht es bei Rücksichtnahmepflichten in Sanierungssituationen um den auch anderweitig in der Rechtsordnung anzutreffenden Rechtsgedanken der *Aufopferung*. Der einem Sanierungsplan nicht zustimmende Aktionär/Gesellschafter hat eine enorme Einwirkungsmacht auf das Vermögen der Mitaktionäre/Mitgesellschafter, weil bei einem Scheitern der Sanierung auch deren in der Gesellschaft gebundenes Vermögen verloren geht. Als Folge dieser Einwirkungsmacht kann sich eine Aufopferungspflicht in Krise und Insolvenz ergeben (vgl. im Einzelnen *Bitter*, ZGR 2010, 147, 172 ff.). Als deren Folge ist M in dem hier zu beurteilenden Fall gehindert, das von der Aktionärsmehrheit verfolgte Sanierungskonzept zu blockieren.

---

[8] Vgl. BGHZ 103, 184 – Linotype.
[9] Vgl. hierzu ausführlich *K. Schmidt*, GesR, § 20 IV.
[10] Vgl. BGHZ 129, 136 (Leitsatz 1) – Girmes.
[11] So der BGH in seiner Entscheidung BGHZ 129, 136 (Leitsatz 2) – Girmes.

3. Vertretenmüssen

M muss die Pflichtverletzung zu vertreten haben.

Grundsätzlich wird das Vertretenmüssen im Rahmen von § 280 I BGB vermutet (§ 280 I 2 BGB). Daher muss sich der Schuldner diesbezüglich entlasten. Weil er nach § 276 I BGB Vorsatz und Fahrlässigkeit zu vertreten hat, muss der Schuldner für die Entlastung Tatsachen vortragen, aus denen sich ergibt, dass er weder vorsätzlich noch fahrlässig gehandelt hat.

Für den Schadensersatzanspruch wegen treuepflichtswidriger Stimmrechtsausübung hat der BGH allerdings entschieden, dass eine Schadensersatzpflicht nur dann eintritt, wenn der Aktionär die **Treuepflichtverletzung vorsätzlich begangen** hat und der Eintritt des Schadens nicht durch die Anfechtung des Hauptversammlungsbeschlusses verhindert werden kann.[12] Für diese Einschränkung waren insbesondere folgende Erwägungen maßgeblich: Es ist einem Gesellschafter grundsätzlich nicht untersagt, sein Stimmrecht zum eigenen Vorteil auszuüben. Daher kann aus der Stimmrechtsausübung nur im Ausnahmefall eine Schadensersatzpflicht abgeleitet werden. Eine Schadensersatzpflicht bereits bei Fahrlässigkeit würde dieses Regel-Ausnahme-Verhältnis umkehren. Zudem liegt eine Beschränkung auf vorsätzliches Handeln auch im Interesse der Gesellschaft: Die Aktionäre müssen ihr Stimmrecht in der Hauptversammlung weitgehend frei von einer drohenden Schadensersatzverpflichtung ausüben können. Denn nur so kann die Hauptversammlung die ihr zugewiesenen Aufgaben ordnungsgemäß wahrnehmen. Schließlich bestünde bei einer Haftung für Fahrlässigkeit die Gefahr, dass insbesondere Kleinaktionäre von einer Stimmrechtsausübung absehen, weil ihnen das Haftungsrisiko zu groß ist.

Der Sachverhalt liefert keine Anhaltspunkte dafür, dass M im Hinblick auf den Verstoß gegen die Treuepflichten gegenüber A vorsätzlich gehandelt hat. M konnte nicht wissen, ob sein konkretes Verhalten – Verhinderung einer Kapitalherabsetzung im Verhältnis 5:2 im Rahmen einer Sanierung mit dem Willen, eine Kapitalherabsetzung im Verhältnis 5:3 herbeizuführen – eine Treuepflichtverletzung darstellen würde. Daher kann wohl nicht von Vorsatz ausgegangen werden. Grobe Fahrlässigkeit genügt nach der Rechtsprechung des BGH gerade nicht.

M hat die Pflichtverletzung nicht zu vertreten.

Hinweis: Eine andere Ansicht erscheint vertretbar, wenn man darauf abstellt, dass die Treuepflichtverletzung offensichtlich war und M sie daher in Kauf genommen hat. In diesem Fall müsste anschließend der dem A entstandene Schaden bemessen werden. Hierzu hat der BGH entschieden, dass grundsätzlich auch der Börsenkurs der Aktie herangezogen werden kann: Sofern die Aktien wertlos geworden sind, kann man den Schaden in dem ohne die Pflichtverletzung realisierbaren Verkehrswert der Aktien sehen.[13]

4. Ergebnis

A hat gegen M keinen Schadensersatzanspruch aus §§ 280 I, 241 II BGB.

Fall Nr. 4 – Vorstandsermessen

Die T-AG ist einer der großen Mobilfunkdienstleister in Deutschland. Nach reiflicher, auf eine Vielzahl von Informationen gestützter Überlegung und Abwägung entschließt sich der Vorstand, im Rahmen einer Versteigerung Lizenzen für das Netz

[12] BGHZ 129, 136 (Leitsatz 5) – Girmes.
[13] BGHZ 129, 136 (Leitsatz 9) – Girmes.

einer neuartigen mobilen Telekommunikationstechnologie (UMTS) zu erwerben. Die Vorstandsmitglieder versprechen sich davon enorme wirtschaftliche Chancen; neue Umsatz- und Gewinnquellen sollen erschlossen werden. UMTS wird als der „Kulminationspunkt für die Wachstumschancen der gesamten Branche“ angesehen. Entsprechend erwirbt die T-AG zwei Lizenzen für insgesamt 8,5 Milliarden EUR. Die Hauptkonkurrenten der T-AG erwerben Lizenzen zu vergleichbaren Preisen.

Die in die UMTS-Technologie gesetzten Hoffnungen erfüllen sich nicht. Die Marktresonanz ist bescheiden. Bald wird UMTS von anderen Technologien überholt und spielt nur noch eine untergeordnete Bedeutung. Die Investition der T-AG amortisiert sich nicht.

Manfred Klug ist Aktionär der T-AG. Er fragt sich, ob die Mitglieder des Vorstands der T-AG für den Schaden haften, der der T-AG aus ihrem UMTS-Engagement entstanden ist.

Rechtsprechungshinweis: BGHZ 175, 365.

Lösung

Eine Haftung der Vorstandsmitglieder kann aus § 93 II AktG folgen. Voraussetzung ist, dass die Vorstandsmitglieder durch den Erwerb der UMTS-Lizenzen ihre Pflichten als ordentliche und gewissenhafte Geschäftsleiter (§ 93 I 1 AktG) schuldhaft verletzt haben. Dies ist aus damaliger Sicht, d. h. bezogen auf den Zeitpunkt des Erwerbs der Lizenzen zu prüfen (***ex ante* Betrachtung**). Alleine nicht ausreichend ist daher, dass sich der Erwerb nachträglich als nachteilig erwiesen hat.

Der Erwerb von Lizenzen für eine neue Technologie ist eine unternehmerische (Investitions-)Entscheidung. Sie ist auf die Zukunft bezogen und daher naturgemäß durch Unsicherheit geprägt. Bei der Abwägung über eine unternehmerische Maßnahme spielen verschiedenste Faktoren eine Rolle. Aber selbst nachdem der Unternehmer alle wesentlichen Umstände ermittelt und abgewogen hat, kann er häufig nicht sicher sagen, ob die Maßnahme erfolgsversprechend ist. Daher ist dem Vorstand **bei unternehmerischen Entscheidungen** ein **weiter Spielraum** einzuräumen. Dieser ist erst dann verlassen, wenn die Grenzen, in denen sich ein von Verantwortungsbewusstsein getragenes, ausschließlich am Unternehmenswohl orientiertes, auf sorgfältiger Ermittlung der Entscheidungsgrundlagen beruhendes unternehmerisches Handeln bewegen muss, deutlich überschritten sind, die Bereitschaft, unternehmerische Risiken einzugehen, in unverantwortlicher Weise überspannt worden oder das Verhalten des Vorstands aus anderen Gründen pflichtwidrig ist.[14] In diesem Sinne ordnet § 93 I 2 AktG für unternehmerische Entscheidungen an, dass keine Pflichtverletzung vorliegt, wenn das Vorstandsmitglied vernünftigerweise annehmen durfte, auf der Grundlage angemessener Information zum Wohle der Gesellschaft zu handeln (sog. ***Business Judgement Rule***).

Der Erwerb der UMTS-Lizenzen durch die T-AG war eine enorme Investition. Die Sorgfaltsanforderungen hinsichtlich der Ermittlung der Entscheidungsgrundlagen sind daher besonders hoch. Jedoch haben die Vorstandsmitglieder der T-AG sie beachtet, indem sie sich erst nach reiflicher, auf eine Vielzahl von Informationen gestützter Überlegung und Abwägung für den Erwerb entschieden haben. Weil sie sich von der Investition enorme wirtschaftliche Chancen, insbesondere neue Umsatz- und Gewinnquellen, erhofften, haben sie ferner angenommen, zum Wohle der Ge-

[14] BGHZ 175, 365 m. w. N.

sellschaft zu handeln. Dies war nach damaliger Sachlage auch vernünftig und vertretbar: UMTS wurde als *die* Zukunft des Telekommunikationsmarktes gesehen. Sich als einer der Marktführer nicht in diesem Bereich zu engagieren, hätte daher aus seinerzeitiger Sicht zwingend zu einem Verlust von Marktanteilen in der Zukunft geführt und – bei Eintritt des vorhergesagten Erfolgs von UMTS – den Vorwurf nach sich gezogen, zukunftsweisende Weichenstellungen verpasst zu haben. Aus diesem Grund bedeutete die Entscheidung kein unvernünftiges Risiko, sondern war wohl sogar ohne Alternative.

Schließlich ist den Vorstandsmitgliedern auch kein Vorwurf im Hinblick auf den bezahlten Preis zu machen: Die Hauptkonkurrenten der T-AG haben vergleichbare Preise gezahlt. Dies zeigt, dass der von der T-AG gezahlte Betrag dem damaligen Marktwert der Lizenzen entsprach. Dass sich der Markt damit getäuscht hat, ist den Vorstandsmitgliedern nicht anzulasten. Günstiger war der – unternehmerisch gebotene – Einstieg in die UMTS-Branche damals nicht zu haben.

Aus alledem folgt: Die Vorstandsmitglieder der T-AG haben durch den Erwerb der UMTS-Lizenzen nicht pflichtwidrig gehandelt. Eine Schadensersatzhaftung gemäß § 93 II AktG scheidet aus.

Fall Nr. 5 – Holzmüller

Die M-AG hat insgesamt drei Unternehmensbereiche, von denen der Unternehmensbereich 1 ein florierender Seehafenbetrieb ist. Die daneben bestehenden Unternehmensbereiche 2 (Spedition) und 3 (Fährbetrieb) sind im Verhältnis zum Bereich 1 nahezu unbedeutend. Der Vorstand der M-AG beschließt, den Seehafenbetrieb auf eine selbständige Tochtergesellschaft, die T-KGaA, auszugliedern, und beginnt mit der Übertragung der zum Unternehmensbereich 1 gehörenden Grundstücke und Anlagen auf die Tochtergesellschaft. Aktionär A ist damit nicht einverstanden und verlangt, die eingeleiteten Maßnahmen rückgängig zu machen. Er ist der Ansicht, dass die Vermögensübertragung nicht ohne Beschlussfassung der Hauptversammlung mit qualifizierter Mehrheit möglich sei. Trifft die Auffassung des A zu?

Rechtsprechungs- und Literaturhinweis: BGHZ 83, 122 = NJW 1982, 1703; BGHZ 159, 30; *K. Schmidt*, GesR, § 28 V 2b.

Lösung

Fraglich ist, ob die Vermögensübertragung von der M-AG auf die T-KGaA der Zustimmung der Hauptversammlung der M-AG bedarf.

1. Grundsätzliche Zuständigkeitsordnung

Die Aufgabenverteilung zwischen Vorstand und Hauptversammlung in der AG ist so zu beschreiben, dass der Vorstand unter eigener Verantwortung die Geschäftsführung und Leitung der Gesellschaft übernimmt (§§ 76 I, 77 AktG), er also im Gegensatz zum GmbH-Geschäftsführer, der Weisungen der Gesellschafterversammlung zu beachten hat (vgl. §§ 37 I, 46 Nr. 6 GmbHG), nicht den Weisungen der Hauptversammlung unterliegt.

Die **Hauptversammlung** hat nach § 119 I AktG eine Beschlusskompetenz, wenn ihre Zuständigkeit durch Gesetz oder Satzung ausdrücklich begründet ist. Es handelt sich bei den gesetzlich geregelten Fällen um sog. **Grundlagengeschäfte.** Über Fragen der Geschäftsführung kann die Hauptversammlung hingegen nur entscheiden, wenn der Vorstand es verlangt (§ 119 II AktG). Hiervon kann die Satzung auch nicht abweichen (§ 23 V AktG).[15]

Aus § 119 II i. V. m. § 76 I AktG ergibt sich, dass der Hauptversammlung im Bereich von Geschäftsführungsmaßnahmen nach der gesetzgeberischen Entscheidung grundsätzlich keine Kompetenzen zustehen. Es gilt das **Prinzip der Teilung der Zuständigkeiten.**

Hinweis: § 119 II AktG räumt dem Vorstand trotzdem eine Vorlage*möglichkeit* ein, damit dieser eine eigene Schadensersatzpflicht nach § 93 II AktG ausschließen kann. § 93 IV AktG bestimmt nämlich, dass eine solche nicht eintritt, falls dem Vorstandshandeln ein Hauptversammlungsbeschluss zugrunde liegt. Eine solche Vorlage war von Seiten des Vorstands der M-AG allerdings nicht erfolgt.

2. Vermögensübertragung als Geschäftsführungsmaßnahme

Die Übertragung von Vermögensgegenständen seitens der M-AG ist grundsätzlich als Geschäftsführungsmaßnahme einzustufen. Denn es handelt sich um eine Maßnahme der Verwaltung bzw. der Leitung des Unternehmens, wenn die AG mit Dritten Rechtsgeschäfte über Vermögensgegenstände der AG abschließt. Daher besteht grundsätzlich eine ausschließliche Zuständigkeit des Vorstandes der M-AG.

Eine Kompetenz der Hauptversammlung für diesen Fall ist gesetzlich nicht vorgesehen. Insbesondere ist **kein Fall des § 179a AktG** gegeben, weil die Gesellschaft nicht ihr gesamtes Vermögen überträgt. Zwar ist § 179a AktG auch dann anzuwenden, wenn noch ein minimaler Teil des Vermögens bei der AG verbleibt (andernfalls könnte § 179a AktG sehr einfach umgangen werden). Jedoch verbleiben hier zwei – wenn auch im Vergleich zu dem dritten Bereich unbedeutende – Unternehmensbereiche bei der M-AG. Dieser Fall kann nicht mehr unter § 179a AktG gefasst werden. Es liegt daher der Umkehrschluss nahe, dass sonstige Fälle der Vermögensübertragung der Hauptversammlungskompetenz entzogen sind. Aus diesem Grund kommt auch eine analoge Anwendung des § 179a AktG nicht in Betracht. Es handelt sich um eine grundsätzlich eng auszulegende Ausnahmevorschrift.

Hinweis: Eine Analogie zu § 179a AktG würde dazu führen, dass die Vermögensübertragung ohne – mit qualifizierter Mehrheit (vgl. § 179a I 1, 2 i. V. m. § 179 II 1 AktG) gefassten – Hauptversammlungsbeschluss im Außenverhältnis unwirksam wäre; der Vorstand würde trotz § 82 I AktG ohne Vertretungsmacht handeln. Dies würde die Handlungsfähigkeit der Gesellschaft zu stark einschränken, so dass § 179a AktG zumindest von seiner Rechtsfolge her nicht analog gelten kann. Eine andere Frage ist, ob – wie in der Literatur vertreten – aus der Wertung des § 179a AktG i. V. m. weiteren Normen auf eine ungeschriebene Hauptversammlungskompetenz im Innenverhältnis in bestimmten Fällen geschlossen werden kann (→ Ziff. 3. b) aa)).

3. Ungeschriebene Hauptversammlungszuständigkeit

Obwohl damit eine ausdrückliche gesetzliche Bestimmung, die eine Beschlusskompetenz der Hauptversammlung der M-AG begründet, fehlt, stellt sich die Frage, ob der Vorstand in bestimmten Fällen der Vermögensübertragung trotzdem – wenn schon nicht für die Wirksamkeit im Außenverhältnis, dann zumindest im Innenverhältnis[16] – verpflichtet ist, eine Beschlussfassung der Hauptversammlung herbeizu-

[15] Hierzu → Fall Nr. 2 – Satzungsfragen Teil 1.

[16] Anders *Ekkenga/Schneider*, ZIP 2017, 1053 ff., mit beachtlichen Argumenten gegen die h. M., welche die Rechtsfolgen des Kompetenzverstoßes auf das Innenverhältnis beschränkt.

führen. Dies hätte zur Folge, dass ein Unterlassen der Vorlage im Innenverhältnis pflichtwidrig wäre.

a) Kompetenz der Hauptversammlung bei schwerwiegenden Eingriffen in die Aktionärsrechte

Die Frage einer ungeschriebenen Hauptversammlungskompetenz stellt sich, weil Vermögensübertragungen seitens des Vorstands der M-AG dadurch in die Stellung der Aktionäre eingreifen, dass die Vermögensgegenstände nach der Übertragung der Beschlusskompetenz der Hauptversammlung der M-AG „entzogen" sind: Gesellschafterin der T-KGaA ist die M-AG. Die M-AG nimmt ihre Gesellschafterrechte in der Hauptversammlung der T-KGaA durch ihren Vorstand wahr, weil dieser die M-AG vertritt (§ 78 I AktG). Daher kann der Vorstand der M-AG zukünftig über den übertragenen Geschäftsbetrieb im Rahmen der Hauptversammlungskompetenzen innerhalb der T-KGaA bestimmen, während die Hauptversammlung der M-AG das Schicksal dieses Geschäftsbetriebs nur noch mittelbar über die Beeinflussung des Vorstandes der M-AG steuern kann. Diese Veränderung wird als **„Mediatisierungseffekt"** bezeichnet. Hierin liegt ein Eingriff in die Rechte der Aktionäre: Aus einem unmittelbaren wird ein mittelbarer Einfluss.

Ferner ist zu beachten, dass die Hauptversammlung als Grundlagenorgan der Gesellschaft bei bestimmten Fragen nicht außen vor gelassen werden darf. Andernfalls würde ihr **Recht, über die Verfassung der AG zu entscheiden**, faktisch entwertet. Das Prinzip der Teilung der Zuständigkeiten kann daher in besonders einschneidenden Fällen nicht gelten; die gesetzlich vorgegebene Kompetenzordnung ist insofern nicht abschließend.

Aufgrund dieser Erwägungen wird trotz des Prinzips der Teilung der Zuständigkeiten überwiegend anerkannt, dass ausnahmsweise eine ungeschriebene Hauptversammlungskompetenz besteht, wenn eine Geschäftsführungsmaßnahme als **tiefgreifende Strukturänderung** und als **schwerwiegender Eingriff in Aktionärsrechte** zu qualifizieren ist.[17] Grundsätzlich geht es bei dieser Diskussion also um Maßnahmen, die *wirtschaftlich* auf Satzungsänderungen, auf den Abschluss von Unternehmensverträgen oder auf Kapitaländerungsmaßnahmen hinauslaufen.[18]

Hinweis: Im Einzelnen ist umstritten, bei welchen Maßnahmen obige Voraussetzungen erfüllt sind. Zu betonen ist allerdings noch einmal, dass das Fehlen eines notwendigen Hauptversammlungsbeschlusses nur Konsequenzen im Innenverhältnis hat, während die Maßnahme im Außenverhältnis jedenfalls wirksam ist.

b) Detailfragen

Umstritten sind die dogmatische Herleitung und die genauen Voraussetzungen der ungeschriebenen Hauptversammlungskompetenz sowie das bei einer Beschlusskompetenz der Hauptversammlung zu erfüllende Mehrheitserfordernis.

Hinweis: Es folgt nur ein sehr kurzer Überblick über die verschiedenen Auffassungen.

aa) Dogmatische Grundlage

Während der BGH in der Holzmüller-Entscheidung an § 119 II AktG anknüpft und das darin dem Vorstand eingeräumte Ermessen in bestimmten Fällen als auf Null reduziert ansieht (= aus einer Vorlage*möglichkeit* wird eine Vorlage*pflicht*), leitet er die ungeschriebene Hauptversammlungskompetenz in seiner späteren Gelatine-Entscheidung aus einer allgemein anerkannten Rechtsfortbildung ab.[19]

---

[17] Vgl. BGHZ 83, 122 – Holzmüller; *Koch*, AktG, § 119 Rn. 16 ff. m. w. N. in Rn. 19.
[18] Vgl. die Beispiele bei *K. Schmidt*, GesR, § 28 V 2c.
[19] BGHZ 159, 30 – Gelatine I.

Nach Teilen der Literatur folgt die Hauptversammlungskompetenz hingegen aus einer Ausstrahlungswirkung der Normen des AktG (§§ 179, 179a, 293 AktG) sowie des Umwandlungsgesetzes (§ 123 III UmwG), die der Hauptversammlung Rechte einräumen. Aus diesen Vorschriften lasse sich die Wertung entnehmen, dass die Hauptversammlung als Grundlagenorgan, das für besonders einschneidende Maßnahmen zuständig sei, vor bestimmten Maßnahmen gefragt werden müsse.[20]

bb) Voraussetzungen

Im Hinblick auf die Voraussetzungen der ungeschriebenen Hauptversammlungskompetenz wurde vertreten, dass sie bereits dann bestehe, wenn der betroffene Bereich mehr als 10 % des AG-Vermögens ausmache; andere wollen hingegen erst bei 90 % eine strukturändernde Maßnahme annehmen; auch im Bereich zwischen diesen Extrempositionen werden verschiedene Prozentsätze genannt.[21]

Für die Praxis maßgeblich – und auch eine gewisse Rechtssicherheit vermittelnd – sind insofern die Vorgaben des BGH in der Gelatine-Entscheidung: Der Bereich, auf den sich die Maßnahme erstreckt, muss **deutlich über 50 % des Unternehmens** ausmachen, weil die Kernkompetenz der Hauptversammlung, über die Verfassung der Aktiengesellschaft zu bestimmen, berührt und eine Nähe zu Maßnahmen gegeben sein muss, die eine Satzungsänderung erfordern.[22]

Nach diesem Maßstab ist im vorliegenden Fall von einer ungeschriebenen Hauptversammlungskompetenz auszugehen: Der zur Übertragung anstehende Unternehmensteil macht einen ganz wesentlichen Teil des Vermögens der M-AG und damit sicher weit mehr als 50 % aus. Die übrigen Bereiche sind im Verhältnis dazu unbedeutend. Die Übertragung des Betriebsteils ist infolgedessen als strukturändernd und als schwerwiegender Eingriff in Aktionärsrechte einzustufen. Bei einer derart wesentlichen Entscheidung, die nahe an eine Änderung des Unternehmensgegenstandes (von einer unternehmenstragenden zu einer Beteiligungsgesellschaft) herankommt, ist die Hauptversammlung zu beteiligen.

cc) Mehrheitserfordernis

In Bezug auf das Mehrheitserfordernis wird teilweise in Anlehnung an § 179 II 1 i. V. m. § 179a AktG eine qualifizierte Kapitalmehrheit von drei Vierteln gefordert.[23] Dies ist auch die Position des BGH.[24] Teile der Literatur wollten demgegenüber die einfache Stimmenmehrheit gemäß § 133 I AktG genügen lassen, da ja gerade kein Fall der §§ 179 f. AktG vorliege und damit kein größeres Mehrheitserfordernis als das des § 133 AktG vorgegeben sei.[25]

Im Fall der M-AG kann die Frage der konkret erforderlichen Mehrheit offenbleiben, da die Hauptversammlung überhaupt nicht beteiligt wurde.

4. Ergebnis

Die Frage, ob eine Übertragung des Unternehmensbereiches 1 auf die T-KGaA erfolgen soll, war der Hauptversammlung der M-AG vorzulegen. Ein Verstoß gegen

---

20 *Priester*, ZHR 163 (1999), 187, 195; *Fleischer*, NJW 2004, 2335, 2337.

21 Vgl. den Überblick zu möglichen Schwellenwerten und Bezugsgrößen bei *Pentz*, in: Fleischer (Hrsg.), Handbuch des Vorstandsrechts, 1. Aufl. 2006, § 17 Rn. 152.

22 BGHZ 159, 30 – Gelatine I.

23 MüKoAktG/*Kubis*, § 119 Rn. 59; *Fleischer*, NJW 2004, 2335, 2339; *Habersack*, in: Emmerich/Habersack, Aktien- und GmbH-Konzernrecht, 9. Aufl. 2019, Vorb. zu § 311 AktG Rn. 50.

24 BGHZ 159, 30 (Leitsatz 3) – Gelatine I.

25 *Horbach*, BB 2001, 893, 894.

diese Pflicht führt zu einer Kompetenzüberschreitung des Vorstandes im Innenverhältnis und gibt bei Durchführung der Maßnahme einen Anspruch auf Beseitigung des durch sie herbeigeführten rechtswidrigen Zustands (= Anspruch auf Rückabwicklung).

Fall Nr. 6 – Fragwürdige Entlastung

Die P-AG ist ein großer Autohersteller. Auf der ordentlichen Hauptversammlung wird u.a. die Entlastung der Mitglieder des Aufsichtsrates für das Geschäftsjahr 2018/2019 beschlossen. Daueraktionär Störenfried (S), der gegen die Entlastung gestimmt hat, erklärt gegen den Beschluss Widerspruch zur Niederschrift. Zwei Wochen nach der Beschlussfassung erhebt er Anfechtungsklage gegen den Entlastungsbeschluss. Die Klage ist gegen die Gesellschaft, vertreten durch Vorstand und Aufsichtsrat, gerichtet.

S trägt vor, der Entlastungsbeschluss sei rechtswidrig, weil der Aufsichtsrat – was zutrifft – die Vergütung des Vorstandsmitglieds W in einem im Geschäftsjahr 2018/2019 geschlossenen Anstellungsvertrag gesetzeswidrig festgelegt habe. Die Gesellschaft wendet – in tatsächlicher Hinsicht zutreffend – ein, der Hauptversammlung sei im Zeitpunkt der Beschlussfassung gar nicht bekannt und auch nicht erkennbar gewesen, dass der Aufsichtsrat einen neuen Vertrag mit W geschlossen habe. Ist die Anfechtungsklage des S zulässig und begründet?

Rechtsprechungshinweis: OLG Köln ZIP 2009, 1999; OLG Stuttgart ZIP 2010, 2349 (Leitsätze); OLG München ZIP 2015, 1582; LG Frankfurt ZIP 2018, 1132; LG Frankfurt ZIP 2019, 2301.

Lösung

1. Zulässigkeit der Klage

S hat die Klage gegen die richtige Beklagte, nämlich die P-AG gerichtet und die Vertretungsverhältnisse zutreffend bezeichnet (§ 246 II AktG).

2. Begründetheit der Klage

Die Anfechtungsklage ist begründet, wenn S anfechtungsbefugt ist, er die Anfechtungsklage fristwahrend erhoben hat und der Entlastungsbeschluss das Gesetz oder die Satzung verletzt.

(1) S ist nach § 245 Nr. 1 AktG anfechtungsbefugt: Er ist Daueraktionär, so dass davon ausgegangen werden kann, dass er seine Aktien schon vor der Bekanntmachung der Tagesordnung erworben hatte. Ferner hat er gegen den Beschluss Widerspruch zur Niederschrift erklärt. Die Anfechtungsbefugnis ist auch nicht durch das Stimmverhalten des S in Frage gestellt: Zwar kann einem Aktionär die Anfechtungsbefugnis unter bestimmten Umständen fehlen, wenn er einem Beschlussvorschlag zugestimmt hat.[26] Dies ist bei S jedoch nicht der Fall: Er hat gegen die Entlastung gestimmt.

(2) S hat die Anfechtungsklage binnen der einmonatigen Klagefrist des § 246 I AktG erhoben.

---

[26] BGH ZIP 2010, 1437 (Rn. 37 f.) – Aufsichtsratsbericht.

(3) Die Anfechtungsklage ist somit begründet, wenn der Entlastungsbeschluss das Gesetz oder die Satzung verletzt (§ 243 I AktG).

Durch einen Entlastungsbeschluss bezüglich des Aufsichtsrates billigt die Hauptversammlung dessen Verwaltung der Gesellschaft (§ 120 II AktG). Sie bezieht sich, wie mittelbar aus § 120 III AktG folgt, regelmäßig auf das abgelaufene Geschäftsjahr, über das in der Hauptversammlung Rechnung gelegt wird.

Die **Entscheidung über die Entlastung** steht **im Ermessen der Hauptversammlung.** Sie kann Entlastung erteilen, obwohl es Gründe gegeben hätte, sie zu verweigern. Hieraus folgt, dass nicht jede Gesetzes- oder Satzungsverletzung der zu Entlastenden die Rechtswidrigkeit eines Entlastungsbeschlusses begründen kann. Andererseits ist zu beachten, dass eine **Billigung der Verwaltung unvertretbar** ist, wenn die zu Entlastenden in dem Zeitraum, auf den sich die Entlastung bezieht, **eindeutige und schwerwiegende Gesetzes- oder Satzungsverletzungen** begangen haben. In diesem Fall ist eine Entlastung durch die Mehrheit der Hauptversammlungsteilnehmer daher als **treuwidrig** und deshalb rechtswidrig einzustufen. Es handelt sich um einen materiellen Beschlussmangel (Inhaltsfehler).

Danach kommt die Rechtswidrigkeit des vorliegenden Entlastungsbeschlusses grundsätzlich in Betracht, weil ein Gesetzesverstoß des Aufsichtsrates bei der Festlegung der Vergütung eines Vorstandsmitglieds (vgl. zum Maßstab insbesondere § 87 AktG) durchaus als schwerwiegend anzusehen ist. Mit den Vorstandsmitgliedern Anstellungsverträge abzuschließen, gehört nämlich zu den Hauptaufgaben des Aufsichtsrates. Auch fällt die Pflichtverletzung des Aufsichtsrates in jenen Zeitraum, auf den sich die Entlastung bezog: das Geschäftsjahr 2018/2019.

Allerdings setzt die Rechtswidrigkeit des Entlastungsbeschlusses neben einem schwerwiegenden Rechtsverstoß voraus, dass die Teilnehmer der Hauptversammlung diesen erkannt haben oder auf der Grundlage der ihnen vorliegenden Informationen hätten erkennen müssen.[27] Dies ergibt sich daraus, dass Grundlage der Anfechtbarkeit des Entlastungsbeschlusses nicht der Rechtsverstoß des zu Entlastenden selbst ist, sondern die Treuepflichtwidrigkeit der den Entlastungsbeschluss tragenden Mitgesellschafter. Ihnen ist eine treuwidrige Überschreitung ihres Ermessens nur vorzuwerfen, wenn sie die fraglichen Rechtsverstöße kannten oder diese für sie zumindest erkennbar waren. Da dies nicht der Fall war, haben die Mitgesellschafter nicht treuwidrig gehandelt, als sie den Mitgliedern des Aufsichtsrates Entlastung erteilt haben.

Der Entlastungsbeschluss ist folglich materiell rechtmäßig. Die Anfechtungsklage ist unbegründet.

Fall Nr. 7 – Elektrohandel

E betreibt seit vielen Jahren in Köln einen Handel mit Elektrogeräten. Dieses Unternehmen will er in eine AG einbringen. Hierzu gründet er die A-AG mit einem Grundkapital von 1 Mio. EUR, das er zu 100 % gegen Geldeinlage übernimmt und zum 1.10., dem Geschäftsbeginn der AG, auf das Gesellschaftskonto einzahlt. Am 5.10. erwirbt die AG von E sämtliche Einrichtungsgegenstände und Warenbestände des Elektrohandels im Wert von 900.000 EUR zu einem Kaufpreis von 1 Mio. EUR; ein entsprechender Betrag wird vom Geschäftskonto der AG an E überwiesen. Das Geschäft vom 5.10. hatte E schon geplant, als er die Geldeinlagepflicht übernahm.

[27] OLG Stuttgart ZIP 2010, 2349 (Leitsatz 4); offengelassen in BGH ZIP 2012, 2438 – Piëch.

Schon bald nach der Gründung und Eintragung der AG gehen die Geschäfte deutlich schlechter und Ende des Jahres kommt es zur Insolvenz der A-AG. Der Insolvenzverwalter in dem eröffneten Verfahren behauptet gegenüber E, er habe seine Geldeinlagepflicht wegen des Geschäfts vom 5.10. nicht wirksam erfüllt. Kann der Insolvenzverwalter von E die Geldeinlage ganz oder teilweise verlangen?

Lösung

Fraglich ist, ob der Insolvenzverwalter der A-AG einen der AG zustehenden Anspruch auf Zahlung der Geldeinlage gegen E geltend machen kann. Anspruchsgrundlage für diesen Zahlungsanspruch kann die Geldeinlagepflicht des Aktionärs aus § 54 II AktG i. V. m. der Übernahmeerklärung des E (§ 29 AktG) sein. Ursprünglich hatte E eine Geldeinlagepflicht in Höhe von 1 Mio. EUR übernommen.

1. Erfüllung der Einlagepflicht

Zu prüfen ist, ob E seine Einlagepflicht durch die Einzahlung auf das Geschäftskonto wirksam i. S. v. § 362 I BGB erfüllt hat. E hat die geschuldete Geldeinlage durch die Überweisung vom 1.10. an die Gesellschaft erbracht. Die neben § 362 I BGB zu berücksichtigenden Zahlungsmodalitäten des § 54 III AktG hat er beachtet. Eigentlich wäre seine Geldeinlagepflicht damit erloschen.

Jedoch kann eine Erfüllung daran scheitern, dass E, wie schon bei Begründung der Geldeinlagepflicht geplant, am 5.10. die 1 Mio. EUR als Kaufpreis für Einrichtungsgegenstände und Warenbestände des Elektrohandels im Wert von 900.000 EUR zurückerhalten hat. Gemäß **§ 27 III 1 AktG** wird der Aktionär nämlich dann nicht von seiner Geldeinlagepflicht befreit, wenn seine Geldeinlage bei wirtschaftlicher Betrachtung und aufgrund einer im Zusammenhang mit der Übernahme der Geldeinlage getroffenen Abrede vollständig oder teilweise als Sacheinlage zu bewerten ist (**verdeckte Sacheinlage**). Zu prüfen ist, ob die Voraussetzungen des § 27 III 1 AktG erfüllt sind.

a) Wirtschaftliche Betrachtung des Vorgangs

Wirtschaftlich gesehen hat E die von ihm am 1.10. gezahlte Geldeinlage aufgrund des am 5.10. geschlossenen Kaufvertrags komplett zurückerhalten und der AG dafür „nur“ die Einrichtungsgegenstände und Warenbestände des Elektrohandels im Wert von 900.000 EUR überlassen. Die Satzung hätte auch direkt eine Pflicht zur Einlage der Einrichtungsgegenstände und Warenbestände vorsehen können. Bei wirtschaftlicher Betrachtung hat E deshalb kein Geld für die Gründung aufgebracht, sondern Sachen (Einrichtungsgegenstände und Warenbestände).

b) Abrede

Dass der Gesellschafter bei objektiver Betrachtung wirtschaftlich eine Sacheinlage erbracht hat, genügt für den Tatbestand des § 27 III 1 AktG noch nicht. Vielmehr muss das objektive wirtschaftliche Ergebnis einer Sacheinlage nach einer „im Zusammenhang mit der Übernahme der Geldeinlage getroffenen Abrede“ gewollt gewesen sein. Eine solche Abrede kann insbesondere angenommen werden, wenn zwischen den Gründungsgesellschaftern vereinbart wurde, die Geldeinlage zum Erwerb der Sachen zu verwenden (sog. Verwendungsabsprache). Zwar scheidet hier eine Abrede im engeren Sinne aus, weil E die A-AG als Einpersonen-AG gegründet hat und daher Mitgesellschafter fehlten, mit denen er etwas hätte verabreden können. Gerade die Einpersonen-Gründung kann jedoch nicht von den Regelungen über die verdeckte Sacheinlage ausgenommen werden, weil bei ihr die Manipulationsgefahr am höchsten ist: Es gibt noch nicht einmal Mitgesellschafter, die an der Werthaltigkeit der Sache interessiert sind. Daher genügt in diesem Sonderfall, in dem eine Abrede naturgemäß ausscheidet, auch ein „Vorhaben" des alleinigen Gründungsgesellschafters, mit seiner Geldeinlage die Sachen zu erwerben.[28] Diese Voraussetzung ist erfüllt, weil E das Geschäft vom 5.10. schon bei der Übernahme der Geldeinlagepflicht geplant hatte.

c) **Ergebnis**

Der Tatbestand der verdeckten Sacheinlage ist erfüllt. Die Geldeinlagepflicht des E besteht daher grundsätzlich in Höhe von 1 Mio. EUR fort (§ 27 III 1 AktG).

2. Anrechnung des Sachwertes

Nunmehr ist allerdings § 27 III 3 AktG zu beachten, wonach auf die fortbestehende Geldeinlagepflicht des Aktionärs der Wert des – verdeckt eingelegten – Vermögensgegenstandes (der Sache) anzurechnen ist. Es ist daher der Wert der Einrichtungsgegenstände und Warenbestände von 900.000 EUR auf die fortbestehende Geldeinlagepflicht von 1 Mio. EUR anzurechnen. Im Ergebnis ist der Geldeinlageanspruch der AG daher in Höhe von 900.000 EUR erloschen und es verbleibt nur noch eine Geldzahlungspflicht des E in Höhe von 100.000 EUR.

Hinweis: Die Anrechnung erfolgte erst im Moment der Eintragung der AG (§ 27 III 4 AktG). Hat E bei der Anmeldung entsprechend § 37 I AktG erklärt, die Geldeinlage sei ordnungsgemäß erbracht, war dies daher falsch. E hat sich dann strafbar gemacht (§ 399 AktG). Hätte das Registergericht die verdeckte Sacheinlage erkannt, hätte es die Eintragung ablehnen müssen (§ 38 I AktG).

3. Ergebnis

Der Insolvenzverwalter kann von E die Zahlung der Geldeinlage in Höhe von 100.000 EUR verlangen (§ 54 II AktG).

Hinweis: In der Literatur ist sehr umstritten, auf welche Weise genau die Anrechnung gemäß § 27 III 3 AktG den Geldeinlageanspruch zum Erlöschen bringt (→ § 3 Rn. 163). Im Ergebnis besteht jedoch Einigkeit, dass der Geldeinlageanspruch in Höhe des Wertes der verdeckt eingelegten Sache nicht mehr besteht, so dass die Gesellschaft nur noch die Differenz zwischen vereinbarter Geldeinlage und Sachwert verlangen kann. Sonstige Ansprüche des Aktionärs oder der Gesellschaft begründet der Vorgang der verdeckten Sacheinlage nicht: Der abgeschlossene Austauschvertrag (hier: Kaufvertrag über die Einrichtungsgegenstände und Warenbestände) und die zu seiner Erfüllung vorgenommenen Geschäfte (hier: Übereignung der Kaufsachen durch E und Zahlung des Kaufpreises durch die A-AG) sind wirksam (§ 27 III 2 AktG). E kann daher die Kaufsachen nicht zurückverlangen, weder aufgrund eines dinglichen Rechts gemäß § 47 InsO i. V. m. § 985 BGB noch schuldrechtlich nach Bereicherungsrecht; die A-AG kann den Kaufpreis nicht nach Bereicherungsrecht zurückfordern. Im Ergebnis besteht auch kein Bereicherungsanspruch des E auf Rückgewähr seiner ersten Geldeinlage (Zahlung der 1 Mio. EUR am 1.10.). Soweit diese im wirtschaftlichen Ergebnis keine Erfüllungswirkung hatte (hier: 100.000 EUR), käme zwar ein solcher Anspruch grundsätzlich in Betracht, weil die Zahlung entgegen der Zielsetzung des E keine Erfüllung bewirkte. Jedoch würde ein solcher Anspruch die gesetzlichen Regelungen zur verdeckten Sacheinlage jedenfalls außerhalb einer Insolvenz der AG entwerten, weil sich der fortbestehende Geldeinlageanspruch der A-AG (100.000 EUR) und der Bereiche-

[28] Vgl. zum alten Recht der GmbH BGH ZIP 2008, 643.

rungsanspruch des E (ebenfalls 100.000 EUR) gegenseitig neutralisieren würden. Im Ergebnis besteht daher Einigkeit, dass es keinen Bereicherungsanspruch des E gibt (vgl. ausführlich zu den möglichen dogmatischen Begründungen dieses Ergebnisses *Kersting*, Gesellschaftsrecht in der Diskussion 2008 [Jahrestagung der Gesellschaftsrechtlichen Vereinigung], S. 101 ff.).

Der vorliegende Fall ist nicht nach § 27 IV AktG zu beurteilen, obwohl eine „Hin- und Herzahlung“ vorliegt. Ist der Tatbestand der verdeckten Sacheinlage erfüllt, ist diese Regelung nämlich nicht anzuwenden (vgl. den Wortlaut des § 27 IV AktG).

Fall Nr. 8 – Überbewertung

Aktionär A ist mehrheitlich an der S-AG beteiligt. Da er seinen privaten PKW Marke BMW zukünftig in seiner Eigenschaft als Vorstandschef der S-AG verwenden will, veräußert er das Fahrzeug für 25.000 EUR an die S-AG. Das Fahrzeug hat aber nur einen Verkehrswert von 15.000 EUR. Kann die S-AG von A Zahlung des Differenzbetrags von 10.000 EUR oder die Rückabwicklung des Geschäfts verlangen?

Rechtsprechungshinweis: BGH ZIP 2013, 819.

Lösung

1. Zahlungsanspruch aus § 62 I 1 i.V.m. § 57 I 1 AktG

Fraglich ist, ob die S-AG von A Zahlung von 10.000 EUR verlangen kann. Anspruchsgrundlage hierfür kann § 62 I 1 i.V.m. § 57 I 1 AktG sein. Gemäß § 62 I 1 AktG haben die Aktionäre Leistungen, die sie entgegen dem Einlagenrückgewährverbot des § 57 I 1 AktG erhalten haben, der Gesellschaft zurückzugewähren.

A ist Aktionär und daher Adressat des Auszahlungsverbots. Zwar hat er nicht unmittelbar seine Einlage zurückerhalten. Das Austauschgeschäft zu unangemessenen Konditionen begründet jedoch in Höhe der Wertdifferenz eine sog. „verdeckte Gewinnausschüttung“ oder – besser – **„verdeckte Vermögensverlagerung“**, weil anzunehmen ist, dass die Gesellschaft einem Nichtaktionär diesen Vorteil nicht gewährt hätte (Leistung *causa societatis*). Diese verdeckte Vermögensverlagerung muss einer verbotenen Einlagenrückgewähr an den Aktionär gleichgestellt werden, um eine Umgehung der Kapitalerhaltungsvorschriften zu verhindern. Daher ist A in Höhe von 10.000 EUR zur Zahlung an die S-AG verpflichtet.

Hinweis: Da die beiderseitigen Leistungen (PKW gegen Geld) offenbar zeitnah ausgetauscht wurden, kommt es nicht zusätzlich darauf an, ob der Anspruch der AG gegen A i. S. v. § 57 I 3 Alt. 2 AktG „vollwertig“ war (→ § 4 Rn. 246 zur GmbH).

2. Anspruch auf Rückabwicklung

Fraglich ist, ob die S-AG auch Rückabwicklung des Geschäfts, d. h. Rückzahlung von 25.000 EUR Zug um Zug gegen Rückgabe des PKW verlangen kann. Anspruchsgrundlage kann insoweit **§ 812 I 1 Alt. 1 BGB** sein. Nach dieser Vorschrift sind rechtsgrundlos erbrachte Leistungen zurückzugewähren. Die erbrachten Leistungen wären dann rechtsgrundlos erfolgt, wenn der Kaufvertrag über den PKW nichtig wäre.

Als Nichtigkeitsgrund kommt **§ 134 BGB** in Betracht. Nach dieser Vorschrift sind Rechtsgeschäfte, die gegen ein gesetzliches Verbot verstoßen, nichtig, wenn sich nicht aus dem Gesetz ein anderes ergibt.

Fraglich ist daher zunächst, ob § 57 AktG ein gesetzliches Verbot i. S. v. § 134 BGB darstellt. Nach Auffassung des BGH ist die Frage zu bejahen.[29]
Jedoch – so der BGH weiter – sei der spezialgesetzlichen Regelung in § 62 AktG eine von der Nichtigkeit abweichende Regelung der Rechtsfolgen zu entnehmen; aus § 62 AktG ergebe sich also „ein anderes" im Sinne des § 134 BGB.[30] Diese Sichtweise überzeugt: Aufgrund der **Sonderregel in § 62 AktG** erscheint es vorzugswürdig anzunehmen, dass daneben nicht auch noch konkurrierende Rückgewähransprüche aus § 812 I 1 Alt. 1 BGB i. V. m. § 134 BGB bestehen. Das würde nämlich zu Konkurrenzproblemen nicht nur mit dem Entreicherungseinwand (§ 818 III BGB) oder der Haftungsverschärfung nach §§ 818 IV, 819 I BGB, sondern auch hinsichtlich der Verjährungsregeln (§§ 195, 199 BGB) führen. § 62 AktG enthält vielmehr eine abschließende Regelung.
Die S-AG kann somit nicht Rückabwicklung des ganzen Vertrags verlangen.

Hinweis: Eine andere, hier jedoch nicht behandelte Frage ist, ob der Aktionär die „Nachzahlung" des Differenzbetrags (→ Ziff. 1.) dadurch abwenden kann, dass er freiwillig den Vertrag rückabwickelt.

Fall Nr. 9 – Unterbewertung

Aktionär A ist mehrheitlich an der B-AG beteiligt, die ein Bauunternehmen betreibt. Er lässt sich von der B-AG eine private Villa zum Preis von 100.000 EUR errichten. Bei einem unabhängigen Bauunternehmen hätte er für die Bauleistungen mindestens 300.000 EUR bezahlen müssen. Welche Ansprüche hat die B-AG gegen A?

Lösung

Der Fall ist ebenso wie Fall Nr. 8 – Überbewertung zu lösen. Für eine verdeckte Vermögensverlagerung ist es unerheblich, ob der Aktionär eine Leistung überteuert an die Gesellschaft oder die Gesellschaft eine Leistung zu billig an den Aktionär erbringt. In Höhe der Differenz zum Normalpreis liegt eine verbotene Ausschüttung an den Aktionär vor, die dieser zurückzugewähren hat. Hier hat daher die B-AG gemäß § 62 I 1 i. V. m. § 57 I 1 AktG einen Anspruch auf Zahlung von 200.000 EUR gegen A.

Hinweis: Falls A die Zahlung(en) nicht jeweils kurzfristig abschnittsweise im Anschluss an die Bauleistung(en) der B-AG erbracht hätte, wäre im Hinblick auf die dann vorliegende Kreditierung des Werklohnanspruchs durch die AG auf Tatbestandsebene zusätzlich zu prüfen, ob der Anspruch der AG gegen A i. S. v. § 57 I 3 Alt. 2 AktG „vollwertig" war. Selbst wenn dies jedoch nicht der Fall gewesen sein sollte und damit in Höhe weiterer 100.000 EUR ein Verstoß gegen § 57 I 1 AktG vorläge, wären jedenfalls die später tatsächlich gezahlten 100.000 EUR nicht nur auf den Werklohnanspruch, sondern analog § 422 I 1 BGB auch auf den (erhöhten) Anspruch aus § 62 I 1 AktG anzurechnen (→ § 4 Rn. 243, 246 zur GmbH). Im Ergebnis bliebe es daher bei einem fortbestehenden Anspruch der B-AG gegen A auf Zahlung von 200.000 EUR.

---

[29] Vgl. BGH ZIP 2013, 819 (Rn. 15); dies entspricht der Sichtweise des BGH zu § 30 GmbHG, vgl. BGHZ 136, 125; ausführlich zu der Frage, ob die Ausschüttungsverbote des Kapitalgesellschaftsrechts (§ 57 AktG und § 30 GmbHG) gesetzliche Verbote i. S. v. § 134 BGB sind, *Bitter*, ZHR 168 (2004), 302 ff. m. N. zur AG auf S. 308 f., zur GmbH auf S. 312 f.

[30] Vgl. BGH ZIP 2013, 819 (Rn. 15 ff.).

Fall Nr. 10 – Bezugsrecht

Die K-AG betreibt eine Vielzahl von Kaufhäusern. Sie hat ein Grundkapital von 4 Mio. EUR, das in 1 Mio. Aktien zu 4 EUR zerlegt ist. Weil die K-AG in den letzten Jahren nur Verluste erwirtschaftet hat, beträgt ihr Nettovermögen (Aktivvermögen abzüglich Schulden) nur noch 2 Mio. EUR. Weitere Jahre der Erfolglosigkeit kann sich die K-AG nicht leisten. Durch ein neues Design ihrer Warenhäuser will sie die Wende schaffen. Für die Umgestaltung benötigt sie frisches Kapital in Höhe von ca. 2 Mio. EUR. Nach langer Suche findet sie den Investor Grün (G). Er ist bereit, den erforderlichen Betrag in die K-AG zu investieren, allerdings nur im Rahmen eines Kapitalschnitts, der ihm eine Mehrheitsbeteiligung verschafft. Weil die K-AG diese Bedingungen nicht für optimal hält, sucht sie nach anderen Investoren, findet aber keine. Auch viele der Aktionäre sind nicht bereit, weiteres Kapital einzuzahlen. Daher verständigt man sich mit G über ein Engagement nach seinen Vorstellungen.

Entsprechend wird auf der Hauptversammlung eine vereinfachte Kapitalherabsetzung auf ein neues Grundkapital von 2 Mio. EUR in der Weise beschlossen, dass der Nennbetrag der ausgegebenen 1 Mio. Aktien von 4 EUR auf 2 EUR herabgesetzt wird. Anschließend wird mit der erforderlichen Mehrheit eine Erhöhung des Grundkapitals um 2.000.002 EUR auf 4.000.002 EUR gegen Ausgabe von 1.000.001 neuen Aktien zu 2 EUR beschlossen. Das Bezugsrecht der Altaktionäre wird ausgeschlossen. Ist der Bezugsrechtsausschluss materiell rechtmäßig?

Hinweis: Zum Kapitalschnitt → § 3 Rn. 202.

Lösung

Das Gesetz sieht in § 186 III, IV AktG die Möglichkeit eines Bezugsrechtsausschlusses ausdrücklich vor, nennt dabei aber keine materiellen Anforderungen. Gleichwohl bedarf der Ausschluss des Bezugsrechts nach ganz h. M. einer **sachlichen Rechtfertigung**. Dies ergibt sich daraus, dass die in seiner Folge mögliche Zuteilung der Aktien an außenstehende Dritte die Beteiligung der (Alt-)Aktionäre verwässert. Der Bezugsrechtsausschluss bedeutet daher einen erheblichen Eingriff in die Mitgliedschaft der bisherigen Gesellschafter.

Eine sachliche Rechtfertigung besteht, wenn der Bezugsrechtsausschluss einem Zweck dient, der im Interesse der Gesellschaft liegt, zur Erreichung des beabsichtigten Zwecks geeignet und erforderlich sowie verhältnismäßig ist.[31]

Im Interesse der Gesellschaft liegt der Bezugsrechtsausschluss, wenn er dazu dient, den Gesellschaftszweck zu fördern. Dies ist bei der K-AG der Fall. Denn der Bezugsrechtsausschluss dient dazu, neues Kapital zu erhalten, das zwingend erforderlich ist, um den Geschäftsbetrieb der K-AG dauerhaft aufrechtzuerhalten.

Der Bezugsrechtsausschluss ist ferner **geeignet**, den Zweck der Erlangung neuen Kapitals zu erreichen, weil G die Aktien aus der Kapitalerhöhung erhalten muss, um in die K-AG investieren zu können.

Erforderlich ist der Bezugsrechtsausschluss, wenn keine Entscheidungsalternativen bestehen oder er unter mehreren Möglichkeiten am geeignetsten ist, den Zweck zu erreichen. G ist der einzige in Betracht kommende Investor. Zu einer anderen

[31] Vgl. hierzu und zum Nachfolgenden *Koch*, AktG, § 186 Rn. 25 ff.

Form der Kapitalzufuhr, etwa im Wege eines Darlehens, ist er offensichtlich nicht bereit. Andere Eigen- oder Fremdkapitalgeber konnte die K-AG nicht finden. Auch die bisherigen Aktionäre sind größtenteils nicht bereit, neue Mittel zuzuführen. G macht sein Engagement davon anhängig, dass er eine Mehrheitsbeteiligung erlangt. Eine Kapitalerhöhung ohne Bezugsrechtsausschluss, bei der nur einige Altaktionäre ihr Bezugsrecht ausüben und G sämtliche Aktien erwirbt, für die das Bezugsrecht nicht ausgeübt wird, kommt daher nicht in Betracht. Vielmehr ist sicherzustellen, dass G eine Mehrheit der Aktien erlangt. Dies kann nur ein vollständiger Bezugsrechtsausschluss garantieren. Er ist daher erforderlich, um Kapital in der erforderlichen Höhe zu erhalten.

Verhältnismäßig ist der Bezugsrechtsausschluss, wenn das Gesellschaftsinteresse, neues Kapital zu erhalten, höher zu bewerten ist, als das Interesse der Aktionäre am Erhalt ihrer Rechtsposition. Die Aktien der Altaktionäre der K-AG sind bereits zur Hälfte entwertet. Die Aktionäre sind mehrheitlich nicht bereit, neues Kapital zur Verfügung zu stellen. Ohne solches ist die K-AG aber nicht überlebensfähig, d.h. ihre Existenz konkret gefährdet. Letztlich liegt der Bezugsrechtsausschluss daher sogar im Interesse der Altaktionäre: Er schafft die Möglichkeit, dass ihre Aktien infolge der Investition des neuen Kapitals in eine Umgestaltung der Warenhäuser wieder aufgewertet werden. Zwar müssen sie künftige Erträge mit G teilen; jedoch ist das für sie vorteilhafter als ein Verlust ihrer Investition ohne jegliche künftige Erträge. Vor diesem Hintergrund ist auch der Machtverlust zumutbar, den der Bezugsrechtsausschluss mit sich bringt. Dieser ist im Ergebnis allein der Verweigerungshaltung der Altaktionäre geschuldet.

Der Bezugsrechtsausschluss ist materiell rechtmäßig.

Fall Nr. 11 – VINEA

Die Müllersdorf AG (M-AG) in Hamburg erwirbt 90 % der Anteile an der K-AG, die unter anderem im Bereich der Produktion von Körperpflegemitteln und Kosmetika tätig ist. Zwischen der M-AG und der K-AG wird ein Beherrschungsvertrag geschlossen. Der Vorstand der M-AG weist den Vorstand der K-AG zur Erzielung von Rationalisierungsgewinnen im Gesamtkonzern an, die Sparte Duschgel der K-AG zugunsten der von der M-AG produzierten VINEA-Reihe aufzugeben. Ist eine solche Anweisung rechtmäßig?

Abwandlung: Wie ist die Rechtslage, wenn kein Beherrschungsvertrag geschlossen wurde?

Lösung zum Grundfall

Fraglich ist, ob die M-AG die K-AG anweisen darf, die Sparte Duschgel aufzugeben. Die Zulässigkeit der Weisung kann sich aus § 308 I AktG ergeben. Nach § 308 I 1 AktG ist das herrschende Unternehmen berechtigt, dem Vorstand der (abhängigen) Gesellschaft hinsichtlich der Leitung der Gesellschaft Weisungen zu erteilen, wenn ein Beherrschungsvertrag besteht.

Zu prüfen ist zunächst, ob die M-AG **herrschendes Unternehmen** im Sinne des Konzernrechts ist. Die Definitionen der verbundenen Unternehmen finden sich in §§ 15ff. AktG. Der im Gesetz nicht näher bestimmte Begriff des „Unternehmens" im Sinne der §§ 15ff. AktG geht von der so genannten Konzerngefahr aus.[32] Damit

[32] Dazu ausführlich *Bitter*, Durchgriffshaftung, S. 35ff.

wird die Gefahr bezeichnet, dass ein Aktionär aufgrund seiner anderweitigen unternehmerischen Tätigkeit die eine Gesellschaft um der anderen Willen instrumentalisiert. Da die M-AG einen eigenen Geschäftsbetrieb hat, besteht diese Gefahr im Verhältnis zu ihrer Tochtergesellschaft K-AG. Die M-AG ist deshalb Unternehmen im konzernrechtlichen Sinne.

Die zweite Voraussetzung, das **Bestehen eines Beherrschungsvertrags** i. S. v. § 291 AktG, ist hier zwischen der M-AG und der K-AG ebenfalls gegeben. Daher besteht grundsätzlich das Weisungsrecht gegenüber dem Vorstand der abhängigen K-AG.

Fraglich mag aber sein, ob die Weisung auch dahingehen darf, eine Sparte des Unternehmens (hier Duschgel) ganz aufzugeben. Gemäß § 308 I 2 AktG können auch **nachteilige Weisungen** erteilt werden, wenn sie den Belangen des herrschenden Unternehmens dienen und im Unternehmensvertrag nichts anderes bestimmt ist. Da die Weisung hier zugunsten der von der M-AG produzierten VINEA-Reihe erfolgt, sie damit dem herrschenden Unternehmen dient, ist von einer Zulässigkeit der für die K-AG nachteiligen Weisung auszugehen.

Lösung zur Abwandlung

Da kein Beherrschungsvertrag existiert, kommt § 308 I AktG als Grundlage eines Weisungsrechts hier nicht in Betracht. Im „**faktischen Konzern**" gilt vielmehr die Grundregel des § 76 AktG, wonach der Vorstand die Gesellschaft in eigener Verantwortung zu leiten hat. Anders als im GmbH-Recht besteht außerhalb des Vertragskonzerns kein Weisungsrecht des Aktionärs (hier M-AG) gegenüber dem Vorstand der Gesellschaft. Die Weisung ist folglich rechtswidrig. Der Vorstand der K-AG muss ihr nicht folgen.

§ 10. Fälle zur Gesellschaft mit beschränkter Haftung (GmbH)

Fall Nr. 12 – Komplizierte Gründung

A möchte im großen Stil mit Autos handeln. Nach langen Verhandlungen überzeugt er B und C, sich als Kapitalgeber zu beteiligen. Sie einigen sich darauf, zum Betrieb des Unternehmens eine GmbH zu gründen. A soll 40 %, B 35 % und C 25 % halten. Als Stammkapital der „Car-GmbH" sind 30.000 EUR vorgesehen. Es soll in bar eingezahlt werden. Noch bevor A, B und C den Gesellschaftsvertrag notariell beurkunden lassen, nimmt A im Namen der Car-GmbH ein Darlehen bei seinem Schwager S über 5.000 EUR auf. Sodann kauft er von Z ein Auto zum Preis und im Wert von 5.000 EUR. Das Auto wird geliefert; der Kaufpreis soll erst später gezahlt werden. Der Darlehensaufnahme im Namen der Car-GmbH haben B und C vorher zugestimmt. Von dem Autokauf wissen sie nichts.

Nach der notariellen Beurkundung des Gesellschaftsvertrags wird A zum Geschäftsführer bestellt. A berichtet B und C von dem Autokauf bei Z und die drei sind sich einig, dass das Auto, das von S erlangte Geld und die Forderungen von S und Z von nun an zur GmbH „gehören" sollen. Die Gesellschafter leisten anteilig ihre Mindesteinlagen und melden die Gesellschaft ordnungsgemäß zur Eintragung ins Handelsregister an. Weil alle Beteiligten die Marktlage als günstig einschätzen, kommen sie überein, dass A schon vor der Eintragung der GmbH ins Handelsregister mit den Geschäften fortfahren soll. A meint, dass ihm die Mindesteinlagen nicht genug finanziellen Spielraum verschaffen. Im Namen der Car-GmbH nimmt er daher erst einmal ein Darlehen über 30.000 EUR bei der D-Bank (D) auf. Nunmehr macht sich A ans Kaufen von Autos. Jedoch beweist er überhaupt kein glückliches Händchen: Für 25.000 EUR kauft er einen Wagen, der nur 11.500 EUR wert ist. Ferner erwirbt er für 17.000 EUR ein Auto im Wert von 5.500 EUR. Bei Abschluss sämtlicher Verträge zeichnet A im Namen der Car-GmbH. Bevor A die Fahrzeuge weiter veräußert, wird die Car-GmbH in das Handelsregister eingetragen.

Frage 1: Von wem können S und Z Zahlung verlangen?
Frage 2: Wie viel Euro hat jeder Gesellschafter als Mindesteinlage geleistet?
Frage 3: Welche Ansprüche hat die eingetragene GmbH gegen die Gesellschafter?
Frage 4: Bestehen Ansprüche der D gegen A persönlich?

Abwandlung 1: Zunächst wie der Grundfall. Die Gesellschafter leisten auch ihre Mindesteinlagen, melden die Gesellschaft aber noch nicht zur Eintragung ins Handelsregister an, weil sie zunächst schauen wollen, wie die ersten Geschäfte laufen. A tätigt die gleichen Geschäfte wie im Grundfall. Zusätzlich nimmt er im Namen der Car-GmbH ein Darlehen bei dem befreundeten F über 16.000 EUR auf. Das Geld wird komplett für eine groß angelegte Werbekampagne ausgegeben. Nach dem letzten Autokauf (für 17.000 EUR) entschließen sich A, B und C, die GmbH nicht eintragen zu lassen. Sie wollen ihr unrühmliches Engagement auf dem Automarkt so schnell wie möglich beenden. Daher verkauft A die drei bereits angeschafften Fahrzeuge zum Marktwert. Zu weiteren Geschäften kommt es nicht. Treffen A, B und C irgendwelche Zahlungspflichten gegenüber der Gesellschaft oder D und F?

Abwandlung 2: Zunächst wie Abwandlung 1. A, B und C geben – wie dargelegt – nach dem letzten Autokauf ihre Absicht auf, die GmbH eintragen zu lassen. Jedoch entschließen sie sich, gleichwohl noch ein paar Fahrzeuge zu handeln, um aus der Angelegenheit „mit Null" rauszukommen. Auch diese Geschäfte laufen aber nur mittelmäßig. Es ist nicht ersichtlich, wann die Verluste ausgeglichen werden. D wird ihr Kreditengagement zu riskant. Sie fordert von A, B und C persönlich die Darlehensrückzahlung. Zu Recht?

Abwandlung 3: A, B und C ist das Verfahren zur Gründung einer GmbH zu kompliziert. Sie finden V, der sich darauf spezialisiert hat, GmbH „auf Vorrat" zu gründen, um sie sodann an Personen zu verkaufen, die schnell eine GmbH benötigen. Diese Funktion der GmbH legt V durch eine entsprechende Bezeichnung des Unternehmensgegenstandes offen. Mit den im Grundfall genannten Beteiligungsquoten erwerben A, B und C die Anteile des V an einer solchen GmbH mit einem Stammkapital von 30.000 EUR. Bei der Gründung der GmbH hatte V den Mindesteinlagebetrag auf ein Konto der GmbH eingezahlt. Davon sind nach der Eintragung allerdings 5.500 EUR für laufende Verwaltungskosten ausgegeben worden. Sofort nach dem Erwerb halten die drei neuen Gesellschafter eine Gesellschafterversammlung ab, bei der sie A zum neuen Geschäftsführer bestellen und den Unternehmensgegenstand in „Handel mit Fahrzeugen" ändern. Eine Verständigung darüber, wann A die Geschäfte aufnehmen soll, erfolgt nicht.

A hat es eilig: Unmittelbar nach seiner Bestellung zum Geschäftsführer tätigt er mit Ausnahme der Darlehensaufnahme bei S und dem Autokauf bei Z die gleichen Geschäfte wie im Grundfall und nimmt bei F ein Darlehen über 5.000 EUR auf. Jeweils handelt er im Namen der GmbH. Auf Hinweis eines Bekannten, dessen Hobby das GmbH-Recht ist, zeigen A, B und C anschließend gegenüber dem Registergericht an, dass sie die „auf Vorrat" gegründete GmbH mit einem Unternehmen ausgestattet haben.

Frage 1: Welche Zahlungspflichten der neuen Gesellschafter bestehen gegenüber der GmbH?

Frage 2: Haben D und F Ansprüche persönlich gegen A?

Lösung zum Grundfall – Frage 1

S hat einen Anspruch auf Darlehensrückzahlung (§ 488 I 2 BGB), Z einen Anspruch auf Kaufpreiszahlung (§ 433 II BGB). Fraglich ist aber, *gegen wen* die Ansprüche bestehen.

1. Ansprüche gegen eine ABC-oHG

Ansprüche gegen eine oHG mit den Gesellschaftern A, B und C setzen die Gründung einer solchen Gesellschaft sowie deren wirksame Verpflichtung voraus. Außerdem dürften die Ansprüche nicht auf einen anderen Rechtsträger übergegangen oder wieder erloschen sein.

a) Gründung einer oHG

A hat die Verträge mit S und Z vor der notariellen Beurkundung des GmbH-Vertrags und damit zu einem Zeitpunkt geschlossen, als die Car-GmbH noch nicht errichtet und eine Vor-GmbH noch nicht entstanden war. Allerdings hatten sich A, B und C bereits geeinigt, eine GmbH zu gründen, und dabei auch die künftigen Beteiligungsverhältnisse festgelegt. Da damit die wesentlichen Inhalte vereinbart wurden und die Einigung nach langen Verhandlungen erfolgte, ist davon auszugehen, dass A, B und C mit ihr das erzielte Ergebnis verbindlich festhalten wollten. Sie haben die Vereinbarung daher mit **Rechtsbindungswillen** getroffen. Die Übereinkunft zielt darauf ab, sich zusammenzuschließen, um mit der Gründung der GmbH einen gemeinsamen Zweck zu erreichen. A, B und C haben deshalb einen Gesellschaftsvertrag einer (Innen-)GbR geschlossen (sog. **Vorgründungsgesellschaft**; → § 4 Rn. 26f.).

Der Gesellschaftsvertrag der Vorgründungsgesellschaft kann aber gemäß § 125 S. 1 BGB nichtig sein. Dies ist der Fall, wenn das Geschäft einer durch Gesetz vorgeschriebenen Form ermangelt. Als derartige Formvorschrift kommt § 2 I GmbHG in Betracht, der für einen GmbH-Gesellschaftsvertrag die **notarielle Form** vorschreibt. Nun haben A, B und C zwar noch nicht den Gesellschaftsvertrag der GmbH geschlossen. Allerdings begründet die zwischen ihnen getroffene Abrede die Verpflichtung zum Abschluss eines solchen GmbH-Gesellschaftsvertrags, weil die Gesellschafter gemäß § 705 BGB verpflichtet sind, die Erreichung des gemeinsamen Zwecks zu fördern. Der Vertrag hat daher vorvertraglichen Charakter.

§ 2 I GmbHG gilt auch für eine solche vorvertragliche Bindung. Eine einklagbare Verpflichtung zum Abschluss des GmbH-Gesellschaftsvertrags schafft nämlich eine dem Abschluss vergleichbare Bindungswirkung. Da die Einigung von A, B und C nicht notariell beurkundet wurde, ist der Gesellschaftsvertrag der Vorgründungsgesellschaft gemäß § 125 S. 1 BGB nichtig (→ § 4 Rn. 27).

Fraglich ist jedoch, wie es sich auswirkt, dass A nach dem Willen aller Beteiligten bereits vor Abschluss des notariellen GmbH-Vertrags ein Darlehen bei S aufnehmen und dabei offensichtlich für gemeinsame Rechnung der drei Geschäftspartner handeln sollte, weil ein Handeln im Namen der Car-GmbH beabsichtigt war. In einer solchen Abrede ist eine stillschweigende Übereinkunft dahingehend zu sehen, dass nicht nur eine auf Gründung der GmbH gerichtete Innengesellschaft entstehen soll, sondern auch eine Außengesellschaft, die mit Dritten in Rechtsbeziehungen tritt (sog. **Vorgründungsgesellschaft**; → § 4 Rn. 28).

Hinweis: Zu einer solchen Außengesellschaft kann man auf zwei Wegen gelangen: Entweder geht man im Sinne einer Einheitsbetrachtung davon aus, dass die *eine* Gesellschaft, die grundsätzlich allein auf die Gründung der GmbH abzielt und daher als bloße (Innen-)Gesellschaft ausgestaltet ist, wegen des weitergehenden Zwecks eines Handelns gegenüber Dritten ausnahmsweise als Außengesellschaft gedacht ist. Der Abschluss des *einen* Gesellschaftsvertrags ist dann auf eine Außengesellschaft gerichtet. Nach den Grundsätzen über die fehlerhafte Gesellschaft (ausführlich → Fall Nr. 30 – Der junge Möbelhändler) ist diese Gesellschaft trotz des Formmangels vollwirksam entstanden, weil sie durch das Handeln des A gegenüber S nach außen in Vollzug gesetzt wurde. Bei der Unwirksamkeit der Verpflichtung zur Gründung einer GmbH bleibt es aber.

Oder man nimmt an, die Gesellschafter hätten durch ihre Übereinkunft, bereits vor der Beurkundung des GmbH-Vertrags gegenüber Dritten für gemeinsame Rechnung aufzutreten, einen zweiten *separaten* Gesellschaftsvertrag geschlossen, der die Gründung einer Außengesellschaft zum Gegenstand hat. Dann bedarf es keines Rückgriffs auf die Grundsätze der fehlerhaften Gesellschaft und es bleibt bei der Unwirksamkeit des Gesellschaftsvertrags der separaten Innengesellschaft.

In beiden Fällen ist die Gesellschaft nicht schon durch den Abschluss eines entsprechenden Gesellschaftsvertrags als solchen, sondern erst infolge der ersten nach außen gerichteten Handlung auf gemeinsame Rechnung eine Außengesellschaft. Bis dahin liegt lediglich eine – im Fall der Einheitsbetrachtung unwirksame – Innengesellschaft vor. Sie ist zwingend eine (vermeintliche) GbR, weil es eine „Innen-oHG" nicht gibt. Der „Wandel" von der Innen- zur Außengesellschaft ist im hier zu beurteilenden Fall durch die Darlehensaufnahme des A bei S eingetreten, bei der A für gemeinsame Rechnung von A, B und C gehandelt hat. Eine hiervon zu trennende Frage ist, ob A die Gesellschaft dabei wirksam vertreten hat (→ Ziff. 1. b)).

Die Außengesellschaft kann oHG oder Außen-GbR sein. Eine oHG setzt erstens voraus, dass der Zweck der Gesellschaft auf den **Betrieb eines Handelsgewerbes** gerichtet ist (§§ 105, 1 HGB). Dies ist der Fall: A, B und C planen einen Autohandel im großen Stil. Zwar dient die Kreditaufnahme nur der Vorbereitung dieser Tätigkeit; jedoch genügen solche Vorbereitungshandlungen bereits, wenn die handelsgewerbliche Tätigkeit bald aufgenommen werden soll. Die Handlung des A, die die Innen- zur Außengesellschaft hat werden lassen (= Auftreten gegenüber S), muss ferner die Voraussetzungen erfüllen, unter denen eine oHG gemäß § 123 II HGB (ab 1.1.2024 § 123 I 2 HGB n.F.) durch **Geschäftsaufnahme** wirksam **gegenüber Dritten** entsteht. Liegen diese Voraussetzungen nicht vor, ist die Außengesellschaft Außen-GbR, bis die Voraussetzungen des § 123 II HGB (ab 1.1.2024 § 123 I 2 HGB n.F.) eintreten oder eine Eintragung gemäß § 123 I HGB (ab 1.1.2024 § 123 I 1 HGB n.F.) erfolgt.

In der Darlehensaufnahme bei S liegt unproblematisch ein Beginn der Geschäfte i.S.v. § 123 II HGB (ab 1.1.2024 § 123 I 2 HGB n.F.). Auch erfolgte der Beginn einvernehmlich, wie dies von der h.M. für § 123 II HGB gefordert und ab 1.1.2024 in § 123 I 2 HGB n.F. ausdrücklich bestimmt wird (→ § 6 Rn. 7f.).

Eine aus A, B und C bestehende oHG ist entstanden.

b) Wirksame Verpflichtung der oHG

A hat die oHG durch die Vertragsschlüsse nur verpflichtet, wenn er sie wirksam vertreten hat (§ 164 BGB). A muss dazu im Namen der oHG sowie mit Vertretungsmacht gehandelt haben.

A ist jeweils im Namen der „Car-GmbH" aufgetreten. Gleichwohl kann darin ein **Handeln im Namen der oHG** liegen. Nach den Grundsätzen über das unternehmensbezogene Geschäft[33] geht der Wille der Parteien nämlich im Zweifel dahin, einen Vertrag mit dem wahren Unternehmensträger zustande zu bringen. Der Vertreter handelt daher im Zweifel im Namen desjenigen Rechtsträgers, der tatsächlich „Inhaber" des Unternehmens ist. Die Car-GmbH bestand zum Zeitpunkt des Geschäftsabschlusses noch nicht (§ 11 I GmbHG). Sie konnte daher nicht Unternehmensträgerin sein. Auch eine Vor-GmbH war noch nicht entstanden. Vielmehr war die ABC-oHG als alleinig bestehende Gesellschaft Trägerin des von A, B und C geplanten/betriebenen Autohandels. A hat daher im Namen der ABC-oHG gehandelt.

Bei der Frage der **Vertretungsmacht des A** muss im Grundsatz zwischen dem Vertrag mit S und demjenigen mit Z unterschieden werden:

Bei Abschluss des Vertrages mit S war die oHG noch nicht wirksam entstanden, weil erst dieses Geschäft den Beginn der Geschäfte im Sinne des § 123 II HGB (ab 1.1.2024 § 123 I 2 HGB n.F.) darstellt. Bis dahin bestand vielmehr nur eine – bei einer Einheitsbetrachtung noch unwirksame – Innen-GbR (→ Ziff. 1. a)). Daher gilt für diesen (ersten) Vertragsschluss noch nicht die Vertretungsregel des § 125 I HGB (ab 1.1.2024 § 124 I HGB n.F.), sondern es ist nach dem bis Ende 2023 geltenden Recht § 714 BGB anzuwenden. Danach richtet sich die Vertretungsmacht nach der Geschäftsführungsbefugnis, die im Zweifel allen Gesellschaftern gemeinsam zusteht (§ 709 BGB). Im Ergebnis nichts anderes gilt ab dem 1.1.2024 aufgrund der direkten Anordnung zur Vertretung der GbR in § 720 I BGB. Weil A allein gehandelt hat, kann man an seiner Vertretungsmacht zweifeln. Jedoch haben B und C der Darlehensaufnahme bei S zugestimmt. Hierin liegt eine konkludente Vereinbarung, die A die alleinige Geschäftsführungsbefugnis für dieses konkrete Geschäft überträgt. Deshalb ist er insoweit auch allein vertretungsberechtigt gemäß § 714 BGB bzw. ab 1.1.2024 § 720 I BGB n.F. (vgl. den Wortlaut: „es sei denn, der Gesellschaftsvertrag bestimmt etwas anderes").

Bei Abschluss des Vertrags mit Z hat A ohne Zustimmung von B und C gehandelt. Allerdings war zu diesem Zeitpunkt die oHG schon wirksam gemäß § 123 II HGB (ab 1.1.2024 § 123 I 2 HGB n.F.) entstanden. Daher war A als einer ihrer Gesellschafter allein vertretungsberechtigt (§ 125 I HGB; ab 1.1.2024 § 124 I HGB n.F.); darüber hinaus wäre eine etwaige interne Beschränkung des Umfangs seiner Vertretungsmacht im Außenverhältnis unwirksam (§ 126 II HGB; ab 1.1.2024 § 124 IV 2, 3 HGB n.F.). A hat deshalb auch den Vertrag mit Z mit Vertretungsmacht geschlossen.

c) Kein Übergang der Schulden auf die Vor-GmbH

A, B und C sind nach Abschluss des GmbH-Vertrags übereingekommen, dass die Ansprüche von S und Z zur GmbH „gehören". Sie wollen also, dass nunmehr nicht mehr die ABC-oHG, sondern die Vor-GmbH bzw. später die fertige GmbH Schuldnerin gegenüber S und Z ist. Fraglich ist, ob dieser Wille rechtlich beachtlich ist.

Ein Übergang der Verbindlichkeiten der ABC-oHG kann zunächst unabhängig vom Willen der Beteiligten kraft Gesetzes eingetreten sein. Dies setzt voraus, dass der Rechtsträger, der durch Abschluss des GmbH-Vertrags entstanden ist, mit der oHG identisch ist oder jedenfalls ein automatischer Übergang des Vermögens statt-

[33] Siehe dazu allgemein *Bitter/Röder*, BGB AT, § 10 Rn. 51 ff.; *Bitter/Linardatos*, HandelsR, Fall Nr. 7 – Nachlässigkeit.

findet. Durch den notariellen Abschluss des GmbH-Vertrags entsteht eine **Vor-GmbH** (→ § 4 Rn. 38). Sie ist eine Gesellschaft eigener Art (*sui generis*) und nach einhelliger Auffassung **nicht mit der Vorgründungsgesellschaft identisch.** Auch geht das Vermögen der Vorgründungsgesellschaft nicht automatisch auf sie über. Ein Übergang kraft Gesetzes scheidet aus.

In Betracht kommt daher nur ein rechtsgeschäftlicher Übergang der Verbindlichkeiten der ABC-oHG auf die Vor-GmbH. Eine solche **Schuldübernahme** durch einen Vertrag zwischen dem Schuldner (hier: oHG) und dem Übernehmer (hier: Vor-GmbH) ist grundsätzlich möglich. Ihre Wirksamkeit setzt gemäß § 415 BGB jedoch die Zustimmung des Gläubigers voraus, weil er ohne sein Einverständnis keinen Tausch seines Schuldners hinnehmen muss. Eine Genehmigung von S und Z ist nicht ersichtlich.

d) Entfallen der Ansprüche durch die Auflösung und Vollbeendigung der oHG

A, B und C wollen ersichtlich, dass nach Abschluss des GmbH-Vertrags alle Geschäfte über die (Vor-)GmbH laufen und diese Trägerin ihres Autohandel-Unternehmens ist. Sie benötigen die ABC-oHG daher nicht mehr. Deshalb ist davon auszugehen, dass A, B und C mit Abschluss des GmbH-Vertrags konkludent einen **Auflösungsbeschluss** bezüglich der oHG gefasst haben (§ 131 I Nr. 2 HGB; ab 1.1.2024 §§ 138 I Nr. 4, 140 HGB n. F.). Dies bedeutet indes nicht, dass die Gesellschaft sofort aufhört zu existieren. Vielmehr wird sie zunächst (nur) zur **Abwicklungsgesellschaft.**[34] Erst am Ende der Liquidation gemäß §§ 145 ff. HGB (ab 1.1.2024 §§ 143 ff. HGB n. F.) steht die Vollbeendigung der Gesellschaft.[35] Im Rahmen der Liquidation sind unter anderem die Gläubiger der Gesellschaft zu befriedigen (§ 149 HGB; ab 1.1.2024 § 148 V HGB n. F.). Eigentlich haben S und Z deshalb weiterhin einen Anspruch gegen die oHG „in Liquidation (i. L.)".

Fraglich ist allerdings, wie es sich auswirkt, dass A, B und C durch die nach Fassung des Auflösungsbeschlusses getroffene Absprache das gesamte Aktivvermögen der oHG (Geld und Auto) auf die Vor-GmbH übertragen haben (näher → Frage 3 unter Ziff. 2. a)). Nach h. M. tritt die **Vollbeendigung der oHG** automatisch mit der Beendigung der Liquidation ein, die wiederum vorliegen soll, wenn der oHG nach vorheriger Auflösung und Abwicklung (die hier in der Übertragung von Auto und Geld liegt)[36] *keinerlei* Aktivvermögen mehr verbleibt; unbeglichene Gesellschaftsschulden sind unbeachtlich.[37] Nach a. A. kann nicht ohne weiteres von der Vollbeendigung ausgegangen werden.[38] Denn die oHG als gemäß § 124 HGB (ab 1.1.2024 § 105 II HGB n. F.) rechtsfähige Handelsgesellschaft (selbständiger Rechtsträger) habe insofern noch Aktivvermögen, als ihr gegen ihre Gesellschafter Nachschussansprüche auf Ausgleich der Unterdeckung der Gesellschaftsverbindlichkeiten zustehen (§§ 105 III HGB, 735 BGB; ab 1.1.2024 § 149 HGB n. F.). Allerdings bejaht auch diese Auffassung die Vollbeendigung, wenn die Nachschussansprüche – wie im Regelfall – nicht verfolgt werden. Da hier für eine Verfolgung der Ansprüche nichts ersichtlich ist, bedarf es keiner Streitentscheidung. Die ABC-oHG ist erloschen und kann daher nicht mehr Schuldnerin von S und Z sein.

---

[34] Hierzu → § 3 Rn. 220 (zur AG), → § 4 Rn. 288 (zur GmbH) und → § 6 Rn. 74 (zur oHG).

[35] Hierzu → § 3 Rn. 226 (zur AG), → § 4 Rn. 289 (zur GmbH) und → § 6 Rn. 75 (zur oHG).

[36] Die Verfahrensvorgaben der §§ 145 ff. HGB haben A, B und C dabei freilich missachtet; vgl. insbesondere § 149 HGB.

[37] Vgl. die Nachweise zur h. M. bei MüKoHGB/*K. Schmidt*, § 157 Rn. 9, der selbst jedoch differenziert.

[38] MüKoHGB/*K. Schmidt*, § 157 Rn. 10.

e) Ergebnis

S und Z haben *keine* Zahlungsansprüche gegen eine aus A, B und C bestehende oHG.

2. Anspruch gegen A, B und C als Gesellschafter der oHG

A, B und C haften als (ehemalige) Gesellschafter der ABC-oHG gesamtschuldnerisch, persönlich, unmittelbar und unbeschränkt für die unbeglichenen Verbindlichkeiten der ABC-oHG (§ 128 HGB; ab 1.1.2024 § 126 HGB n.F.). Die Auflösung und Vollbeendigung der oHG ändert hieran nichts. Erst fünf Jahre nach der Auflösung verjähren die Ansprüche (§ 159 I HGB; ab 1.1.2024 § 151 I HGB n.F.).

3. Anspruch gegen die Car-GmbH

Die ins Handelsregister eingetragene (fertige) Car-GmbH ist mit der Vor-GmbH identisch, die durch den Abschluss des GmbH-Vertrags entstanden ist. Es hat eine identitätswahrende Umwandlung, ein Wechsel des „Rechtskleides", stattgefunden. Die Verbindlichkeiten der Vorgründungsgesellschaft sind nicht auf die Vor-GmbH übergegangen (→ Ziff. 1. c)). Folglich haftet auch die fertige Car-GmbH nicht für sie.

4. Anspruch gegen A aus § 11 II GmbHG

Ist vor der Eintragung im Namen einer GmbH gehandelt worden, so haften die Handelnden persönlich und solidarisch (§ 11 II GmbHG).

A hat vor der Eintragung der Car-GmbH gegenüber S und Z gehandelt und dabei den Namen der Car-GmbH benutzt. Weil dies *vor* Abschluss des GmbH-Vertrags geschah, stellt sich allerdings die Frage, ob § 11 II GmbHG in der Vorgründungsphase überhaupt anwendbar ist. Die in § 11 II GmbHG vorgesehene Haftung soll die Gesellschafter zur schnellen Eintragung der GmbH anhalten. Vor Abschluss des GmbH-Vertrags besteht jedoch keine Pflicht zur bzw. kein Bedürfnis für eine Eintragung. Nach Sinn und Zweck der Vorschrift kann § 11 II GmbHG daher nur auf die Phase zwischen Errichtung und Eintragung der GmbH anwendbar sein.

Im Übrigen liegen die Voraussetzungen der Vorschrift nicht vor. Nach den Grundsätzen zum unternehmensbezogenen Geschäft hat A nicht im Namen der Car-GmbH gehandelt.

Lösung zum Grundfall – Frage 2

Von dem Stammkapital von 30.000 EUR entfallen auf den Geschäftsanteil des A 40 %. Der Nennbetrag des Anteils ist daher 12.000 EUR. Die Mindesteinlage des A gemäß § 7 II 1 GmbHG (= ein Viertel des Nennbetrags) beträgt somit 3.000 EUR. B hält mit seinen 35 % einen Geschäftsanteil mit einem Nennbetrag von 10.500 EUR, so dass sich eine Mindesteinlage gemäß § 7 II 1 GmbHG von 2.625 EUR ergibt. Der Geschäftsanteil des C (25 %) schließlich hat einen Nennbetrag von 7.500 EUR; C muss daher gemäß § 7 II 1 GmbHG mindestens 1.875 EUR einzahlen. In der Summe ergibt sich aus § 7 II 1 GmbHG eine Mindesteinzahlung von 7.500 EUR.

Jedoch sieht § 7 II 2 GmbHG vor, dass mindestens 12.500 EUR eingezahlt werden müssen, weil dies die Hälfte des Mindeststammkapitals von 25.000 EUR gemäß

§ 5 I GmbHG ist. Weil A, B und C nach dem Sachverhalt anteilig geleistet haben, ergibt sich, dass A 5.000 EUR, B 4.375 EUR und C 3.125 EUR eingezahlt hat.

Lösung zum Grundfall – Frage 3

1. Anspruch auf die ausstehenden Einlagen gemäß § 14 GmbHG

§ 14 GmbHG begründet die Pflicht eines jeden Gesellschafters, auf den von ihm übernommenen Geschäftsanteil eine Einlage in Höhe des jeweiligen Nennbetrags zu leisten. Die Summe der auf alle Geschäftsanteile zu leistenden Einlagen (= Nennbeträge) ergibt das Stammkapital (vgl. § 5 III 2 GmbHG). A, B und C haben Geschäftsanteile von insgesamt 30.000 EUR wirksam im Gesellschaftsvertrag übernommen. Sie müssen daher zusammen 30.000 EUR einzahlen.

12.500 EUR haben A, B und C bereits geleistet, bevor die Gesellschaft zur Eintragung angemeldet wurde. Der Anspruch aus § 14 GmbHG ist daher in Höhe von 12.500 EUR erloschen (§ 362 BGB). Es bleibt eine **Resteinlageforderung von insgesamt 17.500 EUR**. Davon entfallen 7.000 EUR auf A, 6.125 EUR auf B und 4.375 EUR auf C.

Die Gesellschafterversammlung hat die ausstehenden Einlagen bisher nicht eingefordert (vgl. § 46 Nr. 2 GmbHG). Die Ansprüche gegen A, B und C sind daher derzeit nicht fällig und folglich nicht durchsetzbar.

2. Anspruch auf Ausgleich einer Unterbilanz aus Vorbelastungshaftung

Neben der Resteinlageforderung gemäß § 14 GmbHG kann der GmbH ein Anspruch gegen ihre Gesellschafter zustehen, weil ihr (Netto-)Vermögen im Zeitpunkt der Eintragung unter die Stammkapitalziffer abgesunken war (Unterbilanz). Eine solche **Vorbelastungshaftung** gegenüber der GmbH ist von der Rechtsprechung entwickelt worden um sicherzustellen, dass die GmbH zumindest im Zeitpunkt ihrer Eintragung ein Vermögen in Höhe ihrer Stammkapitalziffer hat. Darauf vertrauen nämlich die Gläubiger, die anschließend mit der Gesellschaft in Kontakt treten. Die Haftung ist *ausnahmslos* eine **reine Innenhaftung** gegenüber der GmbH. Keinesfalls können die Gläubiger der Gesellschaft die Gesellschafter also direkt in Anspruch nehmen. Ihnen steht nur der Weg offen, einen Titel gegen die GmbH zu erwirken und dann den Anspruch der GmbH gegen ihre Gesellschafter zu pfänden und sich zur Einziehung überweisen zu lassen (§§ 829, 835 ZPO).

Die Haftung setzt – wie gesagt – voraus, dass das Vermögen der GmbH im Zeitpunkt der Eintragung hinter der Stammkapitalziffer von 30.000 EUR zurückblieb (**Unterbilanz**). Daher ist der Vermögensstand im Zeitpunkt der Eintragung zu ermitteln. Weil die fertige Car-GmbH mit der Eintragung durch identitätswahrende Umwandlung aus der Vor-GmbH entsteht, ist deren Vermögen im Zeitpunkt unmittelbar vor der Eintragung maßgeblich.

a) Aktivvermögen bei Eintragung

Das Aktivvermögen im Zeitpunkt der Eintragung gestaltet sich wie folgt:

Die **zwei Autos im Wert von insgesamt 17.000 EUR**, die A nach Abschluss des GmbH-Vertrags gekauft hat, gehören zum Vermögen der Vor-GmbH, wenn sie wirksam Eigentum an ihnen erworben hat. Dies setzt voraus, dass ihr Geschäftsführer A (§ 35 GmbHG analog) bei Abschluss des dinglichen Vertrags (§ 929 BGB) im Namen der Vor-GmbH und mit Vertretungsmacht gehandelt hat. A ist im Namen der Car-GmbH aufgetreten und hat damit den im Stadium der Vor-GmbH gebotenen Zusatz „in Gründung (i.G.)" weggelassen. Allerdings ist zu beachten, dass es zum Zeitpunkt des Vertragsschlusses die fertige GmbH noch gar nicht gab, sie aber mit der Vor-GmbH identisch ist. A hat daher im Namen der *einen* Gesellschaft gehandelt, die bei Vertragsschluss als Vor-GmbH bestand. Ein Handeln im Namen der Vor-GmbH ergibt sich ferner aus den Grundsätzen zum unternehmensbezogenen Geschäft (→ Frage 1 unter Ziff. 1. b)). Umstritten ist, ob für die Vor-GmbH § 37 GmbHG analog gilt und die Vertretungsmacht des Geschäftsführers daher unbeschränkt und unbeschränkbar ist. Die Rechtsprechung verneint dies und geht von einer über Gründungsgeschäfte hinausgehenden Vertretungsmacht nur bei einer Ermächtigung durch alle Gesellschafter aus. Weil der Erwerb der Autos kein Gründungsgeschäft ist, setzt eine wirksame Vertretung danach eine Ermächtigung voraus. A, B und C sind übereingekommen, dass A die Geschäfte schon vor der Eintragung der Gesellschaft durchführen soll. Hierin liegt eine konkludente Ermächtigung zum Erwerb der Fahrzeuge. Die Vor-GmbH hat daher wirksam Eigentum an den Autos erworben.

Es besteht eine **Resteinlageforderung von 17.500 EUR** (→ Ziff. 1.).

A, B und C sind sich einig gewesen, dass das **Auto im Wert von 5.000 EUR**, das A vor Abschluss des GmbH-Vertrags von Z erworben hat, nunmehr der GmbH „gehören" soll. Hierin liegt eine Einigung zwischen der Vor-GmbH, vertreten durch ihren (konkludent) von den Beschränkungen des § 181 BGB[39] befreiten Geschäftsführer A, und den Geschäftsführern/Liquidatoren A, B und C der ABC-oHG (vgl. § 146 HGB; ab 1.1.2024 § 144 HGB n.F.), wonach das Eigentum an dem Wagen auf die Vor-GmbH übergehen soll. Allerdings soll damit ersichtlich keine Sacheinlage auf die Einlageverpflichtungen gemäß § 14 GmbHG erbracht werden. Wegen des gewollten Eigentumsübergangs soll aber andererseits auch nicht lediglich eine Leihe oder Miete erfolgen (Einbringung zu Eigentum und nicht bloß zur Nutzung).[40] Daher ist von einer sonstigen Leistung „in das Eigenkapital" der Gesellschaft (= Einlage) auszugehen.[41] Auf der Passivseite der Bilanz wird daher keine Verbindlichkeit, sondern eine Einzahlung in die Kapitalrücklage (vgl. § 272 II Nr. 4 HGB) verbucht, die das Eigenkapital erhöht, die Stammkapitalziffer aber unberührt lässt; die Kapitalrücklage wird (gedanklich) zwischen A, B und C entsprechend ihrer Beteiligung an der oHG verteilt. Auf der Aktivseite wird das Auto mit einem Betrag von 5.000 EUR angesetzt.

Das Gleiche wie für das Auto gilt auch für die 5.000 EUR, die die ABC-oHG vor Abschluss des GmbH-Vertrags von S als Darlehen vereinnahmt hatte. Die Vor-GmbH verfügt somit über ein **Barvermögen von 5.500 EUR** (5.000 EUR Darlehen von S + 12.500 EUR Mindesteinlage + 30.000 EUR Darlehen von D – 25.000 EUR Kaufpreis für das erste Auto – 17.000 EUR Kaufpreis für das zweite Auto).

Es ergibt sich ein **Aktivvermögen von insgesamt 45.000 EUR.**

b) Verbindlichkeiten bei Eintragung

Die Vor-GmbH hatte bei der Eintragung eine Verbindlichkeit in Höhe von **30.000 EUR** gegenüber D. Für die Vertretung bei Abschluss des Darlehensvertrags gelten die Ausführungen zum Erwerb der Autos entsprechend. Die Verbindlichkeiten der Vorvertragsgesellschaft (ABC-oHG) gegenüber S und Z sind hingegen nicht

[39] Zum Verbot des Selbstkontrahierens siehe *Bitter/Röder*, BGB AT, § 10 Rn. 201 ff.
[40] Zu dieser Unterscheidung bei der „Einbringung" von Sachen → § 5 Rn. 70.
[41] Vgl. auch Scholz/*Emmerich*, GmbHG, § 26 Rn. 7 (Zuschüsse).

auf die Vor-GmbH übergegangen (→ Frage 1 unter Ziff. 1. c)) und daher an dieser Stelle außen vor zu lassen.

c) Anteilige Vorbelastungshaftung in Höhe der Unterbilanz

Bei einem Vergleich von Aktiva und Verbindlichkeiten ergibt sich ein **Nettovermögen** bei Eintragung von 15.000 EUR. Diese Zahl ergibt sich auch bei einer Kontrollrechnung zur Entwicklung des Eigenkapitals: 30.000 EUR (Stammkapital) – 25.000 EUR (Verlust aus Autogeschäften) + 10.000 EUR (Kapitalrücklage) = 15.000 EUR.

Es besteht somit eine **Unterbilanz** (= Differenz zwischen Stammkapitalziffer und Nettovermögen) von 15.000 EUR. Diese müssen A, B und C quotal ausgleichen. A muss also 6.000 EUR, B 5.250 EUR und C 3.750 EUR zahlen. Die Haftung ist keine gesamtschuldnerische, jedoch besteht bei Ausfall eines Gesellschafters unter den Voraussetzungen des § 24 GmbHG eine anteilige Ausfallhaftung der übrigen Gesellschafter.

Lösung zum Grundfall – Frage 4

In Betracht kommt allein die Haftung des A **als Handelnder i.S.v. § 11 II GmbHG.** A hat nach Abschluss des GmbH-Vertrags und vor der Eintragung der fertigen Car-GmbH in deren Namen gegenüber D gehandelt, so dass die Voraussetzungen der Vorschrift grundsätzlich vorliegen. Jedoch ist zu beachten, dass A die Vor-GmbH bei Abschluss des Vertrags wirksam vertreten hat und daher eine Verbindlichkeit der Vor-GmbH und auch der späteren Car-GmbH entstanden ist. D wird daher über die Vorbelastungshaftung geschützt. Die Handelndenhaftung ist nicht erforderlich. In diesem Sinne geht die Rechtsprechung davon aus, dass die Handelndenhaftung nur Fälle erfasst, in denen der Handelnde keine Vertretungsmacht hatte (→ § 4 Rn. 69). Eine Haftung des A gemäß § 11 II GmbHG scheidet daher aus.

Doch selbst wenn man mit einer verbreiteten Literaturauffassung davon ausgeht, § 11 II GmbHG erfasse auch ein Handeln mit Vertretungsmacht, ist A nicht haftbar. Nach dieser Auffassung entfällt die Handelndenhaftung nämlich mit der Eintragung der fertigen GmbH, weil ihr Zweck, die Gesellschafter zu einer schnellen Eintragung zu veranlassen, damit erfüllt ist.

Hinweis: Hätte A ohne Vertretungsmacht gehandelt, wäre die Handelndenhaftung (auch) nach der neueren Rechtsprechung einschlägig. Von einem Erlöschen mit der Eintragung könnte man dann nicht ausgehen, weil mangels Übergangs der Verbindlichkeit von der Vor-GmbH auf die fertige GmbH weiterhin ein Bedürfnis für eine Haftung bestünde.

Lösung zur Abwandlung 1

1. Anspruch der Vor-GmbH gegen A, B und C auf Einlageleistung

a) Begründung des Anspruchs im Gesellschaftsvertrag

Durch die Übernahme der jeweiligen Geschäftsanteile im notariell beurkundeten Gesellschaftsvertrag haben sich A, B und C verpflichtet, eine Einlage in Höhe des jeweiligen Nennbetrags zu leisten (§ 14 GmbHG). Wie zum Grundfall näher ausgeführt, ist diese Pflicht in Höhe von 12.500 EUR durch Erfüllung entfallen, während sie in Höhe von insgesamt 17.500 EUR fortbesteht (→ Lösung zum Grundfall – Frage 3 unter Ziff. 1.). Davon entfallen 7.000 EUR auf A, 6.125 EUR auf B und 4.375 EUR auf C.

b) Kein Erlöschen des Anspruchs durch Aufgabe der Eintragungsabsicht

Fraglich ist jedoch, wie es sich auswirkt, dass A, B und C ihre Absicht aufgegeben haben, die GmbH ins Handelsregister eintragen zu lassen. Zur Beantwortung dieser Frage muss zunächst der **Stand des Gründungsverfahrens** geklärt werden.

Durch den Abschluss des notariellen Gesellschaftsvertrags haben A, B und C die GmbH *errichtet*. Eine Vor-GmbH ist als Gesellschaft eigener Art entstanden; auf sie finden diejenigen Vorschriften des GmbHG entsprechende Anwendung, die keine Eintragung voraussetzen, sofern sie mit dem Gründungszweck nicht unvereinbar sind. Der nächste Schritt wäre gewesen, die GmbH zur Eintragung ins Handelsregister anzumelden; mit der Eintragung wäre die fertige GmbH im Wege der identitätswahrenden Umwandlung entstanden. Die Vor-GmbH wäre ohne Liquidation erloschen.

Weil A, B und C ihre **Eintragungsabsicht (endgültig) aufgegeben** haben, ist die Eintragung indes gescheitert und die GmbH-Gründung im Stadium der Vor-GmbH „stecken geblieben“. Die Vor-GmbH besteht weiterhin. Allerdings haben sich A, B und C entschlossen, ihr Engagement auf dem Automarkt so schnell wie möglich zu beenden. Hierin liegt ein konkludenter (einstimmiger) **Beschluss über die Auflösung der Vor-GmbH** (§ 60 I Nr. 2 GmbHG analog). Die Vor-GmbH ist daher analog §§ 66 ff. GmbHG zu liquidieren (→ § 4 Rn. 40). Liquidator ist mangels anderweitiger Bestimmung A (§ 66 I GmbHG analog). Die Vor-GmbH besteht als Gesellschaft „in Liquidation (i. L.)“ bis zu ihrer Vollbeendigung fort. Eine solche Vollbeendigung setzt die Vermögenslosigkeit der Gesellschaft voraus[42] und ist daher bislang nicht eingetreten. Denn die Vor-GmbH hat noch Barvermögen (sogleich → Ziff. 1c)).

Für die Einlagepflicht von A, B und C ergibt sich: Die wirksam im Gesellschaftsvertrag begründete Verpflichtung zur Leistung der Einlage ist durch die Aufgabe der Eintragungsabsicht nicht automatisch entfallen.

Allerdings könnte man in der Übereinkunft, das Engagement aufzugeben und die Eintragung nicht weiter zu betreiben, einen **Erlass der Einlageforderung** sehen (vereinbart mit dem an der Übereinkunft beteiligten Geschäftsführer A der Vor-GmbH). Jedoch wäre ein solcher analog **§ 19 II 1 GmbHG** unwirksam. Diese Vorschrift, nach der eine Befreiung von der Einlagepflicht nicht möglich ist, gilt nach überzeugender Auffassung auch für die Vorgesellschaft.[43] Hierfür spricht, dass die durch § 19 II 1 GmbHG gesicherte Kapitalaufbringung gerade auch im Gründungsstadium gefordert wird. Die Einlagepflichten von A, B und C bestehen somit trotz der Aufgabe der Eintragungsabsicht fort. Gläubiger ist die Vor-GmbH i. L.

c) Fälligkeit

Zu prüfen ist weiter, ob die Einlageansprüche fällig sind. Grundsätzlich werden die Ansprüche erst durch einen Beschluss der Gesellschafter gemäß § 46 Nr. 2 GmbHG (analog) fällig (→ Grundfall Frage 3 unter Ziff. 1.). Nach ganz h. M. ist § 46 Nr. 2 GmbHG in Fällen der Abwicklung jedoch teleologisch zu reduzieren, so dass der **Liquidator** die ausstehenden Einlagen **ohne Gesellschafterbeschluss** einfordern kann. Dies wird damit begründet, dass die für eine Abwicklung benötigte Li-

---

[42] Vgl. *K. Schmidt*, GesR, § 11 V 6a.

[43] Scholz/*Veil*, GmbHG, § 19 Rn. 49 m. w. N.

quidität nicht mehr der Disposition der Gesellschafter unterliegen darf; nur solange die Gesellschaft eine werbende ist, unterfällt die Liquiditätszufuhr ihrem unternehmerischen Ermessen. Allerdings besteht die unbedingte Befugnis des Liquidators, die ausstehenden Einlagen einzufordern, nur, **soweit es der Liquidationszweck**, insbesondere die Befriedigung der Gläubiger der Gesellschaft (§ 70 GmbHG), **erfordert.** Daher ist nun zu prüfen, inwieweit eine Befriedigung der Gläubiger davon abhängt, dass A, B und C ihre Einlagen leisten.

Die Vor-GmbH i. L. verfügt über Barmittel von 27.500 EUR (5.000 EUR Darlehen von S + 12.500 EUR Mindesteinlage + 30.000 EUR Darlehen von D – 25.000 EUR Kaufpreis für das erste Auto – 17.000 EUR Kaufpreis für das zweite Auto + 22.000 EUR aus dem Verkauf der drei Autos zum Marktwert von 5.000 EUR, 11.500 EUR und 5.500 EUR). Sonstiges Aktivvermögen besteht nicht. Die Verbindlichkeiten der Gesellschaft belaufen sich auf 46.000 EUR: 30.000 EUR gegenüber D und 16.000 EUR gegenüber F, bei dem A in wirksamer Vertretung der Vor-GmbH ein Darlehen aufgenommen hat. Es ergibt sich eine Unterdeckung von 18.500 EUR (27.500 EUR – 46.000 EUR). Daher werden die gesamten ausstehenden Einlagen von 17.500 EUR benötigt, um die Gläubiger zu befriedigen.

Der Anspruch auf die ausstehenden Einlagen gemäß § 14 GmbHG ist deshalb in voller Höhe fällig und kann von A eingefordert werden.

2. Anspruch der Vor-GmbH gegen A, B und C aus Verlustdeckungshaftung

Die vorstehende Untersuchung hat gezeigt, dass die Verbindlichkeiten der Vor-GmbH i. L. auch nach vollständiger Einlageleistung durch A, B und C nicht komplett gedeckt sind: Es fehlen weitere 1.000 EUR. Damit die Vor-GmbH i. L. ein Vermögen in Höhe der für die fertige GmbH vorgesehenen Stammkapitalziffer hat, fehlen unter Berücksichtigung der Resteinlageforderungen gegen A, B und C als Aktivposten (17.500 EUR) sogar 31.000 EUR (Aktivvermögen 45.000 EUR,[44] Verbindlichkeiten 46.000 EUR; daher Nettovermögen von – 1.000 EUR und Unterbilanz von 31.000 EUR). Die Frage ist, ob hieraus ein Anspruch der Vor-GmbH gegen A, B und C folgt, und wenn ja, in welcher Höhe.

a) Keine Anwendung der Vorbelastungshaftung

Nach den Grundsätzen über die Haftung bei der fertigen GmbH (Vorbelastungshaftung) wären A, B und C anteilig zum Ausgleich der Unterbilanz verpflichtet (→ Grundfall Frage 3 unter Ziff. 2.). Eine solche Pflicht, das Vermögen bis zur Stammkapitalziffer der – nicht mehr entstehenden (!) – fertigen GmbH aufzufüllen, ist nach Aufgabe der Eintragungsabsicht nicht erforderlich: Die Gläubiger werden niemals mit der fertigen GmbH in Kontakt kommen und daher auch nie auf ein Vermögen in Höhe der Stammkapitalziffer vertrauen. Die Gesellschaft wird liquidiert; es sind **nur noch** die bestehenden **Verbindlichkeiten zu decken.**

b) Verlustdeckungshaftung

Weil die Vorbelastungshaftung – wie dargelegt – nicht sachgerecht ist, wenn die Eintragung der GmbH scheitert, muss die Haftung bei der Vor-GmbH eine andere sein. Die Rechtsprechung hat hier die sog. Verlustdeckungshaftung entwickelt (→ § 4 Rn. 52 ff.). Sie ist der Vorbelastungshaftung insofern ähnlich, als es sich

---

[44] Das in der Lösung zum Grundfall – Frage 3 unter 2. a) ermittelte Aktivvermögen i. H. v. 45.000 EUR hat sich durch den Verkauf der drei Autos zum Marktwert nicht verändert. Es sind nur die Barmittel an die Stelle der Sachmittel (Autos) getreten.

grundsätzlich um eine **reine Innenhaftung** gegenüber der Gesellschaft handelt, so dass im Ansatz eine direkte Außenhaftung gegenüber den Gesellschaftsgläubigern nicht in Betracht kommt (zu den Ausnahmen sogleich → Ziff. 3.).

Der entscheidende Unterschied zur Vorbelastungshaftung besteht im Haftungsumfang. Weil die Vor-GmbH i.L. nur noch insoweit Mittel benötigt, wie sie die Gläubiger aus ihrem vorhandenen Vermögen nicht befriedigen kann, sind auch die Gesellschafter nur noch insoweit verpflichtet. A, B und C schulden also nur insgesamt 1.000 EUR. Wie die Vorbelastungs- ist auch die Verlustdeckungshaftung eine **anteilige Haftung**. Von den 1.000 EUR entfallen daher 400 EUR auf A, 350 EUR auf B und 250 EUR auf C. Wie bei der Vorbelastungshaftung kann auch hier eine Ausfallhaftung gemäß § 24 GmbHG greifen.

3. Anspruch von D und F gegen A, B und C analog § 128 HGB

Anders als die Vorbelastungshaftung bei der fertigen GmbH, die stets Innenhaftung gegenüber der GmbH ist, sind bei der **Verlustdeckungshaftung** – relativ weitreichende – **Ausnahmen vom Innenhaftungsmodell** anerkannt. Liegt ein Ausnahmefall vor, haften die Gesellschafter der Vor-GmbH (i.L.) analog § 128 HGB (ab 1.1.2024 analog §§ 721 BGB, 126 HGB n.F.) wie die Gesellschafter einer (Personen-)Gesellschaft ohne Haftungsbeschränkung unmittelbar gegenüber den Gläubigern der Gesellschaft.

Eine solche Außenhaftung besteht, wenn die Gesellschaft **nur einen Gläubiger** hat. Dann besteht kein Bedürfnis, die Befriedigung der Gläubiger einem organisierten, innerhalb der GmbH gesteuerten Verfahren zu unterwerfen, an das alle Gläubiger gebunden sind. Daher darf der eine Gläubiger unmittelbar auf die Gesellschafter zugreifen. Daraus folgende Ausgleichsansprüche der Gesellschafter sind sodann im Rahmen der – nunmehr rein internen – Auseinandersetzung der Gesellschaft zu berücksichtigen. Da die Vor-GmbH i.L. in unserem Fall jedoch zwei Gläubiger hat, ergibt sich unter diesem Aspekt keine Haftung von A, B und C gegenüber D und F.

Die Gesellschafter haften ferner unmittelbar im Außenverhältnis, wenn sie nach Aufgabe der Absicht, die GmbH eintragen zu lassen, die Vor-GmbH nicht sofort liquidieren, sondern die Geschäftstätigkeit fortsetzen (**sog. unechte Vor-GmbH**). In diesem Fall ist die Gesellschaft nämlich gar keine Vor-GmbH mehr, die als Zwischenstufe auf dem Weg zur fertigen GmbH zwingend durchschritten werden muss, sondern dient einem schlicht gewerblichen Zweck. Sie ist daher kraft Rechtsformzwanges eine Personengesellschaft. Mit Aufgabe der Eintragungsabsicht ändert der Rechtsträger also sein „Rechtskleid". A, B und C haben nach Aufgabe ihrer Eintragungsabsicht sofort einen (konkludenten) Auflösungsbeschluss gefasst. Ihre Geschäftstätigkeit haben sie mit dem Verkauf der drei Fahrzeuge auf das zur Verwertung des Gesellschaftsvermögens erforderliche Maß beschränkt. Die Geschäftstätigkeit wurde nicht fortgesetzt. Auch unter diesem Gesichtspunkt ergibt sich daher keine Außenhaftung von A, B und C.

4. Anspruch von D und F gegen A, B und C als Handelnde gemäß § 11 II GmbHG

Wie bereits zum Grundfall (Frage 4) ausgeführt, liegen die Voraussetzungen der Handelndenhaftung gemäß § 11 II GmbHG bezüglich der Aufnahme des Darlehens bei D durch A grundsätzlich vor. Gleiches gilt für die Darlehensaufnahme bei F. Jedoch scheitert eine Haftung des A jeweils daran, dass seine Handlung zu einer wirksamen Verpflichtung der Vor-GmbH geführt hat, weil A die Vor-GmbH wirksam vertreten hat. D und F sind daher hinreichend über die Verlustdeckungshaftung geschützt. Der Handelndenhaftung bedarf es nach der neueren Rechtsprechung nicht zusätzlich.

Hinweis: Geht man mit einer verbreiteten Literaturauffassung davon aus, § 11 II GmbHG erfasse auch ein Handeln mit Vertretungsmacht, haftet A hingegen. Die Haftung ist nicht erloschen, weil die fertige GmbH nicht ins Handelsregister eingetragen wurde.

Eine Haftung von B und C gemäß § 11 II GmbHG kommt schon im Ansatz nicht in Betracht, weil sie nicht nach außen in Erscheinung getreten sind, sondern lediglich intern ihre Zustimmung zum Handeln des A gegeben haben.

Lösung zur Abwandlung 2

1. Anspruch gemäß §§ 488 I 2 BGB, 128 HGB (analog)

A, B und C haften für die Darlehensverbindlichkeit der von ihnen gegründeten/betriebenen Gesellschaft gegenüber D persönlich und unmittelbar gemäß §§ 488 I 2 BGB, 128 HGB (analog bei der GbR; ab 1.1.2024 §§ 721 BGB, 126 HGB n.F.), wenn es sich dabei um eine Personengesellschaft mit unbeschränkter Gesellschafterhaftung handelt.

a) Wandlung der Vor-GmbH in eine Personengesellschaft

Die Gesellschaft, die A, B und C durch Abschluss des notariellen GmbH-Vertrags gegründet haben, war zunächst eine Vor-GmbH, bei der nach den Grundsätzen über die Verlustdeckungshaftung nur eine Innenhaftung gegenüber der Gesellschaft, aber keine Außenhaftung gegenüber den Gläubigern in Betracht kommt. Jedoch hat die Gesellschaft infolge der **Aufgabe der Eintragungsabsicht** durch A, B und C ihr „Rechtskleid" geändert und ist zur Personengesellschaft geworden (→ Abwandlung 1 unter Ziff. 3.): Die Gesellschafter wollen die Gesellschaft nicht mehr (auch) als Vorstufe zur GmbH, sondern (nur noch) als Vehikel für gewerbliche Zwecke (**Unternehmensträger**). Da die Gesellschaft auch nicht die (Gründungs-)Voraussetzungen einer anderen Rechtsform mit beschränkter Gesellschafterhaftung erfüllt, ist sie zwingend eine Personengesellschaft mit unmittelbarer Außenhaftung der Gesellschafter für Gesellschaftsverbindlichkeiten.

b) Persönliche Haftung auch für vor der Wandlung begründete Schulden

Fraglich ist, ob die Gesellschafter auch für solche Verbindlichkeiten im Außenverhältnis haften, die – wie die Schuld gegenüber D – vor Aufgabe der Eintragungsabsicht begründet wurden. Konsequenterweise ist dies zu bejahen: Die Personengesellschaft ist *dieselbe* Gesellschaft wie die Vor-GmbH, die bei Begründung der Verbindlichkeit (noch) bestand. Verbindlichkeiten der Vor-GmbH sind daher auch solche der Personengesellschaft. Für diese Verbindlichkeiten sieht § 128 HGB (analog; ab 1.1.2024 §§ 721 BGB, 126 HGB n.F.) eine persönliche Haftung der Gesellschafter vor, gleichviel, ob die Gesellschaft schon bei der Begründung der Verbindlichkeit eine solche mit unbeschränkter Gesellschafteraußenhaftung war oder nicht.[45]

---

[45] Alternativ ließe sich auch darauf abstellen, dass § 130 HGB die Haftung für „Altverbindlichkeiten" anordnet (siehe *Prütting/Weller*, Handels- und Gesellschaftsrecht, 10. Aufl. 2020,

c) Ergebnis

D kann A, B und C gemäß §§ 488 I 2 BGB, 128 HGB (analog; ab 1.1.2024 §§ 721 BGB, 126 HGB n.F.) persönlich auf Rückzahlung des Darlehens in Anspruch nehmen.

2. Handelndenhaftung des A gemäß § 11 II GmbHG

Eine zusätzliche Handelndenhaftung des A gemäß § 11 II GmbHG kommt nicht in Betracht, weil er als Geschäftsführer die Vor-GmbH bei Abschluss des Darlehensvertrags wirksam vertreten hat (s.o.).

Lösung zur Abwandlung 3 – Frage 1

1. Anspruch auf die ausstehenden Einlagen gemäß § 14 GmbHG

V hatte bei der Gründung der GmbH nur den Mindesteinlagebetrag von 12.500 EUR eingezahlt. Wegen eines Stammkapitals von 30.000 EUR waren noch Einlageansprüche in Höhe von 17.500 EUR offen. Für diese haften nunmehr A, B und C als Erwerber der Geschäftsanteile anteilig. Dies gilt unabhängig davon, ob die Einlagen bereits fällig waren oder später fällig werden: Waren sie zu dem in **§ 16 II GmbHG** bestimmten Zeitpunkt fällig und damit rückständig im Sinne dieser Vorschrift, ordnet § 16 II GmbHG an, dass der Erwerber neben dem Veräußerer haftet. Aus der Vorschrift kann indes nicht der Umkehrschluss gezogen werden, dass für nicht fällige Einlagen nur der Veräußerer haftet. Vielmehr ist es genau umgekehrt: Der Veräußerer haftet nicht, nur der Erwerber ist verpflichtet.[46] Es fehlt aber derzeit noch an der Fälligkeit.

2. Anspruch aus Vorbelastungshaftung

Ein weiterer Anspruch der GmbH gegen A, B und C kann sich daraus ergeben, dass die GmbH zu dem Zeitpunkt, als A, B und C die Ausstattung der GmbH mit einem Unternehmen gegenüber dem Registergericht angezeigt haben, kein ihrer Stammkapitalziffer entsprechendes (Netto-)Vermögen hatte.

a) Anwendung der Gründungsvorschriften auf die Aktivierung einer Vorratsgesellschaft

A, B und C haben von der Möglichkeit Gebrauch gemacht, eine von V auf Vorrat gegründete GmbH zu erwerben und mittels dieser den gewünschten Autohandel zu betreiben. Die GmbH wurde also von V zunächst normal entsprechend den Vorgaben des GmbHG mit der ausschließlichen Funktion gegründet, später einmal als „leere Hülle“ verkauft zu werden. Anschließend haben A, B und C die erworbene GmbH-Hülle zu einer unternehmenstragenden Gesellschaft gemacht. Dieser Schritt hat den Unternehmensgegenstand der GmbH bzw. ihre Funktion so stark geändert, dass wirtschaftlich gesehen von einer Neugründung gesprochen werden kann. Auch bei einer solchen (nur) **wirtschaftlichen Neugründung** sind die Belange der Gläubiger zu schützen und ist daher einer Umgehung der Kapitalaufbringungsvorschriften vorzubeugen (→ § 4 Rn. 72 ff.).

Rn. 483), oder argumentieren, dass die Wandlung rückwirkend erfolge (siehe *Schäfer*, GesR, § 32 Rn. 4).

[46] Vgl. Scholz/*Seibt*, GmbHG, § 16 Rn. 37.

Aus diesen Gründen wendet die Rechtsprechung die Vorschriften des Gründungsrechts entsprechend auf die wirtschaftliche Neugründung unter Verwendung einer auf Vorrat gegründeten GmbH an. Das Stammkapital muss von den Gesellschaftern erneut aufgebracht werden, wenn und soweit es nicht noch aus der „Erstgründung" vorhanden ist. Außerdem muss die wirtschaftliche Neugründung dem Registergericht angezeigt werden. Ferner besteht eine der **Vorbelastungshaftung** bei der normalen GmbH-Gründung entsprechende Haftung, wenn die GmbH im Zeitpunkt der Anzeige kein ihrer Stammkapitalziffer entsprechendes Vermögen hat. Eine solche Haftung kommt gegenüber A, B und C in Betracht.

b) Voraussetzungen der Vorbelastungshaftung

(1) Die Vorbelastungshaftung setzt voraus, dass das Nettovermögen der GmbH im Zeitpunkt der Anzeige der wirtschaftlichen Neugründung hinter der Stammkapitalziffer zurückblieb (Unterbilanz).

Das Aktivvermögen der Gesellschaft setzt sich wie folgt zusammen: Zunächst bestehen die Resteinlageforderungen in Höhe von 17.500 EUR. Die von A erworbenen Autos zählen zum Aktivvermögen der GmbH, wenn A bei Abschluss des jeweiligen dinglichen Vertrags mit Vertretungsmacht gehandelt hat. Dies ist zweifelhaft, weil A von B und C mangels dahingehender Absprache nicht ermächtigt wurde, vor Anzeige der wirtschaftlichen Neugründung die Geschäfte aufzunehmen. Man könnte daher entsprechend den Grundsätzen zur Vor-GmbH bei der normalen Gründung annehmen, die Vertretungsmacht des A sei auf Geschäfte beschränkt, die zur Gründung notwendig waren. Allerdings ist zu beachten, dass – anders als bei der normalen Gründung vor Eintragung der GmbH – auch schon vor der Anzeige der wirtschaftlichen Neugründung eine fertige (= eingetragene) GmbH bestand, deren Geschäftsführer A war. Für diesen Fall ordnet § 37 II GmbHG ausnahmslos an, dass die Vertretungsmacht des Geschäftsführers im Außenverhältnis unbeschränkt ist. Beschränkungen im Innenverhältnis (§ 37 I GmbHG) wirken sich gegenüber Dritten also nicht aus. Daher hat A die GmbH wirksam vertreten, so dass diese Eigentum an den Fahrzeugen erworben hat. Es ergibt sich somit ein weiteres Aktivvermögen von 17.000 EUR (11.500 EUR Marktwert des ersten Autos + 5.500 EUR Marktwert des zweiten Autos). Über Barmittel verfügt die GmbH nicht (12.500 EUR Mindesteinlage – 5.500 EUR Verwaltungskosten + 30.000 EUR Darlehen von D + 5.000 EUR Darlehen von F – 25.000 EUR Kaufpreis des ersten Autos – 17.000 EUR Kaufpreis des zweiten Autos = 0 EUR). Insgesamt beträgt das Aktivvermögen mithin 34.500 EUR (17.500 EUR Resteinlageforderung + 17.000 EUR Marktwert der beiden angeschafften Autos).

Als Verbindlichkeiten der GmbH ergeben sich 35.000 EUR, nämlich 30.000 EUR gegenüber D und 5.000 EUR gegenüber F. Jeweils hat A die GmbH beim Abschluss der Darlehensverträge aus den zum Eigentumserwerb an den Autos dargelegten Gründen wirksam vertreten.

Bei einem Aktivvermögen von 34.500 EUR und Darlehensschulden von 35.000 EUR beträgt das Nettovermögen der GmbH somit -500 EUR. In dieser Höhe ist die GmbH überschuldet. Die Unterbilanz beträgt 30.500 EUR.

(2) Nach der Rechtsprechung des BGH soll die Vorbelastungshaftung (auch) bei der wirtschaftlichen Neugründung voraussetzen, dass die Gesellschafter der Geschäftsaufnahme zugestimmt haben (→ § 4 Rn. 76). Dies erscheint jedoch nicht sachgerecht:

Erstens ist es infolge der wirksamen Vertretung der GmbH zu einer (weiteren) Vorbelastung gekommen, die im Interesse der Gläubiger auszugleichen ist. Eine dahingehende Verpflichtung von A, B und C erscheint auch keineswegs unbillig: Sie hätten durch eine entsprechende Beschlussfassung ohne weiteres sicherstellen können, dass eine Geschäftsaufnahme vor Anzeige der wirtschaftlichen Neugründung und daher ebenso eine Vertiefung der Unterbilanz unterbleibt.

Zweitens bildet die Zustimmung zur Geschäftsaufnahme auch bei der normalen GmbH-Gründung richtigerweise keine eigenständige Haftungsvoraussetzung, sondern ist lediglich Voraussetzung für eine wirksame Vertretung der Vor-GmbH und daher für den Eintritt einer die Haftung auslösenden Vorbelastung bei der Gesellschaft. Wie oben gezeigt, stellt sich die Frage nach einer wirksamen Vertretung aber bei der wirtschaftlichen Neugründung nicht, weil der Geschäftsführer über unbeschränkte und unbeschränkbare Vertretungsmacht verfügt. Daher kommt auch dem Erfordernis der Zustimmung zur Geschäftsaufnahme keine Bedeutung zu.

c) Haftungsumfang

Die anteilige Vorbelastungshaftung ist nicht auf den Betrag des Stammkapitals beschränkt, sondern die Gesellschafter müssen die gesamte Unterbilanz ausgleichen. Insgesamt sind also nicht nur 30.000 EUR, sondern 30.500 EUR zu zahlen. Davon entfallen 12.200 EUR auf A, 10.675 EUR auf B und 7.625 EUR auf C.

Lösung zur Abwandlung 3 – Frage 2

Ansprüche von D und F gegen A persönlich können nur dann bestehen, wenn die entsprechende Anwendung der Gründungsvorschriften auf die wirtschaftliche Neugründung auch die Handelndenhaftung gemäß § 11 II GmbHG umfasst. Der BGH bejaht die Frage für den Fall, dass vor der Anzeige der wirtschaftlichen Neugründung Geschäfte getätigt werden, ohne dass diesen alle Gesellschafter zugestimmt haben (→ § 4 Rn. 77). Wie oben näher dargelegt, erfasst die Handelndenhaftung jedoch nur noch Fälle der *fehlenden* Vertretungsmacht. Bei der wirtschaftlichen Neugründung hingegen hat der Geschäftsführer unabhängig von den internen Vorgaben auch schon vor der Anzeige beim Registergericht unbeschränkte Vertretungsmacht, weil er Geschäftsführer einer eingetragenen GmbH ist (→ Frage 1 unter Ziff. 2. b)). Die GmbH wird folglich stets wirksam vertreten, womit das Bedürfnis für die Handelndenhaftung gemäß § 11 II GmbHG entfällt. Entgegen der Rechtsprechung des BGH kommt die Handelndenhaftung analog § 11 II GmbHG daher nicht neben der Vorbelastungshaftung zum Tragen.

Fall Nr. 13 – Da waren es (bald) nur noch zwei

Die Biotech-GmbH entwickelt und vertreibt Medikamente. Die Arzneimittelbranche ist von großem Wettbewerb geprägt. Eine zu frühe Veröffentlichung neuer Forschungsergebnisse führt in der Regel zu Nachahmern und kann so die jahrelange Forschung entwerten. Gesellschafter der GmbH sind zu je ⅓ M, N und O. Alle drei sind auch Geschäftsführer. M und N sind für die Forschung verantwortlich, während O den kaufmännischen Bereich betreut.

M und N sind begeistert, weil sie kurz vor dem Durchbruch für ein neues Krebsmedikament stehen. Sie berichten O davon; dabei händigen sie ihm auch eine Zusammenfassung der bisherigen Forschungsschritte und -ergebnisse aus. Der geschwätzige O kann sein Glück kaum fassen und erzählt seinem Freund F davon, der als Wissenschaftsredakteur bei einem bedeutenden Magazin arbeitet. O zeigt F auch die Papiere, die die bisherige Forschung zusammenfassen. F, der bei seinem Chefredakteur einen schweren Stand hat, nutzt die Gunst der Stunde und schreibt auf Basis der Informationen des O einen Artikel zu den neuesten Erkenntnissen der Krebsforschung, der bald darauf veröffentlicht wird. Sofort beginnen Konkurrenzunternehmen der Biotech-GmbH, mit Hilfe der veröffentlichten Daten weiter zu forschen, um den Wettlauf um die Zulassung des Medikaments zu gewinnen.

M und N sind über die Indiskretion des O entrüstet. Weil andere Unternehmen wesentlich größere Forschungsabteilungen haben, hat die Biotech-GmbH praktisch keine Chance mehr, das Medikament als erstes zur Zulassung anzumelden. Die bisherige Forschung war damit praktisch umsonst; auch entgehen der Gesellschaft enorme Gewinne. Sollte O in Zukunft noch einmal derartig wichtige Informationen weitergeben, könnte dies die Biotech-GmbH finanziell nicht verkraften. M und N sehen daher nur die Möglichkeit, O aus der Gesellschaft auszuschließen. Unter Beachtung sämtlicher Formalien berufen sie eine Gesellschafterversammlung ein, auf der die Ausschließung des O beschlossen werden soll. Zum Versammlungsleiter, der nach der (Gründungs-)Satzung der Gesellschaft befugt ist, das Ergebnis von Gesellschafterbeschlüssen (vorläufig) festzustellen, wird M gewählt. Anschließend sprechen die Gesellschafter ausführlich über die Umstände der Veröffentlichung der Forschungsergebnisse. O gibt alles zu, hält einen Ausschluss aber für übertrieben und gelobt Besserung. Sodann erfolgt die Abstimmung über den Antrag, „O aus der Gesellschaft auszuschließen". M und N stimmen mit Ja, O mit Nein. M zählt die Stimme des O nicht mit und stellt daher förmlich fest, dass der Antrag einstimmig angenommen wurde.

Frage 1: Ist der Beschluss mit der erforderlichen Mehrheit zustande gekommen und rechtmäßig?

Frage 2: Unabhängig von der Rechtmäßigkeit des Beschlusses: Kann O gerichtlich gegen den Beschluss vorgehen?

Lösung zu Frage 1

1. Beschlussinhalt

Bevor die Fragen der erforderlichen Mehrheit und der Rechtmäßigkeit geprüft werden können, ist der Inhalt des von M festgestellten Beschlusses zu ermitteln. Der Wortlaut des Antrags („O aus der Gesellschaft auszuschließen") spricht für den Willen (der Gesellschafterversammlung), die Gesellschafterstellung des O durch den Beschluss automatisch zu beenden.

Weil O eine solche Beendigung ablehnt, ist sie indes nur möglich, wenn der Gesellschaftsvertrag der Biotech-GmbH eine den Vorgaben des § 34 II GmbHG entsprechende Regelung über die **Einziehung von Geschäftsanteilen** gegen den Willen des Anteilsberechtigten enthält. Gibt es eine solche Regelung, führt der Beschluss in Verbindung mit einer Einziehungserklärung gegenüber dem Gesellschafter (die hier konkludent erfolgt sein könnte) zum automatischen Erlöschen des Geschäftsanteils und damit der Gesellschafterstellung. Jedoch fehlt eine entsprechende Regelung im Gesellschaftsvertrag. Ein automatischer Ausschluss des O scheidet daher aus.

Dies macht den Beschluss allerdings nicht per se unwirksam, sondern er ist gemäß den rechtlichen Möglichkeiten der Gesellschafterversammlung auszulegen:

Nicht in Betracht kommt, ihn als ersten Schritt eines im Gesellschaftsvertrag vorgesehenen Ausschlussverfahrens zu sehen, dessen zweiter Schritt in einem Vollzug des Ausschlusses besteht. Es fehlt nämlich eine Regelung über ein solches Verfahren.

Jedoch besteht auch ohne eine Regelung im Gesellschaftsvertrag die Möglichkeit, einen **Gesellschafter** aus einer GmbH **auszuschließen**: Analog § 140 HGB (ab 1.1.2024 analog § 134 HGB n.F.) kann ein Gesellschafter im Wege der Ausschließungsklage ausgeschlossen werden, wenn ein wichtiger Grund vorliegt (→ § 4 Rn. 98). Zulässigkeitsvoraussetzung einer solchen Klage ist ein Beschluss der Gesellschafterversammlung über ihre Erhebung. Ein Beschluss der Gesellschafter muss also am Anfang des Prozesses der Ausschließung stehen. Bei interessengerechter Auslegung ist der vorliegende Beschluss genau als solch ein einleitender Beschluss zu verstehen. Der Beschluss hat daher zum Inhalt, gegen O Ausschließungsklage zu erheben.

2. Die erforderliche Mehrheit

Der Beschluss über die Erhebung der Ausschließungsklage muss mit der erforderlichen Mehrheit gefasst worden sein. Bei dieser Frage handelt es sich nicht um eine Frage der (formellen oder materiellen) Rechtmäßigkeit eines der Erhebung zustimmenden Beschlusses, sondern um die – vorgelagerte – Frage, ob ein zustimmender Beschluss überhaupt vorliegt.[47] Der Antrag, gegen O eine Ausschließungsklage zu erheben, wurde nur angenommen, wenn durch die Ja-Stimmen von N und M die erforderliche Mehrheit erreicht wurde. Andernfalls wurde der Antrag eigentlich abgelehnt. Weil M jedoch als Versammlungsleiter mit entsprechender, durch die Satzung eingeräumter Kompetenz (förmlich) festgestellt hat, dass der Antrag angenommen wurde, ist der Beschluss *in jedem Fall* mit diesem zustimmenden Ergebnis gefasst. O muss den Beschluss daher anfechten, wenn sich nachfolgend ergibt, dass die erforderliche Mehrheit in Wirklichkeit nicht erreicht wurde (zur Frage eines Rechtsschutzbedürfnisses für eine solche Anfechtungsklage des O → Frage 2).

Nach der **Rechtsprechung** bedarf der Beschluss über die Erhebung der Ausschließungsklage einer **¾-Mehrheit** der abgegebenen Stimmen; Teile der Literatur halten demgegenüber eine einfache Mehrheit für ausreichend.[48] Die Frage kann dahinstehen, wenn mindestens eine ¾-Mehrheit erreicht wurde. Dies hängt entscheidend davon ab, ob M als Versammlungsleiter die Stimmabgabe des O zu Recht ignoriert hat: War die Stimmabgabe des O unwirksam, so liegt ein einstimmiger Ja-Beschluss vor. War sie hingegen wirksam, haben nur ⅔ der abgegebenen Stimmen zugestimmt, so dass es einer Streitentscheidung bedarf, weil nach der Rechtsprechung die erforderliche Mehrheit fehlt.

Der Ausschluss eines Gesellschafters ist ein korporatives Geschäft (Sozialakt). Bei solchen darf ein Gesellschafter grundsätzlich auch dann mitstimmen, wenn er auch auf der anderen Seite der Maßnahme steht und daher ein eigentlich gemäß § 47 IV 2 Alt. 1 GmbHG unzulässiges Insichgeschäft vorliegt; allerdings ist das Stimmrecht in solchen Fällen unter dem Aspekt des **Verbots des Richtens in eigener Sache** ausgeschlossen, wenn der **Sozialakt** gegen den Gesellschafter **aus einem wichtigen Grund** vorgenommen wird (→ § 4 Rn. 122).[49]

Der Beschluss, gegen O Ausschließungsklage zu erheben, kann aus einem wichtigen Grund gefasst worden sein. Dabei geht es in dem hier zu beurteilenden Fall

---

[47] Vgl. *Schäfer*, GesR, § 36 Rn. 15.

[48] Ausführlich zum Streitstand Scholz/*Seibt*, GmbHG, Anh. § 34 Rn. 39.

[49] Näher → Fall Nr. 14 – Versammeln schwer gemacht Teil 1 Frage 4 und 5 sowie Teil 2 Frage 2.

nicht um die problematische Frage, ob bei einem streitigen Sachverhalt von einem Stimmverbot auszugehen ist,[50] sondern allein darum, ob aus einem unstreitigen Sachverhalt ein wichtiger Grund folgt. Dies ist allerdings auch im Rahmen der materiellen Rechtmäßigkeit des Beschlusses zu prüfen, weil die Ausschließung einen wichtigen Grund voraussetzt (→ Ziff. 3. b)). Die Frage nach der erforderlichen Mehrheit hat deshalb neben der des wichtigen Grundes keine maßgebliche Bedeutung: Ergibt sich bei der Prüfung der materiellen Rechtmäßigkeit, dass ein wichtiger Grund für die Ausschließung des O vorliegt, ist der zustimmende Beschluss mit der erforderlichen Mehrheit, nämlich einstimmig, gefasst worden, weil O vom Stimmrecht ausgeschlossen war. Fehlt ein wichtiger Grund, ist der Beschluss jedenfalls materiell fehlerhaft und daher rechtswidrig. Nach der Rechtsprechung fehlt (lediglich) zusätzlich die erforderliche Mehrheit.

Hinweis: Wegen der förmlichen Feststellung des Beschlussergebnisses durch M hat es auch keine entscheidende Bedeutung im Hinblick auf einen möglichen Rechtsschutz des O, wenn nach der Rechtsprechung die erforderliche Mehrheit fehlt: Dieser „Beschlussmangel" muss wie die materielle Rechtswidrigkeit durch eine Anfechtungsklage geltend gemacht werden.

3. Rechtmäßigkeit des Beschlusses

Der Beschluss ist rechtmäßig, wenn er weder an formellen noch an materiellen Fehlern leidet (keine Verfahrens- oder Inhaltsfehler).

a) Formelle Rechtmäßigkeit

Die Gesellschafterversammlung wurde unter Beachtung sämtlicher **Formalien** einberufen. Insbesondere wurde der Ausschluss des O als Tagesordnungspunkt angekündigt (§ 51 IV GmbHG).

Vor der Beschlussfassung über die Ausschließung eines Gesellschafters ist dieser anzuhören. Er muss sich zu den Vorwürfen gegen ihn äußern dürfen. Da die Gesellschafter ausführlich über die Umstände der Veröffentlichung der Forschungsergebnisse gesprochen haben, ist diese Voraussetzung erfüllt.

War die Stimmabgabe des O wirksam (→ Ziff. 2.; zur entscheidenden Frage eines wichtigen Grundes → Ziff. 3. b)), liegt ein Verfahrensfehler darin, dass M als Versammlungsleiter die Stimme nicht mitgezählt hat. Folgt man der Auffassung der Literatur zur erforderlichen Mehrheit, ist der Fehler allerdings anfechtungsrechtlich unbeachtlich, weil es an der **Relevanz** fehlt: Auf die Stimme des O kam es nicht an. Folgt man hingegen der Auffassung der Rechtsprechung, hatte die Nicht-Mitzählung der Stimme des O entscheidenden Einfluss auf das Beschlussergebnis. Da der Beschluss in diesem Fall aber schon deshalb anfechtbar ist, weil in Wirklichkeit die erforderliche Mehrheit gefehlt hat, kommt dem parallelen Verfahrensfehler, der in der Sache überdies die gleiche Frage betrifft, auch dann keine eigenständige Bedeutung zu.

b) Materielle Rechtmäßigkeit

Der festgestellte Beschluss geht dahin, gegen O eine Ausschließungsklage zu erheben. Die Begründetheit einer solchen Klage setzt voraus, dass ein wichtiger Grund vorliegt (§ 140 HGB analog; ab 1.1.2024 § 134 HGB n. F. analog). Weil damit die Frage des wichtigen Grundes in jedem Fall Gegenstand des späteren gerichtlichen Ausschließungsverfahrens ist, erscheint fraglich, ob auch schon die materielle

[50] Hierzu → Fall Nr. 14 – Versammeln schwer gemacht Teil 2 Frage 2.

Rechtmäßigkeit des einleitenden Beschlusses über die Erhebung der Ausschließungsklage einen wichtigen Grund voraussetzt. Es könnte zu einer unnötigen Doppelprüfung kommen.

Jedoch sind zwei Fragen zu trennen: erstens, ob der Beschluss nur bei Vorliegen eines wichtigen Grundes materiell rechtmäßig ist; zweitens, ob der betroffene Gesellschafter den Beschluss mit der Begründung des Fehlens eines wichtigen Grundes gerichtlich angreifen kann.

Die erste Frage ist zu bejahen, und zwar unabhängig von der Antwort auf die zweite (→ Frage 2): Der Beschluss wird (nur) deshalb gefasst, weil die zustimmenden Gesellschafter einen wichtigen Grund für die Ausschließung sehen. Die Behauptung eines wichtigen Grundes wird damit implizit Inhalt des Beschlusses. Es wäre daher unnatürlich, diese Behauptung bei der Untersuchung der Rechtmäßigkeit des Beschlusses nicht zu prüfen; ein Teil des Beschlusses würde gewissermaßen ignoriert. Ferner ist nicht ersichtlich, warum an einen Beschluss, gegen einen Gesellschafter Ausschließungsklage zu erheben, geringere Anforderungen zu stellen sein sollen als an die Begründetheit der Klage selbst. Schließlich spielt der wichtige Grund auch bei der Frage der erforderlichen Mehrheit eine (entscheidende) Rolle und muss daher ohnehin geprüft werden. Jedoch liegt es näher, dies im Rahmen der materiellen Rechtmäßigkeit zu tun, da es dort um Inhaltsfehler geht und die Behauptung eines wichtigen Grundes Teil des Beschlusses ist.

Nachfolgend ist somit zu untersuchen, ob ein **wichtiger Grund** für den Ausschluss des O besteht. Ein wichtiger Grund liegt vor, wenn in der Person des Gesellschafters ein Umstand eingetreten ist, der nach Maßgabe einer unter Einbeziehung aller relevanten Umstände vorzunehmenden Gesamtbewertung seine weitere Mitgliedschaft in der Gesellschaft als untragbar erscheinen lässt.[51]

Hinweis: Ähnlich wie bei der Kündigung aus wichtigem Grund im Dienst-/Arbeitsrecht gemäß § 626 BGB wird zweistufig geprüft: (1) der „an sich geeignete wichtige Grund" (im Arbeitsrecht z. B. ein Diebstahl beim Arbeitgeber) und (2) die Interessenabwägung im Einzelfall (im Arbeitsrecht z. B. Gesichtspunkte wie Dauer der Betriebszugehörigkeit, Alter, Unterhaltspflichten gegenüber Dritten).

aa) Gesellschaftsbezogene schwerwiegende Pflichtverletzung des O

Zunächst muss ein Umstand in der Person des O vorliegen, der im Grundsatz (abstrakt) eine Ausschließung rechtfertigen kann. Auf Seiten des O kommt als solcher eine schwerwiegende Pflichtverletzung in Betracht.[52]

O hat **vorsätzlich ein Geschäftsgeheimnis** der Biotech-GmbH an einen Außenstehenden **weitergegeben**, das er nach seinen Geschäftsführer- und Treuepflichten als Gesellschafter vertraulich behandeln musste. Hierin liegt eine schwerwiegende Pflichtverletzung. In Bezug auf den Schaden, den die Biotech-GmbH dadurch erlitten hat (Entwertung der bisherigen Forschung und entgangener Gewinn), hat O zumindest leichtfertig (= grob fahrlässig) gehandelt. Denn es war für jedermann erkennbar, dass die Weitergabe der Informationen (sehr wahrscheinlich) zu dem Schaden führen würde. Es liegt somit ein Umstand vor, der abstrakt geeignet ist, einen Ausschluss aus wichtigem Grund zu rechtfertigen. Weil O ein Geheimnis verraten hat, das ihm von M und N in seiner Eigenschaft als Mitgesellschafter und -geschäftsführer anvertraut worden war und unmittelbar die Tätigkeit der Gesellschaft

---

[51] Vgl. Scholz/*Seibt*, GmbHG, Anh. § 34 Rn. 29 sowie Rn. 30 ff. zu den nachfolgend im Einzelnen geprüften Punkten.

[52] Vgl. hierzu und zu anderen in Betracht kommenden Umständen Scholz/*Seibt*, GmbHG, Anh. § 34 Rn. 30.

betrifft, ist die weitere Voraussetzung, dass der Umstand für das Gesellschaftsverhältnis relevant ist, ohne weiteres erfüllt.

bb) Gesamtabwägung zur Untragbarkeit des O

Liegt ein Umstand vor, der abstrakt eine Ausschließung rechtfertigen kann, so ist auf einer zweiten Stufe zu prüfen, ob er angesichts der konkreten Umstände des Einzelfalls die weitere Untragbarkeit des Gesellschafters begründet. Dabei kommt es auf verschiedene Aspekte an: erstens, ob die Pflichtverletzung das Vertrauensverhältnis der Gesellschafter untereinander dauerhaft zerstört hat; zweitens, ob eine Prognose dafürspricht, dass es künftig zu gleichgerichteten Pflichtverletzungen kommen wird; drittens, welche Konsequenzen eine erneute Pflichtverletzung hätte.

Gegen eine **Zerstörung des Vertrauensverhältnisses** spricht, dass es sich bei der Preisgabe gegenüber F – soweit ersichtlich – um den ersten Verstoß des O dieser Art handelt. Andererseits liegt aber ein hoher Grad an Verschulden vor, weil O vorsätzlich gegen seine Geheimhaltungspflichten verstoßen und zumindest leichtfertig einen Schaden verursacht hat. Insbesondere sprechen aber die Umstände der Preisgabe der Informationen für eine dauerhafte Zerstörung des Vertrauensverhältnisses: Erstens hat O Informationen weitergegeben, die angesichts des Geschäftsgebiets, auf dem die GmbH tätig ist, unter gar keinen Umständen hätten öffentlich werden dürfen; ihre Geheimhaltung war für den Geschäftserfolg der Gesellschaft nämlich von ausschlaggebender Bedeutung. Dies muss O bewusst gewesen sein, auch wenn er nicht für die Forschung zuständig war. Zweitens hat O die Informationen schriftlich und damit in einer Weise weitergegeben, die es ermöglicht, auf Basis der Forschungsschritte und -ergebnisse weiter zu forschen. Drittens hat O einer Person Kenntnis verschafft, bei der die größtmögliche Gefahr einer breit angelegten Veröffentlichung und einer daraus resultierenden Nutzung der Forschungsergebnisse durch Konkurrenzunternehmen bestand.

Die **Prognose, ob O in Zukunft ähnliche Pflichtverletzungen begehen wird**, ist naturgemäß mit Unsicherheiten belastet. Jedoch kann im Sinne einer tatsächlichen Vermutung davon ausgegangen werden, dass bei jemandem, der derart leichtfertig mit hoch sensiblen Daten umgeht, zumindest die Gefahr eines zukünftigen Geheimnisverrats besteht. Dies lässt die Abwägung zu Gunsten der Untragbarkeit ausfallen, und zwar unabhängig davon, ob man die Gefahr als groß oder als eher gering einstuft. Berücksichtigt man nämlich, welche Konsequenzen eine erneute Pflichtverletzung hätte, so muss auch eine geringe Gefahr genügen: Je größer der mögliche Schaden, desto geringer muss die Wahrscheinlichkeit seines Eintritts sein. Die Biotech-GmbH würde es finanziell nicht verkraften, wenn erneut derart wichtige Informationen an die Öffentlichkeit gelangten. Es noch einmal mit O „zu versuchen", würde also die Existenz der Gesellschaft und der Mitgesellschafter unmittelbar gefährden. Dies gilt umso mehr, als insbesondere die Biotech-GmbH auf die Verschwiegenheit ihrer Geheimnisträger angewiesen ist: Bei einer Veröffentlichung ihrer Forschungsergebnisse hat sie im Wettlauf um die Zulassung des Medikaments sehr schlechte Karten.

Sowohl eine Betrachtung des Vertrauensverhältnisses zwischen den Gesellschaftern als auch eine Prognose über zukünftige Pflichtverletzungen und deren Folgen lassen die weitere Mitgliedschaft des O in der Gesellschaft als untragbar erscheinen. Nach der Abwägung im Einzelfall ist ein Ausschluss des O möglich.

cc) Kein milderes Mittel

Auch wenn im Rahmen der Abwägung die besseren Gründe für den Ausschluss sprechen, ist er unzulässig, falls mildere Mittel zur Verfügung stehen, die in gleicher

Weise geeignet sind, die vorhandene Störung des Gesellschaftsverhältnisses zu beseitigen. Der **Ausschluss ist** also **ultima ratio**. Weil nicht ersichtlich ist, wie das Vertrauensverhältnis zwischen den Gesellschaftern wieder hergestellt werden soll, kommt ein milderes Mittel (von vornherein) nur im Hinblick auf die umfassende Verhinderung eines zukünftigen Geheimnisverrats in Betracht.

Helfen würde insofern zwar die Abberufung des O als Geschäftsführer, weil O dann nicht mehr in das tägliche Geschäft der Gesellschaft eingebunden und so von einer Vielzahl von Informationen abgeschnitten wäre. Ihm verbliebe aber als Gesellschafter erstens das unentziehbare Recht auf Teilnahme an der Gesellschafterversammlung sowie insbesondere das Auskunfts- und Einsichtsrecht gemäß § 51a I GmbHG. Zwar wird teilweise vertreten, als milderes Mittel sei der gesellschaftsvertragliche Ausschluss dieses Rechts mit Zustimmung des betroffenen Gesellschafters zu erwägen; jedoch kann diese Auffassung wegen § 51a III GmbHG, der das Recht für unabdingbar erklärt, nicht überzeugen.[53] Es gibt daher kein (zulässiges) milderes Mittel, das gleich geeignet wäre, die vollständige Geheimhaltung von Geschäftsgeheimnissen zukünftig zu gewährleisten.

Der Ausschluss des O ist mithin auch unter Beachtung des Ultima-Ratio-Prinzips zulässig.

dd) Ergebnis

Ein wichtiger Grund für den Ausschluss des O liegt vor. Der Beschluss über die Erhebung einer Ausschließungsklage ist materiell rechtmäßig.

4. Endergebnis

Weil ein wichtiger Grund vorliegt, hat M als Versammlungsleiter die Stimme des O zu Recht nicht mitgezählt. Der Beschluss ist daher nicht nur materiell, sondern auch formell rechtmäßig. Für die Frage der erforderlichen Mehrheit (→ Ziff. 2.) ergibt sich, dass einstimmig für die Erhebung der Klage gestimmt wurde. Folglich kann der Streit zwischen Rechtsprechung und Literatur über die Mehrheitserfordernisse dahinstehen.

Lösung zu Frage 2

Von der bei Frage 1 geprüften Rechtmäßigkeit des Beschlusses über die Erhebung der Klage zu unterscheiden ist die Frage, ob O den Beschluss gerichtlich daraufhin untersuchen lassen kann. Dies setzt unabhängig von der Klageart ein **Rechtsschutzbedürfnis** voraus. Ein solches könnte fehlen, weil der Beschluss nur ein Ausschließungsverfahren einleitet, das zwingend ein gerichtliches Verfahren beinhaltet. Das Rechtsschutzbedürfnis wäre daher zu verneinen, wenn sämtliche Fragen, die bei einem gerichtlichen Vorgehen gegen den Beschluss geprüft würden, auch im Ausschließungsverfahren entscheidungserheblich wären.

Die **Begründetheit der Ausschließungsklage** setzt einen **Gesellschafterbeschluss** über ihre Erhebung voraus.[54] Allerdings wird bei der Prüfung dieser Voraussetzung nach der Rechtsprechung des BGH nur untersucht, ob der Beschluss als solcher bzw. genauer: eine entsprechende (förmliche) Feststellung des Versammlungsleiters

---

[53] Scholz/*Seibt*, GmbHG, Anh. § 34 Rn. 34 in Fn. 207 m. w. N. (auch zur Gegenmeinung).

[54] Vgl. BGHZ 153, 285 = ZIP 2003, 395 unter I. der Gründe (materielle Voraussetzung); ferner Gehrlein/Born/Simon/*Sandhaus*, GmbHG, § 34 Rn. 82 m. w. N.; a. A. Scholz/*Seibt*, GmbHG, Anh. § 34 Rn. 38 (Klage unzulässig).

(nach wie vor) vorliegt; nicht Teil der Prüfung soll hingegen die formelle Rechtmäßigkeit des Beschlusses sein.[55] O kann zur Verteidigung gegen die Ausschließungsklage folglich nicht geltend machen, dass angesichts der konkreten Stimmausübung, -rechte und -verbote ein wirksamer Beschluss über die Einleitung des Ausschließungsverfahrens gar nicht gefasst wurde oder dass sonstige relevante Verfahrensfehler bezüglich des Beschlusses vorliegen. Diese Einwände wären ihm somit vollumfänglich genommen, wenn er gegen den Beschluss nicht selbständig vorgehen könnte.

Eine derartige Beschneidung der Verteidigung des O wäre offensichtlich nicht sachgerecht, insbesondere weil es mit dem Ausschluss aus der Gesellschaft ohne Satzungsgrundlage um einen sehr schweren Eingriff in seine Rechtsposition geht. Ein Rechtsschutzbedürfnis kann O somit nicht abgesprochen werden.[56]

Hinweis: Es kann somit zu zwei parallelen Gerichtsverfahren kommen, der Ausschließungsklage einerseits und der (Anfechtungs-)Klage gegen den Gesellschafterbeschluss andererseits. Im Rahmen des Verfahrens gegen den Gesellschafterbeschluss wird nur geprüft, ob dieser Beschluss formell ordnungsgemäß, insbesondere mit der erforderlichen Mehrheit zustande gekommen ist (s. o.). Nicht aber kann in diesem Verfahren das Fehlen eines wichtigen Grundes für die Ausschließung geltend gemacht werden (obwohl es sich um eine materielle Rechtmäßigkeitsvoraussetzung handelt, → Ziff. 3. b)); die entsprechende Prüfung bleibt vielmehr dem Ausschließungsverfahren vorbehalten. Dem unter dem Gesichtspunkt der Prozessökonomie misslichen Nebeneinander von zwei Verfahren begegnet die Rechtsprechung damit, dass das Ausschließungsverfahren gemäß § 148 ZPO wegen Vorgreiflichkeit der (Anfechtungs-)Klage gegen den Gesellschafterbeschluss ausgesetzt wird, bis über letztere entschieden ist. Diese Vorgreiflichkeit bezieht sich freilich nur auf die in jenem Verfahren allein geprüften formellen Fehler.

Fall Nr. 14 – Versammeln schwer gemacht

D, E und F sind Gesellschafter der DEF-GmbH, die Solaranlagen vertreibt. An dem Stammkapital ist D mit 60 %, E mit 30 % und F mit 10 % beteiligt. D ist gleichzeitig alleiniger Geschäftsführer der GmbH.

Teil 1: Am 27.10. um 10.00 Uhr soll eine Gesellschafterversammlung der DEF-GmbH stattfinden. Dies wirft eine Reihe von Problemen auf:

1. D hält nichts von Formalien. Er will die Versammlung am Abend des 26.10. (gegen 20.00 Uhr) kurzfristig per E-Mail einberufen. Außerdem will er, um flexibel zu sein, darauf verzichten, E und F vorher eine Tagesordnung mitzuteilen. Welche Risiken birgt das geplante Vorgehen? Was ist D zu raten?

Rechtsprechungshinweis: BGH ZIP 2006, 707; OLG Düsseldorf ZIP 2018, 1783.

2. D will wissen, ob ein Versammlungsleiter gewählt werden muss. Falls ein Versammlungsleiter nicht zwingend zu bestimmen ist: Sollte D auf die Wahl eines solchen hinwirken?

3. D hat schon von E gehört, dass dieser nicht persönlich erscheinen, sondern seinen Neffen N als Vertreter zu der Versammlung schicken will. D ist gar nicht begeistert: N will zeitnah ein Unternehmen gründen, das ebenfalls Solaranlagen verkauft. Muss N als Vertreter von E zu der Versammlung zugelassen werden?

4. D wurde im Gesellschaftsvertrag zum Geschäftsführer bestellt. Die Bestellung ist bis zum Ablauf des übernächsten Jahres befristet; gleiches gilt für seinen Anstel-

[55] Vgl. BGHZ 153, 285 = ZIP 2003, 395 unter I. der Gründe.
[56] Vgl. BGHZ 153, 285 = ZIP 2003, 395 unter I. der Gründe.

lungsvertrag. Auf der Versammlung will D die Aufhebung der Befristungen beschließen. Da E und F die Befristungen als guten Anreiz für eine sorgfältige Geschäftsführung des D sehen, werden sie vermutlich nicht zustimmen. Kann D den beabsichtigten Beschluss mit seiner Kapitalmehrheit (fehlerfrei) fassen?

5. D möchte, dass die Versammlung ihn als Geschäftsführer entlastet. Er denkt, dass E und F zustimmen. Gleichwohl will er sichergehen und fragt daher, ob er bei einem Beschluss über seine Entlastung mitstimmen darf.

6. F wendet sich an D und verlangt, dass D (gegenüber allen Gesellschaftern) einen Beschluss über die Reduzierung der Verkaufspreise der Solaranlagen ankündigt. F meint nämlich, die Preise der DEF-GmbH seien nicht konkurrenzfähig. D hingegen hält die Preise für angemessen und daher eine Befassung der Gesellschafterversammlung mit der Frage für überflüssig. Kann er das Verlangen des F zurückweisen?

7. D möchte seinem Bruder (B) einen Gefallen tun. Er plant daher einen Beschluss, wonach die Gesellschaft B eine Solaranlage zum Vorzugspreis verkauft. Kommt ein zustimmender Beschluss (fehlerfrei) zustande, wenn D mit Ja, E und F dagegen mit Nein stimmen?

Teil 2: Ein halbes Jahr nach der Versammlung kommt es zu Spannungen zwischen den Gesellschaftern. F verlangt die Einberufung einer Gesellschafterversammlung. Er will dort über die Abberufung von D als Geschäftsführer abstimmen. F behauptet, D habe – nachdem auf der letzten Versammlung kein Beschluss über das Geschäft mit B zustande gekommen ist – schlicht Fakten geschaffen, indem er B eine Solaranlage zu einem Preis verkauft habe, der deutlich unter den üblichen Verkaufspreisen liege. B sei allerdings gutgläubig von einem marktgerechten Preis ausgegangen. D bestreitet das Geschäft und die Konditionen nicht, behauptet aber, bei den an B gelieferten Solaranlagen habe es sich um B-Ware mit leichten Produktionsfehlern gehandelt. Für diese sei der vereinbarte Preis angemessen. B-Ware fällt bei der Produktion selten an.

Frage 1: Kann F eine Gesellschafterversammlung erzwingen?

Frage 2: Darf D bei einem Beschluss über seine Abberufung mitstimmen?

Teil 3: Auf der nächsten ordentlichen Gesellschafterversammlung wird über die Vornahme einer Geschäftsführungsmaßnahme abgestimmt. D und F stimmen mit Ja, E mit Nein. D als Versammlungsleiter nimmt an, der Beschluss bedürfte einer ¾-Mehrheit und stellt daher als Beschlussergebnis förmlich fest, dass der Antrag abgelehnt wurde. F ist empört. Was muss er tun, um das Beschlussergebnis zu korrigieren?

Lösung zu Teil 1 – Frage 1

D als Geschäftsführer ist gemäß § 49 I GmbHG zuständig für die Einberufung der Gesellschafterversammlung. Die von ihm geplante Art und Weise der Einberufung kann gegen Vorschriften über Form und Frist der Einberufung verstoßen. Liegt ein solcher Verstoß vor, sind dessen Rechtsfolgen zu klären.

1. Verstoß gegen § 51 I, II, IV GmbHG

Gemäß § 51 I GmbHG muss die Einberufung der Gesellschafterversammlung mittels eingeschriebener Briefe und mit einer Frist von mindestens einer Woche erfolgen. Aus § 51 II GmbHG folgt, dass eine Tagesordnung möglichst schon mit der Einberufung mitzuteilen ist; die Mitteilung kann aber auch bis drei Tage vor der Versammlung per eingeschriebenem Brief nachgeholt werden (§ 51 I, IV GmbHG).

Die von D geplante Einberufung per E-Mail am Vorabend der Versammlung entspricht weder den Form- noch den Fristvorgaben des § 51 I GmbHG (**Einberufungsmangel**). Der angedachte Verzicht auf eine Tagesordnung verstößt gegen § 51 IV GmbHG (**Ankündigungsmangel**).

2. Rechtsfolgen

Ist die Versammlung nicht ordnungsgemäß berufen, so können gemäß § 51 III GmbHG Beschlüsse nur gefasst werden, wenn sämtliche Gesellschafter anwesend sind (Vollversammlung). Gleiches gilt, wenn vor der Versammlung keine Tagesordnung mitgeteilt wurde (§ 51 IV GmbHG). Nehmen nicht E *und* F an der Versammlung teil, leiden gefasste Beschlüsse wegen der Verstöße gegen § 51 I, IV GmbHG folglich an einem Verfahrensfehler (Fehlerhaftigkeit aus formellen Gründen).

Fraglich ist, welche Rechtsfolgen sich aus den Verfahrensfehlern ergeben. Sie können einen **Nichtigkeits- oder Anfechtungsgrund** bilden. Der Wortlaut des § 51 III GmbHG spricht für einen Nichtigkeitsgrund („können […] nur gefasst werden"). Gleichwohl geht die ganz h. M. davon aus, dass nicht jeder Einberufungs- oder Ankündigungsmangel die Nichtigkeit begründet (vgl. auch § 241 Nr. 1 AktG, der nur bei bestimmten Einberufungsfehlern die Nichtigkeit anordnet). Vielmehr führen nur schwere Verfahrensfehler zur Nichtigkeit; im Übrigen sind die Beschlüsse nur anfechtbar.[57]

Ein **schwerer Fehler** ist zunächst anzunehmen, wenn eine Einberufung gar nicht erfolgt. Aber auch wenn eine Ladung tatsächlich ausgesprochen wurde, kann (ausnahmsweise) ein schwerer Mangel gegeben sein. Dies ist der Fall, wenn der Mangel die Ladung – bei wertender Betrachtung – als nicht erfolgt erscheinen lässt, etwa weil er dem Gesellschafter seine Teilnahme nahezu unmöglich macht.[58] Auch dann wird dem Gesellschafter nämlich die Ausübung des (im Kern) unverzichtbaren Rechts auf Teilnahme an der Gesellschafterversammlung faktisch entzogen.

Die Mängel, an denen die von D geplante Einberufung leiden würde, erfüllen die Voraussetzung, unter der ausnahmsweise ein Nichtigkeitsgrund vorliegt:[59] Eine Einladung ohne Tagesordnung, die nur 14 Stunden vor dem Versammlungstermin zugeht, ermöglicht in keiner Weise eine sachgerechte Vorbereitung auf die Versammlung. Dies gilt umso mehr, als bei einer Versendung der E-Mail nach 20.00 Uhr die durchaus hohe Wahrscheinlichkeit besteht, dass sie erst am nächsten Morgen gelesen wird. Mangels Vorbereitung ist es für die Gesellschafter unmöglich, in angemessener Weise an der Versammlung teilzunehmen. Eine Einladung, die nur eine solch unvollkommene Teilnahme zulässt, steht **bei wertender Betrachtung** der **Nichtladung** gleich.

D muss folglich damit rechnen, dass auf der Gesellschafterversammlung gefasste Beschlüsse nichtig sind, wenn nicht alle Gesellschafter anwesend waren. „Anwesenheit" i. S. v. § 51 III GmbHG setzt nach ganz h. M. neben dem tatsächlichen Zugegensein voraus, dass sämtliche Gesellschafter mit der Abhaltung der Versammlung zum Zweck der Beschlussfassung einverstanden sind.[60]

---

[57] *K. Schmidt*, GesR, § 36 III 4c aa.
[58] BGH ZIP 2006, 707; siehe auch Scholz/*Seibt*, GmbHG, § 51 Rn. 26.
[59] Vgl. BGH ZIP 2006, 707.
[60] Noack/Servatius/Haas/*Noack*, GmbHG, § 51 Rn. 31.

Hinweis: Die Zustimmung kann auch konkludent erklärt werden (z.B. durch rügelose Teilnahme an der Beschlussfassung oder bereits durch rügelose Teilnahme an der Versammlung). Die Rechtslage entspricht somit derjenigen bei der AG (siehe hierzu § 121 VI AktG): Sind alle Gesellschafter erschienen oder vertreten, kann die Gesellschafterversammlung Beschlüsse fassen, wenn kein Gesellschafter der Beschlussfassung (ausdrücklich oder konkludent) widerspricht. Übernommen wird für die GmbH auch die bei der AG ausdrücklich bestehende Möglichkeit (siehe „soweit" in § 121 VI AktG),[61] nur der Beschlussfassung zu ausgewählten Gegenständen zu widersprechen, bei anderen Tagesordnungspunkten eine Beschlussfassung aber zu billigen.[62] Denn es besteht kein Grund, den Gesellschafter zu einem „Alles-oder-Nichts" zu zwingen, insbesondere wenn die Beschlussfassung über bestimmte Gegenstände einer sorgfältigen Vorbereitung bedarf, bei anderen hingegen nicht.

Um eine rechtssichere Beschlussfassung zu gewährleisten, ist D daher zu raten, das Verfahren des § 51 GmbHG strikt einzuhalten. Dies ist auch unter Haftungsgesichtspunkten empfehlenswert: D kann sich der Gesellschaft gegenüber schadensersatzpflichtig machen, wenn die Versammlung wegen Mängeln wiederholt werden muss.[63] Dabei kommt eine Haftung sowohl für Mehraufwendungen der Gesellschaft als auch für solche der Gesellschafter in Betracht. Letztere können Mehrkosten bei der Gesellschaft geltend machen, die bei D Rückgriff nehmen kann.

Lösung zu Teil 1 – Frage 2

Das Gesetz schreibt die Wahl eines Versammlungsleiters nicht vor. Jedoch ist die Gesellschafterversammlung befugt, einen solchen zu wählen. Der Versammlungsleiter fungiert dann als Gehilfe des Organs „Gesellschafterversammlung".

Die Bestimmung eines Versammlungsleiters empfiehlt sich, weil dadurch die Versammlung klarer und rechtssicherer gestaltet werden kann. So kann der Versammlungsleiter die einzelnen Beschlussgegenstände nacheinander aufrufen und jeweils die abgegebenen Stimmen zählen sowie anschließend feststellen, ob die erforderliche Mehrheit zustande gekommen ist (**Feststellung des Beschlussergebnisses**).[64] D sollte daher zu Beginn der Versammlung auf die Wahl eines Versammlungsleiters hinwirken. Dabei kann er auch dann mitstimmen, wenn er selbst zum Versammlungsleiter bestimmt werden soll. Zwar betrifft der Beschluss dann – im weiteren Sinne – ein Rechtsgeschäft gegenüber D, so dass man an ein Stimmverbot aus § 47 IV 2 Alt. 1 GmbHG denken könnte; jedoch handelt es sich um einen Sozialakt, bei dem das Verbot des Insichgeschäfts nicht gilt (näher zu den Stimmverboten → Frage 4).[65]

Lösung zu Teil 1 – Frage 3

§ 47 III GmbHG bestimmt, dass Abstimmungsvollmachten zu ihrer Gültigkeit der Textform (§ 126b BGB) bedürfen. Damit wird impliziert, dass eine **Vertretung** in der Gesellschafterversammlung – insbesondere bei der Stimmabgabe – **zulässig** ist. D muss N also grundsätzlich als Vertreter von E zulassen, wenn N eine ordnungsgemäße Vollmacht vorlegt.

---

[61] Dazu *Koch*, AktG, § 121 Rn. 21.

[62] Vgl. Lutter/Hommelhoff/*Bayer*, GmbHG, § 51 Rn. 33; OLG Hamburg GmbHR 1997, 796.

[63] Scholz/*Seibt*, GmbHG, § 51 Rn. 30.

[64] Näher zum Versammlungsleiter Scholz/*Seibt*, GmbHG, § 48 Rn. 32ff.

[65] Zur Frage des Stimmrechtsausschlusses bei Maßnahmen im Hinblick auf den Versammlungsleiter vgl. auch BGH ZIP 2010, 1640.

Fraglich ist allerdings, ob sich ausnahmsweise etwas anderes daraus ergibt, dass N bald ein Unternehmen gründen will, das ebenfalls Solaranlagen vertreibt. Auf Gesellschafterversammlungen werden interne Angelegenheiten der Gesellschaft diskutiert und zur Abstimmung gestellt. Häufig üben Gesellschafter auf Gesellschafterversammlungen ihr Auskunfts- und Einsichtsrecht gemäß § 51a GmbHG aus. Dementsprechend befragen sie den Geschäftsführer, der nahezu immer an Gesellschafterversammlungen teilnimmt, zu den Angelegenheiten der Gesellschaft, um auf ausreichender Tatsachengrundlage abstimmen zu können. Ein Gesellschafter ist daher gehalten, bei der Auswahl seines Vertreters das **Interesse der Gesellschaft** und der Mitgesellschafter daran zu **berücksichtigen**, dass Geschäftsinterna nicht an Dritte gelangen, die diese Informationen zu eigenen Zwecken nutzen. Lässt der Gesellschafter dies unberücksichtigt, ist seine **Auswahl treuwidrig** und die Gesellschafterversammlung kann die Teilnahme des Vertreters an der Versammlung ablehnen.

Im vorliegenden Fall ist die Teilnahme des N an der Gesellschafterversammlung den anderen Beteiligten unzumutbar:[66] N wird schon bald ein Konkurrenzunternehmen zur DEF-GmbH betreiben. Es besteht deshalb die konkrete Gefahr, dass er Informationen, die er als Vertreter erlangt, zu seinem Vorteil und zum Nachteil der DEF-GmbH nutzt.

Die Gesellschafterversammlung ist somit berechtigt, N als Vertreter des E zurückzuweisen.

Hinweis: Die Gesellschafterversammlung kann trotz der Zurückweisung des N abgehalten werden und Beschlüsse fassen, wenn sie auch ohne Teilnahme des E beschlussfähig ist. Dies ist der Fall, wenn entweder eine Satzungsregelung zur Beschlussfähigkeit fehlt (→ § 4 Rn. 112) oder eine in der Satzung festgelegte Anwesenheitsquote erreicht ist (was hier denkbar erschiene, weil E nur mit 30 % beteiligt ist). Erfolgte die Zurückweisung des N allerdings – entgegen dem oben gefundenen Ergebnis – rechtswidrig, wäre E deshalb zur Anfechtung gefasster Beschlüsse berechtigt.[67] Im Übrigen ist zu beachten, dass eine Gesellschafterversammlung, bei der E nicht anwesend/vertreten ist, keine Vollversammlung mehr ist, so dass nach § 51 III GmbHG Beschlüsse nur bei ordnungsgemäßer Einberufung gefasst werden können (→ Frage 1 unter Ziff. 2.).

Lösung zu Teil 1 – Frage 4

1. Vorab: Wirksamkeit der Befristungen

Des von D geplanten Beschlusses bedürfte es von vornherein nicht, wenn die Befristung der Bestellung und/oder der Anstellung unwirksam wäre. Dann wäre D nämlich schon jetzt unbefristet bestellt bzw. angestellt.

Während es äußerst umstritten ist, ob die Bestellung an eine auflösende oder aufschiebende Bedingung geknüpft werden kann, besteht Einigkeit, dass eine Bestellung befristet erfolgen kann.[68] Kann ein Geschäftsführer befristet bestellt werden, so ist auch für den Anstellungsvertrag die Möglichkeit einer Befristung anzuerkennen. An den Vorgaben des § 14 Teilzeit- und Befristungsgesetz (TzBfG) muss sich die Befristung nicht messen lassen, weil der Anstellungsvertrag kein Arbeitsvertrag ist.

2. Möglichkeit einer Aufhebung allein mit Zustimmung des D

Ein zustimmender Gesellschafterbeschluss über die Aufhebung der Befristungen kommt nur dann allein durch eine Ja-Stimme des D (fehlerfrei) zustande, wenn die

---

[66] Vgl. auch Scholz/*K. Schmidt*, GmbHG, § 47 Rn. 84: Mitarbeiter eines Konkurrenzunternehmens.

[67] Vgl. MüKoGmbHG/*Drescher*, § 47 Rn. 97.

[68] Vgl. zum Ganzen Scholz/*Uwe H. Schneider*/*Sven H. Schneider*, GmbHG, § 6 Rn. 74.

Gesellschafterversammlung jeweils zur Entscheidung berufen ist, D über die erforderliche Mehrheit verfügt und auch ein Stimmrecht hat.

a) Entscheidungskompetenz der Gesellschafterversammlung

Gemäß § 46 Nr. 5 GmbHG unterliegt die Bestellung des Geschäftsführers der Kompetenz der Gesellschafterversammlung. Dies erfasst als Minus auch die Aufhebung der Befristung einer Bestellung.

Der Abschluss des Anstellungsvertrags mit dem Geschäftsführer fällt als sog. **Annexkompetenz** zur Bestellung des Geschäftsführers ebenfalls in die Zuständigkeit der Gesellschafterversammlung. Gleiches gilt nach inzwischen einhelliger Auffassung auch für Änderungen des Anstellungsvertrags.[69] Daher ist die Gesellschafterversammlung auch zur Entscheidung berufen, wenn der Anstellungsvertrag von einem befristeten in einen unbefristeten geändert werden soll.

b) Die erforderliche Mehrheit

Für eine positive Beschlussfassung genügt grundsätzlich eine einfache Kapitalmehrheit der abgegebenen Stimmen (§ 47 I, II GmbHG). Bei Änderungen des Gesellschaftsvertrags (**Satzungsänderung**) bedarf der Beschluss aber einer ¾-Mehrheit (§ 53 II 1 GmbHG). Wenn D mitstimmen darf (→ Ziff. 2. c)), verfügt er über eine einfache, jedoch nicht über eine satzungsändernde Mehrheit.

Letztere könnte aber erforderlich sein, um die Befristung der *Bestellung* aufzuheben. D wurde nämlich gemäß § 6 III 2 Alt. 1 GmbHG im Gesellschaftsvertrag zum Geschäftsführer bestellt. Folglich sieht der Gesellschaftsvertrag auch die Befristung vor, so dass eine Bestimmung aus der Satzung der DEF-GmbH zu ändern ist, um die Befristung aufzuheben. Gleichwohl bedarf es einer satzungsändernden Mehrheit nur dann, wenn die Bestellung/Befristung ein materieller und nicht nur ein **formeller Satzungsbestandteil** ist. Nur für Ersteren gilt nämlich § 53 II 1 GmbHG.

Im Zweifel ist anzunehmen, dass die Bestellung des Geschäftsführers nur „bei Gelegenheit" des Abschlusses des Gesellschaftsvertrags erfolgte und daher lediglich ein formeller Satzungsbestandteil ist.[70] Weil anderweitige Anhaltspunkte fehlen, ist davon auch für die Bestellung des D auszugehen. Die Aufhebung der Befristung der Bestellung bedarf daher keiner satzungsändernden Mehrheit.

D verfügt somit insgesamt über die erforderliche Mehrheit.

c) Stimmrecht des D

D muss bezogen auf den konkreten Beschlussgegenstand der Aufhebung der Befristungen ein Stimmrecht haben. Gibt er eine Ja-Stimme ab, obwohl er kein Stimmrecht hat, ist seine Stimme unwirksam. Dies löst (im Ergebnis) keine Rechtsfolgen aus, wenn auch ohne die Mitzählung der Stimme des D die zur Annahme des Antrags erforderliche (einfache) Mehrheit erreicht wurde. Fehlt es aber ohne die Zustimmung des D an der erforderlichen Mehrheit, kam es also auf seine Stimme an, so ist der Antrag, die Befristungen aufzuheben, abgelehnt worden („Nein-Beschluss"). Wie die anderen Gesellschafter dies geltend machen können, hängt von den konkreten Umständen der Beschlussfassung ab:[71] Wird unter unzulässiger Mitzählung der Stimme des D – fehlerhaft – vom Versammlungsleiter förmlich festgestellt oder gar notariell beurkundet, der Antrag auf Aufhebung der Befristungen sei angenommen worden („Ja-Beschluss"), so ist der Beschluss trotz der eigentlichen

---

[69] Vgl. Scholz/*K. Schmidt*, GmbHG, § 46 Rn. 70.
[70] Scholz/*Uwe H. Schneider/Sven H. Schneider*, GmbHG, § 6 Rn. 78 m. w. N.
[71] Vgl. Scholz/*K. Schmidt*, GmbHG, § 47 Rn. 175.

Ablehnung mit dem festgestellten Inhalt (d.h. als Ja-Beschluss) gefasst.[72] Weil es auf die Stimme des D ankam, sind die anderen Gesellschafter jedoch berechtigt, diesen Ja-Beschluss anzufechten. Fehlt es hingegen an einer Feststellung/Beurkundung eines „Ja-Beschlusses", liegt ein solcher nicht vor; vielmehr bleibt es bei der Ablehnung des Antrags. Dies können die anderen Gesellschafter durch eine Feststellungsklage (§ 256 ZPO) gerichtlich bestätigen lassen.

Ein **Ausschluss des D vom Stimmrecht** kann sich aus § 47 IV GmbHG ergeben. Diese Vorschrift schließt das Stimmrecht unter anderem aus, wenn die Beschlussfassung die Vornahme eines Rechtsgeschäfts gegenüber einem Gesellschafter betrifft (§ 47 IV 2 Alt. 1 GmbHG). Verhindert werden soll, dass ein Gesellschafter auf Seiten der Gesellschaft an der Entscheidung über ein Geschäft der Gesellschaft mitwirkt, an dem er (auch) als „andere Seite" beteiligt ist (**Verbot des Insichgeschäfts**). Dieses Verbot gilt allerdings nicht für korporative Geschäfte (sog. Sozialakte), bei denen der Gesellschafter die andere Seite bildet, weil andernfalls die – gesetzlich intendierte – Organisationsherrschaft der Gesellschafter zu stark eingeschränkt würde, gerade in der typischen, personalistisch geprägten GmbH (→ § 4 Rn. 120). Jedoch kann (ausnahmsweise) auch bei korporativen Geschäften, bei denen ein Gesellschafter der „Geschäftsgegner" ist, das Stimmrecht dieses Gesellschafters ausgeschlossen sein, nämlich aufgrund des zweiten in § 47 IV 2 GmbHG zum Ausdruck kommenden Gedankens: dem **Verbot des „Richtens in eigener Sache"**. Korporative Geschäfte gegenüber einem Gesellschafter beinhalten ein Element des Richtens, wenn sie aus einem wichtigen Grund erfolgen. Dann nämlich ist über die Konsequenzen eines in der Person des Gesellschafters eingetretenen, schwerwiegenden Umstandes zu befinden. Daher hat ein Gesellschafter bei korporativen Geschäften ihm gegenüber kein Stimmrecht, falls sie durch einen wichtigen Grund veranlasst sind.

Vor diesem Hintergrund ist grundsätzlich zwischen der Befristung der Bestellung und derjenigen der Anstellung zu unterscheiden.

aa) Entscheidung über die Befristung der Bestellung

Bei der Beschlussfassung über die Aufhebung der Befristung der Bestellung des D geht es um ein Rechtsgeschäft, bei dem D die „andere Seite" bildet. Jedoch ist die Bestellung des Geschäftsführers eine korporative Maßnahme, weil durch sie eines der Organe der GmbH „besetzt" wird. Entsprechend ist auch die Änderung einer erfolgten Bestellung ein Sozialakt. Eine Maßnahme aus wichtigem Grund liegt nicht vor. Daher hat D ein Stimmrecht, wenn über die Aufhebung der Befristung seiner Bestellung entschieden wird.

bb) Entscheidung über die Befristung der Anstellung

Problematischer stellt sich die Rechtslage dar, soweit die Befristung der Anstellung des D aufgehoben werden soll. Auch hier liegt – wie bei der Aufhebung der Bestellung – ein **Insichgeschäft** vor, weil die Befristung durch eine Änderungsvereinbarung zum Anstellungsvertrag des D aufgehoben wird. Um einen Sozialakt handelt es sich nicht, da die Besetzung des Organs allein durch die Bestellung erfolgt und keinen separaten Anstellungsvertrag voraussetzt (Bestellung und Anstellung sind rechtlich streng voneinander zu trennen). § 47 IV 2 Alt. 1 GmbHG schließt also eigentlich das Stimmrecht des D aus.

Allerdings ist zu beachten, dass der **Anstellungsvertrag faktisch eng mit der Bestellung** des Geschäftsführers **verknüpft** ist. Die enge Verbindung wird zum Beispiel berücksichtigt, wenn die Zuständigkeit der Gesellschafterversammlung gemäß § 46

[72] Näher nochmals → Teil 3.

Nr. 5 GmbHG auch den Abschluss des Anstellungsvertrags als Annexkompetenz erfasst. In der Praxis wird nahezu immer ein separater Anstellungsvertrag geschlossen. Bevor die Konditionen eines solchen feststehen, wird in der Regel niemand zum Geschäftsführer bestellt. Es besteht also ein sachlicher bzw. wirtschaftlicher Zusammenhang. Daher erstreckt sich die Stimmbefugnis für den Sozialakt der eigenen Bestellung nach h. M. auf den Abschluss bzw. die Änderung des Anstellungsvertrags mit dem Gesellschafter („Annexbefugnis").[73] Eine „Selbstbedienung" des Mehrheits-Gesellschafters kann im Wege der Inhaltskontrolle des Beschlusses verhindert werden; so darf der Beschluss z. B. nicht treuwidrig sein. Dafür bestehen im hier zu beurteilenden Sachverhalt aber keine Anhaltspunkte.

D kann deshalb auch bei der Entscheidung über die Aufhebung der Befristung seines Anstellungsvertrags wirksam mitstimmen.

d) Ergebnis

D kann allein mit seiner Ja-Stimme die Aufhebung der Befristungen von Bestellung und Anstellung wirksam und fehlerfrei beschließen.

Lösung zu Teil 1 – Frage 5

Die Entlastung des Geschäftsführers gehört gemäß § 46 Nr. 5 GmbHG zu den Zuständigkeiten der Gesellschafterversammlung. Erforderlich ist eine einfache Kapitalmehrheit der abgegebenen Stimmen (§ 47 I, II GmbHG).

Bei der Entlastung geht es in erster Linie um die **Billigung der Geschäftsführung** für die Vergangenheit (regelmäßig für eine bestimmte Geschäftsführungsperiode). In ihrer Folge entfallen beispielsweise etwaige Schadensersatzansprüche der Gesellschaft, die sich aus den Geschäftsführungsmaßnahmen ergeben, welche Gegenstand der Entlastung sind (Präklusionswirkung).[74] Könnte D bei der Entscheidung über seine Entlastung mitwirken, würde er seine eigene Geschäftsführung bewerten. Er wäre – im wahrsten Sinne des Wortes – **Richter in eigener Sache**. Daher schließt § 47 IV 1 Alt. 1 GmbHG ausdrücklich sein Stimmrecht aus.

D kann folglich nicht mitstimmen. Seine Entlastung ist nur wirksam beschlossen, wenn E alleine oder E und F gemeinsam für sie stimmen.

Lösung zu Teil 1 – Frage 6

D kann das Verlangen des F zurückweisen, wenn es sich entweder um einen Beschlussgegenstand handelt, der nicht in die Kompetenz der Gesellschafterversammlung fällt, oder F nicht berechtigt ist, die Ankündigung von Beschlussfassungen zu fordern.

1. Kompetenz der Gesellschafterversammlung

Es ist die Aufgabe des Geschäftsführers einer GmbH, die Preise für die vertriebenen Produkte festzulegen (**Geschäftsführungsmaßnahme**). Die Befugnis der Gesellschafterversammlung, über eine solche Frage zu entscheiden, ist in § 46 GmbHG nicht vorgesehen. Allerdings ist die Aufzählung in § 46 GmbHG nur beispielhaft. Wie sich (auch) aus § 37 I GmbHG ergibt, können die Gesellschafter verbindliche

[73] Vgl. zum Streitstand Scholz/*K. Schmidt*, GmbHG, § 46 Rn. 75.
[74] Vgl. zur Entlastung ausführlich Scholz/*K. Schmidt*, GmbHG, § 46 Rn. 86 ff.

Beschlüsse zu einzelnen Fragen der Geschäftsführung fassen. Nach dem gesetzlichen Grundmodell ist die **Zuständigkeit** der Gesellschafterversammlung in diesem Sinne **allumfassend**. Der Beschlussgegenstand, dessen Ankündigung F verlangt, fällt daher in die Kompetenz der Gesellschafterversammlung.

2. Anspruch des F auf Ankündigung

Gemäß § 50 II i.V.m. § 50 I GmbHG können Gesellschafter, die mindestens 10 % des Stammkapitals halten, unter Angabe der Gründe verlangen, dass Gegenstände zur Beschlussfassung der Versammlung angekündigt, also auf die Tagesordnung der Versammlung gesetzt werden.

F hält eine 10 %-ige Beteiligung an der DEF-GmbH und fällt damit unter § 50 I GmbHG. Auch hat er den Grund für sein Verlangen dargelegt.

3. Ergebnis

D ist verpflichtet, den von F verlangten Gegenstand zur Beschlussfassung anzukündigen.

Lösung zu Teil 1 – Frage 7

Die Gesellschafterversammlung kann auch über einzelne Geschäftsführungsmaßnahmen abstimmen (→ Frage 6 unter Ziff. 1.) und daher auch einen Beschluss zu dem konkreten Geschäft mit B fassen. Ein zustimmender Beschluss kommt (fehlerfrei) zustande, wenn die abgegebenen Ja-Stimmen die erforderliche Mehrheit erreichen. Es genügt eine einfache Kapitalmehrheit (§ 47 I, II GmbHG). Diese ist durch die Ja-Stimme des D erzielt, wenn seine Stimmabgabe wirksam ist. Ist sie hingegen unwirksam, darf die Stimme des D nicht mitgezählt werden, so dass aufgrund des Stimmverhaltens von E und F einstimmig ein ablehnender Beschluss gefasst ist.

Die Unwirksamkeit der Stimmabgabe des D kann sich daraus ergeben, dass seine Zustimmung zu dem Verkauf treuwidrig ist. **Treuepflichten** begrenzen nämlich die Mehrheitsmacht des D. Analog § 243 II AktG gilt auch bei der GmbH, dass eine Stimmabgabe treuwidrig ist, wenn der Gesellschafter mit der Ausübung des Stimmrechts für sich oder einen Dritten **Sondervorteile** zum Schaden der Gesellschaft oder der anderen Gesellschafter zu erlangen sucht und der Beschluss geeignet ist, diesem Zweck zu dienen.[75]

Diese Voraussetzungen liegen bei der Zustimmung des D zu dem Geschäft mit B vor. D möchte seinem Bruder B einen Gefallen tun, indem er ihm eine Solaranlage zu einem Preis verschafft, zu dem an andere Besteller nicht geliefert wird. B soll also aufgrund seiner Verbindung zu D einen Sondervorteil erhalten. Dieser schadet der Gesellschaft und den anderen Gesellschaftern, weil die GmbH ihre Leistung nicht zu dem Preis verkauft, der erzielt werden könnte. Der Gesellschaft entgeht ein Gewinn. Der Beschluss ist auch geeignet, dem B einen Sondervorteil zu verschaffen, indem er einen Verkauf an B legitimiert und so eine mögliche Haftung des D gemäß § 43 II GmbHG verhindert.

Die Zustimmung des D zu dem Beschluss ist daher unwirksam. E und F haben den Antrag einstimmig abgelehnt (Nein-Beschluss). Zählt ein Versammlungsleiter die Stimme des D rechtswidrig mit und stellt daher fehlerhaft fest, der Antrag sei

[75] Scholz/*K. Schmidt*, GmbHG, § 47 Rn. 29.

angenommen, können E und F den Beschluss anfechten.[76] Wird ein Ja-Beschluss nicht (separat) festgestellt, können E und F per Feststellungsklage (§ 256 ZPO) die gerichtliche Feststellung erreichen, dass der Antrag abgelehnt wurde.

Hinweis: Man könnte zusätzlich an einen Ausschluss des Stimmrechts analog § 47 IV 2 Alt. 1 GmbHG unter dem Gesichtspunkt des Insichgeschäfts denken, weil auf der anderen Seite des Geschäfts, über das abgestimmt wird, zwar nicht D, aber doch eine ihm nahe stehende Person steht (vgl. zu § 47 IV GmbHG → Fragen 4 und 5).

Wie sich eine gegen Treuepflichten verstoßende Stimmabgabe auswirkt, hängt von den jeweiligen Mehrheitserfordernissen ab. Genügt für den Beschluss eine bestimmte Mehrheit (einfache oder qualifizierte), so ist ohne Mitzählung der treuwidrig abgegebenen Stimme zu ermitteln, ob der Beschlussantrag angenommen oder abgelehnt wurde (so im vorliegenden Fall). Die Unwirksamkeit der treuwidrigen Stimmabgabe hilft dagegen nicht, wenn für einen positiven Beschluss die Zustimmung eines Gesellschafters im Einzelfall zwingend erforderlich ist (etwa bei Eingriffen in den Kernbereich der Gesellschafterrechte). Dann muss der Gesellschafter auf Grundlage seiner Treuepflichten auf Zustimmung in Anspruch genommen werden, wobei diese bei einer rechtskräftigen Verurteilung fingiert wird (§ 894 S. 1 ZPO).

Lösung zu Teil 2 – Frage 1

Gemäß § 50 I GmbHG sind Gesellschafter, die mindestens 10 % des Stammkapitals halten, berechtigt, unter Angabe des Zwecks und der Gründe die Einberufung der Versammlung vom Geschäftsführer zu verlangen.

F hält 10 % der Anteile an der DEF-GmbH und damit einen hinreichenden Anteil an deren Stammkapital. Auch hat er den Zweck der Gesellschafterversammlung und die Gründe für die Einberufung hinreichend klar geäußert. D ist daher verpflichtet, dem Verlangen des F nachzukommen und gemäß § 49 I GmbHG die Gesellschafterversammlung einzuberufen. Gemäß § 50 II GmbHG ist er ferner verpflichtet, den von F verlangten Beschlussgegenstand auf die Tagesordnung der Versammlung aufzunehmen.

Sollte D pflichtwidrig die Einberufung oder Ankündigung unterlassen, kann F unter Mitteilung des zugrunde liegenden Sachverhalts die Einberufung oder Ankündigung selbst bewirken (§ 50 III GmbHG).

Lösung zu Teil 2 – Frage 2

Die Abberufung des D als Geschäftsführer obliegt gemäß § 46 Nr. 5 GmbHG der Gesellschafterversammlung. Gemäß § 38 I GmbHG ist sie jederzeit möglich. Es stellt sich erneut die Frage nach einem Ausschluss des Stimmrechts gemäß § 47 IV GmbHG (→ Teil 1 Fragen 4 und 5).

1. Grundsätzliches Stimmrecht bei Sozialakten

Wenn D bei der Abstimmung über seine Abberufung mitstimmt, wirkt er an einem Geschäft mit, bei dem er auf der anderen Seite steht (**Insichgeschäft**). Dies ist nach § 47 IV 2 Alt. 1 GmbHG grundsätzlich verboten. Jedoch wird insoweit eine Ausnahme gemacht, wie es um Sozial- bzw. korporative Akte geht. In der Abberufung liegt ein solcher korporativer Akt, weil damit die Besetzung eines Organs der GmbH rückgängig gemacht wird. Grundsätzlich ist D daher stimmberechtigt.

---

[76] Hierzu → Frage 4 und nochmals → Teil 3.

2. Ausschluss bei Maßnahmen aus wichtigem Grund

Das Stimmrecht bei Sozialakten ist (ausnahmsweise) wegen des **Verbots des Richtens in eigener Sache** ausgeschlossen, wenn sie aus wichtigem Grund erfolgen sollen (→ Teil 1 Frage 4 unter Ziff. 2. c)). Zu prüfen ist daher, ob sich die geplante Abberufung auf einen wichtigen Grund stützt.

Stimmen die Behauptungen des F, liegt ein wichtiger Grund vor (vgl. auch § 38 II 2 GmbHG): D hätte die Gesellschaft vorsätzlich geschädigt, indem er B eine Solaranlage zu nicht marktgerechten Konditionen geliefert hätte.

Hinweis: D hat die GmbH bei Abschluss des Geschäfts mit B wirksam vertreten. Die Unwirksamkeit der Vertretung kommt weder unter dem Aspekt der Kollusion noch dem eines Missbrauchs der Vertretungsmacht[77] in Betracht, weil B gutgläubig war.

Hierin läge eine grobe Verletzung der Pflichten gemäß § 43 I GmbHG, die den Straftatbestand der Untreue (§ 266 StGB) verwirklichte. Andererseits gäbe es keinen wichtigen Abberufungsgrund, wenn D – wie er behauptet – B-Ware zu marktgerechten Preisen an B geliefert hätte, weil dann kein höherer Preis zu erzielen gewesen wäre.

a) Stimmrechtsausschluss bei unklarer Sachlage

Fraglich ist, ob bei dieser unklaren Sachlage hinsichtlich des Vorliegens eines wichtigen Grundes in der Versammlung davon auszugehen ist, dass kein Stimmrecht des D besteht. Die Frage ist in der Literatur umstritten und vom BGH im Jahr 2017 offengelassen worden (→ § 4 Rn. 130). Überwiegend wird davon ausgegangen, dass ein wichtiger Grund nicht objektiv vorliegen muss, damit in der Versammlung ein Ausschluss des Stimmrechts anzunehmen ist. Vielmehr soll es genügen, wenn ein als wichtiger Grund qualifizierbarer, nicht bloß hergeholter oder ins Blaue hinein behaupteter Sachverhalt ohne evidente Treuwidrigkeit zum Gegenstand des Beschlusses gemacht wird.[78] Hierfür sprechen Gründe der Rechtssicherheit: Häufig ist der zugrunde liegende Sachverhalt umstritten und es kann dann kaum Aufgabe der Versammlung (des Versammlungsleiters) sein, die zugrunde liegenden Umstände vor der Beschlussfassung im Einzelnen aufzuklären, zumal dies häufig ohne eine umfangreiche Beweissammlung nicht möglich sein wird. Man könnte daher geneigt sein, im Rahmen der Versammlung – „zu Verfahrenszwecken" – von einem Stimmrechtsausschluss auszugehen, wenn ein wichtiger Grund hinreichend substantiiert behauptet wird, sodass der Versammlungsleiter die Stimme bei seiner Zählung außen vor lassen müsste.

Für den vorliegenden Fall würde daraus folgen: F hat Tatsachen vorgetragen, die den **Sachverhalt**, der einen wichtigen Grund bildet, **hinreichend wahrscheinlich** machen. Die Argumente des D können die Behauptung des F nicht völlig entkräften, weil B-Ware bei der Produktion nur selten anfällt. Für Verfahrenszwecke wäre daher von einem Ausschluss des Stimmrechts des D auszugehen und der Versammlungsleiter dürfte seine Stimme nicht mitzählen.

Dieses Ergebnis überzeugt jedoch nicht. Zwar bliebe auch auf der Basis jener herrschenden Ansicht das tatsächliche oder fehlende Vorliegen eines wichtigen Grundes nicht ungeprüft (sogleich unten b). Der Geschäftsführer – hier D – wäre jedoch *vorläufig* aus seinem Amt gedrängt und könnte damit seine Rechtsstellung bis zu einer gerichtlichen Entscheidung über die Wirksamkeit des Beschlusses nicht

[77] Vgl. dazu allgemein *Bitter/Röder*, BGB AT, § 10 Rn. 221 ff.
[78] Vgl. Scholz/*K. Schmidt*, GmbHG, § 46 Rn. 76 m. w. N. (auch zur Gegenauffassung).

mehr ausüben. Ihm dies allein aufgrund einer – wenn auch substantiierten – Behauptung der Minderheit zuzumuten, kann kaum überzeugen. Die Minderheit hätte es dann nämlich in der Hand, sich vorläufig gegen die Mehrheit durchzusetzen, obwohl in tatsächlicher oder rechtlicher Hinsicht noch gar nicht geklärt ist, ob dazu wirklich Anlass besteht. Es erscheint deshalb sachgerecht, wenn sich in streitigen Fällen nach dem **Grundprinzip des Kapitalgesellschaftsrechts** zunächst einmal die **Mehrheit durchsetzt** und die Initiative sodann bei der überstimmten Minderheit liegt, welche im Wege des regulären oder einstweiligen Rechtsschutzes vorgehen kann.[79] Der Versammlungsleiter darf daher die Stimme des D mitzählen – und wird dies in der Praxis auch in aller Regel tun (→ § 4 Rn. 130).

b) Gerichtliche Klärung des wichtigen Grundes

Die Frage eines wichtigen Grundes wird im späteren gerichtlichen Verfahren geprüft, welches auf der Basis der herrschenden Meinung wegen vorläufiger Feststellung der Abberufung des D von diesem ausgehen müsste (Beschlussanfechtung, unten bb)), nach hier vertretener Ansicht (und im praktischen Regelfall) hingegen von den Minderheitsgesellschaftern – E und F – ausgehen wird (positive Beschlussfeststellungsklage, unten aa)). Fehlt der wichtige Grund, hätte die Anfechtungsklage des D Erfolg bzw. wäre die positive Beschlussfeststellungsklage von E und F abzuweisen. Das Vorliegen des wichtigen Grundes hat dabei im Rechtsstreit derjenige darzulegen und zu beweisen, der sich darauf beruft.[80] Dies sind in beiden Klagearten die Minderheitsgesellschafter E und F, welche die Abberufung des Mehrheitsgesellschafters D als Geschäftsführer gegen dessen Willen nur erreichen können, wenn der wichtige Grund tatsächlich vorliegt.

aa) Positive Beschlussfeststellungsklage der Minderheit

Hat der Versammlungsleiter auf der Basis der hier vertretenen Ansicht oder rein faktisch wegen seiner Nähe zum Mehrheitsgesellschafter D bzw. in Personenidentität mit diesem die Stimme des D mitgezählt und folglich die Ablehnung des Antrags auf Abberufung förmlich festgestellt, müssen die Minderheitsgesellschafter E und F diesen Beschluss vor Gericht anfechten und zugleich beantragen festzustellen, dass der Abberufungsbeschluss wirksam mit ihren Stimmen gefasst wurde.[81] Im Prozess werden die gegen D erhobenen Vorwürfe überprüft, also die Umstände der Lieferung an B aufgeklärt. Steht danach das Vorliegen eines wichtigen Grundes zur Überzeugung des Gerichtes fest, wird es antragsgemäß entscheiden, weil D in diesem Fall einem Stimmverbot unterlag, seine Stimme folglich nicht mitzuzählen war und deshalb der Beschluss mit den Stimmen von E und F einstimmig gefasst wurde. Im Ergebnis unerheblich ist dafür, ob es um einen Beschluss nach § 38 I GmbHG geht oder um einen solchen nach § 38 II GmbHG, der inhaltlich einen wichtigen Grund voraussetzt. Ist nämlich der wichtige Grund bewiesen, steht neben dem Stimmverbot für D zusätzlich auch fest, dass die (statutarische) Voraussetzung für den getroffenen Beschluss vorliegt.

bb) Anfechtungsklage des Mehrheitsgesellschafters

Hat der Versammlungsleiter hingegen auf der Basis der h. M. zum Stimmrechtsausschluss bei unklarer Sachlage die Stimme des D nicht mitgezählt und folglich dessen Abberufung förmlich festgestellt, muss D den Beschluss durch Anfechtungsklage beseitigen.

---

[79] Überzeugend *Altmeppen*, ZIP 2017, 1185 ff.
[80] BGH ZIP 2017, 1065 (Rn. 14 f.).
[81] Beispiel bei BGH ZIP 2017, 1065.

aaa) Streitstand zum Grund der Anfechtbarkeit des Beschlusses

Umstritten ist allerdings, woraus sich die grundsätzliche Anfechtbarkeit ergibt.[82] Entweder man stellt darauf ab, dass die erforderliche Mehrheit für eine Abberufung wegen der gebotenen Mitzählung der (Nein-)Stimme des Gesellschafter-Geschäftsführers nicht erreicht wurde; dann setzt die Anfechtung weiter voraus, dass es auf diese Stimme ankam.

Hinweis: Um den gleichen Beschlussmangel geht es in der Sache, wenn man es als Verfahrensfehler wertet, dass der Versammlungsleiter die Stimme zu Unrecht nicht mitgezählt hat (auch dann ist erforderlich, dass es auf die Stimme ankam). Jedoch erscheint es etwas unglücklich, einen Verfahrensfehler anzunehmen, wenn man mit der h. M. zum Stimmrechtsausschluss bei unklarer Sachlage davon ausgeht, der Versammlungsleiter sei „zu Verfahrenszwecken" angehalten gewesen, die Stimme nicht mitzuzählen. Der hier gewählte Weg über die erforderliche Mehrheit ist insoweit klarer, weil das ggf. bejahte Recht des Versammlungsleiters, die Stimme nicht mitzuzählen, nichts daran ändert, dass sie wirksam war und daher zu berücksichtigen ist, wenn sich nachträglich herausstellt, dass ein wichtiger Grund fehlt.

Oder man nimmt wegen des Fehlens eines wichtigen Grundes einen Inhaltsfehler an. Dann ist nicht entscheidend, ob es auf die Stimme des Gesellschafter-Geschäftsführers ankam.

Teilweise wird auch danach differenziert, ob eine Abberufung nach dem Gesellschaftsvertrag stets oder nur aus wichtigem Grund zulässig ist.[83]

bbb) Stellungnahme

Zutreffend erscheint es, zwischen der Frage der erforderlichen Mehrheit und der eines Inhaltsfehlers sauber zu unterscheiden, weil ein und derselbe Beschluss anerkanntermaßen an mehreren Mängeln leiden kann. Im Einzelnen ergibt sich: Ist die Abberufung nach dem Gesellschaftsvertrag nur aus einem wichtigen Grund zulässig (Fall des § 38 II 1 GmbHG), liegt ein Inhaltsfehler vor, wenn ein wichtiger Grund nicht festgestellt werden kann: Die (statutarische) Voraussetzung für den getroffenen Beschluss liegt nicht vor. Gleichzeitig ist die erforderliche Mehrheit nicht zustande gekommen, wenn es auf die – fehlerhaft nicht mitgezählte – Stimme des Gesellschafter-Geschäftsführers ankam. Eigenständige Bedeutung hat dieser Fehler nicht, weil der Inhaltsfehler stets zur Anfechtung berechtigt.

Ist die Abberufung hingegen – dem Regelfall des § 38 I GmbHG entsprechend – jederzeit möglich, ist der Abberufungsbeschluss auch ohne einen wichtigen Grund rechtmäßig, falls nicht ein anderer Inhaltsfehler festzustellen ist (zu denken ist etwa an die Treuwidrigkeit). Ergibt sich die Anfechtbarkeit jedoch nicht aus einem Inhaltsfehler, setzt die erfolgreiche Anfechtung voraus, dass bei Mitzählung der Stimme die erforderliche Mehrheit für die Abberufung fehlt.

ccc) Anwendung auf den Sachverhalt

Weil die Abberufung gemäß § 38 I GmbHG erfolgt, kommt ohne wichtigen Grund kein Inhaltsfehler, sondern nur das Fehlen der erforderlichen Mehrheit in Betracht. Dies wäre der Fall, weil der Antrag bei Mitzählung einer Nein-Stimme des D abgelehnt ist. Die Anfechtungsklage des D hätte folglich beim Fehlen des wichtigen Grundes Erfolg, weil der Beschluss in Ermangelung der erforderlichen Mehrheit nicht zustande gekommen ist. Wird hingegen im Prozess das Vorliegen des wichtigen Grundes von E und F zur Überzeugung des Gerichts bewiesen, wird die Anfech-

[82] Vgl. erneut Scholz/*K. Schmidt*, GmbHG, § 46 Rn. 76.

[83] Vgl. *Zöllner*, Die Schranken mitgliedschaftlicher Stimmrechtsmacht bei den privatrechtlichen Personenverbänden, 1963, S. 239.

tungsklage des D abgewiesen, weil der Beschluss zur Abberufung des D mit den Stimmen von E und F einstimmig gefasst wurde.

Lösung zu Teil 3

1. Grundkonstellation

Die Ausgangslage ist Folgende: Der Antrag, die Geschäftsführungsmaßnahme vorzunehmen, ist angenommen, wenn eine einfache Kapitalmehrheit mit Ja gestimmt hat (§ 47 I, II GmbHG). Dies ist der Fall, weil D und F zusammen 70 % der Geschäftsanteile halten und mit Ja gestimmt haben. D als Versammlungsleiter hat hingegen fälschlicherweise angenommen, eine ¾-Mehrheit sei erforderlich. Eine solche ist aufgrund der Nein-Stimme des E nicht erreicht, so dass D – unter seiner falschen Prämisse zutreffend – die Ablehnung des Antrags festgestellt hat. Es ergibt sich also: Eigentlich ist der Antrag angenommen worden („Ja-Beschluss"); vom Versammlungsleiter wurde aber unzutreffend seine Ablehnung festgestellt („Nein-Beschluss").

2. Rechtsschutzbedürfnis

Ein Bedürfnis, das Abstimmungsergebnis gerichtlich klären zu lassen, ergibt sich schon daraus, dass der Schein einer anderweitigen Entscheidung besteht und ernsthaft zu befürchten ist, dass D auf Basis des festgestellten Beschlussergebnisses die – mehrheitlich gewollte – Geschäftsführungsmaßnahme nicht vornehmen wird.

3. Geltendmachung des Fehlers

Fraglich ist, wie der erforderliche Rechtsschutz ausgestaltet ist. Eigentlich wurde kein der Feststellung des Versammlungsleiters entsprechender Beschluss gefasst, sondern der Antrag angenommen. Man könnte daher davon ausgehen, dass es für F genügt, eine Feststellungsklage (§ 256 ZPO) dahingehend zu erheben, dass der Antrag angenommen wurde.

a) Anfechtungsklage

Jedoch wird inzwischen überwiegend davon ausgegangen, dass die **Feststellung des Beschlussergebnisses** (durch den Versammlungsleiter) **konstitutive Wirkung** für den Beschlussinhalt hat. Der Beschluss ist daher – trotz/entgegen der eigentlichen Lage – mit dem festgestellten Inhalt (d. h. als Nein-Beschluss) zustande gekommen. Für dieses aus dem Aktienrecht übernommene, auf den ersten Blick eigenartige Ergebnis sprechen Gründe der Rechtssicherheit: In der Regel ist es schwer zu prüfen, ob der Versammlungsleiter das Abstimmungsergebnis richtig festgestellt hat. Es kann etwa äußerst zweifelhaft sein, ob er (un-)wirksame Stimmen zu Unrecht (nicht) mitgezählt hat. Wäre der festgestellte Inhalt nicht entscheidend, könnte die Nichtexistenz des verkündeten Beschlusses auf vielen verschiedenen Wegen, etwa auch als Einrede gegen ein Leistungsbegehren, geltend gemacht werden. Sieht man den festgehaltenen Beschlussinhalt hingegen als maßgeblich an, so wird der Rechtsschutz gegen den Beschluss kanalisiert: Wer geltend macht, das Beschlussergebnis sei – aus welchen Gründen auch immer – ein anderes, muss den Beschluss mit dem festgestellten Inhalt anfechten. Erst das stattgebende und rechtskräftige Anfechtungsurteil beseitigt den Beschluss.

F muss daher Anfechtungsklage gegen den Nein-Beschluss mit der Begründung erheben, der Versammlungsleiter habe die Mehrheitserfordernisse verkannt und daher zu Unrecht die Ablehnung des Antrags festgestellt.

b) Positive Beschlussfeststellungsklage

Obwohl angenommen wird, der Beschluss sei mit dem festgestellten Inhalt einer Ablehnung des Antrags zustande gekommen, kann nicht außen vor bleiben, dass eigentlich die für eine Annahme erforderliche Mehrheit vorlag. Es ist den Gesellschaftern, die mit Ja gestimmt haben, nicht zumutbar, dass sie den Antrag nach erfolgreicher Anfechtung erneut fassen müssen: Erstens würden sich erhebliche Verzögerungen ergeben. Zweitens haben sie durch ihre Ja-Stimme bereits in der Sache entschieden; diese Entscheidung darf nicht dadurch entwertet werden, dass bei einer erneuten Abstimmung ohne die Verpflichtung, wie beim ersten Mal zu stimmen, ein anderes Ergebnis möglich ist. Ferner wäre es auch nicht prozessökonomisch, nur über die Anfechtung zu entscheiden, obwohl das Gericht feststellen kann, dass ein **zustimmender Beschluss gefasst** ist. Der Streit über einen erneuten Ja-Beschluss würde so in ein Folgeverfahren verlagert, in dessen Rahmen sich das Gericht wieder neu in den Sachverhalt einarbeiten müsste. Will ein Gesellschafter nicht nur den festgestellten Nein-Beschluss beseitigen, sondern zudem erreichen, dass das „richtige" Beschlussergebnis festgehalten wird, so kann er seine Anfechtungsklage daher mit dem Antrag auf Feststellung verbinden, dass der Antrag angenommen wurde (sog. positive Beschlussfeststellungsklage). Weil es bisher keinen zustimmenden Beschluss gibt, ist diese Klage richtigerweise keine bloße Feststellungsklage (§ 256 ZPO), sondern eine **Gestaltungsklage:** Das rechtskräftige Urteil schafft den zustimmenden Beschluss.

4. Ergebnis

F muss erstens den festgestellten Nein-Beschluss anfechten und parallel beantragen festzustellen, dass der Antrag auf Vornahme der Geschäftsführungsmaßnahme angenommen wurde.

Fall Nr. 15 – Wertlose Lizenzen

A ist Geschäftsführer der L-GmbH, die mit Software-Lizenzen handelt. A wird für 10.000 EUR die Lizenz für ein Programm angeboten, mit dem die Nutzer (angeblich) ihre Lebenserwartung errechnen können. A verlässt sich auf seinen Instinkt: Er hält das Programm für vielversprechend und meint, es auf jeden Fall teurer weiterverkaufen zu können. Dementsprechend erwirbt er die Lizenz für den geforderten Preis. Leider erweist sich die Lizenz als unverkäuflich. Sämtliche Personen, denen A die Lizenz anbietet, verweisen darauf, dass sich die Lebenserwartung nicht verlässlich berechnen lasse und es außerdem eine Vielzahl entsprechender kostenloser Angebote im Internet gebe. Als A versucht, die Lizenz selbst zu nutzen, indem er das Programm Endnutzern anbietet, muss er feststellen, dass es keinerlei Nachfrage gibt.

Der Gesellschafter G ist entsetzt, als er von dem Kauf der Lizenz erfährt. Er fragt, ob die L-GmbH einen Schadensersatzanspruch gegen A hat.

Lösung

Ein Schadensersatzanspruch der L-GmbH gegen A kann sich aus § 43 II GmbHG ergeben. Dies setzt voraus, dass A seine Pflichten als Geschäftsführer schuldhaft verletzt hat.

1. Pflichtverletzung

Den Maßstab zur Feststellung einer Pflichtverletzung bildet der ordentliche Geschäftsmann (§ 43 I GmbHG). Eine Pflichtverletzung des A kann darin liegen, dass er die Lizenz für das Programm zur Errechnung der Lebenserwartung erworben hat. A hat für die Lizenz 10.000 EUR gezahlt. Jedoch konnte A sie weder weiterverkaufen noch selbst nutzen. Wirtschaftlich gesehen war die Lizenz somit wertlos. Es liegt daher nahe, von einer Pflichtverletzung des A auszugehen, weil ein ordentlicher Geschäftsmann einen wertlosen Gegenstand nicht zu Handelszwecken erworben hätte.

Andererseits ist zu beachten, dass jede Investition mit (Verlust-)Risiken verbunden ist, weil sich ihre Rentabilität fast nie sicher vorhersagen lässt. Risiken und Verluste gehören zum Wirtschaftsleben und können stets Folge **unternehmerischer Entscheidungen** sein. Dies gilt insbesondere für Händler, die oft nicht sicher absehen können, ob ein gewinnbringender Weiterverkauf möglich ist. Nicht jedes Verlust verursachende Geschäft, das ein Geschäftsführer abschließt, kann also seine Haftung auslösen. Da der Gesetzgeber sich dieses Problems bewusst war, hat er für die AG eine Regelung eingeführt, nach der keine Pflichtverletzung vorliegt, wenn das Vorstandsmitglied bei einer unternehmerischen Entscheidung vernünftigerweise annehmen durfte, auf der Grundlage angemessener Information zum Wohle der Gesellschaft zu handeln (sog. ***Business Judgement Rule*** gemäß § 93 I 2 AktG).[84] Diese Regelung gilt bei der GmbH entsprechend.

Mit dem Erwerb der Lizenz hat A eine unternehmerische Entscheidung getroffen, so dass der Anwendungsbereich von § 93 I 2 AktG analog eröffnet ist. A ging auch davon aus, zum Wohle der Gesellschaft zu handeln, weil er das Programm für vielversprechend hielt und glaubte, es auf jeden Fall teurer weiterverkaufen zu können. Fraglich ist aber, ob A diese Vorstellung vernünftigerweise haben durfte und sie auf Grundlage angemessener Information gebildet hat.

Der BGH fordert für eine Haftungsprivilegierung des Geschäftsführers im Rahmen des unternehmerischen Ermessens, dass sein unternehmerisches Handeln auf einer **sorgfältigen Ermittlung der Entscheidungsgrundlagen** beruht.[85] Er muss in der konkreten Entscheidungssituation alle verfügbaren Informationsquellen tatsächlicher und rechtlicher Art ausschöpfen, auf dieser Grundlage die Vor- und Nachteile der bestehenden Handlungsoptionen sorgfältig abschätzen und den erkennbaren Risiken Rechnung tragen.

Sämtlichen Personen, denen A die Lizenz angeboten hat, war bekannt, dass sich die Lebenserwartung nicht verlässlich vorhersagen lässt und es zudem eine Reihe von kostenlosen Angeboten im Internet gibt. Es ist daher davon auszugehen, dass auch A an diese Informationen hätte gelangen können. Dementsprechend hätte ein ordentlicher Geschäftsmann (auch) sie zur Grundlage seiner Entscheidung gemacht. A demgegenüber hat sich allein von seinem Instinkt leiten lassen; eine Abwägung hat offensichtlich nicht stattgefunden. Hätte A die Informationen gehabt, hätte er vernünftigerweise zu einem anderen Schluss über den Wert der Lizenz kommen müssen, weil aus ihnen offensichtlich folgt, dass sich mit dem Programm keine Gewinne erwirtschaften lassen.

Bei Heranziehung der Wertungen der *Business Judgement Rule* ergibt sich somit eine Pflichtverletzung des A.

---

[84] Hierzu → Fall Nr. 4 – Vorstandsermessen.

[85] BGH ZIP 2008, 1675 (Rn. 11).

2. Verschulden

A hat zumindest fahrlässig gehandelt, indem er die notwendigen Informationen nicht eingeholt, eine Abwägung unterlassen und allein auf seinen Instinkt vertraut hat. Für ihn war erkennbar, dass auf diese Weise keine hinreichend fundierte Entscheidung möglich war.

3. Schaden

Die Gesellschaft hat für 10.000 EUR einen Gegenstand erworben, der wirtschaftlich wertlos war. In Höhe dieses Kaufpreises ist ihr daher ein Schaden entstanden, den A zu ersetzen hat.

4. Gesellschafterbeschluss

Gemäß § 46 Nr. 8 GmbHG entscheidet die Gesellschafterversammlung über die Geltendmachung von Ersatzansprüchen, welche der Gesellschaft aus der Geschäftsführung gegen Geschäftsführer zustehen. Hierbei handelt es sich um eine materielle Anspruchs- und nicht lediglich um eine Zulässigkeitsvoraussetzung. G muss also einen entsprechenden Gesellschafterbeschluss herbeiführen, damit eine Klage gegen A erfolgreich ist. Andernfalls wird sie trotz Pflichtverletzung, Verschulden und Schaden als unbegründet abgewiesen.

Da der Geschäftsführer den Schadensersatzprozess kaum in Vertretung der GmbH gegen sich selbst führen wird, kann die Gesellschafterversammlung gemäß § 46 Nr. 8 GmbHG in ihrem Beschluss zugleich einen Prozessvertreter bestellen.[86]

5. Ergebnis

A ist gemäß § 43 II GmbHG verpflichtet, 10.000 EUR an die L-GmbH zu zahlen.

Hinweis: Ein Schadensersatzanspruch kann sich ggf. auch aus dem Anstellungsvertrag mit A ergeben. Neben der Haftung gemäß § 43 II GmbHG hat dieser Anspruch aber keine praktische Bedeutung. Die strafrechtliche Rechtsprechung geht zudem bei einem Überschreiten der durch die *Business Judgement Rule* gezogenen Grenzen von einer Untreue gemäß § 266 StGB aus (vgl. BGHSt 61, 48 = ZIP 2016, 966, Rn. 57 – Nürburgring; BGH ZIP 2016, 2467, Rn. 27 ff. – HSH Nordbank; dazu mit Recht kritisch *Baur/Holle*, ZIP 2017, 555 ff.).

Fall Nr. 16 – Wertdifferenz

Paul (P) und sein Sohn Dennis (D) gründen eine GmbH mit einem Stammkapital von 30.000 EUR, von dem P 60 % und D 40 % halten soll. Seine Stammeinlage von 18.000 EUR soll P allein durch die Übereignung eines gebrauchten Fahrzeugs erbringen, dessen Wert die Gründer genau auf diesen Betrag schätzen. Unter Beachtung sämtlicher Form- und Verfahrensvorschriften wird eine Sacheinlage des P im Gesellschaftsvertrag festgesetzt. Vor der ordnungsgemäßen Anmeldung der Gesellschaft zur Eintragung ins Handelsregister übereignet P das Fahrzeug an die (Vor-)GmbH; D leistet eine Bareinlage von 12.000 EUR. Die Gesellschaft wird ins Handelsregister eingetragen. Die Geschäfte laufen nicht wie gewünscht; P und D geraten in Streit. Weil D daraufhin alles sehr genau nimmt, prüft er noch einmal das von P eingebrachte Fahrzeug. Dabei stellt er einen behebbaren Defekt des Motors

[86] Zur Vertretung der GmbH in Prozessen gegen den Geschäftsführer siehe Scholz/*U. H. Schneider/Sven H. Schneider*, GmbHG, § 35 Rn. 204 ff.

fest, der sicher schon vor der Gründung der GmbH vorgelegen hat. Bei der Prüfung des Fahrzeugs vor der Einbringung durch P hatten P und D den Fehler übersehen, weil sie das Fahrzeug lediglich grob inspiziert hatten. Anstelle der – bei Fehlerfreiheit zutreffenden – 18.000 EUR ist das Fahrzeug aufgrund des Defekts nur 12.000 EUR wert. D fragt, welche Ansprüche die GmbH gegen P hat und ob sich möglicherweise auch Zahlungspflichten für ihn selbst ergeben.

Lösung

1. Ansprüche gegen P

Ansprüche gegen P können aus verschiedenen Anspruchsgrundlagen folgen.

a) Differenzhaftung gemäß § 9 I GmbHG

Erreicht der Wert einer Sacheinlage im Zeitpunkt der Anmeldung der Gesellschaft zur Eintragung in das Handelsregister nicht den Nennbetrag des dafür übernommenen Geschäftsanteils, hat der Gesellschafter in Höhe des Fehlbetrages eine Einlage in Geld zu leisten (§ 9 I GmbHG).

Für die Sacheinlage „Fahrzeug" hat P einen Geschäftsanteil mit einem Nennbetrag von 18.000 EUR übernommen. Der Defekt des Motors lag schon vor der Gründung der GmbH und damit auch bei der Anmeldung der Gesellschaft vor. Folglich war das Fahrzeug in dem nach § 9 I GmbHG maßgeblichen Zeitpunkt nur 12.000 EUR wert. Der Nennbetrag des Geschäftsanteils ist nicht erreicht. **In Höhe des Fehlbetrags** von 6.000 EUR ist P zu einer **Geldeinlage** verpflichtet. Auf sein Verschulden kommt es nicht an.

Der Anspruch ist nach überwiegender Auffassung mit der Anmeldung der Gesellschaft fällig geworden, ohne dass es eines Gesellschafterbeschlusses gemäß § 46 Nr. 2 oder 8 GmbHG bedarf.[87]

b) Haftung auf fehlende Einzahlung gemäß § 9a I GmbHG

Werden zum Zweck der Errichtung der Gesellschaft falsche Angaben gemacht, so haben die Gesellschafter und Geschäftsführer der Gesellschaft als Gesamtschuldner fehlende Einzahlungen zu leisten (§ 9a I GmbHG). Die **falschen Angaben** werden **„zum Zwecke der Errichtung"** gemacht, wenn sie im Rahmen des Gründungsverfahrens abgegeben werden. Nach ganz h. M. gilt § 9a I GmbHG für alle im Eintragungsverfahren relevanten Angaben.[88] Erfasst sind insbesondere auch Aussagen zum Wert und Zustand von Sacheinlagen.[89]

Da P und D sämtliche Form- und Verfahrensvorschriften zu Sacheinlagen eingehalten und die Gesellschaft formal ordnungsgemäß zur Eintragung angemeldet haben, haben sie der Anmeldung Unterlagen darüber beigefügt, dass der Wert der Sacheinlage den Nennbetrag des dafür übernommenen Geschäftsanteils erreicht (§ 8 I Nr. 5 GmbHG). Außerdem haben sie den Sachgründungsbericht gemäß § 5 IV 2 GmbHG eingereicht (§ 8 I Nr. 4 GmbHG), in dem die für die Angemessenheit der Leistung für die Sacheinlage wesentlichen Umstände dargelegt sind. P und D haben damit zumindest konkludent erklärt, dass das Fahrzeug zum Anmeldezeitpunkt einen intakten Motor und daher einen Wert von 18.000 EUR habe. Diese Angaben waren falsch.

---

[87] Vgl. Scholz/*Veil*, GmbHG, § 9 Rn. 23.
[88] Vgl. Scholz/*Veil*, GmbHG, § 9a Rn. 13.
[89] Noack/Servatius/Haas/*Servatius*, GmbHG, § 9a Rn. 8.

P ist somit grundsätzlich verpflichtet, **fehlende Einzahlungen** zu leisten. Diese Pflicht gilt auch bei Unterbewertungen von Sacheinlagen, obwohl der Gesetzeswortlaut („Einzahlungen") darauf nicht ausdrücklich Bezug nimmt.[90] Zu ersetzen ist die Differenz zwischen dem tatsächlichen Wert der Sache (12.000 EUR) und dem Wert bei Richtigkeit der Angaben (18.000 EUR), also 6.000 EUR. Durch die parallele Differenzhaftung gemäß § 9 I GmbHG wird die Haftung gemäß § 9a I GmbHG nicht ausgeschlossen, weil beide Institute unabhängig voneinander die reale Kapitalaufbringung sichern sollen.

P ist von der Verpflichtung gemäß § 9a I GmbHG befreit, wenn er die die Ersatzpflicht begründenden Tatsachen weder kannte noch bei Anwendung der **Sorgfalt eines ordentlichen Geschäftsmannes** kennen musste (§ 9a III GmbHG).

Die die Ersatzpflicht begründende Tatsache ist die Minderwertigkeit des Fahrzeugs aufgrund eines Defekts des Motors. P kannte den Defekt und damit die Minderwertigkeit nicht. Fraglich ist, ob er sie bei Anwendung der erforderlichen Sorgfalt hätte kennen müssen. P und D haben das Fahrzeug nur grob inspiziert. Dies entspricht nicht der Sorgfalt eines ordentlichen Geschäftsmannes: Auch wenn nicht sämtliche Einzelteile des Fahrzeugs zu untersuchen sind, so müssen doch zumindest die besonders wertrelevanten Teile wie der Motor genauer geprüft werden. P ist nicht von der Verpflichtung gemäß § 9a I GmbHG befreit.

Gemäß § 46 Nr. 8 GmbHG obliegt es der Gesellschafterversammlung, über die Geltendmachung von Ersatzansprüchen zu beschließen, die der Gesellschaft aufgrund der Gründung gegen Gesellschafter zustehen. Anders als bei § 9 I GmbHG wird ein solcher Beschluss bei § 9a I GmbHG für erforderlich gehalten, damit der Anspruch entsteht.[91] Der Beschluss ist also Anspruchs- und nicht lediglich Zulässigkeitsvoraussetzung einer Klage. Bei der Beschlussfassung hat P jedoch kein Stimmrecht (§ 47 IV 2 Alt. 2 GmbHG).

Hinweis: Zu § 47 IV GmbHG ausführlich → Fall Nr. 14 – Versammeln schwer gemacht.

c) Nacherfüllungsanspruch

Die Sachmängelgewährleistungsvorschriften der §§ 434 ff. BGB sind auf Sacheinlagen entsprechend anwendbar. Ist eine Sacheinlage mangelhaft, besteht daher ein Nacherfüllungsanspruch der Gesellschaft analog §§ 437 Nr. 1, 439 I BGB. Die Gesellschaft kann grundsätzlich zwischen der Beseitigung des Mangels und der Lieferung einer mangelfreien Sache wählen.

Nach der Rechtsprechung des BGH zum Kaufrecht ist im konkreten Fall allerdings davon auszugehen, dass die Lieferung einer mangelfreien Sache unmöglich ist (§ 275 I BGB). Der BGH hat nämlich im Anschluss an eine von *Bitter/Meidt*[92] bereits zuvor vertretene Ansicht entschieden, dass beim Stückkauf zwar grundsätzlich auch ein Anspruch auf Nachlieferung einer anderen Sache bestehen kann, wenn damit das Leistungsinteresse des Käufers befriedigt werden kann; jedoch sei beim Verkauf eines Gebrauchtwagens in der Regel Unmöglichkeit der Ersatzlieferung anzunehmen, wenn dem Kaufentschluss eine persönliche Besichtigung des Fahrzeugs vorangegangen war; in letzterem Fall handelt es sich nämlich nicht um eine ersetzbare Sache.[93] Diese Grundsätze sollten auch bei Sacheinlagen gelten.

---

[90] Vgl. Scholz/*Veil*, GmbHG, § 9a Rn. 32.

[91] Vgl. Scholz/*Veil*, GmbHG, § 9a Rn. 5 (mit Ausnahmen für Klagen des Insolvenzverwalters und Pfändungsgläubigers).

[92] *Bitter/Meidt*, ZIP 2001, 2114, 2119 f.

[93] Vgl. BGHZ 168, 64 (Leitsatz 2); dazu ausführlich *Bitter*, ZIP 2007, 1881 ff.

Die Beseitigung des Mangels ist hingegen nicht unmöglich, weil der Defekt des Motors behebbar ist. Folglich kann die GmbH von P die Reparatur des Motors verlangen, weil für einen Ausschluss der Gewährleistung nichts ersichtlich ist.

d) Vorbelastungshaftung

Zum Zeitpunkt der Eintragung lag das Nettovermögen der (Vor-)GmbH unter der Stammkapitalziffer von 30.000 EUR, wenn man die vorstehend aufgezeigten Ansprüche gegen P außen vor lässt: Das Aktivvermögen betrug nämlich nur 24.000 EUR (12.000 EUR Fahrzeugwert + 12.000 EUR Bargeld).

Fraglich ist, ob sich daraus ein Anspruch gegen P auf den Ausgleich einer Unterbilanz aus der Vorbelastungshaftung ergibt. Dies würde bedeuten, dass P 60 % der vermeintlichen Unterbilanz ausgleichen, d.h. 3.600 EUR an die GmbH zahlen müsste; den Rest (2.400 EUR) müsste D aufbringen.

Hinweis: Zur Vorbelastungshaftung ausführlich → Fall Nr. 12 – Komplizierte Gründung.

Weitgehend unumstritten ist, dass ein grundsätzlicher **Vorrang der Differenzhaftung** gemäß § 9 GmbHG gegenüber der Vorbelastungshaftung besteht.[94] Hierfür spricht eine einfache Betrachtung der Bilanz zum Eintragungszeitpunkt: Da ein Gesellschafterbeschluss keine materielle Voraussetzung des Anspruchs gemäß § 9 I GmbHG ist, sondern dieser mit der Anmeldung fällig wird (→ Ziff. 1. a)), besteht kein Grund, ihn nicht auf der Aktivseite der Bilanz anzusetzen. Dann ergibt sich exakt in Höhe jenes Differenzbetrags, der die Unterbilanz hervorrufen könnte, ein Aktivum der GmbH in Gestalt des Differenzhaftungsanspruchs. Im Fall des von P eingebrachten Autos ist folglich eine Forderung i.H.v. 6.000 EUR einzubuchen, so dass das Nettovermögen der GmbH 30.000 EUR beträgt.

Nicht abschließend geklärt ist indes, ob es **Ausnahmen von dem Vorrang** der Differenzhaftung gibt.[95] Diskutiert wird, ob die Vorbelastungshaftung das Risiko von *Wertverlusten zwischen Einbringung und Anmeldung* sachgerechter zwischen den Gründern verteile und daher neben dem Anspruch gemäß § 9 I GmbHG auch ein Anspruch aus Vorbelastungshaftung anzuerkennen sei, der den Sacheinleger zu einem anteiligen Ausgleich im Innenverhältnis zu den übrigen Gesellschaftern berechtige.[96] Neben einem Wertverlust zwischen Einbringung und Anmeldung verlangen die Befürworter dieser Ausnahme, dass die Wertminderung der Sacheinlage im Zusammenhang mit der Geschäftsaufnahme durch die Vorgesellschaft steht.[97] Dies erklärt sich daraus, dass die Vorbelastungshaftung Verluste sanktionieren soll, die durch eine Geschäftstätigkeit vor Eintragung entstehen; sie gleicht nämlich den Verzicht auf ein Vorbelastungsverbot aus. Daher ist die Vorbelastungshaftung vom Sinn und Zweck her nicht einschlägig, wenn die Sacheinlage unabhängig von einer „Vorbelastung" im weiteren Sinne minderwertig ist.

Für den hier zu beurteilenden Sachverhalt scheidet eine Vorbelastungshaftung danach aus: Erstens ist der Wertverlust bereits vor der Einbringung des Fahrzeugs eingetreten, zweitens steht er in keinerlei Zusammenhang mit einer Geschäftsauf-

---

[94] Vgl. Scholz/*K. Schmidt*, GmbHG, § 11 Rn. 148.

[95] Vgl. hierzu Scholz/*Veil*, GmbHG, § 9 Rn. 30 m.w.N.; Scholz/*K. Schmidt*, GmbHG, § 11 Rn. 148.

[96] Vgl. hierzu näher Scholz/*Veil*, GmbHG, § 9 Rn. 30; Scholz/*K. Schmidt*, GmbHG, § 11 Rn. 148, jeweils m.w.N. (auch zur Gegenauffassung); ferner den sogleich im Text folgenden Hinweis.

[97] Vgl. Scholz/*Veil*, GmbHG, § 9 Rn. 30; Scholz/*K. Schmidt*, GmbHG, § 11 Rn. 148 diskutiert nur speziell die Einbringung eines Unternehmens und setzt daher wohl auch eine Geschäftsaufnahme voraus.

nahme. Ein Anspruch der GmbH gegen P aus der Vorbelastungshaftung besteht daher nicht.

Hinweis: Anders läge der Fall, wenn der Motorschaden nicht schon im Fahrzeug angelegt, sondern als Folge einer – etwa zu ruppigen – Geschäftsfahrt zwischen Einbringung und Anmeldung eingetreten wäre: P müsste zwar auch in diesem Fall 6.000 EUR an die GmbH aus der Differenzhaftung gemäß § 9 I GmbHG zahlen (davon 3.600 EUR auch aus Vorbelastungshaftung). Jedoch könnte er von D 2.400 EUR wieder erlangen, weil er insoweit eine Unterbilanz ausgeglichen hätte, die D auszugleichen verpflichtet gewesen wäre.

Wieder anderes gilt bei Wertverlusten, die in dem Zeitraum zwischen Anmeldung und Eintragung eintreten. Die Frage nach dem Verhältnis zwischen Vorbelastungshaftung und Differenzhaftung stellt sich dann nicht, weil die Differenzhaftung von vornherein ausscheidet. Hier kann die Vorbelastungshaftung also grundsätzlich ungehindert zum Tragen kommen. Allerdings ist im Einzelnen äußerst umstritten, ob und inwieweit die Vorbelastungshaftung auch Fälle erfasst, in denen die Unterbilanz nicht aus verlustträchtigen Rechtsgeschäften, sondern aus sonstigen Vermögenseinbußen resultiert.[98] Geht man – wie soeben unter d) erläutert – davon aus, dass die Vermögenseinbuße im Zusammenhang mit der Geschäftsaufnahme durch die Vorgesellschaft stehen muss,[99] scheidet sie beispielsweise aus, wenn der Wertverlust eines in die Gesellschaft eingebrachten Fahrzeugs vor Eintragung darauf beruht, dass der Autohersteller nach der Einbringung insolvent wird und deshalb alle Fahrzeuge dieser Marke am Markt an Wert verlieren.

e) Verhältnis der verschiedenen Ansprüche

Die vorstehend bejahten Ansprüche stehen grundsätzlich selbständig nebeneinander. Erfüllt P jedoch auch nur einen dieser Ansprüche, ist das Ziel der realen Kapitalaufbringung erreicht: Im Fall der §§ 9 I, 9a I GmbHG erhält die GmbH die fehlenden Mittel in bar; bei einer Beseitigung des Mangels erhöht sich der Wert des Fahrzeugs auf 18.000 EUR. Dementsprechend muss die Erfüllung des einen Anspruchs auch zum Erlöschen des anderen führen.

2. Ansprüche gegen D

D kann gemäß § 9a I GmbHG zur Zahlung von 6.000 EUR verpflichtet sein. Die Haftung für falsche Angaben trifft nämlich ausweislich des Wortlauts sämtliche Gesellschafter. Im Hinblick auf die Anspruchsvoraussetzungen gemäß § 9a I GmbHG und die fehlende Befreiung gemäß § 9a III GmbHG (mangelndes Vertretenmüssen) gelten die Ausführungen zu P entsprechend (→ Ziff. 1. b)).

D haftet daher kraft Gesetzes als Gesamtschuldner mit P auf die Differenz zwischen dem tatsächlichen und dem vermeintlichen Sachwert.

Im Innenverhältnis zwischen den Gesamtschuldnern ist jedoch von einer Quote von 100:0 zwischen P und D auszugehen, weil die Letztverantwortung für den „Schaden“ allein bei P liegt. Sollte D an die Gesellschaft zahlen, kann er daher gemäß § 426 I BGB vollen Ausgleich bei P erlangen.

Fall Nr. 17 – Fuhrunternehmen

F will ein von ihm bislang einzelkaufmännisch betriebenes Fuhrunternehmen in eine neu zu gründende Einpersonen-GmbH einbringen. Der Gesellschaftsvertrag sieht ein Stammkapital von 250.000 EUR vor, das F durch eine Geldeinlage aufbringen soll.

Wie schon lange geplant, schließt F als von den Beschränkungen des § 181 BGB befreiter Alleingeschäftsführer der GmbH mit sich selbst einen Kaufvertrag über

---

[98] Vgl. hierzu Scholz/*K. Schmidt*, GmbHG, § 11 Rn. 145.

[99] Dem stehen u.E. auch nicht BGHZ 80, 129, 140f.; 105, 300, 303 entgegen.

vier bisher ihm gehörende LKW zum Preis von je 50.000 EUR und veräußert außerdem die vorhandene Büroeinrichtung zum Preis von weiteren 50.000 EUR an die GmbH. Der vereinbarte Kaufpreis entspricht in allen Fällen dem Wert der Kaufsache.

Nach Abschluss des Kaufvertrags zahlt F zwecks Einlageleistung 250.000 EUR auf das Gesellschaftskonto ein. Anschließend überweist er dieses Geld zur Begleichung des Kaufpreises auf sein Privatkonto zurück; gleichzeitig übereignet er der GmbH die LKW und die Büroeinrichtung. Später wird die – inzwischen eingetragene – GmbH aufgrund der schlechten wirtschaftlichen Lage im Speditionsgewerbe insolvent. Der Insolvenzverwalter macht geltend, F habe seine Geldeinlage nicht wirksam erbracht. Kann der Insolvenzverwalter von F die Geldeinlage ganz oder teilweise verlangen?

Abwandlung: F ist nicht alleine, sondern gründet mit G eine GmbH mit einem Stammkapital von 500.000 EUR, das beide durch eine Geldeinlage von jeweils 250.000 EUR aufbringen sollen. G zahlt die 250.000 EUR in bar ein. Sodann kommt es zu dem o.g. Kaufvertrag zwischen F und der GmbH über die LKW und die Büroeinrichtung. Den Kaufpreis bezahlt die GmbH aus dem von G eingezahlten Geld. Wie von Anfang an geplant, verwendet F die erhaltenen Mittel zur Begleichung seiner Einlageschuld. Ergeben sich Änderungen gegenüber dem Grundfall?

Lösung zum Grundfall

Fraglich ist, ob der Insolvenzverwalter einen der GmbH zustehenden Anspruch auf Zahlung der Geldeinlage gegen F geltend machen kann. Anspruchsgrundlage für diesen Zahlungsanspruch kann die im Gesellschaftsvertrag vereinbarte Geldeinlagepflicht des F in Höhe von 250.000 EUR sein (vgl. auch § 14 GmbHG).

1. Erfüllung der Einlageverpflichtung

Die ursprüngliche Geldeinlagepflicht ist erloschen, wenn F sie durch die Einzahlung der 250.000 EUR auf das Gesellschaftskonto wirksam erfüllt hat (§ 362 I BGB).

Nach allgemeinen Grundsätzen läge infolge der Einzahlung Erfüllung vor. Jedoch schließt die spezielle Vorschrift des § 19 IV 1 GmbHG die Erfüllungswirkung einer vereinbarten Geldeinlage aus, wenn die Geldeinlage bei wirtschaftlicher Betrachtung und aufgrund einer im Zusammenhang mit der Übernahme der Geldeinlage getroffenen Abrede vollständig oder teilweise als Sacheinlage zu bewerten ist (**verdeckte Sacheinlage**).

Wirtschaftlich gesehen hat F für die Gründung kein Bargeld aufgebracht, sondern nur Sachen. Den zunächst bar eingezahlten Betrag hat er nämlich wenig später als Kaufpreis zurückerhalten, so dass er der GmbH im Ergebnis nur die LKW und die Büroeinrichtung überlassen hat. Weil F von Anfang an beabsichtigte, dass ihm die GmbH aus den Mitteln seiner Geldeinlage die LKW und die Büroeinrichtung abkauft, war ein entsprechendes wirtschaftliches Ergebnis auch gewollt. Der Tatbestand der verdeckten Sacheinlage ist erfüllt.

Die Geldeinlagepflicht des F besteht deshalb grundsätzlich im Höhe von 250.000 EUR fort (§ 19 IV 1 GmbHG).

Hinweis: Die von § 19 IV 1 GmbHG geforderte „Absprache" setzt bei einer Einpersonen-Gründung nur ein „Vorhaben" des Gesellschafters voraus (→ Fall Nr. 7 – Elektrohandel).

2. Anrechnung des Sachwertes

Gemäß § 19 IV 3 GmbHG ist auf die fortbestehende Geldeinlagepflicht aber der Wert des (verdeckt eingelegten) Vermögensgegenstandes anzurechnen. Hier ist daher der Wert der vier LKW und der Büroeinrichtung von insgesamt 250.000 EUR auf die fortbestehende Geldeinlageschuld von 250.000 EUR anzurechnen. Infolgedessen erlischt die Geldeinlageschuld des F komplett. Der Insolvenzverwalter kann wegen der vollen Wertdeckung keine Zahlung von F mehr verlangen.

Hinweis: Vgl. den vertiefenden Hinweis zu Fall Nr. 7 – Elektrohandel zur Kontroverse um die „Natur" der Anrechnung sowie dazu, dass im Ergebnis keine weiteren Ansprüche des Gesellschafters oder der Gesellschaft durch den Vorgang der verdeckten Sacheinlage ausgelöst werden. Bei AG und GmbH gelten insoweit die gleichen Grundsätze.

Die Anrechnung ist erst mit der Eintragung eingetreten (§ 19 IV 4 GmbHG), so dass die Versicherung des F gemäß § 8 II GmbHG im Rahmen der Anmeldung unrichtig ist und F sich daher strafbar gemacht hat (§ 82 GmbHG).

Schon vor der Leistung der Einlage durch F ist mit der Kaufpreiszahlung eine Leistung der Gesellschaft an F vereinbart worden, durch die die Einlage an ihn zurückfließt. Man könnte daher auf die Idee kommen, es liege ein Fall der sog. Hin- und Herzahlung vor, für den § 19 V GmbHG eine Regelung trifft. Dessen Anwendung verbietet sich indes aus zwei Gründen. Erstens liegt in der Kaufpreiszahlung wirtschaftlich gesehen keine bloße Rückzahlung der Einlage, sondern eine Vergütung für die Kaufsache, die ein zusätzlicher Input für die GmbH ist (vgl. für die Vergütung einer Dienstleistung BGHZ 180, 38 = ZIP 2009, 713 – Qivive). Zweitens gehen die Regeln über die verdeckte Sacheinlage kraft ausdrücklicher gesetzlicher Anordnung vor. Die häufig zu findende allgemeine Aussage, § 19 V GmbHG erfasse Fälle des Hin- und Herzahlens, ist also mit Vorsicht zu genießen; insbesondere muss immer zunächst geprüft werden, ob sich hinter dem Hin- und Herzahlen eine verdeckte Sacheinlage „verbirgt"; siehe exemplarisch auch BGH ZIP 2012, 1857 (Rn. 18); BGH ZIP 2016, 615.

Lösung zur Abwandlung

Im Vergleich zum Grundfall hat sich hier nur die zeitliche Reihenfolge der Zahlungen geändert: Die Gesellschaft hat zunächst den Kaufpreis an F gezahlt, bevor dieser anschließend die Einlage geleistet hat. Dies ändert indes nichts daran, dass § 19 IV GmbHG maßgeblich ist. Auch hier ist wirtschaftlich nämlich eine Sacheinlage des F gewollt und verwirklicht: Im Ergebnis hat F nur die verkauften Sachen in das Vermögen der GmbH überführt; die *Her-* und *Hin*zahlung des Geldes war wirtschaftlich gesehen neutral. Für die Erfüllung der Geldeinlagepflicht des F gilt daher das zum Grundfall Gesagte.

Fall Nr. 18 – Wie gewonnen, so zerronnen

Die superreichen A und B sind mit jeweils 50 % an der K-GmbH beteiligt, die ein Stammkapital von 50.000 EUR hat. Unter Beachtung aller Form- und Verfahrensvorschriften beschließen A und B die Erhöhung des Stammkapitals auf 100.000 EUR und übernehmen von dem neuen Stammkapital jeweils 25.000 EUR gegen Bareinlage. Jedoch kommen sie gleichzeitig überein, dass jeweils 10.000 EUR als Darlehen an A und B zurückfließen. Die Gesellschaft soll jederzeit berechtigt sein, die Darlehen zu kündigen.

A und B zahlen jeweils 25.000 EUR auf ein Konto der Gesellschaft. Die Kapitalerhöhung wird zur Eintragung ins Handelsregister angemeldet, ohne dass die Absprache über die Darlehen offengelegt wird. Nach der Eintragung der Kapitalerhöhung zahlt die Gesellschaft wie besprochen jeweils 10.000 EUR an A und B als Darlehen aus. Sind A und B durch ihre Zahlungen insgesamt von ihren Einlageverpflichtungen frei geworden?

Lösung

Einlageverpflichtungen von A und B in Höhe von jeweils 25.000 EUR folgen aus den formwirksamen Übernahmeerklärungen, die beide im Rahmen der Kapitalerhöhung abgegeben haben.

Hinweis: Zum Ablauf einer Kapitalerhöhung und zur Grundlage der Einlageverpflichtung im Einzelnen → Fall Nr. 23 – Schütt-aus-hol-zurück (Lösung zum Grundfall → Ziff. 1.).

1. Grundsätzliche Erfüllung

Grundsätzlich sind die Einlageverpflichtungen erloschen, weil A und B jeweils 25.000 EUR auf ein Konto der Gesellschaft gezahlt haben (§ 362 I BGB).

2. Keine Erfüllung wegen Rückgewähr der Einlage in Höhe von 10.000 EUR

In Höhe von jeweils 10.000 EUR könnte der Erfüllung jedoch entgegenstehen, dass die Mittel als Darlehen an A und B zurückgeflossen sind. Ist vor der (Leistung der) Einlage eine Leistung an den Gesellschafter vereinbart worden, die **wirtschaftlich einer Rückzahlung der Einlage** entspricht und die nicht als verdeckte Sacheinlage zu beurteilen ist, so befreit die Einlageleistung den Gesellschafter von seiner Einlageverpflichtung nämlich nur unter bestimmten Voraussetzungen (§§ 56a, 19 V 1 GmbHG).

a) Abgrenzung zwischen § 19 V GmbHG und § 19 IV GmbHG

Mit der Darlehensgewährung ist eine Leistung der Gesellschaft an A und B vereinbart worden. Dies geschah, bevor A und B ihre Einlagen geleistet haben. Infolge der Darlehensgewährung stehen die Mittel der Gesellschaft (zunächst) nicht mehr zur Verfügung, während A und B weiter über die 10.000 EUR verfügen können. Wirtschaftlich gesehen hat die Gesellschaft A und B die Einlagen daher (vorläufig) zurückgezahlt. Im Ergebnis sind die **Einlageforderungen** lediglich **durch einen Anspruch auf Darlehensrückzahlung** (§ 488 I 2 BGB) gegen die Gesellschafter A und B **ersetzt** worden. Weil Ansprüche gegen Gesellschafter nicht sacheinlagefähig sind, liegt hierin keine verdeckte Sacheinlage i. S. v. § 19 IV GmbHG. Ein Fall des § 19 V 1 GmbHG ist somit gegeben, so dass die Einlageverpflichtungen in Höhe von jeweils 10.000 EUR nur erloschen sind, wenn die von § 19 V GmbHG aufgestellten Erfüllungsvoraussetzungen vorliegen.

b) Erfüllungsvoraussetzungen des § 19 V GmbHG

§ 19 V 1 GmbHG fordert, dass die wirtschaftlich eine Rückgewähr bedeutende Leistung durch einen **vollwertigen Rückgewähranspruch** gedeckt ist, der **jederzeit fällig** ist oder durch fristlose Kündigung durch die Gesellschaft fällig werden kann. Nach den Darlehensverträgen zwischen der Gesellschaft einerseits und A und B andererseits entstehen durch die Darlehensauszahlungen der Gesellschaft (= Leistung i. S. v. § 19 V 1 GmbHG) Rückgewähransprüche (§ 488 I 2 BGB). Diese sind vollwertig, weil A und B superreich sind und ihr Vermögen daher die Ansprüche vollständig deckt. Weil die Gesellschaft die Darlehen jederzeit kündigen kann, können die Ansprüche auch jederzeit fällig werden. Die Voraussetzungen des § 19 V 1 GmbHG liegen mithin vor.

Zu prüfen ist schließlich, ob die Erfüllungswirkung weiter voraussetzt, dass die Darlehensvereinbarungen **in der Anmeldung der Kapitalerhöhung offengelegt** werden. § 19 V 2 GmbHG verlangt, dass die Vereinbarung einer Leistung, die wirtschaftlich einer Einlagenrückzahlung entspricht, in der Anmeldung gemäß § 8 GmbHG anzugeben ist. Dies gilt über § 56a GmbHG entsprechend für die Anmeldung der Kapitalerhöhung gemäß § 57 GmbHG. Fraglich ist allerdings, ob hierin eine Erfüllungsvoraussetzung liegt. Alternativ ließe sich annehmen, die Verpflichtung zur Offenlegung solle lediglich eine Prüfung der Erfüllungsvoraussetzungen des § 19 V 1 GmbHG durch das Registergericht im Rahmen des Verfahrens gemäß §§ 57a, 9c GmbHG ermöglichen. Die Fassung des § 19 V GmbHG mit zwei getrennten Sätzen, von denen nur Satz 1 auf die Erfüllung Bezug nimmt, spricht eher für eine Auslegung in letzterem Sinne. Gleichwohl hat der BGH entschieden, dass auch die Offenlegung gemäß § 19 V 2 GmbHG eine Erfüllungsvoraussetzung ist.[100]

A und B haben bei der Anmeldung der Kapitalerhöhung die Absprache über die Darlehensgewährung nicht offengelegt, so dass es an der letzten Erfüllungsvoraussetzung fehlt. Demgemäß sind ihre Einlageverpflichtungen nur in Höhe von jeweils 15.000 EUR erloschen.

3. Ergebnis

In Höhe von jeweils 10.000 EUR bestehen die Einlageverpflichtungen von A und B fort.

Hinweis: Vor dem MoMiG wurde bei einer wirtschaftlichen Rückzahlung der Einlage die Erfüllungswirkung unter Hinweis auf die fehlende „endgültige freie Verfügbarkeit" gemäß § 8 II GmbHG verneint. Auf dieses Merkmal ist nunmehr nicht mehr zurückzugreifen, wenn ein Fall des § 19 V GmbHG vorliegt. Zu der Frage, welche Konsequenzen die fehlende Erfüllungswirkung für die Darlehensverträge zwischen der Gesellschaft und A und B hat, → § 4 Rn. 201 ff.

Fall Nr. 19 – Aktiventausch?

Die X-GmbH hat ein Stammkapital von 100.000 EUR. Gesellschafter sind Z mit 30 % und Y mit 70 %. Das bilanzielle Aktivvermögen der Gesellschaft beträgt 1 Mio. EUR, ihre Verbindlichkeiten belaufen sich auf 930.000 EUR. Z hat Verbindlichkeiten in Höhe von 2,3 Mio. EUR angehäuft; ihnen steht ein Aktivvermögen von 1 Mio. EUR gegenüber. Weil Z Liquiditätsprobleme hat, gewährt ihm die Gesellschaft ein ungesichertes Darlehen über 300.000 EUR.

Später wird über das Vermögen der X-GmbH das Insolvenzverfahren eröffnet. Die verbliebene Aktivmasse ist 500.000 EUR wert, die Verbindlichkeiten betragen 2 Mio. EUR. Über das Vermögen des Z ist inzwischen das Privatinsolvenzverfahren eröffnet worden. Die Masse reicht gerade aus, um die Verfahrenskosten zu decken. Aufgrund der Darlehensgewährung an Z verlangt der Insolvenzverwalter über das Vermögen der X-GmbH von Y Erstattung von 300.000 EUR. Zu Recht?

Lösung

Ein Erstattungsanspruch der X-GmbH, den der Insolvenzverwalter kraft seiner Verwaltungs- und Verfügungsbefugnis geltend machen kann (§ 80 I InsO), kann aus

[100] BGHZ 180, 38 = ZIP 2009, 713 (Rn. 16) – Qivive; bestätigt in BGHZ 182, 103 = ZIP 2009, 1561 (Rn. 25) – Cash-Pool II; a. A. etwa *Altmeppen*, GmbHG, § 19 Rn. 143 ff.

§ 31 I, III 1 GmbHG folgen. Dies setzt voraus, dass die Darlehensauszahlung an Z gegen § 30 I 1 GmbHG verstieß, die Erstattung von Z nicht zu erlangen und der Betrag zur Befriedigung der Gläubiger erforderlich ist.

1. Verstoß gegen § 30 I 1 GmbHG

Ein Verstoß gegen § 30 I 1 GmbHG setzt voraus, dass die Vorschrift anwendbar ist und ihre Voraussetzungen vorliegen.

a) Ausschluss der Anwendbarkeit nach § 30 I 2 Alt. 2 GmbHG?

§ 30 I 1 GmbHG gilt gemäß § 30 I 2 Alt. 2 GmbHG *nicht* bei Leistungen an einen Gesellschafter, die durch einen vollwertigen Gegenleistungs- oder Rückgewähranspruch gedeckt sind. In diesen Fällen liegt bilanziell betrachtet nämlich nur ein bloßer Aktiventausch vor (bei einer Auszahlung: Bar- bzw. Buchgeld gegen Forderung).

Die X-GmbH hat infolge der Darlehensauszahlung in Höhe von 300.000 EUR einen Rückgewähranspruch gegen Z erworben (§ 488 I 2 BGB), der nominell auf denselben Betrag lautete. Vollwertig war diese Forderung allerdings nur, wenn ihr wirtschaftlicher Wert dem Nominalbetrag entsprach. Der wirtschaftliche Wert einer Forderung entspricht dem Nominalbetrag, wenn das Aktivvermögen des Anspruchsgegners seine gesamten Verbindlichkeiten deckt, der Anspruchsgegner also nicht überschuldet ist. Nach der Darlehensauszahlung hatte Z ein Aktivvermögen von 1,3 Mio. EUR (1 Mio. EUR + 300.000 EUR) und Verbindlichkeiten von 2,6 Mio. EUR (2,3 Mio. EUR + 300.000 EUR). Die Verbindlichkeiten überstiegen also das Aktivvermögen. Der Darlehensrückzahlungsanspruch, den die X-GmbH erworben hat, war somit nicht vollwertig. § 30 I 1 GmbHG ist anwendbar.

b) Voraussetzungen des § 30 I 1 GmbHG

Eine Zahlung an Gesellschafter verstößt gegen § 30 I 1 GmbHG, wenn sie erstens auf Basis des Gesellschaftsverhältnisses (*causa societatis*) erfolgt und zweitens eine Unterbilanz herbeiführt oder eine bestehende Unterbilanz vertieft.

Nach h. M. erfolgt eine Leistung **causa societatis**, wenn ein gewissenhaft nach kaufmännischen Grundsätzen handelnder Geschäftsführer das Geschäft unter sonst gleichen Umständen mit einem Nichtgesellschafter nicht zu gleichen Bedingungen abgeschlossen hätte (sog. **Drittvergleich**).[101] Die X-GmbH hat Z ein Darlehen gewährt, obwohl Z zu diesem Zeitpunkt schon erheblich überschuldet war. Nach der Lebenserfahrung ist davon auszugehen, dass außenstehende Dritte unter diesen Bedingungen kein Darlehen mehr erhalten hätten, denn die Rückzahlung des Darlehens ist dann erheblich gefährdet, ein (teilweiser) Forderungsausfall sehr wahrscheinlich. Dies gilt umso mehr, als das Darlehen an Z ungesichert war. Die Darlehensgewährung erfolgt daher auf Basis des Gesellschaftsverhältnisses.

Eine **Unterbilanz** wird durch eine Zuwendung herbeigeführt, wenn das Nettovermögen der GmbH (Differenz zwischen Aktivvermögen und Verbindlichkeiten) durch die Zuwendung unter den Betrag des Stammkapitals (Stammkapitalziffer) fällt. Eine Unterbilanz wird vertieft, wenn das Nettovermögen schon vorher unter der Stammkapitalziffer lag und die Auszahlung die Differenz vergrößert. Im ersten Fall ist die Zuwendung unzulässig, *soweit* sie eine Unterbilanz herstellt; im zweiten Fall ist sie verboten, *soweit* sie die bestehende Unterbilanz vertieft.

---

[101] Mit der Formel vom gewissenhaft handelnden Geschäftsführer wird kein subjektives Merkmal in den Tatbestand eingeführt; der Drittvergleich erfolgt vielmehr nach objektiven Maßstäben (vgl. *Bitter*, ZHR 168 [2004], 302, 309 m. w. N.).

Das Nettovermögen der X-GmbH betrug vor der Darlehensauszahlung 70.000 EUR (1 Mio. EUR – 930.000 EUR). Weil die Stammkapitalziffer 100.000 EUR betrug, bestand folglich schon eine Unterbilanz in Höhe von 30.000 EUR. In Frage kommt also, dass die Darlehensauszahlung eine bestehende Unterbilanz *vertieft* hat. Voraussetzung ist, dass sich das **Nettovermögen** der X-GmbH **infolge der Darlehensauszahlung verringert** hat.

Weil die Gewährung eines Darlehens keine Auswirkungen auf die Passivseite der Bilanz hat, ist (nur) zu untersuchen, ob das Aktivvermögen durch die Auszahlung geschmälert wurde. Vor der Auszahlung betrug es 1 Mio. EUR. Davon müssen 300.000 EUR Bar- oder Buchgeld gewesen sein, weil das Darlehen sonst nicht hätte ausgezahlt werden können. Diese „Geld"-Position hat die X-GmbH durch die Auszahlung verloren. Im Gegenzug hat sie einen Anspruch auf Darlehensrückzahlung in Höhe von nominal 300.000 EUR erworben. Soweit der tatsächliche Wert der Forderung allerdings geringer war als der Nominalbetrag, hat sich das Aktivvermögen der X-GmbH infolge der Auszahlung wirtschaftlich gesehen vermindert. Oben wurde bereits festgestellt, dass der Anspruch auf Darlehensrückzahlung gegen Z nicht vollwertig war. Um das Ausmaß der Reduzierung des Aktivvermögens festzustellen, muss der **tatsächliche wirtschaftliche Wert des Rückgewähranspruchs** gegen Z unmittelbar nach der Darlehensauszahlung ermittelt werden.

Nach der Darlehensauszahlung hatte Z ein Aktivvermögen von 1,3 Mio. EUR (1 Mio. EUR + 300.000 EUR) und Verbindlichkeiten von 2,6 Mio. EUR (2,3 Mio. EUR + 300.000 EUR). Ausgehend von einer gleichmäßigen quotalen Befriedigung der Gläubiger des Z ergibt sich daraus, dass die Forderung der X-GmbH nur in Höhe von 150.000 EUR von Vermögen gedeckt war.[102] Daher war die Forderung wirtschaftlich gesehen tatsächlich nur noch diese 150.000 EUR wert. Für die verlorene Geld-Position von 300.000 EUR hat die X-GmbH demnach nur einen Ausgleich in Höhe von 150.000 EUR erhalten. Ihr Aktivvermögen hat sich auf 850.000 EUR vermindert. Hieraus folgt ein Nettovermögen von minus 80.000 EUR und eine Unterbilanz von 180.000 EUR, so dass sich eine Vertiefung der Unterbilanz um 150.000 EUR ergibt. In dieser Höhe liegt damit ein Verstoß gegen § 30 I GmbHG vor. Z muss einen entsprechenden Betrag gemäß § 31 I GmbHG erstatten.

Eine Pflicht zur Erstattung des gesamten Darlehensauszahlungsbetrags von 300.000 EUR, wie sie der Insolvenzverwalter annimmt, besteht nach den Grundsätzen des § 30 I 1 GmbHG also nicht. Sie folgt auch nicht aus § 30 I 2 Alt. 2 GmbHG. Diese Vorschrift kann nämlich *nicht* in dem Sinne verstanden werden, dass Leistungen, die nicht durch einen vollwertigen Rückgewähranspruch gedeckt sind, in voller Höhe unzulässig sind. Vielmehr besagt diese Vorschrift nur, dass bei fehlender Vollwertigkeit § 30 I 1 GmbHG anwendbar und daher nach den insofern maßgeblichen bilanziellen Grundsätzen zu bestimmen ist, inwieweit eine Leistung unzulässig ist.

2. Ausfallhaftung des Y

Primär ist gemäß § 31 I GmbHG derjenige Gesellschafter zur Erstattung verpflichtet, an den die unzulässige Auszahlung erfolgte. Jedoch sieht § 31 III GmbHG unter bestimmten Voraussetzungen eine Ausfallhaftung der Mitgesellschafter vor.

---

[102] Eigentlich wären auch noch die Kosten des Insolvenzverfahrens in diese Rechnung einzustellen, weil ein Gläubiger nur auf die Verteilung des Betrags hoffen kann, der nach Abzug dieser Kosten verbleibt. Zu Zwecken der Vereinfachung wurden sie aber außen vor gelassen.

Sie setzt voraus, dass die Erstattung von dem Empfänger nicht zu erlangen ist, und besteht nur in dem Maße, wie eine Erstattung zur Befriedigung der Gesellschaftsgläubiger erforderlich ist.

Über das Vermögen des Z ist das Privatinsolvenzverfahren eröffnet worden und die Masse reicht gerade aus, um die Verfahrenskosten zu decken. Von ihm ist die Erstattung der 150.000 EUR daher nicht zu erlangen.

Die verbliebene Aktivmasse der X-GmbH beträgt 500.000 EUR, die Verbindlichkeiten belaufen sich auf 2 Mio. EUR. Die Aktivmasse genügt folglich nicht, um alle Gläubiger zu befriedigen. Die Unterdeckung beträgt 1,5 Mio. EUR. Die Erstattung der 150.000 EUR ist daher in vollem Umfang erforderlich, um die Gläubiger zu befriedigen.

Jedoch ist weiter zu beachten, dass die **Ausfallhaftung** der Mitgesellschafter gemäß § 31 III GmbHG nach der Rechtsprechung des BGH **auf den Betrag der Stammkapitalziffer beschränkt** ist (→ § 4 Rn. 237). Weil das Stammkapital 100.000 EUR beträgt, muss Y daher nur diesen Betrag erstatten.

3. Ergebnis

Y ist verpflichtet, 100.000 EUR zu erstatten. Das Zahlungsverlangen des Insolvenzverwalters ist daher nur teilweise gerechtfertigt.

Hinweis: Dieser Fall zeigt, dass die Anwendung der §§ 30, 31 GmbHG auf Darlehensgewährungen an Gesellschafter insbesondere dann und insoweit Bedeutung hat, wie die Mitgesellschafter gemäß § 31 III GmbHG in die Mithaftung genommen werden können. Der das Darlehen unzulässig empfangende Gesellschafter – hier Z – ist ohnehin nach § 488 I 2 BGB zur Rückzahlung des Darlehens in voller Höhe – hier 300.000 EUR – verpflichtet. In Bezug auf seine Person kann deshalb der daneben bestehende Anspruch aus § 31 I GmbHG – hier 150.000 EUR – nur im Hinblick auf eine unterschiedliche Verjährung (§ 195 BGB einerseits,[103] § 31 V GmbHG andererseits), das Erlassverbot des § 31 IV GmbHG und eine unterschiedliche Fälligkeit (Darlehensrückzahlung ggf. erst bei Laufzeitende, Anspruch aus § 31 I GmbHG sofort fällig)[104] Bedeutung haben. Der Verstoß gegen § 30 GmbHG bewirkt darüber hinaus eine Haftung auch des Geschäftsführers (vgl. § 43 III GmbHG).

Fall Nr. 20 – ITT

Die I-Vertriebs-AG (nachfolgend I-AG), die zum ITT-Konzern gehört, kauft sich mit einem Anteil von 85 % in das Vertriebsunternehmen G-GmbH ein. Verbleibender Gesellschafter der G ist F mit einem Anteil von 15 %. Der aus dem ITT-Konzern stammende neue Geschäftsführer der G-GmbH schließt auf Veranlassung des Vorstandes der I-AG ein Service-Agreement im Namen der G-GmbH mit der I-AG ab. Danach hat die G-GmbH für die Einbeziehung in den Service des ITT-Konzerns (Beratung in Fragen der Technik, des Marketings, der EDV, der Finanzen etc.) eine jährliche Vergütung in Form einer Konzernumlage von 1 % ihres Gesamtumsatzes an die I-AG zu zahlen. Dementsprechend zahlt die G-GmbH einen Betrag von 500.000 EUR an die I-AG. F ist damit nicht einverstanden und verlangt von der I-AG Rückzahlung von 450.000 EUR an die GmbH, weil tatsächlich allenfalls Beratungsleistungen im Wert von 50.000 EUR erbracht worden seien. Ist das Verlangen des F berechtigt?

---

[103] Zur Anwendung des § 195 BGB beim Darlehen MüKoBGB/*K. P. Berger*, § 488 Rn. 86.
[104] Vgl. Noack/Servatius/Haas/*Servatius*, GmbHG, § 31 Rn. 5.

Rechtsprechungs- und Literaturhinweis: BGHZ 65, 15 = NJW 1976, 191; *K. Schmidt*, GesR, § 39 III 2b; ausführlich *Bitter*, ZHR 168 (2004), 302.

Lösung

Fraglich ist, ob die G-GmbH gegen die I-AG einen Anspruch auf Rückzahlung von 450.000 EUR hat.

1. Schadensersatz wegen Treuepflichtverletzung

In Betracht kommt zunächst ein Anspruch der G-GmbH auf Schadensersatz wegen Treuepflichtverletzung, der letztlich eine gesellschaftsrechtliche Konkretisierung der allgemein in §§ 280, 241 II BGB angeordneten Haftung darstellt.

Nach dem **ITT-Urteil** des BGH stellt es einen Verstoß gegen die Treuepflicht dar, wenn sich ein (Mehrheits-)Gesellschafter schuldhaft unter Ausnutzung seiner Machtstellung gegenüber der Geschäftsleitung der abhängigen GmbH einen Sondervorteil verschafft, indem Zahlungen der GmbH an den Gesellschafter erbracht werden, denen keine angemessene Gegenleistung gegenüber steht.[105] Diese sog. „verdeckte Gewinnausschüttung" oder – besser – „**verdeckte Vermögensverlagerung**" führt also, wenn sie vom Gesellschafter veranlasst ist und dieser mindestens fahrlässig handelt, zu einem Anspruch auf Ersatz des der GmbH entstandenen Schadens.[106]

Eine **Veranlassung** durch den Gesellschafter (I-AG) liegt vor, weil der Vorstand der I-AG auf den Geschäftsführer der G-GmbH eingewirkt hat, damit dieser für die GmbH das Service-Agreement mit der I-AG abschloss.

Der Vorstand der I-AG hat dabei auch mindestens **fahrlässig** gehandelt, weil er die Überhöhung der Umlage bei sorgfältiger Prüfung hätte erkennen können.

Der G-GmbH steht deshalb ein Schadensersatzanspruch wegen Treuepflichtverletzung zu. Dieser ist auf den Differenzbetrag von 450.000 EUR gerichtet, weil nur insoweit ein Schaden vorliegt. Ähnlich wie bei der verdeckten Sacheinlage[107] kann der Gesellschafter also den tatsächlich erbrachten Wert in Abzug bringen, hier die Beratungsleistungen im Wert von 50.000 EUR.

2. Rückgewähr wegen Verstoß gegen das Sondervorteilsverbot

Zusätzlich löst die verdeckte Vermögensverlagerung in Höhe von 450.000 EUR (Differenzbetrag) auch einen verschuldensunabhängigen Rückgewähranspruch wegen Verstoßes gegen das **Sondervorteilsverbot** aus. Dieser ergibt sich aus einer interessengerechten Auslegung des Gesellschaftsvertrags, weil das Vermögen der Gesellschaft aufgrund der gemeinsamen Zweckbindung im Grundsatz allen Gesellschaftern in gleicher Weise zusteht und die gemeinsame Zweckverfolgung nur durch Rückgewähr des Sondervorteils sichergestellt werden kann.[108] Dieser verschuldensunabhängige Anspruch ist in der Höhe auf den Betrag des Sondervorteils be-

---

[105] Vgl. BGHZ 65, 15 = NJW 1976, 191 – ITT.

[106] Dazu ausführlich *Bitter*, Durchgriffshaftung, S. 272 ff.

[107] Hierzu → Fälle Nr. 7 – Elektrohandel und Nr. 17 – Fuhrunternehmen.

[108] Vgl. dazu eingehend *Bitter*, Durchgriffshaftung, S. 286 ff.; *Bitter*, ZHR 168 (2004), 302 ff. in Auseinandersetzung mit einer verbreiteten Ansicht, die auf einen Kompetenzverstoß der Geschäftsführer abstellt und den Anspruch wegen angeblicher Unwirksamkeit des Geschäfts auf § 812 BGB stützt.

schränkt, ergreift also – anders als der Schadensersatzanspruch wegen Treuepflichtverletzung – nicht weitergehende Schäden. Die 450.000 EUR Überzahlung stellen sich jedoch als derartiger Sondervorteil dar, so dass auch diese Anspruchsgrundlage durchgreift.

3. Rückgewährpflicht gemäß § 31 I GmbHG

Fraglich ist, ob als Anspruchsgrundlage auch § 31 I GmbHG eingreift. Voraussetzung wäre, dass dem Gesellschafter der Vorschrift des § 30 GmbHG zuwider Zahlungen geleistet wurden. Gemäß § 30 I GmbHG darf das zur Erhaltung des Stammkapitals erforderliche Vermögen der Gesellschaft nicht an die Gesellschafter ausgezahlt werden. Dies könnte hier wiederum in Gestalt einer so genannten „verdeckten Vermögensverlagerung“ in Höhe von 450.000 EUR (Differenzbetrag) geschehen sein. Auch eine solche verdeckte Auszahlung an Gesellschafter fällt unter das Auszahlungsverbot des § 30 GmbHG, weil dieses Verbot sonst durch Austauschverträge zu unangemessenen Konditionen umgangen werden könnte. Voraussetzung für einen Anspruch aus §§ 30, 31 GmbHG wäre aber zusätzlich, dass diese verdeckte Auszahlung **aus dem zur Erhaltung des Stammkapitals erforderlichen Vermögen gezahlt** worden ist; sie muss eine Unterbilanz hergestellt oder eine bestehende Unterbilanz vertieft haben. Dafür ist nach dem Sachverhalt nichts ersichtlich. Die G-GmbH steht offenbar wirtschaftlich nicht schlecht da, so dass nicht ersichtlich ist, dass der Betrag von 450.000 EUR zu Lasten des Stammkapitals erbracht wurde. Damit entfällt ein Anspruch aus §§ 30, 31 GmbHG.

Fall Nr. 21 – Missbrauch?

A ist Alleingesellschafter der B-GmbH, die für Firmen einen Fahrservice anbietet. Die Geschäfte laufen durchwachsen. Es entstehen Liquiditätsprobleme, weil viele Kunden die Rechnungen nicht pünktlich bezahlen. A bemüht sich persönlich um die Bezahlung; soweit er erfolgreich ist, zieht er die Forderungen größtenteils auf ein eigenes Konto ein. Die erlangten Mittel sowie erhebliche Eigenmittel verwendet er später, um Verbindlichkeiten der Gesellschaft zu begleichen. Wenig später kommt es zur Insolvenz der Gesellschaft wegen Zahlungsunfähigkeit. Der Insolvenzverwalter meint, A habe durch den Einzug der Forderungen der GmbH auf ein eigenes Konto missbräuchlich in das Gesellschaftsvermögen eingegriffen und hafte der GmbH daher auf Schadensersatz. Zu Recht?

Rechtsprechungshinweis: BGH ZIP 2008, 1329.

Lösung

In Betracht kommt ein Schadensersatzanspruch der B-GmbH gegen A gemäß § 826 BGB. Voraussetzung ist, dass A die GmbH sittenwidrig vorsätzlich geschädigt hat. Nach der Rechtsprechung des BGH liegt eine solche Schädigung der Gesellschaft vor, wenn ein Gesellschafter einen sog. **existenzvernichtenden Eingriff** vornimmt.

Ein existenzvernichtender Eingriff liegt vor, wenn Gesellschafter einer GmbH durch einen missbräuchlichen Eingriff **Gesellschaftsvermögen entziehen**, es also kompensationslos von der Gesellschafts- auf die Gesellschafterebene verlagern, und hierdurch die **Insolvenz der Gesellschaft herbeiführen oder vertiefen.** Ferner müssen die Gesellschafter im Hinblick auf die vorgenannten Umstände mindestens **mit bedingtem Vorsatz** gehandelt haben.

A hat Forderungen der Gesellschaft (= Gesellschaftsvermögen) auf ein eigenes Konto eingezogen und damit Mittel, die der Gesellschaft zustehen, in sein Privatvermögen überführt. Eine Kompensation hat die B-GmbH hierfür zunächst nicht erhalten. Ein Eingriff, der grundsätzlich die Haftung gemäß § 826 BGB begründen kann, liegt somit vor. Fraglich ist allerdings, ob der Eingriff als missbräuchlich und insolvenzverursachend gewertet werden kann.

A hat die eingezogenen Mittel später verwendet, um Verbindlichkeiten der Gesellschaft zu begleichen. Er hat der GmbH damit nachträglich eine Kompensation für den vorherigen Eingriff verschafft, nämlich die Befreiung von Verbindlichkeiten. Ferner hat er erhebliche Eigenmittel eingesetzt, um Gesellschaftsschulden zu tilgen. Betrachtet man das Verhalten des A in seiner Gänze, zeigt sich daher, dass es ihm nicht darum ging, die Zweckbindung des Gesellschaftsvermögens zu ignorieren und sich einen eigenen Vorteil zu verschaffen. Vielmehr war sein Verhalten darauf angelegt, die Gesellschaft zu retten. Er hat die eingezogenen Mittel im Ergebnis genau dem Zweck zugeführt, dem sie zu dienen bestimmt waren.

Überdies ist auch nicht ersichtlich, dass der Einzug der Gesellschaftsforderungen auf ein eigenes Konto für die Insolvenz der B-GmbH ursächlich war. Weil A mit den eingezogenen Geldern Gesellschaftsverbindlichkeiten getilgt hat, unterscheidet sich das Ergebnis nicht von demjenigen, das bei einem von vornherein ordnungsgemäßen Einzug auf ein Konto der GmbH eingetreten wäre.

Eine Schadensersatzhaftung des A wegen existenzvernichtenden Eingriffs scheidet aus.

Hinweis: Grundsätzlich kann man auch an eine Haftung des A aus §§ 30, 31 GmbHG denken. Denn in dem Einzug der Forderung auf ein eigenes Konto durch A kann eine verbotene Ausschüttung der Gesellschaft an A liegen. Dies setzt allerdings voraus, dass zum Zeitpunkt des Einzugs eine Unterbilanz bestand oder der Einzug eine solche herbeigeführt hat. Hierfür sind nach dem Sachverhalt keine Anhaltspunkte ersichtlich. Erstens fehlen schon Angaben zu den bilanziellen Vermögensverhältnissen der Gesellschaft und ihrem Grundkapital. Zweitens hatte die Gesellschaft „nur" Liquiditätsprobleme; solche sprechen nicht stets für eine Unterbilanz, sondern können auch bei gesunden bilanziellen Verhältnissen bestehen, etwa weil eine Gesellschaft viele illiquide Grundstücke besitzt. In diese Richtung deutet drittens der Umstand, dass die Insolvenz der Gesellschaft auf deren Zahlungsunfähigkeit beruht.

Fall Nr. 22 – Verhängnisvolle Darlehen

Die Renate-Bluse GmbH betreibt in ganz Deutschland Läden, in denen sie Erotikfilme verkauft. Die Geschäfte laufen miserabel, weil viele Filme kostenlos im Internet angeboten werden. Gesellschafter sind A (Anteil am Stammkapital: 90 %) und B (Anteil am Stammkapital: 10 %). A ist gleichzeitig Geschäftsführer. A und B sind fest entschlossen, das Ruder herumzureißen: Die GmbH soll ihre Filme in Zukunft auch über einen Online-Shop verkaufen. Das für diesen Schritt nötige Kapital wollen A und B über eine Kapitalerhöhung gegen Bareinlage aufbringen. Sie beauftragen Anwalt R, die notwendigen Maßnahmen einzuleiten. R hat aber eine bessere Idee: Er empfiehlt A und B, der Gesellschaft Darlehen zu gewähren. So nämlich bekämen sie im Insolvenzfall die Quote auf ihre Forderungen auf Rückzahlung der Darlehen, die auch sonstige normale Gläubiger erhalten. A und B überzeugt der Vorschlag. Sie gewähren jeweils ein Darlehen über 100.000 EUR.

Es kommt, wie es kommen musste: Die Konsumenten von Erotikfilmen sind angesichts des üppigen Angebots kostenloser Filme im Internet auch dann nicht in ausreichendem Maße bereit, für Filme zu zahlen, wenn sie diese im Internet bestellen können. Über das Vermögen der Gesellschaft wird das Insolvenzverfahren eröffnet. Der Insolvenzverwalter äußert gegenüber A und B, sie hätten keine Zahlungen auf ihre Forderungen zu erwarten, weil auch die normalen Gläubiger nur eine Quote erhielten.

A und B verlangen daraufhin von R Schadensersatz wegen fehlerhafter anwaltlicher Beratung. Zu Recht?

Abwandlung 1: A und B wollen zunächst eine Kapitalerhöhung durchführen, entschließen sich dann aber (ohne Zutun des R), Darlehen über je 100.000 EUR zu gewähren. Es wird ein marktüblicher Zins vereinbart. Der Rückzahlungsanspruch ist laut Darlehensvertrag in drei Jahren fällig. Als A und B ein halbes Jahr später merken, dass die Lage brenzlig wird, wollen sie „ihr Geld" retten. Da nur noch knapp über 100.000 EUR auf den Konten der Gesellschaft liegen, kann nur einem von beiden das Darlehen zurückgezahlt werden. Sie knobeln. B gewinnt. Entsprechend werden ihm 100.000 EUR überwiesen. A hingegen bekommt „nur" den gesamten Bestand zweier gut gefüllter Warenlager zur Sicherung übereignet. Auf einen drei Wochen später gestellten Insolvenzantrag hin wird das Insolvenzverfahren über das Vermögen der GmbH eröffnet.

Frage 1: Ist B verpflichtet, die erhaltenen 100.000 EUR an die Insolvenzmasse zu erstatten?

Frage 2: Kann A im Insolvenzverfahren Rechte aus der Sicherungsübereignung geltend machen?

Frage 3: Der Insolvenzverwalter verlangt von A gemäß § 135 InsO die Zinszahlungen erstattet, die die GmbH in dem Jahr vor dem Eröffnungsantrag – stets pünktlich – erbracht hat. Zu Recht?

Frage 4: Wie Frage 3, jedoch stundet A zunächst die eigentlich in regelmäßigen Abständen fällig werdenden Zinsansprüche, und erst kurz vor dem Eröffnungsantrag zahlt die Renate-Bluse GmbH den aufgelaufenen Betrag auf einen Schlag.

Abwandlung 2: Das Insolvenzverfahren über das Vermögen der Renate-Bluse GmbH wird am 28.12.2021 eröffnet, ohne dass vorher eine Kapitalerhöhung oder Darlehensgewährung stattgefunden hat. A ist Eigentümer mehrerer Gewerbeimmobilien. Er hat verschiedene Verkaufsräume an die GmbH vermietet. Die monatliche, der Marktlage entsprechende Miete für alle Räume beträgt 4.000 EUR.

Der Insolvenzverwalter kann sofort absehen, dass die Räume im Rahmen einer Betriebsfortführung maximal ein Jahr weiter benutzt werden müssen. So lange seien Verkaufsräume erforderlich; danach solle komplett auf den Internetverkauf umgestellt werden, der ohne den defizitären Verkauf im Ladengeschäft durchaus überleben könne. Weil der Insolvenzverwalter meint, ohnehin bis zum 28.12.2022 zur Nutzung berechtigt zu sein, kündigt er die Mietverträge am 31.12.2021 zum 31.3.2022. Im Jahr vor dem Insolvenzantrag hatte A insgesamt 12.000 EUR an Mieten erhalten; die entsprechenden Zahlungen sind nicht insolvenzrechtlich anfechtbar. Im Übrigen hatte A die Mietzinsansprüche gestundet. Darf der Insolvenzverwalter die Räume – wie behauptet – bis zum 28.12.2022 nutzen?

Rechtsprechungs- und Literaturhinweis: BGHZ 204, 83 m. Anm. *Bitter,* WuB 2015, 350; *Bitter*, ZIP 2010, 1; Scholz/*Bitter*, GmbHG, Anh. § 64 Rn. 406 ff.

Lösung zum Grundfall

A und B können gegen R einen Anspruch auf Schadensersatz gemäß § 280 I BGB haben. Dies setzt voraus, dass zwischen A und B einerseits und R andererseits ein Anwaltsvertrag zustande gekommen ist (Schuldverhältnis) und R schuldhaft eine Pflicht aus dem Vertrag verletzt hat. Auf Rechtsfolgenseite ist der Eintritt eines auf der Pflichtverletzung beruhenden Schadens erforderlich.

1. Schuldverhältnis

Ein Schuldverhältnis kann in Form eines Anwaltsvertrags, der in der Regel Dienstvertrag gemäß § 611 BGB ist, vorliegen. Indem A und B den R beauftragt haben, die notwendigen Maßnahmen für eine Kapitalerhöhung einzuleiten, haben sie R den Abschluss eines Anwaltsvertrags angeboten. R hat diesen Auftrag konkludent angenommen, indem er sich mit dem Anliegen von A und B auseinandergesetzt hat.

2. Pflichtverletzung des R

R muss eine Pflicht aus dem Anwaltsvertrag verletzt haben. Eine solche Pflichtverletzung kann vorliegen, wenn R die rechtliche Behandlung von Gesellschafterdarlehen in der Insolvenz falsch dargestellt hat.

Dies setzt zunächst voraus, dass der Anwaltsvertrag überhaupt die Pflicht des R begründete, A und B zutreffend über die Rechtslage bei Gesellschafterdarlehen zu informieren. Hieran kann gezweifelt werden, weil A und B von R keine allgemeine Beratung über die bestmöglichste Art der Kapitalzufuhr wünschten, sondern lediglich die Veranlassung/Steuerung einer bereits beschlossenen Art. Jedoch hat R, indem er A und B die Darlehensgewährung als Alternative zu dem gewählten Weg aufzeigte, angeboten, (auch) über diese andere Möglichkeit der Kapitalisierung aufzuklären. Indem A und B dem R Gehör geschenkt haben, haben sie dessen auf eine Erweiterung des „Horizonts" des Anwaltsvertrags gerichtetes Angebot angenommen.

Gehörte somit auch die Beratung über eine Finanzierung mittels Gesellschafterdarlehen zu den Pflichten des R, war R insbesondere gehalten, die diesbezügliche Rechtslage im Insolvenzfall zutreffend darzustellen. R hat gegenüber A und B erklärt, sie erhielten im Insolvenzfall die Quote auf ihre Forderungen, die auch für normale Gläubiger gilt. Diese Auskunft ist dahingehend zu verstehen, dass A und B mit ihren Ansprüchen auf Rückzahlung der Darlehen (§ 488 I 2 BGB) in der Insolvenz der Renate-Bluse GmbH „gewöhnliche" Insolvenzgläubiger gemäß § 38 InsO und nicht nachrangige Insolvenzgläubiger gemäß § 39 InsO seien. Eine Quote auf ihre Forderungen erhalten nämlich in aller Regel die gewöhnlichen Gläubiger, während die nachrangigen Gläubiger leer ausgehen, weil eine Befriedigung ihrer Forderung voraussetzt, dass die gewöhnlichen Gläubiger volle Befriedigung erlangt haben. Bei der Frage, ob die Auskunft des R richtig ist, ist im Ansatz zwischen A und B zu differenzieren.

a) Falsche Darstellung der für A geltenden Rechtslage

Gemäß § 39 I Nr. 5 InsO sind u.a. **Forderungen auf Rückgewähr eines Gesellschafterdarlehens** nach Maßgabe der Absätze 4 und 5 **nachrangig.** Bei dem Anspruch des A auf Darlehensrückzahlung gemäß § 488 I 2 BGB handelt es sich genau um eine solche Forderung, weil A Gesellschafter der Renate-Bluse GmbH ist und ihr ein Darlehen gewährt hat. § 39 I Nr. 5 InsO ist gemäß § 39 IV 1 InsO auch auf die Renate-Bluse GmbH anwendbar, weil ihre Gesellschafter nicht persönlich haften (vgl. § 13 II GmbHG). Fraglich ist aber, ob für A eine der in § 39 IV 2, V InsO geregelten Ausnahmen von dem Nachrang gilt.

Gemäß § 39 IV 2 InsO ist § 39 I Nr. 5 InsO bis zur nachhaltigen Sanierung der Gesellschaft nicht auf Forderungen aus bestehenden oder neu gewährten Darlehen anwendbar, wenn ein Gläubiger bei drohender oder eingetretener Zahlungsunfähigkeit der Gesellschaft oder bei Überschuldung Anteile zum Zweck ihrer Sanierung erwirbt (sog. **Sanierungsprivileg**). Diese Voraussetzungen sind bei A offensichtlich nicht erfüllt: Zwar hat er zum Zwecke der Sanierung ein Darlehen gewährt, und es ist nach dem Sachverhalt auch denkbar, dass Zahlungsunfähigkeit drohte oder eingetreten war oder eine Überschuldung vorlag. Jedoch hat A keine Anteile erworben.[109] Ferner setzt das Sanierungsprivileg eindeutig voraus, dass der (nunmehrige) Gesellschafter erst durch sein Sanierungsengagement zu einem solchen geworden ist, d. h. vorher *nur* Gläubiger war.[110] A demgegenüber war auch schon davor Gesellschafter der Renate-Bluse GmbH.

Ein Ausschluss des Nachrangs der Forderung des A gemäß § 39 V InsO (sog. **Kleinbeteiligtenprivileg**) kommt aus einem doppelten Grund nicht in Betracht: Zum einen ist A nicht nur Gesellschafter, sondern zugleich Geschäftsführer; zum anderen ist er mit über 10 % an der GmbH beteiligt.

Entgegen der Auskunft des R ist A im Insolvenzverfahren daher kein gewöhnlicher, sondern ein nachrangiger Gläubiger. Eine Pflichtverletzung gegenüber A liegt vor.

b) Falsche Darstellung der für B geltenden Rechtslage

Auch B hat einer Gesellschaft, deren Gesellschafter er ist und bei der keine persönliche Haftung besteht, ein Darlehen gewährt. Grundsätzlich ist seine Rückgewährforderung daher nachrangig gemäß § 39 I Nr. 5 InsO. Allerdings kann zu seinen Gunsten das **Kleinbeteiligtenprivileg** des § 39 V InsO eingreifen. Danach gibt es keinen Nachrang bei einem Gesellschafter, der nicht Geschäftsführer und mit 10 % oder weniger am Haftkapital beteiligt ist. B ist nicht Geschäftsführer. Sein Anteil am Stammkapital (= „Haftkapital") beträgt nur 10 % und ist daher ausreichend gering.

Der Anspruch des B auf Rückzahlung des Darlehens scheint somit nicht nachrangig und B daher „gewöhnlicher" Insolvenzgläubiger zu sein. Allerdings wird in der Literatur z. T. eine teleologische Reduktion bei dem exakt mit 10 % beteiligten GmbH-Gesellschafter erwogen, weil dem Gesetzgeber schon bei der früheren Fassung des Kleinbeteiligtenprivilegs ein Fehler unterlaufen ist.[111] Darauf muss hier jedoch nicht eingegangen werden, wenn das Kleinbeteiligtenprivileg für B ohnehin wegen einer **koordinierten Kreditvergabe** entfällt; jedenfalls insoweit ist nämlich eine Einschränkung des Kleinbeteiligtenprivilegs anerkannt.[112] Da A und B mit ihren jeweiligen Darlehen gemeinsam eine neue Unternehmensstrategie – die Eröffnung eines Online-Shops – finanzieren wollten, liegt eine solche Koordinierung im Zeitpunkt der Kreditgewährung vor.[113] Das Darlehen des B wird deshalb trotz seiner Beteiligung in Höhe von nur 10 % vom Gesellschafterdarlehensrecht erfasst.

---

[109] Zu diesem tatbestandlichen Erfordernis siehe Scholz/*Bitter*, GmbHG, Anh. § 64 Rn. 116 ff.

[110] Dazu Scholz/*Bitter*, GmbHG, Anh. § 64 Rn. 117, 119.

[111] Scholz/*Bitter*, GmbHG, Anh. § 64 Rn. 91.

[112] Scholz/*Bitter*, GmbHG, Anh. § 64 Rn. 99 ff.

[113] Zur Maßgeblichkeit dieses Zeitpunktes Scholz/*Bitter*, GmbHG, Anh. § 64 Rn. 101.

Die Auskunft des R war folglich auch in Bezug auf B unzutreffend, so dass eine Pflichtverletzung vorliegt.

Hinweis: Will B die geschilderte Ausnahme vom Kleinbeteiligtenprivileg einer gerichtlichen Überprüfung unterziehen, sollte er wie folgt vorgehen (vgl. vertiefend Uhlenbruck/*Sinz*, InsO, § 174 Rn. 54, § 175 Rn. 11): Er meldet seine Forderung gemäß § 174 I InsO als *nicht* nachrangige Insolvenzforderung beim Insolvenzverwalter an (§ 174 III InsO, der eine Sonderregel zur Anmeldung nachrangiger Insolvenzforderungen trifft, gilt also nicht). Der Insolvenzverwalter ist dann verpflichtet, die Forderung als nicht nachrangige in die Tabelle aufzunehmen (§ 175 I 1 InsO). Bestreitet der Insolvenzverwalter die Forderung im Prüfungstermin (§ 176 InsO) unter Hinweis auf die vermeintliche Nachrangigkeit, muss B sie nach §§ 179 ff. InsO feststellen lassen.

3. Vertretenmüssen

R hat seine Pflichtverletzung gegenüber A und B zu vertreten, wenn er die Rechtslage vorsätzlich oder fahrlässig falsch dargestellt hat (§ 276 BGB). Das Vertretenmüssen wird vermutet (§ 280 I 2 BGB). R wird sich nicht entlasten können, weil der Rechtsanwalt grundsätzlich **jeden Rechtsirrtum zu vertreten** hat.[114]

4. Kausaler Schaden des A

R ist verpflichtet, Schadensersatz zu leisten (§ 280 I 1 BGB). A und B haben einen (finanziellen) Schaden erlitten, da ihre als Gesellschafterdarlehen überlassenen Mittel komplett verloren sind: Auf ihre Forderungen auf Rückgewähr der Gesellschafterdarlehen wird keinerlei Zahlung erfolgen, da sogar die gewöhnlichen Gläubiger nur eine Quote erhalten. Gegenüber der von R (fehlerhaft) dargestellten Rechtslage stehen A und B deshalb insofern schlechter, als sie auf ihre Forderungen keine Quote erhalten. Zu prüfen ist daher, ob R den Verlust der Mittel oder die „hypothetische Quote" als Schaden ersetzen muss.

R hat den **kausal auf der Pflichtverletzung beruhenden Schaden** zu ersetzen. Er muss A und B also so stellen, wie A und B ohne die Pflichtverletzung stehen würden (§ 249 I BGB). Hätte R pflichtgemäß gehandelt, hätte er A und B darüber aufgeklärt, dass ihre Darlehensforderung im Insolvenzverfahren nachrangig ist. Fraglich ist, wie A und B dann gestanden hätten.

Beide Gesellschafter waren fest entschlossen, der Renate-Bluse GmbH neues Kapital zuzuführen. Zu einer Mittelüberlassung wäre es also *in jedem Fall*, d. h. auch bei zutreffender Aufklärung über die Rechtslage gekommen. Nach dem Entscheidungshorizont der Gesellschafter bei richtiger Darstellung der Rechtslage durch R standen dafür zwei Wege zur Verfügung: Entweder die Hingabe nachrangiger Darlehen (Fremdkapital) oder die Leistung auf das durch eine Kapitalerhöhung neu geschaffene Stammkapital (Eigenkapital; vgl. auch § 56a GmbHG). In dem zweiten Fall sind die Aussichten der Gesellschafter, die Mittel im Insolvenzfall zurückzuerhalten, (noch) schlechter als im Fall einer Darlehensgewährung. Bei einer Darlehensgewährung wird der Gesellschafter als *letzter* nachrangiger Gläubiger bedient (§ 39 I Nr. 5 InsO), jedoch vor den Gläubigern, die mit der Gesellschaft den Nachrang im Insolvenzverfahren vereinbart haben (vgl. § 39 II InsO). Bei einer Zuführung von Eigenkapital erhält er nur dann eine Zahlung, wenn auch diese Gläubiger gemäß § 39 II InsO vollständig befriedigt sind (vgl. § 199 S. 2 InsO). Unabhängig davon, wie sich A und B entschieden hätten: Sie hätten auf keinen Fall besser gestanden, als sie jetzt stehen. Weil sogar die gewöhnlichen Gläubiger nur eine Quote bekommen, sind ihre Mittel bei beiden möglichen Gestaltungen verloren. Für den

[114] Grüneberg/*Grüneberg*, BGB, § 280 Rn. 68 m. w. N.

Verlust der Mittel war die Pflichtverletzung des R folglich nicht kausal, so dass R diesen Schaden nicht ersetzen muss.

Hinweis: Bei der Verletzung von Aufklärungspflichten besteht in der Regel eine Vermutung für die Kausalität der Pflichtverletzung für den Schaden (sog. Vermutung aufklärungsrichtigen Verhaltens). Sie ist wichtig, wenn die vom Geschädigten zu beweisende Kausalität streitig ist. Die Vermutung ist eine Form des Anscheinsbeweises und setzt voraus, dass bei zutreffender Information nur eine Möglichkeit der Reaktion bestand.[115] Die Vermutung ist im Fall von A und B jedoch irrelevant, weil nach dem Sachverhalt feststeht, dass sie auch bei richtiger Aufklärung investiert hätten und daher nachweislich die Kausalität fehlt. Auch die Einbeziehung des B in das Gesellschafterdarlehensrecht ließ sich im konkreten Fall durch korrekte Beratung nicht vermeiden, weil es gerade um die gemeinsame Finanzierung des Online-Shops ging und sich damit eine koordinierte Kreditvergabe nicht vermeiden ließ.

Auch auf die „hypothetische Quote" haftet R bei dieser Sachlage nicht. Denn: Auch wenn R die Gesellschafter pflichtgemäß aufgeklärt hätte, hätten sie keine Quote erhalten. Für den Nichterhalt der Quote war die fehlerhafte Aufklärung folglich nicht kausal. Etwas anderes ergibt sich auch nicht daraus, dass A und B eine Quote erhalten hätten, wenn R mit seiner rechtlichen Einschätzung Recht gehabt hätte, also die Forderungen auf Rückgewähr der Darlehen eine gewöhnliche Insolvenzforderung gewesen wären. Der Schutzzweck der Pflicht des R geht nämlich nicht dahin, Schäden zu ersetzen, die daraus resultieren, dass sich die Rechtslage nicht wie behauptet darstellt, wenn diese Schäden (nachweislich) auch bei ordnungsgemäßer Darstellung der Rechtslage eingetreten wären. Dies folgt daraus, dass der Anwaltsvertrag nicht Werk-, sondern Dienstvertrag ist: R verspricht nicht den Erfolg, dass die Rechtslage so ist wie behauptet; vielmehr verpflichtet er sich nur, die Rechtslage sorgfältig zu ermitteln und für Schäden zu haften, die auf der schuldhaften Verletzung dieser Pflicht beruhen.

5. Ergebnis

Die Voraussetzungen eines Schadensersatzanspruchs von A und B gegen R aus § 280 I BGB liegen vor. Jedoch fehlt ein kausaler Schaden.

Lösung zur Abwandlung 1 – Frage 1

1. Anspruch aus § 31 GmbHG

Nach der früheren Rechtslage vor dem MoMiG waren Gesellschafterdarlehen unter bestimmten Voraussetzungen in Eigenkapital umzuqualifizieren (§ 32a GmbHG a. F.). Dies hatte nach der Rechtsprechung zur Folge, dass eine Zahlung auf den Darlehensrückzahlungsanspruch wie eine Leistung *causa societatis* an den Gesellschafter zu behandeln war. Folglich war die Rückzahlung gemäß § 30 I 1 GmbHG verboten, wenn sie zu Lasten des gebundenen Vermögens ging. Erfolgte sie gleichwohl, war der Gesellschafter gemäß § 31 GmbHG zur Erstattung verpflichtet (sog. **Rechtsprechungsregeln**).

Dieses Schutzinstrument bei der Rückzahlung von Gesellschafterdarlehen hat der Gesetzgeber durch das MoMiG ausdrücklich abgeschafft. § 30 I 3 GmbHG ordnet an, dass das Zahlungsverbot des § 30 I 1 GmbHG nicht auf die Rückgewähr eines Gesellschafterdarlehens anzuwenden ist (sog. **Nichtanwendungserlass**; → § 4 Rn. 248).

[115] Näher zu der Vermutung Grüneberg/*Grüneberg*, BGB, § 280 Rn. 39.

Eine Pflicht des B, die 100.000 EUR gemäß § 31 I GmbHG zu erstatten, scheidet somit aus, weil es um die Rückgewähr eines Gesellschafterdarlehens geht.

2. Bereicherungsanspruch

Ein Anspruch aus § 812 BGB setzt voraus, dass die Zahlung der GmbH ohne Rechtsgrund erfolgte. Dies liegt auf den ersten Blick fern, weil der Darlehensvertrag B grundsätzlich einen Anspruch auf Rückzahlung des Darlehens gab.

Jedoch kann sich aus einer Auslegung des Darlehensvertrags ergeben, dass B in der konkreten Situation der Krise der Gesellschaft keinen Anspruch auf Darlehensrückzahlung mehr hatte. Nach der schon vor dem MoMiG entwickelten sog. **Finanzplanrechtsprechung des BGH** kann eine in der Satzung oder außerhalb des Gesellschaftsvertrags getroffene Abrede finanzierender Gesellschafter über die Gewährung von Darlehen bzw. der Darlehensvertrag selbst nämlich dahingehend auszulegen sein, dass das zur Verfügung gestellte Fremdkapital – wie Eigenkapital – in der Krise bei der Gesellschaft belassen werden muss, also wie Eigenkapital gebunden ist.[116] Eine solche Auslegung ist möglich, wenn die Gesellschafter vereinbarungsgemäß Fremdkapital an Stelle von Eigenkapital zuführen und diese Darlehen sodann (wie vereinbart) wie Eigenkapital behandeln. Erforderlich ist also die **funktionelle Gleichbehandlung von Krediten mit echten Einlagen**; maßgeblich ist das **Vertragsganze**, z.B. ob für die Kreditgewährung Gesellschafterrechte eingeräumt werden.[117]

Ähnlich hat der BGH für das neue Recht nach dem MoMiG entschieden, dass ein Darlehensgeber – insbesondere zur Vermeidung einer rechnerischen Überschuldung – mit der Gesellschaft einen Rangrücktritt mit vorinsolvenzlicher Durchsetzungssperre vereinbaren kann (sog. „**qualifizierter Rangrücktritt**“; → § 4 Rn. 273). Hierdurch entsteht – soweit vereinbart – ein im Interesse der übrigen Gläubiger gemäß § 328 BGB gebundenes Vermögen, welches – vorbehaltlich des § 814 BGB – über § 812 BGB und – ohne die Einschränkung des § 814 BGB – über die Insolvenzanfechtung des § 134 InsO[118] gegen gleichwohl erfolgende Zahlungen geschützt ist; auch eine „Entsperrung“ mittels Vertragsänderung ist wegen des drittschützenden Charakters solange nicht möglich, wie durch die Rückzahlung die Insolvenz herbeigeführt würde.[119]

Es erscheint jedoch zweifelhaft, ob A und B eine derartige Bindung – sei es als Finanzplan- oder qualifiziert nachrangiges Darlehen – zugunsten der Gesellschaft und ihrer (sonstigen) Gläubiger eingegangen sind. Sie wollten zwar eine Kapitalerhöhung durchführen, haben sich aber dann für eine Fremdkapitalfinanzierung mittels Darlehen entschieden. Insoweit lässt sich zwar durchaus davon sprechen, dass sie vereinbarungsgemäß Fremdkapital an Stelle von Eigenkapital zugeführt haben.

---

[116] Vgl. zur Rechtsprechung des BGH und ihrer Fortgeltung nach dem MoMiG Scholz/*Bitter*, GmbHG, Anh. § 64 Rn. 495 ff.

[117] *K. Schmidt*, GesR, § 18 III 3a.

[118] Diese in BGHZ 204, 231 = ZIP 2015, 638 (Leitsatz 3 und Rn. 46 ff.) begründete Rechtsfolge hat der IX. Zivilsenat durch das neuere Urteil BGHZ 214, 350 = ZIP 2017, 1233 zu Unrecht wieder partiell in Frage gestellt; vgl. die Kritik bei *Bitter*, WuB 2018, 97 ff.; Scholz/*Bitter*, GmbHG, Vor § 64 Rn. 100 ff.

[119] BGHZ 204, 231 = ZIP 2015, 638 (Rn. 33 f. zu § 812 BGB, Rn. 35 ff. zu § 328 BGB, Rn. 43 ff. zu § 814 BGB, Rn. 46 ff. zu § 134 InsO); dazu *Bitter/Heim*, ZIP 2015, 644 ff.; ausführlich zur Insolvenzvorsorge durch Rangrücktritt und Patronatsvereinbarung *Bitter*, ZHR 181 (2017), 428 ff.; knapper Scholz/*Bitter*, GmbHG, Vor § 64 Rn. 92 ff. und Anh. § 64 Rn. 468 ff., 488 ff.

Auch ist die Renate-Bluse GmbH in die Krise geraten, so dass die Aufhebung einer einmal im Interesse der Gläubiger eingegangenen Bindung ohne deren Einverständnis nicht mehr möglich wäre. Indes ist nicht ersichtlich, dass die gewährten Darlehen tatsächlich wie Eigenkapital behandelt oder auch nur einem sog. „qualifizierten Nachrang" unterworfen wurden. Weder eine bilanzielle Behandlung der Darlehen als Eigenkapital noch die Einräumung von Gesellschafterrechten aus Anlass der Darlehensgewährung ergibt sich aus dem Sachverhalt. Allein der Umstand, dass vor der Darlehensgewährung auch die Zuführung von Eigenkapital diskutiert wurde, kann nicht zu der Auslegung führen, eine eigenkapitalähnliche Bindung der Fremdmittel sei gewollt gewesen. Erstens würde dann nämlich nahezu jedes Gesellschafterdarlehen unter die Finanzplanrechtsprechung fallen, weil fast alle Gesellschafter auch eine Finanzierung durch Eigenkapital erwägen, bevor sie das Darlehen gewähren. Zweitens kann ein entsprechender Wille den Gesellschaftern nicht unterstellt werden: Sie haben sich ja **gerade gegen das Eigenkapital** und die damit verbundenen Rechtsfolgen **entschieden.** Daher erscheint die Annahme einer eigenkapitalähnlichen Bindung nur dann zulässig, wenn die Gesellschafter die getroffene Entscheidung für eine Fremdkapitalfinanzierung praktisch nicht umsetzen, sondern in der Sache mit dem Fremdkapital verfahren, als sei es Eigenkapital. Dies ist jedoch bei A und B – wie gesagt – nicht ersichtlich und ebenso nicht der Wille, die Darlehen einem sog. „qualifizierten Nachrang" zu unterwerfen. Auch dieser kann nicht einfach aufgrund der erwogenen Alternative einer Eigenkapitalfinanzierung unterstellt werden, sondern müsste sich deutlich aus der vertraglichen Abrede ergeben, zumal insbesondere in der Vereinbarung der vorinsolvenzlichen Durchsetzungssperre eine erhebliche Risikoerhöhung für den Darlehensgeber liegt.[120]

Es ergibt sich daher: B hatte auch im Zeitpunkt der Zahlung durch die GmbH einen Anspruch auf Darlehensrückzahlung. Dieser war lediglich nicht fällig. Erfüllt ein Schuldner einen nicht fälligen Anspruch vorzeitig, führt dies aber nicht zu einem Anspruch gemäß § 812 BGB. Ein solcher scheidet daher aus.

3. Anspruch aus § 143 InsO (Insolvenzanfechtung)

Gemäß § 143 I 1 InsO ist jemand, der etwas durch eine anfechtbare Handlung aus dem Vermögen des Insolvenzschuldners erhalten hat, zur Rückgewähr verpflichtet. Die Vorschrift setzt also voraus, dass ein Anfechtungstatbestand verwirklicht ist. Gegenüber B kommen mehrere Anfechtungsgründe in Betracht.

a) Anfechtung gemäß § 135 InsO (Rückgewähr von Gesellschafterdarlehen)

Gemäß § 135 I Nr. 2 InsO ist eine Rechtshandlung anfechtbar, die für die Forderung eines Gesellschafters auf Rückgewähr eines Darlehens im Sinne des § 39 I Nr. 5 InsO Befriedigung gewährt hat, wenn die Handlung im letzten Jahr vor dem Eröffnungsantrag oder nach diesem Antrag vorgenommen worden ist. Diese Voraussetzungen sind erfüllt: B als Gesellschafter hat weniger als ein Jahr vor dem Eröffnungsantrag eine Darlehensrückzahlung erhalten.

Zwar ordnet § 135 IV InsO an, dass § 39 IV, V InsO entsprechend gilt, so dass die Anfechtung bei einer Anwendbarkeit des Kleinbeteiligtenprivilegs ausscheiden würde. Weil B jedoch trotz seiner nicht mehr als 10 % des Stammkapitals betragenden Beteiligung an der Renate-Bluse GmbH jenes Privileg wegen der mit A koor-

[120] Eingehend zur Wirksamkeit solcher Abreden *Bitter*, ZIP 2015, 345 ff.; dem folgend BGH 1.10.2019 – VI ZR 156/18, ZIP 2019, 2345 m. Anm. *Bitter*, WuB 2020, 35; knappe Zusammenfassung der Rspr. bei Scholz/*Bitter*, GmbHG, Anh. § 64 Rn. 477 ff.

dinierten Kreditvergabe nicht in Anspruch nehmen kann (→ Grundfall unter Ziff. 2. b)), ist eine Anfechtung der Darlehensrückzahlung gemäß § 135 I Nr. 2 InsO möglich.

b) Anfechtung gemäß § 134 InsO

Eine Anfechtung wegen unentgeltlicher Leistung gemäß § 134 InsO käme nur dann in Betracht, wenn B für sein Darlehen eine Finanzplanbindung oder zumindest einen sog. „qualifizierten Rangrücktritt", d. h. einen Rangrücktritt für das eröffnete Insolvenzverfahren (§ 39 II InsO) und zusätzlich eine vorinsolvenzliche Durchsetzungssperre vereinbart hätte. Aufgrund des darin liegenden schuldändernden Verfügungsvertrags wäre nämlich eine gleichwohl erfolgende Rückzahlung des Darlehens eine (bewusste) Leistung ohne Rechtsgrund i. S. v. § 812 BGB und damit nach der richtigen früheren, in jüngerer Zeit vom BGH zu Unrecht partiell in Frage gestellten Rechtsprechung zugleich eine unentgeltliche Leistung i. S. v. § 134 InsO.[121] Jedoch hat B für sein Darlehen – wie dargelegt – keinen „qualifizierten Rangrücktritt" vereinbart und ist auch keine andere vertragliche Bindung eingegangen, die das Darlehen dem Eigenkapital angenähert hat (→ Ziff. 2.). Eine Anfechtung gemäß § 134 InsO kommt daher nicht in Betracht.

c) Anfechtung gemäß § 131 InsO (inkongruente Deckung)

Hat ein Gläubiger der Gesellschaft eine Befriedigung erhalten, die er nicht, nicht zu dieser Zeit oder nicht in dieser Weise zu beanspruchen hatte (sog. inkongruente Deckung), so ist diese Befriedigung stets anfechtbar, wenn sie binnen eines Monats vor dem Eröffnungsantrag erfolgte (§ 131 I Nr. 1 InsO). Diese Voraussetzungen liegen ohne weiteres vor, weil B als Darlehensgläubiger drei Wochen vor dem Eröffnungsantrag eine erst zweieinhalb Jahre später fällige Darlehensrückzahlung erhalten hat. Jedoch ist fraglich, ob § 131 InsO auf die Rückführung eines Gesellschafterdarlehens überhaupt anwendbar ist.

Für den Fall, dass es sich bei der Befriedigung, die ein Gläubiger erhalten hat, um diejenige eines Darlehensrückgewähranspruchs eines Gesellschafters handelt, enthält § 135 InsO einen Sondertatbestand der allgemein in §§ 130, 131 InsO geregelten sog. Deckungsanfechtung. Der Sondertatbestand greift aber bei Anwendbarkeit des Kleinbeteiligtenprivilegs aus § 135 IV i. V. m. § 39 V InsO nicht ein, auch wenn der Rückzahlungsanspruch nicht fällig war. Dies könnte man so verstehen, dass die Befriedigung des Rückgewähranspruchs eines solchen Gesellschafters *allgemein* nicht der Deckungsanfechtung unterliegen soll. Dann müsste man § 131 InsO für unanwendbar erklären.[122]

Im Ergebnis würde sich die Annahme eines derartigen Vorrangs des § 135 InsO vor § 131 InsO freilich nur auswirken, wenn – anders als bei der hier vorliegenden koordinierten Kreditvergabe – das Kleinbeteiligtenprivileg tatsächlich eingreifen würde. Allerdings ist auch in einem solchen Fall nicht einsichtig, warum gerade die Rückzahlung eines noch nicht fälligen Darlehens eines kleinbeteiligten Gesellschaf-

---

[121] Für den sog. „qualifizierten Rangrücktritt" BGHZ 204, 231 = ZIP 2015, 638 mit Anm. *Bitter/Heim*. Beim Finanzplandarlehen würde dies erst recht gelten. Ausführlich zur Anwendung des § 134 InsO bei rechtsgrundlosen Leistungen *Heim*, Schenkungsanfechtung bei Auszahlungen im verdeckten Schneeballsystem, 2011, S. 145 ff.; später einschränkend BGHZ 214, 350 = ZIP 2017, 1233 m. krit. Anm. *Baumert*, LMK 2017, 393960 und krit. Anm. *Bitter*, WuB 2018, 97 ff.; die Kritik zusammenfassend Scholz/*Bitter*, GmbHG, Vor § 64 Rn. 100 ff.

[122] In diesem Sinne möglicherweise Uhlenbruck/*Hirte*, InsO, § 135 Rn. 6 m. w. N.

ters von der Anfechtung gemäß § 131 InsO ausgenommen sein soll, wenn doch schon (außenstehende) Darlehensgläubiger (etwa Banken), die eine noch nicht geschuldete Rückzahlung binnen der Fristen des § 131 InsO erhalten, zur Erstattung verpflichtet sind. Es erscheint daher geboten, § 131 InsO jedenfalls auf die Befriedigung auch solcher Gesellschafterdarlehen anzuwenden, die (gemäß §§ 135 IV, 39 V InsO) von vorneherein dem Anwendungsbereich des § 135 I InsO entzogen sind.[123] Dass dieses Ergebnis sachgerecht ist, wird bestätigt, wenn man folgende nicht hinnehmbare Umgehungsmöglichkeit betrachtet, die sich bei einer Ausschlusswirkung ergäbe: Eine Bank, die der Gesellschaft ein Darlehen gewährt, würde im Zusammenhang mit der Darlehensgewährung einen Geschäftsanteil an der GmbH erwerben, der auf einen Euro lautete. Die Anfechtung einer vorzeitigen Befriedigung gemäß § 135 InsO müsste sie dann nicht fürchten, weil sie nie geschäftsführend tätig würde, so dass § 135 IV i. V. m. § 39 V InsO die Anfechtung ausschlösse; eine Anfechtung gemäß § 131 InsO scheiterte an der Ausschlusswirkung des § 135 InsO. Dies kann nicht richtig sein.

Aus alledem folgt für den hier zu beurteilenden Fall, in dem ohnehin das Kleinbeteiligtenprivileg nicht eingreift: Die Zahlung der 100.000 EUR an B ist nicht nur gemäß § 135 I Nr. 2 InsO, sondern zusätzlich nach § 131 I Nr. 1 InsO anfechtbar.

d) Vorsatzanfechtung gemäß § 133 InsO

Eine Anfechtung gemäß § 133 InsO wegen vorsätzlicher Gläubigerbenachteiligung kann ohnehin nicht an einer Ausschlusswirkung des § 135 InsO scheitern, weil es hier darum geht, inadäquate Vermögensverschiebungen des Schuldners rückgängig zu machen, während § 135 InsO einen Tatbestand der Deckungsanfechtung regelt, bei dem eine gleichmäßige Gläubigerbefriedigung angestrebt ist.[124]

Die Voraussetzungen des § 133 I InsO sind gegeben: Die GmbH, vertreten durch A, hat die Überweisung vorgenommen, um ihre Gläubiger zu benachteiligen. Es ging nämlich darum, „das Geld" des B zu retten, es also dem Zugriff der Gläubigergesamtheit zu entziehen. B war diese Absicht „der GmbH" auch bekannt, weil A in Absprache mit B gehandelt hat. Die Anfechtungsfrist (§ 133 I 1, II InsO) ist ohne weiteres eingehalten.

e) Ergebnis

B ist gemäß § 143 I i. V. m. §§ 135 I Nr. 2, 131, 133 InsO (nicht aber nach § 134 InsO) verpflichtet, die 100.000 EUR an die Insolvenzmasse zu erstatten.

Lösung zur Abwandlung 1 – Frage 2

A kann einen Aussonderungsanspruch (§ 47 InsO) oder ein Recht auf abgesonderte Befriedigung (§§ 49 ff. InsO) haben.

1. Aussonderungsanspruch des A (§ 47 InsO)

Ein Aussonderungsanspruch des A kann sich daraus ergeben, dass er Eigentümer der Waren in den beiden Lagern ist. A hat sich als Geschäftsführer der GmbH in deren Namen mit sich selbst geeinigt, dass das Eigentum an den Waren auf ihn

---

[123] Allgemein für freie Anspruchskonkurrenz zwischen §§ 130, 131 InsO und § 135 InsO MüKoInsO/*Kirchhof*/*Freudenberg*, Vor §§ 129–147 Rn. 94; MüKoInsO/*Kayser*/*Freudenberg*, § 130 Rn. 5, § 131 Rn. 4.

[124] So im Ergebnis auch die ganz h. M.; vgl. nur Uhlenbruck/*Hirte*, InsO, § 135 Rn. 6 m. w. N.

übergehen soll. Vorgesehen war eine (**Sicherungs-)Übereignung gemäß §§ 929, 930 BGB.**

Die **Einigung** über den Eigentumsübergang kann gemäß § 181 BGB unwirksam sein. Ein Fall des § 181 BGB ist grundsätzlich gegeben, weil A im Namen der vertretenen GmbH mit sich selbst im eigenen Namen einen Vertrag geschlossen hat. Jedoch ist zu beachten, dass A und B die einzigen Gesellschafter der GmbH sind und A in Absprache mit B gehandelt hat. Hierin liegt ein konkludenter Beschluss der Gesellschafterversammlung (§ 48 II GmbHG), wonach A von den Beschränkungen des § 181 BGB befreit ist. Das Selbstkontrahieren war ihm daher im Sinne von § 181 BGB „gestattet".

Die Einigung muss ferner **hinreichend bestimmt** sein. Aus der Einigung muss sich eindeutig ergeben, welche Gegenstände sie erfassen soll. Dieser sachenrechtliche Bestimmtheitsgrundsatz ist insbesondere bei Übereignungen gemäß §§ 929, 930 BGB relevant, weil hier der unmittelbare Besitz nicht wechselt. Nach der Abrede zwischen A und der GmbH war auch für Dritte klar erkennbar, welche Gegenstände gemeint sind: *Alle* Waren, die sich zum Zeitpunkt der Einigung in den beiden Lagern befinden. Die Einigung ist daher hinreichend bestimmt.

Weil in der Sicherungsabrede auch die **Vereinbarung eines Besitzkonstituts** im Sinne des § 930 BGB liegt und die GmbH als Eigentümerin zur Verfügung über die Waren berechtigt war, hat A wirksam Eigentum an den Waren in den beiden Lagern erworben. Dies gilt auch dann, wenn die Sicherungsübereignung nach den Vorschriften der Insolvenzordnung anfechtbar sein sollte (dazu sogleich → Ziff. 2.). Die Anfechtung hat nämlich keine Auswirkung auf das dingliche Geschäft, sondern führt nur zu einem Rückgewähranspruch gemäß § 143 InsO.[125]

Das Eigentum an Sachen, die sich im Besitz des Schuldners befinden, gewährt grundsätzlich ein Aussonderungsrecht gemäß § 47 InsO. Etwas anderes gilt jedoch für das **Sicherungseigentum** an einer beweglichen Sache: Für dieses folgt aus **§ 51 Nr. 1 InsO**, dass der Eigentümer lediglich ein Recht auf abgesonderte Befriedigung hat (§ 50 I i.V.m. §§ 166ff. InsO). Ein Aussonderungsrecht des A scheidet daher unabhängig von einer Anfechtung der Sicherungsübereignung aus.

2. Recht des A zur abgesonderten Befriedigung (§§ 49ff. InsO)

Aufgrund seines Sicherungseigentums kann A – wie gesagt – das Recht haben, wegen seines Anspruchs auf Darlehensrückzahlung abgesonderte Befriedigung aus den Waren in den beiden Lagern zu erhalten (§ 51 Nr. 1 i.V.m. § 50 InsO). Dies setzt allerdings voraus, dass die Sicherungsübereignung an ihn *nicht* anfechtbar ist. Andernfalls ist A gemäß § 143 InsO verpflichtet, den Inhalt der Warenlager an die GmbH zurückzuübereignen, so dass er sich nicht auf sein Eigentum berufen kann.

a) Anfechtung gemäß § 135 InsO (Sicherung eines Gesellschafterdarlehens)

Gemäß § 135 I Nr. 1 InsO anfechtbar ist eine Rechtshandlung, die für die Forderung eines Gesellschafters auf Rückgewähr eines Darlehens im Sinne des § 39 I Nr. 5 InsO in den letzten zehn Jahren vor dem Eröffnungsantrag Sicherung gewährt hat.

A hat eine Forderung auf Rückgewähr eines Gesellschafterdarlehens. Für diese ist ihm der Inhalt der Warenlager als Sicherung übereignet worden. Dies geschah drei

[125] Allerdings berechtigt dieser Rückgewähranspruch grundsätzlich zur Aussonderung, worin eine gewisse „dingliche" Wirkung liegt; vgl. BGHZ 156, 350 = NJW 2004, 214 = ZIP 2003, 2307.

Wochen vor dem Eröffnungsantrag und daher binnen der Frist des § 135 I Nr. 1 InsO. Eine der Ausnahmen gemäß § 39 IV, V InsO, die auch für die Insolvenzanfechtung gelten (§ 135 IV InsO), liegt nicht vor.

Zudem kommt im hier zu beurteilenden Fall einer **nachträglichen Besicherung** auch nicht die Anwendung des Bargeschäftsprivilegs aus § 142 InsO in Betracht, welches bei einer anfänglichen Besicherung (Kredit gegen Sicherheit) nach richtiger, vom BGH[126] allerdings nicht geteilter Ansicht auch beim Gesellschafterdarlehen die Anfechtbarkeit der Besicherung ausschließen kann.[127]

Da die Sicherungsübereignung als nachträgliche Besicherung im hier zu beurteilenden Fall gemäß § 135 I Nr. 1 InsO anfechtbar ist, kommt es auch nicht auf die ebenfalls umstrittene Frage an, ob die Durchsetzbarkeit der Sicherheit (zudem) am Nachrang der Forderung scheitert.[128]

b) Sonstige Anfechtungstatbestände

Falls man eine Sperrwirkung des § 135 InsO nicht anerkennt,[129] ergibt sich die Anfechtbarkeit der Sicherungsübereignung auch aus § 131 I Nr. 1 InsO. Die Vorschrift erfasst neben Befriedigungshandlungen nämlich auch die Gewährung einer Sicherung und A hatte diese Sicherung – laut Darlehensvertrag – nicht zu beanspruchen, so dass eine inkongruente Deckung vorliegt.

Aus den zur Anfechtung gegenüber B genannten Gründen (→ Frage 1 unter Ziff. 3. d)) ist ferner eine Anfechtung gemäß § 133 I InsO möglich.

c) Ergebnis

Ein Recht des A auf abgesonderte Befriedigung gemäß § 51 Nr. 1 i. V. m. § 50 InsO scheidet aus, weil die Sicherungsübereignung an ihn anfechtbar ist.

Lösung zur Abwandlung 1 – Frage 3

Zu prüfen ist laut Aufgabenstellung nur eine Anfechtung gemäß § 135 InsO. Konkret kommt die Regelung des § 135 I Nr. 2 InsO in Betracht, nach der eine Rechtshandlung anfechtbar ist, die für die Forderung eines Gesellschafters auf Rückgewähr eines Darlehens im Sinne des § 39 I Nr. 5 InsO oder für eine gleichgestellte Forderung im letzten Jahr vor dem Eröffnungsantrag Befriedigung gewährt hat. Der Insolvenzverwalter hat die Anfechtungsfrist bei seinem Rückzahlungsverlangen beachtet. Eine Befriedigung hat A erhalten, weil die GmbH (jeweils pünktlich) seine darlehensvertraglichen Ansprüche auf Zinszahlung (§ 488 I 2 Alt. 1 BGB) erfüllt hat. Die entscheidende und im Schrifttum bis zum Urteil des BGH v. 27.6.2019[130] sehr umstrittene Frage lautet daher, ob diese Zinsansprüche Forderungen sind, deren Befriedigung der Anfechtung gemäß § 135 I Nr. 2 InsO unterfällt.[131]

Dies käme von vornherein nicht in Betracht, wenn die (nunmehr befriedigten) Zinsforderungen im jeweiligen Zeitpunkt der Zahlung durch die GmbH (noch)

---

[126] BGHZ 221, 100 = ZIP 2019, 666 (Leitsatz 3 und Rn. 40 ff.) mit krit. Besprechung von *Bitter*, ZIP 2019, 737 ff.; der Kritik zust. *Ganter*, ZIP 2019, 1141, 1147 ff.

[127] Dazu Scholz/*Bitter*, GmbHG, Anh. § 64 Rn. 47 ff., 182; *Bitter*, ZIP 2013, 1497, 1503 ff.

[128] Dies verneinend Scholz/*Bitter*, GmbHG, Anh. § 64 Rn. 177 ff.; *Bitter*, ZIP 2013, 1497, 1501 ff., jeweils m. w. N. auch zur Gegenansicht.

[129] Hierzu → Lösung zur Abwandlung 1 – Frage 2 unter Ziff. 3. c).

[130] BGHZ 222, 283 = ZIP 2019, 1577, 1581 f. (Rn. 43 ff.).

[131] Nachweise zum (früheren) Streitstand bei Scholz/*Bitter*, GmbHG, 11. Aufl. 2015, Anh. § 64 Rn. 129; siehe zur aktuellen Rspr. in der 12. Aufl. 2021, Anh. § 64 Rn. 164.

nicht unter einen der Nachrangigkeitstatbestände des § 39 InsO fielen. § 135 InsO soll nämlich offensichtlich nur die Anfechtung der Befriedigung von Forderungen ermöglichen, die nach den Regeln des § 39 InsO über Gesellschafterdarlehen (bereits) bei ihrer Befriedigung als nachrangig zu qualifizieren waren.[132]

1. Nachrang gemäß § 39 I Nr. 5 InsO

Nachrangig sind gemäß § 39 I Nr. 5 InsO Forderungen auf Rückgewähr eines Gesellschafterdarlehens oder Forderungen aus Rechtshandlungen, die einem solchen Darlehen wirtschaftlich entsprechen. Der Zinsanspruch des Darlehensgebers ist keine Forderung „auf Rückgewähr“ eines Gesellschafterdarlehens, sondern ein Anspruch auf das Entgelt (die Gegenleistung) für die Überlassung des Darlehens bis zu dessen Rückgewähr.[133] Entsprechend trennt § 488 I 2 BGB auch zwischen der Zinszahlung (Alt. 1) und der Darlehensrückzahlung (Alt. 2). Der bei Fälligkeit befriedigte Zinsanspruch ist auch keine Forderung aus einer Rechtshandlung, die einem Gesellschafterdarlehen wirtschaftlich entspricht: Er entspringt allein dem Darlehen, für das die erste Alternative des § 39 I Nr. 5 InsO eine Regelung trifft. Es gibt daneben keine von der Darlehensgewährung zu trennende Rechtshandlung, die Anknüpfungspunkt für einen Nachrang gemäß der zweiten Alternative sein könnte. Insbesondere hat A seine jeweiligen Zinsansprüche zu keinem Zeitpunkt gestundet (→ Frage 4) oder auf sonstige Weise zurückgestellt, sondern die GmbH hat den Darlehenszins stets pünktlich bezahlt.

2. Nachrang gemäß § 39 III InsO

In Betracht kommt jedoch ein Nachrang der Zinsansprüche gemäß § 39 III InsO.[134] Nach dieser Vorschrift haben u.a. die Zinsen der Forderungen nachrangiger Insolvenzgläubiger den gleichen Rang wie die Forderungen dieser Gläubiger. Der Anspruch des A auf Darlehensrückzahlung ist gemäß § 39 I Nr. 5 InsO nachrangig. Fraglich ist, ob deshalb § 39 III InsO auch den Nachrang seiner Zinsansprüche anordnet.

Auf den ersten Blick scheint sich dies aus dem Wortlaut der Vorschrift zu ergeben. Dementsprechend wird der Nachrang von (offenen) Darlehenszinsforderungen vielfach auf § 39 III InsO gestützt.[135] Jedoch ordnet § 39 III InsO den Nachrang der „Zinsen *der* Forderungen“ der nachrangigen Gläubiger an und nicht etwa allgemein den Nachrang sämtlicher Ansprüche auf Zinsen, die nachrangige Gläubiger haben. Bei genauer Betrachtung geht es also um die Zinsen *auf die* Forderungen, *die* gemäß § 39 I InsO nachrangig sind.

Nachrangig ist der Anspruch des A auf Darlehensrückzahlung (§ 488 I 2 *Alt.* 2 BGB). Aus § 39 III InsO ergibt sich daher der Nachrang eines Zinsanspruchs, der

---

[132] Zur Absicherung des Nachrangs durch die Anfechtung Scholz/*Bitter*, GmbHG, Anh. § 64 Rn. 37ff. m.w.N. auch zur Gegenansicht.

[133] BGHZ 222, 283 = ZIP 2019, 1577, 1581f. (Rn. 43f.); Scholz/*Bitter*, GmbHG, Anh. § 64 Rn. 164; ausführlich *Mylich*, ZGR 2009, 474, 489ff., der zwischen „Finanzierungsertrag“ (Zinsen) und „Finanzierungsquelle“ (Kredit) trennt.

[134] Selbst bei einem Nachrang gemäß § 39 III InsO die Anfechtbarkeit gemäß § 135 I InsO verneinend BGHZ 222, 283 = ZIP 2019, 1577, 1582 (Rn. 45).

[135] Vgl. etwa Baumbach/Hueck/*Fastrich*, GmbHG, 21. Aufl. 2017, Anh. § 30 Rn. 80; ohne explizite Nennung des § 39 III InsO auch Noack/Servatius/Haas/*Haas*, GmbHG, Anh. § 64 Rn. 91 m.w.N.; unklar, da nicht zwischen Darlehens- und Verzugszinsen unterscheidend BGHZ 222, 283 = ZIP 2019, 1577, 1582 (Rn. 45).

daraus folgt, dass dieser Anspruch nicht rechtzeitig befriedigt wird (Verzugszins). Der Anspruch auf den Darlehenszins (§ 488 I 2 *Alt. 1* BGB) ist demgegenüber ein von dem Anspruch auf Darlehensrückzahlung zu trennender (Hauptleistungs-) Anspruch als Gegenleistung für die Kapitalüberlassung auf Zeit (Kapitalnutzungsvergütung).[136] Er ist also gerade kein Zins *auf die* Forderung, die gemäß § 39 I Nr. 5 InsO nachrangig ist und daher auch kein Zins „der" Forderung i.S.v. § 39 III InsO.[137] Dass der Darlehenszins nach dem gesetzlichen Regelungsmodell kein Verzugszins auf die Forderung auf Darlehensrückzahlung sein soll, zeigt sehr deutlich § 488 I 2 BGB: Gemäß § 488 I 2 Alt. 2 BGB hat der Darlehensnehmer das Darlehen „bei Fälligkeit" zurückzuzahlen; dann aber kann der Zinsanspruch gemäß § 488 I 2 Alt. 1 BGB kein Verzugszins auf diese Forderung sein, weil Verzug Fälligkeit voraussetzt (§ 286 BGB).

Die Ansprüche des A auf den Darlehenszins waren somit im Zeitpunkt der jeweiligen (pünktlichen) Zahlung durch die GmbH keine gemäß § 39 III InsO nachrangigen Nebenforderungen.[138]

3. Ergebnis

Die Darlehenszinsansprüche des A waren bei der jeweiligen Zahlung nicht als nachrangig gemäß § 39 InsO zu qualifizieren. Folglich scheidet auch eine Anfechtung gemäß § 135 I Nr. 2 InsO aus.

Hinweis: Selbst wenn man einen Nachrang gemäß § 39 III InsO annimmt, erscheint eine Anfechtung gemäß § 135 I Nr. 2 InsO nicht möglich, weil § 135 I InsO ausweislich des eindeutigen Wortlauts nur die Befriedigung von *gemäß § 39 I Nr. 5 InsO* nachrangigen Forderungen erfasst, so dass der Nachrang gemäß § 39 III InsO nicht genügt.[139] Gleichwohl wurde jedenfalls bis zum Urteil des BGH v. 27.6.2019[140] in Anlehnung an die Rechtslage vor dem MoMiG teilweise vertreten, die Zahlung des Darlehenszinses sei gemäß § 135 I Nr. 2 InsO anfechtbar.[141]

Es kann vorkommen, dass der Anspruch eines Gesellschafters auf den Darlehenszins vor der Insolvenz nicht befriedigt wurde. Dann stellt sich im eröffneten Insolvenzverfahren die Frage nach der Nachrangigkeit dieses Anspruchs. Ein Rückgriff auf § 39 III InsO zur Begründung des ganz generellen Nachrangs aller (!) unbefriedigten Zinsforderungen erscheint auch hier nicht möglich, weil der Anspruch auf den Darlehenszins auch nicht dadurch zu einer Nebenforderung im Sinne des § 39 III InsO „der" gemäß § 39 I Nr. 5 InsO nachrangigen Forderung auf Darlehensrückzahlung wird, dass die Erfüllung ausbleibt. Vielmehr bleibt er auch dann Haupt(gegenleistungs)forderung für das Über-/Belassen der Mittel.[142] Nur im Einzelfall kann man über § 39 I

---

136 Vgl. dazu, dass die Zinspflicht beim Darlehen keine Neben-, sondern eine im Gegenseitigkeitsverhältnis stehende Hauptpflicht ist, Jauernig/*Berger*, BGB, § 488 Rn. 18; Grüneberg/*Weidenkaff*, BGB, § 488 Rn. 14.

137 So auch noch Uhlenbruck/*Hirte*, InsO, 13. Aufl. 2010, § 39 Rn. 57: „Gemeint sind Verzugszinsen, nicht aber die als Leistungsentgelt gezahlten Darlehens- oder Miet-‚Zinsen'" (a. A. aber die Folgeauflagen).

138 So wohl auch Uhlenbruck/*Hirte*, InsO, § 39 Rn. 38 a.E. m.w.N., der die Anwendung des § 39 III InsO ausdrücklich auf *rückständige* Zinsen beschränkt und *fristgerecht* gezahlte Zinsen ausdrücklich ausnimmt.

139 In diesem Sinne jetzt auch BGHZ 222, 283 = ZIP 2019, 1577, 1582 (Rn. 45).

140 BGHZ 222, 283 = ZIP 2019, 1577, 1581 f. (Rn. 43 ff.).

141 Noack/Servatius/Haas/*Haas*, GmbHG, Anh. § 64 Rn. 108; a.A. schon vor dem BGH-Urteil Scholz/*Bitter*, GmbHG, 11. Aufl. 2015, Anh. § 64 Rn. 129 mit Nachweisen zu beiden Ansichten in Fn. 4 (in der 12. Aufl. nun Anh. § 64 Rn. 164).

142 Anders nun Uhlenbruck/*Hirte*, InsO, § 39 Rn. 57 unter Aufgabe seiner früher richtig in Rn. 57 – im Gegensatz zu Rn. 38 a.E. – vertretenen Ansicht; vgl. zu diesem früheren Widerspruch, den *Hirte* nunmehr (in die falsche Richtung) aufgelöst hat, die hiesige Lösung in der 2. Auflage.

Nr. 5 Alt. 2 InsO zu einem Nachrang nicht gezahlter Darlehenszinsen kommen, nämlich wenn der Gesellschafter seine jeweiligen Ansprüche gestundet (→ Frage 4) oder sonst in einer Weise zurückgestellt hat, die der Darlehens- bzw. Kreditgewährung wirtschaftlich entspricht.

Lösung zur Abwandlung 1 – Frage 4

Die Zahlung der aufgelaufenen Zinsen kurz vor dem Eröffnungsantrag (sog. „Torschluss-Nachzahlung") kann gemäß § 135 I Nr. 2 InsO anfechtbar sein.

1. Befriedigung einer gemäß § 39 I Nr. 5 InsO nachrangigen Forderung

In Betracht kommt, dass die jeweils gestundeten Ansprüche des A auf den Darlehenszins gemäß § 39 I Nr. 5 Alt. 2 InsO nachrangig waren, als die GmbH sie befriedigt hat. Dann lässt § 135 I Nr. 2 InsO die Anfechtung zu, weil die Vorschrift ausdrücklich auch die Anfechtung der Befriedigung einer *gleichgestellten* Forderung erfasst.

Die befriedigten Ansprüche auf den Darlehenszins müssen, um gemäß § 39 I Nr. 5 Alt. 2 InsO nachrangig zu sein, **Forderungen aus Rechtshandlungen** sein, **die einem Gesellschafterdarlehen wirtschaftlich entsprechen**. Zunächst könnte man an dieser Voraussetzung zweifeln, weil der Anspruch auf den Darlehenszins auch dann noch allein dem Darlehensvertrag als solchem entspringt, wenn er zwischenzeitlich gestundet war. Streng genommen gibt es also keine separate Rechtshandlung, *aus der* die Forderung resultiert. Jedoch ist hier eine wirtschaftliche Sichtweise geboten: Indem A der GmbH seine Zinsforderungen stundet, gewährt er ihr (erneut) Kredit, weil sie die eigentlich ihm gebührenden Mittel vorerst behalten und nutzen darf. Auch wenn die Stundung eines fälligen Anspruchs keine neue Rechtsgrundlage für die spätere „Rückzahlung" der belassenen Mittel schafft, entspricht sie wirtschaftlich der Darlehenshingabe.[143] Wertend betrachtet erscheint es daher zulässig, die gestundeten Forderungen auf den Darlehenszins nunmehr als Forderungen aus separaten Rechtshandlungen zu sehen, die der Gewährung eines Gesellschafterdarlehens wirtschaftlich entsprechen.

Mithin hat die GmbH auf Forderungen gezahlt, die im Zeitpunkt der Zahlung gemäß § 39 I Nr. 5 InsO nachrangig waren. Der Tatbestand des § 135 I Nr. 2 InsO ist daher erfüllt.

2. Ausschluss der Anfechtung gemäß § 142 InsO

Die Anfechtung kann gemäß § 142 InsO ausgeschlossen sein. Die dort vorgesehene sog. Bargeschäftsausnahme schließt richtigerweise (auch) die Anfechtung gemäß § 135 InsO aus, wenn unmittelbar für die Leistung des Insolvenzschuldners eine gleichwertige Gegenleistung in sein Vermögen gelangt.[144] Unabhängig von der Reihenfolge müssen Leistung und Gegenleistung in einem engen zeitlichen Zusammenhang ausgetauscht werden. Leistet der Vertragspartner vor und ist darin eine Kreditgewährung zu sehen, scheidet der Tatbestand des § 142 InsO aus.

Die Renate-Bluse GmbH hat Zinsen gezahlt. Die Gegenleistung des A dafür ist die Kapitalüberlassung für einen bestimmten Zeitraum. An einem engen zeitlichen

[143] Scholz/*Bitter*, GmbHG, Anh. § 64 Rn. 164 und 208 ff.

[144] Scholz/*Bitter*, GmbHG, Anh. § 64 Rn. 47 ff. und *Bitter*, ZIP 2010, 1, 10 m.w.N. auch zur Gegenansicht; mit Blick auf die anfängliche Besicherung von Gesellschafterdarlehen *Bitter*, ZIP 2019, 737 ff.

Zusammenhang zwischen diesen beiden Leistungen fehlt es: A hat das Kapital überlassen/belassen und seine Zinsansprüche zunächst gestundet. Die Gegenleistung des A liegt somit deutlich vor der Leistung der GmbH. Die GmbH hat nicht jeweils die Vergütung für die jeweils abgelaufene Periode der Kapitalüberlassung entrichtet, sondern A hat wegen der Stundung zunächst vorgeleistet und Kredit gewährt. Mindestens hätte ein abschnittsbezogener unmittelbarer Leistungsaustausch im Sinne des § 142 InsO vorausgesetzt, dass die GmbH die Zinsen jeweils zum Fälligkeitstermin beglichen hat.

Hinweis: Die Rückzahlung des Darlehens selbst kann in keinem Fall unter § 142 InsO fallen, weil die notwendig auf eine Zug-um-Zug-Abwicklung verzichtende Kreditierung insoweit das exakte Gegenstück zum Bargeschäft ist.[145] Daraus folgt aber nicht notwendig, auch die Zinszahlung könne nie ein Bargeschäft sein.[146] Allerdings reicht insoweit für § 142 InsO nicht schon die Zahlung der Zinsen bei Fälligkeit aus, sondern man wird weiter fordern müssen, dass die vertraglich festgesetzten Zahlungstermine derart eng beieinander liegen, dass der Gesellschafter nicht zunächst für einen langen Zeitraum Kapital überlässt und dies erst deutlich später von der Gesellschaft vergütet wird.[147]

3. Ergebnis

Die Zahlung der GmbH ist gemäß § 135 I Nr. 2 InsO anfechtbar.

Lösung zur Abwandlung 2

1. Mietvertragliches Nutzungsrecht bis zum 31.3.2022

A ist Eigentümer der vermieteten Räume. Grundsätzlich hat er in der Insolvenz der Renate-Bluse GmbH daher einen Aussonderungsanspruch gemäß § 47 InsO. Es handelt sich auch nicht lediglich um Sicherungseigentum gemäß § 51 Nr. 1 InsO.

Jedoch endet der Mietvertrag zwischen A und der GmbH aufgrund der Kündigung des Insolvenzverwalters erst am 31.3.2022.

Hinweis: Das Kündigungsrecht des Insolvenzverwalters folgt aus § 109 I 1 InsO.

Eine (wirksame) Kündigung des A zu einem früheren Zeitpunkt ist nicht ersichtlich. Bis zum 31.3.2022 hat die GmbH ein Recht zum Besitz, das dem Aussonderungsanspruch des A entgegensteht. Der Aussonderungsanspruch des A ist folglich frühestens mit Ablauf des 31.3.2022 durchsetzbar.

2. Nutzungsrecht gemäß § 135 III 1 InsO bis zum 28.12.2022

Ein über den 31.3.2022 hinaus bis zum 28.12.2022 bestehendes Nutzungsrecht des Insolvenzverwalters kann sich aus § 135 III 1 InsO ergeben. Danach kann ein Aussonderungsanspruch gemäß § 47 InsO für eine Zeit von maximal einem Jahr ab der Eröffnung des Insolvenzverfahrens nicht geltend gemacht werden, wenn dem Schuldner von einem Gesellschafter ein Gegenstand zum Gebrauch überlassen wurde, der für die Fortführung des Unternehmens des Schuldners von erheblicher Bedeutung ist.

---

[145] *Bitter*, ZIP 2013, 1998, 1999 mit Fn. 15.

[146] Ebenso wohl *Göcke/Rittscher*, DZWIR 2012, 355, 356 („Bei Darlehen steht die Verzinsung und nicht die Rückzahlung im Gegenseitigkeitsverhältnis.“).

[147] Vgl. für Mietzinsansprüche BGHZ 204, 83 = ZIP 2015, 589 (Rn. 71 ff.) und dazu (partiell kritisch) *Bitter*, WuB 2015, 350, 355 f.; Scholz/*Bitter*, GmbHG, Anh. § 64 Rn. 209.

A hat der Renate-Bluse GmbH als deren Gesellschafter die Verkaufsräume vermietet und daher im Sinne des § 135 III 1 InsO zum Gebrauch überlassen. Fraglich ist allein, ob die Räume **für die Fortführung des Unternehmens der GmbH von erheblicher Bedeutung** sind. Der Insolvenzverwalter sagt, er benötige noch bis zum 28.12.2022 Verkaufsräume, weil erst dann komplett auf den Verkauf im Internet umgestellt werde. Allerdings ist nicht erkennbar, dass Verkaufsräume derart rar wären, dass ohne eine Nutzung der konkret von A überlassenen Räume ein Verkauf in Ladengeschäften nicht erfolgen könnte. Vielmehr muss man annehmen, dass der Insolvenzverwalter auch andere Räume mieten könnte.

Jedoch kann sich die Fortführungserheblichkeit i. S. v. § 135 III 1 InsO daraus ergeben, dass die GmbH die Räume des A zu **Konditionen** nutzen darf, **zu denen Räume von dritter Seite nicht zu beschaffen sind** (sehr str.).[148] Würde der Insolvenzverwalter anderweitig Räume anmieten, müsste er voraussichtlich 4.000 EUR monatlich an Miete zahlen, weil dies der marktübliche Preis für Räume dieser Art ist. Fraglich ist daher, welche Kosten für die Masse sich aus einer Weiternutzung der Räume des A ergeben.

Gemäß § 135 III 2 InsO gebührt dem Gesellschafter für den Gebrauch des Gegenstandes ein **Ausgleich**, der sich gemäß dem Wortlaut der Norm nach dem Durchschnitt der im letzten Jahr vor Verfahrens*eröffnung* geleisteten Vergütung richtet. Bei diesem an die *Eröffnung* anknüpfenden Wortlaut handelt es sich allerdings nach Ansicht des BGH um ein Redaktionsversehen des Gesetzgebers, weshalb – wie bei den Anfechtungstatbeständen der §§ 130 ff. InsO – auf den Zeitraum vor dem Insolvenz*antrag* abzustellen sei.[149] A hat für die Nutzung im letzten Jahr vor dem Insolvenzantrag statt der eigentlich geschuldeten 48.000 EUR nur 12.000 EUR erhalten, weil er seinen Anspruch auf die Miete im Übrigen gestundet hat. Die tatsächliche monatliche Durchschnittsvergütung für das Jahr vor dem Insolvenzantrag beträgt folglich 1.000 EUR. Die Zahlung der 12.000 EUR ist nach der Angabe im Sachverhalt auch nicht anfechtbar, so dass sie im Rahmen des § 135 III 2 InsO nicht unter diesem Aspekt außen vor zu lassen ist.[150] Für die Nutzung bis zum 28.12.2022 kann A somit monatlich nur 1.000 EUR verlangen. Diese Forderung ist richtigerweise eine Masseforderung gemäß §§ 53 ff. InsO und keine Insolvenzforderung gemäß § 38 InsO.[151] Sie wird daher vorneweg aus der Masse berichtigt (§ 53 InsO).

Hinweis: Die Vergütung gemäß § 135 III 2 InsO gilt nach richtiger, vom BGH und der h. M.[152] allerdings nicht geteilter Ansicht auch für die Nutzung bis zum 31.3.2022, obwohl bis dahin der Mietvertrag fortbesteht, der eine monatliche Mietzahlungspflicht von 4.000 EUR vorsieht. Diese vertragliche Ebene wird nämlich für den in § 135 III 1 InsO vorgesehenen Zeitraum von § 135 III 2 InsO überlagert, weil der Gesetzgeber den Gesellschafter für das komplette Jahr in die Pflicht nehmen wollte und die Position der h. M. zudem zu dem misslichen Ergebnis führt, dass der Insolvenzverwalter zur Erlangung der günstigeren Konditionen kündigen muss, obwohl er häufig – anders als hier – bei Übernahme des Unternehmens noch gar nicht absehen kann, ob er die Sache/das Grundstück auch nach Ablauf der Jahresfrist für die Masse benötigt.[153]

---

[148] So Scholz/*Bitter*, GmbHG, Anh. § 64 Rn. 439, 441. Die Gegenansicht will sich allgemein an den zu § 21 II 1 Nr. 5 InsO entwickelten Maßstäben orientieren.

[149] BGHZ 204, 83 = ZIP 2015, 589 (Rn. 56); a. A. *Bitter*, ZIP 2010, 1, 12; w. N. bei Scholz/*Bitter*, GmbHG, Anh. § 64 Rn. 450; *Bitter*, WuB 2015, 350, 354.

[150] Zur Nichtberücksichtigung anfechtbar gezahlter Entgelte BGHZ 204, 83 = ZIP 2015, 589 (Rn. 55); zuvor schon *Bitter*, ZIP 2010, 1, 11 f.; w. N. bei Scholz/*Bitter*, GmbHG, Anh. § 64 Rn. 448.

[151] BGHZ 204, 83 = ZIP 2015, 589 (Rn. 32 ff.); zuvor schon *Bitter*, ZIP 2010, 1, 11.

[152] BGHZ 204, 83 = ZIP 2015, 589 (Rn. 52 ff.) m. w. N.

[153] Näher *Bitter*, ZIP 2010, 1, 13; *Bitter*, WuB 2015, 350, 354 f.; Scholz/*Bitter*, GmbHG, Anh. § 64 Rn. 453 ff.

Schon aus diesen im Vergleich zu einer anderweitigen Anmietung deutlich geringeren Kosten einer Weiternutzung der Räume des A folgt bei teleologischer Auslegung die Fortführungserheblichkeit i.S.v. § 135 III 1 InsO. Die Überlassungspflicht des Gesellschafters gegen reduziertes Entgelt besteht nämlich, weil sich in der (partiellen) Nichtzahlung von Entgelten im Vorfeld der Insolvenz eine **materielle Unterkapitalisierung der Gesellschaft** manifestiert (hat), die den Gesellschafter im Wege der Entgeltreduktion (= faktisch) zu einem Nachschuss verpflichtet.[154] Bei diesem Normzweck wäre es unangebracht, danach zu differenzieren, ob sich die materielle Unterkapitalisierung gerade in der Nichtzahlung des Entgelts für einen Gegenstand verwirklicht, der im engeren Sinne betriebsnotwendig ist.[155]

Der Insolvenzverwalter ist somit berechtigt, die Verkaufsräume gegen Zahlung eines Entgelts von 1.000 EUR monatlich bis zum 28.12.2022 (= ein Jahr ab Insolvenzeröffnung) zu nutzen (a.A. der BGH und die h.M. für den Zeitraum bis zum 31.3.2022: voller Mietzins).

Fall Nr. 23 – Schütt-aus-hol-zurück

Die X-GmbH hat ein Stammkapital von 200.000 EUR und zwei Gesellschafter (M und N), die jeweils zu 50 % beteiligt sind. Das bilanzielle Eigenkapital der Gesellschaft beträgt 1,2 Mio. EUR, weil neben dem Stammkapital 1 Mio. EUR als Gewinnvortrag ausgewiesen sind. Das Aktivvermögen der Gesellschaft beträgt 2 Mio. EUR, die Verbindlichkeiten 800.000 EUR.

Auf einer Gesellschafterversammlung beschließen M und N einstimmig eine Erhöhung des Stammkapitals um 500.000 EUR auf 700.000 EUR. Der Beschluss wird notariell beurkundet. Beide übernehmen in einer notariell beglaubigten Erklärung einen Geschäftsanteil von jeweils 250.000 EUR gegen Bareinlage. Wie bereits bei Fassung des Beschlusses über die Kapitalerhöhung geplant, halten M und N eine Woche später erneut eine Gesellschafterversammlung ab und beschließen einstimmig, dass 500.000 EUR des Gewinnvortrags an die Gesellschafter ausgeschüttet werden, so dass jeder 250.000 EUR erhält. Die X-GmbH zahlt sofort jeweils 250.000 EUR an M und N aus. Diese verwenden das erhaltene Geld wie verabredet, um ihre Einlageverpflichtung aus der Kapitalerhöhung zu erfüllen. Sind M und N durch die Zahlungen von ihrer Einlagepflicht frei geworden?

Abwandlung: Wie im Grundfall, jedoch erfolgt keine Her- und Hinzahlung, sondern die Gesellschaft rechnet absprachegemäß mit ihrer Einlageforderung gegen den Gewinnauszahlungsanspruch von M und N auf. Ergeben sich Änderungen gegenüber dem Grundfall?

Lösung zum Grundfall

1. Wirksame Begründung einer Einlageverpflichtung

M und N haben einstimmig eine Erhöhung des Stammkapitals beschlossen. Weil der Betrag des Stammkapitals gemäß § 3 I Nr. 3 GmbHG notwendiger Inhalt des Gesellschaftsvertrags ist, liegt hierin zwingend der Beschluss über eine Satzungsän-

---

[154] Vgl. im Einzelnen *Bitter*, ZIP 2010, 1, 4ff.; ferner Scholz/*Bitter*, GmbHG, Anh. § 64 Rn. 415.

[155] Näher *Bitter*, ZIP 2010, 1, 12; siehe auch Scholz/*Bitter*, GmbHG, Anh. § 64 Rn. 439, 441.

derung. Ein wirksamer zustimmender Beschluss liegt daher nur vor, wenn die Erfordernisse des § 53 II GmbHG eingehalten sind. Dies ist der Fall: Der Beschluss wurde notariell beurkundet und einstimmig gefasst. Allerdings wird die Erhöhung des Stammkapitals erst mit der Eintragung im Handelsregister wirksam (§ 54 III GmbHG). Die Eintragung wirkt also konstitutiv.

Von dem Erhöhungsbeschluss zu trennen, aber ebenfalls notwendige Voraussetzung der Kapitalerhöhung ist die Übernahme *jedes* Geschäftsanteils an dem erhöhten Stammkapital (vgl. § 57 I GmbHG). Hierzu bedarf es einer notariell aufgenommenen oder beglaubigten Erklärung des jeweiligen Übernehmers (§ 55 I GmbHG). M und N haben durch notariell beglaubigte Erklärung einen Geschäftsanteil von jeweils 250.000 EUR übernommen, so dass das gesamte erhöhte Stammkapital durch die Übernahme von Geschäftsanteilen gedeckt ist. Nicht bereits der Erhöhungsbeschluss, sondern erst diese Übernahmeerklärung begründet eine Verpflichtung von M und N zur Leistung der vorgesehenen Bareinlagen auf die neuen Geschäftsanteile. Zwar steht nach allgemeiner Meinung (auch) die Übernahmeerklärung unter der (gesetzlichen) Bedingung der Eintragung des Erhöhungsbeschlusses ins Handelsregister;[156] jedoch soll die Gesellschaft nach h. M. gleichwohl bereits vorher einen zwangsweise durchsetzbaren Anspruch gegen den Übernehmer haben.[157] Hierfür spricht insbesondere, dass neben dem Erhöhungsbeschluss und der Übernahmeerklärung auch die *vorherige* teilweise Leistung der Einlagen Voraussetzung der Anmeldung/Eintragung der Kapitalerhöhung ist (vgl. §§ 56a, 57 II GmbHG, jeweils i. V. m. § 7 II 1 GmbHG). Hätte die Gesellschaft keinen durchsetzbaren Anspruch gegen den Übernehmer, stünde die Kapitalerhöhung daher trotz seiner formwirksamen Übernahmeerklärung weiter in seinem Belieben.

Aus alledem folgt: Mit Abgabe der formwirksamen Übernahmeerklärung haben sich M und N wirksam verpflichtet, jeweils 250.000 EUR in bar an die X-GmbH zu zahlen.

2. Erfüllung der Einlageverpflichtung

Grundsätzlich haben M und N ihre Geldeinlageverpflichtung erfüllt, indem sie jeweils 250.000 EUR an die X-GmbH überwiesen haben (§ 362 I BGB). Etwas anderes kann sich aber aus § 56 II i. V. m. § 19 IV 1 GmbHG ergeben. Danach hat eine vereinbarungsgemäß erbrachte Geldeinlage keine Erfüllungswirkung, wenn sie bei wirtschaftlicher Betrachtung und aufgrund einer im Zusammenhang mit der Übernahme der Geldeinlage getroffenen Abrede vollständig oder teilweise als Sacheinlage zu bewerten ist (**verdeckte Sacheinlage**). Hier kommt in Betracht, dass M und N verdeckt einen Gewinnauszahlungsanspruch gegen die X-GmbH, also eine Forderung gegen die Gesellschaft, eingelegt haben.

a) Gewinnauszahlungsanspruch

Die verdeckte Einlage einer Forderung setzt zunächst voraus, dass M und N einen Gewinnauszahlungsanspruch gegen die X-GmbH gehabt haben.

M und N haben beschlossen, dass von einem Gewinnvortrag von 1 Mio. EUR ein Betrag von insgesamt 500.000 EUR an die Gesellschafter ausgeschüttet werden soll. Ein Gewinnvortrag wird gebildet, indem die Gesellschafter in ihrem Beschluss über die Verwendung des Ergebnisses (vgl. § 46 Nr. 1 GmbHG) übereinkommen, Gewinne vorzutragen (vgl. § 29 II GmbHG). Dies führt dazu, dass der Anspruch der Ge-

[156] Vgl. Scholz/*Priester/Tebben*, GmbHG, § 55 Rn. 85 m. w. N.
[157] Vgl. Scholz/*Priester/Tebben*, GmbHG, § 55 Rn. 96 m. w. N.

sellschafter auf den Jahresüberschuss (teilweise) entfällt. Dieser besteht gemäß § 29 I 1 GmbHG nämlich nur, soweit der sich ergebende Betrag nicht durch Beschluss nach § 29 II GmbHG von der Verteilung unter die Gesellschafter ausgeschlossen ist. Der Ausschluss von der Verteilung ist jedoch nur ein vorübergehender.[158] Der Gewinnvortrag kann jederzeit durch Beschluss der Gesellschafter aufgelöst werden. Die Gesellschafter beschließen dann eine anderweitige Verwendung des Ergebnisses. Dies haben M und N teilweise getan, indem sie die Ausschüttung von 500.000 EUR beschlossen haben. Folglich hat der Beschluss dazu geführt, dass in Höhe von jeweils 250.000 EUR ein Gewinnauszahlungsanspruch gemäß § 29 I 1 GmbHG entstanden ist. Es gibt daher eine Forderung, die M und N verdeckt eingelegt haben können.

b) Wirtschaftliche Betrachtung des Vorgangs

Bei einer wirtschaftlichen Betrachtung des Gesamtvorgangs zwischen den Gesellschaftern und der Gesellschaft ergibt sich: Die Auszahlungen an die Gesellschafter zwecks Befriedigung ihrer Gewinnansprüche und ihre anschließenden Einlageleistungen neutralisieren sich. Zusätzlich haben M und N ihre Gewinnauszahlungsansprüche verloren. Letztlich haben sie somit (nur) diese Forderungen und kein Geld aufgewendet, um die neuen Geschäftsanteile von insgesamt 500.000 EUR zu erhalten. Weil auch Forderungen gegen die Gesellschaft selbst sacheinlagefähig sind (bei einer Abtretung an die Gesellschaft erlöschen sie durch Konfusion), stellt sich der Vorgang bei wirtschaftlicher Betrachtung daher grundsätzlich als Sacheinlage dar.

Hinweis: Faktisch hat eine Kapitalerhöhung aus Gesellschaftsmitteln (= nominelle Kapitalerhöhung) stattgefunden, bei der Rücklagen in Stammkapital umgewandelt werden (vgl. § 57c I GmbHG): M und N haben Mittel aus dem Gewinnvortrag, der in der Sache eine vorübergehende Rücklage ist, genutzt, um das erhöhte Stammkapital aufzubringen. Nur sind diese Mittel eben zunächst ausgeschüttet und dann zurückgeführt worden, was im Ergebnis jedoch nichts ändert. Effektiv hat die Gesellschaft keine neuen Barmittel erhalten. Hätten die Gesellschafter die Vorschriften über die Kapitalerhöhung aus Gesellschaftsmitteln eingehalten, stellte sich das Problem der verdeckten Sacheinlage nicht, weil der BGH bei Beachtung der gesetzlichen Vorschriften zur Kapitalerhöhung aus Gesellschaftsmitteln auch die Kapitalerhöhung im Wege des sog. „Schütt-aus-hol-zurück-Verfahrens" für wirksam hält, eben weil – wie darlegt – nur ein technischer und kein wirtschaftlicher Unterschied besteht; vgl. BGHZ 135, 381.

Problematisch ist allerdings, dass die Forderungen, die wirtschaftlich gesehen verdeckt eingelegt wurden, zum Zeitpunkt des Kapitalerhöhungsbeschlusses noch gar nicht bestanden, sondern erst durch den zeitlich danach liegenden Ergebnisverwendungsbeschluss entstanden sind. Sie sind also **keine sog. Alt-, sondern Neuforderungen**. Nach der Rechtsprechung des BGH kann den Gesellschaftern der Vorwurf einer verdeckten Sacheinlage nur gemacht werden, wenn auch der ordnungsgemäße Weg einer (offenen) Sacheinlage gangbar gewesen wäre.[159] Daran ließe sich zweifeln, weil es aufgrund der von M und N konkret gewählten zeitlichen Reihenfolge faktisch nicht möglich war, die Einlage der Forderung bei der Entscheidung über die Kapitalerhöhung gemäß § 56 I GmbHG vorzusehen. Jedoch ist zu beachten, dass M und N schon bei der Fassung des Kapitalerhöhungsbeschlusses vorabgesprochen hatten, später den Beschluss über die Gewinnausschüttung zu fassen und die hierdurch freigesetzten Mittel für die Zahlung auf ihre Einlageverpflichtung zu nutzen. Das wirtschaftliche Ergebnis einer Sacheinlage war also von Anfang an gewollt. Die Vorschriften über die verdeckte Sacheinlage bei dieser Sachlage nur

[158] Vgl. dazu Scholz/*Verse*, GmbHG, § 29 Rn. 46.
[159] BGHZ 180, 38 = ZIP 2009, 713 – Qivive.

aufgrund der konkreten Reihenfolge von Erhöhungsbeschluss und Forderungsentstehung nicht anzuwenden, ginge daher am Zweck des § 19 IV GmbHG vorbei. Überdies hätten M und N die neue Gewinnverwendung ohne weiteres bereits zusammen mit der Kapitalerhöhung beschließen können, um die Voraussetzungen für eine Sacheinlage der Forderung zu schaffen.

c) Abrede

Das wirtschaftliche Ergebnis einer Einlage der Gewinnauszahlungsansprüche muss im Zusammenhang mit der Übernahme der Geldeinlage verabredet worden sein. Geht es – wie hier – um die verdeckte Einlage einer Forderung, die *nach* der Übernahme der Geldeinlagepflicht entsteht, ist die Rechtsprechung besonders streng, wenn es um die Feststellung einer solchen Abrede geht. Grundsätzlich verlangt sie, dass dieses Vorgehen vor oder bei der Fassung des Kapitalerhöhungsbeschlusses unter den Beteiligten definitiv vorabgesprochen worden ist.[160] Eine Abrede wird in solchen Fällen also grundsätzlich nicht (!) vermutet. Etwas anderes gilt nur, wenn die Zahlung auf die Forderung des Gesellschafters und dessen Einlageleistung in engem zeitlichen (und sachlichen) Zusammenhang mit dem Kapitalerhöhungsbeschluss erfolgen.[161]

Im vorliegenden Fall spielen Fragen der Vermutung keine Rolle, weil die erforderliche Absprache zwischen M und N feststeht.

Hinweis: Die Voraussetzungen der Vermutung dürften zudem erfüllt sein, weil der neue Gewinnverwendungsbeschluss nur eine Woche nach der Entscheidung über die Kapitalerhöhung erfolgte und die entsprechenden Zahlungen sofort ausgetauscht wurden und sich betraglich entsprachen.

d) Ergebnis

M und N haben verdeckt ihre Gewinnauszahlungsansprüche eingelegt. § 19 IV 1 GmbHG schließt daher die Erfüllungswirkung ihrer Geldzahlungen aus. Die Einlageverpflichtungen bestehen in Höhe von insgesamt 500.000 EUR fort.

3. Anrechnung des Forderungswertes

Gemäß § 19 IV 3 GmbHG ist auf die fortbestehende Geldeinlagepflicht des Gesellschafters der Wert des Vermögensgegenstandes im Zeitpunkt der Anmeldung der Gesellschaft zur Eintragung in das Handelsregister anzurechnen. Bei einer Kapitalerhöhung kommt es entsprechend auf den Wert des verdeckt eingelegten Gegenstandes im Zeitpunkt der Anmeldung der Kapitalerhöhung gemäß § 57 GmbHG an. Jedoch erfolgt die Anrechnung auch hier erst mit der Eintragung (§§ 56 II, 19 IV 4 GmbHG).

Da M und N ihre Gewinnauszahlungsansprüche verdeckt eingelegt haben, kommt es auf deren Wert bei der Anmeldung an. Das Nettovermögen der Gesellschaft betrug 1,2 Mio. EUR. Die Forderungen von M und N in Höhe von insgesamt 500.000 EUR waren daher vollständig gedeckt, so dass ihr Wert dem Nominalbetrag entsprach.

Fortbestehenden Einlagepflichten von 500.000 EUR steht somit ein Anrechnungsbetrag in gleicher Höhe gegenüber. Kommt es zur Eintragung der Kapitalerhöhung, erlöschen die Einlageverpflichtungen von M und N daher vollständig.

---

[160] BGHZ 152, 37 (Leitsatz 1).
[161] BGHZ 152, 37 (Leitsatz 1) unter Hinweis nur auf den *zeitlichen* Zusammenhang.

Lösung zur Abwandlung

1. Tatbestand der verdeckten Sacheinlage

Die Abrede der Parteien zielt hier auf einen Vorgang, der im wirtschaftlichen Ergebnis dem Geschehen im Grundfall entspricht: Infolge der Aufrechnung der Gesellschaft sollen die gegenseitigen Ansprüche erlöschen. M und N sollen für die Erfüllung ihrer Geldeinlagepflichten nur ihre Gewinnauszahlungsansprüche verlieren, so dass wirtschaftlich die (verdeckte) Einlage von Forderungen anstelle der eigentlich geschuldeten Barmittel angestrebt ist. Weil damit in der Sache ein Fall des § 19 IV GmbHG vorliegt, sollte diese Vorschrift angewendet werden, obgleich sein Wortlaut auch so verstanden werden könnte, dass der Gesellschafter zunächst tatsächlich gezahlt haben muss (→ § 3 Rn. 177 f. und Rn. 181 zur AG).

2. Rechtsfolgen

Die Geldeinlageforderungen der Gesellschaft in Höhe von 500.000 EUR bestehen trotz der Aufrechnung der Gesellschaft grundsätzlich fort (§ 19 IV 1 GmbHG). Die Gewinnauszahlungsforderungen von M und N sind hingegen infolge der Aufrechnung erloschen, weil (1) § 19 IV 1 GmbHG deren Fortbestand nicht anordnet und sie (2) auch in dem wertungsmäßig gleichen Fall eines Schütt-aus-hol-zurück-Verfahrens erloschen wären (→ Grundfall).

Gemäß § 19 IV 3 GmbHG ist nunmehr der **Wert der (erloschenen) Forderungen** von M und N (= 500.000 EUR) auf die fortbestehenden Geldeinlageverpflichtungen in gleicher Höhe **anzurechnen**. Die Anrechnungswirkung tritt mit der Eintragung der Kapitalerhöhung im Handelsregister ein (§ 19 IV 4 GmbHG), so dass die Geldeinlagepflichten von M und N in diesem Moment vollständig erlöschen, weil der Sachwert den vereinbarten Geldeinlagebetrag vollständig deckt.

Die Einlageschulden von M und N bestehen auch nicht etwa trotz ausreichenden Sachwertes in Höhe des Betrags der **Mindesteinzahlung** gemäß § 7 II 1 GmbHG (= ein Viertel des Nennbetrags) fort. Zwar gilt diese Vorschrift auch im Rahmen einer Kapitalerhöhung (§ 56a GmbHG). Auch wird aus ihr der Grundsatz abgeleitet, dass in Höhe der Mindesteinzahlung eine bare oder barzahlungsgleiche Zahlung zwingend erforderlich ist, so dass eine *Auf*rechnung insoweit stets unzulässig ist. Dies ist jedoch nicht auf die *An*rechnung gemäß § 19 IV 3 GmbHG zu übertragen. Offensichtliches Regelungsziel des § 19 IV 3 GmbHG ist nämlich, dass bei ausreichendem Sachwert gar keine Geldeinlageforderung mehr besteht. Dies wird nur erreicht, wenn es – ausnahmsweise – auch für den Mindestbetrag gemäß § 7 II 1 GmbHG genügt, dass er durch einen Sachwert gedeckt ist. § 19 IV 3 GmbHG enthält also auch insofern eine abschließende Sonderregelung (→ § 4 Rn. 208).

§ 11. Fälle zur Gesellschaft bürgerlichen Rechts (GbR)

Fall Nr. 24 – Delikt

Die Rechtsanwälte A, B und C sind Gesellschafter einer Sozietät von Rechtsanwälten. S, der bei der Sozietät als Rechtsanwalt angestellt ist, steht ohne Zusatz auf dem Briefbogen und dem Kanzleischild der Sozietät und bearbeitet Mandate der

Sozietät eigenständig. Mandant M beauftragt die Sozietät, eine Forderung in Höhe von 80.000 EUR geltend zu machen und einzuziehen. S wird die Bearbeitung des Falls übertragen. Nachdem S die Gegenseite zur Zahlung auffordert, kommt es zu Vergleichsverhandlungen. Dabei einigt man sich darauf, dass M 40.000 EUR erhalten soll. S weist die Gegenseite an, den Betrag auf sein Privatkonto zu zahlen. Nachdem das Geld auf dem Konto eintrifft, hebt S es ab und verschwindet spurlos.

A rechnet damit, dass M ihn alsbald persönlich auf Zahlung von 40.000 EUR in Anspruch nimmt. Aus einem privaten Autoverkauf an M hat er gegen diesen noch einen Anspruch in Höhe von 50.000 EUR. Er fragt den Referendar R, ob er im Fall der Fälle mit dieser Forderung gegen M aufrechnen kann.

Rechtsprechungshinweis: BGHZ 172, 169.

Lösung

Ein Anspruch des M gegen A auf Zahlung von 40.000 EUR kann sich daraus ergeben, dass M einen Anspruch gegen die Sozietät von Rechtsanwälten hat und A als deren Gesellschafter persönlich für diese Schuld haftet. In Betracht kommen sowohl vertragliche wie deliktische Ansprüche.

1. Anspruch aus §§ 675, 667 BGB i.V.m. § 128 HGB (analog)/§ 721 BGB n.F.

Denkbar ist zunächst, dass M ein Herausgabeanspruch gegen die Rechtsanwaltssozietät aus einer Geschäftsbesorgung zusteht und A hierfür analog § 128 HGB (zukünftig § 721 BGB n.F.) haftet.

a) Geschäftsbesorgungsvertrag mit einer GbR

Voraussetzung hierfür ist, dass zwischen M und der Sozietät ein Geschäftsbesorgungsvertrag i.S.v. § 675 BGB zustande gekommen ist.

Eine **Sozietät von Rechtsanwälten ist eine GbR**, wenn die Anwälte nicht ausdrücklich eine andere Rechtsform gewählt haben. Die Sozietät ist **rechtsfähig**, weil sie als solche am Rechtsverkehr teilnimmt und daher Außengesellschaft ist (vgl. zukünftig § 705 II BGB n.F.). Die GbR kann folglich Vertragspartner eines Geschäftsbesorgungsvertrags mit M geworden sein.

Der Auftrag des M, seine Forderung einzuziehen, ist als Geschäftsbesorgung i.S.v. § 675 BGB anzusehen. Es ist davon auszugehen, dass die GbR bei Abschluss dieses Vertrags ordnungsgemäß vertreten wurde.

b) Herausgabe des Erlangten

Ein Herausgabeanspruch aus § 667 BGB, der über § 675 BGB zur Anwendung kommt, setzt aber weiter voraus, dass die GbR etwas aus der Geschäftsbesorgung erlangt hat. Dies wäre nur dann der Fall, wenn die 40.000 EUR auf einem Geschäftskonto der GbR eingegangen und damit in ihre Verfügungsgewalt gelangt wären. Dann stellte sich die umstrittene Frage, ob die spätere Veruntreuung dieser Gelder durch einen Mitarbeiter der Sozietät den Anspruch aus § 667 BGB wieder entfallen lassen würde.[162] Dies kann jedoch dahinstehen: Da die 40.000 EUR nie auf ein Konto der GbR eingezahlt wurden, hat diese auch nichts erlangt, was sie herausgeben könnte.

---

[162] Dafür *Heim*, Schenkungsanfechtung bei Auszahlungen im verdeckten Schneeballsystem, 2011, S. 302 ff. mit zahlreichen Nachweisen zum Streitstand.

c) Ergebnis

Es besteht schon kein Anspruch aus §§ 675, 667 BGB gegen die GbR, für den A ggf. haften müsste.

2. Anspruch aus § 280 I BGB i. V. m. § 128 HGB (analog)/§ 721 BGB n. F.

In Betracht kommt aber ein Anspruch aus § 280 I BGB i. V. m. § 128 HGB (analog; zukünftig § 721 BGB n. F.), wenn A für eine von der GbR begangene Vertragsverletzung einzustehen hat.

a) Anspruch aus § 280 I BGB gegen die GbR

Der Anspruch gegen die GbR aus § 280 I BGB kann sich aus einer schuldhaften Verletzung des in dem Geschäftsbesorgungsvertrag liegenden Schuldverhältnisses ergeben. Ob die Einziehung des Geldes auf ein Privatkonto des S die Verletzung der Hauptpflicht aus dem Inkassoauftrag oder die Verletzung der Nebenpflicht zur Rücksichtnahme auf die Interessen des Vertragspartners (§ 241 II BGB) darstellt, kann insoweit dahinstehen, weil die Voraussetzungen und Rechtsfolgen keine anderen sind. Entscheidend ist in beiden Fällen die Frage, ob sich die GbR das Verhalten des S zurechnen lassen muss. Dies ist gemäß § 278 BGB der Fall, wenn S **Erfüllungsgehilfe**, er also im Pflichtenkreis der GbR zur Erfüllung einer dieser obliegenden Verbindlichkeit tätig geworden ist. Da S die Bearbeitung des Mandats übertragen wurde, war er in deren Pflichtenkreis tätig und folglich Erfüllungsgehilfe. Die durch ihn begangene objektive Pflichtverletzung wird damit der GbR nach § 278 BGB zugerechnet.[163] Daher kommt es an dieser Stelle nicht (mehr) darauf an, ob eine Zurechnung des Verhaltens von S auch analog § 31 BGB möglich wäre (→ Ziff. 2. c) bb) bbb)).

Neben der objektiven Pflichtverletzung wird über § 278 BGB auch das Verschulden des S, hier Vorsatz (§ 276 BGB), der GbR zugerechnet.

Problematisch ist allein, ob M durch die Umleitung der Gelder auf ein Privatkonto des S **ein Schaden** entstanden ist. Dies wäre nur dann der Fall, wenn sich die Vermögenslage des M dadurch verschlechtert, er insbesondere seine Forderung i. H. v. 40.000 EUR verloren hätte, ohne das Geld zu erhalten. Dies ist davon abhängig, ob der Schuldner des M durch die Zahlung auf das Privatkonto des S von seiner Verbindlichkeit gegenüber M befreit wurde. Da nicht an M direkt gezahlt wurde, kann die Erfüllung nur gemäß § 362 II i. V. m. § 185 BGB eingetreten sein. Die insoweit erforderliche Einzugsermächtigung liegt in dem der GbR erteilten Inkassoauftrag. Diesen Auftrag wird man mangels Spezifizierung dahingehend auszulegen haben, dass auf jenes Konto wirksam gezahlt werden kann, welches der mit dem Inkasso Beauftragte gegenüber dem Schuldner angibt. Anderenfalls würde das Forderungsinkasso mit nicht hinnehmbaren Unsicherheiten für den Schuldner belastet, der zur eigenen Sicherheit selbst dann die Zahlung verweigern müsste, wenn ihm vom einziehenden Anwalt ein Inkassoauftrag seines Gläubigers vorgelegt wird, in diesem Auftrag aber nicht das konkrete Konto benannt wird, auf das der Schuldner wirksam erfüllen kann. Da dies letztlich auch nicht im Interesse des Gläubigers läge, muss bei vorhandenem Inkassoauftrag so lange von einer Anwendung des § 185 BGB ausgegangen werden, wie der Gläubiger nicht explizit in seinem Auftrag das Konto angegeben hat, auf das (allein) wirksam gezahlt werden kann.

---

[163] Gegen eine Anwendung von § 278 BGB auf (hier: scheinbare) „Organmitglieder" für die GmbH MHLS/*Lieder*, GmbHG, § 13 Rn. 30 mit dem – u. E. nicht überzeugenden – Argument, das Organmitglied wolle keine fremde, sondern eine eigene Verbindlichkeit erfüllen.

Folglich hat auch die Zahlung des Schuldners auf das Privatkonto des S gemäß §§ 362 II, 185 BGB Erfüllungswirkung mit der Folge, dass M durch den Einzug des Geldes ein Schaden durch Verlust seiner Forderung entstanden ist.

Deshalb ist der Schadensersatzanspruch des M gegen die GbR aus § 280 I BGB begrundet.

b) Persönliche Haftung des A (§ 128 HGB analog/§ 721 BGB n. F.)

Der Gesellschafter einer GbR haftet derzeit analog § 128 HGB bzw. zukünftig gemäß § 721 BGB n. F. persönlich für die Verbindlichkeiten der Gesellschaft.

Für **berufshaftungsrechtliche Verbindlichkeiten** einer Sozietät von Rechtsanwälten ist **keine Ausnahme** zur analogen Anwendung des § 128 HGB anzuerkennen (vgl. zukünftig auch die allgemeine Anordnung der persönlichen Haftung in § 721 BGB n. F.). Auch hier fehlt für die Gläubiger ein gesicherter Haftungsfonds, so dass ein Ausgleich durch die persönliche Haftung der Sozien geboten ist. Gerade der Zusammenschluss von Rechtsanwälten basiert auf einer engen persönlichen Verbindung, so dass es gerechtfertigt erscheint, wenn der eine für das Fehlverhalten des anderen einzustehen hat. Dies gilt für den vertraglichen und den deliktischen Bereich.

A haftet daher persönlich für die Verbindlichkeit der GbR aus § 280 I BGB.

Hinweis: Eine persönliche Haftung für fehlerhafte Berufsausübung lässt sich vermeiden, indem die Rechtsform der Partnerschaft mit beschränkter Berufshaftung (PartG mbB) gewählt wird (→ § 8 Rn. 1). Wird die PartG ohne beschränkte Berufshaftung gewählt, haftet (immerhin) nur der Partner persönlich, der mit der Bearbeitung des Auftrags befasst war (→ § 8 Rn. 1). Die GbR birgt insoweit vermeidbare Haftungsgefahren für die Partner einer Rechtsanwaltssozietät. Nach dem Inkrafttreten des **MoPeG** am 1.1.2024 kann grundsätzlich auch die Rechtsform einer KG zum Zwecke einer – über die PartG mbB noch hinausgehenden – Haftungsbeschränkung gewählt werden (vgl. §§ 107 I 2, 161 II HGB n. F.).[164]

c) Aufrechnung durch A (§ 389 BGB)

Zu prüfen ist nun, ob A gegenüber dieser Schadensersatzforderung wirksam mit seinem Gegenanspruch aus dem privaten Autoverkauf aufrechnen kann. Dies hätte zur Folge, dass die gegenseitigen Forderungen rückwirkend erlöschen, soweit sie sich decken (§ 389 BGB), hier also i. H. v. 40.000 EUR. Für eine wirksame Aufrechnung ist neben einer – als Gestaltungsrecht zu qualifizierenden – Aufrechnungserklärung (§ 388 BGB) eine Aufrechnungslage (§ 387 BGB) und das Fehlen von Aufrechnungsverboten erforderlich.

Die Aufrechnungslage i. S. v. § 387 BGB setzt neben der Gegenseitigkeit und Gleichartigkeit der geschuldeten Leistungen die Durchsetzbarkeit und Fälligkeit der Aktivforderung sowie die Erfüllbarkeit der Passivforderung voraus. All dies ist im Verhältnis zwischen A und M nicht problematisch, ferner auch nicht die im Grundsatz bestehende Möglichkeit des A, eine persönliche Forderung gegenüber der Haftung aus § 128 HGB (analog bei der GbR; zukünftig § 721 BGB n. F.) zur Aufrechnung zu bringen. Die Möglichkeit, in der *eigenen* Person begründete Einwendungen vorzubringen, setzt § 129 I HGB (analog bei der GbR; zukünftig § 721b I BGB n. F.) nämlich als selbstverständlich voraus.

Problematisch erscheint allein, ob das **Aufrechnungsverbot des § 393 BGB** eingreift und A hierdurch an der Aufrechnung gehindert ist.

aa) Anwendbarkeit des § 393 BGB

Fraglich ist insoweit zunächst die Anwendbarkeit des § 393 BGB, weil es an dieser Stelle nicht um eine Aufrechnung des A gegen einen Schadensersatzanspruch aus

---

164 Dazu Begr. RegE MoPeG zu § 107 HGB n. F., BT-Drs. 19/27635, S. 223 ff.

unerlaubter Handlung (§§ 823 ff. BGB), sondern gegen einen vertraglichen Schadensersatzanspruch des M aus § 280 I BGB geht. Dies ist allerdings unerheblich, wenn vertragliche und deliktische Ansprüche konkurrieren, wie der BGH zutreffend klargestellt hat.[165] Das Aufrechnungsverbot gilt dann für beide parallel laufenden Ansprüche. Zu prüfen ist daher, ob A dem M gleichzeitig auch aus unerlaubter Handlung haftet:

bb) Haftung des A aus §§ 823 II BGB, 266 StGB i.V.m. § 128 HGB (analog)/§ 721 BGB n.F.

Eine Haftung der GbR, für die A derzeit analog § 128 HGB bzw. zukünftig nach § 721 BGB n.F. einzustehen hat, kann aus einer vorsätzlich begangenen unerlaubten Handlung gemäß §§ 823 II BGB, 266 StGB folgen. Dies setzt voraus, dass sich S der Untreue (§ 266 StGB) schuldig gemacht hat und dies der GbR analog § 31 BGB zurechenbar ist.

aaa) Untreue des S (§ 266 StGB)

S war aufgrund seiner Stellung als Rechtsanwalt des M verpflichtet, dessen Vermögensinteressen wahrzunehmen (**Vermögensbetreuungspflicht**). Diese Pflicht hat S vorsätzlich verletzt, indem er die dem M zustehende Forderung i.H.v. 40.000 EUR auf sein Privatkonto eingezogen, das Geld sodann abgehoben und augenscheinlich für eigene Zwecke genutzt hat. S hat sich der Untreue schuldig gemacht.

bbb) Zurechnung analog § 31 BGB

Die von S begangene Untreue kann der GbR analog § 31 BGB zuzurechnen sein. Nach der Rechtsprechung des BGH findet § 31 BGB auf die rechtsfähige Außen-GbR entsprechende Anwendung (→ § 5 Rn. 42). Dies gilt auch für die berufshaftungsrechtliche Verantwortlichkeit von Rechtsanwaltssozietäten. Die Zurechnung setzt voraus, dass S (1) verfassungsmäßig berufener Vertreter der GbR war und er die Untreue (2) in Ausführung der ihm zustehenden Verrichtungen begangen hat.

(1) Verfassungsmäßig berufene Vertreter einer GbR sind vor allem ihre geschäftsführungsbefugten Gesellschafter, bei einer Rechtsanwaltssozietät also **jeder *einzelne* Sozius**, dem entsprechend der Hauptaufgabe der Sozietät die selbständige und eigenverantwortliche Bearbeitung von Mandaten überlassen worden ist. Dies gilt auch dann, wenn die Gesellschafter – wie gesetzlich vorgesehen (§§ 714, 709 BGB; zukünftig §§ 715 I, III, 720 I BGB n.F.) – nur gemeinsam zur Geschäftsführung und Vertretung der GbR befugt sind.

Allerdings ergibt sich ein Problem, weil S, dessen Verhalten zugerechnet werden soll, tatsächlich überhaupt nicht Sozius (= Gesellschafter) der GbR war. Indes hindert dies die Zurechnung nicht, und zwar aus zwei Gründen:

Erstens stand S ohne Zusatz auf dem Briefbogen und dem Kanzleischild der Sozietät und hat Mandate der Sozietät eigenständig bearbeitet. Er war damit sog. geschäftsführender **„Scheinsozius"**: Der Rechtsverkehr hält eine Person, die äußerlich auf einer Stufe mit den tatsächlichen Sozien steht, ebenfalls für ein Mitglied der Sozietät. Die Sozietät muss sich daher so behandeln lassen, als ob S Sozius gewesen wäre. Insbesondere muss sie für das Handeln des geschäftsführenden *Schein*sozius in gleicher Weise einstehen wie für das eines geschäftsführenden *tatsächlichen* Sozius.

---

[165] BGH NJW 1967, 2012 unter Ziff. 2. der Gründe: „Die Anwendung von § 393 BGB begegnet […] keinen rechtlichen Bedenken. Die Vorschrift versagt zwar die Aufrechnung nur gegenüber Ansprüchen aus Delikt, nicht auch aus Vertrag. Wird der Klageanspruch indessen aus einer Vertragsverletzung hergeleitet, die in einer unerlaubten Handlung besteht, so greift das Aufrechnungsverbot durch […]."

Zweitens gilt die Zurechnungsnorm des § 31 BGB über ihren Wortlaut hinaus nach der Rechtsprechung auch für solche Personen (einschließlich Nichtgesellschafter), denen durch allgemeine Betriebsregelung und Handhabung bedeutsame, für die Gesellschaft wesensmäßige Funktionen der Gesellschaft zur selbständigen, eigenverantwortlichen Erfüllung zugewiesen sind, so dass sie die Gesellschaft im Rechtsverkehr repräsentieren (sog. **Repräsentantenhaftung,** → § 2 Rn. 7). Diese Voraussetzung ist bei S erfüllt, weil er Mandate der Sozietät selbständig bearbeitet und damit die Gesellschaft in dem für eine Rechtsanwaltssozietät prägenden Bereich der Mandantenbetreuung nach außen repräsentiert hat.[166]

Hinweis: Der Hintergrund der sog. Repräsentantenhaftung ist der folgende: Würde man die Zurechnung auf die in § 31 BGB ausdrücklich genannten Fälle beschränken, könnte die Gesellschaft selbst darüber entscheiden, für wen sie ohne Entlastungsmöglichkeit haften will, indem sie nur den von ihr ausgewählten Personen die von § 31 BGB erfassten Funktionen zuweist. Genau dies soll aber der Gesellschaft nicht freistehen.

(2) S hat die Untreue im Rahmen der Bearbeitung eines Mandats der Sozietät begangen, das ihm übertragen worden war, und somit in Ausführung der ihm zustehenden Aufgaben gehandelt.

ccc) Sonstige Haftungsvoraussetzungen

Da auch die sonstigen Haftungsvoraussetzungen erfüllt sind, insbesondere dem M der schon dargelegte Schaden durch Verlust seiner Forderung i. H. v. 40.000 EUR entstanden ist, haftet die GbR dem M auch aus einer unerlaubten Handlung gemäß §§ 823 II, 266 StGB i. V. m. § 31 BGB. Für diese Gesellschaftsverbindlichkeit hat A derzeit analog § 128 HGB und zukünftig nach § 721 BGB n. F. einzustehen, so dass sich eine parallele Haftung des A aus Delikt ergibt.

cc) Anwendung des § 393 BGB bei der Gesellschafterhaftung

Der danach möglichen Anwendung des § 393 BGB auf den parallelen vertraglichen Anspruch aus § 280 I BGB könnte allerdings noch entgegenstehen, dass es im konkreten Fall nicht um die Haftung des Täters S, sondern um eine Gesellschafterhaftung des A geht.

Insoweit ist allerdings anerkannt, dass § 393 BGB nicht nur den verfassungsmäßig berufenen Vertreter (= originären Täter) an der Aufrechnung hindert, sondern zugleich auch die Gesellschaft, der die unerlaubte Handlung analog § 31 BGB zugerechnet wird.[167]

Noch nicht ausdrücklich diskutiert wurde aber die Frage, ob § 393 BGB auch dem **Gesellschafter,** der gemäß § 128 HGB (bzw. zukünftig nach §§ 721 BGB, 126 HGB n. F.) für die Schuld der Gesellschaft aus der vorsätzlich begangenen unerlaubten Handlung haftet, die **Aufrechnung mit einer persönlichen Forderung** gegen den Anspruch des Gläubigers verwehrt. Die Frage ist zu bejahen: Hierfür spricht zunächst, dass der Gesellschafter akzessorisch und damit **einem Bürgen vergleichbar** haftet. Für den Bürgen geht die h. M. davon aus, dass er mit einer eigenen Forderung gegen den Gläubiger nicht aufrechnen kann, wenn sich seine Bürgschaft – vergleichbar der persönlichen Haftung des A – auf eine Forderung aus vorsätzlich unerlaubter Handlung bezieht.[168] Weiter spricht für eine Anwendung des § 393 BGB

---

[166] Zur umstrittenen Frage, ob für leitende Angestellte – als solchen könnte man S in seiner *tatsächlichen* Anstellung ggf. auch einordnen – etwas anderes gilt → § 5 Rn. 42, → § 6 Rn. 12. Auf diese Frage kommt es hier wegen der Zurechnung über die Figur des „Scheinsozius" im Ergebnis aber nicht an.

[167] MüKoBGB/*Schlüter*, § 393 Rn. 5.

[168] MüKoBGB/*Schlüter*, § 393 Rn. 5.

auch auf den Gesellschafter die Tatsache, dass die Gesellschafterhaftung nach der herrschenden **Erfüllungstheorie**[169] inhaltlich mit der Haftung der Gesellschaft identisch ist. Der Gesellschafter haftet genau auf dasjenige, was die Gesellschaft schuldet. Muss die Gesellschaft einen Schaden aus einer vorsätzlichen unerlaubten Handlung ersetzen, ist auch der Gesellschafter exakt hierzu verpflichtet. Schließlich liegt in dem Aufrechnungsverbot auch keine unbillige Härte gegenüber dem Gesellschafter: Er hat sich seine Mitgesellschafter, deren Verhalten letztlich seine Haftung begründet, selbst ausgesucht und sich entschieden, für von ihnen geschaffene Gesellschaftsverbindlichkeiten persönlich einzustehen. Dass hierzu auch Ansprüche aus vorsätzlichen unerlaubten Handlungen gehören können, ist ihm bewusst. Er muss daher auch die Rechtsvorschriften gegen sich gelten lassen, die sich speziell mit Forderungen aus solchen Handlungen befassen.

d) Ergebnis

A kann nicht mit seiner Forderung aufrechnen, wenn er von M persönlich aus § 280 I BGB i. V. m. § 128 HGB (analog bei der GbR; zukünftig § 721 BGB n. F.) in Anspruch genommen wird.

3. Anspruch aus §§ 823 II BGB, 266 StGB i. V. m. § 128 HGB (analog)/§ 721 BGB n. F.

Wie soeben im Rahmen der Prüfung des Aufrechnungsverbots gezeigt, besteht neben dem vertraglichen auch ein deliktischer Schadensersatzanspruch. Gegen diesen Anspruch kann A ebenfalls nicht aufrechnen. § 393 BGB ist insoweit unmittelbar einschlägig.

Fall Nr. 25 – Zerstrittene Gesellschafter

Die Baustatiker X, Y und Z haben sich in der XYZ-GbR zusammengeschlossen. Sie sind jeweils zu ⅓ beteiligt. Der Gesellschaftsvertrag der XYZ-GbR enthält u. a. folgende Klausel: „Gesellschafterbeschlüsse werden mit einfacher Kapitalmehrheit der zur Mitwirkung bei der Beschlussfassung berufenen Gesellschafter gefasst."

Die Software der XYZ-GbR für Bauzeichnungen ist veraltet. Demgegenüber ist die Konkurrenz weitgehend mit hochmoderner Software ausgestattet. Sie steht daher bei Kunden höher im Kurs als die XYZ-GbR, deren Geschäfte nur mittelmäßig laufen. Um langfristig weiter am Markt tätig sein zu können, muss die Gesellschaft zeitnah in neue Software investieren. Andernfalls ist sie in zwei Jahren wahrscheinlich nicht mehr konkurrenzfähig. Wegen der mittelmäßigen Auftragslage fehlen aber freie Mittel, um die teure Software anzuschaffen.

Frage 1: In Anbetracht der Lage wollen Z und X auf der demnächst anstehenden Gesellschafterversammlung einen Gesellschafterbeschluss fassen, wonach jeder Gesellschafter zu einer Einlage entsprechend seinem Kapitalanteil verpflichtet ist. Insgesamt sollen 300.000 EUR zugeführt werden. Y hat in der Vergangenheit eine Nachschusspflicht abgelehnt. Kann Y durch den von X und Z beabsichtigten Gesellschafterbeschluss wirksam zu einem Nachschuss verpflichtet werden, auch wenn er nicht zustimmt?

Frage 2: Y hat von dem Vorhaben von X und Z zufällig erfahren. Er fragt sich, ob für ihn angesichts der ungünstigen Lage der Gesellschaft eine Zustimmungspflicht

[169] Zur oHG → § 6 Rn. 16 f.

besteht, wenn der von X und Z beabsichtigte Antrag bei der Gesellschafterversammlung zur Abstimmung gestellt wird.

Lösung zu Frage 1

Nachschusspflichten können nur durch Gesellschafterbeschlüsse wirksam begründet werden. Denn die nachträgliche Erhöhung der Beitragspflichten ist eine **Änderung des die Beitragspflichten festlegenden Gesellschaftsvertrags** und die Gesellschafter sind grundsätzlich gemäß § 707 BGB (zukünftig § 710 BGB n. F.: Mehrbelastungsverbot) nicht zur Erhöhung ihres Beitrags verpflichtet. Eine wirksame Nachschusspflicht des Y kann möglicherweise deshalb ohne seine Zustimmung begründet werden, weil der Gesellschaftsvertrag Mehrheitsentscheidungen zulässt.

1. Zulässigkeit der Mehrheitsklausel

Dies setzt zunächst die Zulässigkeit der Klausel voraus. Die gesetzliche Vorschrift des § 709 BGB (zukünftig § 714 BGB n. F.) ist dispositiv. Der Gesellschaftsvertrag kann somit von dem gesetzlichen Grundmodell der Einstimmigkeit abweichen und Mehrheitsbeschlüsse (mit einfacher oder qualifizierter Mehrheit) zulassen. Zusätzlich kann von der bis Ende 2023 noch in § 709 II BGB enthaltenen Regelung insofern abgewichen werden, als der Gesellschaftsvertrag für die Berechnung der Mehrheit andere Vorgaben macht. Insbesondere kann der Gesellschaftsvertrag eine Mehrheitsberechnung nach Kapitalanteilen vorsehen (vgl. zukünftig auch § 709 III BGB n. F.: Stimmkraft vorrangig nach Beteiligungsverhältnissen).

Die Klausel in dem Gesellschaftsvertrag der XYZ-GbR erklärt, dass Gesellschafterbeschlüsse mit einfacher Kapitalmehrheit gefasst werden. Sie ist zulässig.

2. Die erforderliche Mehrheit

Die nach dem Gesellschaftsvertrag erforderliche einfache Mehrheit ist gegeben, wenn den zustimmenden Gesellschaftern ein Kapitalanteil von über 50 % zukommt. X und Z halten zusammen einen Kapitalanteil von ⅔ und verfügen somit über die nach dem Gesellschaftsvertrag erforderliche Mehrheit.

3. Erfassung des konkreten Beschlussgegenstandes

Fraglich ist allerdings, ob die Mehrheitsklausel den von X und Z beabsichtigten Beschlussgegenstand erfasst, nämlich die Begründung einer Nachschusspflicht. Es bedarf einer **formellen Legitimation** (→ § 5 Rn. 84 ff.).

Mehrheitsklauseln sind für die Gesellschafter gefährlich. Von der Mehrheit können gegen den Willen einzelner Minderheitsgesellschafter Beschlüsse gefasst werden, die zu weitgehenden Verpflichtungen führen. Die **Auslegung** einer Mehrheitsklausel muss daher ergeben, dass ein Beschlussgegenstand der Mehrheitsentscheidung unterliegen soll. Ist diese Voraussetzung nicht erfüllt, so wird die vertragliche Mehrheitsklausel nicht unwirksam, sondern erfasst lediglich den konkreten Beschlussgegenstand nicht; eine wirksame Beschlussfassung über ihn ist dann nur einstimmig möglich. Lässt sich hingegen durch Auslegung ermitteln, dass die Mehrheitsklausel den konkreten Beschlussgegenstand erfassen soll, ist eine Mehrheitsentscheidung über ihn auf einer ersten Stufe ***formell* legitimiert**. Dies gilt auch dann, wenn es um sog. Grundlagengeschäfte oder ungewöhnliche Vertragsänderungen geht. Damit ist aber noch nicht entschieden, ob ein tatsächlich gefasster Mehrheitsbeschluss wirksam bzw. für sämtliche Gesellschafter verbindlich ist. Vielmehr erfolgt auf einer zweiten Stufe eine *materielle* Rechtmäßigkeits- bzw. Wirksamkeitsprüfung, bei der sich ergeben kann, dass ein Beschluss über einen bestimmten Gegenstand trotz formeller Legitimation einer Mehrheitsentscheidung ohne Zustimmung des betroffenen Gesellschafters unwirksam ist bzw. zumindest ihm gegenüber nicht wirkt (→ Ziff. 4.).

Die Klausel in dem Gesellschaftsvertrag der XYZ-GbR erklärt Mehrheitsbeschlüsse pauschal für ausreichend. Sie sieht keinerlei Ausnahmen vor. Daher kann sie nur so ausgelegt werden, dass sie *sämtliche* Beschlussgegenstände erfassen soll, auch ungewöhnliche Vertragsänderungen und Maßnahmen, die die Gesellschafter schwerwiegend belasten. Es ist daher unerheblich, dass die von X und Z beabsichtigte Vertragsänderung eine ungewöhnliche ist, weil Gesellschafter zu Nachschüssen grundsätzlich nicht verpflichtet sind.

Die Mehrheitsklausel erfasst den von X und Z beabsichtigten Beschlussgegenstand. Eine Mehrheitsentscheidung ist formell legitimiert (1. Stufe).

4. Materielle Wirksamkeit des Mehrheitsbeschlusses

Wie vorstehend dargelegt, muss nun geprüft werden, ob ein – formell legitimierter – Mehrheitsbeschluss durch X und Z, der eine Nachschusspflicht des Y vorsieht, gegenüber Y materiell wirksam wäre (2. Stufe; → § 5 Rn. 87 ff.). Nur dann wäre Y aufgrund des Beschlusses zu einem Nachschuss verpflichtet.

Gesellschafter sind zu Nachschüssen grundsätzlich nicht verpflichtet, weil eine solche Verpflichtung den einzelnen Gesellschafter schwer belasten würde. Er kann sich grundsätzlich auf die eindeutige Regelung des § 707 BGB (zukünftig § 710 BGB n. F.: Mehrbelastungsverbot) verlassen und ist nicht gezwungen, weitere Vermögensopfer zu erbringen. Eine Nachschusspflicht ohne seine Zustimmung ist ihm daher nicht zumutbar. In diesem Sinne entspricht es ständiger Rechtsprechung des BGH, dass ein Gesellschafter nicht durch einen Mehrheitsbeschluss zu einem **Nachschuss** verpflichtet werden kann, sondern der Beschluss ihm gegenüber nur wirksam ist, wenn er zugestimmt hat (→ § 5 Rn. 90).

Eine solche **Zustimmung** kann aber auch schon **antizipiert im Gesellschaftsvertrag** erteilt werden. Es genügt allerdings noch nicht, dass die Anforderungen an eine formelle Legitimation einer Mehrheitsentscheidung eingehalten sind. Für eine antizipierte Zustimmung muss die gesellschaftsvertragliche Klausel noch *wesentlich* genauer sein (erforderlich ist eine sog. **„qualifizierte Bestimmtheit"**). Speziell für Nachschusspflichten fordert die Rechtsprechung, dass die Klausel eindeutig Ausmaß und Umfang einer möglichen zusätzlichen Belastung erkennen lässt. Eine Obergrenze oder sonstige Kriterien, die das Erhöhungsrisiko eingrenzen, müssen festgelegt werden. Diese hohen Anforderungen sind dadurch zu erklären, dass ein Gesellschafter für Nachschüsse sein Privatvermögen antasten muss; stellt der Gesellschaftsvertrag keine Höchstgrenze auf, könnten durch Mehrheitsbeschlüsse beliebig oft Nachschüsse eingefordert werden. Nur wenn der Gesellschaftsvertrag für den Gesellschafter die möglichen weiteren Belastungen erkennen lässt, kann daher von einer antizipierten Zustimmung ausgegangen werden.

Der Gesellschaftsvertrag der XYZ-GbR enthält jedoch keine Klausel zu Nachschusspflichten, die diesen Anforderungen genügt. Es bleibt daher dabei, dass Y dem von X und Z beabsichtigten Beschluss in der anstehenden Gesellschafterversammlung zustimmen muss, damit dieser ihn wirksam zu einem Nachschuss verpflichtet.

5. Ergebnis

X und Z können Y nicht ohne seine Zustimmung auf der Gesellschafterversammlung zu einem Nachschuss verpflichten.

Hinweis: Würden X und Z in der Gesellschafterversammlung einen Beschluss über eine Nachschusspflicht ohne Zustimmung des Y treffen, würde dieser Beschluss X und Z nach der Rechtsprechung wirksam zu einem Nachschuss verpflichten, weil sie (1) zugestimmt haben und damit (2) auch die nach dem Gesellschaftsvertrag erforderliche Mehrheit zustande gekommen ist.[170] Y gegenüber wäre der Beschluss hingegen – wie dargelegt – unwirksam; er würde nicht verpflichtet. Die besondere, auf § 707 BGB (zukünftig § 710 BGB n. F.) beruhende Unwirksamkeit könnte Y auch dann noch als Einwendung gegenüber der auf den Beschluss gestützten Zahlungsklage der Gesellschaft geltend machen, wenn nach dem Gesellschaftsvertrag Beschlussmängelstreitigkeiten binnen einer bestimmten Frist eingeleitet werden müssten und diese Frist abgelaufen wäre.[171]

Lösung zu Frage 2

1. Grundsätzliche Freiheit der Stimmausübung

Grundsätzlich besteht für Gesellschafter bei Abstimmungen im Rahmen der Gesellschafterversammlung keine Zustimmungspflicht. Jeder Gesellschafter ist bei seiner Abstimmung frei und kann seine eigenen Interessen verfolgen (→ § 5 Rn. 91).

2. Zustimmungspflicht im Einzelfall aus Treuepflicht

Eine Zustimmungspflicht zu Vertragsänderungen besteht nur ausnahmsweise aufgrund der zwischen den Gesellschaftern geltenden Treuepflichten. Durch den Zusammenschluss zu einem personenbezogenen Verband sind die einzelnen Gesellschafter nämlich verpflichtet, auch auf die Interessen und Belange der übrigen Gesellschafter und der Gesellschaft Rücksicht zu nehmen. Die Treuepflicht umfasst positiv die Pflicht, die Interessen der Gesellschaft wahrzunehmen und negativ die Pflicht, alles zu unterlassen, was diese Interessen schädigt. Sie kann im Einzelfall auch die Wahrnehmung bestehender Rechte, z. B. die Stimmrechtsausübung, begrenzen. Eine aus der Treuepflicht folgende Zustimmungspflicht zu Vertragsänderungen reicht jedoch nur so weit, wie die Anpassung an die geänderten Verhältnisse zur verständigen Weiterverfolgung des Gesellschaftszwecks, insbesondere zur Erhaltung des Geschaffenen oder Vermeidung wesentlicher Verluste dringend geboten und dem Widerstrebenden unter Berücksichtigung seiner eigenen schutzwerten Belange zumutbar ist.

a) Dringendes Bedürfnis für Nachschuss

Die XYZ-GbR kann langfristig nur am Markt bleiben, wenn die neue Software angeschafft wird. Andernfalls ist sie in naher Zukunft wahrscheinlich nicht mehr konkurrenzfähig. Um langfristig den Gesellschaftszweck weiterverfolgen und das Unternehmen erhalten zu können, muss die Software dringend angeschafft werden. Dies kann nur erfolgen, wenn der Gesellschaft durch Nachschüsse der Gesellschafter die erforderlichen finanziellen Mittel zugeführt werden.

b) Zumutbarkeit

Fraglich ist allerdings, ob dem Y eine Zustimmungspflicht auch zumutbar ist. Wegen der klaren Regelung des § 707 BGB (zukünftig § 710 BGB n. F.) kann eine

[170] Vgl. BGH ZIP 2009, 1373 (Leitsatz 2).
[171] Vgl. BGH ZIP 2009, 864 (Leitsatz 1).

Zustimmungspflicht zur Begründung von **Nachschussverpflichtungen nur in besonderen Ausnahmefällen** bejaht werden. Der einzelne Gesellschafter kann sich, sofern der Gesellschaftsvertrag keine wirksame antizipierte Zustimmung zur Beitragserhöhung enthält, grundsätzlich auf die eindeutige Regelung des § 707 BGB (zukünftig § 710 BGB n.F.) verlassen und ist nicht gezwungen, weitere Vermögensopfer zu erbringen. Bloßer Sanierungsbedarf der Gesellschaft oder deren wirtschaftliche Erfolglosigkeit genügen nicht. Auch die Solvenz der Gesellschafter ändert hieran nichts.

Die schlechte Stellung der XYZ-GbR am Markt vermag somit keine Zustimmungspflicht des Y zu begründen. Ihm kann eine zusätzliche Zahlung von 100.000 EUR nicht zugemutet werden. Es handelt sich um eine beträchtliche Summe, deren Fehlen die wirtschaftlichen Dispositionsmöglichkeiten des Y beeinträchtigen würde. Das Interesse des Y an der freien Verfügbarkeit seiner finanziellen Mittel überwiegt.

Hinweis: Aus der Entscheidung BGHZ 183, 1 – „Sanieren oder Ausscheiden" ergibt sich nichts anderes: Dort hat der BGH aus den Treuepflichten zwar eine Zustimmungspflicht bezüglich eines Beschlussantrags abgeleitet, der einen Nachschuss vorsah, wenn dieser zur Sanierung der Gesellschaft unabdingbar war.[172] Dies geschah jedoch unter der Prämisse, dass der Beschluss als Alternative zum Nachschuss ein Ausscheiden vorsah, so dass den nicht nachschuss-/sanierungswilligen Gesellschaftern ein anderer Weg blieb und ein Nachschuss damit letztlich in ihrem Ermessen stand.[173] Dies ist bei dem von X und Z beabsichtigten Beschluss (bislang) nicht der Fall. Auch war die Gesellschaft in dem vom BGH entschiedenen Fall bereits zahlungsunfähig und überschuldet; so weit ist es bei der XYZ-GbR wohl noch (lange) nicht.

Eine Zustimmungspflicht wäre hingegen wohl anzunehmen, wenn die XYZ-GbR über die liquiden Mittel zur Anschaffung der Software verfügen würde, hierzu allerdings ein einstimmiger Beschluss der Gesellschafterversammlung gefasst werden müsste (dies wäre angesichts der allgemeinen Zulassung von Mehrheitsbeschlüssen aber wohl nicht der Fall, weil Investitionsentscheidungen nicht zum Kernbereich der Gesellschafterrechte gehören). Y müsste keine privaten finanziellen Mittel nachschießen, so dass ihm eine Zustimmung zumutbar wäre (vgl. aber auch → § 5 Rn. 91 zu den generell strengen Anforderungen an eine aus den Treuepflichten abgeleitete Pflicht zu einem bestimmten Stimmverhalten).

3. Ergebnis

Für Y besteht keine Zustimmungspflicht, wenn über den Antrag von X und Z abgestimmt wird.

Fall Nr. 26 – Gutes Geschäft

A, B und C sind Gesellschafter der ABC-Baumschule, die fast ausschließlich mit von ihr selbst gezüchteten Bäumen und Sträuchern handelt. A ist zu 60%, B und C sind zu jeweils 20% beteiligt. A ist allein vertretungs- und geschäftsführungsbefugt und von der Beschränkung des § 181 BGB befreit. B und C sind von Geschäftsführung und Vertretung ausgeschlossen.

A möchte seinen privaten Garten neu gestalten und dabei die Bäume aus „seiner" Baumschule beziehen. Aus diesem Grund schließt er im Namen der Baumschule mit sich selbst einen Kaufvertrag, der die Baumschule zur Lieferung von drei großen Blutahorn zum Preis von je 6.000 EUR verpflichtet, obwohl die Baumschule diese Bäume normalerweise nicht unter 10.000 EUR pro Stück angeboten hätte. Nach-

---

[172] Dazu *Bitter*, ZGR 2010, 147, 166 f., 178 ff.

[173] BGHZ 183, 1 = ZIP 2009, 2289; bestätigend BGH ZIP 2015, 1626 (Rn. 22 ff.).

dem sein Garten fertiggestellt ist, erfahren B und C von der Sache und sind empört. Sie fordern A auf, 12.000 EUR auf das Konto der Baumschule zu zahlen. Dieser weigert sich jedoch und verweist auf die Vertretungsregeln der Gesellschaft.

Frage 1: Stehen der Baumschule Ansprüche gegen A zu?

Frage 2: Können diese ggf. auch von B und C geltend gemacht werden?

Lösung zu Frage 1

Zu prüfen ist, ob der Baumschule gegen A ein Anspruch auf Zahlung von 12.000 EUR zusteht, weil A die drei Bäume um jeweils 4.000 EUR zu günstig erhalten hat.

Damit die Baumschule überhaupt Träger von Rechten und Pflichten sein kann, muss sie rechtsfähig sein. Dies kann sie als Gesellschaft bürgerlichen Rechts, weil diese nach der Rechtsprechung und heute ganz h. M. rechtsfähig ist, wenn sie nach außen als solche im Rechtsverkehr auftritt (Außen-GbR; vgl. zukünftig gesetzlich klarstellend § 705 II BGB n. F.). Da die Baumschule fast ausschließlich Produkte aus ihrem eigenen landwirtschaftlichen Betrieb handelt, fällt sie nach h. M. unter § 3 HGB.[174] Sie wäre deshalb nur dann kaufmännisch tätig und folglich oHG, wenn sie sich freiwillig im Handelsregister hätte eintragen lassen. Dafür ist aus dem Sachverhalt nichts ersichtlich. Die ABC-Baumschule ist daher GbR und als solche kann sie Inhaberin eines Anspruchs gegen A sein.

1. Schadensersatz wegen Treuepflichtverletzung

Ein Anspruch der GbR gegen A kann sich aus § 280 I BGB ergeben (Schadensersatz wegen Treuepflichtverletzung).

a) Schuldverhältnis

A hat mit B und C einen Gesellschaftsvertrag geschlossen. Der Gesellschaftsvertrag ist ein Schuldvertrag und daher ein Schuldverhältnis i. S. v. § 280 I BGB.

b) Pflichtverletzung

A muss eine Pflicht aus dem Schuldverhältnis verletzt haben. Das durch Abschluss des Gesellschaftsvertrags begründete Gesellschaftsverhältnis begründet für die Gesellschafter **Treuepflichten** gegenüber der Gesellschaft und den Mitgesellschaftern. Inhalt der Treuepflichten ist, alles zu tun, was den Gesellschaftszweck fördert und alles zu unterlassen, was ihm schadet. So muss ein Gesellschafter die Vermögensinteressen der Gesellschaft und der Mitgesellschafter wahren und darf sich nicht zu ihren Lasten Sondervorteile verschaffen, nur weil ihm dies aufgrund seiner Mehrheitsbeteiligung möglich ist (vgl. zur GmbH bereits → Fall Nr. 20 – ITT).

Daher verstößt ein allein geschäftsführungs- und vertretungsbefugter Mehrheitsgesellschafter gegen die ihn treffenden gesellschaftsrechtlichen Treuepflichten, wenn er seine Machtstellung ausnutzt, um sich von der Gesellschaft Leistungen gewähren zu lassen, denen keine angemessene eigene Gegenleistung gegenübersteht (**verdeckte Vermögensverlagerung**). Die Vermögensinteressen der Gesellschaft sind verletzt,

[174] Dazu Hopt/*Merkt*, HGB, § 3 Rn. 4; siehe allgemein zu § 3 HGB auch *Bitter/Linardatos*, HandelsR, § 2 Rn. 24 ff.

wenn die Gesellschaft ein Verlustgeschäft macht, das zugunsten des Mehrheitsgesellschafters geht, da ihr das verlorene Geld nicht mehr zur Erreichung des Gesellschaftszwecks zur Verfügung steht. Der Gesellschafter hat derartige Geschäfte deshalb zu unterlassen. Auch die Mitgesellschafter sind von dem Verlustgeschäft betroffen, da der Wert ihrer Unternehmensbeteiligung infolge des Mittelabflusses sinkt.

A hat sich von der Gesellschaft Bäume zum Preis von 18.000 EUR liefern lassen, für die er unter normalen Umständen 30.000 EUR hätte bezahlen müssen. Dadurch hat er sich einen Sondervorteil gewährt. Aufgrund seiner Treuepflicht gegenüber der Gesellschaft hätte er dies unterlassen müssen. Eine Pflichtverletzung liegt vor.

c) Vertretenmüssen

A hat die Pflichtverletzung auch bei Anwendung des nur noch bis Ende 2023 geltenden Sorgfaltsmaßstabes des § 708 BGB und erst recht nach dem ab 1.1.2024 geltenden normalen Sorgfaltsmaßstab des § 276 BGB zu vertreten i.S.v. § 280 I 2 BGB. Die Privilegierung des bisherigen § 708 BGB schützt nicht vor einer Haftung bei grober Fahrlässigkeit oder Vorsatz (§ 277 BGB). A handelte im Wissen um den unangemessen niedrigen Preis und daher vorsätzlich in Bezug auf die Verletzung der Treuepflicht.

d) Rechtsfolge

Rechtsfolge ist die Pflicht des A, den aufgrund der Pflichtverletzung entstandenen Schaden zu ersetzen. Nach § 249 I BGB hat er den Zustand herzustellen, der ohne sein pflichtwidriges Verhalten bestünde (**Differenzhypothese**). Hätte A nicht gegen seine Treuepflichten verstoßen, hätte er den Kaufvertrag zu marktüblichen Preisen mit der GbR abgeschlossen, also einen Kaufpreis von 30.000 EUR vereinbart. Der GbR wären somit 30.000 EUR aus dem Kaufvertrag zugeflossen. Die Differenz zwischen dem tatsächlichen und dem hypothetischen Mittelzufluss muss A der GbR ersetzen und ihr folglich 12.000 EUR zahlen.

2. Rückgewähr wegen eines unzulässigen Sondervorteils

Der GbR steht darüber hinaus ein verschuldens*un*abhängiger, gesellschaftsrechtlicher Anspruch auf Rückgewähr des Sondervorteils gegen A zu.[175] A hat sich einen Sondervorteil in Höhe von 12.000 EUR verschafft. Diesen muss er an die Gesellschaft zurückzahlen.

Hinweis: Der Kaufvertrag über die Bäume ist nicht schon wegen eines Insichgeschäfts unwirksam, weil A von der Beschränkung des § 181 BGB befreit ist und daher in fremdem Namen mit sich selbst ein Rechtsgeschäft abschließen kann; ihm ist i.S.v. § 181 BGB „ein anderes gestattet“. Allerdings ist bei verdeckten Vermögensverlagerungen ohne Beschlussgrundlage ein Missbrauch der Vertretungsmacht möglich[176] und im hier zu beurteilenden Fall wohl zu bejahen. Der Schadensersatzanspruch wegen Treuepflichtverletzung bleibt davon jedoch – jedenfalls dem Grunde nach – unberührt. Nimmt man einen Missbrauch der Vertretungsmacht an, wären der Kaufvertrag und ggf. die Übereignung der Bäume unwirksam und käme deshalb auch ein Anspruch der GbR aus §§ 812, 818 II BGB und ggf. aus dem Eigentümer-Besitzer-Verhältnis sowie aus § 951 BGB i.V.m. §§ 946, 94 BGB[177] in Betracht.

---

[175] Hierzu schon → Fall Nr. 20 – ITT unter Ziff. II.; ausführlich *Bitter*, ZHR 168 (2004), 302ff.

[176] Dazu *Bitter*, Durchgriffshaftung, S. 293f. m.w.N.

[177] Zum Eigentumserwerb durch Einpflanzen Grüneberg/*Ellenberger*, BGB, § 94 Rn. 4.

Lösung zu Frage 2

Die beiden in der Lösung zu Frage 1 dargestellten Ansprüche sind *Ansprüche der Gesellschaft* gegen A. Wer die Ansprüche geltend machen kann, ist grundsätzlich allein nach den Vertretungsregeln der Gesellschaft zu bestimmen. Nur wer vertretungsbefugt ist, kann im Namen der Gesellschaft Ansprüche verfolgen und gerichtlich einfordern.

B und C sind von der Geschäftsführung und Vertretung der Gesellschaft ausgeschlossen. Nur A allein ist vertretungsberechtigt. Auf „normalem" Wege können B und C die Ansprüche daher nicht geltend machen.

Abhilfe schafft das zukünftig in § 715b BGB n.F. ausdrücklich geregelte und dort als „**Gesellschafterklage**" bezeichnete Institut der *actio pro socio*. Es trägt der Tatsache Rechnung, dass A einen gegen ihn gerichteten Anspruch niemals freiwillig einklagen würde und gewährt daher einen weiteren Weg, den Anspruch zu verfolgen. Danach können jedenfalls die **Sozialansprüche** der Gesellschaft auch von solchen Gesellschaftern selbständig eingeklagt werden, die weder geschäftsführungs- noch vertretungsbefugt sind (vgl. zukünftig § 715b I 1 BGB n.F.). Sie sind prozessführungsbefugt, müssen aber, da die Ansprüche der Gesellschaft zustehen, auf Leistung an diese klagen. Die *actio pro socio* ist zudem **subsidiär**. Die Gesellschafter müssen zunächst versuchen, unter Berücksichtigung des vorgegebenen Kompetenzgefüges der Gesellschaft zu erreichen, dass der Anspruch geltend gemacht wird (→ § 5 Rn. 96).

Die Voraussetzungen für eine *actio pro socio* von B oder C sind erfüllt:

Die Ansprüche der Gesellschaft gegen A stammen aus dem Gesellschaftsverhältnis und sind damit Sozialansprüche der Gesellschaft (i.S.v. § 715b I 1 BGB n.F.). Haftungsgrund ist nämlich die aus dem Gesellschaftsverhältnis folgende Treuepflicht sowie der Grundsatz der Gleichbehandlung aller Gesellschafter: A haftet, weil er als Gesellschafter der GbR zur Treue verpflichtet ist und sich einen unzulässigen Sondervorteil verschafft hat.

Auch eine Subsidiarität der *actio pro socio* kann im Ergebnis nicht angenommen werden. A als allein vertretungsberechtigter Gesellschafter lehnt es unter Hinweis auf die Vertretungsregeln pflichtwidrig (i.S.v. § 715b I 1 BGB n.F.) ab, den Anspruch geltend zu machen. Der Weg über die Einberufung einer Gesellschafterversammlung ist zwar grundsätzlich gangbar: Damit ein Beschluss, der eine Anspruchsverfolgung gegen A vorsieht, wirksam zustande kommt, ist in Ermangelung einer anderweitigen Regelung im Gesellschaftsvertrag eigentlich die Zustimmung aller drei Gesellschafter erforderlich (§ 709 I BGB; zukünftig § 714 BGB n.F.). Allerdings ist A vom Stimmrecht ausgeschlossen, weil es um eine Maßnahme aus wichtigem Grund gegen ihn geht.[178] Daher könnten B und C gegen den Willen des A und ohne seine Mitwirkung einen wirksamen einstimmigen Beschluss fassen und diesen alsdann gegen A als Geschäftsführer durchsetzen. Jedoch ist zu erwarten, dass A gegen den Beschluss und seine Durchsetzung gerichtlich vorgeht, so dass es zu einer erheblichen Verzögerung der Anspruchsverfolgung kommen würde; das gerichtliche Verfahren kann durchaus zwei bis drei Jahre dauern. Daher ist der Weg über die Gesellschafterversammlung in der Sache untauglich. Die wesentlich einfachere und schnellere Gesellschafterklage (*actio pro socio*) sollte deshalb zulässig sein.

---

[178] Zum Stimmrechtsausschluss bei Maßnahmen aus wichtigem Grund → Fall Nr. 14 – Versammeln schwer gemacht, Teil 2 Frage 2 (zur GmbH).

B oder C können damit die Ansprüche der Gesellschaft gegen A – ein fremdes Recht – im eigenen Namen einklagen (vgl. zukünftig § 715b BGB n. F.). Sie müssen allerdings Leistung an die Gesellschaft verlangen.

Fall Nr. 27 – Autounfall

Die ABC-GbR ist seit Jahren kleingewerblich im Obsthandel tätig. B und C sind zu 30 %, A ist zu 40 % beteiligt. Der Gesellschaftsvertrag enthält folgenden § 13: „Im Fall des Todes eines Gesellschafters wird die Gesellschaft mit seinen Erben fortgesetzt". A stirbt plötzlich infolge eines Autounfalls. In seinem Testament hat er seine Frau (F) zu $1/2$ sowie seine Tochter (T) und seinen Sohn (S) zu je $1/4$ als Erben eingesetzt. Wer ist nach dem Tod des A Gesellschafter der GbR? Zu welchen Anteilen?

Lösung

1. Einfache erbrechtliche Nachfolgeklausel

§ 13 des Gesellschaftsvertrags enthält eine sog. Fortsetzungsklausel, deren Wirkungsweise sich nach dem bis Ende 2023 geltenden Recht und dem mit dem MoPeG zum 1.1.2024 in Kraft tretenden Recht unterschiedlich darstellt, auch wenn das Ergebnis dasselbe bleibt:

a) Nach aktuellem Recht hat eine Fortsetzungsklausel i. S. v. § 736 I BGB eine doppelte Wirkung: Zum einen wird die Gesellschaft abweichend von der derzeitigen Grundregel des § 727 BGB im Fall des Todes eines Gesellschafters nicht aufgelöst, sondern fortgesetzt. Die Klausel ist insoweit zulässig, wie sich schon aus § 736 I BGB selbst ergibt. Darüber hinaus bewirkt die in § 13 enthaltene Regelung – abweichend von § 736 I BGB –, dass der Tod eines Gesellschafters nicht zu dessen Ausscheiden führt, sondern die Gesellschaft mit seinen Erben fortgesetzt wird. Diese Modifikation – eine sog. einfache erbrechtliche Nachfolgeklausel – ist zulässig, da § 736 I BGB wie § 727 BGB dispositiv ist.

b) Nach den am 1.1.2024 in Kraft tretenden Änderungen durch das **MoPeG** bedarf es der erstgenannten Modifizierung nicht mehr, weil der Tod eines Gesellschafters zukünftig schon nach der gesetzlichen Grundregel des § 723 I Nr. 1 BGB n. F. nur noch zu dessen Ausscheiden und nicht mehr zur Auflösung der Gesellschaft führt. Statt des Ausscheidens kann nach § 711 II BGB n. F. im Gesellschaftsvertrag vereinbart werden, dass die Gesellschaft mit den Erben fortgesetzt werden soll. Genau dies ist hier durch § 13 des Gesellschaftsvertrags geschehen.

2. Rechtsfolgen

Unproblematisch sind die Rechtsfolgen der Klausel, sofern der Gesellschafter nur von einer Person beerbt wird: Der Erbe wird mit einem Anteil, der dem des Erblassers entspricht, Gesellschafter (vgl. zukünftig § 711 II 1 BGB n. F.). Fraglich sind nach aktueller Rechtslage aber die zukünftig in § 711 II 2, 3 BGB n. F. gesetzlich klargestellten Rechtsfolgen der Klausel, wenn – wie hier – der Gesellschafter von mehreren Personen beerbt wird.

Hinterlässt der Erblasser mehrere Erben, so bilden diese eine **Erbengemeinschaft** (§ 2032 BGB). Der Nachlass geht mit dem Tod des Erblassers im Wege der Gesamtrechtsnachfolge auf die Erbengemeinschaft – die wie die GbR des derzeitigen Rechts

Gesamthandsgemeinschaft ist – über. Die Erbengemeinschaft ist nach h.M. nicht rechtsfähig, so dass Träger der Nachlassrechte und Schuldner der Nachlassverbindlichkeiten nicht die Erbengemeinschaft an sich ist, sondern die Erben in ihrer gesamthänderischen Verbundenheit sind. **Der Nachlass bildet ein Sondervermögen**, das von dem Eigenvermögen der Miterben zu unterscheiden ist. Dies hat zur Folge, dass die Erben über Nachlassgegenstände nur gemeinschaftlich verfügen können (§ 2040 I BGB); den Miterben steht keine (Einzel-)Verfügungsbefugnis im Hinblick auf Nachlassgegenstände zu. Der Gesellschaftsanteil des A – als Nachlassrecht – müsste daher eigentlich in das Sondervermögen fallen, also gemeinschaftliches Vermögen der Erben werden. In der Konsequenz wären die Erben in Erbengemeinschaft Gesellschafter der GbR.

Dem steht jedoch entgegen, dass die **Erbengemeinschaft**, wie sich aus § 2042 BGB ergibt, jederzeit aufgelöst werden kann; sie ist **auf eine Auflösung angelegt**. Dies ist mit dem Wesen von Gesellschaften, die überwiegend eine dauerhafte Förderung des Gesellschaftszwecks anstreben, unvereinbar. Die GbR muss einen beständigen Gesellschafter haben. Zudem ist die Willensbildung innerhalb der Erbengemeinschaft kompliziert und behäbig (vgl. § 2038 BGB). Würden die Erben in Erbengemeinschaft Gesellschafter, so würden sie den Gesellschaftsbetrieb aufhalten, der auf flexible und kurzfristig entscheidungsfähige Gesellschafter angewiesen ist.

Aufgrund dieser Erwägungen ist schon im derzeitigen Recht davon auszugehen, dass die Erben nicht in Erbengemeinschaft Gesellschafter einer GbR werden können. Man spricht insoweit von einem Vorrang des Gesellschaftsrechts gegenüber dem Erbrecht. Der Vorrang des Gesellschaftsrechts bedeutet jedoch nicht, dass die Nachfolge in der Gesellschafterstellung aufgrund von Gesellschaftsrecht erfolgt; sie steht vielmehr auf der erbrechtlichen Basis der Erbenstellung. Die erbrechtlichen Rechtsfolgen werden nur den gesellschaftsrechtlichen Erfordernissen angepasst, indem an die Stelle der erbrechtlichen Gesamtrechtsnachfolge durch die Erben in Erbengemeinschaft eine **Sonderrechtsnachfolge der einzelnen Erben** in die Gesellschafterstellung entsprechend ihrem Erbteil tritt. Dies wird mit dem **MoPeG** durch den neuen § 711 II 2, 3 BGB n.F. gesetzlich klargestellt.

3. Ergebnis

F, T und S werden damit jeweils einzeln Gesellschafter der GbR. Für alle sonstigen Nachlassgegenstände bleibt es demgegenüber bei der Bildung einer Erbengemeinschaft nach § 2032 I BGB zwischen F, T und S. Der Gesellschaftsanteil des A wird auf F, T und S entsprechend ihrer Erbquote aufgeteilt (vgl. zukünftig klarstellend § 711 II 2 BGB n.F.). A war mit 40 % an der GbR beteiligt. Davon erhält F bei ihrer Erbquote von $^1/_2$ einen Gesellschaftsanteil von 20 %. T und S erhalten entsprechend ihrer Erbquote von je $^1/_4$ einen Gesellschaftsanteil von jeweils 10 %.

Daraus ergibt sich nach dem Tod des A folgende Gesellschafterzusammensetzung: B und C sind zu je 30 %, F ist zu 20 % und T und S sind zu je 10 % beteiligt.

Fall Nr. 28 – Abruptes Ende

A und B sind Ärzte und betreiben seit 20 Jahren erfolgreich eine Gemeinschaftspraxis für Orthopädie in der Rechtsform der GbR.[179] Beide sind zu gleichen Teilen

[179] Auch eine umsatzstarke Arztpraxis ist per Gesetz GbR und nicht oHG, weil Ärzte als Freiberufler nicht gewerblich i.S.v. § 1 HGB tätig sind; vgl. *Bitter/Linardatos*, HandelsR, § 2

beteiligt. Sie nehmen den jungen Arzt C als neuen Gesellschafter mit einer Beteiligung von 10 % auf. Der Gesellschaftsvertrag, der nach dem Eintritt des C angepasst wird, enthält u. a. folgende Klauseln:

§ 10: Kündigt ein Gesellschafter seine Mitgliedschaft in der Gesellschaft, wird die Gesellschaft unter den übrigen Gesellschaftern fortgesetzt.

§ 11: A und B sind für die Dauer von 10 Jahren berechtigt, C auch ohne das Vorliegen eines wichtigen Grundes in seiner Person durch Beschluss aus der Gesellschaft auszuschließen. Den Beschluss müssen A und B ohne Beteiligung des C einstimmig fassen.

Nachdem C 9 Jahre der Gesellschaft angehört, fordert er mehrmals Änderungen bezüglich der Gewinnverteilung. Diese hält er für angebracht, weil mit „seinen" Patienten – was zutrifft – ein erheblicher Teil des Umsatzes der GbR erzielt und sein bisher vorgesehener Gewinnanteil dem nicht gerecht wird. A und B drohen dem C mehrfach mit seinem Ausschluss nach § 11 des Gesellschaftsvertrags, sofern er seine Forderungen nicht zurücknimmt. Dennoch bleibt C standhaft.

A und B fassen daraufhin auf der nächsten Gesellschafterversammlung einstimmig – ohne Beteiligung des C an der Abstimmung – den Beschluss, C aus der Gesellschaft auszuschließen.

Ist der Beschluss wirksam, so dass C aus der GbR ausgeschieden ist?

Rechtsprechungshinweis: BGH ZIP 2004, 903.

Lösung

1. Zulässigkeit eines Ausschlusses nach dem Gesetz

Wäre der Beschluss schon auf der Basis des Gesetzesrechts zulässig, käme es auf die Wirksamkeit der in § 11 S. 1 des Gesellschaftsvertrags enthaltenen Regelung (unten → Ziff. 2) nicht an.

Bei den gesetzlichen Ausschlussgründen ist – wie beim Tod eines Gesellschafters (vgl. soeben Fall Nr. 27) – zwischen der bis Ende 2023 geltenden Rechtslage und dem mit dem MoPeG zum 1.1.2024 in Kraft tretenden Recht zu unterscheiden, auch wenn das Ergebnis dasselbe bleibt:

a) Ausschluss des C nach aktueller Rechtslage (§ 737 S. 1 BGB)

Nach dem bis Ende 2023 geltenden § 737 S. 1 BGB kann ein Gesellschafter aus einer Gesellschaft ausgeschlossen werden, wenn in seiner Person ein wichtiger Grund i. S. v. § 723 I 2 BGB eintritt und der Gesellschaftsvertrag für den Fall der Kündigung eines Gesellschafters die Fortsetzung der Gesellschaft unter den übrigen Gesellschaftern vorsieht. Das Ausschließungsrecht steht den übrigen Gesellschaftern gemeinschaftlich zu (§ 737 S. 2 BGB).

Eine **Fortsetzungsklausel** für den Fall der Kündigung eines Gesellschafters ist in § 10 des Gesellschaftsvertrags der GbR enthalten. Die übrigen Gesellschafter, A und B, haben den Ausschluss des C gemäß § 737 S. 2 BGB gemeinsam und einstimmig beschlossen. Fraglich ist jedoch, ob in der Person des C ein die übrigen Gesellschafter nach § 723 I 2 BGB zur Kündigung berechtigender wichtiger Grund eingetreten ist (dazu sogleich unten c).

Rn. 7. Mit dem MoPeG wird allerdings die freiwillige Option zur oHG durch § 107 I 2 HGB n. F. geschaffen (→ § 6 Rn. 7).

b) Ausschluss des C nach zukünftiger Rechtslage (§ 727 BGB n. F.)

Mit dem MoPeG wird in Umkehrung der bisherigen Regel der Grundsatz „Ausscheiden eines Gesellschafters vor Auflösung der Gesellschaft" etabliert (→ § 5 Rn. 152). Auch die Ausschließung aus wichtigem Grund führt deshalb in Zukunft sogleich zum Ausscheiden des betroffenen Gesellschafters, ohne dass es dafür einer Fortsetzungsklausel (hier § 10 des Gesellschaftsvertrags) bedarf (§§ 723 I Nr. 5, 727 BGB n. F.).[180] Zu prüfen bleibt aber – wie nach bisherigem Recht – ein die Ausschließung rechtfertigender wichtiger Grund (§ 727 BGB n. F.).

c) Gemeinsame Voraussetzung für den Ausschluss: ein wichtiger Grund

Ein **wichtiger Grund** im Sinne des derzeitigen § 723 I 3 Nr. 1, 2 BGB bzw. des zukünftigen § 727 S. 2 BGB ist nicht ersichtlich. Wie sich aus der Formulierung „insbesondere" ergibt, ist die im Gesetz enthaltene Aufzählung allerdings nicht abschließend. Dementsprechend kann ein wichtiger Grund auch durch andere Umstände eingetreten sein, wobei allerdings strengste Anforderungen zu stellen sind, weil ein **Ausschluss immer nur ultima ratio** ist. Ein wichtiger Grund liegt nur vor, wenn den übrigen Gesellschaftern bei einer Gesamtwürdigung aller Umstände im Einzelfall nach Treu und Glauben die Fortsetzung des Gesellschaftsverhältnisses bis zum vertragsgemäß vorgesehenen Ende oder bis zum nächsten ordentlichen Kündigungstermin nicht mehr zugemutet werden kann (vgl. § 314 I BGB).

Indem C eine seiner Beteiligung am Umsatz entsprechende Gewinnverteilung einfordert, nimmt er seine berechtigten wirtschaftlichen Interessen wahr. Dies führt nicht zur Unzumutbarkeit der Fortsetzung der Gesellschaft für A und B; diese müssten sich vielmehr billigerweise auf die Forderungen von C einlassen, da auch sie ein Interesse an dessen Zufriedenheit haben, wenn er ein wichtiger Umsatzträger ist. Ein wichtiger Grund in der Person des C ist damit nicht eingetreten. Der Beschluss kann nicht nach dem derzeitigen § 737 S. 1 BGB oder zukünftigen § 727 BGB zulässig sein.

2. Zulässigkeit der Hinauskündigung gemäß § 11 des Gesellschaftsvertrags

Der Beschluss kann nach § 11 des Gesellschaftsvertrags zulässig sein. Danach können A und B den C auch ohne das Vorliegen eines wichtigen Grundes in seiner Person aus der Gesellschaft ausschließen, indem sie einstimmig einen dahingehenden Beschluss fassen. Den Erfordernissen des § 11 ist durch den einstimmigen Beschluss von A und B genüge getan. Fraglich ist allerdings die **Wirksamkeit von § 11.** Nur in diesem Fall kann der Beschluss auf ihn gestützt werden, d. h. eine Grundlage für den Ausschluss von C bilden. Ist § 11 unwirksam, so ist auch der auf ihn gestützte Beschluss unwirksam.

a) Ausgangslage

Da die gesetzliche Regelung (→ Ziff. 1.) dispositiv ist, können die Gesellschafter höhere oder niedrigere Voraussetzungen für den Ausschluss eines Gesellschafters festlegen (→ § 5 Rn. 131). Bei einem personalistisch geprägten Zusammenschluss müssen die eng miteinander verbundenen Gesellschafter ihr Verhältnis zueinander an die konkreten Umstände anpassen können, sofern nicht zwingende Bedürfnisse entgegenstehen. Fraglich ist allerdings, ob es **Grenzen der Gestaltungsfreiheit der Gesellschafter** mit der Folge gibt, dass bestimmte Klauseln unwirksam sind.

---

[180] Vgl. ebenso → Fall Nr. 27 für den Tod eines Gesellschafters.

b) Inhaltskontrolle durch den BGH

Der BGH unterzieht gesellschaftsvertragliche Klauseln, die die Hinauskündigung eines Gesellschafters regeln, einer Inhaltskontrolle anhand von § 138 I BGB (→ § 5 Rn. 128ff.). Danach ist ein Rechtsgeschäft nichtig, das gegen die guten Sitten verstößt. Ein Verstoß gegen die guten Sitten ist anzunehmen, wenn das Rechtsgeschäft dem Anstandsgefühl aller billig und gerecht Denkenden zuwiderläuft.

aa) Grundsatz der Sittenwidrigkeit freier Hinauskündigung

§ 11 stellt eine Ausschließung von C ins freie Ermessen von A und B. Sie können ohne jeden begründeten Anlass seine Beteiligung an der Gesellschaft beenden. Ein solches Ausschließungsrecht führt in der Regel dazu, dass ein Gesellschafter darauf bedacht ist, den übrigen Gesellschaftern nicht unangenehm aufzufallen, weil er sonst seine Hinauskündigung zu fürchten hat. Er übt die aus seiner Mitgliedschaft folgenden Rechte – insbesondere seine Verwaltungs- und Stimmrechte – nicht entsprechend seinen Interessen aus, sondern richtet sich dabei nach der Meinung anderer Gesellschafter. Dies bedeutet eine starke **Einschränkung der Entscheidungsfreiheit** des Gesellschafters, weil über ihm das **„Damoklesschwert“** der Hinauskündigung schwebt. Dass die Gefahr einer Disziplinierung des betroffenen Gesellschafters durch die übrigen Gesellschafter besteht, zeigt sich besonders deutlich an den Versuchen von A und B, C von seinen Forderungen unter Hinweis auf ihr Ausschließungsrecht abzubringen.

Es verstößt gegen das Anstandsgefühl aller billig und gerecht Denkenden, wenn sich ein Gesellschafter derart der willkürlichen Entscheidung seiner Mitgesellschafter unterwirft und dadurch an der Ausübung seiner mitgliedschaftlichen Rechte gehindert wird. Um die – eigentlich gesetzlich vorgesehene – Nichtigkeitsfolge des § 138 I BGB zu vermeiden, erfolgt eine **geltungserhaltende Reduktion** der Klausel dahingehend, dass die Ausschließung des betroffenen Gesellschafters nur aus wichtigem Grund möglich ist. § 11 ist somit grundsätzlich entsprechend geltungserhaltend zu reduzieren.

bb) Ausnahmen bei sachlicher Rechtfertigung

Ausnahmsweise wirksam sind die Klauseln nach der Rechtsprechung des BGH nur, wenn für sie sachlich gerechtfertigte Gründe bestehen. Maßgeblich sind dabei die Umstände bei Schaffung der Klausel. Fraglich ist, ob hier sachlich gerechtfertigte Gründe für § 11 bestanden, als die Regelung nach dem Eintritt des C in den Gesellschaftsvertrag aufgenommen wurde.

Das gemeinsame Betreiben einer Praxis erfordert gerade bei Freiberuflern hohes gegenseitiges Vertrauen und Verlässlichkeit der beteiligten Personen. Sie müssen bei der täglichen Arbeit eng miteinander zusammenarbeiten. A und B betreiben die Praxis schon seit 20 Jahren. Dabei haben sich gemeinsame Abläufe und „Sitten“ eingestellt, an deren Beibehaltung A und B ein **legitimes Interesse** haben. Wird ein neuer Arzt aufgenommen, so ist zum Aufnahmezeitpunkt nicht sicher, ob er sich in die täglichen Abläufe in der Praxis eingliedert und ein Vertrauensverhältnis zu den anderen Gesellschaftern aufbaut. Seine Arbeitsweise kann – auch aufgrund des Altersunterschieds – erheblich von der von A und B abweichen und nicht mit dieser harmonieren. Es erscheint daher angemessen, A und B eine gewisse Probephase zuzugestehen, in der sie C auch ohne das Vorliegen eines wichtigen Grundes in seiner Person aus der Gesellschaft ausschließen können.

Jedoch ist der Zeitraum, für den A und B das Kündigungsrecht eingeräumt wurde, erheblich zu lang. Um C auf seine Praxistauglichkeit zu testen, war eine wesentlich kürzere Zeit ausreichend. In der täglichen Praxis zeigt sich meist relativ schnell, ob eine dauerhafte Zusammenarbeit möglich ist oder ob zu starke persönliche oder arbeitsbezogene Differenzen bestehen. Der BGH hat daher entschieden, dass bei Gemeinschaftspraxen von Ärzten die **höchstzulässige Frist drei Jahre** beträgt.[181] Beim Eintritt des C bestand demnach kein sachlich gerechtfertigter Grund für die Aufnahme von § 11 in seiner konkreten Ausgestaltung. Es verbleibt damit bei dem Verstoß gegen § 138 I BGB und der o.g. geltungserhaltenden Reduktion. Eine Ausschließung des C ist nur bei Vorliegen eines wichtigen Grundes in seiner Person möglich.

Da in der Person des C kein wichtiger Grund vorliegt (→ Ziff. 1.), kann seine Ausschließung nicht auf § 11 gestützt werden, so dass der Beschluss unwirksam ist.

c) **Ausübungskontrolle durch Teile der Literatur**

Nach der Auffassung von Teilen der Literatur schränkt die Rechtsprechung des BGH die aus der Privatautonomie folgende Vertragsgestaltungsfreiheit der Gesellschafter zu stark ein (→ § 5 Rn. 132). Anstatt einer Inhalts- soll eine Ausübungskontrolle erfolgen: Die Klausel ist wirksam, jedoch wird überprüft, ob die danach zur Ausschließung befugten Gesellschafter ihr Recht aufgrund von sachlichen Erwägungen ausgeübt haben. War dies nicht der Fall, so ist der trotzdem gefasste Ausschließungsbeschluss unwirksam.

Einer Entscheidung zwischen beiden Auffassungen bedarf es nicht, wenn auch nach der Literatur der Ausschließungsbeschluss unwirksam ist.

A und B wollten den berechtigten Forderungen des C nicht nachkommen. Obwohl C einen erheblichen Beitrag zu dem Erfolg der Gesellschaft leistet, wollen sie ihn daran nicht beteiligen und die von ihm erwirtschafteten Gewinne unter sich aufteilen. Wie sich aus den an C gerichteten Drohungen ergibt, war dies das einzige Motiv der Ausschließung. A und B ging es nicht darum, die Funktionsfähigkeit der Praxis sicherzustellen oder C auszuschließen, weil er mit ihnen arbeitsbezogen nicht harmonierte. Hätte C auf seine Forderungen verzichtet, hätten sie die Gesellschaft mit ihm ohne weiteres fortgesetzt, weil die gemeinsame Arbeit – wie sich auch an der bereits neunjährigen Mitgliedschaft des C zeigt – einwandfrei funktionierte. Die Ausschließung erfolgte somit nicht aufgrund der Erwägungen, wegen derer § 11 in den Gesellschaftsvertrag aufgenommen wurde.

Die Forderungen des C bilden damit keinen sachlichen Grund für seine Ausschließung. A und B haben ihr Ausschließungsrecht aus § 11 vielmehr aus sachfremden, rein eigennützigen Gründen ausgeübt. Der Ausschließungsbeschluss ist deshalb auch bei Vornahme einer Ausübungskontrolle unwirksam, so dass es einer Entscheidung zwischen beiden Auffassungen nicht bedarf.

3. Ergebnis

Der Beschluss kann weder auf das Gesetz (derzeit § 737 S. 1 BGB; zukünftig § 727 BGB n.F.) noch auf § 11 des Gesellschaftsvertrags gestützt werden. Er ist daher unwirksam. C ist weiterhin Gesellschafter der GbR.

Fall Nr. 29 – Ertragswert

Die ABC-GbR betreibt ein kleines Feriendorf. A, B und C sind zu gleichen Teilen beteiligt. Das Gesellschaftsvermögen besteht überwiegend aus mehreren Grundstü-

[181] Vgl. BGH ZIP 2007, 1309.

cken. Der Ertrag des Unternehmens ist relativ gering. Der Gesellschaftsvertrag sieht u.a. vor:

§ 12: Im Fall der Kündigung eines Gesellschafters wird die Gesellschaft unter den übrigen Gesellschaftern fortgesetzt. Der ausscheidende Gesellschafter ist auf Basis des gemeinen Werts des Unternehmens abzufinden.

A scheidet durch ordentliche Kündigung aus der Gesellschaft aus und macht einen Abfindungsanspruch geltend. B und C wollen die Höhe der Abfindung nach dem Ertragswert des Gesellschaftsunternehmens berechnen. A hingegen berechnet sein Abfindungsguthaben auf der Basis des Liquidationswertes der Gesellschaft, in den der Wert der Grundstücke durch ihre Veräußerung einfließt. Er trägt – zutreffend – vor, dass sein Abfindungsanspruch nach seiner Berechnung sechsmal so hoch (600.000 EUR) ist wie nach der von B und C (100.000 EUR).

Hat A einen Abfindungsanspruch gegen die GbR? Wenn ja, in welcher Höhe?

Rechtsprechungshinweis: BGH ZIP 2006, 851.

Lösung

Ein Abfindungsanspruch des A kann sich gemäß dem bis Ende 2023 geltenden Recht aus § 738 I 2 BGB, nach dem Inkrafttreten des MoPeG am 1.1.2024 hingegen aus § 728 I 1 BGB n.F. ergeben.

1. Voraussetzungen

Im Hinblick auf die Voraussetzungen des Abfindungsanspruchs ist zwischen dem derzeitigen und zukünftigen Recht zu unterscheiden:

a) Erfordernis einer Fortsetzungsklausel im derzeitigen Recht

Die derzeitige Abfindungsregel in § 738 I 2 BGB ist anwendbar, wenn die Kündigung eines Gesellschafters ausnahmsweise nicht zur Auflösung der Gesellschaft, sondern zu seinem Ausscheiden führt und sein Gesellschaftsanteil infolgedessen den übrigen Gesellschaftern anwächst.

Der Gesellschaftsvertrag der ABC-GbR bestimmt, dass die Gesellschaft im Fall der Kündigung eines Gesellschafters fortgesetzt wird. Der Gesellschaftsvertrag enthält damit eine Fortsetzungsklausel i.S.v. § 736 I BGB. Bei einer wirksamen Kündigung des A wird die Gesellschaft daher gemäß § 736 I BGB zwischen B und C fortgesetzt.

A ist aus der Gesellschaft ausgeschieden, sofern er **wirksam gekündigt** hat. Nach § 723 I BGB kann ein Gesellschafter eine auf unbestimmte Zeit eingegangene Gesellschaft jederzeit kündigen. Selbst wenn die Kündigung des A zur Unzeit erfolgt sein sollte – wofür hier nichts ersichtlich ist –, führt dies nur zu einem Schadensersatzanspruch von B und C gegen A (§ 723 II 2 BGB) und nicht zur Unwirksamkeit der Kündigung. A hat seine Gesellschafterstellung somit wirksam gekündigt und ist aus der Gesellschaft ausgeschieden. Das Ausscheiden des A hat nach § 738 I 1 BGB zur Folge, dass sein Gesellschaftsanteil B und C zugewachsen ist. B und C sind jetzt zu je ½ Gesellschafter der GbR.

Die Voraussetzungen für einen Abfindungsanspruch des A liegen somit vor. Der Anspruch richtet sich trotz des Wortlauts des § 738 I 2 BGB gegen die Gesellschaft und nicht gegen die Gesellschafter.

b) Änderung der Rechtslage im zukünftigen Recht

Nach dem Inkrafttreten des MoPeG am 1.1.2024 ist im Ansatz zwischen einer Kündigung der Mitgliedschaft gemäß § 725 BGB n.F. und einer Kündigung der Gesellschaft nach § 731 BGB n.F. zu unterscheiden (→ § 5 Rn. 157cff.). Die erstgenannte Kündigung, um die es im hier zu prüfenden Sachverhalt geht, führt auch ohne Fortsetzungsklausel zum Ausscheiden des kündigenden Gesellschafters und nicht zur Auflösung der Gesellschaft (§ 723 I Nr. 2 BGB n.F.).

Gemäß § 725 I BGB n.F. kann ein auf unbestimmte Zeit eingegangenes Gesellschaftsverhältnis unter Einhaltung einer Frist von drei Monaten zum Ablauf eines Kalenderjahres gegenüber der Gesellschaft gekündigt werden. Eine derartige ordentliche Kündigung hat A erklärt, weshalb er (zum Jahresende) aus der Gesellschaft ausscheidet, sein Anteil den verbleibenden Gesellschaftern B und C gemäß § 712 I BGB n.F. je zur Hälfte zuwächst und die Gesellschaft dem A im Gegenzug nach § 728 I 1 BGB n.F. „eine dem Wert seines Anteils angemessene Abfindung zu zahlen“ hat.

Hinweis: Selbst wenn die Kündigung des A zur Unzeit erfolgt sein sollte – wofür hier nichts ersichtlich ist –, führt dies auch nach dem zukünftigen Recht nur zu einem Schadensersatzanspruch von B und C gegen A (§ 725 V 2 BGB) und nicht zur Unwirksamkeit der Kündigung.

2. Anspruchshöhe

Fraglich ist die Anspruchshöhe, die nach § 728 I 1 BGB n.F. „angemessen“ sein muss. Grundsätzlich soll der Abfindungsanspruch nach bisherigem und zukünftigem Recht den wahren Wert der Beteiligung des ausgeschiedenen Gesellschafters widerspiegeln. Dabei wird in der Praxis **grundsätzlich der Ertragswert** des Unternehmens zugrunde gelegt, ohne dass sich der Gesetzgeber des MoPeG jedoch auf eine Methode festlegt (→ § 5 Rn. 134). § 12 des Gesellschaftsvertrags bestimmt nun, dass ein ausscheidender Gesellschafter „auf der Basis des gemeinen Werts des Unternehmens“ abzufinden sei.

a) Auslegung von § 12 des Gesellschaftsvertrags

Zu klären ist zunächst, welche Methode der Bestimmung des Unternehmenswerts nach § 12 vorgesehen ist. Nach der Rechtsprechung des BGH meint „gemeiner Wert“ eines Unternehmens dessen Ertragswert, da die Ertragswertmethode üblicherweise zur Bestimmung von Unternehmenswerten herangezogen wird. Das Abfindungsguthaben des A würde sich deshalb nach dem Ertragswert des Gesellschaftsunternehmens richten. Die von B und C vorgeschlagene Berechnungsmethode ist durch § 12 vorgegeben.

b) Wirksamkeit von § 12 des Gesellschaftsvertrags

Zu prüfen ist die Wirksamkeit von § 12. Nach der Rechtsprechung des BGH können Abfindungsklauseln nach § 138 I BGB sowie deshalb unwirksam sein, weil sie das Kündigungsrecht unzulässig einschränken (Verstoß gegen § 723 III BGB; zukünftig auf die außerordentliche Kündigung begrenzt § 725 VI BGB n.F.).

aa) Sittenwidrigkeit (§ 138 I BGB)

Nach den – vom Gesetzgeber des MoPeG in Bezug genommenen – Grundsätzen des BGH ist eine Abfindungsklausel sittenwidrig und deshalb nichtig, wenn schon bei ihrer Vereinbarung die mit ihr verbundene Einschränkung des Abflusses von Gesellschaftskapital vollkommen außer Verhältnis zu der Beschränkung steht, die erforderlich ist, um im Interesse der verbleibenden Gesellschafter den Fortbestand und die Fortführung des Unternehmens zu sichern.[182] Eine Sittenwidrigkeit nach diesen Grundsätzen kann insbesondere vorliegen, wenn der tatsächliche Wert der Beteiligung den nach der Abfindungsregelung zu berechnenden Betrag um ein Vielfaches übersteigt.[183]

Kündigt A und richtet sich sein Abfindungsanspruch nach § 12, so bekommt er 100.000 EUR. Würde es hingegen zu einer Liquidation der Gesellschaft mit Veräußerung der Grundstücke kommen, betrüge sein Abfindungsguthaben 600.000 EUR (**Liquidationswert**). Der so berechnete Wert der Beteilung überschreitet folglich den nach der vertraglichen Abfindungsregelung errechneten Betrag um das Sechsfache. Geht man angesichts längerfristig hoher Grundstückswerte naheliegenderweise davon aus, dass diese ganz erhebliche Differenz in ähnlicher Form bereits bei Abschluss des Gesellschaftsvertrags bestand, kann sich daraus eine Sittenwidrigkeit nach § 138 I BGB ergeben. Das durchaus anerkennenswerte Interesse der Mitgesellschafter B und C am Fortbestand des Feriendorfs rechtfertigt eine so weitgehende Beschränkung des Abfindungsguthabens des A auf ein Sechstel des Liquidationswertes nicht. Insoweit müssten B und C vorrangig akzeptieren, dass ggf. ein Teil der zum Feriendorf gehörenden Grundstücke veräußert wird, um die Abfindung des A zahlen zu können. Mit dem Restbestand an Grundstücken könnte ggf. noch ein verkleinertes Feriendorf betrieben werden.

bb) Unzulässige Beschränkung des Kündigungsrechts

Die Unwirksamkeit von Abfindungsbeschränkungen hat die Rechtsprechung bei der GbR zusätzlich auf eine unzulässige Einschränkung des Kündigungsrechts gestützt. Die bisherige Regelung in § 723 III BGB erklärt nämlich Vereinbarungen, durch welche das Kündigungsrecht ausgeschlossen oder eingeschränkt wird, allgemein für nichtig. Eine Abfindungsklausel kann nach jener Rechtsprechung im Hinblick auf § 723 III BGB unwirksam sein, sofern sie zu einem **faktischen Ausschluss des Kündigungsrechts** führt. Dies sei der Fall, wenn ein wirtschaftlich denkender Gesellschafter unter Geltung der Abfindungsklausel zu einer Kündigung nicht bereit wäre, weil der danach entstehende Abfindungsanspruch dem Wert seiner Unternehmensbeteiligung nicht entspricht, er seinen Gesellschaftsanteil also weit unter Wert abgeben müsste.[184]

Auf die vorgesehene Bewertungsmethode kommt es dabei nicht an. Eine Abfindungsklausel kann also auch dann unwirksam sein, wenn der Unternehmenswert – wie hier – nach der gängigen Ertragswertmethode bestimmt werden soll.[185] Auch eine Abfindung nach dem Ertragswert kann nämlich ausnahmsweise das Kündigungsrecht faktisch ausschließen, wenn sie einen wirtschaftlich denkenden Gesellschafter angesichts eines viel höheren Liquidationswerts von der Kündigung abhalten würde.

Von einem solchen faktischen Ausschluss des Kündigungsrechts ist im hier zu beurteilenden Fall auszugehen. Da A nach der vertraglichen Abfindungsregel nur ein Sechstel des Liquidationswertes erhalten würde, wäre er als wirtschaftlich denkender Gesellschafter nicht bereit, von seinem Kündigungsrecht Gebrauch zu machen.

---

[182] Vgl. Begr. RegE MoPeG zu § 728 I BGB n. F., BT-Drs. 19/27635, S. 176 mit Hinweis auf BGHZ 116, 359, 376 = ZIP 1992, 237, 242 (juris-Rn. 39); w. N. bei Scholz/*Westermann*, § 34 Rn. 31 in Fn. 179 (zur GmbH).

[183] Siehe auch dazu BGHZ 116, 359, 376 = ZIP 1992, 237, 242 (juris-Rn. 39).

[184] Vgl. zusammenfassend BGH ZIP 2006, 851 (Rn. 11) m. w. N.

[185] BGH ZIP 2006, 851 (Rn. 12–14).

Ihm würde nämlich ein Betrag in Höhe von 500.000 EUR entgehen. Er würde daher trotz Kündigungswillens von einer Kündigung absehen und die Zeit bis zur Auflösung der Gesellschaft „aussitzen". Dies zu verhindern ist aber gerade Schutzzweck des derzeitigen § 723 III BGB. § 12 des Gesellschaftsvertrags ist deshalb mit jener Regelung unvereinbar und nichtig. Eine Abfindung des A nach dem Ertragswert des Unternehmens scheidet deshalb nach aktueller Rechtslage aus.

Fraglich könnte jedoch sein, ob sich an den geschilderten Grundsätzen der Rechtsprechung etwas durch die **Neuregelung des MoPeG** ändert. Das bisher in § 723 III BGB enthaltene Verbot einer Beschränkung des Kündigungsrechts wird nämlich in der Zukunft durch § 725 VI BGB n. F. auf die Kündigung aus wichtigem Grund reduziert, während Beschränkungen des ordentlichen Kündigungsrechts nicht mehr (per se) unwirksam sind.[186] Die bisherige Regelung des § 723 III BGB war nach Ansicht des Gesetzgebers „überschießend" und sollte bewusst eingeschränkt werden. Zukünftig sollen sich Vereinbarungen, die das Recht zur ordentlichen Kündigung aus § 725 I BGB n.F. ausschließen oder beschränken, nicht mehr an der starren Schranke des § 725 VI BGB n. F. messen lassen müssen, sondern an der beweglichen Schranke des § 138 BGB, wobei die Wertung des § 725 VI BGB n. F. Eingang in die Sittenwidrigkeitsprüfung finden soll.[187]

Ob damit die auf einen faktischen Ausschluss des Kündigungsrechts gestützte Rechtsprechung zur Unwirksamkeit von Abfindungsbeschränkungen nicht mehr anwendbar sein soll und in Zukunft auch jene Abfindungsbeschränkungen allein am Maßstab des § 138 I BGB gemessen werden sollen, lässt sich der Gesetzesbegründung nicht entnehmen.[188] In der Begründung zur neuen Regelung des Abfindungsanspruchs in § 728 BGB n. F. wird jedenfalls allein darauf hingewiesen, Vereinbarungen über die Modalitäten und die Höhe des Abfindungsanspruchs seien zu beanstanden, wenn sie im Sinne des § 138 BGB gegen die guten Sitten verstoßen. Weitere gesetzliche Regelungen seien nicht geboten.[189]

Für die Praxis dürfte die Frage nach einer parallelen Wirksamkeitskontrolle am Maßstab des § 725 VI BGB n. F. weitgehend irrelevant sein, zumal sich die jüngere Rechtsprechung ohnehin gleichzeitig auf § 138 I BGB und die Unwirksamkeit nach § 723 III BGB in seiner derzeitigen Fassung gestützt hat.[190] Dies kann wohl nur so verstanden werden, dass im Rahmen beider Unwirksamkeitsgründe der gleiche rechtliche Maßstab angelegt wird.[191] Im Übrigen wollte auch der Gesetzgeber des MoPeG mit der engeren Formulierung des § 725 VI BGB n. F. offenbar nur *Einschränkungen* des ordentlichen Kündigungsrechts für die Zukunft ermöglichen, nicht hingegen einen vollständigen und dauerhaften *Ausschluss* des ordentlichen Kündigungsrechts. Dann aber werden die von der Rechtsprechung entwickelten Schranken für Abfindungsbeschränkungen jedenfalls für solche Fälle nicht in Frage gestellt, in denen es zu einem *faktischen* Ausschluss jenes ordentlichen Kündigungsrechts kommt.

Zumindest aber sollten die Grundsätze der Rechtsprechung zu § 723 III BGB in solchen Fällen fortgelten, in denen – wie hier durch § 12 des Gesellschaftsvertrags –

---

[186] Dazu partiell kritisch *Bochmann*, ZGR-Sonderheft 23, 2021, S. 221, 236 ff., 242 ff.

[187] Vgl. Begr. RegE MoPeG zu § 725 VI BGB n. F., BT-Drs. 19/27635, S. 173 f.

[188] Vgl. dazu auch *Bochmann*, ZGR Sonderheft 23, 2021, S. 221, 242 ff.

[189] Begr. RegE MoPeG zu § 728 I BGB n. F., BT-Drs. 19/27635, S. 175.

[190] BGH ZIP 2006, 851 (Rn. 11) mit Hinweis auf beide Rechtsprechungslinien.

[191] Vgl. dazu den Diskussionsbericht bei *Leclerc*, ZGR-Sonderheft 23, 2021, S. 251, 252 partiell gegen *Bochmann*, ebenda, S. 221, 238, der § 723 III BGB eine erhöhte Begrenzungswirkung im Vergleich zu § 138 BGB zuspricht.

die Abfindung allgemein, also auch für den Fall einer außerordentlichen Kündigung begrenzt wird. Dann nämlich verstößt die Klausel auch gegen den nunmehr reduzierten Gehalt des zwingenden § 725 VI BGB n.F.; wegen des Verbots geltungserhaltender Reduktion kann sie deshalb auch nicht für Fälle ordentlicher Kündigung, für die grundsätzlich eine Kündigungsbeschränkung zukünftig erlaubt wird, aufrechterhalten werden. § 12 des Gesellschaftsvertrags ist deshalb auch nach der zukünftigen Rechtslage unwirksam, weshalb eine Bemessung der Abfindung des A nach dem Ertragswert des Unternehmens ausscheidet.

3. Ergebnis

Das Abfindungsguthaben des A muss auf der Basis des Liquidationswertes der Gesellschaft berechnet werden. Er hat einen Abfindungsanspruch in Höhe von 600.000 EUR.

§ 12. Fälle zur offenen Handelsgesellschaft (oHG)

Fall Nr. 30 – Der junge Möbelhändler

A, B und C sind beste Freunde und unzertrennlich. Sie wollen gemeinsam in großem Stil mit Möbeln handeln. Aus diesem Grund schließen sie Anfang Juni den Gesellschaftsvertrag der ABC-oHG. C ist bei Vertragsabschluss gerade 17 Jahre alt. Er kennt sich besonders gut mit Möbeln aus, während B hauptsächlich für den kaufmännischen Bereich zuständig sein soll. A soll sowohl im An- und Verkauf von Möbeln als auch kaufmännisch tätig sein.

Die Eltern des C stehen sämtlichen geschäftlichen Tätigkeiten ihres Sohnes ablehnend gegenüber; entsprechend äußern sie sich zu dem Abschluss des Gesellschaftsvertrags der oHG, als C ihnen davon erzählt. Gleichwohl nimmt die ABC-oHG ihre Geschäfte auf und beginnt, rege mit Möbeln zu handeln.

Im Dezember des Gründungsjahrs kauft A im Namen der ABC-oHG von dem Privatmann X eine gebrauchte Designercouch zum Preis von 10.000 EUR. X liefert die Couch; der Kaufpreis soll erst später gezahlt werden. X ist das Alter des C nicht bekannt.

Welche Ansprüche hat X gegen die ABC-oHG, A, B und C?

Lösung

1. Anspruch des X gegen die ABC-oHG

X kann gegen die ABC-oHG einen Anspruch auf Kaufpreiszahlung aus § 433 II BGB haben. Voraussetzung ist der Abschluss eines wirksamen Kaufvertrags zwischen X und der ABC-oHG.

a) Bestehen der ABC-oHG

Voraussetzung für einen Anspruch gegen die ABC-oHG ist, dass sie wirksam besteht. Eine oHG entsteht durch den **wirksamen Abschluss des Gesellschaftsvertrags** und gemäß § 123 HGB im Verhältnis zu Dritten durch ihre Eintragung im Handelsregister oder bei Geschäftsaufnahme vor Eintragung bereits durch jene – im Einverständnis aller Gesellschafter erfolgende[192] – Teilnahme am Rechtsverkehr. Eine Ausnahme gilt nur, soweit die Eintragung – wie insbesondere bei einer kleingewerblich tätigen Gesellschaft – konstitutiv wirkt (vgl. den derzeitigen Verweis auf §§ 2, 105 II HGB, zukünftig auf § 107 I HGB n. F.).

Da für die (einverständliche) Geschäftsaufnahme bereits Vorbereitungshandlungen wie die Eröffnung eines Bankkontos oder die Anmietung eines Geschäftslokals ausreichen sollen (→ § 6 Rn. 7), das Unternehmen zu diesem Zeitpunkt aber notwendig noch nicht im vollkaufmännischen Umfang betrieben werden kann, wird man die gesetzliche Regelung dahingehend verstehen müssen, dass es bei einer tatsächlichen Geschäftsaufnahme durch Vorbereitungshandlungen ausreicht, wenn die *geplante* Geschäftstätigkeit auf einen vollkaufmännischen Geschäftsbetrieb gerichtet ist. Dies ist bei der ABC-oHG der Fall, sodass sie bereits mit dem Beginn der Geschäftstätigkeit als oHG qualifiziert werden könnte. Jedenfalls hat sie aber im weiteren Verlauf rege mit Möbeln gehandelt, sodass die Vermutung des § 1 II HGB nicht widerlegbar erscheint.

Zweifelhaft ist aber die Wirksamkeit des zwischen A, B und C geschlossenen Gesellschaftsvertrags.

aa) Unwirksamkeit des Gesellschaftsvertrags

Wie jeder Vertragsschluss erfordert auch der Abschluss eines Gesellschaftsvertrags, dass die Willenserklärungen der Vertragspartner wirksam sind. An der Wirksamkeit der Willenserklärungen von A und B bestehen keine Zweifel. Beide waren voll geschäftsfähig. Fraglich ist indes die Wirksamkeit der Willenserklärung des C.

aaa) Unwirksamkeit der Willenserklärung des C

C ist mit 17 Jahren nach § 106 BGB beschränkt geschäftsfähig und bedarf zu einer wirksamen Willenserklärung, die nicht lediglich rechtlich vorteilhaft ist, der Einwilligung seines gesetzlichen Vertreters (§ 107 BGB).[193] Der Abschluss eines oHG-Gesellschaftsvertrags ist nicht lediglich rechtlich vorteilig; es entstehen Beitrags- und Förderungspflichten (§ 105 III HGB i. V. m. § 705 BGB). Die nach § 107 BGB erforderliche Einwilligung der Eltern des C lag nicht vor.

Der Gesellschaftsvertrag ist daher schwebend unwirksam (§ 108 I BGB). Die Eltern des C waren mit dem Abschluss des Gesellschaftsvertrags nicht einverstanden, als C ihnen davon erzählte. Sie haben damit konkludent die erforderliche Genehmigung verweigert. Dies macht **das von C vorgenommene Rechtsgeschäft endgültig nichtig.** Im Übrigen ist zu beachten, dass es zu einer wirksamen Genehmigung des abgeschlossenen Gesellschaftsvertrags durch die Eltern des C der Zustimmung des Familiengerichts bedurft hätte, da die Eltern des C bei eigenem Abschluss eines Gesellschaftsvertrags im Namen des C eine Genehmigung des Vormundschaftsgerichts hätten einholen müssen (§§ 1643 I, 1822 Nr. 3 BGB).

bbb) Keine Teilnichtigkeit des Gesellschaftsvertrags gemäß § 139 BGB

In Betracht kommt jedoch, dass nur die Beteiligung des C unwirksam ist, während A und B wirksam einen Gesellschaftsvertrag abgeschlossen haben. Dagegen spricht, dass § 139 BGB im Fall der Teilnichtigkeit eines Rechtsgeschäfts im Zweifel

---

[192] Vgl. zu dieser mit der bislang h. M. übereinstimmenden Ergänzung in § 123 I HGB n. F. Begr. RegE MoPeG zu § 719 I BGB n. F., BT-Drs. 19/27635, S. 161 f.; a. A. für das derzeit noch geltende Recht MüKoHGB/*K. Schmidt*, § 123 Rn. 10.

[193] Zum Minderjährigenrecht siehe *Bitter/Röder*, BGB AT, § 9 Rn. 21 ff.; zur Stimmausübung durch minderjährige Gesellschafter *Flume*, NZG 2014, 17.

Gesamtnichtigkeit anordnet. Jedoch gilt § 139 BGB beim Abschluss von Gesellschaftsverträgen nicht bzw. im umgekehrten Sinne: Ein Gesellschaftsvertrag ist im Zweifel nur teilnichtig und im Übrigen wirksam.[194]

Grundsätzlich wäre daher unter den übrigen Gesellschaftern A und B eine normal wirksame Gesellschaft ohne den Minderjährigen C entstanden. Da die Wirksamkeit jedoch nur „im Zweifel" gilt, ist der Gesellschaftsvertrag im Sinne der umgekehrten Anwendung des § 139 BGB insgesamt unwirksam, wenn anzunehmen ist, dass A und B den Gesellschaftsvertrag in Kenntnis der Unwirksamkeit der Willenserklärung des C nicht abgeschlossen hätten. Entscheidend ist der durch Auslegung zu ermittelnde mutmaßliche Wille von A und B. Maßgeblich ist, welche Entscheidung die Parteien bei Kenntnis der Teilnichtigkeit nach Treu und Glauben und unter Berücksichtigung der Verkehrssitte getroffen hätten.

A, B und C waren unzertrennlich. Hierin kommt die für Personengesellschaften typische enge personelle Bindung zum Ausdruck. Jedem Gesellschafter kommt eine hohe Bedeutung im Hinblick auf den Erfolg der unternehmerischen Betätigung zu. Das Verhalten von A und B kann nicht so ausgelegt werden, dass sie den Gesellschaftsvertrag auch ohne C abgeschlossen hätten. C brachte besonderen Sachverstand in Bezug auf Möbel mit, der für das beabsichtigte Geschäft unerlässlich war. Der Gesellschaftsvertrag zwischen A, B und C wäre daher grundsätzlich insgesamt unwirksam.

bb) Grundsätze der fehlerhaften Gesellschaft

Nach der gesetzlichen Konzeption läge eigentlich keine Gesellschaft vor; die erbrachten Leistungen müssten nach §§ 812 ff. BGB zurückgewährt werden. Allerdings könnten die Grundsätze der fehlerhaften Gesellschaft eingreifen (→ § 5 Rn. 15 ff.). An die Stelle der Unwirksamkeit *ex tunc* tritt dann die Vernichtbarkeit *ex nunc*, bei der oHG also die Möglichkeit der Auflösungsklage nach § 133 HGB (zukünftig § 139 HGB n.F.). Es handelt sich dabei nicht um eine bloße Rechtsscheinhaftung, sondern bis zur Rechtskraft des Auflösungsurteils besteht eine voll wirksam begründete oHG. Ein Mangel des Gesellschaftsvertrags wäre nur für die Zukunft relevant und könnte für die Vergangenheit nicht mehr geltend gemacht werden.

aaa) Voraussetzungen

Die Grundsätze der fehlerhaften Gesellschaft sind anwendbar, wenn der abgeschlossene Gesellschaftsvertrag an einem Mangel leidet, der den Gesellschaftsvertrag eigentlich anfänglich und insgesamt unwirksam macht, die Gesellschafter die Gesellschaft aber trotzdem **nach innen oder außen in Vollzug gesetzt** haben.

Der Gesellschaftsvertrag ist wegen der Minderjährigkeit des C grundsätzlich insgesamt unwirksam. Die ABC-oHG hat angefangen, mit Möbeln zu handeln. Sie hat in diesem Rahmen Verträge mit Dritten abgeschlossen, ist also nach außen rechtsgeschäftlich in Erscheinung getreten und somit in Vollzug gesetzt. Deshalb ist der Tatbestand einer fehlerhaften Gesellschaft grundsätzlich erfüllt.

bbb) Ausnahmetatbestand

Allerdings könnte ein Ausnahmefall vorliegen, in dem die Grundsätze der fehlerhaften Gesellschaft nicht eingreifen, weil deren Anwendung mit **vorrangigen Interessen der Allgemeinheit oder Einzelner** unvereinbar wäre. Dies wird von der h.M. bei der Beteiligung eines nicht voll Geschäftsfähigen angenommen (→ § 5 Rn. 24).

---

[194] Hopt/*Roth*, HGB, § 105 Rn. 50.

Der durch die §§ 106 ff. BGB bezweckte Schutz des unerfahrenen Minderjährigen würde umgangen, wenn die Gesellschaft voll wirksam entstanden wäre. Der Minderjährige wäre Pflichten im Innenverhältnis und der persönlichen Haftung gegenüber Gesellschaftsgläubigern ausgesetzt.

Es ist jedoch zu beachten, dass die Beteiligung des Minderjährigen nur dazu führt, dass ihm gegenüber die Grundsätze der fehlerhaften Gesellschaft nicht gelten. Sie sind nur insoweit unanwendbar, wie es der Schutz des C erfordert. C ist hinreichend geschützt, wenn nur er nicht wirksam Gesellschafter der oHG geworden ist. Es besteht kein Bedürfnis, auf die aus den übrigen Gesellschaftern A und B bestehende Restgesellschaft die Grundsätze der fehlerhaften Gesellschaft nicht anzuwenden.

Hinweis: Diese begrenzte Anwendung der Grundsätze zur fehlerhaften Gesellschaft ist etwas anderes als die – oben abgelehnte – Teilnichtigkeit gemäß § 139 BGB, weil sie nur vorübergehend bis zu einer jederzeit *ex nunc* möglichen Beendigung dieses Zustandes durch Auflösungsklage gilt.

cc) Ergebnis

Zwischen A und B besteht somit eine fehlerhafte, aber voll wirksame oHG, die nur für die Zukunft aufgelöst werden kann. C ist nicht Gesellschafter der oHG geworden. Auf die fehlerhafte oHG finden die gesetzlichen Regelungen für die oHG Anwendung. Nach § 124 I HGB (zukünftig § 105 II HGB n. F.) kann die fehlerhafte oHG Verbindlichkeiten eingehen. Es kommt allerdings nur ein Anspruch gegen die AB-oHG und nicht gegen die ABC-oHG in Betracht.

b) Wirksame Verpflichtung der AB-oHG

Die AB-oHG muss wirksam verpflichtet worden sein. Es müssen zwei korrespondierende, auf Abschluss eines Kaufvertrags gerichtete Willenserklärungen der AB-oHG und des X vorliegen. X hat eine solche Erklärung abgegeben. Die AB-oHG kann nicht selbst handeln, sondern nur durch Vertreter. Die von A abgegebene Willenserklärung wirkt nach § 164 I BGB unmittelbar für und gegen die AB-oHG, wenn A sie wirksam vertreten hat.[195]

A hat eine eigene Willenserklärung abgegeben und dabei in fremdem Namen gehandelt. Seine organschaftliche Einzelvertretungsmacht folgt aus § 125 I HGB (zukünftig § 124 I HGB n. F.). Die Willenserklärung des A wirkt nach § 164 I BGB unmittelbar für und gegen die AB-oHG.

Es liegen also zwei korrespondierende Willenserklärungen vor. Zwischen der fehlerhaften AB-oHG und X ist ein wirksamer Kaufvertrag zustande gekommen.

c) Ergebnis

X hat gegen die AB-oHG einen Anspruch auf Kaufpreiszahlung aus § 433 II BGB.

2. Anspruch gegen A und B

X hat einen Anspruch gegen A und B aus §§ 433 II BGB, 128 HGB (zukünftig § 126 HGB n. F.). Wie soeben dargelegt, besteht eine wirksame Verbindlichkeit der fehlerhaften AB-oHG. A und B haften als Gesellschafter hierfür nach § 128 HGB persönlich (zukünftig nach § 126 HGB n. F.).

3. Anspruch gegen C

X hat keinen Anspruch gegen C aus §§ 433 II BGB, 128 HGB (zukünftig § 126 HGB n. F.). Zwar besteht eine Verbindlichkeit der fehlerhaften AB-oHG. Jedoch

---

[195] Zum Stellvertretungsrecht siehe allgemein *Bitter/Röder*, BGB AT, § 10.

gelten die Grundsätze der fehlerhaften Gesellschaft nicht gegenüber dem nicht voll geschäftsfähigen C. Er ist nicht Gesellschafter der Gesellschaft geworden. C haftet daher mangels Gesellschafterstellung auch nicht aus § 128 HGB (zukünftig § 126 HGB n.F.) persönlich für Gesellschaftsschulden.

Hinweis: Ein anderes Ergebnis kann sich auch nicht aus der **Registerpublizität** gemäß § 15 III HGB[196] ergeben, weil die Eintragung der Gesellschaft ins Handelsregister und des C als ihr Gesellschafter sowie eine entsprechende Bekanntmachung nicht im Sachverhalt erwähnt sind. Es kommt daher schon im Ansatz nicht in Betracht, dass sich der gutgläubige X gemäß § 15 III HGB auf eine – wegen der fehlenden Gesellschafterstellung des C unrichtige – Eintragung im Handelsregister berufen kann. C muss sich also nicht wie ein Gesellschafter behandeln lassen, so dass er auch nicht über § 15 III HGB aus §§ 433 II BGB, 128 HGB (zukünftig § 126 HGB n. F.) haftet. Im Übrigen ist umstritten, ob § 15 III HGB überhaupt zu Lasten von beschränkt Geschäftsfähigen anwendbar ist.[197]

Fall Nr. 31 – Scherben bringen Glück

Frau von Glücksburg bestellt bei der Firma „Wiesner Antiquitäten oHG" in Heidelberg, deren Gesellschafter Frau Friede Wiesner und Herr Helmut Wiesner sind, eine wertvolle antike Standuhr zum Preis von 15.000 EUR, die in die Wohnung von Frau von Glücksburg in der Otto-Beck-Straße 65 geliefert wird. Da Frau von Glücksburg eine gute Kundin bei Wiesner ist, übernimmt Herr Wiesner die Auslieferung selbst. Beim Transport der Uhr in das Wohnzimmer stößt er aus Unachtsamkeit an eine Vitrine, aus der eine wertvolle Porzellanschale aus der Ming-Dynastie herausfällt. Den Wert der Schale, den ein zuvor von Frau von Glücksburg in Auftrag gegebenes Gutachten mit 200.000 EUR beziffert hatte, möchte sie erstattet haben. Sie fragt, wen sie dafür in Anspruch nehmen kann.

Abwandlung 1: Wie ist der Fall zu beurteilen, wenn nicht Herr Wiesner, sondern der Angestellte A der Firma Wiesner die Auslieferung vornimmt und die Porzellanschale herunterstößt?

Abwandlung 2: Kurz nach dem Schadensfall tritt Herr X als dritter Gesellschafter der oHG bei. Er beteiligt sich zu ¼ an der Gesellschaft, während die übrigen ¾ von Herrn und Frau Wiesner zu gleichen Anteilen gehalten werden. Kann Frau von Glücksburg auch X in Anspruch nehmen?

Abwandlung 3: Wie der Ausgangsfall, jedoch bezahlt Herr Wiesner, nachdem er von Frau von Glücksburg in Anspruch genommen wird, die 200.000 EUR aus seinem Privatvermögen. Er möchte nun wissen, bei wem er Regress nehmen kann. Am liebsten würde er die – durchaus zahlungsfähige – Gesellschaft und seine Frau schonen und auf X zugreifen.

Lösung zum Grundfall

1. Anspruch gegen die oHG

Frau von Glücksburg (G) kann einen Anspruch gegen die oHG haben, die gemäß § 124 I HGB (zukünftig § 105 II HGB n.F.) rechtsfähig ist.

---

[196] Siehe dazu allgemein *Bitter/Linardatos*, HandelsR, § 4 Rn. 14ff.
[197] Vgl. Hopt/*Merkt*, HGB, § 15 Rn. 19 m.w.N.

a) Anspruch auf Schadensersatz aus § 280 I BGB

In Betracht kommt ein Anspruch auf Schadensersatz aus § 280 I BGB. Nach dieser Vorschrift kann der Gläubiger, wenn der Schuldner eine Pflicht aus dem Schuldverhältnis verletzt, Ersatz des hierdurch entstandenen Schadens verlangen.

aa) Schuldverhältnis

Hierfür ist zunächst zu prüfen, ob die oHG Schuldnerin der G ist, also ein Schuldverhältnis zwischen der oHG und G besteht. Dies kann hier ein Kaufvertrag sein. G hatte bei der oHG eine Standuhr bestellt, wobei davon ausgegangen werden kann, dass die oHG bei Abschluss des Vertrages wirksam vertreten worden ist (vgl. § 125 HGB; zukünftig § 124 HGB n.F.). Daher besteht ein Schuldverhältnis zwischen der oHG und G.

bb) Pflichtverletzung

Zweite Voraussetzung des § 280 I BGB ist eine Pflichtverletzung. Aus dem Schuldverhältnis ergeben sich nicht nur die für den Kaufvertrag in § 433 BGB genannten Hauptpflichten auf Lieferung und Zahlung, sondern gemäß § 241 II BGB auch **Schutzpflichten** zur Rücksichtnahme auf die Rechtsgüter des anderen Teils. Diese Pflicht zum Schutz des Eigentums der Vertragspartnerin G ist bei Anlieferung der Standuhr durch Zerstörung der Porzellanschale verletzt worden.

Da die oHG nicht selbst gehandelt hat, ja nicht einmal handeln kann, ist zu prüfen, ob das Verhalten des Herrn Wiesner (HW) der oHG im Rahmen des § 280 I BGB zuzurechnen ist. Diese **Zurechnung** erfolgt **entsprechend § 31 BGB**, da die Vorschrift nicht nur auf den Verein oder sonstige juristische Personen, sondern auch auf das Organhandeln in einer oHG anwendbar ist. Da HW Gesellschafter der oHG ist und er bei der Anlieferung in Ausführung der ihm als Gesellschafter zustehenden Verrichtungen gehandelt hat, ist sein Verhalten der oHG gemäß § 31 BGB zuzurechnen. Daneben oder ergänzend kommt im Hinblick auf den vertraglichen Charakter der Pflicht auch eine Zurechnung gemäß § 278 BGB in Betracht.

cc) Vertretenmüssen

HW – und damit die oHG – könnte sich gemäß § 280 I 2 BGB entlasten, wenn er die Pflichtverletzung nicht zu vertreten hätte. Was der Schuldner zu vertreten hat, ergibt sich aus § 276 BGB, nämlich Vorsatz und Fahrlässigkeit. HW hat die Schale zwar nicht vorsätzlich beschädigt, könnte aber fahrlässig i.S.v. § 276 II BGB gehandelt, also die im Verkehr erforderliche Sorgfalt außer Acht gelassen haben. Dies ist der Fall, weil er aus Unachtsamkeit an die Vitrine gestoßen ist.

dd) Schaden

Aus dieser Pflichtverletzung ist G ein Schaden in Höhe von 200.000 EUR entstanden. Diesen hat die oHG zu ersetzen.

b) Anspruch auf Schadensersatz aus § 823 I BGB

Zusätzlich zu der vertraglichen Haftung kommt auch ein Schadensersatzanspruch aus § 823 I BGB in Betracht, weil ein Rechtsgut der G, ihr Eigentum an der Schale, beschädigt worden ist. Bei der deliktischen Haftung kann die Zurechnung nur gemäß § 31 BGB erfolgen, weil § 278 BGB auf bestehende – zumeist vertragliche – Sonderrechtsverhältnisse beschränkt ist.[198]

---

[198] Dazu allgemein MüKoBGB/*Grundmann*, § 278 Rn. 15.

2. Gesellschafterhaftung von HW und FW

Für die Gesellschaftsverbindlichkeit der oHG aus §§ 280 I, 241 II BGB sowie aus § 823 I BGB haften die Gesellschafter der oHG gemäß § 128 HGB persönlich (zukünftig § 126 HGB n.F.). G kann also auch HW und Frau Wiesner (FW) persönlich für den Schaden in Anspruch nehmen.

3. Deliktische Haftung des HW

HW haftet auch persönlich aus § 823 I BGB, da er die Eigentumsverletzung selbst begangen hat.

Lösung zur Abwandlung 1

Wurde die Auslieferung nicht durch einen Gesellschafter, sondern durch einen einfachen Angestellten ausgeführt, kommt eine Zurechnung von dessen Verhalten nach § 31 BGB nicht in Betracht, da er kein „verfassungsmäßig berufener Vertreter" im Sinne dieser Vorschrift ist.

Bei der Prüfung der vertraglichen Haftung der oHG aus § 280 I BGB (→ Ziff. 1. a)) kann die Zurechnung aber gemäß § 278 BGB erfolgen, wenn A **Erfüllungsgehilfe** im Sinne dieser Bestimmung ist. Erfüllungsgehilfe ist jeder, der mit Wissen und Wollen des Schuldners in dessen Pflichtenkreis zur Erfüllung der diesem obliegenden Verbindlichkeiten tätig wird. Dies war der Fall, denn die oHG war zur Lieferung der Standuhr und in diesem Rahmen zum Schutz der Rechtsgüter der G (§ 241 II BGB, s.o.) verpflichtet und A wurde im Rahmen dieser Pflicht der oHG gegenüber G tätig. Die oHG soll sich nicht dadurch aus ihrer Verantwortung ziehen können, dass sie ihre Pflichten nicht selbst durch ihre Organe (= geschäftsführende Gesellschafter), sondern durch Angestellte erfüllt. Sie hat daher gemäß § 278 BGB für die Pflichtverletzung und das Verschulden des A wie für eine eigene Pflichtverletzung und eigenes Verschulden einzustehen.

Im Rahmen des § 823 I BGB (→ Ziff. 1. b)) kommt eine Zurechnung gemäß § 278 BGB – wie gesagt – nicht in Betracht, so dass diese Anspruchsgrundlage gegenüber der oHG auszuscheiden hat.

Allerdings ergibt sich ein Anspruch aus § 831 BGB gegenüber der oHG, wenn A als **Verrichtungsgehilfe** der oHG gegenüber G eine unerlaubte Handlung begangen hat. Dass eine Eigentumsverletzung i.S.v. § 823 I BGB vorliegt, wurde bereits gezeigt. A ist auch Verrichtungsgehilfe, da er als Angestellter weisungsabhängig von seinem Vorgesetzten ist. Da aus dem Sachverhalt für eine Exkulpation i.S.v. § 831 I 2 BGB nichts ersichtlich bzw. vorgetragen ist, besteht der Anspruch aus § 831 BGB neben dem Anspruch aus § 280 I BGB.

Die oHG ist also auch in der Abwandlung zum Schadensersatz verpflichtet.

Die Gesellschafter der oHG haften gemäß **§ 128 HGB** (zukünftig § 126 HGB n.F.) für die Gesellschaftsverbindlichkeit (→ Ziff. 2.). Es entfällt nur die eigene persönliche Haftung des HW (→ Ziff. 3.).

Dafür ist der Angestellte A neben der oHG und den Gesellschaftern gemäß § 823 I BGB zum Schadensersatz verpflichtet, weil er selbst die unerlaubte Handlung (= Verletzung des Eigentums der G) begangen hat.

Lösung zur Abwandlung 2

Die Haftung eines eintretenden Gesellschafters bestimmt sich nach § 130 i.V.m. § 128 HGB (zukünftig § 127 i.V.m. § 126 HGB n.F.). Zu prüfen sind drei Voraussetzungen: 1. Es muss schon vor dem Beitritt des Gesellschafters eine Gesellschaft (oHG bzw. – beim Hinzutritt eines Komplementärs – eine KG) bestanden haben. 2. Ein neuer Gesellschafter muss in diese Gesellschaft „eingetreten" sein. 3. Es muss eine Gesellschaftsverbindlichkeit vorliegen.

Alle drei Voraussetzungen sind erfüllt. Es bestand bereits die aus Herrn und Frau Wiesner bestehende „Wiesner Antiquitäten oHG". In diese Gesellschaft ist X eingetreten. Gesellschaftsverbindlichkeiten bestehen aus § 280 I BGB und § 823 I BGB. Der Grund der Gesellschaftsverbindlichkeit ist unerheblich, ebenso die Frage, ob X von der Gesellschaftsschuld bei seinem Beitritt Kenntnis hatte.

Lösung zur Abwandlung 3

1. Regressanspruch gegen X

HW möchte im Wege des Regresses vorrangig auf X zugreifen.

a) Anspruch aus § 426 I BGB

Ein solcher Anspruch kann sich aus § 426 I 1 BGB ergeben. Nach dieser Vorschrift sind Gesamtschuldner im Verhältnis zueinander zu gleichen Anteilen verpflichtet, soweit nicht ein anderes bestimmt ist. Da X neben HW für die von HW beglichene Schuld der oHG einzustehen hatte (§ 128 HGB; zukünftig § 126 HGB n. F.), sind beide Gesamtschuldner i. S. v. § 421 BGB. Der Ausgleich zwischen oHG-Gesellschaftern erfolgt allerdings nicht „zu gleichen Anteilen", sondern nach Maßgabe der Verlustbeteiligung. Sie ist der Schlüssel für die interne Verteilung von Schulden. Insoweit ist bei der oHG „ein anderes bestimmt" i. S. v. § 426 I 1 BGB.[199] HW könnte deshalb bei dem zu $1/4$ an der Gesellschaft beteiligten X gemäß § 426 I 1 BGB in Höhe von 50.000 EUR Regress nehmen ($1/4$ von 200.000 EUR).

Allerdings wird die nach bürgerlichem Recht bestehende Regressmöglichkeit durch Besonderheiten des Gesellschaftsrechts eingeschränkt (→ § 5 Rn. 101): Der regressnehmende Gesellschafter muss die Mitgesellschafter schonen und primär bei der Gesellschaft Regress suchen (**Subsidiarität**). Nur dann, wenn der Gesellschaft freie Mittel nicht zu Verfügung stehen – eine vorherige Zwangsvollstreckung gegenüber der Gesellschaft ist nicht erforderlich[200] –, kann er sich an die Mitgesellschafter halten. Dies ist hier nicht der Fall. Die oHG ist durchaus zahlungsfähig, so dass HW zunächst bei der Gesellschaft Regress nehmen muss. An X kann er sich folglich nicht halten. Deshalb braucht der Frage nicht weiter nachgegangen zu werden, ob der Regress möglicherweise auch aus anderen Gründen ausgeschlossen ist, wenn nämlich X bei seinem Beitritt zur oHG über die Gesellschaftsverbindlichkeit von 200.000 EUR getäuscht worden sein sollte.

b) Anspruch aus § 426 II BGB

Ein Anspruch des HW gegen X aus § 426 II BGB i. V. m. § 280 I BGB bzw. § 823 I BGB scheitert ebenfalls aus den soeben genannten Gründen (Subsidiarität).

2. Regressanspruch gegen FW

Auch ein Regress gegenüber FW steht unter demselben Vorbehalt (Subsidiarität).

[199] Vgl. *K. Schmidt*, GesR, § 49 V 2.
[200] BGH NJW 1980, 339.

3. Regress bei der Gesellschaft (§ 110 HGB/§ 716 I BGB n. F.)

HW könnte jedoch gemäß § 110 HGB (zukünftig § 716 I BGB n. F. i. V. m. § 105 III HGB n. F.) bei der Gesellschaft Regress nehmen. Die Leistung an einen Gläubiger ist eine Aufwendung, die die Gesellschaft zu erstatten hat, soweit der Gesellschafter diese Aufwendung für erforderlich halten darf (→ § 5 Rn. 100).[201]

Eine Einschränkung des Regressanspruchs könnte sich allenfalls aus dem Umstand ergeben, dass HW selbst den Schaden durch seine Unachtsamkeit verursacht hat. Wenn nämlich die oHG ihrerseits wegen der Schadensverursachung von HW hätte Schadensersatz verlangen können, kann dieser umgekehrt nach Befriedigung der Gläubigerin nicht zum Regress gemäß § 110 HGB (zukünftig § 716 I BGB n. F. i. V. m. § 105 III HGB n. F.) berechtigt sein. Zu prüfen ist daher, wer im Verhältnis zwischen der oHG und dem geschäftsführenden Gesellschafter den Schaden zu tragen hat.

HW haftet als geschäftsführender Gesellschafter für **unsorgfältige Geschäftsführung** aus dem Gesellschaftsverhältnis.[202] Welcher Sorgfaltsmaßstab dabei anzuwenden ist, wird unterschiedlich beurteilt: Überwiegend wird auf den nur noch bis Ende 2023 geltenden § 708 BGB abgestellt (d. h. zukünftig auf § 276 BGB), während teilweise auch die Grundsätze über den innerbetrieblichen Haftungsausgleich bei Arbeitsverhältnissen[203] herangezogen werden.[204] Für das Ergebnis im hier zu prüfenden Fall ist zwischen dem derzeitigen und zukünftigen Recht zu unterscheiden:

a) Regressanspruch nach derzeitigem Recht

Nach dem bis Ende 2023 noch geltenden § 708 BGB wird man selbst auf der Basis der strengeren Ansicht, die den regulären gesellschaftsrechtlichen Haftungsmaßstab heranzieht, nicht zu einer Haftung des HW gelangen. Das Verhalten des HW dürfte nämlich nur als eine gewöhnliche Unachtsamkeit anzusehen sein, für die nach dem Maßstab des § 708 BGB nicht gehaftet wird. Die oHG hätte also keinen Schadensersatzanspruch gegen HW wegen der Belastung mit der Forderung von G. Dann aber muss HW auch in voller Höhe gemäß § 110 HGB bei der oHG Regress nehmen können, wenn er G aus seinem Privatvermögen befriedigt.

b) Regressanspruch nach zukünftigem Recht

Nach dem Inkrafttreten des MoPeG am 1.1.2024 gilt § 708 BGB nicht mehr und es ist nach der strengeren Ansicht § 276 BGB heranzuziehen. Die Unachtsamkeit von HW führt dann zu seiner Haftung gegenüber der oHG, weshalb er im Gegenzug keinen Regressanspruch aus § 716 I BGB n. F. i. V. m. § 105 III HGB n. F. haben kann.

Folgte man hingegen der Gegenansicht, welche die Grundsätze über den innerbetrieblichen Haftungsausgleich bei Arbeitsverhältnissen heranzieht, würde eine Haftung des HW gegenüber der oHG ausscheiden, weil dann für leichte Fahrlässigkeit nicht gehaftet wird.[205] HW könnte folglich bei der oHG aus § 716 I BGB n. F. i. V. m. § 105 III HGB n. F. für die Befriedigung der G Regress nehmen.

Für die strengere Sichtweise, die den regulären gesellschaftsrechtlichen Haftungsmaßstab heranzieht (zukünftig § 276 BGB), spricht die Parallele zu § 43 I GmbHG und § 93 I AktG.[206] Auch die Organe der juristischen Personen GmbH

---

[201] Vgl. *K. Schmidt*, GesR, § 49 V 1.
[202] MüKoHGB/*Jickeli*, § 114 Rn. 56.
[203] Siehe dazu Grüneberg/*Weidenkaff*, BGB, § 611 Rn. 152 ff.
[204] Vgl. die Nachweise bei MüKoHGB/*Jickeli*, § 114 Rn. 59 f.
[205] Dazu *Fischinger*, Arbeitsrecht, 2. Aufl. 2021, Rn. 765.
[206] MüKoHGB/*Jickeli*, § 114 Rn. 60.

und AG haften bei Ausübung ihrer geschäftsleitenden Tätigkeit für jegliche Fahrlässigkeit (Sorgfalt eines ordentlichen Geschäftsmannes bzw. Sorgfalt eines ordentlichen und gewissenhaften Geschäftsleiters). Allein bei Personengesellschaften davon abzuweichen und das speziell für Arbeitnehmer geschaffene Sonderrecht anzuwenden, überzeugt insoweit nicht. Nach dem ab 1.1.2024 geltenden Recht ist deshalb ein Regressanspruch des HW gegen die oHG zu verneinen.

Hinweis: Soweit nach derzeitigem oder zukünftigem Recht (in letzterem Fall wegen Heranziehung der Grundsätze über den innerbetrieblichen Haftungsausgleich bei Arbeitsverhältnissen) ein Regressanspruch des HW gegen die oHG bejaht wird (derzeit aus § 110 HGB bzw. zukünftig aus § 716 I BGB n. F. i. V. m. § 105 III HGB n. F.) haften die übrigen Gesellschafter der oHG (hier: X und FW) dafür nicht persönlich (derzeit aus § 128 HGB bzw. zukünftig aus § 126 HGB n. F.). Die Schuld der oHG ist nämlich eine Sozialverbindlichkeit und dafür haften die Gesellschafter zur Vermeidung einer dem Mehrbelastungsverbot widersprechenden Nachschusspflicht nicht (→ § 5 Rn. 98, 100).

4. Regressanspruch infolge cessio legis

Umstritten ist, ob dem Gesellschafter, der einen Gläubiger befriedigt, neben § 110 HGB (zukünftig § 716 I BGB n. F. i. V. m. § 105 III HGB n. F.) ein Regressanspruch aus *cessio legis* gegen die Gesellschaft zusteht. § 426 II BGB kommt dafür zwar nicht in Betracht, weil im Verhältnis zwischen Gesellschaft und Gesellschafter keine Gesamtschuld vorliegt, die Haftung des Gesellschafters vielmehr akzessorisch ist. Teilweise wird jedoch eine analoge Anwendung des § 774 BGB befürwortet.[207] Durch die *cessio legis* erhält der zahlende Gesellschafter allerdings nur dann eine im Verhältnis zu § 110 HGB (zukünftig § 716 I BGB n. F. i. V. m. § 105 III HGB n. F.) weitergehende Rechtsposition, wenn für den befriedigten Anspruch Sicherheiten bestanden, die gemäß §§ 412, 401 BGB[208] übergehen. Im vorliegenden Fall wirkt sich die Streitfrage deshalb nicht auf das Ergebnis aus. Für das ab 1.1.2024 geltenden Recht ist zudem zu berücksichtigen, dass HW der oHG für seine einfach fahrlässige Handlung nach der hier entwickelten Lösung haftet (→ Ziff. 3) und schon deshalb auch ein paralleler Regress analog § 774 BGB scheitern muss.[209]

Fall Nr. 32 – Aufrechnungsverbot

Die L-GmbH (L), die mit Autoersatzteilen handelt, steht zu der XYZ-oHG, die eine Autoreparaturwerkstatt betreibt, seit längerem in Geschäftsbeziehungen. L verkauft der XYZ-oHG unter anderem zum Preis von 8.000 EUR Keilriemen. Bei Abschluss des Kaufvertrags einigen sich die Parteien nach langwierigen Verhandlungen und entgegen der sonstigen Vereinbarungen, dass die XYZ-oHG gegenüber dem Zahlungsanspruch der L kein Aufrechnungs- oder Zurückbehaltungsrecht geltend machen kann. Anlass dieser Regelung sind Liquiditätsengpässe bei L; sie ist auf eine schnelle Bezahlung angewiesen.

Nach der Lieferung der Keilriemen durch L bleibt die Zahlung durch die XYZ-oHG aus. Daraufhin nimmt L den X als Gesellschafter der XYZ-oHG persönlich auf die Zahlung der 8.000 EUR in Anspruch. Dieser verweigert die Zahlung unter

---

[207] *K. Schmidt*, GesR, § 49 V 1 m. w. N.

[208] Zu diesem Vorteil der *cessio legis* gegenüber einem selbständigen Regressanspruch siehe allgemein MüKoBGB/*Habersack*, § 774 Rn. 1, 8 ff.

[209] Zum Gleichlauf zwischen der *cessio legis* und dem vertraglichen Regressanspruch siehe MüKoBGB/*Habersack*, § 774 Rn. 17, 23.

Berufung auf einen Anspruch der XYZ-oHG gegen L in Höhe von 8.000 EUR. Der Anspruch resultiert aus der ordnungsgemäßen Reparatur eines Firmenwagens der L durch die XYZ-oHG.

X ist der Auffassung, seine Leistungsverweigerung sei berechtigt, da sich L durch Aufrechnung gegen die Forderung der XYZ-oHG befriedigen könne.

Kann L von X die Zahlung der 8.000 EUR verlangen?

Lösung

Der Anspruch der L gegen X kann sich aus § 433 II BGB i.V.m. § 128 S. 1 HGB (zukünftig § 126 S. 1 HGB n.F.) ergeben. Dies setzt einen wirksamen Anspruch der L gegen die XYZ-oHG sowie die Gesellschafterstellung des X voraus.

1. Anspruch gegen die oHG

Ein Kaufvertrag i.S.v. § 433 BGB zwischen der L und der oHG über die Keilriemen ist zustande gekommen. Daraus ergibt sich ein Anspruch der L gegen die oHG auf Zahlung des Kaufpreises in Höhe von 8.000 EUR.

2. Gesellschafterstellung des X

X war zur Zeit der Begründung der Verbindlichkeit auch Gesellschafter der oHG, so dass er nach § 128 S. 1 HGB (zukünftig § 126 S. 1 HGB n.F.) gemeinsam mit den übrigen Gesellschaftern persönlich, gesamtschuldnerisch, primär, unbeschränkt und unmittelbar für die Verbindlichkeiten der Gesellschaft gegenüber den Gläubigern haftet.

3. Anspruch durchsetzbar

Der Anspruch muss auch durchsetzbar sein. Dies ist nicht der Fall, sofern X wirksam eine Einrede erhoben hat.

a) Möglichkeit der Erhebung von Einreden nach § 129 I HGB/§ 128 I HGB n.F.

Aus dem derzeitigen § 129 I HGB bzw. zukünftigen § 128 I HGB n.F. ergibt sich, dass der Gesellschafter alle der Gesellschaft zustehenden Einwendungen – verstanden im weiteren Sinne unter Einschluss von Einreden – auch gegen seine persönliche Inanspruchnahme geltend machen kann. Der Fall der Aufrechenbarkeit ist hingegen gesondert geregelt (derzeit in § 129 III HGB; zukünftig in § 128 II HGB n.F.), so dass im Rahmen des ersten Absatzes der Vorschrift nur ein **Zurückbehaltungsrecht** nach § 320 BGB oder § 273 BGB in Betracht kommt.

Dem steht jedoch die Regelung des Kaufvertrags entgegen, nach der die oHG gegenüber dem Zahlungsanspruch der L kein Zurückbehaltungsrecht geltend machen kann. Fraglich ist allerdings, ob die Vereinbarung wirksam ist. Die Unwirksamkeit kann sich aus § 309 Nr. 2 BGB ergeben. Dies setzt voraus, dass der Ausschluss des Zurückbehaltungsrechts in AGB i.S.v. § 305 I BGB enthalten war. Dafür müsste er in Vertragsbedingungen enthalten sein, die von einer Seite für eine Vielzahl von Verträgen vorformuliert wurden.

Der Ausschluss des Zurückbehaltungsrechts wurde jedoch entgegen der sonstigen Vereinbarungen ausnahmsweise aufgrund der Liquiditätsengpässe bei L und nach langen Verhandlungen in den Vertrag aufgenommen. Er erfolgte demnach individualvertraglich, so dass § 309 Nr. 2 BGB nicht anwendbar ist.

Für die Unwirksamkeit der Vereinbarung nach § 138 BGB bestehen keine Anhaltspunkte. Das Zurückbehaltungsrecht wurde aufgrund gegenwärtiger Probleme bei L ausgeschlossen. Es gingen lange Verhandlungen voraus; die L hat keinen unzulässigen Druck auf die oHG ausgeübt.

Der Ausschluss des Zurückbehaltungsrechts ist somit wirksam. Die oHG kann gegenüber dem Zahlungsanspruch der L kein Zurückbehaltungsrecht geltend machen. Dies gilt gleichzeitig für X, denn § 129 I HGB (zukünftig § 128 I HGB n.F.) besagt ausdrücklich, dass der Gesellschafter nur die Einwendungen erheben kann, die auch der Gesellschaft zustehen.

b) Einrede der Aufrechenbarkeit nach § 129 III HGB/§ 128 II HGB n.F.

Fraglich ist, ob X die spezielle Einrede der Aufrechenbarkeit zusteht. Insoweit ist deutlich zwischen der bis Ende 2023 geltenden und der durch das MoPeG veränderten Rechtslage zu unterscheiden. Die nachfolgend für das bisherige Recht aufgezeigte Problematik wird sich nämlich ab 1.1.2024 durch § 129 II HGB n.F. erledigen:

aa) Einrede der Aufrechenbarkeit nach dem derzeitigen § 129 III HGB

Nach dem Wortlaut des bis Ende 2023 geltenden § 129 III HGB kann der Gesellschafter die Befriedigung des Gläubigers verweigern, solange sich der Gläubiger durch Aufrechnung gegen eine fällige Forderung der Gesellschaft befriedigen kann.

Das zwischen der L und der oHG vereinbarte Aufrechnungsverbot schließt nur eine Aufrechnung durch die oHG aus. Die Aufrechnungsmöglichkeit der L ist von der Vereinbarung hingegen nicht betroffen. Allein auf diese Aufrechnungsmöglichkeit des Gläubigers stellt der Wortlaut des § 129 III BGB ab. Die L kann die Forderung der oHG aus dem Werkvertrag dadurch erfüllen (vgl. § 389 BGB), dass sie mit ihrer Forderung aus dem Kaufvertrag aufrechnet. Da die Forderungen auf denselben Betrag lauten, würden beide durch die Aufrechnung vollständig erlöschen. Beide Forderungen sind auch fällig, so dass eine Aufrechnungslage besteht.

Fraglich ist allerdings, ob es entsprechend dem Wortlaut von § 129 III HGB allein auf die Aufrechnungsbefugnis des Gläubigers ankommt oder ob nicht die **Aufrechnungsbefugnis der Gesellschaft maßgeblich** sein muss.

Für letzteres spricht, dass § 129 II, III HGB die Konsequenz daraus zieht, dass dem einzelnen Gesellschafter keine Verfügungsbefugnis hinsichtlich der Gestaltungsrechte der oHG zustehen, die Verfügungsbefugnis vielmehr von den Vertretungsverhältnissen der oHG abhängig ist. Um dem Gesellschafter ein Leistungsverweigerungsrecht trotzdem einzuräumen, aber gleichzeitig die Verfügungsbefugnis der Gesellschaft unangetastet zu lassen, hat der Gesetzgeber § 129 II, III HGB ins Gesetz eingefügt. Ihm ging es also darum, dass der Gesellschafter sich auch auf die Rechte der Gesellschaft berufen kann. Diesem Normzweck entsprechend hat der Gesetzgeber in § 129 II HGB auch auf die Anfechtungsbefugnis der Gesellschaft abgestellt. Bei § 129 III HGB ist ihm hingegen ein **Redaktionsversehen** unterlaufen, weil er den Wortlaut des § 770 II BGB übernommen hat.

Schon aus der Akzessorietät der Gesellschafterhaftung folgt, dass dem Gesellschafter nicht mehr Rechte zustehen können als der Gesellschaft. Würde § 129 III HGB aber seinem Wortlaut getreu angewendet, hätte X mehr Rechte als die oHG. Die oHG kann nur bei einer eigenen Aufrechnungsbefugnis den Anspruch der L durch Aufrechnung mit einer ihr zustehenden Forderung befriedigen. Die Aufrechnungsmöglichkeit der L gibt ihr hingegen keinerlei Leistungsverweigerungsrecht oder Befriedigungsmöglichkeit, würde aber dem X ein Leistungsverweigerungsrecht einräumen.

Dementsprechend nehmen Rechtsprechung[210] und Literatur eine **am Normzweck der Vorschrift orientierte Korrektur** vor, indem sie ausschließlich auf die Aufrechnungsmöglichkeit der Gesellschaft abstellen (→ § 6 Rn. 26). Kann nur der Gläubiger der Gesellschaft aufrechnen, ist § 129 III HGB nicht anwendbar, so dass dem Gesellschafter kein Leistungsverweigerungsrecht zusteht. Entscheidend ist daher, ob die oHG aufrechnungsbefugt ist (dazu sogleich unter cc).

bb) Einrede der Aufrechenbarkeit nach § 128 II HGB n. F.

Die vorgenannte Problematik wird sich nach dem Inkrafttreten des MoPeG am 1.1.2024 erledigen, weil der Gesetzgeber sie erkannt und in § 128 II HGB n.F. im Sinne der schon bislang gängigen Sichtweise gelöst hat. Nach § 128 II HGB n.F. kann der Gesellschafter die Befriedigung des Gläubigers verweigern, solange *der Gesellschaft* in Ansehung der Verbindlichkeit das Recht zur Anfechtung oder Aufrechnung oder ein anderes Gestaltungsrecht, dessen Ausübung die Gesellschaft ihrerseits zur Leistungsverweigerung berechtigen würde, zusteht. Damit wird zukünftig auch in Bezug auf die Aufrechnung überzeugend allein auf die Befugnisse der Gesellschaft abgestellt.

cc) Aufrechnungsbefugnis der Gesellschaft

Die im Ergebnis nach bisherigem und zukünftigem Recht maßgebliche Aufrechnungsbefugnis *der Gesellschaft* bestünde nur, wenn der vertraglich vereinbarte Ausschluss des Aufrechnungsrechts unwirksam ist.

§ 309 Nr. 3 BGB kann die Unwirksamkeit des Ausschlusses nicht begründen. Zwar ist diese Regelung, nach der die Möglichkeit der Aufrechnung mit unbestrittenen oder rechtskräftig festgestellten Forderungen nicht ausgeschlossen werden kann, auch zwischen Unternehmern – für die die §§ 308, 309 BGB nach § 310 I 1 BGB grundsätzlich nicht gelten – als Konkretisierung des § 307 II Nr. 1 BGB anwendbar.[211] Jedoch war der Ausschluss nicht in AGB enthalten, sondern wurde individualvertraglich ausgehandelt (→ Ziff. 3. a)). Auch § 138 I BGB kann die Unwirksamkeit des Ausschlusses nicht begründen (→ Ziff. 3. a)).

Der Anspruch der L gegen X ist folglich durchsetzbar. Dem X stehen keine Einreden gegen den Anspruch zu.

4. Ergebnis

L hat gegen X einen Anspruch auf Zahlung der 8.000 EUR aus § 433 II BGB i.V.m. § 128 S. 1 HGB (zukünftig § 126 S. 1 HGB n.F.).

Fall Nr. 33 – Bonner Bauhandel

A, B und C sind Gesellschafter der „Bonner Bauhandel oHG“. A und B sind einzelgeschäftsführungsbefugt. C ist von der Geschäftsführung ausgeschlossen. A möchte wissen, ob er die folgenden Maßnahmen allein vornehmen darf oder wen er um Zustimmung bitten muss:

- Abschluss von Kaufverträgen über Baumaterialien
- Erteilung von Prokura an den Angestellten X
- Eröffnung einer Zweigniederlassung in Köln

---

[210] BGHZ 42, 396.
[211] BGHZ 92, 312.

Lösung

1. Abschluss der Kaufverträge

A ist einzelgeschäftsführungsbefugter Gesellschafter i. S. v. § 115 I HGB (zukünftig § 116 I, III HGB n. F.). Er ist also im Innenverhältnis zu seinen Mitgesellschaftern im Grundsatz allein zu handeln berechtigt. Der Umfang der Geschäftsführungsbefugnis ist derzeit in § 116 HGB und ab 1.1.2024 mit gleichem Inhalt in § 116 II HGB n. F. bestimmt. Gemäß § 116 I HGB (zukünftig § 116 II 1 HGB n. F.) erstreckt sich die Befugnis zur Geschäftsführung auf alle Handlungen, die der gewöhnliche Betrieb des Handelsgewerbes der Gesellschaft mit sich bringt. Dazu gehört bei einem Bauhandel insbesondere der Abschluss von Kaufverträgen über Baumaterialien. Insoweit muss A also weder B noch C fragen.

2. Bestellung der Prokura

Für die Bestellung eines Prokuristen gibt es derzeit in § 116 III HGB und ab 1.1.2024 fast wortgleich in § 116 II 2 HGB n. F. eine Sonderregel. Danach bedarf es hier der Zustimmung *aller geschäftsführungsbefugten* Gesellschafter. Dies sind bei der Bonner Bauhandel oHG die Gesellschafter A und B, weil C von der Geschäftsführung ausgeschlossen ist. Vor der Erteilung von Prokura an den Angestellten X muss A daher den B fragen.

3. Eröffnung der Zweigniederlassung

Für die Eröffnung einer Zweigniederlassung in Köln kann nach der aktuell in § 116 II HGB und zukünftig in § 116 II 1 Hs. 2 HGB n. F. enthaltenen Sonderregel ein Beschluss *sämtlicher* Gesellschafter, also auch der nicht geschäftsführenden Gesellschafter, erforderlich sein, wenn es sich um ein Geschäft handelt, das über den gewöhnlichen Betrieb i. S. v. § 116 I HGB bzw. § 116 II 1 Hs. 1 HGB n. F. hinausgeht. Die Eröffnung einer Zweigniederlassung ist im Gegensatz zu Beschaffungsgeschäften eine Maßnahme, die nur selten stattfindet und weitreichende Auswirkungen auf die Gesellschaft hat. Daher muss man sie als ungewöhnliches Geschäft ansehen. A muss daher B und C um ihr Einverständnis bitten.

Hinweis: Die hier diskutierte Befugnis zur *Geschäftsführung* ist von der – das Außenverhältnis betreffenden – *Vertretungsmacht* sauber zu trennen. Insofern gelten die im Innenverhältnis gemäß §§ 115 I Hs. 2, 116 HGB (zukünftig § 116 II, III 3 HGB n. F.) angeordneten Beschränkungen nicht (§§ 125, 126 HGB; zukünftig § 124 HGB). So würden etwa alle zur Eröffnung der Zweigniederlassung in Köln von nur einem vertretungsberechtigten Gesellschafter abgeschlossenen Geschäfte auch dann gegen die oHG wirken, wenn er seine Mitgesellschafter vor dem Abschluss nicht befragt hat. Die Erteilung einer Prokura allein durch A wäre auch dann wirksam, wenn er B zuvor nicht um seine Zustimmung gebeten hätte.

Fall Nr. 34 – Computerhandel

Die Wirtschaftsstudenten M und S beginnen im Jahr 2009, neben dem Studium Computer zusammenzubauen und zu verkaufen. Dabei sprechen sie sich beim Ankauf von Bauteilen immer ab und nehmen Vertragsangebote nur gemeinschaftlich an. Die fertigen Computer veräußern sie zu einem vorher abgesprochenen Preis zunächst nur an Verwandte, Freunde und Bekannte. Allmählich sprechen sich die guten Angebote von M und S immer mehr herum und es entwickelt sich zunächst in der heimischen Garage, später in einem gemeinschaftlich angemieteten Geschäftslokal ein reger Computerhandel, den beide unter der Bezeichnung „Bitfactory" führen. Mit der Ausweitung der Geschäftstätigkeit beschließen M und S, das Studium hinzuschmeißen und nur noch für ihren Computerhandel zu arbeiten, für den sie nach und nach 10 Mitarbeiter einstellen, von denen einer die Buchhaltung übernimmt. Um eine Eintragung im Handelsregister kümmern sich M und S zu keinem Zeitpunkt. Im Juni 2022 kommt ein Angebot vom Bauteilehersteller B, der für einen Posten von 500 Mainboards einen sehr günstigen Preis von 100 EUR pro Stück anbietet. Da M gerade in Urlaub ist, das Angebot aber innerhalb von 3 Tagen angenommen werden muss, bestellt S mit einem Briefbogen der „Bitfactory" die Mainboards. Als M aus dem Urlaub zurückkommt und von dem Geschäft hört, ist er mit der Menge überhaupt nicht einverstanden, weil man für den Verkauf „Jahre brauche". Er schreibt deshalb an B, dass die Bestellung „storniert" werde, weil S keine Alleinvertretungsbefugnis für die „Bitfactory" habe. B ist damit nicht einverstanden und möchte wissen, welche Rechte er hat.

Abwandlung: Wie wäre der Fall zu beurteilen, wenn M und S ihren Computerhandel Ende 2009 als „Bitfactory oHG" zum Handelsregister angemeldet und dabei Gesamtvertretung hätten eintragen lassen?

Lösung zum Grundfall

B kann gemäß § 433 II BGB einen Anspruch auf Abnahme und Zahlung von 500 Mainboards zum Gesamtpreis von 50.000 EUR haben.

1. Anspruch gegen die Gesellschaft „Bitfactory"

Der Anspruch kann zunächst gegen die unter dem Namen „Bitfactory" firmierende Gesellschaft selbst bestehen.

Hinweis: Ob es sich hierbei um eine GbR oder um eine oHG handelt, kann für die Frage des Anspruchsgegners noch offenbleiben, weil nicht nur die oHG (vgl. § 124 HGB; zukünftig § 105 II HGB n. F.), sondern auch die GbR – soweit sie wie hier als Außengesellschaft am Rechtsverkehr teilnimmt – Träger von Rechten und Pflichten sein kann (zukünftig klarstellend § 705 II BGB n. F.; → § 5 Rn. 30 ff.).

Voraussetzung für den Anspruch aus § 433 II BGB ist, dass ein Kaufvertrag zwischen B und der „Bitfactory" zustande gekommen ist. Da die Gesellschaft nicht selbst eine Willenserklärung abgeben kann, kommt es auf die Voraussetzungen einer wirksamen **Stellvertretung** (§§ 164 ff. BGB)[212] der Gesellschaft durch S an. Eine eigene Willenserklärung hat S hier im Namen der Gesellschaft abgegeben, da er die Mainboards auf einem Briefbogen der „Bitfactory" bestellte. Fraglich ist aber, ob S Vertretungsmacht für die Gesellschaft hatte.

a) Vertretungsmacht des S

Würde es sich bei der Gesellschaft um eine GbR handeln, bestünde im Grundsatz Gesamtvertretung durch alle Gesellschafter (§§ 714, 709 BGB; zukünftig § 720 I BGB n. F.). Bei einer oHG gilt hingegen der Grundsatz der Einzelvertretung (§ 125 I HGB; zukünftig § 124 I HGB n. F.). Allerdings kann auch bei der oHG bestimmt

[212] Zum Stellvertretungsrecht siehe *Bitter/Röder*, BGB AT, § 10.

werden, dass alle Gesellschafter nur in Gemeinschaft zur Vertretung der Gesellschaft ermächtigt sein sollen (**Gesamtvertretung** gemäß § 125 II 1 HGB; zukünftig § 124 II 1 HGB n. F.). Da der Gesellschaftsvertrag nicht formbedürftig ist, kann eine solche Bestimmung auch mündlich, sogar konkludent (= durch schlüssiges Verhalten) getroffen werden. Da M und S bisher immer alle Geschäfte gemeinschaftlich getätigt haben, kann von einer derartigen konkludenten Bestimmung einer Gesamtvertretung ausgegangen werden. S hatte daher unabhängig von der Frage, ob es sich um eine GbR oder oHG handelt, keine alleinige Vertretungsmacht für die Gesellschaft.

b) Fiktion der Vertretungsmacht gemäß § 15 I HGB (negative Publizität)

Fraglich ist allerdings, ob sich die „Bitfactory" gemäß § 15 I HGB (negative Publizität)[213] so behandeln lassen muss, als ob S Alleinvertretungsmacht gehabt hätte. Dies kann der Fall sein, wenn es sich bei der Gesellschaft tatsächlich um eine oHG handelt und eine von der Grundregel abweichende Vertretungsregelung entgegen einer gesetzlichen Pflicht der oHG nicht im Handelsregister eingetragen worden war.

aa) Voraussetzungen

Die Anmeldung zum Handelsregister hat die Vertretungsbefugnis der Gesellschafter zu enthalten (derzeit § 106 II Nr. 4 HGB; zukünftig § 106 II Nr. 3 HGB n. F.). Es handelt sich damit um eine eintragungspflichtige Tatsache i. S. v. § 15 I HGB. Voraussetzung für die Anwendbarkeit des § 106 HGB ist allerdings, dass es sich um eine oHG handelt, weil bei einer GbR keine entsprechende Vorschrift besteht und dort – wie gezeigt – ohnehin eine andere Vertretungsregelung (Gesamtvertretung) als Regel gilt. Da die „Bitfactory" nicht im Handelsregister eingetragen ist, kommt es für ihre Qualifizierung als oHG darauf an, ob sie ein vollkaufmännisches Handelsgewerbe i. S. v. § 1 II HGB betreibt.[214] Denn dadurch wird die GbR zur oHG („Ist-Kaufmann"). Die Gesellschaft beschäftigt allein 10 Angestellte, von denen einer die Buchhaltung übernimmt. Sie betreibt in angemieteten Räumen einen „regen Computerhandel". Bei einem derartigen Tätigkeitsumfang kann nicht mehr von einem Kleingewerbe gesprochen werden, so dass die Voraussetzungen des § 1 II HGB erfüllt sind. Die „Bitfactory" ist damit per Gesetz Kaufmann und damit oHG i. S. v. § 105 HGB. Deshalb wäre die Vertretungsregelung gemäß § 106 HGB – wie auch die Gesellschaft überhaupt – ins Handelsregister einzutragen gewesen.

Die eintragungspflichtige Tatsache der Vertretungsmacht ist im Handelsregister nicht eingetragen und auch nicht bekanntgemacht. M und S hätten als Inhaber des Betriebs für die Eintragung der Gesellschaft und ihrer Vertretungsverhältnisse sorgen müssen, so dass die Tatsache i. S. v. § 15 I HGB „in ihren Angelegenheiten" einzutragen war. B war schließlich auch gutgläubig, da er nach dem Sachverhalt keine Kenntnis von der abweichenden Vertretungsregelung einer Gesamtvertretung von S und M hatte.

bb) Rechtsfolge

Die Rechtsfolge des § 15 HGB besteht darin, dass sich die Gesellschafter der oHG und diese selbst gegenüber B nicht auf die eintragungspflichtige Tatsache berufen können. Das bedeutet im Fall der nach § 106 II Nr. 4 HGB (zukünftig § 106 II

---

[213] Zur Publizität des Handelsregisters gemäß § 15 HGB siehe *Bitter/Linardatos*, HandelsR, § 4 Rn. 9 ff., zur negativen Publizität insbes. Rn. 24 ff.

[214] Zur Kaufmannseigenschaft siehe *Bitter/Linardatos*, HandelsR, § 2 Rn. 1 ff.

Nr. 3 HGB n. F.) eintragungspflichtigen Vertretungsregelung, dass sie sich nicht auf die tatsächlich bestehende Vertretungsregelung (Gesamtvertretung) berufen können. Zugunsten des Rechtsverkehrs gilt damit die gesetzliche Vertretungsregelung als bestehend, also die Einzelvertretungsbefugnis gemäß § 125 I HGB (zukünftig § 124 I HGB n. F.). In dem früheren § 125 IV HGB kam diese Rechtsfolge noch klarer zum Ausdruck, wenn dort ausdrücklich nur die Eintragung einer vom Gesetz abweichenden Vertretungsregelung gefordert wurde. Durch die seit Ende 2001 eingeführte generelle Pflicht zur Eintragung der Vertretungsregelung (§ 106 II Nr. 4 HGB; ab 2024 § 106 II Nr. 3 HGB n. F.) sollte sich an dieser Rechtslage aber ersichtlich nichts ändern. Daher gilt bei fehlender Eintragung zugunsten des Dritten (hier B) eine Einzelvertretungsbefugnis als bestehend. Im Ergebnis muss sich die „Bitfactory“ daher so behandeln lassen, als habe S sie wirksam vertreten.

c) Ergebnis

Die Gesellschaft ist aus dem abgeschlossenen Kaufvertrag zur Zahlung verpflichtet.

2. Anspruch gegen M und S

Für die Gesellschaftsverbindlichkeit der oHG haften die Gesellschafter M und S gemäß § 128 HGB (zukünftig § 126 HGB n. F.) persönlich mit. B kann daher neben der Gesellschaft auch M und S auf Zahlung des Kaufpreises und Abnahme der Mainboards in Anspruch nehmen.

Lösung zur Abwandlung

Bei Anmeldung und Eintragung der oHG mit Gesamtvertretung im Handelsregister müssen Dritte gemäß § 15 II HGB diese Vertretungsregelung gegen sich gelten lassen mit der Folge, dass S keine Vertretungsmacht für die oHG hatte. Allerdings kann B den S dann als Vertreter ohne Vertretungsmacht im Grundsatz gemäß § 179 I BGB nach seiner Wahl auf Erfüllung oder Schadensersatz in Anspruch nehmen.[215] Diese Haftung des Vertreters ist allerdings nach § 179 III 1 BGB ausgeschlossen, wenn der andere Teil den Mangel der Vertretungsmacht kannte oder kennen musste. Das Kennenmüssen wird in § 122 II BGB als (einfach) fahrlässige Unkenntnis definiert. Obwohl der Haftungsausschluss eher die Ausnahme ist und den Geschäftspartner grundsätzlich keine Nachforschungs- und Erkundigungsobliegenheiten treffen,[216] dürfte von einer Fahrlässigkeit i. S. v. § 276 BGB auf Seiten des B auszugehen sein. Bei einem derart umfangreichen Geschäft über 500 Mainboards zum Gesamtpreis von 50.000 EUR kann nämlich vom Geschäftspartner erwartet werden, dass er sich vor dem Vertragsschluss durch einen kurzen Blick ins Handelsregister über die Vertretungsbefugnis für die Gesellschaft informiert.

Hinweis: Anders wäre der Sachverhalt ggf. zu beurteilen, wenn S ausdrücklich, aber fehlerhaft gegenüber B behauptet hätte, bei dem konkreten Vertragsschluss die Gesellschaft allein vertreten zu können, etwa weil M ihn dazu ermächtigt habe (§ 125 II 2 HGB; zukünftig § 124 II 2 HGB n. F.). Dann hätte B die Unrichtigkeit dieser Aussage nicht anhand des Handelsregisters überprüfen können, sodass ihm kein Kennenmüssen i. S. v. § 179 III BGB vorgeworfen werden könnte.

---

[215] Zur Vertretung ohne Vertretungsmacht siehe *Bitter/Röder*, BGB AT, § 10 Rn. 236 ff.
[216] MüKoBGB/*Schubert*, § 179 Rn. 56.

Fall Nr. 35 – Widerspruch

A und B betreiben in Heidelberg die im Handelsregister eingetragene „Blümlein Immobilien oHG“. Es ist Einzelgeschäftsführung und -vertretung vereinbart. Im Mai hört A von der Möglichkeit, ein Grundstück in Mannheim zum Preis von 1 Mio. EUR erwerben zu können, auf dem sich ein interessantes Immobilienprojekt realisieren lassen könnte. Er kann B allerdings nicht von dem zu erwartenden Erfolg des Projektes überzeugen, da dieser aufgrund der allgemeinen wirtschaftlichen Lage keinen ausreichenden Markt für das geplante Großprojekt sieht. A will sich dennoch das gute Geschäft nicht entgehen lassen und erwirbt daher das Grundstück im Namen der „Blümlein Immobilien oHG“ mit notariellem Kaufvertrag vom Eigentümer E. Er hofft, B nach Abschluss des Geschäfts doch noch umstimmen zu können, hat damit aber keinen Erfolg. Von wem kann E Zahlung der 1 Mio. EUR verlangen?

Lösung

1. Anspruch gegen die oHG

Fraglich ist zunächst, ob E von der oHG Zahlung in Höhe von 1 Mio. EUR verlangen kann.

Anspruchsgrundlage kann § 433 II BGB sein, der Anspruch auf Kaufpreiszahlung. Voraussetzung ist, dass zwischen E und der oHG ein wirksamer Kaufvertrag zustande gekommen ist. Hierfür ist maßgebend, ob A die Gesellschaft bei Abschluss des notariellen Kaufvertrags (vgl. § 311b I BGB) wirksam i. S. v. §§ 164 ff. BGB vertreten hat.[217] A hat als Vertreter eine eigene Willenserklärung im Namen der oHG abgegeben. Problematisch ist allein die **Vertretungsmacht** des A.

Für die „Blümlein Immobilien oHG“ ist – entsprechend der gesetzlichen Grundregel – Einzelgeschäftsführung und -vertretung vereinbart. Daher kann gemäß § 125 I HGB (zukünftig § 124 I HGB n. F.) grundsätzlich jeder Gesellschafter allein die Gesellschaft vertreten, wobei sich der Umfang der Vertretungsmacht gemäß § 126 I HGB (zukünftig § 124 IV 1 HGB n. F.) auf alle gerichtlichen und außergerichtlichen Geschäfte und Rechtshandlungen erstreckt. Daher wäre auch der Grundstückskaufvertrag von der Vertretungsmacht des Gesellschafters gedeckt.

Fraglich mag aber sein, ob sich an der Vertretungsmacht des A dadurch etwas ändert, dass B im Innenverhältnis dem Abschluss des Geschäfts widersprochen hatte und deshalb das Geschäft gemäß § 115 I Hs. 2 HGB (zukünftig § 116 III 3 HGB n. F.) hätte unterbleiben müssen. Gemäß § 126 II HGB (zukünftig § 124 IV 2 HGB n. F.) ist jedoch eine Beschränkung des *Umfangs* der Vertretungsmacht Dritten gegenüber unwirksam. Das im Innenverhältnis pflichtwidrige Verhalten des A schlägt damit zum Schutz des Rechtsverkehrs nicht auf das Außenverhältnis durch.

A hatte demnach Vertretungsmacht für den Abschluss des Geschäfts. Die Ausnahme eines für den Vertragsgegner E evidenten Missbrauchs der Vertretungsmacht[218] ist hier nicht ersichtlich. Daher hat E gegen die oHG Anspruch auf Zahlung der 1 Mio. EUR.

---

[217] Zum Stellvertretungsrecht siehe *Bitter/Röder*, BGB AT, § 10.

[218] Siehe dazu allgemein *Bitter/Röder*, BGB AT, § 10 Rn. 221 ff. mit Fall Nr. 64 – Mieser Enkel; *Bitter/Linardatos*, HandelsR, § 6 Rn. 29 ff. mit Fall Nr. 18 – Missbrauch der Vertretungsmacht.

2. Anspruch gegen A und B

Für die Gesellschaftsverbindlichkeit der oHG haften die Gesellschafter A und B gemäß § 128 HGB (zukünftig § 126 HGB n.F.) persönlich mit. E kann daher auch von ihnen Zahlung verlangen.

Fall Nr. 36 – Altersruhestand

A, B und C sind zu je $1/3$ Gesellschafter der ABC-oHG, die Sitzheizungen für verschiedene Autohersteller produziert. Der Unternehmenswert beträgt 9 Mio. EUR. A ist schon 65 Jahre und möchte aus der wirtschaftlich sehr erfolgreichen Gesellschaft aus Altersgründen ausscheiden. Die große Autoherstellerin DC-AG ist Kunde bei der ABC-oHG und möchte, um deren Preise und Geschäftspolitik mitgestalten zu können, die Gesellschafterstellung des A „übernehmen". B und C sind damit einverstanden, da sie sich von der Zusammenarbeit mit einem erfahrenen Partner weitere Umsatzsteigerungen und Produktverbesserungen versprechen.

Frage 1: Welche rechtlichen Gestaltungsmöglichkeiten der „Übernahme" der Gesellschafterstellung des A durch die DC-AG bestehen? A und die DC-AG wollen darüber hinaus wissen, ob die „Übernahme" auch dann erfolgen kann, wenn B und C es sich noch anders überlegen.

Frage 2: Die DC-AG möchte wissen, ob sich ihre Haftung für Alt- und Neuverbindlichkeiten der oHG je nach Gestaltung der „Übernahme" unterscheidet.

Frage 3: A ist der Auffassung, dass er für Alt- und Neuverbindlichkeiten der oHG unabhängig von der Gestaltung nicht mehr haftet, sobald er ausgeschieden und die DC-AG Gesellschafterin geworden ist. Ist diese Auffassung zutreffend?

Lösung zu Frage 1 – Teil 1

Es bestehen zwei Möglichkeiten, wie die „Übernahme" der Gesellschafterstellung des A durch die DC-AG ausgestaltet werden kann.

1. Kombination von Ein- und Austritt (Doppelvertrag)

Bei einer Kombination von Ein- und Austritt schließt A zunächst mit B und C einen **Austrittsvertrag**, mit dessen Abschluss A aus der oHG ausscheidet. Sein Gesellschaftsanteil wächst dann B und C nach § 105 III HGB i.V.m. § 738 I 1 BGB (zukünftig § 712 I BGB n.F.) an, so dass diese zu je $1/2$ Gesellschafter werden. A hat einen Abfindungsanspruch gegen die Gesellschaft in Höhe von 3 Mio. EUR aus § 738 I 2 BGB (zukünftig § 135 I 1 HGB n.F.), da dies dem wahren Wert seiner Beteiligung von $1/3$ entspricht.

Sodann schließen B und C mit der DC-AG einen **Aufnahmevertrag** ab, womit die DC-AG Gesellschafterin der oHG wird. B und C fließt dabei jeweils $1/6$ der Gesellschafterstellung zugunsten der DC-AG wieder ab, so dass dieser eine Beteiligung in Höhe der des A ($1/3$) zukommt (vgl. § 712 II BGB n.F.). Für diese Beteiligung verpflichtet sich die DC-AG in dem Aufnahmevertrag zur Leistung einer Einlage in Höhe von 3 Mio. EUR, weil dieser Betrag dem Wert der ihr zukommenden Beteiligung entspricht. Den Abfindungsanspruch des A kann die Gesellschaft somit aus der von der DC-AG erbrachten Einlage befriedigen. Die Liquidität der Gesellschaft wird durch den Gesellschafterwechsel nicht verschlechtert.

Sowohl das Ausscheiden des A als auch der Beitritt der DC-AG sind von der Gesellschaft zur **Eintragung ins Handelsregister** anzumelden (§§ 143 II, 107 HGB; zukünftig § 106 VI HGB n. F.). Die Eintragung wirkt zwar jeweils nur deklaratorisch, ist aber im Hinblick auf § 15 I HGB relevant (s. u.).

2. Kaufvertrag und Verfügung über den Gesellschaftsanteil

Als Alternative kommt folgendes Procedere in Betracht: A schließt mit der DC-AG einen Kaufvertrag über den Gesellschaftsanteil nach §§ 453 I, 433 BGB zu einem Kaufpreis von 3 Mio. EUR (unterstellt die Parteien einigen sich auf den wahren Wert der Beteiligung als Kaufpreis). A hat aus dem Kaufvertrag einen Anspruch gegen die DC-AG auf Kaufpreiszahlung (§ 433 II BGB); die DC-AG kann von A die Übertragung des Gesellschaftsanteils frei von Rechtsmängeln verlangen (§ 433 I 2 BGB).

Erfüllt wird der Anspruch der DC-AG, indem sich A und die DC-AG über die Übertragung des Gesellschaftsanteils des A auf die DC-AG einigen (§§ 413, 398 BGB). Es handelt sich dabei um ein Verfügungsgeschäft, da auf ein Recht – die Mitgliedschaft – unmittelbar durch dessen Übertragung eingewirkt wird. Die Rechtsinhaberschaft ändert sich. Es findet eine unmittelbare Rechtsnachfolge der DC-AG in die Gesellschafterstellung des A statt. Diese Rechtswirkungen treten mit Abschluss des Verfügungsgeschäfts ein.

Da A für seinen Gesellschaftsanteil von der DC-AG einen Kaufpreis bekommt, ist § 738 I 2 BGB (zukünftig § 135 I 1 HGB n. F.) nicht anzuwenden, so dass für die Gesellschaft keine Zahlungsverpflichtung entsteht, die ihre Liquidität belasten könnte.

Auch hier besteht die Pflicht der Anmeldung zur Eintragung in das Handelsregister (§§ 143 II, 107 HGB; zukünftig § 106 VI HGB n. F.).

Lösung zu Frage 1 – Teil 2

1. Doppelvertrag

Ein Doppelvertrag ist nicht möglich, wenn B und C nicht zustimmen. Sie sind an beiden Vertragsschlüssen beteiligt; ohne ihren Willen kann weder der Austritt des A noch der Eintritt der DC-AG erfolgen.

2. Kaufvertrag und Verfügung

Bei der zweiten Gestaltungsmöglichkeit ist der Kaufvertrag als Verpflichtungsvertrag nicht zustimmungsbedürftig, so dass A und die DC-AG diesen ohne Zustimmung von B und C wirksam schließen können.

Auch an dem **Verfügungsgeschäft über den Gesellschaftsanteil** sind B und C nicht beteiligt, so dass auch hier die Einigung über die Rechtsübertragung ohne Mitwirken von B und C erfolgen kann. Liegt allerdings keine Zustimmung von B und C vor, so ist die **Einigung schwebend unwirksam**. Die Genehmigung durch B und C ist daher erforderlich, damit die Mitgliedschaft von A auf die DC-AG übergehen kann. Das Zustimmungserfordernis ergibt sich aus der personalistischen Struktur der oHG und zukünftig ausdrücklich aus § 105 III HGB n. F. i. V. m. § 711 I BGB n. F. Ein Gesellschafterwechsel ist ein Grundlagengeschäft und daher nur mit Zustimmung aller Gesellschafter möglich (→ § 5 Rn. 108). Wegen der engen persönlichen Bindung ist keinem Gesellschafter zuzumuten, einen anderen Gesellschafter gegen seinen Willen aufgedrängt zu bekommen. Verweigern B und C also ihre Genehmigung, wird eine bereits erfolgte Einigung zwischen A und der DC-AG endgültig unwirksam.

Hinweis: Der Gesellschaftsvertrag hätte eine Übertragung des Gesellschaftsanteils auch ins Belieben der Gesellschafter stellen können (zu weiteren Gestaltungsmöglichkeiten über Mehrheitsklauseln → § 5 Rn. 108). Bei einer hinreichend genauen Klausel läge eine antizipierte Zustimmung von B und C zu der Übertragung des Gesellschaftsanteils des A auf die DC-AG vor, so dass keine erneute Zustimmung einzuholen gewesen wäre.

Lösung zu Frage 2

Die Haftung der DC-AG für Alt- und Neuverbindlichkeiten ist bei beiden Gestaltungen identisch; es gelten jeweils die §§ 128, 130 HGB (zukünftig §§ 126f. HGB n.F.):

Für **Neuverbindlichkeiten** (= nach ihrem Eintritt begründet) haftet die DC-AG – wie alle anderen oHG Gesellschafter auch – nach § 128 HGB (zukünftig § 126 HGB n.F.) persönlich, unbeschränkt, gesamtschuldnerisch und primär.

Für **Altverbindlichkeiten** (= vor ihrem Eintritt begründet) haftet die DC-AG nach § 130 HGB (zukünftig § 127 HGB n.F.). Die Vorschrift gilt auch für den Fall der Anteilsübertragung. Eine von der Haftung für Altverbindlichkeiten abweichende Regelung ist nicht möglich (§ 130 II HGB; zukünftig § 127 S. 2 HGB n.F.).

Lösung zu Frage 3

Die Auffassung des A ist nur teilweise zutreffend. Seine Haftung unterscheidet sich – wie von ihm richtig erkannt – nicht nach der jeweils gewählten Gestaltung.

Für **Neuverbindlichkeiten** der Gesellschaft (= nach seinem Ausscheiden begründet) haftet er jeweils nicht mehr nach § 128 HGB (zukünftig § 126 HGB n.F.), da es an seiner Gesellschafterstellung fehlt. Dabei ist allerdings § 15 I i.V.m. § 143 II HGB (zukünftig § 106 VI HGB n.F.) zu beachten: Gutgläubigen Dritten kann er sein Ausscheiden erst entgegenhalten, sobald dieses im Handelsregister eingetragen ist.[219] A gilt gutgläubigen Dritten gegenüber also weiter als Gesellschafter mit der Folge, dass er für Verbindlichkeiten haftet, die zwischen seinem – wirksamen – Ausscheiden und der – deklaratorischen – Eintragung und Bekanntmachung des Ausscheidens begründet wurden. Für die ersten 15 Tage nach der Bekanntmachung des Ausscheidens gilt § 15 II HGB.[220]

Bei der Haftung für **Altverbindlichkeiten** (= vor seinem Ausscheiden begründet) täuscht sich A:

Die Verbindlichkeiten sind zu einem Zeitpunkt entstanden, als A Gesellschafter der oHG war. Die damit nach § 128 HGB (zukünftig § 126 HGB n.F.) begründete Haftung entfällt nicht durch sein Ausscheiden aus der Gesellschaft. Dies wird durch die Regelung zur Nachhaftung des ausgeschiedenen Gesellschafters in § 160 HGB (zukünftig § 137 HGB n.F.) belegt und gilt unabhängig davon, ob der Gesellschafter durch einen anderen Gesellschafter „ersetzt“ wird, der nach § 130 HGB (zukünftig § 127 HGB n.F.) auch für Altverbindlichkeiten haftet. Dass die DC-AG die Gesellschafterstellung des A übernimmt, ist somit unerheblich.

---

[219] Zur Publizität des Handelsregisters gemäß § 15 HGB siehe *Bitter/Linardatos*, HandelsR, § 4 Rn. 9ff.

[220] Zu § 15 II HGB siehe *Bitter/Linardatos*, HandelsR, § 4 Rn. 10ff.

Zu beachten ist, dass eine Verbindlichkeit schon dann vor dem Ausscheiden des A *begründet* ist, wenn ihr Rechtsgrund vor seinem Ausscheiden gelegt wurde. Um die Folgen dieser Rechtslage einzuschränken, gilt nach § 160 I HGB (zukünftig § 137 I HGB n. F.) eine Ausschlussfrist von fünf Jahren, die mit dem Tag der Eintragung des Ausscheidens des A zu laufen beginnt. A haftet daher nicht für vor seinem Ausscheiden begründete Verbindlichkeiten, die erst später als fünf Jahre nach der Eintragung seines Ausscheidens fällig werden. Er haftet auch dann nicht, wenn die Forderungen zwar früher als fünf Jahre nach dem Ausscheiden fällig werden, sie aber nicht i. S. v. § 197 I Nr. 3–5 BGB festgestellt sind oder aus ihnen keine Vollstreckungshandlungen vorgenommen oder beantragt wurden.

Fall Nr. 37 – Gewinnverteilung

A und B gründen im Jahr 2020 die A & B oHG. Beide verpflichten sich zu einer Beteiligung von 1 Mio. EUR, wobei A den Gesamtbetrag sofort, B hingegen nur die Hälfte sofort, die zweite Hälfte zum 1.7.2021 einzahlen soll. Im Rumpfgeschäftsjahr 2020 erzielt die Gesellschaft ein ausgeglichenes Ergebnis (weder Gewinn noch Verlust). Der Gewinn des ersten vollständigen, mit dem Kalenderjahr übereinstimmenden Geschäftsjahres 2021 beläuft sich auf 150.000 EUR.

Frage 1: Wie ist dieser Gewinn nach dem Gesetz auf A und B zu verteilen?

Frage 2: In welcher Höhe sind A und B im Jahr 2022 nach dem Gesetz zur Entnahme berechtigt?

Frage 3: Was ändert sich an der Lösung zu Fragen 1 und 2, wenn der Fall vier Jahre später nach dem Inkrafttreten des MoPeG am 1.1.2024 spielt?

Lösung zu Frage 1

Die derzeitige, nur noch bis Ende 2023 fortgeltende gesetzliche Regelung zur rechnerischen (= buchungsmäßigen) Verteilung von Gewinn und Verlust findet sich in § 121 HGB (→ § 6 Rn. 68). Danach ist der Gewinn in zwei Stufen zu verteilen. Zunächst erhält jeder Gesellschafter gemäß § 121 I HGB einen **Anteil von 4 % auf seinen Kapitalanteil.** Leistungen, die der Gesellschafter im Laufe des Geschäftsjahres als Einlage gemacht hat, werden allerdings gemäß § 121 II 1 HGB nur anteilig berücksichtigt. Daraus folgt: A hat während des ganzen Geschäftsjahres 2021 einen Kapitalanteil von 1 Mio. EUR gehalten. Er bezieht darauf 4 %, also 40.000 EUR. B hat 500.000 EUR während des ganzen Geschäftsjahres gehalten, die restlichen 500.000 EUR aber nur für ein halbes Jahr (ab 1.7.2021 bis 31.12.2021). Diese zweiten 500.000 EUR werden daher nur zur Hälfte, d. h. in Höhe von 250.000 EUR berücksichtigt. B bezieht also 4 % auf 750.000 EUR (500.000 EUR + 250.000 EUR) = 30.000 EUR. Nach Abzug dieser Beträge von 40.000 EUR für A und 30.000 EUR für B verbleibt von dem Jahresgewinn von 150.000 EUR noch ein Restbetrag von 80.000 EUR. Dieser **Rest** ist gemäß § 121 III HGB **nach Köpfen** zu verteilen. A und B erhalten also jeweils noch einmal 40.000 EUR.

Von dem Jahresgewinn in Höhe von 150.000 EUR erhält deshalb A im Ergebnis 80.000 EUR (40.000 EUR + 40.000 EUR) und B 70.000 EUR (30.000 EUR + 40.000 EUR). Die Beträge werden den Kapitalanteilen von A und B rechnerisch zugeschrieben (§ 120 II HGB).

Lösung zu Frage 2

Die gesetzliche Regelung zum Entnahmerecht findet sich bis Ende 2023 in § 122 HGB (→ § 6 Rn. 68). Jeder Gesellschafter ist danach zunächst berechtigt, 4% seines für das letzte Jahr festgestellten Kapitalanteils zu entnehmen. Da A und B nach Abschluss des Geschäftsjahres 2021 einen Kapitalanteil von 1.080.000 EUR bzw. 1.070.000 EUR besitzen,[221] könnten sie auf diesen Betrag je 4% entnehmen (= 43.200 EUR für A und 42.800 EUR für B). Ihren darüber hinausgehenden Gewinn (den Restbetrag bis 80.000 EUR bei A und bis 70.000 EUR bei B; → Frage 1) dürfen sie ferner entnehmen, soweit dies nicht zum offenbaren Schaden der Gesellschaft gereicht.

Lösung zu Frage 3

Sowohl die Verteilung von Gewinn und Verlust als auch die Ausschüttung des Gewinns werden durch das MoPeG mit Wirkung zum 1.1.2024 vollständig neu geregelt (→ § 6 Rn. 68a–68c):

Die **Verteilung von Gewinn und Verlust** (→ Frage 1) bestimmt sich in Zukunft gemäß § 105 III HGB n.F. nach dem Recht der GbR und dort konkret nach § 709 III BGB n.F.; danach kommt es primär auf die Anteilsquote, hilfsweise auf die Beitragsquote und nur noch höchsthilfsweise auf die Kopfteile an (näher → § 5 Rn. 82a).

In Bezug auf die **primär entscheidende Anteilsquote** enthält die neue Regelung keine explizite Bestimmung mehr für den Fall, dass sich diese – wie im hier zu untersuchenden Fall – im Verlauf des Jahres verändert. Da es dem Gesetzgeber jedoch in erster Linie nur darum ging, an die Stelle einer Gewinn- und Verlustverteilung nach Kopfteilen einen „kapitalistischen Verteilungsschlüssel" zu setzen,[222] können diejenigen Grundsätze des geltenden Rechts, die sich – wie § 121 II HGB – schon bisher auf die Kapitalbeteiligung bezogen, auch in der Zukunft herangezogen werden. Es ist nämlich nicht anzunehmen, dass nach einem „kapitalistischen Verteilungsschlüssel" auf eine für die erste Jahreshälfte noch gar nicht erbrachte Einlage gleichwohl ein Gewinnanteil entfallen soll. Deshalb ist der Gesamtgewinn i.H.v. 150.000 EUR nach dem oben aus § 121 II HGB entwickelten Verteilungsschlüssel von 1 Mio. EUR (für A) zu 750.000 EUR (für B) zu verteilen, d.h. im Verhältnis 4:3. A erhält deshalb 85.714,29 EUR und B die restlichen 64.285,71 EUR vom Jahresgewinn. Dies zeigt deutlich, dass A nach dem „kapitalistischen Verteilungsschlüssel" 5.714,29 EUR mehr und B entsprechend weniger erhält als nach dem derzeitigen, partiell auf Kopfteile abstellenden Modell (→ Frage 1).

Ein vom Gewinn unabhängiges Entnahmerecht gibt es im zukünftigen Recht nicht mehr. Nach der neuen Regelung in § 122 S. 1 HGB n.F. hat jeder Gesellschafter vielmehr aufgrund des festgestellten Jahresabschlusses (nur) **Anspruch auf Auszahlung seines ermittelten Gewinnanteils,** dies freilich – vom Ausnahmefall des § 122 S. 2 HGB n.F. abgesehen – im vollen Umfang (→ § 6 Rn. 68b, 68c). Folglich kann A seine 85.714,29 EUR und B seine 64.285,71 EUR ausgezahlt verlangen.

---

[221] Vgl. dazu allgemein Hopt/*Roth*, HGB, § 122 Rn. 8: Kapitalanteil am letzten Geschäftsjahresende nach Zu- und Abschreibung gemäß § 120 II HGB.

[222] Begr. RegE MoPeG, BT-Drs. 19/27635, S. 108.

§ 13. Fälle zur Kommanditgesellschaft (KG)

Fall Nr. 38 – Beraterhonorar I

Die A-KG besteht aus dem Komplementär A und dem Kommanditisten K. Die Haftsumme des K ist im Handelsregister mit 1,5 Mio. EUR eingetragen. Diesen Betrag hatte K zu Beginn der Geschäftstätigkeit auf das Geschäftskonto der KG eingezahlt. Allerdings hatte A den K nur zu der Beteiligung bewegen können, indem er K einen „Beratervertrag" mit der KG versprach. Aufgrund dieses zwischen der KG (vertreten durch A) und K abgeschlossenen Beratervertrags bezog K in den folgenden 10 Jahren jährlich 100.000 EUR an „Beratergehalt", obwohl er tatsächlich keinerlei Beratungsleistungen für die KG erbrachte. Ein Gläubiger, der gegen die KG eine Forderung von 2 Mio. EUR aus Warenlieferungen besitzt, möchte wissen, ob und in welcher Höhe er die KG, A und K in Anspruch nehmen kann.

Lösung

1. Anspruch gegen die KG

Zunächst kann sich ein Anspruch aus § 433 II BGB gegen die A-KG ergeben. Die Voraussetzung dieses Anspruchs, ein wirksamer Kaufvertrag zwischen G und der A-KG, ist nach dem Sachverhalt gegeben, weil G Warenlieferungen an die KG erbracht hat.

2. Anspruch gegen A

Für die Gesellschaftsverbindlichkeit aus § 433 II BGB haftet der persönlich haftende Gesellschafter A gemäß §§ 161 II, 128 HGB (zukünftig § 126 HGB n. F.) akzessorisch mit. Auch ihn kann G also in voller Höhe von 2 Mio. EUR in Anspruch nehmen.

3. Anspruch gegen K

Fraglich ist, ob auch der Kommanditist K für die Forderung aus § 433 II BGB haftet. Gemäß § 171 I Hs. 1 HGB haftet der Kommanditist den Gläubigern der Gesellschaft bis zur Höhe seiner **Haftsumme**[223] unmittelbar, so dass K hier grundsätzlich bis zur Höhe von 1,5 Mio. EUR für die Gesellschaftsverbindlichkeit mithaften kann.

Allerdings ist gemäß § 171 I Hs. 2 HGB die Haftung ausgeschlossen, soweit die (vereinbarte[224]) Einlage geleistet ist (**Haftungsbefreiung durch Einlageleistung**). Da K den Betrag von 1,5 Mio. EUR zu Beginn der Geschäftstätigkeit auf das Geschäftskonto der KG eingezahlt hat, ist er zunächst in voller Höhe von der Außenhaftung gegenüber den Gläubigern befreit worden.

Fraglich ist jedoch, ob die Außenhaftung nicht später gemäß § 172 IV 1 HGB (**Rückgewähr der Einlage**) wieder aufgelebt ist, als K von der A-KG jährlich

---

[223] Das bislang in § 171 I Hs. 1 HGB verwendete Wort „Einlage" ist bereits im Sinne von „Haftsumme" verstanden worden; zukünftig wird dies im Gesetz klargestellt (→ § 7 Rn. 8a).

[224] Das Wort „vereinbarte" wird zum 1.1.2024 ergänzt (→ § 7 Rn. 8a).

100.000 EUR an „Beratergehalt" erhalten hat, obwohl er tatsächlich keinerlei Beratungsleistungen erbracht hat. Gemäß § 172 IV 1 HGB gilt die Einlage den Gläubigern gegenüber als nicht geleistet, soweit sie dem Kommanditisten zurückgewährt wurde.

Zwar erfolgte hier keine ausdrückliche Rückzahlung der Einlage, sondern es wurde eine „Vergütung" für Beratungsleistungen gezahlt. Da dieser Vergütung jedoch keine Gegenleistung des Kommanditisten gegenüberstand, handelte es sich um eine sog. „verdeckte Gewinnausschüttung" oder – besser – **„verdeckte Vermögensverlagerung"**.[225] Die Vorschrift des § 172 IV 1 HGB darf nicht dadurch umgangen werden, dass eine Rückzahlung der Einlage an den Kommanditisten umdeklariert wird. Soweit tatsächlich Mittel aus der Gesellschaft ohne Gegenleistung abfließen, liegt daher eine Rückzahlung i. S. v. § 172 IV 1 HGB vor.

Da K insgesamt zehnmal 100.000 EUR erhalten hat, gilt seine Einlage gemäß § 172 IV 1 HGB in Höhe von 1 Mio. EUR als nicht geleistet. Die Folge ist, dass in derselben Höhe seine Haftung aus § 171 I HGB wieder auflebt. Er haftet daher dem G für die Gesellschaftsverbindlichkeit bis zur Höhe von 1 Mio. EUR.

Fall Nr. 39 – Beraterhonorar II

Wie Fall Nr. 38 – Beraterhonorar I, jedoch bezieht K 10 Jahre lang ein Beraterhonorar von jeweils 200.000 EUR.

Lösung

Hier hat K insgesamt 2 Mio. EUR von der KG bezogen. Daher gilt gemäß § 172 IV 1 HGB seine Einlage bis zur Höhe dieses Betrags als nicht geleistet. Da die Haftsumme bei K aber insgesamt nur 1,5 Mio. EUR betrug, kann sie durch eine „Rückzahlung" auch nur bis maximal 1,5 Mio. EUR als nicht geleistet gelten. Dementsprechend ergibt sich als Rechtsfolge aus § 171 I HGB, dass K bis zur Höhe der Haftsumme wieder gegenüber den Gläubigern der Gesellschaft haftet. Auszahlungen, die über die Haftsumme hinausgehen, erhöhen diese Summe also nicht (**absolute Beschränkung der Außenhaftung auf die Haftsumme**).[226] G kann daher den K für die Gesellschaftsverbindlichkeit (= 2 Mio. EUR) nur bis zum Betrag von 1,5 Mio. EUR in Anspruch nehmen.

Fall Nr. 40 – Gutgläubig

Landwirt Erwin Ernte (E) beteiligt sich zum Jahresbeginn als Kommanditist an der Y-KG. E erbringt eine Einlage von 100.000 EUR an die KG. Die im Handelsregister eingetragene Haftsumme beträgt 100.000 EUR.

Im ersten Jahr der Beteiligung erzielt die Y-KG einen Verlust von 1 Mio. EUR, von dem 10.000 EUR auf E entfallen und daher von seinem Kapitalanteil abgeschrieben werden. Im Folgejahr erzielt die Gesellschaft einen Gewinn von 2 Mio. EUR, von denen 20.000 EUR auf E entfallen. Die Gesellschafterversammlung be-

---

[225] Dazu *Bitter*, Durchgriffshaftung, S. 259 ff.

[226] Dazu BGHZ 60, 324 = NJW 1973, 1036; BGHZ 110, 342, 356 = DB 1990, 980, 981 unter II. 2. g) der Gründe; eingehend *Bitter*, Durchgriffshaftung, S. 247 ff. m. w. N. auch zu abweichenden Ansichten.

schließt auf Basis eines ordnungsgemäßen Jahresabschlusses, dass der Gewinn komplett ausgezahlt wird. E erhält demgemäß 20.000 EUR überwiesen. Er geht davon aus, dass die Auszahlung berechtigt ist und für ihn keinerlei nachteilige Konsequenzen hat. Er fällt daher aus allen Wolken, als ein Gläubiger der Gesellschaft, der 20.000 EUR aus der Lieferung von Büromaterial zu bekommen hat, von ihm 20.000 EUR verlangt.

Frage 1: Ist das Zahlungsverlangen berechtigt?

Frage 2: Ändert sich die Lösung mit dem Inkrafttreten des MoPeG am 1.1.2024?

Rechtsprechungshinweis: BGH ZIP 2009, 1222.

Lösung zu Frage 1

Der Gläubiger kann gegen E einen Anspruch auf Zahlung von 20.000 EUR aus § 433 II BGB i. V. m. § 171 I Hs. 1 HGB haben. Grundsätzlich haftet E den Gläubigern der Y-KG bis zur Höhe der ins Handelsregister eingetragenen Haftsumme unmittelbar. Jedoch hat E eine Einlage in Höhe von 100.000 EUR erbracht, so dass seine Außenhaftung zunächst durch Einlageleistung erloschen ist (§ 171 I Hs. 2 HGB).

Die Außenhaftung kann jedoch später wieder durch eine Rückgewähr der Einlage aufgelebt sein (§ 172 IV HGB). E hat eine **Gewinnauszahlung** erhalten. Eine solche lässt gemäß § 172 IV 2 HGB die Haftung wieder aufleben, wenn der Kapitalanteil des Kommanditisten durch Verlust unter den Betrag der Haftsumme herabgemindert war oder soweit der Kapitalanteil durch die Auszahlung unter diesen Betrag gemindert wurde. Ob der Tatbestand des § 172 IV 2 HGB erfüllt ist, beurteilt sich allein nach dem Inhalt der Bilanz und nicht nach den Vorstellungen des Gesellschafters.[227] Zu prüfen ist daher, wie hoch der **Kapitalanteil vor der Auszahlung** an E war und welche Auswirkungen die Auszahlung auf ihn hatte.

Zunächst betrug der Kapitalanteil des E 100.000 EUR, nachdem er eine Einlage in dieser Höhe erbracht hatte. Dann wurde der Verlust aus dem ersten Jahr der Beteiligung von dem Kapitalanteil abgeschrieben (§§ 161 II, 120 II HGB), so dass er sich auf 90.000 EUR vermindert hat. Der auf E entfallende Gewinn aus dem Folgejahr (20.000 EUR) wurde dem Kapitalanteil des E in Höhe von 10.000 EUR gutgeschrieben (= Kapitalanteil 100.000 EUR), während die restlichen 10.000 EUR zu einem unmittelbaren Auszahlungsanspruch des E geführt haben. Dies folgt daraus, dass Gewinne dem Kapitalanteil eines Kommanditisten nur so lange zugeschrieben werden, bis der Betrag der Einlage erreicht ist (§ 167 II HGB); im Übrigen erwirbt der Kommanditist einen unmittelbaren Auszahlungsanspruch (§ 169 HGB).

Die Auszahlung in Höhe von 20.000 EUR hat sodann zunächst in Höhe von 10.000 EUR diesen Auszahlungsanspruch des E befriedigt, ohne dass sich dadurch sein Kapitalanteil vermindert hätte. In Höhe der weiteren 10.000 EUR hingegen ging die Auszahlung unmittelbar zu Lasten des Kapitalanteils des E, so dass sich dieser wieder auf 90.000 EUR vermindert hat (§§ 161 II, 120 II HGB). Im Hinblick auf § 172 IV 2 HGB bedeutet dies, dass die Auszahlung in Höhe von 10.000 EUR dazu geführt hat, dass der Kapitalanteil des E unter den Betrag der Haftsumme gemindert wurde. In dieser Höhe war die Auszahlung daher haftungsschädlich, so dass E allenfalls in Höhe von 10.000 EUR (wieder) gegenüber dem Gläubiger haftet. Die vollen 20.000 EUR kann der Gläubiger also keinesfalls verlangen.

[227] Vgl. BGH ZIP 2009, 1222 (Leitsatz 2).

Soweit die Auszahlung im Grundsatz haftungsschädlich war, stellt sich die Frage, ob ausnahmsweise aufgrund der Vorschrift des § 172 V HGB etwas anderes gilt. Danach entfällt die Haftungsbefreiung nicht, wenn ein Kommanditist auf Grund einer in gutem Glauben errichteten Bilanz in gutem Glauben Gewinn bezieht. Die Vorschrift setzt nach der Rechtsprechung voraus, dass (1) eine Bilanz einen Gewinn ausweist, obwohl bei richtiger Bilanzierung kein Gewinn entstanden ist (die Bilanz also *un*richtig ist) und (2) sowohl der Kommanditist als auch die Personen, die die Bilanz errichtet haben, gutgläubig von der Richtigkeit der Bilanz ausgehen (**Bezug eines Scheingewinns mit doppelter Gutgläubigkeit**). Diese Voraussetzungen liegen hier nicht vor, weil der Jahresabschluss, auf dessen Basis die Auszahlung an E erfolgte, ordnungsgemäß (= richtig) war. Es lässt sich daher nur argumentieren, die Vorschrift sei analog auf Fälle anzuwenden, in denen der Kommanditist aus anderen Gründen glaubt, eine erhaltene Auszahlung sei ohne haftungsrechtliche Konsequenzen. Dann aber würde jeder Rechtsirrtum des Kommanditisten verhindern, dass seine Haftung wieder auflebt. Mit dem gläubigerschützenden Zweck der Vorschriften über die Einlagenrückgewähr ist dies nicht vereinbar. Außerdem gilt der allgemeine Grundsatz, dass jeder, der am Rechtsverkehr teilnimmt, die dabei geltenden Regeln zu beachten hat und sich nicht darauf berufen kann, diese Regeln nicht zu kennen. Es bleibt somit dabei, dass die Haftung des E in Höhe von 10.000 EUR wieder aufgelebt ist.

Der Gläubiger kann von E Zahlung von 10.000 EUR verlangen.

Lösung zu Frage 2

Das dispositive Recht der Gewinn- und Verlustverteilung sowie der Gewinnauszahlung wird auch bei der KG durch das **MoPeG** vollständig neu gefasst (→ § 7 Rn. 37a–38). Im Rahmen dieser Veränderungen entfällt die oben herangezogene Vorschrift des § 167 II HGB, nach der Gewinne dem Kapitalanteil eines Kommanditisten nur so lange zugeschrieben werden, bis der Betrag der Einlage erreicht ist.[228] Die Zuschreibung erfolgt deshalb zukünftig nach §§ 161 II, 120 II HGB n. F. auch über den Betrag der Einlage hinaus. Deshalb erhöht sich der nach dem ersten Jahresverlust auf 90.000 EUR gesunkene Kapitalanteil des E durch den im zweiten Jahr seiner Beteiligung auf ihn entfallenden Gewinn i. H. v. 20.000 EUR zunächst auf 110.000 EUR.

Hinweis: Der Anspruch auf Gewinnauszahlung aus §§ 161 II, 122 HGB n. F. ist davon unabhängig. Er ist vorbehaltlich der Entnahmesperre des neuen § 169 I HGB auf Vollausschüttung gerichtet (→ § 7 Rn. 38). Nach jener Entnahmesperre konnte E von dem Gewinn des zweiten Jahres seiner Beteiligung i. H. v. 20.000 EUR allerdings nur die Hälfte ausgezahlt verlangen, weil sein Kapitalanteil ansonsten unter den ursprünglich eingezahlten Betrag von 100.000 EUR herabgemindert würde. Die Rechtslage wird sich insoweit also im zukünftigen Recht nicht ändern. Für die Außenhaftung des E gegenüber den Gläubigern der Gesellschaft ist die das Innenverhältnis zur Gesellschaft betreffende Regelung in § 169 HGB allerdings ohnehin nicht relevant. Vielmehr richtet sich der Umfang der Außenhaftung – wie bisher – nach § 172 IV 2 HGB.

Zu prüfen bleibt, ob der zunächst auf 110.000 EUR gestiegene Kapitalanteil des E später durch die Entnahme des Gewinns i. S. v. § 172 IV 2 HGB unter den Betrag der Haftsumme herabgemindert wird. Eine derartige Reduzierung des Kapitalanteils kann nach dem bis Ende 2023 geltenden Recht gemäß §§ 161 II, 120 II HGB erfolgen, weil nach der aktuellen Formulierung des § 120 II HGB auch „das während

[228] Zum Hintergrund *Schollmeyer*, DNotZ 2021, 889, 895 f.

des Geschäftsjahrs auf den Kapitalanteil entnommene Geld" davon abgeschrieben wird (vgl. oben die Lösung zu Frage 1). Im neuen § 120 II HGB fehlt jener Satzteil hingegen und der Gesetzgeber stellt in seiner Begründung klar, dass bestimmte Vorgaben für die buchtechnische Behandlung des Ergebnisses nicht gemacht werden sollen.[229] Doch kann sich diese Aussage sinnvollerweise nur auf das Innenverhältnis der Gesellschafter beziehen, nicht hingegen auf die Außenhaftung nach § 172 IV 2 HGB. Ansonsten könnten die Gesellschafter jenen Tatbestand schlicht dadurch leerlaufen lassen, dass sie beschließen, Gewinnentnahmen nicht mehr vom Kapitalanteil abzuschreiben. Mangels Abschreibung könnte der Kapitalanteil dann auch nicht mehr durch jene Entnahmen unter den Betrag der Haftsumme herabgemindert werden. Dies wäre ein absurdes und vom Gesetzgeber sicher nicht gewolltes Ergebnis.

Deshalb muss die Gewinnauszahlung i. H. v. 20.000 EUR den Kapitalanteil des E jedenfalls für die Zwecke des § 172 IV 2 HGB von vormals 110.000 EUR auf 90.000 EUR mindern, sodass die Haftsumme um 10.000 EUR unterschritten wird. In dieser Höhe löst die Gewinnauszahlung deshalb auch nach dem Inkrafttreten des MoPeG die Außenhaftung des E aus.

Die Ausnahmeregelung in § 172 V HGB ist dabei für das zukünftige Recht nicht mehr zu diskutieren, weil sie durch das MoPeG gestrichen wird.

Fall Nr. 41 – Neu für alt

A ist Komplementär, B und C sind Kommanditisten der im Großhandel tätigen ABC-KG. Als Haftsumme von B und C sind im Handelsregister jeweils 100.000 EUR eingetragen. Beide haben einen entsprechenden Betrag auch in bar an die Gesellschaft gezahlt. Nach einiger Zeit will C aufgrund von Unstimmigkeiten zwischen den Gesellschaftern aus der KG ausscheiden. Dies kommt dem A sehr gelegen, da er schon seit langer Zeit seinen Sohn (S) als Kommanditisten in die Gesellschaft aufgenommen sehen will. Um C seinen Ausstieg – an dem auch B ein Interesse hat – schmackhaft zu machen, bieten A und B ihm eine großzügige Abfindung von 150.000 EUR an. Weil C das Geld sehr gut gebrauchen kann, schließt er mit A und B einen Austrittsvertrag und erhält von der KG 150.000 EUR ausgezahlt. Sodann schließen A und B mit S einen Eintrittsvertrag. Als Haftsumme werden im Handelsregister 100.000 EUR eingetragen. S zahlt daraufhin 60.000 EUR bar an die KG. G, der Hauptlieferant der KG, hat aufgrund eines vor dem Austrittsvertrag geschlossenen Kaufvertrags einen Kaufpreiszahlungsanspruch in Höhe von 120.000 EUR gegen die KG.

Wen kann G auf Zahlung der 120.000 EUR in Anspruch nehmen?

Abwandlung: C schließt mit S einen Kaufvertrag über seinen Kommanditanteil. Als Kaufpreis vereinbaren sie 125.000 EUR, die S an C zahlt. Infolgedessen überträgt C dem S seinen Kommanditanteil. In das Handelsregister wird eingetragen: „Der Kommanditanteil des C ist kraft Sonderrechtsnachfolge auf S übertragen worden." Ergeben sich Unterschiede gegenüber dem Grundfall?

Lösung zum Grundfall

1. Anspruch gegen die KG

G hat einen Anspruch auf Zahlung der 120.000 EUR gegen die KG aus § 433 II BGB.

[229] Begr. RegE MoPeG zu § 120 II HGB n. F., BT-Drs. 19/27635, S. 239.

2. Anspruch gegen A

Ebenso unproblematisch besteht ein Anspruch des G gegen A aus § 433 II BGB i.V.m. §§ 161 II, 128 S. 1 HGB (zukünftig § 126 S. 1 HGB n.F.) auf Zahlung der 120.000 EUR, weil A Komplementär der KG ist und daher unbeschränkt, unmittelbar und persönlich für die Gesellschaftsverbindlichkeiten haftet. Er steht einem oHG-Gesellschafter gleich.

3. Anspruch gegen B

Fraglich ist, ob auch ein Anspruch des G gegen B besteht. Zwar haftet auch B als Kommanditist gegenüber den Gesellschaftsgläubigern bis zur Höhe seiner in das Handelsregister eingetragenen Haftsumme unmittelbar und *gegenständlich* unbeschränkt (§ 171 I Hs. 1 HGB), so dass G von B grundsätzlich zumindest 100.000 EUR verlangen könnte. Jedoch ist die Haftung des B ausgeschlossen, weil er durch die Zahlung der 100.000 EUR an die KG eine Einlage im Wert der Haftsumme geleistet hat. Dies führt nach § 171 I Hs. 2 HGB zum Ausschluss der Haftung (**Haftungsbefreiung durch Einlageleistung**). Da B keine direkten oder verdeckten Ausschüttungen von der KG erhalten hat, lebt seine Haftung auch nicht nach § 172 IV HGB wieder auf.

4. Anspruch gegen C

Zu prüfen ist, ob G auch einen Anspruch auf Zahlung von 100.000 EUR gegenüber dem Altkommanditisten C hat. Zunächst stellte sich die Lage des C genauso dar wie die des B. Seine Haftung war durch die Zahlung einer Einlage in Höhe der eingetragenen Haftsumme nach § 171 I Hs. 2 HGB ausgeschlossen. Im Unterschied zu B hat allerdings die Zahlung der Abfindung in Höhe von 150.000 EUR an C eine **Einlagenrückgewähr** i.S.v. § 172 IV 1 HGB mit der Folge bewirkt, dass seine Einlage den Gläubigern gegenüber als nicht geleistet gilt. In der Abfindungszahlung an C ist eine Einlagenrückgewähr zu sehen, weil er sich der – wenn auch summenmäßig beschränkten – Kommanditistenhaftung nur durch Zahlung der 100.000 EUR entziehen konnte. Sobald er diesen Betrag zurückerhält, muss die Haftung für während seiner Mitgliedschaft begründete Gesellschaftsverbindlichkeiten wie bei jedem anderen Gesellschafter wieder eingreifen. Die Voraussetzungen des § 171 I Hs. 2 HGB sind also entfallen. C haftet wieder bis zur Höhe der eingetragenen Haftsumme unmittelbar gegenüber G.[230]

Dass an C mehr als seine ursprüngliche Einlage ausgezahlt wurde, ist unschädlich, weil für die Kommanditistenhaftung das Prinzip der **absoluten Beschränkung der Außenhaftung auf die Haftsumme** gilt.[231] C haftet also nicht in Höhe von 150.000 EUR.

5. Anspruch gegen S

Gegen S hat G einen Zahlungsanspruch in Höhe von 40.000 EUR. Zunächst ist festzustellen, dass S nach Maßgabe der §§ 171, 172 HGB für die Kaufpreisschuld der KG gegenüber G haftet, obwohl sie vor seinem Eintritt begründet wurde. Dies ergibt sich aus § 173 I HGB (**Haftung für Altverbindlichkeiten**). Eine unmittelbare Haftung gegenüber den Gesellschaftsgläubigern besteht nach § 171 I Hs. 1 HGB bis

---

[230] Hierzu auch → Fall Nr. 38 – Beraterhonorar I.

[231] Hierzu → Fall Nr. 39 – Beraterhonorar II.

zur eingetragenen Haftsumme von 100.000 EUR. Da S jedoch bereits 60.000 EUR in bar an die KG gezahlt hat, ist seine Haftung insoweit nach § 171 I Hs. 2 HGB ausgeschlossen. In Höhe der Differenz zwischen eingetragener Haftsumme (100.000 EUR) und bereits gezahlter Einlage (60.000 EUR) haftet S allerdings weiterhin unmittelbar gegenüber G.

Lösung zur Abwandlung

Die Haftung der KG, des A und des B bleiben gegenüber dem Grundfall unverändert.

C hatte, wie oben dargelegt, seine Haftung zunächst dadurch ausgeschlossen, dass er eine Einlage in Höhe der Haftsumme erbracht hat (§ 171 I Hs. 2 HGB). Die Haftung könnte nur dann wieder aufleben, wenn dem C seine Einlage zurückgezahlt wurde (§ 172 IV HGB). In der Zahlung der 125.000 EUR durch S kann indes eine solche Einlagenrückgewähr nicht gesehen werden, da S nicht zur Befriedigung eines Abfindungsanspruchs des C gegen die KG zahlte, sondern weil er aufgrund des mit C geschlossenen Kaufvertrags dazu verpflichtet war (§ 433 II BGB). Da ansonsten keine Zahlung an C erfolgt ist, bleibt es mangels Einlagenrückgewähr bei der Haftungsbefreiung nach § 171 I Hs. 2 HGB.

Ein anderes Ergebnis ergibt sich auch nicht aufgrund eines unzutreffenden Rechtsscheins: In das Handelsregister wurde ein **Nachfolgevermerk** eingetragen, aus dem sich die **Sonderrechtsnachfolge** des S in den Kommanditanteil des C ergibt. Der Rechtsverkehr konnte daher nicht von einer Verbreiterung der Haftungsmasse – wie sie im Grundfall wegen des Ein- und Austritts eingetreten ist – ausgehen. G kann von C deshalb keine Zahlung verlangen.

Auch die Haftung des S ist ausgeschlossen. Er folgt aufgrund der Verfügung des C (§§ 413, 398 BGB) unmittelbar in dessen Kommanditistenstellung nach, so dass die von C geleistete Einlage nunmehr auch zu seinen Gunsten wirkt und daher seine Haftung nach § 171 I Hs. 2 HGB ausschließt. S hat einen **voll eingezahlten Anteil erworben** und muss daher zur Haftungsbefreiung keine weiteren Einlageleistungen vornehmen. G hat keinen Anspruch gegen S.

Fall Nr. 42 – Probleme mit dem Publikum

Teil 1: Der X-GmbH & Co. KG gehören ca. 100 Grundstücke, die sie verwaltet. Die Gesellschaft hat 500 Kommanditisten. Komplementär und alleinige Geschäftsführerin ist die I-GmbH, die gleichzeitig die Gesellschaft gegründet und die Kommanditisten sodann als Kapitalanleger geworben hatte. Laut Gesellschaftsvertrag kann die I-GmbH mit Zustimmung aller Gesellschafter und bei Vorliegen eines wichtigen Grundes als Geschäftsführerin abberufen werden. Vom Stimmrecht ist die I-GmbH mangels Kapitalbeteiligung ausgeschlossen.

Die I-GmbH hat in großem Maße Gelder der KG veruntreut und sie dadurch an den Rand des Ruins getrieben. Auf einer Gesellschafterversammlung stimmen 95 % der Kommanditisten dafür, die I-GmbH als Geschäftsführerin abzuberufen. Die I-GmbH meint, sie bleibe damit im Amt, weil die erforderliche Einstimmigkeit fehle.

Zu Recht?

Teil 2: B tritt der W-KG bei, die eine Vielzahl von Kommanditisten hat. In der formularmäßigen Beitrittserklärung heißt es:

„B übernimmt eine Beteiligung an der Firma W-KG mit einer im Handelsregister einzutragenden Haftsumme von 30.000 EUR (= 100 %). Die zu leistende Kommanditeinlage beträgt 7.500 EUR (= 25 %). Weiterhin gewährt der Beitretende der Gesellschaft ein Darlehen in Höhe von 22.500 EUR (= 75 %).“

B zahlt 30.000 EUR an die W-KG. M hat einen Anspruch in Höhe von 20.000 EUR gegen die W-KG. Da diese nicht zahlt, fragt M, ob er persönlich gegen B vorgehen kann.

Rechtsprechungshinweis: BGH NJW 1982, 2253.

Lösung zu Teil 1

Die I-GmbH wurde wirksam als Geschäftsführerin abberufen, wenn eine Abberufung durch Gesellschafterbeschluss möglich ist, ein wichtiger Grund vorliegt, die erforderliche Mehrheit zustande gekommen ist und der Abberufung keine sonstigen Hindernisse entgegenstehen.

1. Zulässigkeit der Abberufung durch Beschluss

Nach dem gesetzlichen Grundmodell kann einem (Gesellschafter-)Geschäftsführer die Befugnis zur Geschäftsführung nur auf Antrag der übrigen Gesellschafter durch gerichtliche Entscheidung entzogen werden (§§ 161 II, 117 HGB; zukünftig § 116 V HGB n. F.). Diese Regelung (des Innenverhältnisses) ist jedoch dispositiv und kann im Gesellschaftsvertrag modifiziert werden (vgl. § 109 Hs. 2 HGB; zukünftig § 108 HGB n. F.). Er kann insbesondere vorsehen, dass die Geschäftsführungsbefugnis durch Gesellschafterbeschluss entzogen werden kann.

2. Wichtiger Grund

Ein wichtiger Grund für die Abberufung als Geschäftsführerin ist ohne weiteres gegeben: Die Geschäftsführung durch eine (juristische) Person, die Gesellschaftsvermögen veruntreut und die Gesellschaft damit schwer schädigt, ist den übrigen Gesellschaftern nicht zumutbar.

3. Die erforderliche Mehrheit

Fraglich ist, ob die erforderliche Mehrheit für eine Abberufung der I-GmbH vorliegt. Dies ist nicht der Fall, wenn die vertragliche Regelung, wonach die Abberufung einstimmig erfolgen muss, wirksam ist. Es haben nämlich nur 95 % der Gesellschafter zugestimmt.

Gemäß §§ 161 II, 119 I HGB (zukünftig § 109 III HGB n. F.) entspricht das Einstimmigkeitserfordernis dem gesetzlichen Regelungsmodell für eine KG. Grundsätzlich kann eine dahingehende (klarstellende) Klausel im Gesellschaftsvertrag daher nicht unwirksam sein, und zwar auch dann nicht, wenn sie die Abberufung des Geschäftsführers betrifft. Etwas anderes kann sich aber daraus ergeben, dass die X-GmbH & Co. KG eine Vielzahl von Kommanditisten hat (**Publikumsgesellschaft**), die allesamt als Kapitalanleger beteiligt sind und den Gesellschaftsvertrag, wie von der I-GmbH vorgegeben, hinnehmen mussten.

Bei Publikumsgesellschaften unterzieht die Rechtsprechung den Gesellschaftsvertrag zum Schutze der „Anleger“ einer **Inhaltskontrolle gemäß § 242 BGB**. Unwirksam sind danach Klauseln, die die Gesellschafter unangemessen benachteiligen. Eine solche unangemessene Benachteiligung kann in dem Einstimmigkeitserfordernis gesehen werden. Bei 500 Kommanditisten ist es äußert unwahrscheinlich, dass alle ab- *und* zustimmen, wenn über die Abberufung eines Geschäftsführers entschieden wird. Faktisch wird damit die Stellung des Geschäftsführers unangreifbar, was insbesondere bei Beschlüssen, die aus wichtigem Grund erfolgen, nicht hinnehmbar erscheint. Erschwerend kommt hinzu, dass die Gesellschafter der Publikumsgesellschaft den Geschäftsführer nicht aussuchen können, ihnen dieser vielmehr „aufgezwungen" wird. Deshalb müssen sie umso mehr in der Lage sein, auf Unregelmäßigkeiten und Pflichtverletzungen zu reagieren. Es ist unzumutbar, jemanden dauerhaft als Geschäftsführer hinnehmen zu müssen, dem eine Mehrheit der Gesellschafter nicht mehr vertraut und der mangels Kapitalbeteiligung nicht zwingend gleichgerichtete Interessen hat. In der Sache würde ihnen das Recht genommen, sich von einem von dritter Seite bestimmten „Vermögensverwalter" zu trennen.

Aufgrund der vorstehenden Erwägungen hat der BGH entschieden, dass eine Regelung im Gesellschaftsvertrag einer Publikumspersonengesellschaft gemäß § 242 BGB nichtig ist, nach der ein (Gesellschafter-)Geschäftsführer nur mit Zustimmung aller Gesellschafter abberufen werden kann; stattdessen genügt die einfache Mehrheit.[232]

Die damit lediglich erforderliche einfache Mehrheit ist zustande gekommen, indem 95 % der Kommanditisten für die Abberufung gestimmt haben.

4. Keine sonstigen Abberufungshindernisse

Man könnte daran zweifeln, dass die I-GmbH als einzige Geschäftsführerin und Komplementärin von der Geschäftsführung abberufen werden kann. Denn Kommanditisten sind gemäß § 164 HGB von der Geschäftsführung ausgeschlossen, so dass nach einer wirksamen Abberufung kein Geschäftsführer mehr vorhanden ist, wenn der Abberufungsbeschluss nicht gleichzeitig einen neuen bestellt. Gleichwohl wird die Abberufung des einzigen Komplementärs für zulässig erachtet.[233] Hierfür spricht, dass eine Sanktion für schwere Pflichtverletzungen des Geschäftsführers auch dann möglich sein muss, wenn er der einzige Komplementär ist. Zudem ist § 164 HGB disponibel, so dass den Kommanditisten Geschäftsführungsbefugnisse verliehen werden können. In diesem Sinne ist bei der Abberufung des einzigen persönlich haftenden Gesellschafters im Zweifel davon auszugehen, dass die Geschäftsführung an die Gesamtheit der Gesellschafter fällt.[234]

5. Ergebnis

Die I-GmbH wurde wirksam als Geschäftsführerin abberufen.

Hinweis: Weil der Beschluss über die Abberufung der I-GmbH ohnehin mit der erforderlichen Mehrheit zustande gekommen ist, die Zustimmung der widersprechenden Kommanditisten also nicht zwingend erforderlich war, stellt sich nicht die Frage, ob diese kraft ihrer Treuepflichten gehalten waren, dem Beschluss zuzustimmen. Hingewiesen sei jedoch darauf, dass die Durchsetzung positiver Stimmpflichten aufgrund von Treuepflichten bei Publikumsgesellschaften besonderen Regeln folgt: Der Beschluss ist wirksam gefasst, wenn die nicht zustimmenden Gesellschafter aufgrund der gesellschaftlichen Treuepflichten zustimmen müssten; die widersprechenden Gesellschafter müssen also anders als sonst nicht zunächst mit der Folge des § 894 ZPO auf Zustimmung in Anspruch genommen werden.[235]

---

[232] BGHZ 102, 172 (Leitsatz 1) = NJW 1988, 969; BGH NJW 1982, 2495 (Leitsatz).
[233] Hopt/*Roth*, HGB, § 117 Rn. 1.
[234] Hopt/*Roth*, HGB, § 117 Rn. 1.
[235] Vgl. hierzu *K. Schmidt*, GesR, § 57 II 2d; ferner BGHZ 183, 1 – „Sanieren oder Ausscheiden" (Rn. 17, 22).

Lösung zu Teil 2

B haftet als Kommanditist der W-KG gegenüber den Gesellschaftsgläubigern bis zur Höhe seiner in das Handelsregister eingetragenen Haftsumme (30.000 EUR) unmittelbar und *gegenständlich* unbeschränkt (§ 171 I Hs. 1 HGB). M kann also grundsätzlich die 20.000 EUR von B verlangen.

Jedoch ist die Haftung des B ausgeschlossen, soweit er eine Einlage geleistet hat (**Haftungsbefreiung durch Einlageleistung** gemäß § 171 I Hs. 2 HGB). Fraglich ist, inwieweit B eine Einlage geleistet hat.

Bei Publikumsgesellschaften sieht der Beteiligungsvertrag häufig eine sog. **gesplittete Einlage** vor: Der Kommanditist erbringt einen Teil seiner Kapitalanlage als Kommanditeinlage, einen anderen Teil hingegen als Darlehen oder stille Einlage. So liegt der Fall auch hier: B sollte 7.500 EUR als „Kommanditeinlage" und 22.500 EUR als „Darlehen" erbringen.

Unproblematisch ist daher zunächst, dass in Höhe von 7.500 EUR eine Haftungsbefreiung eingetreten ist. Gleichwohl würde B in voller Höhe des Anspruchs gegenüber M haften, wenn nicht auch die Leistung des „Darlehens" als Einlageleistung i. S. v. § 171 I Hs. 2 HGB zu werten ist und daher haftungsbefreiend wirkt. Gegen eine Haftungsbefreiung spricht, dass „Einlageleistung" die Zufuhr von Eigenkapital zur Verbreiterung der Haftungsmasse meint, ein „Darlehen" aber Fremdkapital zur Verfügung stellt. Auf der anderen Seite ist zu berücksichtigen, dass B die gesamten 30.000 EUR auf Grundlage der *einen* Beitrittserklärung erbracht hat, die nur *eine* Beteiligung (= 100 %) vorsieht. Lediglich formal im Innenverhältnis sind die verschiedenen Leistungen auf diese Beteiligung aufgespaltet worden. Tatsächlich sollte B auch das **Darlehen auf gesellschaftsrechtlicher Basis** und nicht „als Außenstehender" gewähren. Es ist daher Teil des Gesamt*beitrags* des B. Darüber hinaus – und das ist entscheidend – soll das „Darlehen" aber auch Kommandit*einlage* i. S. v. § 171 I Hs. 2 HGB sein, also eine Leistung in das Eigenkapital zur Bildung von Haftungsmasse.[236] Denn die Beitrittserklärung zeigt, dass auch das „Darlehen" im Hinblick auf die für die Außenhaftung maßgebliche und durch eine Einlage abzudeckende Haftungssumme Bedeutung haben sollte: Sie bezieht das Darlehen ausdrücklich in die Haftsumme ein („75%" von „100%"). In der Sache war das „Darlehen" also eine falsch bezeichnete Einlage. Auch die „Darlehensauszahlung" an die KG wirkt daher haftungsbefreiend.

M kann B nicht persönlich in Anspruch nehmen, weil B durch die vollständige Einlageleistung von der Haftung befreit ist.

---

[236] Zur Unterscheidung zwischen Beitrag (jede als Primärpflicht geschuldete Zweckförderungsleistung) und Einlage (zur Eigenkapitalbildung in das Gesellschaftsvermögen zu leistender Beitrag, der die Haftungsmasse mehrt) → § 5 Rn. 68 ff. sowie *K. Schmidt*, GesR, § 20 II 1.

Stichwortverzeichnis

Paragraphen in Fettdruck, Randnummern in magerem Druck
F = Fall, Fallnummer in magerem Druck

Abfindung 3 126, 235 (AG), **4** 97, 99 ff., 228, **F** 2 (GmbH), **5** 14, 111, 126, 133 ff., **F** 29, **F** 36 (GbR), **6** 59, 62 (oHG), **7** 20 ff., **F** 41 (KG)
– Beschränkung **4** 97, **F** 2 (GmbH), **5** 135 ff., **F** 29 (GbR), **6** 59 (oHG)
Abspaltungsverbot 5 52
Abtretung 3 45 ff., 138 (AG), **4** 91 ff., 100, 102 (GmbH), **5** 68, 109 ff. (GbR), **F** 36 (oHG), **7** 23 f. (KG)
Abwicklung 3 220 ff., 224 ff. (AG), **4** 40, 288 (GmbH), **5** 158 ff. (GbR), **6** 74, **F** 12 (oHG), **7** 41 (KG)
Abwicklungsgesellschaft 3 220 (AG), **5** 151 (GbR), **F** 12 (oHG)
Actio pro socio 5 53, 95 ff., **F** 26
AG, siehe *Aktiengesellschaft*
AGG 4 129, 133a
Agio 3 33, 136, 143, 147, 189 (AG), **4** 88 (GmbH)
Aktie 3 29 ff.
– Aktienregister **3** 33, 45
– Inhaberaktie **3** 33, 44, 98
– Namensaktie **3** 33, 45
– Nennbetragsaktie **3** 30, 34, 90, 136
– Stammaktie **3** 31
– Stückaktie **3** 30, 34, 90 f., 136
– Übertragung **3** 43 ff.
– Verbriefung **3** 32, 34, 43, 45 ff.
– Vorzugsaktie **3** 31, 99
Aktiengesellschaft 3 1 ff., **F** 2–**F** 11
– Abwicklung **3** 220, 224 ff.
– Aktie **3** 29 ff.
– Anfechtung von Beschlüssen **3** 36, 116 ff., **F** 6
– Auflösung **3** 219 ff.
– Aufsichtsrat **3** 77 ff.
– Bedeutung **3** 8
– Beschlussmängel **3** 116 ff., **F** 6
– Börsennotierung **3** 10
– Dividende **3** 37 f.
– Einlage **3** 13, 39, 134 ff.
– Erwerb eigener Aktien **3** 193 ff.
– europäische **3** 236 ff.
– Finanzielle Unterstützung beim Erwerb eigener Aktien **3** 196 f.
– Finanzverfassung **3** 131 ff.
– Firma **3** 4, 220
– Fortsetzung nach Auflösung **3** 225
– Funktion **3** 3
– Gesellschafterdarlehen **3** 198
– „große" **3** 9
– Grundkapital **4** 5 f.
– Gründung **3** 11 ff.
– Haftung **3** 2, **3** 25 f.
– Hauptversammlung **3** 90 ff., **F** 5
– Jahresabschluss **3** 38
– Kapitalaufbringung **3** 133 ff., **F** 7
– Kapitalerhaltung **3** 187 ff., **F** 8, **F** 9
– Kapitalerhöhung **3** 199 ff., **F** 10
– Kapitalherabsetzung **3** 199 ff.
– Kaufmannseigenschaft **3** 4
– „kleine" **3** 9
– Konzern **3** 227 ff., **F** 11
– Mitbestimmung **3** 81 ff.
– Mitgliedschaft **3** 31, 71
– Nachgründung **3** 186
– Nutzungsüberlassung durch Aktionäre **3** 198
– Organe **3** 48 ff.
– Organisation **3** 27 ff.
– Organverschulden **3** 2
– Pflichten der Aktionäre **3** 39 ff.
– Rechte der Aktionäre **3** 35 ff.
– Rechtsnatur **3** 2
– Rückzahlung der Einlage **3** 171
– Sacheinlage **3** 134, 138 ff.
– Sachübernahme **3** 135, 146
– Satzung **3** 15 ff., **F** 2
– Schädigungsverbot **3** 40
– Sitz **3** 7
– Treuepflichten **3** 40 ff., **F** 3, **F** 6
– Übertragung der Mitgliedschaft **3** 43 ff.
– verdeckte Gewinnausschüttung **3** 191, **F** 8, **F** 9
– verdeckte Sacheinlage **3** 151 ff., **F** 7
– Vertretung **3** 52
– Vollbeendigung **3** 226
– Vorstand **3** 50 ff., **F** 4
Aktionär, siehe *Gesellschafter*
Akzessorietätstheorie 4 34 (GmbH), **5** 39, 44, **F** 24 (GbR), **6** 13, 15, 23, 26, **F** 31, **F** 32 (oHG)
Altverbindlichkeiten, Haftung für **5** 26, 43 f., 116 (GbR), **6** 18, **F** 36 (oHG), **7** 17, **F** 41 (KG)
Amtsniederlegung 3 56 (AG), **4** 130 (GmbH)

Änderungen des Gesellschafterbestandes **3** 43 ff. (AG), **4** 90 ff. (GmbH), **5** 107 ff., **F** 27 (GbR), **6** 59 ff., **F** 36 (oHG), **7** 16, 32, **F** 41 (KG)
Anfechtung von Beschlüssen **3** 119 ff., **F** 6 (AG), **4** 125 f., **F** 13, **F** 14 (GmbH), **5** 92a (GbR), **6** 30a ff. (oHG)
- Anfechtungsgrund **3** 119 ff., 125, 127, **F** 6 (AG), **F** 14 (GmbH), **6** 30g (oHG)
- Anfechtungsklage **3** 36, 111, 120, 125 ff., **F** 6 (AG), **4** 125 f., **F** 13, **F** 14 (GmbH), **6** 30b ff. (oHG)

Antizipierte Zustimmung **5** 89 f., 108, **F** 25, **F** 36 (GbR), **7** 46 (KG)
Anwachsung **5** 112, 118, 119a, 120, 133, **F** 29, **F** 36
Arbeitsdirektor **3** 54, 82
Auflösung **2** 4 (Verein), **3** 220 ff. (AG), **4** 18 ff., 286 f., **F** 12 (GmbH), **5** 19, 21 f., 72, 117 ff., 134, 147, 151 ff., 161 f. (GbR), **6** 60, 71 ff., **F** 12 (oHG), **7** 41 (KG)
Auflösungsklage **4** 102 (GmbH), **6** 56, **F** 30 (oHG)
Aufrechnung
- bei persönlicher Gesellschafterhaftung **F** 24 (GbR), **6** 22, 26 ff., **F** 32 (oHG)
- mit/gegen Einlagepflicht **3** 172 ff. (AG), **4** 173, 183, 206 ff., 223, 284, **F** 23 (GmbH)

Aufsichtsrat **3** 77 ff., 238 f. (AG), **4** 155 ff. (GmbH)
- Abberufung **3** 85
- Aufgaben **3** 38, 54 ff., 59, 67, 77 ff., 107 ff., 215, 217
- Besetzung **3** 23, 80 ff.
- Bestellung **3** 13, 85, 93
- Entlastung **3** 93, **F** 6
- fakultativer **4** 156 f.
- Haftung **3** 78, 89, 165 (AG), **4** 158 (GmbH)
- innere Ordnung **3** 87
- Mitbestimmung **3** 81 ff.
- Mitgliederzahl **3** 80
- obligatorischer **4** 157
- persönliche Voraussetzungen **3** 86
- Rechte **3** 77
- Vergütung **3** 88

Aufwendungsersatz **5** 66, 93, 100, 106 (GbR), **6** 27, 46, **F** 31 (oHG)
Ausfallhaftung der Mitgesellschafter **4** 163, 237 f., **F** 12, **F** 19
Ausscheiden von Gesellschaftern **3** 43 ff. (AG), **4** 90 ff. (GmbH), **5** 27 f., 111, 115, 117 ff., **F** 27, **F** 29 (GbR), **6** 19, 60 ff., **F** 36 (oHG), **7** 19 ff., 32, **F** 41 (KG)
Ausschluss von Gesellschaftern **3** 235 (AG), **4** 95 ff., **F** 13 (GmbH), **5** 128 ff., **F** 28 (GbR), **6** 59 (oHG), **7** 32 (KG)
Außengesellschaft **4** 28 ff. (GmbH), **5** 29 (GbR), **6** 2, **F** 12 (oHG)
Austritt von Gesellschaftern **4** 102 (GmbH), **5** 27, 109, 112, 117 f., 154 ff. (GbR), **6** 59, **F** 36 (oHG), **7** 21, 32, **F** 41 (KG)

Bedingte Kapitalerhöhung **3** 203, 211 ff.
Beherrschungsvertrag **3** 231 f., **F** 11 (AG), **4** 293 (GmbH)
Beitrag(-spflicht) **5** 68 ff., 93, 144, 146, **F** 25 (GbR), **F** 42 (KG)
- Verhältnis zur Einlage **5** 70

Beitritt von Gesellschaftern, siehe *Eintritt von Gesellschaftern*
Belastungsverbot **5** 72, 90, **F** 25
Beschlüsse, siehe *Gesellschafterversammlung*
Bestimmtheitsgrundsatz **5** 84
Bezugsrecht **3** 208 ff., 211, 214, 216 ff., **F** 10 (AG), **4** 281 (GmbH)
BGB-Gesellschaft, siehe *Gesellschaft bürgerlichen Rechts*
Bilanz **3** 5, 37 f. (AG), **4** 14, 109, 242 f., **F** 12 (GmbH), **5** 145 (GbR), **6** 65 (oHG), **7** 12 f., **F** 40 (KG)
Business Judgement-Rule **3** 62, 77, **F** 4 (AG), **4** 141, **F** 15 (GmbH)

Corporate Governance Kodex **3** 10, 55a, 58, 79

Differenzhaftung **3** 143, 154 (AG), **4** 171, 200, **F** 16 (GmbH)
Doppelvertrag bei Gesellschafterwechsel **5** 112 (GbR), **F** 36 (oHG), **7** 21, **F** 41 (KG)
Drittansprüche **5** 93 ff.
Drittverbindlichkeiten **5** 93 ff.
Durchgriffshaftung **2** 3 (Verein), **3** 2 (AG), **4** 2, 254, 256 (GmbH)

Ehegatteninnengesellschaft **5** 12
Eigene Aktien, siehe *eigene Anteile*
Eigene Anteile **3** 102, 193 ff. (AG), **4** 261 (GmbH)
Eigenübliche Sorgfalt **5** 75 ff. (GbR), **7** 47 (KG)
Einlage **3** 5, 12 f., 39, 134 ff. (AG), **4** 7 f., 88, 161 ff. (GmbH), **5** 9, 14, 36, 69 ff. (GbR), **7** 7 ff., 36 ff. (KG), **7** 53 ff. (GmbH & Co. KG), siehe auch *Geldeinlage, Sacheinlage*
- Rückzahlung an Kommanditist **7** 10 ff., 20 ff., 39 f., **F** 38–**F** 41
- verbotene Rückgewähr, siehe *Kapitalerhaltung*
- vereinbarungsgemäße Rückzahlung **3** 171 (AG), **4** 186, 191 ff., **F** 18 (GmbH)

Eintrittsklausel 5 123, 126 f.
Eintritt von Gesellschaftern 3 281 (AG), 5 26, 43, 45, 108 ff., 123 (GbR), **6** 18, 38, 59, **F** 31, **F** 36 (oHG), 7 17 f., 21, **F** 41, **F** 42 (KG)
Einzelklagebefugnis, siehe *actio pro socio*
Einziehung
– Aktien **3** 190, 201
– GmbH-Anteil **4** 95 ff., **F** 13
Entlastung **3** 65, 93, 99, **F** 6 (AG), **4** 106, 118, 124, **F** 14 (GmbH)
Entnahmerecht **6** 68, 68c, **F** 37 (oHG), **7** 38 (KG)
Erbengemeinschaft **1** 4, **5** 7, 125, **F** 27
Erfüllungstheorie **F** 24 (GbR), **6** 16 f. (oHG), **7** 15 (KG)
Existenzvernichtungshaftung **4** 251 ff., 294, **F** 21

Fehlerhafte Gesellschaft **4** 22, 29, **F** 12 (GmbH), **5** 9, 15 ff. (GbR), **6** 6, **F** 30 (oHG), **7** 2 (KG)
Finanzplanrechtsprechung **F** 22
Firma **3** 4, 220 (AG), **4** 10, 21 (GmbH), **5** 8 (GbR), **6** 2, 75 (oHG), **7** 2 (KG)
Fortsetzungsbeschluss **4** 287 (GmbH), **5** 162 (GbR)
Fortsetzungsklausel **5** 118, 120 ff., 126, 128 f., 153, **F** 27–**F** 29 (GbR), **6** 60 (oHG)
Frauenquote **3** 10, 53, 80
Freiberufler **1** 7, **5** 4, 126a, **6** 7, **8** 1
Freigabeverfahren **3** 130
Freiheit der Rechtsformwahl **1** 5, 7
Fremdorganschaft **1** 19, **2** 1

GbR, siehe *Gesellschaft bürgerlichen Rechts*
Geldeinlage **3** 134, 147 ff. (AG), **4** 161, 164 ff., 175 ff. (GmbH)
– Erfüllung **3** 148 ff. (AG), **4** 176 ff. (GmbH)
– freie Verfügung **3** 148 f. (AG), **4** 177 ff. (GmbH)
– Mindesteinzahlung **3** 147 (AG), **4** 164, **F** 12 (GmbH)
– Tilgung von Gesellschaftsschulden **4** 180 ff.
– Verwendungsabsprachen **4** 185, 204 f.
– Zahlung auf debitorisches Konto **4** 184
Genehmigtes Kapital **3** 215 ff. (AG), **4** 280 (GmbH)
Gesamthandsvermögen **1** 16, **5** 37 ff. (GbR), **6** 4 (oHG)
Gesamtrechtsnachfolge **4** 36, 39 (GmbH), **5** 120 f., 125, 152, **F** 27 (GbR), **6** 72 (oHG)
Gesamtschuld **3** 61, 76, 233 (AG), **4** 46, 168 (GmbH), **5** 41 ff., 44, 98, 101 ff. (GbR), **6** 13, 27, **F** 31 (oHG), **7** 5, 7 f. (KG)
– gestörte **2** 7a f.
Geschäftsaufnahme **4** 30, 61 (GmbH), **6** 7 f., **F** 12 (oHG)
Geschäftschancenlehre **6** 58
Geschäftsführer/Vorstand **2** 5 (Verein), **3** 50 ff., **F** 4 (AG), **4** 127 ff., **F** 15 (GmbH), **5** 54 ff. (GbR), **6** 32, **F** 33 (oHG), **7** 29 (KG), siehe auch *Geschäftsführung*
– Abberufung **2** 4 (Verein), **3** 56, 77 (AG), **4** 130, **F** 14 (GmbH), **F** 42 (KG)
– Amtsniederlegung **3** 56 (AG), **4** 130 (GmbH)
– Anstellung **3** 55 (AG), **4** 131 ff., **F** 14 (GmbH)
– Anzahl **2** 5 (Verein), **3** 53 (AG), **4** 127 (GmbH)
– Aufgaben **2** 5 (Verein), **3** 51 f., **F** 2, **F** 5 (AG), **4** 134 ff. (GmbH)
– Bestellung **3** 54 (AG), **4** 129 (GmbH)
– Eignung **4** 128
– Entlastung **3** 65, 93, 99, **F** 6 (AG), **4** 106, 116, 124, **F** 14 (GmbH)
– Entsprechenserklärung **3** 58
– faktischer **4** 153
– Haftung **2** 7a (Verein), **3** 60 ff., **F** 4 (AG), **4** 139 ff., **F** 15 (GmbH), **7** 51 (KG)
– Kreditgewährung **3** 59 (AG), **4** 154 (GmbH)
– Treuepflicht **3** 57
– unternehmerische Entscheidungen **3** 62, **F** 4 (AG), **4** 141, **F** 15 (GmbH)
– Vergütung **3** 55a
– Verschwiegenheitspflicht **3** 57
– Wettbewerbsverbot **3** 57 (AG), **4** 154a (GmbH), **6** 49 ff. (oHG)
Geschäftsführung **3** 51 (AG), **4** 134 (GmbH), **5** 54 ff. (GbR), **6** 32, **F** 33 (oHG), **7** 29 (KG)
– Abgrenzung zu Grundlagengeschäften **F** 2, **F** 5 (AG), **5** 55 (GbR), **6** 33 (oHG)
– Begriff **5** 54
– Entziehung **5** 59a (GbR), **6** 35 (oHG), **F** 42 (KG)
– fehlerhafte **3** 61 ff. (AG), **4** 140 ff. (GmbH), **5** 53 (GbR)
– Notgeschäftsführung **5** 59
– Umfang der Geschäftsführungsbefugnis **3** 51, **F** 5 (AG), **4** 134 ff. (GmbH), **5** 54 ff. (GbR), **6** 33, **F** 33 (oHG)
– Verhältnis zur Vertretung **5** 53 (GbR), **6** 31 (oHG)
Geschäftsverteilung **4** 138a
Gesellschaft **1** 4
– Formen **1** 9 ff., 23
Gesellschaft bürgerlichen Rechts **5** 1 ff., **F** 24–**F** 29
– Abgrenzung zum partiarischen Rechtsverhältnis **5** 11

– Abgrenzung zur Bruchteilsgemeinschaft 5 13
– Abgrenzung zur oHG **1** 7, **5** 4 (GbR), **6** 2, 8 (oHG)
– Abgrenzung zur Partnerschaftsgesellschaft **5** 4
– Abspaltungsverbot **5** 52
– Abwicklung **5** 158 ff.
– actio pro socio **5** 53, 94 ff., **F** 26
– Änderung des Gesellschafterbestandes **5** 107 ff., **F** 27–**F** 29
– Auflösung **5** 151 ff.
– Aufwendungsersatz **5** 66, 93, 100, 106
– Außengesellschaft **5** 29
– Bedeutung **5** 1 ff.
– Beitrag(-spflicht) **5** 68 ff., 93, 144, 146
– Beschlussmängel **5** 92 f.
– eigenübliche Sorgfalt **5** 75 ff.
– Einbringung nichtkaufmännischer Unternehmen **5** 46
– Einlage **5** 69 ff.
– fehlerhafte Gesellschaft **5** 9, 15 ff.
– Finanzverfassung **5** 142 ff.
– Förderungspflicht **5** 2, 10, 68
– Fortsetzung nach Auflösung **5** 162
– Freiheit der Stimmausübung **5** 91, **F** 25
– Funktion **5** 1, 3 ff.
– gemeinsamer Zweck **5** 2, 5, 11
– Geschäftsführung **5** 54 ff.
– Gesellschafter-Gläubiger **5** 98 f.
– Gesellschafterversammlung **5** 66, 78 ff., **F** 25
– Gesellschaftsanteil **5** 51
– Gesellschaftsverhältnis **5** 51
– Gesellschaftsvermögen **5** 37 f.
– Gesellschaftsvertrag **5** 7 ff.
– Gewinn- und Verlustbeteiligung **5** 145 ff.
– Grenzen der Mehrheitsmacht **5** 87 ff.
– Grundbucheintragung **5** 35 f.
– Gründung **5** 6 ff.
– Grundlagengeschäfte **5** 55, 79, 85, 108, **F** 25
– Haftung der Gesellschaft **5** 39
– Haftung der Gesellschafter **5** 39 ff., 98 f., 114 ff., 118, 161, **F** 24
– Haftungsrealisierung **5** 47
– Haftungsregress **5** 41, 100 ff.
– Innengesellschaft **5** 12, 29, 57, 150
– Innenverhältnis **5** 7, 54
– Kapitalerhaltung **5** 148 f.
– Kündigung **5** 117, 128 ff., 137, 154 ff., **F** 28, **F** 29
– Mitgliedschaft **5** 38, 51, 111
– Nachschuss(-pflicht) **5** 72, 85, 90 f., 98, 106, 146, 159, **F** 25
– Name **5** 8
– Organisation **5** 50 ff.
– Organverschulden **5** 42, **F** 24
– Pflichten der Gesellschafter **5** 67 ff.
– Rechte der Gesellschafter **5** 66
– Rechtsfähigkeit **1** 17, **5** 30 ff., **F** 24, **F** 26
– Registerfähigkeit **5** 8a ff., 34 ff.
– Sacheinbringung **5** 70 f.
– Scheingesellschafter **5** 45
– Sozialansprüche **5** 53, 93 ff.
– Sozialverpflichtungen **5** 93 ff.
– Treuepflichten **5** 74, 87, 91, 98, 149, **F** 25, **F** 26
– Übertragung der Mitgliedschaft **5** 109 ff.
– verdeckte Gewinnausschüttung **5** 149, **F** 26
– Vertretung **5** 60 ff.
– Vollbeendigung **5** 161
– Wettbewerbsverbot **5** 74
– Zwangsvollstreckung **5** 48 ff., 51

Gesellschaft mit beschränkter Haftung **4** 1 ff., **F** 12–**F** 23
– Abwicklung **4** 288
– Änderung des Gesellschafterbestandes **4** 90 ff.
– Anfechtung von Beschlüssen **4** 125 f., **F** 14
– Auflösung **4** 286 f.
– Aufsichtsrat **4** 155 ff.
– Ausschluss von Gesellschaftern **4** 98 ff., **F** 13
– Austritt von Gesellschaftern **4** 102
– Bedeutung **4** 3
– Beschlussmängel **4** 125 f., **F** 14
– Differenzhaftung **4** 171, 200, **F** 16
– Einziehung von Geschäftsanteilen **4** 95 ff.
– Erwerb eigener Anteile **4** 261
– Existenzvernichtungshaftung **4** 251 ff., 294, **F** 21
– Finanzverfassung **4** 159 ff.
– Firma **4** 10, 21
– Fortsetzung nach Auflösung **4** 287
– Funktion **4** 3 f.
– Geldeinlagen **4** 161, 164 ff., 175 ff.
– Geschäftsanteil **4** 15
– Geschäftsführer **4** 127 ff., **F** 15
– Geschäftsverteilung **4** 138a
– Gesellschafterdarlehen **4** 248, 263 ff., **F** 22
– Gesellschafterliste **4** 6 f., 92, 94
– Gesellschafterversammlung **4** 104 ff., **F** 13, **F** 14
– Gesellschaftsvertrag **4** 8 ff., **F** 2
– Gewinnauszahlung **4** 85
– Gründung **4** 5 ff., **F** 12, **F** 16
– Haftung **4** 2, 24 ff., 41 ff., 251 ff., **F** 12, **F** 21
– Jahresabschluss **4** 85
– Kapitalaufbringung **4** 160 ff., 282 ff., **F** 12, **F** 17, **F** 18, **F** 23
– Kapitalerhaltung **4** 224 ff., **F** 19, **F** 20
– Kapitalerhöhung **4** 276, 279 ff., **F** 23
– Kapitalherabsetzung **4** 278

– Kaufmannseigenschaft **4** 2
– Konzern **4** 290 ff.
– Mitbestimmung **4** 103, 155, 157
– Mitgliedschaft **4** 15
– Nutzungsüberlassung durch Gesellschafter **4** 274, **F** 22
– Organe **4** 103 ff.
– Organisation **4** 81 ff.
– Organverschulden **4** 2
– Pflichten der Gesellschafter **4** 88 f.
– Rechte der Gesellschafter **4** 83 ff.
– Rechtsnatur **4** 1
– Rückzahlung der Einlage **4** 186, 191 ff., **F** 18
– Sacheinlage **4** 169 ff.
– Sachübernahme **4** 173 f.
– Sitz **4** 11
– Stammkapital **4** 14, 161
– Treuepflichten **4** 89, 115, **F** 14, **F** 20
– Übertragung der Mitgliedschaft **4** 91 ff.
– Unternehmergesellschaft **4** 295, **6** 1
– verdeckte Gewinnausschüttung **4** 226, 228, 233 f., 245, 294, **F** 20
– verdeckte Sacheinlage **4** 187 ff., **F** 17, **F** 23
– Vertretung **4** 134 ff.
– Vollbeendigung **4** 289
Gesellschafter 3 28 ff. (AG), **4** 82 ff. (GmbH), **5** 65 ff. (GbR), **6** 44 ff. (oHG), **7** 31 (KG)
– Ausscheiden **3** 43 ff. (AG), **4** 90 ff. (GmbH), **5** 27 f., 111, 115, 117 ff., **F** 27, **F** 29 (GbR), **6** 19, 60 ff., **F** 36 (oHG), **7** 19 ff., 32, **F** 41 (KG)
– Ausschluss **3** 235 (AG), **4** 95 ff., **F** 13 (GmbH), **5** 128 ff., **F** 28 (GbR), **6** 59 (oHG), **7** 32 (KG)
– Austritt **4** 102 (GmbH), **5** 27, 109, 112, 117 f., 154 ff. (GbR), **6** 59, **F** 36 (oHG), **7** 21, 32, **F** 41 (KG)
– Eintritt **3** 281 (AG), **5** 26, 43, 45, 108 ff., 123 (GbR), **6** 18, 38, 59, **F** 31, **F** 36 (oHG), **7** 17 f., 21, **F** 41, **F** 42 (KG)
– Haftung **1** 18, **2** 3 (Verein), **3** 2, 25 f. (AG), **4** 2, 24 ff., 72 ff. (GmbH), **5** 39 ff., 98 f., 114 ff., 118, 161, **F** 24 (GbR), **6** 13 ff., **F** 31, **F** 32, **F** 36 (oHG), **7** 5 ff., **F** 38, **F** 39, **F** 40, **F** 41, **F** 42 (KG)
– Kaufmannseigenschaft **6** 5
– Pflichten **3** 39 ff. (AG), **4** 88 f. (GmbH), **5** 67 ff. (GbR), **6** 44 ff. (oHG), **7** 31 (KG)
– räuberischer **3** 36, 127
– Rechte **3** 36 ff., 98 ff., 112 ff. (AG), **4** 83 ff. (GmbH), **5** 66 (GbR), **6** 44 ff. (oHG), **7** 31 (KG)
– Tod **5** 117, 122 ff., **F** 27 (GbR), **6** 62 f. (oHG), **7** 32 (KG)
– Wechsel **5** 32, 108 ff. (GbR), **6** 59, **F** 36 (oHG), **7** 21, 23 (KG)
Gesellschafterbeschlüsse, siehe *Gesellschafterversammlung*
Gesellschafterdarlehen 3 198 (AG), **4** 248, 262 ff., **F** 22 (GmbH), **7** 51a (GmbH & Co. KG)
– Rechtsprechungsregeln **4** 248, 266, **F** 22
Gesellschafter-Gläubiger 5 44, 98 f. (GbR), **6** 20 (oHG)
Gesellschafterklage, siehe *actio pro socio*
Gesellschafterliste 4 7, 92, 94, 96
Gesellschafterversammlung 3 90 ff., **F** 5 (AG), **4** 104 ff., **F** 13, **F** 14 (GmbH), **5** 66, 78 ff. (GbR), **6** 29 (oHG)
– Ablauf **3** 109 ff.
– Anfechtung von Beschlüssen **3** 119 ff., 125 ff., **F** 6 (AG), **4** 125 f., **F** 13, **F** 14 (GmbH), **5** 92a (GbR), **6** 30a ff. (oHG)
– Auskunftsrecht **3** 112 ff.
– Beschlussfähigkeit **4** 112
– Beschlussfassung **1** 20, **2** 4 (Verein), **3** 24, 84, 90, 108, 110 f., 205, 210, **F** 6 (AG), **4** 111 ff., **F** 13, **F** 14 (GmbH), **5** 79 ff., **F** 25 (GbR), **6** 29 (oHG), **7** 31 (KG)
– Beschlussfeststellung **3** 110 f. (AG), **4** 114, **F** 14 (GmbH), **6** 30e (oHG)
– Beschlussfeststellungsklage, positive **3** 128 (AG), **F** 14 (GmbH), **6** 30f, 30l f. (oHG)
– Bestätigung anfechtbarer Beschlüsse **3** 122
– Bestimmtheitsgrundsatz **5** 84
– Einberufung **3** 107 f. (AG), **4** 108 ff., **F** 14 (GmbH), **6** 30d (oHG)
– Einstimmigkeitsprinzip **5** 81, **F** 25
– Fehlerhafte Beschlüsse **3** 116 ff., **F** 6 (AG), **4** 125 ff., **F** 14 (GmbH), **5** 92 f. (GbR), **6** 30a ff. (oHG)
– Freigabeverfahren **3** 130
– Freiheit der Stimmausübung **4** 115 (GmbH), **5** 91, **F** 25 (GbR), **6** 56 (oHG)
– Kernbereichslehre **5** 87 ff., 108, **F** 25 (GbR), **6** 30h (oHG)
– Kompetenzen **3** 85, 92 ff., **F** 2, **F** 5 (AG), **4** 105 ff., **F** 14 (GmbH), **5** 79 (GbR)
– Leiter, siehe *Vorsitzender*
– Mehrheitsbeschlüsse **5** 82 ff., **F** 25 (GbR), **6** 29, 30m (oHG), **7** 46 (KG)
– Mehrheitserfordernisse **2** 4 (Verein), **3** 24, 68, 85, 90 f., 95, 111, 118, 205, 210, 217, 221, 225, **F** 2, **F** 5, **F** 13, **F** 14 (AG), **4** 13, 23, 99, 113 f., **F** 13, **F** 14 (GmbH), **5** 81 ff., **F** 25 (GbR), **7** 46, **F** 42 (KG)
– Nichtigkeit von Beschlüssen **3** 119 ff., 124 f., 127 (AG), **4** 113, 125 f., **F** 14 (GmbH), **5** 92 f. (GbR), **6** 30e ff. (oHG)
– Protokoll **3** 110 f., 118 (AG), **4** 114, **F** 14 (GmbH)
– Rechtsnatur eines Beschlusses **5** 80

– Stimmbindung **3** 23, 103 ff.
– Stimmrecht **3** 98 ff. (AG), **4** 15, 84, 99, 116, **F** 14 (GmbH), **5** 66, 79a, **F** 26 (GbR)
– Stimmverbot **3** 99 ff., 104 (AG), **4** 99, 116 ff., **F** 13, **F** 14 (GmbH), **5** 79a, **F** 26 (GbR)
– unwirksame Beschlüsse **3** 119 f.
– Vertretung **F** 14
– Vorsitzender **3** 109 ff., 117 ff., **6** 30e
Gesellschaftsregister **1** 17, **2** 15, **5** 1a, 8a ff., 35a. 46a. 49a, 63a, 115a, 160 f., **7** 2, **8** 1
Gesellschaftsvermögen **1** 15 f., 18, **3** 2, 5 f., 93, 188 f. (AG), **4** 2, 225, 252 ff. (GmbH), **5** 37 f., 48 f., 69, 149 (GbR), **6** 4 (oHG)
Gesellschaftsvertrag/Satzung **2** 2 (Verein), **3** 15 ff., **F** 2 (AG), **4** 8 ff., **F** 2 (GmbH), **5** 7 ff. (GbR), **6** 6, **F** 30 (oHG), **7** 2 (KG)
– Abschluss **3** 13 (AG), **4** 5 ff., 26 f., 38 (GmbH), **5** 7 ff., 12 f. (GbR), **6** 6, **F** 30 (oHG)
– Änderung **2** 4 (Verein), **3** 19, 24, 31, 90, 96, 129, 168, 205, **F** 2 (AG), **4** 13, 17, 23, 96, 113, **F** 14, **F** 23 (GmbH), **5** 26, 55, 79, 108, **F** 25 (GbR), **F** 36 (oHG)
– Auslegung **3** 20 f., **F** 2 (AG), **4** 17 (GmbH)
– Bindungswirkung **3** 22 (AG), **4** 17 (GmbH)
– Fehler **4** 18 ff. (GmbH), **5** 15 ff. (GbR), **6** 6, **F** 30 (oHG), **7** 2 (KG)
– formelle Bestimmungen **3** 17 ff., **F** 2 (AG), **4** 17, **F** 14 (GmbH)
– Inhalt **4** 9 ff., 87 (GmbH), **5** 14 (GbR)
– Inhaltskontrolle **7** 45, **F** 42
– materielle Bestimmungen **3** 17 ff., **F** 2 (AG), **4** 17, **F** 14 (GmbH)
– Nebenabreden **3** 23, **F** 2 (AG), **4** 17 (GmbH)
– Satzungsstrenge **3** 15 f., **F** 2 (AG), **4** 16 (GmbH)
Gesellschaftszweck **4** 12
Gewinnabführungsvertrag **3** 232 (AG), **4** 293 (GmbH)
Gleichbehandlungsgrundsatz **3** 28, 31, 117, 210a (AG), **4** 86, 249 (GmbH), **5** 87 (GbR)
GmbH, siehe *Gesellschaft mit beschränkter Haftung*
GmbH & Co. KG **3** 240 (SE), **7** 1, 49 ff. (KG)
– Einpersonen **7** 52
– Funktion **7** 1, 49 f.
– Geschäftsführung **7** 51
– Gesellschafterdarlehen **7** 51a
– Haftung **7** 53
– Insolvenzverschleppung **7** 51a
– Kapitalaufbringung **7** 55 ff.
– Kapitalerhaltung **7** 58
– Vertretung **7** 51
Grundkapital **3** 5 f., 131 f.
Grundlagengeschäfte **3** 92, **F** 5 (AG), **5** 55, 79, 85, 108, **F** 25 (GbR), **6** 33, 38, **F** 36 (oHG)
Gründung **3** 11 ff. (AG), **4** 5 ff., **F** 12, **F** 16 (GmbH), **5** 6 ff. (GbR), **6** 6 ff. (KG), **7** 2 (KG)
– falsche Angaben **3** 165, 185 (AG), **4** 168, **F** 16 (GmbH)
– Haftung **3** 25 f. (AG), **4** 24 ff. (GmbH)
– Prüfung **3** 13
Gründungsfreiheit **1** 5
Gutgläubiger Erwerb **3** 44 f. (AG), **4** 94 (GmbH), **5** 63 (GbR)

Haftsumme des Kommanditisten **7** 8 ff., 57 f., **F** 38–**F** 42
Haftungsbefreiung durch Einlageleistung **7** 9, **F** 38, **F** 40–**F** 42
Haftungsbefreiung durch Gläubigerbefriedigung **7** 9a
Haftungsbeschränkung **2** 3 (Verein), **3** 2 f. (AG), **4** 2 f., 10, 256, 258, 268, 294 (GmbH), **5** 40, 44 (GbR), **6** 63 (oHG), **7** 1 f., 7 ff., 49 f. (KG)
Haftungsregress **5** 41, 100 ff. (GbR), **6** 27, **F** 31 (oHG)
Haftungstheorie **6** 16
Handelndenhaftung **3** 25 (AG), **4** 66 ff., 77, **F** 12 (GmbH)
Hauptversammlung, siehe *Gesellschafterversammlung*
Hinauskündigung **5** 128 ff., **F** 28
Hin- und Herzahlen **3** 135, 171 (AG), **4** 186, 191 ff., 211, 283, **F** 18 (GmbH)

Innengesellschaft **4** 26 f., **F** 12 (GmbH), **5** 12, 29, 57, 150 (GbR)
Insolvenzantrag **3** 70, 78, 89 (AG), **4** 88, 146, 150 f., **F** 22 (GmbH), **7** 51a (GmbH & Co. KG)
Insolvenzverschleppungshaftung **3** 70, 78 (AG), **4** 146 ff. (GmbH), **7** 51a (GmbH & Co. KG)
Insolvenzverursachungshaftung **4** 152

Jahresabschluss **3** 38 (AG), **4** 85 (GmbH), **6** 65 (oHG), **7** 35 (KG)
Juristische Person **1** 15, 17, **2** 3 (Verein), **3** 1 (AG), **4** 1 (GmbH)

Kapitalanteil **5** 145 (GbR), **6** 67 f., **F** 37 (oHG), **7** 12, 35 ff., **F** 40 (KG)
Kapitalaufbringung **3** 133 ff., **F** 7 (AG), **4** 160 ff., 282 ff., **F** 12, **F** 17, **F** 18, **F** 23 (GmbH), **7** 54 ff. (KG)
– reale **3** 136 (AG), **4** 162 (GmbH)
Kapitalerhaltung **3** 187 ff., **F** 8, **F** 9 (AG), **4** 224 ff., **F** 19, **F** 20 (GmbH), **5** 148 f., **F** 26 (GbR), **6** 69 (oHG), **7** 39 f., 54 ff. (KG)

Kapitalerhöhung 3 199 ff., F 10 (AG), 4 276, 279 ff., F 23 (GmbH)
- Arten 3 200 (AG), 4 277 (GmbH)
- bedingte 3 211 ff.
- Bezugsrecht 3 208 ff., 211, 214, 216 ff., F 10 (AG), 4 281 (GmbH)
- effektive 3 203 ff.
- genehmigte 3 215 ff. (AG), 4 280 (GmbH)
- Kapitalaufbringung 4 282 ff., F 23
- reguläre 3 204 ff.
- Verfahren 3 204 ff., 214 f. (AG), 4 279 (GmbH)

Kapitalgesellschaft 1 13, 3 1 (AG), 4 1 (GmbH)
Kapitalherabsetzung 3 199 ff. (AG), 4 275 ff. (GmbH)
Kapitalschnitt 3 203, F 10
Kaufmann 3 4 (AG), 4 2 (GmbH), 5 4, 46 (GbR), 6 5 f., 7 ff., F 34 (oHG), 7 2 (KG)
Kernbereichslehre 5 87 ff., 108, F 25, 6 30h
KG, siehe *Kommanditgesellschaft*
Kollusion 4 52 (AG), 4 138 (GmbH), 5 53 (GbR), 6 37, 43 (oHG)
Kommanditgesellschaft 7 1 ff., F 38–F 42
- Abgrenzung zur oHG 7 2
- Abwicklung 7 41
- Änderung des Gesellschafterbestandes 7 16 ff., 32, F 41
- Auflösung 7 41
- Außenverhältnis 7 28
- Bedeutung 7 1
- Einlage 7 8
- Entnahmerecht 7 38
- fehlerhafte Gesellschaft 7 2
- Finanzverfassung 7 33 ff.
- Firma 7 2
- Funktion 7 1 f.
- Geschäftsführung 7 29
- Gesellschafterversammlung 7 31
- gesplittete Einlage F 42
- Gewinn- und Verlustbeteiligung 7 36 ff.
- GmbH & Co. KG 7 1, 49 ff.
- Gründung 7 2
- Haftsumme 7 8 ff., 57 f., F 38, F 39, F 40, F 41, F 42
- Haftung der Gesellschaft 7 4
- Haftung der Komplementäre 7 5, F 41
- Haftung der Kommanditisten 7 6 ff., F 38, F 39, F 40, F 41, F 42
- Handelsregistereintragung 7 15, 18
- Innenverhältnis 7 27
- Jahresabschluss 7 35
- Kapitalerhaltung 7 39 f.
- Kaufmannseigenschaft 7 2
- Kaufmannseigenschaft der Gesellschafter 6 5a
- Organisation 7 27 ff.
- Pflichten der Gesellschafter 7 31
- Publikums-KG 7 43 ff., F 42
- Rechte der Gesellschafter 7 31
- Rückzahlung der Einlage 7 10, 20, F 38, F 39, F 40, F 41
- Treuepflichten 7 31, 39
- Übertragung der Mitgliedschaft 7 23 f.
- verdeckte Gewinnausschüttung 7 10, 39, F 38
- Vertretung 7 30
- Vollbeendigung 7 41
- Wettbewerbsverbot 7 31

Kontrollrechte 5 66 (GbR), 6 46 (oHG), 7 31 (KG)
Konzern 3 227 ff., F 11 (AG), 4 290 ff. (GmbH)
- Eingliederung 3 233
- faktischer 3 229, F 11 (AG), 4 292 (GmbH)
- qualifiziert faktischer 4 294
- Squeeze-out 3 235
- Vertragskonzern 3 231 f. (AG), 4 293 (GmbH)

Körperschaft 1 11, 2 1 ff. (Verein), 3 1 (AG), 4 1 (GmbH), F 1–F 23
Kündigung 5 117, 128 ff., 137, 154 ff., F 28, F 29 (GbR), 6 60a f., 60d (oHG)

Leistung an Erfüllungs statt 3 136 (AG), 4 217 ff. (GmbH)
Limited 1 2

Mantelgesellschaft 3 26 (AG), 4 72 ff., F 12 (GmbH)
Missbrauch der Vertretungsmacht 3 52 (AG), 4 138 (GmbH), 5 53b (GbR), 6 37, 53 (oHG)
Mitbestimmung 3 54, 81 ff., 236, 239 (AG), 4 103, 155, 157 (GmbH)
Mitgliedschaft 3 31 ff., 43 ff., 71 (AG), 4 15, 82, 119 (GmbH), 5 38, 51, 111 (GbR)

Nachfolgeklausel 5 124 ff., F 27
- einfache erbrechtliche 5 125, F 27 (GbR), 6 62 (oHG), 7 32 (KG)
- qualifizierte erbrechtliche 5 126
- rechtsgeschäftliche 5 127

Nachgründung 3 186
Nachhaftung 5 115, 118, 161 (GbR), 6 19, 76, F 36 (oHG), 7 19 f. (KG)
Nachschuss(-pflicht) 4 88, 274, F 12, F 22 (GmbH), 5 72, 85, 90 f., 98, 106, 146, 159, F 25 (GbR), F 31 (oHG), 7 37, 46 (KG)
Name 2 1 (Verein), 5 8 (GbR)
Nebenabreden 3 23, F 2 (AG), 4 17 (GmbH)
Nebenleistungspflicht 3 140 (AG), 4 169 (GmbH)
Nebenzweckprivileg, s. *Verein*

Nettovermögen 4 42, **F** 12, **F** 19
Nichtanwendungserlass 4 248, **F** 22
Nichtigkeit
- Nichtigkeitsgrund **3** 119 ff. (AG), **F** 14 (GmbH), **5** 92 f. (GbR), **6** 30h (oHG)
- Nichtigkeitsklage **3** 124, 222 (AG), **4** 19 (GmbH), **6** 30e ff. (oHG)
Niederlassungsfreiheit 1 2
Numerus Clausus der Gesellschaftsformen **1** 5
Nutzungsüberlassung durch Gesellschafter **3** 198, **4** 274, **F** 22

Offene Handelsgesellschaft 6 1 ff., **F** 30–37
- Abgrenzung GbR **1** 7, **5** 4 (GbR), **6** 2, 8 (oHG)
- Abwicklung **6** 74
- Änderung des Gesellschafterbestandes **6** 59 ff., **F** 36
- Auflösung **6** 71 ff., **F** 12
- Aufwendungsersatz **6** 27, 46, **F** 31
- Außengesellschaft **6** 2
- Außenverhältnis **6** 30
- Bedeutung **6** 1
- Beschlussmängel **6** 30a ff.
- Entnahmerecht **6** 68, 68c, **F** 37
- Entstehung 6 **6** ff., **F** 12
- fehlerhafte Gesellschaft **6** 6, **F** 30
- Finanzverfassung **6** 64 ff.
- Firma **6** 2, 75
- Funktion **6** 1 f.
- Geschäftschancenlehre **6** 58
- Geschäftsführung **6** 32 ff., **F** 33
- Gesellschafter-Gläubiger **6** 20
- Gesellschafterversammlung **6** 29, 46
- Gesellschaftsvermögen **6** 4
- Gesellschaftsvertrag **6** 6
- Gewinn- und Verlustbeteiligung **6** 65 ff., **F** 37
- Gründung **6** 6 ff.
- Grundlagengeschäfte **6** 33, 38
- Haftung der Gesellschaft **6** 12
- Haftung der Gesellschafter **6** 13 ff., 76, **F** 31, **F** 32, **F** 36
- Haftungsregress **6** 27, **F** 31
- Handelsregistereintragung **6** 7 ff.
- Innenverhältnis **6** 29
- Jahresabschluss **6** 62
- Kapitalerhaltung **6** 69
- Kaufmannseigenschaft **6** 2, 5, 7 ff.
- Kaufmannseigenschaft der Gesellschafter **6** 5a
- Kündigung **6** 60a f., 60d
- Organisation **6** 28 ff.
- Organverschulden **6** 12, **F** 31
- Pflichten der Gesellschafter **6** 44 ff.
- Rechte der Gesellschafter **6** 44 ff.
- Rechtsfähigkeit **6** 3
- Treuepflichten **6** 47
- Übertragung der Mitgliedschaft **6** 59
- verdeckte Gewinnausschüttung **6** 69
- Vertretung **6** 36 ff., **F** 12, **F** 34, **F** 35
- Vollbeendigung **6** 75, **F** 12
- Wettbewerbsverbot **6** 48 ff.
- Zwangsvollstreckung **5** 48 f.
oHG, siehe *Offene Handelsgesellschaft*
Organverschulden 2 7, **F** 1 (Verein), **3** 2, 76 (AG), **4** 2a (GmbH), **5** 42, **F** 24 (GbR), **6** 12, **F** 31 (oHG), **7** 4 (KG)

Partnerschaftsgesellschaft 8 1
Personengesellschaft 1 10, 16, **5** 1 ff., **F** 24–**F** 42
Publikumsgesellschaft 1 20, **5** 77 (GbR), **7** 43 ff., **F** 42 (KG)
- Funktion **7** 43
- Sonderregeln **7** 44 ff.

Rangrücktritt 4 273, **F** 22
Rechtsbindungswillen 4 26, **F** 12 (GmbH), **5** 10, 12 f. (GbR)
Rechtsfähigkeit 1 14 ff., **2** 13 (Verein), **3** 13 (AG), **4** 22, 38 (GmbH), **5** 30 ff., 47, **F** 24, 26 (GbR), **6** 3 (oHG)
Rechtsformwahl 1 5 ff.
Rechtsformzwang 1 7, **5** 4
Rechtsnachfolgevermerk 7 24, **F** 41
Rechtspersönlichkeit 1 15 f., **2** 1 (Verein), **3** 1 (AG), **4** 1 (GmbH)
Registerfähigkeit 5 8a ff., 34 ff.
Related-Party Transactions 3 77
Repräsentantenhaftung 1 7, **F** 1 (Verein), **5** 42, **F** 24 (GbR), **6** 12 (oHG)
Rückzahlung der Einlage, siehe *Einlage*

Sacheinlage 3 134, 138 ff. (AG), **4** 169 ff. (GmbH)
- Differenzhaftung **3** 143, 154 (AG), **4** 171, 200, **F** 16 (GmbH)
- Dokumentation **3** 142 (AG), **4** 170 f. (GmbH)
- Einlagefähigkeit **3** 138 ff. (AG), **4** 169 (GmbH)
- Erfüllung **3** 145 (AG), **4** 172 (GmbH)
- verdeckte **3** 151 ff., **F** 7 (AG), **4** 187 ff., **F** 17, **F** 23 (GmbH)
- Zeitpunkt der Erbringung **3** 144 (AG), **4** 164 (GmbH)
Sachübernahme 3 135, 138 ff., 146 (AG), **4** 173 f. (GmbH)
Satzung, siehe *Gesellschaftsvertrag*
Schadensersatz 2 7, **F** 1 (Verein), **3** 36, 40 f., 52, 60 ff., 78, 89, 105, 165, 229, **F** 3, **F** 4 (AG), **4** 128, 139 ff., 168, 189, 249 f., 251 ff., **F** 15, **F** 20, **F** 21, **F** 22 (GmbH), **5** 42, 53, 75 f., 103, 149, **F** 24,

F 26 (GbR), **6** 12, 47, 55, 69, F 31 (oHG), **7** 39 (KG)
Schädigungsverbot 3 40
Scheingesellschafter 5 45
SE, siehe *Societas Europaea*
Selbstorganschaft 1 19, **6** 41 (oHG), **7** 30 (KG)
Shift of duties 4 145a
Sitz 3 7 (AG), **4** 11 (GmbH)
Societas Europaea 3 236 ff.
Sonderrechtsnachfolge 5 125, F 27 (GbR), F 41 (KG)
Sondervorteil(-sverbot) 3 40 (AG), **4** 249 f., 292, F 20 (GmbH), **5** 149, F 26 (GbR), **6** 69 (oHG), **7** 39 (KG)
Sozialakt 4 99, 119, 123, F 13, F 14
Sozialansprüche 5 53, 93 ff.
Sozialverbindlichkeiten 5 93 ff.
Sperrjahr 3 225 (AG), **4** 288 (GmbH)
Squeeze-out 3 235
Stammkapital 4 14
Statuswechsel 6 5a, 9, **8** 1
Stimmbindung 3 103 ff.
Stimmverbot 3 99 ff., 104 (AG), **4** 99, 116 ff., F 13, F 14 (GmbH), **5** 79a, F 26 (GbR)

Teilnichtigkeit 5 9 (GbR), F 30 (oHG)
Treuepflicht 3 40 ff., F 3, F 6 (AG), **4** 89, 115, F 14, F 20 (GmbH), **5** 74, 87, 91, 98, 149, F 25, F 26 (GbR), **6** 47 (oHG), **7** 31, 39 (KG)

Übertragung der Mitgliedschaft 3 43 ff. (AG), **4** 91 ff. (GmbH), **5** 28, 107 ff. (GbR), **7** 23 f. (KG)
Unterbilanz 4 42, 76, F 12, F 19
Unterbilanzhaftung, siehe *Vorbelastungshaftung*
Unterkapitalisierung
– materielle **4** 254
– nominelle **4** 272
Unternehmen 1 22
– Gegenstand des Unternehmens **4** 12
Unternehmergesellschaft 4 295 (GmbH), **6** 1 (oHG)
Unter pari 3 136

Verdeckte Gewinnausschüttung 3 191, F 8, F 9 (AG), **4** 226, 228, 233 f., 244 ff., 294, F 20 (GmbH), **5** 149, F 26 (GbR), **7** 10 f., 39, F 38 (KG)
Verdeckte Sacheinlage 3 151 ff., F 7 (AG), **4** 187 ff., F 17, F 23 (GmbH)
Verdeckte Vermögensverlagerung, siehe *Verdeckte Gewinnausschüttung*
Verein 2 1 ff., F 1
– Formabgrenzung **2** 10a ff.
– Haftung der Mitglieder **2** 2
– Haftung des Vorstands **2** 7a
– Mitgliederversammlung **2** 4
– Nebenzweckprivileg **2** 10a ff.
– nichtwirtschaftlicher **2** 9, 10a ff.
– nichtrechtsfähiger **2** 11 ff.
– Organe **2** 3 ff.
– Organverschulden **2** 7 ff., F 1
– rechtsfähiger **9** ff.
– Satzung **2** 2
– Wirtschaftsverein **2** 10 ff.
Verlustdeckungshaftung 4 52 ff., F 12
Verschmelzung 3 234
Verteidigungsmittel 6 21 ff., F 32
Vertretung 2 5 f. (Verein), **3** 52 (AG), **4** 134 ff. (GmbH), **5** 60 ff. (GbR), **6** 36 ff., F 34, F 35 (oHG), **7** 30, 51 (KG)
– Entzug **6** 42
– Umfang **2** 6 (Verein), **3** 52 (AG), **4** 134 ff. (GmbH), **5** 60 ff. (GbR), **6** 36 f., F 34, F 35 (oHG), **7** 30 (KG)
– Verhältnis zur Geschäftsführung **5** 53, 60 ff. (GbR), **6** 31, F 35 (oHG)
Vinkulierung 3 45, 104 (AG), **4** 93 (GmbH)
Vollbeendigung 3 220, 226 (AG), **4** 35, 289 (GmbH), **5** 151, 161 (GbR), **6** 75, F 12 (oHG), **7** 41 (KG)
Vorbelastungshaftung 4 41 ff., 76, F 12, F 16
Vorgesellschaft 3 13 (AG), **4** 7, F 12 (GmbH)
– Auflösung **4** 40, F 12
– Grundlagen **4** 38 ff.
– Haftung **4** 52 ff., F 12
– Handelndenhaftung **4** 66 ff., F 12
– unechte **4** 58, F 12
– Vertretung **4** 62 ff., F 12
Vorgründungsgesellschaft 3 13 (AG), **4** 7, 24, 26 ff., F 12 (GmbH)
Vorratsgesellschaft 3 26 (AG), **4** 72 ff., F 12 (GmbH)
Vorstand, siehe *Geschäftsführer*
Vorvertragsgesellschaft 4 24, 26, F 12

Wechsel von Gesellschaftern 5 32, 108 ff. (GbR), **6** 59, F 36 (oHG), **7** 21, 23 (KG)
Wettbewerbsverbot 3 57 (AG), **4** 154a (GmbH), **5** 74 (GbR), **6** 48 ff. (oHG), **7** 31 (KG)
– nachvertragliches **6** 53
Wirtschaftliche Neugründung 3 26 (AG), **4** 72 ff., F 12 (GmbH)

Zeichnung 3 13, 206
Zurechnung von Organverschulden, siehe *Organverschulden*
Zustimmungspflicht 5 91, F 25
Zwangsvollstreckung 5 48 f. (GbR), **6** 3 (oHG)
Zweigliedrige Gesellschaft 5 73, 129 (GbR), **6** 72 (oHG)